ÉRATOSTHÈNE DE CYRÈNE

CATASTÉRISMES

COLLECTION DES UNIVERSITÉS DE FRANCE
publiée sous le patronage de l'*ASSOCIATION GUILLAUME BUDÉ*

ÉRATOSTHÈNE DE CYRÈNE

CATASTÉRISMES

ÉDITION CRITIQUE
PAR
JORDI PÀMIAS I MASSANA
Professeur à l'Université Autonome de Barcelone

TRADUCTION
PAR
ARNAUD ZUCKER
Professeur à l'Université Nice Sophia Antipolis (CEPAM, UMR 7264)

INTRODUCTION ET NOTES
PAR
JORDI PÀMIAS I MASSANA ET ARNAUD ZUCKER

PARIS
LES BELLES LETTRES
2013

Conformément aux statuts de l'Association Guillaume Budé, ce volume a été soumis à l'approbation de la commission technique, qui a chargé M. Laurent Pernot d'en faire la révision et d'en surveiller la correction avec MM. Jordi Pàmias i Massana et Arnaud Zucker.

Tous droits de traduction, de reproduction et d'adaptation réservés pour tous les pays.

© 2013. Société d'édition Les Belles Lettres
95 boulevard Raspail, 75006 Paris
www.lesbelleslettres.com
Retrouvez Les Belles Lettres sur Facebook et Twitter

ISBN : 978-2-251-00582-9
ISSN : 0184-7155

INTRODUCTION

1. Biographie d'Ératosthène

La Souda offre une biographie synthétique d'Ératosthène, qui nous livre tout —ou peu s'en faut— de ce que nous savons sur la vie de l'auteur[1] : « Fils d'Aglaos (d'autres disent d'Ambrosios) ; originaire de Cyrène, élève du philosophe Ariston de Chios, du grammairien Lysanios de Cyrène et du poète Callimaque. Ptolémée III le fit venir d'Athènes et il vécut jusqu'au règne de Ptolémée V. Comme il était toujours deuxième (δευτερεύειν), dans toutes les disciplines intellectuelles, après ceux qui avaient atteint le sommet, on le surnomma "l'estrade" (τὰ βήματα, *sic*)[2]. Certains l'ont appelé le second Platon, ou le nouveau Platon, d'autres "l'Athlète complet" (Πένταθλος)[3]. Il naquit au cours de la 126ème Olympiade et mourut à l'âge de 80 ans, en refusant de s'alimenter

---

1. Souda, E 2898, s.v. Ἐρατοσθένης. Les autres principaux témoins biographiques sont Strabon (1.2.1 sq.), une épigramme de Denys de Cyzique (*Anthologie grecque* 7.78), Lucien (*Les Longue-vie* 27), et Vitruve (9.1.14). Cf. Censorin (15.2), Athénée (7.276a-c), Clément d'Alexandrie (*Stromates* 1.16.79.3) et Suétone (*Grammairiens* 10).

2. Il s'agit probablement d'une erreur pour βῆτα (seconde lettre de l'alphabet).

3. Ce surnom semble positif puisqu'il reconnaît, par analogie, une aptitude dans les cinq principales disciplines sportives ; mais il est possible qu'il ait été employé par dérision (voir Geus 2002 : 32-33).

parce qu'il perdait la vue. Il laissa un élève brillant en la personne d'Aristophane de Byzance, qui eut à son tour pour élève Aristarque. Il eut pour élèves Mnaséas, Ménandre et Aristis. Il écrivit des œuvres philosophiques, poétiques, et historiques ; une *Astronomie* ou *Catastérigmes* (sic) ; *Les sectes philosophiques* ; *L'Absence de peine* ; de nombreux dialogues et une grande quantité d'œuvres philologiques (γραμματικά) »[4].

La datation donnée par la Souda pour la naissance d'Ératosthène (entre 276 et 272 av. J.-C.) ne concorde pas avec l'affirmation de Strabon (1.2.2) selon laquelle il aurait "connu" Zénon, le scholarque du Portique, mort en 262. C'est d'une génération environ qu'il faudrait en ce cas avancer la date de naissance du savant alexandrin. Mais, outre que la date de la mort de Zénon est également une déduction secondaire et disputée, cette relation (γνώριμος) n'est peut-être pas à prendre dans un sens littéral comme une fréquentation vivante. Il meurt probablement entre 196 et 190, à un âge avancé qui lui vaut de figurer dans la liste des "octogénaires" donnée par Lucien, à 80 (Souda), 81 (Censorinus, *Jour natal* 15) ou 82 ans (Lucien, *Les Longue-vie* 27).

Ératosthène bénéficie d'une éducation soignée à Cyrène, qui est une des principales villes de culture grecque au IIIe siècle, étroitement liée à l'Égypte dont elle dépend et qui la contrôle à travers Magas, beau-frère de Ptolémée I Sôter et vice-roi de Cyrénaïque à partir de 308. Ératosthène fréquente alors le grammairien Lysanias, un compatriote, auteur de commentaires sur Homère et les poètes iambiques, et peut-être Callimaque, un autre Cyrénéen qui le précèdera à Alexandrie[5], et dont il est considéré comme un μαθητής (Souda E 2898), bien que l'influence sur son œuvre littéraire soit pour le moins discrète[6].

---

4. Pour une analyse critique des données voir GEUS 2002 : 9-15.
5. Voir SARTON 1993 : 99.
6. Voir GEUS 2002 : 18

Il se rend à Athènes où il fréquente successivement la plupart des écoles philosophiques : d'abord le Portique, puis, durablement, les cours d'Arcésilas de Pytane, élève du grand mathématicien et astronome Autolycos, et fondateur de la "Nouvelle Académie", d'Ariston de Céos, scholarque du Lycée, et du Cynique Bion (de Borysthène ?). Cet éclectisme dans l'éducation prédispose à une grande ouverture d'esprit dans la formation et l'activité intellectuelles, et correspond au modèle alexandrin d'épanouissement culturel qui embrasse à la fois la philologie, science englobante de la langue, de la littérature et de la pensée, et les mathématiques, c'est-à-dire toutes les disciplines reposant sur la science des nombres, des formes et des proportions, et en particulier l'astronomie, la musique, la géométrie et la géographie. Appelé par Ptolémée III Évergète (vers 237) à Alexandrie, où il est chargé de l'éducation de Ptolémée IV Philopator, il s'y établit jusqu'à la fin de sa vie, connaissant ainsi le règne de trois Ptolémée (Ptolémée III Évergète, Ptolémée IV Philopator, Ptolémée V Épiphane). En 234, il devient le troisième directeur de la Bibliothèque d'Alexandrie, après Zénodote et Apollonios de Rhodes, et reste à la tête de cet institut de recherches, d'édition et de conservation du patrimoine intellectuel pendant près d'un demi-siècle.

Son activité intellectuelle

L'activité intellectuelle d'Ératosthène est, surtout d'un point de vue moderne, extrêmement variée. Dans la monographie qu'il lui consacre, Klaus Geus (2002), qui insiste sur l'absence de portrait d'ensemble du savant alexandrin, présenté souvent —et dispersé— à travers des réalisations spectaculaires[7], distingue (1) l'auteur de dialogues philosophiques, (2) le poète, (3) le platonicien, (4) l'astronome, (5) le géographe, (6) le philologue, (7) le philosophe, (8) le chronographe, et (9) l'historien. Ces "personnages"

---

7. Voir GEUS 2002 : 1-2.

sont, en fait, dans la conception alexandrine de la formation intellectuelle, étroitement liés. La philologie et la philosophie sont deux sciences souveraines dont la relation est conçue comme complémentaire plutôt qu'antagoniste, comme elle a pu l'être parfois dans les siècles précédents. Ératosthène est, en fait, celui par qui l'activité philologique émerge véritablement et qui constitue comme profession intellectuelle cet engagement critique général, à la fois scientifique et littéraire ; il baptise ce nouveau professionnel *philologos*, en donnant un sens nouveau, profond et positif à ce terme qui avant lui, en particulier chez Platon, désignait davantage un homme ayant un goût prononcé, et souvent superficiel, pour la parole[8]. La variété des intérêts d'Ératosthène nous impressionnerait sans doute moins que la fécondité et le niveau scientifique de ses œuvres si nous avions pu en conserver davantage qu'un lot de fragments et deux épitomés : les *Catastérismes* et *La mesure de la Terre* (Περὶ τῆς ἀναμετρήσεως τῆς γῆς).

Parmi ces différentes qualités, c'est sans doute celle de "savant" (φιλόλογος) qui est généralement reconnue, dans l'antiquité comme son titre principal. Le "philologue", qui revendique le savoir en général (plutôt que la sagesse du philosophe), ne se réduit pas au simple statut de spécialiste de la langue, comme le montre la présentation que fait de lui Lucien à la fin de son inventaire des rois et savants (πεπαιδευμένοι) à la longue vie : « Parmi les grammairiens, Ératosthène de Cyrène, fils d'Aglaos, qui non seulement mérita le nom de grammairien, mais que l'on pourrait encore appeler poète, philosophe et géomètre, vécut quatre-vingt-deux ans » (Γραμματικῶν δὲ Ἐρατοσθένης μὲν ὁ Ἀγλαοῦ Κυρηναῖος, ὃν οὐ μόνον γραμματικόν, ἀλλὰ καὶ ποιητὴν ἄν τις

---

8. Ératosthène aurait été le premier Alexandrin à revendiquer ce terme, avec un sens beaucoup plus large que celui de "grammairien" que l'on donne parfois pour un synonyme. Voir SUÉTONE, *Grammairiens* 10.

ὀνομάσειεν καὶ φιλόσοφον καὶ γεωμέτρην, δύο καὶ ὀγδοήκοντα οὗτος ἔζησεν ἔτη). Ses œuvres de "grammaire", qui font partie du programme régulier du bibliothécaire en chef d'Alexandrie, et firent de lui le maître d'Aristophane de Byzance, comprenaient des œuvres de lexicologie, d'histoire littéraire, de commentaires (sur l'*Iliade* en particulier : Εἰς τὸν ἐν Ἰλιάδι) et de critique textuelle ; sa correspondance, à laquelle plusieurs auteurs font référence[9], devait aussi comporter des développements de ce type. Pollux[10] signale un recueil des termes désignant des outils (Σκευογραφικός), et une scholie[11] mentionne un glossaire des termes d'architecture (Ἀρχιτεκτονικός) ; mais son ouvrage de grammairien le plus renommé est un traité sur la comédie ancienne, en 12 livres : Περὶ τῆς ἀρχαίας κωμῳδίας. C'est sans doute principalement à la critique de ce livre réputé qu'était consacré l'ouvrage de Polémon d'Ilion, intitulé *Sur le séjour d'Ératosthène à Athènes* (Περὶ τῆς Ἀθήνησιν Ἐρατοσθένους ἐπιδημίας)[12].

Son œuvre poétique se limite aujourd'hui à une centaine de vers[13], dont un extrait du poème *Hermès*[14] ; mais sa production était conséquente, si l'on en croit la Souda, et comprenait, outre le poème *Hermès*, d'autres pièces poétiques dont le nom apparaît dans les sources antiques : *Hésiode ou Antérinys*[15], *Dionysos bouche ouverte* (Διόνυσος κεχηνώς)[16], *Épithalame*[17], *Érigoné*[18], et une

---

9. ATHÉNÉE, *Deipnosophistes* 10.418a & 482a ; MACROBE, *Saturnales* 5.21.10.
10. *Onomasticon* 9.161.
11. SCHOLIES À APOLLONIOS de Rhodes 1.564-567c, p. 49 Wendel & 3.232, p. 226 Wendel.
12. Voir POLÉMON, *frg.* 46-52 Preller.
13. Édités par Powell en 1925.
14. Édité par Lloyd-Jones et Parsons en 1983.
15. ATHÉNÉE, *Deipnosophistes* 9.376b.
16. ÉLIEN, *NA* 7.48.
17. ETYMOLOGICUM MAGNUM, s.v. αὐροσχάς.
18. LONGIN, *Sublime* 33.5.

épigramme votive. Le poème *Hermès*, sur lequel l'Alexandrin Timarchos, un contemporain, écrivit un volumineux commentaire[19], était sans doute une sorte d'hymne mytho-astronomique en vers épiques célébrant le dieu « qui organisa l'ensemble de la disposition des constellations »[20] ; l'*Érigoné*, comme le poème *Hermès*, était un poème court (ποιημάτιον) mettant en scène l'héroïne d'un mythe athénien, parfois identifiée à la constellation de la Vierge[21] ; mais les neuf vers qui subsistent donnent peu d'éléments sur le contenu précis du poème[22].

Sa production philosophique est mal connue, mais Ératosthène n'était sûrement pas un philosophe "dogmatique", les critiques l'ayant identifié comme platonicien, sceptique, cynique, stoïcien, péripatéticien, voire... éclectique, sans apporter d'argument définitif[23]. Voici la liste des ouvrages à contenu philosophique qu'on lui prête : *Arsinoé* (un dialogue dramatique)[24], Ariston (sur son maître athénien)[25], *La richesse et la pauvreté* (Περὶ πλούτου καὶ πενίας)[26], *L'absence de peine* (Περὶ ἀλυπίας)[27], *à Baton* (Πρὸς Βάτωνα)[28], *Études philosophiques* (Μελέται)[29], *Le bien et le mal* (Περὶ ἀγαθῶν καὶ κακῶν)[30], *Les écoles philosophiques* (Περὶ τῶν κατὰ φιλοσοφίαν αἱρέσεων)[31]. Ces œuvres, pour autant qu'on puisse en juger sur la base des rares pièces dont nous

---

19. Voir ATHÉNÉE, *Deipnosophistes* 11.501e.
20. *Catastérismes* 20 ; voir *Cat*. 43. Voir *infra* la section 'Les dieux astraux dans les *Catastérismes*'.
21. Voir *Cat*. 9.
22. Voir ROSOKOKI 1995 ; PÀMIAS 2001.
23. Voir PÀMIAS & GEUS 2007 : 12.
24. ATHÉNÉE, *Deipnosophistes* 7.276a.
25. ATHÉNÉE, *Deipnosophistes* 9.281c.
26. DIOGÈNE LAËRCE 9.66.
27. SOUDA, E 2898, s.v. Ἐρατοσθένης.
28. DIOGÈNE LAËRCE 8.89.
29. STRABON 1.2.2.
30. CLÉMENT d'Alexandrie, *Stromates* 4.8.56.1.
31. SOUDA, E 2898, s.v. Ἐρατοσθένης.

disposons, ne relèvent pas de l'investigation ou de la réflexion philosophiques, mais davantage du commentaire et de la doxographie.

Son œuvre scientifique

Quant à l'ouvrage intitulé Πλατωνικός (*scil.* λόγος), que lui attribue Théon de Smyrne[32], il consiste probablement en un commentaire portant principalement sur des questions mathématiques, et il doit figurer à côté du Περὶ τῶν μεσοτήτων (*Sur les moyennes proportionnelles*) et du Μεσολάβος parmi les écrits *mathématiques* du Cyrénéen[33], et relevant des "mathématiques mixtes". Il a laissé également son nom à une méthode, fameuse après lui et rapportée en détail par le mathématicien Nicomaque de Gérasa[34], permettant de déterminer si un nombre est un nombre premier, et baptisée "crible (κόσκινος) d'Ératosthène". Si l'on peut juger néanmoins modeste, au regard des apports d'Euclide ou d'Archimède, sa contribution scientifique dans ce domaine, elle suppose une formation solide sur laquelle reposent en bonne partie ses travaux en géographie et en astronomie. Si l'on adoptait les périmètres antiques des disciplines scientifiques, il faudrait sans doute intégrer une partie au moins des œuvres géographiques et poétiques d'Ératosthène dans sa production astronomique. La nécessité, affirmée par Strabon (2.5.2), d'une connaissance approfondie de l'astronomie, de la géométrie, et de la physique qui logiquement précède la géographie, correspond si peu à la pratique du savant d'Amasée[35] que l'on peut raisonnablement y voir l'écho direct de la *Géographie* d'Ératosthène (Γεωγραφικά ou Γεωγραφούμενα)[36], acteur majeur de l'ouverture des

---

32. *Notions utiles* 2.3-4.
33. Voir VITRAC 2008.
34. *Introduction mathématique* 1.13.2.
35. Voir AUJAC 1977 : 13-14.
36. Cet ouvrage, en trois livres, est le plus cité du Cyrénéen ; voir en particulier STRABON 1.2.21 ; CICÉRON, *Lettres à Atticus* 2.6.1.

Geographica straboniens. L'estime dont il jouit auprès des auteurs qui le citent[37] contraste violemment avec son effacement presque total dans la tradition secondaire, la conservation infime et abrégée de son œuvre, et l'absence de disciples reconnus, à l'exception notable d'Aristophane de Byzance.

L'ouvrage d'Ératosthène sur la mesure de la Terre (περὶ τῆς ἀναμετρήσεως τῆς γῆς), dont le titre est indiqué par Héron[38] et auquel renvoie sans doute Macrobe sous la variante *in libris dimensionum*[39], comportait un livre, constituant peut-être une partie d'un ensemble plus vaste sur les mesures[40], probablement des corps célestes. De cette œuvre, qui relève apparemment à la fois de l'astronomie et de la géographie, Thalamas[41] dénombre 68 fragments. Ce titre évoque celui de l'unique ouvrage conservé d'Aristarque de Samos (dans la *Petite Astronomie* de Pappus) : *Dimensions et distances du Soleil et de la Lune* (περὶ μεγέθων καὶ ἀποστημάτων ἡλίου καὶ σελήνης).

Son "invention" la plus célèbre est le calcul de la circonférence de la Terre, impressionnant tant par la qualité de son approximation que par l'ingéniosité du protocole expérimental qui le permet. La seule source antique sur la méthode (ἡ Ἐρατοσθένους ἔφοδος) suivie pour mesurer la circonférence terrestre est un chapitre d'un manuel élémentaire d'astronomie en deux livres, attribué à un astronome de tendance stoïcienne, Cléomède : *Sur le mouvement circulaire des corps célestes* (*De motu circulari corporum caelestium* 1.10), ou plus littéralement, d'après le titre grec, *Théorie circulaire des corps célestes* (κυκλικῆς θεωρίας μετεώρων). Selon la valeur du stade

---

37. Voir STRABON 17.3.22 ; PLINE 2.247 ; MACROBE, *Sat.* 5.21.10 ; LUCIEN, *Les Longue-vie* 27.
38. *Dioptre* 35, p. 302.16 Schöne.
39. *Songe* 1.20.9.
40. Voir GEUS 2002 : 223.
41. THALAMAS 1921 : 76.

retenue par Ératosthène, le résultat est extrêmement fin (pour un stade de 157, 2 m) ou simplement approchant (pour un stade de 166 m)[42]. Il aurait également proposé, à la suite des physiciens présocratiques et des astronomes classiques, une mesure personnelle pour la distance de la Terre au Soleil (4.080.000 stades) et à la Lune (780.000 stades). Ptolémée[43] lui attribue le calcul de l'inclinaison de l'axe de la Terre (correspondant à l'écart entre le plan de l'écliptique et celui de l'équateur), à partir de données relevées à l'occasion des éclipses lunaires, et l'obtention d'un résultat très précis ($^{11}/_{83}$ de 360°, soit $2 \times 23° 51' 15''$, pour une valeur moderne de l'écart —nommé ε— de part et d'autre de l'équateur de 23° 26'). Il compose également, à la suite d'Eudoxe, un traité sur les calendriers et les différents cycles (*L'Octaétéride* : περὶ τῆς ὀκταετηρίδος), une question à la fois complexe et centrale dans la tradition astronomique[44]. En effet, le problème de base des calendriers était de faire coïncider cycle lunaire et cycle solaire, et l'octaétéride, module introduit à l'époque de Solon, de 99 mois lunaires (96 ordinaires + 3 mois intercalaires), donnait une année moyenne de 365.25 jours, très proche de la valeur actuelle ; cependant la durée de la lunaison était trop faible (29, 51 jours) et entraînait un décalage entre nouvelle lune calendaire et nouvelle lune apparente, et à l'issue de chaque cycle le calendrier avait un jour et demi de retard. Ératosthène connaissait sûrement l'amélioration présentée par le cycle de Méton, de 19 années solaires (et 235 lunaisons), qui donnait un excédent d'un quart de jour, et la correction de Callippe supprimant un jour tous les quatre cycles ; il semble cependant avoir préféré l'octaétéride et influencé la réforme introduite en 238 par Ptolémée III, qui ajoutait

---

42. Voir GULBEKIAN 1987. Sur la mesure de la circonférence, voir GOLDSTEIN 1984. La controverse sur la précision des calculs est, en effet, rattachée à l'unité de mesure utilisée par Ératosthène (ENGELS 1985).

43. *Almageste* 1.12, p. 68.

44. Voir GÉMINOS, *Introduction aux Phénomènes* 8.20-24.

un jour supplémentaire tous les quatre ans au calendrier de type solonien[45] ; ce système préfigure le calendrier julien, suggéré au consul Jules César (auteur d'un *De astris*) par un autre Alexandrin : Sosigène[46].

Ératosthène élabore d'autre part une chronologie universelle proposant sans doute avec sa *Chronographie* (περὶ χρονογραφιῶν)[47] le premier système de datation commun, basé non plus sur des magistratures particulières et locales (archontat, prêtrise, etc.), dont la compréhension et la conversion pouvaient entraîner de nombreux malentendus, mais sur un événement interpolitique et fédérateur[48] : la guerre de Troie, dont il fixe la date à 1184-1183 av. J.-C., une date qui devient presque canonique[49]. Quant à sa *Géographie*, nous ne pouvons l'appréhender que par le témoignage de Strabon, qui reprend à son compte ou réfute un grand nombre des propositions du Cyrénéen dans les deux premiers livres de son œuvre. Ce texte permet de mesurer le bouleversement intellectuel que

---

45. Cette réforme est connue par un texte appelé "décret de Canope". Sur l'hypothèse d'une influence ératosthénienne, voir GEUS 2002 : 209-210.

46. Cf. PLINE, *NH* 18.210 : *Sosigene perito scientiae eius adhibito*.

47. HARPOCRATION, s.v. Εὔηνος. Sur la nature et l'influence du système « diastématique » d'Eratosthène, par datation relative en fonction d'évènements choisis servant de repères dans une chronologie continue, voir MÖLLER 2005.

48. Il est aussi l'auteur de deux listes commentées : *Les vainqueurs des jeux olympiques* (Ὀλυμπιονῖκαι ; voir DIOGÈNE LAËRCE 8.51) et *Les rois de Thèbes* (Θηβαίων βασιλεῖς ; voir PLUTARQUE, *Isis et Osiris* 355c). Il aurait également écrit, d'après STÉPHANE de Byzance (s.v. Βοὸς Κεφαλαί, etc.) une *Histoire des Galates* (Γαλατικά) en sept volumes. Jacoby considérait l'auteur de cette *Histoire* comme un homonyme, mais la critique moderne n'écarte pas l'identification de cet historien avec le Cyrénéen (GEUS 2002 : 16-17 et 333-335 ; cf. *BNJ* 745).

49. Voir FEENEY 2007 : 19. Les fouilles modernes, conduites à partir de Schliemann qui fut le premier à prendre au sérieux, comme historique, la guerre de Troie, ont révélé que le niveau correspondant aux circonstances de la prise et de la destruction de Troie (niveau Troie VIIa) pouvait être daté des environs de 1200 —ce qui fait de la datation ératosthénienne une approximation remarquable.

propose Ératosthène, non seulement dans l'appréciation de la géographie homérique, mais aussi dans la conception des missions et des enjeux de cette discipline[50].

Germaine Aujac (1977) suppose qu'Ératosthène, qualifié par l'étendue de ses connaissances, et encouragé par ses fonctions à la tête de la Bibliothèque et la tradition d'édition de textes développée en son sein depuis son premier directeur, aurait été le premier éditeur de textes scientifiques classiques ; il pourrait être ainsi l'éditeur de la fameuse anthologie hellénistique connue sous le nom de "Petite Astronomie" (μικρὸς ἀστρονομούμενος), en particulier par Pappus[51]. Il entretint, en tout cas, une correspondance transméditéranéenne avec Archimède de Syracuse, sans doute après la mort de l'astronome Conon (vers 235), qui était l'interlocuteur alexandrin régulier du savant sicilien. Dans la fameuse lettre qu'il lui adresse sur l'utilité de la mécanique qui introduit à son traité de la *Méthode*[52], Archimède qualifie son collègue Ératosthène de « studieux, dominant d'une manière remarquable les questions de philosophie et sachant apprécier à sa valeur l'enquête mathématique sur des problèmes nouveaux qui se présentent »[53].

2. L'ASTRONOMIE

L'état actuel de l'ouvrage

L'hybridité de l'œuvre

Le texte qui nous intéresse, intitulé, dans l'*inscriptio* de quelques manuscrits, Ἀστροθεσίαι ζῳδίων, ne comporte ni préface dédicatoire, ni introduction, et se présente

---

50. En géographie, Ératosthène est, de l'avis de Sarton, « un des plus importants géographes de l'histoire *tout court* » (SARTON 1959 : 102).
51. *Collection mathématique* 6.474 sq. (ed. Hulsch).
52. Voir ARCHIMÈDE, p. 82-84 (ed. Mugler).
53. *Lettre introductive*, l.18-21, p. 84 (ed. Mugler).

comme un recueil de notices individuelles consacrées aux constellations (avec deux chapitres complémentaires sur les planètes et la Voie lactée), combinant l'inventaire des étoiles de la constellation et leur position sur la figure avec un récit, parfois complexe, sur le destin héroïque du personnage jusqu'à sa promotion céleste. Il n'est pas possible de dater précisément sa composition mais, dans sa rédaction originale, il a été certainement rédigé à Alexandrie[54]. Au long des 44 chapitres constituant le recueil, deux parties sont ainsi associées, généralement sans chevauchement, bien que des incises de type astronomique puissent se glisser dans la narration : une première partie de mythographie, une seconde partie d'astrothésie. Dans le schéma régulier des notices, l'auteur commence par identifier, dans la mythologie, le héros ou l'animal qui est présent ou représenté au ciel ; puis il raconte un épisode de sa geste, qui culmine avec la promotion du personnage ou de son image au rang des constellations du ciel, en développant parfois certains éléments secondaires, et en appuyant souvent explicitement la version retenue pour le mythe sur un texte littéraire archaïque ou classique. On peut s'interroger sur le rapport entre les deux types de savoir combinés dans cet ouvrage de "mythastronomie". On peut estimer que la première partie (mythographique), qui est toujours la plus importante en termes de volume

---

54. Comme le passage où l'*Épitomé* (*Cat.* 12) signale la constellation de la Boucle (ou Chevelure) de Bérénice a été considéré comme une interpolation, on a cru pouvoir dater le texte d'avant 246, date de la création de la constellation, soit au cours de la période athénienne de la vie d'Ératosthène ; mais la condamnation du passage est très hypothétique, et repose surtout sur le fait que la constellation n'est pas nommée dans la *Liste des constellations* de l'ouvrage original d'Ératosthène ; or c'est le cas de tous les astérismes intégrés (comme les Ânes, etc.). Certaines données (en particulier la mention de l'étoile Canope ; voir *Cat.* 37 et n. 572) supposent un lieu d'observation plus méridional qu'Athènes et l'importance de thématiques égyptiennes est également un indice déterminant pour fixer sa rédaction en Égypte (cf. *Cat.* 20 et n. 309).

textuel, est l'enjeu principal de l'ouvrage, et traiter la rubrique astrothétique comme un appendice technique, complétant la représentation en décrivant la figure céleste dans le prolongement de l'histoire héroïque ; mais on peut aussi considérer que la première partie permet de donner un sens culturel, moyennant un récit étiologique de goût typiquement alexandrin, à un exposé dont l'objet essentiel est la description des corps célestes (les étoiles fixes principalement, et accessoirement les planètes et la traînée d'étoiles que constitue la Voie lactée). Dans la mesure où le texte actuel ne constitue pas la version primitive du texte d'Ératosthène et qu'il n'a pas exactement le même format ni la même structure (voir *infra*), il est préférable d'envisager à parité les deux volets de ces chapitres sans en subordonner un à l'autre. Il n'y a pas, en outre, de raison valable de douter que le texte initial constituait un type particulier de traité, où les données mythologiques et les données astronomiques étaient conjointes[55].

Ératosthène, d'après Strabon (1.2.3), était très critique à l'égard de la poésie mythologique, considérée comme des contes de bonne femme (τὴν ποιητικὴν γραώδη μυθολογίαν ἀποφαίνων), mais il s'agit de sa part moins d'un rejet théorique que de l'expression de circonstance d'un jugement négatif porté sur la poésie ancienne, et surtout les lecteurs trop complaisants de l'épopée homérique, prêts à accorder au Poète toutes les vertus et tous les savoirs. Il ne s'agit même pas d'une critique du mélange des genres, puisque les *Catastérismes* n'étaient sûrement pas simplement astronomiques, mais contenaient certainement aussi, comme on vient de le dire, dans le format initial, des données mythographiques[56]. L'analyse fine du texte et de la tradition parallèle conduit Martin à cette considération nette : « Voilà qui ne nous invite pas à

---

55. REHM (1899b : 263) est le premier à soutenir cette solidarité native, que MAASS (1883 : 30) et THIELE (1898 : 144) contestaient.

56. Voir REHM 1896 : 21.

séparer des fables les catalogues d'étoiles. Le recueil qui circulait sous le nom d'Ératosthène contenait les uns et les autres »[57]. Le titre courant de l'œuvre (*Catastérismes*) est délicat non seulement à traduire, mais à interpréter[58], et paraît désigner les héros, animaux ou objets "portés ou représentés parmi les étoiles" (*catastérisés*) pour constituer les constellations, ou bien "l'invention des constellations".

La composition et la nature

On s'accorde aujourd'hui à considérer que les *Catastérismes*, en l'état actuel du texte, sont le produit d'une rédaction reprise plusieurs fois après la rédaction originale[59]. L'autorité ultime d'Ératosthène, affirmée par Rehm (1896 : 11) et confirmée par Martin, est désormais admise, mais elle s'accompagne d'une évaluation souvent très critique du texte dans sa forme épitomisée actuelle[60]. Le texte primitif a pu être utilisé au cours de l'époque alexandrine, mais nous ne disposons pas de témoignages rapprochés et Hipparque, qui emploie le terme καταστερίζεσθαι[61], n'évoque pas ce texte. Un *terminus ante quem* sûr

---

57. MARTIN 1956 : 103.
58. Pour une discussion sur le titre de l'œuvre, voir *infra*, p. LXX.
59. La rédaction qui détermina la forme épitomisée actuelle est celle du IIe siècle ap. J.-C., selon GEUS 2002 : 212.
60. Voir MARTIN 1956 : 35-126. Cf. aussi PFEIFFER 1968 : 168 ; FRASER 1972 : I.414 et 1972 : II.597 ; HENRICHS 1987 : 274-275. En outre, certaines contributions récentes ont éclairé des aspects particuliers du texte, qui apportent des indices internes en faveur de l'autorité ératosthénienne (cf. HÜBNER 1998a : 84-111). Enfin, certaines références astronomiques contenues dans les *Catastérismes* suggèrent aussi une rédaction précoce, pré-hipparquéenne, de l'original : Voir BÖHME 1887 ; REHM 1899b ; et plus récemment FERABOLI 1993 ; ABRY 1994 : 106 ; PÀMIAS 1998. Pour des détails plus concrets, voir *Cat.* 37 et n. 572.
61. Voir 1.1.9 : σὺν αὐτοῖς τοῖς κατηστερισμένοις δώδεκα ζῳδίοις ; cette expression désigne les signes zodiacaux "représentés comme des constellations" ou "en tant que constellations représentées" (pour les distinguer des signes comme dodécatémories, *i.e* segments réguliers (30°) de l'arc de l'écliptique ; voir *ibid*. 2.17).

pour la parution d'un ouvrage ératosthénien est l'*Astronomie* d'Hygin datant de l'époque augustéenne. Ératosthène, qui est cité dans le texte à de multiples reprises, est certainement une source majeure d'Hygin (voir *infra*). Il est, par ailleurs, très improbable qu'Hygin ait utilisé pour son *Astronomia* une source secondaire citant Ératosthène, et non l'œuvre même d'Ératosthène —ou du moins une œuvre parvenue sous son nom[62].

La critique allemande a tenté de déterminer la date de l'ouvrage essentiellement à partir de l'étude de la partie astronomique de l'œuvre. Böhme[63] tente ainsi de montrer que le "catalogue", *i.e.* les rubriques astrothétiques du recueil, correspond à un descriptif astronomique "pré-hipparchéen" ; mais on peut aussi bien qualifier cet état de "non hipparquéen", puisque les écarts entre les *Catastérismes* et le *Commentaire aux Phénomènes d'Aratos et d'Eudoxe* d'Hipparque attestent simplement d'une absence d'influence de l'œuvre de ce dernier sur notre texte. Certaines données astrothétiques précises de l'*Épitomé* suggèrent que l'ouvrage d'Ératosthène a été écrit à Alexandrie, comme l'indication donnée pour le Bouvier selon laquelle "les quatre étoiles de la main droite ne se couchent pas", ainsi que la situation de Céphée : elles sont correctes si l'on admet comme valeur, pour la hauteur du pôle, celle qui est mesurée depuis Alexandrie, à savoir 31° 11' ; la mention de Canope, visible seulement à une latitude inférieure à celle de Rhodes, confirme également une situation d'observation alexandrine. Mais ces éléments ne peuvent être considérés comme définitifs sur la question, étant donnée la grande circulation de données astronomiques à travers la tradition, indépendamment de la situation personnelle de l'auteur : en étudiant les levers et les couchers d'étoiles Rogers[64] conclut ainsi que les

---

62. Voir REHM 1896 : 4.
63. BÖHME 1887 : 286 sq.
64. ROGERS 1998b : 81.

données aratéennes correspondent au ciel de 2.600 av. J.-C. avec une marge d'erreur de 800 ans ; et les données recueillies par Géminos coïncident largement avec les tablettes mésopotamiennes de MUL-APIN et donc à un ciel de 1000 environ av. J.-C.

Un autre argument, qui a fait couler beaucoup d'encre, a été avancé pour étayer une datation basse du texte des *Catastérismes*. Hygin (*Astr.* 3.1.2) attribue à Ératosthène (*ut dicit Eratosthenes*) l'identification de α UMi comme étoile polaire (πόλος). Or c'est seulement à partir de 400 ap. J.-C. environ que α UMi, notre "polaire" actuelle, est plus proche du pôle nord céleste que β UMi et κ Dra. Cette indication dont se fait écho Hygin —et non directement le texte grec des *Catastérismes*— est peut-être une interpolation[65] ; en tout cas, elle est en contradiction avec une autre localisation dans le texte d'Hygin, où la polaire est située *in extrema cauda Draconis* (*Astr.* 4.8.2)[66].

Carl Robert est le premier à proposer une reconstitution de l'histoire du texte des *Catastérismes*, dans son édition de 1878. Selon lui, Ératosthène aurait écrit un recueil en prose intitulé les *Catalogues* (Κατάλογοι *scil.* τῶν ἄστρων), qui aurait été transformé au IIe siècle après J.-C. pour servir de commentaire aux *Phénomènes* d'Aratos, sous le nouveau nom de *Catastérismes*[67] ; c'est cette œuvre dérivée qui, après diverses altérations et interpolations, aurait abouti au texte de l'*Épitomé*. Robert, qui suppose que l'ouvrage traitait de problématiques astronomiques, est cependant bien en peine pour proposer une description de ce qui est, selon lui, le *genuinum Eratosthenis opus*[68], et dont les seuls utilisateurs attestés seraient

---

65. Voir BÖHME 1887 : 287, et REHM 1896 : 5.
66. Sur l'argument de la hauteur du pôle, voir MARTIN 1998a : 91-96.
67. Dans la mesure où Hygin utilise le texte des *Catastérismes*, ROBERT (1878 : 35) estime donc que cet auteur, différent du bibliothécaire d'Auguste, ne pourrait être antérieur au IIe s. ap. J.-C.
68. Il résume son hypothèse en 1878 : 34-35 ; voir aussi HILLER (1872 : 68-69), à l'origine de l'hypothèse de Robert.

des auteurs de scholies à Homère et Nigidius Figulus, bien que Robert[69] suppute également qu'Ovide et Germanicus auraient pu en avoir connaissance. Robert cite principalement à l'appui une scholie à l'*Iliade* (*ad* 22.29 Van Thiel) concernant Icarios (voir *Cat.* 8) : ἱστορεῖ Ἐρατοσθένης ἐν τοῖς ἑαυτοῦ καταλόγοις[70] ; cependant cette hypothèse, qui repose essentiellement sur une mention unique d'un titre différent et sur des variantes mythographiques, ne permet pas d'établir que le texte utilisé par Hygin était différent de la version alexandrine ancienne, sinon originale.

Avant que, sous la plume de Rehm, l'autorité lointaine d'Ératosthène et le scénario robertien ne redeviennent à l'honneur, Ernst Maass, par ailleurs éditeur d'Aratos et d'Hipparque, réfute la reconstitution de Robert[71]. Il estime probable que le texte des *Catastérismes*, avec ses deux parties (mythographique et astrothétique) (1) daterait d'environ 100 ap. J.-C., et (2) pourrait être l'œuvre d'un certain Sporos de Nicée ; et que (3) l'état actuel du texte serait dû à un *epitomator* de la fin du IIe ou du début du IIIe siècle[72]. La seconde proposition a été rapidement écartée, faute de témoin valable, et n'a pas été reprise par son auteur lui-même, dans son édition postérieure d'Aratos (1893) ; la première le fut également, et les spécialistes considèrent comme vraisemblable depuis Martin (1956) l'autorité initiale du Cyrénéen ; seule la troisième proposition garde aujourd'hui une valeur approximative. Achille Tatius garantit l'existence d'un manuel astral d'Ératosthène dans son traité *Sur l'Univers*[73], lorsqu'il fait remonter le

---

69. ROBERT 1878 : 35.
70. ROBERT 1878 : 4, 39. Il propose trois fragments des Κατάλογοι, dont un seul cite le titre et le nom d'Ératosthène (voir n. 84) ; outre la scholie citée, voir *Schol. Hom.*, ad *Il.* 15.229 Van Thiel et 18.486 Van Thiel (ROBERT 1878 : 42-43).
71. Sur le détail de la question, voir *infra* l'histoire du texte.
72. MAASS 1883 : 139.
73. Voir *Introduction à Aratos* 24, p. 55 Maass.

catastérisme de la Voie Lactée à l'autorité d'Ἐρατοσθένης ἐν τῷ Καταμερισμῷ[74]. Si l'on admet la correction de Καταμερισμῷ en Καταστερισμῷ, le témoignage d'Achille Tatius corrobore l'article de la Souda[75].

Il est probable, en outre, que d'autres œuvres du même titre aient circulé, comme le suggère une scholie à Aratos (*ad* 134, p. 139), même si ce format mythastronomique n'a pas dû constituer un *genre*[76] : οἶδε γὰρ ὁ Ἄρατος τὴν Παρθένον δύο πτέρυγας ἔχουσαν, καθάπερ καὶ ἄλλοι μαρτυροῦσι [τὸ πτέρυγας αὐτὴν ἔχειν] ἐν τοῖς καταστερισμοῖς[77]. Mais ce titre, évoqué ici pour un détail de représentation, ne désigne peut-être pas un traité du même type que celui d'Ératosthène, et sert peut-être d'intitulé à un album imagé des constellations. Quoi qu'il en soit, même si l'*Épitomé* n'est pas l'original ératosthénien, on ne peut souscrire à la formule lapidaire de Germaine Aujac : « Rien de son œuvre ne nous est parvenu »[78].

Le contenu et la structure

Mise à part sa portée comme manuel mythographique[79], la valeur de cet ouvrage dans l'histoire de l'astronomie scientifique est assez faible, et son mérite est essentiellement d'offrir un examen systématique des constellations,

---

74. Voir *Cat.* 44 et n. 687. Le texte complet d'Achille dit : περὶ δὲ τούτου [τοῦ Γαλαξίου *sc.*] φησὶν Ἐρατοσθένης ἐν τῷ Καταμερισμῷ [Καταστερισμῷ corr. Koppiers, Hiller *et alii*] μυθικώτερον τὸν γαλαξίαν κύκλον γεγονέναι ἐκ τοῦ τῆς Ἥρας γάλακτος· τοῦ γὰρ Ἡρακλέους ἔτι βρέφους ὄντος [καὶ] τὸν μαστὸν τῆς Ἥρας ἐπισπασαμένου σφοδρότερον ἐκείνην ἀντισπάσαι, καὶ οὕτω περιχυθέντος τοῦ γάλακτος κύκλον γενέσθαι παγέντος. τὸ δὲ αὐτὸ καὶ ἐπὶ τοῦ Ἑρμοῦ λέγει γεγενῆσθαι Ἐρατοσθένης.
75. Voir *supra*.
76. Cornutus aurait écrit des *tabulae c<at>aster<ismorum>* = πίναξ καταστερισῶν (Stroux 1931 : 358), éditées par son fils.
77. La Souda (I 561, s.v. Ἵππαρχος) attribue à Hipparque une œuvre portant ce titre : Περὶ τῆς τῶν ἀπλανῶν συντάξεως καὶ τοῦ καταστηριγμοῦ.
78. Aujac 1977 : 12.
79. Cf. *infra* 'La mythographie ératosthénienne'.

et la première énumération de 736 étoiles positionnées...
sur les quelque 3000 étoiles visibles à l'œil nu depuis
Alexandrie. Le descriptif proposé dans cet ouvrage ne
vise pas à référencer exhaustivement les astres lumineux
du ciel, mais constitue une sélection pratique permettant
un repérage spatial et temporel. Il s'agit donc d'un choix
stratégique d'étoiles pour fixer la représentation, qui
écarte, au moins en partie consciemment, certaines étoiles
très discrètes et superflues, voire parasites, qui n'apportent
pas d'information utile et pourraient brouiller le schéma
de la figure. Les trois valeurs essentielles d'une étoile, qui
motivent leur présence dans le descriptif ératosthénien
sont : (1) un éclat remarquable, (2) une position marquante pour l'identification de la figure ou d'une de ses
parties, (3) un lever ou un coucher traditionnellement
significatif pour la détermination de l'heure ou de la saison. Dans le cas des constellations brillantes, un nombre
important d'étoiles (jusqu'aux trois quarts des étoiles du
secteur) est parfois omis, témoignant de la sélection des
données physiques, et du fait que l'objectif essentiel était
bien le repérage et l'identification et non l'inventaire des
corps célestes[80]. L'analyse du total d'étoiles donné pour
chaque constellation permet de dégager deux régimes :
celui des astérismes réduits (moins de dix étoiles), et celui
des astérismes comportant une vingtaine d'étoiles ; deux
constellations se distinguent par le nombre considérable d'étoiles : les Poissons, qui à eux deux totalisent
39 étoiles ; et le Verseau, dont le corps est illustré de
17 étoiles, mais en totalise avec l'Eau 48.

Il n'entre pas dans le programme du livre de traiter des
problématiques théoriques sur lesquelles se penchent traditionnellement les μαθηματικοί, terme le plus courant pour
désigner les astronomes à l'époque alexandrine, et qui remplace souvent celui d'ἀστρόλογοι, plus anciennement
employé pour les hommes versés dans la connaissance des

---

80. Voir CHARVET 1998 : 197.

astres. La détermination du moment et de la durée du lever et du coucher des étoiles, qui constitue un des thèmes principaux de l'astronomie, et qui aurait pu avoir sa place dans cet ouvrage dédié aux constellations, est ainsi totalement absente. Un passage d'Eschyle témoigne de l'importance de cette connaissance puisque Prométhée se vante d'avoir aux hommes, en la leur donnant, permis de se repérer dans le temps : " Pour eux [les hommes] il n'était point de signe sûr ni de l'hiver ni du printemps fleuri ni de l'été fertile ; ils faisaient tout sans recourir à la raison, jusqu'au moment où je leur appris la science ardue des levers et des couchers des astres " (*Prométhée enchaîné* 454-458). Autolycos de Pytane, maître d'Arcésilas, fondateur de la Nouvelle Académie, avait près de cent ans plus tôt consacré un traité à la question (*Des levers et des couchers d'étoiles*), et il s'agit d'un développement essentiel du poème d'Aratos (*Les Phénomènes*, surtout v. 559-723), comme, de manière plus attendue, du *Commentaire* d'Hipparque (2.4-3.4). Ce dernier aurait en outre écrit un traité *Sur les levers simultanés*, ouvrage donnant les levers d'étoiles pour *toutes* les latitudes[81], tandis que les phénomènes décrits par Aratos correspondent globalement à une latitude de 40° 2/3, qui est celle de l'Hellespont.

Le manuel d'Ératosthène accorde une place infime aux planètes, regroupées dans un seul chapitre, et pour lesquelles il se contente de noter des caractéristiques onomastiques et chromatiques. Sont donc négligées toutes les questions touchant l'éloignement relatif des planètes, ainsi que la durée de leur révolution et leur trajectoire, qui constituent un casse-tête fondamental dans l'astronomie antique, dès la période archaïque. L'ordre dans lequel elles sont présentées ne correspond d'ailleurs pas à la série classique et astronomiquement pertinente, mais semble avoir subi un remaniement inspiré par des considérations théologiques (voir *Cat.* 43). La banalisation des signes du zodiaque, qui sont mêlés aux autres

---

81. HIPPARQUE, *Commentaire* 2.4.2.

constellations, est symptomatique du passage au second plan des réalités astronomiques. Dès l'époque classique, la zone écliptique a été simplifiée et, sous l'influence mésopotamienne —malgré la présence résiduelle d'astérismes mineurs (comme les Hyades ou les Ânes), la situation ambiguë du Serpentaire au travers de l'écliptique, et la présence d'un signe double (Scorpion + Pinces)—, réduite aux douze signes traditionnels. Le terme de ζῴδιον recouvre en réalité trois sens différents, et la confusion de ces acceptions est un signe de négligence coupable qu'Hipparque reproche à Eudoxe et Aratos (2.1.7) : l'astérisme (limité à ses étoiles constituantes), la figure (astérisme étendu à des parties non marquées par une étoile), la dodécatémorie (segment d'écliptique de trente degrés exactement, correspondant à un douzième du cercle). Les dodécatémories permettent une localisation fine des constellations, et un signalement plus précis de leurs lever et coucher ; mais l'*Épitomé*, qui emploie une fois ce terme, en fait un usage erroné et le confond avec la "figure" zodiacale. Au reste, ce texte n'emprunte à aucune des grandes œuvres "mathématiques" antérieures à Ératosthène : *La sphère en mouvement* d'Autolycos de Pytane (actif vers 330 av. J.-C.) ; les *Éléments*, la *Catoptrique*, les *Phénomènes* d'Euclide ; les *Dimensions et distances du Soleil et de la Lune* d'Aristarque de Samos (310-230 av. J.-C.) ; les traités d'Archimède (287-212 av. J.-C.) ; voire les *Coniques* d'Apollonios de Pergé (262-190 av. J.-C.), contemporain d'Ératosthène. Les ouvrages des trois premiers auteurs font d'ailleurs partie, aux côtés d'Hypsiclès, Théodose de Bithynie et Ménélaos, de la *Petite Astronomie*, *i.e.* du canon astronomique alexandrin connu par Pappus (*Collection mathématique*).

L'ordre des constellations

L'organisation actuelle du recueil est dans l'ensemble claire. Ce dernier comporte deux parties inégales : une première, constituée de 42 chapitres dédiés chacun à une constellation, et une seconde, décrivant successivement les planètes (43) et la Voie lactée (44). Les constellations de la première partie se succèdent selon un ordre manifestant six secteurs célestes :

1) le premier secteur (chap. 1-9) embrasse les constellations *boréales* situées "au-dessus" du Scorpion et de la Vierge, c'est-à-dire de trois signes zodiacaux (90° d'arc), puisque le Scorpion est une constellation double qui inclut les Pinces, ces dernières (transformées plus tard en la Balance, presque sans modification du schéma figuratif de la constellation) ayant le plein statut de signe dans l'astronomie ; les neuf constellations se suivent, à partir des trois constellations arctiques (UMa, UMi, Dra), selon une progression de proche en proche et formant une sorte de boucle d'est en ouest, qui est le sens du mouvement général des constellations.

2) le deuxième secteur (chap. 10-12) correspond à un arc équivalent (90°) au-dessus de l'écliptique, mais ne comprend que les trois constellations zodiacales suivantes à l'ouest (Gem, Crc, Leo), car aucune constellation nouvelle n'est identifiée au-dessus d'elles (hormis la Grande Ourse déjà présentée) ; les signes zodiacaux sont présentés cette fois d'ouest en est, suivant l'ordre de leur lever dans l'année (*i.e.* de la traversée du Soleil dans le signe).

3) le troisième secteur (chap. 13-23) correspond également à un quart d'arc (90°), marqué sur l'écliptique par les trois signes suivants (Tau, Ari, Psc) ; ce groupe est traité comme le premier, de proche en proche, mais en *deux* séries, depuis la constellation la plus boréale et orientale du secteur (13-14 : Aur-Tau ; puis 15-23 : Cep-Pléiade), en formant une boucle (le chapitre 14 étant dédié au Taureau et le chapitre 23 à la Pléiade qui est *dans* le Taureau), au tracé plus chaotique (voir la suite chap. 19-22).

4) le quatrième secteur (24-31) correspond au dernier quart d'arc, sur les dernières constellations zodiacales (Aqr, Sgt, Cap) présentées à la suite (26-28), dans un groupe qui s'ouvre, une fois encore, sur les constellations les plus boréales (Lyre, Oiseau) ; ainsi s'achève le circuit des constellations boréales et zodiacales.
5) le dernier secteur de constellations (32-42) embrasse en deux mouvements les australes, sans rapport avec un découpage du cercle zodiacal : un groupe autour d'Orion (32-34) et Argo (35), où les constellations sont listées globalement d'ouest en est ; et un groupe de constellations suivies globalement d'est en ouest depuis la Baleine (36) jusqu'à Procyon (42).

Certains astérismes sont intégrés à une constellation majeure et le nombre des astérismes qui reçoivent un nom particulier est supérieur à 42, car il faut ajouter une constellation *triple* formée par l'Hydre, le Cratère et le Corbeau (*Cat*. 41), et trois types de figures dont la discrimination est d'ailleurs parfois malaisée : (a) les astérismes distingués (qui appartiennent totalement à l'image mais reçoivent un nom spécial), (b) les astérismes annexés (qui constituent une partie de la constellation et appartiennent au contexte de l'image) et (c) les astérismes agrégés (qui sont indépendants du point de vue de la logique de représentation mais appartiennent au même secteur astral). Par ailleurs, certaines étoiles reçoivent un nom particulier (Arcturus, Propous, Sirius, etc.) sans constituer à proprement parler des *astérismes*.

Relèvent du premier type le Nœud du Lien des Poissons (dans les Poissons, *Cat*. 21), la Massue (dans l'Agenouillé, *Cat*. 4), et la Gorgone (dans Persée, *Cat*. 22) ; ces astérismes, constitués traditionnellement par plusieurs étoiles (bien que la Massue soit, dans le chapitre ératosthénien, illustrée seulement par une étoile), ne sont pas de simples subdivisions de la figure, comme la ceinture d'Orion, la bouche du Poisson ou la queue du Capricorne, mais des incrustations spéciales. Dans de nombreuses constellations les parties (comme la ceinture —ζώνη— d'Orion) reçoivent dans la tradition un nom relativement stable et constituent des unités particulières, qui ont abouti parfois, dans la nomenclature contemporaine, à une dislocation de la figure, comme pour Argo (*Cat.* 35), réparti aujourd'hui en quatre constellations selon le découpage ancien : Poupe (πρύμνη), Gouvernail (πηδάλιον) et Carène (τρόπις) —auxquels s'ajoutent les Voiles.

Les astérismes du deuxième type bénéficient d'un descriptif astrothétique autonome, dans les *Catastérimes*. Tels sont le Serpent du Serpentaire (dans le Serpentaire, *Cat.* 6), le Fil (dans les Poissons, *Cat.* 21), l'Eau du Verseau (dans le Verseau, *Cat.* 26), et la Bête (dans le Centaure, *Cat.* 40).

Ceux de la troisième catégorie sont : les Ânes et la Mangeoire (dans le Cancer, *Cat.* 11), la Chevelure de Bérénice (dans le Lion, *Cat.* 12), la Chèvre et les Chevreaux (dans le Cocher, *Cat.* 13), les Hyades (dans le Taureau, *Cat.* 14), et la Barque (dans le Sagittaire, *Cat.* 28). Certains de ces astérismes sont traités à part dans la partie mythologique, où leur présence est justifiée par des considérations indépendantes de la motivation de la figure principale.

Le texte des *Catastérimes* porte la trace d'une modification de l'ordre des constellations, qui est un indice essentiel pour appréhender l'histoire du texte. En effet, le chapitre consacré à Céphée, qui est le quinzième dans notre collection, commence par ces mots : « Céphée occupe la *quatrième* place dans l'ordre des constellations » ; et celui qui est consacré à la Lyre, au chapitre 24, s'ouvre ainsi : « Elle occupe la *neuvième* place parmi les constellations ». Or l'ordre en question (τάξις), ne peut être que celui de l'exposition des constellations. Dans la *Liste des constellations* d'Ératosthène (*Anonymus* II.2.1), qui constitue un document à part, ces deux constellations se trouvent effectivement aux places indiquées (voir l'*Annexe*), et on peut en conclure que ce répertoire donne l'ordre original (ou du moins une disposition antérieure) du recueil du Cyrénéen. La logique de cette énumération est claire, et la progression rationnelle : au lieu de les inventorier par secteurs, elle liste les constellations par "cercles" : constellations du cercle arctique, entre le cercle arctique et le tropique, entre le tropique nord et l'équateur ; dans la zone zodiacale ; entre l'équateur et le tropique sud, entre le tropique sud et le cercle antarctique. Les variantes, pour les trois principaux auteurs de traités d'astronomie postérieurs à Ératosthène, sont les suivantes : Géminos (*Introduction* 3.1-12) : zodiacales (12), boréales (22), australes (16) ; Hipparque (*Commentaire aux Phénomènes d'Aratos et d'Eudoxe* 2.4-3.4) : boréales (16), australes (14), zodiacales (12). Ptolémée (*Almageste* 7.5-8.1) : boréales (21), zodiacales (signes boréaux [6] puis signes austraux [6]), australes (15). Dans l'*Épitomé*, le chapitre 42 présente à ce titre un autre stigmate de l'ordre initial, puisque la dernière phrase annonce une section portant sur la série zodiacale, alors que toutes les constellations ont déjà été passées en revue[82] ; dans l'ordre original le zodiaque était donc bien isolé et le texte suivait un dispositif de type hipparquéen.

Ces classes de constellations sont plus pertinentes scientifiquement, mais aussi en partie plus abstraites et correspondant moins à une situation d'observation —pour laquelle l'ordre suivi dans la version récente des *Catastérismes* apparaît plus empirique et pédagogique. Son défaut est de ne pas isoler les constellations zodiacales qui ont presque toujours, dans la littérature, une place à part ; on note pourtant que la limite des "hémisphères" est, dans cet ordre, marqué par l'écliptique et non, comme dans la

---

82. Τὰ δὲ μετὰ ταῦτα ἄστρα γίνεται ἐν τῷ ζῳδιακῷ κύκλῳ (voir *Cat.* 42 et note 666). Cf. aussi *Schol. Germ.* 99 Breysig : *inter haec sunt astra siue signa, quae planetae appellantur*, remarque qui figure à la suite de la description du Poisson austral ; cet ajout montre une adaptation au programme revu des *Catastérismes*, où les planètes succèdent aux australes, et non au zodiaque.

Liste des constellations (*Anonymus* II.2.1), par l'équateur : ainsi Procyon, qui est la dernière des australes dans les *Catastérismes*, est la dernière des *boréales* dans la *Liste des constellations*. La répartition des constellations dans les différentes zones est compliquée par le fait que certaines sont effectivement *à cheval* sur deux zones (Andromède, l'Agenouillé, etc.).

La modification de l'ordre ératosthénien correspond, comme l'a très justement établi Jean Martin[83], au souci d'adapter la structure de l'ouvrage à l'ordre de progression *de proche en proche* suivi dans le très populaire et influent poème d'Aratos (les *Phénomènes*). Ainsi pour le troisième secteur des *Catastérismes*, voici la série calquée sur le développement aratéen : Cocher (Aratos 156 sq./ *Cat.* 13), Taureau (Aratos 167 sq./*Cat.* 14), Céphée (Aratos 182 sq./*Cat.* 15), Cassiopée (Aratos 188 sq./*Cat.* 16), Andromède (Aratos 197 sq./*Cat.* 17), Cheval (Aratos 205 sq./*Cat.* 18), Bélier (Aratos 225 sq./*Cat.* 19), Triangle (Aratos 233 sq./*Cat.* 20), Poissons (Aratos 239 sq./*Cat.* 21), Persée (Aratos 248 sq./*Cat.* 22), Pléiade (Aratos 254 sq./*Cat.* 23) ; alors que la position de ces constellations dans la *Liste des constellations* (*Anonymus* II.2.1) était respectivement : 13, 29, 4, 7, 6, 15, 30, 14, 28, 5, 29 bis (la Pléiade étant initialement traitée, comme les Hyades, à l'intérieur du chapitre consacré au Taureau).

Deux indices supplémentaires confirment ce rapprochement entre les *Catastérismes* et les *Phénomènes*. Le premier est fourni par les Pinces, qui ont un statut particulier puisqu'elles constituent une *partie anatomique* du Scorpion (*Cat.* 7), et en même temps un *signe zodiacal* indépendant (εἰς δύο δωδεκατεμόρια διαιρεῖται) ; deux approches sont donc susceptibles de s'affronter pour leur présentation et, effectivement, si la description astronomique de ce signe est intégrée à celle du Scorpion dans les *Catastérismes* ou les *Phénomènes* d'Aratos qui suivent

---

83. MARTIN 1956 : 35-126.

une logique figurale, les Pinces constituent le plus souvent un chapitre autonome, comme dans Ptolémée ou, justement, dans la *Liste des constellations* (*Anonymus* II.2.1). L'autre témoin est fourni par la Pléiade, qui est généralement agrégée au Taureau dont elle couronne l'échine, y compris dans la version originale des *Catastérimes* (puisqu'elle n'est pas citée dans le sommaire), alors qu'elle fait l'objet d'un traitement généreux par Aratos (254-267), et se voit accorder de ce fait, dans les *Catastérismes*, un chapitre à part entière.

L'astrothésie

Les catalogues d'étoiles

Robert attribuait à Ératosthène un ouvrage intitulé Κατάλογοι, mais le fragment clé de cette hypothèse, une scholie à l'*Iliade* (*ad* 22.29), a été rejeté par Rehm et n'est pas convaincant[84]. Tout autre est la *Liste des constellations* (*Anonymus* II.2.1) attribuée à Ératosthène et transmise dans une version grecque et deux traductions latines. La rédaction grecque ne porte pas d'intitulé dans le manuscrit (*Laurentianus* LXXXVII 10), mais le titre latin permet de le restituer : *Eratosthenis de circa exornatione stellarum et ethymologia* (sic) *de quibus uidentur*[85]. Rehm[86] proposait la rétroversion suivante : Ἐρατοσθένους περὶ κόσμου καὶ ἐτυμολογίας τῶν φαινομένων, ou encore[87] Ἐρατοσθένους περὶ τοῦ τῶν ἀστέρων διακόσμου καὶ τῆς τῶν φαινομένων

---

84. REHM (1896 : 13) *vs* ROBERT (1878 : 39) ; voir *supra*, p. XXIII. Outre le fait que la *subscriptio* est, selon les manuscrits utilisés dans les éditions modernes des *Scholies à Homère* (*ad* 22.29), ἡ ἱστορία παρὰ Ἐρατοσθένει ou ἱστορεῖ Ἐρατοσθένης —et non ἐν τοῖς ἑαυτοῦ Καταλόγοις (cf. éd. d'Erbse et Van Thiel).

85. Voir *supra*. L'autre titre, corrompu, est *Eratosthenis de circa exornatione et proprietate sermonum quibus uidentur*. Voir *Cat.* 1, n. 1.

86. REHM 1896 : 12.

87. REHM 1899b : 266.

ἐτυμολογίας ; et Maass[88] suivi par Martin[89] corrige en Ἐρατοσθένους περὶ καταστερισμῶν καὶ ἐτυμολογίας τῶν φαινομένων. Maass[90] interprète littéralement le mot ἐτυμολογία et n'imagine pas qu'il soit pertinent pour l'œuvre en l'état d'Ératosthène, mais estime équivalent *exornatio* et καταστερισμός. Pour Martin[91] il ne fait pas de doute que le titre latin reflète précisément un titre ancien qui pourrait être le titre original complet de l'ouvrage d'Ératosthène et l'*etymologia*, qui est une transcription banale du terme grec, correspond, comme le pensait déjà Rehm, à la "fable". Dans l'ordre de cette liste, les constellations sont listées du nord (boréal) au sud (austral) par zones balayées d'est en ouest pour les zones arctique et tropicale ; puis les constellations zodiacales sont listées, mais cette fois d'ouest en est, autrement dit dans le sens d'évolution apparent des planètes ; pour les australes, les constellations listées sont les tropicales, puis les antarctiques.

Sous le nom d'Hipparque, auteur par ailleurs d'un traité critique sur la *Géographie*, intitulé *Contre Ératosthène* selon Strabon (1.1.12 et 2.1.41), est conservée une liste proche de la précédente, mais plus riche. Il s'agit d'un *Sommaire de catalogue d'étoiles*[92], précisant pour chaque constellation le nombre d'étoiles qu'elle comporte (voir l'*Anonymus* II.2.2 dans l'*Annexe*). Le titre (maladroit) donné par le codex où il figure (*Angelicanus* 29, f. 158) est le suivant : Ἐκ τῶν Ἱππάρχου περὶ τῶν ἀστέρων ποσοῦ. La liste énumère d'abord les constellation boréales (au-dessus du zodiaque), puis les australes, puis les zodiacales, en commençant par le Cancer (trois boréales : Cnc, Leo, Vir ; six australes : Lib, Sco, Sgr, Cap, Aqr, Psc ; trois dernières boréales : Ari, Tau, Gem). La série des

---

88. MAASS 1898 : 134 sq.
89. MARTIN 1956 : 107.
90. MAASS 1898 : XXIV et 134.
91. MARTIN 2002 : 24.
92. Voir OLIVIERI 1897a, et REHM 1899b : 252-253.

constellations est différente de celle de la *Liste des constellations* (*Anonymus* II.2.1, voir l'*Annexe*). Selon Rehm[93], le catalogueur procède par groupes, du nord au sud et d'ouest en est, malgré quelques légers désordres. Le texte précise la situation spéciale du Serpentaire, du Cheval (Pégase), de l'Hydre, d'Orion et des Poissons, qui sont "sur les deux hémisphères à la fois". Malgré Thiele[94], qui estime que le catalogue est hipparchéen, on constate que l'ordre adopté n'est pas le même que celui que suit Hipparque dans son *Commentaire*[95]. On ne peut établir le total des étoiles puisque certains nombres semblent corrompus (six pour le Cancer, huit pour Persée), voire manquent tout à fait pour cinq constellations (Aql, Argo, Eri, CrB, Gem) ; le total, en tout cas, dépassait 617. Ces totaux ne correspondent que partiellement à ceux qui sont donnés dans l'*Épitomé* : ils coïncident parfois (UMa, UMi, Dra, CrB, Oph…) mais peuvent aussi diverger (Boo 19 *vs* 14, Her 24 *vs* 19, Sco 15 *vs* 19, Crc 6 *vs* 18…). Il ne s'agit, à l'évidence, ni d'un catalogue ératosthénien, ni du *Catalogue des étoiles fixes* perdu que la tradition prête à Hipparque et dont Pline (2.95) parle avec admiration. Ce catalogue véritable et historique, que l'on peut dater de 130 av. J.-C. environ, ne se contentait pas d'un inventaire mais donnait les positions des étoiles et leur magnitude ; et s'il peut être identifié au catalogue dont Pline parle quelques paragraphes plus loin (2.110), il a pu contenir 1.600 étoiles : « […] ces hauteurs immenses, divisées en 72 constellations, c'est-à-dire 72 figures d'objets ou d'êtres animés entre lesquelles les savants ont partagé le ciel. Ils y ont relevé 1.600 étoiles, les plus remarquables bien entendu par leurs effets et leur aspect, par exemple dans la queue du Taureau les sept qu'on nomme

---

93. REHM 1899b : 256.
94. THIELE 1898 : 39.
95. Notons aussi que le nom du grand Poisson est dans la liste ὁ ἁδρὸς Ἰχθύς, alors qu'il est toujours dans le *Commentaire* d'Hipparque ὁ νότιος Ἰχθύς.

Pléiades, dans son front les Sucules, ou le Bouvier qui suit les Sept Bœufs [la Grande Ourse] »[96]. Le *Commentaire anonyme d'Aratos*[97] donne le nombre de 1.080 pour le catalogue d'Hipparque.

Le seul texte conservé d'Hipparque, le *Commentaire aux Phénomènes d'Aratos et d'Eudoxe* ne fournit pas de catalogue mais permet, par déduction, d'en établir un. Dans ce texte où sont décrits les levers et les couchers de 42 constellations pour la latitude de 36°, Hipparque indique, en effet, pour chacune d'entre elles, les étoiles qui sont les premières ou les dernières à se lever ou à se coucher, ainsi que les étoiles qui, à l'instant de ces levers ou de ces couchers, passent au méridien ; il signale aussi la longitude des points de l'écliptique qui sont à l'horizon (au levant ou au couchant selon les cas) et au méridien. Grâce à ces données combinées, on peut dresser une liste d'étoiles aussi importante que celle de l'*Épitomé*, et obtenir de plus les coordonnées de quelque 80 étoiles, sans compter les étoiles dont Hipparque donne lui-même les coordonnées équatoriales. On est ainsi parvenu à dresser une liste de 122 étoiles, avec leurs coordonnées, dont on peut attribuer la détermination à Hipparque lui-même[98]. Le seul catalogue explicite qui nous soit parvenu, et qui servit de modèle à tous les catalogues postérieurs, est celui que dresse Ptolémée dans la *Syntaxe Mathématique* (= *Almageste* 7.5-8.1). Il contient 1.025 étoiles[99], et décrit successivement 21 constellations boréales (361 étoiles), les 12 constellations zodiacales (350 étoiles) et 15 constellations australes (317 étoiles), soit en tout 48 constellations ; pour chaque étoile du catalogue sont données la

---

96. Le nombre de 72 constellations, supérieur au nombre traditionnel, pourrait provenir d'une tradition égyptienne et être l'addition des 36 décans aux 36 constellations extra-zodiacales (voir BOLL 1909 : 2417).

97. Voir MAASS 1898 : 128.

98. Voir VOGT 1925.

99. Tous les manuscrits donnent le total de 1022, mais un décompte méthodique donne en fait 1028, dont trois étoiles doublées, soit 1025.

description de sa position anatomique sur le personnage ou sur une structure géométrique présente dans la figure, les coordonnées écliptiques pour le début du règne d'Antonin (juillet 137) et la "magnitude" (μέγεθος), qui est l'éclat perçu, sur une échelle *décroissante* de 1 à 6, les étoiles les plus brillantes étant de magnitude 1 et les plus discrètes de magnitude 6[100].

Les données astronomiques

L'*Épitomé* n'atteint pas ce luxe d'informations et se borne à positionner les étoiles sur la figure, en signalant parfois l'éclat (λαμπρός) ou au contraire la pâleur (ἀμαυρός) d'une étoile ; des détails sur l'éclat (λαμπρότερον : *Cat.* 4 ; λαμπρότατος : *Cat.* 7) ou la pâleur de l'étoile (ἀμαυρότερον : *Cat.* 20 ; ἀμαυρὸς σφόδρα : *Cat.* 14) sont exceptionnelles. Les planètes sont les seuls astres pour lesquels le texte donne systématiquement des indications de couleur et de taille. En revanche, l'anatomie des figures est décrite précisément, avec des indications fréquentes de latéralité. On le voit nettement dans *Cat.* 4 (l'Agenouillé), où le texte décrit membre à membre Héraclès luttant. Mais cette description précise de la *figure constellaire* (dont l'orientation, la posture et parfois certains attributs sont précisés), constitue moins un complément culturel ou un objectif supplémentaire qu'un moyen *nécessaire* pour situer les étoiles. Dans la mesure où Ératosthène ne passe pas, comme Ptolémée le fait de manière complémentaire, par un système de coordonnées célestes pour situer les étoiles, il doit s'appuyer uniquement sur les détails d'une figure qui, en outre, présente l'intérêt de prolonger visuellement la narration mythographique ; il n'y a pas pour lui d'autre moyen de positionner

---

100. Ce paramètre a été repris par les astronomes modernes, et l'échelle de magnitude étendue au-delà de 6, et en deçà de 1, certaines étoiles (le Soleil, Sirius, Canope, Arcturus) ayant même une magnitude négative.

β Orionis que de la "placer" sur le pied gauche d'Orion. Par suite, la plupart des 736 étoiles signalées est facilement identifiable, aussi grâce aux descriptions du ciel plus précises qui sont données par Hipparque et Ptolémée. Néanmoins certaines identifications restent hypothétiques, et le nombre proposé est lui-même approximatif.

En effet, la partie astrothétique a beaucoup souffert de la tradition manuscrite, et tous les éditeurs (Robert, Olivieri...) ont proposé des corrections du texte transmis. Ces corrections reposent tantôt sur les témoignages de la littérature parallèle (Hygin, *Scholies à Germanicus, Aratus Latinus,* éventuellement *Scholies à Aratos*) qui donnent une version différente et plus conforme à notre attente, tantôt sur une exigence scientifique de respect des "phénomènes". Il faut cependant se garder de considérer comme des erreurs textuelles toutes les données qui paraissent aujourd'hui insatisfaisantes du point de vue astronomique. Et il conviendrait plutôt de les traiter globalement comme des indications "choquantes" plutôt que de les sanctionner comme des erreurs. Les notations en cause sont de plusieurs type et portent sur (a) la position de l'étoile, (b) l'éclat de l'étoile, (c) le nombre d'étoiles dans un astérisme, et (d) la présence d'une étoile introuvable ou l'absence d'une étoile flagrante dans le descriptif. Le premier type (a) est à la fois le plus complexe et le plus fréquent : en confrontant systématiquement les positions des étoiles avec les catalogues d'étoiles postérieures, en particulier les riches descriptions d'Hipparque (qui n'offre pas à proprement parler un "catalogue") et le catalogue de Ptolémée, dans le livre 7 de la *Syntaxe Mathématique*, qui signale et situe les étoiles selon les coordonnées écliptiques, on constate un grand nombre de divergences[101]. Ces écarts sont souvent dus au code iconographique adopté pour la situation des étoiles, et à

---

101. Ces discrépances sont commentées dans les notes, individuellement pour chacune des constellations.

l'évolution des figures constellaires dans la représentation et la tradition[102] : la disposition des étoiles sur un fond de carte céleste, selon les positions données par la rubrique astrothétique de notre recueil, aboutit parfois à des figures déformées ou monstrueuses. Un second cas est constitué par les indications de latéralité (droite/gauche), qui ne paraissent pas homogènes et supposent des figures tantôt orientées face vers la Terre, tantôt représentées de dos. Si l'on refuse de rectifier le texte sur ce point, il faut admettre que les rubriques astrothétiques reposent sur l'utilisation conjointe et mêlée de deux référentiels incompatibles : une sphère —ou planisphère— céleste d'un ciel de voûte (vue de la Terre), et une sphère —ou planisphère— d'un ciel cosmique (vue de l'extérieur du monde).

Pour le second type de problèmes (b) on constate, comme avec les indicateurs de latéralité, un flottement dans la tradition, l'adjectif "brillant" (λαμπρός/*clarus*) étant remplacé ailleurs par "terne" (ἀμαυρός/*obscurus*), ou reporté sur une étoile proche dans l'inventaire des étoiles de la constellation[103]. Cependant cette information binaire, qui correspond approximativement à la magnitude (μέγεθος) que Ptolémée signale, lui, systématiquement dans son catalogue, manque tout à fait pour la plupart des étoiles du descriptif ératosthénien. Le troisième et le quatrième types (c, d) sont liés et, d'une certaine façon, plus préoccupants. Ainsi, l'absence de signalement précis de l'étoile α Leo (Régulus), compte tenu de son éclat remarquable (mag. 1.3, *Cat.* 12), ou l'absence de mention de ι Gem (mag. 3.8, *Cat.* 10) semble, pour le coup, un accident textuel ; ou, inversement, la présence d'une étoile brillante sur le ventre de Céphée (*Cat.* 15, n. 241), le chiffre luxueux de sept pour les étoiles de la tête de l'ourse (UMa, *Cat.* 1), ou encore celui de dix-huit pour

---

102. Voir Zucker 2008 & 2010.

103. Voir l'apparat critique, en particulier pour les *Cat.* 6, 9, 12, 14, 18, 19, 32.

le Crabe (*Cat.* 11), alors que Ptolémée, toujours plus généreux, n'en voit que treize, obligent à recruter dans l'espace céleste correspondant des étoiles de très faible magnitude (supérieure à 5.5) à la limite de la visibilité à l'œil nu, voire à renoncer à identifier les étoiles notées. Le total donné régulièrement à la fin de la rubrique astrothétique pour les étoiles de la constellation est, de manière générale, sujet à variation, dans les manuscrits et la tradition (*Fragmenta Vaticana*, et tradition "aratéenne")[104].

Description imagée et illustrations

Pour ses descriptions des figures Ératosthène a certainement utilisé des supports imagés[105]. Rehm, par pure hypothèse, estimait que les premières représentations de constellations n'étaient pas étoilées[106], mais cette restriction est inutile et incertaine, et ne peut concerner les instruments ératosthéniens. On peut supposer qu'Ératosthène suivait un planisphère, voire une sphère, et de manière complémentaire peut-être un album de planches singulières pour les constellations. Le code iconographique de ces figures, *dans la littérature*, est commun à la tradition comme le rappelle Hipparque : « Toutes les constellations sont figurées au ciel en fonction de notre observation et en quelque sorte orientées vers nous, sauf celles qui sont de profil »[107]. Ainsi la représentation des figures correspond à une vision humaine, dans laquelle les personnages font face à l'observateur terrestre. En fait, les

---

104. Le total des étoiles des différentes constellations a été rapproché des chiffres donnés par Ovide (Maass 1883 : 13, 29), mais une indication d'Ovide remonte clairement à Hipparque (Böhme 1887 : 306).
105. Voir, sur ces supports, Stückelberger 1990.
106. Rehm 1899b : 264.
107. *Commentaire* 1.4.5. Voir aussi *ibid.* 1.4.9 : « dans les représentations astrales toutes les constellations, comme je l'ai dit, sont tournées vers la partie intérieure du monde, chez tous les auteurs y compris Aratos ».

images "qui sont de profil" sont souvent à l'égyptienne (de profil mais buste de face). Cependant l'existence de sphères célestes sur lesquelles les constellations étaient représentées de dos, comme vues de l'extérieur du monde, a pu, sans doute dès l'état initial du texte, ou du moins au cours du travail d'épitomisation et de récriture, entraîner des corrections ponctuelles aboutissant à une confusion du code de représentation[108]. De manière générale, en effet, les confusions fréquentes dans les textes astronomiques entre la droite et la gauche d'une constellation procèdent de la perspective adoptée par les "présentateurs" : alternent ou s'entremêlent des notations correspondant à un ciel de voûte (personnage faisant face au spectateur terrestre) et un ciel de sphère peinte, représentée comme vu de l'extérieur du monde ; les figures peuvent, en outre, être présentées de dos sur la sphère peinte, conformément à la logique de cette vision "externe"[109].

Anaximandre est donné traditionnellement comme le premier à avoir fabriqué un globe céleste (Diogène Laërce 2.2) ; mais outre le coût élevé de la construction d'une sphère, qui doit en avoir limité la production, s'est sans doute imposé rapidement le recours à un planisphère, comportant des représentations figurées et ponctuées par

---

108. Les *Scholies à Aratos* pointent souvent cette difficulté, lorsqu'elles justifient —ou contestent— chez Aratos une indication de latéralité inattendue : « C'est l'épaule gauche d'Andromède qui jouxte le Poisson, selon la représentation donnée par les globes célestes, et [Andromède] le touche par la droite, selon la représentation [externe] du ciel. Car [dans ce dernier cas] les constellations sont fixées face contre le ciel, et nous voyons leur dos ; mais on ne peut pas les représenter ainsi sur les globes, car sinon nous ne les verrions pas », ὁ δὲ ἀριστερὸς ὦμος τῆς Ἀνδρομέδας πλησιάζει τῷ Ἰχθύι ἐν τῇ σφαιρογραφίᾳ, τῷ δεξιῷ δὲ τῇ οὐρανοθεσίᾳ. ἐμπέπηγε γὰρ ἐπ' ὄψιν τῷ οὐρανῷ τὰ ζῴδια, καὶ τὰ νῶτα αὐτῶν ἡμεῖς ὁρῶμεν. οὐ γὰρ δύνατον ἐν τῇ σφαίρᾳ γραφῆναι οὕτως· οὐ γὰρ ἂν ἑωρῶμεν (248, p. 198) ; cf. *Id.*, 251, p. 199 ; etc.

109. Voir ZUCKER 2008 et, pour une interprétation différente, BAKHOUCHE 1997.

les étoiles, un support commode et permettant la projection bidimensionnelle des données avec une plus grande précision[110]. Le titre d'Ἔνοπτρον ("miroir") donnée à une des œuvres d'Eudoxe, exprime sans doute ce mode de représentation, où les constellations sont figurées sur un plan, non de l'extérieur mais telles qu'elles sont vues de la Terre.

Les figures du ciel d'Ératosthène

Tous les astronymes présents dans le texte sont connus dès avant Ératosthène, au moins depuis Eudoxe (IVe siècle), et sont pour la plupart conventionnels et classiques[111]. Certaines originalités, comme la mention d'une barque (Πλοῖον) sous le Sagittaire (*Cat.* 28), sont insuffisantes pour attester qu'Ératosthène a notablement enrichi la représentation du ciel ou l'onomastique des constellations. Néanmoins, en proposant ou confirmant certaines identifications mythologiques précises pour des figures anonymes (comme Héraclès pour l'Agenouillé), il a orienté la représentation et encouragé les spéculations mythographiques. Lorsque l'*Épitomé* présente des jugements sur la tradition, ceux-ci expriment seulement des préférences pour certaines identifications héroïques et ne portent pas sur la nature de la figure ou la tradition astrothétique. Quelques noms remontent à Homère (la Grande Ourse, le Bouvier, Orion, les Hyades et les Pléiades), qui nomme également Arcturus et Sirius. Hésiode fait, lui aussi, référence à Orion, la Pléiade, Arcturus et Sirius, et ajoute le nom des Hyades. Il est, en fait, impossible de savoir si ces noms désignent la constellation entière (et avec quelles limites …) ou seulement l'étoile principale en contexte. Arcturus étant la *lucida* du Bouvier, le fait qu'Homère use des deux noms semble indiquer que le

---

110. Voir STÜCKELBERGER (1990 : 74 sq.) ; pour le globe céleste d'Anaximandre, voir SCHLACHTER 1927.
111. Pour le détail, voir les différents chapitres.

second (Βοώτης, *Il.* 5.272) désigne un astérisme. On ne peut, en tout cas, soutenir simplement, comme le fait Le Bœuffle[112], qu'Homère s'intéresse *plutôt* aux étoiles, et Hésiode plutôt aux constellations, d'autant que la relation métonymique est, dans la conception même de la constellation, une composante particulièrement forte et durable. L'emploi des termes grecs ἄστρον et ἀστήρ, dans la littérature, est ambigu, comme celui des vocables latins *stella* et *sidus* (étoile ou astre brillant) ou le calque *astrum* (astre, planète, constellation)[113]. Ératosthène emploie, quant à lui, régulièrement ἀστήρ pour les étoiles dans la partie astrothétique et pour les planètes (voir *Cat.* 43), et le mot ἄστρον, surtout au pluriel, pour les constellations (voir *Cat.* 41, et *Cat.* 42 et n. 667).

L'origine de ces constellations grecques est souvent à chercher dans le ciel mésopotamien, ou, plus rarement, dans des figures égyptiennes. Mais il existe de nombreuses constellations communes aux différentes cultures antiques de Méditerranée, et interpréter ces coïncidences en termes d'emprunt est un scénario schématique : la contamination partielle ou l'influence ont dû être fréquentes, mais on oublie souvent que la présence d'une figure dans deux systèmes ouranographiques ne signifie nullement qu'elle se trouve dans le même secteur céleste, qu'elle couvre le même espace et qu'elle a le même dessin.

3. Mythologie et catastérisation

Les dieux astraux

Les dieux astraux dans le panthéon grec

La conception grecque du panthéon, définie par la poésie et le culte, est rigoureusement anthropomorphique, et

---

112. Le Bœuffle 1973 : 48 sq., 442.
113. Sur cette terminologie, en particulier en latin, voir Le Bœuffle 1971 : 83.

laisse peu de place à des divinités astrales. La marginalité de ces figures cosmiques est moins à interpréter d'un point de vue historico-religieux (diachronique), comme le fruit d'une évolution d'une ancienne religiosité naturelle vers une perception anthropomorphique qui serait plus moderne, que, d'un point de vue structurel (synchronique), comme la tension et l'opposition entre des forces cosmiques pré-olympiques et souvent menaçantes, et des divinités politiques, typiquement "olympiennes" et garantes de l'équilibre du monde et du *statu quo* social. Certaines divinités toutefois, au premier chef Apollon et Artémis, obligent à se poser la question de l'assimilation olympienne de divinités astrales, ou d'un syncrétisme entre des dieux classiques et des astres, en particulier les "planètes" —ce terme étant à entendre du point de vue grec, comme incluant le Soleil et exceptant la Terre. Le rapport entre Apollon et Hélios/Soleil, et entre Artémis et Sélénè/Lune est dès l'antiquité envisagé comme un rapport complexe, qui ne relève pas d'une simple identification. Bien que l'ancienne *communis opinio* qui faisait dériver les dieux des phénomènes naturels paraisse aujourd'hui totalement obsolète, l'interprétation en vogue au XIXe siècle qui voyait en Apollon un dieu originellement solaire[114] a eu ses partisans au XXe siècle[115], et a même connu un récent regain de faveur[116]. Il faut reconnaître, quoi qu'il en soit, que la figure d'Apollon solaire est largement attestée dans l'antiquité, et les associations entre Hélios et Apollon sont bien documentées dans les pratiques religieuses à partir du Ve siècle[117]. Les témoignages littéraires de la fusion des deux dieux sont plus controversés ; on invoque comme une des plus anciennes

---

114. Voir RAPP 1890b : 1996.

115. Voir KRAPPE 1946.

116. Voir MOREAU (1996 : 12-26), qui énumère cinq traits communs au dieu et au Soleil : la lumière, les flèches, la roue, le cheval et le chiffre 7.

117. Voir HAMDORF 1964 : 18-19 ; BURKERT 1985 : 149.

attestations[118] un fragment du *Phaéthon* d'Euripide (*frg.* 3. 224-226 Jouan-Van Looy), mais un chapitre d'Ératosthène qui fait allusion aux *Bassarides* d'Eschyle (*Cat.* 24) laisse penser que l'identification, au moins partielle, était déjà bien connue d'Eschyle[119]. Le passage en question fait d'Orphée un apostat de la religion dionysiaque et l'introducteur du culte d'Apollon solaire, en lien peut-être avec une tendance propre à la religion orphique[120]. Toutefois le culte du Soleil est considéré à l'époque classique comme un phénomène marginal : soit de nature barbare[121], soit dénigré comme typique des σοφοί. Sans identifier formellement Apollon à Hélios, un fragment de Sophocle atteste effectivement d'une tendance à l'héliolâtrie parmi les "intellectuels"[122]. Ces témoignages ont conduit à supposer que la connexion entre Hélios et Apollon serait un produit de la spéculation philosophique présocratique, perpétuée par les Stoïciens (Cléanthe) jusqu'aux Néoplatoniciens, et l'on pourrait, dans la diffusion de ce motif pythagoricien[123], noter son influence sur Euripide et Platon. Mais cette idée débordait largement le cadre de la doctrine pythagoricienne : les allégories de Théagène de Rhégion (*FVS*, *frg.* 2) associaient déjà Hélios et Apollon (ainsi qu'Héphaïstos) dans un même rapport au feu. En outre, des philosophes comme Parménide (*FVS* 28A20) ou Empédocle (*FVS* 31A23) rationalisent la personnalité d'Apollon qu'ils identifient au Soleil[124]. Cette identification

118. Voir GANTZ 2004 : 160-161.

119. Voir Eschyle, p. 138 Radt. Voir également Eschyle, *Suppl.* 212-214 ; *Th.* 859-860 (voir *Cat.* 24, n. 359).

120. On a, en effet, émis l'hypothèse que la convergence entre Apollon et Hélios serait un produit des religions à mystère (HAMDORF 1964 : 18-19).

121. ARISTOPHANE, *Paix* 406-407 ; PLATON, *Cratyle* 397f.

122. Voir SOPHOCLE, *frg.* 752 Radt (οἱ σοφοί) ; Id., *frg.* 582 Radt ; Id., *OT* 660.

123. Voir BOYANCÉ 1966 : 156 sq.

124. Cf. OINOPIDE de Chios (*FVS*, *frg.* 7) : Λοξίας *cognominatur* [*Apollo*], *ut ait Oenopides*, ὅτι ἐκπορεύεται τὸν λοξὸν κύκλον ἀπὸ

aboutit, plus tard, à un syncrétisme beaucoup plus large, sur la base d'un symbolisme solaire étendu. Ainsi Macrobe, qui consacre une grande partie du premier livre des *Saturnales* à un examen culturel et ethnologique de la dévotion au Soleil, identifie prioritairement le dieu à Apollon (*Saturnales* 1.17), mais étend le substrat théologique solaire aux autres divinités, sans dissocier les dieux grecs des dieux latins, et souligne l'identité ou le symbolisme solaire d'une série impressionnante de dieux : Apollon, Janus, Liber pater, Mars, Mercure, Esculape, Hercule, Salus, Isis, Sérapis, Adonis, Attis, Osiris, Horus, les douze signes du zodiaque, Némésis, Pan, Saturne, Jupiter, et enfin Adad, le dieu des Assyriens.

Malgré la discrétion des divinités astrales dans les panthéons politiques grecs, certaines puissances cosmiques ou astrales, comme Éos (Aurore), Hèméra (Jour) ou Nyx (Nuit) ont une certaine existence mythologique, notamment dans les mythes cosmogoniques. Nyx, en particulier, a une grande importance dans la réflexion cosmogonique des Orphiques, ainsi que dans d'autres systèmes, comme celui d'Acousilaos d'Argos[125]. Mais dans la ritologie traditionnelle, mis à part quelques cas isolés dans des cultes locaux (comme la Nuit à Mégare, ou l'Aurore à Athènes), seuls Sélénè et Hélios jouissent véritablement d'un statut de *Kultpersonifikation*, et jouent un rôle réel dans le panorama religieux de la cité grecque —parfois à travers des garants olympiens, comme dans le culte apollinien qui fait une place à Hélios. En effet, comme la numismatique l'a abondamment montré, le dieu Hélios occupe à Athènes un espace particulier, dans le cadre du culte apollinien, à l'occasion des Thargélies, surtout à partir du IVe siècle. Le culte d'Hélios est attesté dès l'épopée homérique, dans laquelle il apparaît comme le destinataire de sacrifices, et

---

δυσμῶν ἐπ' ἀνατολὰς κινούμενος, *id est quod obliquum circulum ab occasu ad orientem pergit.*

125. Voir Pàmias 2012.

il est l'objet de cultes spécifiques dans des lieux aussi divers que Ténare ou Sicyone ; le principal lieu de culte du Soleil est certainement Rhodes, où il revêt un aspect anthropomorphique[126]. Cette réalité cultuelle peut expliquer le scandale provoqué par Anaxagore, lorsque celui-ci osa décrire le Soleil comme une pierre incandescente[127]. Quant au culte de la Lune, il n'est pas évoqué par Homère, mais il est bien attesté au Pirée, où la déesse est honorée dans l'Asclépéion, aux côtés d'Hélios et d'Éos[128]. L'Élide et Thalames, ville voisine de Lacédémone, sont d'autres lieux identifiés de culte lunaire[129].

Avec l'astrologie, qui se développe à la fin du Ve siècle[130], l'importance des planètes dans la représentation physique et spirituelle s'accroît, et les liens entre le destin des hommes et les étoiles deviennent, surtout à partir de l'époque post-classique, de plus en plus étroits, en raison d'une imprégnation croissante de représentations orientales. En effet, l'astrologie, qui se diffuse largement au cours de l'époque hellénistique et acquiert une place considérable à l'époque impériale[131], exprime une distance toujours plus ténue entre le monde des astres et le monde sublunaire ou terrestre. Cette nouvelle vision cosmique est en partie due, sans doute, à la crise de la religion traditionnelle de la *polis*, un système rigide et inefficace qui ne peut satisfaire les nécessités les plus intimes et spirituelles d'individus nouveaux qui habitent un monde désormais "globalisé". Après les conquêtes d'Alexandre, à mesure que le monde s'étend, le siège des dieux

---

126. Le colosse de Rhodes représentait Hélios. Le rituel en l'honneur d'Hélios comprenait un καταποντισμός de chars et de chevaux. Sur le culte d'Hélios à Corinthe, voir PAUSANIAS 2.1.6.

127. PLATON, *Ap.* 26d.

128. Voir HAMDORF 1964 : 21.

129. Cf. PAUSANIAS 3.26.1 ; ID. 6.24.6.

130. Voir CAPELLE 1925.

131. Voir, sur ce vaste sujet : BOUCHÉ-LECLERCQ 1899 ; CUMONT 1997 ; BOLL-BEZOLD-GUNDEL 1966 ; BARTON 1994 ; BECK 2007.

s'éloigne et les citoyens ne font plus autant confiance aux dieux olympiens pour exaucer leurs attentes religieuses les plus profondes. Du point de vue théologique se produit donc un changement crucial : avec l'effondrement de la structure religieuse traditionnelle de la cité-état, la religion de la *polis* est devenue de plus en plus formelle, étriquée et schématique[132].

D'un autre côté, l'ancienne croyance populaire qui veut que l'âme devienne une étoile après la mort, admise par certains philosophes présocratiques et par les Pythagoriciens anciens[133], quoique marginale, n'a jamais totalement disparu[134]. Même Platon et Aristote admettaient une certaine relation intime entre les humains et les corps astraux : le premier soutenait que les âmes résidaient dans les régions célestes avant de s'incarner sur Terre, et le second affirmait l'existence d'un lien immédiat entre la sphère supra-lunaire et la sphère terrestre. Pourtant, c'est, en fait, sous l'impulsion de la philosophie stoïcienne, pénétrée par l'astrologie orientale, que la religion astrale prend, à la fin de la période hellénistique, un essor considérable. L'adoption de l'astrologie dans la doctrine stoïcienne, qui lui donne une justification théorique, repose surtout sur l'idée d'une continuité entre les êtres de l'univers, exprimée par le concept élastique de sympathie, qui ouvre la voie à une mise en relation illimitée entre l'histoire cosmique et les aventures terrestres des hommes[135].

---

132. Cf. NILSSON 1955 : 108 sq.
133. CUMONT 1949 : 183. Cf. BOLL 1950 : 31 sq. Cf. ARISTOPHANE, *Paix* 832-833. Voir l'inscription funéraire d'Amorgos étudiée par Haussoullier 1909 (μήτηρ μή με δάκρυε· τίς ἡ χάρις ; ἀλλὰ σεβάζου | ἀστὴρ γὰρ γενόμην θεῖος ἀκρεσπέριος). Pour le voyage sidéral des âmes, voir PÉREZ JIMÉNEZ 1993.
134. Voir, par exemple, MANILIUS, *Astronomiques* 1.684-804 ; MACROBE, *Songe* 1.12.
135. PLATON, en outre, concevait les étoiles comme des dieux visibles (*Tim.* 40b : les étoiles sont des θεοὶ ὁρατοί). On a perçu dans cette conception des influences orientales (NILSSON 1967 : 839) ou un

Les dieux astraux dans les Catastérismes

Ératosthène, dans les *Catastérismes*, accorde une place particulière à un dieu clé de la culture céleste : Hermès. Il souligne, en particulier, sa fonction organisatrice du ciel[136]. Une des œuvres poétiques les plus célèbres du Cyrénéen, intitulée *Hermès*, qui évoquait d'abord la naissance et les premiers exploits du dieu (et dans laquelle l'influence de l'*Hymne homérique à Hermès* apparaît clairement), se concluait probablement par l'ascension du dieu dans les sphères célestes, afin de définir et opérer l'organisation des corps célestes, et d'en contempler l'harmonie. Hermès percevait une mélodie dans le mouvement des sphères planétaires qui était identifiée à l'harmonie de la lyre, dont il était l'inventeur (cf. *Cat.* 24). Dans son rôle de dieu organisateur du cosmos, Hermès rejoint la figure égyptienne de Thot[137]. Bien que l'on ait interprété le poème *Hermès* uniquement du point de vue de la tradition grecque[138], certains éléments de ce poème fragmentaire suggèrent peut-être, sur l'inventeur de la lyre, une certaine influence égyptienne —en particulier la conception du dieu comme spectateur des corps célestes et auditeur de l'harmonie cosmique[139]. Le traitement spécial des planètes, abordées ensemble dans un chapitre à part, reflète un intérêt plus tardif dans l'astronomie grecque pour les astres "itinérants" —à l'exception naturellement du Soleil et de la Lune—, et une spéculation et imagination moins développées initialement à leur égard. Si les étoiles "fixes" offrent aux travailleurs de la terre et de la mer des

---

héritage pythagoricien (PÉREZ JIMÉNEZ 1994 : 16-17). Sur la sympathie, voir ZUCKER 2011c : 95 sq.

136. ÉRATOSTHÈNE, *Cat.* 21 et 43. Cf. aussi HÉCATÉE d'Abdère, *FGH* 264F25 (= DIODORE 1.16.1).

137. Cf. HÉRODOTE 2.138.4.

138. Voir en particulier KELLER 1946 : 98 sq.

139. Un traité égyptien de la XXIe dynastie (autour de 1000 av. J.-C.) présente Thot/Teuth comme le dieu qui dessine les constellations (GARDINER 1947 : 2) ; voir *Cat.* 20 et n. 309.

repères temporels et spatiaux essentiels et sûrs, le mouvement erratique des planètes présente moins de perspectives pratiques, et celles-ci ne deviennent des outils de représentation et des supports imaginaires qu'avec l'essor de l'astrologie[140]. Les planètes ne peuvent en aucun cas être considérées, à la différence des constellations, comme le résultat d'une métamorphose astrale ou comme la reproduction iconographique d'un dieu (ou d'un héros, d'un animal ou d'un objet). Elles appartiennent à un dieu —qui en est le "maître" en astrologie— sans être identifié au dieu lui-même. D'origine babylonienne ces attributions divines ont été transférées, selon une formule habituelle, au panthéon grec[141], comme l'atteste Diodore de Sicile (2.30.3) :

> Μεγίστην δέ φασιν εἶναι θεωρίαν καὶ δύναμιν περὶ τοὺς πέντε ἀστέρας τοὺς πλάνητας καλουμένους, οὓς ἐκεῖνοι κοινῇ μὲν ἑρμηνεῖς ὀνομάζουσιν, ἰδίᾳ δὲ τὸν ὑπὸ τῶν Ἑλλήνων Κρόνον ὀνομαζόμενον, ἐπιφανέστατον δὲ καὶ πλεῖστα καὶ μέγιστα προσημαίνοντα, καλοῦσιν ἡλίου· τοὺς δ' ἄλλους τέτταρας ὁμοίως τοῖς παρ' ἡμῖν ἀστρολόγοις ὀνομάζουσιν, Ἄρεος, Ἀφροδίτης, Ἑρμοῦ, Διός. "Ils disent [scil. les Chaldéens] que l'étude et le pouvoir des cinq étoiles connues sous le nom de planète est de la première importance ; ils les désignent, quant à eux, par le nom collectif d'"interprètes", et donnent comme nom particulier à celle que les Grecs appellent Cronos, et qui est la plus impressionnante et annonce les événements les plus nombreux et les plus grands, [étoile] du Soleil ; aux quatre autres ils donnent les mêmes noms que nos astrologues, à savoir [étoile] d'Arès (Mars), [étoile] d'Aphrodite (Venus), [étoile] d'Hermès (Mercure), [étoile] de Zeus (Jupiter)".

---

140. Les premiers indices de ce phénomène peuvent être datés apparemment de la fin du Ve siècle (voir *supra* n. 130 et 131).

141. Cf. BOLL 1913 : 47 ; CUMONT 1997 : 91-92.

À un stade postérieur du développement religieux, les étoiles sont possédées, comme les planètes, par la force (δύναμις, ἐνέργεια) des dieux. Et en même temps les planètes sont désignées, par métonymie, ou en vertu d'un raccourci onomastique, par le nom du dieu (par exemple Ζεύς, au lieu de ἀστὴρ Διός = étoile de Zeus), comme nous disons aujourd'hui Jupiter, ou Mars. L'identification des planètes aux dieux est une ultime évolution qui encourage l'attribution aux corps célestes de propriétés et de qualités propres aux porteurs mythologiques du nom[142].

Le témoignage le plus ancien de l'attribution d'une planète à un dieu remonte au IVe siècle et se trouve dans le *Timée* de Platon (38d), où il est question de τὸν ἱερὸν Ἑρμοῦ. Un autre texte (pseudo-)platonicien, l'*Épinomis* (987b-c), nous donne la première liste complète des correspondances des planètes avec des dieux, chaque nom de dieu apparaissant au génitif (ἀστὴρ Διός), l'emploi direct du nominatif pour l'astre étant plus tardif. Cet usage linguistique était en Grèce une des manières de désigner les planètes. Mais il en existait une autre, et Ératosthène combine les deux nomenclatures dans son chapitre (*Cat.* 43). Voici les épithètes utilisées par les Grecs à côté des éponymies divines : Φαίνων (Saturne), Φαέθων (Jupiter), Πυροειδής ou Πυρόεις (Mars), Φωσφόρος ou Ἑωσφόρος (Venus), et Στίλβων (Mercure)[143]. Inutile de dire

---

142. Voir Boll-Bezold-Gundel 1966 : 48 sq. ; cf. Pérez Jiménez 1998.

143. Voir, par exemple Achille Tatius, *Introduction* 17. Les *Catastérismes* d'Ératosthène constituent, par ailleurs, une exception notable, dans la mesure où ils assimilent Jupiter à Phénon et Saturne à Phaéthon. C'est sans doute le résultat d'un *quiproquo*, dû à la proximité mythologique de Phaéthon et d'Hélios, car Saturne était souvent appelé "étoile du Soleil" (Ἡλίου ἀστήρ) ; voir Scherer 1953 : 91 ; et pour plus de détails Pàmias 1998 : 76. On trouve parfois d'autres listes comme dans le fragment aratéen *CCAG* XI.2 (p. 134 Zuretti) : Λάμπων Κρόνος, Φαέθων Ζεύς, Πυρόεις Ἄρης, Κάλλιστος Ἀφροδίτη, Στίλβων Ἑρμῆς. Voir *Cat.* 43 et notes. C'est probablement à partir de l'époque alexandrine que le nombre des planètes est porté régulièrement

que ces termes renvoient tous à l'idée d'éclat ou de scintillement. D'après Cumont, ces nouvelles dénominations seraient dues au souci de créer une terminologie fixe, face à la multiplication des désignations divines entraînée par l'influence croissante des religions orientales à l'époque hellénistique[144]. À l'exception des épithètes désignant Vénus, attestées dans l'épopée homérique et les poèmes hésiodiques, où les deux termes Héosphoros et Hesperos renvoyaient à des astres clairement perçus comme différents, les noms des autres planètes ne doivent pas remonter bien au-delà de l'époque classique.

Le rapport entre les héros et les constellations qui portent leur nom ne permet pas, non plus, d'y voir une forme de culte astral, même si les poètes, comme les auteurs de *Catastérismes*, jouent en la matière une sorte de double jeu et, en motivant l'identité des constellations, contribuent à unifier, au moins imaginairement, le héros et la constellation. En fait, les *Catastérismes* d'Ératosthène constituent l'aboutissement d'une longue tradition littéraire qui remonte, en dernière instance, aux tout premiers moments de la poésie archaïque. Ainsi, dans les *Travaux et les Jours* d'Hésiode, les Pléiades apparaissent déjà personnifiées comme des vierges Ἀτλαγενεῖς (filles d'Atlas)[145]. Quelques vers plus loin, le poète décrit le coucher des Pléiades comme la fuite des vierges poursuivies par le géant Orion, qui se lève pour les violer[146]. Dans la version catastérismique définitive qui formalise et articule

---

à 7, en intégrant le Soleil et la Lune ; certains y voient l'effet d'une influence pythagoricienne (PÉREZ JIMÉNEZ 1998 : 140).

144. Cf. CUMONT 1935 : 18 sq. ; GUNDEL & GUNDEL 1950 : 2029-2030.

145. Cf. HÉSIODE, *Op.* 383. Un autre exemple est fourni par la constellation de l'Ourse : la connexion des Ourses astrales avec des nymphes mythiques est probablement ancienne, comme le suggère le terme qu'emploient les Pythagoriciens pour désigner ces deux constellations (Ῥέας χεῖρες, "les mains de Rhéa" : *FVS* 58C2).

146. HÉSIODE, *Op.* 619-620.

le récit et la représentation céleste, les Pléiades, harcelées par Orion, sont placées au ciel en même temps que lui pour que la poursuite se perpétue éternellement, et sans que jamais Orion ne puisse atteindre les Atlantides[147]. Pour Hésiode, la fuite des Pléiades et leur poursuite par Orion sont simplement l'expression de la position relative des constellations dans le ciel, qu'il y ait là, ou non, un arrière-fond mythologique. Les poèmes hésiodiques, y compris l'*Astronomie* pseudo-hésiodique, ne contiennent aucun mythe astral proprement dit[148]. Néanmoins, l'image poétique proposée par Hésiode peut être considérée comme un premier pas vers une mise en récit mythologique des constellations[149].

Déjà dans l'*Iliade* (18.489), la position circumpolaire de l'ourse Callisto est aussi une image poétique, qui peut être également interprétée en ce sens ; en précisant que l'Ourse "est la seule à être privée des bains d'Océan" (οἴη δ' ἄμμορός ἐστι λοετρῶν Ὠκεανοῖο), le poète suggère peut-être une exclusion motivée mythologiquement. Non seulement la position et le dispositif stellaire suscite des affinités qui peuvent devenir mythologiques entre des voisins sur la voûte céleste, mais la mobilité de la sphère conduit l'homme à associer positivement des constellations dont le lever coïncide, ou négativement, lorsque le lever de l'une coïncide avec le coucher de l'autre.

Les phénomènes naturels ont ainsi sans doute orienté le processus de mythification du ciel, et peut-être produit certains échos mythographiques secondaires dans des

---

147. Cf. SCHOLIES À APOLLONIOS de Rhodes 3.225-227a.

148. Cf. WEST 1978 : 314. Le *frg*. 149 Merkelbach-West (= DIODORE 4.85.5) —qui appartient au *Catalogue*, et non à *l'Astronomie* selon ces éditeurs— ne peut être attribué dans sa totalité à Hésiode. Les mots de Diodore qui décrivent le catastérisme doivent avoir une autre origine, car la terminologie employée manifeste une influence de la tradition ératosthénienne. Voir *Cat*. 32 et n. 498.

149. La mention des Pléiades, harcelées par Orion, n'est également qu'une métaphore pour PINDARE (*Nem*. 2.11-12).

épisodes de la geste de héros menant au ciel une seconde vie ; inversement, la convertibilité de certaines caractéristiques mythiques en propriétés astrales a pu guider certaines identifications. Cependant, cette adéquation entre héros et constellation, en dépit d'efforts de motivation astronomique, reste limitée et essentiellement onomastique[150]. Et l'écart entre les deux mondes confirme le caractère somme toute artificiel de la continuité que vise à établir le récit de catastérisation entre le temps héroïque et l'espace céleste. La constellation identifiée, héroïsée pour la forme, n'est ni l'aboutissement d'une métamorphose, ni le déplacement d'un héros au destin particulier dans une extension du milieu héroïque, mais plutôt simplement une image (εἴδωλον), une imitation (μίμημα), ou une copie (τύπος) d'un personnage (ou d'un objet) mythologique[151].

La mythographie ératosthénienne

Sélection et appropriation de l'héritage mythologique

Les *Catastérismes* sont bel et bien un produit éditorial complexe, un carrefour intertextuel où se cristallisent diverses traditions scientifiques et littéraires. Cette œuvre hétérogène (mythographique, astronomique, iconographique) n'est pas un assemblage mécanique d'informations disparates, mais le résultat d'opérations complexes. Christian Jacob[152] a justement décrit les activités des savants alexandrins comme des opérations de sélection, de décontextualisation et de redistribution des données de toute sortes dans de nouveaux dispositifs et de nouveaux

---

150. Pour une étude particulière de cette question à propos de l'Ourse, voir ZUCKER 2011d.

151. Cf. p. LXXIII-LXXIV. Voir, par exemple, *Cat.* 2, 3, 4, 14, 25, 26, 35, 41. D'autre part, le lexique employé par les *Catastérismes* d'Ératosthène et les autres textes apparentés montre que la description des constellations ne repose pas sur l'observation du firmament, mais que l'on utilise un modèle iconographique, très probablement un planisphère illustré (voir STÜCKELBERGER 1990 : 74 sq.). Cf. SANTONI 2009 : 34.

152. JACOB 1998.

formats. Le texte de chaque chapitre comporte, comme on a vu, deux volets nettement distincts : une section de contenu mythologique, qui inclut le récit du catastérisme, et une autre de contenu astronomique, qui propose la liste des étoiles et leur position dans la figure stellaire. Mais un examen attentif de la section mythologique de chaque chapitre révèle la même complexité et un caractère aussi composite. On peut, en effet, scinder cette section en deux parties ou étapes :

— La première traite d'un ou plusieurs épisodes issus de la mythologie traditionnelle mettant en scène un héros, un animal ou un objet mythiques ; Ératosthène mentionne souvent à cette occasion des sources classiques, et en particulier Hésiode, mais aussi les trois Tragiques.

— La seconde complète le mythe traditionnel par le récit de la transposition ou promotion astrale du sujet (ou souvent une image de celui-ci), décrivant la "catastérisation", ses raisons et son auteur.

Ces deux parties, le mythe traditionnel et l'appendice catastérismique (ou métamorphose astrale), ont une origine différente, répondent à une logique distincte, et dérivent de sources diverses, qu'Ératosthène combine dans une micro-unité textuelle (le chapitre), pour chacune des constellations. Tandis que la première partie (le mythe traditionnel) s'enracine directement dans le patrimoine mythologique grec et bénéficie du soutien explicite d'une autorité (ou de la tradition orale évoquée à travers λέγεται ou φασι), le prolongement catastérismique est généralement le résultat d'une innovation alexandrine, probablement due souvent à Ératosthène lui-même, et le produit, par conséquent, d'une manipulation consciente et calculée du matériau mythologique traditionnel[153].

---

153. Les inventions de catastérismes avant Ératosthène sont très rares. Les seuls cas significatifs et clairs sont à mettre au crédit de Phérécyde d'Athènes, au Ve siècle (PÀMIAS 2005), et d'Aratos (IVe-IIIe av. J.-C.).

Une analyse linguistique du texte des *Catastérismes* devrait pouvoir permettre de déceler des traces textuelles des opérations signalées plus haut de sélection et de redistribution des matériaux. À condition, en effet, d'aller un peu au-delà de la *Quellenforschung* du XIXᵉ siècle[154], un examen minutieux des auteurs cités par Ératosthène peut éclairer les relations existant entre le texte d'Ératosthène et ceux auxquels il se réfère[155]. Pour déterminer s'il existe, dans le texte d'Ératosthène, une hétérogénéité des énoncés, qui révèlerait un dispositif énonciatif élaboré, par lequel le Cyrénéen manifesterait sa conscience de l'écart qui le sépare de la tradition, et sa conception de l'activité mythographique comme une opération historico-littéraire, on doit au préalable supposer une fidélité littérale de l'*Épitomé* à l'ouvrage original. Cette fidélité est naturellement problématique, et il est clair que les manipulations textuelles successives que la transmission a fait subir à l'œuvre d'Ératosthène (voir l'apparat critique) ont pu effacer des marques précises de référence à ses sources et de discrimination des traditions. Il est donc nécessaire de procéder avec prudence dans les déductions que l'on peut faire sur le texte original des *Catastérismes*. Cependant, les *épitomés* antiques ne sont absolument pas des résumés et s'apparentent souvent à des patch-works citationnels ; ils sont très souvent des versions réduites d'ouvrages originaux, qui conservent littéralement une bonne partie de l'original, dans sa littéralité même[156]. Cette

---

154. Cf. ROBERT 1878 : 237-248 (*De nonnullis Eratosthenis in Catalogis auctoribus*).

155. DARBO-PESCHANSKI 2004 : 12 : « Un autre point de vue […] envisage la citation moins comme paroles rapportées en général que, plus spécifiquement, comme le *rapport* établi entre deux textes ».

156. Voir en particulier OPELT 1962 : 944 et 960 : « Die E[pitome] ist eine sekundäre Literaturgattung, in welcher der volle Text des Originals meist auf dem Wege der Exzerption reduziert wird... Im Vergleich mit ihren Originalen erweisen sich die Epitomai als redaktionell überarbeitete Exzerpte, d.h. es besteht weitgehend wörtliche Übereinstimmung ». Voir aussi HELLMANN 2010 ; ZUCKER 2012.

supposition d'une fidélité en partie littérale de l'*Épitomé* à l'original est donc raisonnable.

Les langues utilisent, pour délimiter une citation, un système de marques (comme les guillemets) permettant de distinguer l'*énoncé repris* de l'*énoncé d'accueil*. Mais elles disposent également, et parfois par défaut, de formules déictiques variées (ruptures syntaxiques, pronoms demonstratifs, formes verbales...) pour indiquer l'hétérogénéité des énoncés. Une des formules utilisées par Ératosthène consiste à reproduire un récit traditionnel sous la forme d'une infinitive (avec sujet à l'accusatif) dépendant d'un verbe d'énonciation dont le sujet est l'auteur source (au nominatif). Or la section de l'appendice catastérismique se distingue nettement de ce schéma syntaxique : le récit est au discours direct, sans aucune mention d'autorité littéraire, comme si son énonciation n'était pas rapportée mais dépendait directement du narrateur (Ératosthène) : Ταύτην Ἡσίοδός φησι Λυκάονος θυγατέρα ἐν Ἀρκαδίᾳ οἰκεῖν, ἑλέσθαι... (mythe traditionnel), ὁ Ζεὺς διὰ τὴν συγγένειαν αὐτὴν ἐξείλετο καὶ ἐν τοῖς ἄστροις αὐτὴν ἔθηκεν (catastérisme), *Cat.* 1.

Ce décalage significatif contribue à dissocier, mythographiquement et génériquement, les deux sections de la partie mythologique de chaque chapitre. Ératosthène use d'autres formules et marques grammaticales qui vont dans le même sens mais aboutissent à un dispositif parfois complexe. Ainsi, dans le second chapitre (*Cat.* 2 : « La petite Ourse »), Ératosthène combine deux versions sur l'identité mythique de la constellation : d'une part, l'interprétation qu'il a déjà donnée pour la Grande Ourse (Callisto) ; d'autre part, la version d'Aglaosthène et Aratos qui font de la Petite Ourse une nymphe nourrice de Zeus. Lorsqu'il présente la première version (attribuée en *Cat.* 1 à Hésiode), Ératosthène inverse les marqueurs grammaticaux : discours direct pour le récit traditionnel, discours indirect pour le catastérisme. Chacune des deux formules grammaticales n'a donc pas une valeur stable, mais leur alternance permet de signaler un *décrochage* grammatical entre deux énoncés, dont le statut est par là différencié. Voici la première interprétation mythologique du chapitre 2 : <u>ἐτιμήθη</u> δὲ ὑπὸ τῆς Ἀρτέμιδος· ἀγνοοῦσα δὲ ὅτι ὁ Ζεὺς αὐτὴν ἔφθειρεν, ἠγρίωσεν αὐτήν... (mythe traditionnel), <u>λέγεται</u> δόξαν αὐτῇ <u>περιθεῖναι</u> ἀντιθεῖσαν ἕτερον εἴδωλον ἐν τοῖς ἄστροις ... (catastérisme). La seconde interprétation ne présente, curieusement, aucune alternance puisque les deux énoncés sont sous la forme d'un infinitif avec sujet à l'accusatif : <u>Ἀγλαοσθένης</u> δὲ ἐν τοῖς Ναξικοῖς <u>φησι</u> τροφὸν <u>γενέσθαι</u>... (mythe traditionnel), <u>Ἄρατος</u> δὲ αὐτὴν <u>καλεῖ</u> Ἑλίκην ἐκ Κρήτης οὖσαν· <u>γενέσθαι</u> δὲ Διὸς τροφὸν καὶ διὰ τοῦτο ἐν οὐρανῷ τιμῆς ἀξιωθῆναι (catastérisme). Mais cette infraction manifeste au module identifié s'explique aisément par le fait que, de manière exceptionnelle dans le recueil, le catastérisme est ici explicitement mis sur le compte d'une autorité littéraire (Aratos), ce qui aboutit à lui donner le statut d'un énoncé "traditionnel" équivalent à celui du mythe[157]. D'autres chapitres montrent le caractère significatif et systématique de ces décrochages grammaticaux[158].

Mais le texte présente aussi des indices d'une autre sorte pour guider l'attribution des unités mythographiques à une source, ou au contraire pour souligner l'opération que réalise Ératosthène lui-même, de catastérisation. Le

---

157. La mention d'Aratos apparaît, en fait, sous la forme d'une *uariatio*, puisque la première phrase est une complétive participiale et non une infinitive ; mais la proposition suivante (γενέσθαι ... ἀξιωθῆναι) renvoie, elle aussi, à Aratos (cf. ARATOS 31-34 : κεῖναί γε Διὸς μεγάλου ἰότητι οὐρανὸν εἰσανέβησαν [...] καὶ ἔτρεφον). Cf. le texte parallèle des *Fragmenta Vaticana* : καλεῖ Ἑλίκην ἐκ Κρήτης οὖσαν καὶ γενέσθαι...

158. Voir, par exemple, le *Cat*. 3, où ces marqueurs permettent de circonscrire les détails remontant à Phérécyde et d'en exclure d'autres qui, effectivement, sont incompatibles avec le contenu de certains fragments phérécydiens —en dépit de JACOBY (1957 : 396) qui estimait que « der Übergang in direkte Rede beweist nichts gegen Ph[erekydes] ».

syntagme διὰ τοῦτο (« à cause de cela »), qui exprime une des vocations, sinon le sens même du discours catastérismique, interrompt la narration et inaugure un nouveau régime de temporalité qui sépare le temps mythique du présent des phénomènes célestes. Dans les *Catastérismes*, en effet, comme dans d'autres œuvres et en particulier l'élégie *Érigoné*, Ératosthène manifeste une grande curiosité pour les causes de toutes sortes de phénomènes naturels —une obsession typiquement alexandrine. L'expression διὰ τοῦτο est à la fois l'instrument du programme catastérismique (en introduisant une relation entre un épisode héroïque et une constellation), et le révélateur d'un autre niveau d'énonciation[159]. Les *Catastérismes*, par leur statut de compilation mythographique, doivent être envisagés dans le cadre plus large de la littérature étiologique, savante et sophistiquée, typique de leur époque. À travers le syntagme διὰ τοῦτο, Ératosthène associe, en effet, dans une relation causale une geste héroïque et la présence au ciel d'une constellation[160]. Le catastérisme est donc bel et bien une forme de discours étiologique, et il constitue, en tant que tel, pour reprendre la formule de Charles Delattre[161], « un opérateur logique entre deux univers considérés comme hétérogènes, un pont entre deux mondes ».

Il existe également quelques cas où Ératosthène invoque plusieurs auteurs à propos d'une variante mythographique ou de l'interprétation mythique d'une constellation. Ainsi

---

159. Voir, par exemple *Cat.* 36, où l'expression ἱστορεῖ δὲ ταῦτα Σοφοκλῆς embrasse, sans distinction grammaticale, à la fois l'épisode mythique et l'appendice catastérismique ; seul le syntagme διὰ τοῦτο sépare les deux énoncés et distingue ce que l'on peut attribuer au poète de la partie non autorisée. Voir également *Cat.* 30 et, avec une variante, *Cat.* 18.

160. Comparer, par exemple, la préposition utilisée par Ératosthène (διά) avec celle qu'emploie Hésiode (ἐκ) pour indiquer que la pratique du sacrifice sanglant remonte au sacrifice primordial de Prométhée (HÉSIODE, *Th.* 556). Dans le *Cat.* 29, Ératosthène emploie ὅθεν.

161. DELATTRE 2009 : 288-289.

le *Cat*. 9 commence par une citation d'Hésiode, pour introduire la déesse Δίκη (Justice), mais l'auteur, qui connaît les liens intertextuels forts entre Hésiode et Aratos[162], entrelace la *Théogonie* et les *Phénomènes* (παρὰ τούτου λαβὼν [*scil*. Aratos] τὴν ἱστορίαν). Ératosthène utilise donc ici deux sources complémentaires qu'il combine, mais que le dispositif syntaxique (εἴρηκε + inf. *vs* ὡς + ind.) permet de distinguer. Ce chapitre est très riche du point de vue de l'énonciation, car l'auteur propose, en outre, plusieurs *interpretationes mythicae* (λόγοι) que les Grecs ont proposées de la constellation de la Vierge (οἱ μέν φασιν ... οἱ δέ ... οἱ δέ)[163].

L'intérêt mythographique du texte d'Ératosthène ne tient pas seulement aux variantes originales qu'il propose, aux vingt auteurs grecs, parfois peu connus, qu'il cite comme autorités des versions qu'il présente ; il réside aussi dans la *méthode* mythographique de son auteur. Ératosthène fait preuve, en effet, d'une précision critique et d'une méthode remarquable dans le traitement, la confrontation et la différenciation des sources mythologiques. Dans la tradition alexandrine, friande de versions atypiques et savantes, mais qui use de l'implicite et de l'allusion comme d'une marque de distinction, Ératosthène se signale par un souci d'explicitation et de discrimination historique. Bien que souvent il se refuse à polémiquer en faveur d'une version et au détriment d'une autre, il manifeste, dans sa manière de recourir aux sources et de s'approprier l'héritage mythique, une originalité et une nouveauté significatives. Par la discrimination critique soigneuse et méthodique qu'ils proposent de leurs sources, les *Catastérismes* répondent parfaitement, eux aussi, aux critères retenus par Wendel[164] pour conclure qu'Asclépiade de Tragilos (IVᵉ s. av. J.-C.) peut être considéré

---

162. Voir CUSSET 1999, 196 sq.
163. Voir aussi *Cat*. 18, 28, 37.
164. WENDEL 1935 : 1353-1354.

comme le premier "mythographe"[165]. Par ailleurs, dans la mesure où il prolonge les épisodes du mythe traditionnel par un épisode supplémentaire (le *dénouement* astral), et laisse des traces linguistiques de l'hétérogénéité qui sépare temporalité mythique et présent phénoménal, Ératosthène interprète et traite le mythe patrimonial comme un corpus clos, existant objectivement, et sur lequel il peut projeter un regard historico-littéraire. En somme, dans le cœur de ce « world of libraries, official texts, and institutionalized research »[166] qu'est la Bibliothèque d'Alexandrie, l'héritage de la mythologie grecque est parvenu à se constituer, de manière plus ou moins consciente, et à travers Ératosthène en particulier, en tradition.

La question des sources des Catastérismes *et de leur utilisation*

S'il y a une cohérence dans les identifications des constellations (partie astronomique) au long du recueil, certains mythes, qui apparaissent dans plusieurs chapitres des *Catastérismes*, sont traités de manière différente et non concordante. La version d'Ératosthène relative à Callisto, par exemple, même en s'en tenant à la version de l'*Épitomé* (sans tenir compte des *Fragmenta Vaticana*), filée sur trois chapitres (*Cat.* 1 « La Grande Ourse », *Cat.* 2 « La Petite Ourse », *Cat.* 8 « Le Gardien de

---

165. Convaincu du caractère mythographique des Τραγῳδούμενα, WENDEL (1935 : 1353-1354) affirme qu'Asclépiade "war [...] doch gewissenhaft genug, Übereinstimmungen sowohl wie Abweichungen seiner Quellen durch allgemeine Wendungen (φασιν, ἔνιοι, ἅπαντες οἱ ποιηταί) oder durch Angabe des Namens (Pherekydes) mitzuteilen". Cf. HENRICHS 1987 : 243 et 267, n. 3. Mais VILLAGRA (2008 : 287-288) rappelle que les sources sur lesquelles repose la reconstruction des Τραγῳδούμενα sont très fragiles. On peut donc formuler certaines réserves sur les arguments avancés pour montrer qu'Asclépiade procédait à une évaluation critique des sources littéraires, comme le soutenaient Wilamowitz et Wendel.

166. FOWLER 2000 : xxxiii.

l'Ourse »), présente d'évidentes incohérences. Sale[167] parle de « hodge-podge of repetitions and absurdities », et il impute ces absurdités à Ératosthène. Mais l'évaluation saine du texte exige, avant d'en condamner les incongruités, de tenir compte de deux conditions décisives de la constitution et de l'histoire du texte. La première est d'ordre intellectuel et concerne le caractère volontairement compilatoire du recueil : on a pu croire, à tort, qu'Ératosthène ne donnait qu'une version par constellation[168] ; or il est certain que le recueil original, s'il privilégiait certaines figures mythologiques ou certaines versions, n'hésitait pas à proposer plusieurs identifications pour les constellations, se faisant l'écho de versions diverses sur l'identité du héros astrogène et ses aventures terrestres. La seconde, qui vient s'ajouter à celle-ci, est d'ordre éditorial et concerne la mutation du texte original par épitomisation, déconstruction, puis reconstruction[169]. Les opérations postérieures et cumulées d'épitomisation et d'éparpillement du texte peuvent suffire à expliquer les désordres ou incongruences. En effet, les textes grecs dont nous disposons pour l'*Épitomé* et les *Fragmenta Vaticana* constituent une version adaptée et réorganisée de l'original ératosthénien qui a subi plusieurs mutations. L'original alexandrin a été abrégé et tronçonné, et inversement peut-être par endroits enrichi, puis agrégé à la littérature de commentaires aratéens ; et c'est seulement à l'époque médiévale que le texte a été éditorialement réunifié. Ces reformatages successifs ont généré des mutations dont il n'est pas possible de mesurer précisément l'ampleur.

La critique mythographique des *Catastérismes* doit également tenir compte de l'usage par Ératosthène lui-même de sources intermédiaires (*Mittelquellen*), conformément aux stratégies de production du savoir déployées

---

167. SALE 1962 : 126.
168. Voir REHM 1899b : 265-266.
169. Voir la section sur 'le texte des *Catastérismes*'.

par les érudits alexandrins. La quantité extraordinaire d'ouvrages accumulés par les bibliothécaires du Musée a constitué un défi considérable et nouveau pour les scientifiques qui y travaillaient[170]. Le gigantisme de cette banque de données a généré de nouvelles formes de manipulation et de traitement de l'information qui se cristallisèrent dans des compilations, des collections et des recueils de toute sorte (encyclopédiques, généalogiques, lexicales, chronologiques ...). Les produits de ces manipulations figèrent et condensèrent les données sur des supports, véritables carrefours intertextuels, conçus pour offrir un outil maniable pour le lecteur[171]. De ce point de vue, un recueil comme celui des *Catastérismes* s'inscrit dans la tradition alexandrine des catalogues, encyclopédies, inventaires, compilations et la longue série de *Listenliteratur* produite par le célèbre Musée[172].

La référence à une autorité et son appropriation passent ainsi par un filtre, qui offre une économie de lecture. Un coup d'œil rapide risque de méconnaître ce "filtre", puisque la source intermédiaire n'est jamais mentionnée

---

170. Près de 490.000 volumes étaient rassemblés dans la Bibliothèque du Musée à l'époque de Ptolémée Philadelphe. Ce sont les chiffres donnés par JEAN TZÉTZÈS (*Prolégomènes sur la comédie d'Aristophane*, préf. 2.9, ed. Koster), une source fiable d'après CANFORA (1993 : 23). EUSÈBE (*PE* 8.357b) donne d'après FLAVIUS JOSÈPHE (*Antiquités Juives* 12.11) le nombre de 200.000, correspondant aux volumes rassemblés par Démétrios au début du règne de Ptolémée II ; et AULU GELLE (6.17) celui de 700.000 pour l'époque de César. SÉNÈQUE (*Tranquilité* 9) dit qu'il en brûla 400.000 dans l'incendie d'Alexandrie. Pourtant, quelques philologues modernes, comme BLUM (1991 : 107), remettent en cause les nombres gigantesques donnés par les sources anciennes ; pour une discussion sur le sujet, voir BAGNALL 2002 : 351-356.

171. Voir JACOB 1998 ; cf. *supra* n. 152.

172. Ce processus qui convertit l'information en savoir est très complexe : « l'accumulation dans des textes-catalogues ou dans des lexiques crée un nouveau contexte, de nouveaux jeux de résonance sémantique entre des éléments qui étaient auparavant sans rapport » (JACOB 1998 : 27) ; sur la "liste" voir GOODY 1977 : 80 sq. et 94.

par Ératosthène qui affiche toujours la source première ; mais une analyse attentive des *Catastérismes* révèle qu'Ératosthène a fait un grand usage de cette littérature que l'on qualifierait aujourd'hui de secondaire. Depuis Deichgräber[173] au moins, on a soupçonné que les développements attribués aux Tragiques dans les *Catastérismes* n'étaient pas des paraphrases ou des références à des passages précis, mais reproduisaient très probablement le contenu d'*hypotheseis* tragiques ou des prologues des œuvres en question. C'est ce que suggèrent aussi les parallèles littéraux existant entre les mentions ératosthéniennes et les condensés proposés par d'autres auteurs, comme Apollodore, tributaires d'une tradition mythographique commune[174]. D'autres extraits d'auteurs antiques utilisés (comme Hésiode ou Phérécyde d'Athènes) ne proviennent pas non plus de la source directe mais vraisemblablement d'un intermédiaire qui a dû rassembler des auteurs mythographiques de la période archaïque et classique dans des collections plus accessibles. On peut donc supposer l'existence d'un manuel qui aurait recueilli et combiné les données hésiodiques et phérécydiennes[175]. Le récit du *Cat.* 32 portant sur Orion coïncide ainsi, presque mot pour mot, avec une scholie à Nicandre (*ad Ther.* 15) ; mais il intègre aussi des variantes significatives qui prouvent que le scholiaste ne dépend pas du recueil

173. DEICHGRÄBER 1939 : 281.
174. Comparer ÉRATOSTHÈNE, *Cat.* 15 : ὡς Εὐριπίδης φησίν, Αἰθιόπων βασιλεύς, Ἀνδρομέδας δὲ πατήρ· τὴν δ' αὐτοῦ θυγατέρα δοκεῖ προθεῖναι τῷ κήτει βοράν, et *Cat.* 36 : Κασσιέπειαν ἐρίσαι περὶ κάλλους ταῖς Νηρηίσιν ; avec APOLLODORE 2.4.3 : εὗρε [*scil.* Persée] τὴν τούτου θυγατέρα Ἀνδρομέδαν παρακειμένην βορὰν θαλασσίῳ κήτει. Κασσιέπεια γὰρ ἡ Κηφέως γυνὴ Νηρηίσιν ἤρισε περὶ κάλλους [...] ἡ Κασσιεπείας θυγάτηρ Ἀνδρομέδα προτεθῇ τῷ κήτει βορά. Les épisodes empruntés aux *Bassarides* d'ESCHYLE (*Cat.* 24) semblent remonter à une *hypothesis* tragique (DEICHGRÄBER 1939 : 281 ; WEST 1983b : 64 et 66).
175. Pour la citation conjointe de Phérécyde et d'Hésiode en *Cat.* 19, voir SCHWARTZ 1960 : 122-124.

d'Ératosthène mais puise, de manière indépendante, à un compendium mythographique[176]. Par ailleurs, Ératosthène a recouru à une œuvre paradoxographique qui rassemblait et fondait des extraits d'Aristote et d'Archélaos, et les citations qu'il propose de ces auteurs dérivent sûrement de ce recueil (*Cat.* 34 et 41). Enfin, outre l'utilisation de collections mythographiques et de résumés, Ératosthène a pu tirer parti de catalogues et de compilations diverses comme celles que l'on a évoquées plus haut. Un des types de catalogues favoris, dans la tradition mythographique, dont les *Fabulae* d'Hygin portent la trace et qu'elles poursuivent, dans la dernière section du recueil (*Fab.* 221-277), est la liste des héros (comme Orion, Lycurgue, Hippolyte, Tyndare ou Glaucus), qui bénéficièrent d'une guérison ou résurrection miraculeuse par Asclépios. Le fait que les *Catastérismes* mentionnent Hippolyte comme l'ultime (ἔσχατος) miraculé (*Cat.* 6) suggère l'utilisation par Ératosthène d'un catalogue de ce type[177].

Qu'est-ce que catastériser ?

La genèse culturelle du processus

On rangeait sous le nom Hésiode une *Astronomia* (qui ne remonte pas au-delà du VIᵉ siècle) qui établit déjà des relations entre certaines constellations et leur correspondant héroïque. D'après Rehm[178], ce texte contenait des mythes, et des récits de catastérisation. Il semble en

---

176. Voir *Cat.* 32 et n. 484.

177. Nous disposons pour ces listes de cinq témoins principaux : APOLLODORE 3.10.3 ; S.E., *M.* 1.260 ; SCHOL. PIND., *Pyth* 3.96 ; SCHOL. EUR. *Alc.* 1 ; PHILODÈME, *De la piété* 1609, V.5 sq. (p. 99 ed. Schober). Sur les relations génétiques entre ces textes, voir VAN DER VALK (1958 : 106-114), HENRICHS (1975 : 8 sq.), CARRIÈRE-MASSONIE (1991 : 232 sq.), et SCARPI (1996 : 580-581). La liste des résurrections de Philodème (voir SCHOBER 1988 : 99) mentionne, elle aussi, Hippolyte au début de la liste (cf. HENRICHS 1975 : 8 sq.).

178. REHM 1896 : 47.

particulier que le texte[179] établissait un rapport entre la constellation des Hyades et les nymphes de ce nom. On ne peut déterminer cependant jusqu'à quel point le texte assimilait les unes aux autres, et s'il exprimait nettement que les astres étaient une projection réelle ou une représentation des nymphes[180]. Il est possible que des noms de héros mythologiques soient portés par des constellations sans que l'articulation des deux scènes et l'identification des deux « homonymes » soit formalisée, voire imaginée. Le catastérisme doit être considéré comme un produit caractéristique de la période alexandrine ; mais il excède cependant ce cadre, puisque, dès l'époque classique, le processus paraît déjà bien engagé : quelques constellations se voient attribuer une certaine épaisseur mythologique, qui va parfois jusqu'à la constitution d'un récit complet, qui se présente comme la motivation de la figure astrale et s'articule aux données astronomiques. Les exploits d'un personnage ou les effets d'un objet mythique sont prolongés dans le ciel où ils sont consacrés de manière artificielle, par une sorte de métamorphose. Le mythographe Phérécyde d'Athènes (Ve s. av. J.-C.), que nous ne connaissons que de manière fragmentaire, paraît avoir joué un rôle dans l'élaboration de ce type de récits[181]. L'aboutissement et le perfectionnement du catastérisme au cours de la période alexandrine tient en grande partie au caractère étiologique de ce type de récits astraux. À travers la constitution des constellations par promotion astrale de quelques personnages du patrimoine ancien de la mythologie grecque, le catastérisme articule, culturellement, une partie du monde sensible[182]. Mais les deux

179. Voir *frg.* 291 Merkelbach-West.
180. Voir *Cat.* 14, n. 223 et 232.
181. Voir PÀMIAS 2005.
182. Plus tard, il ne parut pas déplacé d'évoquer pour des personnalités célèbres du moment le même destin que celui des héros du passé. C'est, par exemple, le sort que l'on prête à Jules César, dont la mort est marquée par l'apparition d'une comète, que l'on identifie à

univers restent séparés. Dans la mesure où elle établit une association entre le passé mythique et le présent phénoménal, l'étiologie du catastérisme repose bien sur la "distinction, qui oppose le récit du passé et la description du présent"[183].

La conception catastérismique, comme une modalité de la mythographie, correspond donc tout à fait à la spéculation érudite et raffinée de l'hellénisme alexandrin qui manifeste un intérêt croissant (et abondamment attesté par la littérature) pour les mythes astraux. Toutefois, bien qu'ils évoquent souvent des constellations sous un nom mythologique, les poètes hellénistiques entreprennent rarement de décrire les moments ou les opérations de la catastérisation elle-même. Ainsi, Lycophron (510-511) mentionne la constellation des Dioscures (*Gémeaux*), et Théocrite (22.21) celle des Ourses, mais sans rapporter la métamorphose astrale ; Apollonios de Rhodes, qui signale diverses constellations à l'occasion du trajet maritime des Argonautes, ne s'attarde pas sur les détails de la transfiguration astrale. Cependant le poème de Callimaque sur la *Boucle de Bérénice*, composé vers 246, prend clairement pour objet un catastérisme au sens propre : celui d'une boucle de la reine que le mathématicien Conon *retrouve* dans le ciel où elle a été transférée. Un autre témoin central de cette histoire est le poème d'Ératosthène lui-même, *Érigoné*, qui s'inspire du mythe attique d'Icaria, dont l'héroïne est étroitement liée à la Vierge[184].

Il faut insister sur le fait que cet appendice astral, qui définit le catastérisme, doit être considéré fondamentalement comme un artifice de certains mythographes, dans

---

l'âme du dictateur (OVIDE, *Métamorphoses* 15.745 sq.) ; ou à Antinoüs, dont Hadrien fit une constellation en 132. La catastérisation finit par se vulgariser et s'étendre à de modestes mortels ; cf. CICÉRON, *Tusc.* 1.12.28 : *Totum prope caelum nonne humano genere completum est ?* (Voir n. 133 et 134)

183. DELATTRE 2009 : 291.

184. Voir *Cat.* 8 (et n. 108), 9 (et n. 131), 33 (et n. 514).

la mesure où il s'agit d'une élaboration subtile qui ne découle pas de croyances populaires relatives aux personnages mythiques, et qui reste hétérogène par rapport au cadre mythologique traditionnel. Ainsi, les Tragiques, qui connaissent l'apothéose de certains héros, n'ont laissé aucun témoignage de catastérisme, ni de mention étayant l'idée, pourtant soutenue par de nombreux philologues, qu'ils auraient intégré dans leur vision mythologique —voire mis en scène— une catastérisation. On estime, en effet, couramment que Sophocle et Euripide sont les premiers à avoir lié, par un processus de catastérisation, le groupe de constellations de la famille d'Andromède (Céphée, Cassiopée, Persée, Andromède, le Monstre marin) avec leurs répondants mythiques. On tient ainsi pour assuré qu'Athéna, dans l'*Andromède* d'Euripide, apparaissait à la fin de la tragédie, comme une *dea ex machina*, pour prédire le catastérisme final[185] ; mais cette théorie procède d'un raisonnement circulaire, car le seul fondement de cette hypothèse réside précisément dans les témoignages tirés des *Catastérismes* et des textes apparentés, la littérature spécifiquement catastérismique étant la seule à conclure le mythe par la catastérisation d'Andromède et de sa famille (voir *Cat.* 15, 16, 17, 36)[186]. Ainsi, bien que les constellations de la famille d'Andromède soient identifiées par un nom mythologique, on ne doit pas en inférer le développement d'un épisode catastérismique avant l'époque alexandrine. Pour Aratos lui-même

---

185. Voir, par exemple, ROBERT (1878 : 244), BUBEL (1991 : 61), KLIMEK-WINTER (1993 : 100), JOUAN & VAN LOOY (1998 : 150 et 160).

186. Aucune des tragédies conservées (que ce soit d'Eschyle, de Sophocle ou d'Euripide) ne contient de catastérisme proprement dit. Dans *Oreste* (v. 1635-1637 et 1683 sq.), Apollon annonce l'immortalité d'Hélène, aux confins de l'éther, aux côtés de ses frères Castor et Pollux, mais n'évoque pas de transformation en étoile. Dans *Hélène*, Teucros déclare que les Dioscures ont été assimilés, d'après certains, à des étoiles (ἄστροις σφ' ὁμοιωθέντε φάσ' εἶναι θεώ), mais non qu'ils ont été *transformés* en constellations ; voir le commentaire aux vers 138 sq. de l'*Hélène* par KANNICHT (1969 : 55-56).

la catastérisation de Persée et des siens est d'ailleurs strictement symbolique, puisque seuls les noms des héros ont été élevés au ciel[187]. La mention, dans les *Catastérismes*, d'Euripide, de Sophocle et d'Eschyle ne signifie donc pas qu'ils fondent l'épisode catastérismique, et ils ne sont sollicités que pour les épisodes mythiques préalables, composant la geste terrestre des héros.

Il est probable, toutefois, que le groupe formé autour de Persée et Andromède a joué un rôle pionnier et sans doute moteur dans le processus de mythologisation du ciel étoilé, et qu'il a pu encourager la généralisation du régime catastérismique. Ces constellations sont pour ainsi dire les seules (avec Orion) à être identifiées exclusivement, et aussi loin que l'on puisse remonter dans la tradition grecque, par un nom tiré de la mythologie[188]. Elles constituent, en outre, un groupe à part, extrêmement solidaire (comme on le voit dans les *Phénomènes* aratéens), et lié par un épisode mythologique unique. Ce statut particulier a conduit à supposer que la famille d'Andromède avait été transférée en bloc dans le ciel et, en effet, il s'agit sans doute d'un processus contrôlé et global, plutôt que d'une constitution graduelle —qui ne semble pas, au reste, relever d'une élaboration populaire[189]. Parmi les caractéristiques du ciel mythologique d'Ératosthène, outre cette représentation forte de la geste de Persée, on constate une présence aussi remarquable de celle d'Héraclès : l'Agenouillé (*Cat.* 4), le lion de Némée (*Cat.* 12), le dragon

---

187. Voir MARTIN 1998b : 236. Ce n'est pourtant pas toujours le cas dans le poème d'Aratos. Voir, par exemple, la constellation de la Couronne (ARATOS 71-72).

188. Ce n'est pas le cas, en revanche, de l'Agenouillé (Héraclès), le Serpentaire (Asclépios), les Gémeaux (les Dioscures), le Bouvier (Arcas), la Vierge (Justice), etc.

189. Cf. BOLL & GUNDEL (1937 : 908) et SCHERER (1953 : 164). On considère parfois que la figure de Persée était présente au ciel avant que le reste de la famille d'Andromède ne soit accueilli parmi les constellations (cf. RATHMANN 1937 : 994).

des Hespérides (*Cat.* 3), le Crabe auxiliaire de l'hydre (*Cat.* 11) ; mais il s'agit, en ce cas, d'une attraction progressive de figures célestes, agrégées autour d'un héros prestigieux, plutôt que du déploiement d'un programme mythologique calculé. Il apparaît également que, à l'exception de la catastérisation "historique" et "humaine" de la Boucle de Bérénice, toutes les figures célestes appartiennent aux temps héroïques et sont antérieures à la guerre de Troie.

Le sens du mot "catastériser"

Le verbe καταστερίζω apparaît dans trois passages des *Catastérismes*, pour la Lyre, la Flèche et Orion (*Cat.* 24, 29, 32). Le sens courant donné à l'action dont le catastérisme est le résultat, est "placer un héros ou un objet dans le ciel, parmi les étoiles". Cette opération est régulièrement indiquée, comme une sorte de métamorphose astrale pour le héros (ou son image), et semble correspondre aux expressions suivantes : τιθέναι ἐν τοῖς ἄστροις (1, 4, 7, 11, 14, 15, 16, 22, 25, 31, 32, 34, 38, 40, 41) τιθέναι εἰς τὰ ἄστρα (5, 18, 29, 36), στῆσαι ἐν τοῖς ἄστροις (*Cat.* 10), ἀνάγειν εἰς τὰ ἄστρα (*Cat.* 6, 11, 33) ἀνάγειν ἐν τοῖς ἄστροις (*Cat.* 8), τάσσειν ἐν τοῖς ἄστροις (*Cat.* 35), τιθέναι ἐν τῷ οὐρανῷ (39). Ce sont les dieux qui se chargent de cette promotion céleste, et en particulier Zeus, qui est à l'origine des trois-quarts des catastérismes, ainsi qu'Hermès, qui met en scène l'ensemble du ciel nocturne et « qui organisa la disposition des constellations entre elles » (*Cat.* 20), signant même son œuvre avec l'initiale de son père (Zeus, ou Δία) en plaçant au ciel un *Triangle* (*Cat.* 20). Cependant, un grand nombre des divinités du panthéon classique (Artémis, Athéna, Héra, Apollon, Dionysos) exercent, dans l'*Épitomé*, ce pouvoir de catastériser. Martin[190] estime que le verbe vise plus largement le récit mythique de ce transfert dans son ensemble, le

---

190. Voir MARTIN 1956 : 51.

titre de καταστερισμοί étant donc un synonyme de "fables astronomiques". La liste que dresse Hygin le mythographe des "héros mortels qui ont été rendus immortels" (*Fab.* 224) correspond d'ailleurs en grande partie à la liste des catastérisés : Hercule, Dionysos (*Liber*), Castor et Pollux, Persée (*in stellas receptus*), Ariane, Callisto (*in Septentrionem relata*), Cynosoura (*in Septentrionem relata*), Crotos (*in stellam Sagittarium [sic]*), Icare et Érigoné (*in stellas, Icarus in Arcturi, Erigone in Virginis signum*), Ganymedes (*in Aquario duodecim signorum*), Myrtilus (*in Heniocho*), Asclepius, Pan, Ino, Melicerte.

Chaque catastérisation est une intervention ponctuelle, et on peut douter que le résultat de cet apparent bricolage constitue une unité et exprime une conception particulière. Pourtant, trois réseaux riches ressortent de cet ensemble, représentés par les créatures (ou les symboles) de Zeus, d'Artémis, et d'Athéna. Zeus est en effet aussi le dieu le plus présent dans le ciel, à travers des avatars (Taureau, Cygne) ou des acteurs de son histoire, liés en particulier à son avènement, de sa naissance (Chèvre) à son règne (Aigle, Capricorne, Autel, Verseau, Triangle). Dans les *Catastérismes* d'Ératosthène, plus de la moitié des constellations (22 sur 42) relève du "cycle" du roi des dieux. À côté du cycle de Zeus, il existe deux principaux cycles divins. Celui d'Artémis met en scène principalement deux grands mythes, celui de Callisto (Grande Ourse, Petite Ourse, Bouvier) et celui d'Orion (Orion, Scorpion, Chien, Procyon, Lièvre), dans lesquels elle joue un rôle majeur, et auxquels on peut ajouter le mythe d'Hippé, identifiée à la constellation du Cheval. Il semble articulé autour de l'idée de châtiment, entraîné par une conduite excessive, qui dans les trois cas a trait à un viol. L'autre insiste sur le personnage de Persée et de sa famille (Andromède, Cassiopée, Céphée), dont Athéna est la protectrice, et comprend aussi deux autres constellations : Argo et le Cocher.

Mais la catastérisation est un processus plus complexe qu'il n'y paraît, et il n'est pas toujours la récompense d'un dieu. Ainsi, Conon, d'après une scholie à Aratos[191] "catastérise" la boucle de Bérénice (voir *Cat.* 12 et n. 188) ; or cette opération "humaine" vise à compenser la perte de la boucle de la reine d'Égypte, en la "retrouvant" au ciel, et non de l'y porter. De plus, dans le texte de l'*Épitomé*, la Vierge (*Cat.* 9) est une divinité (Δίκη), qui se rend *d'elle-même* au ciel, tout comme le Bélier (*Cat.* 19). Plus problématique encore, la constellation est parfois non pas le héros en personne porté au ciel, mais une *image* du héros (voir *Cat.* 2, 19, 20, etc.). Enfin, le préfixe grec (κατά) paraît inadéquat pour exprimer cette ascension héroïque, et Jean Martin a proposé, à près de cinquante ans d'intervalle, une autre interprétation : le sens ne serait pas "transformer en constellation" mais "représenter sous la forme d'une constellation"[192]. Pour étayer cette acception nouvelle, Martin passe en revue les occurrences du mot dans les scholies, sans que cet examen soit concluant, car les deux valeurs semblent, dans les cas allégués, également valables, comme dans l'expression de Géminos κατεστηρίγμενα ζῷα, qui peut aussi bien signifier "signes constitués d'étoiles"[193] que "figures vivantes portées parmi les étoiles"[194]. Le choix de la préposition (κατά) n'est pas plus justifiée si on suit l'hypothèse de Martin, à moins de considérer que le verbe focalise sur l'action *humaine* de représenter les étoiles sur un planisphère, ce qui s'accorde mal à l'entreprise astromythique et la désignation régulière de l'auteur divin du

---

191. Voir Schol. Arat. 146 (p. 147 Martin), et Hygin 2.24.
192. Martin 2002 : 20.
193. Martin 2002 : 22.
194. Ambiguë également la formule de Philon (*de fuga* 184) : τέλειος δ' ἀριθμὸς ὁ δώδεκα, μάρτυς δ' ὁ ζῳδιακὸς ἐν οὐρανῷ κύκλος, τοσούτοις κατηστερισμένος φωσφόροις ἄστροις ; ou encore la définition du "ciel" dans le *Lexique* d'Apollonios (*Lexicon* 124) : <οὐρανός> ὁ κατηστερισμένος πᾶς τόπος.

catastérisme. Cette préposition pourrait résulter, en fin de compte, de la fréquentation des planisphères célestes et de l'amalgame de l'*astérisation* divine et de la *reproduction* humaine sur une carte. Le sens retenu par Martin est donc sans doute une extension métonymique. Les καταστηριζόμεναι σφαῖραι dont parle Géminos (5.65) semblent désigner des sphères avec illustrations de constellations ; un autre passage, non reproduit par Martin, confirme cet usage : τὴν δὲ Πλειάδα ἡμεῖς μὲν οὕτως ἀριθμοῦμεν καὶ δι' ἑπτὰ ἀστέρων καταστερίζομεν[195].

Cette acception éloigne en tout cas d'une conception littérale de l'opération comme projection astrale d'un héros. En fait, la fréquence dans le texte des références à "l'image" du héros fait penser que, dès l'origine de ce mode d'articulation mythastronomique, la constellation est dans une relation de *représentation* et non de prolongement réel. Le mot εἴδωλον apparaît quatre fois, pour trois constellations (*Cat.* 2, 3, 4, 26), ainsi que le mot μίμημα (*Cat.* 14), τύπος (*Cat.* 25) et σχῆμα (*Cat.* 40), pour dire quelle est la "part" du héros qui est au ciel[196]. Cette dimension est très présente, et le personnage est figuré (σχηματίζεσθαι : *Cat.* 16, 26, 30 ; εἰκονίζειν : *Cat.* 41) : « Il s'agit de celui que l'on appelle "le Grand Oiseau", et qu'on *représente* (εἰκάζουσιν) comme un cygne » (*Cat.* 25). Le code iconographique semble plus déterminant que la mythologie héroïque. Ainsi, pour la Petite Ourse, les ressources mythologiques (en nourrices de Zeus ou en ourses) donnent largement matière à proposer une seconde ourse au ciel, comme le fait Hygin (2.2) ; et pourtant Ératosthène présente cette ourse comme une image dupliquant la Grande Ourse : περιθεῖναι ἀντιθεῖσαν ἕτερον εἴδωλον ἐν τοῖς ἄστροις (*Cat.* 2). Le texte se présente d'ailleurs tout entier comme le

---

195. ALEXANDRE, *in Arist. Méta.* 832 Hayduck. Pour la forme du verbe simple (στηρίζω *vs* ἀστερίζω) voir p. LXXIV-LXXV.

196. Voir aussi σημεῖον, *Cat.* 3 et n. 46.

commentaire ou la "légende" d'une image[197]. En effet, le premier mot des chapitres est régulièrement un démonstratif (οὗτος), qui renvoie à un support visuel —l'illustration sur laquelle porte le chapitre : « Voici (οὗτος) Héraclès... Sur ce personnage (τούτου) on raconte... Ce personnage ressemble, par l'aspect (οὗτος τῷ εἴδει ὅμοιος)... ». Le dispositif éditorial originel se laisse aisément imaginer —et reconnaître dans certains manuscrits astronomiques anciens— comme la succession d'une image et du développement consacré à la constellation. On peut même avancer que l'imprécision d'une partie du descriptif astrothétique devait être compensée par la présence d'une image détaillée. Ce portrait, support implicite du commentaire, est en fin de compte l'objet du texte, d'avantage que le héros lui-même ; et le chapitre catastérismique consiste, du coup, à raconter l'histoire du personnage sous-jacent, et à décrire l'illumination de son image. L'essentiel n'est donc pas, dans le catastérisme, de *prolonger* physiquement les héros, mais de les rappeler dans un simulacre éclairé —et le régime général de la constellation pourrait être, dans la conception alexandrine, celui d'un simple dessin.

Le substantif καταστηριγμός (tel qu'il figure dans la Souda) ou καταστερισμός, pas plus que le verbe καταστηρίζειν, ne figure dans l'*Épitomé*. Cependant, il y a sans doute méprise sur le lemme employé originellement, et sur le sens du mot. Comme le rappelle Santini[198], le titre donné par la Souda est le substantif normal pour le verbe στηρίζω et non pour le verbe ἀστερίζω (!). Le premier signifie "fixer" et ce sens convient tout à fait pour notre texte et l'opération suggérée. C'est d'ailleurs un des contextes primitifs dans lequel le terme est employé, puisque Zeus a *fixé* iris (ou l'arc-en-ciel) *dans* un nuage (*Iliade* 11.28 ; cf. *ibid*. 4.443 : οὐρανῷ ἐστήριξε). Le

---

197. Voir la section sur l'iconographie des *Catastérismes*, p. xcv sq.
198. Santini 1998 : 359.

substantif normalement dérivé de ἀστερίζω[199] devrait être ἀστερισμός. Le verbe στηρίζω est très courant et s'emploie également avec le préfixe κατα-, qui apporte la valeur d'achèvement et de stabilité ; et le sens au passif de "être fixé" correspond aussi à la présentation que fait Géminos (3.11) des étoiles qui "résident" (κείμενοι) dans les astérismes : οἱ δὲ ἐν ἄκρᾳ τῇ δεξιᾷ χειρὶ τοῦ Περσέως κείμενοι ἀστερίσκοι πυκνοὶ καὶ μικροὶ εἰς τὴν Ἅρπην καταστηρίζονται. Il est évident que le préfixe κατα- est beaucoup plus justifié à partir du sens de στηρίζω qu'à partir de ἀστερίζω, qui invite à lui donner un sens spatial pour le moins paradoxal. Ce préfixe, dans sa valeur spatiale, indique, en effet, un déplacement de haut en bas, alors que la métamorphose astrale s'exprime par un trajet de la terre au ciel ; on trouve parfois dans le texte pour marquer ce mouvement, de manière plus attendue, la préposition ou le préfixe ἀνά (ἀνα-), comme dans l'expression ἀνήγαγεν εἰς τὰ ἄστρα (*Cat.* 6, 11). Supposer, comme on l'a fait, que le préfixe ("vers le bas") note l'opération savante consistant à projeter sur un planisphère les marques d'une constellation sauve le sens littéral mais ne convient plus du tout au contexte narratif de projection *divine* des héros sur la toile céleste. Il y a une contamination certaine, et une remotivation étymologique qui a amalgamé les deux significations de "fixer définitivement" et de "transformer en étoile".

Les Alexandrins et leurs lecteurs ne prenaient d'ailleurs pas cette opération au pied de la lettre, comme le prouve cette scholie qui énumère les motifs hétérogènes de catastérisation : « Il ne faut pas se figurer qu'il y a dans le ciel des ours ou des chariots ; en fait, il y a cinq motivations rationnelles d'une représentation astrale : un nom est donné à un astre en vertu d'une *ressemblance* (comme dans le cas du Scorpion) ; ou bien en vertu d'une *affection*

---

[199]. Voir PTOLÉMÉE, *Almageste* 8.3, p. 181 Heiberg ; HÉPHESTION, *Apotélesmatiques praef.*, p. 3 Pingree, etc.

[causée par l'astre] (comme dans le cas du Chien, car au lever du Chien les chiens terrestres, en général, paraissent enragés) ; ou *en relation avec un mythe* (comme dans le cas de Callisto métamorphosée en ourse) ; ou *comme marque d'honneur* (comme pour les Dioscures [qui sont] les Gémeaux) ; ou *pour délimiter [des espaces] et pour des motifs pédagogiques*, (comme dans le cas de la majorité des signes zodiacaux). Ainsi les Ourses sont des Chariots en vertu de la ressemblance, et des ourses en relation avec un mythe » (οὐ χρὴ δὲ ἐν τῷ οὐρανῷ τινὰ οἴεσθαι ἄρκτους ἢ ἁμάξας, ἀλλὰ πέντε τὰς αἰτίας εὐλόγως τῆς ἀστροθεσίας τίθενται. ἢ γὰρ καθ' ὁμοίωσιν τοὔνομα τῷ ἄστρῳ, ὥσπερ ὁ Σκορπίος, ἢ κατὰ πάθος, ὡς ὁ Κύων (δοκοῦσι γὰρ ἐπὶ τῇ ἀνατολῇ τοῦ Κυνὸς λυττᾶν οἱ χερσαῖοι κύνες ὡς ἐπὶ πλήθους), ἢ μυθικῶς, ὡς ἡ μεταβληθεῖσα Καλλιστὼ εἰς ἄρκτον, ἢ κατὰ τιμήν, ὡς οἱ Διόσκουροι Δίδυμοι, ἢ διορισμοῦ καὶ διδασκαλίας χάριν, ὡς τὰ πολλὰ τῶν ζῳδίων. αἱ τοίνυν Ἄρκτοι Ἅμαξαι μὲν καθ' ὁμοιότητα, Ἄρκτοι δὲ μυθικῶς)[200].

4. La tradition des Catastérismes et des Phénomènes

Si l'on excepte le texte déjà édité par Maass[201], la *Liste des constellations*, sous le nom de *De circa exornatione stellarum et ethymologia de quibus uidentur* (voir *Anonymus* II.2.1 dans l'*Annexe*), les fragments ératosthéniens relatifs à l'astronomie sont rares ; ils s'agit de lambeaux attribués à l'*Hermès* (voir en particulier *frg.* 397A Lloyd–Jones & Parsons : ὀκτὼ δὴ τάδε πάντα σὺν ἁρμονίῃσιν ἀρήρει, / ὀκτὼ δ' ἐν σφαίρῃσι κυλίνδετο κύκλῳ ἰόντα / †εννεατην περὶ γαῖαν, ἧς δείκηλα χορείης[202]),

200. Schol. Arat. 27, p. 75 Martin.
201. Maass 1898 : 134-137.
202. "Celles-ci étaient huit en tout, harmonieusement combinées, et elles, les huit, évoluaient sur des sphères, selon un mouvement circulaire, autour de la Terre qui est la neuvième, comme reflet d'une voix chorale".

ou à l'*Érigoné*[203]. Mais d'autres ouvrages, surtout dans la tradition latine, permettent une évaluation de l'ouvrage d'Ératosthène et une appréciation plus fine du texte de l'*Épitomé* et des *Fragmenta Vaticana*, les héritiers grecs les plus directs des *Catastérismes* originaux. Il est nécessaire, pour cela, de présenter brièvement les dossiers, recueils de scholies et collections astronomiques, qui reprennent le contenu des *Catastérismes* ou s'articulent à ce texte. Nous faisons également souvent référence, ponctuellement, à ces témoins éclairants, dans les notes qui accompagnent le texte d'Ératosthène ainsi que dans l'apparat critique, dans la mesure où ils peuvent offrir des leçons utiles à la restitution du texte de l'*Épitomé* ou des *Fragmenta Vaticana*. Martin (1956) a tenté de décrire et d'organiser ce réseau complexe. Partant d'une conception large de la critique textuelle, il distingue les témoins des *Catastérismes* à partir d'une analyse externe et, sur la base de la forme et de la structure des textes, répartit les documents en deux grands groupes :

— les textes dans lesquels les mythes catastérismiques sont chacun accompagnés de la notice astrothétique (ou catalogue d'étoiles) correspondante, et où ils se succèdent dans un ordre conforme à celui des *Phénomènes* d'Aratos. Il s'agit des *Scholies à Germanicus*, de l'*Aratus Latinus* et de son pendant grec, les *Fragmenta Vaticana*, et enfin de l'*Épitomé* des *Catastérismes*. Ces trois documents représenteraient les états successifs d'une édition unique de l'œuvre d'Aratos, comprenant les chapitres des *Catastérismes*, baptisée édition Φ, datant des II-IIIe siècles après J.-C.

— la seconde catégorie est représentée uniquement par le *De Astronomia* d'Hygin : les catalogues d'étoiles sont dissociés des mythes et rassemblés dans un livre à part, et les chapitres se succèdent dans un ordre différent de l'ordre aratéen (voir *infra*, p. LXXXVII).

---

203. Voir HYGIN 2.4.2, etc.

La postérité grecque

Le croisement d'Aratos et d'Ératosthène

L'*Épitomé* nous est parvenu comme une pièce d'une collection astronomique dont le centre est occupé par les *Phénomènes* d'Aratos. À ce titre, on ne peut, en effet, dissocier l'histoire du texte, sinon sa genèse, de celle du célèbre poème alexandrin qui assura à l'astronomie une place de choix, comme une discipline essentielle dans la formation générale à l'époque romaine et au Moyen-Âge (dans le *quadrivium*). La littérature dérivée des *Phénomènes* d'Aratos est, dès l'antiquité, considérable[204]. L'organisation des chapitres de l'*Épitomé* est strictement ajustée à l'ordre suivi par Aratos dans la description du ciel, et cet alignement prouve assez la dépendance éditoriale de l'*Épitomé* par rapport aux *Phénomènes*. Ce rôle auxiliaire joué par les *Catastérismes* serait même pour Martin aux fondements de l'entreprise d'Ératosthène, et il n'hésite pas à appeler son *Astronomie* « l'œuvre aratéenne d'Ératosthène »[205]. L'agrégation des *Catastérismes* au dossier aratéen dans la collection alexandrine, puis de l'*Aratus Latinus*, est, de fait, une condition essentielle de la conservation du texte, quel que soit son état ; cependant la conception de l'œuvre d'Ératosthène que propose Martin est partiale et biaisée par l'objet de prédilection

---

204. Les *Vitae Arati* citent comme auteurs de *Phénomènes* Lasos, Hermippe, Hégésianax et Aristophane de Byzance, en plus d'Eudoxe, qui est antérieur à Aratos. Les commentateurs du poète (dont le Rhodien Attale, abondamment cité par HIPPARQUE dans son propre *Commentaire aux Phénomènes* —*e.g.* 1.3.3) constituent une autre branche de la tradition post-aratéenne. La SOUDA signale également (M 194, s.v. Μαρίανος) une paraphrase en 1140 vers iambiques des *Phénomènes*. Certains manuscrits (comme le *Vaticanus gr*. 191, le *Vaticanus gr*. 381 et le *Mutinensis* U 9 20) donnent une longue liste de noms propres intitulée : οἱ περὶ τοῦ ποιητοῦ συνταξάμενοι (MAASS 1892 : 121), qui peut inclure des éditeurs, comme des commentateurs ou des adaptateurs.

205. MARTIN 1956 : 12.

intense de ce savant ; on doit considérer que les *Catastérismes*, dans l'esprit d'Ératosthène, n'étaient pas destinés à jouer un rôle ancillaire par rapport à Aratos, mais possédaient une fonction autonome de synthèse culturelle astronomique.

Le traité d'Ératosthène a été intégré, sans doute de manière précoce, à une *Collection astronomique alexandrine*, au contenu assez hétéroclite, que nous ne pouvons appréhender que par une édition de l'époque romaine qui en respecte sans doute les contours. Cette édition, reconstituée grâce aux nombreux manuscrits dérivés, et que Jean Martin a appelée "édition Φ", a vu le jour probablement au IIe ou au IIIe siècle après J.-C. Comme pour les autres collections dont il sera question par la suite (*Aratus Latinus, Scholies à Germanicus*) il existe d'un manuscrit à l'autre des divergences dans le détail du contenu ; on peut néanmoins, au-delà de ces variations, s'en faire une idée relativement précise. Elle se composait des pièces suivantes : (a) la *Liste des constellations* attribuée à Ératosthène (voir *supra*), constituant un sommaire des *Catastérismes* primitifs, avec indication possible du nombre d'étoiles de chaque constellation, comme dans la variante du Pseudo-Hipparque (*Anonymus* II.2.2) ; (b) l'*Épitomé* ; (c) une préface à Aratos ; (d) un prélude apocryphe d'Aratos ; (e) une description des deux hémisphères ; (f) un poème iambique sur la sphère et un poème astrologique en hexamètres ; (g) un fragment de scholie sur Zeus. Notons que dans les manuscrits planudéens de l'édition Φ (cf. p. CXII), même lorsqu'ils ne contiennent pas le texte d'Aratos (à l'instar de l'*Aratus Latinus* révisé, voir *infra*, p. LXXXVI), il y a une introduction astronomique aux *Phénomènes* d'Aratos, qui est attribuée à Ératosthène ou à Hipparque[206] ; celle-ci est parfois intitulée Ἐρατοσθένους εἰς τὰ Ἀράτου Φαινόμενα. D'après Martin[207]

---

206. Voir MARTIN 1956 : 51-53.
207. MARTIN 1956 : 115.

« c'est l'auteur de l'édition Φ des *Phénomènes* qui a réuni à chaque fable le catalogue d'étoiles correspondant ». Mais cette manipulation éditoriale attribuée à l'éditeur de Φ (suggérée à Martin par le fait que dans le dispositif de l'*Astronomie* d'Hygin, reflet fidèle du contenu ératosthénien, et antérieur à l'édition Φ, les deux parties sont disjointes)[208] est une supposition, et l'original ératosthénien pouvait viser, précisément, dans son programme initial, à articuler étroitement, comme nous l'avons proposé, mythe et astrothésie.

Martin estime que le format éditorial original de l'édition Φ du "corpus" aratéen était un *volumen*[209]. Mais le codex, qui s'impose progressivement, entre le IIe et le IVe siècle[210], offre des ressources et apporte des enrichissements nombreux[211] : les monographies antiques, les commentaires et les ὑπομνήματα vont être reconditionnés et convertis en annotations marginales ou en scholies, qui envahissent les marges dans les codices médiévaux. Ce nouvel espace permet des combinaisons et l'annexion de textes auxiliaires (commentaires ou scholies), initialement indépendants[212]. Il est donc possible que la nouvelle édition Φ ait été encouragée par le nouveau format offert par le codex. Mais elle peut aussi dériver d'une édition aratéenne en *volumen*, qui présentait sous forme de colonnes le texte et l'image correspondante pour chaque constellation, sans exploiter une marge. Le manuscrit *NLW* 475C de Germanicus[213], qui paraît avoir conservé une disposition éditoriale archaïque, encore conditionnée par le format du rouleau, présente justement un dispositif

---

208. Pour le détail, voir *infra*.
209. MARTIN 1956 : 69.
210. MARTIAL (1.2) est le premier auteur à mentionner une œuvre littéraire sur un codex.
211. Voir REYNOLDS & WILSON 1986 : 51.
212. « Few if any ancient monographs survived the dark ages as independent books in the physical sense » (WILSON 1967 : 246).
213. Sur ce manuscrit voir McGURK 1973.

de ce type : le texte de la traduction latine des *Phénomènes* est interrompu à intervalles réguliers par des extraits des *Catastérismes* et par une image, disposés en colonnes. Quoi qu'il en soit, le texte d'Ératosthène, comme les illustrations qui devaient l'accompagner, a été absorbé dans le texte d'Aratos et a sans doute cessé, de ce moment, d'avoir une existence indépendante. Un manuscrit (*Vaticanus gr.* 1087, voir *infra*) a conservé, avec les extraits des *Catastérismes*, des illustrations et des planisphères qui pourraient remonter à l'édition Φ illuminée d'Aratos.

Les Scholies à Aratos

Cette appellation désigne la compilation des gloses et commentaires juxtalinéaires au poème d'Aratos, réunis d'abord en partie par Maass (1898) puis édités par Martin (1974). Les scholies intègrent un grand nombre de remarques à contenu catastérismique et constituent un témoin important pour notre texte. Il s'agit en fait d'un corpus hétérogène, produit de la sédimentation de différentes couches d'emprunts, souvent difficiles à dissocier, des formes successives qu'ont revêtues les *Catastérismes*. On peut y trouver aussi bien des extraits probables de l'œuvre qui circulait encore sous le nom d'Ératosthène que des fragments d'un *Épitomé* de facture proche de celui qui nous est parvenu (cf. ci-dessous, la rubrique *Fragmenta Vaticana*). Les emprunts les plus anciens sont des passages dans lesquels Ératosthène est cité explicitement, preuve que l'exemplaire utilisé comme modèle était connu sous le nom de notre auteur. L'attestent, en particulier, les scholies aux vers 225 (voir *Cat.* 19, n. 299), 403 et 474 (voir *Cat.* 44, n. 683).

Un autre épitomé : les Fragmenta Vaticana

Ce nom désigne un épitomé plus court que l'*Épitomé* (!), d'abord découvert dans un manuscrit de la bibliothèque marcienne, et attesté aujourd'hui par trois manuscrits connus. Le principal manuscrit, le *Vaticanus graecus* 1087 (voir *infra*), ne contient que 25 chapitres. Mais cette branche est heureusement complétée, en grande partie, par un autre manuscrit, le *Scorialensis* Σ III 3 (S), qui comprend, apparemment, le texte et les scholies du reste des manuscrits des *Phénomènes* ; mais il a été révisé d'après un modèle grec de l'*Aratus Latinus*, de la même branche que les *Fragmenta Vaticana*. Il a intégré, à partir de ce modèle grec, une série de mythes catastérismiques qui, mêlés aux scholies, complète le corpus incomplet du *Vaticanus graecus* 1087 (ne manquent que les *Cat.* 13, 23, 24, 25, 26, 30, 32, 33, 41). Le texte du *Vaticanus gr.* 1087 est plus pauvre, plus condensé, et plus lacunaire, par rapport à l'*Épitomé*, en ce qui concerne l'astrothésie ; mais souvent il donne des éléments originaux pour la partie mythographique (voir *Cat.* 2, 4, 9, 10, 14, 24, 29, 31, 33, 38, 41), et propose même parfois un texte plus long (voir *Cat.* 5, 8, 18, 34, 39), preuve qu'il n'a pas été élaboré à partir de l'*Épitomé*. L'écart entre les deux rédactions est assez significatif pour que l'on ne puisse réduire l'un au statut de variante de l'autre.

Les adaptations et commentaires latins

La littérature dérivée des *Phénomènes* d'Aratos est considérable. Elle compte de multiples traductions ou transpositions latines, parmi lesquelles nous avons conservé deux œuvres poétiques complètes (les *Aratea* de Germanicus et ceux d'Aviénus) et une œuvre fragmentaire (les *Aratea* de Cicéron), mais qui a inspiré de nombreux auteurs latins[214], comme Ovide ou Varron de l'Atace[215]. À ces traductions il faut ajouter de nombreux réemplois ou récritures, parfois amples, par les poètes augustéens en

---

214. Voir POSSANZA 2004. Cf. aussi SANTINI 1998.
215. Du premier il reste six vers, et du second (Varron de l'Atace ou Varron d'Atax), dont l'*Epimenis* est employée par VIRGILE (*Georg.* 1.374-377, 1.397 ; cf. THOMAS 1988 : 8 & 131), une mention par SERVIUS (*Comm. Géorgiques, ad* 1.375).

particulier, comme Virgile, dans ses *Géorgiques*, ou, plus nettement encore, Ovide, dans ses *Fastes*[216]. Ce dernier a sûrement utilisé les *Catastérismes* ératosthéniens, peut-être à travers un compendium postérieur, et certains parallèles ne peuvent être dûs au hasard[217]. Les traductions latines ont donné lieu également à de nombreux commentaires et gloses qui, eux aussi, adoptent ou intègrent une partie du patrimoine aratéen et ératosthénien. Il est impossible, tant ce patrimoine est commun dans la culture latine, de signaler tous les héritiers de cette tradition.

Traductions latines d'Aratos

Trois traductions latines portant le nom d'*Aratea* nous sont bien connues, bien que l'une soit fragmentaire. Il s'agit du poème de Cicéron, d'un volume équivalent à celui de son modèle[218], et qui constitue une œuvre de jeunesse[219] et un exercice de style presque conventionnel. Sa traduction[220] est inexacte, accompagnée de gloses, de réductions[221], d'omissions et d'erreurs[222]. En outre, Cicéron, qui ne considère pas Aratos comme un astronome[223], omet délibérément certains vers[224], et use d'une

---

216. Pour l'influence aratéenne sur les *Géorgiques*, voir FARRELL 1991 : 157-168 ; et sur les *Fasti*, voir GEE 2000.

217. REHM 1896 : 24-25 et 32-35.

218. Le début du seul fragment qui conserve une longue section sans lacune du poème de Cicéron présente des proportions égales (CICÉRON, *Arat.* 34.1-252 = ARATOS 230-479).

219. Voir *ND* 2.104, où il dit qu'il était *adulescentulus* à l'époque de la rédaction.

220. Pour le procès de Cicéron traducteur, voir SOUBIRAN 1972 : 89-93.

221. Comparer CICÉRON, *Arat.* 34.464-469 *vs* ARATOS 679-689.

222. Voir *Arat.* 34.57 (confusion de Pégase et du Verseau, du lever et du coucher), *Arat.* 34.107 (erreurs sur les positions du grand Chien et d'Orion), *Arat.* 34.355 (où le Poisson [*Piscis*] remplace l'Agenouillé [*Nixus*]).

223. Voir *Rep.* 1.22 : *non astrologiae scientia sed poetica quadam facultate* ; *Orat.* 1.69 : *hominem ignarum astrologiae*.

224. Disparition de ARATOS 296-299, 535-536, etc. On constate aussi de nombreuses omissions de précisions astronomiques ; voir

terminologie différente[225]. Il apporte très peu au poème d'Aratos, sinon une transposition latine et une acclimatation de quelques noms de constellations qui sont traduits et non calqués du grec.

L'ouvrage de Germanicus, complet, est une adaptation plus libre, l'auteur (1) remplaçant le prélude par une dédicace à Tibère ; (2) rectifiant Aratos à partir des critiques d'Hipparque sur les situations des astres et les levers ; (3) interrompant sa traduction au vers 732 de l'original et remplaçant la seconde partie (*Pronostica* : vers 733-1154) par des préceptes astrologiques.

Le troisième poème, dû à Rufus Festus Aviénus (IVe siècle ap. J.-C), bien plus long que les précédents (1878 vers, soit 1,6 fois le volume de l'original), ne rectifie pas Aratos mais, plus encore que Germanicus, développe les mythes et enrichit les fables stellaires en intègrant une partie de la littérature "ératosthénienne", et en insistant par ses images sur le dynamisme du ciel. À ce titre, ce poème tardif constitue un témoin important pour certains chapitres de l'*Épitomé*[226].

Les Scholies à Germanicus

L'appellation de "Scholies à Germanicus" est une impropriété due à Alfred Breysig, l'éditeur historique d'un dossier astronomique latin sous le nom de *Germanici*

---

frg. 22 : les pattes postérieures de l'Ourse (Aratos) deviennent *pedibus* seulement chez Cicéron.

225. À la différence de Germanicus, Cicéron latinise souvent les noms de constellations. Il emploie ainsi systématiquement *Fides*, au lieu du calque du grec *Lyra*. Cf. aussi *frg.* 5 : « que nos compatriotes ont coutume d'appeler les Sept bœufs de battage » *(Septem Triones)*. Cicéron ajoute aussi des notations décoratives, des « adjectifs pittoresques ou grandioses » prodigués « avec une superbe ignorance des réalités astronomiques » (SOUBIRAN 1972 : 90-91) ; cf. Αἰγόκερως (Aratos) : « l'être dont la poitrine puissante exhale un souffle glacé, le Capricorne monstrueux » (*Arat.* 34.58).

226. Pour l'usage que fait Manilius des *Phénomènes*, voir ROMANO 1979 : 27-36 ; ABRY 2007 ; VOLK 2009 : 182-197.

Caesaris Aratea cum scholiis. Ce recueil, qui remonte pour l'essentiel au IIIe siècle ap. J.-C., ne constitue pas un commentaire régulier des vers de Germanicus, comme le sont les *Scholies à Aratos* pour Aratos, mais il s'agit d'une traduction en latin du corpus des scholies d'Aratos de l'édition Φ des *Phénomènes*, qui contenaient, parmi d'autres matériaux, les chapitres des *Catastérismes*[227]. Outre ces "Scholia" de Breysig (dites *Scholia BP*), qui accompagnent le texte de Germanicus, découpé en tronçons correspondant aux différentes constellations, figurent dans l'édition de Breysig des pièces liées au dossier aratéen, qui font partie de l'*Aratus Latinus* (édité par Maass), et en particulier un commentaire sur le prélude des *Phénomènes*. Sous cette appellation confuse de "Scholies à Germanicus" Breysig a également édité deux ensembles, appelés respectivement, à partir du manuscrit témoin, *Scholia Strozziana* et *Scholia Sangermanensia*. Le premier (*S. Strozziana*) est constitué de l'*Aratus Latinus* remanié (voir *infra*), de fragments de Pline, de l'*Astronomie* d'Hygin, et d'un catalogue d'étoiles (*de ordinatione ac positione stellarum in signis*)[228] ; le second (*S. Sangermanensia*) se confond entièrement avec l'*Aratus Latinus* remanié[229].

Aratus Latinus

Cet ensemble constitue un corpus évolutif, dans lequel on peut distinguer trois étapes principales, et qui propose

---

227. Que les *Scholies à Germanicus* empruntent à d'autres sources qu'Ératosthène, comme le dit REHM (1896 : 15), se fondant surtout sur des divergences de place (ou la répétition) de certains développements, est loin d'être évident, même si le texte de Breysig comporte des interpolations.

228. Voir ROBERT 1878 : 201 sq.

229. Cette recension, écrite dans le latin de la renaissance carolingienne, peut être datée du tournant du VIIIe-IXe siècle. Reste un passage totalement mystérieux : le catalogue d'étoiles correspondant à Céphée (*Cat.* 15), dans lequel les *Scholia Strozziana* se séparent des scholies BP, des *Scholia Sangermanensia*, et de la *Recensio Interpolata*, pour donner un texte qui ressemble de très près à celui de l'*Épitomé* des *Catastérismes*.

un dossier aratéen intégrant une partie du contenu des *Catastérismes*. Il s'agit, globalement, d'une édition commentée des *Phénomènes* avec une biographie, une introduction et un commentaire, comprenant les chapitres catastérismiques d'Ératosthène, due à un traducteur latin du VIIe siècle.

Le premier état (*Aratus Latinus*) est composé des pièces suivantes : (a) une introduction astronomique ; (b) la *Liste des constellations* (donnant l'ordre original des chapitres des *Catastérismes* (= *Anonymus* II.2.1 de Maass)[230] ; (c) une liste des constellations pseudo-hipparquéenne (= *Anonymus* II.2.2 de Maass) ; (d) une préface à une édition des *Phénomènes* ; (e) une description des deux hémisphères ; (f) une Vie d'Aratos ; (g) une Préface à Aratos ; (h) un poème astrologique ; (i) une traduction d'Aratos ; et parfois (j) les *Aratea* de Germanicus, accompagnés (k) des *Scholies à Germanicus*.

Cette collection hétéroclite connaît un second état (*Aratus Latinus* révisé ou *Recensio Interpolata Arati Latini*), accompagné d'illustrations, où la traduction latine très confuse —pour ne pas dire incompréhensible— d'Aratos (i) est supprimée, ainsi que la préface aux *Phénomènes* (d) ; et où est intégrée (l) une version remaniée des *Catastérismes*. Dans ce second état, on trouve souvent en outre (m) une liste versifiée des constellations en seize hexamètres latins (Épitomé des *Phénomènes* de Priscien) ; (n) un extrait astrologique d'Aratos, et (o) deux extraits d'un traité antique intitulés *de caeli positione* et *de stellis fixis et stantibus*[231].

Le troisième état (*Aratus Latinus* révisé et remanié) est assez proche du précédent : le remanieur a supprimé quelques pièces inintelligibles et ajouté quelques morceaux d'auteurs latins (en particulier Pline et le *De signis*

---

230. Voir l'*Annexe*.
231. Voir LE BOURDELLÈS 1985 : 71-73. Cet Aratus révisé correspond aux *Scholia Sangermanensia*.

caeli du Pseudo-Bède)[232]. Ainsi, même si dans le détail du contenu il y a des divergences entre les manuscrits, on peut identifier une édition de l'*Aratus Latinus* (1), un *Aratus* révisé (2 = *Scholia Sangermanensia* des "Scholies à Germanicus"), et un *Aratus* révisé remanié (3 = *Scholia Strozziana* des "Scholies à Germanicus").

La place d'Hygin dans la tradition

L'*Astronomie* d'Hygin a une place tout à fait exceptionnelle parmi les témoins d'Ératosthène. Cet ouvrage est difficile à dater précisément en raison de la controverse concernant son auteur. Si l'on ne peut parvenir sur ce point à une certitude totale, Le Bœuffle[233] estime presque sûre l'identité de l'auteur de l'*Astronomie* et des *Fables*, et possible —sinon vraisemblable— l'identification de cet Hyginus avec le bibliothécaire d'Auguste (né vers 65 av. J.-C.). L'œuvre, qui a été divisée en quatre livres par les modernes, et dont la fin est perdue, se compose d'un abrégé de cosmographie constitué essentiellement de définitions (l. 1), d'un recueil de mythes stellaires, portant successivement sur chacune des constellations, suivi d'un chapitre sur les planètes et d'un chapitre sur la Voie lactée (l. 2) ; d'une description astrothétique de toutes les constellations du livre 2 (l. 3) ; d'une succession de développements consacrés aux cercles célestes, au mouvement de la sphère, aux levers et couchers, et aux planètes (l. 4). Les livres 1 et 4 n'ont pas d'équivalent dans l'*Épitomé*, mais si l'on suit l'opinion de Martin et ses analyses on doit admettre que la version originale de l'*Astronomie* d'Ératosthène était une introduction générale, comprenant une partie de fables, une partie d'astrothésie, mais aussi des données plus théoriques sur la sphère, les levers, etc. Quoi qu'il en soit, l'essentiel du traité d'Hygin, en volume, est constitué par les livres 2 et 3, qui correspondent

---

232. Voir MARTIN 1956 : 45 ; et LE BOURDELLÈS 1985 : 98-99.
233. LE BŒUFFLE 1983 : XXXIII-XXXVI.

exactement à la matière de l'*Épitomé*. Les deux parties (mythique/astronomique) du recueil d'Ératosthène sont ici nettement séparées, et l'ordre des chapitres, s'il est globalement plus proche de celui de l'original, ne coïncide exactement ni avec celui de l'*Épitomé*, ni avec celui de la *Liste des constellations* (= *Anonymus* II.2.1). Le principe d'énumération des constellations se rapproche, en fait, davantage du second, autrement dit de la formule originale, qui procède par zones (et non par circuits au-dessus puis au-dessous de l'équateur, comme l'*Épitomé*) ; Hygin groupe, en particulier, les constellations zodiacales (chap. 20-30), à l'instar de l'original ératosthénien (chap. 20-31), dont le plan correspond à la *Liste des constellations* véhiculée dans des recueils astronomiques anciens. Mais Hygin fait tourner la sphère dans l'autre sens, à partir de la zone tropicale (Bouvier, Couronne, Agenouillé, etc.)[234]. L'ordre particulier suivi dans les livres 2 et 3 du recueil pour les constellations[235] n'est cependant pas une invention d'Hygin puisqu'on le retrouve en grec dans certains opuscules[236]. Ce décalage, puisque que l'on a ainsi *trois* séries ératosthéniennes de constellations, suggère l'existence d'au moins *deux* versions étendues d'Ératosthène distinctes, ou deux recensions, l'une ayant pu être un premier remaniement, différent par son ampleur de la version de l'*Épitomé*.

À ces réserves près, les deux livres centraux d'Hygin présentent avec l'*Épitomé* une similitude de conception remarquable[237], qui font d'Hygin, selon Martin, non seulement un utilisateur privilégié des *Catastérismes*

---

234. Voir MARTIN 1956 : 104-109.
235. Cet ordre est décrit par Hygin comme naturel : *suo ordine*, *Astr.* 2. *praef.* 3.
236. MARTIN 1956 : 109.
237. Cette ressemblance est telle que Westermann et Bernhardy pensaient que les *Catastérismes* étaient une traduction abrégée des livres 2 et 3 de l'*Astronomia* d'Hygin (!) ; voir n. 274.

d'Ératosthène[238], mais le "témoin direct de l'ancêtre"[239]. Il est remarquable, par exemple, qu'il ajoute aux chapitres sur les constellations, comme son modèle, un chapitre sur les planètes (dans lequel Ératosthène est cité trois fois), et un chapitre sur la Voie lactée qui reprend le texte (et cite le nom) d'Ératosthène. Ce dernier est l'auteur le plus souvent cité dans l'œuvre, puisque Hygin le nomme vingt et une fois (dont dix-neuf dans le livre 2)[240], comme l'autorité des mythes que nous retrouvons dans le reste de la tradition catastérismique[241]. L'auteur latin, qui a très peu ajouté au traité du Cyrénéen[242], est même le seul à paraître nous fournir une image fidèle de l'ouvrage original[243]. Un passage en revue des sources mentionnées par les deux textes, chapitre par chapitre, permet de mesurer les similitudes.

L'ouvrage d'Hygin mentionne, en outre, comme sources, de nombreux auteurs qui sont, en réalité, clairement "impliqués" dans le legs ératosthénien, bien qu'ils soient parfois omis dans l'*Épitomé*. Quoique dans la plupart des cas le témoignage d'Ératosthène semble se démarquer de celui d'autres autorités, il s'avère que les autres auteurs (*alii, nonnulli*), qui sont parfois nommés[244],

---

238. MARTIN (1956 : 95) rejoint ainsi l'avis du premier spécialiste moderne (ROBERT 1878 : 2).

239. MARTIN 1956 : 79 ; voir LE BŒUFFLE 1983 : XIII.

240. Livre 2 : 2.3.1 ; 2.4.2 ; 2.6.1 ; 2.7.1 (bis) ; 2.13.1 ; 2.14.5 ; 2.15.6 ; 2.17.1 ; 2.20.1 ; 2.23.3 ; 2.24.2 ; 2.28 ; 2.30 ; 2.40.4 ; 2.42.2 ; 2.42.3 ; 2.42.4 ; 2.43 ; livre 3 : 3.1.2 ; 3.6.

241. Voir MARTIN 1956 : 95 sq. Sur la structure et les sources d'Hygin, voir LE BŒUFFLE (1965 : 275-294). D'après REHM (1896 : 6-7), Hygin mentionne le nom d'Ératosthène (1) soit par goût de la référence ; (2) soit lorsqu'il signale une donnée qu'il ne maîtrise pas ("Fremdes") ; (3) soit enfin lorsqu'il n'est pas sûr de l'exactitude de sa traduction et cherche à se couvrir en introduisant le nom de son garant.

242. Voir MARTIN 1956 : 103. Selon MARTIN (2002 : 17), le recueil primitif, de la main d'Ératosthène, « a servi de source presque exclusive à l'*Astronomia* d'Hygin ».

243. MARTIN 1956 : 124.

244. Voir HYGIN 2.13, cf. *Cat.* 13.

appartiennent, eux aussi, pleinement à la source ératosthénienne. Ainsi dans le Dragon (2.3.1), Hygin renvoie à Ératosthène, et la variante qui suit immédiatement (*nonnulli etiam dixerunt*) provient également du Cyrénéen, puisqu'elle se trouve dans la version latine des *Catastérismes* fournie par les *Scholies à Germanicus* (BP 60 : *alii*…). De plus l'ordre d'apparition des auteurs, quand ils sont cités par Hygin et maintenus dans l'*Épitomé* et les *Fragmenta Vaticana*, est toujours le même. L'immense majorité des auteurs cités sont des prédécesseurs ou des contemporains d'Ératosthène, et une hypothèse "maximaliste" pourrait attribuer la quasi-totalité des traditions mythographiques rapportées par Hygin à l'ouvrage d'Ératosthène, certainement lui aussi à caractère compilatoire. Sur les quarante auteurs cités dans l'ouvrage, trois auteurs grecs seulement sont susceptibles d'avoir été empruntés à une autre source : Asclépiade, Évhémère, et Istros[245] ; et un seul est certainement postérieur à Ératosthène : Parmeniscus le grammairien[246] ; sans compter deux auteurs, historiens, qui sont d'identité et de date incertaines : Alexandre[247], et l'historien Petellides Gnosius[248].

Le texte d'Hygin est donc considérablement plus riche et plus long que l'*Épitomé* et les *Fragmenta Vaticana*. Certains récits, présents dans les deux textes grecs et Hygin, sont nettement plus développés dans l'œuvre latine, y compris lorsqu'il s'agit de personnages qui, telle Érigoné (voir le Bouvier), jouent un rôle très important dans la production littéraire d'Ératosthène[249], qui n'a pu

---

245. Voir LE BŒUFFLE 1983 : XIV.
246. Voir 2.13 = Cocher. Parmeniscus est du IIe siècle av. J.-C. D'après ROBERT (1878 : 228), c'est dans Parmeniscus qu' Hygin aurait trouvé les récits d'Hermippus et Hégésianax (auteurs de Φαινόμενα).
247. Voir 2.20 : Taureau. S'il s'agit de Polyhistor il serait du Ier siècle av. J.-C.
248. Voir 2.4 : Bouvier.
249. Ératosthène compose un poème à sa gloire (cf. *supra*, p. XII), dont HYGIN cite un vers en 2.4.2 (voir *Cat.* 8, n. 108 ; et *Cat.* 33, n. 514).

manquer l'occasion de l'introduire dans son ouvrage. Ératosthène est même mentionné par Hygin pour des passages qui ne figurent plus dans notre version : « D'après le récit d'Ératosthène, [Bérénice] fit rendre à de jeunes Lesbiennes leur dot qu'à chacune avait laissée son père, mais que personne ne versait, et entre temps déposa une réclamation en justice »[250]. C'est donc de la version étendue que dépend Hygin. Grâce à ce dernier, on y voit souvent plus clair dans les ellipses ou les obscurités d'Ératosthène. Ainsi, concernant la Couronne, Hygin est le seul à présenter les faits dans l'ordre raisonnable et permet de déchiffrer une compression ératosthénienne[251] : ce n'est pas le jour du mariage (voir *Cat.* 5) que Dionysos place la couronne au ciel (puisque c'est le jour où elle est offerte et doit être portée) ; Hygin présente aussi, en l'occurrence, un texte plus sain : les noces ont lieu dans l'île de Dia, autre nom de Naxos, et non dans l'île d'Ida (manuscrits de l'*Épitomé* et des *Fragmenta Vaticana*). Cependant, même les bourdes de l'auteur latin comme son *Aetolorum alendum*[252] trahissent la source dont il se sert.

Un trait typiquement ératosthénien, perpétué dans Hygin, est l'amarrage du récit sur l'image : le premier mot des chapitres (livre 2, chap. 1-41) est presque toujours un démonstratif : *hunc, de hac, in hac, haec, hic, hoc sidus, hos,* ... *huius effigies* (28) ; à l'exception seulement de quatre chapitres (2.14 : *Ophiucus qui* ; 2.23 : *Cancer dicitur* ; 2.33 : *Diognetus ait* ; 2.40 : *In qua*). Même si, pour l'édition d'Hygin, à la différence du cas du texte d'Ératosthène, on ignore si l'ouvrage comportait originellement des dessins, c'est "l'image" dont le texte part et parle. La probabilité forte que le texte d'Hygin ait été, en fait, dépourvu d'illustrations —l'absence totale de

250. Hygin 2.24.2 ; cf. *Cat.* 12, n. 188.
251. Voir Robert (1878 : 10) et Martin (1956 : 66).
252. Hygin 2.1 et 2.4. Il lit αἰτωλῶν au lieu de αἰπόλων (*Cat.* 1) ; cf. αἰπόλων τινῶν dans les versions de l'*Épitomé* et des *Fragmenta Vaticana*, et l'apparat critique (voir Bursian 1866).

déictiques suggérant l'appui d'un schéma ou d'une image dans les parties astronomiques (livres 1 et 4), où le besoin pouvait se faire sentir, conforte cette impression— invite à concevoir ces embrayeurs comme des traces du recueil ératosthénien où ils étaient justifiés par le dispositif éditorial.

Concernant la nature de la catastérisation, Hygin manifeste la même hésitation ou la même incertitude qu'Ératosthène entre transfert au ciel du héros et reproduction d'une image du héros. Le caractère relativement abstrait de cette opération se manifeste par le fait que, plusieurs fois (2.9, 23, 36, 38), elle est exprimée à travers le verbe *numerare* (*inter astra*), qui indique l'intégration dans une série et non un transfert matériel. L'évocation de la catastérisation est, dans la logique narrative, un épisode ultime ; mais elle est, dans le programme du livre, la justification première. Dans les trois quarts des cas, la projection céleste (*inter sidera collocare*), qui est mise en général sous l'autorité d'un *dicitur*, est, dans l'*Épitomé* comme dans Hygin, à sa place narrative (*après* le récit), mais Hygin la mentionne parfois au début du chapitre. Or on constate qu'à chaque fois cette anticipation reflète la même anticipation dans le recueil d'Ératosthène : la Couronne (*Cat.* 5 ; Hygin 2.5), Andromède (*Cat.* 17 ; Hygin 2.11)[253], Persée (*Cat.* 22 ; Hygin 2.12), le Dauphin (*Cat.* 31 ; Hygin 2.17)[254], le Triangle (*Cat.* 20 ; Hygin 2.19)[255], le Taureau (*Cat.* 14 ; Hygin 2.21), le Cancer

---

253. Comparer Αὕτη κεῖται ἐν τοῖς ἄστροις διὰ τὴν Ἀθηνᾶν, τῶν Περσέως ἄθλων ὑπόμνημα, et *Haec dicitur Mineruae beneficio inter sidera collocata, propter Persei uirtutem*.

254. Comparer Οὗτος ἐν τοῖς ἄστροις λέγεται τεθῆναι δι' αἰτίαν τοιαύτην, et *Hic qua de causa sit inter astra collocatus, Eratosthenes ita cum ceteris dicit*.

255. Comparer Τοῦτό ἐστιν ὑπὲρ μὲν τὴν κεφαλὴν τοῦ Κριοῦ κείμενον· λέγεται δὲ διὰ τὸ ἀμαυρότερον εἶναι εὔσημον ἐπ' αὐτοῦ γράμμα κεῖσθαι ἀπὸ Διὸς τὸ πρῶτον τοῦ ὀνόματος δι' Ἑρμοῦ τεθέν, et *Hoc sidus quod ut littera est Graeca in triangulo posita, itaque appellatur. Quod Mercurius supra caput Arietis statuisse existimatur*

(*Cat.* 11 ; Hygin 2.23), le Lion (*Cat.* 12 ; Hygin 2.24), le Capricorne (*Cat.* 27 ; Hygin 2.28)[256].

L'existence et la nature du texte d'Hygin, adaptation latine des *Catastérismes*, conduit ainsi à conclure que (1) le texte original était, mythographiquement au moins, beaucoup plus fourni ; (2) le prototype des *Catastérismes* était attribué dès l'époque alexandrine à Ératosthène[257] ; (3) la version longue des *Catastérismes* était encore diffusée au début de notre ère ; (4) la version longue des *Catastérismes* était hybride (mythastronomique) et contenait des développements plus substantiels dans la partie mythologique[258]. En revanche, il ne permet pas de trancher définitivement sur la question de savoir si les deux parties des chapitres (mythologie/astrothésie) étaient initialement rassemblées par constellation (comme dans l'*Épitomé*) ou réparties en deux séries séparées (comme dans l'*Astronomie* d'Hygin)[259]. La conjonction de la mythographie et de l'astrothésie pour chaque chapitre n'est pas une évidence, même si elle reste probable.

ideo, ut obscuritas Arietis huius splendore, quo loco esset, significaretur, et Iouis nomine Graece Dios primam litteram deformaret.

256. La seule exception partielle, car la catastérisation est signalée au début du chapitre, est un signe double : le Scorpion/Balance, dont la représentation a évolué dans le ciel latin (*Cat.* 7 ; Hygin 2.26).

257. Cf. Martin (1956 : 124) : « C'est l'ensemble de l'ouvrage grec adapté par Hygin qui portait le nom vénérable d'Ératosthène, à une date très ancienne […] Ce manuel, utilisé par Ovide, par Nigidius Figulus, par Germanicus, par Aviénus et d'autres, portait le nom d'Ératosthène ». Maass avait émis l'idée, comme on l'a rappelé plus haut (p. XXIII), que les *Catastérismes* seraient du tournant du Ier-IIe siècle après J.-C.

258. Cf. Martin 1956 : 103.

259. On a essayé de montrer, sur la base d'une analyse interne hautement spéculative, que l'œuvre d'Ératosthène révélait une double série de chapitres (ou qu'il s'agissait de deux œuvres séparées ?) : une pour la partie mythographique (qui suivait la série des *Phénomènes*), et une autre pour l'inventaire des étoiles, spécifiquement ératosthénien, dont le catalogue de l'*Anonymus* II.2.1 serait le fidèle reflet (voir Hübner 1998a : 108 sq.).

Ordre des chapitres dans l'Épitomé et les témoins parallèles

Constellations	Epit. Aratos Schol. Germ.	Liste des constellations (= Anonymus II.2.1)	Fragmenta Vaticana (Vat. gr. 1087)	Hygin
Grande Ourse	1	1		1
Petite Ourse	2	2		2
Dragon	3	3		3
Agenouillé	4	10		6
Couronne	5	11	13	5
Serpentaire	6	18	14	14
Scorpion	7	24		26
Pinces	7	23		26
Bouvier	8	12	15	4
Vierge	9	22		25
Gémeaux	10	31		22
Cancer	11	20		23
Lion	12	21		24
Cocher	13	13	22	13
Taureau	14	29	25	21
Céphée	15	4		9
Cassiopée	16	7		10
Andromède	17	6		11
Pégase	18	15	23	18
Bélier	19	30	24	20
Triangle	20	14	8	19
Poissons	21	28	9	30
Persée	22	5	10	12
Pléiade	23		–	21bis
Lyre	24	9	11	7
Oiseau	25	8	12	8
Verseau	26	27	–	29
Capricorne	27	26		28
Sagittaire	28	25		27

Constellations	*Epit.* Aratos *Schol. Germ.*	Liste des constellations (= *Anonymus* II.2.1)	*Fragmenta Vaticana* (*Vat. gr.* 1087)	Hygin
Flèche	29	16	16	15
Aigle	30	17	17	16
Dauphin	31	34	18	17
Orion	32	32	–	34
Chien	33	36	7	35
Lièvre	34	39	19	33
Argo	35	40		37
Baleine	36	33	20	31
Éridan	37	41	21	32
Poisson austral	38	42	1	41
Autel	39	37	2	39
Centaure	40	38	3	38
Hydre, Cratère, Corbeau	41	35	4	40
Procyon	42	19	5	36
Ânes & Mangeoire	[*in* 11]		6	[*in* 23]

L'iconographie des Catastérismes

Comme on l'a dit plus haut, les *Catastérismes* apparaissent comme un artefact livresque, un précipité intertextuel typique de la culture écrite et de l'épistémè du Musée d'Alexandrie. Les deux parties de chaque chapitre (mythographie et astrothésie) sont d'esprit et d'origine totalement différents. Celle qui présente la substance mythologique, autrement dit le récit de métamorphose que nous connaissons sous le nom de catastérisme, ne s'inscrit pas dans une tradition de type religieux ou cultuel et constitue simplement l'aboutissement d'une tradition littéraire qui remonte aux débuts de la poésie grecque archaïque (voir p. LII-LIV et LXV-LXX). Dans les *Catastérismes*, sous sa forme conservée, la constellation n'est pas d'emblée le résultat d'une métamorphose ou d'un voyage astral, et la configuration stellaire qui porte son nom est, comme on l'a vu, souvent qualifiée d'image (εἴδωλον), imitation (μίμημα), copie (τύπος), dessin (ἐσχημάτισται) ou représentation (εἰκονίσας) d'un personnage ou d'un objet mythologique (cf. *Cat.* 2, 3, 4, 14, 16, 25, 26, 35, 41). Ces termes suggèrent, eux aussi, qu'Ératosthène liait la description des constellations à la consultation d'un modèle iconographique plutôt qu'à l'observation naturelle[260]. Une édition illustrée constitue un dispositif cohérent et utile, d'autant que la représentation des images était instable ou disputée, et il est retenu par de nombreux éditeurs modernes, d'Aratos en particulier. Les *Catastérismes* ont dû être un produit éditorial complexe : il constituait un objet proche des hypertextes contemporains, dans lesquels le texte et l'image, dans un constant dialogue, se renforcent et suggèrent des lectures multiples. Il faut prendre en compte, en effet, le format et l'aspect des livres (en rouleaux) de l'époque de composition des *Catastérismes* : la combinaison du texte et de l'image dans le cadre et la mise en page d'un rouleau ancien invitent à un type de lecture qu'on a qualifié de "panoramique"[261], « in contradistinction to the blinkered vision of the codex reader »[262]. Plusieurs indices textuels laissent penser que les *Catastérismes* intégraient, dans leur conception et édition originales, des illustrations correspondant au texte pour chacune des constellations :

---

260. Cf. SANTONI (2009 : 34) : « Al lettore non veniva chiesto, in prima istanza almeno, di guardare il cielo, ma i disegni ».
261. SKEAT 1990 : 297-298.
262. SKEAT 1994 : 265. L'expérience et la posture du lecteur ancien, grâce au mouvement des mains qui déroulent le rouleau, encouragent des modalités de lecture non linéaires, éventuellement plus discontinues, et favorisant une interaction entre texte et image —comme par exemple dans la lecture de tronçons de texte et d'illustrations pas nécessairement en rapport avec eux ; voir PÀMIAS 2008b : 289.

- Certains chapitres font état de dissensions touchant le tracé ou la composition de la figure. Ce genre de controverse est difficile à concevoir sans témoin ou support iconographique. Ainsi, la discussion sur les ailes du Cheval (*Cat.* 18), le caractère acéphale de la Vierge (*Cat.* 9) ou la conception du Sagittaire comme Satyre bipède et non comme Centaure quadrupède (*Cat.* 28).
- L'emploi du pronom démonstratif de la deuxième personne (οὗτος) pour présenter chaque constellation suppose une référence immédiate, très probablement l'image de la constellation figurant en tête du récit mythologique. Les manuels mythographiques qui sont organisés sous forme de catalogues de chapitres consacrés, chacun, à un personnage, tels les ouvrages de Parthénios, Palaiphatos, Antoninus Liberalis ou Héraclite le Paradoxographe, ne sont jamais introduits par un déictique de ce type.
- Les chapitres portent en titre (du moins dans quelques manuscrits de l'*Épitomé*) le nom de la constellation au génitif —ce qui laisse supposer la disparition ou l'ellipse d'un nom au nominatif qui pourrait être εἴδωλον, pointant le dessin de la constellation ; la disparition de l'image dans une édition non illustrée aura entraîné celle d'un élément du titre (*e.g.* εἴδωλον). De fait, les œuvres mythographiques de contenu comparable présentent régulièrement en titre un nominatif, ou le syntagme περί + génitif.

Il subsiste des échos des images originales des constellations dans les manuscrits médiévaux latins de littérature astronomique (en particulier pour les scholies à Germanicus et pour Hygin), qui s'inspirent et adaptent des données provenant des *Catastérismes* ératosthéniens (voir *infra*)[263].

---

263. Cf. WEITZMANN 1959 : 25 ; WEITZMANN 1971 : 97. Sur la tradition des *Aratea* illuminés, de manière générale, voir THIELE 1898 ; HAFFNER 1997 ; DEKKER 2013.

La tradition grecque est, sur ce point, bien moins généreuse : on ne peut mentionner qu'un manuscrit aratéen grec illustré, le *Vaticanus graecus* 1087 (XIVe siècle)[264], qui contient en particulier 25 chapitres des *Catastérismes*, pourvus d'illustrations (fol. 300r, 311r, 311v, 312r). S'il n'inclut pas les *Phénomènes* d'Aratos, ni les documents satellites qui les accompagnent généralement, il comporte néanmoins une image de Zeus assis sur un aigle, qui servait à illustrer un commentaire du proème des *Phénomènes*, et relève donc davantage du réseau aratéen que des *Catastérismes*. Et ce commentaire figure, effectivement, dans les *Scholies à Germanicus* (IIIe siècle) et dans l'*Aratus Latinus* (VIIe siècle), *i.e.* les traductions latines des éditions grecques des *Phénomènes* d'Aratos[265]. Tout indique, en fait, que ce manuscrit inclut des éléments provenant du poème d'Aratos (comme des légendes accompagnant quelques illustrations), et d'autres dérivés des *Catastérismes* d'Ératosthène. Les images du *Vaticanus graecus* 1087, qui propose une recension des *Catastérismes* (voir *infra*), provenaient probablement de l'édition du "corpus" des *Phénomènes* (l'édition Φ), qui était illustrée et commentée et combinait les deux traditions : des commentaires et introductions aux *Phénomènes*, d'une part ; des extraits des *Catastérismes*, répartis comme des notices explicatives, au fil du texte cadre d'Aratos[266], d'autre part. Il est fort probable, en outre, que le texte des *Phénomènes* d'Aratos commença très tôt à circuler, lui aussi, dans des éditions illustrées, comme l'indiquent les commentateurs anciens : « Homère est

---

264. Images reproduites partiellement dans Boll & Gundel 1937. Sur ce manuscrit, voir Guidetti & Santoni 2013.

265. Voir *Schol. Arat.*, p. 44-45 Martin ; *Schol. Germ.*, p. 55 Breysig ; *Arat. Lat.*, p. 176 Maass.

266. Sur le manuscrit médiéval de Germanicus *NLW* 475C, témoin de la traduction latine de l'édition Φ, qui pourrait reproduire la mise en page originale, voir McGurk 1973. Santoni (2009) propose des reproductions du manuscrit.

victime d'une seule espèce de manieurs de stylet, les scribes, tandis qu'Aratos en a deux contre lui : les manieurs de stylet et les dessinateurs, dont les erreurs sont transformées par les esprits légers en accusations contre les idées du poète, parce qu'ils ignorent à la fois la suite générale du texte et la réalité même des faits »[267] ; « un grand nombre de dessinateurs, d'astronomes, de philologues et de géomètres ont fait du tort à ce poème, chacun d'eux le récrivant suivant son propre désir et en proposant des interprétations personnelles »[268].

Les illustrations du *Vaticanus gr.* 1087 correspondent davantage aux descriptions d'Ératosthène qu'à celles d'Aratos. Ainsi le Sagittaire est-il représenté comme un bipède, conformément à la figure d'Ératosthène (*Cat.* 28 : οὗτος δ' ἀνὴρ ὢν σκέλη ἔχει ἵππου καὶ κέρκον καθάπερ οἱ Σάτυροι), et non selon la représentation d'Aratos qui en fait un quadrupède puisqu'il évoque ses "pattes antérieures" (ὑπὸ προτέροισι πόδεσσιν : 400). Ce manuscrit présente également une illustration de la Vierge *pourvue d'ailes*, suivant une innovation qui paraît ératosthénienne (*Cat.* 9), par rapport à Aratos qui ne lui en reconnaît pas[269]. Il reflète également certaines identifications admises par Ératosthène et absentes d'Aratos, pour des constellations au nom

---

267. Ὅμηρον μὲν ἓν εἶδος γραφέων βλάπτει, τῶν βιβλιογράφων, Ἄρατον δὲ δύο, βιβλιογράφων τε καὶ ζωγράφων, ὧν τὰ ἁμαρτήματα τῶν Ἀράτου θεωρημάτων ἐγκλήματα ποιοῦσιν οἱ κουφότεροι, διὰ τὴν ἄγνοιαν τοῦ παντὸς λόγου καὶ τῆς ἀληθείας (*Excerptum* du *Marcianus* 476, p. 542 Martin = p. 329-330 Maass ; cf. MARTIN 1956 : 32).

268. Ἐλύμηναν δὲ πολλοὶ τοῦτο τὸ ποίημα ζωγράφοι καὶ ἀστρονόμοι καὶ γραμματικοὶ καὶ γεωμέτραι, ἕκαστος αὐτῶν πρὸς τὸ βούλημα τὸ ἴδιον γραφὰς καὶ ἐξηγήσεις ἰδίας ποιούμενοι (*Prolegomena* du *Vaticanus graecus* 191, p. 33 Martin = 80 Maass).

269. Le v. 138 des *Phénomènes*, qui mentionne l'aile droite de la Vierge, est une interpolation : il est ignoré des traductions latines et rejeté par tous les éditeurs modernes, excepté Zannoni. Voir *Cat.* 9 et n. 137.

générique : l'Agenouillé (ὁ ἐν γόνασι), qui est pour Aratos, comme pour Eudoxe, une constellation sans identité héroïque[270], est représenté sous les traits d'Héraclès, qui s'est imposé comme le référent de l'image, peut-être grâce à Ératosthène qui le privilégie[271], parmi de nombreux candidats[272]. On ne peut cependant aller jusqu'à affirmer que les images proviennent toutes d'une ancienne édition d'Ératosthène, vu que certaines images remontent à la tradition aratéenne, comme celle du Dragon qui serpente entre les deux Ourses (bel et bien désigné comme Δράκων, et non comme Ὄφις, et identifié à Zeus par une annotation dans le *Vaticanus gr.* 1087), et que d'autres sont au fond hybrides : le Fleuve est décrit comme l'Éridan, conformément à Aratos (359-360) —selon une identification critiquée par Ératosthène (*Cat.* 37)—, mais l'illustration lui attribue sept bouches, comme le Nil, qui est l'identité adoptée par le Cyrénéen. En outre, si l'on compare à d'autres les illustrations du *Vaticanus gr.* 1087, on mesure la difficulté qu'il y a à établir l'origine des images ou à définir des familles. Le *Vossianus lat.* 15 d'Hygin, par exemple, qui appartient à une branche séparée du point de vue de l'histoire textuelle, présente des caractéristiques qui le rapprochent clairement du *Vaticanus gr.* 1087 ; dans les deux manuscrits, Orion, qui brandit normalement une massue, tient une épée, et Andromède est accompagnée d'accessoires de toilette. En somme, les traditions iconographiques ne coïncident pas toujours avec les traditions textuelles[273].

---

270. Néanmoins, la description « in affektierter Ratlosigkeit » (REHM 1905 : 2564) avec laquelle les *Phénomènes* (v. 63 sq.) caractérisent cette constellation peut laisser entendre qu'Aratos avait déjà à l'esprit cette identification.

271. Voir VOIT 1984 : 141.

272. Voir en particulier HYGIN 2.6, et *Schol. Arat.* 65 (citant respectivement sept et huit noms) ; voir *Cat.* 4 et n. 50.

273. Voir WEITZMANN 1959 : 26.

5. Le texte des *Catastérismes*

Historique de la question ératosthénienne

L'*editio princeps* de l'*Épitomé* des *Catastérismes* d'Ératosthène fut publiée par John Fell, à Oxford, en 1672. L'éditeur, en se fondant sur la notice de la Souda (E 2898, s.v. Ἐρατοσθένης), donna pour titre à l'opuscule Καταστερισμοί. Plusieurs éditions se sont succédées depuis : Thomas Gale (Amsterdam 1688), Johannes C. Schaubach (Göttingen 1795), Friedrich C. Matthiae (Francfort 1817), Nicolas B. Halma (Paris 1821), Anton Westermann (Brunswig 1843), Carl Robert (Berlin 1878), Alessandro Olivieri (Leipzig 1897), Ernst Maass (Berlin 1898), Jordi Pàmias (Barcelone 2004), Jordi Pàmias et Klaus Geus (Oberhaid 2007), Anna Santoni (Pisa 2009).

L'hypothèse avancée d'abord par Gottfried Bernhardy, et défendue par Anton Westermann, selon laquelle les *Catastérismes* étaient une traduction abrégée des livres 2 et 3 de l'*Astronomie* d'Hygin, fut définitivement écartée par Conrad Bursian qui démontra que l'auteur latin commettait des erreurs absentes de l'*Épitomé* et qui ne pouvaient s'expliquer que par l'usage d'un modèle grec (cf. l'apparat critique de *Cat.* 1)[274]. Le débat autour des *Catastérismes* connut un regain considérable avec la magistrale édition synoptique, en cinq colonnes, de tous les documents connus à l'époque provenant des *Catastérismes*, proposée par Carl Robert en 1878 : (1) l'*Épitomé* des *Catastérismes* ; (2) les témoignages dispersés des scholies d'Aratos ; (3-4) les scholies à Germanicus (scholies BP et G) ; (5) et les passages correspondants d'Hygin.

---

274. Voir Bernhardy (1822 : 129), Westermann (1843 : IX), Bursian (1866). En revanche, Ludwig Ideler, qui entreprit, au début du XIXe siècle, une étude sur l'origine des constellations, estimait que l'opuscule publié sous le nom de Καταστερισμοί procédait, en dernière instance, de la plume du savant alexandrin, et qu'il avait servi de modèle au manuel d'Hygin (Ideler 1809 : XXVIII et XLII).

Selon Robert l'œuvre d'Ératosthène, intitulée *Catalogues* (Κατάλογοι), aurait été utilisée par Nigidius Figulus, le scholiaste de l'*Iliade*[275] et, peut-être, par Ovide et Germanicus ; abrégé, remanié et converti en commentaire au poème d'Aratos au IIe siècle ap. J.-C., sous le nom de *Catastérismes*, il aurait inspiré Hygin, le scholiaste d'Aratos, le scholiaste de Germanicus, et Rufus Festus Aviénus. Cette édition aurait subi de nombreuses altérations, interpolations et réfections avant de nous parvenir. L'auteur du *Violarium* (dont il ne contestait pas l'attribution, aujourd'hui écartée, à Eudocia) et le scholiaste G à Germanicus auraient eu entre leurs mains une version proche de la nôtre ou légèrement plus riche.

Maass, disciple de Wilamowitz, rejeta ce scénario génétique et décrivit le texte comme un commentaire natif des *Phénomènes* d'Aratos, composé vers 100 ap. J.-C., et combinant des listes d'étoiles et une série de mythes sur l'origine des constellations ; dans un second temps, au tournant du IIe-IIIe siècle après J.-C., un compilateur aurait épitomisé ce commentaire et l'aurait fait passer pour une œuvre du savant alexandrin, en gommant dans le texte toutes les références post-ératosthéniennes (sauf un passage trahissant l'influence d'Hipparque)[276]. La controverse scientifique suscitée par cet opuscule et l'autorité problématique d'Ératosthène a occupé une foule d'érudits à la fin du XIXe siècle, et constitua une question philologique majeure. Rehm, Swoboda, Dittmann, Thiele et Olivieri, entre autres, participèrent au débat. Les arguments avancés par Ernst Maass séduisirent Susemihl et Robert lui-même[277]. Swoboda, au contraire, rejeta

---

275. Cf. *ad Hom. Il.* 22.29 Van Thiel. Voir cependant *supra*, n. 84.

276. Voir *Cat.* 23 et n. 348 ; Voir Maass 1883 : 139. Maass alléguait pour cela, parmi d'autres arguments, le passage portant sur l'emplacement de l'étoile polaire (voir les derniers mots du *Cat.* 2 et n. 34).

277. Voir Susemihl 1891-1892 : 420. La quatrième édition de la *Griechische Mythologie* de Preller et Robert (1894 : 22) adopte les conclusions proposées par Maass.

complètement cette théorie et qualifia l'entreprise de Maass de *tumultuaria opera*[278]. Albert Rehm défendit, lui aussi, contre Maass, l'existence d'une œuvre ératosthénienne en prose à contenu astronomico-mythologique, dont notre *Épitomé* serait une "Überarbeitung"[279]. Maass publia, en 1893, un catalogue de constellations qui était attribué, dans deux copies latines, à Ératosthène (la *Liste de constellations* = *Anonymus* II.2.1 ; voir l'*Annexe*) ; comme Robert l'avait conjecturé, Céphée y occupait la quatrième position, et la Lyre la neuvième[280]. Malgré Georg Thiele, qui réfuta l'authenticité du catalogue[281], Maass lui-même finit par admettre qu'Ératosthène n'était que la source des documents découverts[282]. Alessandro Olivieri, après avoir publié en 1897 une nouvelle édition intitulée *Pseudo-Eratosthenis Catasterismi*, consacra, lui aussi, une étude à cet ouvrage, concluant qu'il s'agissait d'un manuel à l'origine indépendant des *Phénomènes* d'Aratos, mais que l'on ne pouvait attribuer à Ératosthène[283]. Albert Rehm alla plus loin : en 1899 il publie un article, qui oriente les recherches ultérieures, dans lequel il soutient, d'une part, que la *Liste des constellations* (*Anonymus* II.2.1) doit être considérée comme un vestige de l'œuvre ératosthénienne primitive et, d'autre part, que

---

278. Voir SWOBODA 1889 : 37. La recension anonyme des *Analecta Eratosthenica* d'Ernst Maass (voir [ANONYME] 1884 : 1375-1376) considère que les conclusions auxquelles aboutit le savant sont fragiles, en particulier en ce qui concerne l'attribution du premier recueil à Sporos de Nicée.

279. Voir REHM 1896 : 9. Wilamowitz, quant à lui, ne prit pas parti (REHM 1896 : 5).

280. Voir la section 'L'ordre des constellations'.

281. THIELE (1898 : 46). Voir également, du même Georg Thiele, la recension de la monographie de REHM 1896 (THIELE 1897a ; dans le même numéro de la revue, voir l'« Entgegnung » de REHM (1897) à la recension de Thiele et l'« Erwiderung » de THIELE (1897b) à l'« Entgegnung » de Rehm).

282. Voir MAASS 1895 : 134.

283. OLIVIERI 1897a.

les notices astrothétiques qui concluent chaque chapitre sont inséparables des récits mythographiques[284]. En outre, il découvre en 1899 dans la bibliothèque Vaticane des extraits des *Catastérismes*, provenant d'une autre recension que celle dont dérivent les codex de l'*Épitomé*[285]. Cette seconde branche de la tradition remonte au même modèle que la traduction latine d'une édition ancienne des *Phénomènes* qui comprend, insérés entre les vers d'Aratos, des chapitres des *Catastérismes* : l'*Aratus Latinus*, que Ernst Maass avait édité un an auparavant dans les *Commentariorum in Aratum Reliquiae*[286]. En se basant sur les nouveaux documents, Rehm propose le *stemma* suivant :

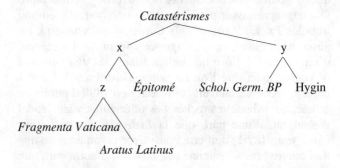

Emanuel Gürkoff reprend les conclusions de Rehm et son stemma dans une thèse consacrée à la question, mais celles-ci sont réfutées par Jean Martin[287]. L'acception large qu'il donne à la notion de tradition textuelle conduit le savant français à aborder dans son intégralité l'histoire

---

284. REHM 1899b. Cette position est également celle de DITTMANN (1900 : 48 sq.) ; Franz BOLL (1903 : 97) aborde la question avec une extrême prudence.

285. REHM 1899a. Une poignée de chapitres issus de cette recension avaient été publiés, à partir d'un *Venetus* apographe du *Vaticanus*, par OLIVIERI (1897b) et par MAASS (1898 : 573 sq.).

286. MAASS 1898 : 172 sq.

287. Voir GÜRKOFF 1931 : 9-10. Bruno PRESSLER (1903 : 24 sq.) admet, lui aussi, le *stemma* de Rehm. Voir, au contraire, MARTIN 1956 : 62.

du texte ératosthénien, et à accorder une attention particulières aux liens qu'il entretient avec la tradition aratéenne. Son étude approfondie, qui constitue une contribution décisive sur le sujet, dessine un nouveau cadre et une nouvelle histoire révélant que les *Catastérismes* ont un double destin, d'abord comme texte autonome (attesté et représenté par Hygin) et ensuite comme texte auxiliaire (complément des *Phénomènes* d'Aratos depuis l'édition Φ). Entre les deux, on peut supposer l'existence d'une formule intermédiaire, un « manuel d'astronomie élémentaire *et littéraire* », basée sur la version ératosthénienne et éditorialement indépendante d'Aratos, mais conçue pour « faciliter la lecture des *Phénomènes* d'Aratos, en les complétant sur plus d'un point »[288] ; cette édition aurait été "l'Ératosthène" utilisé par Ovide, Nigidius Figulus, Germanicus et Aviénus. La seconde voie est plus complexe, et comprend l'ensemble des collections aratéennes enrichies, en particulier dans sa branche latine, où les chapitres ératosthéniens abrégés et traduits accompagnent (1) la transposition latine par Germanicus du poème d'Aratos dans une édition augmentée (IIIe s. ap. J.-C.) ; (2) et plus tard (VIIe s. ap. J.-C.) la traduction proprement dite à partir du grec du poème aratéen (*Aratus Latinus*), sur le modèle des éditions dérivées de Φ, où le texte central est encadré de textes introductifs ou explicatifs, et sans doute d'illustrations[289]. À partir de ce moment, il n'est plus possible de suivre la piste de cette édition des *Aratea*, au moins dans l'Occident latin.

En revanche, dans l'Orient byzantin, l'édition grecque d'Aratos continue d'évoluer. La famille des manuscrits des *Phénomènes* qui incluent les 44 chapitres des *Catastérismes* subit une nouvelle refonte : on extrait les chapitres ératosthéniens intercalés à intervalles irréguliers dans le

---

288. MARTIN 1956 : 124.
289. On a signalé plus haut les trois états de l'*Aratus Latinus* (p. LXXXV-LXXXVII).

cours du poème, pour reconstituer un texte unifié, et le faire figurer comme une introduction unique à Aratos. Cette ultime élaboration se produisit probablement à Constantinople, au cours de la Renaissance littéraire byzantine.

Les recensions dont nous disposons pour les *Catastérismes* proposent donc l'avatar d'une longue évolution dont l'histoire couvre plus de mille ans et de multiples manipulations, et qui consiste en une adaptation réduite et réorganisée d'un original remontant pourtant, en dernière instance, au savant alexandrin.

Les manuscrits

Les manuscrits de l'Épitomé

- *Edimburgensis Adv.* 18.7.15 (E)[290]. Il s'agit d'un petit volume (16,8 × 12,5 cm.), écrit sur papier oriental, composé de 126 folios (le folio 67 précède le 66, à cause d'une bévue du relieur moderne). Nous disposons, pour la datation, d'un *terminus ante quem* très précis —en tout cas pour la copie de la première partie du manuscrit, mais rien ne laisse penser que l'ensemble serait d'une date très différente— : le folio 54v signale une éclipse de lune, qui dura jusqu'à l'aube, au cours de la nuit du 21 au 22 août de l'année 1290[291]. Le manuscrit fut copié à Constantinople dans le cercle de Maxime Planude —selon toute probabilité, par le philologue byzantin lui-même, comme il ressort de la comparaison avec d'autres manuscrits de la main de Planude[292]. Le

---

290. Pour la description du manuscrit, voir CUNNINGHAM 1970 : 360-371.

291. Cette éclipse s'est effectivement produite à la date indiquée (cf. OPPOLZER 1887 : 363 [n° 3867]). L'éclipse commença à 2h. 08 (heure de Greenwich) et a donc duré, à Constantinople, de 4h. 04 à 6h. 32 du matin, ce qui correspond aux mots μέχρι πρωίας du copiste (voir TURYN 1980 : 57).

292. Cf. MARTIN 1974 : VII ; TURYN 1980 : 57-58 ; FORMENTIN 1982 : 94. Seuls les ff. 2r à 7v et 9r à 16v sont copiés par un scribe.

codex contient en outre les corrections marginales apportées par Maxime Planude au poème d'Aratos (le texte d'Aratos étant effacé ou raturé aux folios 98r-99r). Enfin, un manuscrit de la famille des manuscrits planudéens d'Aratos, le *Laurentianus* XXVIII 44, à propos de la scholie au vers 940 des *Phénomènes* (sur le phénomène de l'arc-en-ciel dans le ciel nocturne provoqué par la lumière de la pleine lune)[293], contient la remarque suivante : τοῦτον εἶδον ἐγώ, φησιν ὁ σοφώτατος Πλανούδης. Et, de fait, nous lisons dans le manuscrit E, à côté de cette scholie (f. 118r), les mots : τοῦτον εἶδον ἐγώ. On retrouve la trace de E, des siècles plus tard, à Édimbourg (acquis avant l'an 1830 par la Faculty of Advocates), où il se trouve encore (à la National Library of Scotland depuis 1925). Les ff. 73-126 contiennent les *Phénomènes* d'Aratos, assortis des scholies et du matériel subsidiaire qui accompagnent les manuscrits planudéens d'Aratos, qui comprend un προοίμιον ("proème" : l'*Anonymus* II.1 de l'édition de Maass), un γένος Ἀράτου ("Vie d'Aratos" = l'*Anonymus* II.5 = *Vita* III de Martin) et les ἀστροθεσίαι ζῳδίων ("constellations du zodiaque" –*sic*–), autrement dit l'*Anonymus* II.8 ou *Épitomé* des *Catastérismes*[294]. Sur les relations de parenté de E, voir plus bas la section sur l'histoire du texte de l'*Épitomé*.

- *Laurentianus* XXVIII 37 (L)[295]. Manuscrit en parchemin, copié par Jean Scutariote, à Florence, en 1464. Plaide pour une indépendance de L par rapport à O et M la lacune par homéotéleute que présentent OM pour le *Cat.* 17 (ἐπὶ τοῦ ἀριστεροῦ ἀγκῶνος α', ἐπὶ τοῦ δεξιοῦ λαμπρὸν α'), et la répétition d'OM, également par homéotéleute, des mots καμπῆς ϛ', λαμπρὸν δὲ α'

---

293. Voir SCHOLIES À ARATOS, p. 455 Martin.

294. L'essentiel du corpus exégétique qui s'est constitué autour du poème aratéen a été rassemblé par Ernst MAASS dans ses monumentales *Commentariorum in Aratum Reliquiae* (1898).

295. Voir la description par BANDINI (1768 : 63).

τὸν ἔσχατον, ἐπὶ τῆς δευτέρας καμπῆς γ' (*Cat.* 41). Il est plus difficile, en revanche, de détecter des erreurs permettant de conclure à une indépendance de OM par rapport à L[296].

- *Vindobonensis phil. gr.* 142 (V). Manuscrit sur papier du XVe siècle. Il contient le matériel aratéen des manuscrits planudéens d'Aratos, mais pas le texte même des *Phénomènes*[297]. Pour ce qui est des *Catastérismes*, il constitue un *descriptus* de L. Voir, par exemple, le titre du *Cat.* 3, ou la mauvaise lecture suggérée par la graphie confuse de γόνατος au *Cat.* 12.

- *Londinensis Mus. Brit. add.* 11886 (*Butlerianus*) (B)[298]. Luxueux manuscrit du XVe siècle et résultat d'un travail philologique complexe[299]. À la différence des autres documents de cette famille, les *Catastérismes* y ont été démembrés et chaque chapitre a été déplacé à l'intérieur des scholies planudéennes. Le manuscrit B présente souvent d'excellentes corrections au *textus receptus* qui, parfois, préfigurent les conjectures des éditeurs modernes : voir en particulier *Cat.* 1 (φθαρεῖσαν δὲ), *Cat.* 17 (προετέθη), *Cat.* 28 (Εὐφήμης τῆς τῶν et ἀκίδος), *Cat.* 39 (ἐσχαρίδος), *Cat.* 41 (ἕως).

- *Matritensis* 4629 (M)[300]. Manuscrit copié par Constantin Lascaris (en partie à Milan vers 1462 et en partie à Messine entre 1470 et 1480).

- *Oxoniensis inter Baroccianos* 119 (O). Manuscrit du XVe siècle qui a servi de base à l'*editio princeps* des

---

296. Selon MARTIN (1998a : CLV), les manuscrits O et M proviendraient de L à travers un intermédiaire (x). Voir, d'autre part, le *Cat.* 39 et n. 595.

297. Voir la description du manuscrit donnée par Groddeck dans l'*Epistola critica* à Buhle (BUHLE 1801 : 378-382). Cf. MARTIN 1956 : 248.

298. Cf. *The Catalogue of Additions to the Manuscripts in the British Museum in the Years 1841-1845*, 1850 : 15.

299. Cf. MARTIN 1998a : CLIV.

300. Pour la description du manuscrit, voir DE ANDRÉS 1987 : 156. Cf. MARTIN 1974 : X.

Catastérismes de John Fell (Oxford, 1672). Des erreurs conjonctives avec le manuscrit précédent (M) conduisent à supposer une parenté étroite entre les deux. Voir par exemple ὅπλα (OM), en face de ἄστρα au *Cat.* 6 ; ou ἄρκτου (OM), au lieu de ἄκρου au *Cat.* 9. Contribue également à rapprocher les deux manuscrits la lacune par homéotéleute qui affecte OM au *Cat.* 17 (ἐπὶ τοῦ ἀριστεροῦ ἀγκῶνος α', ἐπὶ τοῦ δεξιοῦ λαμπρὸν α') et la répétition d'OM, encore par homéotéleute, des mots καμπῆς ς', λαμπρὸν δὲ α' τὸν ἔσχατον, ἐπὶ τῆς δευτέρας καμπῆς γ' (*Cat.* 41)[301].

- *Parisinus graecus* 1310 (P). Manuscrit du XVe siècle, conservé à la Bibliothèque Nationale de Paris. Il comprend un bref extrait de l'*Épitomé* des *Catastérismes* (f. 37-37v) : une partie du chapitre 40 (*incipit* καθάπερ Ἀντισθένης) et les chapitres 41 à 44[302]. Sur les relations de parenté du manuscrit P, voir *infra* la section sur l'histoire du texte de l'*Épitomé* des *Catastérismes*.

- *Vindobonensis phil. gr.* 341 (S)[303]. Manuscrit copié au début du XIVe siècle. Les chapitres des *Catastérismes* (réduits à la liste des étoiles de chaque constellation, sans la partie mythographique) sont intercalés dans le poème d'Aratos à intervalles irréguliers[304]. La concision de ces brefs extraits astronomiques ne permet pas de mesurer sa parenté avec les autres manuscrits. Le manuscrit S est, selon Martin, un descendant direct de E[305].

---

301. Une erreur conjonctive, très significative, qui réunit les deux manuscrits (et qui, en outre, est un *error separatiuus* par rapport aux autres), se trouve à la fin du *Cat.* 2 : περὶ ὅν δοκεῖ ὅλος ὁ πόλος στρέφεσθαι (voir PÀMIAS 1999b).

302. Pour plus de détails, voir PÀMIAS 1998.

303. Voir HUNGER 1961 : 434.

304. Le corpus des scholies et des gloses de ce codex a été édité pour la première fois par Groddeck (dans BUHLE 1801), mais avec de nombreuses inexactitudes.

305. Voir MARTIN 1998a : CXLIX-CLI et CLV.

- *Harvard University Library Typ.* 18 (H). Manuscrit du XVe siècle, attribué à la main de Johannes Rhosos (*fl.* 1447-1497). Concernant le texte des *Catastérismes* il s'agit d'une copie de L. Les deux manuscrits partagent des erreurs conjonctives (*Cat.* 8 : κερανοῖ pour κεραυνοῖ ; *Cat.* 12 : γάγατος au lieu de γόνατος ; ou encore μνημόνευμα δώσε pour μνημόνευμα δέ γε au *Cat.* 41). Voir, par ailleurs, l'omission qui affecte le manuscrit H au *Cat.* 22 : περὶ τὰ στέθη ἔθηκεν αὐτῆς, τῷ δὲ Περσεῖ τὴν (le copiste de H a commis un saut du même au même qui l'a conduit de περὶ (11v, ligne 9) à περὶ (ligne 10), qui se trouve juste au-dessous dans le manuscrit L.

- *Cadomensis gr.* 22 (C). Manuscrit du XVIIe siècle. Il s'agit d'une copie de O, selon Martin[306]. De fait, la lacune dans C du segment de texte ἐφ' ἑκατέρων γονάτων α', τὸν ἐπὶ τοῦ δεξιοῦ λαμπρὸν α' (voir *Cat.* 6, et l'apparat critique) est significative, dans la mesure où ces mots occupent, dans le manuscrit O, une ligne entière. Un saut du même au même est probable, qui a conduit le copiste de C de α' (118v, ligne 19) à α' qui se trouve juste au-dessous (ligne 20). De plus, certaines annotations marginales, parfois même des corrections apportées au texte, en font une copie savante. Selon Martin, la rédaction serait de la main de Samuel Brochart (1599-1667), son ancien propriétaire.

Les manuscrits des Fragmenta Vaticana

- *Scorialensis* Σ III 3 (S)[307]. Rédigé avant 1490, par Antoine de Milan, en Crète. Les scholies aux *Phénomènes* d'Aratos ont été enrichies grâce à la collation d'une édition ancienne d'Aratos (Φ), à laquelle ont été

---

306. Voir MARTIN 1998a : CLV ; pour un avis divergent, voir RAINGEARD 1937.

307. Voir une description de ce manuscrit dans REVILLA (1936 : 343 sq.). Cf. MARTIN 1998a : CLXXIII sq.

empruntés, entre autres matériaux, quelques chapitres des *Catastérismes* d'Ératosthène.
- *Salmanticensis* 233 (Q)[308]. Manuscrit du XVᵉ siècle (c. 1455-1460). La partie aratéenne comprend les vers 1 à 963 des *Phénomènes*, mais seulement les scholies se rapportant aux 155 premiers vers. Comme dans le manuscrit S, on a enrichi le corpus de scholies d'éléments provenant de l'ancienne édition Φ d'Aratos.
- *Vaticanus graecus* 1087 (T)[309]. Manuscrit du XIVᵉ siècle. Les ff. 300r, 311r et v, et 312r contiennent vingt-cinq chapitres des *Catastérismes*. Le mythe des Ânes et de la Mangeoire se trouve après le chapitre de Procyon. C'est la preuve que dans le modèle de T ce développement était séparé du catastérisme du Crabe et faisait partie du commentaire du vers 898 des *Phénomènes* (comme c'est le cas dans l'*Aratus Latinus*). Les ff. 300v-310v sont occupés par des images, très précises, de quelques constellations zodiacales et de l'ensemble de la sphère[310]. Les illustrations sont accompagnées du nom de la constellation et d'annotations de caractère mythographique, compilées à partir du corpus de scholies à Aratos.
- *Venetus Marcianus* 444 (R)[311]. Manuscrit du XVᵉ siècle. Il contient seize chapitres des *Catastérismes* (ff. 109-111), dans le même ordre que T, dont il est le *descriptus*.
- *Vaticanus graecus* 199 (W)[312]. Manuscrit du XVᵉ siècle. Le texte des *Phénomènes* apparaît mutilé, sans titre, et

---

308. Pour la description de ce manuscrit voir Tovar 1963 : 55-58. Voir aussi Martin 1998a : CLVII sq.

309. Pour une étude de ce manuscrit, voir Guidetti & Santoni 2013.

310. Une grande partie de ces illustrations sont reproduites dans l'article de Boll & Gundel (1937 : 867 sq.).

311. Voir la description donnée par Mioni (1985 : 215-218). Il date le manuscrit du XIVᵉ siècle.

312. Une description de ce manuscrit se trouve dans Mercati & Franchi de' Cavalieri 1923 : 240.

sans textes subsidiaires. À la suite du texte (f. 16v), des dessins très maladroits reproduisent les constellations, bien plus soignées, du manuscrit T. Les extraits des *Catastérismes* occupent les ff. 16v à 19v. C'est un *descriptus* de T.

L'histoire du texte

Le texte de l'Épitomé

Les manuscrits qui nous ont transmis l'*Épitomé* des *Catastérismes* appartiennent, d'après Jean Martin, à une certaine famille de la tradition aratéenne : il s'agit de *codices* dérivés de la recension planudéenne d'Aratos[313]. Sa caractéristique principale consiste dans l'emprunt, d'une ancienne édition aratéenne que Martin note par la lettre Φ, de matériaux auxiliaires destinés à illustrer les *Phénomènes* d'Aratos, à savoir une introduction astronomique (l'*Anonymus* II.1 de Maass) ; la *Vita* III (*Anonymus* II.5) ; et l'*Anonymus* II.8, autrement dit, l'*Épitomé* des *Catastérismes*.

Le philologue français a cru avoir identifié leur ancêtre commun en 1966 à Édimbourg : il s'agirait de l'*Edimburgensis Adv.* 18.7.15 (E)[314]. Pourtant, une analyse minutieuse du manuscrit E montre que, en tout cas pour ce qui concerne l'*Épitomé*, ce segment de la tradition manuscrite est beaucoup plus compliqué qu'il n'y paraît. De fait, le manuscrit E (a. 1290) présente quelques modifications, *manu secunda*, que ses descendants (des XIV-XVe siècle) ont négligées pour adopter les variantes copiées *manu prima*. En voici trois exemples :

— *Cat.* 4 : περιειλημμένος E^{ac} : περιειλημένος E^{pc}, où le premier μ a été gratté. En revanche les autres manuscrits ont lu la variante antérieure à la correction.

---

313. Voir MARTIN 1956 : 51-52 et 247 sq.
314. Voir MARTIN 1974 : VII.

— *Cat.* 41 : μνημόνευμα δέ γε E^{pc} : μνημόνευμα δώσειν E^{ac} (*ut uidetur, sed difficile lectu*), qui a suggéré les lectures μνημόνευμα δώσε (L) et μνημόνευμα δώσας (OM).
— *Cat.* 43 : Διός E^{ac} est l'attribution divine de la première planète (*Phainôn*). Cette irrégularité est rectifiée, par une seconde main, en Κρόνου (qui est écrit, d'une encre d'une autre couleur, sur le mot Διός).[315] Les autres manuscrits admettent, quant à eux, la variante donnée *manu prima*.

Ces trois variantes peuvent s'expliquer si l'on fait l'hypothèse que les modifications en question ont été incorporées au manuscrit E *après* la dérivation des copies qui constituent la famille des manuscrits planudéens. Pourtant certains indices suggèrent que le codex qui a diffusé la recension planudéenne pourrait ne pas être le manuscrit E, mais une copie proche, établie à partir de E avant l'étape des modifications constatées dans E. En collationnant attentivement les manuscrits de l'*Épitomé*, on constate effectivement une série d'erreurs communes au groupe des "planudéens" (ci-après nommé a) et étrangères au manuscrit E :
— *Cat.* 6 : Ἱππόλυτον ἔσχατον τὸν Θησέως E : Ἱππόλυτον ἔσχατον τοῦ Θησέως a.
— *Cat.* 8 : en marge, au niveau de la mention de l'étoile Arcturus (Ἀρκτοῦρος), on peut lire, avec quelques difficultés, les lettres ἀρκτ en E ; en a, au niveau du *titulus* du chapitre suivant (Παρθένος), ce segment est transformé par erreur en ἀρκτικοῦ (ἀρκτική M)
— *Cat.* 11 : les mots Ὄνος καὶ Φάτνης, qui apparaissent en marge de E, se sont glissés à l'intérieur du texte, en a.

---

315. La tradition catastérismique (comme aussi les *Fragmenta Vaticana*) constitue une exception absolue concernant les planètes : la première d'entres elles (*Phainôn*) est, régulièrement, attribuée à Cronos (voir *Cat.* 43 et n. 672 ; cf. PÀMIAS 1998).

— *Cat.* 13 : πρῶτός τε τῇ Ἀθηνᾷ E *:* πρῶτόν τε τῇ Ἀθηνᾷ a.
— *Cat.* 24 : τὸν Ἥλιον πρῶτος E : τὸν Ἥλιον πρῶτον a.
— *Cat.* 26 : σῆμα εἶναι E : σημεῖον εἶναι a.
— *Cat.* 27 : διὰ τὸ σύντροφος εἶναι E : διὰ τὸ σύντροφον εἶναι a.

Bien qu'ils ne soient certes pas tous également significatifs, ces *errores coniunctiui* conduisent à postuler l'existence d'un exemplaire unique, qui serait la source commune de ces manuscrits. Ce subarchétype a constitue, nécessairement, une copie de E établie avant la série de corrections signalées plus haut. C'est ce manuscrit qui serait responsable de la diffusion de la recension planudéenne des *Phénomènes*. Par ailleurs, le même Maxime Planude s'est attaché à éliminer de E, par des grattages ou des biffures (ff. 98r-99r), les fragments d'Aratos qu'il condamnait. Et il a inséré ses propres vers retravaillés pour adapter le passage à l'astronomie hipparchéenne[316]. On peut supposer, avec une certaine vraisemblance, que le *Edimburgensis*, un vrai document de travail du philologue byzantin, a été copié de manière à fournir une édition planudéenne entièrement compréhensible qui présentait peut-être à la fois les vers originaux d'Aratos et les adaptations de Planude.

Mais ce n'est pas tout. Reprenons l'examen de la couche de modifications introduites, par une seconde main, dans le texte de Planude (voir p. CXII-CXIII). Les variantes qui résultent de cette couche coïncident avec les leçons d'un unique manuscrit : le *Parisinus graecus* 1310 (P), un exemplaire qui ne contient que les cinq derniers chapitres des *Catastérismes*. Mais cet échantillon suffit pour apercevoir deux cas où ce manuscrit donne la même leçon que E, différente de celle du subarchétype a :

---

316. Les passages restaurés par Maxime Planude ont été édités et traduits par MARTIN 1956 : 295 sq. ; voir MARTIN 1998a : 121-124.

— *Cat.* 41 : μνημόνευμα δέ γε E^{pc}P : μνημόνευμα δώσειν E^{ac} (*ut uid., sed difficile lectu*), qui a suggéré les lectures μνημόνευμα δώσε ou μνημόνευμα δώσας des manuscrits de a[317].

— *Cat.* 43 : Κρόνου E^{pc}P : Διός E^{ac}a.

Jean Martin rangeait le *Parisinus* parmi les mss planudéens[318]. Mais à la différence de ces derniers, P contient deux poèmes astrologiques, attribués à Empédocle et intitulés Ἐμπεδοκλέους ἀπλανῶν ἄστρων σφαῖρα et τοῦ αὐτοῦ Ἐμπεδοκλέους πλανητῶν ἄστρων σφαῖρα[319]. Les manuscrits grecs qui nous transmettent ces deux pièces disent qu'ils ont été révisés par Demetrius Triclinius, car ils étaient dans un piteux état[320].

Cela nous permet d'identifier l'origine du manuscrit qui fut collationné sur l'autographe de Planude et auquel ont été empruntées les corrections mentionnées plus haut. Il s'agit d'un codex nécessairement proche de P, et par conséquent lié à l'édition triclinienne d'Aratos. S'en trouve, du coup, renforcée la suggestion de Turyn, fondée uniquement sur des arguments paléographiques, selon laquelle le manuscrit E était passé entre les mains de Triclinius[321]. Que le responsable des amendements repérés dans le manuscrit E soit Triclinius lui-même demeure néanmoins une option.

---

317. Le manuscrit B est le seul à proposer μνημόνευμα δέ. Cela s'explique cependant par le fait que le copiste s'est consciencieusement appliqué à corriger le *textus receptus* (voir plus haut, p. CVIII, la description des manuscrits, et dans l'apparat critique, *passim*) ; cela rend plus délicate sa filiation à l'intérieur de la famille des planudéens.

318. Cf. Martin 1956 : 51.

319. Il s'agit de l'*Anonymus* II.7 de l'édition de Maass (1898 : 154-159).

320. Martin 1974 : XXXI sq.

321. De la brève mention ὅτι ἐξόπισθεν ἀνατέλλει (f. 105r) Turyn (1980 : 59) concluait que le codex E avait été utilisé par Demetrius Triclinius comme document de travail. Concernant le travail de Demetrius Triclinius sur le texte des *Phénomènes* d'Aratos, voir Martin 1998a : CLI sq. Sur les relations entre Triclinius et Maxime Planude voir Wilson 1978.

Le *stemma* de cette partie de la tradition serait :

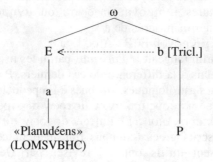

«Planudéens» P
(LOMSVBHC)

Le texte des Fragmenta Vaticana

Quand Alessandro Olivieri et Ernst Maass éditèrent, respectivement en 1897 et 1898, des extraits d'un manuscrit vénitien (R) qui contenait seize chapitres des *Catastérismes*, il apparut aussitôt clairement qu'ils faisaient partie d'une recension différente de celle dont dépendaient les autres manuscrits de l'*Épitomé*[322]. Mais l'époque était aux découvertes : En 1898 Albert Rehm exhumait de la Biblioteca Vaticana un document (W) extrêmement proche du ms vénitien, ainsi que l'ancêtre des deux mss : le *Vaticanus graecus* 1087 (T), qui comprenait vingt-cinq chapitres des *Catastérismes*[323].

D'un autre côté, Maass avait déjà reconnu l'étroite relation qui unissait le codex R et l'*Aratus Latinus*[324]. Rehm

---

322. Voir OLIVIERI 1897b ; MAASS 1898 : 573 sq.

323. Cf. REHM 1899a : V : les mauvaises leçons de RW s'expliquent facilement par le type d'écriture employé par T. Les bonnes leçons que RW présentent, par opposition à T, peuvent être obtenues par conjecture (ὅς, *Cat.* 20 ; τούτων, *Cat.* 21 ; βούλωνται, *Cat.* 39). Cependant, si l'on considère les lectures communes à RW dans le chapitre 41 (Ἀρχαίλαος RW : Ἀρχέλαος T ; ἰδιοφύλ(ου) RW : ἰδιοφυ T), la possibilité reste entière qu'ils partagent un autre modèle commun, nécessairement apographe de T, et très ressemblant à ce dernier.

324. Voir MAASS 1898 : XXXVI sq.

rapproche, en effet, le manuscrit T de son pendant latin, l'*Aratus Latinus*, et les fait dériver d'un archétype commun (nommé z) qu'il distingue de l'*Épitomé*. Avec son latin pour le moins vacillant et, à l'occasion, grâce justement à ses erreurs manifestes, l'*Aratus Latinus* constitue un document fondamental pour la reconstruction de la recension des *Catastérismes* que nous connaissons, depuis l'édition de Rehm, sous le nom de *Fragmenta Vaticana*.

Mais une seconde version grecque du texte de l'*Aratus Latinus* devait encore être mise au jour : il s'agit du *Scorialensis* Σ III 3 (S), qui inclut, apparemment, le même corpus de textes et des scholies des autres manuscrits des *Phénomènes*, mais qui a été révisé à partir d'un modèle grec de l'*Aratus Latinus*. Le caractère hétérogène du manuscrit S est, selon Martin, le produit de l'activité philologique du XIIIe siècle[325]. Il a emprunté à ce modèle grec certaines leçons nouvelles sur le texte des *Phénomènes* proprement dit ; et, en outre, une série de mythes catastérismiques, mêlés aux scholies, qui complète le corpus inachevé de T (ne manquent que les *Cat.* 13, 23, 24, 25, 26, 30, 32, 33, 41). Comme dans l'*Aratus Latinus*, la fable des Ânes et de la Mangeoire (*Cat.* 11) est séparée de celle du Crabe et transposée dans le groupe de scholies relatives au vers 898 des *Phénomènes*.

En ce qui concerne le manuscrit *Salmanticensis* 233 (Q), Martin suppose que les scholies aratéennes remontent généralement au corpus commun de scholies d'Aratos[326]. Mais le manuscrit Q a puisé également à un commentaire aratéen ancien qui comprenait des fragments des *Catastérismes*. Ce codex présente certains des premiers chapitres des *Catastérismes* —en effet, on a vu que le corpus de

---

325. Cf. MARTIN 1956 : 48 et 288. Les emprunts à l'ancienne édition Φ, dont l'*Aratus Latinus* est le reflet le plus fidèle et le plus naïf, suggèrent que l'on a mis au jour à cette époque un exemplaire de Φ différent de l'exemplaire dont dépendent les manuscrits planudéens (c'est-à-dire l'*Épitomé* des *Catastérismes*) et, au-delà, le *Violarium* dit d'Eudocia.

326. Voir MARTIN 1974 : XV-XVIII ; MARTIN 1998a : CLVII-CLVIII.

scholies de Q n'allait pas au-delà du vers 155 (voir p. CXI)— sous une forme que l'on ne peut s'empêcher de mettre en rapport avec les *Fragmenta Vaticana* :
— *Cat.* 3 (recension de l'*Épitomé*) : τὴν Γῆν ἐλθεῖν φέρουσαν τὰ χρύσεα μῆλα.
— *Cat.* 3 (manuscrit Q) : τὴν Γῆν ἐλθεῖν φέρουσαν τὰ μῆλα τὰ χρύσεα σὺν τοῖς κλάδοις.
— *Arat. Lat.* p. 188 Maass : *Terra uenire adducentem aurea mala cum ramis.*

Enfin, la version du poète Amphis (*Cat.* 1), absente du texte de l'*Épitomé*, présente aussi d'étroites affinités avec celle que donne l'*Aratus Latinus* et avec S :
— *Cat.* 1 (manuscrit Q *ad* 37-44) : Ἄμφις ὁ τῶν κωμῳδιῶν ποιητὴς περὶ τῆς τοῦ μείζονος Ἄρκτου φησὶν ὅτι τὸν Δία ὁμοιωθέντα Ἄρτεμιν καὶ κυνηγετοῦντα εἰς τὸ ὄρος φθεῖραι αὐτήν· ὕστερον δὲ ἐταζομένην εἰπεῖν μηδένα ἕτερον αἴτιον εἶναι τοῦ συμπτώματος πλὴν Ἄρτεμιν.
— *Arat. Lat.* p. 181-182 : *Amphis uero carminum poeta differenter dixit. Iouem enim ait Dianae adsimilatum uenire ad montem et, cum ipsa simul uenare, uiolauit illam. Post tempore autem uteris cum peperisset elata facta, interrogabatur dicere, quis hoc fecisset. At illa nullum culpabilem ait ruinae quam Dianam.*
— *Cat.* 1 (manuscrit S *ad* 27) : τὸν γὰρ Δία φασὶν Ἀρτέμιδι ὁμοιωθέντα ἐλθεῖν εἰς τὸ ὄρος καὶ συγκυνηγετοῦσαν ὀφθῆναι αὐτῷ· μετὰ δὲ τὸν χρόνον τῆς γαστρὸς μετεώρου γενομένου μηδὲν αἴτιον τοῦ συμπτώματος πλὴν Ἄρτεμιν.

Choix éditoriaux

Les *Catastérismes* d'Ératosthène nous sont ainsi parvenus par deux traditions indépendantes : l'*Épitomé* et les *Fragmenta Vaticana*. Le texte des *Fragmenta Vaticana* est moins complet que l'*Épitomé* : la partie mythographique et surtout les listes d'étoiles données pour chaque constellation sont sensiblement plus réduites. Mais les *Fragmenta Vaticana* ne sont pas un *épitomé* de l'*Épitomé* : ils présentent même à plusieurs reprises un texte plus étendu que l'*Épitomé* et proposent parfois une variante mythographique originale. On peut donc considérer ces deux branches comme deux "recensions", voire comme deux textes différents[327]. Cette situation particulière a des implications éditoriales, puisqu'elle conduit à l'édition distincte des deux filiations[328], par exemple en deux colonnes, comme le fit Olivieri dans son édition de 1897[329]. Pour souligner l'autonomie des deux branches de la tradition, nous avons décidé de proposer pour chaque chapitre l'édition, la traduction et les notes des deux textes, l'un à la suite de l'autre.

Nous n'avons pas cherché, à travers cette édition, à restituer les *Catastérismes* originaux à partir de ses échos et avatars particuliers, tant grecs que latins (à savoir, principalement, les *Scholies à Aratos*, les *Scholies à Germanicus*, le *De Astronomia* d'Hygin, l'*Aratus Latinus*, l'*Épitomé* des *Catastérismes* et les *Fragmenta Vaticana*). De ce point de vue, les *Catasterismorum Reliquiae* de Carl Robert restent, après 135 ans et en dépit de certains défauts, une œuvre indépassable et irremplaçable. Cette édition des *Catastérismes* ne prétend donc pas être le portrait fidèle et arrêté de l'original supposé du savant de Cyrène : l'édition critique d'un texte ne peut correspondre, selon nous, à un original qui aurait historiquement

---

327. Pour la fluidité textuelle des *Catastérismes*, déjà à l'époque alexandrine, voir PÀMIAS 2008c : 73-74.

328. Voir WEST (1973 : 70) : « In the case of a work that survives in more than one recension, [the editor]… must not conflate them into a hybrid version which never existed (though he may use one to correct copyists' errors in another) ».

329. OLIVIERI (1897b) et MAASS (1898) ont édité les extraits des *Fragmenta Vaticana* du manuscrit *Venetus Marcianus* 444, qui est un apographe du *Vaticanus graecus* 1087 —et qui inclut seize des vingt-cinq chapitres que comprenait son modèle (voir p. CXVI).

existé. L'édition critique est plutôt, pour reprendre une métaphore d'Alberto Bernabé, une « radiographie de la transmission » : le texte impliqué dans son histoire[330]. Cela est d'autant plus vrai lorsqu'on a affaire, comme avec les *Catastérismes*, à un texte dont la transmission est instable, et qui a été soumis à toutes sortes d'altérations, d'additions et de corruptions, censées en moderniser le contenu, ou l'adapter à sa condition secondaire de texte exégétique.

L'index des étoiles constituant la partie astrothétique de chaque chapitre a été particulièrement affecté par ce travail de réévaluation et de renouvellement (à travers ajouts, omissions, altérations de l'ordre ou substitutions diverses). La confrontation des différents témoins, souvent irréconciliables, prouve en la matière une intervention massive des relais de la tradition[331]. Les divergences ne portent pas seulement sur la disposition des étoiles et le signalement des parties de la constellation, mais aussi sur le nombre des étoiles énumérées et le total proposé pour la figure. La reconstitution exacte des descriptifs astrothétiques de l'œuvre originale d'Ératosthène s'avère une tâche impossible. Les règles que nous avons suivies pour l'*Épitomé* sont les suivantes : nous partons du total donné par les manuscrits pour chaque constellation[332] ; si la somme des étoiles énumérées dans la liste d'étoiles est inférieure à ce nombre —et ce cas est fréquent—, nous recourons, pour

---

330. Voir BERNABÉ 1992 : 79.

331. Le destin de l'œuvre d'Ératosthène s'explique sans doute par la combinaison originale qu'il propose : tandis que la collection des mythes offrait un matériel très étendu que la postérité sut exploiter, l'information strictement astronomique a été rapidement dépassée par l'évolution considérable de la science hellénistique (voir KNAACK 1907 : 380).

332. Nous n'avons modifié le total des étoiles donné par les manuscrits qu'à de rares occasions (par exemple, *Cat.* 21). Mais la concordance, dans ces cas-là, de la liste des étoiles et du reste de la documentation catastérismique suggère que le nombre proposé par le texte a subi des interventions récentes.

atteindre ce total, aux témoins les plus proches (les *Fragmenta Vaticana* et l'*Aratus Latinus*) et, le cas échéant, aux *Scholies à Germanicus* et à Hygin ; quand les *codices* de l'*Épitomé* ne donnent pas de nombre total pour les étoiles, nous retenons le total donné par les *Fragmenta Vaticana* et l'*Aratus Latinus*, et nous procédons ensuite selon la même méthode. Le résultat de cette harmonisation, forcément artificiel, devrait aboutir à des listes qui, à défaut de refléter un état historique du texte, offrent une synthèse constituée des différentes lignes d'une tradition fondamentalement commune.

S'agissant des *Fragmenta Vaticana*, nous nous contentons de reproduire les listes d'étoiles données par le codex S, et ne recourons aux autres témoins que lorsque la signification des phrases est en jeu. Nous ne nous appuyons donc pas sur l'*Aratus Latinus* —i.e. l'équivalent latin des *Fragmenta Vaticana*. Si nous procédions autrement, nous retomberions sur les mêmes données astrothétiques que l'*Épitomé* ; on peut admettre, donc, les listes de l'*Épitomé* comme le modèle commun des deux recensions.

Concernant l'apparat critique, nous utilisons le sigle E dans les conditions suivantes : il correspond soit à la leçon commune des manuscrits (= *codices* ou *consensus codicum*), soit à la leçon d'un manuscrit (*Edimburgensis*), qui constitue l'archétype de presque toute la tradition de l'*Épitomé*. Si dans une unité critique apparaît uniquement le sigle E, c'est dans le sens de *consensus codicum* ; si, en revanche, il est distingué de sigles désignant d'autres manuscrits, cela signifie que ces derniers proposent des leçons qui s'écartent de celle de l'archétype.

L'apparat consigne généreusement les diverses variantes textuelles mais il n'est exhaustif que pour les descendants de première génération : B, L, M, O, S. Nous estimons, en effet, que chaque manuscrit peut enrichir l'histoire du texte, y compris d'un point de vue historico-culturel. En revanche, le sigle L ne note que les leçons du *Laurentianus* ; et les variantes (*errores separatiui*) des manuscrits V et H (*descripti* de L et donc descendants de E, au mieux à la seconde génération) ne sont mentionnées que ponctuellement, lorsqu'elles révèlent des relations de dépendance entre les manuscrits.

Le lecteur constatera également que nous signalons abondamment les propositions des philologues modernes, notamment lorsqu'il s'agit d'une conjecture *ope ingenii*, qui s'est vue confirmée par la découverte postérieure de certains manuscrits (en particulier E et B). L'apparat critique entend ainsi manifester la dimension historique du travail philologique. Car on estime qu'il faut considérer le *textus* comme la somme des possibilités textuelles et des diverses lectures qu'il a pu susciter —chez les différents copistes et philologues qui se sont penchés sur lui. Cette perspective conduit à proposer la traduction des passages tenus pour interpolés, dans une conception éditoriale classique : c'est ce que nous avons fait pour la partie mythographique partout où les interpolations étaient syntaxiquement assimilables ; en revanche, pour le descriptif des positions d'étoiles, beaucoup plus torturé, ce choix aurait abouti à un texte incompréhensible et nous y avons renoncé.

ERATOSTHENIS CATASTERISMORVM

EPITOME

Conspectvs siglorvm

E = Edimburgensis Adv. 18.7.15, ca. 1290, ex quo deducti sunt
    B = Londinensis Mus. Brit. add. 11886 (Butlerianus), saec. xv.
    L = Laurentianus XXVIII 37, saec. xv, ex quo deducti sunt
        H = Harvardensis Typ. 18, saec. xv.
        V = Vindobonensis phil. gr. 142, saec. xv.
    M = Matritensis 86 (olim 67), saec. xv.
    O = Oxoniensis inter Baroccianos 119, saec. xv, ex quo deductus est
        C = Cadomensis gr. 22, saec. xvii.
    S = Vindobonensis 341 (Nessel), 127 (Lambeck), saec. xiv.
P = Parisinus graecus 1310, saec. xv.

Arat. Lat. = Aratus latinus cum scholiis
Rec. Interp. = Arati latini recensio interpolata
Sch. Germ. BP = Scholia in Germanicum Basileensia
Sch. Germ. G = Scholia in Germanicum Sangermanensia
Sch. Germ. S = Scholia in Germanicum Strozziana
Eudoc. = Eudocia Augusta, *Violarium*
Phavorin. = Varinus Favorinus (Phavorinus) Camers, *Lexicon Graecum*

FRAGMENTA VATICANA

Conspectvs siglorvm

T = Vaticanus graecus 1087, saec. xiv, ex quo deducti sunt
    R = Venetus Marcianus 444, saec. xv.
    W = Vaticanus graecus 199, saec. xv
S = Scorialensis Σ III 3, saec. xv ex.
Q = Salmanticensis 233, saec. xv.

[LES CONSTELLATIONS DU ZODIAQUE]¹

1. La Grande Ourse²

Hésiode³ dit que c'est la fille de Lycaon⁴ ; elle habitait l'Arcadie⁵ et avait choisi de se livrer dans les montagnes, en compagnie d'Artémis, à la chasse des bêtes sauvages⁶. Violée par Zeus, elle resta avec la déesse, sans que cette dernière se rende compte de rien, mais, plus tard, son secret fut découvert, quand, peu avant l'accouchement, Artémis la vit en train de prendre un bain⁷. À la suite de quoi, la déesse, furieuse, la changea en bête⁸, et ainsi changée en ourse elle mit au monde celui qu'on appelle

---

2. Les titres des chapitres se présentent sous une formule originale puisqu'ils sont au génitif seul dans les mss E et L (*Epit.*). On peut expliquer cet intitulé lacunaire par la présence, à l'origine, d'une image, dont il était en quelque sorte la légende, plutôt que le titre autonome du chapitre, le génitif étant le résidu d'un intitulé du genre εἴδωλον (ἄρκτου μεγάλης, etc.). Le titre assez régulier des *FV* (περί + gen.) est plus conventionnel. Cf. *Introduction*, p. xcvii.

4. Le nom de l'héroïne (Callisto, signifiant « la plus belle ») n'apparaît pas dans ce chapitre mais il est donné au chapitre 8. Lycaon est par son nom destiné à devenir loup (*lycos*), comme le narre la suite du récit (*Cat.* 8). Le père de Callisto est tantôt Lycaon (voir aussi Eumélos in APOLLODORE 3.8.2), tantôt Nictée (Asius in APOLLODORE *ibid.*), tantôt Cétée (PHÉRÉCYDE, *fr.* 157 Fowler ; cf. ARIAETHUS, *FGH* 316F2).

[ΑΣΤΡΟΘΕΣΙΑΙ ΖΩΙΔΙΩΝ]

I. Ἄρκτου μεγάλης

Ταύτην Ἡσίοδός φησι Λυκάονος θυγατέρα ἐν Ἀρκαδίᾳ οἰκεῖν, ἑλέσθαι δὲ μετὰ Ἀρτέμιδος τὴν περὶ τὰς θήρας ἀγωγὴν ἐν τοῖς ὄρεσι ποιεῖσθαι· φθαρεῖσαν δὲ ὑπὸ Διὸς ἐμμεῖναι λανθάνουσαν τὴν θεόν· φωραθῆναι δὲ
5 ὕστερον ἐπίτοκον ἤδη οὖσαν ὀφθεῖσαν ὑπ' αὐτῆς λουομένην· ἐφ' ᾧ ὀργισθεῖσαν τὴν θεὸν ἀποθηριῶσαι αὐτήν· καὶ οὕτως τεκεῖν ἄρκτον γενομένην τὸν κληθέντα Ἀρκάδα. Οὖσαν δ' ἐν τῷ ὄρει θηρευθῆναι ὑπὸ αἰπόλων

TESTIMONIA : Anecdotum Britannicum (uid. Maass, *Commentariorum in Aratum Reliquiae*, 1898, LXVIII) ; Arat. Lat. 181, 1-183, 3 (Rec. Interp. 181-183) ; Fragm. Vat. I (= Sch. Arat. S, 27 ; Q, 27 ; Q, 37-44) ; Hyg. *Astr*. 2.1 ; 3.1 ; Sch. Arat. MUA, 27 ; Sch. Germ. BP, 58, 5-59, 4.
INSCRIPTIO : ἀστροθεσίαι ζῳδίων E : om. OMB, ἀστροθεσίαι Maass, *Analecta Eratosthenica*, 1883, 3-4.
TITVLVS : ἄρκτου μεγάλης E : ἄρκτος ἡ μεγάλη O, ἄρκτος μεγάλη M, ὁ δὲ μῦθος τῆς μεγάλης Ἄρκτου τοιοῦτος B.
1 θυγατέρα — ἑλέσθαι (2) E : θυγατέρα εἶναι καὶ ἐν Ἀρκαδίᾳ κατοικοῦσαν ἑλέσθαι ex SCH. ARAT. Schaubach ‖ 3 θήρας E : θήρ E^pc, ας fort. in ras. ‖ ποιεῖσθαι (cf. *facere*, i.e. ποιεῖσθαι, ARAT. LAT.) del. Heyne ‖ δὲ B, iam corr. Robert ex SCH. ARAT. (cf. FRAGM. VAT., ARAT. LAT.) : τὲ E ‖ 4 ἐμμεῖναι E : ἐν Μαινάλῳ μεῖναι ex Ov. Ruhnken ‖ 5 ἐπίτοκον edd. : ἐπὶ τόκον E, ἐπὶ τόκου Fell ‖ 7 καὶ — Ἀρκάδα (8) E : καὶ οὕτως ἄρκτον γενομένην τεκεῖν τὸν κληθέντα Ἀρκάδα coni. Schaubach ‖ οὕτως E : οὕτω B ‖ 8 αἰπόλων E : *Aetolorum* HYG., i.e. Αἰτώλων, cf. Bursian, *JKPh* 93, 1866, 761 sq.

Arcas[9]. Pendant qu'elle était dans la montagne, elle fut prise en chasse par des chevriers et remise avec son petit à Lycaon[10]. Plus tard, il lui prit l'envie de pénétrer dans le sanctuaire inviolable de Zeus, car elle ignorait la loi qui le concernait[11]. Son propre fils Arcas et les Arcadiens l'y poursuivirent[12] et étaient sur le point de l'exécuter, pour avoir enfreint la loi en question, lorsque Zeus, en raison du lien qui l'unissait à elle, l'enleva à ses poursuivants et la plaça parmi les constellations[13]. Compte tenu de son aventure, le dieu lui donna le nom d'"Ourse"[14].

Elle a sept étoiles sans éclat sur la tête[15], deux sur chacune des oreilles, une brillante sur les épaules, une sur la poitrine, deux sur la patte antérieure, une brillante sur le dos, une brillante sur le ventre, deux sur les pattes postérieures, deux sur l'extrémité de la patte et trois sur la queue[16]. En tout vingt-quatre[17].

---

9. Le lien étroit entre l'ours et la maternité a été signalé et documenté par BACHOFEN (1863 : 10 sq.). La paronomase Arcas-Arctos (ourse) fait d'Arcas le héros éponyme idéal de l'Arcadie (Voir STÉPHANE de Byzance, s.v. Ἀρκαδία). La force du *Stammesmythos* n'est en rien diminuée par le fait que la linguistique moderne a mis en doute le rapport étymologique entre Arcadie et Arctos (FRISK 1973 : 1.142).

10. Cet épisode (la livraison par des chevriers de Callisto et son petit à Lycaon), qui ne remonte pas à Hésiode (voir n. 3), entraîne une rupture dans la logique narrative (si l'on met bout à bout les récits de *Cat.* 1 et *Cat.* 8 ; cf. PÀMIAS 2008b), mais introduit une dimension politique et généalogique importante. Il permet de ramener Callisto au personnage de Lycaon, responsable de la mort d'Arcas dans le prolongement narré en *Cat.* 8. Par cet amalgame, Ératosthène articule aussi deux motifs mythiques associés à l'Arcadie et à la famille de Lycaon (cf. HENRICHS 1987 : 261-2). Pour une lecture politique du mythe de Callisto voir DE LUNA 2009.

τινῶν καὶ παραδοθῆναι μετὰ τοῦ βρέφους τῷ Λυκάονι·
μετὰ χρόνον δέ τινα δόξαι εἰσελθεῖν εἰς τὸ τοῦ Διὸς
ἄβατον [ἱερὸν] ἀγνοήσασαν τὸν νόμον· ὑπὸ δὲ τοῦ ἰδίου
υἱοῦ διωκομένην καὶ τῶν Ἀρκάδων καὶ ἀναιρεῖσθαι μέλ-
5 λουσαν διὰ τὸν εἰρημένον νόμον, ὁ Ζεὺς διὰ τὴν συγγένειαν αὐτὴν ἐξείλετο καὶ ἐν τοῖς ἄστροις αὐτὴν ἔθηκεν·
Ἄρκτον δὲ αὐτὴν ὠνόμασε διὰ τὸ συμβεβηκὸς αὐτῇ
σύμπτωμα.
Ἔχει δὲ ἀστέρας ἐπὶ τῆς κεφαλῆς ζ' ἀμαυρούς, ἐφ'
10 ἑκατέρων ὠτίων β', <ἐπ'> ὠμοπλατῶν λαμπρὸν α', ἐπὶ
τοῦ στήθους <α', ἐπὶ τοῦ ἔμπροσθεν ποδὸς> β', ἐπὶ τῆς
ῥάχεως λαμπρὸν α', <ἐπὶ τῆς κοιλίας λαμπρὸν α', ἐπὶ>
σκέλεσιν ὀπισθίοις β', ἐπ' ἄκρῳ τῷ ποδὶ β', ἐπὶ τῆς κέρκου γ'· τοὺς πάντας κδ'.

---

2 δόξαι del. Fell ‖ 3 ἱερὸν E : secl. edd., om. Sch. Arat. Q, Sch.
Arat. MUA, αὐλήν Sch. Arat. S ‖ ὑπὸ — μέλλουσαν (5) E : ὑπὸ
τοῦ ἰδίου υἱοῦ διωκομένην, ὑπὸ δὲ τῶν Ἀρκάδων ἀναιρεῖσθαι
μέλλουσαν coni. Koppiers ‖ 5 διὰ secundum — αὐτὴν primum (6) E :
διὰ τὸ συγγεγενῆσθαι αὐτῇ Heyne ‖ 5-6 συγγένειαν E : ξυγγένειαν
M ‖ 6 αὐτὴν primum aut secundum ex Sch. Arat. secl. Heyne ‖
ἐξείλετο E : ἐξείλατο O^ac, ἐξείλετο O^pc, ε super α scripto ‖ 9 Ἔχει
inc. S ‖ Ἔχει δὲ ἀστέρας ἐπὶ τῆς κεφαλῆς ζ' ἀμαυρούς E : ἡ ἑλίκη
ἔχει ἐπὶ τῆς κεφαλῆς ἀστέρας ζ' ἀμαυρούς S ‖ ἐφ' E : ἀφ' S ‖
10 post ἑκατέρων add. τῶν Robert ‖ ὠμοπλατῶν ES : ὠμοπλάτων
LOMB ‖ 11 α', ἐπὶ τοῦ ἔμπροσθεν ποδὸς ex Hyg., Sch. Germ. BP
add. Robert : ἐμπροσθίοις β' post σκέλεσιν (13) inser. Fell ‖ 12 ἐπὶ
τῆς κοιλίας λαμπρὸν α' ex Sch. Germ. BP add. Olivieri ‖ 13 σκέλεσιν ὀπισθίοις E : σκελῶν ὀπισθίων Robert ‖ ἄκρῳ τῷ ποδὶ E :
ἄκρου τοῦ ποδὸς Robert ‖ τῷ om. H ‖ 14 κδ' E (qui duo et uiginti
debebant. hanc summam ad Hipparchi catalogum accommodatam esse
conieci), Sch. Arat. MUA : κγ' ex Sch. Germ. BP Robert, XXI Hyg.,
summam om. Fragm. Vat., Arat. Lat.

1. La Grande Ourse

Hésiode raconte que la Grande Ourse est la fille de Lycaon ; elle habitait l'Arcadie et avait choisi de se livrer dans les montagnes, en compagnie d'Artémis, à la chasse des bêtes sauvages. Violée par Zeus, elle commença par cacher à Artémis sa mésaventure, mais lorsqu'elle fut à peu de temps de l'accouchement, la déesse la vit en train de prendre un bain. À la suite de quoi, la déesse, furieuse, la changea en bête, et dans cet état elle mit au monde un ours qui fut appelé Arcas[18]. *Amphis*[19], *le poète comique, dit que Zeus prit l'apparence d'Artémis et se rendit dans la montagne et, au cours d'une chasse commune, la viola.*

---

18. Le texte peut aussi se comprendre : « elle mit bas, en tant qu'ourse, et il fut appelé Arcas ». Si le sens s'accorde mieux à la version de l'*Épitomé*, il est syntaxiquement et philologiquement moins probable. L'aspect initial d'Arcas (humain ou ursin) n'est ni explicite, ni évident (cf. Hygin 2.1.1 : « c'est sous cette forme [ursine] qu'elle mit au monde Arcas »), même si l'essentiel de ses fonctions sont celles d'un héros humain.

19. Amphis, *frg.* 46 Kassel-Austin. La métamorphose de Zeus se déguisant en une autre divinité est étrange et ne peut avoir servi que pour une première approche de la jeune fille. Cette innovation (d'Amphis, semble-t-il) joue incontestablement un rôle comique, renouvelé lorsque la jeune fille accuse Artémis du crime. Il est aussi possible que, dans la pièce, Callisto ait feint de se laisser abuser par le déguisement du dieu, et cédé au fond volontiers à ses avances ; cette option s'accorderait à la tendance misogyne de la comédie moyenne (cf. Nesselrath 1990 : 235). Il est donc exagéré de chercher à cette parodie une signification cultuelle précise ou de l'interpréter comme le reflet de pratiques d'homosexualité féminine à l'époque archaïque (Calame 1977 : 432). Apollodore (3.8.2), s'appuyant sur une tradition qui remonte peut-être à Amphis, signale ce déguisement de Zeus, soit en Artémis, soit encore en Apollon, et explique la métamorphose en ourse comme l'effort de Zeus pour dissimuler à Héra son infidélité, ce qui représente une sophistication peut-être empruntée au mythe de Io (cf. n. 222). La variante d'Amphis est également reprise par Ovide (*Mét.* 2.425 sq.), le scholiaste de Callimaque (*Hymne à Zeus* 41), et Nonnos (*Dionysiaques* 2.122 sq. ; 33.288 sq.). Pour Libanios (*Progymnasmata* 2.12.1), finalement, la catastérisation découlerait du désir de Zeus d'avoir Callisto plus près de lui....

I. <Περὶ τῆς Ἄρκτου μεγάλης>

Τὴν μείζονα Ἄρκτον Ἡσίοδος εἴρηκεν Λυκάονος εἶναι θυγατέρα· ἐν Ἀρκαδίᾳ δὲ κατοικοῦσαν ἑλέσθαι μετὰ Ἀρτέμιδος τὴν περὶ τὰς θήρας ἀγωγὴν ἐν τοῖς ὄρεσι ποιεῖσθαι· φθαρεῖσαν δὲ ὑπὸ τοῦ Διὸς πρότερον
5 μὴ δηλῶσαι τῇ Ἀρτέμιδι τὸ σύμπτωμα· ἤδη δὲ ἐπίτοκον οὖσαν ὀφθῆναι ὑπ' αὐτῆς λουομένην· ἐφ' ᾧ ὀργισθεῖσαν τὴν θεὸν θηριῶσαι αὐτὴν καὶ οὕτως τεκεῖν ἄρκτον καὶ κληθῆναι Ἀρκάδα. Ἄμφις <δὲ> ὁ τῶν κωμῳδιῶν ποιητὴς φησὶν ὅτι τὸν Δία Ἀρτέμιδι ὁμοιωθέντα ἐλθεῖν
10 εἰς τὸ ὄρος καὶ συγκυνηγετοῦσαν φθεῖραι αὐτήν· μετὰ

CODICES : 1-14 (p. 5) S, 8-3 (p. 5) hab. Q (ad uu. 37-44) ; cf. et Q, SCH. ARAT. MUA (ad u. 27).

TITVLVM ex EPIT. restitui : om. codd., *Helice Arcturus maior* ARAT. LAT. 1 Τὴν μείζονα — θυγατέρα (2) S (cf. καὶ περὶ τῆς μείζονος Ἡσίοδος λέγει· Καλλιστὼ Λυκάονος θυγατέρα Q) : *hanc quidem Hesiodus dicit Licaonis filiam* ARAT. LAT. (cf. Ταύτην Ἡσίοδός φησι Λυκάονος θυγατέρα EPIT.) ‖ 3 τὴν περὶ τὰς θήρας ἀγωγὴν ex Q, SCH. ARAT. MUA, EPIT. recepi : τὴν θήραν S ‖ 4-5 πρότερον μὴ δηλῶσαι τῇ Ἀρτέμιδι τὸ σύμπτωμα ex Q recepi coll. ARAT. LAT. (*non prius indicauit Dianae ruinam*) : πρότερον λέγουσι τῇ Ἀρτέμιδι λέγουσι τὸ σύμπτωμα S, ἐμμεῖναι ἐν τοῖς πρότερον λέγουσι τῇ Ἀρτέμιδι τὸ σύμπτωμα SCH. ARAT. MUA, ἐμμεῖναι λανθάνουσαν τὴν θεόν EPIT. ‖ 5 ἤδη δὲ ex Q, SCH. ARAT. MUA, EPIT. correxi : ἡ δὲ S ‖ ἐπίτοκον correxi : ἐπὶ τόκον S, ἐπί[..]μον duarum litterarum spatium reliquit Q ‖ 6 λουομένην correxi ex EPIT., SCH. ARAT. MUA : λουόμενον S, λουομένης Q ‖ 7 θεὸν S : Ἄρτεμιν Q ‖ post ἄρκτον hab. οὖσαν Q, SCH. ARAT. MUA (cf. EPIT. γενομένην) ‖ 8 καὶ κληθῆναι S : τὸν κληθέντα Q, *quem uocant* ARAT. LAT. ‖ Ἀρκάδα correxi : Ἀρκάδιν S, Ἀρκάδιον Q ‖ Ἄμφις — ὁμοιωθέντα (9) Q (cf. ARAT. LAT. *Amphis uero carminum poeta differenter dixit. Iouem enim ait Dianae adsimilatum*) : τὸν γὰρ Δία φασὶν Ἀρτέμιδι ὁμοιωθέντα S ‖ δὲ addidi ex ARAT. LAT. (*uero*), HYG. (*sed*) : om. Q ‖ 9 post ποιητὴς add. περὶ τῆς τοῦ μείζονος Ἄρκτου Q ‖ Ἀρτέμιδι ὁμοιωθέντα S (*Dianae adsimilatum* ARAT. LAT.) : ὁμοιωθέντα Ἄρτεμιν Q ‖ ἐλθεῖν om. Q ‖ 10 εἰς τὸ ὄρος ante φθεῖραι transp. Q ‖ συγκυνηγετοῦσαν S (*cum ipsa simul uenare* ARAT. LAT.) : κυνηγετοῦντα Q ‖ φθεῖραι αὐτήν Q, ARAT. LAT. : ὀφθῆναι αὐτῷ S ; μετὰ δὲ τὸν χρόνον — γενομένου (1, p. 5) S (cf. ARAT. LAT.) : ὕστερον δὲ Q.

Avec le temps, son ventre gonfla, mais lorsqu'on l'interrogea elle dit que la responsable de son malheur n'était autre qu'Artémis. Sur quoi la déesse, furieuse, la changea en bête. Pendant qu'elle était dans la montagne, elle fut prise en chasse par des chevriers, et remise avec son petit à Lycaon. Plus tard, il lui prit l'envie de pénétrer dans le sanctuaire inviolable de Zeus, car elle ignorait la loi qui le concernait. Son propre fils Arcas et les Arcadiens l'y poursuivirent, et ils étaient tous deux, elle et son fils, sur le point d'être mis à mort, pour avoir enfreint la loi en question, lorsque Zeus, en raison du lien qui l'unissait à eux, les enleva à leurs poursuivants et la plaça parmi les constellations, en lui donnant le nom d' "Ourse", en raison de son aventure.

Elle a sept étoiles sans éclat sur la tête, deux sur chacune des oreilles, une, celle de l'épaule ... une brillante, deux sur la patte postérieure, et trois sur la queue[20].

---

20. La liste des étoiles des *FV* est, constamment, au mieux lacunaire, au pire erronée.

δὲ τὸν χρόνον τῆς γαστρὸς μετεώρου γενομένου, ἐταζομένην εἰπεῖν μηδὲν αἴτιον εἶναι τοῦ συμπτώματος πλὴν Ἄρτεμιν· ἐφ' ᾧ ὀργισθεῖσαν τὴν θεὸν θηριῶσαι αὐτήν. Οὖσαν δ' ἐν τῷ ὄρει θηρευθῆναι ὑπὸ αἰπόλων τινῶν καὶ
5 παραδοθῆναι μετὰ τοῦ βρέφους τῷ Λυκάονι· μετὰ δὲ χρόνον τινὰ ἔδοξεν εἰσελθεῖν εἰς τὸ τοῦ Διὸς ἄβατον ἀγνοήσασαν τὸν νόμον, ἐκδιωκομένην δὲ ὑπὸ τοῦ ἰδίου υἱοῦ καὶ ἀμφοτέρων ὑπὸ τῶν Ἀρκάδων μελλόντων ἀναιρεῖσθαι διὰ τὸν προειρημένον νόμον, ὁ Ζεὺς διὰ τὴν
10 συγγένειαν ἐξείλετο αὐτοὺς καὶ ἐν τοῖς ἄστροις ἔθηκεν Ἄρκτον ὀνομάσας διὰ τὸ σύμπτωμα.

Ἔχει δὲ ἀστέρας ἐπὶ τῆς κεφαλῆς ζ' ἀμαυρούς, ἐφ' ἑκατέρων τῶν ὠτίων β', ὁ ὠμοπλάτης εἷς <...> λαμπρὸν α', ἐπὶ ποδὸς ὀπισθίου β', <ἐπὶ> κέρκου τρεῖς.

1-2 ἐταζομένην εἰπεῖν Q (*interrogabatur dicere quis hoc fecisset* ARAT. LAT.) : om. S ‖ 2 μηδὲν S (*nullum* ARAT. LAT.) : μηδένα ἕτερον Q ‖ εἶναι om. S ‖ 3 ὀργισθεῖσαν τὴν θεὸν θηριῶσαι αὐτήν S : ὀργισθεὶς ἐκθηριῶσαι αὐτήν Q ‖ 4 Οὖσαν δ' ἐν τῷ ὄρει — τῷ Λυκάονι (5) restitui ex ARAT. LAT., EPIT., SCH. ARAT. MUA : om. SQ ‖ θηρευθῆναι ex EPIT., SCH. ARAT. MUA restitui : *obseruari* leg. ARAT. LAT. ‖ 6 ἔδοξεν S : δόξαι Q, SCH. ARAT. MUA, EPIT. ‖ ἄβατον recepi ex Q, SCH. ARAT. MUA, EPIT. : αὐλήν S ‖ 7 ἀγνοήσασαν τὸν νόμον recepi ex Q, ARAT. LAT., SCH. ARAT. MUA, EPIT. : om. S ‖ ἐκδιωκομένην — ἰδίου υἱοῦ (8) Q (cf. SCH. ARAT. MUA, EPIT.) : ἐκδιωκομένους δὲ ὑπὸ τοῦ Διὸς S (cf. *persequitur a proprio filio Iouis* ARAT. LAT.) ‖ 8 ἀμφοτέρων Q, ARAT. LAT. (*utrique*) : om. S ‖ μελλόντων ἀναιρεῖσθαι (8-9) S : ἀναιρεῖσθαι μελλόντων Q, SCH. ARAT. MUA ‖ 9 ἀναιρεῖσθαι correxi : ἀναιρῆσθαι S ‖ διὰ τὸν προειρημένον νόμον S, SCH. ARAT. MUA, EPIT., ARAT. LAT. : om. Q ‖ 11 Ἄρκτον ὀνομάσας S (cf. *Arcturum nominans* ARAT. LAT.) : Ἄρκτον δὲ αὐτὴν ὠνόμασεν Q, SCH. ARAT. MUA, EPIT. ‖ 13 ὠτίων correxi ex ARAT. LAT., EPIT. : νώτων S (et cf. νώτων SCH. ARAT. MUA ; *humeris* SCH. GERM. BP) ‖ ὠμοπλάτης corr. Martin : ὠμοπλατ hab. τ supra α scripto S ‖ ante λαμπρὸν lac. stat. Martin (cf. ARAT. LAT.) ‖ 14 ad finem caput de stellarum positione in caelo add. ARAT. LAT., REC. INTERP.

2. La Petite Ourse

Il s'agit de celle qu'on nomme "la Petite (Ourse)", et qu'on trouve couramment appelée "Phoinikè" (*la Phénicienne*)[21]. Artémis avait eu pour elle de l'estime, mais comme elle ne savait pas que c'était Zeus qui l'avait violée, elle la rendit sauvage. On raconte que plus tard Artémis, une fois la jeune fille hors de danger[22], accrut sa gloire en plaçant une seconde figure parmi les constellations de sorte qu'elle fût doublement honorée[23].

Aglaosthène[24], lui, dans ses *Naxica*, dit qu'il s'agit de Kynosoura[25], qui allaita Zeus et faisait partie des nymphes de l'Ida[26]. Et l'on retrouve son nom dans la cité appelée Histoi[27], fondée par Nicostrate et ses compagnons[28] : le

---

22. La narration, et en particulier la métamorphose, est plus allusive que dans le chapitre précédent. La jeune fille ou la nymphe, devient sauvage, puis elle est « sauvée » (*i.e.* soustraite aux hommes et catastérisée).

23. Cette duplication est exceptionnelle et le motif peu convaincant. Cette catastérisation et le « salut » pourraient aussi concerner Arcas (mais le texte ne le suggère pas), après la mort de Callisto (cf. PAUSANIAS 8.3.6 : « Zeus envoya Hermès en lui enjoignant de *sauver* l'enfant que Callisto avait dans son ventre »). Ovide évoque, pour sa part, une catastérisation simultanée de la mère et du fils (*Métamorphoses*, 2.496-507) mais il songe sans doute au Bouvier (Arctophylax), comme HYGIN dans la fable 224. Sur l'usage de εἴδωλον dans le sens d'image, voir *Cat.* 3, 4, 26, 35 (cf. *Cat.* 14 : μίμημα ; *Cat.* 25 : τύπος ; *Cat.* 41 : εἰκονίσας). Cette terminologie suggère qu'Ératosthène ne se réfère pas directement au ciel mais à un modèle graphique, sans doute une sphère ou un planisphère portant des représentations figurées (STÜCKELBERGER 1990 : 74 sq. ; cf. *Introduction*, p. XL-XLI).

27. Histoi (ou Istoi) est un toponyme qui désigne plusieurs ports de la Méditerranée orientale, et c'est en particulier le nom d'une ville côtière de Crète (près de Priansos). Ce nom était associé par les anciens à celui d'ἱστός, "mât du navire" et, par synecdoque, "navire". Le nom de la nymphe est introduit par Aglaosthène comme *aition* du toponyme.

II. Ἄρκτου μικρᾶς

Αὕτη ἐστὶν ἡ μικρὰ καλουμένη· προσηγορεύθη δὲ ὑπὸ τῶν πλείστων Φοινίκη· ἐτιμήθη δὲ ὑπὸ τῆς Ἀρτέμιδος· ἀγνοοῦσα δὲ ὅτι ὁ Ζεὺς αὐτὴν ἔφθειρεν, ἠγρίωσεν αὐτήν· ὕστερον δὲ σεσωσμένῃ λέγεται δόξαν
5 αὐτῇ περιθεῖναι ἀντιθεῖσαν ἕτερον εἴδωλον ἐν τοῖς ἄστροις, ὥστε δισσὰς ἔχειν τιμάς. Ἀγλαοσθένης δὲ ἐν τοῖς Ναξικοῖς φησι τροφὸν γενέσθαι τοῦ Διὸς Κυνόσουραν, εἶναι δὲ μίαν τῶν Ἰδαίων νυμφῶν· ἀφ᾽ ἧς ἐν μὲν τῇ πόλει τῇ καλουμένῃ Ἱστοῖς [τοὔνομα τοῦτο ἦν], ἣν οἱ
10 περὶ Νικόστρατον ἔκτισαν, καὶ τὸν ἐν αὐτῇ [δὲ] λιμένα καὶ τὸν ἐπ᾽ αὐτῇ τόπον Κυνόσουραν κληθῆναι. Ἄρατος

TESTIMONIA : Anecdotum Britannicum (uid. Maass, *Commentariorum in Aratum Reliquiae*, 1898, LXVII) ; Arat. Lat. 184, 8-186, 6 (Rec. Interp. 184-186) ; Fragm. Vat. II (= Sch. Arat. S, 39 ; cf. Sch. Arat. Q, 27) ; Hyg. *Astr.* 2.1 ; 2.2 ; 3.1 ; Sch. Germ. BP, 59, 5-60, 5.
TITVLVS : ἄρκτου μικρᾶς E : ἄρκτος ἡ μικρά O, ἄρκτος μικρά M, τῆς δὲ μικρᾶς Ἄρκτου φέρεται μῦθος τοιοῦτος B.
1 Αὕτη — προσηγορεύθη E : αὕτη ἐστὶν ἡ μικρὰ καλουμένη κυνόσουρα διὰ τὴν τῆς οὐρᾶς ὁμοιότητα, προσηγορεύθη prop. Schaubach ‖ Αὕτη — ὅτι (1-3) E : αὕτη ἐστὶν ἡ Κυνόσουρα καλουμένη. προσηγορεύθη δὲ ὑπὸ τῶν πλείστων Φοινίκη. Ἐτιμήθη δὲ ὑπὸ τῆς Ἀρτέμιδος. γνοῦσα γὰρ ἡ θεὰ ὅτι coni. Heyne ‖ ἐστὶν om. B ‖ δὲ om. B ‖ 2 ἐτιμήθη E : ἐπιμήθη H ‖ 3 ἀγνοοῦσα E^ac (ἀ et ο alt., ut uid., in ras.), FRAGM. VAT., iam Maass ex ARAT. LAT. (*ignorans*) prob. Gürkoff : γνοῦσα E^pc LOMB, edd., ἀγανακτοῦσα coni. Robert ‖ 4 σεσωσμένη Fell : σεσωσμένην E, ἐγνωσμένη ex HYG. (*cognitam*) Robert et ex ARAT. LAT. (*sentiens*) coni. Maass, σεσωφρονισμένη Bernhardy, αἰσθανομένη FRAGM. VAT. ‖ 5 ἀντιθεῖσαν E : ἀνατιθεῖσα coni. Heyne ‖ 6 Ἀγλαοσθένης corr. edd. : ἀγασθένης E ‖ 7-8 Κυνόσουραν E : κυνὸς οὐρὰν L ‖ 8-9 ἐν μὲν τῇ πόλει E : ἐν Κρήτης πόλει ex SCH. GERM. BP coni. Robert, ἐπὶ μὲν τῇ πόλει Wilamowitz ‖ 9 Ἱστοῖς E : Ἵστρῳ Schaubach, Ἵστροις Valckenaer ‖ τοὔνομα τοῦτο ἦν iam susp. Heyne, seclusi coll. FRAGM. VAT., ARAT. LAT. ‖ 10 δὲ secl. Heyne (cf. FRAGM. VAT.) : δὴ dubit. coni. Olivieri ‖ 11 αὐτῇ E : αὐτῷ corr. Robert mon. Wilamowitz (cf. SCH. GERM. BP) ‖ τόπον E : λόφον Heyne.

nom de Kynosoura est celui du port de cette ville et d'un lieu-dit qui surplombe la ville.

Aratos, quant à lui, l'appelle "Hélikè"[29] (*Spirale*), et dit qu'elle était de Crète ; elle allaita Zeus, et pour cela obtint le privilège d'être honorée dans le ciel[30].

La Petite Ourse a une étoile brillante sur chaque angle du quadrilatère[31] et trois brillantes sur la queue[32]. En tout sept[33]. Au-dessous de la seconde de celles qui conduisent le mouvement vers l'ouest, se trouve une autre étoile placée plus bas, qu'on appelle Pôle, et on a l'impression que tout l'univers tourne autour d'elle[34].

---

30. Les deux soeurs Hélikè et Kynosoura s'occupèrent de Zeus durant une année (ARATOS 34), période qui constitue précisément le temps nécessaire à ces constellations nourrices pour accomplir leur cycle dans le ciel.

31. Ératosthène définit la forme des étoiles ζ (mag. 4.3), η (mag. 4.9), γ (mag. 3), β (mag. 2) UMi, comme étant celle d'une brique (*plinthion* ; cf. HYGIN 3.1.2 : *in stationis unoquoque loco* ; cf. SCHOL. GERM. 59-60 : *in ipso latere IIII in quattuor angulis*), c'est-à-dire d'un quadrilatère ; le terme de brique est celui qu'emploie également HIPPARQUE (1.5.7 ; 3.5.10), tandis que Ptolémée use du mot τετράπλευρον (*Almageste* 7.5, p. 40) ; Ptolémée, qui commence son catalogue par Ursa Minor, appelle d'ailleurs plusieurs fois cette constellation simplement « le Quadrilatère », négligeant sa partie la plus intéressante. Ce rectangle est fondamental puisqu'Aratos et Eudoxe, selon HIPPARQUE (1.5.7), "sont d'accord pour placer, pour cette figure, la tête et les pieds dans les quatre étoiles qui constituent le rectangle » ; il distingue clairement une ourse complète dans les étoiles d'*Ursa minor*, plaçant la tête en β UMa et les pattes de devant vers γ UMa (1.4.2 ; voir 1.5.7).

33. Le chiffre clé est le même que pour la Grande Ourse, la Petite ne différant que par la position inversée (et la taille). Ce nombre est constant dans la tradition (Ptolémée se contente de signaler une étoile périphérique : 5 UMi).

δὲ αὐτὴν καλεῖ Ἑλίκην ἐκ Κρήτης οὖσαν· γενέσθαι δὲ Διὸς τροφὸν καὶ διὰ τοῦτο ἐν οὐρανῷ τιμῆς ἀξιωθῆναι. Ἔχει δὲ ἀστέρας ἐπὶ μὲν ἑκάστης γωνίας τοῦ πλινθίου λαμπρὸν α', ἐπὶ δὲ τῆς κέρκου λαμπροὺς γ'· τοὺς πάντας ζ'· ὑπὸ δὲ τὸν ἕτερον τῶν ἡγουμένων κατώτερός ἐστιν ἄλλος ἀστήρ, ὃς καλεῖται Πόλος, περὶ ὃν δοκεῖ ὅλος ὁ πόλος στρέφεσθαι.

2 διὰ τοῦτο Β, edd. : διατοῦτο Ε ‖ ἐν οὐρανῷ correxi ex FRAGM. VAT. (cf. *in caelo* ARAT. LAT.), iam coni. Heyne : ἐν οὐρανοῖς Ε ‖ 3 Ἔχει inc. S ‖ Ἔχει δὲ ἀστέρας Ε : ἡ κυνόσουρα ἔχει ἀστέρας S ‖ τοῦ om. B ‖ 4 τῆς ESB, edd. : τοῦ LOM, Fell ‖ post λαμπροὺς γ' spatium uacuum ap. B ‖ 5 ὑπὸ — ἡγουμένων Ε : seu ὑπὸ δὲ τὸν ἕτερον τῶν ἡγουμένων ἐν τοῖς προτέροις τῆς οὐρᾶς ex HYG. supplendum, seu ὑπὸ — ἡγουμένων delendum cens. Pétau ‖ κατώτερος om. S ‖ 6 ὃν ELSB, edd. : οὗ OM, Fell ‖ 7 ὅλος om. OM ‖ πόλος Ε (uid. Pàmias, *Faventia* 21/2, 1999, 159-161) : πόλος om. B, κόσμος Robert, uel κύκλος uel κόσμος coni. Westermann, τὸ ὅλον, omisso ὁ πόλος, Koppiers ‖ πόλου mg. E, Olivieri : om. SMB.

2. La Petite Ourse

La Petite Ourse est couramment nommée "Phoinikè" (la Phénicienne). Artémis avait pour elle de l'estime, en raison des aventures que nous avons racontées précédemment ; mais comme elle ne savait pas que c'était Zeus qui l'avait violée, elle en fit une bête sauvage[35]. On raconte que plus tard Artémis, ayant compris ce qui s'était passé, plaça pour la mettre en valeur une seconde figure parmi les constellations, de sorte qu'elle fût doublement honorée.

Aglaosthène, lui, dans ses Naxica, dit qu'il s'agit de Kynosoura, qui allaita Zeus et faisait partie des nymphes de l'Ida. Et l'on retrouve son nom dans la cité appelée Histoi, fondée par Nicostrate et ses compagnons : le nom de Kynosoura est celui du port de cette ville et d'un lieu-dit qui surplombe la ville. La nymphe vint avec les Telchines, qui étaient des servants de Rhéa, comme les Courètes et les Dactyles de l'Ida[36].

---

35. La raison est paradoxale et le texte est probablement corrompu (cf. *app. crit.*). Le texte semble enchaîner sur le début du chapitre précédent, avant la défloration de Callisto. Le verbe employé dans les *FV* (ἐτιμήθη) est le même que celui de l'*Epit.*, mais il a peut-être une tout autre valeur : τιμᾶσθαι peut signifier « être estimé » ou « être puni », sens qui conviendrait mieux dans la logique du passage : « elle fut punie par Artémis en raison des événements que nous avons rapportés plus haut [la perte de la virginité] ; en effet, comme elle ignorait que Zeus était responsable de la perte de sa virginité, Artémis la transforma en bête sauvage ». Cependant, le verbe a toujours dans le texte des *Catastérismes* le sens positif, que nous retenons donc ici aussi dans la traduction. La version des *FV* mentionne l'ignorance de la déesse (ἀγνοοῦσα), parce que cette recension connaît (contrairement à l'*Épitomé* !) la version d'Amphis sur le déguisement de Zeus.

II. <Περὶ τῆς Ἄρκτου μικρᾶς>

Ἡ [δὲ] μικρὰ Ἄρκτος ὑπὸ τῶν πλείστων Φοινίκη λέγεται· ἐτιμήθη δὲ [καὶ] παρὰ τῆς Ἀρτέμιδος διὰ τὰ προλεχθέντα ἔμπροσθεν συμπτώματα· ἀγνοοῦσα γὰρ ὅτι ὁ Ζεὺς αὐτὴν ἔφθαρκεν, ἠγρίωσεν αὐτήν· ὕστερον δὲ
5 αἰσθανομένην λέγεται δόξαν αὐτῇ ἀντιθεῖναι ἕτερον εἴδωλον ἐν τοῖς ἄστροις ὥστε δισσὰς ἔχειν τιμάς. Ἀγλαοσθένης δὲ ἐν τοῖς Ναξικοῖς φησὶ τροφὸν γεγονέναι τοῦ Διὸς Κυνόσουραν, εἶναι <μίαν> τῶν Ἰδαίων νυμφῶν· ἀφ᾿ ἧς ἐν μὲν τῇ πόλει τῇ καλουμένῃ Ἱστοῖς,
10 ἣν οἱ περὶ Νικόστρατον ἔκτισαν, [δὲ] καὶ τὸν ἐν αὐτῇ λιμένα καὶ τὸν περὶ αὐτὴν τόπον Κυνόσουραν [τὸν τόπον] κληθῆναι· ἐλθεῖν δὲ μετὰ τῶν Τελχίνων, οὓς εἶναι τῆς Ῥέας παραστάτας, ὥσπερ Κουρῆτας καὶ Ἰδαίους Δακτύλους. Ἄρατος δὲ αὐτὴν καλεῖ Ἑλίκην ἐκ Κρήτης

CODICES : 1-4 (p. 9) S ; cf. Q (ad u. 27).
TITVLVM ex EPIT. restitui : om. S, *Canis cauda Arcturus minor* ARAT. LAT.
1 Ἡ [δὲ] μικρὰ Ἄρκτος — λέγεται (2) ex Q recepi : ante ἐτιμήθη uerba ἐν ταύτῃ τῇ Ἄρκτῳ τῇ ἐλάττονι οἱ Φοίνικες πεποιθότες. ὄντως ὑπ᾿ αὐτῶν ἐτιμήθη Φοινίκη καλουμένη hab. S ‖ δὲ seclusi ‖ 2 καὶ ex ARAT. LAT., EPIT. seclusi ‖ 2-3 διὰ τὰ προλεχθέντα ἔμπροσθεν συμπτώματα (cf. ARAT. LAT.) om. EPIT. ‖ 3 ἀγνοοῦσα (*ignorans* ARAT. LAT.) : γνοῦσα EPIT. (codd., praeter E^ac) ‖ 4 post ἔφθαρκεν hab. *sicut iam antea dictum est* ARAT. LAT. ‖ 5 αἰσθανομένην (*sentiens* ARAT. LAT.) : σεσωσμένη EPIT. ‖ ἀντιθεῖναι correxi : ἀντιθῆναι S ‖ 6 τιμάς correxi : τινάς S ‖ 7 Ἀγλαοσθένης correxi : Ἀντισθένης S, Ἀγασθένης EPIT. (codd.) et *Agasthenis* ARAT. LAT ‖ Ναξικοῖς ex EPIT. correxi : ἀμαξιακοῖς S, *in carminibus suis* ARAT. LAT. ‖ 8 μίαν addidi ex ARAT. LAT. (*unam*), EPIT. ‖ 9 ἐν μὲν τῇ πόλει — ἔκτισαν (10) ex ARAT. LAT., EPIT. emendaui : εἶναι μὲν ὑπὲρ Νικόστρατον τῇ πόλει τῇ καλουμένῃ τοὔνομα· ἔκτισαν S ‖ 10 οἱ περὶ Νικόστρατον ex EPIT. recepi (cf. et HYG.) : ὑπὲρ Νικόστρατον S, *Nicostrata* ARAT. LAT., *Nicostratus* SCH. GERM. BP ‖ 11-12 τὸν τόπον seclusi coll. ARAT. LAT., EPIT. ‖ 12 οὓς correxi (cf. *quos* ARAT. LAT.) : ὡς S ‖ 13 παραστάτας (*adstantes* ARAT. LAT.) : παραστάτην S ‖ 14 Ἄρατος — τιμηθῆναι (2, p. 9) (cf. ARAT. LAT., EPIT.) S : Ἄρατος δέ φησι τὴν Κυνόσουραν καὶ Ἑλίκην ἐν Κρήτῃ οὔσας γενέσθαι τρόφους τοῦ Διός, καὶ διὰ τοῦτο τῆς οὐρανοῦ μνήμης ἀξιωθῆναι Q.

Aratos, quant à lui, l'appelle "Hélikè" (Spirale), et dit qu'elle était de Crète ; elle allaita Zeus, et c'est à cela qu'elle doit d'être honorée dans le ciel.

La Petite Ourse a une étoile brillante sur chaque angle du quadrilatère et trois brillantes sur la queue.

οὖσαν καὶ γενέσθαι Διὸς τροφόν· καὶ διὰ τοῦτο ἐν τῷ οὐρανῷ τιμηθῆναι.

Ἔχει δὲ ἀστέρας ἐπὶ μὲν ἑκάστης γωνίας τοῦ πλινθίου α'· ἐπὶ δὲ τῆς κέρκου λαμπροὺς γ' <...>.

---

1 διὰ τοῦτο scripsi : διατοῦτο S ‖ 4 post λαμπροὺς γ' Poli descriptionem leg. ARAT. LAT. et caput de stellarum positione in caelo adiec. ARAT. LAT., REC. INTERP.

3. Le Serpent[37]

Il s'agit du Grand Serpent, celui qui s'étend entre les deux Ourses[38]. On raconte que c'est celui qui gardait les pommes d'or et qui fut tué par Héraclès[39]. Héra l'avait chargé de protéger les pommes contre les Hespérides[40], et c'est elle qui lui accorda une place parmi les constellations. Phérécyde[41] dit, en effet, que lorsque Zeus épousa Héra, lors de la remise des cadeaux que lui donnaient les dieux, Terre vint lui offrir les pommes d'or[42]. À leur vue, Héra fut éblouie et demanda qu'elles fussent plantées dans le verger des dieux qui se trouve auprès d'Atlas[43]. Et comme les filles d'Atlas[44] ne cessaient de dérober les pommes, elle y mit comme gardien ce serpent d'une taille gigantesque[45].

On le distingue très aisément[46] ; au-dessus de lui se trouve la figure d'Héraclès, car Zeus voulait par cette disposition fixer de manière flagrante le souvenir de la lutte[47].

---

39. Bien que les fonctions attribuées au serpent en Grèce soient notablement ambiguës (bénéfiques et maléfiques, terribles et salvifiques, cf. BODSON 1978 : 68-92 ; GOURMELEN 2004 : 47-48, 106-108), c'est l'animal gardien par excellence, dans la mythologie mais aussi dans le culte ; ainsi, sur l'acropole d'Athènes, un serpent gardien recevait régulièrement des offrandes (HÉRODOTE 8.41.2 ; cf. ARISTOPHANE, *Lysistrata* 759). Partout considéré comme le "maître des lieux", le serpent revêt pour beaucoup un symbolisme cosmologique ; il s'exprime dans la figure du *Chaosdrache* (dragon du Chaos) : en détruisant le dragon, le dieu ou le héros élimine le chaos pour établir l'ordre du monde (mais voir BURKERT 1999 : 99). D'autre part, le combat du héros contre le monstre a été perçu comme le reflet d'un rituel initiatique (DUMÉZIL 1942 : 126 sq.). Sur Héraclès, voir *Cat.* 4, n. 51.

III. Ὄφεως

Οὗτός ἐστιν ὁ μέγας τε καὶ δι' ἀμφοτέρων τῶν
Ἄρκτων κείμενος· λέγεται δὲ εἶναι ὁ τὰ χρύσεα μῆλα
φυλάσσων, ὑπὸ δὲ Ἡρακλέους ἀναιρεθείς· ᾧ καὶ ἐν τοῖς
ἄστροις τάξις ἐδόθη δι' Ἥραν, ἣ κατέστησεν αὐτὸν ἐπὶ
5 τὰς Ἑσπερίδας φύλακα τῶν μήλων· Φερεκύδης γάρ
φησιν, ὅτε ἐγαμεῖτο ἡ Ἥρα ὑπὸ Διός, φερόντων αὐτῇ
τῶν θεῶν δῶρα τὴν Γῆν ἐλθεῖν φέρουσαν τὰ χρύσεα
μῆλα· ἰδοῦσαν δὲ τὴν Ἥραν θαυμάσαι καὶ εἰπεῖν καταφυτεῦσαι εἰς τὸν τῶν θεῶν κῆπον ὃς ἦν παρὰ τῷ
10 Ἄτλαντι· ὑπὸ δὲ τῶν ἐκείνου παρθένων ἀεὶ ὑφαιρουμένων τῶν μήλων κατέστησε φύλακα τὸν ὄφιν ὑπερμεγέθη
ὄντα. Μέγιστον δὲ ἔχει σημεῖον· ἐπίκειται δὲ αὐτῷ
Ἡρακλέους εἴδωλον, ὑπόμνημα τοῦ ἀγῶνος Διὸς θέντος
ἐναργέστατον τῇ σχηματοποιίᾳ.

TESTIMONIA : Arat. Lat. 187, 20-189, 8 (Rec. Interp. 187-189) ; Fragm.
  Vat. III (= Sch. Arat. S, 45 ; Q, 69) ; Hyg. *Astr.* 2.3 ; 3.2 ; Sch.
  Arat. MKUA, 45 ; Sch. Germ. BP, 60, 6-60, 18.
TITVLVS : Ὄφεως restitui ex catalogo genuini Eratosthenici operis (uid.
  Appendicem ; cf. Rehm, *Hermes* 34, 1899, 262) : δράκοντος EO,
  δράκων M, δ ράκτοντος L manu altera litteram ι inter δ et ρ
  deletam et rasuram factam esse coni. Olivieri, διράκτοντος V,
  πόλου δράκοντος H (glossa mg. capitis superioris falso loco in
  textum irrepsit), tit. om. B.
1 Οὗτός ἐστιν ὁ μέγας τε καὶ E : ἐστι δὲ οὗτος μέγας καὶ B ||
Οὗτός ἐστιν — σχηματοποιία (1-14) E : Οὗτός ἐστιν ὁ Δράκων ὁ
τὰ χρύσεα μῆλα φυλάσσων ὑπὸ δὲ Ἡρακλέους ἀναιρεθεὶς οὗ τὸ
εἴδωλον ὑπόκειται αὐτῷ ὑπόμνημα τοῦ ἀγῶνος Διὸς θέντος ἐναρ-
γέστατον τῇ σχηματοποιίᾳ S || 2 λέγεται — ἀναιρεθείς (3) E : post
μήλων (5) transp. Schaubach || 5 τὰς Ἑσπερίδας Bernhardy : τῆς
ἑσπέρας E (ε primo super σ scripto O), Maass, ταῖς Ἑσπερίσι
Robert, Ἑσπέρας Schaubach, γῆς ἑσπέρας FRAGM. VAT. || 6 ὅτε E :
ὅτι OM || 7 τὴν Γῆν E : τὴν σὴν B || τὰ χρύσεα E : χρυσᾶ M ||
11 κατέστησε E : καταστῆσαι Koppiers || 12 Μέγιστον δὲ ἔχει
σημεῖον del. Schaubach, ex HYG. def. Westermann || ἐπίκειται E :
ὑπόκειται S.

Il a trois étoiles brillantes sur la tête, et douze étoiles sur le corps, qui se succèdent à intervalles rapprochés jusqu'à la queue et séparent les deux Ourses[48]. <En tout, quinze.>

48. Les douze étoiles du corps sont sans doute δ (mag. 3.1), ε (mag. 3.8), φ (mag. 4.2), χ (mag. 3.5), ψ (mag. 4.6), ζ (mag. 3.2), η (mag. 2.7), θ (mag. 4), ι (mag. 3.3), α (mag. 3.7), κ (mag. 3.8) et λ Dra (mag. 3.8) ; les trois étoiles de la tête (*splendidas* selon ARAT. LAT., p. 189) sont β (mag. 2.8), γ (mag. 2.2.), et ξ Dra (mag. 3.7). Le fait que les *Catastérismes* comptent trois étoiles sur la tête du Serpent, tandis qu'ARATOS (v. 55-57) et toute la tradition latine directe (Cicéron, Germanicus, Aviénus) en compte cinq, témoigne de l'indépendance du catalogue d'étoiles ératosthénien vis-à-vis des *Phénomènes* d'Aratos. Mais cet indice n'est peut-être pas décisif, compte tenu des fréquentes corruptions textuelles portant sur les chiffres dans les rubriques astrothétiques et de la réélaboration qu'a connue l'*Épitomé* (voir *Introduction* et HÜBNER 1998a : 108-111) ; s'ajoute pour cette figure un problème de représentation (voir n. 38), et une évolution de l'image (AUJAC 1976 : 291-294). Il est, à ce titre, troublant qu'Hygin, dans l'ensemble et le détail fidèle au catalogue d'Ératosthène, compte un nombre d'étoiles égal à celui de l'Alexandrin (quinze), mais en affecte *cinq* et non *trois* à la tête —et par conséquent dix au lieu de douze au reste du corps (3.2) : « Il a une étoile sur chaque tempe [γ et ξ Dra], une à chaque œil [β et ν Dra], une sur le menton [μ Dra], et dix dispersées sur le reste de tout son corps [δ,ε, φ, ς, η, θ, ι, α, κ, λ Dra] » ; il pourrait s'agir d'un effort de conciliation entre le nombre d'étoiles du corps donné par la tradition aratéenne, et le total figurant dans les *Catastérismes*. HIPPARQUE (1.4.8) semble situer cinq étoiles sur la tête mais ne détaille par le corps entier ; il signale, en tout cas, des étoiles sur les tempes (κρόταφος) : γ ξ Dra (1.11.3, 3.2.1…), et reproche à ARATOS (v. 58-60) d'avoir pris la tempe gauche pour la tempe droite (1.4.4) ; PTOLÉMÉE (*Almageste* 7.5, p. 42-44), pour sa part, note des étoiles sur la langue (μ Dra, 4.9), la gueule (ν Dra, 4.9), l'œil (β Dra), la mâchoire (ξ Dra), et la tête (γ Dra). Pour cette constellation très étendue mais relativement peu brillante (dont l'étoile la plus vive a une magnitude de 2.2), PTOLÉMÉE, quant à lui, dénombre dans son catalogue (*Almageste* 7.5, p. 42-47) 31 étoiles, dont quatre *sur* la tête, une *au-dessus* de la tête, et trois sur la première courbe du cou ; pour situer les autres étoiles, il recourt à des alignements, à partir de figures abstraites (quadrilatères : τετράπλευρα, triangles : τρίγωνα) pour un positionnement relatif. Le serpent fait apparemment deux courbes pour EUDOXE (*fr.* 15), comme pour Aratos (voir HIPPARQUE 1.2.3-4). Vers 2700 avant J.-C., c'est α Draconis (étoile double de magnitude 3.6) qui était au niveau du pôle (voir LE BŒUFFLE 1996 : 53-54).

Ἔχει δὲ ἀστέρας ἐπὶ μὲν τῆς κεφαλῆς λαμπροὺς γ', ἐπὶ δὲ τοῦ σώματος ἕως τῆς κέρκου ιβ' παραπλησίους ἀλλήλοις διεστῶτας [δὲ] διὰ τῶν Ἄρκτων· <τοὺς πάντας ιε'>.

1 λαμπροὺς γ' (cf. γ' FRAGM. VAT., *tres* ARAT. LAT.) E : λαμπροὺς ε' ex ARAT. Schaubach ‖ 2 τῆς om. M ‖ 3 διεστῶτας iam edd., correxi coll. FRAGM. VAT., ARAT. LAT. (*distantes*) : διεστὼς E, Fell, qui διεστὼς δὲ διὰ τῶν Ἄρκτων secl. ‖ δὲ seclusi coll. FRAGM. VAT., ARAT. LAT. ‖ τοὺς πάντας ιε' (3-4) suppl. edd. praeeunte Fell : τοὺς πάντας ιε' post ἀλλήλοις add. Olivieri.

3. *Le Serpent*

Il s'agit du grand Serpent, celui qui s'étend entre les deux Ourses. On raconte que c'est celui qui gardait les pommes d'or et qui mourut de la main d'Héraclès. Héra l'avait chargé de protéger les vergers et les pommes d'or contre les Hespérides, et c'est elle qui lui accorda une place parmi les constellations. Phérécyde affirme, en effet, qu'à l'occasion des noces de Zeus et d'Héra, lors de la remise des cadeaux que donnaient les dieux, Terre vint offrir des pommes d'or, sur leur branche. À leur vue, Héra fut éblouie et demanda qu'elles fussent plantées dans le verger des dieux qui se trouve auprès d'Atlas. Et comme les filles d'Atlas ne cessaient de dérober des pommes, elle y mit comme gardien ce serpent d'une taille gigantesque.

III. <Περὶ τοῦ Ὄφεως>

Οὗτος ὁ μέγας καὶ <δι'> ἀμφοτέρων τῶν Ἄρκτων κείμενος· λέγεται δὲ εἶναι ὁ τὰ χρύσεα μῆλα φυλάττων καὶ ἀπολόμενος ὑπὸ Ἡρακλέους· ἐν δὲ τοῖς ἄστροις ἐδόθη τάξις αὐτῷ δι' Ἥραν, ἥ καὶ κατέστησεν αὐτὸν ἐπὶ τὰς
5 Ἑσπερίδας φύλακα τῶν κήπων καὶ τῶν χρυσέων μήλων· Φερεκύδης γάρ φησιν, ὅτε ἐγαμεῖτο Ἥρα ὑπὸ τοῦ Διός, φερόντων τῶν θεῶν δῶρα τὴν Γῆν ἐλθεῖν φέρουσαν χρύσεα μῆλα σὺν τοῖς κλάδοις· ἰδοῦσαν δὲ θαυμάσαι τε καὶ εἰπεῖν καταφυτεῦσαι εἰς τὸν τῶν θεῶν κῆπον ὃς ἦν παρὰ
10 τῷ Ἄτλαντι· ὑπὸ δὲ τῶν ἐκείνου παρθένων ὑφαιρουμένων ἀεὶ τῶν μήλων κατέστησε φύλακα τὸν ὄφιν ὑπερμεγέθη ὄντα <...>.

CODICES : 1-3 (p. 13) SQ.
TITVLVM restitui ex catalogo eratosthenico (cf. Rehm, *Hermes* 34, 1899, 262 ; uid. *Appendicem*) : om. codd.
1-2 Οὗτος ὁ μέγας καὶ <δι'> ἀμφοτέρων τῶν Ἄρκτων κείμενος om. Q ‖ 1 δι' ante ἀμφοτέρων addidi coll. ARAT. LAT., EPIT. ‖ 2 ante εἶναι hab. οὗτος Q^pc, οὕτως Q^ac ‖ ὁ τὰ χρύσεα μῆλα — καὶ τῶν χρυσέων μήλων (5) ex Q recepi coll. ARAT. LAT., EPIT. : ὁ δράκων ὃν κατέστησεν Ἥρα ἐπὶ γῆς ἑσπέρας φύλακα τῶν χρυσέων μήλων breuiauit S ‖ χρύσεα scripsi : χρυσὰ Q ‖ 3 ἀπολόμενος Martin : ἀπολλόμενος Q, ἀναιρεθείς EPIT., *periturum* ARAT. LAT. ‖ 4 αὐτὸν Q^pc : αὐτῷ Q^ac ‖ τὰς Ἑσπερίδας (4-5) correxi : τῆς ἑσπέρας Q (*ad uesperum* ARAT. LAT.), γῆς ἑσπέρας S ‖ 5 τῶν κήπων καὶ τῶν χρυσέων μήλων ex ARAT. LAT. restitui (*horti et aurei mali*) : τῶν κήπων Q (cf. HYG., SCH. GERM. BP), τῶν χρυσέων μήλων S, τῶν μήλων EPIT. ‖ 6 Φερεκύδης S : Φερεκίδης Q ‖ ἐγαμεῖτο Ἥρα ὑπὸ τοῦ Διός ex Q recepi, ἐπὶ in ὑπὸ mutato, coll. ARAT. LAT., EPIT. : ἐγάμει ὁ Ζεὺς τὴν Ἥραν S ‖ 7 φερόντων τῶν θεῶν Q (cf. ARAT. LAT.) : φέρειν τοὺς θεοὺς S ‖ φέρουσαν (cf. ARAT. LAT., EPIT.) correxi : φέρουσα Q, φέρειν S ‖ χρύσεα μῆλα (7-8) S : τὰ μῆλα τὰ χρυσὰ Q ‖ 8 σὺν τοῖς κλάδοις ex Q recepi, coll. ARAT. LAT., HYG. (*cum ramis*), SCH. GERM. BP (*cum ramulis*) ‖ ἰδοῦσαν δὲ ex ARAT. LAT. (*uidente autem*), EPIT. correxi : ἰδοῦσα et spatium uacuum duae litterarum ap. Q, ἐκείνους δὲ S ‖ τε Q : om. S, EPIT. ‖ 10 Ἄτλαντι Q : Ἄντλαντι S ‖ ὑπὸ S (cf. *ab* ARAT. LAT.), EPIT. : παρὰ Q ‖ 11-12 ὑπερμεγέθη ὄντα S, EPIT., ARAT. LAT. (*eo quod sit satis magnum*) : om. Q ‖ 12 post ὄντα uerba de imagine Herculis (cf. EPIT.) exc. probat ARAT. LAT.

Il a trois étoiles brillantes sur l'extrémité de la tête et douze étoiles sur le corps qui se succèdent à intervalles rapprochés jusqu'à la queue et séparent les deux Ourses.

Ἔχει δὲ ἀστέρας ἐπὶ μὲν τῆς κεφαλῆς ἄκρας λαμπροὺς γ', ἐπὶ δὲ τοῦ σώματος ἕως τῆς κέρκου ιβ' παραπλησίους ἀλλήλοις διεστῶτας διὰ τῶν Ἄρκτων.

1 κεφαλῆς ἄκρας Q (*summitate capitis* ARAT. LAT.) : ἄκρας S, κεφαλῆς EPIT. ‖ 2 ἕως S : ἕω Q ‖ ιβ' correxi ex EPIT. (cf. ARAT. LAT. *alias duas*) : ιθ' S, om. Q ‖ 2-3 παραπλησίους S, EPIT. : παραπλησίως Q ‖ 3 ἀλλήλοις om. Q ‖ διεστῶτας διὰ τῶν Ἄρκτων ex EPIT., ARAT. LAT. restitui : διεστῶτας Q, om. S ‖ post τῶν Ἄρκτων caput astronomicum de stellarum positione in caelo hab. ARAT. LAT., REC. INTERP. (cf. Böhme, *RhM* 42, 1887, 298 sq.)

4. L'Agenouillé[49]

Il s'agit, paraît-il[50], d'Héraclès[51] en train de fouler aux pieds le Serpent. On distingue nettement la posture du héros, en train de brandir sa massue, et enveloppé dans sa peau de lion[52]. On raconte[53] que, parti en quête des pommes d'or, il tua le serpent qui avait été mis là comme gardien ; Héra l'y avait d'ailleurs placé précisément dans le but qu'il affronte Héraclès[54]. C'est pourquoi, une fois que fut accompli ce travail extrêmement périlleux, Zeus jugea l'épreuve digne de mémoire et en plaça l'image parmi les constellations[55].

D'un côté, on trouve le serpent qui dresse la tête ; de l'autre, Héraclès, qui le foule aux pieds, en l'immobilisant sous un genou tandis qu'il lui écrase la tête de son autre

---

49. Constellation considérable en extension (la cinquième de l'hémisphère boréal) mais peu spectaculaire et éparse : son repérage passe souvent par le trapèze constitué des étoiles ε, ζ, η, et π Her. Elle n'est pas décrite avant Eudoxe (*frg.* 17 ; Hipparque 1.2.6, etc.), mais certainement déjà connue du temps de Démocrite et Euctémon (Scherer 1953 : 181). Quoi qu'il n'existe pas de prototype oriental clair, l'Agenouillé a été identifié à la constellation babylonienne du Chien, ur-ku (Waerden 1974 : 74 ; Florisoone 1951 : 159).

55. La valeur exemplaire de la catastérisation est, ici encore, soulignée, et l'intensité de l'épreuve est clairement une condition de promotion sidérale. Par l'emploi du terme d'εἴδωλον (« copie de l'apparence sensible », selon Saïd 1987 : 311), Ératosthène interdit de voir dans la figure la projection du héros lui-même (cf. n. 51), ou le produit d'une métamorphose, d'une apothéose ou d'un voyage astral (cf. *Cat.* 2, 3, 26, 35). Il s'inscrit dans une tradition solide (Homère, *Od.* 11.601-602 ; Lucien, *Dialogue des morts*, 11, etc. ; voir Saïd 1993 : 13), qui distingue le héros/dieu de son —ou ses— image(s). Sous le nom d'Hérodore d'Héraclée (Ve siècle av. J.-C.) nous est transmise une interprétation allégorique qui prolonge la leçon morale que l'on peut tirer de cet exploit d'Héraclès. Lors de la quête des pommes d'or, Atlas a livré à Héraclès les colonnes du monde, c'est-à-dire la connaissance du ciel. Le dragon gardien est assimilé au plaisir amer et polymorphe qu'Héraclès a écrasé avec la massue de la philosophie ; quant aux trois pommes, elles deviennent trois vertus cardinales : la maîtrise de soi, le rejet de la cupidité et le refus de la volupté (Hérodore, *frg.* 14 Fowler).

IV. Τοῦ ἐν γόνασιν

Οὗτος, φασίν, Ἡρακλῆς ἐστιν ὁ ἐπὶ τοῦ Ὄφεως βεβηκώς· ἐναργῶς δὲ ἕστηκε τό τε ῥόπαλον ἀνατετακὼς καὶ τὴν λεοντῆν περιειλημένος· λέγεται δέ, ὅτε ἐπὶ τὰ χρύσεα μῆλα ἐπορεύθη, τὸν ὄφιν τὸν τεταγμένον φύλακα ἀνελεῖν·
5 ἦν δὲ ὑπὸ Ἥρας δι' αὐτὸ τοῦτο τεταγμένος ὅπως ἀνταγωνίσηται τῷ Ἡρακλεῖ· ὅθεν ἐπιτελεσθέντος τοῦ ἔργου μετὰ κινδύνου ἄξιον ὁ Ζεὺς κρίνας τὸν ἆθλον μνήμης ἐν τοῖς ἄστροις ἔθηκε τὸ εἴδωλον· ἔστι δὲ ὁ μὲν ὄφις μετέωρον ἔχων τὴν κεφαλήν, ὁ δ' ἐπιβεβηκὼς αὐτῷ τεθεικὼς τὸ ἓν
10 γόνυ, τῷ δ' ἑτέρῳ ποδὶ ἐπὶ τὴν κεφαλὴν ἐπιβαίνων, τὴν δὲ δεξιὰν χεῖρα ἐκτείνων, ἐν ᾗ τὸ ῥόπαλον, ὡς παίσων, τῇ δ' εὐωνύμῳ χειρὶ τὴν λεοντῆν περιβεβλημένος.

Ἔχει δ' ἀστέρας ἐπὶ τῆς κεφαλῆς λαμπρὸν α', <ἐπὶ> βραχίονος δεξιοῦ λαμπρὸν α', ἐφ' ἑκατέρων ὤμων λαμ-
15 πρὸν α', <ἐπὶ τοῦ ἀγκῶνος τοῦ ἀριστεροῦ α', ἐπ'>

TESTIMONIA : Arat. Lat. 190, 9-191, 21 (Rec. Interp. 190-191) ; Fragm. Vat. IV (= Sch. Arat. S, 69 ; cf. Sch. Arat. Q, 69) ; Hyg. *Astr*. 2.6 ; 3.5 ; Sch. Arat. MDΔKVUA, 69 ; Sch. Germ. BP, 61, 2-61, 16.
TITVLVS : τοῦ ἐν γόνασιν E : ὁ ἐν γόνασι M, om. tit. B.
1 Οὗτος E : Οὗτος δέ B ‖ 2 ἐναργῶς E : ἐν ἀγῶνι ex HYG. Robert ‖ 2-3 τό τε ῥόπαλον ἀνατετακὼς καὶ τὴν λεοντῆν E : ἀνατετακὼς τό τε ῥόπαλον καὶ τὴν λεοντῆν transposito ordine E^ac ‖ 3 περιειλημένος E^pc, μ primo in ras., iam corr. Robert mon. Struve : περιειλημμένος E^acLOMB, προβεβλημένος FRAGM. VAT., iam coni. Koppiers ‖ post περιειλημένος supplendum τῇ ἀριστερᾷ cens. Schaubach ‖ ὅτε E : ὅτι E^ac, ὅτε E^pc ‖ χρύσεα E : χρύσεια OM ‖ 4 post φύλακα add. αὐτῶν Robert praeeunte Wilamowitz ‖ post ἀνελεῖν lac. stat. Robert ‖ 5 ἦν δὲ — τῷ Ἡρακλεῖ (6) del. Robert ‖ 5-6 ἀνταγωνίσηται E, Olivieri : ἀνταγωνίζηται cett. edd. ‖ 7 post μετὰ ex SCH. GERM. BP μεγίστου add. Robert prob. Olivieri ‖ 8 τὸ εἴδωλον susp. Robert ‖ 9 τεθεικὼς E (cf. SCH. ARAT. Q) : καθεικὼς corr. Robert praeeunte Struve ‖ 9-10 ἓν γόνυ E : ἐνγόνυ B ‖ 10 ἐπιβαίνων E : ἐπιμαίνων O ‖ 11 δὲ om. B ‖ 13 Ἔχει inc. S ‖ Ἔχει δ' ἀστέρας E : ὁ ἐνγούνασιν ἔχει ἀστέρας S ‖ 14 βραχίονος — ὤμων λαμπρὸν α' (15) om. B ‖ 15 ἐπὶ τοῦ ἀγκῶνος τοῦ ἀριστεροῦ α' suppleui ex FRAGM. VAT., ARAT. LAT. : ἐπ' ἀριστεροῦ ἀγκῶνος α' add. Olivieri ex SCH. GERM. BP, SCH. GERM. G, ἐπ' ἀγκῶνος α' add. Robert ex HYG., SCH. GERM., post λαμπρὸν α' lac. stat. ex ARAT. LAT. Maass.

pied, tout en brandissant, dans sa main droite, sa massue, comme s'il allait le frapper, tandis que son bras gauche est enveloppé dans sa peau de lion[56].

Il a une étoile brillante sur la tête, une brillante sur le bras droit, une brillante sur chaque épaule, une sur le coude gauche, une au bout du bras, une sur chaque flanc —la plus brillante étant celle qui est située sur le flanc gauche[57]—, deux sur la cuisse droite, une sur le genou plié, deux sur le mollet, une sur le pied, une au-dessus de la main droite, appelée "la Massue"[58], et quatre sur la peau de lion[59]. En tout dix-neuf[60].

---

57. HYGIN (3.5.2), par ailleurs concordant avec Ératosthène, place cette étoile sur le coude droit ; mais SCHOL. GERM. (p. 61) et ARAT. LAT. (p. 191) la placent à gauche.

58. Cette étoile (ω Her, mag. 4.6, nommée *Cujam* ou *Caiam*, comme ε Her), qui est proche du serpent d'Ophiuchus, a le rare privilège de recevoir un nom particulier (ῥόπαλον ; cf. *claua* in SCHOL. GERM., p. 61), qui est le terme consacré dans la littérature pour l'arme d'Héraclès et désigne un bâton, et qui symbolise la force, car elle est « la plus puissante des armes » (CLÉANTHE, *frg.* 514 von Arnim) ; PTOLÉMÉE (*Almageste* 7.5, p. 56) considère l'étoile comme périphérique, "au sud de l'étoile du bras droit".

59. Ni Hipparque, ni Ptolémée ne mentionnent cet astérisme (cf. HYGIN 3.5.2 : *quas pellem leonis esse nonnulli dixerunt* ; cf. SCHOL. GERM. 61).

60. La localisation des étoiles est constante dans la tradition, et Ptolémée concorde entièrement (le cas est rare) avec Ératosthène. L'identification des étoiles est relativement sûre (mises à part les étoiles dites « sur la peau de lion », qui couvre un espace indéfini), et elle intègre une étoile de la constellation moderne du *Bouvier* : α (tête, mag. 3.3) ; γ (bras, mag. 3.7) ; β et δ (épaules, mag. 3.1) ; μ (coude gauche, mag. 3.4) ; ο (bout du bras *scil.* gauche, mag. 3.8) ; ζ (flanc droit, mag. 2.8) ; π (flanc gauche, mag. 3.1) ; η et σ (cuisse, respectivement mag. 3.4 et 4.2) ; τ (genou, mag. 3.9) ; φ et χ (mollet, respectivement mag. 4.2 et 4.6) ; ν Boo (pied *scil.* droit, mag. 5) ; ξ et ν Her (respectivement mag. 3.7 et 4.4) ; θ et ι ou 90 (sur la peau, respectivement mag. 3.8 et 3.8 ou 5.2). Selon Hipparque (comme le total des étoiles donné dans SCHOL. GERM., p. 61, qui ne *place* pourtant que 17 étoiles), la constellation compte 24 étoiles, et PTOLÉMÉE en décrit 29 (*Almageste* 7.5, p. 52-57).

ἄκρας χειρὸς α', ἐφ' ἑκατέρας λαγόνος α', λαμπρότερον δὲ τὸν ἐπὶ τῆς ἀριστερᾶς, <ἐπὶ> δεξιοῦ μηροῦ β', ἐπὶ γόνατος καμπῆς α', <ἐπὶ> κνήμης β', <ἐπὶ> ποδὸς α', ὑπὲρ τὴν δεξιὰν χεῖρα α', ὃς καλεῖται Ῥόπαλον, ἐπὶ
5 τῆς λεοντῆς δ'· τοὺς πάντας ιθ'.

1 ἄκρας χειρὸς α' om. M ‖ post ἄκρας supplendum τῆς ἀριστερᾶς cens. Schaubach ‖ λαμπρότερον — ἀριστερᾶς (2) post μηροῦ β' transp. Schaubach ‖ 2 δεξιοῦ in ἀριστεροῦ mutandum cens. Schaubach. de Engonasis pede caput Draconis premente disputauit HIPPARCH. 1.4.9 (cf. et Maass, *Analecta Eratosthenica*, 1883, 18 sq.) ‖ 3 ἐπὶ γόνατος καμπῆς α' corr. Robert Olivieri : γόνατος α' καμπῆς α' E ‖ κνήμης E : κνύμης H ‖ 4 Ῥοπάλου mg. adiecit Olivieri.

4. L'Agenouillé

Il s'agit d'Héraclès foulant aux pieds le Serpent. On <distingue nettement> la posture du héros, protégé par sa peau de lion. On raconte qu'il <partit> en quête des pommes d'or, et tua <le serpent> qui avait été mis là comme gardien, au prix de nombreuses difficultés. Car le serpent avait une grande quantité de voix différentes[61], il était d'une taille exceptionnelle, d'une force impressionnante, et le sommeil n'avait aucune prise sur lui. <…>

Cet Héraclès[62] a une étoile sur la tête, une sur le bras, une brillante sur chaque épaule, une sur le coude gauche <…>, une sur le mollet, <une> sous la main droite appelée "la Massue". En tout treize[63].

---

61. Cette précision est étrange, et ce don n'est pas censé jouer, en particulier chez un reptile, un rôle dans les combats ; l'adjectif πολύφωνος désigne peut-être une voix très forte, ou des intonations ou sons variés (cf. ARISTOTE, *PA* 660a33-34). Le témoignage parallèle des SCHOLIES À APOLLONIOS de Rhodes (4.1396-1399c) confirme que Phérécyde concevait ce serpent comme un monstre polycéphale doué de « voix » nombreuses (ἔχων κεφαλὰς ρ' καὶ φωνὰς παντοίας). Les Hespérides sont, elles aussi, des créatures musicales (HÉSIODE, *Theog.* 518 ; EURIPIDE, *HF* 394) ; cf. APOLLODORE 2.5.11, où le dragon est aussi décrit « à cent têtes et doté de voix de toutes sortes et très variées ».

62. Le démonstratif, s'il n'est pas une maladresse, rappelle peut-être qu'il s'agit d'une représentation et non du dieu lui-même.

63. La liste de *FV* comportant sept étoiles, il manque donc dans le texte la mention de six positions.

IV. <Περὶ τοῦ ἐν γόνασιν>

Οὗτός ἐστιν ὁ Ἡρακλῆς ἐπὶ τοῦ Ὄφεως ἐπιβεβηκώς· ἐν<αργῶς> δὲ ἕστηκε καὶ τὴν λεοντῆν προβεβλημένος· λέγεται ὅτε ἐπὶ τὰ χρύσεα μῆλα <ἐπορεύθη τὸν ὄφιν> τεταγμένον φύλακα ἀνελεῖν πολλὰ πράγματα ἔχοντα·
5 πολύφωνός τε γὰρ ἦν καὶ τῷ μεγέθει ὑπερβάλλων καὶ τῇ δυνάμει θαυμαστός, καὶ οὐδὲ ὕπνος ἐθίγγανεν αὐτοῦ <...>.

Ἔχει δὲ οὗτος ὁ Ἡρακλῆς ἀστέρας ἐπὶ τῆς κεφαλῆς α', ἐπὶ τοῦ βραχίονος <α'>, ἐφ' ἑκατέρων τῶν ὤμων λαμ-
10 πρὸν α', ἐπὶ τοῦ ἀγκῶνος τοῦ ἀριστεροῦ α' <...> ἐπὶ τῆς κνήμης α', ὑπὸ τὴν δεξιὰν χεῖρα καλεῖται Ῥόπαλον· πάντες δέ εἰσι ιγ'.

CODICES : 1-12 S.
TITVLVM ex EPIT., ARAT. LAT. (*De eo qui in geniculo est*) restitui : om. S.
2 ἐν<αργῶς> praeeunte Martin ex EPIT. suppleui (cf. *perfectus* ARAT. LAT.) : post ἐν spatium quinque litterarum uacuum reliquit S ‖ λεοντῆν correxi : λεοντὴν S ‖ προβεβλημένος S : περιειλημένος EPIT. (cf. *circumuolutus* ARAT. LAT.) ‖ 3 ἐπορεύθη addidi ex EPIT., SCH. GERM. BP (*profectus esset*) : om. S, *habuit* ARAT. LAT. (sed codex P^pc *abiit* hab.) ‖ τὸν ὄφιν suppleui ex EPIT., ARAT. LAT. (*serpentem*) ‖ 4 ἀνελεῖν correxi ex ARAT. LAT., EPIT. : ἔχειν S ‖ 5 πολύφωνος S : πολύφονος corr. Martin (cf. ARAT. LAT. *multorum enim erat interfector*) ‖ 7 post αὐτοῦ Herae mentionem et asterismi descriptionem exc. demonstrat ARAT. LAT. (cf. EPIT.) ‖ 9 α' ex ARAT. LAT., EPIT. suppleui ‖ 10 post τοῦ ἀγκῶνος τοῦ ἀριστεροῦ α' stellas exc. quas in manibus, in utroque latere, in femore, in utroque geniculo fuisse probat ARAT. LAT. ‖ 11 ante κνήμης scr. ὤμων et postea del. S ‖ 12 ιγ' S : ιθ' EPIT., ARAT. LAT.

5. La Couronne

Il s'agit, à ce qu'on raconte, de la couronne d'Ariane[64]. Dionysos la plaça parmi les constellations, à l'occasion de ses noces[65], que les dieux célébraient dans l'île appelée Dia[66]. La fiancée l'avait reçue auparavant des mains des Saisons et d'Aphrodite[67], et s'en était couronnée. C'était, paraît-il, l'oeuvre d'Héphaïstos, et elle était faite d'or flamboyant et de pierres précieuses de l'Inde[68]. On rapporte également que c'est grâce à elle que Thésée put s'échapper du labyrinthe, car elle émettait de la lumière[69]. On dit aussi que la chevelure visible sous la queue du Lion est celle d'Ariane[70].

La Couronne a neuf étoiles disposées en cercle. Parmi elles, trois sont brillantes[71] ; ce sont celles qui sont en face de la tête du Serpent qui sépare les deux Ourses[72].

66. Bien qu'elle soit souvent assimilée à l'île de Naxos, l'île de Dia (qui évoque le nom de Zeus [Dia, à l'accusatif]) reste de localisation incertaine. Elle semble appartenir d'emblée à la fantaisie plus qu'à la géographie physique (CASADIO 1994 : 139). Les savants antiques proposent pas moins de six identifications pour l'île homérique nommée Dia (voir SCHOLIES À THÉOCRITE 2.45-46). Chez HOMÈRE (*Od.* 11.325), Dia semble être une petite île proche du littoral crétois, et ce nom est effectivement porté aujourd'hui par un îlot qui se trouve à une dizaine de milles marins au nord d'Héraklion. Quoi qu'il en soit, cette île est pour Ératosthène distincte de celle de Naxos, qui est mentionnée plus bas (dans les *FV*).

70. Cette incise n'est pertinente que d'un point de vue mythologique : il s'agit de la « chevelure de Bérénice » (Com), très éloignée dans le ciel (voir *Cat.* 12).

71. La constellation ne forme pas un cercle complet, mais comme une couronne ouverte, la disposition objective des étoiles dans ce secteur s'imposant au regard. PTOLÉMÉE donne 8 étoiles à la Couronne (*Almageste* 7.5, p. 52-53) ; et on considère communément qu'elle en possède sept principales, même si 38 étoiles sont visibles à l'oeil nu. Il existe quelques incertitudes sur l'identité de la neuvième (peut-être ρ CrB, mag. 5.4), mais les huit autres sont sans doute celles du catalogue de Ptolémée, qui, après avoir nommé la *lucida* (Gemma ou Alphekka, α CrB, mag. 2.2), décrit les sept autres depuis le Bouvier, en progressant d'ouest en est : β (mag. 3.6), θ (mag. 4.1), π (mag. 5.6), γ (mag. 3.8), δ (mag. 4.6), ε (mag. 4.1), ι (mag. 5). Les trois étoiles "brillantes" (cf. HYGIN 3.4 : *tres clarius ceteris lucentes*) sont α, β, γ CrB.

V. Στεφάνου

Οὗτος λέγεται ὁ τῆς Ἀριάδνης· Διόνυσος δὲ αὐτὸν εἰς τὰ ἄστρα ἔθηκεν ὅτε τοὺς γάμους οἱ θεοὶ ἐν τῇ καλουμένῃ Δίᾳ ἐποίησαν· ᾧ πρώτῳ ἡ νύμφη ἐστεφανώσατο παρὰ Ὡρῶν λαβοῦσα καὶ Ἀφροδίτης. Ἡφαίστου
5 δὲ ἔργον εἶναί φασιν ἐκ χρυσοῦ πυρώδους καὶ λίθων ἰνδικῶν· ἱστορεῖται δὲ καὶ διὰ τούτου τὸν Θησέα σεσῶσθαι ἐκ τοῦ λαβυρίνθου, φέγγος ποιοῦντος. Φασὶ καὶ τὸν πλόκαμον ταύτης εἶναι τὸν φαινόμενον ὑπὸ τὴν κέρκον τοῦ Λέοντος.
10 Ἔχει δὲ ἀστέρας ὁ Στέφανος ἐννέα κύκλῳ κειμένους, ὧν εἰσι λαμπροὶ <γ´> οἱ κατὰ τὴν κεφαλὴν τοῦ Ὄφεως τοῦ διὰ τῶν Ἄρκτων.

TESTIMONIA : Arat. Lat. 192, 5-193, 11 (Rec. Interp. 192-193) ; Fragm.
 Vat. V (cf. Sch. Arat. S, 73 ; Q, 73) ; Hyg. *Astr.* 2.5 ; 3.4 ; Sch.
 Arat. MDΔKVUA, 71 ; Sch. Arat. Vat. 1087 (fol. 312r [p. 107, 1-5
 ed. Martin], ab altero librario additum post Tauri fabulam apud
 Fragm. Vat. XIV) ; Sch. Germ. BP, 61, 17-62, 11.
TITVLVS : στεφάνου E : στέφανος M, om. tit. B.
1 Οὗτος — ἔθηκεν (2) E : τοῦτον δὲ Διόνυσος εἰς τὰ ἄστρα ἔθηκεν
B ‖ αὐτὸν E : αὐτὴν Fell ‖ 2 ὅτε — ἐποίησαν (3) post Ἀφροδίτης
(4) ex HYG. transp. Robert ‖ γάμους E : ἀγάμους B ‖ 3 Δίᾳ edd. mon.
Koppiers (cf. *in insula Dia*, HYG., SCH. GERM. BP) : ἴδη E, Maass, Ἴδᾳ
mal. Gürkoff ‖ 6 ante ἱστορεῖται lac. stat. Schaubach coll. HYG., SCH.
GERM. ‖ 8-9 ὑπὸ τὴν κέρκον ex E^(ac) recepi coll. FRAGM. VAT., ARAT.
LAT. (*sub caudam*), SCH. GERM. BP (*sub cauda*) : ἐπὶ τῆς κέρκου
E^(pc)LOMB, edd. ‖ 10 ὁ στέφανος inc. S ‖ Ἔχει δὲ ἀστέρας ὁ Στέφανος ἐννέα κύκλῳ E : ὁ στέφανος θ´ κύκλῳ S ‖ 11 γ´ iam add. Robert,
suppleui ex FRAGM. VAT., ARAT. LAT.

5. La Couronne

Il s'agit, à ce qu'on raconte, de la couronne d'Ariane. Dionysos la plaça parmi les constellations, à l'occasion de ses noces que les dieux célébraient dans l'île appelée Dia, voulant manifester à leurs yeux sa gloire[73]. La fiancée l'avait reçue auparavant des mains des Saisons et d'Aphrodite, et s'en était couronnée. L'auteur de l'Histoire de Crète[74] affirme que, lorsque Dionysos vint à la demeure de Minos avec l'intention de séduire Ariane, il la lui donna en cadeau, et c'est ainsi qu'elle fut enjôlée[75]. C'était, paraît-il, l'œuvre d'Héphaïstos, et elle était faite d'or flamboyant et de pierres précieuses de l'Inde. On rapporte que grâce à elle aussi Thésée put s'échapper du labyrinthe, car elle émettait de la lumière[76]. Elle fut placée ensuite comme un signe de leur engagement[77] parmi les constellations, quand Ariane et lui arrivèrent à Naxos[78] ; et cela avec le consentement des dieux[79]. On dit

---

73. Cette exhibition a pour but d'exalter les noces davantage que la personne du dieu, car la couronne n'est pas ici seulement l'insigne d'une victoire mais une parure.

75. Si l'on en croit le témoignage des *Catastérismes*, Épiménide aurait adopté une variante (peut-être une tradition locale crétoise) du triangle amoureux constitué par Dionysos, Ariane et Thésée. Au lieu de passer de Thésée à Dionysos (qui accueille la jeune fille abandonnée), la princesse crétoise s'unit à Dionysos en Crète avant de s'abandonner à Thésée. Cette tradition est peut-être sous-jacente dans l'allusion mystérieuse que l'on trouve dans un passage de la *nekyia* de l'*Odyssée*, sur une révélation ou un avertissement adressé par Dionysos à Artémis, qui la conduit à tuer Ariane (*Od.* 11.324-325) ; voir aussi le témoignage tardif d'Himerius (*Or.* 9.5). Mais le document sans doute le plus explicite de cette variante est celui qui est attribué précisément à Épiménide, et que nous connaissons grâce aux *Fragmenta Vaticana*. Nous pouvons reconstruire les différents épisodes : la séduction d'Ariane par Dionysos, au moyen de la couronne ; le mariage sacré des deux personnages en Crète ; la vengeance raffinée d'Ariane, qui emploie pour séduire son nouvel amant, Thésée prisonnier du labyrinthe, l'objet même auquel elle a succombé (cf. Casadio 1994 : 143-144, et Colli 1978 : 271-272 ; voir n. 69).

76. Les trois dernières phrases correspondent exactement et presque mot pour mot au texte latin d'Hygin 2.5.1.

V. Περὶ τοῦ Στεφάνου

Οὗτος λέγεται ὁ τῆς Ἀριάδνης· Διόνυσος δὲ αὐτὸν εἰς τὰ ἄστρα ἔθηκεν ὅτε τοὺς γάμους οἱ θεοὶ ἐν τῇ καλουμένῃ Δίᾳ ἐποίησαν, αὐτοῖς βουλόμενος ἐπιφανὴς γενέσθαι· ᾧ πρῶτον ἡ νύμφη ἐστεφανώσατο παρ' Ὡρῶν
5 λαβοῦσα καὶ Ἀφροδίτης. Ὁ δὲ τὰ Κρητικὰ γεγραφὼς λέγει· ὅτε ἦλθε Διόνυσος πρὸς Μίνω φθεῖραι βουλόμενος αὐτήν, δῶρον αὐτῇ τοῦτο<ν> δέδωκεν· ᾧ ἠπατήθη ἡ Ἀριάδνη· Ἡφαίστου δὲ ἔργον εἶναί φασιν ἐκ χρυσοῦ πυρώδους καὶ λίθων ἰνδικῶν· ἱστορεῖται δὲ διὰ τούτου
10 καὶ τὸν Θησέα σωθῆναι ἐκ τοῦ λαβυρίνθου ποιοῦντος τοῦ στεφάνου φέγγος. Ἐν δὲ τοῖς ἄστροις ὕστερον αὐτὸν τεθῆναι, ὅτε εἰς Νάξον ἦλθον ἀμφότεροι, σημεῖον τῆς αἱρέσεως· συνεδόκει δὲ καὶ τοῖς θεοῖς· φασὶ καὶ τὸν

CODICES : 1-5 (p. 19) habent SQ, 1-2 (p. 19) et TWR.
TITVLVS : Περὶ τοῦ Στεφάνου T (cf. ARAT. LAT. *De Corona*) : om. SQ.
1 Οὗτος λέγεται bis iter. S ‖ 3 Δίᾳ Olivieri (cf. SCH. GERM. BP, HYG.) : διάνῃ Q, Ἴδῃ TS, ARAT. LAT. (*Idem*), EPIT. (codd.) ‖ ante αὐτοῖς dist. Olivieri et Maass : post αὐτοῖς dist. Rehm (cf. et ARAT. LAT., SCH. GERM. BP) ‖ βουλόμενος — γενέσθαι (4) hab. et ARAT. LAT., SCH. GERM. BP : om. EPIT., HYG. ‖ 4 ᾧ πρῶτον ἡ νύμφη — καὶ Ἀφροδίτης (5) TQ : om. S ‖ πρῶτον (cf. *primum*, SCH. GERM. BP, HYG.) TQ : πρώτῳ EPIT. ‖ 5 Ὁ — Ἀριάδνη (8) om. EPIT. ‖ ὁ δὲ SQ, iam corr. Maass (*autem* ARAT. LAT. ; *sed* SCH. GERM. BP, HYG.) : ὅτε T, ὅ τε ex R Olivieri ‖ 6 post λέγει suppl. ὅτι Rehm praeeunte Olivieri ‖ 6-7 πρὸς Μίνω φθεῖραι βουλόμενος TQ : παρὰ τῷ Μίνωι ἐπὶ τὸ φθεῖραι S ‖ 7 τοῦτον (*hanc* [*coronam*, sc.] ARAT. LAT.) corr. Maass Rehm : τοῦτο T, Olivieri, om. SQ ‖ 8 φασιν corr. edd. coll. ARAT. LAT. (*inquiunt*), EPIT. : φησιν TS, om. Q ‖ 9 ante διὰ τούτου hab. καὶ (10) EPIT. ‖ 10 ἐκ τοῦ λαβυρίνθου TSQ : ἐν τῷ λαβυρίνθῳ W ‖ 11 τοῦ στεφάνου TS (cf. ARAT. LAT. *corona*) : om. Q, EPIT. ‖ Ἐν δὲ τοῖς — αἱρέσεως (13) (cf. ARAT. LAT., SCH. GERM. BP) : om. EPIT., HYG. ‖ 12 τεθῆναι iam corr. Rehm (cf. *poni* ARAT. LAT.), QS : τεθήκεναι T, in τεθεῖκεναι mut. Olivieri et Maass ‖ σημεῖον — τοῖς θεοῖς (13) om. Q ‖ 13 συνεδόκει δὲ καὶ τοῖς θεοῖς hab. T, ARAT. LAT. : om. S, cett. testt.

aussi que la chevelure visible sous la queue du Lion est celle d'Ariane.

La Couronne a neuf étoiles disposées en cercle. Parmi elles, trois sont brillantes ; ce sont celles qui sont en face de la tête du Serpent qui sépare les deux Ourses.

πλόκαμον ταύτης εἶναι τὸν φαινόμενον ὑπὸ τὴν κέρκον τοῦ Λέοντος.

Ἔχει δὲ ἀστέρας ὁ Στέφανος ἐννέα ἐν κύκλῳ κειμένους, ὧν οἱ τρεῖς λαμπροὶ κατὰ τὴν κεφαλὴν τοῦ Ὄφεως
5 τοῦ διὰ τῶν Ἄρκτων.

1 ὑπὸ τὴν κέρκον (cf. *sub caudam* ARAT. LAT., *sub cauda* SCH. GERM. BP) : ἐπὶ τῆς κέρκου EPIT. (codd., praeter E[ac], qui ὑπὸ τὴν κέρκον hab.) ‖ κέρκον TS : κέρκῳ Q ‖ 2 τοῦ Λέοντος TQ : οὐλέγεται S ‖ in mg. περὶ τῆς παρθένου S ‖ 3 ἀστέρας ὁ Στέφανος S, *stellas Corona* ARAT. LAT. : ὁ Στέφανος ἀστέρας Q ‖ 3-4 ἐν κύκλῳ κειμένους Q, ARAT. LAT. (*in circuitu positas*), EPIT. : om. S ‖ 4 λαμπροὶ post τρεῖς Q (cf. ARAT. LAT. *tres splendidas*) : λαμπροὶ post Ὄφεως hab. S ‖ 5 τοῦ διὰ τῶν Ἄρκτων S, EPIT. : Ἀρκτούρου Q, *Arcturi* ARAT. LAT.

6. Le Serpentaire

Il s'agit du personnage qui se tient debout sur le Scorpion[80], avec le serpent dans ses mains[81]. On raconte que c'est Asclépios[82], et que Zeus l'éleva parmi les constellations, pour faire plaisir à Apollon[83]. Asclépios pratiquait si bien l'art médical qu'il ramenait même les morts à la vie[84], et le dernier qu'il ressuscita fut Hippolyte[85] [le fils de Thésée] : comme les dieux étaient inquiets à l'idée que les prodiges réalisés par Asclépios puissent entraîner la fin des honneurs que leur rendaient les hommes, on raconte que Zeus, en colère, lança sa foudre contre la demeure d'Asclépios ; plus tard, par égard pour Apollon, il éleva Asclépios parmi les constellations[86].

On le repère facilement par sa position, au-dessus de la plus grande des constellations, à savoir celle du Scorpion, et son image est aisément reconnaissable[87].

Le Serpentaire a une étoile brillante sur la tête, une brillante sur chaque épaule, trois sur le bras gauche, quatre sur le bras droit, une sur chacune des hanches, une sur

---

80. Voir *Cat.* 7. La mention du Scorpion a une triple fonction astrothétique, éditoriale et mythologique : situer pour le repérage (au ciel), ordonner avec la constellation suivante (dans le recueil), établir une corrélation significative dans le mythe. ARATOS décrit longuement la constellation qu'il situe par rapport à l'Agenouillé, la Couronne, le Scorpion et les Pinces (74-90). Cette constellation est considérée astronomiquement (mais non pas pour l'astrologie), comme la treizième constellation zodiacale, car elle coupe l'écliptique ; en effet, entre le 29 novembre et le 18 décembre (en 2011) le Soleil, sorti du Scorpion et pas encore dans le Sagittaire, traverse la partie basse de cette constellation ; la mention du Scorpion a donc aussi une pertinence astronomique.

87. Le Scorpion, pourvu de ses Pinces, est une constellation double qui occupe deux signes zodiacaux et possède une extension considérable (voir *Cat.* 7 et note 96).

VI. Ὀφιούχου

Οὗτός ἐστιν ὁ ἐπὶ τοῦ Σκορπίου ἑστηκώς, ἔχων ἐν ἀμφοτέραις ταῖς χερσὶ τὸν ὄφιν· λέγεται δὲ εἶναι Ἀσκληπιός, ὃν Ζεὺς χαριζόμενος Ἀπόλλωνι εἰς τὰ ἄστρα ἀνήγαγεν· τούτου τέχνῃ ἰατρικῇ χρωμένου, ὡς
5 καὶ τοὺς ἤδη τεθνηκότας ἐγείρειν, ἐν οἷς καὶ Ἱππόλυτον ἔσχατον [τὸν Θησέως], καὶ τῶν θεῶν δυσχερῶς τοῦτο φερόντων, εἰ αἱ τιμαὶ καταλυθήσονται αὐτῶν τηλικαῦτα ἔργα Ἀσκληπιοῦ ἐπιτελοῦντος, λέγεται τὸν Δία ὀργισθέντα κεραυνοβολῆσαι τὴν οἰκίαν αὐτοῦ, εἶτα διὰ τὸν
10 Ἀπόλλωνα τοῦτον εἰς τὰ ἄστρα ἀναγαγεῖν· ἔχει δὲ ἐπιφάνειαν ἱκανὴν ἐπὶ τοῦ μεγίστου ἄστρου ὤν, λέγω δὴ τοῦ Σκορπίου, εὐσήμῳ τῷ τύπῳ φαινόμενος.

Ἔχει δ' ἀστέρας ἐπὶ τῆς κεφαλῆς λαμπρὸν α', ἐφ' ἑκατέρων τῶν ὤμων λαμπρὸν α', ἐπὶ τῆς ἀριστερᾶς
15 χειρὸς γ', ἐπὶ τῆς δεξιᾶς δ', ἐφ' ἑκατέρων ἰσχίων α', ἐφ'

TESTIMONIA : Arat. Lat. 194, 1-195, 9 (Rec. Interp. 194-195) ; Fragm. Vat. VI (cf. Sch. Arat. S, 75-82 ; Q, 89-90) ; Hyg. *Astr.* 2.14 ; 3.13 ; Sch. Germ. BP, 62, 13-63, 6.
TITVLVS : ὀφιούχου E : ὀφιοῦχος M, om. tit. B.
1 Οὗτός — ἑστηκώς E : Οὗτος δὲ ὁ Ὀφιοῦχός ἐστιν ἐπὶ Σκορπίου ἑστηκώς B ‖ τοῦ Σκορπίου M (cf. FRAGM. VAT.) : Σκορπίου E ‖ 2 ταῖς χερσὶ M (cf. FRAGM. VAT.) : χερσὶ E ‖ τὸν E : del. Robert, secl. Olivieri (om. FRAGM. VAT.) ‖ 4 ἄστρα E : ὅπλα OM ‖ τούτου — χρωμένου corr. Schaubach mon. Heyne : τοῦτον — χρώμενον E, Westermann, οὕτω — χρώμενον Koppiers, τοῦτον del. Robert, et grauiorem distinctionem post ἀνήγαγεν sustulit quam post Θησέως (6) transp., <ἐς> τοῦτο — χρώμενον mut. Maass, et distinctionem post ἀνήγαγεν sustulit quam post Θησέως (6) reuoc. ‖ 5 ἐγείρειν E : ἀγείρειν fort. L ‖ 5-6 Ἱππόλυτον ἔσχατον e codd. recepi, τὸν Θησέως seclusi : ἔσχατον Ἱππόλυτον Matthiae mon. Heyne ‖ 6 τὸν Θησέως E, iam edd. mon. Heyne : τοῦ Θησέως LOMB, <τὸν> τοῦ Θησέως Struve ‖ 8 Ἀσκληπιοῦ E : τοῦ Ἀσκληπιοῦ B ‖ 9 εἶτα E : εἶπα B ‖ 11 ὤν E, Olivieri et Maass : om. OM, plerique edd. ‖ 13 Ἔχει inc. S ‖ Ἔχει δ' ἀστέρας E : ὀφιοῦχος ἔχει ἀστέρας S ‖ 14 τῶν om. Matthiae ‖ ἀριστερᾶς iam mut. Robert, correxi coll. FRAGM. VAT., ARAT. LAT. : δεξιᾶς E ‖ 15 δεξιᾶς iam mut. Robert, correxi coll. FRAGM. VAT., ARAT. LAT. : ἀριστερᾶς E.

chaque genou, une sur le mollet droit, une sur chaque pied, la plus brillante étant celle qui se trouve sur le pied droit[88]. En tout dix-sept[89].

Le Serpent a deux étoiles sur l'extrémité de la tête…[90]

89. Ptolémée énumère pour la constellation 24 étoiles de magnitude supérieure à 3 (et pour deux d'entre elles supérieure à 5 : φ et ψ Oph), auxquelles s'ajoutent 5 étoiles périphériques (*Almageste* 7.5, p. 66-71). Il signale en particulier quatre étoiles sur le pied droit (36, θ, 44 ?, 51 Oph), comme HIPPARQUE (2.5.4). Trois étoiles périphériques (66, 67 et 68 Oph.) et anonymes (HIPPARQUE 3.3.8) forment une ligne près de l'épaule droite selon HIPPARQUE (2.5.11).

90. Le statut particulier de cette constellation imbriquée est sans doute responsable de la disparition du passage astrothétique le concernant. Il est préservé dans la tradition latine (HYGIN 3.13.2 ; SCHOL. GERM., p. 62-63 ; etc.). L'énumération des étoiles du Serpent s'interrompt là, et aucun des dix manuscrits (pas plus que ceux des *FV*) ne donne l'inventaire complet. D'après les témoignages parallèles et les scholies (SCHOL. GERM., p. 63) il est néanmoins possible de reconstituer le texte perdu de l'*Épitomé*, sans doute à peu près identique à celui que donne Hygin : « quatre sous la tête, toutes ensemble ; deux à la main gauche d'Ophiuchus lui-même, mais celle qui est la plus proche de son corps est la plus brillante ; cinq sur le dos du Serpent, à la jonction même du corps, quatre dans le premier repli de la queue, six dans le second en direction de la tête. Ainsi le total est de vingt-trois étoiles » (HYGIN 3.13.2). L'anatomie du serpent est complexe, le descriptif d'Hygin assez embrouillé (partant de la tête et finissant… à la tête), et le tracé précis de la figure peu clair ; son corps s'étend globalement au niveau de la taille du héros, formant ainsi une croix. Ptolémée énumère, à la suite de la liste du Serpentaire, 18 étoiles de magnitude comprise entre 3 et 5 pour la constellation du "Serpent d'Ophiuchus" (*Almageste* 7.5, p. 70-73) ; l'ARAT. LAT. (p. 195) semble attribuer lui aussi 23 étoiles au Serpent, mais ce chiffre, donné en fin de notice, additionne peut-être les étoiles du Serpentaire (*omnes viginti tres*) ; tandis que les SCHOL. GERM. (p. 62-63) prêtent 28 étoiles au seul Serpent.

ἑκατέρων γονάτων α', <ἐπὶ τῆς δεξιᾶς κνήμης α', ἐφ' ἑκατέρῳ ποδὶ α'>, τὸν ἐπὶ τοῦ δεξιοῦ λαμπρότερον· τοὺς πάντας ιζ'· τοῦ δὲ Ὄφεως ἐπ' ἄκρας κεφαλῆς β' <...>.

1-2 ἐπὶ τῆς δεξιᾶς — ποδὶ α' inserui ex FRAGM. VAT. : ἐπὶ τῆς δεξιᾶς κνήμης α', ἐφ' ἑκατέρων ποδῶν α' suppl. Olivieri praeeunte Robert ‖ 2 τὸν del. Schaubach ‖ τοῦ om. M ‖ post δεξιοῦ add. ποδὸς Schaubach praeeunte Fell ‖ λαμπρότερον ex HYG., SCH. GERM. BP (*clariorem*) corr. Olivieri : λαμπρὸν α' E, λαμπρὸν Maass, α' secluso ‖ 2-3 τοὺς πάντας ιζ' huc transp. Robert (cf. ARAT. LAT.) : τοὺς πάντας ις' (τοὺς πάντας ις'· οἱ δὲ λοιποὶ ἐπὶ τῆς σπείρας τοῦ δράκοντος S) post κεφαλῆς β' (3) E ‖ 3 ιζ' edd. et catalogus HIPPARCHO adscr. (uid. *Appendicem*, cf. Rehm, *Hermes* 34, 1899, 252-254) : ις' E (qui quattuordecim debebant) ‖ post κεφαλῆς β' lac. stat. edd. mon. Schaubach. Serpentis stellae enumeratae erant quas coll. SCH. GERM. BP et HYG. Schaubach rest. tempt.

6. Le Serpentaire

Il s'agit du personnage qui se tient debout sur le Scorpion avec un serpent dans les mains. Certains astronomes[91] prétendent que c'est Asclépios et que Zeus, parce qu'il l'avait foudroyé, décida pour faire plaisir à Apollon de lui accorder cet honneur (car au milieu des hommes il usait de son savoir médical pour ramener les morts à la vie)[92] ; c'est pourquoi Zeus, en colère, lança sa foudre contre sa demeure ; mais, par égard pour Apollon, il éleva Asclépios parmi les constellations[93].

Le Serpentaire a une étoile brillante sur la tête, une brillante sur chaque épaule, trois sur le bras gauche, quatre sur le bras droit, une sur chacune des hanches, une sur chaque genou, une sur le mollet droit, une sur chaque pied. En tout dix-sept[94].

---

91. Le terme peut désigner astrologues ou astronomes. Le choix de la traduction est donc un choix théorique, mais il ne saurait y avoir de doute ici (cf. au chapitre correspondant HYGIN 2.14.5 : *complures astrologi*). Il n'y a aucun passage, y compris dans le chapitre consacré aux planètes, qui apparente le recueil d'Ératosthène à un ouvrage d'astrologie, fût-ce à la mode grecque. Au contraire, les identifications des constellations, proposées ou rapportées par Ératosthène, constituent une opération décisive dans l'organisation du ciel et sont, dès Aratos, le service essentiel de l'astronome. Hésiode, cité par Ératosthène, ne se soucie pas de prédictions personnelles mais d'explication, de comput et d'anticipation climatique.

92. Ici les *FV* condensent, au point de rendre l'action incompréhensible, deux épisodes que l'*Épitomé* décrit explicitement : Zeus le foudroie pour le punir, puis le catastérise pour consoler son père. Le texte semble insister sur le caractère humain du personnage.

93. Cette phrase reformule, avec moins de maladresse mais une évidente redondance, la succession des événements déjà exprimée dans la phrase précédente ; elle témoigne d'une épitomisation peu rigoureuse ou d'un hâtif collage de scholies.

94. La seule précision absente concerne l'éclat du pied droit (sans doute θ Oph), jugé supérieur à celui du pied gauche, ce qui est vrai s'il s'agit de ω Oph (sur le talon gauche, selon Ptolémée), mais non s'il s'agit de ρ Oph (sur la plante du pied gauche).

VI. Περὶ τοῦ Ὀφιούχου

Οὗτός ἐστιν ὁ ἐπὶ τοῦ Σκορπίου συνεστηκώς, ἔχων ἐν ταῖς χερσὶν ἀμφοτέραις ὄφιν· λέγεται δὲ εἶναι Ἀσκληπιὸς ὑπό τινων ἀστρολόγων, ὃν ὁ Ζεὺς χαριζόμενος Ἀπόλλωνι διὰ τὴν κεραυνοβολίαν δοκεῖ αὐτῷ τιμὴν
5 ἀπονεῖμαι ταύτην· ἐν γὰρ τοῖς ἀνθρώποις ὢν τῇ τέχνῃ τῇ ἰατρικῇ χρώμενος τοὺς ἤδη τεθνηκότας ἤγειρεν· διὸ ὀργισθέντα [δὲ] κεραυνοβολῆσαι τὴν οἰκίαν αὐτοῦ· τοῦτον δὲ εἰς τὰ ἄστρα ἀναγαγεῖν διὰ τὸν Ἀπόλλωνα.

Ἔχει δὲ ἀστέρας ἐπὶ τῆς κεφαλῆς λαμπρὸν α', ἐφ'
10 ἑκατέρων τῶν ὤμων α' λαμπρούς, ἐπὶ τῆς ἀριστερᾶς χειρὸς γ', ἐπὶ δὲ τῆς δεξιᾶς δ', ἐφ' ἑκατέρων τῶν ἰσχίων [ἀνὰ] α', ἐφ' ἑκατέρων τῶν γονάτων [ἀνὰ] α', ἐπὶ τῆς δεξιᾶς κνήμης α', ἐφ' ἑκατέρῳ ποδὶ α'· τοὺς πάντας ιζ'.

CODICES : 1-13 S, 1-8 TR, 2-4 et Q.
TITVLVS : Περὶ τοῦ Ὀφιούχου T (cf. ARAT. LAT. *De Serpentario*) : om. SQ.
1 συνεστηκώς (cf. *constitutus* ARAT. LAT.) TSQ : ἑστηκώς EPIT. ∥ 2 ante ὄφιν hab. τὸν EPIT. ∥ λέγεται δὲ — κεραυνοβολίαν (4) TS : ὁ δὲ Ὀφιοῦχός ἐστιν ὁ Ἀσκληπιός, ὃν ὁ Ζεὺς μετὰ τὴν κεραυνοβολίαν κατηστέρισε χαριζόμενος Ἀπόλλωνι Q ∥ 3 ὑπό τινων ἀστρολόγων TS, ARAT. LAT., HYG. : om. Q, EPIT., SCH. GERM. BP ∥ ὁ ante Ζεὺς om. EPIT. ∥ 4 post Ἀπόλλωνι corrupt. ind. Rehm, lac. inst. Maass ∥ post διὰ suppl. δὲ Maass ∥ διὰ τὴν κεραυνοβολίαν — ταύτην (5) (cf. ARAT. LAT. *propter fluuii* [corr. *fulminis*] *emissionem putans ei honorem praebere hunc*) om. EPIT. ∥ διὰ τὴν κεραυνοβολίαν secl. Olivieri, fort. recte ∥ τιμὴν T (cf. *honorem* ARAT. LAT.) : τιμὰς δημοτικὰς S ∥ 5 ἐν γὰρ τοῖς ἀνθρώποις ὢν (cf. ARAT. LAT., HYG.) om. EPIT. ∥ 6 post ἤγειρεν Hippolyti fabulam hab. EPIT., HYG. : om. TS, ARAT. LAT., SCH. GERM. BP ∥ διὸ defendi, δὲ (7) seclusi ex S (cf. *pro eo quod* ARAT. LAT.) ∥ 7-8 τοῦτον TS : αὐτὸν ex ARAT. LAT., HYG. (*ipsum*) corr. Rehm ∥ 8 ἀναγαγεῖν ex EPIT. corr. Olivieri : ἀνάγειν T, ἄγει S, ἀνάγει R, Maass et Rehm ∥ 9-10 ἐφ' ἑκατέρων τῶν ὤμων α' λαμπρούς transp. post ἐπὶ δὲ τῆς δεξιᾶς δ' (11) ARAT. LAT. ∥ 12 ἀνὰ pr. et alt. seclusi ∥ ἐπὶ τῆς δεξιᾶς κνήμης α', ἐφ' ἑκατέρῳ ποδὶ α' (12-13) om. EPIT. ∥ 13 ante τοὺς πάντας ιζ' hab. τὸν ἐπὶ τοῦ δεξιοῦ λαμπρότερον EPIT. ∥ post τοὺς πάντας ιζ' hab. *Serpentis uero sequentes. omnes uiginti tres* ARAT. LAT., τοῦ δὲ Ὄφεως ἐπ' ἄκρας κεφαλῆς β' EPIT. in fine Serpentis stellas enumeratas fuisse HYG., SCH. GERM. BP probant.

7. Le Scorpion

Compte tenu de ses grandes dimensions, il se répartit sur deux dodécatémories[95]. Les pinces occupent un signe, et le corps et le dard un autre[96]. Artémis, dit-on, le fit surgir du sommet de l'île de Chios[97], afin qu'il piquât Orion et que ce dernier trouvât la mort, parce qu'Orion, au mépris de tout, avait essayé de violer la déesse lors d'une chasse[98]. Zeus plaça le Scorpion parmi les constellations brillantes, afin que les hommes des générations suivantes connaissent sa force et ses effets[99].

Le Scorpion a deux étoiles sur chaque pince —celles qui sont devant sont grandes, et celles qui sont derrière sans éclat[100]—, trois sur le front —dont une brillante, celle du milieu—, trois brillantes sur le dos, deux sur le ventre, cinq sur la queue, et deux sur le dard[101]. Ces étoiles sont conduites par la plus belle de toutes, l'étoile brillante située sur la pince nord[102]. En tout dix-neuf[103].

---

97. La montagne Pélineon, sur cette île largement dévouée aux enfants de Léto et lieu d'un épisode majeur de la saga d'Orion, culmine à près de 1.300 m.

100. Selon Aratos, les Pinces sont « frustrées de points lumineux et elles sont tout à fait sans éclat » (ARATOS 90). La première expression se justifie si l'on suit la découpe rappelée au début du chapitre entre les deux signes, et voit le Scorpion doté de 15 étoiles et les Pinces de 4 seulement. Le qualificatif de "grandes" (μεγάλοι ; cf. SCHOL. GERM., p. 64 : *maiores* ; mais HYGIN 3.25 : *clariores*), préféré à celui plus fréquent de "brillantes" (λαμπροί) est, pour les étoiles $α^2$ et β ici visées, délicat ; il est employé deux autres fois dans le texte de l'*Épitomé*, pour qualifier des étoiles du Verseau (sur les épaules, avec une magnitude 3, *Cat.* 26) et, de façon négative, du Cancer (sur les pinces, *Cat.* 11).

102. Le texte nécessite une correction, car c'est la pince *sud* et non la pince *nord* qui porte l'étoile la plus brillante (β Lib, mag. 2.6).

103. PTOLÉMÉE signale 21 étoiles pour le Scorpion, et trois étoiles périphériques près du dard (dont une est en fait une nébuleuse formée par M7 et HR 6630) ; il compte 8 étoiles pour la Balance, et 9 étoiles périphériques (*Almageste* 8.1, p. 106-113).

VII. Σκορπίου

Οὗτος διὰ τὸ μέγεθος εἰς δύο δωδεκατημόρια διαιρεῖται· καὶ τὸ μὲν ἐπέχουσιν αἱ χηλαί, θάτερον δὲ τὸ σῶμα καὶ τὸ κέντρον. Τοῦτόν φασιν ἐποίησεν Ἄρτεμις ἀναδοθῆναι <ἐκ> τῆς κολώνης τῆς Χίου νήσου, καὶ τὸν
5 Ὠρίωνα πλῆξαι, καὶ οὕτως ἀποθανεῖν, ἐπειδὴ ἐν κυνηγεσίῳ ἀκόσμως αὐτὴν ἐβιάσατο· ὃν Ζεὺς ἐν τοῖς λαμπροῖς ἔθηκε τῶν ἄστρων, ἵν' εἰδῶσιν οἱ ἐπιγινόμενοι ἄνθρωποι τὴν ἰσχύν τε αὐτοῦ καὶ τὴν δύναμιν.

Ἔχει δὲ ἀστέρας ἐφ' ἑκατέρας χηλῆς β', ὧν εἰσιν οἱ μὲν
10 πρῶτοι μεγάλοι, οἱ δὲ δεύτεροι ἀμαυροί, ἐπὶ δὲ τοῦ μετώπου <γ', ὧν ὁ μέσος λαμπρός, ἐπὶ τῆς ῥάχεως> λαμπροὺς γ', ἐπὶ τῆς κοιλίας β', ἐπὶ τῆς κέρκου ε', ἐπὶ τοῦ κέντρου β'· προηγεῖται μὲν ἐν αὐτοῖς πάντων φαιδρότερος ὢν ὁ ἐπὶ τῆς βορείας χηλῆς λαμπρὸς ἀστήρ· <τοὺς πάντας ιθ'>.

TESTIMONIA : Arat. Lat. 195, 15-197, 3 (Rec. Interp. 195-197) ; Fragm. Vat. VII (= Sch. Arat. S, 89-90) ; Hyg. *Astr.* 2.26 ; 3.25 ; Sch. Arat. MΔKUA, 634 ; Sch. Arat. MΔKUAS, 636 ; Sch. Germ. BP, 63, 7-64, 13.
TITVLVS : σκορπίου E : σκορπίος M, om. tit. B.
1 Οὗτος — μέγεθος E : Οὗτος ὁ Σκορπίος διὰ τὸ μέγεθος B ‖ 2 τὸ pr. E : τὰ M ‖ 3 Τοῦτον — ἐβιάσατο (6) spurium coni. Gürkoff ‖ 4 ἐκ add. edd. plerique ‖ τῆς pr. del. Robert ‖ κολώνης LOMB : κολλώνης fort. E, Κολώνης scr. Matthiae, Μελαίνης dubit. legendum cens. Westermann ‖ Χίου E : Κρήτης Gürkoff ‖ νήσου E : τῆς νήσου B, om. M ‖ 5 ἀποθανεῖν E : ἀποκτεῖναι uel ἀποκτείνειν ex SCH. HOM. IL., APOLLOD. legendum cens. Schaubach ‖ 5-6 κυνηγεσίῳ E : κυνηγεσίᾳ Robert prob. Maass ‖ 6 ἐβιάσατο E : ἐβιώσατο O ‖ 7 ἄστρων Olivieri : ἀστέρων E ‖ ἐπιγινόμενοι E : ἐπιγιγνόμενοι M ‖ 8 ἰσχύν E : φύσιν prop. ex SCH. GERM. BP Westermann (cf. φύσιν FRAGM. VAT., et *naturam* ARAT. LAT.) ‖ 9 Ἔχει inc. S ‖ Ἔχει δὲ ἀστέρας E : ὁ σκορπίος ἔχει ἀστέρας S ‖ 11 γ' — τῆς ῥάχεως addidi coll. FRAGM. VAT., ARAT. LAT. : γ', ὧν ὁ μέσος λαμπρότατος, ἐπὶ τοῦ νώτου ex SCH. GERM., HYG. add. Robert prob. Maass, λαμπροὺς γ', ὧν ὁ μέσος λαμπρότατος, ἐπὶ τῆς ῥάχεως ex SCH. GERM. BP, HYG. add. Olivieri ‖ λαμπροὺς edd. : λαμπροὶ E ‖ 12 τῆς alt. E : τοῦ M ‖ ε' E : β' M ‖ 13 β' E : δ' OM, Matthiae ‖ μὲν E : μέντοι B ‖ ἐν αὐτοῖς E : ἐν ἑαυτοῖς B, αὐτοὺς Schaubach, αὐτῶν Matthiae mon. Heyne ‖ 14 βορείας E : βορείου S ‖ τοὺς πάντας ιθ' add. edd.

7. Le Scorpion

Compte tenu de ses grandes dimensions, il se répartit sur deux dodécatémories. Les pinces occupent un signe, et le corps et le dard un autre. Orion passe pour avoir été tué[104] par Gè, parce qu'il avait proclamé devant Artémis qu'aucune bête ne lui échapperait[105] ; ce signe apparaît comme un symbole de l'événement. On raconte qu'il piqua Orion et que ce dernier trouva la mort. Zeus plaça le Scorpion parmi les constellations, parce que c'était un ouvrage extraordinaire de Gè, afin que les générations suivantes connaissent sa stature et sa puissance[106].

Le Scorpion a deux étoiles sur chacune des pinces —celles qui sont devant sont grosses et les deux autres sans éclat—, trois sur le front —dont une brillante, celle du milieu—, trois brillantes sur le dos, deux sur le ventre, cinq sur la queue, et deux brillantes sur le dard. En tout dix-neuf.

---

104. La première occurrence datable de cet infinitif pour le verbe ἀποθνήσκειν est tardive (*Evangile* de Marc).
105. La version des *FV* suit Hésiode et c'est celle que reprend Hygin (cf. *Cat.* 32 et n. 98). Le lieu de ce défi et de la mort du héros (soit Chios, soit la Crète) n'est pas précisé.
106. L'intention de la catastérisation est ici plus développée que dans l'*Épitomé* : il s'agit, selon les *FV*, plus que d'un avertissement, d'un hommage à Gè (la Terre) pour l'énormité formidable de sa progéniture.

VII. <Περὶ τοῦ Σκορπίου>

Οὗτος διὰ τὸ μέγεθος εἰς δύο δωδεκατημόρια διαιρεῖται· καὶ τὸ μὲν ἐπέχουσιν αἱ χηλαί, θάτερον δὲ τὸ σῶμα καὶ τὸ κέντρον· δοκεῖ δὲ [οὗτος] Ὠρίων ὑπὸ Γῆς ἀποκτανθῆναι τῇ Ἀρτέμιδι ἐπαγγειλάμενος μηδὲν
5 αὐτὸν διαφύγοι θηρίον· φαίνεται δὲ τῆς πράξεως τοῦτο εἶναι σύμβολον· λέγουσι τὸν Ὠρίωνα πληγῆναι καὶ οὕτως ἀποθανεῖν· διὰ δὲ τὸ τῆς Γῆς παράδοξον ὁ Ζεὺς ἐν τοῖς ἄστροις ἔθηκεν, ἵν' εἰδῶσιν οἱ ἐπιγινόμενοι τὴν φύσιν αὐτοῦ καὶ τὴν δύναμιν.
10 Ἔχει δὲ ἀστέρας ἐφ' ἑκατέρων τῶν χηλῶν [ἀνὰ] β', οἱ μὲν πρῶτοι μεγάλοι, οἱ δὲ β' ἀμαυροί, ἐπὶ τοῦ μετώπου γ', ὧν ὁ μέσος λαμπρός, ἐπὶ τῆς ῥάχεως γ' λαμπρούς, ἐπὶ κοιλίας β', ἐπὶ τῆς κέρκου ε', ἐπὶ τοῦ κέντρου λαμπροὺς β'· οἱ πάντες ιθ'.

CODICES : 1-14 S.
TITVLVM ex EPIT., ARAT. LAT. (*De Scorpione*) restitui : om. S.
3 δοκεῖ — παράδοξον (7) (cf. ARAT. LAT.) : τοῦτόν φασιν ἐποίησεν Ἄρτεμις ἀναδοθῆναι <ἐκ> τῆς κολώνης τῆς Χίου νήσου, καὶ τὸν Ὠρίωνα πλῆξαι, καὶ οὕτως ἀποθανεῖν, ἐπειδὴ ἐν κυνηγεσίῳ ἀκόσμως αὐτὴν ἐβιάσατο hab. EPIT. || οὗτος seclusi || οὗτος Ὠρίων S : *Incolo huic* ARAT. LAT. || Ὠρίων scripsi : ὡρίων S[ac], ὁρίων S[pc], ut uid. || 5 αὐτὸν correxi : αὐτὴν S, *illi* ARAT. LAT. || διαφύγοι fort. S, sed o incertum (cf. *diffugiet* ARAT. LAT.) || 8 ἐπιγινόμενοι ex EPIT. correxi : ἐπειγόμενοι S, ut uid., *superbi* ARAT. LAT. || 9 φύσιν (cf. *naturam* ARAT. LAT.) : ἰσχύν EPIT. || 10 ἀνὰ seclusi || 14 post ἐπὶ τοῦ κέντρου λαμπροὺς β' (13-14) add. προηγεῖται μὲν ἐν αὐτοῖς πάντων φαιδρότερος ὢν ὁ ἐπὶ τῆς βορείας χηλῆς λαμπρὸς ἀστήρ EPIT.

8. Le Gardien de l'Ourse[107]

On raconte qu'il s'agit d'Arcas, le fils de Zeus et de Callisto[108] ; Lycaon invita Zeus chez lui et, après avoir dépecé Arcas, le servit à table[109]. Du coup, Zeus renversa la table[110] —c'est de là que la ville de Trapézonte tire son nom[111]— et, révulsé par la cruauté de Lycaon, foudroya sa maison. Puis il recomposa Arcas et reconstitua intégralement son corps[112], et il l'éleva parmi les constellations.

Le Bouvier a quatre étoiles sur la main droite, qui ne se couchent pas[113], une brillante sur la tête, une brillante sur chaque épaule, une sur chaque mamelon —celle de droite est brillante et au-dessous d'elle il y a une étoile sans éclat—, une brillante sur le coude droit, une très brillante, nommée "Arctouros"[114], entre les genoux, et une brillante sur chaque pied[115]. En tout quatorze[116].

---

111. L'épisode fournit à la cité arcadienne de Trapézonte une étymologie commode et populaire (cf. APOLLODORE 3.8.1). À l'époque tardive cette cité, située au sud-ouest de l'Arcadie près du Mont Lycaios (à ne pas confondre avec la ville homonyme du Pont), était souvent considérée comme le siège des rois primitifs d'Arcadie, mais elle était déjà en ruines du temps de PAUSANIAS (8.29.1).

112. Sur le châtiment de Zeus, voir *Cat.* 6. La reconstitution du corps d'Arcas, qui semble déboucher immédiatement sur sa catastérisation, évoque naturellement la résurrection de Pélops (PINDARE, *Ol.* 1.46-66 ; HYGIN, *Fables* 83) et assimile *in fine* le rituel à une opération magique de rajeunissement (cf. LYCOPHRON, *Alexandra* 149 ; sur ce rite, reflété par le traitement auquel Médée soumet Pélias, voir OVIDE, *Mét.* 7.297 sq. ; cf. TUPET 1976 : 56 sq., MOREAU 1979, LAURENS 1984 : 228 sq.).

116. La description et le chiffre total sont exactement reproduits dans HYGIN (3.3) ; Ptolémée liste 22 étoiles, sans compter Arctouros.

CATASTERISMI 25

VIII. Ἀρκτοφύλακος

Περὶ τούτου λέγεται ὅτι Ἀρκάς ἐστιν ὁ Καλλιστοῦς καὶ Διὸς γεγονώς, ὃν κατακόψας Λυκάων ἐξένισε τὸν Δία παραθεὶς ἐπὶ τράπεζαν· ὅθεν ἐκείνην μὲν ἀνατρέπει, ἀφ' οὗ ἡ Τραπεζοῦς καλεῖται πόλις· τὴν δὲ οἰκίαν αὐτοῦ
5 κεραυνοῖ τῆς ὠμότητος αὐτὸν μυσαχθείς· τὸν δὲ Ἀρκάδα πάλιν συμπλάσας, ἔθηκεν ἄρτιον καὶ ἐν τοῖς ἄστροις ἀνήγαγεν.

Ἔχει δ' ἀστέρας ἐπὶ μὲν τῆς δεξιᾶς χειρὸς δ', οἳ οὐ δύνουσιν, ἐπὶ δὲ τῆς κεφαλῆς λαμπρὸν α', ἐφ' ἑκατέρων
10 τῶν ὤμων λαμπρὸν α', ἐπὶ τῶν μαστῶν ἑκατέρων α', λαμπρὸν τὸν ἐπὶ τοῦ δεξιοῦ καὶ ὑπ' αὐτὸν α' ἀμαυρόν, καὶ ἐπὶ τοῦ <δεξιοῦ> ἀγκῶνος α' λαμπρόν, ἀνὰ μέσον τῶν γονάτων α' λαμπρότατον, ὃς δὴ Ἀρκτοῦρος καλεῖται, ἐφ' ἑκατέρῳ ποδὶ λαμπρὸν α'· <τοὺς πάντας
15 ιδ'>.

TESTIMONIA : Arat. Lat. 197, 13-199, 8 (Rec. Interp. 197-199) ; Eudoc. 533 ; Fragm. Vat. VIII (cf. Sch. Arat. S, 92) ; Hyg. *Astr.* 2.4 ; 3.3 ; Sch. Arat. MDΔVUA, 91 ; Sch. Germ. BP, 64, 15-65, 7.
TITVLVS : ἀρκτοφύλακος E : ἀρκτοφύλαξ M, om. tit. B.
1 Περὶ — ἐστιν E : Περὶ δὲ τοῦ Ἀρκτοφύλακος λέγεται ὅτι ἐστιν Ἀρκάς B ‖ ὁ E : ὁ <ἐκ> coni. Maass (cf. *de Calliste* ARAT. LAT.), ἐκ edd. plerique ‖ Καλλιστοῦς MB, edd. : Καλλιστοὺς E ‖ 3 ἐπὶ secl. Maass ‖ ὅθεν E : ὁ δὲ prop. Schaubach ‖ 4 ἀφ' οὗ — πόλις del. Robert ‖ 5 κεραυνοῖ E : κεραυοῖ LH ‖ post κεραυνοῖ lac. ind. et uerba αὐτὸν δὲ εἰς λύκον μετέβαλεν uel similia exc. coni. Robert (cf. τὸν δὲ Λυκάονα ἀπεθηρίωσε καὶ αὐτὸν λύκον ἐποίησε FRAGM. VAT.) ‖ 5 αὐτὸν om. M ‖ 6 post ἄρτιον καὶ lac. stat. Robert ‖ 8 Ἔχει inc. S ‖ Ἔχει δ' ἀστέρας E : ὁ ἀρκτοφύλαξ ἤτοι ὁ βοώτης ἔχει ἀστέρας S ‖ δεξιᾶς E : ἀριστερᾶς ex HYG. Schaubach ‖ χειρὸς δ' iam Robert, correxi coll. FRAGM. VAT., REC. INTERP. : χειρὸς β' E ‖ 10 μαστῶν S, fort. E^{pc}, edd. : μασθῶν LOMB et fort. E^{ac}, sed dubium est utrum θ an τ primum scriptum sit ‖ 11 τὸν bis iter. M ‖ 12 δεξιοῦ addidi coll. FRAGM. VAT., ARAT. LAT. (iam add. δεξιοῦ post ἀγκῶνος Gale) ‖ 13 Ἀρκτούρου mg. transp. Olivieri : ἀρκτικοῦ (ἀρκτικὴ M) mg. ad tit. capitis sequentis applicatum LOM, ad l. 13 recte applicatum ἀρκτ laboriose legas ap. E, om. SB ‖ 14 ἑκατέρῳ ποδὶ E : ἑκατέρου ποδὸς Robert ‖ 14-15 τοὺς πάντας ιδ' add. edd.

8. Le Bouvier [ou Gardien de l'Ourse][117]

On raconte qu'il s'agit d'Arcas, le fils de Zeus et de Callisto ; il habitait près du sanctuaire du Lycaion[118], où Zeus avait violé sa mère[119]. Faisant mine de rien, Lycaon invita Zeus chez lui, comme le dit Hésiode, dépeça le nourrisson et le servit à table[120]. Du coup, Zeus renversa la table —c'est de là que la ville de Trapézonte tire son nom— foudroya la maison de son hôte et transforma ce dernier en bête sauvage, le métamorphosant en loup[121]. Puis il remodela Arcas et reconstitua intégralement son corps ; il fut élevé par un chevrier[122]. Apparemment, Arcas, devenu un jeune homme, pénétra dans le sanctuaire du Lycaion[123] et, sans le savoir, s'unit à sa mère[124]. Les habitants du lieu étaient sur le point de les sacrifier

---

117. Cette désignation est la plus ancienne, *Bootes* n'étant pas le bouvier (*i.e.* un pasteur), mais le conducteur de bœufs (*i.e.* un laboureur) ; cf. Eustathe, *Comm. Od.*, p. 1.216 Stallbaum : βοώτης δὲ διὰ τὴν ἅμαξαν. οὕτω γὰρ καλεῖται ὁ ἁμαξηγός ; cf. Schol. Arat. 92, p. 119 : Βοώτην δὲ οἱονεὶ ἁμαξηλάτην) ; voir Breithaupt 1915 : 44-46. Une autre étymologie, populaire, rapprochait le mot de "crieur" (βοητής, en latin *uociferator*), en référence aux cris poussés par le laboureur pour stimuler ses bêtes (Allen 1899 : 93). La fonction du gardien de l'ourse, sans doute une mutation opportuniste du laboureur, dans le contexte arctique, est peu claire. On lui prête parfois une attitude agressive (Schol. Arat. 91-95, p. 122 : καλεῖται δὲ Βοώτης ὡς ἐοικὼς ζευγηλάτῃ καὶ μέλλοντι ῥαπίζειν τὴν Ἄρκτον), mais plus souvent un simple rôle de stimulation (voir Hipparque 1.2.5 ; Ovide, *Mét.* 2.176-177, etc.). Voir Scholies à Homère, *Od.* 5.272 Dindorf : καὶ δοκεῖ εἶναι ὁ Ἰκάριος... ἢ ἐπεὶ ὁ Ἰκάριος ἐπὶ ἁμαξῶν παρεκόμιζε τὸν οἶνον. Voir *supra* n. 108 et 115.

118. Le mot *Lycaion* (lieu du loup), auquel fait écho une ligne plus loin le nom du roi arcadien, désigne ici clairement le temple de Zeus *lycaios* (comme plus bas), et non pas la montage où il se situe (l'Ori Likeo, qui culmine à 1.421m).

119. Ératosthène condense les événements antérieurs à la naissance d'Arcas (pour des détails, voir *Cat.* 1 et 2).

120. Hésiode racontait le crime de Lycaon sans lien avec Arcas, et sans doute avec l'histoire de Callisto (Sale 1962).

VIII. Περὶ τοῦ Βοώτου [τοῦ καὶ Ἀρκτοφύλακος]

Περὶ τούτου λέγεται ὅτι Ἀρκάς ἐστιν ὁ Καλλιστοῦς καὶ Διὸς γεγονώς, ᾤκησε δὲ περὶ τὸ Λύκαιον φθείραντος αὐτὴν Διός· οὐ προσποιησάμενος ὁ Λυκάων τὸν Δία ἐξένιζεν, ὥς φησιν Ἡσίοδος, καὶ τὸ βρέφος κατακόψας
5 παρέθηκεν ἐπὶ τὴν τράπεζαν· ὅθεν ἐκείνην μὲν ἀνατρέπει, ἀφ' οὗ ἡ Τραπεζοῦς καλεῖται πόλις, τὴν δὲ οἰκίαν ἐκεραύνωσε, τὸν δὲ Λυκάονα ἀπεθηρίωσε καὶ αὐτὸν λύκον ἐποίησε· τὸν δὲ Ἀρκάδα πάλιν ἀναπλάσας ἔθηκεν ἄρτιον, καὶ ἐτράφη παρ' αἰπόλῳ τινί· νεανίσκος δ' ὢν
10 ἤδη δοκεῖ καταδραμεῖν εἰς τὸ Λύκαιον καὶ ἀγνοήσας

CODICES : 1-7 (p. 27) S, 1-3 (p. 27) TWR.
TITVLVS : τοῦ καὶ Ἀρκτοφύλακος addita ab interpolatore ap. T secl. Rehm (cf. *De Bootem* ARAT. LAT. ; βοώτην, lemma ap. S) : Περὶ τοῦ Βοώτου W, Περὶ τοῦ Βοώτου τοῦ καὶ Ἀρκτοφύλακος R, Olivieri et Maass, Βοώτης in catalogo stellarum HIPPARCHO ascripto (uid. *Appendicem* ; cf. Rehm, *Hermes* 34, 1899, 252-254), Ἀρκτοφύλακος EPIT., et catalogus ex genuino opere eratosthenico deductus (uid. *Appendicem* ; cf. Rehm, *Hermes* 34, 1899, 251 sq.).
1 ante Καλλιστοῦς suppl. ἐκ Rehm praeeunte Maass (cf. *de Calliste* ARAT. LAT.) : om. graeci testt. ‖ Καλλιστοῦς T : Καλλίστους S ‖ 2 ᾤκησε — Διός (3) secl. Rehm ‖ uerba ᾤκησε — προσποιησάμενος (2-3) et ὥς φησιν Ἡσίοδος, καὶ τὸ βρέφος (4) om. cett. test. praeter ARAT. LAT. ‖ περὶ T : παρὰ S ‖ Λύκαιον S, iam corr. edd. : Λυκαῖον T ‖ 3 οὐ S (cf. ARAT. LAT. *nondum*) : οὗ ex T Rehm ‖ ante προσποιησάμενος add. ᾐσθῆσθαι Merkelbach ‖ 4 post Ἡσίοδος hab. ὃς S ‖ 5 τὴν τράπεζαν T, EPIT. : τῆς τραπέζης S ‖ 5-6 ἀνατρέπει TS : ἀνέτραπε W ‖ 6 ἀφ' edd. (cf. EPIT., ARAT. LAT. *ex*) : ἐφ' TS ‖ ἀφ' οὗ ἡ Τραπεζοῦς καλεῖται πόλις hab. et EPIT., ARAT. LAT. : om. SCH. GERM. BP, HYG. ‖ οὗ T : ὦ S ‖ ἡ om. S ‖ 7 ἐκεραύνωσε (*fulminauit* ARAT. LAT.) TS : κεραυνοῖ EPIT. ‖ post ἐκεραύνωσε add. ex EPIT. τῆς ὠμότητος αὐτὸν μυσαχθείς Merkelbach-West ‖ τὸν δὲ Λυκάονα — ἐποίησε (8) (cf. ARAT. LAT., SCH. GERM. BP, HYG.) : om. EPIT. ‖ αὐτὸν om. S, ARAT. LAT. ‖ 8 ἀναπλάσας T : πλάσας S, συμπλάσας EPIT., *reformauit* ARAT. LAT. ‖ 9 καὶ ἐτράφη — διὰ τὴν συγγένειαν (3, p. 27) (cf. ARAT. LAT., SCH. GERM. BP, HYG.) : om. EPIT. ‖ αἰπόλῳ (*pastori* SCH. GERM. BP) T : Αἰτωλῷ S, cf. *Aetolorum* HYG. (cf. Bursian, *JKPh* 93, 1866, 761 sq.) ‖ τινί S (cf. ARAT. LAT., SCH. GERM. BP, HYG.) : om. T ‖ 10 ἀγνοήσας (*ignorans* ARAT. LAT.) T : ἀγνοῆσαι S.

tous deux en application de la loi[125], *quand ceux-ci furent enlevés par Zeus, en raison du lien qui les unissait à lui, et élevés parmi les constellations.*

  Le Bouvier a quatre étoiles sur la main droite qui ne se couchent pas, une brillante sur la tête, une brillante sur chaque épaule, une sur chaque mamelon, une brillante sur le coude droit, une entre les genoux.

---

125. La loi à laquelle les *FV* font référence est mentionnée dans *Cat.* 1 (cf. n. 11 ; voir *Cat.* 8, n. 123).

τὴν μητέρα γῆμαι· οἱ δὲ κατοικοῦντες τὸν τόπον ἀμφοτέρους κατὰ νόμον θύειν ἔμελλον· ὁ δὲ Ζεὺς ἐξελόμενος αὐτοὺς διὰ τὴν συγγένειαν εἰς τὰ ἄστρα ἀνήγαγεν.

Ἔχει δὲ ἀστέρας ἐπὶ τῆς δεξιᾶς χειρὸς δ', οἳ οὐ δύονται· ἐπὶ τῆς κεφαλῆς λαμπρὸν α', ἐφ' ἑκατέρων τῶν ὤμων α', ἐπὶ τῶν μαστῶν [ἀνὰ] α', ἐπὶ τοῦ δεξιοῦ ἀγκῶνος α', εἰς μέσον τῶν γονάτων α'.

1 γῆμαι T (inter lineas additum), praeeuntibus Olivieri et Maass defendi ex Sch. Germ. BP (*uim ferre uoluit*) : om. S, Arat. Lat., διῶξαι corr. Rehm coll. Epit. (cap. I), Hyg. (*persecutus est*) ‖ 2 νόμον T (cf. *legem* Arat. Lat.) : νόμους S ‖ 4-5 ἐπὶ τῆς δεξιᾶς χειρὸς δ', οἳ οὐ δύονται transposui coll. cett. testt. : post τῶν γονάτων α' (7) hab. S ‖ 6 μαστῶν correxi : μασθῶν S ‖ ἀνὰ seclusi ‖ 7 α' primum S : quattuor stellas computat Arat. Lat. ‖ ante εἰς μέσον τῶν γονάτων α' stellam in cubito sinistro add. Arat. Lat. ‖ post εἰς μέσον τῶν γονάτων α' stellas in utroque pede om. S, Arat. Lat. ‖ in fine quattuordecim stellas computant Arat. Lat., Sch. Germ. BP, Hyg.

9. La Vierge[126]

Hésiode[127] raconte dans la *Théogonie* que c'est la fille de Zeus et de Thémis, et qu'elle se nomme "Dikè" (Justice)[128]. Aratos[129], reprenant le récit d'Hésiode, raconte que jadis, bien qu'elle fût immortelle, elle habitait sur la terre au milieu des humains, et que ces derniers l'appelaient "Dikè". Mais lorsque l'humanité se dégrada et n'observa plus la justice, elle cessa de vivre au milieu d'eux, et se retira dans les montagnes. Puis, quand les hommes furent plongés dans les luttes intestines et les guerres, elle se détourna d'eux, horrifiée par leur absence totale de justice, et monta au ciel[130]. Il court, par ailleurs, un très grand nombre de traditions divergentes sur son compte[131] : l'une d'elle l'identifie avec Déméter[132] (à cause de l'épi qu'elle tient), une autre avec Isis[133], une autre avec Atargatis[134], une autre avec Tychè (*Fortune*) et de ce fait on la représente alors sans tête[135].

La Vierge[136] a une étoile sans éclat sur la tête, une sur chaque épaule, deux sur chaque aile[137]—l'étoile qui est

---

126. Cette constellation zodiacale, qui est située par rapport au Bouvier (voir Eudoxe, *frg.* 25 ; Aratos 96-97 ; etc.), conclut naturellement la première zone de description (*Cat.* 1-9). Eudoxe (*frg.* 25) est le premier à la signaler (*in* Hipparque 1.2.5). Malgré l'habitude, il conviendrait de traduire ce mot par « jeune fille », puisque la « virginité » ne joue aucun rôle et que les Grecs voyaient dans la figure diverses femmes, très peu vierges.

127. Les mentions hésiodiques concernent uniquement la déesse (*Th.* 901-902 ; cf. *Op.* 256 sq.), et n'évoquent absolument pas le rapport de Dikè à la constellation. Les *Catastérismes* invoquent l'autorité d'Hésiode pour donner de la force à l'identification mythologique proposée pour la constellation, mais le poète archaïque n'établissait pas ce lien —c'est aussi le cas pour *Cat.* 1, 8, 19, 32.

136. Astronomiquement la Vierge semble un ensemble d'astérismes, correspondant au moins à deux entités dans le schéma babylonien (Florisoone 1951 : 158 ; Le Bœuffle 1977 : 164). Il s'agirait initialement de l'image d'une femme en majesté avec enfant (Isis avec Horus), d'après Teucros et Antiochos (Boll 1903 : 208-213 ; Scherer 1953 : 168).

IX. Παρθένου

Ταύτην Ἡσίοδος ἐν Θεογονίᾳ εἴρηκε θυγατέρα Διὸς καὶ Θέμιδος, καλεῖσθαι δὲ αὐτὴν Δίκην. Λέγει δὲ καὶ Ἄρατος παρὰ τούτου λαβὼν τὴν ἱστορίαν ὡς οὖσα πρότερον ἀθάνατος καὶ ἐπὶ τῆς γῆς σὺν τοῖς ἀνθρώποις
5 ἦν καὶ ὅτι Δίκην αὐτὴν ἐκάλουν· μεταστάντων δὲ αὐτῶν καὶ μηκέτι τὸ δίκαιον συντηρούντων, οὐκέτι σὺν αὐτοῖς ἦν, ἀλλ᾽ εἰς τὰ ὄρη ὑπεχώρει· εἶτα στάσεων καὶ πολέμων αὐτοῖς ὄντων [διὰ] τὴν παντελῆ αὐτῶν ἀδικίαν ἀπομισήσασαν εἰς τὸν οὐρανὸν ἀνελθεῖν. Λέγονται δὲ καὶ
10 ἕτεροι λόγοι περὶ αὐτῆς πλεῖστοι· οἱ μὲν γὰρ αὐτήν φασιν εἶναι Δήμητρα διὰ τὸ ἔχειν στάχυν, οἱ δὲ Ἶσιν, οἱ δὲ Ἀταργάτιν, οἱ δὲ Τύχην, διὸ καὶ ἀκέφαλον αὐτὴν σχηματίζουσιν.

Ἔχει δὲ ἀστέρας ἐπὶ τῆς κεφαλῆς α᾽ ἀμαυρόν, <ἐφ᾽>
15 ἑκατέρῳ ὤμῳ α᾽, <ἐπὶ> πτέρυγι ἑκατέρᾳ β᾽, ὁ δ᾽ ἐν τῇ

TESTIMONIA : Arat. Lat. 201, 1-202, 8 (Rec. Interp. 201-202) ; Eudoc. 752 ; Fragm. Vat. IX (= Sch. Arat. S, 96-97) ; Hyg. *Astr.* 2.25 ; 3.24 ; Sch. Arat. MDΔKVUA, 97 ; Sch. Arat. MDΔKVUA, 105 ; Sch. Arat. Q, 96-97 ; Sch. Arat. QA, 134 ; Sch. Arat. Vat. 1087 (fol. 300r [p. 143, 3-13 ed. Martin]) ; Sch. Germ. BP, 65, 9-67, 21.
TITVLVS : παρθένου E : παρθένος M, τὴν δὲ παρθένον B.
1 Ἡσίοδος ἐν Θεογονίᾳ εἴρηκε E : Ἡσίοδος φησὶ ἐν Θεογονίᾳ B ‖ ἐν Θεογονίᾳ susp. Schaubach, secl. Robert ‖ 3 ante οὖσα ex SCH. ARAT., HYG. lac. stat. Robert ‖ 4 πρότερον ἀθάνατος E : ἀθάνατος πρότερον transp. Robert ‖ 5 post ἦν e cett. testt. lac. stat. Robert ‖ μεταστάντων E : μετὰ τούτων M ‖ 6 μηκέτι E : οὐκέτι B ‖ 8 διὰ E : secl. Olivieri mon. Wilamowitz ‖ παντελῆ OMB : παντελὴ EL ‖ 10 οἱ E : εἶ M ‖ αὐτὴν om. B ‖ 11 Δήμητρα Robert : Δήμητραν E ‖ στάχυν E : στάχυς E^ac ‖ οἱ δὲ Ἶσιν susp. Schaubach ‖ 12 Ἀταργάτιν, οἱ δὲ Τύχην edd. mon. Gale : αταργαντηνοὶ τύχην E, ἀπαργαντηνὴν τύχην M ‖ post Ἀταργάτιν ex HYG., SCH. GERM. οἱ δὲ Ἡριγόνην legendum cens. Schaubach ‖ 12-13 uerba διὸ καὶ ἀκέφαλον αὐτὴν σχηματίζουσιν post ἀμαυρόν (14) transp. cens. Schaubach ‖ 14 Ἔχει inc. S ‖ Ἔχει δὲ ἀστέρας E : ἡ παρθένος ἔχει ἀστέρας S ‖ α᾽ ἀμαυρόν corr. edd. : δ᾽ ἀμαυροὺς E ‖ 15 ἑκατέρῳ ὤμῳ E : ἑκατέρου ὤμου Robert ‖ ἑκατέρᾳ SMB, iam edd. : ἑκατέρῳ ELO.

sur l'aile droite, (sur l'épaule et au bout de l'aile), est appelée "Protrygèter" (l'Annonciatrice des Vendanges)[138]— une sur chaque coude, une sur chaque main (la brillante qui se trouve sur la main gauche est appelée "l'Épi")[139], six sans éclat sur le bord de sa robe, et une sur chaque pied[140]. En tout dix-neuf[141].

139. Cette étoile (α Virginis), toute proche de l'écliptique, est de loin la plus brillante de la constellation et la plus anciennement connue (cf. GÉMINOS 3.6.1). Cet attribut de la Vierge correspond à l'astre babylonien nommé en sumérien AB-SIN ou KI-HAL (voir WAERDEN 1974 : 76) et formait initialement un astérisme indépendant (cf. GÉMINOS 3.2). La figure de la Vierge a pu être tracée à côté de l'Épi, pour éviter une interruption de la série des ζῴδια (voir SCHERER 1953 : 168). L'Épi est nommé par ARATOS (97) et HIPPARQUE (3.3.5), et situé « au bout de la main gauche » (PTOLÉMÉE, *Almageste* 7.5, p. 102). Son lever héliaque du matin aux premiers jours d'octobre correspond au début des vendanges (voir KIDD 1997 : 215).

140. Les étoiles désignées sont successivement, pour Ératosthène : ν (tête, mag. 4) ; ο (épaule droite, mag. 4.1) et β (épaule gauche, mag. 3.6) ; ε (Vindemiatrix) et ρ (aile droite, respectivement mag. 2.8 et mag. 4.9) ; γ, η (aile gauche, respectivement mag. 2.7 et mag. 3.9) ; δ (coude droit, mag. 3.4) et θ (coude gauche, mag. 4.4) ; ζ (main droite, mag. 3.4) et α (main gauche, mag. 1) ; φ, υ, ι, κ, 95, et 82 Vir (robe, respectivement mag. 4.8, mag. 5.1, mag. 4, mag. 4.2, mag. 5.4, et mag. 5) ; μ (pied droit, mag. 3.9) et λ (pied gauche, mag. 4.5). La place des étoiles, selon les textes, varie légèrement ; ainsi ο Vir est sur le visage (πρόσωπον) pour PTOLÉMÉE (*Almageste* 7.5, p. 102), et sur la tête pour HIPPARQUE (3.3.3), et ζ Vir apparaît sur le bas de la fesse (ὀπισθόμηρον) dans le catalogue de Ptolémée, qui signale, en outre, un quadrilatère (τετράπλευρον) au niveau de la main droite. Le vêtement de la Vierge, cape (*tunica*) pour SCHOL. GERM. (p. 67), manteau de voyage (*penula uestimenti*) pour ARAT. LAT. (p. 202), est une robe à traîne (περιόδιον σύρμα), qui s'apparente plutôt à un vêtement de théâtre, pour PTOLÉMÉE (*Almageste* 7.5, p. 104). HYGIN (3.24), curieusement, omet les deux étoiles du coude, mais en compte dix sur la robe (*uestis*), pour une somme de 21 étoiles (quoiqu'il donne 19 comme total).

141. Selon PTOLÉMÉE (*Almageste* 7.5, p. 104) la constellation compte 26 étoiles, et 6 étoiles périphériques.

δεξιᾷ πτέρυγι <ἐπὶ> τοῦ τε ὤμου καὶ τοῦ ἄκρου τῆς πτέρυγος Προτρυγητὴρ καλεῖται, <ἐπ'> ἀγκῶνος ἑκατέρου α', <ἐπὶ> χειρὸς ἄκρας ἑκατέρας α', ὁ δ' ἐπὶ τῆς εὐωνύμου λαμπρὸς καλεῖται Στάχυς, ἐπὶ τῆς πέζης τοῦ
5 χιτῶνος <ς'>, [ἀμαυρὸν α',] <ἐφ'> ἑκατέρου ποδὸς α'· οἱ πάντες ιθ'.

1 ἐπὶ suppleui : μεταξὺ add. post Robert recc. edd., ὑπό coni. Zucker ǁ ἄκρου E : ἄρκτου OM ǁ 2 Προτρυγητῆρος mg. corr. Olivieri : Προτρυγητῆρα LO et E, ut uid., om. SMB ǁ 4 ante τῆς πέζης add. δὲ Robert ǁ Στάχυος mg. ELO, Olivieri : om. SMB ǁ 5 ς' ex FRAGM. VAT., ARAT. LAT. suppleui : ἀμαυροὺς ς' suppl. Olivieri ǁ ἀμαυρὸν α' seclusi : in ἀμαυροὺς ς' mut. edd. plerique, ἀμαυρὸν α' def. Olivieri et lac. stat. ǁ 6 πάντες E : ἀπάντες B ǁ ιθ' edd. (cf. ARAT. LAT., SCH. GERM. BP, HYG., HIPPARCH.) : κ' E, Olivieri, οἱ πάντες κ' (5-6) secl. Maass.

9. La Vierge

Hésiode dit dans la Théogonie que c'est la fille de Zeus et de Thémis, et qu'elle se nomme "Dikè". Aratos, reprenant le récit d'Hésiode, raconte que jadis, bien qu'elle fût immortelle, elle habitait sur la terre au milieu des humains. Elle ne se laissait pas voir par les hommes et vivait avec les femmes[142] ; et ces dernières l'appelaient "Dikè". Il court, par ailleurs, un très grand nombre de traditions divergentes sur son compte : l'une d'elle l'identifie avec Déméter, une autre avec Isis, une autre avec Tychè (Fortune) —et de ce fait on la représente alors sans tête.

La Vierge a une étoile sans éclat sur la tête, deux sur chaque aile, une sur chaque coude, six sur le bord de sa robe, et une sur chaque pied[143].

---

143. Ce lambeau de description n'a pas de cohérence : il signale des étoiles faibles (ν Vir sur la tête), et omet les plus brillantes : β Vir et surtout α Vir.

IX. <Περὶ τοῦ Παρθένου>

Ταύτην φησὶν Ἡσίοδος ἐν τῇ Θεογονίᾳ θυγατέρα εἶναι τοῦ Διὸς καὶ τῆς Θέμιδος, καλεῖσθαι δὲ αὐτὴν Δίκην. Λέγει δὲ Ἄρατος παρὰ τοῦ αὐτοῦ λαβὼν τὴν ἱστορίαν ὡς οὖσα [αὐτὴν] τὸ πρότερον ἀθάνατος καὶ ἐπὶ
5 γῆς σὺν τοῖς ἀνθρώποις ἦν· καὶ τοῖς μὲν ἀνδράσιν οὐκ ὠπτάνετο, μετὰ δὲ τῶν γυναικῶν ἦν, καὶ ὅτι Δίκην ἐκάλουν αὐτὴν αἱ γυναῖκες. Λέγονται μὲν καὶ ἕτεροι λόγοι περὶ αὐτῆς· οἱ μέν φασιν αὐτὴν Δήμητρα, οἱ δὲ Ἶσιν, οἱ δὲ Τύχην· ὅθεν καὶ ἀκέφαλον αὐτὴν σχημα-
10 τίζουσιν.

Ἔχει δὲ ἀστέρας ἐπὶ μὲν τῆς κεφαλῆς ἀμαυρὸν α', ἐφ' ἑκατέρας πτέρυγος β', ἐφ' ἑκατέρου ἀγκῶνος α', ἐπὶ τῆς πέζης τοῦ χιτῶνος ς', ἐφ' ἑκατέρου ποδὸς α'.

CODICES : 1-13 S.
TITVLVM ex EPIT., ARAT. LAT. (*De Virgine*) restitui : om. S.
1 ἐν τῇ Θεογονίᾳ S : *in Operibus et in Deorum creationem* ARAT. LAT. ‖ 2 Θέμιδος ex EPIT., SCH. GERM. BP, HYG. correxi : Ἀρτέμιδος S (et cf. *Dianae* ARAT. LAT., REC. INTERP.) ‖ 4 οὖσα [αὐτὴν] τὸ πρότερον ἀθάνατος ex EPIT., ARAT. LAT. correxi : οὖσαν αὐτὴν τὸ πρότερον ἀθάνατον S ‖ 5-6 καὶ τοῖς μὲν ἀνδράσιν οὐκ ὠπτάνετο, μετὰ δὲ τῶν γυναικῶν ἦν (cf. ARAT. LAT.) : om. EPIT. ‖ 7 αἱ γυναῖκες om. EPIT. ‖ ante Λέγονται uerba de deteriore humano genere hab. testt. praeter S, ARAT. LAT. ‖ 8 Δήμητρα correxi : Δήμητραν S ‖ 8-9 οἱ δὲ Ἶσιν om. ARAT. LAT. ‖ 9 post Ἶσιν hab. οἱ δὲ Ἀταργάτιν EPIT. ‖ 11 post ἐπὶ μὲν τῆς κεφαλῆς ἀμαυρὸν α' stellas in utroque humero computat EPIT. ‖ 12 post ἐφ' ἑκατέρου ἀγκῶνος α' stellas in utraque manu computat ARAT. LAT., EPIT. ‖ 13 in fine decem et nouem stellas computant ARAT. LAT., SCH. GERM. BP, HYG.

10. Les Gémeaux[144]

Il s'agit, à ce qu'on raconte, des Dioscures[145]. Ils grandirent en Laconie où ils s'illustrèrent[146] ; ils surpassèrent tous les hommes en amour fraternel ; en effet, ils ne se querellèrent ni pour le pouvoir ni pour aucune autre chose[147]. Zeus, voulant que l'on se souvienne toujours de leur solidarité, les plaça tous deux au même endroit parmi les constellations, en leur donnant le nom de Jumeaux[148].

Celui des Jumeaux qui évolue au-dessus du Crabe a une étoile brillante sur la tête, une brillante sur chaque épaule, une sur chaque genou. En tout cinq[149].

Le Jumeau qui est tout contre lui a une étoile brillante sur la tête, une brillante sur l'épaule gauche, une sur chaque mamelon, une sur le coude gauche, une sur la main[150], une sur le genou gauche, une sur chaque pied et

---

144. Ce chapitre ouvre un nouveau secteur céleste. La première section a embrassé, au-dessus de l'écliptique, un espace correspondant à trois signes zodiacaux (90°), depuis le pôle, en progressant de proche en proche et formant une sorte de boucle d'est en ouest. Le second secteur correspond à un arc équivalent, mais comme la seule constellation comprise entre l'écliptique et le pôle est Ursa Major déjà décrite, elle ne comprend que les trois constellations zodiacales, présentées cette fois d'ouest en est, suivant l'ordre de leur lever dans l'année (voir *Introduction*, p. XXVII-XXIX). La constellation —où les Égyptiens voyaient deux chevreaux— est structurellement d'origine mésopotamienne, où elle représente « les grands jumeaux » (MASH-TAB-BA GAL-GAL-LA, sans doute pour α et β Gem ; cf. WAERDEN 1974 : 70, 73). Le groupe a pu s'élaborer, en Mésopotamie, à partir des deux étoiles les plus brillantes, α (Castor) et β (Pollux) Geminorum (SCHERER 1953 : 167).

150. Le texte dit "le bout de la χείρ" (θ Gem, située chez Hipparque sur la main, mais dans le catalogue de Ptolémée sur le coude gauche) ; mais ce terme désigne dans les descriptions l'avant-bras et la main, et parfois tout le membre depuis l'épaule (on ne rencontre que deux fois le mot βραχίων : *Cat.* 4, 17).

X. Διδύμων

Οὗτοι λέγονται Διόσκουροι εἶναι· ἐν δὲ τῇ Λακωνικῇ τραφέντες ἐπιφάνειαν ἔσχον, φιλαδελφίᾳ δὲ ὑπερήνεγκαν πάντας· οὔτε γὰρ περὶ ἀρχῆς οὔτε περὶ ἄλλου τινὸς ἤρισαν· μνήμην δὲ αὐτῶν Ζεὺς θέσθαι βουλόμενος τῆς
5 κοινότητος, Διδύμους ὀνομάσας εἰς τὸ αὐτὸ ἀμφοτέρους ἔστησεν ἐν τοῖς ἄστροις.

Ἔχουσι δὲ ἀστέρας ὁ μὲν ἐποχούμενος τοῦ Καρκίνου <ἐπὶ> τῆς κεφαλῆς <α' λαμπρόν, ἐπ' ὤμου ἑκατέρου α' λαμπρόν, ἐφ'> ἑκατέρῳ γόνατι α'· <τοὺς πάντας ε'>· ὁ
10 δ' ἐχόμενος ἔχει ἐπὶ τῆς κεφαλῆς α' λαμπρόν, <ἐπ'> ἀριστερῷ ὤμῳ λαμπρὸν α', ἐπὶ μαστῷ ἑκατέρῳ α', <ἐπ'> ἀριστεροῦ ἀγκῶνος α', <ἐπ'> ἄκρας χειρὸς α', <ἐπ'> ἀριστερῷ γόνατι α', <ἐφ'> ἑκατέρῳ ποδὶ α', ὑπὸ

TESTIMONIA : Arat. Lat. 202, 16-204, 3 (Rec. Interp. 202-204) ; Fragm. Vat. X (= Sch. Arat. S, 147) ; Hyg. *Astr.* 2.22 ; 3.21 ; Sch. Arat. Vat. 1087 (fol. 302r [p. 149, 5-7 ed. Martin]) ; Sch. Germ. BP, 68, 2-68, 16.
TITVLVS διδύμων E : διδύμωνι L, δίδυμοι M, om. tit. B.
1 Οὗτοι λέγονται E : οἱ δὲ Δίδυμοι λέγονται B ‖ 4 post ἤρισαν lac. stat. Robert. de Castoris morte uerba hab. FRAGM. VAT., ARAT. LAT. ‖ 7 Ἔχουσι inc. S ‖ Ἔχουσι δὲ ἀστέρας E : οὗτοι λέγονται διόσκουροι· ἔχουσι δ' ἀστέρας S ‖ 8 α' λαμπρόν add. edd. ‖ 8-9 ἐπ' ὤμου ἑκατέρου α' λαμπρόν addidi ex ARAT. LAT. : ἐπ' ὤμου ἑκατέρου λαμπρόν α', ἐπὶ δεξιοῦ ἀγκῶνος α', ἐπὶ δεξιᾶς χειρὸς α' ex SCH. GERM. add. edd. plerique ‖ 9 ἑκατέρῳ γόνατι E : ἑκατέρου γόνατος Robert ‖ post ἑκατέρῳ γόνατι α' suppl. ἐφ' ἑκατέρῳ ποδὶ α' Schaubach, ἐφ' ἑκατέρου ποδὸς α' suppl. Robert ‖ τοὺς πάντας ε' ex ARAT. LAT. suppleui : τοὺς πάντας θ' ex SCH. GERM. BP, SCH. GERM. G add. Olivieri ‖ 11 ἀριστερῷ E : δεξιῷ Schaubach ‖ ἀριστερῷ ὤμῳ E : ἀριστεροῦ ὤμου Robert ‖ μαστῷ S, fort. E^{ac}, edd. : μασθῷ LOMB et fort. E^{pc}, sed cf. caput VIII, μαστοῦ Robert ‖ ἑκατέρῳ E : ἑκατέρου Robert ‖ 12 ἀριστεροῦ E : δεξιοῦ Schaubach ‖ post ἄκρας add. τῆς Schaubach ‖ post χειρὸς α' suppl. ἐπ' ἀριστερᾶς α' cens. Schaubach ‖ 13 ἀριστερῷ γόνατι E : ἀριστεροῦ γόνατος Robert ‖ ἑκατέρῳ ποδὶ E : ἑκατέρου ποδὸς Robert.

une au-dessous du pied gauche[151], nommée "Propous" (En avant du pied)[152]. En tout dix[153].

---

151. Le catalogue d'HYGIN (3.21) comporte pour le Jumeau occidental le même nombre d'étoiles (10), mais diversement disposées : il omet l'étoile de la main (*scil.* gauche : θ Gem) et la mystérieuse étoile « du coude gauche », qu'Ératosthène est le seul à localiser ainsi ; mais il signale en revanche une étoile sur l'épaule droite (κ Gem) et une sur le genou droit (36 d Gem ?).

152. Ce nom (cf. Procyon en *Cat.* 42) porté par η Gem est inconnu d'Aratos, mais employé par HIPPARQUE (3.2.10) ; l'étoile se trouve devant le pied (= à l'ouest, = qui précède : προηγούμενος, selon GÉMINOS 3.4). Elle compte parmi les cinq étoiles qui ont un nom spécial selon GÉMINOS (3.2-7) : Cœur de lion (καρδία τοῦ Λέοντος = Regulus ou Βασιλίσκος), Épi (Στάχυς), Vindemiatrix (Προτρυγητήρ) et le Nœud (Σύνδεσμος). Dans un des manuscrits de l'*Épitomé* l'étoile est nommée Tripous « trépied ».

153. Le second Jumeau est Castor. On peut proposer les identifications suivantes : α Gem (tête, mag. 1.6) ; τ Gem (épaule gauche, mag. 4.4) ; 57 Gem (mamelon droit, mag. 5) et 47 Gem (mamelon gauche, mag. 5.7) ; ω Gem ? (coude gauche, mag. 5.2) ; θ Gem (main, mag. 3.6) ; ε Gem (genou gauche, mag. 3) ; ν Gem (pied droit, mag. 4.1) et μ Gem (pied gauche, mag. 2.9) ; η Gem (dessous du pied, mag. 3.3). L'absence de l'étoile ι Gem (mag. 3.8) dans ces correspondances choque ; il pourrait s'agir de l'étoile du mamelon droit, à moins qu'un élément se soit perdu dans l'*Epit.* : « l'étoile sur l'épaule droite » (*in dextro humero*) signalée par HYGIN 3.21 (dans quelques manuscrits) ; mais comme Hygin ne note, en revanche, aucune étoile *sur le coude gauche*, et que notre localisation (ω Gem) force un peu la figure, une troisième hypothèse est la mutation accidentelle dans le texte de l'étoile de l'épaule en étoile du coude. Cette discordance n'est pas la seule dans les descriptifs de la figure : L'ARAT. LAT. (p. 203-204) ne compte que huit étoiles pour Castor, et propose une description atypique (*in dorso tres*). Les SCHOL. GERM. (p. 68) notent, pour leur part, *deux* étoiles sur le coude gauche et aucune sur les épaules. Le nombre total des étoiles de la constellation n'est pas donné ici ; il est (après restitution des trois manquantes du Gémeau oriental) de 18 (et non 19 comme dans les SCHOL. GERM., p. 68) : c'est le chiffre traditionnel donné dans un manuscrit d'Hygin et dans le catalogue de Ptolémée (qui compte six étoiles périphériques : *Almageste* 7.5, p. 92-95).

τὸν ἀριστερὸν πόδα α', ὃς καλεῖται Πρόπους· <τοὺς πάντας ι'>.

1 Πρόπους E : τρόπους O, τρίπους M ‖ Πρόποδος mg. adiecit Olivieri ‖ 1-2 τοὺς πάντας ι' iam Olivieri ex SCH. GERM. BP, SCH. GERM. G, addidi coll. FRAGM. VAT., ARAT. LAT. : τοὺς πάντας ιζ' Fell, τοὺς πάντας ιθ' Robert, τοὺς πάντας ις' Schaubach.

10. Les Gémeaux

Il s'agit, à ce qu'on raconte, des Dioscures. Ils grandirent en Laconie où ils s'illustrèrent ; ils surpassèrent tous les hommes en amour fraternel ; en effet, ils ne se querellèrent ni pour le pouvoir ni pour aucune autre chose, et agirent toujours et partout d'un commun accord. Lorsque l'un d'eux tomba au cours du combat engagé contre les Athéniens, † l'autre proclama un temps égal afin qu'ils soient avec eux †[154].

Ils ont en tout dix étoiles[155].

---

155. Ce total correspond seulement aux étoiles du second Gémeau. L'auteur des *FV*, peu intéressé par l'astrothésie, s'est contenté de recopier le dernier chiffre du chapitre, qui n'est pas la somme des étoiles de la constellation.

CATASTERISMI

X. <Περὶ τῶν Διδύμων>

Οὗτοι δὲ λέγονται εἶναι οἱ Διόσκουροι, ἐν δὲ τῇ Λακωνικῇ τραφέντες ἐπιφάνειαν ἔσχον· φιλαδελφίᾳ γὰρ ὑπερήνεγκαν πάντας· οὔτε γὰρ περὶ ἀρχῆς οὔτε περὶ ἄλλου τινὸς ἤρισαν, ἀλλ' ἅμα πάντα ὁμοῦ ἔπραττον·
5 τοῦ δὲ ἑνὸς πεσόντος ἐν τῇ πρὸς Ἀθηναίους μάχῃ †ἕτερος ἐφώνει τὸν ἴσον χρόνον ἵνα ὦσι μετ' αὐτῶν†.
Ἔχουσιν οὖν ἀστέρας τοὺς πάντας δέκα.

CODICES : 1-7 S.
TITVLVM ex EPIT. restitui : om. S, Δίδυμοι coni. Martin.
1 Διόσκουροι S : *diui curiales* ARAT. LAT. ‖ 2 τραφέντες correxi coll. EPIT., ARAT. LAT. (*nutriti*) : γράφεται S ‖ 6 ἕτερος ἐφώνει τὸν ἴσον χρόνον ἵνα ὦσι μετ' αὐτῶν locum corruptum statui coll. ARAT. LAT. (*ex quibus unus cum incidisset in furorem propter Athineorum iurgia, quae inter eos exarserant, sustinuit patienter concedere illi inmortalitatem alter, in quo aequum inter eis conuenerat ut antea tempus*). cf. HYG., SCH. GERM. BP : om. EPIT. ‖ 6 αὐτῶν S[pc], Martin : αὐτοῦ S[ac] ut uid. Martin ‖ 7 ante Ἔχουσιν catalogum positionis stellarum hab. ARAT. LAT. cum cett. testt. ‖ πάντας correxi : πάντα S

11. Le Crabe[156]

Il passe pour avoir été placé parmi les constellations par Héra[157], car, tandis que les autres combattaient aux côtés d'Héraclès, lorsqu'il détruisit l'hydre [tout seul][158], le Crabe surgit du marais et mordit le héros au pied[159], d'après ce que dit Panyasis dans son *Héraclée*[160]. Il paraît qu'alors Héraclès l'écrasa rageusement sous son pied. C'est pourquoi le Crabe obtint l'honneur considérable d'être compté parmi les douze signes du zodiaque[161].

On appelle certaines de ces étoiles "les Ânes"[162] ; c'est Dionysos qui les éleva parmi les constellations ; elles sont également signalées par la présence de l'Étable à leur côté. Voici leur histoire[163] : lorsque les dieux lancèrent leur offensive contre les Géants, on raconte que Dionysos, Héphaïstos et les Satyres firent route montés sur des ânes. Quand ils furent à proximité des Géants, et avant même que ces derniers ne soient en vue, les ânes se mirent à braire ; lorsqu'ils entendirent le son de leur voix, les Géants prirent la fuite[164]. C'est pour cette raison que les Ânes eurent l'honneur de figurer dans la constellation du Crabe du côté ouest[165].

---

157. Avant de catastériser le Crabe, Héra l'a envoyé pour lutter contre Héraclès (comme elle a fait avec le Serpent du jardin des Hespérides et le lion de Némée ; voir *Cat*. 3-4 et n. 54, et *Cat*. 12 et n. 181).

160. PANYASIS, *frg*. 6 Bernabé. La référence à Panyasis d'Halicarnasse, auteur d'une *Héraclée* de 9000 vers, concerne seulement les mots qui précèdent, autrement dit le combat entre l'Hydre et Héraclès ; le transfert au ciel de l'animal est un complément alexandrin, probablement ératosthénien. C'est la seconde mention de Panyasis par Ératosthène qui avait signalé son épopée comme autorité pour les travaux d'Héraclès (cf. *Cat*. 3-4, et n. 53), et une nouvelle fois Héra dresse un monstre contre le héros. Ce passage confirme le rôle d'adversaire implacable que jouait Héra dans l'*Héraclée* de Panyasis (pour d'avantage de détails sur ce poème épique, voir *Cat*. 4 et n. 53).

161. L'honneur dont bénéficie le Crabe est similaire à celui qui touche le Scorpion (voir *Cat*. 7).

XI. Καρκίνου

Οὗτος δοκεῖ ἐν τοῖς ἄστροις τεθῆναι δι' Ἥραν, ὅτι [μόνος] Ἡρακλεῖ τῶν ἄλλων συμμαχούντων ὅτε τὴν ὕδραν ἀνήρει, ἐκ τῆς λίμνης ἐκπηδήσας ἔδακεν αὐτοῦ τὸν πόδα, καθάπερ φησὶ Πανύασις ἐν Ἡρακλείᾳ· θυμ-
5 ωθεὶς δ' ὁ Ἡρακλῆς δοκεῖ τῷ ποδὶ συνθλάσαι αὐτόν, ὅθεν μεγάλης τιμῆς τετύχηκε καταριθμούμενος ἐν τοῖς ιβ' ζῳδίοις.

Καλοῦνται δέ τινες αὐτῶν ἀστέρες Ὄνοι, οὓς Διόνυσος ἀνήγαγεν εἰς τὰ ἄστρα. Ἔστι δὲ αὐτοῖς καὶ Φάτνη
10 παράσημον· ἡ δὲ τούτων ἱστορία αὕτη· ὅτε ἐπὶ Γίγαντας ἐστρατεύοντο οἱ θεοί, λέγεται Διόνυσον καὶ Ἥφαιστον καὶ Σατύρους ἐπὶ ὄνων πορεύεσθαι· οὔπω δὲ ἑωραμένων αὐτοῖς τῶν Γιγάντων πλησίον ὄντες ὠγκήθησαν οἱ ὄνοι, οἱ δὲ Γίγαντες ἀκούσαντες τῆς φωνῆς ἔφυγον· διὸ ἐτι-
15 μήθησαν ἐν τῷ Καρκίνῳ εἶναι ἐπὶ δυσμάς.

Testimonia : Arat. Lat. 204, 6-205, 8 (Rec. Interp. 204-205) ; 297, 6-17 (Rec. Interp. 297) ; Eudoc. 735 ; Fragm. Vat. XI (cf. Sch. Arat. S, 147 ; S, 898) ; Hyg. *Astr*. 2.23 ; 3.22 ; Sch. Arat. MDΔVUA, 147 ; Sch. Arat. Vat. 1087 (fol. 302r [p. 151, 8-11 ed. Martin]) ; Sch. Germ. BP, 70, 6-71, 20.
Titvlvs : καρκίνου E : καρκίνος M, καρκῖνος B.
2 μόνος seclusi ‖ τῶν ἄλλων συμμαχούντων E : τοῦ Ἰολάου συμμαχοῦντος Gale : τῶν περὶ Ἰόλαον συμμαχούντων Koppiers ‖ 3 post ὕδραν hab. *Neraida* Arat. Lat., *Lernaeam* Hyg., i.e. Λερναίαν ‖ ἐκπηδήσας E : πηδήσας B ‖ 4-5 θυμωθεὶς E : θυμοθεὶς B^ac, θυμωθεὶς B^pc ω supra o scripto ‖ 6 ὅθεν E : ὁ δὲ Heyne ‖ 8 Καλοῦνται δὲ — αὕτη (10) om. M ‖ αὐτῶν E : αὐτοῦ B, iam Koppiers ‖ 10 uerba Ὄνων καὶ Φάτνης quae ad mg. hab. E ap. LOM in textum irrepsere, om. B : Ὄνων καὶ Φάτνης tamquam tit. ante Ὅτε ἐπὶ Γίγαντας Olivieri, ante Καλοῦνται δὲ (8) transp. Maass, in Ὄνοι καὶ Φάτνη mut. et post Καρκίνος tamquam tit. transp. Matthiae ‖ Γίγαντας E : γίγαντα O, γίγαντες H ‖ 12 ἑωραμένων corr. Robert : ὁρωμένων E ‖ 14 τῆς φωνῆς E : τὴν φωνὴν Olivieri ‖ 15 ἐν τῷ E : τῷ ἐν Maass et Gürkoff ‖ Καρκίνῳ εἶναι E : Καρκίνου εἴδει Robert mon. Struve.

Le Crabe a deux étoiles brillantes sur la carapace : ce sont les Ânes[166]. L'amas nébuleux est l'Étable, que l'on voit au centre du Crabe, et on a l'impression que les Ânes se tiennent debout à côté d'elle[167]. Le Crabe a une étoile sur chacune des pattes du côté droit[168], deux brillantes sur la première patte du côté gauche, deux sur la seconde, une sur la troisième et, de même, une sur l'extrémité de la quatrième, une sur la gueule, trois sur la pince droite et deux semblables et de petite taille sur la pince gauche[169]. En tout dix-huit[170].

166. On distingue l'âne boréal (*Asellus Borealis* = γ Cnc), et l'âne austral (*Asellus Australis* = δ Cnc ; ARATOS 897).

167. Ce nom est attesté chez Aratos (898), et la première occurrence du mot se trouve chez Théophraste (*Signes* 23 : ἐν τῷ καρκίνῳ δύο ἀστέρες εἰσὶν, οἱ καλούμενοι ὄνοι, ὧν τὸ μεταξὺ τὸ νεφέλιον ἡ φάτνη καλουμένη). Cette désignation est peut-être un héritage mésopotamien (cf. WAERDEN 1974 : 70). Dans les textes astronomiques, le nom de cet amas baptisé "l'Étable" (et parfois improprement "la Crèche", en français, ou "la Ruche"), et qui ne constitue pas véritablement un astérisme, est précisément Νεφέλιον, *i.e.* le terme qu'emploie Ératosthène pour le décrire (HIPPARQUE 1.10.12, 2.5.2, etc. ; PTOLÉMÉE, *Almageste* 7.5, p. 94 ; cf. ARATOS 893 : ἀχλύς). L'Étable (*Praesepe* en latin) est un amas stellaire ouvert (M 44) de plus de 200 étoiles. Il fait partie des sept nébuleuses identifiées par Ptolémée (νηφελοειδὴς συστροφή : *ibid.*) —dont quatre seulement sont effectivement des amas (M 7, *Coma Berenices*, η-χ Persei et M 44) ; cf. AVIÉNUS 1656 : *in medio quod nube quasi concrescit adacta*. Il est surprenant qu'Hygin ne mentionne l'Étable ni au livre II (mythographique), ni au livre III (astrothétique). Les Ânes et l'Étable devaient constituer initialement des entités indépendantes du Crabe, mais pour maintenir un équilibre duodécimal des espaces et des figures elles furent intégrées à la constellation (sur d'autres exemples d'agrégation voir *Cat.* 7 et 14).

170. Cette constellation est très discrète (l'étoile la plus brillante —β Crc— a une magnitude de 3.5) et compte peu d'étoiles visibles (six seulement sont de magnitude inférieure à 5), d'où l'indication répétée dans les textes de leur caractère peu brillant ; alors qu'Ératosthène en dénombre 18, sans compter l'Étable, qui n'a pas le statut d'une étoile (n'est-ce pas précisément le nombre des étoiles des Gémeaux, dans le chapitre qui précède ?…), Ptolémée, d'ordinaire plus généreux, n'en compte que neuf (auxquelles s'ajoutent quatre étoiles périphériques). HYGIN (3.22) propose un descriptif identique (mais donne un total erroné de 17 étoiles).

Ἔχει δὲ ὁ Καρκίνος ἐπὶ τοῦ ὀστράκου ἀστέρας λαμπροὺς β΄· οὗτοί εἰσιν οἱ Ὄνοι· τὸ δὲ νεφέλιόν ἐστιν ἡ ἐν αὐτῷ ὁρωμένη Φάτνη, παρ' ᾗ δοκοῦσιν ἑστάναι· ἐπὶ τοῖς δεξιοῖς ποσὶν ἐφ' ἑκάστῳ α΄ [λαμπρόν], ἐπὶ δὲ τοῖς ἀριστεροῖς τοῦ πρώτου β΄ λαμπροὺς καὶ ἐπὶ τοῦ δευτέρου <β΄>, καὶ ἐπὶ τοῦ τρίτου <α΄>, ὁμοίως ἐπ' ἄκρας τοῦ τετάρτου <α΄>, ἐπὶ τοῦ στόματος <α΄>, καὶ ἐπὶ τῆς χηλῆς τῆς δεξιᾶς γ΄, ὁμοίους <οὐ> μεγάλους ἐπὶ τῆς ἀριστερᾶς χηλῆς <β΄>· οἱ πάντες ιη΄.

1 Ἔχει inc. S ‖ Ἔχει δὲ ὁ Καρκίνος ἐπὶ E : ὁ καρκίνος ἔχει ἐπὶ S ‖ 2 β΄ edd. : ιβ΄ E ‖ 2-3 τὸ δὲ νεφέλιον — Φάτνη E : τὸ δὲ νεφέλιον ἐν αὐτῷ ὁρώμενον ἐστὶν ἡ λεγομένη Φάτνη rest. Robert mon. Heyne, τὸ δὲ νεφέλιον ἐν αὐτῷ ὁρώμενον ἐστὶν ἡ Φάτνη Matthiae ‖ 3 ἑστάναι E : ἱστάναι M ‖ post ἑστάναι add. ἔχει δὲ Schaubach ‖ 3-4 τοῖς δεξιοῖς ποσὶν E : τῶν δεξιῶν ποδῶν Robert ‖ 4 ἑκάστῳ corr. Olivieri : ἑκατέρῳ E, qui numquam cancros comedisse uidetur, ἑκάστου Robert ‖ λαμπρόν seclusi monente Zucker : ἀμαυρόν corr. ex HYG., SCH. GERM. Schaubach prob. Schiaparelli ‖ 4-5 τοῖς ἀριστεροῖς E : τῶν ἀριστερῶν Robert ‖ 5 λαμπροὺς edd. plerique : λαμπροὶ E, ἀμαυροὺς Olivieri prob. Schiaparelli et Zucker ‖ ἐπὶ τοῦ δευτέρου <β΄>, καὶ ἐπὶ τοῦ τρίτου <α΄>, ὁμοίως ἐπ' ἄκρας τοῦ τετάρτου <α΄> (5-7) suppl. edd. plerique : ἐπὶ τοῦ δεξιοῦ, καὶ ἐπὶ τοῦ τροπικοῦ ὁμοίως ἐπ' ἄκρας αὐτοῦ δ' E ‖ 7 α΄ alt. add. Robert (cf. ARAT. LAT.) ‖ 8 post δεξιᾶς γ΄ add. ὁμοίους οὐ μεγάλους Olivieri ‖ ὁμοίους corr. Robert : ὁμοίως E, Olivieri ‖ οὐ add. Robert coll. HYG., SCH. GERM. BP ‖ 9 post χηλῆς add. ὁμοίους Robert ‖ β΄ add. ex HYG. edd. (cf. FRAGM. VAT.) ‖ ιη΄ E, edd. plerique : ια΄ M, ιζ΄ Westermann.

11. Le Crabe

Le Crabe passe pour avoir été placé parmi les constellations par Héra ; car, lorsqu'Héraclès détruisit l'hydre, il surgit du marais et le mordit au pied.

[Les Ânes et l'Étable]

On raconte également une autre histoire à leur sujet[171] : lorsque les dieux, comme on l'a dit, lancèrent leur offensive contre les Géants, Dionysos, Héphaïstos et les Satyres firent route montés sur des ânes ; quand ils furent à proximité des Géants, et avant même que ces derniers ne soient en vue, les ânes se mirent à braire ; lorsqu'ils entendirent le son de leur voix, les Géants prirent la fuite. C'est pour cette raison que les Ânes furent honorés et placés parmi les constellations.

---

171. Cette formule correspond exactement au texte d'Hygin : *dicitur etiam alia historia de Asellis*. La formule καὶ ἄλλη suppose non seulement que les Ânes ont déjà été mentionnés précédemment (ce qui ne subsiste pas dans le texte des *FV*) mais aussi, comme c'est le cas dans le chapitre d'Hygin, que la suite constitue une *seconde* motivation de la catastérisation, après un premier récit (également perdu dans les *FV*). La présence d'alternative étiologique n'est pas exceptionnelle dans les *Catastérismes* (cf. *Cat.* 13, 18, 26…), et l'on peut raisonnablement supposer qu'ici les *FV* témoignent d'un texte plus étendu, où figurait également la version rapportée par Hygin de l'errance de Dionysos (voir n. 163). Malgré l'expression ὡς εἴρηται, qui fait apparemment référence à une mention antérieure de la Gigantomachie dans le texte, ce combat n'est pas évoqué dans les notices précédentes (dans la version d'Hygin il y est fait seulement une brève mention en 2.3.2, à propos du Serpent ; il pourrait être évoqué, selon Rehm, à propos de l'Aigle dont le chapitre précédait celui du Cancer selon la *Liste des constellations* —voir *app. crit.*—) ; et aucune variante de l'épisode n'est attestée dans la littérature parallèle qui laisserait penser que l'original proposait pour les Ânes dans la Gigantomachie deux récits concurrents. En tout cas, le renvoi est pertinent puisque dans le manuscrit S des *FV* (Schol. Arat. 898, p. 435-436) les Ânes sont évoqués plus haut (*ad* 147, p. 151). Cf. n. 163.

XI. <Περὶ τοῦ Καρκίνου>

Οὗτος ὁ Καρκίνος δοκεῖ τεθῆναι ἐν τοῖς ἄστροις δι' Ἥραν· ὅτε γὰρ ὁ Ἡρακλῆς τὴν ὕδραν ἀνῄρει, ἐκπηδήσας οὗτος ἔδακεν αὐτοῦ τὸν πόδα.

[Περὶ τῶν Ὄνων καὶ τῆς Φάτνης]

5 Λέγεται δὲ καὶ ἄλλη ἱστορία περὶ αὐτῶν αὕτη· ὅτε ἐπὶ Γίγαντας ἐστρατεύοντο οἱ θεοί, ὡς εἴρηται, Διόνυσον καὶ Ἥφαιστον καὶ Σατύρους ἐπὶ ὄνων πορεύεσθαι· οὔπω δὲ ἑωραμένων αὐτοῖς τῶν Γιγάντων πλησίον ὄντες ὠγκήθησαν οἱ ὄνοι, οἱ δὲ Γίγαντες ἀκούσαντες τῶν
10 φωνῶν ἔφυγον· ἔνθεν ἐτιμήθησαν καὶ ἐν τοῖς ἄστροις ἐτέθησαν.

CODICES : 1-4 (p. 37) S (5-11, i.e. fabula de Asinis, seorsum tractata ut in ARAT. LAT., ad Arati uersum 898 applicata), 4-11 TWR.
TITVLVM ex EPIT., ARAT. LAT. (*Cancer*) restitui : om. S.
1 Καρκίνος scripsi : Καρκῖνος S ‖ τεθῆναι correxi : τεθνᾶναι S ‖
2 post ὕδραν *Neraida* hab. ARAT. LAT., *Lernaeam* HYG. (i.e. Λερναίαν) ‖ 3 post πόδα Panyasis mentionem hab. ARAT. LAT., EPIT. ‖
4 Περὶ τῶν Ὄνων καὶ τῆς Φάτνης om. S, ad mg. ap. T, seclusi ‖
5 Λέγεται — αὕτη (cf. et ARAT. LAT., SCH. GERM. BP, HYG.) T : λέγεται περὶ τούτων ἱστορία οὕτως S, ἡ δὲ τούτων ἱστορία αὕτη EPIT. (cf. Rehm, *Hermes* 34, 1899, 265, adn. 3) ‖ Λέγεται — ἐτέθησαν (11) ad Arati uersum 898 sq. illustrandos transp. hab. S, ARAT. LAT. ‖ 6 ὡς εἴρηται (*ut dictum est* ARAT. LAT.) TS, fortasse ad caput XXX (Aquilae), quod in genuino libro Cancri catasterismum antecedebat, referendum coni. Rehm : λέγεται EPIT., om. SCH. GERM. BP, HYG. ‖ post Διόνυσον add. *id est Liber pater* ARAT. LAT. ‖ 7 post Ἥφαιστον hab. εἶχον δὲ S ‖ Σατύρους TS : *Saturnus* ARAT. LAT. ‖ πορεύεσθαι T (*ambulare* ARAT. LAT.) : πορευομένους S ‖ οὔπω TS, EPIT. : οὕτω WR, Olivieri et Maass, *quod cum uiderent* ARAT. LAT. ‖
8 ἑωραμένων correxi : ὁρωμένων TS, EPIT. ‖ 10 φωνῶν ex S recepi, τῶν addidi : τὴν φωνὴν T, τῆς φωνῆς EPIT. ‖ ἔνθεν T : ὅθεν S, *hinc* ARAT. LAT., διὸ EPIT. ‖ 10-11 ἐτιμήθησαν καὶ ἐν τοῖς ἄστροις ἐτέθησαν TS (cf. ARAT. LAT.) : ἐτιμήθησαν ἐν τῷ Καρκίνῳ εἶναι ἐπὶ δυσμάς EPIT.

Le Crabe a deux étoiles brillantes sur la carapace. Il a une étoile sur chacune des pattes du côté droit, une sur la patte du côté gauche, trois sur la pince droite et deux sur la gauche. En tout douze[172].

---

172. Le total des étoiles varie donc, selon les manuscrits et les versions parallèles : 10, 11, 12, 17, 18 (voir *app. crit.*).

Ἔχει δὲ ἀστέρας ἐν τῷ ὀστράκῳ λαμπροὺς β', ἐπὶ τοῖς δεξιοῖς ποσὶν ἐφ' ἑκάστῳ α', ἐπὶ τοῦ ἀριστεροῦ ποδὸς α', ἐπὶ τῆς δεξιᾶς χηλῆς γ', ἐπὶ τῆς ἀριστερᾶς β'· τοὺς πάντας ιβ'.

2 ἑκάστῳ correxi : ἑκάτερον S ‖ 3 post ἀριστεροῦ ποδὸς α' ceteras stellas in sinistris pedibus et stellam in ore om. S ‖ β' (cf. SCH. GERM. BP, HYG.) S : *unam* ARAT. LAT. ‖ 4 τοὺς πάντας ιβ' S : *omnes decem* ARAT. LAT., ιη' EPIT., decem et septem stellas computant SCH. GERM., HYG.

12. Le Lion[173]

Il fait partie des constellations particulièrement visibles[174]. Apparemment, le lion zodiacal a reçu cet honneur de Zeus, parce qu'il occupe le premier rang parmi les quadrupèdes[175]. Certains disent qu'il s'agit du premier travail accompli par Héraclès[176], placé là pour que le souvenir en soit conservé[177]. C'est effectivement le seul animal qu'il tua sans armes, par amour de la gloire, en l'étouffant entre ses bras[178]. Pisandre de Rhodes évoque cet épisode[179]. De là vient qu'Héraclès porte la peau du lion sur lui, signe de l'illustre exploit qu'il a accompli[180]. Il s'agit du lion qui fut tué par Héraclès à Némée[181].

Le Lion a trois étoiles sur la tête, une sur le poitrail[182] et deux dessous, une brillante la patte droite[183], une au milieu du ventre, une autre au-dessous, une sur la hanche,

---

174. Après le chapitre sur le Cancer cette mention particulière souligne un contraste astronomique très pertinent.

176. Ce lion glorieux est paradoxalement un lion vaincu. La première mention de ce combat se trouve chez Hésiode (*Th.* 326 sq.), et il constitue le premier exploit du héros, avant de prendre la première place dans les listes canoniques des douze travaux (voir Bacchylide, *frg.* 9.8-9 Snell & Maehler ; Pindare, *Isth.* 6.48). Ce combat qui a, comme dans le cas de l'Hydre (*Cat.* 11), de nombreux parallèles dans les civilisations orientales (Burkert 1979 : 80-81) est le plus fameux des exploits du héros (sur l'importance du motif dans l'art grec, voir Brommer 1986 : 7) ; et il a un caractère inaugural et initiatique du point de vue héroïque, plaçant sur le même plan, dans le corps à corps, le héros et le lion (cf. Schnapp-Gourbeillon 1998 : 116).

181. Le chapitre n'évoque pas Héra, alors que le lion néméen est explicitement, selon Hésiode, un instrument de la haine de la déesse (*Th.* 328-329) ; cette responsabilité est significative et rappelée par de nombreux auteurs (Bacchylide, *frg.* 9 Snell & Maehler ; Callimaque, *Aetia, frg.* 55 ; Scholies à Pindare, *Ném.* 10.1 ; etc.). Le rôle de l'épouse de Zeus dans ce travail, comme dans l'ensemble de la geste du héros, est fondamental. L'affinité de la déesse Héra avec cet animal est diversement attestée ; ainsi, aux pieds de la Héra samienne se trouvait une peau de ce fauve.

XII. Λέοντος

Οὗτός ἐστι μὲν τῶν ἐπιφανῶν ἄστρων· δοκεῖ δ' ὑπὸ Διὸς τιμηθῆναι τοῦτο τὸ ζῴδιον διὰ τὸ τῶν τετραπόδων ἡγεῖσθαι. Τινὲς δέ φασιν ὅτι Ἡρακλέους πρῶτος ἆθλος ἦν εἰς τὸ μνημονευθῆναι· φιλοδοξῶν γὰρ μόνον τοῦτον
5 οὐχ ὅπλοις ἀνεῖλεν, ἀλλὰ συμπλακεὶς ἀπέπνιξεν· λέγει δὲ περὶ αὐτοῦ Πείσανδρος ὁ Ῥόδιος· ὅθεν καὶ τὴν δορὰν αὐτοῦ ἔχειν, ὡς ἔνδοξον ἔργον πεποιηκώς· οὗτός ἐστιν ὁ ἐν τῇ Νεμέᾳ ὑπ' αὐτοῦ φονευθείς.

Ἔχει δὲ ἀστέρας ἐπὶ τῆς κεφαλῆς γ', ἐπὶ τοῦ στήθους
10 <α', ὑπὸ τὸ στῆθος> β', ἐπὶ τοῦ δεξιοῦ ποδὸς λαμπρὸν α', ἐπὶ μέσης <τῆς κοιλίας> α', ὑπὸ τὴν κοιλίαν α', ἐπὶ

TESTIMONIA : Arat. Lat. 206, 1-23 (Rec. Interp. 206) ; Eudoc. 602 ; Fragm. Vat. XII (= Sch. Arat. S, 147) ; Hyg. *Astr.* 2.24 ; 3.23 ; Sch. Arat. MDΔA, 149 ; Sch. Arat. MDΔVUA, 148 ; Sch. Arat. Vat. 1087 (fol. 307r [p. 151, 12-14 ed. Martin]) ; Sch. Germ. BP, 71, 22-72, 21.
TITVLVS : λέοντος E : λέων M, om. tit. B.
1 ἄστρων B, iam edd. praeeunte Koppiers : ἀστέρων E ‖ 3 πρῶτος EM^pcB (cf. FRAGM. VAT.) : πρῶτον LOM^ac ‖ 4 εἰς τὸ μνημονευθῆναι ante ὅτι (3) transp. prop. Schaubach ‖ 5 συμπλακεὶς E : συμπλακὶς LH ‖ 6 αὐτοῦ E : τούτου corr. Robert ‖ Πείσανδρος edd. (cf. HYG.) : πίνδαρος E, *Periandrus* SCH. GERM. BP ‖ ὅθεν E : ὅτι Matthiae ‖ ὅθεν — πεποιηκώς (7) secl. Gürkoff ‖ 7 ἔχειν E, Olivieri : ἔσχεν corr. plerique edd., ἔχει Maass ‖ ἔργον E, Westermann, iam ex PHAVORIN., EUDOC. add. Heyne : τι suppl. Koppiers, om. OM, Matthiae ‖ 7-8 οὗτός ἐστιν — φονευθείς del. Robert mon. Wilamowitz, fort. recte ‖ 9 Ἔχει inc. S ‖ Ἔχει δὲ ἀστέρας ἐπὶ τῆς κεφαλῆς E : ὁ λέων ἔχει ἀστέρας ἐπὶ μὲν τῆς κεφαλῆς S ‖ ante ἐπὶ τοῦ στήθους transp. ἐπὶ τοῦ τραχήλου β' (2, p. 39) Robert (et cf. FRAGM. VAT., ARAT. LAT.) ‖ 10 α', ὑπὸ τὸ στῆθος suppl. Olivieri (cf. HYG., ARAT. LAT., REC. INTERP.) ‖ β' E : α' mut. Robert, et uerba ἐπὶ τῆς ῥάχεως γ' — ἐπ' ἄκρας λαμπρὸν α' (2-3, p. 39) ex HYG., SCH. GERM. huc transp. et ὑπὸ τὸ στῆθος β' add. ‖ ἐπὶ τοῦ δεξιοῦ ποδὸς — ὑπὸ τὴν κοιλίαν α' (11) bis iter. S ‖ 10-11 λαμπρὸν α' post ἐπὶ τοῦ στήθους β' (9-10) transp. Schaubach. item in pectore Leonis stellam claram Regulum desiderant Groddeck et Zucker ‖ 11 τῆς κοιλίας add. edd. plerique ‖ post ἐπὶ μέσης τῆς κοιλίας leg. λαμπρόν HYG., SCH. GERM. BP ‖ post ὑπὸ τὴν κοιλίαν leg. μέγαν HYG., et λαμπρόν SCH. GERM. BP.

une sur le genou postérieur[184], une brillante à l'extrémité de la patte, deux sur le cou, trois sur le dos, une au milieu de la queue, et une brillante au bout de la queue[185]. En tout dix-neuf[186].

On voit aussi au-dessus du Lion sept étoiles sans éclat, formant un triangle du côté de la queue[187]. On les appelle "la Chevelure de Bérénice Bienfaitrice"[188].

---

184. Seul un membre postérieur du Lion est signalé par une étoile, mais il y a régulièrement une équivalence entre « postérieur », « reculé » et « oriental ». Les pattes, généralement décalées, posent des difficultés typiques ; il apparaît que la « patte droite » d'Ératosthène correspond à la « griffe gauche de devant » chez Ptolémée.

186. Alors qu'Hipparque ne signale aussi que 19 étoiles (cf. SCHOL. GERM., p. 72), PTOLÉMÉE (*Almageste* 7.5, p. 100) en cite 27, et 8 étoiles périphériques, dont cinq sont nettes et les autres en rapport avec la "Chevelure" (πλόκαμος), considérée comme une nébuleuse (νεφελοειδὴς συστροφή), située « entre les bords du Lion et de la Grande Ourse ». Il est vraisemblable que α Com et β Com sont trop éloignées de la queue pour faire parti du "triangle", dont les sommets semblent marqués par γ Com (mag. 4.3), 7 Com (mag. 4.9) et, dans une figure « en forme de feuille de lierre (φύλλον κίσσινον) » selon Ptolémée, 23 Com (mag. 4.8 ; voir n. 187). À ces trois étoiles s'ajoutent sans doute 12, 13, 14 et 16 Com (respectivement mag. 4.8, mag. 5.1, mag. 4.9 et mag. 5), qui sont à l'intérieur du triangle. HYGIN, qui évoque cet astérisme (2.24.1), n'en donne pas un descriptif astrothétique avec celui du Lion (3.23 ; il est aussi absent de l'ARAT. LAT.). Un comparatif des deux listes d'étoiles d'Ératosthène et de Ptolémée fait apparaître 11 étoiles non référencées dans l'*Épitomé* (κ, η, ν, ξ, ψ, 46(i), 52(k), 53, 81, ι, τ), et 3 étoiles négligées par Ptolémée qui sont en revanche indiquées par Ératosthène (48, 54, 93) ; cf. ZUCKER 2010.

187. La feuille de lierre dont parle Ptolémée (ἡ ἑπομένη αὐτῶν ἐν σχήματι φύλλου κισσίνου) —mais il est le seul (*Almageste* 7.5, p. 100-101)— est un détail ou une marge de la Chevelure (dont elle est un ornement), et ne peut être assimilée à la constellation entière. Une SCHOLIE À ARATOS (*ad* 146, p. 147) identifie la chevelure à une quenouille (ἠλακάτη).

τοῦ ἰσχίου α', ἐπὶ τοῦ ὀπισθίου γόνατος α', <ἐπὶ> ποδὸς ἄκρου λαμπρὸν α', ἐπὶ τοῦ τραχήλου β', ἐπὶ τῆς ῥάχεως γ', ἐπὶ μέσης τῆς κέρκου α', ἐπ' ἄκρας λαμπρὸν α', [ἐπὶ τῆς κοιλίας α']· <τοὺς πάντας ιθ'>. Ὁρῶνται δὲ καὶ ὑπὲρ
5 αὐτὸν ἐν τριγώνῳ κατὰ τὴν κέρκον ἀμαυροὶ ἑπτά, οἳ καλοῦνται Πλόκαμοι Βερενίκης Εὐεργέτιδος.

1 γόνατος E : γάγατος L (« et γόνατος et γάγατος legi potest L » Olivieri), HV ‖ 3 μέσης B, iam corr. edd. : μέσου E ‖ τῆς E : τοῦ OM ‖ λαμπρὸν om. S ‖ 3-4 ἐπὶ τῆς κοιλίας α' del. Robert, secl. Olivieri, qui τῆς κοιλίας in mg. ad lacunam supplendam post ἐπὶ μέσης (11, p. 38) additum falso loco in textum irrepere coni. ‖ 4 τοὺς πάντας ιθ' suppl. edd. (cf. *XVIIII* Arat. Lat., Hyg., Sch. Germ. BP) ‖ καὶ ES : om. LOMB ‖ 5 ἀμαυροὶ E : contra cf. Ach. Tat. *Intr. Arat.* XIV ‖ 6 Πλόκαμοι E : Πλόκαμος corr. Robert mon. Valckenaer, Πρόκαμοι H ‖ in mg. Πλοκάμου Βερενίκης add. Olivieri (fort. hab. E in mg. sed perdifficile lectu est) : om. LOMSB ‖ post Εὐεργέτιδος mentionem de uirginibus Lesbiis omissam esse ex Hyg., Sch. Germ. coni. Schaubach.

12. Le Lion

Il fait partie des constellations particulièrement visibles. Apparemment, le lion zodiacal a reçu cet honneur de Zeus, parce qu'il occupe le premier rang parmi les quadrupèdes. Certains <disent> qu'il s'agit du premier travail accompli par Héraclès.

Le Lion a trois étoiles sur la tête, deux sur le cou, une sur le poitrail, trois sur le dos, une brillante sur la queue, deux sous le poitrail, une sur la patte avant. En tout treize[189].

---

189. Les *FV* présentent ici des lambeaux sans enrichissement.

XII. <Περὶ τοῦ Λέοντος>

Οὗτος ἔστι μὲν τῶν ἐπιφανῶν ἄστρων· δοκεῖ δὲ ὑπὸ τοῦ Διὸς τιμηθῆναι τὸ ζῷον, διότι τῶν τετραπόδων ἡγεῖται. Τινὲς ὅτι πρῶτος ἆθλος τοῦ Ἡρακλέους ἦν <...>.

5 Ἔχει δὲ ἀστέρας ἐπὶ μὲν τῆς κεφαλῆς γ', ἐπὶ δὲ τοῦ τραχήλου β', ἐπὶ δὲ τοῦ στήθους α', ἐπὶ τῆς ῥάχεως γ', ἐπὶ τῆς κέρκου α' λαμπρόν, ὑπὸ τὸ <στῆθος> β', ἐπὶ τοῦ ἐμπροσθίου ποδὸς α'· τοὺς πάντας ιγ'.

CODICES : 1-8 S.
TITVLVM ex EPIT. restitui : om. S.
1 ἄστρων correxi : ἀστέρων S ∥ 2 διότι S : διὰ τὸ EPIT. ∥ 3 ἆθλος S : *dimicatur* ARAT. LAT. ∥ Ἡρακλέους scripsi : Ἡρακλέος S ∥ post ἦν uerba de pugna Herculis cum leone exc. conieci coll. ARAT. LAT. (cf. EPIT.) ∥ 6 ῥάχεως scripsi : ῥάχεος S ∥ 7 ἐπὶ τῆς κέρκου S : *in caudae summitate* ARAT. LAT. (i.e. ἐπ' ἄκρας τῆς κέρκου uel sim.), ἐπὶ μέσης τῆς κέρκου EPIT. ∥ ὑπὸ τὸ <στῆθος> correxi et suppleui ex cett. testt. : ἐπὶ τοῦ et spatium uacuum trium fere litterarum ap. S ∥ 8 τοὺς πάντας ιγ' S : decem et nouem stellas computant ARAT. LAT., SCH. GERM. BP, HYG. ∥ post τοὺς πάντας ιγ' uerba de Coma Berenices hab. EPIT., SCH. GERM. BP : om. ARAT. LAT., HYG.

13. Le Cocher[190]

Il s'agit, dit-on, du premier homme que Zeus vit atteler des chevaux à un char : Érichthonios[191], fils d'Héphaïstos et de Terre[192]. Zeus, impressionné par le fait qu'Érichthonios conduise de front des chevaux blancs qu'il avait mis sous le joug[193], en imitant Hélios[194] ; qu'il soit le premier à conduire sur l'Acropole une procession en l'honneur d'Athéna ; et qu'il donne tout son éclat et sa solennité à la cérémonie sacrificielle qui lui est consacrée[195] <...> Voici, d'après Euripide, de quelle façon naquit Érichthonios[196] : Héphaïstos, qui était amoureux d'Athéna, chercha à s'unir à elle ; mais elle le repoussa, parce qu'elle préférait rester vierge, et alla se cacher dans un lieu de l'Attique, qui fut, dit-on, appelé "Héphaisteion" à partir

---

190. Les Assyriens voyaient sans doute à cet endroit une scène pastorale (ROGERS 1998b : 87 ; FLORISOONE 1950 : 157), attestée sur des sceaux cylindriques babyloniens ; près de la constellation (mais non à sa place) se trouvait l'image d'un char (correspondant en tout cas à β et ζ Tauri, la première étoile appartenant aussi à la constellation grecque du Cocher). Les Latins emploient pour la nommer tantôt un équivalent (*Auriga*), tantôt une transcription (*Heniochus*) ; sur la répartition de ces formes, voir LE BŒUFFLE 1977 : 108. C'est apparemment vers 400 av. J.-C. (peut-être à travers EUDOXE, qui le signale : *frg.* 29) qu'est introduite en Grèce la figure du Cocher, empruntée sans doute à l'uranographie babylonienne (KIDD 1997 : 239). Aratos ne donne pas de nom héroïque à cette figure, et il est probable qu'Ératosthène est le promoteur de cette identité (cf. HYGIN 2.13.1 : *ut Eratosthenes monstrat*). Notons que ce chapitre est le plus long du recueil et présente le format minimum que devaient avoir les notices de la version d'origine ; la partie mythographique est particulièrement développée et riche de détails sans relation avec la constellation.

191. Sur le mythe d'Érichthonios, voir EURIPIDE, *Ion* 20 sq. et 266 sq. ; APOLLODORE 3.14.6, ; HYGIN, *Fables* 166 ; OVIDE, *Mét.* 2.552-561 et 740-751.

XIII. Ἡνιόχου

Τοῦτον λέγουσιν ὅτι ὁ Ζεὺς ἰδὼν πρῶτον ἐν ἀνθρώποις ἅρμα ζεύξαντα ἵππων, ὅς ἐστιν Ἐριχθόνιος ἐξ Ἡφαίστου καὶ Γῆς γενόμενος, καὶ θαυμάσας ὅτι τῇ τοῦ Ἡλίου ἀντίμιμον ἐποιήσατο διφρείαν ὑποζεύξας ἵππους
5 λευκούς, πρῶτός τε τῇ Ἀθηνᾷ πομπὴν ἤγαγεν ἐν ἀκροπόλει, καὶ ἐποιήσατο πρὸς τούτοις ἐπιφανῆ τὴν θυσίαν αὐτῆς σεμνύνων <...>. Λέγει δὲ καὶ Εὐριπίδης περὶ τῆς γενέσεως αὐτοῦ τὸν τρόπον τοῦτον· Ἥφαιστον ἐρασθέντα Ἀθηνᾶς βούλεσθαι αὐτῇ μιγῆναι, τῆς δὲ ἀποστρε-
10 φομένης καὶ τὴν παρθενίαν μᾶλλον αἱρουμένης ἔν τινι τόπῳ τῆς Ἀττικῆς κρύπτεσθαι, ὃν λέγουσι καὶ ἀπ᾽

TESTIMONIA : Arat. Lat. 207, 20-210, 15 (Rec. Interp. 207-210) ; Fragm. Vat. XIII ; Hyg. *Astr.* 2.13 ; 3.12 ; Sch. Arat. MDΔVUAS, 156 ; Sch. Arat. MDΔVUAS, 161 (= Nic. *Fr.* 114 Gow-Scholfield) ; Sch. Germ. BP, 73, 2-74, 10.

TITVLVS : ἡνιόχου E : ἡνίοχος M, tit. om. B, Ἡνίοχος (Αἴξ καὶ Ἔριφοι) coni. Matthiae.
1 Τοῦτον E : Τούτῳ M ‖ Τοῦτον λέγουσιν E : τὸν δὲ ἡνίοχον λέγουσι B ‖ Τοῦτον λέγουσιν — ἐστιν Ἐριχθόνιος (2) E : ὁ ἡνίοχός ἐστιν ὁ Ἐριχθόνιος ὃς ἅρμα ζεῦξαι πρῶτον λέγεται S ‖ 2 ἵππων E (cf. FRAGM. VAT., ARAT. LAT.), susp. Heyne, secl. Olivieri : ἵππῳ M[ac], aut ἵππον aut ἵππου M[pc] ‖ 2-3 ὅς ἐστιν Ἐριχθόνιος ἐξ Ἡφαίστου καὶ Γῆς γενόμενος in capitis initio ὅς in οὗτος mutato transp. Fell prob. Heyne ‖ 3 θαυμάσας E : θαυμάσαι Matthiae ‖ ὅτ[ι τῇ] in ras. ap. E ‖ 4 ὑποζεύξας E : ὑποζεύξαν O ‖ 5 ante λευκούς add. δ᾽ Robert mon. Wilamowitz ‖ post λευκούς suppl. ἀνήγαγεν εἰς τὰ ἄστρα (cf. SCH. GERM. BP) Olivieri mon. Schaubach ‖ πρῶτός E (cf. FRAGM. VAT., ARAT. LAT., SCH. GERM. BP), iam coni. Robert : πρῶτόν LOMB ‖ τε τῇ correxi coll. FRAGM. VAT. : τῇ M, τε E, δὲ Robert ‖ 6 καὶ ἐποιήσατο πρὸς τούτοις susp. Heyne ‖ post καὶ lac. stat. Gürkoff ‖ τὴν θυσίαν αὐτῆς (6-7) E : θυσίαν αὐτὴν coni. Heyne, τὴν θυσίαν αὐτὴν legendum cens. Matthiae ‖ 7 post αὐτῆς add. τὸ ξόανον ex APOLLOD. Olivieri ‖ post σεμνύνων lac. stat. Robert. praeter templi mentionem (cf. FRAGM. VAT., ARAT. LAT., HYG.) uerba εἰς τὰ ἄστρα ἀνήγαγεν aut sim. exc. censui ‖ 8 τὸν τρόπον τοῦτον E : τοῦτον τὸν τρόπον B ‖ 9-10 τῆς δὲ ἀποστρεφομένης E : τὴν δὲ ἀποστρεφομένην et mox αἱρουμένην (10) HYGINVM legisse coni. Robert.

du nom du dieu[197]. Alors qu'il était contre elle et s'imaginait qu'il allait la posséder, il reçut de la déesse un coup de lance qui déclencha son désir, et son sperme tomba sur la terre. On dit qu'un enfant naquit de ce sperme[198], qui fut appelé, de ce fait, "Érichthonios"[199]. Une fois adulte, il inventa donc le char, et ses prestations dans les concours[200] suscitèrent l'admiration. Il mit beaucoup de soin dans l'organisation des Panathénées[201] avec, à ses côtés, un [cocher] passager muni d'un bouclier et d'un casque à trois panaches sur la tête. Et c'est sur le modèle de ce "passager" (*parabatès*) qu'a été introduit celui qu'on appelle "le Sauteur du char" (*apobatès*)[202].

Dans cette constellation sont représentés la Chèvre et les Chevreaux[203]. Musée[204] dit, en effet, que Zeus, à sa naissance, fut remis par Rhéa entre les mains de Thémis[205] ; que celle-ci donna le nouveau né à Amalthée ; que cette dernière le confia à une chèvre qu'elle possédait ; et que cette chèvre fut la nourrice de Zeus[206]. Cette chèvre était une fille d'Hélios et d'un aspect si épouvantable que les dieux du temps de Cronos, horrifiés par l'aspect qu'avait la petite, avaient demandé à Terre de la cacher dans une des grottes de Crète. Terre la cacha donc loin des regards et la remit entre les mains d'Amalthée, qui nourrit Zeus au lait de cette chèvre. Quand l'enfant parvint à l'âge viril et s'apprêta à faire la guerre aux Titans[207], un oracle invita Zeus, qui n'avait pas d'armes à utiliser la peau de la chèvre comme une arme, en raison

---

199. L'enfance et l'éducation d'Érichthonios par Athéna, sa mère adoptive, est célèbre : l'enfant est mis dans un panier avec un ou deux serpents, et confié aux Cécropides (APOLLODORE 3.14.6 ; HYGIN, *Fables* 166), avec ordre de ne pas ouvrir la corbeille (selon HYGIN, il s'agirait des filles d'Érechthée).

200. Avec le terme d'ἀγωνιστής (athlète), Ératosthène fait d'Érichthonios un spécialiste de l'ἀγών (concours) par excellence du festival : la course de l'ἀποβάτης (voir n. 202).

201. Cette phrase, qui semble redondante dans le format court de ce chapitre, apparaît moins choquante si l'on imagine dans l'original un développement plus conséquent du mythe d'Érichthonios.

ἐκείνου προσαγορευθῆναι Ἡφαιστεῖον· ὃς δόξας αὐτὴν κρατήσειν καὶ ἐπιθέμενος πληγεὶς ὑπ᾽ αὐτῆς τῷ δόρατι ἀφῆκε τὴν ἐπιθυμίαν, φερομένης εἰς τὴν γῆν τῆς σπορᾶς· ἐξ ἧς γεγενῆσθαι λέγουσι παῖδα, ὃς ἐκ τούτου Ἐριχθόνιος ἐκλήθη, καὶ αὐξηθεὶς τοῦθ᾽ εὗρε καὶ ἐθαυμάσθη ἀγωνιστὴς γενόμενος· ἤγαγε δ᾽ ἐπιμελῶς τὰ Παναθήναια καὶ ἅμα [ἡνίοχον] ἔχων παραβάτην ἀσπίδιον ἔχοντα καὶ τριλοφίαν ἐπὶ τῆς κεφαλῆς· ἀπ᾽ ἐκείνου δὲ κατὰ μίμησιν ὁ καλούμενος ἀποβάτης.

Ἐσχημάτισται δ᾽ ἐν τούτῳ ἡ Αἴξ καὶ οἱ Ἔριφοι. Μουσαῖος γάρ φησι Δία γεννώμενον ἐγχειρισθῆναι ὑπὸ Ῥέας Θέμιδι, Θέμιν δὲ Ἀμαλθείᾳ δοῦναι τὸ βρέφος, τὴν δὲ ἔχουσαν αἶγα ὑποθεῖναι, τὴν δ᾽ ἐκθρέψαι Δία· τὴν δὲ αἶγα εἶναι Ἡλίου θυγατέρα φοβερὰν οὕτως ὥστε τοὺς κατὰ Κρόνον θεούς, βδελυττομένους τὴν μορφὴν τῆς παιδός, ἀξιῶσαι <τὴν> Γῆν κρύψαι αὐτὴν ἔν τινι τῶν κατὰ Κρήτην ἄντρων· καὶ ἀποκρυψαμένην ἐπιμέλειαν αὐτῆς τῇ Ἀμαλθείᾳ ἐγχειρίσαι, τὴν δὲ τῷ ἐκείνης γάλακτι τὸν Δία ἐκθρέψαι· ἐλθόντος δὲ τοῦ παιδὸς εἰς ἡλικίαν καὶ μέλλοντος Τιτᾶσι πολεμεῖν, οὐκ ἔχοντος δὲ ὅπλα, θεσπισθῆναι αὐτῷ τῆς αἰγὸς τῇ δορᾷ ὅπλῳ

---

1 Ἡφαιστεῖον Matthiae : ἥφαιστον E, Westermann, Ἡφαίστου Schaubach, Ἡφαίστιον uel Ἡφαίστου prop. Heyne, Ἥφαιστος scr., ὃς del. Maass, prob. Gürkoff, *Hephaestius* Hyg. ‖ ὃς E : ὅθεν fort. legendum cens. Robert, ὁ δὲ Nauck ‖ αὐτὴν E : αὐτῆς B, Schaubach ‖ 4 post σπορᾶς ex Hyg. nonnulla exc. coni. Robert ‖ γεγενῆσθαι OMB : γεγεννῆσθαι EL^pc, ν supra ν scripto, H ‖ 7 ἅμα ἡνίοχον E : ἡνίοχον seclusi mon. Heyne, ἅρμα ἡνιόχει corr. Robert ‖ 9 ἀποβάτης E : ἀποβατικός mal. Heyne ‖ 11 Μουσαῖος E : ὁ Μουσαῖος B ‖ 12 Θέμιδι E : Θέμιδος H ‖ 13 Δία E : τὸν Δία B ‖ τὴν alt. E : τινὲς Valckenaer ‖ 14 post αἶγα ex Hyg. ἄλλοι λέγουσιν suppl. Koppiers ‖ 15 Κρόνον B, iam edd. : χρόνον E ‖ 16 παιδὸς E : αἰγὸς corr. Robert mon. Koppiers ‖ ἀξιῶσαι <τὴν> Γῆν κρύψαι E : ἀξιῶσαι τοῦ κρύψαι H ‖ ante Γῆν add. τὴν Robert ‖ 18 τῇ Ἀμαλθείᾳ E : τῆς ἀμαλθείας M ‖ 20 Τιτᾶσι edd. : γίγασι E.

de son caractère invulnérable et terrifiant, et parce qu'elle portait au milieu du dos le visage de Gorgone[208]. Zeus suivit l'oracle, et apparut grâce à ce stratagème deux fois plus fort[209]. Il recouvrit les os de la chèvre d'une autre peau, lui donna la vie et la rendit immortelle[210]. On dit que <…> en astre céleste[211].

D'autres disent qu'il s'agit de Myrtilos, fils d'Hermès, le cocher d'Oinomaos[212].

Le Cocher a une étoile sur la tête, une sur chaque épaule (celle de gauche, qu'on appelle "la Chèvre" est brillante)[213], une sur chaque coude, une sur la main droite, et deux sur la main gauche, qu'on appelle "les Chevreaux"[214]. En tout huit[215].

---

209. L'adjectif du texte signifie d'ordinaire "deux fois plus grand", mais ce sens est inadéquat : le visage de Gorgone sur sa cuirasse accroît sa force et lui donne deux visages, comme s'il était un être double.

210. Zeus restitue à l'animal sa forme complète et originale et lui redonne le souffle vital (ἔμψυχον), dans le cadre idéologique de ce que MEULI (1975) appelle une *Unschuldskomödie* ("comédie de l'innocence" ; cf. *Cat.* 29, n. 436). Ce système complexe de gestes rituels (qui peuvent remonter aux pratiques de chasseurs préhistoriques ; cf. BURKERT 1983 : 1-82) présente de nombreux échos dans la mythologie grecque, si riche en récits de chasse. Ératosthène va au-delà du cadre ordinaire, et concède à la chèvre une vie éternelle au ciel ; il mentionne à nouveau la Chèvre, comme mère du Capricorne dans le *Cat.* 27.

213. Le qualificatif régulier de la Chèvre est "olénienne" : « […] la Chèvre sainte, celle qui, dit-on, offrit sa mamelle à Zeus. Les interprètes (ὑποφῆται) de Zeus la nomment Chèvre Olénienne » (ARATOS 163-164). Cet adjectif était interprété de deux manières différentes : on l'associait à la ville d'Olénos en Achaïe, ou bien on l'expliquait, ainsi que le suggère ARATOS (165-166), comme une indication de la place de l'étoile sur le bras (ὠλένη) du Cocher. L'étoile *Capella* (α Aur, mag. 0.1) était pour les Babyloniens "la Brebis du serviteur" (LU-ARAD ; FLORISOONE 1950 : 157).

χρήσασθαι διά τε τὸ ἄτρωτον αὐτῆς καὶ φοβερὸν καὶ διὰ
τὸ εἰς μέσην τὴν ῥάχιν Γοργόνος πρόσωπον ἔχειν· ποιή-
σαντος δὲ ταῦτα τοῦ Διὸς καὶ τῇ τέχνῃ φανέντος
διπλασίονος, τὰ ὀστᾶ δὲ τῆς αἰγὸς καλύψαντος ἄλλῃ
5 δορᾷ καὶ ἔμψυχον αὐτὴν καὶ ἀθάνατον κατασκευάσαντος, αὐτὴν μέν φασιν ἄστρον οὐράνιον [κατασκευάσαι]
<...>
Τινὲς δέ φασι Μυρτίλον [ὀνόματι] τὸν <τῷ Οἰνομάῳ>
ἡνίοχον εἶναι τὸν ἐξ Ἑρμοῦ γεγονότα.
10 Ἔχει δ' ἀστέρας ἐπὶ τῆς κεφαλῆς α', καὶ ἐφ' ἑκατέρων
τῶν ὤμων α', ὧν τὸν μὲν ἐπὶ τοῦ ἀριστεροῦ λαμπρόν, ὃς
καλεῖται Αἴξ, ἐφ' ἑκατέρου ἀγκῶνος α', <ἐπὶ δεξιᾶς
χειρὸς α', ἐπ'> ἀριστερᾶς χειρὸς β', οἳ δὴ καλοῦνται
Ἔριφοι· τοὺς πάντας η'.

---

1 διὰ τὸ εἰς μέσην — πρόσωπον ἔχειν (2) E : fort. del. coni.
Bernhardy ‖ 3 τέχνῃ E : σκέπῃ corr. Robert ‖ 4 ὀστᾶ OMB, edd. :
ὀστά E ‖ 5 δορᾷ MB, edd. : δορὰ E ‖ 5-6 κατασκευάσαντος fort. in
κατασκευάσαι mut. et αὐτὴν — κατασκευάσαι (6) del. cens.
Schaubach ‖ 6 αὐτὴν — κατασκευάσαι : αὐτὴν μὲν ἄστρον οὐράνιον καταστῆσαι καὶ Αἶγα καλέσαι coni. Heyne ‖ ἄστρον —
κατασκευάσαι : secl. et lac. stat. Robert, qui ἐν τοῖς ἄστροις
τεθῆναι, Δία δὲ αἰγίοχον κληθῆναι suppl. prop. ‖ κατασκευάσαι
secl. et lac. stat. Olivieri : κατασκευάσαι secl. et uerba γενέσθαι, τὸν
δὲ Δία αἰγίοχον κληθῆναι suppl. Diels, fort. recte (cf. HYG., SCH.
GERM. BP) ‖ 8 ὀνόματι seclusi coll. FRAGM. VAT. (sed cf. ARAT.
LAT.) ‖ τῷ Οἰνομάῳ suppleui ex FRAGM. VAT., ARAT. LAT. : Οἰνομάου
ex HYG., SCH. GERM. BP add. Schaubach et recc. edd. ‖ 9 τὸν E : fort.
καὶ hab. E[ac] ‖ ἐξ E : ἐκ Westermann ‖ 10 Ἔχει inc. S ‖ post ἐπὶ hab.
μὲν S ‖ καὶ om. Matthiae : bis iter. M ‖ 11 ὧν E : ὃν B ‖ 12 in mg.
Αἰγός E, Olivieri : om. SMB ‖ 12-13 ἐπὶ δεξιᾶς χειρὸς α' iam edd.,
addidi ex ARAT. LAT. ‖ 13 β' E : α' M[ac], β' M[pc] ‖ δὴ E : δὲ Matthiae ‖
14 in mg. Ἐρίφων E, Olivieri : om. SMB.

13. Le Cocher

Il s'agit, à ce qu'on raconte, du premier homme que Zeus vit atteler des chevaux à un char : Érichthonios, fils d'Héphaïstos et de Terre. Zeus, impressionné par le fait qu'Érichthonios conduise un char de chevaux blancs qu'il avait mis sous le joug, en imitant Hélios[216] *; et qu'il soit le premier à conduire sur l'Acropole une procession en l'honneur d'Athéna et à lui construire un sanctuaire*[217] *<...>. Euripide aussi parle de la façon dont naquit Érichthonios.*

D'autres racontent qu'il s'agit de Myrtilos, fils d'Hermès, le cocher d'Oinomaos.

---

216. Le mot figurant dans les *FV* pour désigner le char, distinct du mot de l'*Epit.* (διφρεία) est employé précisément par divers auteurs pour Myrtilos (Pindare, *Ol.* 1.87 ; Euripide, *Oreste* 1548 ; Apollonios de Rhodes 1.752).

217. Sur ce détail original, par rapport à l'*Epit.*, voir n. 195.

XIII. Περὶ τοῦ Ἡνιόχου

Τοῦτον λέγεται ὅτι ὁ Ζεὺς ἰδὼν πρῶτον ἐν ἀνθρώποις ἅρμα ζεύξαντα ἵππων, Ἐριχθόνιον τὸν Ἡφαίστου καὶ Γῆς γενόμενον, καὶ θαυμάσας ὅτι τοῦ Ἡλίου ἀντίμιμον ἐποιήσατο δίφρον ὑποζεύξας ἵππους λευκάς, πρῶτός τε
5 τῇ Ἀθηνᾷ πομπὴν ἤγαγεν ἐν ἀκροπόλει καὶ ναὸν ἐποιήσατο <...>. Λέγει δὲ καὶ Εὐριπίδης περὶ τῆς γενέσεως αὐτοῦ <...>.
Τινὲς μέντοι λέγουσι Μυρτίλον εἶναι τὸν τῷ Οἰνομάῳ ἡνίοχον τὸν ἐξ Ἑρμοῦ γεγονότα.

CODICES : 1-9 TW.
TITVLVS ad mg. ap. T.
2 τὸν T : τοῦ W ‖ 2-3 τὸν Ἡφαίστου καὶ Γῆς γενόμενον om. SCH. GERM. BP, HYG. ‖ 3 ante τοῦ Ἡλίου hab. τῇ EPIT. ‖ pro Ἡλίου Solis signo utitur W ‖ ἀντίμιμον T : ἀντίμηνον W ‖ 4 δίφρον (currum ARAT. LAT.) T : διφρείαν EPIT. ‖ ὑποζεύξας T : ὑποζεύξαι W ‖ λευκάς T, albas ARAT. LAT. (cod. P) : λευκούς EPIT., albos ARAT. LAT. (cod. B) ‖ 5 ναὸν (templum ARAT. LAT., HYG.) om. EPIT. ‖ 6 post ἐποιήσατο lac. statui praeeunte Rehm : ἐπιφανῆ τὴν θυσίαν αὐτῆς σεμνύνων hab. EPIT. ‖ 7 post αὐτοῦ quae de Erichthonii origine et de Amalthea Iouis nutrice sequuntur ap. EPIT., HYG., SCH. GERM. BP, om. T, ARAT. LAT. ‖ 8 Μυρτίλον W, Rehm : Μυρτίλλον T ‖ τῷ Οἰνομάῳ T : τε Οἰνομάου W, ut uid. ‖ 9 τὸν ἐξ Ἑρμοῦ γεγονότα ex EPIT. restitui : ὄντα δι' Ἑρμοῦ γεγονέναι T, Rehm, qui locum corruptum esse stat., agitator diamo fuit [agitator Oenomao fuit corr. Maass] ARAT. LAT. ‖ 7 post γεγονότα catalogum stellarum om. T, ut solet.

14. Le Taureau[218]

On raconte qu'il fut placé parmi les constellations pour avoir porté Europe à travers la mer, de la Phénicie en Crète[219], comme le dit Euripide dans son *Phrixos*[220]. Cela lui valut d'être distingué par Zeus et de figurer parmi les constellations les plus visibles[221]. D'autres prétendent qu'il s'agit d'une vache, la réplique de Io, et que c'est par égard pour cette dernière qu'elle [la constellation] reçut de Zeus ce privilège[222].

Les étoiles nommées Hyades définissent les contours du front et du visage du Taureau[223]. À la coupure de l'image du Taureau[224], à la hauteur du dos, se trouve la Pléiade, qui compte sept étoiles, et c'est pourquoi on lui donne aussi le

218. D'origine babylonienne, le modèle du signe zodiacal du Taureau est la constellation GUD-AN-NA, "le taureau céleste", (voir WAERDEN 1974 : 74), qui marquait l'équinoxe de printemps et le début de l'année nouvelle. Il est signalé dans les tablettes MUL-APIN des Babyloniens, parmi les étoiles d'Anu, le dieu-ciel, associé à l'appellation d'IS-LI-E, "la mâchoire du taureau", qui désigne pour nous l'étoile α, *i.e.* Aldébaran (ROGERS 1998a : 17, 24). Bien qu'elle ne soit pas mentionnée avant EUDOXE (*frg.* 29) la constellation est bien connue sous cette figure (mais sans doute dans une autre posture), avant le Ve siècle (DICKS 1970 : 87).

221. Dans la version du catastérisme présentée dans les SCHOL. GERM. (p. 74), c'est en l'honneur de son frère Poséidon, sans doute parce que cet animal est lié à l'espace marin dont il surgit, que Zeus place le taureau *qui figuram tauri, sensum humanum haberet*. Cette légère variante, qui ne transparaît pas chez Hygin, est imputée par le scholiaste à Nigidius Figulus (cf. *frg.* 90), et procède sans doute de sa *Sphaira barbarica*. Mais elle résulte peut-être d'une collusion entre le taureau d'Europe et —également lié à l'espace crétois— le père du Minotaure, un taureau blanc que Poséidon fait surgir de la mer sur les prières de Minos (voir APOLLODORE 3.1.3).

224. Cette constellation comporte une bizarrerie remarquable : elle représente une figure tronquée (ARATOS 322), l'arrière train de la bête étant éclipsé ou recouvert par la constellation du Bélier ; la coupure reçoit, par suite, comme Argo ou Pégase, une appellation quasi-anatomique : "la Section", Τομή ou Ἀποτομή (HIPPARQUE 2.6.6 ; il emploie le même terme pour la coupure du navire Argo : 3.1.14), ou "le Buste" Προτομή (*scil.* du Taureau), et Aratos ne décrit effectivement que sa tête ; cf. HYGIN 3.20 : *finitio corporis*.

XIV. Ταύρου

Ούτος λέγεται εν τοις άστροις τεθήναι διά το Ευρώπην άγαγειν εκ Φοινίκης εις Κρήτην διά του πελάγους, ως Ευριπίδης φησιν εν τω Φρίξω· χάριν δε τούτου εν τοις επιφανεστάτοις εστίν υπό Διός τιμηθείς. Έτεροι δέ
5 φασι βουν είναι της Ιους μίμημα· χάριν δε εκείνης υπό Διός ετιμήθη [το άστρον].

Του δε Ταύρου το μέτωπον συν τω προσώπω αι Υάδες καλούμεναι περιέχουσιν· προς δε τη αποτομή της ράχεως η Πλειάς εστίν αστέρας έχουσα επτά, διό

TESTIMONIA : Arat. Lat. 211, 8-213, 4 (Rec. Interp. 210-213) ; Eudoc. 933 ; Fragm. Vat. XIV (cf. Sch. Arat. S, 171) ; Hyg. *Astr.* 2.21 ; 3.20 ; Sch. Arat. MDΔVUA, 167 ; Sch. Arat. MDΔVUA, 171 ; Sch. Arat. MDΔVUAS, 172 ; Sch. Arat. S, 174 ; Sch. Germ. BP, 74, 20-77, 3.
TITVLVS : ταύρου E : ταύρος M, om. tit. B.
1 Ούτος λέγεται E : ὁ δὲ Ταύρος λέγεται B ‖ Ούτος λέγεται — εἰς Κρήτην (2) E : ὁ Ταύρος λέγεται ἐν τοῖς ἄστροις τεθῆναι διὰ τὸ τὴν Εὐρώπην ἀγαγεῖν ἐκ Φοινίκης εἰς Κρήτην S ‖ 3 Εὐριπίδης E : εὐριπίδην M ‖ 4 post τιμηθείς ex SCH. GERM., SCH. ARAT. οἱ δὲ τοῦτον, οὗ Πασιφάη ἠράσθη addi prop. Schaubach ‖ 6 ἐτιμήθη E : τιμηθῆναι Heyne ‖ τὸ ἄστρον praeeuntibus Heyne et Olivieri seclusi coll. FRAGM. VAT., ARAT. LAT. : τὸ ζῷον coni. Schaubach ‖ 8 ὑάδων in mg. LO, fort. hab. E sed euanidum, Olivieri : om. MB ‖ post περιέχουσιν uerba ex EUDOC. Υάδες νύμφαι αἱ καλούμεναι Δωδωνίδες Διονύσου τροφοί· αἳ τῇ Ἰνοῖ διὰ τὸν τῆς Ἥρας φόβον παρακατέθεντο [αἷς ἡ Ἰνὼ — παρακατέθετο, EUDOC.] τὸν Διόνυσον, ὅτε Λυκοῦργος αὐτὰς ἐδίωξε συμπεριούσας ἐκείνῳ καὶ κατανεμούσας τὴν ἄμπελον· τιθέασι δέ τινες αὐταῖς ὀνόματα Ἀμβροσίαν καὶ Εὐδώρην καὶ Φαισύλην [Αἰσύλην, EUDOC.] καὶ τοιαῦτά τινα. οἱ δέ φασιν ὅτι Ὑάδες Βάκχαι τιθῆναι τοῦ Διονύσου καὶ τὸν Διόνυσον Ὕην ἀπὸ τούτων ἀποκαλοῦντες. ἢ ὅτι ὑετῶν ἐπισημασίας δηλοῦσιν. ἢ διὰ τὸν ἀδελφὸν Ὕαντα οὕτω κληθεῖσαι. ἢ διότι τῷ Υ στοιχείῳ παρεμφερεῖς εἰσίν ad ordinem SCH. GERM. accomodata suppl. Robert, repugnante Gürkoff : sim. ex PHAVORIN., EUDOC. suppl. Schaubach prob. Matthiae ‖ πρὸς δὲ τῇ ἀποτομῇ — ἔχουσα ἑπτά (9) post λέγονται (8, p. 46) transp. S ‖
9 Πλειάδος in mg. adiecit Olivieri : πλειάδων O, πλειαδ' L, et fort. ap. E laboriose legas, om. MB.

nom d'"Heptastère" (à sept étoiles)²²⁵. On n'en voit en réalité que six, car la septième est absolument sans éclat.

Le Taureau a sept étoiles²²⁶, et il se déplace à reculons en rentrant la tête vers son corps²²⁷ : une à la naissance de chacune de ses cornes —la plus brillante étant celle de gauche—, une sur chaque œil²²⁸, une sur les naseaux, une sur chaque épaule : on les appelle "les Hyades"²²⁹ ; il en a aussi une sur le genou antérieur gauche, deux sur les sabots, une sur le genou droit, deux sur le cou, trois sur le dos —dont la dernière est brillante—, une sous le ventre, et une brillante sur le poitrail²³⁰. En tout dix-huit²³¹.

225. À la différence des Hyades, la Pléiade est décrite par Ératosthène comme une constellation indépendante du Taureau (pour le commentaire voir *Cat.* 23). Mais il y a une évolution dans le traitement des trois astérismes : ARATOS rattache la Pléiade au développement concernant Persée, « près de sa rotule gauche » (254-258) ; quant à Ptolémée, il traite dans son catalogue les trois astérismes ensemble, au cours d'un chapitre dédié au Taureau (Ταύρου ἀστερισμός ; voir n. 231). Les Hyades ont pu être victimes d'une réorganisation de l'original qui réunissait et développait conjointement les trois astérismes : dissociées du chapitre du Taureau où elles figuraient initialement, elles ont peut-être été, dans un deuxième temps, constituées en un chapitre autonome, qui n'a pas été conservé dans l'*Épitomé*, à la différence des Pléiades (*Cat.* 23). Effectivement, l'index des chapitres de constellations de l'œuvre originale d'Ératosthène (voir *Annexe*) ne signale ni les Hyades ni les Pléiades ; cf. MANILIUS 1.367 : *Pleiadesque hyadesque feri pars utraque tauri*.

226. Ce chiffre correspond non pas à la somme des étoiles du Taureau mais au nombre des Hyades, et le texte devrait être complété par « sur la tête » (cf. SCHOL. GERM., p. 76 : *habet stellas Taurus in capite quinque*) ; sur ce chiffre voir infra n. 229.

227. La posture du Taureau, tête courbée et rentrée dans les épaules est constante, et interprétée tantôt comme une attitude de combat (où il semble affronter Orion, le géant à la massue, qui s'incline vers lui), tantôt comme un geste de soumission. Le Taureau a, sur l'écliptique qui traverse son front et passe entre ses cornes, le regard tourné vers l'est (tandis que l'équateur traverse ses genoux : ARATOS 515), et avance donc « à l'envers ». Cette orientation franche et originale, par rapport aux autres signes zodiacaux, le distingue aux yeux de Zeus (*ob id ab Ioue honorata* ; SCHOL. GERM., p. 74) ; il a la patte repliée (*flexo crure*) et les yeux braqués vers la terre (AVIÉNUS 424-425 ; cf. HYGIN 3.20).

καὶ ἑπτάστερος καλεῖται· οὐχ ὁρῶνται δὲ εἰ μὴ ἕξ, ὁ δὲ ἕβδομος ἀμαυρός ἐστι σφόδρα.

Ἔχει δ' ὁ Ταῦρος ἀστέρας ζ'· ὃς δὴ ὑπεναντία ἕρπει καθ' ἑαυτὸν ἔχων τὴν κεφαλήν, ἐφ' ἑκατέρων δὲ τῶν
5 κεράτων ἐπὶ τῆς ἐκφύσεως α', ὧν λαμπρότερος ὁ ἐπὶ τῆς ἀριστερᾶς, ἐφ' ἑκατέρων τῶν ὀφθαλμῶν α', ἐπὶ τοῦ μυκτῆρος α', ἐφ' ἑκατέρων τῶν ὤμων α'· οὗτοι Ὑάδες λέγονται· ἐπὶ δὲ τοῦ ἀριστεροῦ γόνατος τοῦ ἐμπροσθίου α', ἐπὶ τῶν χηλῶν β', ἐπὶ τοῦ δεξιοῦ γόνατος α', ἐπὶ τοῦ
10 τραχήλου β', ἐπὶ τῆς ῥάχεως γ', τὸν ἔσχατον λαμπρόν, ὑπὸ τὴν κοιλίαν α', ἐπὶ τοῦ στήθους λαμπρὸν α'· τοὺς πάντας ιη'.

1 ἑπτάστερος E : ἑπτάπορος ex ARAT. corr. Robert mon. Wilamowitz (sed cf. XXIII) ‖ 2 ἕβδομος E : εὔδαμος O ‖ post σφόδρα uerba τὸ δὲ αἴτιον — σχήματος (c. XXIII) coll. HYG. transp. prop. Lennep ap. Westermann ‖ 3 Ἔχει inc. S ‖ post ἀστέρας ζ' add. ἐπὶ τῆς κεφαλῆς Robert mon. Schaubach ‖ ὃς δὴ E : ὁ δὲ corr. Matthiae mon. Heyne ‖ uerba ὃς δὴ ὑπεναντία — κεφαλήν (4) del. Gürkoff ‖ 4 καθ' ἑαυτὸν E : καθειμένην coni. Robert ‖ 5 α' E : β' Schaubach ‖ 7 ἐφ' ἑκατέρων τῶν ὤμων α' : ὑφ' ἑκατέρων ὀμμάτων α' censor editionis Schaubach ap. Westermann : ἐφ' ἑκατέρων τῶν ἄκρων κεράτων Robert ‖ 9 post χηλῶν add. ἑκατέρων Olivieri ‖ β' iam Robert, correxi ex ARAT. LAT. : α' E, edd.

14. Le Taureau

On raconte qu'il fut placé parmi les constellations pour avoir porté sans faillir Europe à travers la mer, de la Phénicie en Crète, comme le dit Euripide dans son Phrixos. Cela lui valut d'être distingué par Zeus et de figurer parmi les constellations les plus visibles.

D'autres prétendent que c'est une vache qui est parmi les constellations, la réplique de Io ; par égard pour cette dernière elle reçut de Zeus ce privilège.

Les étoiles nommées "Hyades" définissent les contours du front et du visage du taureau ; Phérécyde d'Athènes dit qu'il s'agit des nourrices de Dionysos, connues sous le nom de "nymphes de Dodone"[232].

Le Taureau a une étoile sur chacune de ses cornes, deux sur le front, une sur chaque œil, une sur les naseaux (on appelle ces dernières "les Hyades") ; il en a aussi une sur le genou antérieur, deux sur le cou, trois sur le dos, une sur le sabot, une sur le genou droit, deux sur le ventre, et une sur le poitrail. En tout dix-huit.

XIV. Περὶ τοῦ Ταύρου

Οὗτος λέγεται ἐν τοῖς ἄστροις τεθῆναι διὰ τὸ Εὐρώπην ἀγαγεῖν ἀπὸ Φοινίκης εἰς Κρήτην ἀσφαλῶς διὰ τοῦ πελάγους, ὡς Εὐριπίδης φησὶν ἐν Φρίξῳ· χάριν δὲ τούτου ἐν τοῖς ἐπιφανεστάτοις ἐστὶν ὑπὸ Διὸς τιμηθείς.
5 Ἕτεροι δέ φασι βοῦν εἶναι <τῆς Ἰοῦς μίμημα> ἐν τοῖς ἄστροις· χάριν δὲ ἐκείνης ὑπὸ Διὸς ἐτιμήθη.

Τοῦ δὲ Ταύρου τὸ μὲν μέτωπον αἱ Ὑάδες καλούμεναι περιέχουσιν, ἅς φησι Φερεκύδης ὁ Ἀθηναῖος τιθηνοὺς εἶναι τοῦ Διονύσου, αἵτινες Δωδωνίδες νύμφαι ἐκα-
10 λοῦντο <...>.

Ἔχει ἀστέρας ὁ Ταῦρος ἐπὶ μὲν τῶν κεράτων ἑκατέρων αʹ, ἐπὶ δὲ τοῦ μετώπου βʹ, ἐφ' ἑκατέρων τῶν ὀφθαλμῶν αʹ, ἐπὶ τοῦ μυκτῆρος αʹ· οὗτοι Ὑάδες λέγονται· ἐπὶ δὲ τοῦ ἐμπροσθίου γόνατος αʹ, ἐπὶ τοῦ τραχήλου βʹ, ἐπὶ τῆς
15 ῥάχεως γʹ, ἐπὶ τῆς χηλῆς αʹ, ἐπὶ τοῦ δεξιοῦ γόνατος αʹ, ἐπὶ τὴν κοιλίαν βʹ, ἐπὶ τοῦ στήθους αʹ· τοὺς πάντας ιηʹ.

CODICES : 1-16 S, 1-10 TW.
TITVLVS : Περὶ τοῦ Ταύρου T : om. S.
1 Οὗτος λέγεται T : Οὗτος δὲ ὁ Ταῦρος λέγεται λέγεται S ‖ 2 ἀπὸ (*a* ARAT. LAT.) TS : ἐκ τῆς W, ἐκ EPIT. ‖ ἀσφαλῶς (ARAT. LAT. *certum est*) TS : om. EPIT. ‖ 3 φησὶν ἐν Φρίξῳ (cf. ARAT. LAT.) T : om. S ‖ 5 τῆς Ἰοῦς μίμημα add. Rehm ex cett. testt. (*imitatorem Ius* ARAT. LAT.) : spatium uacuum duodecim fere litterarum reliq. T, ἐμιμήσαντο S ‖ 6 χάριν δὲ ἐκείνης ὑπὸ Διὸς ἐτιμήθη om. S ‖ post ἐτιμήθη hab. τὸ ἄστρον EPIT. ‖ 7 μὲν om. EPIT. ‖ post μέτωπον add. σὺν τῷ προσώπῳ Rehm (cf. EPIT., HYG., SCH. GERM. BP) ‖ καλούμεναι T : καλοῦνται S, ARAT. LAT. (*nominantur*) ‖ 8 περιέχουσιν T (cf. EPIT.) : om. S, ARAT. LAT. ‖ ἅς corr. Rehm : ὡς T (cf. ARAT. LAT. *idcirco*) ‖ ἅς φησι — ἐκαλοῦντο (10) (cf. ARAT. LAT.) T : om. S, EPIT. ‖ Ἀθηναῖος corr. Rehm (*Atheniensis* ARAT. LAT.) : Ἀθηναίης T ‖ 9 Δωδωνίδες correxi : Δωδωνιάδες T (cf. ARAT. LAT.), Rehm ‖ 10 post ἐκαλοῦντο lac. stat. Rehm, qui ex μὲν (7) coni. secuta esse eadem quae in EPIT. ‖ 12 ἐπὶ δὲ τοῦ μετώπου βʹ (cf. ARAT. LAT., HYG.) om. EPIT. ‖ 15 post ἐπὶ τῆς ῥάχεως γʹ exc. τὸν ἔσχατον λαμπρόν conieci ex ARAT. LAT. (*nouissima splendida*) ‖ uerba ἐπὶ τῆς χηλῆς αʹ, ἐπὶ τοῦ δεξιοῦ γόνατος αʹ post τοῦ ἐμπροσθίου γόνατος αʹ (14) hab. ARAT. LAT., EPIT. ‖ 16 ἐπὶ τὴν κοιλίαν βʹ S : *in uentre I* (ARAT. LAT.), ὑπὸ τὴν κοιλίαν αʹ EPIT. (cf. SCH. GERM. BP).

15. Céphée[233]

Il occupe la quatrième place dans l'ordre des constellations[234]. Il est à l'intérieur du cercle arctique depuis les pieds jusqu'à la poitrine, le reste du corps jusqu'au sommet de la tête tombant entre le cercle arctique et le tropique d'été[235]. C'était, d'après ce que dit Euripide[236], un roi d'Éthiopie, et le père d'Andromède[237]. Il passe pour avoir exposé en pâture au monstre marin sa propre fille, que Persée, fils de Zeus, parvint à sauver[238]. Par considération pour Andromède, Céphée fut, lui aussi, placé parmi les constellations sur l'avis d'Athéna[239].

Céphée a deux étoiles brillantes sur la tête[240], une sur chaque épaule, une sur chaque bras, une sans éclat sur chaque coude, trois sans éclat en oblique sur le baudrier[241], une sur la hanche droite, deux sur le genou gauche, quatre au-dessus des pieds, et une au bout du pied[242]. En tout dix-neuf[243].

---

240. Dans la région de la tête, Céphée a quatre étoiles signalées par Hipparque et Ptolémée : ε, ζ (sans doute visées ici) ; et λ et μ, qui malgré leur éclat (mag. 5 et mag. 4.2) ne semblent pas notées ici.

241. Le texte signalant ces étoiles difficiles à identifier est douteux ; on lit dans les manuscrits : « trois étoiles sans éclat en oblique sur la ceinture, une brillante au milieu du ventre » ; il pourrait s'agir de 11, 16, 24 Cep (de magnitude voisine : entre 4.5 et 5), ou pour respecter la diagonale : β, 11 et 24 Cep ; l'étoile brillante signalée est introuvable, peut-être confondue avec l'étoile de la hanche (β Cep), dite « sous la ceinture du côté droit » dans le catalogue de Ptolémée (*Almageste* 7.5, p. 46-47) ; comme dans le cas d'Orion (voir *Cat.* 32) on rend traditionnellement cette ζώνη (ceinture) oblique par le terme "baudrier".

243. Ce total est considérable et Ptolémée compte seulement 13 étoiles, dont deux périphériques (*Almageste* 7.5, p. 46-47). En outre, sa notice astrothétique (qui concorde pratiquement avec les données d'Hipparque) diffère notablement, par la position des étoiles, du descriptif d'Ératosthène : une sur le pied droit, une sur le pied gauche, une sous le baudrier, une au-dessus de l'épaule droite, une au-dessus du coude droit et une au-dessous, une sur la poitrine, une sur le bras gauche, trois sur la couronne (τιάρα), et deux près de la couronne.

XV. Κηφέως

Οὗτος ἐν τάξει τέτακται τέταρτος· ὁ δ' ἀρκτικὸς κύκλος αὐτὸν ἀπολαμβάνει ἀπὸ ποδῶν ἕως στήθους· τὸ δὲ λοιπὸν εἰς τὸ ἀνὰ μέσον πίπτει αὐτοῦ τοῦ τε ἀρκτικοῦ καὶ θερινοῦ τροπικοῦ. Ἦν δέ, ὡς Εὐριπίδης φησίν,
5 Αἰθιόπων βασιλεύς, Ἀνδρομέδας δὲ πατήρ· τὴν δ' αὐτοῦ θυγατέρα δοκεῖ προθεῖναι τῷ κήτει βοράν, ἣν Περσεὺς ὁ Διὸς διέσωσε· δι' ἣν καὶ αὐτὸς ἐν τοῖς ἄστροις ἐτέθη Ἀθηνᾶς γνώμῃ.

Ἔχει δ' ἀστέρας ἐπὶ τῆς κεφαλῆς λαμπροὺς β', ἐφ'
10 ἑκατέρων ὤμων α', καὶ <ἐπὶ> χειρῶν ἑκατέρων α', <ἐπ'> ἀγκώνων ἑκατέρων α', <ἐπὶ> ζώνης γ' λοξούς ἀμαυρούς, [κοιλίας μέσης λαμπρὸν α',] <ἐπὶ> δεξιᾶς λαγόνος α', <ἐπ' ἀριστεροῦ> γόνατος β', <ὑπὲρ πόδας δ', ἐπὶ> ποδὸς ἄκρου α'· <τοὺς πάντας ιθ'>.

TESTIMONIA : Arat. Lat. 213, 14-214, 17 (Rec. Interp. 213-214) ; Eudoc. 536 ; Fragm. Vat. XV (= Sch. Arat. S, 171) ; Hyg. *Astr.* 2.9 ; 3.8 ; Sch. Germ. BP, 77, 5-15 ; Sch. Germ. S, 138, 3-7.
TITVLVS : κηφέως E : κηφεύς M, om. tit. B.
1 Οὗτος ἐν τάξει E : Οὗτος δὲ ὁ Κεφεὺς ἐν τάξει B ‖ τέτακται E : τέταται M ‖ 3 ἀνὰ μέσον B, iam edd. : ἀναμέσον OM, ἀνάμεσον E ‖ αὐτοῦ aut post λοιπὸν transp. aut delendum cens. Heyne ‖ τοῦ τε E : τε τοῦ B ‖ τοῦ τε ἀρκτικοῦ καὶ θερινοῦ τροπικοῦ (3-4) del. cens. Schaubach ‖ 5 τὴν δ' αὐτοῦ — βοράν (6) et caput XVI (ll. 1-6) in compendio (Ὁ Κεφεὺς λέγεται δοῦναι τὴν θυγατέρα τῷ κήτει βοράν, τὴν Ἀνδρομέδαν, διὰ τὸ ἐρίσθαι τὴν ταύτης μητέρα Κασσιέπειαν ταῖς Νηρηΐσι) hab. S ‖ 6 αὐτοῦ fort. M, iam edd., correxi coll. FRAGM. VAT. (ἑαυτοῦ) : αὐτοῦ E ‖ προθεῖναι corr. Koppiers (cf. FRAGM. VAT.) : παραθεῖναι E ‖ 9 Ἔχει inc. S ‖ λαμπροὺς β' E : β' λαμπρούς S ‖ 11 ἀμαυρούς post ἀγκώνων ἑκατέρων α' transp. Robert (cf. SCH. GERM. S) ‖ 12 κοιλίας μέσης λαμπρὸν α' seclusi coll. cett. testt. ‖ λαμπρὸν α' in λαμπρούς mut. Robert ‖ λαγόνος α' E : contra cf. λαγόνος ζ' (FRAGM. VAT.), *in dextro ilio septem* (ARAT. LAT.) ‖ 13 ἐπ' ἀριστεροῦ iam Schaubach, addidi ex FRAGM. VAT., ARAT. LAT. ‖ γόνατος β' iam Robert, correxi coll. FRAGM. VAT., ARAT. LAT. : γόνατος α' E ‖ ὑπὲρ πόδας δ' iam ex SCH. GERM. S Robert, addidi coll. ARAT. LAT. ‖ 14 τοὺς πάντας ιθ' iam Robert, addidi coll. ARAT. LAT. (cf. et HYG., et catalogum HIPPARCHO adscr., uid. *Appendicem*) : τοὺς πάντας ιε' add. edd. plerique.

15. Céphée

Il est à la quatrième place dans l'ordre des constellations. Il est à l'intérieur du cercle arctique depuis les pieds jusqu'à la poitrine, le reste du corps jusqu'au sommet de la tête tombant entre le cercle arctique et le tropique d'été. C'était, d'après ce que dit Euripide, un roi d'Éthiopie, et le père d'Andromède. Il passe pour avoir exposé en pâture au monstre marin sa propre fille, que Persée, fils de Zeus, parvint à sauver.

Céphée a deux étoiles sur la tête, une brillante sur le bras droit[244], une sur chaque épaule, trois sur le baudrier, sept sur la hanche droite, deux sur le genou gauche[245].

---

244. Les *FV* mettent en valeur la *lucida* de Céphée, Alderamin ("Bras droit"), α Cep, qui était située au pôle en -19.000 ; la précession des équinoxes en fera de nouveau "l'étoile polaire" dans 7.000 ans. Cette version conduit à aménager la figure puisque α Cep est traditionnellement (chez Hipparque et Ptolémée) sur l'épaule.

245. Le nombre d'étoiles sur la hanche est extravagant. Le total (implicite) est de 17 étoiles.

XV. <Περὶ τοῦ Κηφέως>

Οὗτός ἐστιν ἐν τῇ τάξει τέταρτος· ὁ δ' ἀρκτικὸς κύκλος αὐτὸν ἀπολαμβάνει ἀπὸ ποδῶν ἕως στήθους <τὸ δὲ λοιπὸν εἰς τὸ ἀνὰ μέσον πίπτει> αὐτοῦ τοῦ ἀρκτικοῦ καὶ θερινοῦ τροπικοῦ. Ἦν δέ, ὡς Εὐριπίδης φησίν,
5 Αἰθιόπων βασιλεύς, Ἀνδρομέδας δὲ πατήρ· τὴν δὲ ἑαυτοῦ θυγατέρα τῷ κήτει δοκεῖ προθεῖναι, [δι'] ἣν Περσεὺς ὁ Διὸς <διέσωσε> [γεγονώς].

Ἔχει δὲ ἀστέρας ἐπὶ τῆς κεφαλῆς β', ἐπὶ δὲ τῆς δεξιᾶς χειρὸς λαμπρὸν α', ἐφ' ἑκατέρων τῶν ὤμων α', ἐπὶ
10 τῆς ζώνης γ' λοξαί, ἐπὶ τῆς δεξιᾶς λαγόνος ζ', ἐπὶ τοῦ ἀριστεροῦ γόνατος β'.

CODICES : 1-11 S.
TITVLVS : Περὶ τοῦ Κηφέως restitui : falsum lemma ταῦρον hab. S.
2 αὐτὸν ἀπολαμβάνει ex EPIT. correxi coll. ARAT. LAT. (*hunc recipit*) : αὐτοῦ ἐπιλαμβάνει S ‖ 3 τὸ δὲ λοιπὸν εἰς τὸ ἀνὰ μέσον πίπτει ex EPIT. addidi coll. ARAT. LAT. (*reliquum autem intermedium excedit*) ‖ 5 Ἀνδρομέδας correxi : Ἀνδρομέδου S ‖ 6 δι' et γεγονώς (7) seclusi, et διέσωσε (7) suppleui coll. EPIT., ARAT. LAT. (*quam Perseus diuus* [= ὁ Διὸς] *saluauit*) ‖ 7 post [γεγονώς] uerba δι' ἣν καὶ αὐτὸς ἐν τοῖς ἄστροις ἐτέθη Ἀθηνᾶς γνώμῃ uel sim. exc. ex ARAT. LAT. conieci ‖ 10 τῆς ζώνης γ' correxi ex ARAT. LAT. (*in zona tres*), EPIT. : τοῦ γόνατος βγ' S ‖ 11 post γόνατος β' stellas in pedibus om. S : hab. ARAT. LAT.

16. Cassiopée[246]

Celle-ci, d'après le récit que fait le poète Sophocle dans sa tragédie *Andromède*[247], défia les Néréides dans un concours de beauté, et ainsi elle sombra dans le malheur[248], et Poséidon envoya un monstre marin pour ravager son pays[249]. C'est à cause d'elle que sa fille est exposée devant le monstre. Cassiopée est représentée près de sa fille, [confortablement] assise sur un fauteuil[250].

Cassiopée a une étoile brillante sur la tête[251], une brillante sur chaque épaule, une brillante sur le sein droit[252], une sans éclat sur le coude droit, une sur la main, une grande et brillante au bas du dos[253], deux brillantes sur la cuisse gauche, une brillante sur le genou, et, sur l'assise

---

246. Cassiopée, constellation traversée en son milieu par la Voie lactée (Hygin 3.9) correspond en partie à la constellation babylonienne LU-LIM (le cerf ; voir Waerden 1974 : 76, et Rogers 1998a : 17) ; et en partie peut-être au "porc de la déesse Damu" (SHAH DINGIR DA-MU ; voir Florisoone 1951 : 160). Son nom grec semble bien connu au IVe siècle (voir Eudoxe, *frg.* 34 et 106).

249. Comme en *Cat.* 15 (cf. n. 238), on constate un parallélisme lexical de ce passage avec la *Bibliothèque* d'Apollodore (2.4.3). Sur le Monstre marin, voir *Cat.* 36.

251. Il s'agit sans doute de ζ Cas, la plus australe des étoiles brillantes de la constellation. Comme son époux et sa fille, Cassiopée a, par rapport au sommet de la voûte, la tête en bas : une position inconvenante (voir Schol. Arat. 653, p. 353 : ἀσχημόνως καὶ ἀκόσμως), et digne d'un acrobate (ἀρνευτήρ), due à son impiété, si l'on en croit Hygin (2.10 ; cf. Manilius 1.355).

252. La tradition voit dans α Cas l'étoile de la "poitrine" (d'où son nom arabe de Schedir) ; mais il peut s'agir ici de η Cas, légèrement plus basse, tandis que α serait une étoile de l'épaule. Selon Ptolémée la figure a une étoile sur la poitrine (α) et une sur la ceinture (η ; correspondant au "nombril" que Olivieri et Robert proposent d'ajouter au texte).

253. Dans le texte grec il est fait mention d'une étoile sur l'extrémité du pied (ι Cas ?), comme dans le descriptif d'Hygin (3.9) qui précise qu'il s'agit du pied droit ; et d'une étoile pâle sur la poitrine (?).

XVI. Κασσιεπείας

Ταύτην ἱστορεῖ Σοφοκλῆς ὁ τῆς τραγῳδίας ποιητής ἐν Ἀνδρομέδᾳ ἐρίσασαν περὶ κάλλους ταῖς Νηρηίσιν εἰσελθεῖν εἰς τὸ σύμπτωμα, καὶ Ποσειδῶνα διαφθεῖραι τὴν χώραν κῆτος ἐπιπέμψαντα· δι' ἣν πρόκειται τῷ
5 κήτει ἡ θυγάτηρ. [οἰκείως] Ἐσχημάτισται δὲ ἐγγὺς ἐπὶ δίφρου καθημένη.

Ἔχει δ' ἀστέρας ἐπὶ τῆς κεφαλῆς λαμπρὸν α', <ἐφ' ἑκατέρων τῶν ὤμων λαμπρὸν α', ἐπὶ τοῦ δεξιοῦ στήθους λαμπρὸν α'>, ἐπὶ τοῦ δεξιοῦ ἀγκῶνος ἀμαυρὸν α', ἐπὶ
10 τῆς χειρὸς α', <ἐπὶ τῆς ὀσφύος λαμπρὸν μέγαν α',> [γόνατος α', ποδὸς ἄκρου α', στήθους α' ἀμαυρόν,]

TESTIMONIA : Arat. Lat. 215, 8-216, 12 (Rec. Interp. 215-216) ; Fragm. Vat. XVI (= Sch. Arat. S, 188) ; Hyg. *Astr.* 2.10 ; 3.9 ; Sch. Arat. M, 188 ; Sch. Arat. MDΔVUA, 179 ; Sch. Arat. Vat. 1087 (fol. 308r [p. 171, 1-11 ed. Martin]) ; Sch. Germ. BP, 77, 17-78, 7.
TITVLVS : Κασσιεπείας E : Κασσιέπεια M, om. tit. B.
1 Ταύτην ἱστορεῖ E : Ταύτην τὴν Κασιέπειαν ἱστορεῖ B ‖ post Σοφοκλῆς addendum καὶ Εὐριπίδης ex HYG. cens. Schaubach ‖ 4 post δι' ἣν add. αἰτίαν Matthiae mon. Fell ‖ 5 οἰκείως seclusi praeeunte Schaubach : siue in οἰκτρῶς mut. siue delendum prop. Heyne, fort. ἡ Κηφέως legendum cens. Westermann, οἰκείως def. et δὲ ante Ἐσχημάτισται transp. Olivieri mon. Robert ‖ 6 καθημένη E : καθιμένη O ‖ 7 Ἔχει inc. S ‖ Ἔχει δ' ἀστέρας ἐπὶ τῆς κεφαλῆς E : ἡ Κασσιέπεια ἐπὶ τῆς κεφαλῆς S ‖ ἐφ' ἑκατέρων τῶν ὤμων λαμπρὸν α' (7-8) add. Robert (cf. FRAGM. VAT., ARAT. LAT.) ‖ 8 post τῶν ὤμων λαμπρὸν α' transp. στήθους α' ἀμαυρόν (11) et in ἐπὶ στήθους δεξιοῦ α' mut. Robert ‖ 8-9 ἐπὶ τοῦ δεξιοῦ στήθους λαμπρὸν α' iam ex HYG., SCH. GERM. Olivieri, addidi coll. ARAT. LAT. ‖ 9 post ἀγκῶνος add. α', ἐπὶ τῆς δεξιᾶς χειρὸς Olivieri ‖ ἀμαυρὸν E : λαμπρὸν corr. ex HYG., SCH. GERM. Olivieri ‖ 10 ante χειρὸς add. ἀριστερᾶς Olivieri : δεξιᾶς add. Schaubach ‖ post χειρὸς suppl. λαμπρὸν α', ἐπ' ὀμφαλοῦ Olivieri ‖ post χειρὸς α' uerba ἐπὶ τῆς ὀσφύος λαμπρὸν μέγαν α' suppleui ex FRAGM. VAT., ARAT. LAT. : ἐπὶ τῆς ἀριστερᾶς α', ἐπ' ὀμφαλοῦ α' add. Robert ‖ 11 γόνατος α' — στήθους α' ἀμαυρόν praeeuntibus Robert et Olivieri seclusi. haec uerba ex Cephei stellarum enumeratione (c. XV) praue repetita esse coni. Robert.

du siège sur lequel elle se tient, une sur chacun des coins[254]. En tout quatorze[255].

---

254. Cette constellation est facilement repérable grâce au schéma en forme de W constitué par cinq de ses étoiles (β, α, γ, δ, ε Cas). C'est peut-être à cette forme que renvoie la comparaison introduite par ARATOS (192-193 ; cf. GERMANICUS 196 ; AVIÉNUS 455-457) entre cette figure et une clé (SCHERER 1953 : 183) ; il s'agirait d'une lourde clé en forme de manivelle (voir les commentaires de MARTIN 1998b : 240-242). Mais les descriptifs astrothétiques sont trop confus et divers dans la tradition pour proposer un positionnement précis de la figure et une localisation de toutes les étoiles. Les étoiles du siège, en particulier (aux angles du fauteuil ou aux angles de la caisse ?), sont très hypothétiques. On doit sans doute trouver parmi les 14 les 8 étoiles de magnitude inférieure à 4 : γ, α, β, δ, ε, η, ζ, 50 Cas. Avec ces réserves, on peut avancer la proposition suivante : ζ (tête, mag. 3.7) ; α (épaule droite, mag. 2.2) et θ (épaule gauche, mag. 4.3) ; η (sein, mag. 3.4) ; ρ (coude, mag. 4.5) ; σ (main, mag. 4.9) ; γ (bas du dos, mag. 2.1) ; δ et φ ou χ (cuisse, mag. 2.6 et 4.9 ou 4.7) ; ε (genou, mag. 3.4) ; et τ, β, κ et 50 (siège, respectivement mag. 4.9, mag. 2.3, mag. 4.2 et mag. 3.9).

255. Pour PTOLÉMÉE (*Almageste* 7.5, p. 60-63), comme pour HYGIN (3.9) et les *FV*, la constellation compte 13 étoiles. Hygin ne mentionne pas les étoiles du coude et de la main et en ajoute une sur le bout du pied droit. Le total, dans les manuscrits d'Hygin, hésite entre 11, 13, 14 et 19.

<ἐπ'> ἀριστεροῦ μηροῦ λαμπροὺς β', <ἐπὶ> γόνατος α' λαμπρόν, ἐπὶ τοῦ πλινθίου [α'] τοῦ δίφρου οὗ κάθηται ἑκάστης γωνίας α'· <τοὺς πάντας ιδ'>.

---

1 λαμπροὺς β' corr. Robert (cf. ARAT. LAT.) : λαμπρὸν α' E ‖ 2 post γόνατος α' λαμπρόν (1-2) add. ἐπὶ ποδὸς ἄκρου α' ex HYG. Olivieri ‖ ἐπὶ τοῦ πλινθίου [α'] susp. Schaubach ‖ α' seclusi coll. cett. testt. ‖ 3 ἑκάστης (cf. *per singula* ARAT. LAT.) E : ἑκατέρας Robert (et ἑκατέρας hab. FRAGM. VAT.) ‖ τοὺς πάντας ιδ' iam Robert, addidi ex ARAT. LAT. : τοὺς πάντας ιε' suppl. Olivieri, τοὺς πάντας ιγ' add. Matthiae mon. Fell.

16. Cassiopée

Cassiopée, dont il s'agit, d'après le récit que fait le poète tragique Sophocle dans son Andromède, *lança un défi de beauté, et ainsi elle sombra dans le malheur, et Poséidon envoya à cause d'elle le monstre marin pour ravager son pays. C'est pourquoi, comme on l'a dit, ce personnage a été placé parmi les constellations*[256]. *Elle est elle-même représentée assise contre le fauteuil*[257].

Cassiopée a une étoile brillante sur la tête, une sur chaque épaule, une sur le coude droit, une brillante à l'extrémité de la main droite, une grande et brillante au bas du dos, deux brillantes sur la cuisse gauche, une sur le genou, une brillante sur chacun des coins du siège[258]. *En tout treize.*

---

256. Les *FV* indiquent explicitement la motivation de la catastérisation, qui concerne en fait trois personnages signalés dans la phrase (Cassiopée, Andromède, Monstre marin). La formule « comme on l'a dit » fait peut-être référence à une mention, dans l'original étendu, de la présence au ciel de Cassiopée, au cours du chapitre consacré à Céphée (cf. Hygin 2.9 : *ut totum genus eorum perpetuo maneret*) ; ou bien l'expression, présente dans le ms S des *FV* (= Schol. Arat. 188, p. 175), renvoie à une mention préalable de l'héroïne (188, p. 173).

257. L'abrègement rend la phrase grecque confuse : la préposition employée (παρά) et l'adverbe (καί) suggèrent que le sujet (Elle) pourrait être Andromède, souvent figurée genoux fléchis et comme assise.

258. Les *FV* omettent étrangement la mention de la *lucida* (α Cas = Schedir) ; ils précisent que l'étoile de la main est « sur la main droite ».

XVI. <Περὶ τῆς Κασσιεπείας>

Ταύτην [δὲ] τὴν Κασσιέπειαν ἱστορεῖ Σοφοκλῆς τῶν τραγῳδιῶν ποιητὴς ἐν τῇ Ἀνδρομέδᾳ ἐρίσασαν περὶ κάλλους καὶ εἰσελθεῖν εἰς τὸ σύμπτωμα· καὶ τὸν Ποσειδῶνα δι' αὐτὴν τὴν χώραν διαφθεῖραι τὸ κῆτος
5 ἐπιπέμψαντα. Ὅθεν ὡς εἴρηται ἐν τοῖς ἄστροις ἐτέθη· ἐσχημάτισται δὲ καὶ αὐτὴ παρὰ τοῦ δίφρου καθημένη.

Ἔχει δὲ καὶ ἀστέρα ἐπὶ τῆς κεφαλῆς λαμπρὸν α', ἐφ' ἑκατέρου ὤμου α', ἐπὶ τοῦ δεξιοῦ ἀγκῶνος α', ἐπ' ἄκρου τῆς χειρὸς λαμπρὸν α', ἐπὶ τῆς ὀσφύος λαμπρὸν μέγαν
10 α', ἐπὶ τοῦ ἀριστεροῦ μηροῦ <β'>, ἐπὶ τοῦ γόνατος α', ἐφ' ἑκάστης τῆς γωνίας λαμπρὸν α'· τοὺς πάντας ιγ'.

CODICES : 1-11 S.
TITVLVS : Περὶ τῆς Κασσιεπείας restitui.
1 δὲ seclusi ‖ 2 τραγῳδιῶν correxi : τραγῳδῶν S ‖ 3 εἰσελθεῖν ex EPIT. correxi coll. ARAT. LAT. (*peruenisse*) : ἐλθεῖν S ‖ 5 ἐπιπέμψαντα ex EPIT. mutaui : ἐπιπέμψαι S, aut *transmittens* aut *transmittentes* ARAT. LAT. ‖ post ἐτέθη hab. *iuxtra alterutrum* ARAT. LAT. ‖ 8 ἑκατέρου ὤμου S^{pc} : ἑκάτερον ὦμον S^{ac} ‖ post ἑκατέρου ὤμου hab. *in dextro pectore splendidam unam* ARAT. LAT. ‖ 9 μέγαν correxi : μέγα S ‖ 10 <β'> addidi ex ARAT. LAT., EPIT. ‖ 11 ἑκάστης τῆς (cf. *per singula* ARAT. LAT.) correxi : ἑκατέρας τὰς S ‖ post ἐφ' ἑκάστης τῆς γωνίας ex EPIT. τοῦ δίφρου οὗ κάθηται uel sim. leg. conieci (cf. *per singula in summitate sellulae, ubi sedet* ARAT. LAT.) ‖ γωνίας scripsi : γωμίας S, ut uid. ‖ τοὺς πάντας ιγ' S : *quattuordecim stellas computat* ARAT. LAT.

17. Andromède[259]

Elle doit à Athéna de se trouver parmi les constellations, pour rappeler au souvenir les exploits de Persée[260] ; elle a les bras en croix, dans la position dans laquelle elle fut exposée au monstre marin[261]. Par conséquent Andromède décida, une fois sauvée par Persée, de ne pas demeurer avec son père et sa mère[262], et, inspirée par sa générosité, fit volontairement le choix de partir avec Persée et de l'accompagner à Argos[263]. C'est ce qu'Euripide aussi raconte explicitement dans la pièce de théâtre qu'il a composée sur elle[264].

Andromède a une étoile brillante sur la tête[265], une sur chaque épaule, une sur le coude droit, une brillante à l'extrémité du bras, une sur le coude gauche, deux brillantes sur la rame située à l'extrémité du bras[266], trois sur la ceinture, quatre au-dessus de la ceinture, une brillante

---

259. Cette constellation grecque est découpée de façon originale, et correspond à plusieurs constellations babyloniennes, en particulier le Bélier conducteur babylonien (LU-LIM), et la Charrue (γ And) ; voir ROGERS 1998a : 18 ; WAERDEN 1974 : 72 et fig. 7. La première mention sûre d'Andromède se trouve chez EUDOXE (*frg.* 34). Le processus de stylisation du groupe céphéen (voir *Cat.* 22, et n. 323) constituerait une élaboration savante (SCHERER 1953 : 164).

264. EURIPIDE, *Andromède* (p. 150 Jouan-Van Looy). Pour la reconstitution de cette tragédie, voir *Cat.* 15, n. 236. La version par HYGIN des *Catastérimes* (2.11) est plus claire encore : « Ni son père Céphée, ni sa mère Cassiopée ne purent la dissuader d'abandonner parents et patrie pour suivre Persée. Mais à son sujet Euripide a eu l'excellente inspiration d'écrire une pièce sous ce même titre ».

265. α And = Alpherat, Sirrah ou Sirah. Cette étoile forme le coin supérieur gauche du "Carré de Pégase", constellation à laquelle elle appartient également sous l'appellation de δ (delta) Pegasi. L'étoile est un repère bien connu (voir EUDOXE, *frg.* 34 ; HIPPARQUE 1.2.13 ; ARATOS 206-207 : « une étoile commune brille sur le nombril de l'un et le sommet du crâne de l'autre »). C'est sans doute le talon (ASIDU) de la Panthère des Babyloniens (FLORISOONE 1951 : 159).

CATASTERISMI 53

XVII. Ἀνδρομέδας

Αὕτη κεῖται ἐν τοῖς ἄστροις διὰ τὴν Ἀθηνᾶν, τῶν Περσέως ἄθλων ὑπόμνημα, διατεταμένη τὰς χεῖρας, ὡς καὶ προετέθη τῷ κήτει· ἀνθ' ὧν σωθεῖσα ὑπὸ τοῦ Περσέως οὐχ εἵλετο τῷ πατρὶ συμμένειν οὐδὲ τῇ μητρί, ἀλλ'
5 αὐθαίρετος εἰς τὸ Ἄργος ἀπῆλθε μετ' ἐκείνου, εὐγενές τι φρονήσασα. Λέγει δὲ καὶ Εὐριπίδης σαφῶς ἐν τῷ περὶ αὐτῆς γεγραμμένῳ δράματι.

Ἔχει δὲ ἀστέρας ἐπὶ τῆς κεφαλῆς λαμπρὸν α', ἐφ' ἑκατέρου ὤμου α', [δεξιοῦ ποδὸς β', ἀριστεροῦ α',] ἐπὶ
10 τοῦ δεξιοῦ ἀγκῶνος α', ἐπ' ἄκρας τῆς χειρὸς λαμπρὸν α', ἐπὶ τοῦ ἀριστεροῦ ἀγκῶνος α', [ἐπὶ τοῦ δεξιοῦ λαμπρὸν α',] <ἐπὶ τοῦ πηδαλίου τοῦ ἄκρας χειρὸς λαμπροὺς β',> ἐπὶ τῆς ζώνης γ', ὑπὲρ τὴν ζώνην δ', ἐφ'

TESTIMONIA : Arat. Lat. 216, 20-218, 3 (Rec. Interp. 216-218) ; Fragm. Vat. XVII (= Sch. Arat. S, 198) ; Hyg. *Astr.* 2.11 ; 3.10 ; Sch. Arat. MDΔVUA, 179 ; Sch. Arat. MDΔVUA, 197-198 ; Sch. Arat. Vat. 1087 (fol. 308r [p. 171, 1-11 ed. Martin]) ; Sch. Germ. BP, 78, 9-19.
TITVLVS : ἀνδρομέδας LO, et fort. ap. E, sed perdifficile lectu : ἀνδρομέδα M, om. tit. B.
1 Αὕτη κεῖται E : Αὕτη ἡ Ἀνδρομέδα κεῖται B ‖ 2-3 ὥς καὶ del. cens. Koppiers ‖ 3 προετέθη B, iam edd. mon. Koppiers (cf. FRAGM. VAT., SCH. ARAT.) : προσετέθη E ‖ 6 τι E : τε M ‖ 7 γεγραμμένῳ om. M ‖ δράματι MB (cf. FRAGM. VAT.), edd. : δράμματι E ‖ 8 Ἔχει inc. S ‖ Ἔχει δὲ ἀστέρας ἐπὶ τῆς κεφαλῆς E : ἡ Ἀνδρομέδα ἐπὶ τῆς κεφαλῆς S ‖ 9 ἑκατέρου E : ἑκάστου M ‖ δεξιοῦ ποδὸς β', ἀριστεροῦ α' secl. Robert (cf. ARAT. LAT.) ‖ 10 ἀγκῶνος E : ἀγγῶνος B ‖ 11 ἐπὶ τοῦ ἀριστεροῦ ἀγκῶνος — λαμπρὸν α' (12) om. OM ‖ ἀγκῶνος E : ἀγγῶνος B ‖ α', ἐπὶ τοῦ δεξιοῦ secl. ex SCH. GERM. BP Olivieri ‖ ἐπὶ τοῦ δεξιοῦ λαμπρὸν α' (11-12) secl. Robert ‖ 12-13 ἐπὶ τοῦ πηδαλίου τοῦ ἄκρας χειρὸς λαμπροὺς β' ex ARAT. LAT. (*in pedalium de summitate manu nitidas duas*) conieci (Pàmias, *Emerita* 67, 1999, 285-288) : ἐπὶ βραχίονος α', ἐπὶ τῆς χειρὸς α' add. Olivieri, ἐπὶ βραχίονος α', ἐπὶ τῆς ἀριστερᾶς χειρὸς λαμπρὸν α' suppl. Robert ‖ 13 ὑπὲρ corr. Robert ex HYG., SCH. GERM. BP, SCH. GERM. G probantibus Olivieri et Maass (cf. FRAGM. VAT., ARAT. LAT.) : ὑπὸ E ‖ ὑπὸ [ὑπὲρ nos] τὴν ζώνην del. cens. Schaubach.

sur chaque genou, deux sur le pied droit et une sur le gauche[267]. En tout 20[268].

---

267. Il s'agit de Merach (β And), une étoile double comme alpha.
268. Ce chiffre est régulier, bien qu'Hygin liste 21 étoiles (mais conclut par *omnino viginti* dans la plupart des mss), en dédoublant l'étoile du pied gauche (3.10 ; cf. Schol. Germ., p. 78) ; les deux étoiles liées au πηδάλιον sont dans la tradition latine des étoiles de la main ou du bras (*brachium, manus*). Les étoiles sont, semble-t-il : α (tête) ; δ, σ (épaules) ; ι, ε (coudes) ; λ (main droite brillante) ; ζ, η (main sur πηδάλιον, s'il s'agit bien de la main gauche) ; β, μ, ν (sur la ceinture) ; π, ρ, θ, 32 (? au-dessus de la ceinture) ; υ, φ (genoux) ; υ et φ Per [= 51 et 54 And] (pied droit) ; γ (pied gauche). Mais cette distribution est hypothétique, en raison de la confusion du descriptif (deux étoiles de forte magnitude apparente [o And, mag. 3.6 ; et κ And, mag. 4.1] ne trouvant pas leur place). Ptolémée dénombre 24 étoiles (*Almageste* 7.5, p. 80-83).

ἑκατέρου γόνατος λαμπρὸν α', ἐπὶ τοῦ δεξιοῦ ποδὸς β',
ἐπὶ τοῦ ἀριστεροῦ α'· <τοὺς πάντας κ'>.

1 λαμπρὸν aut in ἀμαυρὸν mut. aut del. cens. censor editionis Schaubach ap. Matthiae : delendum cens. Schiaparelli ap. Olivieri ‖ 1-2 ἐπὶ τοῦ δεξιοῦ ποδὸς β', ἐπὶ τοῦ ἀριστεροῦ α' praeeunte Robert numeros commutaui coll. ARAT. LAT. FRAGM. VAT. cf. uerba supra (9, p. 53) secl., quae fort. ad hunc errorem corrigendum in mg. addita falso loco in textum irrepere coni. Robert : ἐπὶ τοῦ δεξιοῦ ποδὸς α', ἐπὶ τοῦ ἀριστεροῦ β' E, del. Schaubach ‖ 2 τοὺς πάντας κ' praeeunte Fell add. edd. plerique : ιβ' coni. Schaubach.

17. Andromède

Elle doit à Athéna de se trouver parmi les constellations, pour rappeler au souvenir les exploits de Persée ; elle a les bras en croix, dans la position dans laquelle elle fut exposée au monstre marin. Suite à cela, elle fut sauvée par Persée. Euripide le dit aussi dans la pièce de théâtre en question[269].

Andromède a une étoile brillante sur la tête, une sur le coude droit, une à l'extrémité de la main, une sur chaque épaule, trois sur la ceinture, quatre au-dessus de la ceinture, une brillante sur chaque genou, deux sur le pied <droit> et une sur le gauche. En tout dix-sept[270].

---

269. Le texte grec dit « la même pièce » signifiant peut être "la pièce éponyme".

270. Les étoiles disparues sont les deux étoiles liées au πηδάλιον, et l'étoile du coude gauche (ζ And).

XVII. <Περὶ τῆς Ἀνδρομέδας>

Αὕτη κεῖται διὰ τὴν <Ἀθηνᾶν> ἐν τοῖς ἄστροις, τὸ Περσέως ἄθλοις ὑπόμνημα· διατεταμένας δὲ ἔχει τὰς χεῖρας, ὡς καὶ προετέθη τῷ κήτει· ἀνθ' ὧν ἐσώθη ὑπὸ Περσέως. Φησὶ δὲ καὶ Εὐριπίδης ἐν τῷ αὐτῷ δράματι.

5   Ἔχει δὲ ἀστέρας ἐπὶ τῆς κεφαλῆς λαμπρὸν α', ἐπὶ τοῦ ἀγκῶνος τοῦ δεξιοῦ α', ἐπ' ἄκρου τῆς χειρὸς α', ἐφ' ἑκατέρων τῶν ὤμων α', ἐπὶ ζώνης γ', ὑπὲρ τὴν ζώνην δ', ἐφ' ἑκατέρων τῶν γονάτων λαμπρὸν α', ἐπὶ τοῦ ποδὸς β', ἐπὶ τοῦ ἀριστεροῦ α'· πάντας ιζ'.

CODICES : 1-9 S.
TITVLVS : Περὶ τῆς Ἀνδρομέδας suppleui : Ἀνδρομέδης S.
1 Ἀθηνᾶν iam coni. Martin, ex EPIT. suppleui : om. S, ARAT. LAT. ||
4 post Περσέως plura de nuptiis Andromedae Perseique hab. ARAT.
LAT., EPIT. || Φησὶ — δράματι transposui coll. ARAT. LAT., EPIT. : post
πάντας ιζ' (9) hab. S || 7 ante ἐπὶ ζώνης γ' hab. *in sinistro cubitu unam, in pedalium de summitate manu nitidas duas* ARAT. LAT. (uid.
Pàmias, *Emerita* 67, 1999, 285-288) || 9 β' correxi coll. cett. testt. :
γ' S || ιζ' S : *uiginti* ARAT. LAT.

18. Le Cheval[271]

On ne voit de lui que sa partie antérieure jusqu'au nombril[272]. D'après Aratos[273], il s'agit du cheval de l'Hélicon, qui fit jaillir d'un coup de sabot la source qu'on appelle, de ce fait, "Source du Cheval" (Hippocrène)[274].

Mais selon d'autres, il s'agit de Pégase[275], le cheval qui s'envola jusqu'aux étoiles après la chute de Bellérophon ; néanmoins, certains trouvent cette interprétation peu crédible, dans la mesure où la figure ne porte pas d'ailes[276].

Quant à Euripide, il dit, dans sa *Mélanippè*[277], qu'il s'agit d'Hippè[278], la fille de Chiron qu'Éole abusa et viola, et qui dut s'enfuir dans la montagne à cause de la rondeur de son ventre[279]. Elle était sur le point d'accoucher quand son père partit à sa recherche dans la montagne[280] ; au moment d'être découverte, elle pria les dieux d'être métamorphosée et transformée en cheval pour qu'on ne la reconnût pas[281]. Aussi, en raison de sa piété et de celle de son père, fut-elle placée par Artémis parmi les constellations[282], et c'est pourquoi il est impossible au Centaure de l'apercevoir[283] ; on dit, en effet, que le Centaure n'est autre que Chiron[284]. Les parties postérieures d'Hippè sont invisibles, afin que l'on ne sache pas qu'elle est de sexe féminin[285].

Le Cheval a deux étoiles sans éclat sur les naseaux, une sur la tête[286], une sur la mâchoire, une sans éclat sur

---

274. L'Hélicon est situé en Béotie, entre le lac Copaïs et le golfe de Corinthe ; on identifie Hippocrène, décrite par PAUSANIAS (9.31.3), avec la source appelée aujourd'hui Kryopegadi, sur la face nord de la montagne Zagaras.

280. La montagne en question est sans doute le mont Pélion qui est la résidence de Chiron, le père d'Hippè (cf. *Cat.* 40, n. 605).

284. Sur la constellation du Centaure, voir *Cat.* 40.

285. Ce chapitre présente un *aition,* probablement élaboré par Ératosthène pour justifier l'amputation de l'image ; mais cette motivation est redondante avec la notation précédente, puisque même intégrale l'image du Cheval ne pourrait être vue par le Centaure, compte tenu du décalage de leur lever respectif.

XVIII. Ἵππου

Τούτου μόνον τὰ ἔμπροσθεν φαίνεται ἕως ὀμφαλοῦ. Ἄρατος μὲν οὖν φησι τὸν ἐπὶ τοῦ Ἑλικῶνος εἶναι ποιήσαντα κρήνην τῇ ὁπλῇ, ἀφ' οὗ καλεῖσθαι Ἵππου κρήνην. Ἄλλοι δὲ τὸν Πήγασον εἶναί φασι τὸν εἰς τὰ ἄστρα
5 ἀναπτάντα ὕστερον τῆς Βελλεροφόντου πτώσεως· διὰ δὲ τὸ μὴ ἔχειν πτέρυγας ἀπίθανον δοκεῖ τισι ποιεῖν τὸν λόγον. Εὐριπίδης δέ φησιν ἐν Μελανίππῃ Ἵππην εἶναι τὴν τοῦ Χείρωνος θυγατέρα· ὑπ' Αἰόλου δὲ ἀπατηθεῖσαν φθαρῆναι καὶ διὰ τὸν ὄγκον τῆς γαστρὸς φυγεῖν εἰς τὰ
10 ὄρη, κἀκεῖ ὠδινούσης αὐτῆς τὸν πατέρα ἐλθεῖν κατὰ ζήτησιν, τὴν δ' εὔξασθαι καταλαμβανομένην πρὸς τὸ μὴ γνωσθῆναι μεταμορφωθῆναι καὶ γενέσθαι ἵππον. Διὰ γοῦν τὴν εὐσέβειαν αὐτῆς τε καὶ τοῦ πατρὸς ὑπ' Ἀρτέμιδος εἰς τὰ ἄστρα τεθῆναι, ὅθεν τῷ Κενταύρῳ οὐχ
15 ὁρατή ἐστιν· Χείρων γὰρ λέγεται εἶναι ἐκεῖνος· τὰ δὲ ὀπίσθια μέρη αὐτῆς ἀφανῆ ἐστι πρὸς τὸ μὴ γινώσκεσθαι θήλειαν οὖσαν.

Ἔχει δὲ ἀστέρας ἐπὶ τοῦ ῥύγχους β' ἀμαυρούς, ἐπὶ τῆς κεφαλῆς α', ἐπὶ τῆς σιαγόνος α', ἐφ' ἑκατέρῳ ὠτίῳ

TESTIMONIA : Arat. Lat. 218, 21-221, 3 (Rec. Interp. 218-221) ; Fragm. Vat. XVIII (cf. Sch. Arat. S, 205) ; Hyg. *Astr*. 2.18 ; 3.17 ; Sch. Arat. MDΔVUA, 205 ; Sch. Germ. BP, 78, 21-79, 16.
TITVLVS : ἵππου LO, et laboriose legas ap. E : ἵππος M, om. tit. B.
1 Τούτου — ἕως E : τοῦ δὲ ἵππου τούτου τὰ ἔμπροσθεν φαίνεται μόνον ἕως B ‖ μόνον B, edd. plerique : μόνον E, μόνα Fell, αὐτὰ ex SCH. ARAT. Koppiers ‖ 4 Ἄλλοι δὲ τὸν Πήγασον — Βελλεροφόντου πτώσεως (5) susp. Heyne ‖ 5-7 διὰ δὲ τὸ μὴ ἔχειν — τὸν λόγον recte susp. Robert ‖ 7 φησιν ἐν Μελανίππῃ Ἵππην ex HYG. corr. Valckenaer (cf. FRAGM. VAT.) : φησι Μελανίππην E (cf. SCH. GERM. BP, SCH. GERM. G) ‖ 8 θυγατέρα EMB (et cf. FRAGM. VAT.), edd. : θυγατέραν LO ‖ 14 εἰς E : ἐς M ‖ 18 Ἔχει inc. S ‖ Ἔχει δὲ ἀστέρας E : ὁ ἵππος ἔχει ἀστέρας S ‖ τοῦ ῥύγχους corr. Robert. cf. ARAT. LAT. (*in rostro*), FRAGM. VAT. (ῥυχμοῦ) : τῆς ῥάχεως E, τοῦ προσώπου uett. edd. ‖ 19 post κεφαλῆς α' add. λαμπρὸν Robert ‖ ἑκατέρῳ ὠτίῳ E : ἑκατέρου ὠτίου Robert.

chaque oreille, quatre sur l'encolure —celle qui est près de la tête étant plus brillante—, une sur l'épaule, une sur le poitrail, une sur le dos, une brillante, à la limite de l'image, sur le nombril, deux sur les genoux de devant, et une sur chaque sabot[287]. En tout dix-huit[288].

---

287. Les étoiles sont γ, δ Equ (naseaux) ; ε Peg (tête), α Equ (mâchoire) ; ν, θ Peg (oreilles) ; ζ, ξ, ρ et σ Peg (encolure, ζ étant la brillante) ; α Peg (épaule) ; β Peg (poitrail) ; γ Peg (dos) ; δ Peg (nombril, = α And) ; ι, η (genoux) ; κ, π (sabots). Les dernières sont sur les jarrets (*poples*) selon Hygin (3.17), et les chevilles selon Ptolémée (σφύρος). Les plus brillantes sont α Peg (Markab, mag. 2.5), β Peg (Sheat, mag. 2.4), et γ Peg (Algenib, mag. 2.8), qui constituent le triangle de l'aile du cheval. Aratos distingue dans la figure une partie qu'il appelle "le bond du Cheval" (σκαρθμὸς ἵππου : 281), correspondant à la patte antérieure la plus occidentale (κ Peg), la cheville gauche selon Ptolémée. Un astérisme particulier, formé des étoiles des naseaux et de la mâchoire, est isolé de l'ensemble par Ptolémée qui le nomme "Face du cheval" (Ἵππου Προτομή), un nom totalement ignoré des auteurs latins et introduit peut-être par Hipparque (voir Géminos 3.8), bien que le syntagme n'apparaisse pas dans le *Commentaire*, où l'on trouve en revanche τό τε σῶμα τοῦ ἵππου ὅλον (Hipparque 2.2.46) ; il comprenait trois étoiles (mag. inférieure à 5) et correspond à la constellation actuelle du Petit Cheval (*Equuleus*), comptant une quinzaine d'étoiles (dont 9 de magnitude inférieure à 6). Constituant d'abord une partie du Cheval, il est perçu ensuite comme un dédoublement de la tête du Cheval, et a été identifié plus tard (Allen 1899 : 213) soit à Celeris, le frère de Pégase, donné par Hermès à Castor (Ovide, *Mét.* 12.408), soit au centaure Cyllarus, donné à Pollux par Héra (Virgile, *Géorgiques* 3.90).

288. Il y a 20 étoiles selon Ptolémée (*Almageste* 7.5, p. 76-81).

CATASTERISMI

ἀμαυρὸν α', <ἐπὶ> τῷ τραχήλῳ δ', ὧν τὸν πρὸς τῇ κεφαλῇ λαμπρότερον, ἐπὶ τοῦ ὤμου α', <ἐπὶ> στήθους α', <ἐπὶ> ῥάχεως α', <ἐπ'> ὀμφαλοῦ ἔσχατον α' λαμπρόν, <ἐπ'> ἐμπροσθίων γονάτων β', ἐφ' ἑκατέρας ὁπλῆς α'· <τοὺς πάντας ιη'>.

---

1 τῷ τραχήλῳ E : τοῦ τραχήλου Robert ‖ 3 ὀμφαλοῦ E^{pc}M^{pc} μ supra φ scripto ‖ 5 τοὺς πάντας ιη' iam preeunte Fell edd., addidi coll. FRAGM. VAT., ARAT. LAT. : *ita est omnino stellarum XVII* HYG., quindecim stellas computat Ov. (*Fast.* 3.458).

18. Le Cheval

On ne le voit qu'à moitié, seule sa partie antérieure étant visible, jusqu'au nombril. D'après Aratos il s'agit du cheval de l'Hélicon, qui fit jaillir d'un coup de sabot la source qu'on appelle, de ce fait, "Source du Cheval" (Hippocrène). Mais, selon d'autres, il s'agit de Pégase, le cheval qui s'envola jusqu'aux étoiles après la chute de Bellérophon ; néanmoins, certains trouvent cette interprétation peu crédible, dans la mesure où la figure ne porte pas d'ailes. Quant à Euripide, il dit, dans sa **Mélanippè***, que parmi les étoiles c'est Hippè, la fille de Chiron. On raconte qu'elle fut élevée sur le Pélion, pratiquait la chasse[289], et s'adonnait à l'observation et à l'étude de la nature[290]. Éole abusa d'elle et la viola, mais elle put, pendant un temps, dissimuler la chose ; mais lorsque cela devint manifeste, en raison de la rondeur de son ventre, elle s'enfuit dans la montagne. Elle était sur le point d'accoucher, quand son père partit à sa recherche dans la montagne ; au moment d'être découverte, elle pria les dieux d'être métamorphosée et transformée en cheval pour qu'on ne la reconnût pas. Elle fut donc transformée en cheval et mit au monde un petit[291]. Aussi, en raison de sa piété et de celle de son père, fut-elle placée par Artémis parmi les constellations, et c'est pourquoi il*

---

289. En ce qui concerne l'activité cynégétique d'Hippè, voir le parallèle que constitue Callisto (*Cat.* 1 et n. 6). Par les deux occupations qui la caractérisent (chasse et activité intellectuelle), la jeune fille se trouve placée dans une situation marginale (cf. n. 290), à l'écart du milieu familial, qui correspond à la période d'isolement dans les rites de passage. L'état de chasseresse convient à son statut de παρθένος, qui refuse ici le mariage (voir Vernant 1974 : 37 sq.).

291. D'après Hygin (2.18.2), c'est *après* l'accouchement qu'elle est transformée en jument.

XVIII. Περὶ τοῦ Ἵππου

Οὗτος φαίνεται ἡμιτελής, αὐτὰ τὰ ἐμπρόσθια φαίνων ἕως ὀμφαλοῦ. Ἄρατος μὲν οὖν φησι τὸν ἐπὶ τοῦ Ἑλικῶνος εἶναι ποιήσαντα κρήνην τῇ ὁπλῇ, ἀφ' οὗ καλεῖσθαι Ἵππου κρήνην. Ἄλλοι δὲ τὸν Πήγασόν φασιν
5 εἶναι τὸν εἰς τὰ ἄστρα ἀναπτάντα ὕστερον τῆς Βελλεροφόντου πτώσεως· διὰ δὲ τὸ μὴ ἔχειν πτέρυγας ἀπίθανον δοκεῖ ποιεῖν τισι τὸν λόγον. Εὐριπίδης δέ φησιν ἐν τῇ Μελανίππῃ Ἵππην εἶναι τὴν Χείρωνος θυγατέρα ἐν τοῖς ἄστροις· ἣν ἱστορεῖται τρεφομένην ἐν τῷ Πηλίῳ περὶ τὰς
10 ἄγρας εἶναι καὶ δὴ καὶ τὴν φυσικὴν θεωρίαν συντηρεῖν· ὑπ' Αἰόλου δ' ἀπατηθεῖσαν φθαρῆναι καὶ ἕως μέν τινος κρύπτειν· ἐπειδὴ δὲ καταφανὴς ἦν διὰ τὸν ὄγκον τῆς γαστρός, φυγεῖν εἰς τὰ ὄρη κἀκεῖ ὠδινούσης αὐτῆς τὸν πατέρα ἐλθεῖν κατὰ ζήτησιν· τὴν δὲ εὔξασθαι καταλαμ-
15 βανομένην πρὸς τὸ μὴ γνωσθῆναι μεταμορφωθῆναι, καὶ οὕτω γενέσθαι ἵππον τεκοῦσαν τὸ παιδίον· διὰ δὲ τὴν εὐσέβειαν αὐτῆς τε καὶ τοῦ πατρὸς εἰς τὰ ἄστρα ὑπὸ Ἀρτέμιδος τεθῆναι, ὅθεν τῷ Κενταύρῳ οὐχ ὁρατή ἐστιν·

Codices : 1-10 (p. 59) S, 1-3 (p. 59) TW.
Titvlvs : Περὶ τοῦ Ἵππου T : Ἵππος S.
1 Οὗτος — φαίνων TS (cf. Arat. Lat., Sch. Germ. BP) : Τούτου μόνον τὰ ἔμπροσθεν φαίνεται Epit., om. Hyg. ‖ 3 ποιήσαντα om. Arat. Lat. ‖ 6 πτώσεως corr. Rehm ex Arat. Lat. (interitum), Epit., Sch. Germ. BP (posteaquam Bellerophonten a se excusserit) : τρώσεως TS ‖ διὰ δὲ τὸ μὴ ἔχειν — τὸν λόγον (7) hab. Arat. Lat., Epit. : om. Hyg., Sch. Germ. BP ‖ 7 τισι TS : τις W ‖ τισι τὸν λόγον om. Arat. Lat. ‖ ante Εὐριπίδης hab. poeta carminum Arat. Lat. ‖ 7-8 ἐν τῇ Μελανίππῃ Ἵππην T : ἐν τῇ Μελανίππῳ ἵππιν S, ἐν τῇ et Ἵππην om. et Μελανίππην hab. Epit., Mel<an>ippe hab. et Ἵππην om. Arat. Lat. ‖ 8 τὴν Χείρωνος T : τὴν Χείρονος S, τοῦ Χείρωνος W, τὴν τοῦ Χείρωνος Epit. ‖ Χείρωνος om. Arat. Lat. ‖ ἐν τοῖς ἄστροις — συντηρεῖν (10) (cf. Arat. Lat.) : om. S, Epit. ‖ 11 ἕως — καταφανὴς ἦν (12) (cf. Arat. Lat.) : om. Epit. ‖ 12 ὄγκον T : ὄγγον S ‖ 16 οὕτω T : οὕτως S, om. Epit. ‖ τεκοῦσαν τὸ παιδίον (cf. Arat. Lat.) : om. Epit. ‖ δὲ TS : γοῦν Epit.

est impossible au Centaure de l'apercevoir ; on dit, en effet, que le Centaure n'est autre que Chiron. Les parties postérieures d'Hippè sont invisibles, afin justement que l'on ne sache pas qu'elle est de sexe féminin.

Le Cheval a deux étoiles sur les naseaux, une sur la tête, une sur la mâchoire, une sans éclat sur chacune des oreilles, quatre sur l'encolure, une également sur l'épaule, une sur le poitrail, une sur le dos, une brillante, à la limite de l'image, sur le nombril, deux sur les genoux de devant, et une sur chaque sabot. En tout dix-huit.

CATASTERISMI

Χείρωνα γὰρ λέγεται ἐκεῖνον εἶναι· τὰ δ' ὀπίσθια μέρη διὰ τοῦτο ἀφανῆ ἐστι πρὸς τὸ μὴ διαγινώσκεσθαι θήλειαν.

Ἔχει δὲ ἀστέρας ἐπὶ τοῦ ῥύγχους δύο, ἐπὶ τῆς
5 κεφαλῆς α', ἐπὶ τῆς σιαγόνος α', ἐφ' ἑκατέρων τῶν ὠτίων α' ἀμαυρούς, ἐπὶ τοῦ τραχήλου δ', [ἐπὶ τῆς κεφαλῆς λαμπρὸν α',] ἐπὶ τοῦ ὤμου ὁμοίως α', ἐπὶ τοῦ στήθους α', ἐπὶ τῆς ῥάχεως α', <ἐπ' ὀμφαλοῦ ἔσχατον λαμπρὸν α',> ἐπὶ τῶν ἐμπροσθίων γονάτων β', ἐφ' ἑκατέρας ὁπλῆς
10 α'· τοὺς πάντας ιη'.

---

1 Χείρωνα — θήλειαν (3) (cf. Arat. Lat., Epit.) : om. S ‖ Χείρωνα et ἐκεῖνον T : Χείρων et ἐκεῖνος Epit. ‖ 2 ante διὰ suppl. αὐτῆς ex Epit. Rehm ‖ διὰ τοῦτο om. Epit. ‖ 3 post θήλειαν add. οὖσαν Epit. ‖ 4 ῥύγχους correxi ex Arat. Lat. (*rostro*) : ῥυχμοῦ S ‖ 5 ὠτίων correxi (cf. Epit., Arat. Lat. *aures*) : νώτων S ‖ 6 δ' mutaui ex Arat. Lat., Epit. : α' S ‖ ἐπὶ τῆς κεφαλῆς λαμπρὸν α' (6-7) ex Arat. Lat. seclusi : ὧν τὸν πρὸς τῇ κεφαλῇ λαμπρότερον hab. Epit. ‖ 7 τοῦ ὤμου correxi : τοὺς ὤμους S ‖ ἐπ' ὀμφαλοῦ ἔσχατον λαμπρὸν α' (8-9) ex Arat. Lat., Epit. restitui ‖ 10 α' mutaui ex cett. testt. : β' S.

19. Le Bélier[292]

Il s'agit de celui qui transporta Phrixos et Hellè[293]. Il était immortel et leur fut donné par Néphélè, leur mère. Il avait une toison d'or[294], comme le racontent Hésiode et Phérécyde[295]. Tandis qu'il leur faisait passer sur son dos le passage le plus étroit de la mer, qui reçut d'Héllè son nom d' "Hellespont" (Mer d'Hellè), il laissa tomber cette dernière [en perdant une corne][296]. Cependant, Poséidon la sauva, s'unit à elle, et eut d'elle un enfant nommé Pæon[297]. Quant à Phrixos, le bélier le transporta, sain et sauf, vers le Pont Euxin et jusque chez Aiètès[298]. Puis il se défit de sa toison d'or et l'offrit [à Aiétès], comme un souvenir ; et il partit, tel quel, rejoindre les constellations[299]. C'est pourquoi il brille d'un éclat relativement faible[300].

Le Bélier a une étoile sur la tête[301], trois sur les naseaux, deux sur le cou, une brillante sur l'extrémité de la patte qui est en avant[302], quatre sur l'échine, une sur la queue, trois sur le dessous du ventre, une sur le bassin, et une sur l'extrémité de la patte postérieure[303]. En tout dix-sept.

---

301. Dans l'ensemble, le positionnement des étoiles sur la face des personnages célestes connaît de nombreuses variations ; cette étoile, que son éclat particulier permet d'identifier sûrement, est appelée par HIPPARQUE « la plus au nord des étoiles situées sur le museau » (1.6.9), ou bien « l'étoile la plus à l'est des trois sur la tête » (2.6.1b) ; et par PTOLÉMÉE, qui la signale parmi les étoiles *hors* de la constellation proprement dite, avec les quatre étoiles de l'échine : « l'étoile au-dessus de la tête, qu'Hipparque appelle "celle sur le museau" » (*Almageste* 7.5, p. 84-87).

302. "La patte de devant" désigne une patte antérieure ; bien que l'animal n'ait pas d'étoile sur l'autre antérieur, il faut supposer une figure complète et comprendre, conformément à la représentation moderne, que l'étoile (η Psc) est sur la patte la plus avancée (*i.e.* la plus occidentale) du Bélier.

XIX. Κριοῦ

Οὗτος ὁ Φρίξον διακομίσας καὶ Ἕλλην· ἄφθιτος δὲ ὢν ἐδόθη αὐτοῖς ὑπὸ Νεφέλης τῆς μητρός· εἶχε δὲ χρυσῆν δοράν, ὡς Ἡσίοδος καὶ Φερεκύδης εἰρήκασιν· διακομίζων δ' αὐτοὺς κατὰ τὸ στενότατον τοῦ πελά-
5 γους, τοῦ ἀπ' ἐκείνης κληθέντος Ἑλλησπόντου, ἔρριψεν αὐτὴν [καὶ τὸ κέρας ἀπολέσας]· Ποσειδῶν δ' ἔσωσε τὴν Ἕλλην καὶ μιχθεὶς ἐγέννησεν ἐξ αὐτῆς παῖδα ὀνόματι Παίονα· τὸν δὲ Φρίξον εἰς τὸν Εὔξεινον πόντον σωθέντα πρὸς Αἰήτην διεκόμισεν· [ᾧ] καὶ ἐκδὺς ἔδωκε τὴν χρυσῆν
10 δοράν, ὅπως μνημόσυνον ἔχῃ· αὐτὸς δὲ εἰς τὰ ἄστρα ἀπῆλθεν· ὅθεν ἀμαυρότερον φαίνεται.

Ἔχει δὲ ἀστέρας ἐπὶ τῆς κεφαλῆς α', ἐπὶ τῶν μυκτήρων γ', ἐπὶ τοῦ τραχήλου β', ‹ἐπ'› ἄκρου ἐμπροσθίου ποδὸς λαμπρὸν α', ‹ἐπὶ› ῥάχεως δ', ‹ἐπὶ› κέρκου
15 α', ὑπὸ τὴν κοιλίαν γ', ἐπὶ τοῦ ἰσχίου α', ἐπ' ἄκρου ὀπισθίου ποδὸς α'· τοὺς πάντας ιζ'.

Testimonia : Arat. Lat. 221, 13-222, 22 (Rec. Interp. 221-222) ; Fragm. Vat. XIX (cf. Sch. Arat. S, 223) ; Hyg. *Astr.* 2.20 ; 3.19 ; Sch. Arat. MDΔKVUA, 225 ; Sch. Germ. BP, 79, 18-81, 4.
Titvlvs : κριοῦ LO : κριός M, non legitur ap. E, om. tit. B.
1 Οὗτος ὁ Φρίξον E : οὗτος δὲ ὁ κριὸς ὁ Φρίξον B ‖ Οὗτος E : Φρίξος M^ac, Οὗτος M^pc ‖ 2 ἐδόθη MB, fort. E, edd. : ἐδέθη LO ‖ τῆς μητρός del. Gürkoff ‖ 4 στενότατον E : στενώτατον B, Matthiae ‖ 6 καὶ τὸ κέρας ἀπολέσας susp. Schaubach, secl. Olivieri. hab. et Fragm. Vat., Arat. Lat. (transitum [= κέρας] *perdidit*) ‖ καὶ τὸ κέρας ἀπολέσας — Παίονα (8) del. Heyne ‖ Ποσειδῶν EMB, edd. : Ποσειδῶν LO ‖ ἔσωσε correxi coll. Arat. Lat. : σῴζει E, Olivieri et Maass, σώσας corr. cett. edd. ‖ 7 παῖδα om. B ‖ 8 Παίονα E (cf. Fragm. Vat.), Koppiers et recc. edd. : Παίωνα uett. edd. ‖ 9 πρὸς E : πρὸ O ‖ post διεκόμισεν lac. stat. Robert ‖ ᾧ seclusi coll. Fragm. Vat., Arat. Lat. (cf. Keydell, *Gnomon* 30, 1958, 577) ‖ ἐκδὺς E : ἐν Διὸς corr. uett. edd. ‖ 11 ἀμαυρότερον E : ἀμαυρότερος Heyne ‖ 12 Ἔχει inc. S ‖ Ἔχει δὲ ἀστέρας E : ὁ κριὸς ἔχει ἀστέρας S ‖ 13 β' E : α' M^ac, β' M^pc ‖ 14 ῥάχεως δ' E : ῥάχεως δύο B ‖ 15 post ἄκρου praeeunte Fell add. ἑκατέρου Matthiae et Westermann, qui ex Sch. Germ. ιη' (16) corr.

19. Le Bélier

Il s'agit apparemment de celui qui transporta Phrixos et Hellè. Il était immortel et fut donné par Néphélè. Il avait une toison d'or, comme le dit Hésiode. Tandis qu'il leur faisait passer sur son dos le passage le plus étroit de la mer, qui reçut d'Héllè son nom d'"Hellespont", il [perdit une corne et] laissa tomber cette dernière. Cependant, Poséidon la sauva, et il eut d'elle un enfant, Pæon. Quant à Phrixos, le bélier le porta, sain et sauf, vers le Pont-Euxin et jusque chez Aiètès, où il se défit de sa

XIX. Περὶ τοῦ Κριοῦ

Οὗτος δοκεῖ εἶναι ὁ τὸν Φρίξον διακομίσας καὶ τὴν Ἕλλην· ἄφθιτος δ' ὢν ἐδ<ό>θη ὑπὸ Νεφέλης· εἶχε δὲ χρυσῆν δοράν, ὥς φησιν Ἡσίοδος· διακομίζων δὲ αὐτοὺς τὴν μὲν κατὰ τὸ στενότατον τοῦ πελάγους τοῦ ἀπ'
5 ἐκείνης κληθέντος <Ἑλλησπόντου ἔρριψεν αὐτὴν [καὶ τὸ κέρας> ἀπολέσαι]· Ποσειδῶνα δὲ σῶσαι καὶ ἐξ αὐτῆς παῖδα γεννῆσαι Παίονα· τὸν δὲ Φρίξον εἰς τὸν Εὔξεινον κόλπον σωθέντα πρὸς τὸν Αἰήτην ἐκόμισεν, καὶ ἐκδὺς

CODICES : 1-7 (p. 62) S, 1-2 (p. 62) TW.
TITVLVS : Περὶ τοῦ Κριοῦ T : om. S.
1 ante οὗτος hab. αὐτὸς οὖν S ‖ δοκεῖ εἶναι (cf. ARAT. LAT.) TS : om. EPIT. ‖ τὸν om. EPIT. ‖ Φρίξον corr. Rehm : Φρύξον TS ‖ τὴν om. EPIT. ‖ 2 Ἕλλην T : ἑλλήνην S^ac, ἕλληνα S^pc, ut uid. ‖ ἄφθιτος δ' ὢν T (cf. EPIT.) : om. ARAT. LAT., SCH. GERM. BP, HYG. ‖ ἄφθιτος δ' ὢν — Νεφέλης om. S ‖ ἐδ<ό>θη ex ARAT. LAT. (*concessus*) suppl. Rehm : ἐδ θη T, ἐδόθη EPIT. (codd. nonnulli) ‖ ante ὑπὸ Νεφέλης ex EPIT., SCH. GERM. BP αὐτοῖς suppl. Rehm ‖ post Νεφέλης add. τῆς μητρός EPIT. ‖ 3 φησιν T : φασιν corr. Rehm, om. S ‖ post Ἡσίοδος add. καὶ Φερεκύδης Ἀθηναῖος ex ARAT. LAT. Rehm (cf. et EPIT.). utrumque nomen hab. HYG. et *Pherekydes* legisse SCH. GERM. BP coni. Rehm (*Mythographische Untersuchungen*, 1896, 10, adn. 2) ‖ 4 τὴν μὲν om. EPIT. ‖ τοῦ ἀπ' ἐκείνης — ἀπολέσαι (6) (cf. ARAT. LAT., EPIT.) : ἐᾶσαι S ‖ 5-6 Ἑλλησπόντου ἔρριψεν αὐτὴν καὶ τὸ κέρας (spatium uacuum decem fere litterarum reliq. TW) ex EPIT. addidi : Ἑλλησπόντου ἔρριψε καὶ τὸ κέρας suppl. Rehm ‖ καὶ τὸ κέρας ἀπολέσαι seclusi (om. HYG., SCH. GERM. BP) ‖ 6 ἀπολέσαι T : ἀπολέσας corr. Rehm, *perdidit* ARAT. LAT. ‖ Ποσειδῶνα T (cf. *Neptunum* ARAT. LAT.) : Ποσειδῶν S, iam ex EPIT. corr. Rehm ‖ Ποσειδῶνα δὲ σῶσαι καὶ ἐξ αὐτῆς παῖδα γεννῆσαι Παίονα (6-7) T, ARAT. LAT. : ἣν φθείρας Ποσειδῶν ἔσχεν ἐξ αὐτῆς Παίονα S ‖ σῶσαι T : σῴζει ex EPIT. corr. Rehm, *saluabit* ARAT. LAT. (*saluauit* corr. Maass) ‖ σῶσαι καὶ om. SCH. GERM. BP, HYG. ‖ 7 γεννῆσαι T : ἐγέννησε corr. Rehm coll. ARAT. LAT. (*peperit*), EPIT. ‖ Φρίξον Rehm : Φρύξον TS ‖ Εὔξεινον κόλπον (7-8) (*Euxinum sinum* ARAT. LAT.) T : Εὔξεινον πόντον S, EPIT., *Colchos* SCH. GERM. BP, om. HYG. ‖ 8 σωθέντα T : σωθῆναι S ‖ τὸν ante Αἰήτην om. EPIT. ‖ ἐκόμισεν, καὶ ἐκδὺς T, ARAT. LAT. : om. S ‖ ἐκόμισεν T : διεκόμισεν mal. Rehm coll. EPIT., ARAT. LAT. (*perduxit*) ‖ post ἐκόμισεν add. ᾧ Rehm ex EPIT. : om. T, ARAT. LAT. (uid. Keydell, *Gnomon*, 1958, 576-577).

toison d'or et l'offrit, comme un souvenir ; et il partit, tel quel, rejoindre les constellations.

Le Bélier a une étoile sur la tête, trois sur les naseaux, deux sur le cou, une brillante sur l'extrémité de la patte qui est en avant, quatre sur l'échine, une sur la queue, trois sur le ventre, une sur le bassin, et une sur l'extrémité de la patte[304]. *En tout dix-sept.*

---

304. Les *FV* donnent exactement le même descriptif à deux exceptions près, sans incidence sur la représentation : pour l'étoile μ Cet, il n'est pas précisé qu'il s'agit de la patte postérieure ; et les étoiles π, σ, 38 Ari sont *sur* le ventre et non *sous* le ventre.

ἔδωκε τὴν χρυσῆν δοράν, ὅπως μνημόσυνον ἔχῃ· αὐτὸς δὲ εἰς τὰ ἄστρα ἀπῆλθεν.

Ἔχει δὲ ἀστέρας ἐπὶ μὲν τῆς κεφαλῆς λαμπρὸν α', ἐπὶ τῶν μυκτήρων γ', ἐπὶ τοῦ τραχήλου β', ἐπ' ἄκρου τοῦ ἐμπροσθίου ποδὸς α', ἐπὶ τῆς ῥάχεως δ', ἐπὶ τῆς κέρκου α', ἐπὶ τῆς κοιλίας γ', ἐπὶ τοῦ ἰσχίου α', ἐπ' ἄκρου τοῦ ποδὸς α'· τοὺς πάντας ιζ'.

1 ante ἔδωκε hab. ὃν θύσας τῷ Φυξίῳ Διὶ Φρίξος τὴν δορὰν ἔδωκεν Αἰήτῃ SCH. ARAT. MDΔKVUA, HYG., SCH. GERM. BP. quae uerba ex genuino opere eratosthenico deducta esse coni. Martin, *Histoire du texte des Phénomènes d'Aratos*, 1956, 97 : om. TS, EPIT., ARAT. LAT. || ἔδωκε T (*dedit* ARAT. LAT.) : δέδωκε S || χρυσῆν TS : χρυσὴν W || 2 post ἀπῆλθεν hab. ὅθεν ἀμαυρότερον φαίνεται EPIT., SCH. GERM. BP, HYG. || 3 ἀστέρας correxi : ἀστέρα S || 4 β' S : *unam* ARAT. LAT. || 6 ἐπὶ τῆς κοιλίας (cf. *in cauda* ARAT. LAT.) S : ὑπὸ τὴν κοιλίαν EPIT.

20. Le Triangle[305]

Il s'agit de la constellation qui se trouve au-dessus de la tête du Bélier ; on raconte que ce dernier est assez terne[306], et qu'une lettre facile à reconnaître[307] est située au-dessus de lui, tirée de Zeus dont elle constitue l'initiale du nom[308], et placée par Hermès qui organisa l'ensemble de la disposition des constellations[309]. Certains disent d'ailleurs que l'Égypte[310] tire sa forme en triangle du triangle de la constellation[311], et que le Nil, par cette forme précisément qu'il a donnée aux contours du pays, non seulement garantit sa sécurité, mais aussi le rend plus facile à ensemencer et lui procure une situation climatique favorable pour la récolte des fruits de la terre[312].

---

306. Sur cette caractérisation discutable, voir *Cat.* 19 et n. 300.

307. Selon ARATOS (10), les étoiles sont toutes des repères (σήματα) fixés au ciel par Zeus (cf. BOLL-GUNDEL 1937 : 934). Mais le *delta* offre une structure particulièrement aisée à identifier (εὔσημον) ; cf. ARAT. LAT., p. 223 (*optimum signum litterae*). Voir SCHOL. ARAT. (208, p. 182) : les étoiles des flancs du Cheval qui forment le carré (τετράγωνον ἰσόπλευρον) de Pégase, comme elles sont brillantes, rendent le dessin (εἰκονισμόν) du Cheval facile à reconnaître (εὔσημον ποιοῦσι) ; HÉSYCHIUS, *Lex.* E 7184, s.v. εὔσημον ; ARTÉMIDORE, *Onirocritique* 1.3.8 : εὔσημος ἀστέρων χορός. Les avatars latins du texte évoquent régulièrement cette fonction (*ut obscuritas Arietis huius splendore, quo loco esset, significaretur* : HYGIN 2.19 ; etc.).

308. Ératosthène est sans doute sur ce point tributaire de la description d'Aratos qui semble avoir introduit la dénomination Δελτωτόν pour la mettre en relation avec le nom de Zeus (ERREN 1967 : 91), qui est célébré dans son prologue comme le seigneur du ciel (voir MARTIN 1998b : 254).

312. La fertilité des terres arrosées par le Delta est un lieu commun de la littérature ethnographique et géographique antique (voir HÉRODOTE 2.14 ; DIODORE 1.34.3 sq. ; STRABON 17.1.3 ; etc.).

XX. Δελτωτοῦ

Τοῦτό ἐστιν ὑπὲρ μὲν τὴν κεφαλὴν τοῦ Κριοῦ κείμενον· λέγεται δὲ ἐκεῖνον ἀμαυρότερον εἶναι· εὔσημον δὲ τὸ γράμμα ἐπ' αὐτοῦ κεῖσθαι ἀπὸ Διὸς <τὸ> πρῶτον <τοῦ ὀνόματος> Ἑρμοῦ θέντος, ὃς τὸν διάκοσμον τῶν
5 ἄστρων ἐποιήσατο. Φασὶ δέ τινες καὶ τὴν τῆς Αἰγύπτου θέσιν ἐκ τοῦ ἐν τοῖς ἄστροις εἶναι τριγώνου, καὶ τὸν Νεῖλον τοιαύτην περιοχὴν ποιήσασθαι τῆς χώρας, ἅμα τὴν ἀσφάλειαν αὐτῇ ποριζόμενον, εἴς τε τὸν σπόρον εὐμαρεστέραν ποιούμενον καὶ εἰς τὴν τῶν καρπῶν
10 ἀνακομιδὴν †εὐκαιρίαν ὡρῶν ἐσομένων†.

TESTIMONIA : Arat. Lat. 223, 8-224, 7 (Rec. Interp. 223-224) ; Fragm. Vat. XX (cf. Sch. Arat. S, 235) ; Hyg. *Astr.* 2.19 ; 3.18 ; Sch. Arat. M, 236 ; Sch. Arat. MDΔVUA, 235 ; Sch. Arat. MDΔVUAS, 235 ; Sch. Germ. BP, 81, 7-11.
TITVLVS : δελτωτοῦ EL[pc]O : δελτωτόν L[ac]M, om. tit. B.
1 Τοῦτό ἐστιν E : τοῦτο δὲ τὸ Δελτωτόν ἐστιν B ‖ ὑπὲρ μὲν τὴν — κείμενον (2) susp. Bernhardy ‖ τὴν κεφαλὴν (cf. FRAGM. VAT.) E : τῆς κεφαλῆς E[pc] ‖ 3 ἐπ' αὐτοῦ del. Heyne ‖ τὸ ante πρῶτον add. edd. mon. Heyne (cf. FRAGM. VAT.) ‖ πρῶτον in τὸ Δ [πρῶτον = Α = Δ] mut. Kiessling ap. Robert : τοῦ πρώτου στοιχείου τὸ ὄνομα corr. Arnaldus ap. Westermann, τοῦ πρώτου τοῦ ὀνόματος ex SCH. ARAT. Schaubach, τὸ πρῶτον στοιχεῖον corr. Westermann mon. Bernhardy ‖ 4 τοῦ ὀνόματος praeeunte Schaubach add. Robert. probaui coll. FRAGM. VAT. ‖ Ἑρμοῦ θέντος corr. Heyne : ἑρμηνευθέντος E, Matthiae, δι' Ἑρμοῦ τεθέν ex FRAGM. VAT. Olivieri, Ἑρμοῦ ἀναθέντος Robert ‖ ὃς E : ὅτε Koppiers ‖ 4-5 ὃς τὸν διάκοσμον τῶν ἄστρων ἐποιήσατο ex capite XLIII additum del. cens. Robert ‖ 5 καὶ E : κατὰ Heyne ‖ 6 τριγώνου E : Δ corr. Olivieri mon. Vitelli ‖ 7 ante περιοχὴν add. τὴν ex FRAGM. VAT. Olivieri ‖ τῆς χώρας E : τοῦ χώρου M ‖ post ἅμα add. τε ex FRAGM. VAT. Olivieri ‖ 8 τὴν in μὲν mut. Robert mon. Wilamowitz ‖ αὐτῇ E : αὐτῆς OM ‖ τε E, Olivieri : δὲ edd. plerique ‖ 10 εὐκαιρίαν ὡρῶν ἐσομένων ex FRAGM. VAT. (cod. R) correxi : εὐχέρειαν ὁρῶν ἐσόμενα E, εὐχέρειαν ἐσομένην B, εὐκαιρίαν ὡρῶν εἰσαγόμενον Olivieri, post εὐχέρειαν lac. stat. Westermann (qui ὁρῶν in ὅρων aut in ὅρον fort. mut. coni.), εὐχέρειαν ὡρῶν ἐσόμενον Matthiae, εὐχερεστέραν ἐσομένην Koppiers, εὐχέρειαν παρεχόμενον Maass mon. Bernhardy, *oportune terminum* [i.e. ὅρων] *fieri* ARAT. LAT.

Le Triangle a trois étoiles brillantes, une sur chaque angle[313].

---

313. Les deux côtés du triangle sont égaux mais sa base « n'est pas aussi longue » (ARATOS 235-236 ; sur la question de savoir si le triangle est isocèle ou équilatéral, voir SCHOL. ARAT. 235, p. 190-191). Les trois étoiles sont au ciel, suivant les précisions de Ptolémée (*Almageste* 7.5, p. 82-83) : α Tri (au sommet du triangle, mag. 3.4), β Tri (à l'ouest, sur la base, mag. 3), γ Tri (à l'est, sur la base, mag. 4) ; il en signale une quatrième, entre les deux étoiles de la base (δ Tri, mag. 4.8). Sur la qualification de "brillantes" qu'Ératosthène est le seul astronome à donner, et qui surprend pour des étoiles de troisième grandeur (cf. SCHOL. GERM., p. 145 : *e quibus una est clarior ceteris*), voir HÜBNER 2008 : 14-16.

Ἔχει δ' ἀστέρας γ' ἐφ' ἑκάστῃ τῶν γωνιῶν λαμπρούς.

1 Ἔχει inc. S ‖ γ' post γωνιῶν transp. S ‖ ἑκάστῃ LOMB : ἑκάστης S et E, ut uid. ‖ post γωνιῶν add. α' ex FRAGM. VAT. Olivieri ‖ λαμπρούς E : om. S, λαμπρὸν α' Koppiers, ex SCH. GERM. G fort. in ἕνα λαμπρότερον corrigendum cens. Robert ‖ post λαμπρούς add. τοὺς γ' ex FRAGM. VAT. Olivieri.

20. *Le Triangle*

Il s'agit de la constellation qui se trouve au-dessus de la tête du Bélier ; et c'est, à ce qu'on raconte, pour pallier le faible éclat de ce dernier que figure, au-dessus de lui, une lettre facile à reconnaître, tirée de Zeus dont elle constitue l'initiale du nom, et placée par Hermès qui organisa l'ensemble de la disposition des constellations. Certains disent d'ailleurs que l'Égypte tire sa forme en triangle du triangle de la constellation, et que le Nil, par cette forme précisément qu'il a donnée aux contours du pays, non seulement garantit sa sécurité, mais aussi le rend plus facile à ensemencer et lui procure une situation climatique favorable pour la récolte des fruits de la terre.

Le Triangle a trois étoiles, une sur chacun de ses angles, brillantes toutes trois.

XX. Περὶ τοῦ Δελτωτοῦ

Τοῦτό ἐστιν ὑπὲρ μὲν τὴν κεφαλὴν τοῦ Κριοῦ κείμενον· λέγεται δὲ διὰ τὸ ἀμαυρότερον εἶναι εὔσημον ἐπ' αὐτοῦ γράμμα κεῖσθαι ἀπὸ Διὸς τὸ πρῶτον τοῦ ὀνόματος δι' Ἑρμοῦ τεθέν, ὃς τὸν διάκοσμον τῶν ἄστρων
5 ἐποιήσατο. Φασὶ δέ τινες καὶ τὴν τῆς Αἰγύπτου θέσιν <ἐκ> τοῦ ἐν τοῖς ἄστροις εἶναι τριγώνου καὶ τὸν Νεῖλον τοιαύτην τὴν περιοχὴν ποιήσασθαι τῆς χώρας, ἅμα τε τὴν ἀσφάλειαν αὐτῇ ποριζόμενον εἴς τε τὸν σπόρον εὐμαρεστέραν ποιούμενον καὶ εἰς τὴν τῶν καρπῶν
10 ἀνακομιδὴν †εὐκαιρίαν ὡρῶν ἐσομένων†.

Ἔχει δὲ ἀστέρας γ', ἐφ' ἑκάστης τῶν γονιῶν α', λαμπροὺς τοὺς γ'.

CODICES : 1-12 TSR, 1-3 (usque ad πρῶτον) et W.
TITVLVS : Περὶ τοῦ Δελτωτοῦ T : Δελτωτόν S.
1 μὲν om. W ‖ τὴν κεφαλὴν T, EPIT. : τῆς κεφαλῆς S ‖ 2 λέγεται δὲ — δι' Ἑρμοῦ τεθέν (4) TS : λέγεται δὲ ἐκεῖνον ἀμαυρότερον εἶναι· εὔσημον δὲ τὸ γράμμα ἐπ' αὐτοῦ κεῖσθαι ἀπὸ Διὸς πρῶτον ἑρμηνευθέντος EPIT. (codd.) ‖ post δὲ *Deltoton* leg. ARAT. LAT. ‖ ante ἀμαυρότερον suppl. ἐκεῖνον ex ARAT. LAT., EPIT. Maass ‖ 4 ὃς S, iam Maass ex R (cf. et ARAT. LAT.) : ὡς T ‖ 6 ἐκ suppl. Rehm ex ARAT. LAT. (*ex quo*), EPIT. : om. TS ‖ τοῦ om. S ‖ τριγώνου T : τριγώνως S ‖ 7 τὴν ante περιοχὴν om. S, EPIT. ‖ ἅμα τε T : ὅς ἅτε S, ἅμα EPIT. (*simul* ARAT. LAT.) ‖ ἅμα τε — ἐσομένων (10) om. SCH. GERM. BP, HYG. ‖ 8 ἀσφάλειαν T, EPIT. : ὠφέλειαν S ‖ αὐτῇ T, ARAT. LAT. (*eius*), EPIT. : τῆς χώρας S ‖ ποριζόμενον corr. Maass : ποριζόμενος TS (et cf. *lucratus* ARAT. LAT.) ‖ 9 ποιούμενον corr. Maass : ποιούμενος TS, om. ARAT. LAT. ‖ 10 εὐκαιρίαν ὡρῶν ἐσομένων om. S ‖ εὐκαιρίαν R, Maass (cf. ARAT. LAT. *oportune*) : εὐχέρειαν corr. ex EPIT. Rehm, εὐχερίαν T ‖ ὡρῶν ἐσομένων ex T recepi : ὁρῶν ἐσόμενα EPIT. (codd.), *terminum fieri* ARAT. LAT. ‖ 11 γ' om. S ‖ ἑκάστης TS : ἑκάστη EPIT. ‖ ἑκάστης τῶν γονιῶν α' T, ARAT. LAT. : ἑκάστης γονίας ϛ' S ‖ 11-12 λαμπροὺς τοὺς γ' om. S, SCH. GERM. BP, HYG. ‖ 12 τοὺς γ' om. EPIT.

21. Les Poissons

Il s'agit des descendants du grand Poisson[314], dont nous raconterons l'histoire de manière plus détaillée quand nous en viendrons à lui[315].

Les deux poissons sont séparés l'un de l'autre et se trouvent, chacun, dans une des deux parties du ciel[316]. L'un est appelé "Poisson nord", et l'autre "Poisson sud"[317]. Ils ont un Nœud qui jouxte la patte antérieure du Bélier[318].

Le Poisson nord a douze étoiles, et le Poisson sud quinze[319]. Le Fil qui les relie a trois étoiles du côté du Poisson nord, trois du côté du Poisson sud, trois à l'est[320], et trois sur le Nœud. En tout, les deux Poissons et le Nœud ont trente-neuf étoiles[321].

---

315. Dans l'organisation initiale de l'œuvre d'Ératosthène le chapitre consacré au Poisson était le dernier, placé après les constellations zodiacales et à la fin des australes (voir *Anonymus* II.2.1).

317. Le poisson "du sud" reçoit une qualification ambiguë puisque le Poisson (PsA) est aussi qualifié d'austral (*notius, austrinus, australis...*) ; *piscis aquosus* peut ainsi désigner le poisson sud (Virgile, *Géorgiques* 4.234) ou le Poisson austral (Ovide, *Mét.* 10.165 : cf. Le Bœuffle 1977 : 182) ; le qualificatif du poisson du nord (*boreus, septentrionalis, aquilonalis* et *aquilonius*) est univoque.

319. Le descriptif est très sommaire. Les deux poissons sont disjoints et orientés dans des sens contraires, le premier (nord) positionné verticalement vers le haut, face à l'est, et le second (sud) horizontalement et tourné vers l'ouest (cf. Manilius 2.162 : « ils vont en sens différent, tournés qu'ils sont dans des directions opposées », *dissimile est illis iter in contraria uersis* ; cf. Hygin 3.29). Les étoiles sont sans doute, pour Ératosthène : β, 5, γ, 7, θ, ι, 19, λ, 16, κ, ω, 27, 29, 30 et 33 Psc (Poisson sud) ; σ, 82, τ, 91, υ, φ, χ, ψ3, ψ2, ψ1, 65 et 68 Psc (Poisson nord) ; les étoiles du fil, successivement : 41, 51 et δ Psc (à l'est) ; puis ε, ζ et μ Psc (côté sud) ; ν, ξ et α Psc (sur le nœud) ; η, π et ο Psc (côté nord). Ptolémée permet de détailler la disposition des étoiles ; elle sont listées en commençant par le Poisson sud appelé par lui Poisson "qui mène" (= ouest, προηγούμενος), et en finissant, au bout du "lien", par le Poisson "qui suit" (= est, ἑπόμενος).

320. *I.e.* de celles qui sont du côté du Poisson sud. Les deux secteurs sont nettement distingués.

XXI. Ἰχθύων

Οὗτοί εἰσι τοῦ μεγάλου Ἰχθύος ἔκγονοι, περὶ οὗ τὴν ἱστορίαν ἀποδώσομεν σαφέστερον, ὅταν ἐπ' αὐτὸν ἔλθωμεν· τούτων δὲ ἑκάτερος κεῖται ἐν ἑκατέρῳ μέρει διαλλάσσων· ὁ μὲν γὰρ βόρειος, ὁ δὲ νότιος καλεῖται· ἔχουσι
5 δὲ σύνδεσμον ἕως τοῦ ἐμπροσθίου ποδὸς τοῦ Κριοῦ.

Ἔχουσι δ' ἀστέρας ὁ μὲν βόρειος ιβ' [καὶ ἐπὶ τοῦ †μνείου β'†], ὁ δὲ νότιος ιε'· τὸ δὲ λίνον αὐτῶν ᾧ συνέχονται ἔχει ἀστέρας ἐπὶ τοῦ βορείου γ', ἐπὶ τοῦ νοτίου γ', πρὸς ἀνατολὰς γ', ἐπὶ τοῦ συνδέσμου γ'· οἱ
10 πάντες τῶν δύο Ἰχθύων καὶ τοῦ συνδέσμου ἀστέρες λθ'.

TESTIMONIA : Arat. Lat. 224, 17-225, 15 (Rec. Interp. 224-225) ;
Fragm. Vat. XXI (cf. Sch. Arat. S, 239) ; Hyg. *Astr.* 2.30 ; 3.29 ;
Sch. Arat. MDΔKVUAS, 239 ; Sch. Germ. BP, 81, 13-20.
TITVLVS : ἰχθύων LO : ἰχθύες M, non discernitur ap. E, om. tit. B.
1 Οὗτοί εἰσι E : οἱ δὲ ἰχθύες οὗτοί εἰσι B ‖ ἔκγονοι corr. Matthiae :
ἔγγονοι E ‖ 2 αὐτὸν corr. Olivieri (cf. FRAGM. VAT., ARAT. LAT.), iam
αὐτῷ susp. Schaubach : αὐτῷ E, cett. edd., αὐτὰ M ‖ 3-4 διαλλάσσων
E : διαλάσσων O ‖ 4 καλεῖται edd. (cf. ARAT. LAT., SCH. GERM. BP) :
κεῖται E ‖ 6 Ἔχουσι inc. S ‖ Ἔχουσι δ' ἀστέρας E : οἱ ἰχθύες
ἔχουσιν ἀστέρας S ‖ 6-7 καὶ ἐπὶ τοῦ μνείου β' LOMSB, et fort. E,
del. edd. plerique : καὶ ἐπὶ τοῦ λινείου ιβ' mon. Schiaparelli corr.
Olivieri et secl., καὶ ἐπὶ τοῦ μνίου β' Heyne ‖ 7 λίνον Maass : λῖνον
E, cett. edd. ‖ 9 post συνδέσμου γ' suppl. τοὺς πάντας ιβ' Olivieri ‖
10 λθ' corr. edd. : μγ' E, *XLI* ARAT. LAT. (μα' catalogus stellarum
HIPPARCHO adscr., uid. *Appendicem*, cf. Rehm, *Hermes* 34, 1899, 252-254).

21. Les Poissons

Il s'agit des descendants du grand Poisson, dont nous raconterons l'histoire de manière plus détaillée quand nous en viendrons à lui.

Les deux poissons sont séparés l'un de l'autre et se trouvent, chacun, dans une des deux parties du ciel. L'un est appelé "Poisson nord" et l'autre "Poisson sud". Ils ont un Nœud entre eux qui jouxte la patte antérieure du Bélier.

Le Poisson nord a douze étoiles, et le Poisson sud quinze. Le fil qui les relie a trois étoiles du côté du Poisson nord, trois du côté du Poisson sud, trois à l'est, et trois sur le Nœud. En tout trente-neuf.

CATASTERISMI

XXI. Περὶ τῶν Ἰχθύων

Οὗτοί εἰσι τοῦ μεγάλου Ἰχθύος ἔκγονοι, περὶ οὗ τὴν ἱστορίαν ἀποδώσομεν σαφέστερον, ὅταν ἐπ' αὐτὸν ἔλθωμεν· τούτων δὲ ἑκάτερος κεῖται ἐν ἑκατέρῳ μέρει διαλλάσσων· ὁ μὲν γὰρ βόρειος, ὁ δὲ νότιος καλεῖται· ἔχουσι
5 δὲ καὶ σύνδεσμον ἐν ἀλλήλοις ἕως τοῦ ἐμπροσθίου ποδὸς τοῦ Κριοῦ.

Ἔχει δὲ ὁ μὲν βόρειος ἀστέρας ιβ' [καὶ ἐπὶ τοῦ <...> β'], ὁ δὲ νότιος ιε'· τὸ δὲ λίνον αὐτῶν, ᾧ συνέχονται, ἔχει ἀστέρας ἐπὶ τοῦ βορείου γ', <ἐπὶ τοῦ νοτίου γ'>, πρὸς
10 ἀνατολὰς γ', ἐπὶ τοῦ συνδέσμου γ'· τοὺς πάντας λθ'.

CODICES : 1-10 TSWR.
TITVLVS : Περὶ τῶν Ἰχθύων T : Ἰχθύες S.
1 Ἰχθύος om. S ‖ ἔκγονοι scripsi : ἔγγονοι TS ‖ οὗ T : ὧν S ‖ 2 σαφέστερον T, EPIT. : σαφέστατα S ‖ αὐτὸν T, ARAT. LAT. : αὐτοὺς S, αὐτῷ EPIT. (codd. plerique), αὐτὰ EPIT. (cod. M) ‖ 3 τούτων SWR : τοῦτον T ‖ ἑκάτερος T : ἑκατέρων S ‖ κεῖται ἐν ἑκατέρῳ om. S ‖ μέρει T : μεριδα S ‖ 4 βόρειος, ὁ δὲ νότιος corr. Rehm ex ARAT. LAT., EPIT., SCH. GERM. BP : νότιος [νότειος S], ὁ δὲ βόρειος TS ‖ καλεῖται corr. Rehm coll. ARAT. LAT., SCH. GERM. BP : κεῖται TS, EPIT. (codd.) ‖ ἔχουσι δὲ — τοῦ Κριοῦ (6) om. W ‖ 5 καὶ secl. Rehm coll. ARAT. LAT., EPIT., SCH. GERM. BP ‖ ἐν ἀλλήλοις T (inter alterutrum ARAT. LAT.) : ἀλλήλων S, om. EPIT. ‖ 5-6 τοῦ ἐμπροσθίου ποδὸς om. ARAT. LAT. ‖ 6 ποδὸς om. S ‖ 7-8 καὶ ἐπὶ τοῦ <...> β' seclusi ‖ 7 post τοῦ spatium uacuum reliq. TWR : συνδέσμου S, <λινείου> rest. Rehm coll. ARAT. LAT. (linteo), μνείου ex EPIT. suppl. Maass ‖ 8 β' T, EPIT. : α' S ‖ τὸ T, EPIT. : τὴν S ‖ ᾧ συνέχονται T, EPIT., ARAT. LAT. (in quo continentur) : οὐ συνέρχονται S ‖ post ἔχει habet δὲ S ‖ 9 ἐπὶ τοῦ νοτίου γ' om. TS, suppl. Rehm ex ARAT. LAT. et cett. testt. ‖ 9-10 πρὸς ἀνατολὰς γ' om. S ‖ 10 λθ' correxi : μα' corr. Rehm ex ARAT. LAT., θ' T, λε' S, μγ' EPIT. (codd.), μα' computat et catalogus stellarum HIPPARCHO adscriptus (uid. *Appendicem* ; cf. Rehm, *Hermes* 34, 1899, 252-254) ‖ in fine add. οἱ πάντες τῶν δύο Ἰχθύων καὶ τοῦ Συνδέσμου ἀστέρες μγ' ex EPIT. Maass.

22. Persée[322]

On raconte qu'il a été placé parmi les constellations en raison de sa renommée[323]. C'est en s'unissant à Danaé sous forme de pluie d'or que Zeus l'engendra[324]. Persée fut envoyé par Polydecte pour affronter les Gorgones[325], et reçut d'Hermès son casque et ses sandales, grâce auxquelles il fit le voyage à travers les airs ; il passe pour avoir aussi reçu d'Héphaïstos une serpe d'acier[326]. Les Gorgones, d'après ce qu'en dit le poète tragique Eschyle dans *Les Phorcides*[327], avaient pour sentinelles les Grées (les Vieilles)[328]. Ces dernières n'avaient qu'un seul œil qu'elles se passaient l'une à l'autre pour monter la garde[329]. Persée guetta le moment où elles se passaient l'œil, le récupéra et le jeta dans le lac Triton[330]. Après quoi il marcha contre les Gorgones qui étaient endormies, et trancha la tête de Méduse, dont Athéna se couvrit la poitrine[331] ;

---

322. Dans le ciel babylonien la constellation correspond au "vieil homme" (SHU-GI : ROGERS 1998a : 18 ; cf. WAERDEN 1974 : 72), qu'on identifiait au fantôme ancestral du Maître des dieux (ALLEN 1899 : 32 ; CONDOS 1997 : 38). On ignore à partir de quand la constellation de Persée est connue en Grèce (peut-être au VIIe ou VIe siècle av. J.-C. ; voir RATHMANN 1937 : 995 ; mais cf. n. 323).

324. Acrisios, inquiet de sa descendance, apprend d'un oracle qu'il n'aura pas de fils mais que sa fille Danaé accouchera d'un garçon qui tuera son grand-père ; pour l'empêcher, Acrisios enferme la jeune fille dans une chambre souterraine (PHÉRÉCYDE, *frg.* 10 Fowler ; APOLLODORE 2.4.1 ; cf. SOPHOCLE, *Ant.* 947). Mais Zeus parvient à s'y introduire, sous la forme d'une pluie d'or, pour s'unir à Danaé, qui conçoit Persée. Le motif de la pluie d'or apparaît pour la première fois chez PINDARE (*Pyth.* 12.17 sq.), HOMÈRE faisant seulement allusion à la maternité de Danaé et à la naissance de Persée (*Il.* 14.319-320). Lorsqu'il apprend la naissance de Persée, Acrisios enferme la mère et l'enfant dans un coffre (λάρναξ), qu'il jette à la mer. Le courant pousse le coffre jusqu'à l'île de Sériphos, où Dictys le ramène dans ses filets et délivre les deux prisonniers.

XXII. Περσέως

Περὶ τούτου ἱστορεῖται ὅτι ἐν τοῖς ἄστροις ἐτέθη διὰ τὴν δόξαν· τῇ γὰρ Δανάῃ ὡς χρυσὸς μιγεὶς ὁ Ζεὺς ἐγέννησεν αὐτόν· ὑπὸ δὲ τοῦ Πολυδέκτου ἐπέμφθη εἰς Γοργόνας τήν τε κυνῆν ἔλαβε παρ' Ἑρμοῦ καὶ τὰ πέδιλα, ἐν
5 οἷς διὰ τοῦ ἀέρος ἐποιεῖτο τὴν πορείαν· δοκεῖ δὲ καὶ ἅρπην παρ' Ἡφαίστου λαβεῖν ἐξ ἀδάμαντος· ὡς Αἰσχύλος φησὶν ὁ τῶν τραγῳδιῶν ποιητὴς <ἐν> Φορκίσιν, Γραῖας εἶχον προφύλακας αἱ Γοργόνες· αὗται δὲ ἕνα εἶχον ὀφθαλμὸν καὶ τοῦτον ἀλλήλαις ἐδίδοσαν κατὰ
10 φυλακήν· τηρήσας δ' ὁ Περσεὺς ἐν τῇ παραδόσει, λαβὼν ἔρριψεν αὐτὸν εἰς τὴν Τριτωνίδα λίμνην, καὶ οὕτως ἐλθὼν ἐπὶ τὰς Γοργόνας ὑπνωκυίας ἀφείλετο τῆς

TESTIMONIA : Arat. Lat. 226, 1-228, 3 (Rec. Interp. 226-228) ; Eudoc. 759 ; Fragm. Vat. XXII (cf. Sch. Arat. S, 249) ; Hyg. *Astr*. 2.12 ; 3.11 ; Sch. Arat. MDΔVUA, 251 ; Sch. Germ. BP, 82, 12-83, 10.
TITVLVS : περσέως LO, fort. E : περσεύς M, om. tit. B.
1 Περὶ τούτου ἱστορεῖται E : περὶ δὲ τοῦ Περσέως ἱστορεῖται B ‖ ἱστορεῖται E : ἱστόρηται M ‖ 3 τοῦ M : om. E ‖ Πολυδέκτου edd. : πολυδεύκου E, πολυδεύκους M ‖ ἐπέμφθη εἰς E (cf. *misit* [*Polydectus*, sc.] *eum ad* ARAT. LAT) : πεμφθεὶς ἐπὶ τὰς corr. ex FRAGM. VAT. Olivieri, iam πεμφθεὶς mon. Heyne ‖ 6 παρ' Ἡφαίστου λαβεῖν E : λαβεῖν παρ' Ἡφαίστου B ‖ 7 ante Αἰσχύλος add. δὲ ex FRAGM. VAT. Olivieri, δ' add. ex ARAT. LAT. Maass ‖ Αἰσχύλος φησὶν ὁ τῶν τραγῳδιῶν ποιητὴς ἐν Φορκίσιν (7-8) iam Robert, correxi ex FRAGM. VAT. : αἰσχύλος ἐν φόρκυσι φησὶν ὁ τῶν τραγῳδιῶν [τραγῳδῶν OM] ποιητὴς φόρκυσιν E, uarie tentauere cett. edd. ‖ ὁ τῶν τραγῳδιῶν ποιητὴς om. B, del. cens. Schaubach ‖ 8 Γραῖας corr. ex HYG. plerique edd. : ἃς E, del. Maass, τρεῖς δ' coni. Wilamowitz ap. Robert (cf. *tres* SCH. GERM. BP, et *tres* hab. HYGINVM coni. Robert, *Eratosthenis Catasterismorum Reliquiae*, 1878, 249) ‖ Γοργόνες E^(pc)OMB, edd. : γοργόνοε L, aut γοργόνοε aut γοργόναι hab. E^(ac) ‖ post αὗται δὲ uerba τρεῖς οὖσαι uel sim. exc. cens. ex SCH. GERM. Robert ‖ 9 ἐδίδοσαν E : παρεδίδοσαν corr. ex FRAGM. VAT. Olivieri ‖ 10 ἐν τῇ παραδόσει E : τὴν παράδοσιν prop. Bernhardy ‖ 12 ὑπνωκυίας B, iam edd. mon. Fell (cf. et FRAGM. VAT.) : ὑπνωκείας LOM et E, ut uid.

mais elle en fit aussi une représentation astrale, qu'elle donna à Persée ; de là vient qu'on le voit également tenir la tête de Gorgone[332].

Persée a une étoile brillante sur chaque épaule, une brillante sur la main droite[333], une sur le coude, une sur le bout de la main gauche, dans laquelle il semble tenir la tête de Gorgone, une sur la tête de Gorgone, une sur le ventre, une brillante sur la hanche droite[334], une brillante sur la cuisse droite, une sur le genou, une sur l'arête du tibia, une sans éclat sur un pied, une sur la cuisse gauche, une sur le genou, deux sur l'arête du tibia, et trois ceignant la chevelure de la Gorgone[335]. En tout dix-neuf[336]. Sur la tête comme sur la serpe on ne voit pas d'étoiles[337] ; certains, cependant, croient en apercevoir au travers d'un amas nébuleux[338].

333. Littéralement « sur le bout de la main droite » (*id.* pour la main gauche *infra*), mais χείρ désignant couramment l'avant-bras et la main cette précision permet de cibler précisément la main (il s'agit de η Per) ; régulièrement les notices astrothétiques en latin ont simplement *"in manu"*. L'épaule (ὦμος) désigne de manière analogue la partie qui va de l'épaule au coude (comme chez Aratos : voir MARTIN 1998b : 259). C'est la main « qui, dit-on, tient la serpe (*falcem*) » (HYGIN 3.11.1).

334. Il s'agit de la *lucida,* Mirphak (α Per), d'une magnitude de 1.8 ; elle est, selon HIPPARQUE, « au milieu du corps » (ὁ ἐν μέσῳ τῷ σώματι : 2.6.12). Les autres étoiles dites "brillantes" le sont inégalement : γ Per (sur l'épaule droite), en réalité un système stellaire, est de magnitude 3 ; θ Per, de magnitude 4.10 ; η Per (sur la main droite), de magnitude 3.7 ; δ Per (sur la cuisse droite), de magnitude 3.

336. Les étoiles sont sans doute : γ et θ (épaules) ; η (main *scil.* droite) ; k (coude droit) ; κ (main gauche) ; β (tête de Gorgone) ; ι (ventre) ; α (hanche) ; δ (cuisse droite) ; λ (genou *scil.* droit) ; μ (tibia) ; d (pied) ; ν (cuisse gauche) ; ε (genou *scil.* gauche) ; ζ et ξ (tibia) ; π, ρ et ω (autour de la chevelure). Pour Ptolémée la constellation compte 26 étoiles et 3 périphériques.

337. Le texte de quelques manuscrits donne, à tort, sept étoiles à la tête et cinq à la "serpe" (ἅρπη ; cf. HIPPARQUE 3.1.1b) ; alors qu'elles sont explicitement désignées comme sans étoiles dans la littérature parallèle (cf. HYGIN 3.11.1 : *caput eius et falx sine sideribus apparet*). Hipparque et Ptolémée signalent seulement une étoile sur la tête de Persée (τ Per).

Μεδούσης τὴν κεφαλήν, ἣν ἡ Ἀθηνᾶ περὶ τὰ στήθη ἔθηκεν αὐτῆς· τῷ δὲ Περσεῖ τὴν εἰς τὰ ἄστρα θέσιν ἐποίησεν, ὅθεν ἔχων θεωρεῖται καὶ τὴν Γοργόνος κεφαλήν.

5 Ἔχει δὲ ἀστέρας [ἐπὶ μὲν τῆς κεφαλῆς α'], ἐφ' ἑκατέρῳ ὤμῳ λαμπρὸν α', ἐπ' ἄκρας τῆς δεξιᾶς χειρὸς λαμπρὸν α', <ἐπ'> ἀγκῶνος α', <ἐπ'> ἄκρας χειρὸς ἀριστερᾶς α', ἐν ᾗ τὴν κεφαλὴν δοκεῖ τῆς Γοργόνος ἔχειν· <ἐπὶ τῆς κεφαλῆς τῆς Γοργόνος α', ἐπὶ τῆς
10 κοιλίας α', ἐπὶ τοῦ δεξιοῦ ἰσχίου λαμπρὸν α', ἐπὶ> δεξιοῦ μηροῦ λαμπρὸν α', <ἐπὶ> γόνατος α', <ἐπ'> ἀντικνημίου α', <ἐπὶ ποδὸς α' ἀμαυρόν, ἐπ' ἀριστεροῦ μηροῦ α', ἐπὶ γόνατος α', ἐπ' ἀντικνημίου β'>, περὶ τοὺς Γοργόνος πλοκάμους γ'· <τοὺς πάντας ιθ'>· ἡ δὲ
15 κεφαλὴ [η'], ἡ δ' ἅρπη, [ἔχουσα ε',] ἄναστρος ὁρᾶται· διὰ δὲ νεφελώδους συστροφῆς δοκεῖ τισιν ὁρᾶσθαι.

1 ἡ om. B ‖ περὶ τὰ στήθη — Περσεῖ τὴν (2) om. H ‖ 2 ἔθηκεν αὐτῆς corr. Olivieri (cf. FRAGM. VAT.) : ἔθηκεν αὐτῆς E, αὐτῆς ἔθηκε M ‖ εἰς iam Heyne, corr. ex FRAGM. VAT. Olivieri : περὶ E ‖ 5 Ἔχει inc. S ‖ Ἔχει δὲ ἀστέρας E : ὁ περσεὺς ἔχει ἀστέρας S ‖ ἐπὶ μὲν τῆς κεφαλῆς α' secl. Robert. probaui coll. ARAT. LAT. (cf. et uerba infra ἡ δὲ κεφαλὴ — ἄναστρος ὁρᾶται) ‖ 5-6 ἐφ' ἑκατέρῳ ὤμῳ E : ἐφ' ἑκατέρου ὤμου Robert ‖ ἐπ' ἄκρας τῆς δεξιᾶς χειρὸς λαμπρὸν α' (6-7) bis iter. S : om. H ‖ 8 τῆς E : τὴν S ‖ 9 ἐπὶ τῆς κεφαλῆς — ἰσχίου α' (10) praeeunte Robert inser. Olivieri, qui λαμπρὸν add. post ἰσχίου. probaui coll. ARAT. LAT. ‖ 11 μηροῦ E : μηρὸς S ‖ post γόνατος add. ἑκατέρου Fell ‖ 12 post ἀντικνημίου add. ἑκατέρου Fell ‖ ἐπὶ ποδὸς α' ἀμαυρόν — ἀντικνημίου β' (13) add. ex HYG., SCH. GERM. BP Robert : ποδὸς α' ἀμαυρόν add. edd. uett. ‖ pro ἀμαυρὸν legit λαμπρόν SCH. GERM. BP ‖ 13 post μηροῦ leg. λαμπρόν SCH. GERM. BP ‖ 14 γοργόνος E : γοργόνους S ‖ τοὺς πάντας ιθ' hic suppl. ex HYG., SCH. GERM. G Olivieri (cf. ARAT. LAT.) ‖ 14-15 ἡ δὲ κεφαλὴ [η'], ἡ δ' ἅρπη praeeunte Olivieri η' seclusi : ἡ δὲ κεφαλὴ η' [et η' et καὶ possit legi ap. L] δ' ἅρπη EL, ἡ δὲ κεφαλὴ η' ἡ δ' ἅρπη OMB, ἡ δὲ κεφαλὴ ἡ καὶ ἅρπη S, ἡ δὲ κεφαλὴ καὶ ἡ ἅρπη edd. plerique, η' et δ' secl. et καὶ post κεφαλὴ add. Maass ‖ 15 ἔχουσα ε' del. edd. ‖ ὁρᾶται del. Robert ‖ 16 τισιν secl. Fell, del. Robert ‖ post ὁρᾶσθαι suppl. τοὺς πάντας ιε' Fell : τοὺς πάντας ιθ' Robert.

22. Persée

On raconte qu'il a été placé parmi les constellations en raison de sa renommée. C'est en s'unissant à Danaé sous forme de pluie d'or que Zeus l'engendra. Lorsque Persée fut envoyé par Polydecte pour affronter les Gorgones, il reçut d'Hermès son casque et ses sandales, grâce auxquelles il fit le voyage à travers les airs ; il passe pour avoir aussi reçu d'Héphaïstos une serpe d'acier. Les Gorgones, d'après ce qu'en dit le poète tragique Eschyle dans Les Phorcides, *avaient pour sentinelles les Grées (les Vieilles). Ces dernières n'avaient qu'un seul oeil qu'elles se passaient l'une à l'autre pour monter la garde tour à tour. Persée guetta le moment où elles se passaient l'œil, le récupéra et le jeta dans le lac Triton. Après quoi il marcha contre les Gorgones qui étaient endormies, et*

XXII. Περὶ τοῦ Περσέως

Περὶ τούτου ἱστορεῖται ἐν τοῖς ἄστροις τεθῆναι διὰ τὴν δόξαν· τῇ γὰρ Δανάῃ ὡς χρυσὸς μιγεὶς ὁ Ζεὺς ἐγέννησεν αὐτόν· ὑπὸ δὲ Πολυδέκτου πεμφθεὶς ἐπὶ τὰς Γοργόνας τήν τε κυνῆν ἔλαβε παρ' Ἑρμοῦ καὶ τὰ
5 πέδιλα, ἐν οἷς διὰ τοῦ ἀέρος ἐποιεῖτο τὴν πορείαν· δοκεῖ δὲ καὶ ἅρπην παρὰ Ἡφαίστου λαβεῖν ἐξ ἀδάμαντος· ὡς δὲ Αἰσχύλος φησὶν ὁ τῶν τραγῳδιῶν ποιητὴς ἐν Φορκίσιν, Γραίας εἶχον προφύλακας αἱ Γοργόνες· αὗται δὲ ἕνα εἶχον ὀφθαλμὸν καὶ τοῦτον ἀλλήλαις παρεδίδοσαν
10 κατὰ φυλακήν· τηρήσας δὲ ὁ Περσεὺς ἐν τῇ παραδόσει, λαβὼν ἔρριψεν τὸν ὀφθαλμὸν αὐτῶν εἰς τὴν Τριτωνίδα

CODICES : 1-5 (p. 71) TSWR.
TITVLVS : Περὶ τοῦ Περσέως T : Περσέως S.
1 τούτου T : τοῦτον S ‖ ἱστορεῖται T : ἱστόρηται S ‖ ἐν τοῖς ἄστροις τεθῆναι S (cf. *inter astra poni* ARAT. LAT.) : ὡς ἐν τοῖς ἄστροις ἐτέθη T (cf. EPIT.) ‖ 1-2 διὰ τὴν δόξαν om. S ‖ 2 ὡς χρυσὸς om. S ‖ 3 ὑπὸ T : ἐπὶ S ‖ ante Πολυδέκτου add. τοῦ Rehm ‖ Πολυδέκτου corr. Rehm (cf. *Polydectus* ARAT. LAT.) : Πολυδεύκτου T, πολὺ δέος S, Πολυδέυκου EPIT. (codd.) ‖ post Πολυδέκτου hab. *rege insulae Seriphi* SCH. GERM. BP ‖ πεμφθεὶς ἐπὶ τὰς TS (cf. *missus* SCH. GERM. BP, HYG.) : ἐπέμφθη εἰς EPIT. (cf. *misit [Polydectus*, sc.] *eum ad* ARAT. LAT.) ‖ 4 τήν τε κυνῆν S, iam corr. ex EPIT. Rehm : τὴν δελκύνην T, *iussum* pro κυνῆν ἔλαβε uid. leg. ARAT. LAT. ‖ παρ' Ἑρμοῦ TS : παρὰ τοῦ Ἑρμοῦ WR ‖ τὰ om. S ‖ 5 δοκεῖ T, ARAT. LAT. (*putatur*) : ἐδόκει S ‖ 6 λαβεῖν om. W ‖ 7 δὲ (*autem* ARAT. LAT.) om. S, EPIT. ‖ Αἰσχύλος φησὶν T, ARAT. LAT. : φησιν Αἰσχύλος S ‖ ὁ τῶν τραγῳδιῶν ποιητὴς — Γοργόνες (8) om. S ‖ 7-8 ἐν φόρκυσι ante φησὶν hab. et post ποιητὴς iter. φόρκυσιν EPIT. ‖ 8 Γραίας ex HYG. correxi : ἃς T, EPIT., ARAT. LAT. (*quas*), *tres* SCH. GERM. BP (et *tres* hab. HYGINVM coni. Robert, *Eratosthenis Catasterismorum Reliquiae*, 1878, 249) ‖ Γοργόνες corr. Rehm : Γοργόναι T ‖ αὗται δὲ corr. ex EPIT. Rehm : αὗται τε W, αὗταί τε T (cf. ARAT. LAT. *et ips<a>e quidem*), αὗται δὲ om. S, et γὰρ post ἕνα (9) add. ‖ 9 εἶχον ὀφθαλμὸν T, ARAT. LAT. : ὀφθαλμὸν εἶχον S ‖ καὶ τοῦτον — τὸν ὀφθαλμὸν (11) om. ARAT. LAT. ‖ παρεδίδοσαν TS : ἐδίδοσαν EPIT. ‖ 10 δὲ T : οὖν S ‖ 11 ante λαβὼν add. καὶ S ‖ τὸν ὀφθαλμὸν αὐτῶν T : αὐτὸν EPIT., om. S ‖ Τριτωνίδα T, ARAT. LAT. (*Tritonide*) : Τριγωνίδα S.

trancha la tête de Méduse, dont Athéna se couvrit la poitrine ; mais elle en fit aussi une représentation astrale, qu'elle donna à Persée ; de là vient qu'on le voit également tenir la tête de la Gorgone dans la mise en scène évoquée (?)[339].

---

339. Le texte est manifestement corrompu.

λίμνην, καὶ οὕτως ἐπὶ τὰς Γοργόνας ἐλθὼν ὑπνωκυίας
ἀφεῖλε τῆς Μεδούσης τὴν κεφαλήν, ἣν Ἀθηνᾶ περὶ τὰ
στήθη ἔθηκεν ἑαυτῆς· τῷ δὲ Περσεῖ τὴν εἰς τὰ ἄστρα
θέσιν ἐποίησεν, ὅθεν ἔχων θεωρεῖται καὶ τὴν τῆς Γορ-
5 γόνος κεφαλήν †ἐν ᾗ προείρηται διασκευῇ†.

1 ὑπνωκυίας S, fort. corr. ex ὑπνωκείας (cf. W, Epit.) T ‖ 2 ἀφεῖλε
TS : ἀφείλετο corr. ex Epit. Rehm ‖ τὴν om. W ‖ ἣν S : om. T, iam
add. Rehm ex cett. testt. ‖ ante Ἀθηνᾶ hab. ἡ Epit. ‖ περὶ T : παρὰ
S, in Arat. Lat. ‖ 3 ante ἑαυτῆς add. τὰ S ‖ εἰς τὰ ἄστρα TS : περὶ
τὰ ἄστρα Epit. (codd.) ‖ 4 ἐποίησεν T (*fecit* Arat. Lat.) : πεποίηκε
S ‖ ὅθεν ἔχων — διασκευῇ (5) om. S ‖ θεωρεῖται T : ὁράται W ‖
τῆς om. Epit. ‖ 5 ἐν ᾗ προείρηται διασκευῇ (*ut praedictum est* Arat.
Lat.) om. Epit., Sch. Germ. BP, Hyg. ‖ post διασκευῇ seq. ras. octo
litterarum finita uerbo δὲ T (ἔχει δὲ fuisse, i.e. initium catalogi stellarum, iam coni. Rehm).

23. La Pléiade[340]

Elle se trouve sur ce qu'on nomme la coupure de l'échine du Taureau[341]. Elle est constituée par un amas de sept étoiles, dont on raconte qu'elles sont les filles d'Atlas[342], raison pour laquelle on l'appelle aussi "Heptastère" (Celle qui a sept étoiles)[343]. On n'en voit pourtant pas sept, mais seulement six[344], et voici à peu près comment on l'explique : on dit que six d'entre elles s'unirent à des dieux, et une à un mortel. Trois s'unirent à Zeus : Electra, dont naquit Dardanos, Maïa, dont naquit Hermès, et Taygétè, dont naquit Lacédémon ; deux s'unirent à Poséidon : Alcyonè, dont naquit Hyriée, et Kélæno, dont naquit Lycos ; quant à Stéropè, on raconte qu'elle s'unit à Arès, et d'elle naquit Oinomaos[345]. Mais Méropè s'unit à un mortel, Sisyphe, et c'est pour cette raison qu'elle est totalement invisible[346].

Elles jouissent auprès des hommes d'une très grande popularité, parce qu'elles donnent des indications sur le changement de saison[347]. [Selon Hipparque, elles sont admirablement disposées et dessinent une figure triangulaire][348].

---

345. Selon une tradition mythographique qui remonte à Hellanicos au moins (*frg.* 19a Fowler), c'est Stéropè qui s'unit à un dieu et Méropè à un mortel (cf. Servius, *Comm. Géorgiques* 1.138 ; voir n. 344). D'après Apollodore (3.10.1), en revanche, c'est Stéropè qui s'unit à un mortel, Oinomaos. Telle était, sans doute, la généalogie en faveur en Élide, le pays d'Oinomaos ; voir la description de la frise du temple de Zeus à Olympie (Pausanias 5.10.6 ; il donne comme nom à la mère d'Oinomaos —d'après les Éléens— Harpinna : Pausanias 5.22.6).

XXIII. Πλειάδος

Ἐπὶ τῆς ἀποτομῆς τοῦ Ταύρου τῆς καλουμένης ῥάχεως <ἡ> Πλειάς ἐστιν· συνηγμένης δ' αὐτῆς εἰς ἀστέρας ἑπτά, λέγουσιν εἶναι τῶν Ἄτλαντος θυγατέρων, διὸ καὶ ἑπτάστερος καλεῖται· οὐχ ὁρῶνται δὲ αἱ
5 ἑπτά, ἀλλ' αἱ ἕξ· τὸ δὲ αἴτιον οὕτω πως λέγεται· τὰς μὲν γὰρ <ἓξ> φασι θεοῖς μιγῆναι, τὴν δὲ μίαν θνητῷ· τρεῖς μὲν οὖν μιγῆναι Διί, Ἠλέκτραν ἐξ ἧς Δάρδανος, Μαῖαν ἐξ ἧς Ἑρμῆς, Ταϋγέτην ἐξ ἧς Λακεδαίμων· Ποσειδῶνι δὲ δύο μιγῆναι, Ἀλκυόνην ἐξ ἧς Ὑριεύς, Κελαινὼ ἐξ ἧς
10 Λύκος· Στερόπη δὲ λέγεται Ἄρει μιγῆναι, ἐξ ἧς Οἰνόμαος ἐγένετο· Μερόπη δὲ Σισύφῳ θνητῷ, διὸ παναφανής ἐστιν. Μεγίστην δ' ἔχουσι δόξαν ἐν τοῖς ἀνθρώποις ἐπισημαίνουσαι καθ' ὥραν. [θέσιν δὲ ἔχουσιν εὖ μάλα κείμεναι κατὰ τὸν Ἵππαρχον τριγωνοειδοῦς σχήματος.]

Testimonia : Arat. Lat. 228, 18-20 ; Eudoc. 763 ; Fragm. Vat. uacat ; Hyg. *Astr.* 2.21 ; 3.20 ; Sch. Germ. BP, 83, 12-19.
Titvlvs : Πλειάδος Olivieri : πλειάδων E, πλειάς O, πλειάδες, et in mg. πλειάδες iter. M, om. tit. B.
1 Ἐπὶ τῆς ἀποτομῆς τοῦ Ταύρου — Ἄτλαντος θυγατέρων (4) E : ἐπὶ τῆς ἀποτομῆς τῆς ῥάχεως τοῦ Ταύρου ἡ Πλειάς ἐστι ἔχουσα ἀστέρας ζ'· λέγουσι δ' εἶναι ταύτας Ἄτλαντος θυγάτρας S ‖ Ἐπὶ τῆς ἀποτομῆς τοῦ Ταύρου — καλεῖται (4) E : Ἐπὶ τῆς ἀποτομῆς τῆς ῥάχεως τοῦ ταύρου ἡ καλουμένη Πλειάς ἐστι συνηγμένη δι' αὐτῆς [sc. τῆς ῥάχεως] εἰς ἀστέρας ἑπτά, διὸ καὶ ἑπτάστερον καλεῖται. λέγουσι δὲ κτλ. corr. Schaubach ‖ τοῦ Ταύρου del. cens. Lennep ap. Westermann ‖ τῆς καλουμένης aut del. aut ad ἀποτομῆς transp. prop. Heyne ‖ 2 ἡ ante Πλειάς add. Robert (cf. caput XIV) ‖ 3 ἑπτά edd. : ζ' E ‖ 4 ἑπτάστερος Olivieri (cf. caput XIV) : ἑπτάστερον E, plerique edd., ἑπτάπορος Robert mon. Wilamowitz ‖ 5 ἑπτά edd. : ζ' E ‖ ἕξ edd. : ς' E ‖ τὸ δὲ αἴτιον — σχήματος (14) in capite XIV post σφόδρα ins. ex Hyg. Lennep ap. Westermann ‖ 6 ἓξ add. edd. praeeunte Gale ‖ φασι E : φησι L ‖ 10 Λύκος corr. edd. mon. Heyne : λεῦκος E ‖ μιγῆναι om. M ‖ 11 διὸ παναφανής E : διόπερ ἀφανής corr. Robert mon. Kiessling ‖ 13 θέσιν δὲ — σχήματος (14) secl. Fell ‖ 13-14 κείμεναι E : κείμενα OM.

24. La Lyre[349]

Elle occupe la neuvième place parmi les constellations[350], et elle est la constellation des Muses[351]. Elle a été confectionnée à l'origine par Hermès à partir d'une tortue[352], et des bœufs d'Apollon[353] ; elle fut pourvue de sept cordes, d'après le nombre des filles d'Atlas[354]. Apollon la reçut de ses mains et, après avoir composé un chant sur la lyre, l'offrit à Orphée[355] qui, étant fils de Calliope[356], une des Muses, lui donna neuf cordes, d'après le nombre des Muses[357] ; Orphée en développa les ressources et s'acquit auprès des hommes une telle gloire qu'on alla jusqu'à lui prêter le pouvoir de charmer, par son jeu, même les pierres et les bêtes sauvages[358]. Il refusait d'honorer Dionysos, et considérait Hélios, auquel il donnait aussi le nom d'Apollon, comme le plus puissant des dieux[359]. Il se réveillait la nuit, gravissait à l'aube le mont

---

349. La Lyre est un des sept objets figurant au ciel, et cette figure grecque est sans doute originale. À Babylone il y avait à cet emplacement une Chèvre, UZA (FLORISOONE 1951 : 159 ; ROGERS 1998a : 16 ; WAERDEN 1974 : 73) ; et si le ciel égyptien comprend une lyre, celle-ci se trouve au niveau du Cancer (sur l'hypothèse d'une origine égyptienne voir BOLL-GUNDEL 1937 : 905). Son nom est attesté depuis Euctémon et Démocrite (GÉMINOS, [*Parapegme*] p. 99 Aujac ; cf. SCHERER 1953 : 181). Le nom de *Lyre* désigne parfois la seule Véga (α Lyr), une étoile blanche remarquable (mag. 0.03) qui est la 5ème la plus lumineuse du ciel (voir PTOLÉMÉE, *Almageste* 7.5, p. 56 ; cf. GÉMINOS 3.10 : Ὁ δὲ παρὰ τὴν Λύραν κείμενος λαμπρὸς ἀστὴρ ὁμωνύμως ὅλῳ τῷ ζῳδίῳ Λύρα προσαγορεύεται). Dans les tablettes mésopotamiennes (ROGERS 1998a : 18), sous le nom ᵈLAMMA, elle est appelée "l'étoile brillante de la Chèvre".

352. Le nom de "Tortue" (Χέλυς) est couramment employé pour désigner l'ensemble de la constellation, dès ARATOS (268 ; cf. AVIÉNUS 618, 632) ; mais ce qu'HYGIN appelle *Testudo* (3.6) est la seule caisse de résonance de l'appareil (voir LE BŒUFFLE 1977 : 104).

XXIV. Λύρας

Αὕτη ἐνάτη κεῖται ἐν τοῖς ἄστροις, ἔστι δὲ Μουσῶν· κατεσκευάσθη δὲ τὸ μὲν πρῶτον ὑπὸ Ἑρμοῦ ἐκ τῆς χελώνης καὶ τῶν Ἀπόλλωνος βοῶν, ἔσχε δὲ χορδὰς ἑπτὰ ἀπὸ τῶν Ἀτλαντίδων· μετέλαβε δὲ αὐτὴν Ἀπόλλων
5 καὶ συναρμοσάμενος ᾠδὴν Ὀρφεῖ ἔδωκεν, ὃς Καλλιόπης υἱὸς ὤν, μιᾶς τῶν Μουσῶν, ἐποίησε τὰς χορδὰς ἐννέα ἀπὸ τοῦ τῶν Μουσῶν ἀριθμοῦ καὶ προήγαγεν ἐπὶ πλέον ἐν τοῖς ἀνθρώποις δοξαζόμενος οὕτως ὥστε καὶ ὑπόληψιν ἔχειν περὶ αὐτοῦ τοιαύτην ὅτι καὶ τὰς πέτρας καὶ τὰ
10 θηρία ἐκήλει διὰ τῆς ᾠδῆς· ὃς τὸν μὲν Διόνυσον οὐκ ἐτίμα, τὸν δὲ Ἥλιον μέγιστον τῶν θεῶν ἐνόμιζεν εἶναι, ὃν καὶ Ἀπόλλωνα προσηγόρευσεν· ἐπεγειρόμενός τε τῆς νυκτὸς κατὰ τὴν ἑωθινὴν ἐπὶ τὸ ὄρος τὸ καλούμενον

TESTIMONIA : Arat. Lat. 230, 17-233, 5 (Rec. Interp. 230-232) ; Eudoc. 611 ; Fragm. Vat. XXIV ; Hyg. *Astr.* 2.7 ; 3.6 ; Sch. Arat. MDΔKVUA, 268 ; Sch. Arat. MDΔKVUAS, 269 ; Sch. Germ. BP, 83, 21-84, 17.

TITVLVS : λύρας L : λύρα OM, et in mg. λύρα iter. M, tit. euanidus ap. E, om. tit. B.

1 Αὕτη ἐνάτη E : ἡ δὲ λύρα ἐνάτη B ‖ ἐνάτη E^pc LOM^pc : ἐννάτη E^ac, ἐνάτη del. cens. Schaubach ‖ 2 κατεσκευάσθη δὲ E : κατεσκευάσθη — δὲ (sic) O ‖ 2-3 ὑπὸ Ἑρμοῦ ἐκ τῆς χελώνης E : ἐκ τοῦ Ἑρμοῦ ὑπὸ τῆς χελώνης B ‖ Ἑρμοῦ E : τοῦ Ἑρμοῦ M ‖ 3 καὶ τῶν Ἀπόλλωνος βοῶν susp. Robert ‖ post καὶ add. uerba ἐκ τῶν χορδῶν Heyne, *Apollodori Atheniensis Bibliothecae Libri Tres et Fragmenta*, 1803, 312 ‖ 4 Ἀτλαντίδων iam edd. mon. Muncker, correxi coll. FRAGM. VAT. : ἀτλαντηρίδων E, Bernhardy, ἀταλαντηρίδων B ‖ μετέλαβε iam edd. plerique mon. Unger (uid. *Thebana paradoxa*, 1839, vol. I, 354), correxi coll. FRAGM. VAT., SCH. ARAT. : μετέβαλε ELB, PHAVORIN., EUDOC., κατέβαλε OM, κατέλαβε Heyne ‖ Ἀπόλλων E : Ἀπόλων O ‖ 5 ᾠδὴν fort. del. cens. Heyne ‖ ἔδωκεν corr. edd. plerique (cf. FRAGM. VAT. παρέδωκεν) : δέδωκεν E, Matthiae ‖ 6 ὤν E : ἦν prop. Schaubach ‖ 9 post ἔχειν add. αὐτοὺς Heyne ‖ post ὅτι ex SCH. GERM. BP, SCH. GERM. G suppl. τὰ δένδρα prop. Robert prob. Olivieri ‖ 10 ἐκήλει edd. mon. Koppiers : ἐκάλει E ‖ ὃς τὸν E : οὗτος τὸν uel ὁ δὲ τὸν prop. Heyne ‖ 12 τε E : δὲ mal. Westermann ‖ 13 ὅρος OMB : ὄρος L, et ὅρος et ὄρος legi potest ap. E.

que l'on appelle Pangée et se postait face à l'orient pour être le premier à voir le soleil[360]. Dionysos en fut irrité contre lui et lui envoya les Bassarides[361], comme le dit le poète Eschyle[362] ; elles le mirent en pièces et dispersèrent ses membres de tous côtés[363]. Les Muses les rassemblèrent et les enterrèrent sur les montagnes appelées Leibèthres[364]. Et comme elles ne savaient pas à qui donner la lyre, elle demandèrent à Zeus de la placer parmi les constellations, afin qu'elle figure parmi les astres en souvenir d'Orphée et d'elles-mêmes[365]. Zeus y consentit et elle fut donc placée au ciel[366]. Elle signale un changement de temps en rapport avec le malheur d'Orphée, car elle se couche à chaque saison[367].

Elle porte une étoile sur chacune des oreilles, une également à l'extrémité de chacun de ses bras, une également à une extrémité, une sur chacune de ses épaules, une sur la traverse, une sur sa base, blanche et brillante[368]. En tout neuf.

---

360. Le mont Pangée, situé entre la Macédoine et la Thrace, apparaît pour la première fois chez PINDARE (*Pyth*. 4.180) ; mais selon HYGIN (2.7) la scène aurait lieu sur l'Olympe (cf. OVIDE, *Mét*. 11.1, sur le mont Rhodope). La tribu thrace des Édons, qui donnait son nom à la première tragédie de la trilogie d'Eschyle (voir n. 362), habitait ses parages. L'action des *Bassarides* avait lieu près de cette montagne d'après le *frg*. 23a (cf. METTE 1963 : 138-139 ; WEST 1983b : 64). Ce mont, qui culmine à 2.000 m., était réputé pour ses mines d'or (STRABON, *frg*. 7.16b Radt ; cf. HÉRODOTE 6.47), exploitées par les Thraces et les Athéniens au VIe siècle ; sur la « quasi addiction des Thraces pour l'or », qui éclaire autrement l'ascension quotidienne d'Orphée, voir GONTHIER 2008 : 228 ; sur la lumière "mystique" que voit Orphée, voir SEAFORD 2005.

365. Le même terme est employé aussi pour désigner la toison d'or (*Cat*. 19).

366. Près du genou gauche de l'Agenouillé (ARATOS 272 ; GERMANICUS 274), ou entre le genou et le bras gauche (HYGIN 2.6 ; MARTIANUS CAPELLA 8.840).

Πάγγαιον προσέμενε τὰς ἀνατολάς, ἵνα ἴδῃ τὸν Ἥλιον πρῶτος· ὅθεν ὁ Διόνυσος ὀργισθεὶς αὐτῷ ἔπεμψε τὰς Βασσαρίδας, ὥς φησιν Αἰσχύλος ὁ ποιητής· αἵτινες αὐτὸν διέσπασαν καὶ τὰ μέλη διέρριψαν χωρὶς ἕκαστον·
5 αἱ δὲ Μοῦσαι συναγαγοῦσαι ἔθαψαν ἐπὶ τοῖς λεγομένοις Λειβήθροις. Τὴν δὲ λύραν οὐκ ἔχουσαι ὅτῳ δώσειν τὸν Δία ἠξίωσαν καταστερίσαι, ὅπως ἐκείνου τε καὶ αὐτῶν μνημόσυνον τεθῇ ἐν τοῖς ἄστροις· τοῦ δὲ ἐπινεύσαντος οὕτως ἐτέθη· ἐπισημασίαν δὲ ἔχει ἐπὶ τῷ ἐκείνου συμπ-
10 τώματι δυομένη καθ᾽ ὥραν.

Ἔχει δὲ ἀστέρας ἐπὶ τῶν κτενῶν ἑκατέρων α᾽, ἐφ᾽ ἑκατέρου πήχεως α᾽, <ἐπ᾽> ἀκρωτῆρι ὁμοίως α᾽, ἐφ᾽ ἑκατέρων ὤμων α᾽, ἐπὶ ζυγοῦ α᾽, ἐπὶ τοῦ πυθμένος α᾽, λευκὸν καὶ λαμπρόν· τοὺς πάντας θ᾽.

---

1 ante προσέμενε suppl. ἰὼν Heyne : ἀνιὼν add. Robert et recc. edd. mon. Wilamowitz ‖ 2 πρῶτος E (cf. FRAGM. VAT.) : πρῶτον LOMB, edd. (cf. et *primum* ARAT. LAT.) ‖ 3 ante ποιητής add. τῶν τραγῳδιῶν Olivieri ‖ 6 δώσειν E, Olivieri : δώσειαν corr. Robert mon. Struve, δώσειεν Westermann ‖ 7 καταστερίσαι B, iam Olivieri : καταστερίσειν E, καταστερίζειν cett. edd. ‖ αὐτῶν E : αὑτῶν corr. Maass ‖ 9-10 ἐπὶ τῷ ἐκείνου συμπτώματι post καθ᾽ ὥραν (10) transp. Heyne ‖ 11 Ἔχει inc. S ‖ Ἔχει δὲ ἀστέρας ἐπὶ E : ἡ λύρα ἔχει ἀστέρας θ᾽ ἐπὶ S ‖ 11-12 ἑκατέρου Robert, ἑκάστου ELSB, Matthiae, ἑκάστης OM, Fell ‖ 12 post πήχεως del. α᾽ Robert ‖ ἀκρωτῆρι E, Olivieri : ἀκρωτηρίου Robert, ἀκρότητι Matthiae mon. Fell ‖ 13 ἐπὶ ζυγοῦ α᾽ post λαμπρόν (14) hab. S ‖ 14 post λαμπρόν hab. α᾽ M[ac] ‖ τοὺς πάντας θ᾽ om. S ‖ θ᾽ (cf. Hübner, *MH* 55, 1998, 85 sq.) E : η᾽ corr. Olivieri mon. Robert.

24. La Lyre

Elle occupe la neuvième place, et elle est la constellation des Muses. Elle a été confectionnée à l'origine par Hermès à partir d'une tortue, et des bœufs d'Apollon ; elle avait sept cordes, d'après le nombre des filles d'Atlas. Apollon la reçut de ses mains et, après avoir composé un chant sur la lyre, l'offrit à Orphée qui, étant fils de Calliope, une des Muses, lui donna neuf cordes, d'après le nombre des Muses ; Orphée en développa les ressources et s'acquit auprès des hommes une telle gloire qu'on alla jusqu'à lui prêter le pouvoir de charmer, par son jeu, les bêtes sauvages. Après être descendu dans l'Hadès à cause de sa femme, et y avoir vu ce qui s'y passait[369], *il cessa d'honorer Dionysos, auquel pourtant il devait sa renommée*[370], *et considéra Hélios comme le*

---

369. L'amour malheureux d'Orphée est peut-être un élément tardif (voir BOWRA 1952) ; mais les témoins d'une issue positive à cette passion ne sont peut-être pas décisifs avant une époque tardive (GRAF 1987 : 81-82 ; voir *contra* HEURGON 1932, selon lequel la tradition pré-virgilienne considère la descente et le retour d'Orphée comme un succès), bien que divers auteurs insistent sur la capacité d'Orphée à ressusciter les morts (voir EURIPIDE, *Alc*. 357 sq. ; ISOCRATE, *Busiris* 8). La première référence explicite à l'échec d'Orphée à ramener sa femme à la lumière se trouve dans PLATON (*Banquet* 179d-e), qui déclare que les dieux ne restituent pas Eurydice mais un fantôme (φάσμα) à Orphée. Les allusions hellénistiques à cet épisode sont également confuses (cf. HERMÉSIANAX, *frg*. 7 Powell). En revanche, pour PLUTARQUE (*Erot*. 761e-f) et DIODORE (4.25.4), Orphée réussit. Le nom de la femme varie et Ératosthène ne la nomme pas autrement que τὴν γυναῖκα (et elle est également anonyme pour Platon et Euripide) ; d'après Hermésianax elle se nommerait Argiopè (ou Agriopè), et MOSCHOS (3.124) est le premier auteur à lui donner le nom d'Eurydice.

XXIV. Περὶ τῆς Λύρας

Αὕτη ἐνάτη κεῖται καί ἐστι Μουσῶν· κατεσκευάσθη δὲ τὸ μὲν πρῶτον ὑπὸ Ἑρμοῦ ἐκ τῆς χελώνης καὶ τῶν Ἀπόλλωνος βοῶν, ἔσχε δὲ χορδὰς ζ' ἀπὸ τῶν Ἀτλαντίδων· μετέλαβε δ' αὐτὴν Ἀπόλλων καὶ συναρ-
5 μοσάμενος ᾠδὴ<ν Ὀρφεῖ> παρέδωκεν, <ὃς Καλλιόπης υἱὸς ὤν,> μιᾶς τῶν Μουσῶν, ἐποίησε τὰς χορδὰς <ἐννέα> ἀπὸ τοῦ τῶν Μουσῶν ἀριθμοῦ καὶ προήγαγεν ἐπὶ πλέον <ἐν> τοῖς ἀνθρώποις [οὕτω] δοξαζόμενος οὕτως, ὥστε <καὶ ὑπόληψιν> ἔχειν περὶ αὐτοῦ τοιαύτην,
10 ὡς θηρία ἐκήλει διὰ τῆς ᾠδῆς· διὰ δὲ τὴν γυναῖκα εἰς Ἅιδου καταβὰς καὶ ἰδὼν τὰ ἐκεῖ οἷα ἦν, τὸν μὲν Διόνυσον οὐκέτι ἐτίμα, ὑφ' οὗ ἦν δεδοξασμένος, τὸν δὲ Ἥλιον

CODICES : 1-10 (p. 76) TWR
TITVLVS : Περὶ τῆς Λύρας T (*De Lyra* ARAT. LAT.)
1 ἐνάτη corr. edd. : εὐνάτη T ‖ post κεῖται hab. ἐν τοῖς ἄστροις ARAT. LAT., EPIT. : om. SCH. GERM. BP ‖ 2 ὑπὸ T : ἐπὶ W ‖ Ἑρμοῦ corr. edd. coll. ARAT. LAT. EPIT., SCH. GERM. BP, HYG. : Μουσῶν T ‖ 3 χορδὰς e χωρὰς corr. T ‖ post ζ' obelus, in mg. ἢ ἀπὸ τῶν ζ' πλανητῶν ab interpolatore T, quod ap. WR in textum irrepsit : ἢ ἀπὸ τῶν ζ' πλανητῶν ἢ post χορδὰς ζ' def. Olivieri et Maass, repugnante Hübner, *MH* 55, 1998, 106 ‖ 4 μετέλαβε T, iam corr. Olivieri et Maass : μετέβαλε R (et *mutauit*, i.e. μετέβαλε, ARAT. LAT.), aut μετέβαλε aut κατέβαλε hab. codd. EPIT. ‖ 5 ᾠδὴ<ν Ὀρφεῖ> παρέδωκεν ex EPIT. rest. edd. : ᾠδῇ παρέδωκε T, ᾠδὴν om. et *Orphei* hab. ARAT. LAT. ‖ 5-6 ὃς Καλλιόπης υἱὸς ὤν add. edd. ex ARAT. LAT. et cett. testt. : spatium uacuum sedecim fere litterarum reliq. T ‖ 7 ἐννέα rest. edd. e cett. testt. ‖ προήγαγεν corr. ex EPIT., ARAT. LAT. (*protulit*) Rehm : προηγεῖται T ‖ 8 ἐν (*inter* ARAT. LAT.) suppl. edd. ‖ οὕτω del. Maass, secl. Olivieri et Rehm (cf. EPIT., ARAT. LAT.) ‖ 9 καὶ ὑπόληψιν add. edd. e cett. testt. : spatium uacuum nouem litterarum reliq. T ‖ ἔχειν om. W, ARAT. LAT. ‖ 10 ὡς T : ὅτι EPIT. ‖ ante θηρία add. καὶ τὰς πέτρας καὶ τὰ ex ARAT. LAT. Rehm ‖ ἐκήλει corr. Rehm ex EPIT., ARAT. LAT. : κήδειν T, κηλεῖν corr. Olivieri et Maass ‖ διὰ δὲ τὴν γυναῖκα om. ARAT. LAT. ‖ διὰ δὲ τὴν — οἷα ἦν (11) (cf. SCH. GERM. BP, HYG.) : om. EPIT. ‖ 11 Ἅιδου scripsi : Ἄδου T ‖ ante τὸν μὲν hab. ὃς EPIT. ‖ 12 οὐκέτι (*iam non* ARAT. LAT.) T : οὐκ corr. Olivieri et Maass (cf. οὐκ EPIT.) ‖ ὑφ' οὗ ἦν δεδοξασμένος (cf. ARAT. LAT.) : om. EPIT. ‖ pro Ἥλιον Solis signo utitur W.

plus puissant des dieux, en l'invoquant aussi sous le nom d'Apollon. Il se réveillait la nuit, gravissait à l'aube le mont que l'on appelle Pangée et se postait face à l'orient pour être le premier à voir le soleil. Dionysos en fut irrité contre lui et lui envoya les Bassarides, comme le dit le poète tragique Eschyle ; elles le mirent en pièces et dispersèrent ses membres de tous côtés. Les Muses les rassemblèrent et les enterrèrent sur les montagnes appelées Leibèthres. […] Il y consentit et elle fut donc placée <au ciel>. Elle signale un changement de temps dans ce qui est couramment…[371]

---

371. Il n'y a pas lieu de supposer que le texte des *FV*, désormais très corrompu, offrait ici un sens différent de celui de l'*Epit*.

μέγιστον τῶν θεῶν ἐνόμισεν, ὃν καὶ Ἀπόλλωνα προσ-
ηγόρευσεν· ἐπεγειρόμενός τε τὴν νύκτα [κατὰ] ἕωθεν
κατὰ τὸ ὄρος τὸ καλούμενον Πάγγαιον προσέμενε τὰς
ἀνατολάς, ἵνα ἴδῃ <τὸν Ἥλιον> πρῶτος· ὅθεν ὁ Διόνυ-
5 σος ὀργισθεὶς αὐτῷ ἔπεμψε τὰς Βάσ<σ>αρας, ὥς φησιν
Αἰσχύλος ὁ τῶν τραγῳδιῶν ποιητής, αἳ διέσπασαν
αὐτὸν καὶ τὰ μέλη ἔρριψαν χωρὶς ἕκαστον· αἱ δὲ Μοῦσαι
συναγαγοῦσαι ἔθαψαν ἐπὶ τοῖς καλουμένοις Λειβήθροις
<...> τοῦ δ' ἐπινεύσαντος οὕτως ἐτέθη· ἐπισημασίαν δὲ
10 ἔχει †ἐν τῷ κοινῶς† <...>

---

1 ἐνόμισεν (cf. ARAT. LAT. *nominauit*) T : ἐνόμιζεν εἶναι EPIT., ἐνό-
μιζων W ‖ 1-2 ὃν καὶ Ἀπόλλωνα προσηγόρευσεν om. ARAT. LAT. ‖
2 κατὰ ante ἕωθεν secl. Rehm (*ad auroram* ARAT. LAT.), del. Maass :
κατὰ τὴν ἑωθινὴν ex EPIT. corr. Olivieri ‖ 3 κατὰ τὸ T : ἐπὶ τὸ ex
EPIT. corr. Olivieri ‖ Πάγγαιον T : Παγαῖον W ‖ post Πάγγαιον
suppl. ἀνιὼν Olivieri et Maass ‖ 4 ἴδῃ corr. edd. : εἰδῇ T ‖ τὸν Ἥλιον
add. edd. coll. EPIT., ARAT. LAT., SCH. GERM. BP ‖ πρῶτος T (cf.
EPIT.) : πρῶτον corr. Olivieri et Maass ‖ ὅθεν T : *deum* ARAT. LAT. ‖
5 Βάσ<σ>αρας rest. Rehm : Βάσαρας T, Βασσαρίδας ex EPIT. corr.
Olivieri et Maass, aut *bassares* aut *hassares* hab. codd. ARATI LATINI,
bacchas SCH. GERM. BP, HYG. ‖ 7 χωρὶς ἕκαστον — συναγαγοῦσαι
(8) om. ARAT. LAT. ‖ 8 Λειβήθροις corr. edd. : Λιβήθροις T, *inferio-*
ribus ARAT. LAT. ‖ post Λειβήθροις lac. stat. Maass : uerba τὴν δὲ
λύραν — ἐν τοῖς ἄστροις ex EPIT. suppl. Olivieri, *lyram autem non*
habentes obsecrauerunt fieri ad memoriam patris seu organi composi-
tionem hab. ARAT. LAT., τὴν λύραν αἱ Μοῦσαι ἔδωκαν Μουσαίῳ
SCH. ARAT. MDΔKVUAS (cf. *eiusque lyram Musaeo dederunt* SCH.
GERM. BP) ‖ 9 τοῦ δ' ἐπινεύσαντος — τῷ κοινῶς (10) om. ARAT.
LAT. ‖ 9-10 ἐπισημασίαν δὲ ἔχει ἐν τῷ κοινῶς om. SCH. GERM. BP,
HYG. ‖ ἐν τῷ κοινῶς corruptum et mutilum esse coni. Maass : ἐπὶ τῷ
ἐκείνου corr. Olivieri ex EPIT., et postea συμπτώματι δυομένῃ καθ'
ὥραν ex EPIT. add. ‖ in fine stellarum catalogum quondam fuisse ex
ARAT. LAT. demonstratur.

25. L'Oiseau

Il s'agit de celui que l'on appelle "le Grand (Oiseau)"[372], et qu'on représente comme un cygne. On raconte que Zeus manifesta son amour à Némésis en prenant l'apparence de cet animal, car cette dernière changeait constamment de forme pour conserver sa virginité, et elle était alors un cygne[373]. C'est ainsi qu'après avoir pris l'apparence lui aussi de cet oiseau Zeus descendit sur Rhamnonte en Attique, où il viola Némésis[374]. Elle mit au monde un œuf[375] et, d'après ce que dit le poète Cratinos[376], de cet œuf, une fois éclos, naquit Hélène[377]. Et parce qu'il s'était élevé tel quel au ciel, sans avoir changé de forme, Zeus plaça aussi la figure du cygne parmi les constellations[378]. Il a les ailes déployées, tel qu'il était alors[379].

Le Cygne a une étoile brillante sur la tête, une brillante sur le col, cinq sur l'aile droite, cinq sur l'aile gauche, une

---

375. L'œuf dont naît Hélène donne à l'épisode une dimension cosmique (sur le motif de l'œuf cosmique dans les théogonies orphiques, voir West 1983a : 103-105 et 198 sq.). La naissance des deux jumeaux mythiques Eurytos et Ctéatos présente un cas similaire, d'une éclosion à partir d'un œuf, cette fois en argent (Ibycos, *frg.* 285 *PMG*) ; la généalogie de ces jumeaux, appelés λεύκιπποι, est aussi confuse que celle des Dioscures, les frères d'Hélène ; en effet, ils sont tenus tantôt pour les fils d'Actor, tantôt pour ceux de Poséidon.

379. Le Cygne, comme l'Aigle (voir *Cat.* 30), plus petit, est identifiable au ciel par sa structure en croix (d'où l'appellation tardive de *Crux maior* ; voir Grégoire de Tours, *De cursu stellarum* 23 & 35) ; les ailes forment une droite plus longue, et les extrémités sont α, β, ζ, κ Cyg. Cette posture déployée et dynamique, décisive dans la sélection de la figure, est constamment rappelée (cf. Aratos 278 : ποτὴν ὄρνιθι ἐοικώς ; etc.)

XXV. Ὄρνιθος

Οὗτός ἐστιν ὁ καλούμενος μέγας, ὃν κύκνῳ εἰκάζουσιν· λέγεται δὲ τὸν Δία ὁμοιωθέντα τῷ ζῴῳ τούτῳ Νεμέσεως ἐρασθῆναι, ἐπεὶ αὐτὴ πᾶσαν ἤμειβε μορφήν, ἵνα τὴν παρθενίαν φυλάξῃ, καὶ τότε κύκνος γέγονεν· οὕτω
5 καὶ αὐτὸν ὁμοιωθέντα τῷ ὀρνέῳ τούτῳ καταπτῆναι εἰς Ῥαμνοῦντα τῆς Ἀττικῆς, κἀκεῖ τὴν Νέμεσιν φθεῖραι· τὴν δὲ τεκεῖν ᾠόν, ἐξ οὗ ἐκκολαφθῆναι καὶ γενέσθαι τὴν Ἑλένην, ὥς φησι Κρατῖνος ὁ ποιητής. Καὶ διὰ τὸ μὴ μεταμορφωθῆναι αὐτόν, ἀλλ' οὕτως ἀναπτῆναι εἰς τὸν
10 οὐρανόν, καὶ τὸν τύπον τοῦ κύκνου ἔθηκεν ἐν τοῖς ἄστροις· ἔστι δὲ ἱπτάμενος οἷος τότε ἦν.

Ἔχει δὲ ἀστέρας ἐπὶ μὲν τῆς κεφαλῆς λαμπρὸν α', ἐπὶ τοῦ τραχήλου λαμπρὸν α', ἐπὶ τῆς δεξιᾶς πτέρυγος

TESTIMONIA : Arat. Lat. 233, 12-234, 18 (Rec. Interp. 233-234) ; Fragm. Vat. XXV ; Hyg. *Astr.* 2.8 ; 3.7 ; Sch. Arat. MDΔKVUA, 275 ; Sch. Arat. S, 275 ; Sch. Germ. BP, 84, 19-85, 6.
TITVLVS : Ὄρνιθος correxi coll. FRAGM. VAT. : κύκνου L, Olivieri, κύκνος OM, cett. edd., non discernitur ap. E, tit. om. B.
1 post Οὗτός hab. δὲ B ‖ post ἐστιν add. ex ARAT. ὄρνις Matthiae mon. Fell ‖ μέγας E : ὄρνις corr. Heyne, ὄρνις μέγας Robert ‖ 2 λέγεται — γέγονεν (4) susp. Olivieri coll. FRAGM. VAT. ‖ ὁμοιωθέντα — καὶ αὐτὸν (5) om. B, susp. Luppe, *Philologus* 118, 1974, 202 : ὁμοιωθέντα τῷ ζῴῳ τούτῳ et ἐπεὶ — καὶ αὐτὸν (3-5) del. cens. Heyne ‖ 3 αὐτὴ E : αὕτη M ‖ πᾶσαν susp. Schaubach ‖ 4 τότε E : fort. τὸ τέλος corr. cens. Robert ‖ γέγονεν E : γέγονε M ‖ 5 τῷ ὀρνέῳ τούτῳ E : τούτῳ τῷ ὀρνέῳ B ‖ 7 ἐκκολαφθῆναι καὶ del. Gürkoff ‖ 8 Κρατῖνος (cf. SCH. GERM. BP) mon. Koppiers et Valckenaer (*Euripidis Tragoedia Phoenissae*, vol. I, 1824, 222) corr. edd. : Κράτης E, FRAGM. VAT., ARAT. LAT., Maass ‖ 8-9 Καὶ διὰ τὸ μὴ μεταμορφωθῆναι αὐτόν susp. Schaubach ‖ 10 καὶ del. Heyne ‖ ἔθηκεν E : fort. τεθῆναι corr. coni. Schaubach ‖ 11 τότε ἦν E : τότ'ἦν B ‖ 12 Ἔχει inc. S ‖ Ἔχει δὲ ἀστέρας E : ὁ κύκνος ἔχει ἀστέρας S ‖ 13 τραχήλου LMSB : τραχήλ hab. EO, λ supra ἡ scripto.

sur le corps, et une sur le croupion, qui est l'étoile la plus grande[380]. En tout quatorze[381].

380. Les étoiles sont sans doute β (sur la tête ; ou le bec –στόμα– pour Hipparque et Ptolémée) ; η (sur le cou) ; δ, ι, κ, ο¹, ο² [ou θ ?] (sur l'aile droite) ; λ, ε, ζ, τ, ν [ou ξ, ou υ ?] (sur l'aile gauche) ; γ (sur le corps ; ou sur la poitrine –στῆθος– pour Ptolémée) ; α (sur le croupion ; ou sur la queue –οὐρά– pour Ptolémée et HIPPARQUE 3.4.5). La difficulté tient, pour l'identification des étoiles des ailes, au grand nombre d'étoiles présentes dans cette zone mal définie (et on comprend mal qu'ARATOS (276-277) prétende la constellation en partie constellée, et en partie non marquée d'étoiles) ; Ptolémée précise d'ailleurs la figure et situe 5 étoiles (ν, ξ, ο¹, ο², ω) sur les pattes et non sur les ailes (cf. HIPPARQUE 2.5.16). Toutes les étoiles nommées par Ératosthène sont de magnitude inférieure à quatre mais il y en a 34, dans la constellation actuelle, pour lesquelles elle est inférieure à 4.8 (!). HIPPARQUE (1.6.15) critique à ce titre ARATOS (277) de prétendre que ses étoiles ne sont pas très grandes (= brillantes) et cependant pas sans éclat (ἀστράσιν οὔτι λίην μεγάλοις, ἀτὰρ οὐ μὲν ἀφαυροῖς) : « En fait l'Oiseau a de nombreuses étoiles brillantes, dont l'une, sur la queue, est même particulièrement brillante, d'un éclat presque égal à celui de l'étoile de la Lyre ». Si Deneb (α Cyg, d'une magnitude de 1.4), une des "belles d'été", n'atteint pas l'éclat de Véga (mag. 0.3), on s'étonne que son éclat (elle est *amplissima* in SCHOL. GERM., p. 85) ne soit pas souligné par Hygin, le passage de la Voie lactée (qui forme à cet endroit une remarquable bifurcation) ne suffisant à expliquer cette discrétion.

381. Hipparque signale également θ Cyg (mag. 4.5) et σ Cyg (mag. 4.2), et Ptolémée dénombre 19 étoiles, dont deux périphériques. HYGIN (3.7) suit le descriptif d'Ératosthène, mais il omet l'étoile du corps, et les SCHOLIES À GERMANICUS (p. 85) celle du col, les deux textes aboutissant ainsi à un total de 13.

ε', <ἐπὶ τῆς ἀριστερᾶς ε'>, ἐπὶ τοῦ σώματος α', ἐπὶ τοῦ ὀρθοπυγίου α', ὅς ἐστι μέγιστος· <τοὺς πάντας ιδ'>.

1 ἐπὶ τῆς ἀριστερᾶς ε' add. ex HYG., SCH. GERM. Robert mon. Schaubach (cf. ARAT. LAT.) ‖ α' corr. Robert mon. Schaubach. probaui coll. ARAT. LAT. cum cett. testt. : δ' E ‖ 2 ὀρθοπυγίου E : ὀροπυγίου B ‖ μέγιστος E : μέγας S ‖ τοὺς πάντας ιδ' add. Schaubach : τοὺς πάντας ιβ' suppl. Fell.

25. *L'Oiseau*

Il s'agit de celui que l'on nomme "le Grand (Oiseau)", et qu'on représente comme un cygne. On raconte que Zeus, sous l'apparence d'un cygne, descendit sur Rhamnonte en Attique, où il viola Némésis. Elle mit au monde un œuf d'où naquit, d'après ce que raconte le poète Cratinos, Hélène. Et parce qu'il s'était élevé tel quel au ciel, sans avoir changé de forme, et en conservant sa figure de cygne, Zeus le plaça parmi les constellations avec les ailes déployées.

XXV. Περὶ τοῦ Ὄρνιθος

Οὗτος ὁ μέγας καλεῖται, ὃν κύκνῳ εἰκάζουσιν· λέγεται δὲ τὸν Δία τῷ κύκνῳ ὁμοιωθέντα καταπτῆναι εἰς Ῥαμνοῦντα τῆς Ἀττικῆς κἀκεῖ Νέμεσιν φθεῖραι· ἐκείνη δὲ ᾠὸν ἔτεκεν, ἐξ οὗ γεννηθῆναι, ὡς Κρατῖνος <ὁ
5 ποιητὴς> ἱστόρησε, τὴν Ἑλένην· διὰ δὲ τὸ μὴ μεταμορφωθῆναι ἀλλ' οὕτως εἰς οὐρανὸν ἀναπτῆναι τὸν τύπον τοῦ κύκνου ἔχοντα, τοῦτον καὶ ἔθηκεν ἐπὶ τῶν ἄστρων διιπτάμενον.

CODICES : 1-8 TR.
TITVLVS : Περὶ τοῦ Ὄρνιθος T : aut κύκνου aut κύκνος hab. EPIT. (codd.).
1 Οὗτος ὁ μέγας καλεῖται (*Hic magnus uocatur* ARAT. LAT.) T : Οὗτός ἐστιν ὁ καλούμενος μέγας EPIT. ‖ ὁ suppl. edd. ex R : om. T ‖ post εἰκάζουσιν lac. stat. Maass ‖ 1-2 λέγεται δὲ τὸν Δία τῷ κύκνῳ rest. Rehm coll. ARAT. LAT., EPIT., SCH. GERM. BP : τούτῳ Ζεὺς T, Olivieri et Maass ‖ 2 ὁμοιωθέντα et καταπτῆναι et φθεῖραι (3) corr. Rehm ex ARAT. LAT., EPIT., SCH. GERM. BP : ὁμοιωθεὶς et κατέπτη et ἔφθειρεν T, Olivieri et Maass ‖ post ὁμοιωθέντα plura de Nemesi figuram permutante hab. EPIT. : om. cett. testt. ‖ 3 Ῥαμνοῦντα ex EPIT. corr. Olivieri et Maass (cf. *Rhamnunta* SCH. GERM. BP) : ante spatium uacuum quattuor litterarum hab. Ῥάμνον T (cf. *Ramnum* ARAT. LAT., in ras. ap. cod. P), Rehm ‖ quae post φθεῖραι seq. om. HYG. ‖ 3-4 ἐκείνη δὲ ᾠὸν ἔτεκεν T, ARAT. LAT. : τὴν δὲ τεκεῖν ᾠόν EPIT. ‖ 4 post οὗ uerba ἐκκολαφθῆναι καὶ hab. EPIT. : om. T, ARAT. LAT., SCH. GERM. BP ‖ Κρατῖνος corr. Olivieri (cf. *Cratinus tragoediarum scriptor* SCH. GERM. BP) : et ὡς et Κράτης in ras. a pr. m. pro σοκράτης T, ut uid. Rehm, Κράτης def. Maass (cf. Κράτης EPIT., ARAT. LAT.) ‖ 4-5 ὁ ποιητὴς add. Rehm ex ARAT. LAT., EPIT. ‖ 5 ἱστόρησε T : *in historia refert* ARAT. LAT., φησι hab. ante Κράτης EPIT. ‖ διὰ δὲ τὸ T : καὶ διὰ τὸ EPIT. ‖ δὲ et, ut uid., μὴ om. ARAT. LAT. ‖ 7 τύπον corr. ex EPIT. edd. : τρόπον T (cf. *figura* ARAT. LAT.) ‖ τοῦτον corr. edd. : ὃν T, ARAT. LAT. (*quem*) ‖ 8 διιπτάμενον (*uolantem* ARAT. LAT.) T : ἔστι δὲ ἱπτάμενος οἷος τότε ἦν EPIT. ‖ post διιπτάμενον stellarum catalogum exc. ex ARAT. LAT. demonstratur.

26. Le Verseau

Apparemment ce personnage doit son nom de Verseau à son activité[382]. Il se dresse en effet, une cruche à vin à la main, et déverse un liquide en un flot abondant[383]. Certains soutiennent qu'il s'agit de Ganymède[384], considérant comme un indice décisif le fait que l'image[385] représente celle d'un échanson en train de servir du vin[386]. Et ils invoquent le témoignage du Poète[387], tirant argument du fait qu'il déclare que Ganymède fut amené à Zeus, en raison de sa suprême beauté, pour qu'il tienne le rôle d'échanson[388], que les dieux l'avaient jugé digne d'exercer, et qu'il obtint une immortalité qui demeure inconnue des hommes[389] ; le Flot qu'il déverse ressemble d'ailleurs au nectar[390], qui est précisément la boisson des dieux, et ceux qui y voient Ganymède considèrent que c'est là un élément accréditant l'idée qu'il s'agit bien de la boisson des dieux qu'on vient d'évoquer[391].

382. Le Verseau correspond à la constellation bablylonienne de GU-LA (le Magnifique), qui représente le pouvoir purificateur de l'eau (FLORISOONE 1951 : 159-161 ; WAERDEN 1974 : 70). Le nom habituel d' Ὑδροχόος apparaît chez Eudoxe (*frg*. 73 = HIPPARQUE 1.2.20 ; cf. ARATOS 283) ; le datif rencontré chez Aratos (Ὑδροχοῆ : 389) suggère un nominatif Ὑδροχοεύς (voir EUSTATHE, *Comm. Il*., p. 3.22.12 Van der Valk ; également dans NONNOS 23.315). L'image initiale semble avoir été celle d'un flot d'eau, qui descend jusqu'au Poisson austral, et cette partie de la figure, qui est davantage qu'un attribut, est richement constellée. Ératosthène est le premier auteur à identifier le Verseau à Ganymède (cf. n. 386).

385. L'emploi du terme εἴδωλον (*Cat*. 2, 3, 4, 35), confirme, une fois de plus, qu'Ératosthène ne conçoit pas le catastérisme comme le produit d'une métamorphose ou d'une apothéose personnelle (cf. aussi μίμημα : *Cat*. 14, τύπος : *Cat*. 25, et εἰκών : *Cat*. 41) ; la configuration astrale est un simulacre ou la copie d'un héros ou d'un animal mythique.

388. Le texte semble faire allusion de façon très détournée au motif pédérastique habituel dans le rapt de Ganymède (voir n. 384) ; la sélection de jeunes nobles pour faire office d'échanson faisait partie de leur initiation (BREMMER 1980 : 285-286 ; cf. SAPPHO, *frg*. 203 Voigt). Dans l'épopée post-homérique, l'élément homosexuel est explicite et finit par s'imposer dans la tradition littéraire.

XXVI. Ὑδροχόου

Οὗτος δοκεῖ κεκλῆσθαι ἀπὸ τῆς πράξεως Ὑδροχόος· ἔχων γὰρ ἕστηκεν οἰνοχόην καὶ ἔκχυσιν πολλὴν ποιεῖται ὑγροῦ. Λέγουσι δέ τινες αὐτὸν εἶναι τὸν Γανυμήδην, ἱκανὸν ὑπολαμβάνοντες σημεῖον εἶναι τὸ ἐσχηματίσθαι
5 τὸ εἴδωλον οὕτως ὥσπερ ἂν οἰνοχόον χέειν· ἐπάγονται δὲ καὶ τὸν ποιητὴν μάρτυρα, διὰ τὸ λέγειν αὐτὸν ὡς ἀνεκομίσθη οὗτος πρὸς τὸν Δία κάλλει ὑπερενέγκας ἵνα οἰνοχοῇ, ἄξιον κρινάντων αὐτὸν τῶν θεῶν, καὶ ὅτι τέτευχεν ἀθανασίαν τοῖς ἀνθρώποις ἄγνωστον οὖσαν· ἡ
10 δὲ γινομένη ἔκχυσις εἰκάζεται τῷ νέκταρι ὃ καὶ ὑπὸ τῶν θεῶν πίνεται, εἰς μαρτύριον τῆς εἰρημένης πόσεως τῶν θεῶν ὑπολαμβάνοντες τοῦτο εἶναι.

TESTIMONIA : Arat. Lat. 235, 1-236, 16 (Rec. Interp. 235-236) ; Fragm. Vat. uacat ; Hyg. *Astr*. 2.29 ; 3.28 ; Sch. Arat. MDΔKVUAS, 283 ; Sch. Germ. BP, 85, 8-87, 2.
TITVLVS : ὑδροχόου L : ὑδροχόος OM, euanidum ap. E, tit. om. B. 1 Οὗτος δοκεῖ E : οὗτος δὲ ὁ ὑδροχόος δοκεῖ B ‖ 3 Γανυμήδην edd. : γαννυμήδην E ‖ 4 σημεῖον LOMB : σῆμα E ‖ 5 οἰνοχόον E : οἰνοχόην Heyne ‖ 7 οὗτος B, iam Robert : οὕτως E, del. Matthiae mon. Heyne, transp. post κάλλει prop. Schaubach ‖ ἵνα οἰνοχοῇ — τῶν θεῶν (8) E, edd. : τῶν θεῶν ἄξιον κρινάντων αὐτὸν ἵνα οἰνοχοῇ Schaubach, siue ἵνα οἰνοχοῇ, ἄξιον κρίναντα αὐτὸν τῶν θεῶν, siue καὶ, ἵνα οἰνοχοῇ, ἄξιον κρίνειν αὐτὸν τὸν θεὸν legend. coni. Heyne ‖ 8 κρινάντων recc. edd. praeeunte Schaubach : et κρίνας et κρινάντων legas ap. E^ac, κρίνειν E^pcLOM, κρίναντα B, Fell ‖ αὐτὸν E^pcLOMB : αὐτῶν E^ac ‖ 9 ἀθανασίαν — ἄγνωστον οὖσαν E, Fell et Olivieri : ἀθανασίας — ἀγνώστου οὖσης corr. cett. edd. ‖ ἄγνωστον οὖσαν E : ἄγνωστος οὔσης B ‖ post οὖσαν uerba ἐν δὲ τοῖς ἄστροις ἀσφαλῆς εἶναι δοκεῖ [sc. immortalitas] ex ARAT. LAT. add. prop. Wieck, *Berliner philologische Wochenschrift*, 1900, 867 ‖ 10 γινομένη E : γενομένη M ‖ 11 post εἰς μαρτύριον add. ὥς τινες λέγουσι Fell et uett. edd. ‖ εἰς μαρτύριον τῆς εἰρημένης πόσεως τῶν θεῶν ὑπολαμβάνοντες τοῦτο εἶναι (11-12) del. Robert mon. Heyne ‖ πόσεως E : πόσιος B.

Le Verseau a deux étoiles sans éclat sur la tête, une étoile sur chaque épaule, grandes l'une et l'autre, une sur chaque coude, une brillante sur la main droite[392], une sur chaque mamelon, une sous chacun des deux mamelons, des deux côtés, une sur la hanche gauche, une sur chaque genou, une sur le mollet droit, et une sur chaque pied[393]. En tout dix-sept[394].

Le Flot d'eau[395] est composé de trente et une étoiles, dont deux brillantes[396].

---

392. Littéralement "le bout de la *main* (χείρ) droite" (voir n. 333).

394. PTOLÉMÉE (*Almageste* 8.1, p. 118-125) dénombre vingt-deux étoiles pour le personnage ; HYGIN (3.28) quatorze ; et les SCHOL. GERM. (p. 85), comme ARAT. LAT. (p. 236), dix-huit.

395. Le nom de cet astérisme inclus est un terme technique, qu'Ératosthène emploie déjà dans la section mythographique (pour ARATOS 399, c'est ῞Υδωρ ; cf. *amnis* in CICÉRON, *Arat.* 34.173 ; VITRUVE 9.5.3 ; etc.). Aratos distingue assez nettement le Verseau et l'Eau pour aborder les deux astérismes séparément (283 sq. et 389 sq.). Il est essentiellement composé des étoiles φ, χ, ψ, ω formant une ligne courbe (voir WEBB 1952 : 154). Ptolémée signale dans le tracé au moins deux courbes (καμπή ; même terme que pour le Dragon, cf. *Cat.* 3), et conclut le cours par trois groupes de trois étoiles (συστροφή). On distinguait un sous-ensemble formé de trois ou quatre étoiles (γ, ζ, η Aqr, et peut-être π Aqr) et appelé Amphore (Κάλπις) par HIPPARQUE (3 1.9 et 3 3.11), GÉMINOS 3.6 et PTOLÉMÉE (*Almageste* 7.1, p. 7), bien que ce dernier n'identifie pas l'astérisme comme tel dans son catalogue (voir aussi PTOLÉMÉE, *Tétrabible* 3.13.9 et 4.5.15 ; SEXTUS EMPIRICUS, *Contre les Math.* 5.92-93 ; cf. *urna* : MANILIUS 2.51). Le récipient prend parfois le nom de ὑδρεῖον : « le Verseau tient une hydrie, d'où d'ailleurs tombent six étoiles qui imitent un flot d'eau » (ὕδατος χύσιν : SCHOL. ARAT. 391, p. 263). Ptolémée dénombre vingt étoiles pour le flot (τῆς ῥύσεως τοῦ ὕδατος, ou simplement ὕδωρ : PTOLÉMÉE, *Almageste* 8.1, p. 120 et 124) ; les SCHOLIES À GERMANICUS (p. 85) en comptent trente et une.

CATASTERISMI

Ἔχει δ' ἀστέρας ἐπὶ τῆς κεφαλῆς ἀμαυροὺς β', ἐφ' ἑκατέρων ὤμων α', ἀμφοτέρους μεγάλους, ἐφ' ἑκατέρῳ ἀγκῶνι α', ἐπ' ἄκρας χειρὸς δεξιᾶς λαμπρὸν α', ἐφ ἑκατέρου μαστοῦ α', ὑπὸ τοὺς μαστοὺς ἑκατέρωθεν α',
5 <ἐπ'> ἀριστεροῦ ἰσχίου α', <ἐφ'> ἑκατέρου γόνατος α', <ἐπὶ> δεξιᾶς κνήμης α', <ἐφ'> ἑκατέρῳ ποδὶ α'· <τοὺς πάντας ιζ'>· ἡ δὲ ἔκχυσις τοῦ ὕδατός ἐστιν ἐξ ἀστέρων λα' ἔχουσα ἀστέρας β' οἵ εἰσι λαμπροί.

1 Ἔχει inc. S ‖ Ἔχει δ' ἀστέρας Ε : ὁ ὑδροχόος ἔχει ἀστέρας S ‖ 2-3 ἑκατέρῳ ἀγκῶνι Ε : ἑκατέρου ἀγκῶνος Robert ‖ 6 ἑκατέρῳ ποδὶ Ε : ἑκατέρου ποδὸς Robert ‖ τοὺς πάντας ιζ' (6-7) add. edd. : XVIII computant ARAT. LAT., catalogus HIPPARCHI ‖ 7-8 ἐξ ἀστέρων λα' ex HYG., SCH. GERM. BP corr. Robert (cf. REC. INTERP. quae tamen triginta stellas computat) : ἐξ ἀριστερῶν Ε, cett. edd. (cf. ARAT. LAT.), δεξιῶν pro ἀριστερῶν leg. Schaubach ‖ 8 ante β' add. λ' Fell ‖ post λαμπροί add. ex SCH. GERM. λοιποὶ δὲ ἀμαυροί Fell.

27. Le Capricorne[397]

Ce personnage est en apparence semblable à Égipan, dont il provient d'ailleurs[398]. Ses membres inférieurs sont ceux d'une bête, et il a des cornes sur la tête[399]. Il doit l'honneur qui lui a été fait à ce qu'il fut le frère de lait de Zeus[400], selon ce que dit Épiménide, l'auteur des *Cretica*[401], qui rapporte qu'il était avec Zeus sur l'Ida, lorsque ce dernier lança son offensive contre les Titans[402]. C'est lui, apparemment, qui découvrit la conque[403], dont il arma les dieux coalisés[404], en raison du pouvoir des sons qu'elle produit, que l'on qualifie de "Paniquant", et qui mit en fuite les Titans[405]. Une fois que le pouvoir fut passé entre

---

399. Comme l'Aratus Latinus (p. 237-238), la tradition grecque des *Catastérismes* conçoit cet être comme un hybride anthropozoomorphe dont la partie inférieure (τὰ κάτω) —et non "l'arrière-train"— est bestiale (θηρίου). Hygin (2.28) et le scholiaste de Germanicus (p. 87) donnent des précisions : la partie basse est celle d'un poisson (*eius inferiorem partem piscis esse formationem* ; *habet posteriorem partem piscis*), tandis que la partie haute est, explicitement chez le scholiaste, celle d'un caprin (*priorem caprae cornua habentis* ; cf. *Anonymus* II.7, *Sphaera* 140-141, p. 167). Telle est la forme canonique du Capricorne dans la littérature (voir Aviénus 649, etc.) héritée de l'astronomie babylonienne, qui compte davantage d'êtres hybrides (voir Roscher 1895 : 333-334 ; cf. Kidd 1997 : 288).

401. Épiménide, *frg*. 2 Fowler / 37 Bernabé (= *FVS* 3B24). Bien que la figure d'Épiménide de Crète ait une consistance historique, à la différence de celle d'Orphée ou de Musée, l'œuvre qu'on lui attribue, pseudo-épigraphique, commence à circuler, pour l'essentiel, à partir de 430 av. J.-C. (West 1983a : 49). Le récit de la naissance de Zeus accroît l'intérêt pour le culte du Zeus de l'Ida, et promeut le mythe crétois de sa naissance, assurant à l'un et à l'autre une grande diffusion en Grèce. Sur la *Théogonie* d'Épiménide et ses rapports avec les *Histoires de Crète* (Κρητικά), voir n. 74 et Mele 2002 : 227 sq. Les activités de ce personnage crétois se situent à mi-chemin entre la sphère religieuse et la sphère pré-juridique (voir Pòrtulas 1995a : 48 sq.).

XXVII. Αἰγόκερω

Οὗτός ἐστι τῷ εἴδει ὅμοιος τῷ Αἰγίπανι· ἐξ ἐκείνου δὲ γέγονεν· ἔχει δὲ θηρίου τὰ κάτω μέρη καὶ κέρατα ἐπὶ τῇ κεφαλῇ· ἐτιμήθη δὲ διὰ τὸ σύντροφος εἶναι τῷ Διί, καθάπερ Ἐπιμενίδης ὁ τὰ Κρητικὰ ἱστορῶν φησιν, ὅτι
5 ἐν τῇ Ἴδῃ συνῆν αὐτῷ, ὅτε ἐπὶ τοὺς Τιτᾶνας ἐστράτευσεν· οὗτος δὲ δοκεῖ εὑρεῖν τὸν κόχλον, ἐν ᾧ τοὺς συμμάχους καθώπλισε διὰ τὸ τοῦ ἤχου Πανικὸν καλούμενον, ὃ οἱ Τιτᾶνες ἔφευγον· παραλαβὼν δὲ τὴν ἀρχὴν ἐν τοῖς ἄστροις αὐτὸν ἔθηκε καὶ τὴν αἶγα τὴν μητέρα· διὰ

TESTIMONIA : Arat. Lat. 237, 1-238, 13 (Rec. Interp. 237-238) ; Fragm. Vat. XXVII (= Sch. Arat. S, 282) ; Hyg. *Astr.* 2.28 ; 3.27 ; Sch. Arat. MDΔKVUA, 283 ; Sch. Arat. Vat. 1087 (fol. 304v [p. 220, 11-14 ed. Martin]) ; Sch. Germ. BP, 87, 3-89, 16.

TITVLVS : Αἰγόκερω scr. Olivieri : αἰγόκερως L, πάν M et O (ut uid., sed difficile lectu), Matthiae, Αἰγόκερως Schaubach ex ARAT., THEONE, PHAVORIN., Αἰγίκερως Heyne, Αἰγοκέρωτος Maass, tit. ualde euanidus ap. E, om. tit. B.
1 Οὗτός ἐστι E : ὁ δὲ αἰγόκερώς ἐστι B ‖ Οὗτός ἐστι — τῇ κεφαλῇ (3) E : Ὁ αἰγόκερως ὅμοιός ἐστι τῷ Αἰγίπανι — τῇ κεφαλῇ hab. et S ‖ Αἰγίπανι S, iam edd. : αἰγὶ πανὶ E, siue αἰγίπανι siue αἰγὶ hab. SCH. ARAT. ‖ 1-2 ἐξ ἐκείνου δὲ γέγονεν del. Schaubach ‖ δὲ E : γὰρ Robert et Diels-Kranz mon. Wilamowitz ‖ 2 θηρίου E : ἰχθύος corr. Fell prob. Schaubach (*piscis*, i.e. ἰχθύος, hab. HYG., SCH. GERM.) : θαλασσίου coni. Roscher, *JKPh* 151, 1895, 333 ‖ 3 ἐτιμήθη E : ἐτιμή B, et postea spatium uacuum ‖ σύντροφος E, iam corr. Robert : σύντροφον LOMB ‖ 5 ἐν τῇ Ἴδῃ del. Heyne ‖ Τιτάνας EB, iam edd. : τιτάνας LOM ‖ 6 uerba οὗτος δὲ δοκεῖ εὑρεῖν τὸν κόχλον et διὰ τὸ τοῦ ἤχου [corr. οὗ τὸν ἦχον] Πανικὸν καλούμενον, ὃ οἱ [del. ὅ] Τιτᾶνες ἔφευγον [corr. ἔφυγον] (7-8) post μητέρα (9) transp. Robert ‖ κόχλον E : κόχλακα SCH. ARAT. ‖ ἐν secl. Maass ‖ 7 καθώπλισε E : καθώπλιζεν Robert ‖ post καθώπλισε suppl. ex HYG. ἢ Maass ‖ ἤχου E : ἦχου B ‖ 8 ὃ οἱ E : οἱ Koppiers, δι' ὃ οἱ Heyne ‖ ἔφευγον ex E recepi : ἔφυγον Robert et Olivieri (cf. ARAT. LAT., *fugauit*) ‖ post ἀρχὴν add. ὁ Ζεὺς Fell : ὁ Ζεὺς ante τὴν ἀρχὴν suppl. Matthiae ‖ 9 καὶ τὴν αἶγα τὴν μητέρα del. Heyne.

les mains de Zeus, ce dernier le plaça, lui et sa mère, la Chèvre, parmi les constellations[406]. Sa queue de poisson est une allusion[407] au fait qu'il a découvert la conque dans la mer[408].

Le Capricorne a une étoile sur chaque corne, une brillante sur les narines, deux sur la tête, une sur le cou, deux sur la poitrine, une sur la patte avant, une à l'extrémité de la patte, sept sur le dos, cinq sur le ventre, et deux brillantes sur la queue[409]. En tout vingt-quatre[410].

407. Le terme désigne un attribut symbolique —on trouve le même terme παράσημον pour qualifier la Barque du Sagittaire (*Cat.* 28) et la Mangeoire dans le Crabe (*Cat.* 11)— ; il est rendu par *monstruosum signum* dans l'Aratus Latinus (p. 238).

409. On peut proposer la concordance suivante : α et β Cap (sur les cornes) ; σ Cap (sur le nez) ; π et ρ Cap (sur la tête) ; τ Cap (sur le cou) ; η et 24(A) Cap (sur la poitrine) ; ψ Cap (sur la patte avant) ; ω Cap (à l'extrémité de la patte) ; o, υ, θ, 30, ι, ε et κ Cap (sur le dos) ; 36, ζ, 33, φ et χ Cap (sur le ventre) ; γ et δ Cap (sur la queue, effectivement brillantes : respectivement mag. 3.6 et 2.8). Le dessin correspond approximativement à celui qu'on lit chez Ptolémée et que l'on peut établir avec certitude dans son cas puisqu'il donne les coordonnées des étoiles ; la figure diffère pour les cornes et les proportions de la tête (cf. les trois étoiles sur le museau, selon Ptolémée —ῥύγχος— : o, π, ρ Cap, auxquelles s'ajoute à l'ouest une étoile sous l'œil : σ Cap) ; comme les deux étoiles des cornes signalées par Ératosthène (α et β Cap) sont presque sur le même méridien, leur répartition sur chaque corne suggère un allongement parallèle à l'écliptique, ce qui ne correspond pas au tracé de Ptolémée qui compte ainsi trois étoiles sur la corne est ($α^1$ et $α^2$ Cap [une étoile double], β, ν Cap), et une sur la corne ouest (ξ Cap). L'inclinaison de la tête (cornes/tête/museau) pose problème, et si l'on admet qu'Ératosthène suit un ordre régulier dans ses descriptifs il se pourrait que l'organisation soit en fait : α et ξ Cap (sur les cornes), β Cap (sur le nez) ; l'étoile du nez serait ainsi réellement brillante (mag. 3), alors que celle de la précédente configuration capitale ne l'est pas (σ Cap ayant une magnitude de 5.2). On trouve le même descriptif pour les étoiles de la tête dans les Scholies à Germanicus (p. 89), mais Hygin ne compte que deux étoiles sur six (sur le nez et la nuque). Les étoiles qu'Hipparque situe sur le visage (πρόσωπον : 3.2.5) sont sans doute celles que Ptolémée situe sur le nez et sous l'œil. La figure de "l'obscur" Capricorne (κυανέῳ : Aratos 702) regarde vers le couchant (*ad occasum spectans* : Hygin 3.27) et a les pattes fléchies.

δὲ τὸν κόχλον ἐν τῇ θαλάσσῃ <εὑρεῖν> παράσημον ἔχει ἰχθύος <οὐράν>.

Ἔχει δ' ἀστέρας ἐφ' ἑκατέρου κέρατος α', <ἐπὶ τοῦ μυκτῆρος α'> λαμπρόν, ἐπὶ τῆς κεφαλῆς β', <ἐπὶ>
5 τραχήλου α', <ἐπὶ> στήθους β', <ἐπ'> ἐμπροσθίου ποδὸς α', <ἐπ' ἄκρου αὐτοῦ α', ἐπὶ> ῥάχεως ζ', <ἐπὶ> γαστρὸς ε', <ἐπ'> οὐρᾶς β' λαμπρούς· τοὺς πάντας κδ'.

1 ante τὸν κόχλον add. τὸ Robert mon. Bernhardy ‖ κόχλον E : ὄχλον M^ac ‖ ἐν τῇ θαλάσσῃ E : τὸν θαλάσσιον Maass ‖ εὑρεῖν add. Heyne ex SCH. ARAT. prob. recc. edd. (cf. SCH. GERM. BP) : εὑρεῖν add. ante ἐν τῇ θαλάσσῃ cens. Bernhardy ‖ 2 οὐράν iam add. Heyne ex SCH. ARAT. prob. recc. edd. (cf. FRAGM. VAT., ARAT. LAT.) : οὐράν suppl. post παράσημον (1) cens. Bernhardy ‖ 3 Ἔχει inc. S ‖ 3-4 ἐπὶ τοῦ μυκτῆρος α' iam ex HYG., SCH. GERM. Robert, addidi coll. FRAGM. VAT., REC. INTERP. ‖ 4-5 ἐπὶ τραχήλου edd. plerique (cf. FRAGM. VAT., ARAT. LAT.) : τραχήλ E, τραχήλου B, Maass, ὑπὸ τράχηλον corr. Robert coll. HYG., SCH. GERM. ‖ 5 α' iam Robert, correxi ex FRAGM. VAT. : γ' E, cett. edd. (et tres stellas computat ARAT. LAT.), β' M^ac ‖ στήθους E : στήθ OM ‖ 6 ἐπ' ἄκρου αὐτοῦ α' suppleui ex FRAGM. VAT. : iam add. ἐπ' ἄκρου ποδὸς α' Robert ex HYG., SCH. GERM. ‖ 7 κδ' corr. edd. (cf. et SCH. GERM. BP, REC. INTERP.) : κβ' E, XXVI ARAT. LAT. (cf. et catalogum stellarum HIPPARCHO adscr., Rehm, *Hermes* 34, 1899, 252-254 ; uid. *Appendicem*).

27. Le Capricorne

Ce personnage est semblable à Egipan, dont il provient d'ailleurs. Ses membres inférieurs sont ceux d'une bête, et il a des cornes sur la tête. Il doit l'honneur qui lui a été fait à ce qu'il fut le frère de lait de Zeus, selon ce que dit Epiménide, l'auteur des Crética, *qui rapporte qu'il était avec Zeus sur l'Ida, lorsque ce dernier menait son offensive contre les Titans. Une fois que le pouvoir fut passé entre les mains de Zeus, ce dernier le plaça, lui et sa mère, la Chèvre, parmi les constellations. Sa queue de poisson est une allusion au fait qu'il a découvert la conque dans la mer.*

Il y a une étoile sur chaque corne, une brillante sur les narines, deux sur la tête, une brillante sur le cou[411], *deux sur la poitrine, une sur la patte avant, une à l'extrémité de la patte, sept sur le dos, cinq sur le ventre, et deux brillantes sur la queue. En tout vingt-quatre.*

---

411. Comme l'Aratus Latinus (p. 238), les *FV* qualifient cette étoile de brillante, alors qu'ils omettent de noter l'éclat des étoiles de la queue ; le texte de *l'Épitomé* est aussi douteux, et sans doute erroné, pour cet emplacement (où le manuscrit donne le chiffre 3, comme Arat. Lat., p. 238) ; voir *app. crit.*

XXVII. <Περὶ τοῦ Αἰγόκερω>

Οὗτός ἐστι μὲν ὅμοιος τῷ Αἰγίπανι· ἐξ ἐκείνου δὲ γέγονεν· ἔχει δὲ θηρίου τὰ κάτω καὶ κέρατα ἐπὶ τῇ κεφαλῇ· ἐτιμήθη δὲ διὰ τὸ σύντροφον εἶναι τῷ Διί, καθάπερ <Ἐπιμενίδης> ὁ τὰ Κρητικὰ ἱστορῶν <φησί>,
5 ὅτι ἐν τῇ Ἴδῃ συνῆν αὐτῷ, ὅτε ἐπὶ τοὺς Τιτᾶνας ἐστρατεύετο· παραλαβὼν δὲ τὴν ἀρχὴν ἐν τοῖς ἄστροις αὐτὸν ἔθηκε καὶ τὴν αἶγα τὴν μητέρα· διὰ δὲ τὸν κόχλον ἐν τῇ θαλάσσῃ <εὑρεῖν> παράσημον οὐρὰν ἰχθύος ἔχει.

Εἰσὶ δ᾽ ἀστέρες ἐφ᾽ ἑκατέρου κέρατος α᾽, ἐπὶ τοῦ
10 μυκτῆρος λαμπρὸς α᾽, ἐπὶ τῆς κεφαλῆς β᾽, ἐπὶ τοῦ τραχήλου λαμπρὸς α᾽, ἐπὶ τοῦ στήθους β᾽, ἐπὶ τοῦ ἐμπροσθίου ποδὸς α᾽, ἐπ᾽ ἄκρου αὐτοῦ α᾽, ἐπὶ τῆς ῥάχεως ζ᾽, ἐπὶ τῆς γαστρὸς ε᾽, ἐπὶ τοῦ οὐραίου β᾽· οἱ πάντες κδ᾽.

CODICES : 1-13 S.
TITVLVS : Περὶ τοῦ Αἰγόκερω suppleui : αἴγης lemma S.
1 Αἰγίπανι ex EPIT. correxi : Αἰγειπανί S, *caprei* ARAT. LAT. ‖ ἐξ correxi : ἐπ᾽ S ‖ 1-2 ἐξ ἐκείνου δὲ γέγονεν S (cf. EPIT., SCH. GERM. BP) : *pro eo quidem positus est* ARAT. LAT. ‖ 2 ἔχει ex EPIT., ARAT. LAT. (*habet*) correxi : ἐπέχει S ‖ καὶ om. ARAT. LAT. ‖ 4 Ἐπιμενίδης addidi ex ARAT. LAT., EPIT., SCH. GERM. BP ‖ φησί ex EPIT., ARAT. LAT. addidi ‖ 5 ἐν τῇ Ἴδῃ om. ARAT. LAT. ‖ Τιτᾶνας scripsi : Τιτάνας S ‖ 5-6 ἐστρατεύετο S (*militabatur* ARAT. LAT.) : ἐστράτευσεν EPIT. ‖ 6 post ἐστρατεύετο hab. *hic uidetur adinuenire coclam, quando hostes excoriatorum terruit, et per eius sonitum Titanas exterritos fugauit* ARAT. LAT. (cf. EPIT. οὗτος δὲ δοκεῖ εὑρεῖν τὸν κόχλον — οἱ Τιτᾶνες ἔφευγον) ‖ 8 εὑρεῖν addidi coll. SCH. ARAT. MDΔKVUA, SCH. GERM. BP (*inuenisset*) ‖ παράσημον S, EPIT. : *monstruosum signum* ARAT. LAT. ‖ 9 α᾽ correxi ex EPIT. (et cf. SCH. GERM. BP) : β᾽ S (et *duas* hab. ARAT. LAT.) ‖ 9-10 ἐπὶ τοῦ μυκτῆρος λαμπρὸς α᾽ (cf. SCH. GERM. BP, REC. INTERP., HYG.) om. ARAT. LAT., EPIT. ‖ 11 λαμπρὸς correxi : λαμπρὸν S ‖ α᾽ S, REC. INTERP. : *tres* ARAT. LAT., EPIT. (codd.) ‖ β᾽ S, cett. testt. praeter ARAT. LAT. qui *tres* stellas computat ‖ 13 ζ᾽ ex EPIT., ARAT. LAT. correxi : ε᾽ S ‖ ε᾽ ex EPIT., ARAT. LAT. correxi : δ᾽ S ‖ κδ᾽ correxi (cf. et SCH. GERM. BP, REC. INTERP.) : κ᾽ S, qui tamen uiginti et tres stellas continet, *XXVI* ARAT. LAT. (cf. et catalogum stellarum HIPPARCHO ascriptum, uid. *Appendicem* ; cf. Rehm, *Hermes* 34, 1899, 252-254).

28. Le Sagittaire

Il s'agit de l'Archer[412] que la majorité des gens considèrent comme un Centaure[413], ce que d'autres contestent, arguant du fait qu'on ne lui voit pas quatre pattes, mais qu'il est debout et en train de tirer à l'arc[414] ; or aucun Centaure ne s'est jamais servi d'un arc[415] ; il s'agit bien d'un homme, mais avec des pattes de cheval, et une queue comme celle des Satyres[416]. C'est la raison pour laquelle il semble peu plausible aux gens dont on parle qu'il s'agisse d'un Centaure, et plus probable qu'il s'agisse de Crotos (Claquement), le fils d'Euphèmé (Renommée), la nourrice des Muses[417], lequel résidait et séjournait sur l'Hélicon[418]. Les Muses firent en sorte qu'il découvre l'usage de l'arc et qu'il puisse tirer sa nourriture des bêtes sauvages[419], ainsi que le dit Sosithéos[420]. Il était entré dans l'intimité des Muses et assistait à leurs prestations, et il les approuvait en marquant la mesure par des acclamations. En effet, il marquait par un battement le temps faible de leur voix[421] ; du coup, les autres hommes, en le voyant faire, se mirent à agir de même. C'est pourquoi les Muses, lorsqu'elles goûtèrent le charme de la célébrité, grâce à son adhésion, demandèrent à Zeus de manifester à tous la ferveur du personnage[422], et c'est ainsi qu'il fut

---

415. Ératosthène relève deux arguments pour disqualifier la figuration en centaure : la première est astronomique (et iconographique), la seconde est d'ordre mythologique. À l'exception notable de Pholos et de Chiron, les Centaures sont des créatures agressives et brutales qui vivent dans un état intermédiaire entre la nature et la culture (voir *Cat.* 40) et ne sauraient disposer d'armes aussi sophistiquées que l'arc, qui constitue un progrès significatif, dans l'histoire de la culture (et sa technique motive un mythe étiologique ; voir n. 419), se contentant de pierres, de branches ou de torches ; ils sont, au demeurant, très sensibles aux flèches : Héraclès les fait fuir en les assaillant avec son arc (APOLLODORE 2.5.4), et les deux Centaures respectables (Chiron et Pholos) meurent l'un et l'autre d'une blessure accidentelle au pied, causée par une flèche (cf. n. 611) ; sur la représentation des Centaures, voir LEVENTOPOULOU 1997.

XXVIII. Τοξότου

Οὗτός ἐστιν ὁ Τοξότης, ὃν οἱ πλεῖστοι λέγουσι Κένταυρον εἶναι· ἕτεροι δ' οὔ φασι διὰ τὸ μὴ τετρασκελῆ αὐτὸν ὁρᾶσθαι, ἀλλ' ἑστηκότα καὶ τοξεύοντα· Κενταύρων δὲ οὐδεὶς τόξῳ κέχρηται· οὗτος δ' ἀνὴρ ὢν
5 σκέλη ἔχει ἵππου καὶ κέρκον καθάπερ οἱ Σάτυροι· διόπερ αὐτοῖς ἀπίθανον ἐδόκει εἶναι, ἀλλὰ μᾶλλον Κρότον τὸν Εὐφήμης τῆς τῶν Μουσῶν τροφοῦ υἱόν· οἰκεῖν δ' αὐτὸν καὶ διαιτᾶσθαι ἐν τῷ Ἑλικῶνι· ὃν καὶ αἱ Μοῦσαι τὴν τοξείαν εὑράμενον τὴν τροφὴν ἀπὸ τῶν ἀγρίων ἔχειν
10 ἐποίησαν, καθάπερ φησὶ Σωσίθεος· συμμίσγοντα δὲ ταῖς Μούσαις καὶ ἀκούοντα αὐτῶν ἐπισημασίαις ἐπαινεῖσθαι κρότον ποιοῦντα· τὸ γὰρ τῆς φωνῆς ἀσαφὲς ἦν ὑπὸ ἑνὸς κρότου σημαινόμενον, ὅθεν ὁρῶντες τοῦτον καὶ οἱ ἄλλοι ἔπραττον τὸ αὐτό· διόπερ αἱ Μοῦσαι δόξης χάριν
15 τυχοῦσαι τῇ τούτου βουλήσει ἠξίωσαν τὸν Δία ἐπιφανῆ αὐτὸν ποιῆσαι ὅσιον ὄντα, καὶ οὕτως ἐν τοῖς ἄστροις

Testimonia : Arat. Lat. 239, 6-241, 9 (Rec. Interp. 239-240) ; Fragm. Vat. XXVIII (= Sch. Arat. S, 306) ; Hyg. *Astr.* 2.27 ; 3.26 ; Sch. Germ. BP, 89, 18-91, 8.
Titvlvs : τοξότου L : τοξότης OM, non discernitur ap. E, om. tit. B. 5 Σάτυροι edd. (cf. etiam Fragm. Vat.) : σατυρικοί E ‖ 7 Εὐφήμης τῆς τῶν B, iam edd. plerique : εὐφημηστὴν τῶν E, Εὐφήμης τῶν coni. Fell, Εὐφήμης τῆς Heyne ‖ τροφοῦ B, iam edd. : τρόφου E, τροφίμου M ‖ 9 ἀγρίων E : ἀγρῶν fort. legend. cens. Robert ‖ 10 συμμίσγοντα E : συμμίγοντα M ‖ 11 ἐπισημασίαις corr. edd. mon. Wesseling : ἐπισημασίας E, ἐπὶ σημασίας M, Matthiae ‖ ἐπαινεῖσθαι E, Matthiae : ἐπαινέσαι plerique edd. mon. Wesseling, ἐπαινεῖν coni. Heyne ‖ 12 τὸ γὰρ — σημαινόμενον (13) susp. Heyne ‖ 13 κρότου E : del. Robert, secl. Maass mon. Wilamowitz, Κρότου scr. Matthiae mon. Heyne ‖ ὅθεν ὁρῶντες — τὸ αὐτό (14) del. cens. Gürkoff ‖ 14-15 δόξης χάριν τυχοῦσαι τῇ τούτου βουλήσει E, Olivieri : δόξης τυχοῦσαι τῇ τούτου βουλήσει Matthiae, δόξης τυχοῦσαι χάριν τῆς τούτου βουλεύσεως Robert, δόξης χάριν ἔχουσαι τῇ τούτου βουλεύσει Maass, δόξης — βουλήσει delendum mal. Schaubach ‖ 15 τῇ — βουλήσει susp. Heyne ‖ 16 αὐτὸν om. B ‖ ὅσιον ὄντα susp. Heyne.

placé parmi les constellations, eu égard à ce geste des mains qu'il avait eu, adoptant comme marque distinctive l'attitude de l'archer. Son geste se perpétua chez les hommes[423]. Par ailleurs, la présence de la Barque indique qu'il sera visible pour tout le monde : non seulement les hommes qui sont sur terre, mais aussi ceux qui sont en mer[424] ; de là vient l'erreur de ceux qui le représentent comme un Centaure[425].

L'Archer a deux étoiles sur la tête, deux sur l'arc, deux sur la pointe de la flèche[426], une sur le coude droit, une sur la main[427], une brillante sur le ventre, deux sur le dos, une sur la queue, une sur le genou qui est en avant, une sur le sabot, et une sur le genou qui est en arrière[428]. En tout quinze[429].

Les étoiles de la Barque, au nombre de sept, se trouvent sous sa patte[430]. Elles sont semblables à des pattes arrière, mais ces dernières ne sont absolument pas visibles[431].

---

423. Les deux activités auxquelles se livre le héros en la compagnie des Muses marquent l'origine de pratiques humaines : l'archerie et l'applaudissement ou le fait de battre la mesure. La première est naturellement plus éminente et peut-être davantage visée comme héritage du Sagittaire (cf. πρᾶξις au singulier dans le texte). Crotos est en tout cas présenté comme un "civilisateur" et mérite, en tant qu'εὑρετής, un sort comparable à celui d'Érichthonios (voir *Cat.* 13 et n. 194)

426. Le terme ἀκίς désigne (dans les lexiques : ZONARAS A 104, s.v. ἀκίς etc. ; cf. GALIEN, *Ling. s. dict. exolet. Expl.*, s.v. ἀκίς, 19.72 : οὕτως ὀνομάζεται τὸ σίδηρον τοῦ βέλους) la partie terminale et métallique de la flèche, mais par extension il peut désigner l'ensemble (voir OPPIEN, *Halieutiques* 5.256 : ὀξείης ἀκίδος βέλος), surtout si cet emploi permet de distinguer cet élément de la constellation de la flèche (Οἰστός) ; les deux étoiles signalées (δ, γ Sgr) sont assez espacées, la seconde étant alignée sur l'axe de l'arc (= ὁ ἐν μέσῳ τῷ τόξῳ dans HIPPARQUE 3.1.7).

427. L'expression ἐπ' ἄκρας χειρὸς ne renvoie pas au bout de la main mais au bout du bras, *i.e.* la main (voir n. 333).

429. Le nombre d'étoiles placées est également 15 chez Hygin (mais avec une étoile de moins sur la flèche et une de plus sur les jambes) ; 13, selon SCHOL. GERM., p. 91 ; 15, selon ARAT. LAT., p. 241 (mais en donnant un total de *XVI*) ; 31, pour Ptolémée.

ἐτέθη τῇ τῶν χειρῶν χρήσει, τὴν τοξείαν προσλαβὼν
σύσσημον· ἐν δὲ τοῖς ἀνθρώποις ἔμεινεν ἡ ἐκείνου
πρᾶξις. [ὅ] Ἔστι καὶ Πλοῖον αὐτοῦ μαρτύριον ὅτι πᾶσιν
ἔσται σαφὴς οὐ μόνον τοῖς ἐν χέρσῳ ἀλλὰ καὶ τοῖς ἐν
5 πελάγει· διόπερ οἱ γράφοντες αὐτὸν Κένταυρον διαμαρτάνουσιν.

Ἔχει δ' ἀστέρας ἐπὶ τῆς κεφαλῆς β', ἐπὶ τοῦ τόξου
β', ἐπὶ τῆς ἀκίδος β', ἐπὶ τοῦ δεξιοῦ ἀγκῶνος α', <ἐπ'>
ἄκρας χειρὸς α', ἐπὶ τῆς κοιλίας λαμπρὸν α', <ἐπὶ>
10 ῥάχεως β', <ἐπὶ> κέρκου α', <ἐπ'> ἐμπροσθίου γόνατος
α', <ἐφ'> ὁπλῆς α', <ἐπ' ὀπισθίου γόνατος α'>· τοὺς
πάντας ιε'· τοῦ δὲ Πλοίου ζ' ἀστέρας ὑπὸ τὸ σκέλος·
ὅμοιοι δέ εἰσι τῶν ὀπισθίων μὴ δεικνυμένων ὅλων
φανερῶν.

1 τῇ τῶν χειρῶν χρήσει E : τῆς τῶν χειρῶν χρήσεως Heyne ‖
τοξείαν E : τοξίαν OM ‖ 3 ὅ secl. Maass coll. ARAT. LAT. : ὅθεν corr.
plerique edd. mon. Gale, ὅ def. Olivieri ‖ ante Πλοῖον add. τὸ
Olivieri ‖ Πλοῖον (cf. *nauis*, i.e. πλοῖον, SCH. GERM. BP) E : πλεῖον
B, iam corr. Matthiae mon. Heyne (et cf. *amplius*, ARAT. LAT.) ‖ ὅτι
— ἐν πελάγει (5) del. cens. Schaubach ‖ πᾶσιν om. Olivieri ‖ 4 ἔσται
E, Olivieri : ἐστι cett. edd. ‖ 7 Ἔχει inc. S ‖ Ἔχει δ' ἀστέρας E : ὁ
τοξότης ἔχει ἀστέρας S ‖ τόξου E : τοξότου OM ‖ uerba τοξότου
[τόξου nos] β', ἐπὶ τῆς ἀκίδος [ἀκίδος nos] β', ἐπὶ τοῦ (7-8) in mg.
addita hab. M ‖ 8 ἀκίδος B, iam edd. : ἀλκίδος E ‖ 11 ἐπ' ὀπισθίου
γόνατος α' iam Robert ex SCH. GERM. BP., addidi coll. FRAGM. VAT. ‖
12 ιε' corr. Robert (et quindecim computat catalogus stellarum HIPPARCHO
adscr. uid. Rehm, *Hermes* 34, 1899, 252-254, sed sedecim ap. editionem Weinstock, *CCAG. Codices Britannici*, IX.1, 1951, 189-190) :
κ' E, Maass, ιδ' Fell ‖ 12 τοῦ δὲ Πλοίου ex SCH. GERM. BP corr.
Wilamowitz (cf. Boll, *Sphaera*, 1903, 170, adn. 1) : τοὺς δὲ λοιποὺς
E, uett. edd., Olivieri ‖ 13-14 ὅλων φανερῶν secl. cens. Rehm, *Hermes*
34, 1899, 275 ‖ 14 post φανερῶν denuo iter. *Centaurus autem, ut praediximus, non est* ARAT. LAT. : *quod Centaurus duplex sit* praebet SCH.
GERM. BP.

28. Le Sagittaire

Il s'agit de celui qui tient l'Arc, que la majorité des gens considèrent comme un Centaure, ce que d'autres contestent, arguant du fait qu'aucun Centaure ne se sert d'un arc ; il s'agit bien d'un homme, mais avec des pattes de cheval, et une queue comme celle des Satyres.

L'Archer a deux étoiles sur la tête, une sur le coude droit, une sur les mains, une brillante sur le ventre, deux sur le dos, une sur le genou qui est en avant, une sur le pied[432]*, une sur le genou qui est en arrière, une sur le sabot, deux sur l'arc et une sur la peau de mouton*[433]*. Quatorze.*

---

432. L'expression ἐπ' ἄκρου ποδός ne renvoie pas au bout du pied, mais au bas de la jambe/patte.

433. Le descriptif des *FV*, qui en particulier omet les étoiles de la flèche, est désordonné et corrompu. La peau de mouton (μηλωτή), qui pourrait être un vêtement couvrant le Sagittaire rustique, est un attribut qu'on ne retrouve nulle part ailleurs dans la littérature ; mais les atlas modernes, s'ils représentent régulièrement le Sagittaire avec une cape (Hévélius 1690, Flamsteed 1753, Bode 1801, Jamieson 1822...) le couvrent parfois d'une peau de bête (en particulier Bayer 1603).

XXVIII. <Περὶ τοῦ Τοξότου>

Οὗτός ἐστιν <ὁ> τοξεύων ὃν οἱ πλεῖστοι λέγουσιν εἶναι Κένταυρον· ἕτεροι διὰ τὸ μηδένα Κένταυρον τόξῳ χρῆσθαι οὐ λέγουσιν· οὗτος δὲ ἀνὴρ ὢν ἵππου ἔχει σκέλη καὶ κέρκον καθάπερ οἱ Σάτυροι.

Ἔχει δὲ ἀστέρας ἐπὶ τῆς κεφαλῆς β', ἐπὶ τοῦ δεξιοῦ ἀγκῶνος α', ἐπ' ἄκρου τῶν χειρῶν α', ἐπὶ τῆς κοιλίας λαμπρὸν α', ἐπὶ τῆς ῥάχεως β', ἐπὶ τοῦ ἐμπροσθίου γόνατος α', ἐπ' ἄκρου ποδὸς α', ἐπὶ τοῦ ὀπισθίου γόνατος α', ἐπὶ τῆς ὁπλῆς α', ἐπὶ τοῦ τόξου β', ἐπὶ τῆς μηλωτῆς α'· ιδ'.

Codices : 1-10 S.
Titvlvm ex Epit. restitui : om. S.
1 <ὁ> addidi ‖ 2 ἕτεροι διὰ — οὐ λέγουσιν (3) S : alii quidem non dicunt, eo quod non uidetur quadrupes, sed stantem et sagittantem. centaurus autem nullus sagittam usus est Arat. Lat. (cf. Epit.) ‖ 4 καθάπερ οἱ Σάτυροι (cf. Epit.) om. Arat. Lat. ‖ post Σάτυροι plura de Croto hab. Epit., Sch. Germ. BP, Hyg. (et breuiatum ap. Arat. Lat.) ‖ 6 ἀγκῶνος scripsi : ἀγγῶνος S ‖ ἐπ' ἄκρου τῶν χειρῶν α' (cf. Epit.) S : om. Arat. Lat. ‖ 6-7 ἐπὶ τῆς κοιλίας λαμπρὸν α' (cf. Epit.) om. Arat. Lat. ‖ 8 α' alt. (cf. Sch. Germ. BP, Hyg., Rec. Interp.) : duas Arat. Lat. ‖ 8-9 ἐπὶ τοῦ ὀπισθίου γόνατος α' (cf. Rec. Interp.) om. Arat. Lat. ‖ 9-10 ἐπὶ τῆς μηλωτῆς α' S : om. cett. testt. ‖ 10 ιδ' correxi : ιε' S, qui tamen quattuordecim stellas continet (quindecim computat et catalogus stellarum Hipparcho ascriptus, uid. Appendicem ; cf. Rehm, Hermes 34, 1899, 252-254 ; sed sedecim ap. editionem Weinstock, CCAG. Codices Britannici, IX.1, 1951, 189-190), XVI computat Arat. Lat., κ' Epit. (codd.) ‖ in fine stellas in Sagittarii pedibus om. S : hab. Arat. Lat., Epit., Sch. Germ. BP.

29. La Flèche

Ce trait est une flèche d'arc[434] qui appartenait, dit-on, à Apollon, et avec laquelle il tua, pour venger Asclépios, les Cyclopes qui avaient forgé le foudre pour Zeus[435]. Il la cacha[436] au pays des Hyperboréens[437], à l'endroit où se trouve le sanctuaire fait de plumes[438]. On raconte que la première chose qu'il fit fut de la récupérer, lorsque Zeus lui pardonna son meurtre et qu'il mit un terme à sa servitude auprès d'Admète,[439] dont parle Euripide dans *Alceste*[440]. La flèche passe pour être alors revenue à travers les airs avec Déméter Fructifère[441]. Elle était d'une taille extraordinaire, d'après ce qu'en dit Héraclide du Pont dans son livre *Sur la justice*[442]. Aussi Apollon plaça-t-il ce trait parmi les étoiles[443], et en fit-il une constellation pour fixer le souvenir du combat qu'il avait livré[444].

La Flèche a une étoile sur la pointe, une sans éclat en son milieu[445], et deux sur l'encoche. L'une d'elles est particulièrement visible. En tout quatre[446].

---

445. Cette étoile sans éclat (*obscuram* : ARAT. LAT., p. 242), qui est δ Sgr, a une magnitude à peine supérieure (3.7) à celle de la lucida (γ Sgr) ; malgré Cicéron qui qualifie la Flèche de *fulgens* (34.84) et *clara* (34.471) la constellation, dans son ensemble, est faible.

446. L'étoile la plus brillante est celle de la pointe (γ Sgr, mag. 3.5), les deux sur l'encoche (α, β Sgr) étant discrètes (mag. 4.4). Le catalogue de PTOLÉMÉE (*Almageste* 7.5, p. 72) situe une étoile supplémentaire (ζ Sgr) sur la hampe (κάλαμος). Ptolémée emploie un mot très rare (cf. CAMATEROS, *Introduction* 1285 ; GALIEN *Ling. s. dict. exolet. Expl.*, s.v. χήλωμα, 19.155.4) qui s'applique aussi à la fourche du pied des bisulques (ETYM. GUD. X 565, s.v. χήλωμα) synonyme de γλυφίς (HÉSYCH. X 393, s.v. χήλωμα). Le terme généralement employé pour la partie arrière de la flèche est, en effet, γλυφίς, plutôt au pluriel, sauf dans la littérature astronomique (HIPPARQUE 2.5.12 & 2.6.12 et Ptolémée) ; il désigne l'empennage ou l'encoche (SCHOL. HOM., *Il.* 4.122 Van Thiel : τὰς παρὰ τοῖς πτεροῖς ἐντομάς ; SOUDA Γ 321, s.v. γλυφίδας : τὰς χηλὰς τῆς ἀκίδος, αἷς τὴν νευρὰν προσάγομεν ; cf. EURIPIDE, *Or.* 274 : τόξων πτερωτὰς γλυφίδας). HYGIN (3.14) désigne cette partie comme métallique (*in eo loco quo ferrum solet adfigi*), mais les SCHOLIES À GERMANICUS la disent empennée (*in pennis* : p. 161 ; cf. ARATOS 691 : πτερόεντος ὀϊστοῦ).

XXIX. Οἰστοῦ

Τοῦτο τὸ βέλος ἐστὶ τοξικόν, ὅ φασιν εἶναι Ἀπόλλωνος, ᾧ τε δὴ τοὺς Κύκλωπας τῷ Διὶ κεραυνὸν ἐργασαμένους ἀπέκτεινε δι' Ἀσκληπιόν· ἔκρυψε δὲ αὐτὸ ἐν Ὑπερβορείοις οὗ καὶ ὁ ναὸς ὁ πτέρινος· λέγεται δὲ
5 πρότερον ἀπενηνέχθαι ὅτε τοῦ φόνου αὐτὸν ὁ Ζεὺς ἀπέλυσε καὶ ἐπαύσατο τῆς παρὰ Ἀδμήτῳ λατρείας, περὶ ἧς λέγει Εὐριπίδης ἐν τῇ Ἀλκήστιδι. Δοκεῖ δὲ τότε ἀνακομισθῆναι ὁ οἰστὸς μετὰ τῆς καρποφόρου Δήμητρος διὰ τοῦ ἀέρος· ἦν δὲ ὑπερμεγέθης, ὡς
10 Ἡρακλείδης ὁ Ποντικός φησιν ἐν τῷ Περὶ δικαιοσύνης· ὅθεν εἰς τὰ ἄστρα τέθεικε τὸ βέλος ὁ Ἀπόλλων εἰς ὑπόμνημα τῆς ἑαυτοῦ μάχης καταστερίσας.

Ἔχει δὲ ἀστέρας [δ'] ἐπὶ τοῦ ἄκρου α', κατὰ τὸ μέσον α' ἀμαυρόν, ἐπὶ τοῦ χηλώματος β'· εὐσημότατος δ' ἐστὶν
15 ὁ εἷς· οἱ πάντες δ'.

TESTIMONIA : Arat. Lat. 241, 15-242, 22 (Rec. Interp. 241-242) ; Fragm. Vat. XXIX (cf. Sch. Arat. S, 311) ; Hyg. *Astr.* 2.15 ; 3.14 ; Sch. Germ. BP, 91, 10-15.

TITVLVS : οἰστοῦ EL, Olivieri (et Οἰστός ap. catal. genuini eratosthenici operis, uid. *Appendicem*) : τόξον OM, Matthiae, tit. om. B.
1 Τοῦτο τὸ βέλος ἐστὶ E : τὸ δὲ βέλος τοῦτο ἐστὶ B ‖ 2 Ἀπόλλωνος E : Ἀπόλλωνα M ‖ ᾧ τε corr. Heyne coll. SCH. GERM. BP (*sagitta — qua*) : ὅτε E (cf. *quando* ARAT. LAT.), ᾧ corr. et δὴ del. Robert ‖ post Κύκλωπας add. τοὺς Wehrli ‖ 4 Ὑπερβορείοις corr. edd. (et cf. FRAGM. VAT., cod. S) : Ὑπερβορέοις E ‖ 4-5 λέγεται δὲ πρότερον ἀπενηνέχθαι susp. Gürkoff, del. Voss ap. Wehrli ‖ 5 πρότερον E : ὕστερον Robert mon. Heyne ‖ post ὅτε add. δὲ Voss ap. Wehrli ‖ ὁ Ζεὺς om. B ‖ 6 ἐπαύσατο E : fort. in ἔπαυσε mut. cens. Heyne ‖ 7 Δοκεῖ δὲ E : δοκεῖ Voss ap. Wehrli ‖ τότε delendum cens. Heyne ‖ 8 ὁ οἰστὸς E : ὁ ἰστὸς B ‖ 8-9 μετὰ τῆς καρποφόρου Δήμητρος E : μετὰ τῶν καρπῶν Δήμητρος coni. Heyne ‖ 9 Δήμητρος del. Robert (cf. Crusius ap. Roscher, *Ausführliches Lexikon der griechischen und römischen Mythologie*, I.2, 2809 adn.) ‖ ἀέρος edd. (cf. FRAGM. VAT.) : ἄρεος E ‖ ἦν E : ἦν B ‖ 10 Περὶ δικαιοσύνης E : ὑπὲρ δικαιοσύνης B ‖ 12 καταστερίσας E, edd. plerique : καταστερίσαι Matthiae, susp. Heyne, fort. recte ‖ 13 Ἔχει inc. S ‖ Ἔχει δὲ ἀστέρας E : οἰστὸς ἔχει ἀστέρας S ‖ δ' E : del. edd., seclusi ‖ α' om. S ‖ 14 α' ἀμαυρόν E : ἀμαυρὸν α' Matthiae ‖ 15 οἱ πάντες δ' om. S.

29. La Flèche

Ce trait est une flèche d'arc qui appartenait, dit-on, à Apollon, et avec laquelle il tua les Cyclopes qui avaient fabriqué le foudre pour Zeus ; il les tua pour venger Asclépios. Il la cacha au pays des Hyperboréens, à l'endroit où se trouve le sanctuaire fait de plumes. Lorsqu'il mit un terme... alors la pointe revint à travers les airs avec Déméter Fructifère. Elle était d'une taille extraordinaire. Héraclide du Pont dit dans son livre Sur la justice

XXIX. Περὶ τοῦ Ὀϊστοῦ

Τοῦτο ἐστὶ βέλος τοξικόν, ὅ φασιν εἶναι Ἀπόλλωνος, ᾧ τε τοὺς Κύκλωπας ἀνεῖλε, τοὺς <τῷ Διὶ> τὸν κεραυνὸν ποιήσαντας· οὓς ἀπέκτεινε δι' Ἀσκληπιόν· ἔκρυψε δὲ αὐτὸ ἐν Ὑπερβορείοις, οὗ καὶ <ὁ> ναὸς γίνεται ὁ
5 πτέρινος· ὅτε ἐπαύσατο <...> τότε καὶ ὁ οἰστὸς ἀνεκομίσθη μετὰ τῆς καρποφόρου Δήμητρος διὰ τοῦ ἀέρος·

Codices : 1-5 (p. 90) S, 1-4 (p. 90) TW.
Titvlvs : Περὶ τοῦ Ὀϊστοῦ T : aut τόξον aut οἰστοῦ hab. Epit. codd.
1 Τοῦτο ἐστὶ βέλος τοξικόν, ὅ φασιν εἶναι Ἀπόλλωνος S : οὗτος Ἀπόλλωνός ἐστιν T, Τοῦτο τὸ βέλος ἐστι τοξικόν, ὅ φασιν εἶναι Ἀπόλλωνος def. ex Arat. Lat., Epit. Rehm ‖ 2 ᾧ τε correxi coll. Sch. Germ. BP (*sagitta — qua*) : ὅτε TS, Arat. Lat. (*quando*), Epit., ὅτε def. et ὅ praemisit Rehm ‖ ante ᾧ τε hab. ὃν ἔκρυψεν ἐν Ὑπερβορείοις, οὗ καὶ ναὸς γίνεται ὁ πτέρινος (3-5) T ‖ τοὺς Κύκλωπας S : τοὺς κύκλοω ποῦς T, τοὺς κύκλωπυ W, *omnes cycnos* Arat. Lat., Rec. Interp. ‖ ἀνεῖλε τοὺς et τὸν om. Epit. ‖ ante τοὺς lac. decem fere litterarum ap. T quam uerbis τῷ Διὶ (cf. Epit., Arat. Lat., Sch. Germ. BP, Hyg.) post τοὺς suppl. Rehm ‖ τοὺς <τῷ Διὶ> τὸν κεραυνὸν ποιήσαντας (2-3) T, Arat. Lat. : om. S ‖ 3 ποιήσαντας T : ἐργασαμένους Epit., *furauerant* Arat. Lat. ‖ οὓς ἀπέκτεινε δι' Ἀσκληπιόν S, Arat. Lat., Epit. : om. T ‖ οὓς om. Epit. ‖ δι' Ἀσκληπιόν S, Arat. Lat., Epit. : plura leg. uid. Sch. Germ. BP, Hyg. ‖ 3-4 ἔκρυψε δὲ αὐτὸ ex S defendi αὐτὸν in αὐτὸ mut. (cf. Epit.) : ὃν ἔκρυψεν ex T recepit, ὃν secl. Rehm (cf. *quem et abdidit* Arat. Lat.) ‖ 4 Ὑπερβορείοις S, iam corr. Rehm : Ὑπερβορέοις T, Epit. ‖ οὗ καὶ — ὁ πτέρινος (5) om. Arat. Lat., hab. Epit. ‖ οὗ T : ὃς S ‖ ὁ ante ναός add. Rehm ex Epit. (cf. et S) ‖ 4-5 ναὸς γίνεται ὁ πτέρινος T : ὀνοσοπτέρινος λέγεται S ‖ γίνεται T : λέγεται S ‖ 5 post πτέρινος plura de Apolline sagittaque hab. Epit. : om. cett. testt. ‖ ante ὅτε add. καὶ ex Arat. Lat. Rehm ‖ ὅτε ἐπαύσατο τότε T, Arat. Lat. : om. S ‖ ἐπαύσατο <...> τότε correxi et lac. statui coll. Epit. (et *cessauit tunc* Arat. Lat.) : ἐπαύσατό τε ex T def., τε secl. Rehm ‖ ὁ S : om. T ‖ 5-6 ὁ οἰστὸς ἀνεκομίσθη T, Arat. Lat. : δοκεῖ δὲ ἀνακομισθῆναι S, Epit. ‖ 6 καρποφόρου T, Epit. (*fructiferam* Arat. Lat.) : καρποφορύας S ‖ Δήμητρος T (*Cererem* Arat. Lat.) : om. S, secl. Rehm, fort. recte ‖ διὰ τοῦ ἀέρος S, Epit., Hyg. : om. T, Arat. Lat.

qu'un certain Abaris se déplaça en étant porté par cette flèche[447]. *Aussi Apollon en fit-il une constellation pour fixer le souvenir du combat qu'il avait livré.*
La Flèche a quatre étoiles.

447. L'étymologie d'Abaris, prêtre et guérisseur, est obscure. Le mythe a fait de ce personnage un homme venu du nord (scythe ou hyperboréen), qui reçoit d'Apollon une flèche d'or (PORPHYRE, *VP* 29 ; JAMBLIQUE, *VP* 91) avec laquelle il voyage dans les airs (ἀεροβατῶν : JAMBLIQUE, *VP* 136 ; cf PORPHYRE, *VP* 29 : αἰθροβάτης ; voir le riche dossier de MONBRUN 2007 : 263-272). En sa qualité de prêtre d'Apollon, il parcourt la Grèce en faisant des guérisons et en usant de formules purificatoires (PLATON, *Charmide* 158b) ; il écarte la peste (JAMBLIQUE, *VP* 141 ; LYCURGUE, *frg.* 14.5a Conomis) et apporte de l'or au temple d'Apollon. Depuis MEULI (1935) l'interprétation chamanique du personnage d'Abaris a été largement reprise et développée en relation avec les figures comparables d'Aristée, Zalmoxis, Épiménide, Phormion, Empédocle et Pythagore (cf. DODDS 1977 : 139-178 [surtout 145-149] ; BURKERT 1962 : 123 sq.). BREMMER (1983 : 44-46) estime cette interprétation abusive (voir aussi les grandes réserves de HADOT 1995 : 279-285) : la flèche volante serait un motif introduit tardivement dans le mythe d'Abaris, les premiers témoignages (HÉRODOTE 4.36) décrivant le mage *une flèche à la main*, c'est-à-dire en tant que symbole de pouvoir guérisseur et de divination et non de voyage spirituel ; cette opinion est partagée par BOLTON (1962 : 143 & 154), et s'appuie sur le témoignage de LYCURGUE (*frg.* 14.5a Conomis), pour qui la flèche que reçoit Abaris est une garantie de sa compétence de devin. Cependant le vol de la flèche est bien établi, par une tradition riche et des textes variés, dont certains sont anciens (voir SAERENS 1994 : 152 sq. ; cf. CORSSEN 1912 : 47 ; NILSSON 1967 : 616). Qu'elle soit ou non un attribut chamanique, la faculté de voler est un motif attribué à des figures proches comme Pythagore lui-même (PORPHYRE, *VP* 29 ; JAMBLIQUE, *VP* 136), ou Musée (PAUSANIAS 1.22.7) ; Pythagore est d'ailleurs appelé « Apollon hyperboréen » (ÉLIEN, *HV* 2.26 ; cf. DIOGÈNE LAËRCE 8.11). Si l'on admet que la version suivie par Héraclide est traditionnelle, on doit tenir celle que reprend Hérodote pour une rationalisation historique (voir DOWDEN 1979 : 308 ; cf. DODDS 1977 : 165, n. 33). La flèche sur laquelle voyage Abaris (ᾗ ἐκυβερνᾶτο : JAMBLIQUE, *VP* 141) est en or (χρυσῆν) ; et c'est « Apollon qui lança sur la route aérienne une flèche ailée et voyageuse » (ὃν εἰς δρόμον ἠεροφοίτην / ἱπταμένῳ πόμπευεν ἀλήμονι Φοῖβος ὀιστῷ : NONNOS 11.132-133) ; ou encore Zeus, selon HYGIN (2.14.6).

ἦν δὲ ὑπερμεγέθης· Ἡρακλείδης δὲ ὁ Ποντικός <φησιν> ἐν τῷ Περὶ δικαιοσύνης καὶ ἐπὶ τούτου Ἀβαρίν τινα φερόμενον ἐλθεῖν. Ὅθεν ὑπόμνημα τῆς ἑαυτοῦ μάχης Ἀπόλλων κατηστέρισεν αὐτόν.
5   Ἔχει δὲ ἀστέρας δ'.

1 ἦν δὲ ὑπερμεγέθης — δικαιοσύνης (2) om. S ‖ ἦν δὲ ὑπερμεγέθης — ἐλθεῖν (3) om. Sch. Germ. BP, Hyg. ‖ Ἡρακλείδης T : *Herculis* Arat. Lat. ‖ φησιν ex Epit. suppl. Rehm ‖ 2 ἐν τῷ Περὶ δικαιοσύνης ex T defendi : om. Rehm ‖ 2-3 καὶ ἐπὶ τούτου Ἀβαρίν τινα φερόμενον ἐλθεῖν (cf. Arat. Lat.) : om. Epit. ‖ ἐπὶ τούτου T : περὶ τούτου S, *in hoc* Arat. Lat. ‖ Ἀβαρίν S, iam Rehm : Κέβαριν T, *grauiter* Arat. Lat. ‖ 3 φερόμενον Rehm : φερομένην T, περιφερόμενον S, *ferebat* Arat. Lat. ‖ ἐλθεῖν TS : et *futurum* et *uenturum* codd. Arat. Lat. ‖ Ὅθεν T (*unde* Arat. Lat.) : ὅτε S ‖ ante ὑπόμνημα hab. εἰς τὸν ἀστέρα ἔθηκε τὸ βέλος ὁ Ἀπόλλων S (cf. Epit.), et postea uerba κατηστέρισεν αὐτόν (4) om. S ‖ ἑαυτοῦ corr. Rehm ex Epit., Arat. Lat. : αὐτοῦ TS ‖ μάχης T, Arat. Lat. (*lite*), Epit. : ἀλκῆς S ‖ 4 κατηστέρισεν αὐτόν T, Arat. Lat. (*adornauit eum inter astra*) : καταστερίσας Epit. ‖ 5 post δ' stellarum positiones om. S : hab. Arat. Lat., Epit.

30. L'Aigle[448]

Il s'agit de celui qui emporta au ciel Ganymède à Zeus pour qu'il ait un échanson[449]. Il fait partie des constellations parce que, avant cet épisode, lorsque les dieux se répartirent les volatiles, cet oiseau revint à Zeus[450]. C'est d'ailleurs le seul animal à voler face au soleil sans que les rayons infléchissent son vol vers la terre[451], et il a la suprématie sur tous les autres[452]. Il est représenté déployant ses ailes, comme s'il planait[453].

Aglaosthène dit dans ses *Naxica*[454] que Zeus, à sa naissance en Crète, comme il était impitoyablement traqué, [enlevé furtivement à deux reprises] fut enlevé de Crète et transporté à Naxos[455] ; lorsqu'il eut achevé sa croissance et qu'il eut atteint l'âge adulte, il s'empara de la royauté divine. Lorsqu'à Naxos il leva le camp pour aller combattre les Titans, un aigle apparut, qui fit route avec lui[456] ; Zeus y vit un présage et fit de cet oiseau son oiseau

---

452. Que l'aigle jouisse de l'hégémonie sur tous les oiseaux (cf. KELLER 1913 : II.2) est déjà un motif puissant pour justifier sa présence parmi les étoiles. ANTONINUS LIBERALIS (6.4) dit que « [Zeus] lui accorda la royauté sur tous les oiseaux et lui donna pour tâche de veiller sur le sceptre sacré, et l'autorisa à s'approcher de son trône ». Il est *primus ex auium* (HYGIN 2.16.1). C'est également en raison de sa supériorité sur les autres quadrupèdes que le lion jouit d'une place dans le zodiaque (voir *Cat.* 12). La royauté de l'aigle est traditionnelle depuis PINDARE (*Ol.* 13.21 ; *Pyth.* 1.7). D'après ARISTOTE (*HA* 619b), l'aigle vole si haut qu'il est l'unique oiseau considéré comme divin (θεῖον).

453. Le verbe σχηματίζω ("figurer", "former") indique, une fois encore, que le modèle d'Ératosthène est iconographique (voir *Introduction* p. XL et n. 105) ; voir *Cat.* 25 (n. 378) et *Cat.* 35 (n. 545). NONNOS (23.297) conçoit aussi l'aigle dans cette posture ; dans l'Atlas Farnèse, l'Aigle a les ailes plus ramassées près du corps, mais en position de vol (ou de piqué ; mais il n'est pas un "sitzender Adler" comme le notent BOLL-GUNDEL 1937 : 924). L'Aigle qui est sous la Flèche "porte la Flèche" (*Armiger Iouis* : GERMANICUS 317, AVIÉNUS 694) ; il est aussi associé au Verseau-Ganymède : *supra Aquarium uolare uidetur* (HYGIN 2.16.1).

XXX. Ἀετοῦ

Οὗτός ἐστιν ὁ Γανυμήδην ἀνακομίσας εἰς οὐρανὸν τῷ Διί, ὅπως ἔχῃ οἰνοχόον· ἔστι δὲ ἐν τοῖς ἄστροις δι' ὅσον καὶ πρότερον, ὅτε οἱ θεοὶ τὰ πτηνὰ διεμερίζοντο, τοῦτον ἔλαχεν ὁ Ζεύς· μόνον δὲ τῶν ζῴων ἀνθήλιον ἵπταται
5 ταῖς ἀκτῖσιν οὐ ταπεινούμενον· ἔχει δὲ τὴν ἡγεμονίαν ἁπάντων· ἐσχημάτισται δὲ διαπεπταμένος τὰς πτέρυγας ὡς ἂν καθιπτάμενος. Ἀγλαοσθένης δέ φησιν ἐν τοῖς Ναξικοῖς γενόμενον τὸν Δία ἐν Κρήτῃ καὶ κατὰ κράτος ζητούμενον, [δὶς ἐκκλαπέντα,] ἐκεῖθεν ἐκκλαπῆναι καὶ
10 ἀχθῆναι εἰς Νάξον, ἐκτραφέντα δὲ καὶ γενόμενον ἐν ἡλικίᾳ τὴν τῶν θεῶν βασιλείαν κατασχεῖν· ἐξορμῶντος δὲ ἐκ τῆς Νάξου ἐπὶ τοὺς Τιτᾶνας καὶ ἀετὸν αὐτῷ φανῆναι συνιόντα, τὸν δὲ οἰωνισάμενον ἱερὸν αὐτοῦ

TESTIMONIA : Arat. Lat. 243, 1-244, 10 (Rec. Interp. 243-244) ; Fragm. Vat. XXX ; Hyg. *Astr.* 2.16 ; 3.15 ; Lact. *Inst.* 1.11.64 ; Lyd. *Mens.* p. 123 Wünsch ; Sch. Germ. BP, 91, 16-23.

TITVLVS : Ἀετοῦ Olivieri Maass : αἰετοῦ EL, ἀετός O, plerique edd., ἀετός et in mg. ἀετός iter. M, ὁ δὲ ἀετὸς B.

1 Γανυμήδην edd. (cf. FRAGM. VAT.) : γαννυμήδην E ‖ ἀνακομίσας E : ἀνακομίδας O ‖ 2 δι' ὅσον B, Olivieri : διόσον E, edd. plerique, διόπερ Schaubach, Διὸς ὢν fort. legendum cens. Westermann, παρ' ὅσον mal. Bernhardy ‖ 4 δὲ E : γὰρ Robert mon. Wilamowitz ‖ ἀνθήλιον E : ἀντήλιον Robert ‖ 6 δὲ om. B ‖ διαπεπταμένος E : ἀναπεπταμένος Koppiers ‖ 7 ὡς ἂν καθιπτάμενος E : ὡς ἀνατολὴν καθιπτάμενος coni. ex SCH. GERM. BP Robert ‖ Ἀγλαοσθένης edd. plerique coll. HYG., SCH. GERM. BP : Ἐρατοσθένης E, FRAGM. VAT., ARAT. LAT. (cf. Lyd. *Mens.* p. 123 ed. Wünsch), Ἐρατοσθένης def. et καὶ Ἀγλαοσθένης post φησιν add. Maass ‖ 8 Ναξικοῖς corr. Matthiae (cf. caput II) : ναξιακοῖς E ‖ κατὰ κράτος OMB : κατακράτος EL, παρὰ τοῦ πατρὸς Robert ‖ 9 ζητούμενον E : αὐξάμενον Koppiers ‖ δὶς ἐκκλαπέντα praeeunte Fell om. edd. plerique, seclusi mon. Jacoby : ex codd. def. Olivieri ‖ ἐκκλαπέντα E : ἐκλαπέντα O ‖ 11 τῶν θεῶν secl. Gürkoff ‖ ἐξορμῶντος OMB : ἐξ ὁρμῶντος EL ‖ 12 καὶ del. Robert, secl. Jacoby mon. Heyne ‖ ἀετὸν corr. edd. : αἰετὸν E ‖ 13 συνιόντα E : θύοντι Robert coll. HYG. SCH. GERM. BP ‖ αὐτοῦ Olivieri : αὐτοῦ E, αὐτὸν Matthiae.

sacré [une fois catastérisé]⁴⁵⁷, et c'est pourquoi il fut jugé digne d'avoir l'honneur de figurer dans le ciel⁴⁵⁸.

L'Aigle a quatre étoiles, dont une, celle du milieu, est brillante⁴⁵⁹.

---

457. Parmi les techniques divinatoires, l'observation du vol des oiseaux (surtout de proie) remonte à une tradition très ancienne (*Il.* 8.247, 12.201 ; *Od.* 2.146, etc.), peut-être indo-européenne (BURKERT 1985 : 112) avec des parallèles orientaux (BURKERT 1995 : 41sq.) ; voir HOPF 1888 : 87-92. Il constitue un art réservé au devin professionnel (comme le sont dans l'épopée Calchas et Tirésias), et à certains dieux (comme Apollon ; voir HYMNE À HERMÈS 213-214). L'apparition d'un oiseau seul, ou de deux oiseaux volant ensemble, est considérée comme significative. La direction du vol est également importante : de bon augure si l'oiseau vole vers la droite (voir HOMÈRE, *Il.* 13.821), et de mauvais augure s'il vole vers la gauche. L'aigle est le principal oiseau augural (déjà chez HOMÈRE, *Il.* 24.315 ; cf. KELLER 1913 : II.3). Les deux aigles de l'*Agamemnon* d'ESCHYLE (v. 109 sq.), sont peut-être une allusion aux présages de l'*Iliade* (13.821 et 24.315 ; voir HEATH 1999). Ici, l'apparition de l'aigle est interprétée par Zeus comme un présage de victoire, à l'heure où il doit affronter les dieux pré-olympiens, qu'il s'agisse des Géants ou des Titans, car la tradition confond souvent les deux batailles et le présage est assigné à la première (SCHOL. HOM., *Il.* 8.247 Van Thiel ; SERVIUS, *Comm. Énéide* 9.561) comme à la seconde (SERVIUS, *Comm. Énéide* 1.394 ; PSEUDO-ANACRÉON, *frg.* 505d *PMG*).

458. HYGIN (2.16) rapporte deux autres traditions mythologiques concernant l'Aigle. La première, qui n'est pas identifiée (*nonnulli dixerunt*) pourrait procéder d'Hermippe (BOLL-GUNDEL 1937 : 925) : Mérops (nom de l'oiseau guêpier : ARISTOTE, *HA* 626a9), roi des Méropes (voir PINDARE, *Nem.* 4.26), et de l'île de Cos (HÉRODIEN, *Pros. Cat.* 3.1.246 Lentz), nommée d'après sa fille, fut métamorphosé en aigle par Héra pour lui éviter de se suicider de chagrin, après la mort de sa femme (voir ROSCHER 1897 : 2840). Cette métamorphose, sans mention explicite d'une catastérisation, est également signalée par EUSTATHE (*Comm. Il.*, p. 4.908 Van der Valk : μετεβλήθη εἰς ἀετὸν καὶ σύνεστιν ἀεὶ τῷ Διί ; cf. SCHOL. HOM., *Il.* 24.293 Erbse), et proviendrait d'ÉLIEN (*frg.* 79 Domingo-Forasté). La seconde, clairement de tonalité alexandrine, fait de l'Aigle céleste l'oiseau qui, envoyé par Zeus, vola une pantoufle d'Aphrodite pour la porter en Égypte à son soupirant qui est tantôt Hermès, tantôt Anaplades (*sic, pro* Anubis ?) ; il aurait été fixé au ciel par Hermès reconnaissant.

ποιήσασθαι [κατηστερισμένον] καὶ διὰ τοῦτο τῆς ἐν οὐρανῷ τιμῆς ἀξιωθῆναι.

Ἔχει δὲ ἀστέρας δ', ὧν ὁ μέσος ἐστὶ λαμπρός.

1 κατηστερισμένον E, def. ex Hyg. Gürkoff : susp. Wilamowitz (sed cf. Arat. Lat. *exornatum*) ‖ καὶ διὰ τοῦτο — ἀξιωθῆναι (2) fort. post συνιόντα [corr. θύοντι] (13, p. 91) transp. coni. Maass ‖ 3 Ἔχει inc. S ‖ Ἔχει δὲ ἀστέρας E : ὁ ἀετὸς ἔχει ἀστέρας S ‖ ἐστὶ λαμπρός E : λαμπρός ἐστιν M.

30. L'Aigle

Il s'agit de celui qui emporta au ciel Ganymède à Zeus pour qu'il ait un échanson. Il y en avait un autre qui appartenait à Zeus [?][460]. *Car lorsque les dieux se répartirent les volatiles, cet oiseau revint à Zeus. C'est d'ailleurs le seul signe*[461] *à voler face au soleil*[462] *; et il a la suprématie sur tous les autres. Même parmi les constellations il est orienté vers le lever du soleil. Il est représenté avec les ailes déployées comme s'il planait.*

Aglaosthène dit que Zeus, à sa naissance, fut traqué en Crète et fut pour cela furtivement transporté à Naxos ; lorsqu'il eut achevé sa croissance et qu'il eut atteint l'âge adulte, il s'empara de la royauté. Lorsqu'à Naxos il leva le camp pour aller combattre les Titans, un aigle apparut.

---

460. Il s'agit là soit d'une glose ancienne, soit de la trace d'un développement dans l'ouvrage original proposant une autre identification de l'aigle (comme en Hygin 2.16.1-2 ; voir n. 458) ; cf. les Scholies à Germanicus (p. 91) : *est enim ea et signum Iouis*.

462. L'orientation de l'Aigle (ouest-est) justifie cette remarque. C'est sans doute la constellation qu'il faut entendre sous la mention d'un aigle volant au méridien (μέσα δ'οὐρανοῦ ποτᾶται) à l'aube, dans le *Rhésos* (v. 531) d'Euripide (voir Kidd 1997 : 300). Cette indication astronomique que n'a pas conservé l'*Épitomé* ni les Scholies à Germanicus (p. 91) est transmise de façon confuse par Hygin (2.16.1) qui amalgame le vol de l'oiseau et l'orientation de la constellation (*contra solis exorientis radios contendere uolare*). Si l'aigle céleste est bien orienté vers l'est, *i.e.* « face au Soleil », comme le dit explicitement la suite, il n'est pas le seul astérisme à présenter ce caractère. Le lever héliaque matinal de l'Aigle, contemporain de celui de la Flèche, se produit en décembre (Schol. Arat. 232, p. 189 ; cf. Hygin 3.15 : *exoritur cum Capricornio*). Il ne faut donc pas le confondre, comme on l'a fait, avec la constellation du Milan (*Miluus*), signalée par Ovide (*Fastes* 3.793-808 ; voir une mention en Pline 18.237) rattaché à un oiseau qui intervient lui aussi dans la Titanomachie, et dont le lever est le 17 mars selon Ovide ; le "Milan" est probablement une constellation fictive, forgée par Ovide à partir d'un malentendu : la mention de l'arrivée printanière de l'oiseau dans le calendrier de César (Ptolémée, *Phases* 2.43) ou de Géminos ([*Parapegme*] p. 105 Aujac ; Ptolémée, *Phases* 2.41) ; voir Ideler 1809 : 7 sq., et Le Bœuffle 1977 : 111-112.

XXX. Περὶ τοῦ Ἀετοῦ

Οὗτος ἐκόμισε Γανυμήδην τῷ Διί, ὅπως ἔχῃ οἰνοχόον. †ἦν δὲ καὶ ἕτερον Διός† Ὅτε γὰρ οἱ θεοὶ τὰ πτηνὰ διεμερίζοντο, τοῦτον ἔλαχεν ὁ Ζεύς· μόνον δὲ τῶν ζῳδίων ἀνθήλιον ἵπταται· καὶ ἔχει δὲ τὴν ἡγεμονίαν πάντων· γίνεται δὲ καὶ ἐν τοῖς ἄστροις ἐναντίον ταῖς ἀνατολαῖς· ἐσχημάτισται δὲ διατετακὼς τὰς πτέρυγας ὡς καθιπτάμενος. Ἀγλαοσθένης δέ φησιν ἐπὶ <Κρήτης> τὸν Δία γενόμενον ζητεῖσθαι, διὸ ἐκκλαπέντα ἀναχθῆναι εἰς Νάξον, οὗ ἐκτραφέντα καὶ γενόμενον ἐν ἡλικίᾳ τὴν βασιλείαν κατασχεῖν, ὁρμωμένῳ δὲ ἐκ Νάξου ἐπὶ τοὺς Τιτᾶνας ἀετὸν φανῆναι.

CODICES : 1-10 TW.
TITVLVS : Περὶ τοῦ Ἀετοῦ T.
1 Οὗτος — τῷ Διί T, ARAT. LAT. : Οὗτός ἐστιν ὁ Γανυμήδην ἀνακομίσας εἰς οὐρανὸν τῷ Διί EPIT., SCH. GERM. BP, HYG. ‖ 2 ἦν δὲ καὶ ἕτερον Διός T (cf. *est et aliud* ARAT. LAT., qui Διός non leg. uid.) corrupt. esse cens. Rehm : ἔστι δὲ ἐν τοῖς ἄστροις δι' ὅσον καὶ πρότερον EPIT., *est enim ea et signum Iouis* SCH. GERM. BP ‖ 4 ἀνθήλιον corr. Rehm coll. EPIT. : ἀνθηδὸν T, *super omnes uolucres* ARAT. LAT. ‖ post ἵπταται hab. ταῖς ἀκτῖσιν οὐ ταπεινούμενον EPIT. (cf. et SCH. GERM. BP, HYG.) : om. ARAT. LAT. ‖ καὶ ἔχει δὲ τὴν ἡγεμονίαν πάντων hab. EPIT., ARAT. LAT. : om. SCH. GERM. BP, HYG. ‖ 4-5 γίνεται δὲ καὶ ἐν τοῖς ἄστροις ἐναντίον ταῖς ἀνατολαῖς (cf. ARAT. LAT., SCH. GERM. BP) : om. EPIT. ‖ 6 διατετακὼς T : διαπεπταμένος EPIT. ‖ καθιπτάμενος corr. Rehm : καθιπταμένας T ‖ 7 Ἀγλαοσθένης correxi coll. SCH. GERM. BP, HYG. : Ἐρατοσθένης T, ARAT. LAT., EPIT., REC. INTERP. ‖ post φησιν hab. ἐν τοῖς Ναξικοῖς EPIT., HYG. : om. T, ARAT. LAT. ‖ ἐπὶ T : *a* ARAT. LAT. ‖ Κρήτης suppl. Rehm ex EPIT., HYG. : om. T, ARAT. LAT. ‖ 8 ζητεῖσθαι T : ἐξητεῖσθαι W ‖ διὸ T : δὶς EPIT., om. ARAT. LAT. ‖ ἐκκλαπέντα corr. Rehm ex EPIT., HYG. (*surreptum*) : ἐκπλακέντα T (cf. *transfiguratus* ARAT. LAT.) ‖ ἀναχθῆναι (*ascendere* ARAT. LAT., *delatum* HYG.) T : ἐκεῖθεν ἐκκλαπῆναι καὶ ἀχθῆναι EPIT. ‖ οὗ corr. Rehm ex ARAT. LAT. (*ubi*), HYG. (*ibi*) : οὐκ T, om. EPIT. ‖ 10 ὁρμωμένῳ corr. Rehm : ὁρμωμένων T, ἐξορμῶντος EPIT. ‖ ante φανῆναι hab. αὐτῷ EPIT. : om. T, ARAT. LAT. ‖ post φανῆναι suppl. τὸν δὲ οἰωνισάμενον ἱερὸν αὐτοῦ ποιήσασθαι κατηστερισμένον Rehm ex EPIT., ARAT. LAT. (*quod inter aruspices sacrarium ei fieri exornatum*), SCH. GERM. BP, HYG. ‖ in fine *habet autem stellas IV, quarum media splendida est* hab. ARAT. LAT. (cf. EPIT., SCH. GERM. BP).

31. Le Dauphin[463]

On raconte qu'il a été placé parmi les constellations pour la raison suivante : lorsque Poséidon voulut prendre Amphitrite pour femme[464], cette dernière s'esquiva, et s'enfuit auprès d'Atlas, dans le souci de préserver sa virginité[465]. Quand elle se fut cachée, la plupart des Néréides se cachèrent également[466] ; aussi Poséidon envoya-t-il de nombreux émissaires[467] pour la réclamer[468], et parmi eux le dauphin[469]. Sa quête amène le dauphin du côté des îles d'Atlas[470] : il tombe sur Amphitrite, en avise Poséidon et la conduit à lui. Ce dernier l'épousa et attribua au dauphin des honneurs exceptionnels dans la mer ; il le déclara animal sacré[471], et plaça parmi les constellations le signal qu'il représente[472]. D'ailleurs, ceux qui désirent faire plaisir à Poséidon le représentent toujours avec à la main un dauphin, rendant ainsi le plus grand hommage qui soit au caractère bienfaisant du dauphin[473]. [Artémidore parle

---

466. Les Néréides, filles de Nérée et de Doris sont des divinités marines qui forment un groupe nombreux et peu individualisé, à l'exception d'Amphitrite, de Thétis (mère d'Achille) et de Galatée (épouse de Polyphème). Les Néréides sont mentionnées par Ératosthène (*Cat.* 16 et 36) à propos de Cassiopée qui se vante d'être plus belle qu'elles.

467. Ces *missi dominici* se justifient par le fait que les "complices" d'Amphitrite sont désormais introuvables.

469. De même que l'aigle est le messager et l'oiseau attitré de Zeus (voir n. 450), le dauphin est l'animal qui est au service de Poséidon, et son principal ambassadeur (Oppien, *Halieutiques* 1.386-389). Mais l'aventure racontée ici est peu présente dans les textes ; exception faite de la tradition catastérismique, les uniques témoins sont Oppien (*Halieutiques* 1.386-393), qui ne dit rien de la transformation de l'animal en constellation, et Ovide, qui n'y fait qu'une brève allusion (*Fastes* 2.79). L'iconographie, sur ce thème, est au contraire consistante (voir *LIMC*, s.v. "Amphitrite", 33). D'après Hygin (2.17.1), qui témoigne du processus typique de la récriture rationaliste des mythes à humaniser les animaux et les monstres mythologiques, Delphis serait le nom d'un homme (*Delphina quemdam nomine*).

XXXI. Δελφῖνος

Οὗτος ἐν τοῖς ἄστροις λέγεται τεθῆναι δι' αἰτίαν τοιαύτην· τοῦ Ποσειδῶνος βουλομένου τὴν Ἀμφιτρίτην λαβεῖν [εἰς] γυναῖκα, εὐλαβηθεῖσα ἐκείνη ἔφυγε πρὸς τὸν Ἄτλαντα, διατηρῆσαι τὴν παρθενίαν σπεύδουσα·
5 ὡς δὲ καὶ αἱ πλεῖσται Νηρηίδες ἐκρύπτοντο κεκρυμμένης ἐκείνης, πολλοὺς ὁ Ποσειδῶν ἐξέπεμψε μαστῆρας, ἐν οἷς καὶ τὸν δελφῖνα· πλανώμενος δὲ κατὰ τὰς νήσους τοῦ Ἄτλαντος, περιπεσὼν αὐτῇ προσαγγέλλει καὶ ἄγει πρὸς Ποσειδῶνα· ὁ δὲ γήμας αὐτὴν μεγίστας τιμὰς ἐν
10 τῇ θαλάσσῃ αὐτῷ ὥρισεν, ἱερὸν αὐτὸν ὀνομάσας εἶναι καὶ εἰς τὰ ἄστρα αὐτοῦ σύνθημα ἔθηκεν· ὅσοι δ' ἂν αὐτῷ τῷ Ποσειδῶνι χαρίσασθαι θέλωσιν, ἐν τῇ χειρὶ ποιοῦσιν ἔχοντα τὸν δελφῖνα τῆς εὐεργεσίας μεγίστην δόξαν αὐτῷ ἀπονέμοντες. [λέγει δὲ περὶ αὐτοῦ καὶ Ἀρτεμίδωρος

TESTIMONIA : Arat. Lat. 244, 19-246, 10 (Rec. Interp. 244-246) ; Fragm. Vat. XXXI (cf. Sch. Arat. S, 316) ; Hyg. *Astr*. 2.17 ; 3.16 ; Sch. Arat. MKUA, 318 ; Sch. Germ. BP, 92, 2-14.
TITVLVS : δελφῖνος L : δελφίν OM, et in mg. iter. M, non discernitur ap. E, om. tit. B.
1 Οὗτος ἐν τοῖς ἄστροις E : οὗτος δὲ ὁ δελφὶς ἐν τοῖς ἄστροις B ‖ 2 Ποσειδῶνος EMB (cf. FRAGM. VAT.), edd. : Ποσειδώνου LO ‖ 3 εἰς susp. Bernhardy, secl. Olivieri (cf. FRAGM. VAT., ARAT. LAT.) : ὡς coni. Robert mon. Wilamowitz ‖ 5 ὡς E : Σαὼ ex HES. coni. Koppiers ‖ ὡς δὲ καὶ αἱ πλεῖσται Νηρηίδες ἐκρύπτοντο susp. Schaubach, del. Robert ‖ αἱ πλεῖσται del. cens. Heyne ‖ Νηρηίδες E : Νηρῆίδες Maass ‖ 5-6 κεκρυμμένης E : κρυπτομένης B ‖ 6 post κεκρυμμένης ins. δὲ Robert ‖ Ποσειδῶν EM^pcB, edd. : Ποσειδὼν LOM^ac ‖ μαστῆρας corr. edd. mon. Koppiers : μνηστῆρας E ‖ 8 προσαγγέλλει E : παραγγέλλει coni. Heyne ‖ 11 σύνθημα iam Vitelli ap. Olivieri, correxi ex FRAGM. VAT. (cf. ARAT. LAT. *compositum*) : σύστημα E, plerique edd., μίμημα coni. Wilamowitz, ὑπόμνημα mal. Robert, *effigiem* HYG ‖ 14 λέγει δὲ — βίβλοις (2, p. 95) seclusi (cf. Pàmias, *Habis* 33, 2002, 193-197).

de lui dans [les élégies] les livres qu'il a composés en l'honneur d'Éros[474]].

Le Dauphin a une étoile sur le bec[475], deux sur l'aileron dorsal[476], trois sur les nageoires pectorales[477], une étoile sur le dos, et deux étoiles sur la queue. En tout neuf[478].

On dit aussi que cet animal est chéri des Muses, parce que le nombre de ses étoiles correspond à celui des Muses[479].

---

475. Cette étoile disparaît du descriptif d'HYGIN (3.16) qui en place deux sur la tête (*in capite*) ; mais cette divergence est exceptionnelle (cf. SCHOL. GERM., p. 92, 162, 236 : *in ore unam*).

476. Le mot λοφία désigne chez certains animaux une excroissance (généralement pileuse) sur la partie haute du dos, sous la nuque (ARISTOTE, *HA* 498b30, 579b16, 603b23), d'où les transpositions latines maladroites (*supra caput ad ceruicem uersus* : HYGIN 3.16), voire excentriques (*super crines* : ARAT. LAT., p. 246), quand les traducteurs ne se contentent pas de translittérer (*in lofia* : SCHOL. GERM. [p. 92 et 162], la forme manuscrite étant corrompue). Dans le cas des poissons (ÉLIEN, *NA* 15.4 ; DORION *in* Athénée 7.294d) et spécialement du dauphin (DIODORE 3.41.4 ; ÉLIEN, *NA* 13.20) le mot renvoie à l'aileron dorsal, saillant et parfois mortel ; il est couramment employé (EUDOXE, *frg.* 115 ; ARATOS 719 ; HIPPARQUE 1.11.20, etc.), sauf par Ératosthène (voir *Cat.* 36) dans l'anatomie du *Monstre marin,* pour une nageoire qui est très nette chez certaines baleines comme l'orque ; mais ces étoiles sont espacées dans le Dauphin, et il est possible que λοφία soit à entendre métonymiquement comme désignant le cou (cf. PHOTIOS *Lex.* Λ 232, s.v. λοφίας) ; en revanche il ne peut désigner ici le dos (νῶτον ; cf. EUSTATHE, *Comm. Il.*, p. 3.502 Van der Valk), ni la tête (κεφαλή) comme le propose la version des *FV*.

479. L'ordre de causalité, dans cette phrase, est paradoxal : sa réputation d'animal épris des arts est présentée comme une conséquence de la structure du Dauphin céleste. Sur le caractère mélomane du dauphin, voir PSEUDO-ARION (*frg.* 939.8-9 *PMG*), EURIPIDE (*El.* 435-436), PLUTARQUE (*Intelligence* 984c), ÉLIEN (*NA* 12.45), PLINE (9.24). Le dauphin est donc bien un *musicum signum* (SCHOL. GERM., p. 92). L'épisode mythologique le plus célèbre qui illustre ce caractère est le récit du secours porté par un dauphin au citharède Arion jeté à la mer par l'équipage d'un bateau (HÉRODOTE 1.23 sq. ; voir *supra* n. 472). Concernant le chiffre des Muses allégué ici, et qui permet aussi d'expliquer le nombre des cordes de la lyre d'Orphée, voir *Cat.* 24 n. 357.

ἐν [ταῖς ἐλεγείαις] ταῖς περὶ Ἔρωτος αὐτῷ πεποιημέναις βίβλοις.]

Ἔχει δ' ἀστέρας ἐπὶ τοῦ στόματος α', ἐπὶ τῆς λοφίας β', ἐπὶ τῶν πρὸς τῇ κοιλίᾳ πτερύγων γ', <ἐπὶ> νώτου α',
5 <ἐπ'> οὐρᾶς β'· τοὺς πάντας θ'. Λέγεται δὲ καὶ φιλόμουσον εἶναι τὸ ζῷον διὰ τὸ ἀπὸ τῶν Μουσῶν τὸν ἀριθμὸν ἔχειν τῶν ἀστέρων.

1 ταῖς ἐλεγείαις seclusi collatis FRAGM. VAT., ARAT. LAT. : ἐλεγιακῶς coni. Brinkmann, *RhM* 72, 1917-1918, 320 || ταῖς περὶ Ἔρωτος αὐτῷ πεποιημέναις βίβλοις (1-2) del. prop. Heyne || 2 βίβλοις del. Wilamowitz, secl. Maass || 3 Ἔχει inc. S || Ἔχει δ' ἀστέρας E : ὁ δελφὶς ἔχει ἀστέρας S || 4 κοιλίᾳ E : κοιλίη Matthiae || νώτου ESB et ut uid. L^pc, def. Olivieri ex HYG., SCH. GERM. BP. probaui coll. FRAGM. VAT. : νώται O, νώτου aut νώτῳ, ut uid., M, νῶτα H, νωτιαῖον cett. edd. || 5 Λέγεται δὲ καὶ φιλόμουσον — τῶν ἀστέρων (7) om. S.

31. Le Dauphin

On raconte qu'il a été placé parmi les constellations pour la raison suivante : lorsque Poséidon voulut prendre Amphitrite pour femme, cette dernière s'esquiva, et, dans le souci de préserver sa virginité, s'enfuit auprès d'Atlas, comme la plupart des Néréides[480] ; comme elle s'était cachée, Poséidon envoya de nombreux émissaires pour la réclamer, et parmi eux le dauphin. Sa quête amène le dauphin du côté des îles d'Atlas : il tombe sur Amphitrite, en avise Poséidon [et la lui amène] et, allant à la rencontre de la jeune femme, il l'enlève sur le rivage et la lui livre[481]. Poséidon l'épousa et attribua au dauphin des honneurs exceptionnels dans la mer ; il le déclara animal sacré, et plaça parmi les constellations le signal qu'il représente. D'ailleurs, ceux qui désirent faire plaisir à

---

480. Le report de l'ardeur de Poséidon, d'abord épris de Thétis, sur sa sœur Amphitrite fait sans doute craindre aux sœurs une passion contagieuse, et les pousse à cette conduite prudente qu'explique aussi la cohésion traditionnelle des Néréides (voir n. 557).

481. Le texte des *Fragmenta Vaticana* est plus détaillé que celui de l'*Épitomé*, et distingue deux épisodes dans la mission du dauphin : il informe d'abord Poséidon qu'il a identifié l'endroit où se trouve Amphitrite, puis il va la chercher et la ramène au dieu.

XXXI. Περὶ τοῦ Δελφῖνος

Οὗτος ἐν τοῖς ἄστροις λέγεται τεθῆναι διὰ τοιαύτην αἰτίαν· τοῦ γὰρ Ποσειδῶνος βουλομένου τὴν Ἀμφιτρίτην λαβεῖν γυναῖκα, εὐλαβηθεῖσα ἐκείνη ἔφυγε πρὸς τὸν Ἄτλαντα διατηρῆσαι τὴν παρθενίαν σπεύδουσα, ὡς καὶ
5 αἱ πλεῖσται Νηρηίδες· κεκρυμμένης δὲ ἐκείνης πολλοὺς ὁ Ποσειδῶν ἐξέπεμψε μαστῆρας, ἐν οἷς καὶ τὸν δελφῖνα· πλανώμενος δὲ κατὰ τὰς νήσους τὰς Ἄτλαντος περιπεσὼν αὐτῇ προσαγγέλλει [καὶ ἄγει] πρὸς τὸν Ποσειδῶνα καὶ αὐτὸς τὴν κόρην ἀπαντήσας ἀνέλαβεν
10 ἀπὸ τῆς ἀκτῆς καὶ παρέδωκεν· ὁ δὲ γήμας αὐτὴν μεγίστας τιμὰς ἐν τῇ θαλάσσῃ αὐτῷ ὥρισεν ἱερὸν αὐτὸν εἶναι ὀνομάσας καὶ εἰς τὰ ἄστρα αὐτοῦ σύνθημα ἔθηκεν·

CODICES : 2-10 et 6-8 (p. 97) S, 1-5 (p. 97) TW.
TITVLVS : Περὶ τοῦ Δελφῖνος T : om. S.
1 Οὗτος ἐν τοῖς ἄστροις — αἰτίαν (2) om. S ‖ 1-2 διὰ τοιαύτην αἰτίαν T : δι' αἰτίαν τοιαύτην EPIT. ‖ 2 γὰρ T (*quod* ARAT. LAT.) : om. S, EPIT. ‖ 2-3 βουλομένου τὴν Ἀμφιτρίτην λαβεῖν γυναῖκα T, EPIT. : τὴν Ἀμφιτρίτην λαβεῖν βουλομένου γυναῖκα S ‖ βουλομένου bis iter. T ‖ 3 ante γυναῖκα hab. εἰς EPIT. ‖ εὐλαβηθεῖσα ἐκείνη ἔφυγε S, iam corr. Rehm ex ARAT. LAT., EPIT. : εὐλαβηθῆναι ἐκείνην φεύγειν T ‖ 4 Ἄτλαντα S : ἄντλαντα T ‖ ὡς καὶ αἱ πλεῖσται Νηρηίδες (4-5) om. SCH. GERM. BP, HYG. ‖ 5 ante κεκρυμμένης add. ἐκρύπτοντο et δὲ post ὡς (4) hab. EPIT. ‖ ἐκείνης T, ARAT. LAT. (*illa*) : αὐτῆς ἐκεῖ S ‖ πολλοὺς T (cf. ARAT. LAT.) : om. S ‖ 6 ἐξέπεμψε T : ἔπεμψε S, *mittens* ARAT. LAT. ‖ μαστῆρας corr. Rehm : μνηστῆρας TS, ARAT. LAT. (*petitores*), EPIT. (codd.) ‖ 8 περιπεσὼν αὐτῇ T (cf. *adpropinquans ei* ARAT. LAT.) : εὑρὼν αὐτὴν S ‖ καὶ ἄγει secl. Rehm (om. S, SCH. GERM. BP, HYG.) : hab. T, EPIT., ARAT. LAT. (*et adduxit*) ‖ 8-9 πρὸς τὸν Ποσειδῶνα T, ARAT. LAT. (*ad Neptunum*) : τῷ Ποσειδῶνι S ‖ καὶ αὐτὸς τὴν κόρην ἀπαντήσας ἀνέλαβεν ἀπὸ τῆς ἀκτῆς καὶ παρέδωκεν (9-10) (cf. ARAT. LAT., AVIEN. 705 seq. et SCH. GERM. BP, HYG. legisse uid.) : om. EPIT. ‖ 9 ἀπαντήσας T, ARAT. LAT. (*obuians*) : ἀπατήσας S ‖ 10 καὶ παρέδωκεν — πεποιημέναις βίβλοις (5, p. 97) om. S ‖ γήμας T : *gemas* ARAT. LAT. ‖ 12 εἶναι ante ὀνομάσας om. Rehm ‖ σύνθημα T (cf. ARAT. LAT. *compositum*) : σύστημα EPIT. (codd. ; iam mut. in σύνθημα Vitelli ap. Olivieri) ‖ ἔθηκεν corr. Rehm coll. EPIT. : ἔδωκεν T, *dedit* ARAT. LAT.

Poséidon le représentent toujours avec à la main un dauphin, rendant ainsi le plus grand hommage qui soit au caractère bienfaisant du dauphin. [Artémidore parle de lui dans les livres qu'il a composés en l'honneur d'Éros.]

Le Dauphin a deux étoiles sur la tête, une sur le bec, une sur le dos, deux sur la queue, trois sur la nageoire[482]. En tout neuf.

---

482. Les *FV* désorganisent le descriptif de l'*Epit.*, qui procédait de l'avant à l'arrière, mais la répartition des étoiles coïncide à peu près. Les étoiles "de la tête", sur ce corps d'une seule venue, correspondent aux étoiles de la λοφία (voir n. 476). Les *FV* ne s'accordent pas non plus avec HYGIN (3.16), bien que les deux textes partagent certains écarts par rapport avec l'*Epit.* : deux sur la tête (*duas in capite*), une sur le dos (*unam in scapulis*). Les *FV*, en employant le singulier (πτέρυγος), introduisent une ambiguïté, puisque le dauphin possède *une* nageoire dorsale et *deux* nageoires pectorales ; pourtant ce sont bien ces dernières qui sont visées (correspondant aux "nageoires proches du ventre" de l'*Epit.* ; voir n. 477).

ὅσοι δ' ἂν αὐτῷ τῷ Ποσειδῶνι χαρίσασθαι θέλωσιν, ἐπὶ χειρὶ ποιοῦσιν ἔχοντα τὸν δελφῖνα τῆς εὐεργεσίας μεγίστην δόξαν αὐτῷ ἀπονέμοντες. [λέγει δὲ περὶ αὐτοῦ καὶ Ἀρτεμίδωρος ἐν ταῖς περὶ ἔρωτος αὐτῷ πεποιημέναις βίβλοις.]

Ἔχει δ' ἀστέρας ἐπὶ τῆς κεφαλῆς β', ἐπὶ τοῦ στόματος α', ἐπὶ τοῦ νώτου α', ἐπὶ τῆς οὐρᾶς β', ἐπὶ τῆς πτέρυγος γ'· ὅλους θ'.

1 ὅσοι δ' ἂν αὐτῷ τῷ Ποσειδῶνι T : *ut ipse scit Neptunus* ARAT. LAT. ‖ θέλωσιν T : θέλουσιν W ‖ 1-2 ἐπὶ χειρὶ ποιοῦσιν T : ἐπὶ τῆς χειρὸς ποιοῦσιν corr. Rehm ex EPIT., quae ἐν τῇ χειρὶ ποιοῦσιν hab., om. ARAT. LAT. ‖ 3 αὐτῷ ἀπονέμοντες om. ARAT. LAT. ‖ λέγει δὲ — βίβλοις (5) T : seclusi (cf. Pàmias, *Habis* 33, 2002, 193-197) ‖ 4 ante ταῖς περὶ ἔρωτος add. ταῖς ἐλεγείαις ex EPIT. Rehm : om. T, ARAT. LAT. ‖ 5 βίβλοις mon. Wilamowitz secl. Rehm ‖ 6 ἐπὶ τῆς κεφαλῆς β' S : ἐπὶ τῆς λοφίας β' EPIT., ARAT. LAT. ‖ 7-8 ἐπὶ τῆς πτέρυγος γ' S : *in ala secus uentre tres* ARAT. LAT. (cf. ἐπὶ τῶν πρὸς τῇ κοιλίᾳ πτερύγων γ' EPIT., *in uentris pennulis III* REC. INTERP.) ‖ 8 ὅλους θ' S : *omnes stellas, ex quibus constat qui uocatur Delfinus, nouem* ARAT. LAT. ‖ in fine λέγεται δὲ — ἔχειν τῶν ἀστέρων hab. EPIT.

32. Orion[483]

Hésiode[484] dit qu'il est le fils d'Euryalè, la fille de Minos, et de Poséidon[485], et qu'il reçut le don de marcher sur les flots comme sur la terre[486] ; il se rendit à Chios où, après s'être enivré, il viola Méropè, la fille d'Oinopiôn[487]. Oinopiôn l'apprit et, exaspéré par cet outrage, lui creva les yeux et le chassa de son pays[488]. Orion arriva en vagabond à Lemnos, où il entra en rapport avec Héphaïstos[489], qui eut pitié de lui et lui donna Cédalion, son propre domestique, pour le guider [et le conduire][490]. Orion le prit et le mit sur ses épaules pour qu'il lui indique la route[491]. Il se rendit en orient, entra en rapport avec Hélios et, apparemment, fut guéri[492] ; il retourna alors chez Oinopiôn pour se venger de lui ; mais ce dernier fut caché sous terre par ses compatriotes[493]. Désespérant de le

---

490. D'après APOLLODORE (1.4.3), qui ne donne pas le nom de Cédalion, Orion s'empare de force d'un garçon. À l'origine, Cédalion n'était pas un apprenti d'Héphaïstos, mais son maître en technique métallurgique (voir SCHOL. HOM., *Il.* 14.296 Erbse ; EUSTATHE, *Comm. Il.*, p. 3.646.11 Van der Valk ; cf. n. 489). Le héros et son guide (ποδηγέτην : SCHOL. ARAT. 322, p. 239 ; ὁδηγόν : SCHOLIES À LUCIEN, *Dom.* 28) se mettent en route vers l'orient, à la recherche d'Hélios (voir n. 486). LUCIEN, qui devait connaître cette version d'Hésiode, décrit un tableau dans lequel Orion apparaît guidé par Cédalion vers la lumière du Soleil, tandis qu'Héphaïstos suit la scène de loin depuis l'île de Lemnos (*Dom.* 28-29 = *LIMC*, s.v. "Kedalion", 3). Sophocle avait composé un drame satyrique (*frg.* 328-333 Radt ; voir GANTZ 2004 : 474 ; KÜENTZLE 1902 : 1038) dont il était le protagoniste. Certaines sources tardives transforment Cédalion en un des Cyclopes qui assistent Héphaïstos dans sa forge (SERVIUS, *Comm. Énéide* 10.763 ; MYTHOGRAPHE DU VATICAN 1.33) ; déjà pour CALLIMAQUE (*Hymne à Artémis* 46-49) les Cyclopes apparaissent comme des aides d'Héphaïstos.

491. Qu'Orion marche *sur* l'eau, comme le veut la version hésiodique, ou *dans* l'eau (voir n. 486), sa taille de géant (voir HOMÈRE, *Od.* 11.309-310) et son rythme justifient cet arrangement de voyage commode. Cédalion, perché, peut ainsi conduire Orion « sur le chemin menant à la lumière » (τὴν πρὸς τὸ φῶς ὁδὸν ἐποχούμενος : LUCIEN, *Dom.* 28).

XXXII. Ὠρίωνος

Τοῦτον Ἡσίοδός φησιν Εὐρυάλης τῆς Μίνωος καὶ Ποσειδῶνος εἶναι, δοθῆναι δὲ αὐτῷ δωρεὰν ὥστε ἐπὶ τῶν κυμάτων πορεύεσθαι καθάπερ ἐπὶ τῆς γῆς· ἐλθόντα δὲ αὐτὸν εἰς Χίον Μερόπην τὴν Οἰνοπίωνος βιάσασθαι
5 οἰνωθέντα, γνόντα δὲ τὸν Οἰνοπίωνα καὶ χαλεπῶς ἐνεγκόντα τὴν ὕβριν ἐκτυφλῶσαι αὐτὸν καὶ ἐκ τῆς χώρας ἐκβαλεῖν· ἐλθόντα δὲ εἰς Λῆμνον ἀλητεύοντα Ἡφαίστῳ συμμῖξαι, ὃς αὐτὸν ἐλεήσας δίδωσιν αὐτῷ Κηδαλίωνα τὸν αὑτοῦ [οἰκεῖον] οἰκέτην, ὅπως ὁδηγῇ
10 [καὶ ἡγῆται αὐτοῦ]· ὃν λαβὼν ἐπὶ τῶν ὤμων ἔφερε σημαίνοντα τὰς ὁδούς· ἐλθὼν δ' ἐπὶ τὰς ἀνατολὰς καὶ Ἡλίῳ συμμίξας δοκεῖ ὑγιασθῆναι καὶ οὕτως ἐπὶ τὸν Οἰνοπίωνα ἐλθεῖν πάλιν, τιμωρίαν αὐτῷ ἐπιθήσων· ὁ δὲ ὑπὸ τῶν πολιτῶν ὑπὸ γῆν ἐκέκρυπτο· ἀπελπίσας δὲ τὴν

TESTIMONIA : Arat. Lat. 247, 1-250, 8 (Rec. Interp. 247-250) ; Apollod. I 4, 3, 1 sq. (cf. Pherecyd. fr. 52 Fowler) ; Fragm. Vat. uacat (praeter ea, quae Epit. continet, Aristomachi narrationem, quam et Sch. Germ. BP, Hyg. habet, in Fragmentis Vaticanis quondam fuisse ex Arat. Lat. docemur) ; Hyg. *Astr*. 2.34 ; 3.33 ; Sch. Arat. MDΔ-KUA, 322 ; Sch. Germ. BP, 92, 16-94, 5 ; Sch. Nic. Ther. 15a.

TITVLVS : ὠρίωνος L, et E, ut uid. : ὠρίων M, et O fort., sed difficile lectu est, om. tit. B.

1 Τοῦτον Ἡσίοδός φησιν E : τοῦτον δέ φησιν ἡσίοδος B ‖ Μίνωος E : Μινύου mal. Müller ‖ 4 εἰς Χίον Μερόπην τὴν Οἰνοπίωνος βιάσασθαι E : εἰς Χίον πρὸς Οἰνοπίωνα Μερόπην [ἀερόπην uel ἀλερόπην codd.] τὴν γυναῖκα βιάσασθαι SCH. NIC. ‖ 6 τὴν om. B ‖ 7 ἀλητεύοντα B, iam edd. mon. Heyne. cf. et SCH. ARAT. et ARAT. LAT., qui fort. pro ἀλητεύοντα inepte ἀληθεύοντα (*manifestum*) interpretauit, ut coni. Maass : ἀλιτεύοντα E ‖ 8 συμμῖξαι scr. Robert : συμμίξαι E, Matthiae, συμμεῖξαι Merkelbach-West ‖ 9 Κηδαλίωνα E^pc (cf. ARAT. LAT.), iam ex SCH. NIC., SCH. ARAT., HYG. corr. plerique edd. mon. Heyne : Κυδαλίωνα E^acB, ἠνδαλίωνα OM, Matthiae, ἣν δαλίωνα L, Ἰνδαλίωνα Sittl ap. Merkelbach-West ‖ αὑτοῦ corr. Robert : αὐτοῦ E ‖ οἰκεῖον mon. Heyne secl. edd. ‖ οἰκέτην secl. mal. Koppiers ‖ ὁδηγῇ del. Koppiers ‖ 10 καὶ ἡγῆται αὐτοῦ del. Robert, secl. Maass ‖ 12 Ἡλίῳ E : εἰλίῳ B ‖ Ἡλίῳ συμμίξας E : συμμίξας τῷ Ἡλίῳ M ‖ συμμίξας E : συμμείξας Merkelbach-West.

trouver, Orion partit pour la Crète[494] et se consacra à la vénerie, chassant en compagnie d'Artémis et de Létô[495] et, apparemment, il menaça d'exterminer toutes les bêtes qui apparaîtraient sur la terre[496]. Irritée contre lui, Terre fit surgir un scorpion gigantesque qui le tua en le frappant de son dard[497]. C'est la raison pour laquelle Zeus, compte tenu de son courage, le plaça parmi les constellations à la demande d'Artémis et de Létô[498], et y plaça également le scorpion, pour qu'on se souvienne de l'événement[499].

D'autres disent qu'Orion adulte tomba amoureux d'Artémis, et que c'est elle qui fit surgir le scorpion qu'elle lança contre lui ; il fut piqué par le scorpion et mourut[500]. Les dieux, apitoyés par son sort, le mirent dans le ciel parmi les constellations, ainsi que l'animal, pour que l'on se souvienne de l'événement.

Orion a trois étoiles brillantes sur la tête[501], une étoile brillante sur chaque épaule[502], une sans éclat sur le coude droit, une également sans éclat sur la main, trois sur la

---

494. Après avoir vainement fouillé l'île de Chios, Orion, dont le périple est constamment insulaire, passe en Crète. Apollodore introduit à ce moment du récit un élément absent du récit ératosthénien : Aurore, plongée par Aphrodite dans un perpétuel état érotique, enlèverait le héros et l'emporterait dans l'île apollinienne de Délos. Cet épisode, bien connu d'HOMÈRE (*Od.* 5.121-124 ; cf. EUPHORION, *frg.* 103 Powell), qui conduit Artémis à tuer Orion au nom des dieux jaloux, a été depuis longtemps interprété comme un mythe d'origine astrale (voir BOLL-GUNDEL 1937 : 987).

495. Les relations nouées par Orion avec Artémis en Crète sont, elles aussi, variables dans les textes. Artémis est parfois victime d'une tentative de viol dont elle se défend en tuant le héros (voir *Cat.* 7 et *infra*), parfois l'instrument du châtiment des dieux qui punissent l'union de la déesse Aurore avec le mortel Orion (HOMÈRE, *Od.* 5.121), parfois la meurtrière involontaire de son amant, trompée par son frère jaloux (Istros, *FGH* 334F64, *in* HYGIN 2.34.3 ; cf. OVIDE, *Fastes* 5.537) ; d'après cette variante marginale, le dieu Apollon, alarmé par le penchant d'Artémis pour Orion, invite sa sœur à tirer sur un point, à l'horizon, qui dépasse le niveau de la mer, en lui disant qu'il s'agit d'un criminel —et qui n'est autre qu'Orion (voir JACKSON 1997b).

CATASTERISMI

ἐκείνου ζήτησιν ἀπῆλθεν εἰς Κρήτην καὶ περὶ τὰς θήρας διῆγε κυνηγετῶν τῆς Ἀρτέμιδος παρούσης καὶ τῆς Λητοῦς, καὶ δοκεῖ ἀπειλήσασθαι ὡς πᾶν θηρίον ἀνελεῖν τῶν ἐπὶ τῆς γῆς γιγνομένων· θυμωθεῖσα δὲ αὐτῷ Γῆ
5 ἀνῆκε σκορπίον εὐμεγέθη, ὑφ᾽ οὗ τῷ κέντρῳ πληγεὶς ἀπώλετο· ὅθεν διὰ τὴν αὐτοῦ ἀνδρίαν ἐν τοῖς ἄστροις αὐτὸν ἔθηκεν ὁ Ζεὺς ὑπὸ Ἀρτέμιδος καὶ Λητοῦς ἀξιωθείς, ὁμοίως καὶ τὸ θηρίον τοῦ εἶναι μνημόσυνον [καὶ] τῆς πράξεως. Ἄλλοι δέ φασιν αὐξηθέντα τοῦτον
10 ἐρασθῆναι τῆς Ἀρτέμιδος, τὴν δὲ σκορπίον ἀνενεγκεῖν κατ᾽ αὐτοῦ, ὑφ᾽ οὗ κρουσθέντα ἀποθανεῖν· τοὺς δὲ θεοὺς ἐλεήσαντας αὐτὸν ἐν οὐρανῷ καταστερίσαι καὶ τὸ θηρίον εἰς μνημόσυνον τῆς πράξεως.

Ἔχει δ᾽ ἀστέρας ἐπὶ μὲν τῆς κεφαλῆς γ᾽ λαμπρούς,
15 ἐφ᾽ ἑκατέρῳ ὤμῳ λαμπρὸν α᾽, ἐπὶ τοῦ δεξιοῦ ἀγκῶνος <ἀμαυρὸν> α᾽, ἐπ᾽ ἄκρας χειρὸς α᾽ [ἀμαυροὺς β᾽], ἐπὶ τῆς ζώνης γ᾽, ἐπὶ τοῦ ἐγχειριδίου γ᾽ ἀμαυρούς, ἐφ᾽

---

1 ζήτησιν (cf. Arat. Lat. *inquisitionem*) E : εὕρεσιν Sch. Nic., εὑρεῖν Sch. Arat., *inuentione*, i.e. εὕρεσιν, hab. Sch. Germ. BP ‖ 4 τῆς OM : om. ELB ‖ γιγνομένων E : γινομένων B ‖ ante Γῆ add. ἡ Robert ‖ 6 ἀνδρίαν ELO : ἀνδρείαν MB, Merkelbach-West ‖ 8 post ὁμοίως add. δὲ Merkelbach-West ‖ τοῦ E : fort. αὐτοῦ legend. prop. Schaubach ‖ τοῦ εἶναι E : fort. εἰς legend. coni. Olivieri ‖ post μνημόσυνον add. αὐτῶν Diels-Kranz ‖ 9 καὶ del. Heyne, secl. Olivieri (cf. φαίνεται δὲ τῆς πράξεως τοῦτο εἶναι σύμβολον Fragm. Vat. VII) ‖ Ἄλλοι δέ φασιν — τῆς πράξεως (13) secl. Gürkoff ‖ 10 ante σκορπίον add. τὸν edd. plerique ‖ 12 post αὐτὸν suppl. τε Heyne ‖ 14 Ἔχει inc. S ‖ Ἔχει δ᾽ ἀστέρας E : ὁ ὠρίων ἔχει ἀστέρας S ‖ λαμπρούς ex Hyg., Sch. Germ. BP, Sch. Germ. G., Arat. Lat. correxi mon. Robert : ἀμαυρούς E, def. Schiaparelli ap. Olivieri ‖ 15 ἑκατέρῳ ὤμῳ E : ἑκατέρου ὤμου Robert ‖ 16 ἀμαυρὸν ex Hyg., Sch. Germ. add. Olivieri (cf. et Arat. Lat.) ‖ post χειρὸς ins. ὁμοίως ἀμαυρὸν ex Hyg. Olivieri ‖ ἀμαυροὺς β᾽ del. Matthiae, secl. Olivieri (cf. Arat. Lat.) ‖ β᾽ secl. Maass ‖ 17 ἀμαυρούς (cf. Arat. Lat. *obscuras*) E : λαμπρούς ex Sch. Germ. BP corr. Olivieri prob. Schiaparelli.

ceinture[503], trois étoiles sans éclat[504] sur le poignard, une brillante sur chaque genou, et une brillante également sur chaque pied[505]. En tout dix-sept[506].

504. Les étoiles du poignard (ἐγχειρίδιον ; cf. SCHOL. GERM., p. 94 : *enchiridion* et *gladius ;* HYGIN 3.33 : *ensis* et *gladius*), accessoire traditionnel porté par le héros à la ceinture, et que PTOLÉMÉE (*Almageste* 8.1, p. 134-136) appelle μαχαίρα et ARATOS ξίφος (588), sont pour certaines très brillantes, et non ternes comme le dit le manuscrit ; parmi les six étoiles notées à cet emplacement par Ptolémée (η, ι, 42, θ^1, θ^2, 45 Ori), trois d'entre elles (η, ι, 42 Ori), qu'Ératosthène ne peut avoir manquées, sont de faible magnitude (2.7, 3.3 et 4.6) ; c'est *dans* le poignard que se trouve la nébuleuse d'Orion. Il est très probable qu'Aratos, connaissant l'existence de la massue homérique dans la droite du héros (voir n. 506), ne l'a pas remplacée par une épée (et les SCHOLIES À ARATOS 586, p. 339 attribuent bien au ξίφος trois étoiles) ; c'est toutefois la substitution à laquelle se livrent certains auteurs latins (OVIDE, *Mét.* 8.207 ; STACE, *Silves* 1.1.44) ; voir, au contraire, GERMANICUS 332 (*uagina ensis*) et MANILIUS 1.391 (*demissus ducitur ensis*).

505. C'est parmi elles que se trouve la *lucida* de la constellation, Rigel (β Ori, mag. 0.2), aux reflets bleutés, que Ptolémée situe à l'extrémité du pied gauche (ἐν τῷ ἀριστερῷ ἀκρόποδι), et qu'il dit commune à l'astérisme de l'Eau (κοινὸς Ὕδατος), c'est-à-dire au Fleuve (cf. PTOLÉMÉE, *Phases* 2.56-57, etc. : ὁ κοινὸς Ποταμοῦ καὶ ποδὸς Ὠρίωνος) ; pour Aratos aussi le Fleuve n'est pas séparable d'Orion (MARTIN 1998b : 399). Cf. aussi *Cat.* 37 (n. 567).

ἑκατέρῳ γόνατι λαμπρὸν α', ἐφ' ἑκατέρῳ ποδὶ ὁμοίως
λαμπρὸν α'· <τοὺς πάντας ιζ'>.

1 ἑκατέρῳ γόνατι E : ἑκατέρου γόνατος Robert ‖ ἑκατέρῳ ποδὶ E :
ἑκατέρου ποδὸς Robert ‖ 2 τοὺς πάντας ιζ' add. edd.

33. Le Chien[507]

On raconte que c'est celui qui fut donné à Europe avec la lance, pour la protéger[508]. Minos les reçut l'un et l'autre et, par la suite, lorsqu'il fut guéri de sa maladie par Procris, il les offrit à cette dernière[509] ; plus tard, Céphalos entra en possession de l'un et l'autre en qualité d'époux de Procris[510]. Il se rendit à Thèbes en emmenant le chien, pour chasser la renarde qui, d'après un oracle, ne pouvait être tué par quiconque[511]. Zeus, qui ne savait comment faire, pétrifia la renarde et, jugeant qu'il le méritait, éleva le chien parmi les constellations[512]. Mais d'autres disent qu'il s'agit du chien d'Orion, qui accompagnait ce dernier quand il était à la chasse, ce qui correspond à la réputation qu'a cet animal de défendre également tous les chasseurs contre les bêtes sauvages[513]. Il aurait été porté parmi les constellations lors de l'ascension d'Orion, ce qui est normal vu qu'il n'abandonna Orion dans aucune de ses vicissitudes[514].

507. Le Chien "d'Orion" est connu d'HOMÈRE (*Il.* 22.26 ; cf. SCHOL. ARAT. 326, p. 241), mais le poète désigne par ce nom la seule étoile Sirius (voir n. 517), et non l'ensemble de la constellation, tout en précisant qu'il use en outre, ce faisant, d'un *surnom* (ἐπίκλησιν ; voir BADER 2003 : 124 sq.). Il la caractérise par un éclat exceptionnel et la qualifie d'annonciateur de fièvre —*scil.* à son lever. La constellation est appelée simplement Κύων au moins depuis EUDOXE (*frg.* 73 ; cf. SCHERER 1953 : 190), en particulier à travers la littérature scientifique, et ce nom désigne clairement l'astérisme entier chez HIPPARQUE (2.1.18) ; inversement, dans les textes latins tardifs, la constellation est parfois métonymiquement appelée Sirius (ARAT. LAT., p. 250 ; CLAUDIEN 22.466). La dénomination Κύων μέγας (ARATOS 342, 676), ou ὁ μέγας Κύων (cf. *Cat.* 42 ; voir *Canis maior* : VITRUVE 9.5.2 ; HYGIN 2.4.4, etc. ; ou *Superior Canis* : HYGIN 2.36), permet de la distinguer de Procyon. On a identifié *Canis maior* avec la double constellation babylonienne de l'Arc et de la Flèche (ROGERS 1998b : 83 ; il ferait partie d'une grande figure d'archer, NINURTA [voir ROGERS 1998a : 15, 19]) ; mais l'Arc (BAN), qui apparaît dans les tablettes MUL-APIN (étoiles d'ANU, tab. 1.2) correspond peut-être plutôt à ε CMa seulement, tandis que Sirius est clairement identifiable à la Flèche (KAK-SI-DI ou KAK-BAN ; FLORISOONE 1951 : 160 ; cf. n. 434).

XXXIII. Κυνός

Περὶ τούτου ἱστορεῖται ὅτι ἐστὶν ὁ δοθεὶς Εὐρώπῃ φύλαξ μετὰ τοῦ ἄκοντος· ἀμφότερα δὲ ταῦτα Μίνως ἔλαβε καὶ ὕστερον ὑπὸ Πρόκριδος ὑγιασθεὶς ἐκ νόσου ἐδωρήσατο αὐτῇ, μετὰ δὲ χρόνον Κέφαλος ἀμφοτέρων
5 αὐτῶν ἐκράτησε διὰ τὸ εἶναι Πρόκριδος ἀνήρ· ἦλθε δὲ εἰς τὰς Θήβας ἐπὶ τὴν ἀλώπεκα ἄγων αὐτόν, εἰς ἣν λόγιον ἦν ὑπὸ μηδενὸς ἀπολέσθαι· οὐκ ἔχων οὖν ὅ τι ποιῆσαι ὁ Ζεὺς τὴν μὲν ἀπελίθωσε, τὸν δὲ εἰς τὰ ἄστρα ἀνήγαγεν ἄξιον κρίνας. Ἕτεροι δέ φασιν αὐτὸν εἶναι
10 κύνα Ὠρίωνος καὶ περὶ τὰς θήρας γινομένῳ συνέπεσθαι, καθάπερ καὶ τοῖς κυνηγετοῦσι πᾶσι τὸ ζῷον συναμύνασθαι δοκεῖ τὰ θηρία· ἀναχθῆναι δὲ αὐτὸν εἰς τὰ ἄστρα κατὰ τὴν τοῦ Ὠρίωνος ἀναγωγήν, καὶ τούτου εἰκότως γεγονότος διὰ τὸ μηδὲν ἀπολείπειν τῶν συμβεβηκότων
15 Ὠρίωνι.

TESTIMONIA : Arat. Lat. 251, 2-253, 19 (Rec. Interp. 251-253) ; Fragm. Vat. XXXIII ; Hyg. *Astr.* 2.35 ; 3.34 ; Sch. Arat. MDΔKUA, 326 ; Sch. Germ. BP, 94, 9-95, 15.
TITVLVS : κυνός L, fort. et E : κύων OM, om. tit. B.
1 Περὶ τούτου E : περὶ τούτου τοῦ κυνὸς B ‖ Εὐρώπῃ M (et cf. FRAGM. VAT., ARAT. LAT.), iam edd. : Εὐρώπης E ‖ 2 μετὰ E : κατὰ B ‖ ἄκοντος corr. edd. mon. Koppiers : δράκοντος E, FRAGM. VAT., et *dracone*, i.e. δράκοντος, hab. SCH. GERM., ARAT. LAT. ‖ 3 Πρόκριδος E : Πρόκνιδος M ‖ ὑγιασθεὶς E : ἁγιασθεὶς E[ac] ‖ 4 Κέφαλος E[pc], sec. m., cett. codd. : κεφαλὰς E[ac], pr. m. ‖ 5 ἀνήρ E : ἄνδρα coni. Fell ‖ 6 αὐτὸν corr. Robert (cf. FRAGM. VAT., ARAT. LAT.) : αὐτὴν E, antiquiores edd. ‖ 6-7 ἦν λόγιον ἦν E : τὴν λοιγίαν E[ac], pr. m., ut uid. ‖ 8 ποιῆσαι E[ac], ut uid, MB, iam edd. : ποιήσαι LO et E[pc], ut uid. ‖ 9 ἄξιον κρίνας susp. Schaubach ‖ 10 γινομένῳ ELB, edd. : γινωμένῳ O, γενομένῳ M ‖ 11 καὶ τοῖς E : αὐτοῖς B ‖ 13 εἰκότως OMB : εἰκότος EL ‖ 14 μηδὲν E : μηδένα M ‖ 15 post Ὠρίωνι Erigones fabulam in SCH. HOM. IL. seruatam exc. coni. ex HYG., SCH. GERM. Schaubach.

Le Chien[515] a une étoile sur la tête ou la langue[516], que l'on nomme également Sirius[517] —elle est grande et brillante, et les étoiles de ce type reçoivent des astronomes le nom de "siriennes"[518] en raison de leur flamboiement—, une sans éclat sur chaque épaule[519], deux sur le poitrail[520], trois sur la patte qui est en avant[521], deux sur le ventre, une sur la hanche gauche[522], une sur l'extrémité de la patte[523], une sur la patte droite[524], et quatre sur la queue[525]. En tout dix-sept[526].

515. Le Chien, qui suit Orion, de profil, regarde vers le couchant (Hygin 3.34) et se tient avec les pattes antérieures dressées, se levant et se couchant le corps en avant, puisque la première étoile à se lever est sur les antérieurs (β CMa : Hipparque 3.1.12 ; cf. Schol. Arat. 327, p. 241-242 ; Martin 1998b : 287) et la dernière sur la queue (η CMa), tandis que la première à se coucher est sur les pattes antérieures (β CMa : Hipparque 3.2.12) et la dernière à se coucher sur la tête (γ CMa).

516. Le texte porte la trace d'une équivoque sur la localisation de cette étoile majeure (α CMa), dont le nom est ensuite donné : Sirius. Elle est située généralement sur la gueule (στόματι : Géminos 3.14 ; cf. Cicéron, *Arat.* 34.112 ; Manilius 1.623 ; Germanicus 334), ou sur la pointe du menton (Aratos 329-330 ; cf. Schol. Arat. 328, p. 243 ; Aviénus 727). Les deux emplacements sont même donnés, chez Hygin (2.35.2) et dans l'Aratus Latinus (p. 252-253), pour une étoile dont on ne sait si elle est dédoublée : *Quae autem in capite eius est, id est in os Sirius stella uocatur*, et *in lingua unam, quam et Sirium et Canem uocant*. Dans le catalogue de Ptolémée (*Almageste* 8.1, p. 142) l'étoile de la gueule (α CMa) est distinguée de l'étoile de la tête (μ CMa). Il s'agit sans doute d'un amalgame gréco-égyptien (Boll 1903 : 208 sq. ; cf. Boll-Gundel 1937 : 997) ; voir n. 517.

520. Celle-ci (π CMa) se trouve « à la naissance des membres antérieurs du Chien » pour Hipparque (3.1.3).

521. Ces étoiles sont, pour Ptolémée, sur le bout de la patte de devant (β CMa ; cf. Hipparque 3.1.12 et 3.5.23), et sur le genou de la patte antérieure gauche (ξ¹ ξ² CMa), qui est en retrait. On a proposé de restituer à cet endroit trois étoiles sur le dos (Robert, Olivieri ; cf. Arat. Lat., p. 253 : trois sur le flanc gauche, *in sinistro lumbo*).

524. Ptolémée, plus précis, situe cette étoile clairement identifiable (κ CMa) sur l'articulation (ἀγκύλη).

Ἔχει δὲ ἀστέρας ἐπὶ μὲν τῆς κεφαλῆς ἢ γλώττης α΄, ὃν καὶ Σείριον καλοῦσι· μέγας δ᾽ ἐστὶ καὶ λαμπρός· τοὺς δὲ τοιούτους ἀστέρας οἱ ἀστρολόγοι Σειρίους καλοῦσι διὰ τὴν τῆς φλογὸς κίνησιν· ἐφ᾽ ἑκατέρῳ ὤμῳ α΄
5 ἀμαυρόν, <ἐπὶ> στήθους β΄, <ἐπ᾽> ἐμπροσθίου ποδὸς γ΄, <ἐπὶ> κοιλίας β΄, ἐπὶ τοῦ ἀριστεροῦ ἰσχίου α΄, <ἐπ᾽> ἄκρῳ ποδὶ α΄, ἐπὶ δεξιοῦ ποδὸς α΄, <ἐπὶ> κέρκου δ΄· τοὺς πάντας ιζ΄.

---

1 Ἔχει inc. S ‖ Ἔχει δὲ ἀστέρας E : ὁ κύων ἔχει ἀστέρας S ‖ ἢ γλώττης E : ἢ γλώττης α΄ in ἐπὶ τῆς γλώσσης [aut γλώττης] α΄ mut. Matthiae, secl. Olivieri ‖ post γλώττης α΄ add. ὃς Ἶσις καλεῖται Olivieri : ὃς Ἶσις λέγεται praeeunte Fell add. ex Hyg., Sch. Germ. edd. plerique, α΄, ὃς Ἶσις λέγεται add. post κεφαλῆς Robert ‖ in mg. adiecit Ἴσιδος Olivieri ‖ 2 in mg. Σειρίου hab. EL, Olivieri : om. OMSB ‖ 4 post κίνησιν add. uerba ἐπὶ δὲ τῆς γλώττης α΄ λαμπρόν, ὃς Κύων καλεῖται ex Hyg., Sch. Germ. Olivieri ‖ ante ἐφ᾽ ἑκατέρῳ ὤμῳ uerba ἐπὶ τοῦ τραχήλου β΄ mon. Robert ex Sch. Germ. S add. Olivieri ‖ ἐφ᾽ ἑκατέρῳ ὤμῳ E : ἐφ᾽ ἑκατέρου ὤμου Robert. pro ὤμῳ *auribus*, i.e. ὠτίῳ, leg. Hyg. ‖ 5 post στήθους β΄ add. ἐπὶ τῆς ῥάχεως β΄ Fell et uett. edd. nonnulli ‖ post ποδὸς γ΄ suppl. ἐπὶ τῆς ῥάχεως γ΄ Robert ‖ 7 ἄκρῳ ποδὶ E : ἄκρου ποδὸς Robert ‖ post ποδὶ legebat *claram*, i.e. λαμπρόν, Sch. Germ. BP ‖ δ᾽ corr. Matthiae (δ᾽ leg. Hyg., Sch. Germ. BP, Arat. Lat., Rec. Interp.) : α΄ E, Schaubach et recc. edd. ‖ 8 ιζ᾽ conieci : ιγ᾽ E, κ᾽ (et cf. Arat. Lat.) praeeunte Fell corr. edd. praeter Maass.

33. Le Chien

On raconte que c'est celui qui fut donné à Europe avec la lance, pour la protéger. Minos les reçut l'un et l'autre et, par la suite, lorsqu'il fut guéri de sa maladie par Procris, il les offrit à cette dernière ; plus tard, Céphalos entra en possession de l'un et l'autre en qualité d'époux de Procris. Il se rendit à Thèbes en emmenant le chien, pour chasser la renarde qui, d'après un oracle, ne pouvait être tuée par quiconque. Zeus, qui ne savait comment faire, pétrifia la renarde et, jugeant qu'il le méritait, éleva le chien parmi les constellations. Amphis, l'auteur de comédies, dit au sujet de son lever qu'il est par les hommes...[527]

---

527. AMPHIS, *frg.* 47 Kassel-Austin. Le texte des manuscrits, après τῶν ἀνθρώπων, est brutalement interrompu, laissant un espace libre de deux lignes. ROBERT (1878 : 20) supposait déjà, sans connaître l'existence des *FV*, que les *Catastérismes* contenaient une référence à la canicule et à Opora ("l'arrière-saison", "la moisson"). On peut reconstituer le texte grâce à la traduction latine de l'*Aratus Latinus* et, surtout, au moyen de la version, bien plus correcte et intelligible, des SCHOLIES À GERMANICUS (p. 94-95). Selon WILAMOWITZ (1971b : 105), nous aurions affaire à une élaboration (« groteske » selon BOLL-GUNDEL 1937 : 1000) de l'auteur comique, destinée à expliquer l'arrivée annuelle des vents étésiens. L'étoile du Chien, amoureuse d'Opora (qui est déjà une personnification de la moisson chez ARISTOPHANE, *Paix* 523, 706 sq. ; cf. *id est pomatio* : SCHOL. GERM., p. 95), provoque, par sa passion ardente, augmentée par le rejet d'Opora, une chaleur suffocante. Le vent du nord (Aquilon) envoie alors ses fils, les vents étésiens, pour amener Opora au Chien et faire descendre les températures trop élevées de la canicule, et le chien, sous leur souffle, tempère son ardeur (voir PFEIFFER 1922 : 111) ; cf. n 517.

XXXIII. Περὶ τοῦ Κυνός

Περὶ τούτου ἱστορεῖται ὅτι ἐστὶν ὁ δοθεὶς Εὐρώπῃ φύλαξ μετὰ τοῦ ἄκοντος· ἀμφότερα δὲ ταῦτα Μίνως ἔλαβε καὶ ὕστερον ὑπὸ Πρό<κριδος ὑγιασθεὶς> ἐκ νόσου ἐδωρήσατο αὐτῇ· μετὰ χρόνον δέ <τινα> Κέφαλος
5 ἀμφοτέρων αὐτῶν ἐκράτησε διὰ τὸ εἶναι Πρό<κριδος ἀνήρ>· ἀνῆλθε δὲ εἰς τὰς Θήβας ἐπὶ τὴν ἀλώπεκα ἄγων αὐτόν, ᾗ ἦν λόγιον ὑπὸ μηδενὸς ἀπολέσθαι· οὐκ ἔχων οὖν τί ποιήσει ὁ Ζεὺς τὴν μὲν ἀπελίθωσε, τὸν δὲ εἰς τὰ ἄστρα ἀνήγαγεν ἄξιον κρίνας. Περὶ δὲ τῆς ἀνατολῆς
10 αὐτοῦ Ἄμφις, ὁ τῶν κωμῳδιῶν ποιητής, φησιν ὅτι ὑπὸ τῶν ἀνθρώπων <...>

CODICES : 1-11 TWR.
TITVLVS : Περὶ τοῦ Κυνός T.
1 Εὐρώπῃ T (*ad Europe* ARAT. LAT.) : Εὐρώπης EPIT. (codd. plerique) ‖ 2 ἄκοντος corr. Rehm : δράκοντος T, EPIT., *dracone* ARAT. LAT., SCH. GERM. BP, om. HYG. ‖ 3 Πρό<κριδος ὑγιασθεὶς> spatium uacuum sedecim fere litterarum ap. T suppl. Rehm ex EPIT., ARAT. LAT., SCH. GERM. BP, HYG. ‖ νόσου corr. Rehm ex EPIT., ARAT. LAT. : μέσου T ‖ 4 ἐδωρήσατο αὐτῇ corr. Rehm coll. EPIT., ARAT. LAT. (*donauit ei*) : ἐδωρήσατο αὔτη T, ἐδωρήσατο αὐτή W, ὕδωρ ᾐτήσατο αὕτη R ‖ δὲ ante χρόνον hab. EPIT. ‖ χρόνον T : χρόνων WR ‖ τινα suppl. ex ARAT. LAT. (*aliquot*) Rehm ‖ Κέφαλος Rehm ex EPIT. : Κεφαλαί T, *capita* ARAT. LAT. ‖ 5 ἐκράτησε om. ARAT. LAT. ‖ 5-6 Πρό<κριδος ἀνήρ> spatium uacuum sex litterarum ap. T suppl. Rehm ex EPIT., ARAT. LAT., SCH. GERM. BP, HYG. ‖ 6 ἀνῆλθε T (cf. *ascendit* ARAT. LAT.) : ἦλθε EPIT. ‖ ἄγων corr. Rehm coll. EPIT., ARAT. LAT. (*ducens*), SCH. GERM. BP, HYG. : ἀγῶνα T ‖ 7 ᾗ ἦν λόγιον T : εἰς ἣν λόγιον ἦν EPIT. ‖ λόγιον corr. ex λόγιος, ut uid., ap. T ‖ 8 τί T : ὅ τι EPIT. ‖ ποιήσει T : ποιῆσαι EPIT., *aut faceret aut facere* hab. codd. ARAT. LAT. ‖ 9 ἀνήγαγεν corr. ex EPIT. Rehm (cf. *posuit* ARAT. LAT.) : ἀνήνεγκεν T ‖ Περὶ δὲ τῆς ἀνατολῆς — τῶν ἀνθρώπων (11) T (cf. ARAT. LAT., SCH. GERM. BP) : om. EPIT., HYG. ‖ 10 Ἄμφις corr. edd. : Ἀμφὶς T ‖ 11 post ἀνθρώπων spatium uacuum fere duarum linearum reliquit T (plura de Canicula hab. ARAT. LAT., SCH. GERM. BP). postea et fabulam de Orionis cane et stellarum catalogum hab. cett. testt.

34. Le Lièvre[528]

Il s'agit de celui qui a été débusqué lors de la fameuse chasse[529]. Hermès passe pour avoir placé cet animal[530] parmi les constellations en raison de sa rapidité[531]. Il passe pour être le seul quadrupède à mener plusieurs grossesses à la fois, mettant certains petits au monde alors qu'il en porte d'autres dans son ventre[532], d'après ce que rapporte le philosophe Aristote dans son *Traité sur les animaux*[533].

Le Lièvre a une étoile sur chacune des oreilles[534], deux sur le corps, parmi lesquelles une brillante sur le dos[535], et une sur chaque patte arrière[536]. En tout six[537].

---

530. Le rôle joué par Hermès dans la catastérisation correspond aussi à une fonction cruciale occupée par le dieu dans l'organisation céleste (voir *Cat.* 43 et n. 681).

531. Hermès est considéré, dès ses premières apparitions dans la littérature, comme un dieu "rapide" (c'est apparemment le sens d'ἐριούνιος : HOMÈRE, *Il.* 20.72 ; HYMNE À HERMÈS 3.28). À l'instar du lièvre, Hermès circule à travers champs, à l'écart des routes tracées, avec agilité et adresse (voir KAHN-LYOTARD 1981 : 1.501). La rapidité du lièvre est un lieu commun depuis HOMÈRE (*Il.* 17.676 ; cf. HÉSIODE, *Bouclier* 302 ; cf. XÉNOPHON, *Chasse* 5.30), et il est couramment appelé ταχίνας (ÉLIEN, *NA* 7.47). Si λαγώος/λαγώς ("oreilles molles" : CHANTRAINE 1968, s.v. λαγώς) est le seul vocable employé par les astronomes, il est moins classique que δασύπους, mais c'est déjà la forme la plus courante chez Aristote. On n'a pu trouver à l'animal en Grèce une signification religieuse ou cultuelle (GAMS 1979 : 952).

534. Ces étoiles sont parfois placées sur les yeux (*in oculis* : SCHOL. GERM., p. 97). Ptolémée signale un quadrilatère (τετράπλευρος) sur les oreilles (formé par quatre étoiles : ι, κ, ν, λ Lep) ; voir aussi HIPPARQUE 3.1.11.

536. Dans la tradition catastérismique on trouve signalées des étoiles sur les pattes antérieures (Hygin) et sur la queue (Schol. Germ.). La figure est plus riche aussi pour Hipparque et Ptolémée, qui distinguent en particulier une étoile « sur le bout de la queue » (η Lep, mag. 3.7 ; cf. *in extrema cauda*, SCHOL. GERM., p. 97), et une brillante « à l'extrémité de la patte antérieure gauche » (ε Lep, mag. 3.2), que l'on s'étonne de ne pas voir ici. HYGIN (3.32 ; mais non les Schol. Germ.) omet les étoiles postérieures, ou les transfère aux antérieurs (*in pedibus prioribus*) —à savoir β et ε Lep.

XXXIV. Λαγωοῦ

Οὗτός ἐστιν ὁ ἐν τῇ καλουμένῃ κυνηγίᾳ εὑρεθείς· διὰ δὲ τὴν ταχυτῆτα τοῦ ζῴου ὁ Ἑρμῆς δοκεῖ θεῖναι αὐτὸν ἐν τοῖς ἄστροις· μόνον δὲ τῶν τετραπόδων δοκεῖ κύειν πλείονα, ὧν τὰ μὲν τίκτει τὰ δ' ἔχει ἐν τῇ κοιλίᾳ, καθά-
5 περ Ἀριστοτέλης ὁ φιλόσοφος λέγει ἐν τῇ Περὶ τῶν ζῴων πραγματείᾳ.
Ἔχει δὲ ἀστέρας ἐφ' ἑκατέρων ὠτίων α', ἐπὶ τοῦ σώματος β', ὧν ὁ ἐπὶ τῆς ῥάχεως λαμπρός, ἐφ' ἑκατέρων ὀπισθίων ποδῶν α'· <τοὺς πάντας ς'>.

TESTIMONIA : Arat. Lat. 254, 6-255, 6 (Rec. Interp. 254-255) ; Fragm. Vat. XXXIV (cf. Sch. Arat. S, 338) ; Hyg. *Astr.* 2.33 ; 3.32 ; Sch. Arat. MDΔUA, 338 ; Sch. Germ. BP, 95, 19-97, 11 (95, 19-96, 5 ex Hygino sumpta esse demonstrauit Bursian, *JKPh* 93, 1866, 766 adn. 13).
TITVLVS : λαγωοῦ EL : λαγωός MB, om. O.
1 in initio capitis nonnulla deesse coni. ex HYG., SCH. GERM. Schaubach ‖ εὑρεθείς E : ὑποτεθείς corr. Robert, εὖ τεθείς coni. Valckenaer ‖ 2 ταχυτῆτα E, Schaubach, Olivieri et Maass : ταχύτητα B, cett. edd. ‖ post ταχυτῆτα add. ex SCH. ARAT. καὶ τὴν πολυγονίαν Valckenaer ‖ 4 τίκτει corr. Robert mon. Valckenaer (cf. FRAGM. VAT.) : κύει E ‖ 7 Ἔχει inc. S ‖ Ἔχει δὲ ἀστέρας ἐφ' ἑκατέρων ὠτίων ELB, edd. : ἔχει δὲ ἀστέρας ἐφ' ἑκατέρῳ ὠτίῳ OM, ὁ λαγωὸς ἐφ' ἑκατέρων ὠτίων S ‖ 8 β' iam Maass ex ARAT. LAT., correxi coll. FRAGM. VAT. : α' E, γ' praeeunte Fell corr. plerique edd. ‖ 9 τοὺς πάντας ς' addidi (et sex stellas computat HYG.) : τοὺς πάντας ζ' add. edd. praeter Maass.

34. Le Lièvre

Il s'agit de celui qui a été débusqué lors de la fameuse chasse. Il semble qu'Hermès ait placé cet animal parmi les constellations en raison de sa rapidité. Il est apparemment le seul quadrupède à mener plusieurs grossesses à la fois, mettant certains petits au monde alors qu'il en porte d'autres dans son ventre, d'après ce que dit le philosophe Aristote dans son Traité sur les animaux. *Archélaos dans ses* Natures particulières *s'exprime sur ce sujet dans les mêmes termes*[538].

Le Lièvre a une étoile sur chacune des oreilles, deux sur le corps, une sur le dos, et une sur chaque patte. En tout sept[539].

---

539. Les *FV* comptent une étoile supplémentaire, puisqu'ils distinguent celle du dos des étoiles du corps (cf. *Epit.*). Le total devrait être de neuf, s'il y avait une étoile sur *chaque* patte (antérieure et postérieure), mais il faut sans doute sous-entendre « de derrière » ; voir n. 536.

CATASTERISMI

XXXIV. Περὶ τοῦ Λαγωοῦ

Οὗτός ἐστιν ὁ ἐν τῇ καλουμένῃ κυνηγίᾳ εὑρεθείς· διὰ δὲ τὴν ταχυτῆτα τοῦ ζῴου ὁ Ἑρμῆς δοκεῖ θεῖναι αὐτὸν ἐν τοῖς ἄστροις· μόνος δὲ τῶν τετραπόδων δοκεῖ κύειν πλείονα, ὧν τὰ μὲν τίκτει, τὰ δὲ ἔχει ἐν τῇ κοιλίᾳ, καθά-
5 περ Ἀριστοτέλης ὁ φιλόσοφος λέγει ἐν τῇ Περὶ τῶν ζῴων πραγματείᾳ. Τὸν δὲ αὐτὸν τρόπον καὶ Ἀρχέλαος ἐν τοῖς Ἰδιοφυέσι ταῦτα δηλοῖ.
Ἔχει δὲ ἀστέρας ἐφ' ἑκατέρων τῶν ὤτων α', ἐπὶ τοῦ σώματος β', ἐπὶ τῆς ῥάχεως α', ἐφ' ἑκατέρων τῶν ποδῶν
10 α'· πάντας ζ'.

CODICES : 1-10 S, 1-7 TW.
TITVLVS : Περὶ τοῦ Λαγωοῦ ad mg. T, *De Lepore* ARAT. LAT. : om. S.
1 ante Οὗτός hab. Λαγωὸς S ‖ uerba Οὗτός ἐστιν — ἐν τῇ κοιλίᾳ (4) ap. SCH. GERM. BP ex HYG. interpolata ‖ ὁ om. S ‖ κυνηγίᾳ T : γωγία S ‖ εὑρεθείς T (cf. ARAT. LAT.) : om. S ‖ 2 ζῴου T (cf. ARAT. LAT. *animalis*) : ζῳδίου S ‖ θεῖναι S, iam corr. Rehm : θῆναι T ‖ 3 μόνος S, ARAT. LAT. (*solus*) : μόνον ex T Rehm (cf. etiam EPIT.) ‖ δοκεῖ κύειν πλείονα, ὧν (3-4) om. S ‖ 4 τίκτει S, iam corr. ex SCH. ARAT. Rehm : γεννᾷ T (uerba μὲν γεννᾷ, τὰ ab interpolatore inter lineas add. ap. T, ut uid. Rehm), *parit* ARAT. LAT. (cf. HYG.), κύει EPIT. (codd.) ‖ ἐν τῇ κοιλίᾳ om. S ‖ καθάπερ Ἀριστοτέλης — δηλοῖ (7) om. S ‖ 4-5 καθάπερ T : καθὰ S ‖ 5 φιλόσοφος om. S ‖ uerba ἐν τῇ — δηλοῖ (7) om. S ‖ 6-7 Τὸν δὲ αὐτὸν τρόπον καὶ Ἀρχέλαος ἐν τοῖς Ἰδιοφυέσι ταῦτα δηλοῖ hab. et ARAT. LAT. : om. cett. testt., secl. Rehm ‖ 7 Ἰδιοφυέσι Rehm : Ἰδιοφύσεσι T, *in suis uoluminibus* ARAT. LAT. (cf. cap. XLI) ‖ 8 ἀστέρας correxi : ἀστέρα S ‖ ὤτων S : ὠτίων EPIT. ‖ 9 ἐπὶ τῆς ῥάχεως α' S, ARAT. LAT. : ὧν ὁ ἐπὶ τῆς ῥάχεως λαμπρός EPIT. ‖ post ῥάχεως α' leg. *nitidam* ARAT. LAT. ‖ 10 α' (cf. ARAT. LAT., EPIT.) : β' S^{pc}, α' S^{ac}, ut uid. ‖ ζ' correxi coll. ARAT. LAT., SCH. GERM. BP : ς' S.

35. Argo

Elle fut placée par Athéna parmi les constellations[540], afin d'être pour la postérité un modèle éclatant, parce que c'est le premier navire qui fut équipé, et celui qui fut fabriqué à l'origine[541] ; doué de la parole[542], ce fut aussi le premier à traverser la mer[543], jusqu'alors infranchissable[544].

Son image[545] a été placée parmi les constellations, —non pas dans son intégralité, mais seulement la partie qui va du gouvernail au mât, et qui comprend les gouvernes[546]—, de façon que les gens qui pratiquent la navigation, en la voyant, gardent confiance dans leur savoir-faire, et que la présence d'Argo parmi les dieux rende à jamais sa gloire impérissable[547].

Argo[548] a quatre étoiles sur la poupe[549], cinq sur une des gouvernes, quatre sur l'autre[550], trois sur le sommet du petit mât situé à l'arrière[551], cinq sur le pont[552], et six —très proches les unes des autres— sur le bas de la coque[553]. En tout vingt-sept[554].

---

543. Le caractère précurseur d'Argo est souligné par EURIPIDE (*Andr.* 861 sq. ; cf. DIODORE 4.41.1 ; HYGIN, *Fables* 14) ; sur cet aspect, voir JACKSON 1997a ; DRÄGER 1999 ; DEBIASI 2003. APOLLONIOS de Rhodes (1.113-114) insiste davantage sur les particularités du navire que sur son caractère archétypique. D'autres bateaux se voient décerner l'honneur d'être les premiers à avoir bravé la mer : le bateau de Danaos, construit pour ses filles (voir APOLLODORE 2.1.4 ; HYGIN, *Fables* 168 ; PLINE 7.206 ; SCHOL. APOLL. RHOD. 1.1-4e ; voir n. 540), qui est justement considéré parfois comme le navire de la constellation (SCHOL. GERM., p. 172-173) ; ou la flotte de Minos (d'après THUCYDIDE 1.4.1 ; PHÈDRE 4.7.18). Argo est en quelque sorte le prototype des navires, et devient à la fois un modèle d'accomplissement culturel et le paradigme des bateaux à venir (voir *infra* : ἵν' ᾖ τοῖς ἐπιγινομένοις παράδειγμα σαφέστατον ; cf. SCHOL. GERM., p. 97 : *exemplar posteris nauibus futura*).

547. Il est rare que la présence au ciel soit identifiée dans les *Catastérismes* à une présence (ici de la gloire d'Argo et non d'Argo elle-même) parmi les dieux, même si l'idée est tout à fait familière ; la renommée des constellations tient avant tout à leur visibilité au ciel pour les hommes.

XXXV. Ἀργοῦς

Αὕτη διὰ τὴν Ἀθηνᾶν ἐν τοῖς ἄστροις ἐτάχθη· πρώτη γὰρ αὕτη ναῦς κατεσκευάσθη καὶ ἀρχῆθεν ἐτεκτονήθη· φωνήεσσα δὲ γενομένη πρώτη τὸ πέλαγος διεῖλεν ἄβατον ὄν, ἵν' ᾖ τοῖς ἐπιγινομένοις παράδειγμα σαφέστα-
5 τον· εἰς δὲ τὰ ἄστρα ὑπετέθη τὸ εἴδωλον οὐχ ὅλον αὐτῆς, οἱ δ' οἴακές εἰσιν ἕως τοῦ ἱστοῦ σὺν τοῖς πηδαλίοις, ὅπως ὁρῶντες οἱ τῇ ναυτιλίᾳ χρώμενοι θαρρῶσιν ἐπὶ τῇ ἐργασίᾳ, αὐτῆς τε ἡ δόξα ἀγήρατος διαμείνῃ οὔσης ἐν τοῖς θεοῖς.
10 Ἔχει δὲ ἀστέρας ἐπὶ τῆς πρύμνης δ', ἐφ' ἑνὶ πηδαλίῳ ε', καὶ <ἐπὶ> τῷ ἑτέρῳ δ', <ἐπὶ> στυλίδος ἄκρας γ', <ἐπὶ> καταστρώματι ε', ὑπὸ τρόπιν ϛ', παραπλησίους ἀλλήλοις· <τοὺς πάντας κζ'>.

TESTIMONIA : Arat. Lat. 255, 17-256, 20 (Rec. Interp. 255-256) ;
Fragm. Vat. XXXV (= Sch. Arat. S, 342) ; Hyg. *Astr*. 2.37 ; 3.36 ;
Sch. Arat. MDΔKUA, 348 ; Sch. Germ. BP, 97, 13-18.
TITVLVS : Ἀργοῦς Olivieri : ἀργούς EL, ἀργώ OM, om. tit. B.
1 Αὕτη διὰ E : ἡ ἀργὼ διὰ B ‖ ἐτάχθη E : εἰσήχθη Schaubach ‖
2 γὰρ αὕτη E : παρ' αὐτῆς prop. Bernhardy ‖ κατεσκευάσθη καὶ
secl. Maass ‖ καὶ ἀρχῆθεν ἐτεκτονήθη del. Robert praeeunte Schaubach ‖ ἀρχῆθεν E : ἀρχήθεν B ‖ ἐτεκτονήθη E : in ἐτεκτάνθη mut.
coni. Bernhardy ‖ 4-5 ἵν' ᾖ τοῖς ἐπιγινομένοις παράδειγμα σαφέστατον fort. post ἐτάχθη (1) transp. cens. Schaubach ‖ 4 ἐπιγινομένοις
E : ἐπιγιγνομένοις MB ‖ 4-5 σαφέστατον E, plerique edd. : σαφέστερον OM, Schaubach ‖ 5 ὑπετέθη E : ἀνετέθη Olivieri ‖ 6 οἱ E : οἵ
M ‖ 9 οὔσης ἐν τοῖς θεοῖς susp. Gürkoff ‖ 10 Ἔχει inc. S ‖ Ἔχει δὲ
ἀστέρας E : ἡ ἀργὼ ἔχει ἀστέρας S ‖ ἑνὶ πηδαλίῳ E : ἑνὸς
πηδαλίου Robert ‖ 11 τῷ ἑτέρῳ E : τοῦ ἑτέρου Robert ‖ στυλίδος
E, edd. plerique : στηλίδος Schaubach, στολίδος Matthiae ‖
12 καταστρώματι E : καταστρώματα M, καταστρώματος Robert ‖
τρόπιν MB, iam scr. edd. post Westermann : τρόπ [π supra ο scripto
EOS] ELOS, τρόπων Fell ‖ 13 τοὺς πάντας κζ' praeeunte Fell add.
edd. praeter Maass : *XXVI* ARAT. LAT. (cf. et catalogum stellarum HIPPARCH. adscriptum, ap. editionem Weinstock, *CCAG. Codices Britannici*, IX.1, 1951, 189-190).

35. Argo

C'est Argo, qui reçut d'Athéna sa place parmi les constellations, modèle éclatant pour la postérité, parce que c'est le premier navire qui fut équipé par Athéna et qu'il fut fabriqué par elle à l'origine ; doué de la parole, ce fut aussi le premier à traverser la mer, jusqu'alors infranchissable.

XXXV. <Περὶ τοῦ Ἀργοῦς>

Αὕτη [δὲ] ἡ Ἀργὼ διὰ τὴν Ἀθηνᾶν ἔχει τὴν ἐν ἄστροις θέσιν· πρώτη γὰρ ναῦς αὐτῇ κατεσκευάσθη καὶ δι' αὐτῆς ἀρχῆθεν ἐτεκτονήθη· φωνήεσσα δὲ γενομένη πρώτη τὸ πέλαγος διεῖλεν ἄβατον <ὄν>, θνητοῖς ἐπιγι-
5 γνομένοις παράδειγμα οὖσα.

CODICES : 1-5 S.
TITVLVS : Περὶ τοῦ Ἀργοῦς restitui : *De Nauicula* ARAT. LAT.
1 δὲ seclusi ‖ ἡ Ἀργὼ om. Arat Lat. ‖ 2 αὐτῇ S : *haec*, i.e. αὕτη, leg. ARAT. LAT. (cf. αὕτη EPIT.) ‖ 3 ἀρχῆθεν ἐτεκτονήθη ex EPIT. correxi : ἀρχιτεκτονήθη S, *ab artifice summo* ARAT. LAT. ‖ φωνήεσσα correxi coll. EPIT., ARAT. LAT. (*uocata*) : φονήεσσα S ‖ 4 διεῖλεν correxi ex ARAT. LAT. (*diuisit*), EPIT. : διῆρεν S ‖ ὄν addidi coll. EPIT., ARAT. LAT. (*cum esset*) ‖ θνητοῖς om. ARAT. LAT. ‖ 4-5 ἐπιγιγνομένοις S (cf. EPIT.) : *transfretantibus* ARAT. LAT. ‖ 5 post οὖσα de nauis positione in caelo agebatur. postea etiam catalogum stellarum exc. ARAT. LAT. demonstrat.

36. Le Monstre marin[555]

Il s'agit de celui que Poséidon envoya à Céphée[556], parce que Cassiopée avait défié les Néréides dans un concours de beauté[557]. Persée le tua[558], et c'est pourquoi ce dernier fut placé parmi les constellations pour perpétuer le souvenir de l'exploit du héros[559]. Sophocle, l'auteur de tragédies, raconte ces faits dans son *Andromède*[560].

Le Monstre marin[561] a deux étoiles sans éclat sur la queue[562], cinq depuis la queue jusqu'au renflement du flanc[563], et six sous le ventre[564]. En tout treize[565].

---

560. SOPHOCLE, p. 156 Radt. Sur la reconstitution de la tragédie de Sophocle, voir *Cat.* 16 et n. 247.
562. Ératosthène décrit les étoiles dans le sens de leur lever, de la queue à la tête. Ces deux étoiles sont brillantes (voir SCHOL. GERM., p. 98) ; il s'agit de β Cet (au sud, la *lucida*) et ι Cet (au nord ; cf. HYGIN 3.30 : *in extrema cauda*). HIPPARQUE compte quatre étoiles dans la queue (3.1.13).
563. Ce terme est exceptionnel dans un contexte anatomique (cf. *flexus* in SCHOL. GERM., p. 98). Il s'agit de ζ, θ, η, φ², φ¹ Cet (cf. HYGIN 3.30 : *reliqui corporis curuaturam*). Les SCHOL. GERM. (p. 173) en comptent six.
564. Il s'agit de ε, ρ, π, σ, τ, υ Cet (cf. HYGIN 3.30 : *sub uentre*). HIPPARQUE (2.6.3) traite à part « l'étoile brillante et anonyme (ἀκατονόμαστος) » sous le milieu du corps (= υ Cet).
565. On trouve le même nombre en HYGIN 3.30. La constellation, peu lumineuse, compte pour PTOLÉMÉE (*Almageste* 8.1, p. 130-133) 22 étoiles. Ce dernier signale deux quadrilatères (τετράπλευρος) caractéristiques, l'un sur la poitrine (ε, ρ, π, σ Cet), et l'autre sur la zone proche de la queue (φ², φ¹, HR 227, HR 190 Cet.). HIPPARQUE, quant à lui, repère et mentionne souvent (2.6.3, 3.1.8, 3.1.13, 3.2.7...) un autre quadrilatère comprenant les étoiles τ, υ, ζ, θ Cet. L'omission par Ératosthène des étoiles de la tête est étrange, alors qu'il y en a trois brillantes (α Cet, mag. 2.5, « au bout de la mâchoire » selon Ptolémée, et « sur la joue sud à l'est » selon HIPPARQUE 2.6.12 ; γ Cet, mag. 3.5 ; δ Cet, mag. 4). L'absence de Mira (ο Cet), sur le cou, est plus explicable, car si sa magnitude peut atteindre 2 —ce qui en fait alors la plus brillante des étoiles de la constellation— elle est variable et peut cesser d'être visible (allant jusqu'à une magnitude de 10).

XXXVI. Κήτους

Τοῦτό ἐστιν ὃ Ποσειδῶν ἔπεμψε Κηφεῖ διὰ τὸ Κασσιέπειαν ἐρίσαι περὶ κάλλους ταῖς Νηρηίσιν· Περσεὺς δ' αὐτὸ ἀνεῖλε, καὶ διὰ τοῦτο εἰς τὰ ἄστρα ἐτέθη ὑπόμνημα τῆς πράξεως αὐτοῦ· ἱστορεῖ δὲ ταῦτα Σοφοκλῆς ὁ τῶν
5 τραγῳδιῶν ποιητὴς ἐν τῇ Ἀνδρομέδᾳ.

Ἔχει δὲ ἀστέρας ἐπὶ τοῦ οὐραίου β' ἀμαυρούς, ἀπὸ δὲ τῆς οὐρᾶς <ἐπὶ> τοῦ κυρτώματος ἕως τοῦ κενεῶνος ε', ὑπὸ τὴν κοιλίαν ἕξ· τοὺς πάντας ιγ'.

Testimonia : Arat. Lat. 257, 8-258, 4 (Rec. Interp. 257) ; Fragm. Vat. XXXVI (cf. Sch. Arat. S, 353) ; Hyg. *Astr.* 2.31 ; 3.30 ; Sch. Arat. MDΔKUAS, 353 ; Sch. Arat. Vat. 1087 (fol. 306v [p. 253, 10-11 ed. Martin]) ; Sch. Germ. BP, 98, 1-4.
Titvlvs : κήτους EL : κῆτος M, om. O : non discernitur ap. B.
1 ἔπεμψε E, plerique edd. (cf. Fragm. Vat., Sch. Arat.) : ἐπέπεμψε corr. Olivieri mon. Nauck ‖ 1-2 Κασσιέπειαν edd. : κασιέπειαν E ‖ 3 διὰ τοῦτο MB, edd. : διατοῦτο E ‖ 4 αὐτοῦ E : αὐτῆς M ‖ 6 Ἔχει inc. S ‖ Ἔχει δὲ ἀστέρας E : τὸ κῆτος ἔχει ἀστέρας S ‖ ἀμαυρούς plerique edd., et *obscuras*, i.e. ἀμαυρούς, hab. Arat. Lat., Hyg. : λαμπρούς ex Sch. Germ. BP, Sch. Germ. G corr. Olivieri ‖ 7 ἐπὶ addidi ex Fragm. Vat. ‖ τοῦ κυρτώματος ἕως τοῦ κενεῶνος E, Westermann (cf. Fragm. Vat., Arat. Lat.) : ἕως τοῦ κυρτώματος τοῦ κενεῶνος corr. Olivieri mon. Robert, τοῦ κυρτώματος ὑπὸ τοῦ κενεῶνος Matthiae ‖ 8 ε' E : β' M^{ac}, ε' M^{pc} ‖ ἕξ E, Maass (cf. et Fragm. Vat.) : ϛ' scr. edd. plerique.

36. Le Monstre marin

Il s'agit de celui que Poséidon envoya à Céphée parce que Cassiopée avait défié les Néréides dans un concours de beauté. Persée le tua, et c'est pourquoi ce dernier fut placé parmi les constellations pour perpétuer le souvenir de l'exploit du héros. Sophocle, l'auteur de tragédies, raconte ces faits dans son Andromède.

Le Monstre marin a deux étoiles sans éclat sur la queue, cinq depuis la queue jusqu'au renflement du flanc, et six sous le ventre[566]. *En tout treize.*

---

566. Le manuscrit porte ἐπί qui peut également s'entendre en ce sens, puisque κοιλία vise le *creux* du ventre, et que la préposition désigne moins un point de vue anatomique (*au-dessus*) qu'une opération technique de mise en place (*sur*).

XXXVI. Περὶ τοῦ Κήτους

Τοῦτό ἐστιν ὃ Ποσειδῶν ἔπεμψε Κηφεῖ διὰ τὸ Κασσιέπειαν ἐρίσαι ταῖς Νηρηίσι περὶ κάλλους· Περσεὺς δὲ αὐτὸ ἀνεῖλε, καὶ διὰ τοῦτο εἰς τὰ ἄστρα ἐτέθη ὑπόμνημα τῆς πράξεως ταύτης· ἱστορεῖ δὲ ταῦτα Σοφοκλῆς ὁ τῶν
5 τραγῳδιῶν ποιητὴς ἐν τῇ Ἀνδρομέδᾳ.
Ἔχει δὲ ἀστέρας ἐπὶ τοῦ οὐραίου β', ἀπὸ δὲ τῆς οὐρᾶς ἐπὶ τοῦ κυρτώματος ἕως κενεῶνος <ε'>, ὑπὸ τὴν κοιλίαν ἕξ· τοὺς πάντας ιγ'.

CODICES : 1-8 S, 1-5 T.
TITVLVS : om. S.
1 Τοῦτό ἐστιν — περὶ κάλλους (2) T : Ἔπεμψε δὲ τοῦτο Ποσειδῶν διὰ Κασσιέπειαν καὶ Ἀνδρομέδαν ἀναιρεῖσθαι ταῖς Νηρηίσι breuiauit S ‖ Κηφεῖ — περὶ κάλλους (2) om. SCH. GERM. BP, HYG. ‖ 1-2 Κασσιέπειαν TS, ARAT. LAT. : Κασιέπειαν EPIT. (codd.) ‖ 2 ταῖς Νηρηίσι post κάλλους hab. EPIT. ‖ 3 διὰ τοῦτο T, ARAT. LAT. : δι' αὐτὸν post ἄστρα hab. S ‖ 4 ταύτης T : αὐτοῦ EPIT., ARAT. LAT. (eius) ‖ ταύτης — Ἀνδρομέδα (5) om. S ‖ ἱστορεῖ δὲ ταῦτα — Ἀνδρομέδᾳ (5) om. SCH. GERM. BP, HYG. ‖ 6 post οὐραίου hab. obscuras, i.e. ἀμαυρούς, ARAT. LAT. (cf. EPIT) ‖ ἀπὸ S, EPIT. : super ARAT. LAT. ‖ 7 ἐπὶ S : om. EPIT. ‖ ε' suppleui ex ARAT. LAT., EPIT. ‖ 7-8 ὑπὸ τὴν κοιλίαν correxi ex ARAT. LAT., EPIT. : ἐπὶ τὴν κοιλίαν S.

37. Le Fleuve

Il prend sa source au pied gauche d'Orion[567]. Il est appelé Éridan chez Aratos[568], qui ne fournit cependant aucune raison de cette identification[569] ; d'autres disent que l'interprétation la plus légitime[570] consiste à y voir le Nil, car c'est le seul fleuve qui prend sa source au sud[571]. Il est orné tout du long par un grand nombre d'étoiles.

Au-dessous de lui se trouve l'étoile appelée "Canope", qui est au voisinage des gouvernes d'Argo[572]. Au-dessous de cette étoile il n'y a plus aucun astre[573] visible ; c'est pourquoi elle est appelée "Périgéenne" (Proche de la terre)[574].

Le Fleuve[575] a trois étoiles sur le premier méandre[576], trois sur le deuxième[577], et sept qui vont du troisième méandre jusqu'à la fin[578], qui constitue, dit-on, les embouchures du Nil[579]. En tout treize[580].

570. Le superlatif (δικαιότατον), s'il est correct, signifie que les identifications sont nombreuses et ne se limitent pas au choix entre les deux fleuves nommés.

574. Le surnom que signale Ératosthène fait évidemment référence au fait qu'on l'aperçoit toujours à peine au-dessus de l'horizon ; aussi est-elle plus tard appelée dans la tradition latine *ponderosus* ("lourde") ou *terrestris* ("terrestre" : SCHOL. GERM., p. 98 et 175 ; cf. ARATUS LATINUS, p. 259 : *circa terram*).

577. Il pourrait s'agir de o^1, γ, δ (magnitude respective de 4, 3, et 3.5) ; ces étoiles, qui comptent parmi les plus brillantes, forment une boucle. Ce qu'HIPPARQUE (2.6.6) appelle « la grande boucle du fleuve (ἡ μεγάλη περιφερεία) qui part d'Orion » doit correspondre à ce premier segment.

578. Ces étoiles sont peut-être ε, η, $τ^3$, $υ^2$, g, θ (magnitude respective de 3.7, 3.9, 4.1, 3.8, 4.2, et 2.8). Les trois premières forment une boucle arrondie vers l'ouest, et les trois suivantes constituent un trait en sens contraire, dont l'extrémité est tournée vers le sud-ouest. HIPPARQUE l'appelle aussi καμπή (1.10.17, 1.11.17, etc.). Les SCHOLIES À GERMANICUS (p. 98 et 176) notent quatre méandres, en comptant l'extrémité du fleuve. Cette courbure jouxte le Monstre selon HYGIN 3.30 : « La partie antérieure du corps [du Monstre marin], qui regarde vers le levant, paraît presque baignée par le Fleuve Éridan ».

XXXVII. Ποταμοῦ

Οὗτος ἐκ τοῦ ποδὸς τοῦ Ὠρίωνος τοῦ ἀριστεροῦ τὴν ἀρχὴν ἔχει· καλεῖται δὲ κατὰ μὲν τὸν Ἄρατον Ἠριδανός· οὐδεμίαν δὲ ἀπόδειξιν περὶ αὐτοῦ φέρει. Ἕτεροι δέ φασι δικαιότατον αὐτὸν εἶναι Νεῖλον· μόνος γὰρ οὗτος ἀπὸ
5 μεσημβρίας τὰς ἀρχὰς ἔχει· πολλοῖς δὲ ἄστροις διακεκόσμηται· ὑπόκειται δὲ αὐτῷ καὶ ὁ καλούμενος ἀστὴρ Κάνωβος, ὃς ἐγγίζει τῶν πηδαλίων τῆς Ἀργοῦς· τούτου δὲ οὐδὲν ἄστρον κατώτερον φαίνεται, διὸ καὶ Περίγειος καλεῖται.

10 Ἔχει δὲ ἀστέρας [ἐπὶ τῆς κεφαλῆς α΄,] ἐπὶ τῇ πρώτῃ καμπῇ γ΄, ἐπὶ τῇ δευτέρᾳ γ΄, ἐπὶ τῆς τρίτης ἕως τῶν ἐσχάτων ζ΄, ἅ φασιν εἶναι τὰ στόματα τοῦ Νείλου· τοὺς πάντας ιγ΄.

Testimonia : Arat. Lat. 259, 7-260, 6 (Rec. Interp. 259-260) ; Fragm. Vat. XXXVII (cf. Sch. Arat. S, 359) ; Hyg. *Astr.* 2.32 ; 3.31 ; Sch. Arat. MDΔKUA, 359 ; Sch. Arat. MDΔKUAS, 355 ; Sch. Germ. BP, 98, 6-14.
Titvlvs : ποταμοῦ EL, edd. nonnulli (et ποταμός hab. catalogus genuini eratosthenici operis ; uid. *Appendicem*) : ἠριδανός OM, edd. nonnulli, om. tit. B.
1 Οὗτος E : ὁ δὲ ποταμὸς οὗτος B ‖ 3 οὐδεμίαν E : οὐδὲ μίαν O ‖ 3-4 Ἕτεροι δέ φασι δικαιότατον αὐτὸν εἶναι Νεῖλον susp. Heyne ‖ 4 δικαιότατον E : δικαιότερον B ‖ 6 δὲ αὐτῷ E : δὲ καὶ αὐτῷ M ‖ 7 τῶν πηδαλίων E, recc. edd. (sed cf. τῷ πηδαλίῳ, Fragm. Vat ; *temonem* Arat. Lat., Rec. Interp.) : τῷ πηδαλίῳ corr. Matthiae ‖ in mg. Κανώβου EL, Olivieri : om. OMB ‖ 8-9 διὸ καὶ Περίγειος καλεῖται [φαίνεται codd.] ELO : om. MB ‖ 9 καλεῖται (cf. *uocatur*, Sch. Germ. BP) praeeunte Fell corr. edd. : φαίνεται E (et *uidetur*, i.e. φαίνεται, leg. Arat. Lat.), secl. Maass ‖ 10 Ἔχει inc. S ‖ Ἔχει δὲ ἀστέρας E : ὁ ποταμὸς ἔχει ἀστέρας S ‖ ἐπὶ τῆς κεφαλῆς α΄ del. Robert (cf. Fragm. Vat., Arat. Lat. ; uid. Maass, *Deutsche Litteraturzeitung*, 1898, 878-879) repugnante Gürkoff ‖ 10-11 τῇ πρώτῃ καμπῇ E : τῆς α΄ καμπῆς S, τῆς πρώτης καμπῆς scr. Robert ‖ 11 τῇ δευτέρᾳ E : τῆς δευτέρας Robert ‖ 12 ἅ E : οὕς Matthiae ‖ τοὺς πάντας (12-13) ESB, edd. : τὰ πάντα OM, τὰς πάντας L ‖ 13 ιγ΄ corr. Robert et Olivieri (et tredecim computant Hyg., Sch. Germ. BP, Rec. Interp.) : ιδ΄ E, cett. edd., sedecim computat Arat. Lat.

37. Le Fleuve

Il prend sa source au pied gauche d'Orion. Il est appelé Éridan chez Aratos, qui ne fournit cependant aucune raison de cette identification ; d'autres disent qu'il est plus légitime de dire qu'il s'agit du Nil, car c'est le seul fleuve qui prend sa source au sud. Il est orné tout du long par un grand nombre d'étoiles.

Au-dessous de lui se trouve l'étoile appelée "Canope", qui est au voisinage de la gouverne d'Argo[581]. Au-dessous de cette étoile il n'y a plus aucun astre visible.

Le Fleuve a trois étoiles sur le premier méandre, trois sur le deuxième, et sept qui vont du troisième méandre jusqu'à la fin, qui constitue, dit-on, les embouchures du Nil. En tout treize.

---

581. Le singulier est, en l'occurrence, exceptionnel.

XXXVII. Περὶ τοῦ Ποταμοῦ

Οὗτος ἐκ τοῦ ποδὸς τοῦ Ὠρίωνος τοῦ ἀριστεροῦ τὴν ἀρχὴν ἔχει· καλεῖται δὲ κατὰ μὲν τὸν Ἄρατον Ἠριδανός· οὐδεμίαν δὲ ἀπόδειξιν φέρει περὶ αὐτοῦ. Ἕτεροι δέ φασι δικαιότερον αὐτὸν εἶναι λέγειν Νεῖλον· μόνος γὰρ οὗτος
5 ἀπὸ μεσημβρίας τὰς ἀρχὰς ἔχει· πολλοῖς δὲ ἄστροις κεκόσμηται· ὑπόκειται δὲ αὐτῷ καὶ ὁ καλούμενος ἀστὴρ Κάνωβος, καὶ ἐγγίζει τῷ πηδαλίῳ τῆς Ἀργοῦς· τούτου δ' οὐδὲν ἄστρον κατώτερον φαίνεται.
Ἔχει δ' ἀστέρας ἐπὶ τῆς α' καμπῆς γ', ἐπὶ τῆς β' γ',
10 ἐν τῇ γ' ἕως τῶν ἐσχάτων ζ', ἅ φασιν εἶναι τὰ στόματα τοῦ Νείλου· <τοὺς πάντας ιγ'.>

CODICES : 1-11 S, 1-6 (usque ad κεκόσμηται) TW.
TITVLVS : Περὶ τοῦ Ποταμοῦ T : om. S, aut ποταμοῦ aut ἠριδανός hab. codd. EPIT.
1 Οὗτος — περὶ αὐτοῦ (3) om. HYG. ‖ 2 δὲ T : καὶ ante καλεῖται hab. S ‖ 3 φέρει περὶ αὐτοῦ TS (cf. *facit de eo* ARAT. LAT.) : φέρει post αὐτοῦ hab. EPIT. ‖ 4 δικαιότερον T : δικαιότατα S (cf. EPIT.), *iuste* ARAT. LAT. ‖ αὐτὸν post εἶναι fort. transp. coni. Rehm ‖ εἶναι om. S, ARAT. LAT. ‖ λέγειν T (cf. et ARAT. LAT., SCH. GERM. BP) : λέγει S, om. EPIT. ‖ 5 τὰς SW, iam add. ex EPIT. Rehm : om. T ‖ 6 κεκόσμηται TS : διακεκόσμηται EPIT., Rehm ‖ 7 καὶ S, ARAT. LAT. (*-que*) : ὃς EPIT. ‖ τῷ πηδαλίῳ S, ARAT. LAT. (*temonem*) : τῶν πηδαλίων EPIT. ‖ 8 κατώτερον ex EPIT. defendi coll. SCH. GERM. BP (*inferius*) : κατώτατον S (cf. ARAT. LAT. *minima*) ‖ post φαίνεται hab. διὸ καὶ Περίγειος καλεῖται EPIT., ARAT. LAT. ‖ 10 post ἐν τῇ γ' tres stellas add. ARAT. LAT. ‖ 11 τοὺς πάντας ιγ' ex EPIT., SCH. GERM. BP, HYG. suppleui : sedecim stellas computat ARAT. LAT.

38. Le Poisson

Il s'agit de celui qu'on appelle "le Grand Poisson"[582] et qui, à ce qu'on prétend, engloutit l'eau du Flot que déverse le Verseau[583]. On raconte à son sujet, d'après ce que dit Ctésias[584], qu'il se trouvait initialement dans un lac de la région de Bambykè[585]. Derkéto[586], que les habitants du lieu ont coutume d'appeler "la déesse syrienne"[587], était une nuit tombée dedans, et il paraît que le Poisson la sauva[588]. C'est aussi de lui, dit-on, que naquirent les deux Poissons[589], et ils reçurent tous l'honneur d'être placés parmi les constellations[590].

Le Poisson a douze étoiles[591], parmi lesquelles trois brillantes sur le museau[592].

589. Il s'agit des deux poissons zodiacaux, fils ou descendants du grand Poisson (*Cat.* 21). Ératosthène avait annoncé ce développement (voir n. 315). Dans l'ordre original des *Catastérismes* (voir *Anonymus* II.2.1 dans l'*Annexe*), comme dans la version réélaborée dont nous disposons, la constellation zodiacale des Poissons précède celle du Poisson.

590. Les deux idées (honneurs et catastérisation) n'en font qu'une, et la tournure relève de l'hendiadyn.

591. De manière exceptionnelle le nombre d'étoiles donné par Ératosthène coïncide avec celui de Ptolémée qui complète le descriptif par six étoiles périphériques (correspondant à des étoiles du moderne Microscope). L'identification des étoiles de Ptolémée (*Almageste* 8.1, p. 166-169) est sûre : trois sur la courbe sud de la tête (β, γ, δ PsA), une sur les branchies (ε PsA), une sur la « nageoire dorsale sud » (μ PsA), deux sur le ventre (ζ, λ PsA), trois sur la nageoire nord (η, θ, ι PsA), une sur le bout de la queue (γ Gru) ; la « nageoire dorsale sud (νοτιαία νότιος ἀκάνθη) » est bien la nageoire dorsale, tandis que les étoiles de la nageoire nord (η, θ, ι PsA), qui correspondent sans doute à celle de la queue selon HIPPARQUE (1.6.8, 1.11.13), sont sur le ventre. En effet, le Poisson est figuré "à l'envers", ou comme le dit justement ARATOS (572) κατὰ ῥάχιν (voir MARTIN 1998b : 383-384 ; cf. AVIÉNUS 825 : *in Pistrim horrificam conuersus uiscera Piscis,* « présentant son ventre à l'horrible Baleine », et v. 1081-1083 ; GERMANICUS 591 : *dorso caudaque priore*). Cette constellation, qui est cachée par l'épaule gauche d'Atlas sur l'Atlas Farnèse, est souvent représentée dans les atlas modernes (sauf BAYER 1603), comme un poisson renversé (voir CELLARIUS 1661, HÉVÉLIUS 1690, FLAMSTEED 1753), conformément à sa position à la fois aratéenne et ptoléméenne ; elle se couche la queue la première.

XXXVIII. Ἰχθύος

Οὗτός ἐστιν ὁ μέγας καλούμενος Ἰχθύς, ὃν κάπτειν λέγουσι τὸ ὕδωρ τῆς τοῦ Ὑδροχόου ἐκχύσεως. Ἱστορεῖται δὲ περὶ τούτου, ὥς φησι Κτησίας, εἶναι πρότερον ἐν λίμνῃ τινὶ κατὰ τὴν Βαμβύκην· ἐμπεσούσης δὲ
5 τῆς Δερκετοῦς νυκτός, ἥν οἱ περὶ τοὺς τόπους οἰκοῦντες Συρίαν θεὸν ὠνόμασαν, <οὗτος δοκεῖ σῶσαι αὐτήν>. Τούτου καὶ τοὺς δύο φασὶν Ἰχθύας ἐκγόνους εἶναι, οὓς πάντας ἐτίμησαν καὶ ἐν τοῖς ἄστροις ἔθηκαν.
Ἔχει δὲ ἀστέρας ιβ', ὧν τοὺς ἐπὶ τοῦ ῥύγχους λαμ-
10 προὺς γ'.

TESTIMONIA : Arat. Lat. 261, 1-262, 1 (Rec. Interp. 261-262) ; Fragm. Vat. XXXVIII (cf. Sch. Arat. S, 386) ; Hyg. *Astr.* 2.41 ; 3.40 ; Sch. Arat. MDΔKUA, 386 ; Sch. Arat. MDΔKVUAS, 239 ; Sch. Germ. BP, 98, 16-99, 5.
TITVLVS : Ἰχθύος Olivieri : ἰχθὺς L, ἰχθῦς OM, euanidus ap. E, om. tit. B.
1 Ἰχθύς E : ἰχθῦς M ‖ κάπτειν corr. Koppiers : καὶ πιεῖν E, nonnulli edd. (et cf. SCH. GERM. BP *ebibere*), κάμπτειν ex FRAGM. VAT. corr. Olivieri (cf. *declinare*, i.e. κάμπτειν, ARAT. LAT.) ‖ 4 Βαμβύκην edd. praeeunte Fell : βοββύκων E ‖ ἐμπεσούσης corr. edd. (cf. FRAGM. VAT., SCH. ARAT. MDΔKVUAS, 239 et ARAT. LAT. *incedit*) : ἐκπεσούσης E ‖ 5 Δερκετοῦς corr. recc. edd. cf. STR. 16.4.27 (Δερκετὼ δ' αὐτὴν Κτησίας καλεῖ) : Δερκητοῦς E, Matthiae ‖ νυκτός E : in θυγατρός mut. et antea uerba τῆς Ἀφροδίτης ex SCH. ARAT. add. Robert, νυκτός def. et τῆς Ἀφροδίτης suppl. coni. Gürkoff ‖ post νυκτός fort. αὐτὴν γενέσθαι ἰχθῦν suppl. cens. Schaubach ‖ 6 Συρίαν praeeunte Heyne corr. edd. (cf. FRAGM. VAT., ARAT. LAT.) : συρίας E ‖ οὗτος δοκεῖ σῶσαι αὐτήν iam ex ARAT. LAT. Maass, suppleui ex FRAGM. VAT. : τοῦτον σῶσαι αὐτήν add. Olivieri, σῶσαι αὐτήν suppl. Robert. haec uerba ex SCH. ARAT. post νυκτός (5) ins. Fell ‖ 7 ἐκγόνους E, Matthiae (et cf. FRAGM. VAT.) : ἐγγόνους Robert et Olivieri ‖ 7-8 οὓς πάντας ἐτίμησαν καὶ ἐν τοῖς ἄστροις ἔθηκαν om. M ‖ 9 Ἔχει inc. S ‖ Ἔχει δὲ ἀστέρας E : ὁ ἰχθὺς ἔχει ἀστέρας S ‖ ῥύγχους B, iam edd. : ῥύγχου E.

38. Le Grand Poisson

Il s'agit de celui qu'on appelle "le Grand Poisson" et qui, à ce qu'on prétend, engloutit l'eau du Flot que déverse le Verseau. On raconte à son sujet, d'après ce que dit Ctésias, qu'il se trouvait initialement dans un lac de la région de Bambykè. Derkéto, que les habitants du lieu ont coutume d'appeler "la déesse syrienne", était tombée dedans pendant la nuit, et il paraît que le Poisson la sauva. C'est aussi de lui, dit-on, que naquirent les deux Poissons, et c'est à cause d'elle, parce qu'elle est la fille d'Aphrodite[593], *qu'ils reçurent tous l'honneur d'être placés parmi les constellations. Par ailleurs les habitants de ce pays fabriquent des poissons en or et en argent, et ils les adorent comme sacrés [et rendent un parfait hommage à cet événement]*[594].

---

594. Les poissons et les colombes sont étroitement associés à la déesse syrienne ; voir les mythes étiologiques relatifs à la constellation zodiacale des Poissons (*Cat.* 21, n. 314 ; VAN BERG [1972 : 1.16-42] en donne un aperçu complet). Les poissons du lac de Bambykè, près du temple, sont particulièrement sacrés (mais il y en avait aussi ailleurs, voir *supra* n. 585). Le caractère divin des poissons en Syrie est souvent souligné (voir DIODORE 2.4.3). Le tabou alimentaire qui entoure les colombes et les poissons syriens est largement attesté (cf. XÉNOPHON, *Anabase* 1.4.9 ; PORPHYRE, *Abst.* 4.15.5 ; DIODORE 2.4.3 ; ATHÉNÉE 8.346c-d). HYGIN, qui évoque ce tabou (2.30), signale aussi les reproductions en or et en argent produites par les indigènes (2.41) ; cette indication sur le caractère sacré des poissons ne vient pas de Ctésias, mais reflète une pratique rituelle bien connue au Moyen-Orient (VAN BERG 1972 : 2.74). LUCIEN, dans son opuscule consacré à la déesse syrienne, rapporte avoir vu un des poissons portant un bijou en or sur une nageoire (*Syr. D.* 45). L'addition du ms des *FV* (« et rendent un parfait hommage à cet événement »), sans cesser d'être redondante, conviendrait mieux à la fin de la phrase précédente pour souligner le traitement de faveur des trois poissons catastérisés.

XXXVIII. Περὶ τοῦ μεγάλου Ἰχθύος

Οὗτός ἐστιν ὁ μέγας καλούμενος Ἰχθύς, ὃν κάπτειν λέγουσι τὸ ὕδωρ ἀπὸ τῆς τοῦ Ὑδροχόου ἐκχύσεως. Ἱστορεῖται δ' οὗτος, ὥς Κτησίας φησί, πρότερον ἐν λίμνῃ τινὶ κατὰ τὴν Βαμβύκην εἶναι· ἐμπεσούσης δὲ τῆς
5 Δε<ρ>κετοῦς νυκτός, ἣν οἱ περὶ τοὺς τόπους οἰκοῦντες Συρίαν ὠνόμασαν θεόν, οὗτος δοκεῖ σῶσαι αὐτήν. Τούτου δὲ καὶ τοὺς δύο φασὶν Ἰχθύας ἐκγόνους εἶναι· οὓς πάντας δι' ἐκείνην Ἀφροδίτης οὖσαν θυγατέρα καὶ ἐτίμησαν καὶ ἐν τοῖς ἄστροις ἔθηκαν· ποιοῦσι δὲ οἱ τὴν χώραν ἐκείνην
10 κατοικοῦντες χρυσοῦς τε καὶ ἀργυροῦς ἰχθύας καὶ ὡς ἱεροὺς τιμῶσι [τελείαν περὶ τοῦ συμπτώματος τιμήν].

CODICES : 1-11 TWR, et breuiatum S.
TITVLVS : Περὶ τοῦ μεγάλου Ἰχθύος T : om. S, ARAT. LAT., Περὶ τοῦ Ἰχθύος rest. Olivieri et Maass, Ἰχθύος EPIT.
1 Οὗτός ἐστιν — ἐκχύσεως (2) T, ARAT. LAT. : Ἰχθὺς δὲ οὗτός ἐστιν ὁ μέγας καλούμενος· οὗ λέγουσι κάμπτει ὕδωρ ἀπὸ τῆς χειρὸς τῆς Ὑδροχόου ἐκχύσεως hab. S ‖ κάπτειν mon. Valckenaer corr. Maass : κάμπτειν TS (cf. declinare ARAT. LAT.), Olivieri, καὶ πιεῖν EPIT., SCH. GERM. BP (ebibere) ‖ 2 ἀπὸ TS (ab ARAT. LAT.) : om. EPIT. ‖ post ἀπὸ τῆς hab. χειρὸς S ‖ 3 Ἱστορεῖται δ' οὗτος — σῶσαι αὐτήν (6) om. S ‖ δ' οὗτος T : δὲ περὶ τούτου EPIT. ‖ Κτησίας φησί T : φησι Κτησίας EPIT., mentionem Ctesiae om. SCH. GERM. BP, in fine capitis add. HYG. ‖ 4 Βαμβύκην corr. Olivieri et Maass : Βοεκμύκην T (begmicem aut boecmycen hab. codd. ARAT. LAT.), Βοββύκων EPIT. (codd., corr. in Βαμβύκην edd.), KATACANBICI infuisse (i.e. κατὰ Βαμβύκην εἶναι leg. uid.) SCH. GERM. BP : om. HYG. ‖ εἶναι ante πρότερον (3) hab. EPIT. ‖ ἐμπεσούσης T (incedit ARAT. LAT.) : ἐκπεσούσης EPIT. (codd.) ‖ 5 Δε<ρ>κετοῦς corr. edd. coll. ARAT. LAT., EPIT. : Δεκετοῦς T, faceus SCH. GERM. BP ‖ νυκτός om. SCH. GERM. BP ‖ 6 Συρίαν T (cf. ARAT. LAT.) : Συρίας EPIT. (codd.) ‖ οὗτος δοκεῖ σῶσαι αὐτήν hab. T, ARAT. LAT., HYG. : om. EPIT., SCH. GERM. BP ‖ Τούτου δὲ καὶ — εἶναι (7) T : τρίτον δὲ λέγουσι καὶ τοὺς β' Ἰχθύας ἐκγόνους εἶναι S ‖ 7 δὲ om. EPIT. ‖ ἐκγόνους TS, EPIT. : ἐγγόνους corr. Olivieri ‖ οὓς πάντας usque ad finem om. S ‖ 8 δι' ἐκείνην Ἀφροδίτης οὖσαν θυγατέρα καὶ om. EPIT., hab. ARAT. LAT., SCH. GERM. BP ‖ ἐτίμησαν T, EPIT. : honorificati sunt, i.e. ἐτιμήθησαν, leg. uid. ARAT. LAT. ‖ 9 ἔθηκαν T : ἔθηκε W ‖ ποιοῦσι δὲ — τιμῶσι (11) om. EPIT., hab. ARAT. LAT., SCH. GERM. BP, HYG. ‖ 11 τελείαν περὶ τοῦ συμπτώματος τιμήν secl. Rehm, om. cett. testt. ‖ in fine summam duodecim stellarum exc. ex ARAT. LAT. demonstratur.

39. L'Autel[595]

Il s'agit de celui sur lequel les dieux, à l'origine, scellèrent par un serment leur alliance[596], lorsque Zeus lança son offensive contre Cronos[597]. Lorsqu'ils eurent réussi dans leur entreprise, les dieux placèrent également l'autel dans le ciel, comme un mémorial[598] ; les hommes transportent aussi l'autel dans leurs banquets[599], et sacrifient sur lui, lorsqu'ils ont décidé de passer un accord entre eux sous la foi du serment ; ils le touchent de la main droite, estimant que ce geste est la garantie de leur bonne foi[600].

L'Autel a deux étoiles sur le foyer, et deux sur la base[601]. En tout quatre[602].

---

596. L'origine de cette constellation est incertaine (BOLL-GUNDEL 1937 : 1016). L'autel céleste du ciel babylonien se trouve dans un tout autre lieu (dans les Pinces du Scorpion) et n'a pas servi de modèle (malgré CONDOS 1970 : 200) ; à cet endroit se trouve un petit quadrupède : NU-MUSH-DA (FLORISOONE 1951 : 160). La figure est probablement d'origine égyptienne (voir GUNDEL 1936b : 757-758 ; BOLL-GUNDEL 1937 : 1017). Elle est signalée pour la première fois par Hipparque sous la plume d'EUDOXE (*frg.* 74).

598. Ce terme (μνημόσυνον) apparaît aussi en *Cat.* 19, 24, 32. Les dieux olympiens élèvent collectivement au ciel ce support et témoin symbolique de leur entente, devenu comme un trophée de leur victoire ; cf. HYGIN 2.39. Selon ARATOS (408 sq.), la Nuit se sert de l'Autel pour guider les marins (littéralement, pour SCHOL. ARAT. 408, p. 270, « elle le place au ciel pour être un σημεῖον »), car il constitue un signe de tempête lorsqu'il est environné de nuages. Cette constellation est l'occasion d'un long développement (v. 402-430) d'ARATOS sur la sollicitude de la Nuit. D'après MANILIUS (1.421 sq.) c'est Zeus qui l'élève au ciel.

599. Le texte établit clairement un lien entre deux "autels" : celui du serment divin et celui des conventions humaines. Une phrase s'est sans doute perdue dans ce chapitre (et dans les *FV* qui présentent la même insistance), dont les SCHOL. GERM. (p. 99 et 177) donnent l'esprit : *non solum astris inlatum sed etiam hominibus hoc habere instituerunt* (voir, en revanche, la notice étique d'HYGIN 2.39, donnant : *homines dicuntur instituisse sibi*).

602. Si l'Autel compte 42 étoiles de magnitude inférieure à 6, les Anciens ne lui en reconnaissaient pas plus de 7 (Ptolémée).

XXXIX. Θυτηρίου

Τοῦτό ἐστιν ἐφ' ᾧ πρῶτον οἱ θεοὶ τὴν συνωμοσίαν ἔθεντο, ὅτε ἐπὶ Κρόνον ὁ Ζεὺς ἐστράτευσεν· ἐπιτυχόντες δὲ τῆς πράξεως ἔθηκαν καὶ αὐτὸ ἐν τῷ οὐρανῷ εἰς μνημόσυνον· ὃ καὶ εἰς τὰ συμπόσια οἱ ἄνθρωποι φέρουσι
5 καὶ θύουσιν οἱ κοινωνεῖν ἀλλήλοις προαιρούμενοι καὶ ὀμνύειν καὶ τῇ χειρὶ ἐφάπτονται τῇ δεξιᾷ, μαρτύριον εὐγνωμοσύνης τοῦτο ἡγούμενοι.

Ἔχει δὲ ἀστέρας ἐπὶ τῆς ἐσχαρίδος β', ἐπὶ τῆς βάσεως β'· τοὺς πάντας δ'.

TESTIMONIA : Arat. Lat. 263, 11-264, 12 (Rec. Interp. 263-264) ; Fragm. Vat. XXXIX (cf. Sch. Arat. S, 403) ; Hyg. *Astr.* 2.39 ; 3.38 ; Sch. Arat. MDΔKUA, 403 ; Sch. Germ. BP, 99, 8-15.
TITVLVS : θυτηρίου EL, Olivieri : νέκταρ OM, Θυτήριον Westermann, Νέκταρ, ἢ Θυτήριον Matthiae, νεκτάριον θυτήριον prop. Schaubach repugnante Stern, *Nachr. v. d. Königl. Gesell. der Wiss. u. d. Georg-Aug.-Univ.*, 1867, 363-365, om. tit. B.
1 Τοῦτό ἐστιν E : τοῦτο δέ ἐστιν B ‖ ἐφ' E, Olivieri : ἐν OM, cett. edd. ‖ 2 post ἐστράτευσεν uerba Κυκλώπων κατασκευασάντων ἔχων ἐπὶ τοῦ πυρὸς κάλυμμα, ὅπως μὴ ἴδωσι τὴν τοῦ κεραυνοῦ δύναμιν ex SCH. ARAT. add. coni. Koppiers ‖ 3 εἰς E : ὡς corr. Maass ‖ 4 ὃ E : ὅθεν coni. Heyne ‖ 5 καὶ pr. E : καὶ ἐν ᾧ coni. Schaubach ‖ καὶ θύουσιν οἱ E : ὡς θύωσιν ex SCH. ARAT. corr. Robert repugnante Gürkoff ‖ οἱ del. cens. Wilamowitz ‖ post καὶ alt. lac. stat. ex SCH. ARAT. Robert ‖ 5-6 καὶ ὀμνύειν susp. Heyne ‖ 7 εὐγνωμοσύνης MB, iam edd. (cf. FRAGM. VAT., ARAT. LAT., *concordiae*) : εὐγνωμοσύνην ELO ‖ 8 Ἔχει inc. S ‖ Ἔχει δὲ ἀστέρας E : τὸ θυτήριον ἔχει ἀστέρας S ‖ ἐσχαρίδος B, iam corr. edd. praeeunte Fell (cf. et FRAGM. VAT.) : εὐχάριδος E ‖ β' corr. edd. praeter Maass (cf. FRAGM. VAT., ARAT. LAT.) : α' E ‖ 9 β' E : α' M^{ac} ‖ δ' praeeunte Fell corr. ex HYG. SCH. GERM. edd. praeter Maass (cf. FRAGM. VAT.) : γ' E

39. L'Autel

Il s'agit de celui sur lequel les dieux, à l'origine, scellèrent par un serment leur alliance, lorsque Zeus lança son offensive contre Cronos ; les Cyclopes avaient construit cet édifice et avaient recouvert le feu afin qu'on ne s'aperçût pas de la puissance du foudre[603]*. Lorsqu'ils eurent réussi dans leur entreprise, les dieux placèrent également dans le ciel cet autel-là ; les hommes transportent aussi l'autel dans leurs banquets, et sacrifient sur lui, lorsqu'ils ont décidé de passer un accord entre eux ; ainsi que lors des concours, pour ceux qui veulent prêter un serment, estimant qu'il offre la garantie juridique la plus sûre : ils le touchent de la main droite, considérant qu'il s'agit là d'un gage de bonne foi. Les devins*

CATASTERISMI

XXXIX. Περὶ τοῦ Θυτηρίου

Τοῦτό ἐστιν ἐφ' ᾧ πρῶτον οἱ θεοὶ τὴν συνωμοσίαν ἔθεντο, ὅτε ἐπὶ τὸν Κρόνον ὁ Ζεὺς ἐστράτευσε Κυκλώπων κατασκευασάντων ἔχοντος τοῦ πυρὸς κάλυμμα, ὅπως μὴ ἴδωσι τὴν τοῦ κεραυνοῦ δύναμιν· ἐπιτυχόντες
5 δὲ τῆς πράξεως ἔθηκαν καὶ ἐν τῷ οὐρανῷ τὸ αὐτὸ κατασκεύασμα· καὶ εἰς τὰ συμπόσια φέρουσι καὶ θύουσιν οἱ κοινωνεῖν ἀλλήλοις προαιρούμενοι †ἕν τε τοῖς ἀγῶσι καὶ <ἐν> τοῖς ὀμνύειν βουλομένοις† ὡς δικαιοτάτην πίστιν τιθέντες, καὶ τῇ χειρὶ ἐφάπτονται
10 τῇ δεξιᾷ, μαρτύριον εὐγνωμοσύνης ἡγούμενοι τοῦτο·

CODICES : 1-4 (p. 116) S, 1-2 (p. 116) TWR, cf. SCH. ARAT. MDΔKUA, 403.
TITVLVS : Περὶ τοῦ Θυτηρίου T : om. S, ARAT. LAT.
1 ἐφ' ex S defendi coll. EPIT., SCH. ARAT. : ἐν' T, in ARAT. LAT. ‖ 2 ὅτε T, ARAT. LAT., EPIT., SCH. ARAT. : om. S ‖ ἐπὶ τὸν Κρόνον T, ARAT. LAT., EPIT., SCH. GERM. BP : ἐπὶ τὸν Κρόνον καὶ τοὺς Τιτάνας S, ἐπὶ τοὺς Τιτάνας SCH. ARAT., HYG. ‖ ἐστράτευσε T, ARAT. LAT., EPIT., SCH. ARAT. : ἐστράτευε S ‖ Κυκλώπων — δύναμιν (4) TS (cf. ARAT. LAT., SCH. ARAT.) : om. EPIT., SCH. GERM. BP, Κυκλώπων κατασκευασάντων leg. et HYG. ‖ 3 ἔχοντος T (cf. ARAT. LAT.) : ἔχον ἐπὶ S, SCH. ARAT. ‖ 5 δὲ T, ARAT. LAT., SCH. ARAT. : om. S ‖ τῆς πράξεως TS^pc, EPIT. : τῇ πράξει SCH. ARAT., τῆς πραότητος S^ac, ut uid. ‖ ἐν τῷ οὐρανῷ correxi ex EPIT. (cf. et SCH. ARAT.) praeeunte Maass, qui tamen οὐρανοὺς mal. : εἰς τοὺς ἀνθρώπους TS, ARAT. LAT. ‖ τὸ S, iam suppl. Rehm ex SCH. ARAT., ARAT. LAT. : om. T ‖ 6 καὶ εἰς τὰ συμπόσια φέρουσι S (cf. EPIT., SCH. GERM. BP, SCH. ARAT.) : om. T, ARAT. LAT. ‖ 7 κοινωνεῖν ex S defendi coll. EPIT., SCH. ARAT. : κοινωνίαν T, edd. ‖ ἀλλήλοις προαιρούμενοι T, EPIT. (cf. ARAT. LAT. *qui se inuicem adhortantur*) : βουλόμενοι S, βουλόμενοι ἢ αὑτοῖς αἱρούμενοι ὡς ἐπίθυσιν SCH. ARAT. ‖ ἕν τε τοῖς ἀγῶσι — ἡγούμενοι τοῦτο (10) om. S ‖ uerba corrupta ἕν τε τοῖς ἀγῶσι καὶ <ἐν> τοῖς ὀμνύειν βουλομένοις (7-8) hab. T, ARAT. LAT., SCH. ARAT. : καὶ ὀμνύειν hab. EPIT. ‖ 8 ἐν suppl. Rehm ex ARAT. LAT., SCH. ARAT. ‖ post τοῖς lac. stat. Rehm praeeunte Olivieri ‖ βουλομένοις T, SCH. ARAT. : βουλόμενοι corr. Olivieri ‖ 8-9 ὡς δικαιοτάτην πίστιν τιθέντες om. EPIT. ‖ 9 τιθέντες (*ponentes* ARAT. LAT.) : τηροῦσι SCH. ARAT. ‖ 10 τῇ δεξιᾷ om. SCH. ARAT. ‖ ante μαρτύριον hab. δείκνυντες SCH. ARAT., ἡγούμενοι om. ‖ ἡγούμενοι τοῦτο T : τοῦτο ἡγούμενοι EPIT.

sacrifient également sur cet autel lorsqu'ils veulent "voir" avec plus de certitude[603].

Il a deux étoiles sur le foyer, et deux au niveau de la base. En tout quatre.

---

603. Après la mise à mort de l'animal et son écorchement, les entrailles étaient soumises à l'interprétation d'un devin. L'inspection du foie, véritable "trépied de la mantique" (PHILOSTRATE, *VA* 8.7) s'est constituée en technique spécialisée (probablement d'origine mésopotamienne ; voir BURKERT 1985 : 112-113 & 392 ; BOUCHÉ-LECLERCQ 2003 : 135-138).

ὁμοίως δὲ καὶ οἱ μάντεις ἐπὶ τούτου θύουσιν, ὅταν βούλωνται ἀσφαλέστερον ἰδεῖν.
Ἔχει δὲ ἀστέρας ἐπὶ τῆς ἐσχαρίδος β', πρὸς τῇ βάσει β'· τοὺς πάντας δ'.

1-2 ὁμοίως δὲ καὶ οἱ μάντεις ἐπὶ τούτου θύουσιν, ὅταν βούλωνται ἀσφαλέστερον ἰδεῖν T, ARAT. LAT. : ὁμοίως καὶ οἱ μάντεις τοῦτο ποιοῦσιν ὅτε θύουσιν ἐπάν τί βούλωνται σαφέστερον ἰδεῖν S, ὁμοίως δὲ καὶ οἱ μάντεις τοῦτο ποιοῦσιν mutila hab. SCH. ARAT., *itemque uates per quos* [*quom* Wilamowitz] *per ignem fura respondent* SCH. GERM. BP, om. EPIT. ‖ τούτου T : τοῦτο WR, τούτῳ corr. Olivieri prob. ex ARAT. LAT. (*in hoc*) Maass ‖ 1-2 βούλωνται SWR : βούλονται T ‖ 3 β' S : α' EPIT. (codd.) ‖ πρὸς τῇ βάσει S : ἐπὶ τῆς βάσεως EPIT., SCH. GERM. BP (*in base*), HYG. (*in imo*), *in uasiculo* ARAT. LAT.

40. Le Centaure

Il s'agit apparemment de Chiron[604], qui vivait sur le Pélion[605], l'emportait sur tous les humains par son sens de la justice, et assura l'éducation d'Asclépios et Achille[606]. Apparemment, Héraclès, qui était amoureux de lui[607], alla le trouver et partagea son intimité dans sa grotte, tout en se consacrant au culte de Pan[608]. C'est le seul Centaure qu'il ne tua pas ; au contraire, il lui obéissait, comme le dit Antisthène[609], le disciple de Socrate, dans *Héraclès*[610]. Ils menaient déjà une vie commune depuis un certain temps lorsqu'une flèche tomba du carquois d'Héraclès sur le pied de Chiron qui trouva ainsi la mort[611] ; Zeus, compte tenu de sa piété et de l'accident dont il avait été victime, plaça le Centaure parmi les constellations[612].

Dans les mains du Centaure, près de l'Autel, se trouve la Bête[613], et le Centaure donne l'impression de l'apporter

---

611. Les Centaures sont particulièrement vulnérables aux flèches (cf. *Cat.* 28, n. 415), et c'est la cause de la mort de Chiron. Après une période d'échange érotique et pédagogique entre les deux héros (cf. n. 608), une flèche échappée du carquois d'Héraclès (et que certains disent trempée dans le venin de l'hydre de Lerne : PAUSANIAS 5.5.10 ; OVIDE, *Mét.* 2.649 sq.) tombe sur le pied du Centaure (OVIDE, *Fastes* 5.397-398) ; on ignore si Ératosthène a également emprunté ce détail à Antisthène ; selon certains, c'est pour avoir voulu essayer l'arc d'Héraclès qu'il se blessa lui-même, maladroitement (HYGIN 2.38.2). Quoi qu'il en soit, la tradition canonique (qui figure dans APOLLODORE 2.5.4 ; cf. DIODORE 4.12.8) rapporte autrement la mort de Chiron : tandis que, poursuivis par Héraclès, les Centaures ont cherché refuge dans la grotte de Mélée, où vit Chiron, le héros décoche une flèche qui traverse le bras d'Élatos pour se ficher dans le genou de Chiron. Dans les deux cas la mort de Chiron est donc accidentelle et involontaire. Or Chiron, par sa nature d'immortel, ne pouvait supporter la douleur, et il échange son immortalité avec la mortalité de Prométhée (APOLLODORE 2.5.4 et 2.5.11). Voir le *Prométhée* d'ESCHYLE (v. 1026-1029), où Hermès affirme que les tourments du Titan ne prendront fin que lorsqu'un dieu acceptera de descendre à sa place dans l'Hadès. La Centauromachie est ainsi liée au mythe de Prométhée (et ce lien, présent dans la trilogie eschyléenne sur Prométhée, pourrait être une innovation du poète ; voir ROBERT 1890 : 231-232).

XL. Κενταύρου

Οὗτος δοκεῖ Χείρων εἶναι ὁ ἐν τῷ Πηλίῳ οἰκήσας, δικαιοσύνῃ δὲ ὑπερενέγκας πάντας ἀνθρώπους καὶ παιδεύσας Ἀσκληπιόν τε καὶ Ἀχιλλέα· ἐφ' ὃν Ἡρακλῆς δοκεῖ ἐλθεῖν δι' ἔρωτα, ᾧ καὶ συνεῖναι ἐν τῷ ἄντρῳ τιμῶν
5 τὸν Πᾶνα. Μόνον δὲ τῶν Κενταύρων οὐκ ἀνεῖλεν, ἀλλ' ἤκουεν αὐτοῦ, καθάπερ Ἀντισθένης φησὶν ὁ Σωκρατικὸς ἐν τῷ Ἡρακλεῖ· χρόνον δὲ ἱκανὸν ὁμιλούντων αὐτῶν ἐκ τῆς φαρέτρας αὐτοῦ βέλος ἐξέπεσεν εἰς τὸν πόδα τοῦ Χείρωνος καὶ οὕτως ἀποθανόντος αὐτοῦ ὁ
10 Ζεὺς διὰ τὴν εὐσέβειαν καὶ τὸ σύμπτωμα ἐν τοῖς ἄστροις ἔθηκεν αὐτόν. Ἔστι δὲ τὸ Θηρίον ἐν ταῖς χερσὶ πλησίον τοῦ Θυτηρίου· ὃ δοκεῖ προσφέρειν θύσων, ὅ ἐστι μέγιστον σημεῖον τῆς εὐσεβείας αὐτοῦ.

Ἔχει δὲ ἀστέρας ὑπεράνω τῆς κεφαλῆς ἀμαυροὺς γ',
15 ἐφ' ἑκατέρων τῶν ὤμων λαμπρὸν α', <ἐπ'> ἀριστεροῦ

TESTIMONIA : Arat. Lat. 264, 20-267, 7 (Rec. Interp. 264-266) ; Eudoc. 998 ; Fragm. Vat. XL (cf. Sch. Arat. S, 429) ; Hyg. *Astr.* 2.38 ; 3.37 ; Sch. Arat. M^mg, 408 ; Sch. Arat. MDΔKUA, 436 ; Sch. Germ. BP, 99, 17-100, 10.
TITVLVS : κενταύρου EL, Olivieri et Maass : κείρων M, om. tit. OB, Χείρων Matthiae.
1 Οὗτος δοκεῖ E : οὗτος δὲ ὁ Κένταυρος δοκεῖ B ‖ Πηλίῳ E : πηλείῳ M, ut. uid. ‖ 2 δὲ E : τε praeeunte Heyne corr. edd. praeter Olivieri ‖ 4 ἐλθεῖν δι' ἔρωτα, ᾧ καὶ συνεῖναι ἐν E : ἐλθεῖν καὶ συνεῖναι αὐτῷ ἐν coni. Heyne ‖ post δι' ἔρωτα add. παιδείας prop. Koppiers ‖ 5 τῶν Κενταύρων praeeunte Koppiers corr. edd. (cf. FRAGM. VAT.) : τὸν κένταυρον E ‖ 6 καθάπερ incipit P ‖ 6-7 Σωκρατικὸς E : Σωκρατηκὸς B ‖ 7 ὁμιλούντων E : ὁμιλόντων P, συνομιλούντων prop. Heyne ‖ 8 φαρέτρας E : βαρέτρας M^ac, φαρέτρας M^pc, ut uid. ‖ 9 Χείρωνος E : χείρονος P^ac, χείρωνος P^pc ω supra o pr. scripto ‖ 10 διὰ τὴν E : διαστὴν P ‖ εὐσέβειαν E : εὐσεβείαν αὐτοῦ ex P add. Maass, coll. et ARAT. LAT. (*eius*, i.e. αὐτοῦ) ‖ 11 ἔθηκεν αὐτόν E : αὐτὸν ἔθηκεν P ‖ Ἔστι E : ἔχει corr. Robert ‖ τὸ E : τι mon. Wilamowitz corr. Robert ‖ 12 ὃ pr. : *in quo* ARAT. LAT. ‖ προσφέρειν E : πρὸς φέρειν P ‖ 14 Ἔχει inc. S ‖ Ἔχει δὲ ἀστέρας E : ὁ κένταυρος ἔχει ἀστέρας S.

pour la sacrifier, geste qui constitue le signe le plus flagrant de sa piété[614].

Le Centaure a trois étoiles sans éclat sur le haut de la tête[615], une étoile brillante sur chaque épaule[616], une sur le coude gauche[617], une sur la main[618], une au milieu de son poitrail de cheval[619], une sur chaque sabot des pattes antérieures[620], quatre sur le dos[621], deux brillantes sur le ventre, trois sur la queue, une brillante sur sa hanche de cheval, une sur chaque genou des pattes postérieures, et une sur chaque sabot[622]. En tout vingt-quatre[623].

Il a aussi dans les mains ce qu'on appelle la Bête, à laquelle on donne une forme étirée[624]. Certains disent qu'il s'agit d'une outre de vin, avec laquelle il fait des libations aux dieux sur l'Autel[625]. Il la tient dans sa main droite, tandis qu'il a dans la gauche un thyrse[626].

La Bête a deux étoiles sur la queue, une étoile brillante à l'extrémité de la patte postérieure[627], une brillante sur le dos, une brillante sur la patte antérieure, une sur le dessous de la patte antérieure, et trois sur la tête[628]. En tout neuf[629].

617. L'étoile du coude gauche (*sic*) est η Cen (mag. 2.3) ; cf. HYGIN 3.37.1.

618. Litt. "le bout de la χείρ" (voir n. 333) ; Il s'agit de κ Cen (mag. 3.1), proche de la Bête (très voisine de β Lup), sur la main droite, selon Ptolémée et HIPPARQUE (1.11.20), qui l'appelle aussi « l'étoile la plus au sud sous l'épaule droite » (2.5.9 et 2.5.7).

619. L'étoile au milieu de son poitrail de cheval est ζ Cen (mag. 2.5) ; cette étoile brillante est « à la naissance du corps humain », selon PTOLÉMÉE (*Almageste* 8.1, p. 160 : ὁ ἐν τῇ ἐκφύσει τοῦ ἀνθρωπείου σώματος λαμπρός).

621. Le terme désigne le rachis ou colonne vertébrale. D'après les données astrothétiques il correspond vaguement à la partie sommitale du dos, mais celle-ci peut concerner des morphologies diverses : humains, quadrupèdes, voire arachnides et poissons ; cf. *Cat* 1 (Grande Ourse), *Cat*. 7 (Scorpion), *Cat*. 12 (Lion), *Cat*. 14 & 23 (Taureau), *Cat*. 18 (Cheval), *Cat*. 19 (Bélier), *Cat*. 27 (Capricorne), *Cat*. 28 (Sagittaire), *Cat*. 33 (Chien), *Cat*. 34 (Lièvre) ; il désigne une partie de la chèvre (*Cat*.13), et du Poisson dans HIPPARQUE (2.2.2 ; voir ARATOS 572). Les étoiles sont probablement : ω (un amas globulaire de magnitude 5.3) ou ξ² (mag. 4.2), γ (mag. 2.2), τ (mag. 3.8), σ Cen (mag. 3.9).

ἀγκῶνος α', <ἐπ'> ἄκρας χειρὸς α', ἐπὶ μέσου τοῦ ἱππείου στήθους α', ἐφ' ἑκατέρων τῶν ἐμπροσθίων ὁπλῶν α', <ἐπὶ> ῥάχεως δ', <ἐπὶ> κοιλίας β' λαμπρούς, <ἐπὶ> κέρκου γ', ἐπὶ τοῦ ἱππείου ἰσχίου α' λαμπρόν, ἐφ' ἑκατέρων τῶν ὀπισθίων γονάτων α', ἐφ' ἑκατέρας ὁπλῆς α'· τοὺς πάντας κδ'. Ἔχει δὲ καὶ ἐν ταῖς χερσὶ τὸ λεγόμενον Θηρίον, οὗ ποιοῦσι τὸ σχῆμα τεταμένον· τινὲς δὲ ἀσκόν φασιν αὐτὸ εἶναι οἴνου, ἐξ οὗ σπένδει τοῖς θεοῖς ἐπὶ τὸ Θυτήριον· ἔχει δὲ αὐτὸ ἐν τῇ δεξιᾷ χειρί, ἐν δὲ τῇ ἀριστερᾷ θύρσον. Ἔχει δὲ ἀστέρας τὸ Θηρίον ἐπὶ τῆς κέρκου β', ἐπ' ἄκρου τοῦ ὀπισθίου ποδὸς λαμπρὸν α', <καὶ ἐπὶ τῆς ῥάχεως λαμπρὸν α',> καὶ ἐπὶ τοῦ ἐμπροσθίου ποδὸς α' λαμπρόν, καὶ ὑπ' αὐτὸν α', ἐπὶ τῆς κεφαλῆς γ'· τοὺς πάντας θ'.

1 ἐπὶ μέσου E : ἐπιμέσου P ‖ 2 ὁπλῶν ap. S corr. fort. ex χηλῶν, ut uid. Olivieri ‖ 5 ὀπισθίων E : ὀπισθίοις P ‖ 6 κδ' E : quattuordecim stellas computat Ov. ‖ 7 τεταμένον B (cf. ARAT. LAT., *extensam*), iam τεταμένον, aut fort. τεταγμένον πρὸς τὸν βωμόν, leg. cens. Heyne : τεταγμένον E, antiquiores edd., τετράγωνον corr. recc. edd. mon. Heringa ‖ 7-8 ἀσκόν φασιν E : φασιν ἀσκὸν S ‖ 8 σπένδει MB, fort. et E, iam edd. : σπένδεται P, σπεύδει LOS ‖ 10 θύρσον E : θῦρσον P ‖ 11 ὀπισθίου E : ὀπισθίου P ‖ λαμπρὸν α' E : α' λαμπρὸν M ‖ 12 καὶ ἐπὶ τῆς ῥάχεως λαμπρὸν α' addidi ex ARAT. LAT. : μεταξὺ ἀμφοτέρων τῶν ποδῶν α', ἐπὶ τῆς ῥάχεως α' praeeunte Robert add. Olivieri, qui tamen λαμπρὸν post ῥάχεως ex HYG., SCH. GERM. G suppl. ‖ καὶ alt. om. P, del. Olivieri ‖ 12-13 ἐπὶ τοῦ ἐμπροσθίου ποδὸς α' λαμπρόν om. M ‖ 14 θ' correxi (cf. ARAT. LAT. *nouem*) : ζ' E, Maass, ὀκτώ P, ι' corr. Olivieri mon. Robert, η' Matthiae.

40. Le Centaure

Il s'agit apparemment de Chiron, qui vivait sur le Pélion, l'emportait sur tous les humains par son sens de la justice, et assura l'éducation d'Asclépios et d'Achille. Apparemment, Héraclès, qui était amoureux de lui, alla le trouver et partagea son intimité dans sa grotte, tout en se consacrant au culte de Pan. C'est le seul Centaure qu'il ne tua pas. Ils menaient déjà une vie commune depuis un certain temps lorsqu'une flèche tomba du carquois d'Héraclès sur le pied de Chiron qui trouva ainsi la mort. Zeus, compte tenu de sa piété et de l'accident dont il avait été victime, plaça le Centaure parmi les constellations, tenant dans ses mains la Bête près de l'Autel ; et le Centaure donne l'impression de l'apporter pour la sacrifier, geste qui constitue le signe le plus flagrant de sa piété.

Le Centaure a trois étoiles sans éclat sur le haut de la tête, une étoile brillante sur chaque épaule, une sur le coude gauche, une au milieu de son poitrail de cheval, une sur chaque sabot des pattes antérieures, quatre sur le dos, deux brillantes sur le ventre, trois sur la queue, une

XL. Περὶ τοῦ Κενταύρου

Οὗτος δοκεῖ Χείρων εἶναι ὁ ἐν τῷ Πηλίῳ οἰκήσας, δικαιοσύνῃ δὲ ὑπερενέγκας πάντας ἀνθρώπους καὶ παιδεύσας Ἀσκληπιόν τε καὶ Ἀχιλλέα· ἐφ' ὃν Ἡρακλῆς δοκεῖ ἐλθεῖν δι' ἔρωτα, ᾧ καὶ συνεῖναι ἐν τῷ ἄντρῳ τιμῶν
5 τὸν Πᾶνα. Μόνον δὲ τοῦτον τῶν Κενταύρων οὐκ ἀνεῖλεν· ἐπὶ χρόνον δὲ ἱκανὸν ὁμιλούντων αὐτῶν ἐκ τῆς φαρέτρας αὐτοῦ βέλος ἐξέπεσεν εἰς πόδα τοῦ Χείρωνος· καὶ οὕτως ἀποθανόντος αὐτοῦ ὁ Ζεὺς διὰ τὴν εὐσέβειαν καὶ διὰ τὸ σύμπτωμα εἰς τὰ ἄστρα ἔθηκεν ἔχοντα τὸ Θηρίον
10 ἐν ταῖς χερσὶ πλησίον τοῦ Θυτηρίου· <ὃ> δοκεῖ προσφέρειν ὡς θύων, ὅ ἐστι μέγιστον σημεῖον τῆς εὐσεβείας.

Ἔχει δὲ ἀστέρας ὑπεράνω τῆς κεφαλῆς γ' ἀμαυρούς, ἐφ' ἑκατέρων τῶν ὤμων α' λαμπρόν, ἐπὶ τοῦ ἀριστεροῦ ἀγκῶνος α', ἐπὶ τὸ μέσον τοῦ ἱππείου στήθους α', ἐφ'
15 ἑκατέρων τῶν ἐμπροσθίων ὁπλῶν α', ἐπὶ τῆς ῥάχεως δ',

CODICES : 1-2 (p. 120) S, 1-5 usque ad ἀνεῖλεν TWR.
TITVLVS : Περὶ τοῦ Κενταύρου T : Κενταύρου S, Περὶ τοῦ Ἱπποκενταύρου W.
1 post Χείρων hab. *Saturni et Philyrae filius* SCH. GERM. BP, HYG. : om. TS, ARAT. LAT., EPIT. ‖ 2 δὲ ὑπερενέγκας T, ARAT. LAT. (*quidem superans*), EPIT. : διενεγκὼν S ‖ 4 ᾧ T, ARAT. LAT., EPIT. : om. S ‖ ἄντρῳ S, iam Rehm (*antro* ARAT. LAT.) : ἄτρῳ T, ἄστρῳ WR ‖ 5 τοῦτον S : om. T, ARAT. LAT., EPIT. ‖ τῶν Κενταύρων TS : τὸν Κένταυρον EPIT. (codd.) ‖ quae post ἀνεῖλεν seq. om. T ‖ post ἀνεῖλεν uerba ἀλλ' ἤκουεν αὐτοῦ, καθάπερ Ἀντισθένης φησὶν ὁ Σωκρατικὸς ἐν τῷ Ἡρακλεῖ (cf. EPIT.) uel sim. exc. ex ARAT. LAT. demonstratur ‖ 6 ἐπὶ ante χρόνον om. EPIT. ‖ 9 διὰ om. EPIT., ARAT. LAT. ‖ εἰς τὰ ἄστρα S : ἐν τοῖς ἄστροις EPIT. ‖ ἔθηκεν ἔχοντα S : ἔθηκεν αὐτόν. Ἔστι δὲ EPIT., *posuit. iste autem habens* ARAT. LAT. ‖ 10 ὃ ante δοκεῖ addidi ex EPIT. ‖ 11 ὡς θύων S, ARAT. LAT. (*quasi sacrificans*) : ὡς om., θύσων hab. EPIT. ‖ post εὐσεβείας hab. αὐτοῦ EPIT., *quam in se habebat* ARAT. LAT. ‖ 13 λαμπρόν correxi : λαμπρῶν S ‖ 14 post ἀγκῶνος α' leg. ἐπ' ἄκρας χειρὸς α' ARAT. LAT. (cf. et EPIT.) ‖ 15 ὁπλῶν S, EPIT. : *pedes* ARAT. LAT. ‖ ἐπὶ τῆς ῥάχεως δ' S, EPIT. : *in spino duas* ARAT. LAT.

*brillante sur sa hanche de cheval, une sur chaque sabot.
En tout vingt*[630].

---

630. Le total est en fait 21.

ἐπὶ τῆς κοιλίας β' λαμπρούς, ἐπὶ τῆς κέρκου γ', ἐπὶ τοῦ ἱππείου ἰσχίου α', ἐφ' ἑκατέρας ὁπλῆς α'· πάντας κ'.

2 post ἰσχίου α' leg. ἐφ' ἑκατέρων τῶν ὀπισθίων γονάτων ARAT. LAT. (cf. EPIT.) ‖ ὁπλῆς S, EPIT. : *arma* ARAT. LAT. ‖ κ' S : κδ' EPIT., ARAT. LAT., HYG. post hanc summam catalogum Bestiolae stellarum exc. ex ARAT. LAT., EPIT. demonstratur.

41. L'Hydre dans lequel sont la Coupe
et le Corbeau[631]

Cette constellation[632] est plurielle en raison d'un événement remarquable[633]. Le corbeau est associé au culte d'Apollon, car un oiseau est consacré à chacun des dieux[634]. Comme les dieux faisaient un sacrifice, on l'envoya chercher à une fontaine[635] de quoi faire une libation ; voyant près de la fontaine un figuier qui portait des figues pas encore mûres, il attendit qu'elles mûrissent[636] ; après un certain temps, quand elles furent mûres et qu'il eut mangé les figues, réalisant qu'il avait commis un sacrilège, il s'empara également de l'hydre qui était dans la fontaine et l'apporta avec la coupe, prétendant que l'hydre avait bu jour après jour l'eau qui se trouvait dans la source. Mais Apollon découvrit ce qui s'était passé et imposa au corbeau un châtiment à la mesure de sa faute[637] : être assoiffé parmi les hommes pendant cette période de l'année[638],

---

638. En dehors de la tradition catastérismique cet épisode est rarement rapporté dans la littérature grecque. ÉLIEN (*NA* 1.47) le connaît dans une variante : le corbeau manque à sa mission parce qu'il remarque un champ de blé vert dont il attend la maturation pour picorer les graines ; son récit ne conclut pas sur la catastérisation, mais se présente comme la cause originelle de la soif chronique des corbeaux, partageant le caractère étiologique et moralisant que revêt le conte dans les *Catastérismes*. Le récit d'Ovide, qui aboutit à la catastérisation des trois figures (*Anguis, Auis, Crater sidera iuncta micant* : OVIDE, *Fastes* 2.266) est plus proche de notre texte. L'unique différence —qui constitue peut-être une innovation rationalisante du poète latin— réside dans le prétexte donné par le corbeau. Selon Ératosthène, l'hydre absorbe tous les jours l'eau de la source, tandis que pour Ovide il interdit l'accès à la source et retarde donc l'exécution de la mission. Ovide a pu, comme ailleurs dans les *Fastes*, s'inspirer d'Ératosthène (cf. ROBERT 1878 : 29). On trouve également une série de similitudes, dans la notice consacrée au corbeau, dans la *Paraphrase aux Ixeutica* de DENYS (1.9), un texte qui mêle à des données zoologiques parfois techniques des références mythologiques (sur certains problèmes du texte, voir MARTÍNEZ 1999).

XLI. Ὕδρου ἐν ᾧ Κρατ<ὴρ καὶ Κόραξ>

Τοῦτο τὸ ἄστρον κοινόν ἐστιν ἀπὸ πράξεως γεγονὸς ἐναργοῦς· τιμὴν γὰρ ἔχει ὁ κόραξ παρὰ τῷ Ἀπόλλωνι· ἑκάστῳ γὰρ τῶν θεῶν ὄρνεόν ἐστιν ἀνακείμενον· θυσίας δὲ γινομένης τοῖς θεοῖς σπονδὴν πεμφθεὶς ἐνέγκαι ἀπὸ
5 κρήνης τινός, ἰδὼν παρὰ τὴν κρήνην συκῆν ὀλύνθους ἔχουσαν ἔμεινεν ἕως πεπανθῶσιν· μεθ᾽ ἱκανὰς δὲ ἡμέρας πεπανθέντων τούτων καὶ φαγὼν τῶν σύκων αἰσθόμενος τὸ ἁμάρτημα ἐξαρπάσας καὶ τὸν ἐν τῇ κρήνῃ ὕδρον ἔφερε σὺν τῷ κρατῆρι, φάσκων αὐτὸν ἐκπίνειν καθ᾽
10 ἡμέραν τὸ γιγνόμενον ἐν τῇ κρήνῃ ὕδωρ· ὁ δὲ Ἀπόλλων ἐπιγνοὺς τὰ γενόμενα τῷ μὲν κόρακι ἐν τοῖς ἀνθρώποις ἐπιτίμιον ἔθηκεν ἱκανὸν τοῦτον τὸν χρόνον διψῆν,

TESTIMONIA : Arat. Lat. 267, 15-270, 8 (Rec. Interp. 267-270) ; Fragm. Vat. XLI ; Hyg. *Astr.* 2.40 ; 3.39 ; Sch. Arat. MDΔKUA, 449 ; Sch. Germ. BP, 100, 12-101, 19.
TITVLVS : Ὕδρου ἐν ᾧ Κρατ<ὴρ καὶ Κόραξ> coni. Olivieri (cf. FRAGM. VAT.) : ὕδρος ἐν ᾧ κρατήρ laboriose leg. ap. E, ὕδρος ἐν ᾧ κρατ L, κόραξ OM et in mg. κόραξ iter. M, ὕδρου P, om. tit. B, Κόραξ Matthiae, κόραξ καὶ ὕδρος καὶ κρατήρ coni. Heyne, Κόραξ Ὕδρος Κρατήρ Robert, Κόραξ Ὕδρος ἐν ᾧ Κρατήρ coni. Maass.
1-2 γεγονὸς ἐναργοῦς E : ἐναργοῦς γεγονὸς B, iam coni. Heyne ‖ 4 γινομένης E : γενομένης MB ‖ τοῖς θεοῖς E (cf. *deis*, i.e. τοῖς θεοῖς, SCH. GERM. BP) : τῷ θεῷ ex Ov. coni. Schaubach, et ita leg. uid. HYG. ‖ 5 συκῆν EOM, edd. : συκὴν LPB ‖ ὀλύνθους PB (cf. FRAGM. VAT., SCH. ARAT.) : ὀλίνθους E, edd. ‖ 6 ἕως B, iam praeeunte Fell corr. edd. (cf. FRAGM. VAT., et *donec*, i.e. ἕως, ARAT. LAT.) : ὥς E ‖ 7 σύκων ex E defendi coll. FRAGM. VAT. : συκῶν edd. ‖ αἰσθόμενος E : αἰσθόμενος P, ut uid. ‖ 8 ἐξαρπάσας OM : ἐξαρπάξας EB, ἐξάρπάξας L, ἐξάρπάσας P ‖ post ἐξαρπάξας add. τὸ ὕδωρ B ‖ καὶ (cf. FRAGM. VAT. ; *et*, i.e. καὶ, ARAT. LAT.) susp. Heyne, secl. Maass ‖ τὸν E : τὴν B ‖ τῇ om. M ‖ 9-10 καθ᾽ ἡμέραν LOMPB : καθημέραν E ‖ 10 γιγνόμενον E : γινόμενον PB, Maass ‖ κρήνῃ E : κρίνῃ O ‖ 11 γενόμενα E : γινόμενα P ‖ ἐν τοῖς ἀνθρώποις del. cens. Schaubach, post δέ γε (2, p. 122) transp. Heyne ‖ 12 ἐπιτίμιον iam edd. mon. Heyne, ex FRAGM. VAT. correxi : ἐπιτιμῶν LOMPB, Matthiae, ἐπιτιμῷ fort. E, sed difficile lectu est ‖ ἱκανὸν susp. Schaubach ‖ τὸν om. P ‖ διψῆν E : διψὴν L, διψεῖν P^{ac}, διψῆν P^{pc}, ut uid., διψᾶν Matthiae, διψῆν Westermann.

comme le dit Aristote dans ses livres *Sur les bêtes*[639]. Pour laisser un souvenir manifeste du sacrilège qui avait été commis à l'égard des dieux[640], Apollon représenta et plaça parmi les constellations[641] l'Hydre, le Cratère, et le Corbeau qui ne peut y boire ni s'en approcher.

L'Hydre a trois étoiles brillantes sur l'extrémité de la tête[642], six sur son premier repli[643], dont la dernière est brillante, trois sur le deuxième repli[644], quatre sur le troisième[645], deux sur le quatrième[646], et neuf étoiles sans éclat qui vont du cinquième repli à la queue[647]. En tout vingt-sept[648].

Le Corbeau est situé sur la queue de l'Hydre et regarde vers le couchant[649]. Il a une étoile sans éclat sur le bec[650], deux sur l'aile, deux sur le croupion, et une sur l'extrémité des pattes[651]. En tout sept[652].

Le Cratère se trouve sur l'Hydre, à une certaine distance du repli, et il est incliné en direction des genoux de la Vierge[653]. Le Cratère a deux étoiles sans éclat sur le

---

640. La catastérisation n'est pas toujours destinée à célébrer un exploit ; certains commémorent un sacrilège, une faute ou un acte d'ὕβρις, comme dans le cas de Cassiopée (*Cat.* 16), d'Orion (*Cat.* 32) ou du Monstre marin (*Cat.* 36).

641. La terminologie employée par Ératosthène (εἰκονίσας ou "représenter par une image") indique, une fois encore, que le modèle de référence pour la constellation est iconographique (voir n. 23). Cf. les mots εἴδωλον ("image") en *Cat.* 2, 3, 4, 26, 35 ; μίμημα ("copie", "reproduction") en *Cat.* 14 ; τύπον ("empreinte", "copie") en *Cat.* 25.

644. Les étoiles du second repli sont sans doute $υ^1$ Hya (mag. 4.1), $υ^2$ Hya (mag. 4.6) et λ Hya (mag. 3.6) ; Ptolémée groupe aussi ces trois étoiles, tandis qu'Hipparque (2.6.10, 2.6.15) voit un ensemble formé de quatre étoiles, incluant κ Hya (mag. 5.1), qui est un peu à l'ouest de la série.

648. Le total est étrangement stable (voir Schol. Germ., p. 101), et on trouve le même nombre chez Hygin et Ptolémée ; dans le détail, le descriptif est exactement identique pour Hygin (3.39.1), à l'exception de l'omission de l'adjectif "brillantes" sur la tête.

650. La première étoile, sur le bec (ῥάμφος chez Ptolémée) est α Crv (sur le gosier, d'après Hygin : *in gutture*) ; selon Ptolémée (*Almageste* 8.1, p. 156), elle « appartient aussi à l'Hydre » (κοινός). Cette étoile est peu lumineuse pour Ératosthène (de fait, seulement de mag. 4), mais *clara* pour les Schol. Germ., p. 101.

καθάπερ Ἀριστοτέλης εἴρηκεν ἐν τοῖς Περὶ θηρίων·
μνημόνευμα δέ γε τῆς εἰς θεοὺς ἁμαρτίας σαφὲς εἰκονίσας, ἐν τοῖς ἄστροις ἔθηκεν εἶναι τόν τε Ὕδρον καὶ τὸν
Κρατῆρα καὶ τὸν Κόρακα μὴ δυνάμενον πιεῖν καὶ μὴ
5 προσελθεῖν.

Ἔχουσι δ' ἀστέρας ὁ μὲν Ὕδρος ἐπ' ἄκρας τῆς
κεφαλῆς γ' λαμπρούς, ἐπὶ τῆς πρώτης καμπῆς ϛ', λαμπρὸν δὲ α' τὸν ἔσχατον, ἐπὶ τῆς δευτέρας καμπῆς γ', ἐπὶ
τῆς τρίτης δ', ἐπὶ τῆς τετάρτης β', ἀπὸ τῆς ε' καμπῆς
10 μέχρι τῆς κέρκου θ' ἀμαυρούς· τοὺς πάντας κζ'.

Ἔστι δὲ καὶ ἐπὶ τῆς κέρκου ὁ Κόραξ βλέπων εἰς
δυσμάς· ἔχει δ' ἀστέρας ἐπὶ τοῦ ῥύγχους ἀμαυρὸν α',
ἐπὶ τῆς πτέρυγος β', ἐπὶ τοῦ ὀρθοπυγίου β', ἐφ' ἑκατέρων ποδῶν ἄκρων α'· τοὺς πάντας ζ'.

15 Τούτου δὲ ἱκανὸν ἀπέχων ἀπὸ τῆς καμπῆς ὁ Κρατὴρ
κεῖται ἐγκεκλιμένος πρὸς τὰ γόνατα τῆς Παρθένου· ἔχει

1 καθάπερ Ἀριστοτέλης εἴρηκεν ἐν τοῖς Περὶ θηρίων fort. del. cens. Heyne ‖ 2 μνημόνευμα δέ γε E^{pc}P : μνημόνευμα δώσειν E^{ac}, μνημόνευμα δώσε L, μνημόνευμα δώσας OM, def. Bernhardy, μνημόνευμα δὲ B, iam Maass, μνημόνευμα δὲ δώσων corr. Matthiae, μνημόνευμα δώσων Gale, μνημόνευμα θήσων fort. leg. cens. Heyne ‖ μνημόνευμα — προσελθεῖν (5) E : μνημόνευμα δώσων τῆς εἰς θεοὺς ἁμαρτίας σαφές, εἰκονίσας ἐν τοῖς ἄστροις εἶναι τὸν ὕδρον, καὶ τὸν κρατῆρα, καὶ τὸν κόρακα μὴ προσελθεῖν καὶ μὴ δυνάμενον πιεῖν tempt. Schaubach ‖ 3 Ὕδρον E : ὕδωρ E^{ac} ‖ 3-4 Ὕδρον καὶ τὸν Κρατῆρα καὶ τὸν Κόρακα ex P recepi, ordinem a Robert restitutum secutus : τόν τε Κόρακα, τὸν Κρατῆρα, καὶ τὸν Ὕδρον P, Ὕδρον καὶ hab. E, Matthiae, τὸν Κρατῆρα καὶ τὸν Κόρακα post Ὕδρον καὶ suppl. recc. edd., τὸν Κόρακα mon. Heyne suppl. Westermann ‖ 4 καὶ μὴ E, plerique edd. : μὴ δὲ P, μηδὲ Maass ‖ 5 προσελθεῖν om. B ‖ post προσελθεῖν exc. τῇ κρήνῃ aut sim. coni. Heyne : nonnulla de Icarii fabula exc. coni. ex Hyg. Schaubach ‖ 6 Ἔχουσι δ' ἀστέρας ὁ μὲν Ὕδρος ἐπ' ἄκρας E : ὁ ὕδρος ἐπ' ἄκρας S ‖ Ὕδρος inc. S ‖ 7-8 uerba καμπῆς ϛ', λαμπρὸν δὲ α' τὸν ἔσχατον, ἐπὶ τῆς δευτέρας καμπῆς γ' bis iter. OM ‖ 10 κέρκου θ' E : κέρκου δ' B ‖ 11 καὶ om. S ‖ 12 τοῦ ῥύγχους MB, edd. : τῆς ῥύγχους E^{pc}LO, τῆς ῥύγχου S, τοῦ ῥύγχου E^{ac}, τοῦ ῥύχους P ‖ 16 πρὸς E : εἰς S.

rebord, deux au centre de la Coupe, et deux au niveau de
la base[654]. En tout six[655].

654. Les étoiles du rebord (cf. HYGIN : *in labris*) sont ε et ζ Crt ;
certains manuscrits d'Hygin notent trois étoiles sur le rebord (la troisième serait κ Crt selon LE BŒUFFLE 1983 : 202-203) ; elles sont
d'après Ptolémée « sur le bord de l'ouverture » (περιφερεία τοῦ στόματος). Les étoiles du centre (cf. HYGIN 3.49.2 : *in medio cratere*) sont
γ Crt (mag. 4) et δ Crt (mag. 3.5, dite Labrum). Certains manuscrits
d'Hygin notent également *trois* étoiles au centre du Cratère (comme
SCHOL. GERM., p. 101) ; il s'agirait de ι Crt selon LE BŒUFFLE 1983 :
203. Les deux de la base (Hygin : *fundum*) sont α (mag. 4) et β Crt
(mag. 4.5) ; l'étoile α Crt (Alkes) est commune (κοινός) avec l'Hydre
selon Ptolémée (voir n. 650). Pour HIPPARQUE, il y a *quatre* étoiles sur
la base (ἐν τῇ βάσει : 3.1.2).

655. Le total est incertain et les éditeurs sont divisés. Ptolémée
compte 7 étoiles, et les SCHOL. GERM. (p. 101 et 181 ; comme ARAT.
LAT., p. 270) 10, chiffre retenu par Robert et Olivieri. Pour HIPPARQUE,
le Cratère compte au moins dix étoiles, puisqu'il en a quatre sur la base
et six étoiles au sud de la vasque (ἐν τῷ κύτει : 3.1.2).

δὲ ἀστέρας ὁ Κρατὴρ ἐπὶ τοῦ χείλους β' ἀμαυρούς, ἐπὶ τὸ μέσον β', καὶ παρὰ τῷ πυθμένι β'· τοὺς πάντας ϛ'.

---

1 post χείλους β' suppl. ὑφ' ἑκάτερα τὰ ὦτα β' Olivieri. eadem post ἀμαυρούς ex Hyg. add. Robert ‖ 2 τὸ μέσον E : τοῦ μέσου P, iam Westermann ‖ ϛ' praeeunte Matthiae e codd. defendi : ι' mon. Robert corr. Olivieri (et decem stellas computant Arat. Lat., Hyg., Sch. Germ. BP).

41. L'Hydre sur lequel sont la Coupe et le Corbeau

Cette constellation est plurielle en raison d'un événement remarquable. Le corbeau est associé au culte d'Apollon, car un oiseau est consacré à chacun des dieux. Comme les dieux faisaient un sacrifice, on l'envoya rapporter d'une fontaine de quoi faire une libation, car avant l'apparition du vin l'eau de source était considérée comme ce qu'il y avait de plus sacré[656] ; *voyant près de la fontaine un figuier qui portait des figues pas encore mûres, il attendit qu'elles mûrissent ; après un certain temps, quand elles furent mûres et qu'il eut mangé les figues, réalisant qu'il avait commis un sacrilège, il s'empara également de l'hydre qui était dans la fontaine et l'apporta avec la coupe, prétendant que l'hydre avait bu jour après jour l'eau qui se trouvait dans la fontaine. Mais Apollon découvrit la vérité et imposa au corbeau un châtiment à la mesure de sa faute : être assoiffé parmi les hommes pendant cette période de l'année, comme le dit*

---

656. Cette remarque résulte probablement d'une interpolation ancienne, puisqu'elle apparaît non seulement dans les *FV* mais également dans les Scholies à Germanicus. Mais elle est absente d'Hygin comme de l'*Epit*. La référence au caractère sacré de l'eau renvoie en un temps primordial où les sacrifices aux dieux n'étaient pas sanglants (voir Aratos 131-132, et la scholie correspondante en Schol. Arat. 132, p. 138-139 ; cf. Pausanias 8.2.2-3), et n'exigeaient pas non plus son équivalent symbolique, le vin (cf. *Cat.* 40, n. 625 ; cf. Burkert 1983 : 45 & 224-225) ; le culte originel et authentique passait pour être l'offrande d'ἀπαρχαί ou prémices, en particulier végétales. Mises à part les sectes orphiques et pythagoriciennes qui condamnaient la consommation de chair, une tradition philosophique, de Théophraste à Porphyre, dénonce le caractère pervers et impur du sacrifice officiel, par opposition aux offrandes végétales (voir Zucker 2011b). Porphyre (*Abst.* 2.20.3) décrit la progression de cette dégénération dont il énumère les étapes successives : eau, miel, huile et, pour finir, vin.

XLI. Περὶ τοῦ Ὕδρου, ἐφ᾽ ᾧ Κρατὴρ καὶ Κόραξ

Τοῦτο τὸ ἄστρον κοινόν ἐστιν ἀπὸ πράξεως γεγονὸς ἐναργοῦς· τιμὴν γὰρ ἔχει ὁ κόραξ παρὰ τῷ Ἀπόλλωνι· ἑκάστου γὰρ θεοῦ ὄρνεόν ἐστιν· θυσίας δὲ γενομένης τοῖς θεοῖς σπονδὴν πεμφθεὶς κομίσαι ἀπὸ κρήνης τινός
5 (ἣν πρότερον μὲν ἁγιωτάτη πρὶν ἢ τὸν οἶνον φανῆναι), ἰδὼν συκῆν παρὰ τὴν κρήνην [ἐρινεοὺς] ὀλύνθους ἔχουσαν ἔμεινεν ἕως πεπανθῶσιν· μεθ᾽ ἡμέρας δὲ ἱκανὰς ἐπιτελεσθέντων τούτων <καὶ> φαγὼν σύκων αἰσθόμενος τὸ ἁμάρτημα ἐξαρπάσας καὶ τὸν ἐν τῇ κρήνῃ ὕδρον ἔφερε
10 σὺν τῷ κρατῆρι, φάσκων αὐτὸν ἐκπίνειν καθ᾽ ἡμέραν τὸ γινόμενον <ἐν> τῇ κρήνῃ ὕδωρ· ὁ δὲ Ἀπόλλων ἐπιγνοὺς τὰ ὄντα τῷ μὲν κόρακι ἐν τοῖς ἀνθρώποις ἐπιτίμιον

CODICES : 1-3 (p. 125) TWR.
TITVLVS : Περὶ τοῦ Ὕδρου, ἐφ᾽ ᾧ Κρατὴρ καὶ Κόραξ T : om. ARAT. LAT.
2 ἐναργοῦς corr. edd. ex EPIT. : ἐνεργοῦς T (et cf. *et opere perfectum* ARAT. LAT.) ‖ γὰρ om. W ‖ 3 ἑκάστου γὰρ θεοῦ ὄρνεόν ἐστιν T (cf. ARAT. LAT.) : ἑκάστῳ γὰρ τῶν θεῶν ὄρνεόν ἐστιν ἀνακείμενον EPIT., om. SCH. GERM. BP, HYG. ‖ 4 ante σπονδὴν add. καὶ inter lineas W ‖ σπονδὴν T : σπουδὴν WR ‖ κομίσαι T (cf. κομιοῦντα SCH. ARAT. MDΔKUA) : ἐνέγκαι EPIT. ‖ κρήνης T : *Crete* leg. ARAT. LAT. ‖ 5 ante ἦν suppl. ἦ Rehm ex ARAT. LAT., SCH. GERM. BP ‖ ἦν πρότερον μὲν ἁγιωτάτη πρὶν ἢ τὸν οἶνον φανῆναι hab. T, ARAT. LAT., SCH. GERM. BP : om. EPIT., HYG. ‖ 6 συκῆν corr. edd. ex EPIT. : σύκα T ‖ ἐρινεοὺς (cf. *optimos* ARAT. LAT.) secl. edd. ‖ ὀλύνθους T : ὀλίνθους EPIT. (codd., praeter PB qui ὀλύνθους hab.), Olivieri et Maass ‖ 6-7 ἔχουσαν corr. edd. : ἐχούσας T, *habentes* ARAT. LAT. ‖ 7 ἔμεινεν corr. edd. ex ARAT. LAT. (*mansit*), EPIT. : ἔμενεν T ‖ ἕως T (cf. *donec* ARAT. LAT.) : ὥς EPIT. (codd., praeter B) ‖ 7-8 ἐπιτελεσθέντων (cf. ARAT. LAT. *perficiens*) T : πεπανθέντων EPIT., *coctis* HYG., *coctas* SCH. GERM. BP ‖ 8 καὶ ex ARAT. LAT., EPIT. suppl. Rehm ‖ ante σύκων habet τῶν EPIT. ‖ σύκων T : σύκα W, συκῶν corr. Olivieri et Maass ‖ 9 καὶ secl. Maass ‖ ἔφερε corr. Maass (cf. *ferebat* ARAT. LAT.) : ἐφέροντο T, ἔφερε τοῦτον corr. Olivieri ‖ 11 ἐν suppleui ex ARAT. LAT., EPIT. : om. T ‖ 12 ἐπιτίμιον T : ἐπιτιμῶν EPIT. (codd., iam mut. in ἐπιτίμιον edd. mon. Heyne), *ad increpandum* ARAT. LAT.

Aristote dans ses livres Sur les bêtes *; et Archélaos dit à peu près la même chose dans ses* Natures particulières[657].

---

657. Cette citation ératosthénienne, conservée seulement dans les *FV* (cf. ARAT. LAT., p. 269), n'a pas été intégrée dans les éditions des paradoxographes (voir WESTERMANN 1839 : 158-160 ; GIANNINI 1967 : 24-28 ; cf. FRASER 1972 : II.1086). Le fait que les *Catastérismes* citent Archélaos avec Aristote, dans un contexte identique en *Cat.* 34, laisse penser que la source utilisée par Ératosthène n'est pas Aristote et Archélaos, mais un auteur intermédiaire qui cite les deux auteurs (voir n. 533). Sur Archélaos d'Égypte, voir *Cat.* 34, et n. 538.

ἔθηκεν ἱκανὸν τὸν χρόνον τοῦτον διψῆν, καθάπερ
Ἀριστοτέλης εἴρηκεν ἐν τοῖς Περὶ θηρίων, καὶ Ἀρχέλαος
δέ φησιν ὁμοίως ἐν τοῖς Ἰδιοφυέσιν.

1 τὸν χρόνον τοῦτον T : τοῦτον τὸν χρόνον Epit. ‖ διψῆν corr. edd. : διψᾶν T ‖ 2 θηρίων corr. edd. ex Arat. Lat., Epit., Sch. Germ. BP : θηρίου T ‖ καὶ Ἀρχέλαος — Ἰδιοφυέσιν (3) T, Arat. Lat. : om. Epit., Sch. Germ. BP, Hyg. ‖ Ἀρχέλαος T : Ἀρχαίλαος WR ‖ 3 Ἰδιοφυέσιν rest. edd. : Ἰδιοφυ et spatium uacuum quattuor fere litterarum T, Ἰδιοφυ et λ supra υ scriptum hab. W, Ἰδιοφύλου hab. R (ut uid. Rehm), sed διοφύλου R (ut uid. Olivieri et Maass), in suis uoluminibus Arat. Lat. (cf. caput XXXIV) ‖ quae de figuris in caelo hab. Epit., Sch. Germ. BP, Hyg. om. T, Arat. Lat. ‖ catalogum stellarum in Fragm. Vat. quondam fuisse ex Arat. Lat. demonstratur.

42. Procyon

Il s'agit du chien qui précède le Grand Chien, et il est appelé "Procyon" (Préchien)[658] parce qu'il *préc*ède le Chien[659]. C'est le chien d'Orion[660]. On raconte, en effet, qu'il fut placé à côté d'Orion, en raison de sa passion pour la chasse[661]. Le fait est qu'on aperçoit tout près de lui le Lièvre, et d'autres bêtes à ses côtés.

Procyon a trois étoiles, dont l'une, la première [à se lever][662], est brillante[663]. Il présente des ressemblances avec le Chien, d'où son nom de Procyon[664] ; en outre il se lève et se couche avant le Grand Chien[665].

Les astres qui suivent font partie du cercle zodiacal[666] que le Soleil traverse en douze mois, et c'est pourquoi les signes du zodiaque sont en nombre égal à celui-là[667].

---

658. Cet astérisme dont le nom signifie "Pré-Chien" correspond à la constellation babylonnienne AL-LUL (voir WAERDEN 1974 : 73) ou TAR-LUGAL HU, "le Coq" (FLORISOONE 1951 : 160), et elle est attestée pour la première fois chez EUDOXE (*frg.* 82).

661. La phrase est embrouillée et ne permet pas de déterminer de façon certaine, sur le plan syntaxique, si le goût pour la chasse (qui est en définitive une passion commune aux deux) est invoquée pour le chien ou pour Orion. C'est le motif pour placer l'un (*i.e.* Procyon, de formation, de taille et de rôle secondaires), à côté de l'autre. Dans les *FV*, en revanche, le jeu des pronoms conduit nettement à comprendre « à cause du goût du chien pour la chasse » ; mais il s'agit sans doute d'une faiblesse de rédaction.

662. La première étoile à se lever (et à se coucher) est « l'étoile double (β et γ CMi), qui mène (= occidentale) » (HIPPARQUE 3.1.13 et 3.2.13). Cette donnée est sans ambiguïté et rend le texte manuscrit problématique, puisque l'étoile principale, de loin la plus brillante (mag. 0.4) est plus orientale et ne se lève donc pas avant. Le texte du manuscrit (πρῶτος ἀνατέλλει) est donc impertinent et astronomiquement inadmissible ; comme ce syntagme est présent deux lignes plus loin, il a dû y avoir contamination, et il faut entendre πρῶτος (si l'adjectif est original) dans le sens de "principal" ; dans les SCHOLIES À GERMANICUS (p. 102) on trouve le syntagme correspondant *canis prior*, qui apparaît comme une variante de *canis minor* pour désigner l'étoile seule.

XLII. Προκυνός

Οὗτός ἐστιν ὁ πρὸ τοῦ μεγάλου Κυνός· Προκύων δὲ λέγεται ὡς πρὸ τοῦ Κυνός· Ὠρίωνος δὲ κύων ἐστίν· λέγεται γὰρ διὰ τὸ φιλοκύνηγον αὐτὸν εἶναι παρατεθῆναι τοῦτον αὐτῷ· καὶ γὰρ Λαγωὸς ἐχόμενος καὶ ἄλλα θηρία
5 παρ' αὐτὸν συνορᾶται.

Ἔχει δὲ ἀστέρας γ', ὧν εἷς ὁ πρῶτος [ἀνατέλλει] λαμπρός· καὶ ποιεῖ ὁμοιότητα τοῦ Κυνός· διὸ καὶ Προκύων καλεῖται, καὶ πρῶτος ἀνατέλλει καὶ δύνει ἐκείνου.

Τὰ δὲ μετὰ ταῦτα ἄστρα γίνεται ἐν τῷ ζῳδιακῷ κύκ-
10 λῳ, ὃν ὁ Ἥλιος διαπορεύεται ἐν ιβ' μησίν, διόπερ καὶ τὰ ζῴδια τούτου ἰσάριθμά ἐστιν.

TESTIMONIA : Arat. Lat. 270, 15-271, 17 (Rec. Interp. 270-271) ;
Fragm. Vat. XLII ; Hyg. *Astr.* 2.36 ; 3.35 ; Sch. Arat. MDΔKUAS,
342 ; Sch. Arat. MDΔKUAS, 450 ; Sch. Germ. BP, 102, 1-8.
TITVLVS : προκυνός P (et in mg. ἱστορία add.) : προκύων L, om.
OMB, non discernitur ap. E.
1 Οὗτός E : αὐτός Fell ‖ 1-2 Προκύων δὲ λέγεται ὡς πρὸ τοῦ
Κυνός susp. Gürkoff ‖ 2 post Κυνός add. ὤν Maass mon. Robert ‖
3 γὰρ ELPB, edd. plerique : δὲ M, Matthiae, γὰρ δὲ praebet O, γὰρ
supra δὲ scripto ‖ παρατεθῆναι recepi ex FRAGM. VAT., iam mon.
Wilamowitz corr. Robert et Maass : ἀνατεθῆναι E, Matthiae ‖ 4 γὰρ
Λαγωὸς E : λαγωὸς γὰρ P ‖ Λαγωὸς E : Ἄρκτος SCH. ARAT. et
Vrsa, i.e. Ἄρκτος, SCH. GERM. BP ‖ ἐχόμενος E : ἐρχόμενος P ‖
6 Ἔχει inc. S ‖ Ἔχει δὲ ἀστέρας E : ὁ προκύων ἔχει ἀστέρας S ‖
ἀνατέλλει del. Robert, secl. Olivieri, in ἀνατέλλων mut. Maass ‖
7 καὶ ποιεῖ ὁμοιότητα τοῦ Κυνός del. cens. Heyne ‖ 8 πρῶτος E,
antiquiores edd. (cf. *primus*, ARAT. LAT.) : πρότερος mon. Struve corr.
recc. edd. ‖ 9-11 Τὰ δὲ μετὰ ταῦτα ἄστρα κτλ. E : ex his uerbis coni.
Robert in opere genuino zodiaci signa coniuncta post cetera sidera enumerata fuisse. quae sententia testimonio catalogi eratosthenici, quem
Robert ignorabat, confirmari uid. (cf. *Appendicem*) ‖ 9 μετὰ ταῦτα
ELB : μεταταῦτα OMS, μεταῦτα P ‖ 10-11 ἐν ιβ' μησίν — ἐστιν
om. S ‖ 11 ἐστιν E : εἰσί P.

42. Procyon

Il s'agit de celui qui précède le Grand Chien. On l'appelle le chien d'Orion[668]. *On raconte, en effet, qu'il fut placé à côté d'Orion, en raison de la passion que nourrit le chien pour la chasse. Le fait est qu'on aperçoit tout près de lui le Lièvre, et d'autres bêtes à ses côtés.*

---

668. Les *FV* vont plus loin que *l'Epit.* en signalant une appellation officielle : "le chien d'Orion". Cette consolidation de l'identification proposée dans *l'Epit.* pour Procyon concorde avec le choix ératosthénien de privilégier, pour le (grand) Chien, le mythe de Procris et Céphalos.

CATASTERISMI

XLII. Περὶ τοῦ Προκυνός

Οὗτός ἐστιν ὁ πρὸ τοῦ μεγάλου Κυνός· Ὠρίωνος δὲ κύων καλεῖται· λέγεται γὰρ διὰ τὸ φιλοκύνηγον <εἶναι αὐτὸν> αὐτῷ τῷ Ὠρίωνι παρατεθῆναι· καὶ γὰρ Λαγωὸς <συνορᾶται> ἐχόμενος καὶ ἄλλα θηρία παρ' αὐτόν.

CODICES : 1-4 TWR.
TITVLVS : Περὶ τοῦ Προκυνός T : om. ARAT. LAT.
1-2 Οὗτός ἐστιν — καλεῖται restitui ex ARAT. LAT., coll. EPIT., SCH. ARAT. MDΔKUAS : Προκύων καλεῖται T, Οὗτός ἐστιν ὁ πρὸ τοῦ μεγάλου Κυνὸς ἀνατέλλων· Ὠρίωνος δὲ κύων καλεῖται rest. Rehm ‖ 1 post Κυνός hab. Προκύων δὲ λέγεται ὡς πρὸ τοῦ Κυνός EPIT. ‖ 2 γὰρ ex EPIT., ARAT. LAT. (*enim*) mutaui : δὲ T ‖ 2-3 εἶναι αὐτὸν suppl. Rehm ex EPIT., ARAT. LAT. (cf. SCH. ARAT. MDΔKUAS) ‖ 3 τῷ Ὠρίωνι om. EPIT. ‖ παρατεθῆναι T : ἀνατεθῆναι EPIT. (codd.), *commendare* ARAT. LAT., siue παρατεθῆναι siue περιτεθῆναι siue περιετέθη hab. codd. SCH. ARAT. MDΔKUAS ‖ 3 Λαγωὸς T, ARAT. LAT., EPIT. : Ἄρκτος SCH. GERM. BP, SCH. ARAT. MDΔKUAS, om. HYG. ‖ 4 συνορᾶται suppl. Rehm ex ARAT. LAT., SCH. GERM. BP, SCH. ARAT. MDΔKUAS, EPIT. : συνορᾶται post παρ' αὐτόν add. ex EPIT. Olivieri ‖ post παρ' αὐτόν stellarum catalogum et Zodiaci mentionem exc. ARAT. LAT., EPIT. probant.

43. Les Planètes

Passons aux cinq étoiles que l'on appelle "planètes", parce que chacune a son propre mouvement[669]. On prétend qu'elles relèvent de cinq dieux[670].

La première[671], Phénon (la Splendide), est celle de Zeus (Jupiter)[672] ; elle est grande[673].

La deuxième est appelée "Phaéthon" (l'Irradiante) ; elle n'est pas grande. Elle reçoit son nom du Soleil[674].

La troisième est celle d'Arès (Mars). On l'appelle "Pyroeidès" (l'Étoile de feu)[675] ; elle n'est pas grande, et par sa couleur ressemble à celle qu'on trouve dans l'Aigle[676].

---

675. Mars, la planète rouge, d'une couleur de feu (cf. *igneus* : PLINE 2.79 ; *igneum colore* : SCHOL. GERM., p. 103), ardente à cause du voisinage du Soleil, s'appelle "l'Étoile de feu" ; cf. HYGIN 4.19.1 : « sa forme a l'apparence d'une flamme » (*figura similis est flammae*). À Babylone elle recevait le nom de ZAL-BAT-A-NU "celui qui se repaît des morts" (FLORISOONE 1951 : 164) ; et en sumérien elle était "l'étoile rouge", MUL-DIR (SCHERER 1953 : 91). Mars roule « au dessus du troisième orbite » (τριτάτης ὑπὲρ ἄντυγος : HYMNES HOMÉRIQUES, *Arès* 8). HYGIN (2.42.3), s'appuyant sur Ératosthène, explique qu'Arès, qui était épris d'Aphrodite mais ne pouvait l'approcher en raison de la vigilance d'Héphaïstos, son époux légitime, aurait obtenu comme dédommagement de son ardeur (*significans e facto stellam Pyroenta appellauit*) que son astre suive constamment celui d'Aphrodite (Vénus). Le nom de la planète Mars est Πυροειδής (cf. *Ars Eudoxi*, col. V Blass) ou, plus couramment, πυρόεις ("du type du feu" ; cf. HYMNES HOMÉRIQUES, *Arès* 6 : πυραυγέα κύκλον ἑλίσσων). Ce qualificatif est fréquent et ancien (ÉPIGÈNE de Byzance in SCHOL. APOLL. RHOD. 3.1377 ; HYGIN 2.42.3 ; Ps.-ARISTOTE, *Monde* 392a26 ; ARCHIMÈDE, *Constr. de la sphère*, p. 2.552 Heiberg), et il passait pour avoir été donné par les Égyptiens (JEAN LYDIEN, *Mois* 4.34 ; de possibles modèles égyptiens ou babyloniens ont été avancés par SCHERER [1953 : 90-91]). Mais ACHILLE TATIUS (*Introduction* 17) dit que Mars était en Égypte identifié comme étoile d'Osiris. On l'appelait aussi l'astre d'Héraclès (ACHILLE TATIUS, *Introduction* 17 ; HYGIN 2.42.3 ; Ps.-ARISTOTE, *Monde* 392a26), une attribution qui serait chaldéenne (ETYMOLOGICUM MAGNUM, s.v. Πυρόεις, p. 697 Gaisford).

XLIII. Πλανητῶν

Περὶ τῶν πέντε ἀστέρων τῶν καλουμένων πλανητῶν διὰ τὸ κίνησιν ἔχειν ἰδίαν αὐτούς.

Λέγονται δὲ θεῶν εἶναι πέντε· πρῶτον μὲν Διός, Φαίνοντα, μέγαν· ὁ δεύτερος ἐκλήθη μὲν Φαέθων, οὐ
5 μέγας· οὗτος ὠνομάσθη ἀπὸ τοῦ Ἡλίου· ὁ δὲ τρίτος Ἄρεως, Πυροειδὴς δὲ καλεῖται, οὐ μέγας· τὸ χρῶμα δὲ ὅμοιος τῷ ἐν τῷ Ἀετῷ· ὁ δὲ τέταρτος Φωσφόρος,

TESTIMONIA : Arat. Lat. 272, 10-275, 10 (Rec. Interp. 272-275) ; Fragm. Vat. XLIII (= Sch. Arat. S, 451) ; Hyg. *Astr.* 2.42 ; Sch. Germ. BP, 102, 10-103, 16.
TITVLVS : πλανητῶν scripsi : πλανήτας L, περὶ τῶν ε᾽ πλανητῶν M, περὶ τῶν πλανήτων P, tit. om. OB, Maass, tit. euanidus ap. E, Πλανῆται Westermann, Πλανῆται scr. et secl. Olivieri, Πέντε Ἀστέρες Matthiae.
1 principium capitis exc. coni. ex HYG. Heyne ‖ Περὶ τῶν πέντε ἀστέρων τῶν καλουμένων πλανητῶν E : οὗτοί εἰσιν οἱ καλούμενοι πλάνητες B ‖ πλανητῶν E : πλανήτων P ‖ 2 αὐτούς E : αὐτοῖς Matthiae ‖ post αὐτούς add. λεκτέον P (sed cf. ARAT. LAT., SCH. GERM. BP) ‖ 3 Λέγονται E : λέγεται P, iam Bernhardy ‖ δὲ om. B, iam praeeunte Bernhardy secl. Olivieri ‖ πρῶτον μὲν — μικρός (4, p. 129) ELOMB : ὁ πρῶτος μὲν ἐστὶ Κρόνου, Φαίνων καλούμενος, μέγας· ὁ δεύτερος Διός, ἐκλήθη δὲ Φαέθων, οὐ μέγας, τὸ χρῶμα δὲ ὅμοιος τῷ ἐν τῷ Ἀετῷ· ὁ τέταρτος Ἀφροδίτης, καλεῖται δὲ Φωσφόρος, ἔστι δὲ λευκὸς τὸ χρῶμα· πάντων δὲ τούτων τῶν ἄστρων μέγιστός ἐστιν, ὃν καὶ Ἑωσφόρον καλοῦσιν· ὁ δὲ πέμπτος, Ἑρμῆς, Στίλβων καλούμενος, λαμπρὸς καὶ μικρός P, Φαίνων λέγεται ὁ τοῦ Κρόνου· Φαέθων ὁ τοῦ Διός· Πυρόεις ὁ τοῦ Ἄρεως, οὐ μέγας, τὸ χρῶμα ὅμοιος δὲ τῷ ἐν τῷ Αἰετῷ· Ἑωσφόρος ὁ τῆς Ἀφροδίτης καὶ Ἕσπερος· πάντων δὲ μέγιστός ἐστι τῶν ἄστρων· Στίλβων ὁ τοῦ Ἑρμοῦ· ἔστι δὲ λαμπρὸς καὶ μικρός S ‖ Διός EᵃᶜLOMB : Κρόνου Eᵖᶜ, manu alt. supra Διός scriptum, PS (cf. Pàmias, *Faventia* 20/2, 1998, 71-77) ‖ 4 Φαίνοντα inc. S ‖ ante δεύτερος hab. δὲ B, iam add. Robert ‖ 4-5 οὐ μέγας secl. Gürkoff ‖ 5 οὗτος om. B ‖ ante ὠνομάσθη add. δ᾽ Robert ‖ post ὠνομάσθη hab. δὲ B ‖ post Ἡλίου add. υἱοῦ Robert ‖ 6 Ἄρεως E : Ἄρεος B ‖ Πυροειδὴς E : Πυρόεις S, Robert et Maass post Koppiers. et cf. FRAGM. VAT. πυρήεις (Πυροειδὴς nos) ‖ 7 ante ὅμοιος ex P δὲ recepi praeeunte Maass : δὲ post ὅμοιος hab. E, Matthiae, δὲ om. Robert et Olivieri ‖ τῷ ἐν τῷ ELSP, FRAGM. VAT. : ἐν τῷ OMB, Matthiae ‖ 6 Ἀετῷ P, iam edd. plerique : αἰετῷ E, Maass.

La quatrième, Phosphoros (Porte-lumière), est celle d'Aphrodite (Vénus) ; elle est de couleur blanche. C'est la plus grande de toutes ces étoiles[677]. On l'appelle soit "Hespéros" (Étoile du soir), soit "Phosphoros"[678].

La cinquième est celle d'Hermès (Mercure), Stilbôn (la Scintillante) ; elle est brillante mais petite[679]. Elle a été attribuée à Hermès parce qu'il fut le premier à définir l'organisation générale du ciel et la place des étoiles, à régler les saisons et à offrir des indications sur les moments clés de l'année[680]. On l'appelle "Stilbôn" en raison de ce type d'inventivité dont fit preuve Hermès[681].

---

678. Sur les noms de Vénus (et les appellations *Lucifer* et *Vesper*), voir GUNDEL 1907 : 7-32. À l'instar de la plupart des civilisations, la Grèce archaïque voyait deux planètes en Vénus et lui donnait (au moins) deux noms (voir HOMÈRE, *Il*. 23.226 & 22.318). Le premier à reconnaître l'identité de l'étoile du matin (Ἑωσφόρος) et de l'étoile du soir (Ἕσπερος) est, selon les sources, Parménide (DIOGÈNE-LAËRCE 9.23 ; PLACITA PHILOSOPHORUM 2.15.7), Pythagore (DIOGÈNE-LAËRCE 8.14 ; PLINE 2.36-37), ou IBYCOS (*frg.* 331 *PMG* = ACHILLE TATIUS, *Introduction* 17). C'est à travers un nouveau nom (Φωσφόρος) que fut dépassée la situation antérieure de dualité onomastique, due à la double apparition de l'astre (à l'aube et au crépuscule) ; cf. SCHERER 1953 : 78 et 90. Les poètes continuèrent toutefois de nommer Vénus en usant des noms anciens, à la fois par tradition et en raison de l'information horaire que portent ces noms (voir S. WEST 1985 : 64). Cf. CALLIMAQUE, *frg.* 291. Et le nom de Φωσφόρος fut également employé comme un équivalent de "étoile du matin" (Ἑωσφόρος) ; voir LE BŒUFFLE 1977 : 238. Sous le nom d'Hespéros, qui donne lieu, selon HYGIN (2.42.4), à de nombreuses légendes, l'astre est pour certains le fils d'Aurore et de Céphalos, et aurait rivalisé en beauté avec Vénus ; « et Ératosthène va jusqu'à affirmer que c'est pour ce motif qu'on l'appelle astre de Vénus, et qu'on le voit au lever et au coucher du Soleil ».

681. Le mot στίλβειν ("scintiller" ; cf. *radians* : PLINE 2.79) est un *terminus technicus* pour l'émission lumineuse propre aux étoiles fixes (voir GUNDEL & GUNDEL 1950 : 2027), distincte de la luminosité des planètes (cf. ARISTOTE, *Ciel* 290a). Si le terme convient aussi à Mercure, c'est en raison de son scintillement original, qui le distingue des autres planètes (cf. SCHERER 1953 : 89-90).

Ἀφροδίτης, λευκὸς τῷ χρώματι· πάντων δὲ μέγιστός ἐστι τούτων τῶν ἀστέρων, ὃν καὶ Ἕσπερον καὶ Φωσφόρον καλοῦσιν· πέμπτος δὲ Ἑρμοῦ, Στίλβων, λαμπρὸς καὶ μικρός· τῷ δὲ Ἑρμῇ ἐδόθη διὰ τὸ πρῶτον αὐτὸν τὸν
5 διάκοσμον ὁρίσαι τοῦ οὐρανοῦ καὶ τῶν ἄστρων τὰς τάξεις καὶ τὰς ὥρας μετρῆσαι καὶ ἐπισημασιῶν καιροὺς δεῖξαι· Στίλβων δὲ καλεῖται διὰ τὸ φαντασίαν τοιαύτην αὐτὸν ποιεῖν.

2 τούτων secl. Gürkoff ‖ ἀστέρων correxi (cf. FRAGM. VAT.) : ἄστρων E, edd. ‖ Ἕσπερον mon. Wilamowitz corr. recc. edd. (cf. FRAGM. VAT. ἑσπέριον) : ἑωσφόρον E, cett. edd., ἑωσφόρον del. et ex ARAT. LAT. διὰ τὸ ἔωθεν ἀνατέλλειν post καλοῦσιν (3) add. coni. Wieck, *Berliner philologische Wochenschrift*, 1900, 868 ‖ 4 δὲ Ἑρμῇ E : ἑρμῇ δὲ P ‖ 6 ἐπισημασιῶν EOM : ἐπὶ σημασιῶν LPB ‖ ἐπισημασιῶν καιροὺς E : ἐπισημασίας καιρῶν mon. Wilamowitz corr. Robert (cf. ARAT. LAT.) ‖ 7 Στίλβων δὲ — ποιεῖν (8) del. cens. Heyne ‖ 7-8 τοιαύτην αὐτὸν E : αὐτὸν τοιαύτην B ‖ in mg. planetarum signa picta hab. P.

43. Les Planètes

À propos des cinq étoiles que l'on appelle "planètes", parce que chacune a son propre mouvement. On prétend qu'elles relèvent de cinq dieux.

La première, Phainôn (la Splendide), est celle de Zeus (Jupiter) ; elle est grande.

La deuxième est appelée "Phaéthon" (l'Irradiante) ; elle n'est pas grande. Elle reçoit son nom du Soleil.

La troisième est celle d'Arès (Mars). On l'appelle "Pyroeidès" (l'Étoile de feu) ; elle n'est pas grande, et par sa couleur ressemble à celle qu'on trouve dans l'Aigle.

La quatrième, Phosphoros (Porte-lumière), est celle d'Aphrodite (Vénus) ; elle est de couleur blanche. C'est la plus grande de toutes ces étoiles. On l'appelle soit "Hespérios" (Étoile du soir), soit "Phosphoros".

La cinquième est celle d'Hermès (Mercure), Stilbôn (la Scintillante) ; elle est brillante mais petite. Elle a été attribuée à Hermès parce qu'il fut le premier à définir la place du ciel et des étoiles, à régler les saisons et à offrir des indications sur les moments clés de l'année.

XLIII. <Περὶ τῶν Πλανητῶν>

Περὶ τῶν ε' ἀστέρων τῶν καλουμένων πλανητῶν διὰ τὸ κίνησιν ἰδίαν ἔχειν αὐτούς· λέγονται δὲ θεῶν εἶναι πέντε· πρῶτον μὲν Διός, Φαίνοντα, μέγαν· ὁ δὲ δεύτερος ἐκλήθη μὲν Φαέθων, οὐ μέγας· οὗτος ὠνομάσθη ἀπὸ τοῦ
5 Ἡλίου· ὁ δὲ τρίτος Ἄρεως· Πυροειδὴς δὲ καλεῖται, οὐ μέγας· τὸ χρῶμα δὲ ὅμοιος τῷ ἐν τῷ Αἰετῷ· ὁ δὲ τέταρτος Ἀφροδίτης, Φωσφόρος, λευκὸς τῷ χρώματι· πάντων δὲ μέγιστος ἐστὶ τῶν ἀστέρων ὃν καὶ Ἑσπέριον καὶ Φωσφόρον καλοῦσι· πέμπτος Ἑρμοῦ, Στίλβων, λαμ-
10 πρὸς καὶ μικρός· τῷ δὲ Ἑρμῇ ἐδόθη διὰ τὸ πρῶτον ὁρίσαι τοῦ οὐρανοῦ καὶ τῶν ἀστέρων τὰς τάξεις καὶ τὰς ὥρας μετρῆσαι καὶ ἐπισημασιῶν καιροὺς δεῖξαι.

CODICES : 1-12 S.
TITVLVS : Περὶ τῶν Πλανητῶν restitui : om. S, ARAT. LAT.
1 ε' om. ARAT. LAT. ‖ post πλανητῶν add. *id est erraticae* ARAT. LAT. ‖ 2 λέγονται δὲ θεῶν εἶναι ex EPIT. emendaui (cf. *dicuntur deorum nomina esse* ARAT. LAT.) : λέγει δὲ Θέων ἵνα S ‖ 3 πρῶτον μὲν transposui coll. EPIT., ARAT. LAT. (*prima quidem*) : μὲν πρῶτον S ‖ Φαίνοντα emendaui coll. EPIT., SCH. GERM. BP (*Phaenon*) : φαίνωνται S (cf. ARAT. LAT. *paret*) ‖ 4 οὗτος S : *sic*, i.e. οὕτως, hab. ARAT. LAT. ‖ ὠνομάσθη correxi coll. EPIT., ARAT. LAT. (*uocata est*) : ὠνόμασεν S ‖ 5 Ἄρεως correxi ex EPIT. (cf. ARAT. LAT. *Mars*) : ἀραιός S ‖ Πυροειδὴς emendaui coll. EPIT. : πυρήεις S, *rubea* ARAT. LAT. ‖ 5-6 καλεῖται, οὐ μέγας S, EPIT. : *una quidem magna* leg. ARAT. LAT. ‖ 6 τὸ χρῶμα correxi ex EPIT. (cf. ARAT. LAT. *colore*) : τρόχωμα S ‖ δὲ pr. ante ὅμοιος transposui (cf. EPIT.) : δὲ post ὅμοιος hab. S, δὲ om. ARAT. LAT. ‖ 6-7 ὁ δὲ τέταρτος om. ARAT. LAT. ‖ 7 Ἀφροδίτης S : *Venus* ARAT. LAT. ‖ 8 καὶ Ἑσπέριον om. ARAT. LAT. (sed uid. Rehm, *Eratosthenis Catasterismorum Fragmenta Vaticana*, 1899, XXII) ‖ 9 πέμπτος correxi : πέμπτον S ‖ Ἑρμοῦ S : *Mercurius* ARAT. LAT. ‖ 10 πρῶτον correxi coll. EPIT., ARAT. LAT. (*primum*), SCH. GERM. BP, HYG. (*primus*) : τὸν Δία S ‖ 11 τῶν ἀστέρων S : *ceterorum* ARAT. LAT. ‖ 12 post δεῖξαι *Rutilus autem uocatur, eo quod tantam claritatem ostenderit* hab. ARAT. LAT. (cf. EPIT.).

44. Le Cercle lacté

Il fait partie des cercles visibles[682]. On dit qu'il reçoit le nom de "Lacté"[683]. Il était impossible aux fils de Zeus d'avoir part aux honneurs du ciel[684] s'ils n'avaient pas tété au sein d'Héra[685]. C'est pourquoi Hermès, dit-on, amena Héraclès après sa naissance, et l'appliqua sur le sein d'Héra[686]. Héraclès téta ; quand elle s'en aperçut, Héra le rejeta loin d'elle[687], et c'est ainsi que le surplus de lait, en s'écoulant, constitua le Cercle lacté[688].

---

685. Le statut des fils illégitimes de Zeus est complexe, et lorsqu'ils sont nés de mortelles, comme c'est le cas d'Héraclès, ils ne jouissent pas de l'immortalité, et, *a fortiori*, ne sont pas admis dans la compagnie des dieux olympiens. L'entrée d'Héraclès dans ce club fermé (même s'il ne fait pas partie des douze divinités officielles ; voir DIODORE 4.39.3) est une exception remarquable et soulignée par la tradition. La promotion à laquelle donne accès le lait d'Héra est sans doute d'ordre strictement mythologique et social, et non astronomique. C'est ce que rapportent les GÉOPONIQUES (11.19.2), qui motivent la ruse par le désir de Zeus de rendre son fils immortel (ἀθανασίας μέτοχον ἠβουλήθη ἐργάσασθαι) ; cf. SCHOL. GERM., p. 187. À la différence du vin, privilège culturel réservé aux hommes, le lait est associé à l'idée de mariage légitime, et constitue un atout d'Héra (cf. VERSNEL 1992 : 261 sq.). L'épisode mythique est une sorte de mise en scène burlesque qui représente la déesse, comme l'avait déjà fait l'épopée, sous des traits comiques. L'épouse légitime de Zeus n'incarne pas un modèle d'affection conjugale, mais de jalousie et de dispute. À l'exception d'Arès, l'union de Zeus et Héra ne donne naissance à aucune divinité majeure, tandis que les unions clandestines du dieu sont nombreuses et fécondes, et l'animosité d'Héra à l'égard de ses rivales et de leurs enfants, en particulier Héraclès, est un motif mythographique particulièrement répandu. L'allaitement d'un Héraclès adulte (attesté dans l'iconographie [voir GANTZ 2004 : 666-667] et la littérature, par le thème de l'adoption volontaire par Héra du nouveau dieu : DIODORE 4.39.2) peut s'interpréter comme un signe de réconciliation (voir RENARD 1964 ; cf. BURKERT 1985 : 133).

XLIV. Γαλαξίας

Οὗτος γίνεται ἐν τοῖς φαινομένοις κύκλοις, ὃν προσαγορεύεσθαί φασι Γαλαξίαν· οὐ γὰρ ἐξῆν τοῖς Διὸς υἱοῖς τῆς οὐρανίου τιμῆς μετασχεῖν εἰ μή τις αὐτῶν θηλάσειε τὸν τῆς Ἥρας μαστόν· διόπερ φασὶ τὸν Ἑρμῆν
5 ὑπὸ τὴν γένεσιν ἀνακομίσαι τὸν Ἡρακλέα καὶ προσσχεῖν αὐτὸν τῷ τῆς Ἥρας μαστῷ, τὸν δὲ θηλάζειν· ἐπινοήσασαν δὲ τὴν Ἥραν ἀποσείσασθαι αὐτόν, καὶ οὕτως ἐκχυθέντος τοῦ περισσεύματος ἀποτελεσθῆναι τὸν Γαλαξίαν κύκλον.

TESTIMONIA : Ach.Tat. *Intr. Arat.* 24 ; Arat. Lat. 276, 18-19 (Rec. Interp. 276) ; Fragm. Vat. uacat ; Hyg. *Astr.* 2.43 ; Sch. Arat. MUA, 474 ; Sch. Germ. BP, 104, 2-9.
TITVLVS : γαλαξίας L, Maass et Olivieri : περὶ τοῦ γαλαξίας M, ut uid., περὶ τοῦ γαλαξίου P, om. OB, non discernitur ap. E, Κύκλος γαλαξίας Matthiae.
3 αὐτῶν EPB, edd. : αὐτῷ LOM ‖ 4 θηλάσειε mon. Needham et Heyne corr. recc. edd. : θηλάσει E, Matthiae et Westermann ‖ φασὶ om. B ‖ Ἑρμῆν ELMB^pc, edd. : ἑρμὴν OB^ac, ἑρμῇ P ‖ 5 ὑπὸ τὴν γένεσιν E : βρέφος ὄντα P (et cf. ἔτι βρέφους ὄντος Ach.Tat.), μετὰ τὴν γένεσιν mon. Heyne corr. Robert ‖ προσσχεῖν corr. edd. : προσχεῖν E ‖ 6 αὐτὸν τῷ τῆς Ἥρας μαστῷ E : αὐτῷ τὸν τῆς Ἥρας μαστὸν B ‖ 6-7 ἐπινοήσασαν E : ἐπινοήσασαν P ‖ 7 post αὐτόν uerba τὸν δὲ μαστὸν καὶ ἔτι ῥεῖν add. P ‖ 8 περισσεύματος E : περισεύματος P ‖ ἀποτελεσθῆναι E : ἀποτελεσθῆναι P ‖ 9 in fin. fort. uerba τὸ δὲ αὐτὸ καὶ ἐπὶ τοῦ Ἑρμοῦ γεγενῆσθαι ex Ach.Tat. suppl. coni. Schaubach.

NOTES COMPLÉMENTAIRES

Page 2
1. Le titre Ἀστροθεσίαι ζῳδίων ne concorde pas avec le titre de l'*Anonymus* II 2, 1 —transmis en deux rédactions, en latin, dans un ms de l'*Aratus Latinus* (*Basileensis* AN IV 18)— et qui conserve le titre originel de l'opuscule ératosthénien : *Eratosthenis de circa exornatione stellarum et ethymologia de quibus uidentur* ; et *Eratosthenes de exornatione et proprietate sermonum quibus uidentur* (voir l'*Annexe* et MAASS 1898 : 134-135). Le titre grec à l'origine de cette version latine a été l'objet de controverses (voir *Introduction*, p. XXXIII-XXXIV). Il est clair en tout cas que le traducteur latin, ne disposant pas de terme pour rendre καταστερισμός a opté pour la forme *exornatio* (voir l'introduction astronomique à l'*Anonymus* II.1, où *exornationem* traduit καταστερισμόν : MAASS 1898 : 111) ; voir aussi *Cat.* 30 où *quod inter aruspices sacrarium ei fieri exornatum* est censé correspondre à τὸν δὲ οἰωνισάμενον ἱερὸν αὐτοῦ ποιήσασθαι κατηστερισμένον. Cela encourage à retenir la proposition de Maass relayée par Martin : περὶ καταστερισμῶν καὶ ἐτυμολογίας τῶν φαινομένων (MARTIN 1956 : 107). Le sens antique d'ἀστροθεσία ne désigne pas une action (*l'établissement* d'étoiles au ciel), ni, comme l'équivalent moderne, la *description* de la position des étoiles sur la voûte céleste —mais les *constellations* elles-mêmes (PLUTARQUE, *frg.* 190 Sandbach) ; ATHÉNÉE, 11.490f ; VETTIUS VALENS, p. 346 Kroll), ou la *disposition* générale objective des étoiles (CLÉMENT, *Excerpta ex Theodoto* 4.74.2 Sagnard ; VETTIUS VALENS, p. 356 Kroll, etc.). Le verbe ἀστροθετεῖσθαι signifie « identifier comme une constellation » (STRABON 1.1.6) ou « figurer une constellation (sur un support) » (HIPPARQUE 1.4.9). On trouve aussi, avec le sens de constellation, le mot ἀστροθέτημα (SCHOL. ARAT. 97, p. 127 ; EUSTATHE, *Comm. Il.*, p. 4.227.6 Van der Valk ; SOUDA A 3961, s.v. ἄρκτος = ZONARAS A 291, s.v. ἄρκτος) ; voir la définition de la constellation dans une scholie à Homère (SCHOLIES À HOMÈRE, *Il.* 4.75 Van Thiel ; cf. SOUDA A 4239, s.v. Ἀστὴρ ἄστρου διαφέρει) :

ἀστὴρ μὲν οὖν ἐστιν ἕν τι, ἄστρον δὲ τὸ ἐκ πολλῶν ἀστέρων, ὃ καὶ ἀστροθέτημα καλεῖται (reprise par EUSTATHE (*Comm. Il.*, p. 2.7.9 Van der Valk) : ἄστρον γάρ ἐστι τὸ ἐκ πολλῶν ἀστέρων συγκείμενον ἀστροθέτημα, μιᾷ φαντασίᾳ ὄψεως ὑποπίπτον, μετά τινος μυθολογίας ἀποδιδόμενον). Le terme ἀστροθέτης, présent dans un HYMNE ORPHIQUE (64.2), pourrait signifier « organisateur des étoiles », mais le contexte est obscur (voir aussi *Papyri magicae* 77.18 Preisendanz). Le titre complet, donné par quelques manuscrits, trahit une impéritie de la part du copiste, car le terme ζῴδια (ou ζῳδίων κύκλος) ne désigne dans la littérature astronomique que les constellations zodiacales. Un sens élargi ou métonymique (constellation) pour le second élément est rare, et se rencontre essentiellement dans les scholies (SCHOL. ARAT. 91, p. 111 ; 248, p. 198 ; 251, p. 199 ; 319, p. 235 ; etc.) et *un* lexique d'Hérennius Philon abondamment repris (AMMONIUS Gram., *Sur les termes semblables et opposés*, n°83 Nickau, s.v. ἄστρον : ἄστρον μὲν γάρ ἐστι τὸ ἐκ πολλῶν ἀστέρων μεμορφωμένον ζῴδιον, οἷον ὁ Ὠρίων, ἡ Ἄρκτος ; EUSTATHE, *Comm. Il.*, p. 3.152 Van der Valk ; ETYMOLOGICUM GUDIANUM A 220, s.v. ἄστρον ; SCHOLIES À PINDARE, *Ol.* 1.9d Drachmann ; etc.) ; voir aussi sur un usage délicat *Cat.* 30 et n. 461.

3. HÉSIODE, *frg.* 163. La référence à Hésiode concerne les éléments de base du mythe (viol, grossesse, métamorphose et mise bas), mais ne comprend pas les événements postérieurs à la naissance d'Arcas (cf. SALE 1962 ; HENRICHS 1987). Il est, de ce fait, peu vraisemblable qu'un mythe n'impliquant pas, dans cet état, une signification astrale ait figuré dans l'*Astronomie* d'Hésiode (cf. SCHWARTZ 1960 : 248 sq.). Hésiode mentionnait sans doute Callisto dans le *Catalogue des Femmes* (cf. WEST 1985 : 90 sq. ; voir GANTZ 2004 : 1275). Nous savons, d'autre part, qu'Eschyle composa une *Callisto* (*frg.* 98 Radt), mais les Tragiques et plus généralement les auteurs du Ve siècle semblent avoir négligé ce mythe arcadien. Euripide fait une brève allusion à Callisto (*Hélène* 375 sq.), dans un passage problématique qui suggère que la métamorphose précéda l'union de l'héroïne avec Zeus (peut-être sous la forme d'un lion ; cf. CLÉMENT, *Homélies* 5.13.4). C'est, à travers Amphis en particulier, la comédie qui s'empare du mythe, au IVe siècle (voir n. 19). Il est probable que CALLIMAQUE est le premier à lier la constellation au mythe de Callisto (*frg.* 632). La version la plus complète et cohérente du mythe est celle que présente OVIDE (*Mét.* 2.409-531, et *Fastes* 2.153-192). Pour un aperçu de la tradition depuis Hésiode, jusqu'aux auteurs chrétiens, voir FORBES IRVING 1990 : 202-205.

5. Hésiode ne précise pas le lieu exact de l'histoire, tandis qu'Ératosthène la situe visiblement sur le mont Lycaion, où se trouve le sanctuaire de Zeus, au sud-ouest de l'Arcadie (cf. *Cat.* 8). HYGIN (2.1.6) situe les faits sur le mont Nonacris (cf. PLINE 4.21). La mythologie arcadienne

exerça une grande séduction sur les Alexandrins (cf. CALLIMAQUE, *Hymne à Zeus*, 7 sq.), comme en témoigne aussi le chapitre 8 des *Catastérismes*.

6. Artémis est une déesse farouche, virginale et sanglante ; et cette déesse est associée, de manière étonnante et apparemment paradoxale, à la fois au domaine de la chasse et à l'accouchement (LARSON 2007 : 101). C'est elle qui conduit l'initiation féminine (COLE 1984 : 238 sq.). L'éloignement du milieu familial que connaît Callisto, agrégée au cercle des nymphes virginales, correspond à la période d'isolement qui marque le rite de passage. Par le rejet du mariage, la jeune fille s'inscrit dans le cadre de la chasse ou de la guerre, de sorte que le statut de chasseresse équivaut à sa condition de vierge (VERNANT 1974 : 37-39). Sur les relations entre Artémis et Callisto, dont HYGIN (2.1.1) souligne la « similarité de caractère », voir SALE 1965. L'hypothèse thériomorphe et l'interprétation de Callisto comme hypostase d'Artémis (voir LONIS 1979 : 207, etc.) semble aujourd'hui dépassée. Pour un aperçu critique de la théorie du culte animal, voir FORBES IRVING 1990 : 39-45.

7. La grossesse se révèle lorsque la jeune femme se dénude (cf. OVIDE, *Fastes* 2.155-176), geste qui a une signification rituelle précise car il correspond à la dénudation (ἐκδύσια) qui marque, chez les filles, la sortie de l'enfance. Le bain joue, d'ailleurs, dans de nombreux récits artémisiens le rôle d'ordalie. On a insisté sur les correspondances étroites entre le mythe de Callisto et les rituels initiatiques ursins d'ἀρκτεία (en particulier à Brauron —aujourd'hui Vravrona—, en Attique), qui constituaient une étape cruciale de l'intégration sociale des filles athéniennes (voir ARISTOPHANE, *Lysistrata* 641-647). Malgré le parallélisme, la relation entre le mythe et le rituel d'ἀρκτεία n'est pas explicite dans les sources antiques. La découverte de céramiques dans le temple d'Artémis à Brauron (les *krateriskoi*), étaye cette corrélation (voir KAHIL 1963) ; mais, là encore, le mythe et le rite (et l'iconographie) ne constituent pas, l'un pour l'autre, une illustration ou une fidèle transposition. La littérature sur ce rituel est très abondante (voir en particulier MONTEPAONE 1979, SOURVINOU-INWOOD 1990ab, DOWDEN 1989, et le numéro *DHA* 16/2, 1990 ; cf. aussi GENTILI & PERUSINO 2002 et, critique sur l'interprétation ritualiste, FARAONE 2003 : 43-68). Pour l'archéologie du site, voir NIELSEN 2009.

8. Dans les versions primitives du mythe, l'agent de la métamorphose est Artémis. CALLIMAQUE prête cette action à Héra, irritée par l'infidélité de son époux, qui demande à Artémis de l'abattre ensuite d'une flèche (*frg*. 632). HYGIN (2.1.3-4) signale deux variantes de cette intervention d'Héra (*nonnulli etiam dixerunt… sed alii dicunt…*) qui pousse Artémis au crime après la métamorphose de Callisto ; et PAUSANIAS (8.3.6-7) attribue également à Héra la métamorphose (cf. aussi HYGIN, *Fables* 177 ; ISIDORE, *Et*. 3.71). La version D'APOLLODORE (3.8.2), qui fait de Zeus l'agent de la métamorphose, constitue un

raffinement peut-être inspiré par le mythe parallèle d'Io. L'intervention d'Héra est, sans doute, une réinterprétation hellénistique qui transforme le mythe en « love affair » conventionnel (cf. HENRICHS 1987 : 264). En tout cas, l'alternance entre Artémis et Héra souligne la distribution complémentaire des compétences des deux déesses dans le culte initiatique, à l'issue duquel les filles passent du domaine d'Artémis à celui d'Héra (cf. DOWDEN 1989 : 187, et DETIENNE 1981 : 65-69, s.v. mariage).

Page 3

11. Le culte de Zeus Lycaios aurait été fondé précisément par Lycaon (PAUSANIAS 8.2.2-3) ; voir JOST 1985 ; JOST 2007 : 273-278 ; DETIENNE 1991 : 746-747. L'interdit pesant sur l'*abaton* de Zeus constitue, du point de vue historico-religieux, un prétexte à l'exécution, à la fois illicite et scandaleuse, des animaux —en l'occurrence de l'ourse Callisto (BURKERT 1983 : 84-93). Celui qui enfreignait la loi pouvait y laisser la vie (PAUSANIAS 8.38.6) ou courait le risque d'y perdre son ombre (THÉOPOMPE, *FGH* 115F343). La transgression permet donc aux Arcadiens la mise à mort quasi sacrificielle de l'ourse et, dans la logique catastérismique, sa promotion céleste. Sur les rituels pratiqués sur le mont Lycaion, voir *Cat.* 8 & notes.

12. Arcas (« celui qui écarte » ; cf. POKORNY 1959 : 65) devient le persécuteur de sa mère. Cette hostilité suppose qu'Arcas n'est pas affecté par la métamorphose de sa mère, et sans doute qu'il ne connaît pas sa mère ou du moins ignore son apparence bestiale. L'issue de ce drame complexe est confuse, surtout dans l'abrégé des *FV* (voir aussi *Cat.* 8), où Arcas est à la fois poursuivant et poursuivi : Arcas, après avoir été tué et servi à table à Lycaon, aurait été ramené à la vie et confié à des parents adoptifs ; ignorant tout de sa vraie mère il en vient à la traquer, comme une bête sauvage, et la catastérisation de l'une et de l'autre sauve la première d'une mort bestiale et le second d'un matricide (cf. HYGIN 2.4.1) ou de l'inceste (voir n. 124).

13. Ératosthène, par cette motivation sentimentale, dissout l'étroite connexion conceptuelle qui lie perte de la virginité, métamorphose et mort bestiale. Bien que cela ne soit pas formulé explicitement, on tient pour acquis que la version hésiodique aboutissait à la mort de l'héroïne (WEST 1990 : 92). On trouve la tombe de Callisto près d'un sanctuaire d'Artémis dans la région de Mégalopolis (cf. PAUSANIAS 8.35.8). Callisto subit trois sanctions qui l'excluent du monde des hommes : métamorphose, mise à mort, catastérisation. La métamorphose et la mise à mort (dans la reconstitution hésiodique), quoi qu'elles puissent paraître redondantes, ne sont pas des issues exclusives et des motifs nécessairement concurrents (cf. FRANZ 1890 : 283-287). La transformation en animal et la mort violente ne sont pas non plus des éléments exclusifs, et leur combinaison confirme l'influence constante des rituels de chasse sur les élaborations mythiques des Grecs (HENRICHS 1987 :

266). Cet aspect est important dans les *Catastérismes*, où l'on retrouve souvent des épisodes de chasse, aussi bien dans le mythe que dans le ciel. Dans la version ératosthénienne, où la mise à mort n'est pas accomplie, la catastérisation n'est pas une récompense posthume, mais le moyen de soustraire Callisto à une mort criminelle et indue, et revêt donc le sens d'une *seconde* métamorphose protectrice.

14. Ératosthène ne donne qu'une étiologie de la constellation, et une identification. ARATOS (26-44) voit dans les Ourses deux nourrices crétoises de Zeus (voir *Cat.* 2). Cette constellation porte plusieurs noms, et surtout plusieurs identités dans la tradition, la situation étant compliquée par une perméabilité entre les deux Ourses (voir *Cat.* 2). Le nom d'Hélikè (« Spirale »), attesté depuis Aratos (voir SCHERER 1953 : 133), est en rapport clair avec son mouvement céleste de rotation autour du pôle, et constitue donc un nom « astral » et non héroïque (sur les différents noms de la constellation, voir ALLEN 1899 : 419-447). L'autre figure majeure sous laquelle l'astérime est représenté et nommé est un Chariot, correspondant à l'image babylonienne pour cet astérisme (ROGERS 1998b : 85 ; WAERDEN 1974 : 73-74), et qui s'impose largement dans l'imaginaire mondial : « Chariot d'Arthur », « Chariot de David », « Chariot d'Odin », « Chariot d'Elie », etc., selon les lieux et l'inspiration (cf. ALLEN 1899 : 426-429). La Grande Ourse, à l'instar de la Petite Ourse (*Cat.* 2), est également connue sous le nom de Chariot. Depuis Aratos (37), on l'appelle aussi couramment Hélikè. *Ursa Maior* correspond au sumérien MAR-GID-DA (= akkadien *eriqqu*), signifiant chariot (voir GÖSSMANN 1950 : 97, nr. 259 ; SZEMERÉNYI 1962 : 19 ; WAERDEN 1974 : 73-4 ; sur un avis contraire voir KURTIK & MILITAREV 2005 : 20-21). Cette double appellation semble ancienne (cf. *Iliade* 18.487 & *Odyssée* 5.273 : « l'Ourse, à qui l'on donne aussi le nom de Chariot »). La tradition latine reproduit sous les noms d'*Arctos, Maior Arctos, Hamaxa* (chariot), ou transpose sous ceux d'*Ursa, Plaustrum* ou *Plaustra* (chariot) le double visage de la constellation (sur les multiples dénominations latines, voir LE BOEUFFLE 1973 : 393-395). Le nom de *Septentrion* (sept bœufs) est sûrement dérivé de cette image, bien que certains y voient une figure indépendante et originale (VARRON, *La langue latine* 7.73 ; MANILIUS, *Astronomiques* 1.650 ; cf. CICÉRON, *Arat., frg.* 5).

15. L'astérisme de base de la constellation est bien constitué, historiquement (cf. HIPPARQUE, *Commentaire* 1.5.6) de sept étoiles, dont quatre forment un quadrilatère (πλευρά : PTOLÉMÉE, *Almageste* 7.5, p. 38 ; πλινθίον HIPPARQUE 3.2.11), qu'Ératosthène n'indique pas explicitement : α UMa (Dubhe, mag. 1.8), β UMa (Merak, mag. 2.3), γ UMa (Phad, mag. 2.4), δ UMa (Megrez, mag. 3.3) ; mais cette septaine, qui constitue d'abord l'ensemble de la figure de l'animal, semble à partir de l'époque d'Ératosthène ne plus illustrer que la croupe de l'Ourse. Ainsi, d'après HIPPARQUE (1.5.2), dans l'image suivie par

Aratos et Eudoxe, "la tête de la Grande Ourse est l'étoile nord dans la paire d'étoiles (α UMa) qui conduisent dans le rectangle, et sur les pattes antérieures est située l'étoile sud de cette même paire (β UMa)". Il semble, par ailleurs, difficile de trouver sept candidats pour la tête de l'Ourse, oreilles non comprises (il pourrait s'agir de o, 2(A), $π^2$, ρ, $σ^1$ et $σ^2$ UMa) et l'on a peut-être affaire à un amalgame avec le chiffre clé de la constellation.

16. La longue queue imaginaire de cet animal céleste qui, sur terre, en est presque totalement dépourvu, est une bizarrerie qui, avec le temps, a fini par passer inaperçue... L'ARATUS LATINUS (p. 182-183) ne signale aucune étoile sur la queue ; mais l'ensemble astrothétique est confus, puisqu'il ne signale que *six* étoiles sur la tête et ne comptabilise que 17 étoiles.

17. PTOLÉMÉE énumère 27 étoiles et 8 étoiles périphériques (alors que Bayer, en 1603, n'en liste que 25), de magnitude inférieure à 5 pour la constellation, auxquelles s'ajoutent 8 étoiles annexes (*Almageste* 7.5, p. 38-43). Le texte d'HYGIN (2.2.2), en général très proche de celui de l'*Épitomé*, donne le chiffre de 25, en se référant à l'autorité de Parméniscos (grammairien commentateur d'Homère et des *Phénomènes* d'Aratos, mentionné également par PLINE 18.312 ; voir BREITHAUPT 1915 : 39-40) ; mais il en décrit et dénombre précisément 21 (3.1.1), tandis que le recueil des *Fables* (177.3) en compte 20 ; les SCHOL. GERM. (p. 59) en dénombrent 23. Les étoiles manquant chez Hygin peuvent être situées (omission de l'étoile de la poitrine, de celle du ventre et d'une des deux sur les cuisses arrière), mais non identifiées (ainsi Mérak ou β UMa située « sur la poitrine », fait partie du quadrilatère de base et ne peut avoir été omise par Hygin, qui la place sans doute ailleurs sur l'image). La localisation des étoiles n'est ni stable, ni continue dans la tradition, et l'imprécision du vocabulaire contribue à corrompre les listes littéraires. Ainsi une patte « avant » peut être un membre antérieur ou la plus orientale des pattes postérieures (cf. ZUCKER 2008, et sur les cartes célestes KANAS 2007). L'identification établie par les spécialistes (BRUNET & NADAL dans CHARVET 1998), même pour cet astérime éminent, est problématique (ZUCKER 2008 & 2010). À titre d'exemple, pour les quatre étoiles du rectangle (α, β, γ, δ UMa) la place indiquée par Érastosthène (E), Hipparque (H) et Ptolémée (P) est la suivante : α UMa = sur l'épaule (E), sur la tête (H), sur le dos (P) ; β UMa = sur la poitrine (E), sur la patte antérieure (H), sur le flanc (P) ; δ UMa = sur l'échine (E), sur la hanche (H), à la naissance de la queue (P) ; γ UMa = sur le ventre (E), sur la patte postérieure (H), sur la cuisse arrière gauche (P). La concordance pour Érastosthène semble la suivante : o (mag. 3.3), 2(A) (mag. 5.5), $π^2$ (mag. 4.6), ρ (mag. 4.7), $σ^2$ (mag. 4.8), τ (mag. 4.7) et 23 (mag. 3.6) UMa (sur la tête) ; 24(d) (mag. 4.5) et 27 (mag. 5.1) UMa (sur l'oreille gauche) ; 38 ? (mag. 5.1) et 35 ? (mag. 6.3) UMa (sur l'oreille droite) ;

α UMa (mag. 1.8, sur l'épaule) ; β UMa (mag. 2.3, sur la poitrine) ; δ UMa (mag. 3.3, sur l'échine) ; ι (mag. 3.1) et κ (mag. 3.6) UMa (sur la patte antérieure) ; γ UMa (mag. 2.4, sur le ventre) ; ν (mag. 3.5) et ξ (mag. 3.8) ou ψ (mag. 3) et χ (mag. 3.7) UMa (sur les pattes postérieures) ; λ (mag. 3.4) et μ (mag. 3.1) ou ν (mag. 3.5) ou ξ (mag. 3.8 ou 4.4) UMa (sur l'extrémité de la patte) ; ε (la plus brillante, mag. 1.7), ζ et η UMa (mag. 1.8, sur la queue). Comme on le voit par les étoiles capitales et podales, cette équivalence comporte des incertitudes, d'autant que les indications « patte postérieure » et « extrémité de la patte », sont équivoques et peuvent désigner le même membre. HIPPARQUE (2.6.10) et Ptolémée sont plus précis dans la localisation (et sur la latéralité), et signalent, par exemple, parmi les sept de la tête, une étoile sur le museau (ῥύγχος : o UMa) ; en revanche Ptolémée ne signale qu'une étoile sur une oreille (à l'ouest, 24 (d)), à la différence d'HYGIN (3.1.1), et de l'ARATUS LATINUS (p. 182) qui en notent quatre, comme Ératosthène (mais SCHOL. GERM., p. 58-59 en notent deux seulement : *in singulis umeris singulas*). Pour PTOLÉMÉE (*Almageste* 7.5, p. 42) les trois étoiles de la queue sont respectivement près de la base (μετὰ τὴν ἔκφυσιν), au milieu (μέσος) et à la pointe de la queue (ἐπ' ἄκρας τῆς οὐρᾶς) ; la dernière (η UMa) est pour lui « la troisième », alors qu'elle est pour HIPPARQUE (1.5.10) « la dernière des sept vers l'est ». On estime à 216 aujourd'hui le nombre d'étoiles visibles à l'œil nu appartenant à la constellation moderne de la Grande Ourse.

Page 6
21. Cette constellation plus ramassée que la précédente est connue anciennement sous le nom de « Petite ourse » (EUDOXE, *frg.* 15). Le nom de « Phénicienne » peut s'expliquer de diverses façons. Elle apparaît comme la constellation de référence en navigation pour les Phéniciens (CALLIMAQUE, *frg.* 191.55 ; HYGIN 2.2.3), tandis que les Grecs se réglaient sur la Grande Ourse (ce topos littéraire apparaît déjà chez ARATOS 36-44 ; cf. OVIDE, *Fastes* 3.107-108). Mais ce surnom est en rapport avec « l'invention » de la constellation, que l'on attribue aux Phéniciens, ou à Thalès (CALLIMAQUE, *frg.* 191.52-55 ; DIOGÈNE LAËRCE 1.23) d'origine phénicienne selon HÉRODOTE (1.170 ; cf. HYGIN 2.2.3). C'est le grand astronome qui aurait extrait du corps du *Dragon* une partie des ailes pour façonner la Petite Ourse (sur le sens de la détermination du pôle dans les recherches de Thalès, voir CAVEING 1997 : 55-65). Le fait qu'Homère ne parle que d'une Ourse (*Il.* 18.489 ; *Od.* 5.275) ne permet pas de conclure que cette constellation était anonyme ou ignorée, comme le souligne STRABON (1.1.6 ; cf. HYGIN 2.2.2). C'est d'ailleurs sous un autre nom qu'elle apparaît dans les *Iambes* de Callimaque puisque la Petite Ourse y est appelée « Chariot », nom qu'elle partage effectivement avec la Grande (cf. ARATOS 27).

24. AGLAOSTHÈNE, *FGH* 499F1. L'époque de cet auteur est incertaine mais probablement postérieure à Aratos (pour plus de détails, voir *Cat.* 30). Selon l'usage des historiens locaux, Aglaosthène de Naxos acclimate les épisodes cosmogoniques à sa propre cité et les intègre dans son histoire. Comme Aratos, dont il diverge seulement sur la question du nom de la nymphe, Aglaosthène s'appuie sur un mythe crétois racontant que les nourrices clandestines de Zeus se cachèrent sous l'apparence d'ourses pour déjouer les recherches de Cronos. Cet épisode mythique, transmis par la littérature tardive des scholies aratéennes, se trouvait dans les *Crética* d'ÉPIMÉNIDE (*frg.* 36 et 49 Bernabé = *FVS* 3B22-23), et il est rapporté par ARATOS dans les *Phénomènes* (30-35). Aglaosthène introduit parmi les lieux de l'enfance de Zeus, l'île de Naxos, où Zeus doit s'enfuir traqué par Cronos, et d'où il lance son attaque contre les Titans (voir *Cat.* 30, n. 454).

25. Cette dénomination est certainement la plus populaire et la plus ancienne (cf. SCHERER 1953 :177), et il s'agit probablement d'un nom astral transféré secondairement à la nymphe. Mais elle est très énigmatique. L'alignement des étoiles fait bien penser à une queue de chien relevée… (cf. SCHOL. ARAT. 35, p. 86-87), mais le nom convient mal à une ourse, et l'introduction d'un nouvel animal vient brouiller la figure (cf. aussi en *Cat.* 8, l'étoile Arctouros —Queue-d'ourse (?)— du Bouvier). En tout cas, le rapport entre Ourses astrales et nymphes mythiques est sans doute ancien, comme le suggère le fait que les pythagoriciens évoquent ces constellations comme Ῥέας χεῖρες (*FVS* 58C2). Dans les textes latins, la Petite Ourse est parfois baptisée *Canis cauda*. ARATOS la signale comme « Ourse à la queue de chien » (κυνοσουρὶς ἄρκτος : 182 & 227). On a proposé, pour expliquer cette anomalie, soit une corruption du nom, soit un emprunt à une langue étrangère : *Kynosoura* pourrait être là pour *Lycosoura* (« Queue-de-lumière » –et non de loup), qui est également un toponyme arcadien, et même le nom de la plus ancienne de toutes les cités de la terre (PAUSANIAS 8.38.1) ; le nom pourrait aussi dériver d'un terme sumérien ancien AN-NAS-SUR-RA (haut dans son lever), désignant une constellation boréale (ALLEN 1899 : 448). Une scholie à Aratos (*ad* 26-27, p. 72) interprète la référence aratéenne à une « image de chien » comme signifiant que la constellation est celle du « chien de Callisto », compagnon de l'héroïne quand elle faisait partie de la troupe d'Artémis, et qui mourut avec elle (cf. FRANZ 1890 : 319) ; l'identification de Kynosoura et Callisto est explicite chez SERVIUS (*Comm. Géorgiques* 1.246).

26. Aglaosthène situe la prime enfance de Zeus sur l'Ida, au beau milieu de la Crète. Les archéologues pensent avoir identifié la grotte de l'Ida (VERBRUGGEN 1981 : 71 sq.), mais pas la grotte de Dicté qui abrita, selon d'autres traditions, Zeus nouveau-né (APOLLODORE 1.1.6). Il existe une certaine confusion géographique entre les deux sites, due à l'association fréquente des deux noms, parfois perçus comme

interchangeables, dans la tradition poétique traitant de la naissance de Zeus (cf. l'*Hymne à Zeus* de Callimaque). Les toponymes Dicté et Ida sont souvent utilisés de manière métonymique pour renvoyer simplement à la Crète (cf. KIDD 1997 : 188). L'existence d'un culte lié aux grottes crétoises est bien attestée dès l'âge du bronze (DIETRICH 1974 : 76 sq.), mais les découvertes les plus impressionnantes concernent l'époque géométrique et archaïque. Du point de vue de l'histoire des religions, le Zeus *Kretagenes* est le produit de la fusion plus ou moins réussie du Zeus céleste indo-européen et du « divine child » autochtone, doté de caractéristiques très différents. Le dieu mortel qui en résulte vaut aux Crétois la réprobation des poètes, comme Callimaque (*Hymne à Zeus* 8-9), qui, tout en stigmatisant l'imposture crétoise qui attribue à Zeus un tombeau, affirme avec éclat la naissance arcadienne de Zeus ; le tombeau de Zeus est un topos de la mythographie (DIODORE 5.70.4 ; cf. WINIARCZYK 2002 : 35-43) et de la critique chrétienne (ORIGÈNE, *Contre Celse* 3.43).

28. Nicostrate est le fils de Ménélas et d'Hélène (cf. HÉSIODE, *frg.* 175 ; CINÉTHON, *frg.* 3 Bernabé), ou d'une esclave, selon une tradition secondaire (PAUSANIAS 2.18.6), qui tente de s'accorder avec l'affirmation homérique selon laquelle Ménélas et Hélène avaient une fille unique, Hermione (*Od.* 4.12 sq.). Une tradition bien représentée atteste de l'existence d'un frère d'Hermione, plus jeune qu'elle, et donc d'une descendance masculine pour Ménélas (SOPHOCLE, *Électre* 539 ; cf. APOLLODORE 3.11.1).

Page 7

29. Ératosthène n'applique qu'à la seule Petite Ourse les noms des deux nymphes *Hélikè* et *Kynosoura*, tandis qu'Aratos donne à la Grande Ourse le nom d'Hélikè (cf. ARAT. LAT., p. 181 [titre]), et à la Petite celui de Kynosoura. La confrontation avec les parallèles latins suggère que la rédaction originale des *Catastérismes* était plus proche d'Aratos et mentionnait, dans ce chapitre ou le précédent, sous les noms d'Hélikè et Kynosoura deux nymphes distinctes (cf. SCHOL. GERM., p. 59 ; HYGIN 2.2.1). Les deux figures astromythiques tendent à se confondre, ou du moins à partager leur histoire : la Grande est anonyme dans le chapitre d'Ératosthène, tandis que la Petite, présentée comme une simple réplique de Callisto, accapare trois noms (Phoinikè, Hélikè, Kynosoura). L'astronyme *Hélikè* (Spirale), qui est récent puisqu'il apparaît à l'époque alexandrine, se présente comme un surnom lisible pour désigner cette constellation circumpolaire. Il est possible, d'ailleurs, que ce nom ait initialement visé l'étoile la plus proche de l'axe (β UMi) et, par extension, la constellation dans son ensemble.

32. Proportionnellement cet animal pratiquement acaude est pourvu, dans la représentation hipparquéenne, d'un appendice monstrueux, sans que l'on s'en émeuve de la part d'une figure stellaire. Aux étoiles

caudales, α (mag. 2, "l'étoile extrême de la queue, qui est aussi la plus brillante" : Hipparque 1.6.4), δ (mag. 4.3) et ε (mag. 4.2) UMi (ou peut-être seulement à deux d'entre elles, exception faite de la polaire), les Grecs, dit Hygin (3.1.2), avaient donné un nom particulier : les « Choreutes », c'est-à-dire les Danseuses, en raison du fait qu'elles leur semblaient emmener toutes les autres étoiles dans leur danse autour du pôle. Ces deux Choreutes (δ et ε) sont aussi appelées en latin *Ludentes* (les joueurs) ou *Circenses* (les coureurs de cirque). C'est à propos de la Petite Ourse qu'Hygin (2.2.1) signale l'appellation romaine (*nostri*) de Septentrion, qu'il étend aux deux Ourses, *i.e.* aux deux nymphes nourricières (cf. Le Bœuffle 1977 : 85-87).

34. Aratos, qui estime que l'appellation de « Chariot » est plus ancienne que celle de Ourse, combine d'ailleurs les deux images dans un jeu étymologique (*Phénomènes* 22 & 27), en disant que les Ourses sont surnommées « chariot » (*hamaxa*), parce qu'elles roulent "ensemble" (*hama*) autour du "pôle" (*axôn*) ; cf. Schol. Arat. 26-27, p. 72. Hygin (3.1.2) cite Ératosthène pour l'identification de la polaire : *in prioribus caudae stellis una est infima quae polus appellatur, ut Eratosthenes dicit* ; cette étoile est dite tantôt petite, tantôt grande : Arat. Lat., p. 186 (*minimissima stella*) ; Schol. Germ., p. 60 (*maximum sidus*), et 115 (*maxima altera*) et 116 (*minima altera*). Cette description du pôle constitue aux yeux de Maass (1883 : 7-13) un argument décisif pour refuser à Ératosthène la paternité de ce texte. Le philologue allemand identifiait les deux étoiles « qui mènent » avec δ et ε UMi (les deux étoiles de la queue de l'Ourse) ; par suite, l'étoile *Polos* correspondrait à α UMi, qui aux environs de 200 av. J.-C. n'était nullement l'étoile la plus proche du pôle nord céleste (elle se trouvait à une distance de 12° 52', tandis que κ Dra était à 8° 11', et β UMi à 7° 52') ; Ératosthène ne pouvait donc être l'auteur du passage, écrit sans doute plus tardivement, puisque α UMi ne devient pas l'étoile la proche du pôle avant 400 ap. J.-C. Mais la critique de Maass repose sur une erreur d'interprétation de la formule « celles qui mènent », qui désigne de manière systématique dans les textes « les étoiles qui conduisent le mouvement », *i.e.* les étoiles qui sont le plus à l'ouest. Il s'agit donc, indubitablement, de β et γ UMi. Böhme (1887 : 286-309) suppose que cette étoile *Polos* est ἀμόρφωτος, autrement dit extérieure à la constellation, et peut correspondre à l'étoile qu'Eudoxe signale au pôle céleste. Mais cette erreur d'Eudoxe n'était pas nécessairement partagée par Ératosthène. Hipparque, sans faire intervenir la précession des équinoxes pour le réfuter historiquement, reproche à Eudoxe d'identifier dans la Petite Ourse une étoile véritablement polaire (« Il existe une étoile qui reste toujours au même endroit ; cette étoile est le pôle du monde », *frg.* 11), alors que « il n'y a pas d'étoile au pôle, et c'est un emplacement vide » (1.4.1). On sait que le pôle est un point abstrait dont aucune étoile n'indiquait nettement l'emplacement

au Ier millénaire. HIPPARQUE suggère une interprétation positive du passage d'Ératosthène : il précise que trois étoiles sont voisines (β *Ursae minoris* et κ, λ *Draconis*) qui constituent avec le point théorique du pôle un quadrilatère (1.4.1) ; *Polos* pourrait donc être la quatrième étoile, fictive, du quadrilatère tracé par Hipparque à partir de β UMa et κ, λ Dra, se trouvant effectivement « au-dessous » de β et dans l'alignement des deux étoiles occidentales, β et γ UMi.

Page 8
36. Originaires de l'île de Rhodes (DIODORE 5.55) et passés en Crète, les Telchines apparaissent, dans leur rôle d'auxiliaires de Rhéa, étroitement liés à la nymphe (ou aux nymphes) nourrices de Zeus (sur l'antiquité des Telchines, voir EUSTATHE, *Comm. Il.*, p. 2.788-789 Van der Valk). Dans le traitement qu'en propose Aglaosthène dans son *Histoire de Naxos*, les Telchines, qui ne sont pas encore assimilés à d'autres groupes mythiques équivalents de génies métallurges (comme les Courètes, les Dactyles, les Cabires ou les Corybantes), conservent leur indépendance et idiosyncrasie originelles (cf., à l'inverse, STRABON 10.3.19 ; cf. BRELICH 1958, 325-351). HYGIN dit dans le chapitre parallèle que Kynosoura vécut avec les Courètes, « serviteurs de Zeus » (2.2.1). Identifiés soit aux premiers habitants de Rhodes, soit à une corporation de métallurges, soit à une confrérie de sculpteurs, soit encore à des dieux primitifs (dépourvus de culte à l'époque historique), les Telchines présentent des traits complexes et relativement contradictoires (cf. DETIENNE & VERNANT 1974 : 244-260 ; BRILLANTE 1993). Leur représentation est également équivoque : êtres amphibies, soit anthropomorphes, soit pisciformes, habitants de la mer ou terrestres par excellence, ils sont maléfiques ou auxiliaires secourables des hommes et des dieux (DIODORE 5.55.2). Sur les Dactyles (cf. PAUSANIAS 5.7.6-9) et les Courètes, voir JEANMAIRE 1939. Pour une compilation de sources sur les Dactyles, cf. HEMBERG 1952 ; pour une vision novatrice sur les Dactyles, voir BLAKELY 2007.

Page 10
37. La tradition manuscrite intitule ce chapitre « Dragon » (δράκων), mais le seul nom qui apparaît dans le texte est « serpent » (ὄφις), en accord avec l'index de l'œuvre primitive transmis par l'*Anonymus* II.2.1 (voir l'*Annexe*), et les autres mentions de la constellation dans les *Catastérismes* (*Cat.* 4 et 5). Cette appellation était la plus fréquente chez les anciens astronomes (cf. EUDOXE, *frg.* 15 et 33 ; voir HIPPARQUE 1.2.6), le terme δράκων, employé d'ordinaire pour désigner un énorme serpent, n'apparaissant qu'à partir d'Aratos. Les Latins l'appellent de préférence *Anguis, Coluber, Python* ou *Serpens*. L'emploi du terme *drakôn,* influencé peut-être par l'usage aratéen (v. 46, 70, 187), permet d'éviter de confondre cette constellation avec le Serpent,

i.e. l'animal que tient le Serpentaire (Ophiuchus), et qui constitue une partie de la constellation d'Ophiuchus (*Cat.* 6). Comme l'usage concurrent des deux termes pour le reptile polaire persiste dans toute la littérature, les auteurs recourent parfois, en cas d'ambiguïté, à une formule allongée : « le Serpent que tient Ophiuchus » *vs* « le Serpent » ou, comme dans la première phrase du texte, « le Grand Serpent ».

38. Le reptile se déploie entre les deux Ourses. Mais son anatomie, comme celle de l'Hydre (*Cat.* 41) et du Serpent d'Ophiuchus (*Cat.* 6), présente, entre la tête et la queue, un long corps qui ne se laisse pas découper de façon claire. Le tracé de son corps est complexe et ses spires tortueuses, comme les méandres d'un fleuve (VIRGILE, *Géorgiques* 1.244), si bien que l'image est décrite difficilement et parfois sans cohérence, les auteurs parlant de replis ou de courbes (le corps du Dragon aurait trois segments et changerait deux fois d'orientation ; pour une description particulièrement alambiquée, voir AVIÉNUS 138-143). Même si, apparemment, le Dragon est sans rapport historique avec les Ourses, dans le contexte stellaire son corps semble non seulement s'interposer entre elles, mais s'adapter à leur dessin (cf. ARATOS 49-50 ; AVIÉNUS 141-143). Cette existence précéleste du serpent veilleur (le terme *drakôn* signifiant "celui qui regarde fixement") s'accorde avec le statut tant symbolique que cosmique de la constellation, autour de l'axe du pôle. C'est peut-être un dragon cosmique qu'il faut reconnaître dans le Phoïbos figuré « au centre » du bouclier d'Héraclès, « dardant ses regards », dans la description célèbre du poème épique appelé le *Bouclier* (v. 144-146), et attribué à Hésiode. Héra plaça Ladon entre la Grande et la Petite Ourse (HYGIN 2.3.1), en un endroit où il marquait les deux pôles : le pôle nord écliptique (au milieu de ses replis) et le pôle nord équatorial (proche en 2.800 av. J.-C. de l'étoile α Draconis, dans sa queue). KIDD (1997 : 192) suppose pour cette constellation un emprunt possible aux Babyloniens.

40. Les Hespérides (Filles du Soir), que leur nom identifie au couchant, sont le plus souvent au nombre de trois (parfois sept : DIODORE 4.27.2). Elles sont connues par Hésiode sous des noms qui mettent en valeur différents aspects de la lumière à la tombée du jour : Αἴγλη, Ἐρείθυια, Ἑσπερέθουσα (*frg.* 360) ; cf. APOLLONIOS de Rhodes 4.1427 : *Hespérè* (Soirée), *Érythéis* (Rougeur) et *Aïglè* (Lueur). Elles sont d'ailleurs considérées parfois comme des personnifications des heures nocturnes (*Exégèse à la Théogonie* [Flach] 384, 389 ; J. GALIEN, *Allégories de la Théogonie d'Hésiode* 311, 335). Ce sont des créatures musicales qui chantent d'une voix éclatante (HÉSIODE, *Th.* 518 ; EURIPIDE, *HF* 394). Un scholiaste explique que cette qualité vocale est une métaphore due au fait que les astres, du côté de Gibraltar, se meuvent en faisant une musique harmonieuse (SCHOL. HÉS., *Th.* 275) Elles sont présentées, dans l'épopée tardive, comme des nymphes liées

aux cérémonies de mariage (QUINTUS, *Posthomerica* 4.128 ; NONNOS 3.331-3.336). Héra, l'irréductible ennemie d'Héraclès, est à la fois celle qui place le serpent à la garde des pommes d'or et l'auteur de sa catastérisation. C'est Zeus, en revanche, qui introduit au ciel l'image d'Héraclès (*Cat.* 4), et le combat du héros et du monstre (voir plus bas ὑπόμνημα τοῦ ἀγῶνος Διὸς θέντος).

41. PHÉRÉCYDE d'Athènes, *frg.* 16c Fowler. L'identité de deux auteurs du nom de Phérécyde, généralement distingués (le théologien de Syros et le mythographe athénien), autrefois avancée par Wilamowitz, a été récemment reprise par TOYE (1997). Les fragments qui nous sont parvenus sous le nom de Phérécyde ne paraissent pas cependant attribuables à une seule et unique personne (cf. FOWLER 1999 et PÀMIAS 2005). L'auteur qui sert d'autorité à Ératosthène, ici comme dans les autres chapitres, est le mythographe athénien (cf. *Cat.* 14, n. 232). Les aventures d'Héraclès occupaient une partie du livre II et le livre III de son œuvre (à laquelle la tradition a donné le simple nom d'*Histoires*). Pour le récit sur les pommes, c'est également dans l'ouvrage de Phérécyde qu'ont puisé le scholiaste d'APOLLONIOS de Rhodes (ad 4.1396-99b), et APOLLODORE (2.5.11).

42. L'adjectif « d'or » qui caractérise ces fruits était parfois perçu comme un simple intensif (voir SOUDA Π 1327, s.v. Περιττότερα). À l'occasion du ἱερὸς γάμος, « mariage sacré » de Zeus et d'Héra, la Terre (Gaia) apporte à Héra (ou à Zeus : APOLLODORE 2.5.11) des pommes d'or, qui deviennent l'enjeu d'un des travaux d'Héraclès. Les Hespérides et le jardin des pommes d'or sont déjà connus d'HÉSIODE (*Th.* 215-216 et 274-275), qui ne les associe toutefois pas à Héraclès ; il s'agit sans doute, à l'origine, de deux motifs indépendants. Lorsque l'épisode des Hespérides est intégré à la geste d'Héraclès (et le premier à procéder à cette insertion semble avoir été Pisandre de Rhodes), le héros à la fois tue le serpent et cueille les pommes. Le combat héroïque avec le monstre, profondément ancré dans des archétypes mythiques dont l'existence est presque universellement attestée, correspond bien à un des aspects d'Héraclès, comme exterminateur de bêtes sauvages, pacificateur du monde, et héros civilisateur (BURKERT 1998 : 11-26). Cette variante antique du mythe est recueillie par PANYASIS dans son *Héraclée* (*frg.* 11 Bernabé ; cf. *Cat.* 4) et par SOPHOCLE (*Tr.* 1099-1100). Phérécyde a suivi, pour sa part, une tradition plus recherchée et plus riche du point de vue narratif : suivant les conseils de Prométhée, Héraclès demande à Atlas de s'introduire dans le jardin tandis qu'il assumera, à sa place, la charge de la voûte céleste (PHÉRÉCYDE, *frg.* 17 Fowler ; cf. APOLLODORE 2.5.11 ; sur une version extravagante des motifs de la rencontre d'Héraclès et Atlas, voir PHILOSTRATE, *Tableaux* 2.20). D'ailleurs, la mention simultanée dans un passage d'EURIPIDE (*HF* 394-407) des deux modes d'action du héros est le signe que la contamination des deux versions

mutuellement exclusives était déjà réalisée. Ératosthène lui-même, qui se réclame de Phérécyde comme source principale pour ce chapitre, recourt en même temps à la version de Panyasis au début de son exposé, puisqu'il présente le serpent comme une victime directe d'Héraclès, tout comme dans le chapitre suivant (*Cat.* 4 ; voir SCHOL. GERM., p. 61).

43. Le Titan Atlas (littéralement : celui qui supporte "constamment") « porte les hautes colonnes qui soutiennent la terre et les cieux » (HOMÈRE, *Od.* 1.51 ; cf. ESCHYLE, *Prom.* 349) de sa tête et de ses mains (HÉSIODE, *Th.* 507). Cette tâche, qui consiste à soutenir soit le ciel seulement, soit le ciel et la terre (BALLABRIGA 1986 : 84-87), est parfois présentée comme un châtiment parce que le Titan s'est rebellé contre les dieux (HÉSIODE, *ibid.* ; HYGIN, *Fables* 150). Les diverses traditions ne s'accordent pas sur l'emplacement du jardin des Hespérides. Il est situé tantôt à l'extrême nord, chez les Hyperboréens (APOLLODORE 2.5.11 ; sur ce peuple, voir *Cat.* 29, n. 437), tantôt en Libye (APOLLONIOS de Rhodes 4.1384 ; cf. LYCOPHRON, *Alex.* 877), tantôt en Carie (PALAIPHATOS 18), mais le plus souvent à l'extrême-occident, « au-delà de l'Océan » (déjà chez HÉSIODE, *Th.* 215, 274-275), parfois sur une île (STÉSICHORE, *frg.* 8 *SLG*), parfois sur la côte occidentale de l'Afrique du Nord. Pour certains, il faudrait situer l'aventure originelle des Hespérides en Grèce même : à partir d'un noyau primitif, le jardin aurait été projeté en différents points du monde habité, à mesure que progressaient les connaissances géographiques, afin de ne pas compromettre le caractère mythique de sa situation spatiale. Ainsi, le jardin des Hespérides peut se définir, du point de vue structurel, comme un lieu d'emblée excentrique, situé aux confins d'un monde conçu de manière qualitative —et qui n'est encore ni mesuré, ni quantifié. Ses ultimes travaux conduisent Héraclès, à travers les portes de l'au-delà, au monde des morts (cf. LORAUX 1981 : 494-495). Sur les ambiguïtés de la géographie mythique des Hespérides, voir BALLABRIGA 1986 : 75-89.

44. Les Hespérides sont filles de la Nuit (cf. HÉSIODE, *Th.* 211 sq.) ou de Phorcis et Ceto (SCHOL. APOLL. RHOD. 4.1396-1399d), mais les liens étroits qui unissent, dans le récit mythique, les Hespérides et Atlas conduisent les nymphes à être reconnues, par affinité, comme les filles d'Atlas (cf. DIODORE 4.27.2). Ceci n'est pas le cas de Phérécyde, car cette indication sur les filles d'Atlas ne remonte pas au mythographe athénien (cf. PHÉRÉCYDE, *frg.* 16). Les Hespérides présentent les traces d'une « épuration » progressive, sensible dans le développement de la mythologie grecque, qui les a dépouillées de leurs traits les plus répugnants et monstrueux. Dans les *Catastérismes*, Ératosthène en fait des déprédatrices, voleuses de pommes. Si Hésiode les situe au bord des ténèbres infernales et primordiales (comme il convient à des filles de la Nuit) et si ÉPIMÉNIDE les assimile aux Harpyes (*frg.* 48 Bernabé = *frg.* 9 Fowler = *FVS* 3B9), en revanche, la littérature classique (et plus encore

l'iconographie) a nettement gommé les aspects les plus violents, et accentué la représentation idyllique du jardin « des dieux ». Dans certaines traditions, les Hespérides aident même Héraclès à cueillir les pommes, si bien que dans une variante attestée par une reproduction sur vase, les Hespérides endorment le serpent avec un filtre magique (voir *LIMC*, s.v. "Hesperides", 36).

45. Cet épisode était déjà, dans l'antiquité, interprété de façon métaphorique, ou rationalisé. Selon PALAIPHATOS (18) les pommes (μῆλα) sont en fait des moutons (μῆλα), et Drakôn (Vigilant) est le nom de leur berger (cf. DIODORE 4.26). Les commentateurs antiques d'Hésiode en donnaient aussi une interprétation allégorique : « [Hésiode] nomme "Hespérides" les heures du soir et "pommes d'or" les astres. Les Hespérides s'occupent des pommes, parce que c'est à ces heures-là que nous voyons les étoiles. Héraclès est le Soleil. Hésiode veut dire que, quand le Soleil est là, les astres ne se voient plus, c'est-à-dire qu'Héraclès a récolté les pommes » (SCHOL. HÉSIODE, *Théogonie* 215). Cette lecture astromythique est conforme à l'héroïsation d'Atlas comme *magister astronomiae* : il était, rapporte DIODORE (4.7.4-5), un savant astronome qui aurait instruit Héraclès dans cet art, et créé une —ou la première— sphère céleste (voir aussi DIODORE 3.60 ; SERVIUS, *Comm. Énéide* 1.745 ; TZÉTZÈS, *ad Lycophr.* 873 ; cf. SOUDA Π 2506, s.v. Προμηθεύς : Ἄτλας, ὃς τὴν ἀστρονομίαν ἡρμήνευσε· διὸ λέγουσιν ὅτι τὸν οὐρανὸν βαστάζει ; FONTAINE 1953 : 276). L'arrière-pensée astronomique est à la fois claire et particulièrement élaborée dans cette indication de Pausanias qui réunit en Grèce Orion, Hermès, organisateur du ciel (voir *Cat.* 20), et Atlas, autour... du pôle : « À Tanagra se trouve un monument à la mémoire d'Orion, et le mont Cérycius, où l'on dit qu'est né Hermès ; ainsi qu'un lieu nommé Polos (Pôle) : c'est là, paraît-il, qu'Atlas avait coutume de s'installer pour s'adonner à l'étude des réalités tant souterraines que célestes » (PAUSANIAS 9.20.3).

46. La formule μέγιστον σημεῖον est équivoque ; s'il est peu probable qu'elle ait le sens de « la constellation est très grande » (CONDOS 1970 : 20), σημεῖον ne s'appliquant en ce sens qu'aux constellations zodiacales, elle peut signifier qu'elle offre un bon moyen de l'identifier. Tel est le sens qu'HYGIN a donné au texte, dans la version qu'il a utilisée, puisqu'il transpose ainsi : *hoc etiam signi erit, quod* « il sera significatif aussi pour cette constellation que... la figure d'Hercule domine ce dragon, comme le montre Ératosthène » (2.3.1 ; cf. ARAT. LAT., p. 188 : *maximum quoque habet signum quoniam...*). Mais dans notre texte rien ne suggère que la présence d'Héraclès constitue le σημεῖον ; cette notation paraît, d'autre part, faire écho à l'expression aratéenne μέγα θαῦμα (v. 45 ; cf. ARAT. LAT., p. 187 : *magnum miraculum*).

47. Ce chapitre va de pair avec le suivant (*Cat.* 4), sur Héraclès. Lorsque le serpent est précisément identifié (ce qui n'est pas le cas dans

la tradition aratéenne), il s'agit traditionnellement du *drakôn* des Hespérides (voir par exemple SCHOL. GERM., p. 60 et 117). Mais les érudits antiques voient parfois en lui Python, le serpent tué par Apollon à Delphes (SCHOL. ARAT. 45, p. 91-92), le serpent tué par Cadmos à Thèbes (*ibid.*), ou, sans doute pour motiver d'avantage le complexe stellaire, le serpent dans lequel Zeus se transforma quand il métamorphosa ses deux nourrices en Ourses (SCHOL. ARAT. 46, p. 92-93 ; SCHOL. HOM., *Od.* 5.272 Dindorf). Cette volonté de corréler étroitement la géographie héroïque et l'ouranographie est aussi sensible dans le mythe rapporté par HYGIN (2.3.2), qui associe le dragon céleste au grand combat fondateur des Olympiens contre les puissances archaïques de la génération de Cronos, la Titanomachie : Le *draco* serait l'arme levée par les Titans contre le camp de Zeus, et qui aurait été terrassé par Athéna ; Athéna aurait saisi et, comme en plein bond, « cloué sur l'axe même de l'univers » *(ad ipsum axem caeli fixisse)* l'animal, qui conserve de ce fait une allure dynamique.

Page 14
50. L'identification de la figure de l'Agenouillé avec Héraclès se fixe à l'époque alexandrine, peut-être en raison du choix de ce héros par Ératosthène (voir VOIT 1984 : 141), puisqu'ARATOS la désigne solennellement comme une figure anonyme et mystérieuse (70 ; voir cependant *Introduction* et n. 270). Mais le nom d'Héraclès lui serait peut-être déjà associé à l'époque classique, en particulier par Eschyle, dans le *Prométhée délivré* (si l'on en croit HYGIN 2.6.2 ; cf. ESCHYLE, *frg.* 199 Radt) ; et par Panyasis (si l'on suit au pied de la lettre AVIÉNUS 175). Il est toutefois fréquent, dans cette littérature, qu'un auteur signalé apparemment comme autorité pour un catastérisme soit simplement le garant d'une variante mythologique sans rapport avec le ciel (cf. *Cat.* 15, n. 239). Comme pour la plupart des constellations, l'appellation traditionnelle n'est pas un nom propre, et « l'homme à genoux » est la trame de nombreuses images. Il est probable qu'Aratos connaissait certaines de ces identifications, et sa réserve témoigne sans doute plus d'une concurrence trop grande des candidats déjà proposés par les poètes et les mythographes que d'une indétermination de la représentation (cf. MANILIUS 5.646). L'atteste le fait qu'Hygin, qui connaît la riche palette de ses identités, emploie le plus souvent pour le nommer « celui qu'on appelle l'Agenouillé », et que l'usage latin, pourtant bien informé, exclut pratiquement l'appelation d'*Hercules* au profit des transpositions *Nixus, Nisus, Innixus, Engonasin* (LE BŒUFFLE 1989 : 101). HYGIN (2.6) dresse la liste des « agenouillés » de la tradition astronomique : Héraclès, Cétée, Thésée, Thamyris, Orphée, Ixion, Prométhée. Cet inventaire organisé, qui accorde la première place à Héraclès, prouve l'existence de registres astromythiques où étaient énumérés les héros correspondant aux constellations. L'identification avec Thésée est proposée par Hégésianax

d'Alexandrie en Troade (IIe s.), auteur d'un traité de *Phénomènes* qui, en dépit de son titre, n'avait sans doute pas Aratos comme modèle, et semble avoir traité de la catastérisation et proposé des options mythographiques originales (voir HYGIN 2.14.1 et 2.29). Eschyle aurait associé l'Agenouillé à un autre travail, non canonique, d'Héraclès : un épisode mineur de la geste du héros, au cours duquel il combattait à coups de pierres les Ligures, dans la plaine de la Crau qui en porte encore les stigmates (LEVEAU 2004). Les motivations de ces identifications diverses sont multiples, mais le contexte stellaire joue sûrement un rôle important : le personnage de Cétée, fils de Lycaon, que propose Araithos pour l'Agenouillé dans son *Histoire d'Arcadie,* portant le deuil de sa fille Callisto après sa métamorphose, assure une évidente cohérence avec les Ourses voisines ; le mage Thamyris aveuglé par les Muses, ou son compatriote Orphée démembré par les femmes thraces, deux figures également pitoyables, s'accordent avec la Lyre située en avant du genou fléchi ; mais celle-ci convient également à Thésée, soulevant un rocher, « car la profonde culture générale de Thésée semblait englober la connaissance de cet instrument » (HYGIN 2.6.2), surtout si la Couronne (boréale) qui est derrière l'Agenouillé est la couronne qu'offrit Thétis au héros athénien (HYGIN 2.5.3) ; à moins que la Couronne (*Cat.* 5) ne soit une roue, précisément la roue d'Ixion ; quant à la présence de Prométhée, elle se justifie en particulier par le voisinage de l'Aigle et de la Flèche libératrice lancée par Héraclès pour délivrer le Titan. D'autres identifications, non répertoriées par Hygin, sont avancées dans des textes tardifs, comme Talas (ou Talos), Salmonée, Sisyphe (SCHOL. ARAT. 65, p. 102 ; cf. BOLL 1903 : 108, 260-263, 268, 278), ou encore Persée, Atlas, Marsyas, Chiron, Tantale, ou « Uranoscopus » (HÜBNER 1998b : 339-340 ; « l'Observateur du ciel » (Uranoscopus) est une constellation de la sphère barbare (*Sphaera barbarica*), signalée dans un texte attribué à Teucros de Babylone —voir HÜBNER 1990). En tout cas, quels que soient le masque et l'action qu'on lui prête, il semble que la posture du personnage soit perçue comme une attitude douloureuse : C'est « un homme qui souffre » (ARATOS 63-65), qui ploie, les bras en croix. Même Héraclès victorieux, terrassant le « dragon », qui devient la représentation canonique, est *labore deuictum* (vaincu par l'effort : AVIÉNUS 186-187 ; cf. GERMANICUS 65 : *effigies defecta labore*). Aratos, bien qu'il maintienne la figure dans l'anonymat, synthétise les aspects principaux de l'Agenouillé lorsqu'il le décrit comme « une figure abattue par l'effort » qui « dans un geste de suppliant presse la tête du Reptile sous la plante de son pied gauche » (cf. GERMANICUS 271-272 et 68-69 ; voir *Introduction*, p. C). Par ailleurs, la posture énigmatique de l'Agenouillé a encouragé une exploitation intense de cette constellation par l'astrologie (HÜBNER 1990), qui l'associe à Mercure, « la planète énigmatique par excellence » (HÜBNER 1998b : 339). La quatrième position de l'Agenouillé ne correspond pas à l'ordre suivi par HYGIN (2.6), mais à celui d'Aratos.

51. En tant que figure héroïque composite, Héraclès ne peut remonter à un type unique, indo-européen ou oriental. Il intègre des traits du chasseur préhistorique, seigneur des animaux et héros chamanique (BURKERT 1979 : 78-98). Aussi, la relation d'Héraclès aux bêtes sauvages peut prendre diverses tournures : certains de ses exploits s'inscrivent dans la fonction proprement purificatrice, exterminatrice de monstres (hydre de Lerne, lion de Némée, serpent des Hespérides), tandis que d'autres consistent à domestiquer des animaux sauvages pour les intégrer à la civilisation (conducteur de troupeaux, sacrificateur par excellence). À l'instar des auteurs de l'époque classique, les *Catastérismes* insistent surtout sur le premier de ces aspects (cf. *Cat.* 11 & 12). Toujours est-il que du point de vue structurel les deux aspects se conjuguent pour faire d'Héraclès un héros culturel, médiateur entre le monde sauvage et la civilisation (BURKERT 1998). En revanche, le double statut « ontologique » d'Héraclès est beaucoup plus contradictoire : HÉRODOTE (2.44) se demande si Héraclès était un dieu ou un héros, mais avant lui déjà on a cherché à expliquer la coexistence des cultes, héroïques et divins, qui lui étaient rendus. La *nekyia* d'HOMÈRE (*Od.* 11.601-604) résout la contradiction en supposant, simultanément, la présence d'Héraclès, en personne (αὐτός), comme époux d'Hèbè, au milieu des immortels, et l'existence de son image (εἴδωλον) dans l'Hadès. Le catalogue hésiodique (*frg.* 25.25 sq.), quant à lui, présente les deux statuts comme successifs : d'abord et provisoirement résident de l'Hadès, Héraclès est ensuite élevé, par la grâce de Zeus, à l'Olympe (voir CUARTERO 1998 : 21 sq.). La caractérisation ératosthénienne de la figure stellaire comme un εἴδωλον (cf. *Cat.* 3) permet de préserver la réalité divine et olympienne du fils de Zeus.

52. Malgré une expression un peu embarrassée de l'épitomateur, il est clair que l'évidence alléguée concerne non pas la visibilité exceptionnelle des étoiles de la constellation, mais la position et les attributs d'une figure héracléenne qui s'impose ou cherche, à travers Ératosthène, à s'imposer comme identité canonique. La posture de l'Agenouillé, avec un genou à terre, telle qu'elle ressort du chapitre astrothétique, est une posture typique de guerrier (fréquente sur les monnaies et les vases), et elle convient également à l'archer qu'est Héraclès (il porte d'ailleurs parfois, dans la tradition iconographique, la massue *et* l'arc dans la main gauche : LUCIEN, *Héraclès* 1 et 3). La position des membres correspond assez précisément aux représentations d'Héraclès, dans diverses scènes classiques (étouffant les serpents, tuant les oiseaux du lac Stymphale, etc.). L'iconographie moderne apporte de nouvelles variations, en particulier avec l'introduction par HÉVÉLIUS (en 1690) de Cerbère, chien d'Hadès ramené par Héraclès, qui est placé dans la main gauche ; dans cette main est parfois mis aussi un rameau de suppliant, ou une branche, sans doute de l'arbre aux pommes d'or (voir BAYER 1603 : 7v).

53. Voir PANYASIS, *frg.* 11 Bernabé. Les témoignages parallèles montrent que les *Catastérismes* suivent dans ce passage la version de Panyasis (voir SCHOL. GERM., p. 61 : *dicitur, cum ad mala aurea profectus esset, ut refert Panuassis Heraclea, serpens hortorum custos inmensae magnitudinis insomnisque fuisse*). La connaissance de cet auteur par Ératosthène est, d'ailleurs, attestée par une mention explicite (*Cat.* 11). AVIÉNUS (175-187) donne des détails nettement plus nombreux sur la version développée par Panyasis dans son *Héraclée*, que le poète latin suit à son tour (voir MATTHEWS 1974 : 68 sq.). Composé de quatorze livres le poème cyclique de Panyasis marque l'apogée de la poésie épique archaïque postérieure à Hésiode. Avec le poème homonyme de Pisandre (voir *Cat.* 12), l'*Héraclée* de Panyasis a sans doute contribué à donner aux exploits d'Héraclès une forme et une structure canoniques (cf. MCLEOD 1966 : 102), bien que la série complète des douze travaux ne soit pas formellement attestée dans la littérature avant une période tardive (DIODORE 4.11-28 ; APOLLODORE 2.5.1-12).

54. Ératosthène souligne avec insistance, comme une intention cachée ou une mission secondaire, qu'Héra plaça le serpent pour faire obstacle à Héraclès. Sur le rôle que tenait Héra dans le poème de Panyasis d'Halicarnasse, comme ennemi irréductible d'Héraclès, voir MATTHEWS 1974 : 69. Mais ce motif contredit ouvertement la version du chapitre précédent (*Cat.* 3), due à Phérécyde d'Athènes, qui faisait du serpent le gardien définitif du jardin des dieux et des précieuses pommes, en particulier contre les Hespérides.

Page 15

56. La description extrêmement fine de la figure d'Héraclès atteste de l'usage d'un modèle iconographique, soit une sphère (et les artistes savaient, même sur modèles réduits, représenter précisément les détails des figures), soit un planisphère, soit un album d'images singulières (voir STÜCKELBERGER 1990 : 74 sq. ; cf. n. 23). HIPPARQUE (1.4.9-14) souligne qu'Aratos, déjà, détaille l'anatomie du héros, signalant son dos, son genou gauche, sa rotule gauche, son bras droit, le côté droit de sa main, sa jambe droite. Cependant le texte oublie, comme ailleurs, de préciser que le personnage est « à l'envers » et « semble pendu par les pieds au cercle arctique » (HYGIN 3.5.1). La figure pose une autre difficulté, signalée par Hipparque, qui constate qu'Eudoxe et Aratos commettent l'étourderie de dire que c'est le pied *droit* qui porte sur la tête du serpent, alors qu'il s'agit du pied *gauche*. Attendu que la figure fait, par convention iconographique, face à l'observateur terrestre (« toutes les constellations sont figurées au ciel en fonction de notre observation et en quelque sorte orientées vers nous, sauf celles qui sont de profil » : HIPPARQUE 1.4.5 ; « dans les représentations astrales toutes les constellations, comme je l'ai dit, sont tournées vers la partie intérieure du monde, chez tous les auteurs y compris Aratos » : HIPPARQUE

1.4.9) ; et que l'équilibre exige que le pied avancé soit symétrique du bras reculé qui tient la massue, l'erreur est flagrante ; elle est confirmée par la référence d'ARATOS lui-même au genou *gauche* fléchi (v. 272 ; cf. HIPPARQUE 1.4.12-14). Mais les confusions induites par le silence fréquent des listes d'étoiles sur la latéralité, et par l'usage concurrent d'images de voûte (avec figures de face) et d'images de sphère (avec figure de dos) dans la tradition littéraire, sont bien réelles, en particulier pour les figures anthropomorphes, souvent présentées « à l'égyptienne » (voir *Introduction*, p. XL sq.).

Page 17

64. La Couronne vit son nom (parfois) précisé en « Couronne boréale », lorsqu'on identifia comme un astérisme indépendant, aux pieds du Sagittaire, la couronne australe (CrA). Le schéma quasi circulaire de la constellation a favorisé son identification précoce et il représente, dans un grand éventail de cultures, un objet isolé et déterminé par cette forme. Le lever héliaque de la constellation se produisant au début du printemps, elle occupait une place importante dans les calendriers agricoles et dans la navigation (cf. BOLL-GUNDEL 1937 : 893). Cet objet est complexe (diadème, guirlande, couronne) et autorise, en fait, plusieurs options symboliques (noces, victoire, ex voto). La motivation présentée par Ératosthène, qui n'évoque pas d'autres identifications existantes (comme avec la roue d'Ixion), correspond à la première et principale variante exposée par HYGIN (2.5.1).

65. Il s'agit, ici encore (cf. *Cat.* 3), d'un mariage sacré (ἱερὸς γάμος), entre Dionysos et Ariane. Cette union sur l'île de Dia s'accorde à la tradition, qui deviendra canonique, selon laquelle Ariane, abandonnée par Thésée au cours de son trajet de retour de Crète à Athènes, est recueillie par Dionysos. Cette variante contraste avec celle qu'Ératosthène attribue à Épiménide (voir n. 75). Les discordances importantes dans les différentes traditions relatives à Thésée et Ariane sont signalées par PLUTARQUE (*Thésée* 20.1 sq. ; les témoignages sont rassemblés dans CALAME 1996 : 106-115). L'accès à la documentation mycénienne a permis une révision radicale des conceptions traditionnelles sur le caractère et les origines de Dionysos et, par ricochet, sur ceux d'Ariane (voir CASADIO 1994 : 152 sq.). Si la *da-pu-ri-to-jo po-ti-ni-ja* des tablettes doit être identifiée à Ariane, le labyrinthe est conçu comme un espace religieux doté d'une valeur initiatique de descente dans l'au-delà. Le complexe rituel, dont Ariane est garante, conduit de la vie à la mort et de la mort à la vie, constituant par là-même un rite de passage qui comprend catabase et anabase. D'un point de vue fonctionnel, Ariane est donc dans le récit mythologique une initiatrice de héros — non seulement de Thésée, mais également des autres jeunes gens athéniens. Le don de la couronne par Dionysos remonte au moins à PHÉRÉCYDE (*frg.* 148 Fowler ; cf. TERTULLIEN, *Couronne* 7 : « [Phérécyde]

donne un bandeau à Priape ; à Ariane, un diadème d'or et de perles orientales, ouvrage de Vulcain, présent de Bacchus et depuis radieuse constellation »). D'après ARATOS (72), la catastérisation de la couronne (qui ne peut être simultanément sur la tête de la fiancée et dans le ciel) n'est pas nuptiale mais posthume : c'est après la mort d'Ariane que Dionysos élève ce mémorial (voir aussi DIODORE 4.61.5). C'est, dans le recueil d'Ératosthène, avec celle des Ânes (voir *Cat.* 11), la seule catastérisation qui est effectuée par Dionysos. Une variante apparemment discrète, mais rapportée par HYGIN (d'après les auteurs d'*Argolica*), et qui a l'intérêt de souligner le contexte initiatique de l'épisode, raconte que la couronne « reçue de Vénus » fut suspendue au ciel par Dionysos pour perpétuer le souvenir de sa mère Sémélé, après son retour d'Hadès où il était allé la chercher pour la ramener à la vie (2.5.2). La valeur mortuaire de cette couronne ou guirlande s'accorderait également avec la tradition homérique de la mort précoce d'Ariane à Dia (*Od.* 11.321).

67. La référence à Ariane comme la première fiancée couronnée suggère une explication étiologique de l'usage des couronnes dans le rituel nuptial grec. Le couronnement de la fiancée jouait dans la cérémonie matrimoniale un rôle de premier plan : une couronne était offerte par le fiancé, mais généralement les deux époux en portaient, et parfois l'assistance elle-même s'en couvrait (SCHOL. ARISTOPHANE, *Paix* 869 ; POLLUX 3.43 ; etc.). Les Saisons ou Heures, filles de Zeus et de Thémis, forment un collège de trois divinités (dont le nombre est naturellement déterminé par le nombre des saisons —printemps, été, hiver—) qui incarnent l'éclosion, la floraison et la fructification de la nature. La division de l'année en trois était habituelle chez les Grecs et les Égyptiens (voir GEUS 2002 : 182). Dans les récits mythologiques, les Heures sont d'ordinaire préposées à des tâches liées à la fertilité et à la fécondité : elles favorisent la croissance des moissons et des vignes, ainsi que la prospérité des cités. Dans les poèmes homériques, elles régulent le cours de l'année et gardent les portes du ciel (*Il.* 5.749 ; 8.393) ; Hésiode et Pindare les élèvent, quant à eux, à une sphère politico-morale. D'autre part, leur relation à Héra leur confère des compétences naturelles dans le domaine matrimonial, et l'on ne peut être surpris que les Heures, servantes d'Héra, soient chargées, en association avec Aphrodite, de remettre à Ariane la couronne de fiancée, puisqu'elles sont les principales divinités protectrices du mariage (DETIENNE 1981).

68. Ce diadème correspond à la couronne nuptiale décrite par LUCIEN (*Amours* 41). L'expression « pierres d'Inde » (qui inclut peut-être, mais marginalement, les perles) désigne toutes sortes de gemmes, vivement colorées, et très réputées (voir PLINE 37.56). La couronne nuptiale (στέφανος νυμφικός, στέφος γαμήλιον) apparaît dans de nombreuses représentations avec un discret entrelacs de feuilles ; elle est même souvent associée à une tresse, proche de la guirlande (cf. OVIDE, *Fastes* 5.345 sq.), et la constellation est d'ailleurs parfois

appelée *serta* en latin (LE BŒUFFLE 1989 : 99-100). À partir de cette forme simple s'est développé la couronne luxueuse incrustée de pierres, qui concurrence dans l'antiquité le premier type. Parmi les dieux artisans que connaît la mythologie grecque, le principal et maître du feu technique est naturellement Héphaïstos (voir *Cat.* 32, n. 489). Il ne s'agit pas du feu cuiseur ni du feu du forgeron qui travaille le fer, mais surtout de l'élément qui modèle les métaux nobles et les minéraux précieux (or, argent, gemmes), qui place l'opération du dieu sur le terrain de l'activité magique (BRISSON 1981). Sur l'excentricité et le mystère du travail des métaux, voir ÉLIADE 1977 : 65-91 et GRAF 1999. La couronne astrale comporterait aussi, d'après une indication transmise par Photius, une plante égyptienne médicinale (sans doute fantastique) voisine de l'armoise ; en effet, dans le 5ème livre de ses *Histoires*, Ptolémée Chennos rapporte un épisode érotique qui donne à la couronne une marraine végétale : « On dit, d'autre part, que Psalacanthe était une nymphe de l'île d'Icareus qui, capturée par Dionysos, l'aida à s'unir à Ariane à condition qu'elle lui appartint également, et Dionysos refusa. Psalacanthe s'en prit elle-même à Ariane, et le dieu irrité la changea en cette plante, puis, pris d'un sentiment de remords, il voulut l'honorer en la plaçant dans la couronne d'Ariane, qui prit sa place parmi les constellations célestes » (*Bibl.* 190, 150a27-37).

69. La couronne apparaît donc comme un substitut possible du fil d'Ariane (un peloton de fil), et consacré dans la tradition littéraire postérieure, comme on peut le constater également par des témoins iconographiques (voir *LIMC*, s.v. "Ariadne", 28 : avec fil et couronne ; 29-34 : seulement avec la couronne ; cf. SCHOL. APOLL. RHOD. 3.997-1004a) ; la forme circulaire donnée à certaines représentations du labyrinthe n'est peut-être pas étrangère à cette solution alternative. D'un point de vue astronomique, cette valeur renforce la cohérence d'un secteur marqué par Thésée (Agenouillé), la Lyre (voir HYGIN 2.6.2 : *nonnulli lyram, quae proxima ei signo est collocata, Thesei esse dixerunt*) et la Couronne. Trois traditions au moins se mêlent, plus explicitement dans la version des *FV* : le cadeau de séduction de Dionysos, le présent nuptial de Thésée, l'adjuvant initiatique donné par Ariane. Dans la compilation d'HYGIN la situation se complique d'un quatrième usage : la couronne (offerte à ses noces par Vénus) serait un présent de Thétis à Thésée, fils de Poséidon, que ce dernier aurait ramené des fonds marins à l'occasion d'un défi lancé par Minos (2.5.3).

72. La place de la Couronne est particulière, car elle se trouve entre le serpent des Ourses (Dragon) et le Serpent du Serpentaire ; mais elle est nettement plus proche du Serpent, et c'est du côté de ce dernier et non vers le Dragon que se trouvent les étoiles les plus vives. L'auteur a manifestement confondu ici les deux reptiles ; cf. OVIDE, *Mét.* 8.180-182 : lancée au ciel (tandis que les saphirs se changent en étoiles), la couronne vient se placer entre Héraclès et le Serpentaire (*qui medius*

Nixique genu est Anguemque tenentis). Cette confusion est amplifiée chez AVIÉNUS (199-201) qui isole un groupe de trois étoiles, comme Ératosthène, mais à la différence d'Aratos. La Couronne se trouve, spatialement, *entre* le Bouvier et l'Agenouillé, et le Serpentaire est à la fois plus loin et dans un autre axe ; il est donc étrange de constater dans la tradition aratéenne l'absence de mention de la constellation du Bouvier pour situer la constellation, tandis qu'HYGIN (3.4) la repère grâce à l'épaule du Bouvier (δ Boo).

Page 18
74. ÉPIMÉNIDE, *frg.* 38 Bernabé (= *frg.* 3 Fowler = *FVS* 3B25). La mention plus explicite faite en *Cat.* 27 montre qu'Ératosthène se réfère effectivement à Épiménide de Crète (voir n. 401). Les érudits ne s'accordent pas sur les dates d'Épiménide (entre 600-500 av. J.-C. ?), mais l'essentiel de l'œuvre —pseudépigraphe— qu'on lui attribue commence à circuler à partir du dernier tiers du Ve siècle (cf. WEST 1983a : 49). L'œuvre principale d'Épiménide était une *Théogonie*, qui situait les origines cosmiques dans l'Air et la Nuit (*frg.* 46 Bernabé = *frg.* 6 Fowler = *FVS* 3B5 : ἐξ Ἀέρος καὶ Νυκτός). On ne saurait dire si l'*Histoire de Crète* mentionnée ici était une partie de la *Théogonie* ou, plus probablement, un texte indépendant ; le fait est que le catalogue des œuvres d'Épiménide transmis par DIOGÈNE LAËRCE (1.111-112) ne comporte pas le titre de *Crética* (voir WEST 1983a : 52). On ignore également jusqu'où va le texte attribuable à Épiménide, suivant Ératosthène ; on peut considérer que l'emprunt s'étend jusqu'à la mention de la sortie de Thésée hors du labyrinthe, mais le contraste fonctionnel entre les deux épisodes peut conduire à ne retenir que la première phrase (seul segment omis dans l'*Épitomé*), qui se conclut par la description de la couronne. Sur la vie et l'œuvre d'Épiménide de Crète, voir FEDERICO & VISCONTI 2002.

77. Le terme employé ici est ambigu : ce trophée déposé ou cette offrande est un signe non seulement du succès des amants (la couronne peut évoquer aussi une couronne de victoire), mais aussi peut-être de leur détermination et du choix libre et sans présents captieux qu'ils ont fait l'un de l'autre. La version mythographique qui dit Thésée contraint par les dieux de quitter Ariane, car les destins ne l'autoriseraient pas à l'épouser (en particulier selon le mythographe PHÉRÉCYDE, *frg.* 148 Fowler), est compatible avec cette consécration, et susceptible d'éclairer son geste.

78. Ce récit parallèle attribué à Épiménide, aggloméré mythologique, comporte un grand nombre d'éléments qui perturbent le cours traditionnel des aventures d'Ariane et l'ordre de ses amants. Dionysos intervient avant l'accomplissement du « travail » crétois de Thésée, et n'est plus mentionné comme sauveur d'Ariane, après son abandon par le prince athénien. L'addition d'une fonction initiatique de la couronne

et l'enchevêtrement de trois rôles (cadeau nuptial, mémorial matrimonial et guide lumineux dans le labyrinthe) bouleversent la cohérence supposée et l'histoire de l'objet. L'agent de la catastérisation finale n'est pas explicitement nommé, mais la logique du récit suggère qu'il s'agit de Thésée, qui n'est nullement habilité pour ce type d'opération prestigieuse ; l'assentiment donné par les dieux à cette consécration paradoxale de la couronne, cadeau d'un dieu évincé et auxiliaire d'un amant infidèle, est une concession maladroite au cadre officiel et divin dans lequel doit s'effectuer la catastérisation, et qui n'est ici pas du tout respecté. La suspension de la couronne au ciel se présente comme une compensation accordée par un héros parjure et non un témoignage glorieux. Ce signal d'amour entre Thésée et Ariane doit s'entendre comme la preuve manifeste de l'outrage qu'a subi Dionysos, et l'acquiescement des dieux à l'exhibition de ce symbole infamant suggère un Dionysos plus burlesque que vénérable. Il pourrait s'agir ici, en filigranes, d'une critique ironique d'Ératosthène envers une figure divine qui constitue un élément clé dans la propagande idéologique ptolémaïque (cf. *Cat.* 11 n. 164, et *Cat.* 24 n. 370) ; voir PÀMIAS 2013. Du point de vue à la fois de la logique symbolique de la catastérisation et de la cohérence générique de ce texte, la version d'Épiménide, dans la forme transmise par les *FV,* apparaît comme une anomalie choquante ; elle contredit également la déclaration qui ouvre le chapitre, selon laquelle la constellation rappelle le mariage canonique de Dionysos et Ariane.

79. Le catastérisme de la Couronne est déjà connu de PHÉRÉCYDE (*frg.* 148 Fowler), qui doit être considéré comme le précurseur d'Ératosthène dans l'élaboration de ce type de récit et la composition de catastérismes *proprio sensu* (voir *Cat.* 14, n. 232 ; cf. PÀMIAS 2005). Sans se complaire dans les détails romantiques du mythe, ARATOS mentionne aussi la catastérisation par Dionysos (v. 71-72). Bien qu'ils fassent allusion à la « couronne d'Ariane », CALLIMAQUE (*frg.* 110.59 sq.) et APOLLONIOS de Rhodes (3.1002-1004) ne semblent pas tenir compte de l'origine de cet objet exalté, et de la catastérisation proprement dite. OVIDE considère aussi la constellation comme la projection matérielle de la couronne, qui se transmue dans son envol au cours duquel « les pierreries de cette couronne se changent en étoiles » (*Fastes* 3.459-516). Quant à NONNOS (48.971-973), il dit que la couronne est « placée sur l'Olympe », gommant la différence entre espace divin et espace astral.

Page 20

81. Le « Porte-Serpent » (ὀφιοῦχος, *Anguitenens*), nommé pour la première fois par EUDOXE (*frg.* 19), est anonyme avant Ératosthène. Il s'agit, en fait, d'une double constellation comprenant un serpent et une figure humaine (identifiée ici à Asclépios = Esculape), et les étoiles des deux astérismes sont groupées et énumérées séparément, une seule étant commune aux deux personnages (δ Oph) sur le corps du reptile et

la main gauche du Serpentaire. La figure anthropomorphe est peut-être secondaire dans ce groupe (comme la Vierge par rapport à l'Épi [*Cat.* 9], ou le Verseau par rapport à la Jarre [*Cat.* 26] ; cf. SCHERER 1953 : 184). À la différence d'Ératosthène et d'Hipparque, les catalogues d'étoiles postérieurs, à partir de Géminos et Ptolémée au moins, traitent le Serpent comme une constellation indépendante ; c'est peut-être cette disjonction qui a amené la perte, à la fin de ce chapitre, de la section astrothétique concernant le Serpent. Ce dernier, principalement pour éviter la confusion avec le Dragon (*Cat.* 3), est également appelé ὁ ἐχόμενος ὄφις, ὄφις ὃν ἔχει Ὀφιοῦχος, ou ὄφις ὀφιούχου ; il est cependant nommé δράκων en SCHOL. ARAT. 86, p. 116. Sur la sixième place atypique du Serpentaire dans la série des constellations, alors qu'il est généralement en quatorzième position, y compris chez Hygin, voir *Introduction*, p. XXXV et XCIV. En 3500 av. J.-C., à la latitude de 35° nord (qui correspond à celle d'Assur), le Serpentaire était en opposition avec le Soleil à l'équinoxe de printemps et triomphait donc au milieu de la nuit des deux créatures monstrueuses (les deux serpents). Même si, à cette époque, l'Agenouillé et le Serpentaire n'étaient pas dans une symétrie parfaite, leurs deux têtes, observées du 35ᵉ parallèle, étaient proches du zénith. Les deux géants ont ainsi pu incarner, l'un dans la partie nord du ciel, l'autre vers le sud, la victoire sur les forces de l'obscurité et de l'hiver lors de l'équinoxe de printemps.

82. L'identification proposée, pour cette constellation qui est anonyme chez Aratos, s'explique par l'association, développée surtout à partir du Vᵉ siècle, d'Asclépios et d'un serpent (EDELSTEIN 1945 : 51). En parallèle à l'incubation que l'on pratiquait dans ses sanctuaires, les diverses manifestations ophiomorphes d'Asclépios (cf. PAUSANIAS 2.10.3) et ses liens naturels avec l'animal « pharmacologique » par excellence font de ce personnage un dieu doté de puissantes complicités chthoniennes. Cependant on juge désormais caduques les interprétations anciennes qui voyaient en Asclépios un antique dieu thériomorphe transformé en divinité anthropomorphe (voir MURRAY 1951 : 12 sq.). Egalement inadmissibles sont les rationalisations de type evhémériste qui tiennent Asclépios pour un homme historique vénéré après sa mort et finalement divinisé (FARNELL 1921 : 236 sq.). Si cette identification semble privilégiée par la majorité des auteurs antiques, ce personnage associé à deux bêtes venimeuses (le serpent qu'il tord et le scorpion qu'il piétine) connaît d'autres identités dans la tradition. Il est pris, en particulier, pour Héraclès, tuant en Lydie un serpent monstrueux sur les bords du fleuve Sagaris. Selon la version que rapporte HYGIN (2.14.2), Héraclès, dans un travail qui ne compte pas dans sa liste, tue comme au passage un dragon phrygien, et repart avec les remerciements d'Omphale, avant d'être placé au ciel par Zeus. Les autres héros qu'Hygin rassemble, comme légitimes prétendants à la place du Serpentaire, ont en commun d'être liés à Déméter, mais ils le sont de façon négative.

L'un d'eux est le criminel Carnabon, roi thrace, qui aurait tenté de tuer son favori Triptolème, le premier Semeur et le premier Cocher ; le coupable tiendrait dans ses mains, pour en être la victime, un dragon de l'attelage confié à Triptolème par Déméter. Cette étiologie est introduite, semble-t-il, par Hégésianax, poète et grammairien alexandrin du IIIe-IIe s. av. J.-C, auteur de *Phénomènes* astronomiques (HYGIN, *ibid*.). Une autre interprétation de la figure y voit Triopas, un roi thessalien, également sacrilège envers la déesse éleusinienne, ou encore son fils Phorbas, qui aurait purgé, d'après l'historien Polyzélos, l'île de Rhodes de ses serpents, y compris un *dragon* chéri d'Apollon (HYGIN, *ibid*. ; cf. DIODORE 5.58.4-5 et 4.69.2-3).

83. La tradition presque unanime fait d'Asclépios le fils d'Apollon et c'est apparemment, bien qu'Ératosthène ne le signifie pas explicitement, la paternité adoptée dans les *Catastérismes*. La Thessalie, la Messénie, l'Argolide et Épidaure se disputaient l'honneur d'avoir vu naître le dieu. Le débat fut résolu en faveur de la dernière par l'oracle d'Apollon (PARKE & WORMELL 1956 : 344-345). La filiation communément admise par la littérature, proposée par l'HYMNE HOMÉRIQUE (*à Asclépios* 1-3), lui attribue Apollon et Coronis (« Petite couronne » ou « Petite corneille ») comme parents. Mais les circonstances de sa naissance ne sont pas attestées avant PINDARE (*Pyth*. 3.5-60) : Coronis, infidèle à Apollon (voir n. 634), est tuée par Artémis, qui venge ainsi son frère. Au moment où Coronis est sur le point d'être consumée par le feu, comme Zeus avec le fils de Sémélé, Apollon soustrait l'enfant du ventre de sa mère. L'épreuve du feu constitue, dans la pensée mythique grecque, un gage d'immortalité (cf. l'épreuve réussie d'Héraclès, et l'épreuve manquée de Triptolème) ; le héros devient celui qui inverse les chemins de la vie et de la mort. Le Centaure Chiron, pédagogue universel, se charge de son éducation héroïque (cf. *Cat*. 40, n. 607). La relative discrétion du personnage d'Asclépios dans la mythologie héroïque est due au fait qu'il s'agit essentiellement d'une figure de culte. Depuis Épidaure, prestigieux centre de soins déjà réputé au tournant du VIe siècle, des centaines de filiales cultuelles se sont développées dans tout le monde grec à partir du Ve siècle (cf. PAUSANIAS 2.26.8). La participation du dieu à des entreprises héroïques collectives est très rare, et il concerne seulement la chasse au sanglier de Calydon (HYGIN, *Fables* 17 & 173) et l'expédition des Argonautes (HYGIN, *Fables* 14 ; CLÉMENT d'Alexandrie, *Stromates* 1.21.105.2). Les guérisons et résurrections qu'il accomplit sont en revanche célèbres. Son élévation au ciel est sans doute un élément incorporé tardivement à la carrière mythologique d'Asclépios ; mais à la différence d'Héraclès (voir *Cat*. 4 : un εἴδωλον au ciel), Asclépios connaît une véritable métamorphose astrale. Ératosthène souligne peut-être de cette manière le caractère divin de cette personnalité au statut ambigu (héroïque ou divin) avant l'époque classique. Bien que la littérature d'époque

archaïque et classique fasse d'Asclépios un héros (ἥρως ; voir PINDARE, *Pyth.* 3.7), on assiste tout au long du Ve siècle au processus de sa divinisation, et vers 420 av. J.-C. Asclépios fait, en compagnie du serpent sacré, une entrée solennelle à Athènes où il est accueilli, selon la tradition, par Sophocle dans sa propre maison (PARKER 1996 : 175-185). La consécration d'Asclépios comme divinité salvatrice (σώτηρ) est toutefois un phénomène essentiellement hellénistique et romain (MARTIN 1987 : 50), qui le mit en position de rival permanent du christianisme (EDELSTEIN-EDELSTEIN 1945 : 132-138).

84. Déjà dans l'*Iliade* (4.219), le centaure Chiron, patron de la médecine et de la médecine vétérinaire, est le précepteur d'Asclépios (cf. n. 606) ; mais selon certains auteurs plus tardifs, c'est Apollon lui-même qui lui aurait transmis ce savoir médical (DIODORE 5.74.6). Le terme d' « Asclépiades » désignant les « descendants d'Asclépios » (PLATON, *Rep.* 599c) vise diverses confréries historiques et locales de prêtres-médecins, et Hippocrate passait pour un descendant direct du héros fondateur et inventeur (cf. PHÉRÉCYDE, *frg.* 59 Fowler). Du point de vue de l'histoire des religions le caractère guérisseur d'Asclépios et d'Apollon a été considéré comme un signe de la pénétration en Grèce de pratiques « charismatiques » orientales (BURKERT 1995 : 78). On disait qu'Asclépios avait reçu d'Athéna une potion magique (APOLLODORE 3.10.3) : le sang de la Gorgone, qui, tiré du côté gauche, faisait périr le malade et, tiré du côté droit, le sauvait. D'après HYGIN (2.14.5), Asclépios se servait d'une herbe découverte lors d'une étrange aventure : enfermé dans un lieu secret avec l'obligation de ressusciter Glaucon, le fils de Minos, il le vit un serpent venir vers la baguette qu'il tenait à la main ; il le tua de plusieurs coups, mais arriva ensuite un second serpent qui, tenant une herbe dans sa gueule, la plaça sur la tête du premier et le ramena à la vie. Asclépios utilisa donc cette herbe de vie, appliquant une recette ophiaque qui constitue un motif folklorique courant dans de nombreuses légendes du monde entier (THOMPSON 1958 : B512, B511.1, D965, E105). Enroulé autour de la baguette du pouvoir et de la parole, incorporé au caducée, le serpent est *naturellement* l'emblème constant de la médecine et le baptême de la constellation, dans le ciel christianisé de J. Schiller, sous le nom d'Aaron ou de Moïse (voir SCHILLER 1627) est à peine une adaptation.

85. Hippolyte ne fut pas le seul héros à bénéficier des talents d'Asclépios. La tradition cite plusieurs listes de mortels qui échappèrent grâce à lui à la mort : Orion, Capanée, Lycurgue, Hippolyte, Tyndare, Glaucos, Hyméneus (voir APOLLODORE 3.10.3 ; SCHOLIES À PINDARE, *Pyth.* 3.96 ; SCHOLIES À EURIPIDE, *Alc.* 1 ; PHILODÈME, *De la piété, PHerc.* 1609 5.5 sq., p. 99 Schober). Le fait que les *Catastérismes* mentionnent Hippolyte comme dernier (ou le premier, puisqu'*eschaton* est ambigu) ressuscité (cf. HYGIN 2.14.5 : « en tout dernier lieu (*nouissime*), dit-on, il guérit Hippolyte tué par la malveillance <de sa marâtre>

et l'ignorance de son père, selon le récit d'Ératosthène ») suggère qu'Ératosthène a consulté un catalogue de ce genre. La liste donnée par Philodème commence également avec le nom d'Hippolyte. La résurrection réclamée par Artémis provoque la colère et le châtiment de Zeus (cf. VIRGILE, *Énéide* 7.765-773 ; COTTER 1999 : 24-30). Le rôle déclencheur de cette résurrection particulière est attesté par les *Naupactica* (anonyme du VIe av. J.-C.), l'*Asclépios* de Télestes (IVe av. J.-C.) et le poème homonyme de Cinésias (IVe av. J.-C.).

86. La mort d'Asclepios, foudroyé par Zeus, est attestée par le *Catalogue des femmes* hésiodique (*frg.* 51). Ce motif apparaît également chez STÉSICHORE (*frg.* 194 *PMG*), ACOUSILAOS (*frg.* 18 Fowler), PHÉRÉCYDE (*frg.* 35 Fowler) et PINDARE (*Pyth.* 3.55-58). Plusieurs sites se disputent la tombe du héros mais, tout comme Héraclès, passé par une épreuve semblable (et qui le rejoint *plus tard* sur l'Olympe : LUCIEN, *Dialogues des morts* 13), Asclépios connaît l'apothéose. Le foudre de Zeus a une fonction ambivalente : il châtie et il consacre. La catastérisation est une compensation pour Apollon. Mais, dans le dispositif céleste, la proximité de la constellation de l'Aigle, signe de Zeus, planant au-dessus du Serpentaire, tandis que ce dernier disparaît à l'ouest sous l'horizon à l'automne, peut suggérer la mort symbolique d'Asclépios, frappé par la foudre de l'Aigle. Ératosthène traitait ailleurs des événements postérieurs à la mort d'Asclépios (voir *Cat.* 29), déjà connus d'HÉSIODE (*frg.* 54a-c) : Apollon flèche les Cyclopes qui ont forgé le foudre mortifère de Zeus qui, furieux, envoie le dieu au Tartare avant de convertir sa peine, sur les supplications de Léto, en un service d'un an auprès d'un mortel.

Page 21

88. L'identification des étoiles signalées par Ératosthène pose quelques difficultés (en particulier en raison de la superposition de la constellation du Serpent), par exemple pour les étoiles des hanches (peut-être ν Ser et ζ Oph, mais la seconde est placée nettement sur le *genou* gauche par HIPPARQUE (3.4.2) et Ptolémée). La posture d'Ophiuchus est ambiguë, et présentée tantôt comme une prise de maîtrise (la main gauche sur le corps du Serpent étant clairement marquée par la paire d'étoiles δ et ε Ophiuchi), tantôt comme une défense désespérée (cf. HYGIN 3.13.1 : « la tête inclinée dans l'attitude d'un homme qui se penche en arrière ») ; d'après Hygin il foule du pied gauche les yeux du Scorpion, et du droit il s'appuie sur sa carapace (*ibid.*), mais pour Eudoxe, Hipparque, Vitruve et Germanicus, seul le pied gauche touche la bête ; voir HIPPARQUE 1.4.15 : « c'est seulement sa jambe (κνήμη) gauche, posée entre le front et le thorax du Scorpion, qui est dépliée et "piétine", tandis que sa jambe droite est repliée. Eudoxe, pour sa part, ne précise pourtant pas que le Serpentaire est debout… ». Voici l'identification probable des étoiles : α Oph (sur la

tête, mag. 2) ; β (épaule droite, mag. 2.7) et κ Oph (épaule gauche, mag. 3.2) ; γ, τ et ν Oph (bras droit, respectivement mag. 3.7, mag. 4.8, mag. 3.3), et ζ Ser ou μ Oph (toutes deux mag. 4.6), λ, δ, ε Oph (bras gauche, respectivement mag. 3.8, mag. 2.7, mag. 3.2) ; ν Ser (hanche droite, mag. 4.3), et ζ Oph (hanche gauche, mag. 2.5) ; η Oph (genou droit, mag. 2.4), et φ Oph (genou gauche, mag. 4.3) ; ξ Oph (mollet droit, mag. 4.4) ; θ Oph (pied droit, mag. 3.3), et ρ Oph (pied gauche, mag. 4.6).

Page 23

95. Ce terme, qui n'apparaît pas ailleurs dans notre texte, désigne, mathématiquement, une section correspondant à un douzième de l'écliptique, soit un arc de 30° ; et il désigne les « maisons » en astrologie (cf. HÉPHESTION, *Apotélesmatiques* 18, p. 42). Dans les deux terminologies, il se distingue du « signe zodiacal » (pris comme dessin de figure marqué d'étoiles), car ces signes occupent sur l'écliptique une extension variable (sur la différence essentielle entre ces concepts, voir GÉMINOS 1.3, et surtout HIPPARQUE 2.1.7 et 2.4.4 ; cf. la distinction qui semble directement inspirée d'Hipparque : « le signe zodiacal se distingue de la dodécatémorie par le fait que les dimensions du premier ne correspondent pas à celles d'un douzième de l'écliptique mais sont tantôt inférieures (comme pour le Bélier ou le Cancer), tantôt supérieures (comme pour le Scorpion ou la Vierge) », SCHOL. ARAT. 546, p. 322). Si l'usage était ici rigoureux et conforme à l'emploi savant (cf. SCHOL. ARAT. 541, p. 318-319), il faudrait entendre que le Scorpion s'étend sur 60° d'écliptique ; mais l'emploi de l'épitomateur est ici incorrect et confondu avec celui de "signe zodiacal".

96. La constellation du Scorpion constitue en effet un cas exceptionnel puisqu'elle comprend le septième signe zodiacal (Les Pinces) et le huitième (« le Scorpion proprement dit » : ARATOS 545). Le Scorpion, que le Soleil traverse en automne, n'est pas la première constellation zodiacale (bien qu'il soit le premier signe traité par Eratosthène), et dans la série des signes c'est traditionnellement le Bélier, puisqu'il ouvre l'année, à l'équinoxe de printemps. Les constellations zodiacales, sauf dans la tradition aratéenne, sont généralement traitées en une série à part (HYGIN 2.20-30 ; HIPPARQUE 3.3-4 ; PTOLÉMÉE, *Almageste* 7.5-8.1, p. 84-129 ; etc.). Sur l'ordre des constellations, voir *Introduction*, p. XXVII sq. Le nom de la constellation du Scorpion (Σκορπίος) est attesté pour la première fois dans un fragment de CLÉOSTRATE de Ténédos (*FVS* 6B1 = *frg*. 1 Bernabé = SCHOLIES À EURIPIDE, *Rhésos* 528) ; cette figure est sans doute originaire de Babylone (où elle reçoit le nom de GIR-TAB ; WAERDEN 1974 : 70 et 74), mais elle est sans rapport avec la figure taurine du *dodecaoros* (zodiaque égyptien récent), qui correspond à cette place dans le ciel. Lors de la division théorique en douze signes du cercle écliptique (élaborée sans doute au VIe siècle av. J.-C.),

certains ajustements sont opérés, qui ne remettent pourtant pas en cause l'intégrité des figures (voir *Cat.* 11, note 167) ; le Scorpion se voit divisé en deux signes, et les Pinces (Χηλαί) distinguées, bien qu'Ératosthène soit le premier à les signaler explicitement comme un astérisme détaché. Il est converti plus tard en une nouvelle figure, qui ampute définitivement l'animal de ses appendices : les deux plateaux d'une Balance (Ζυγός, ou Ζυγοί). Le premier auteur à lui donner ce nom est Hipparque (une seule fois en 3.1.5, alors qu'il emploie 37 fois Χηλαί), et dans le monde latin Varron. Les Latins semblent avoir préféré cette désignation (*Libra* ou *Iugum*), officiellement intégrée dans le calendrier julien en 46 av. J.-C., où elle exprime une valeur prisée, et revêt une pertinence astronomique, puisque le Soleil se trouvait à l'époque dans ce signe lors de l'équinoxe d'automne, comme le rappelle Virgile (*Géorgiques* 208 ; cf. Kidd 1997 : 211). Mais les Grecs usent des deux désignations, et un auteur comme Géminos (Ier siècle av. J.-C.) emploie alternativement les termes Ζυγός et Χηλαί (cf. Schol. Arat. 89, p. 118 : αἱ Χηλαὶ παρ' Ἕλλησιν ἀντὶ τοῦ Ζυγοῦ παραλαμβάνονται).

98. Pour la geste mythique d'Orion notre témoin le plus ancien est Hésiode (*frg.* 148a), que l'auteur des *Catastérismes* suit dans le chapitre consacré au héros (*Cat.* 32). La carrière héroïque d'Orion est riche en épisodes et se conclut par un châtiment divin qui est présenté de diverses façons et mis en scène des motifs variés, comme souvent dans le cas de représailles divines (voir Actéon, Tirésias, etc.). Après avoir inutilement fouillé l'île de Chios à la recherche d'Oinopion, Orion se rend en Crète, où il exécute la mission purificatrice consistant à éliminer les bêtes sauvages qui l'infestent. Mais par sa chasse excessive Orion menace l'équilibre du milieu (Schnapp 1981 : 157). C'est pourquoi Gè, la terre qui contient les animaux et les nourrit, envoie un scorpion qui tue le héros. Cette variante, qui dépend d'Hésiode, comme le révèle la comparaison avec le *Cat.* 32, est reproduite par les *FV* dans le *Cat.* 7. Les manuscrits de l'*Épitomé* divergent notablement de la version des *FV,* et suivent une autre variante qui situe la scène à Chios : victime d'une agression sexuelle de la part d'Orion, la déesse Artémis envoie un scorpion monstrueux contre son ancien compagnon de chasse. D'aucuns ont voulu considérer la première version comme typiquement "crétoise", tandis que la version représentée par les *FV* serait "de Chios" ; mais la chasse purificatrice d'Orion est parfois située à Chios et non en Crète (Aratos 637-640 ; Parthénios 20). Les variantes mythographiques ne recoupent donc pas une répartition locale des traditions. En revanche, le lien étroit entre érotisme et chasse souligne l'ambivalence structurelle des deux traditions mythographiques (cf. *Cat.* 8, n. 124 ; *Cat.* 32 ; *Cat.* 33 ; voir Pàmias 2008c). Ce lien présente, au reste, un profond ancrage dans les rituels (Burkert 1983 : 59 et 87). Les deux causes invoquées, parfois de manière complémentaire,

pour justifier la mort d'Orion sont, en effet, l'*hybris* sexuelle (il menace de violer Artémis), ou l'*hybris* cynégétique (il menace de tuer toutes les bêtes sauvages). Quoi qu'il en soit, la condition de chasseur, comme son intense appétit sexuel révèlent le caractère initiatique des récits mythiques dont Orion est le héros. Mais il s'agit d'une initiation manquée, car il reste incapable de donner à sa force et son pouvoir une mesure (voir *Cat.* 32). Selon une variante marginale, c'est Apollon qui persuade sa sœur, en la trompant, de tuer Orion (voir *Cat.* 32, n. 495).

99. Avec treize étoiles de magnitude inférieure à 3 la constellation, surtout dans son intégralité (y compris les Pinces), est effectivement brillante et véritablement impressionnante, avec une étoile rouge et très vive sur le thorax (Antarès —α Sco—, de magnitude 1 ; cf. PTOLÉMÉE, *Almageste* 8.1, p. 110 : ὑπόκιρρος καλούμενος Ἀντάρης ; cf. PTOLÉMÉE, *Tétrabible* 1.9.9 ; HÉPHESTION, *Apotélesmatiques,* p. 34 ; cf. HIPPARQUE 3.3.6). L'intention de Zeus n'est sans doute pas tant d'offrir à la vue des hommes un témoin spectaculaire du monde archaïque (cf. la version des *FV*), par son énormité inhabituelle, que de signaler les dangers de sa piqûre et la virulence (δύναμις) de cet animal nuisible ; l'usage de ce terme grec permet de suggérer en outre la puissance (δύναμις) du dieu lui-même. Destinée explicitement à une humanité postérieure à l'âge héroïque, cette catastérisation remplit naturellement aussi une fonction fondamentalement parénétique, comme toutes les autres (cf. HYGIN 2.26). Le dieu intervient sans intérêt personnel dans cette opération, et sans que les circonstances de la mort du scorpion ne soit précisées. Le Scorpion a des affinités avec le Crabe, meurtrier d'Héraclès, autre héros thérioctone, puisque le premier naît du cadavre du second (OVIDE, *Mét.* 15.369-371). La catastérisation conjointe d'Orion et du Scorpion correspond à un véritable système astronomique, que rappellent tous les auteurs anciens : ils sont placés au ciel, aux deux portes de la Voie lactée, « de telle manière qu'au lever du Scorpion se couche Orion » (HYGIN 2.26), et que « lorsque le Scorpion survient au-dessus de l'horizon, Orion s'enfuit jusqu'aux extrémités de la terre » (ARATOS 645-646). Le lever héliaque du Scorpion (vers le 6 mai) précède de quelques jours le coucher héliaque d'Orion (OVIDE, *Fastes* 5.493). Cette évocation dynamique du circuit des constellations (la « fuite » et la « persécution ») est un topos (WEST 1978 : 314), mais elle a dans ce cas particulier un relief spécial : c'est au talon (β Ori), au « pied gauche » (*Rigel*), là où le dard, comme la flèche, est le plus puissant que le Scorpion frappe ; or, comme le rappelle HIPPARQUE (3.2.9), c'est justement par le talon qu'Orion astral sombre à l'horizon : « la première étoile à se coucher est celle du pied gauche ; et les dernières à se coucher sont les étoiles de la massue qui sont les plus au nord ». C'est moins la formule poétique de la fuite —qui a sans doute inspiré des récits relatifs aux constellations (KÜENTZLE 1897 : 10)— que la profonde logique constellaire qui, ici, a pu influer sur la corrélation

persistante dans la tradition mythologique du héros et de l'animal monstrueux. Sur l'ambition « solaire » d'Orion dans la littérature védique, voir *Cat.* 32. Dans la culture mésopotamienne le scorpion est un symbole d'Ishhara (Ishtar) qui préside aux accouplements ; et, d'autre part, l'entrée et la sortie du Soleil sont gardées par un homme-scorpion et une femme-scorpion (voir *Épopée de Gilgamesh*, tablette IX [TOURNAY & SHAFFER 1994 : 236]). D'autre part, l'épisode peut être expliqué comme le reflet d'un motif mythique : dans la conception grecque la piqûre du scorpion a des effets destructeurs sur la sexualité humaine, comme le montre le châtiment infligé à Minos (voir ANTONINUS LIBERALIS 41.4, et ici *Cat.* 33, n. 509 ; cf. DEONNA 1959 : 13 sq.).

101. L'identification des étoiles semble être la suivante : α et ι Lib (sur la pince sud, respectivement mag. 1 et mag. 4.5) ; β et γ Lib (sur la pince nord, respectivement mag. 2.6 et mag. 3.9) ; β, δ, π Sco (sur le front, respectivement mag. 2.5, mag. 2.3 et mag. 2.9) ; α et τ Sco (sur le ventre, respectivement mag. 1 et mag. 2.8) ; ν, σ, ρ Sco (sur le dos, respectivement mag. 4, mag. 2.9 et mag. 3.8) ; ε, μ, $ζ^2$ η, θ (sur la queue, respectivement mag. 2.3, mag. 3, mag. 3.6, mag. 3.3 et mag. 1.8) ; λ et κ Sco (sur le dard, mag. 1.6 et mag. 2.4). La courbe formée par les étoiles ε, μ, $ζ^2$ η, θ, ι, κ, λ suggère bien une queue et son dard crochu, de même que, sur la partie avant, les étoiles β et γ Librae, α et ι Librae, et γ Scorpii évoquent une paire de pinces. PTOLÉMÉE (*Almageste* 8.1, p. 110) compte sept segments (σφόνδυλος ; cf. HIPPARQUE 3.2.2) à la queue, sans compter la glande à venin (κέντρον), qui forme l'extrémité du dard, marquée par deux étoiles. Les SCHOL. GERM. (p. 64) ajoutent une étoile sur la bouche (*claram in ore unam*), mais donnent le même total qu'Ératosthène (19).

Page 25

107. Le nom de « Gardien de l'ourse » (ἀρκτόφυλαξ) apparaît avec EUDOXE (*frg.* 24, etc.) tandis que celui de Βοώτης, également employé, y compris par Ératosthène pour la constellation (voir *infra* n. 117) l'est dès HOMÈRE (*Od.* 5.272). Certains astronomes emploient exclusivement le premier nom (Eudoxe), d'autres uniquement le second (Ptolémée), mais Aratos (trois fois Βοώτης et quatre fois Ἀρκτοφύλαξ) et Hipparque utilisent les deux (chez ce dernier le nom de Βοώτης est très majoritaire, et il est même la seule désignation employée à partir de 2.3). Ici, comme dans l'index de l'œuvre originale d'Ératosthène connu sous le nom d'*Anonymus* II.2.1 (voir l'*Annexe*), c'est Ἀρκτοφύλαξ qui est préféré. L'appellation de Bouvier, moins congruente avec l'imaginaire ursin du pôle, semble cependant plus primitive (KIDD 1997 : 213), et s'accorde parfaitement avec la symbolique agraire attestée dès l'épopée à travers le Charriot (ἅμαξα), nom alternatif de l'Ourse. HYGIN (2.4.2), qui identifie le Bouvier avec Icarios, cite un hexamètre d'Ératosthène à l'appui de sa version : « Aussi

Ératosthène dit-il : "C'est aux pieds d'Icarios que, pour la première fois, on dansa autour d'un bouc" (Ἰκαρίου ποσὶ πρῶτα περὶ τράγον ὠρχήσαντο) » (voir PÀMIAS 2001).

108. Cette notice présente un cas remarquable, car le témoignage des *FV* est beaucoup plus riche que celui de l'*Épitomé* (mais sans le chapitre astrothétique complet). Cette brièveté contraste également avec le chapitre considérable (le plus long du recueil) que lui consacre Hygin, à la suite des chapitres sur les Ourses et le Dragon (2.4). En tant que fils de Zeus et de l'Ourse (ἄρκτος), Arcas (Ἀρκάς) est le parfait candidat pour devenir le héros éponyme de l'Arcadie (cf. STÉPHANE de Byzance, s.v. Ἀρκαδία). D'après ISTROS (*FGH*, 334F75), la mère d'Arcas n'est pas Callisto mais Thémisto (STÉPHANE de Byzance, *ibid.* ; cf. Ps.-CLÉMENT, *Reconnaissances* 10.21 ; EUSTATHE, *Comm. Il.*, p. 1.464 Van der Valk). HYGIN (2.4.2-6) offre un long développement sur un autre personnage identifié couramment à cette constellation : Icarios l'Athénien, l'ami de Dionysos, l'introducteur de la vigne et du culte du dieu en Attique. Cette omission ou cette occultation dans notre texte est étrange puisque selon Plutarque (PS. PLUTARQUE., *Parallela Min.* 307e9) « l'histoire d'Icarios avec qui Dionysos avait des relations personnelles [est racontée] par Ératosthène dans son *Érigonè* », et l'on peut supposer, malgré la pauvreté des restes de ce poème, que l'auteur n'ignorait pas cette attribution ; mais la question de savoir si les *Catastérismes* incluaient cette identification est débattue depuis le XIXe s. (cf. KELLER 1946 : 18-28 ; ROSOKOKI 1995 : 47 sq.). Loin de la chasse à l'ourse et du labour, Icarios mérite à peine le nom de Bouvier (sous prétexte qu'il aurait chargé des outres de vin sur un chariot ; cf. SCHOL. HOM., *Od.* 5.272 Dindorf : ... ἢ ἐπεὶ ὁ Ἰκάριος ἐπὶ ἁμαξῶν παρεκόμιζε τὸν οἶνον) ; mais sa présence est renforcée par la compagnie de sa fille, Érigonè, identifiée à la Vierge (voir *Cat.* 9), et du chien de celle-ci, identifié à Procyon sous le nom de *canicula* (voir *Cat.* 33 et 42), même si ces identifications ne sont pas mentionnées dans le texte des *Catastérismes*. Le voisinage de la Vierge à l'Épi, indépendamment d'Érigonè, a sans doute contaminé cette figure, et HYGIN (2.4.7) signale aussi qu'il était identifié par le mythographe crétois Pétéllidès (peut-être à la suite du poète Hermippe de Smyrne, philosophe et poète callimaquéen, auteur de *Catastérismes*), à Philomélos, fils de Déméter et inventeur du chariot (cf. SCHOL. ARAT. 91-95, p. 122 : τοῦτον δέ φασιν εἶναι Φιλόμηλον τὸν τῆς Δήμητρος παῖδα. Τοῦ δὲ ἀδελφοῦ τοῦ Πλούτου μηδὲν μεταδίδοντος, ἐξ ὧν εἶχε πριάμενος δύο βοῦς καὶ ἅμαξαν, εἰργάζετο. ἡ δὲ Δήμητρα ἀποδεξαμένη κατηστέρισεν <αὐτόν>). Le personnage céleste apparaît d'ailleurs moins sous les traits d'un enfant (fils de Callisto) que d'un homme mûr, voire d'un « homme âgé au bâton menaçant » (GERMANICUS 90).

109. Le début du chapitre et le lien entre Arcas et Lycaon n'est pas assigné à Hésiode (voir *infra FV*), auquel est seulement attribuée la

mention du cannibalisme de Lycaon (HENRICHS 1987 : 262). Le responsable de la combinaison de cet épisode avec les aventures de Callisto est sans doute Ératosthène lui-même (cf. *Cat.* 1, n. 10). Les auteurs proposent, pour la victime de Lycaon, des identifications diverses : il pourrait s'agir de Nyctimos (LYCOPHRON 481 ; CLÉMENT d'Alexandrie, *Protrept.* 2.36.5 ; NONNOS 18.20-24), d'un captif molosse (OVIDE, *Mét.* 1.220 sq.), ou d'un enfant quelconque (APOLLODORE 3.8.1 ; cf. PAUSANIAS 8.2.3). D'après PAUSANIAS (8.2.1-3), Lycaon, qui conduit à l'autel un nouveau-né pour le sacrifier, constitue un modèle d'impiété, qui contraste avec son contemporain, le dévot Cécrops. Selon d'autres variantes, ce n'est pas Lycaon mais ses fils impies qui offrent à Zeus la chair humaine pour éprouver la nature divine de leur hôte (HYGIN, *Fables* 176 ; cf. APOLLODORE 3.8.1). D'autre part, les témoignages de la tradition des *Catastérismes* ne s'accordent pas sur le motif de l'infanticide d'Arcas. Selon les *FV*, Lycaon feint d'ignorer le viol de Callisto et tend à Zeus par ce moyen un piège, sans doute pour se venger du dieu séducteur (voir *infra*) ; mais cette machination est vouée à l'échec car elle ne peut tromper le dieu suprême. HYGIN (2.4.1), dont le récit ressemble de près à la version des *FV*, donne une autre raison, qui offre un parallèle significatif avec le mythe de Tantale, autre commensal indélicat des dieux qui illustre une intolérable régression de la culture à la bestialité (cf. n. 121) : « Car [Lycaon] voulait savoir si celui qui sollicitait son hospitalité était un dieu (*studebat enim scire si deus esset qui suum hospitium desideraret*) ».

110. En renversant la table (comme le fait ensuite Thyeste : ESCHYLE, *Agam.* 1591-1602), Zeus met fin à la relation d'hospitalité qui le lie à Lycaon, et signifie probablement la fin d'une époque marquée par la commensalité des dieux et des hommes et le partage du même mode de vie (voir BORGEAUD 1979 : 42). Dans son acception technique, la τράπεζα désigne un objet rituel : c'est la surface sur laquelle la viande est découpée et distribuée entre les convives et les fonctionnaires religieux. C'est également le lieu où sont déposées les offrandes rituelles destinées aux dieux (voir DURAND 1986 : 116-123). La signification cultuelle de la τράπεζα est si profonde que le mot peut être employé non seulement pour la table elle-même, mais aussi pour la portion de nourriture qui y est déposée de la part des fidèles (GILL 1974 : 121 ; cf. DETIENNE 1991). Par ailleurs, des sources étrangères à la tradition des catastérismes introduisent dans le mythe des épisodes originaux : selon APOLLODORE (3.8.1), cet acte d'impiété extrême a pour conséquence le déclenchement par Zeus du cataclysme de l'époque de Deucalion. Cette mention a suggéré la confrontation du mythe de Lycaon avec d'autres récits du déluge (voir les parallèles fournis par les histoires de Philémon et de Loth : FONTENROSE 1945), où les habitants d'une région ou du monde sont anéantis sous les eaux, à l'exception d'un couple pieux qui est épargné.

113. Le texte comporte apparemment une erreur : c'est la main *gauche* et non la droite qui porte quatre étoiles ; à moins de soutenir que la figure est inversée (et qu'elle est vue de dos), la main qui est près de l'Ourse et porte les quatre étoiles (θ, ι, κ, et 13 Boo) est nécessairement la *gauche* (HIPPARQUE 1.11.18 ; cf. HYGIN 3.3) ; c'est elle qui tient la massue ou la houlette. Pareillement l'étoile du coude (λ Boo) correspond au bras gauche qui est levé ; toutes les indications de latéralité données par HIPPARQUE (2.5.1, 2.6.1b, etc.) et Ptolémée concordent et identifient le côté occidental avec la partie gauche du Bouvier. Voir dans cette permutation typique la trace d'un catalogue pré-hipparchéen, où la figure serait différemment présentée (FERABOLI 1993 : 81), est hautement improbable, car cette inversion serait iconographiquement aberrante et contraire aux autres indications de latéralité données dans le descriptif ; en outre, Aratos dit pertinemment qu'il s'agit du bras *gauche* (v. 722 : « le bras gauche ne se couche pas » ; notons qu'une des prémisses de Feraboli, à savoir que les *Catastérismes* n'indiquent pas d'étoiles de magnitude supérieure à 4, est à l'évidence erronée). Cette erreur se répercute toutefois dans la tradition (cf. SCHOL. GERM., p. 65 et 124) et produit des incohérences : ainsi, d'après la leçon unanime des manuscrits d'HYGIN, la main du Bouvier qui se trouve dans le cercle boréal est bien la gauche (*sinistram* : 3.3), mais c'est également l'épaule *gauche* qui jouxte la Couronne (3.4), alors que cette place correspond nécessairement à *l'autre côté* du corps du Bouvier. Sur les ambiguïtés et les confusions relatives à la latéralité, voir *Introduction*, p. XXXVIII-XLI et *Cat.* 4 (et n. 56).

114. Il existe une confusion persistante entre Arctouros et Arctophylax qui semblent avoir le même sens, comme l'établit l'étymologie moderne (φύλαξ *vel* οὖρος = gardien ; cf. aussi SCHOL. HES., *Op.* 566 : Ἀρκτοῦρον οὖν τὸν ὁρίζοντα λέγουσι ; cf. CORNUTUS 1.1, qui lie le mot à ὠρεῖν, ὠρεύειν) ; cependant l'étymologie antique courante dérivait aussi l'élément *–ouros* de la queue (οὐρά, comme pour Kynosoura —cf. *e.g.* ISIDORE, *Et.* 3.70.9). *Stricto sensu,* les deux appellations ne sont pas équivalentes, comme le note un scholiaste : Ἀρκτοφύλαξ ne désigne pas la même chose que Ἀρκτοῦρος, car ce dernier désigne une étoile (ἀστήρ) tandis que Ἀρκτοφύλαξ désigne la constellation (ζῴδιον), du fait qu'il se trouve près de l'Ourse (SCHOL. ARAT. 91, p. 118-119). Mais des scholies (SCHOL. ARAT. 95, p. 122 : « arctouros » = ὁμωνύμως τῷ ὅλῳ ἄστρῳ λέγεται), et les lexiques confirment la réalité de ce flottement (HARPOCRATION, *Lexicon* s.v. Ἀρκτοῦρος, p. 58 Dindorf : Ἀρκτοῦρος καὶ Ἀρκτοφύλαξ : ὁ Βοώτης ὀνομαζόμενος ; cf. ZONARAS B 399), malgré le net distinguo aratéen (92-95). HÉSIODE (*Op.* 566, 610) est le premier auteur à employer le terme d'Arctouros, passé plus facilement en latin où il est dix fois plus fréquent (cf. EUSÈBE, *PE* 11.7.8 : Ἀρκτούρου, ὃν Ἀρκτοφύλακα καὶ Βοώτην ὀνομάζειν Ἕλλησι φίλον) ; la mention de l'astre dans un verset de Job, où l'étoile

(ou la constellation) est traduite par Arcturus, assure sa diffusion (cf. ATHANASE, *Scholies à Job* 24.8 : τὸν Ἀρκτοῦρον τὸν ἐν τῷ ἀρκτοῦν ὄντα, τὸν λεγόμενον ὑπό τινων ἀρκτοφύλακα). Arcturus (α Boo) est, après Sirius et Canope, l'étoile la plus brillante de l'hémisphère nord. Elle est connue des Babyloniens sous le nom de ŠU-PA *i.e* "lien étincelant" (FLORISOONE 1951 : 156 ; cf. WAERDEN 1974 : 76). Arcturus constitue un repère cosmologique important : son lever vespéral (vers le 24 février) annonce le printemps, son coucher héliaque (vers le 5 juin) intervient avant les grandes chaleurs, et son lever héliaque à l'équinoxe (vers le 20 septembre) marque précisément la fin de l'été (voir HIPPOCRATE, *Régime* 3.68) et le commencement du labour hivernal (SCHOL. HOM., *Od.* 5.272 Dindorf : Βοώτης δὲ λέγεται ὅτι κατὰ τὴν ἐπιτολὴν αὐτοῦ βοηλατοῦσι καὶ ἀροτριῶσιν). Selon HYGIN (3.3), cette étoile est non pas entre les genoux mais sur la ceinture (*zona* ; comme pour ARATOS 94 et HIPPARQUE 1.11.19 et 3.2.1) ; mais une large tradition la place comme Ératosthène (GÉMINOS 3.9 ; VITRUVE 9.5.1 ; ARAT. LAT., p. 199 ; SCHOL. GERM., p. 65) ; PTOLÉMÉE (*Almageste* 7.5, p. 50) la place entre les cuisses (μεταξὺ τῶν μηρῶν) et hors de la constellation (ἀμόρφωτος).

115. La position du Bouvier est précisément décrite par HIPPARQUE (2.2.29) : « Bien qu'il soit debout en train de marcher, le Bouvier a une légère inclinaison du corps qui fait que son pied gauche, beaucoup plus au sud que sa tête, précède de plus de trois-quarts de signe le cercle dont le tracé passe par les pôles et la tête du Bouvier ». Il est représenté souvent avec un bâton dans la main droite (HIPPARQUE 2.6.1b : « la dernière à se coucher est la plus au nord des étoiles du bâton (κολλόβορον) » ; cf. PTOLÉMÉE, *Almageste* 7.5, p. 50 ; c'est l'emblème du bouvier, appelé aussi καλαῦροψ : SCHOL. HÉS., *Op.* 566 ; ou ῥόπαλον : SCHOL. ARAT. 92, p. 119. Le Bouvier porte une ceinture (ζώνη : HIPPARQUE 3.2.1 ; περίζωμα : PTOLÉMÉE, *Almageste* 7.5, p. 50). L'identification des étoiles semble la suivante : θ, ι, κ, 13 ou 24 Boo (sur la main, respectivement mag. 4, mag. 4.7, mag. 4.5, et mag. 5.2 ou mag. 5.6) ; β Boo (sur la tête, mag. 3.5) ; δ Boo (sur l'épaule droite, mag. 3.4) ; γ Boo (sur l'épaule gauche, mag. 3) ; ε Boo (sur le mamelon droit, mag. 2.7) ; ρ Boo (sur le mamelon gauche, mag. 3.6) ; 34 Boo (sous le mamelon, mag. 4.8) ; λ Boo (sur le coude, mag. 4.2) ; α Boo (entre les genoux, mag. -0.05) ; ζ Boo (sur le pied droit, mag. 3.8) ; η Boo (sur le pied gauche, mag. 2.7).

Page 26
121. Le nom de Lycaon annonce déjà sa future transformation en loup (λύκος). Par ailleurs, le banquet anthropophagique que Lycaon a proposé à Zeus —une intolérable régression de la culture à la bestialité— confirme le parallélisme avec le cannibalisme de Tantale, qui sert à table son fils Pélops (voir n. 109). De la même manière que cet épisode mythique est rituellement exprimé à Olympie par le sacrifice d'un

bélier noir en l'honneur de Pélops (PAUSANIAS 5.13.2-3), le mythe d'Arcas révèle d'indiscutables connexions avec un mystérieux rituel anthropophage qui, apparemment, devait se dérouler en Arcadie sur le mont Lycaion (voir PLATON, *Rep.* 565d ; PAUSANIAS 8.2.38), et au cours duquel on mélangeait dans un chaudron des viscères animaux et humains. D'après la tradition, celui des convives qui, dans le banquet qui suivait le sacrifice, goûtait de la viande humaine, était transformé en loup pendant neuf années. S'il s'abstenait de manger de la viande pendant cette période, il retrouvait sa forme humaine ; sinon, il restait définitivement un loup. Pausanias raconte le cas du pugiliste Démarque, vainqueur de boxe aux jeux Olympiques de 400 av. J.-C., dont on disait qu'il avait été métamorphosé en loup puis, au bout de dix ans, re-transformé en homme (PAUSANIAS 6.8.2). Pour une interprétation de ce rituel complexe dans le contexte de l'idéologie sacrificielle, voir BURKERT 1983 : 83 sq. La pratique de sacrifices humains en Grèce a été sérieusement remise en cause ces dernières années (voir HUGHES 1991 : 96-107 ; BONNECHÈRE 1994 : 85-96 ; GEORGOUDI 1999 ; BREMMER 2007 ; BONNECHÈRE 2009).

122. L'éducation par un chevrier est gage de royauté (voir Pâris, Télèphe, Œdipe ; cf. HYGIN, *Fables* 252). Hygin fait élever Arcas par un "Étolien", mais il s'agit sûrement d'une mauvaise lecture plutôt que d'une variante (αἰπόλος ayant été transformé en αἰτωλός, comme le démontra BURSIAN 1866).

123. Il s'agit du sanctuaire (ou ἄβατον) consacré à Zeus Lycaios (auquel fait référence le *Cat.* 1, voir n. 11), dans lequel il était interdit de pénétrer sous peine de mort ou d'une sanction équivalente, consistant à perdre son ombre (THÉOPOMPE, *FGH* 115F343 ; cf. PAUSANIAS 8.38.6). Sur l'ἄβατον de Zeus Lycaios, voir JOST 1985 : 255 sq. et JOST 2007 : 273-278. D'un point de vue historico-religieux, cette interdiction fournit un prétexte pour mettre à mort la victime, et constitue un des mécanismes permettant au sacrificateur de surmonter l'inhibition qui le retient de verser le sang. Lâcher des animaux pour qu'ils s'approchent "librement" de l'autel est en effet un procédé classique dans le rituel sacrificiel (voir BURKERT 1983 : 1-82). Callisto et Arcas pénètrent dans le sanctuaire sans s'en rendre compte et ne sont sauvés, *in extremis*, de l'exécution que par l'intervention de Zeus. On a affaire ici à un appendice appartenant strictement à la tradition catastérismique, où la mère et le fils, soustraits à la mort pour des raisons affectives (cf. HENRICHS 1987 : 266), sont transposés au ciel. Le contexte et le sens de ce geste de déplacement (soustrayant un mortel à une mort indue ou cruelle et exprimant un droit d'ingérence divine) imitent exactement la logique des métamorphoses.

124. L'inceste constitue ici une expression supplémentaire du "malentendu généalogique", qu'illustre l'histoire familiale de Lycaon, Callisto et Arcas, et ajoute un nouveau crime à la liste (grossesse criminelle, cannibalisme, transgression religieuse, inceste). La chasse,

pour Arcas, qui est sorti de l'enfance et parvient à l'ἐφηβεία, est une activité typique et attendue. Les textes dérivés des *Catastérismes* présentent ici deux variantes divergentes : selon les *Fragmenta Vaticana* et les Scholies à Germanicus (p. 64 : *matri inscius uim ferre uoluit*), Arcas s'unit sexuellement à sa mère ; en revanche, selon Hygin (2.4 ; cf. aussi *Cat.* 1), il la chasse. Les manuscrits de l'*Épitomé* n'ont pas conservé le passage correspondant, mais le témoignage du *Violarium* (qui contient des extraits d'un *Épitomé* de facture voisine de celui qui est parvenu jusqu'à nous) suggère que l'*Épitomé* des *Catastérismes* suivait peut-être une version proche de celle que fournit Hygin (cf. Eudocia 533, p. 425 Flach). Comme en *Cat.* 7 (cf. n. 98), l'alternance de variantes mythographiques correspond à une équivalence structurelle : sur l'ambivalence de l'agression et de la sexualité en contexte de chasse : voir Burkert 1983 : 59, 87. Les deux solutions sont analogues du point de vue rituel (cf. Pàmias 2008c). La connexion étroite entre chasse et érotisme apparaît aussi en *Cat.* 32 (à propos d'Orion) et en *Cat.* 33 (à propos de Céphalos). Hygin attribue à Arcas, dans le chapitre qu'il consacre au Bouvier, des enfants : « il eut pour fils Parias, qui donna son nom aux Pariens [de l'île cycladique de Paros] et à la ville de Parion [sur l'Hellespont] » (Hygin 2.4.7). Dans notre texte la transformation prématurée d'Arcas ne concorde pas avec sa place de roi fondateur.

Page 28

128. Dikè (la Justice) forme avec ses sœurs Iréné (Paix) et Eunomia (Bonne régulation) un trio désigné par l'appelation collective d'Heures (voir Rapp 1890c), filles de Zeus et de Thémis (voir Pindare, *Ol.* 13.6 sq.). Elles incarnent, dès les époques reculées, l'éclat et la maturation de la nature (pour plus de détails, voir *Cat.* 5, n. 67). Dikè n'apparaît pas comme divinité isolée dans l'épopée homérique, mais elle figure au centre des préoccupations civiques des *Travaux et Jours* d'Hésiode (217 sq.). L'époque classique assiste à l'idéalisation et à la consécration divine du concept de δίκη (liée, chez Anaximandre, à l'ordre du cosmos (*FVS* 12B1), et constituant chez Eschyle (*Sept* 662 sq.) une force capable de résoudre les conflits tragiques ; voir Shapiro 1993 : 43-44). La valeur idéologique de cette figure peut tirer partie de circonstances astronomiques : la réapparition de la constellation en automne, avec le double lever héliaque du matin de Vindemiator et de Spica, intervenant après leur coucher vespéral lors de la canicule en août, pouvait figurer la certitude, au-delà des moissons et des vendanges présentes, d'un retour du cycle bienheureux où la nature dispense ses biens, comme aux temps bénis de l'âge d'or (de l'automnal Saturne). La Vierge Dikè est alors la Vierge du retour, celle qu'évoque Virgile prophétisant les temps nouveaux que Rome serait appelée à connaître avec Auguste : « Déjà revient aussi la Vierge et avec elle revient le règne de Saturne,

déjà une nouvelle race descend du haut des cieux » (*Bucoliques* 4.6-7). ARATOS met l'ensemble du ciel sous le régime de Parthénos-Dikè, puisqu'elle est aussi nommée Astraïa (98), fille de Zeus, ou « d'Astraios dont les étoiles d'or sont les rejetons, et qui, en récompense de ses mœurs pures, a donné son nom à tous les astres » (AVIÉNUS 279-281 ; cf. NONNOS 41.212-215 : « La vierge Astraia, la nourrice du monde, l'éducatrice de l'âge d'or ») ; Astraios, un Titan peut-être introduit par Hésiode (MARTIN 1998b : 201), et père des étoiles et des quatre vents cardinaux (HÉSIODE, *Th.* 378), est largement attesté dans la littérature (APOLLODORE 1.2.4 ; HYGIN 2.25.1 ; OVIDE, *Mét.* 1.150). La Vierge-Justice est pour un prince le lieu idéal où se transporter après sa mort, et l'emplacement que prévoit VIRGILE pour Auguste, après son apothéose : « ou bien, astre nouveau, prendras-tu place, aux mois lents dans leur course, dans l'intervalle qui s'ouvre entre Érigonè et les Pinces qui la poursuivent ? De lui-même, l'ardent Scorpion pour toi déjà replie ses bras et te cède dans le ciel plus d'espace qu'il n'en faut » (*Géorgiques* 1.33).

129. Ératosthène souligne à juste titre la relation entre Aratos et l'épopée d'HÉSIODE (surtout *Op.* 217 sq.), qui fournit le modèle immédiat du développement remarquable consacré à cette figure dans les *Phénomènes* (96-136). Bien qu'Aratos pratique davantage l'*inuentio* que l'*imitatio* (SOLMSEN 1966 : 125), les échos hésiodiques, y compris littéraux, sont flagrants (sur les liens intertextuels entre Hésiode et Aratos, voir CUSSET 1999 : 196 sq.). Pour le stoïcien Aratos, l'épisode raconté par Hésiode illustre parfaitement la bienveillance providentielle de Zeus à l'égard des hommes, une thématique centrale du stoïcisme et soulignée dans le prologue des *Phénomènes*. Aratos intègre Δίκη dans le schéma hésiodique des races (ou des âges) —à ceci près que les *Phénomènes* ne retiennent que trois âges au lieu des cinq hésiodiques, Aratos se dispensant du récit des deux dernières—. Le mythe des races humaines (qui se sont succédées sur la terre) décrit la dégradation morale de l'humanité, de l'âge d'or à l'âge du bronze, et en somme la dissociation progressive de la communauté primitive des hommes (tentés par la guerre et l'injustice) et des dieux. Mais contrastant avec l'âge d'or d'HÉSIODE, dans lequel la terre donnait spontanément des fruits (*Op.* 116-117), la race d'or d'Aratos est tenue de pratiquer l'agriculture, Dikè assumant de ce fait des attributs nouveaux, comme l'épi de blé, qui la rapprochent de Déméter (voir n. 132).

130. Dikè est, parmi toutes les figures fixées au ciel, la seule « déesse » ; l'ambiguïté de son statut est soulignée, et se voit renforcée par l'originalité de sa promotion céleste. Ce catastérisme est, de fait, exceptionnel, car il n'est pas réalisé par un autre dieu mais procède d'une ascension autonome (cf. *Cat.* 18, n. 275). Cette migration d'une déesse vers les cieux est un motif abondamment documenté depuis HÉSIODE (sur Aidos et Némésis : *Op.* 197-200) ; d'après THÉOGNIS

(1135 sq.) ou EURIPIDE (*Med.* 439 sq.), plusieurs déesses ont abandonné la terre (Πίστις, Σωφροσύνη, Χάριτες, Αἰδώς). Cependant, pour Aratos et Ératosthène, ce déplacement constitue un authentique voyage astral, puisqu'il culmine avec l'établissement d'une constellation au firmament. La référence littérale à un « envol » est rare dans la tradition astronomique (CONDOS 1970 : 52), et les ailes de la figure sont un attribut énigmatique, car elles ne constituent ni un élément iconographique présent dans le modèle babylonien, ni un accessoire de Dikè ou d'une des déesses que la constellation passe pour représenter.

131. Alors que les noms de certaines constellations tels Persée, Andromède ou Orion laissent peu de place à des interprétations mythologiques nouvelles, de nombreux noms communs (comme la Vierge, le Serpentaire, l'Agenouillé, les Gémeaux…) se prêtent à toutes sortes de réinterprétations et d'innovations. Outre les cinq divinités indiquées ensuite, on trouve encore dix autres identifications dans la tradition classique (CONDOS 1970 : 52 ; cf. BOLL-GUNDEL 1937 : 962-963) : Athéna (PROCLUS, *in Tim.* 23d), Hécate (*Anonymus Laurentianus in* BOLL 1903 : 439), Érigonè, la fille d'Icarios (voir *Cat* 8 ; cf. HYGIN, *Fables* 224 : *Erigone in Virginis signum* [*relata*]), Thespia (SCHOL. ARAT. 223, p. 183-184), Korè ou Cybèle (*CCAG* V.1, p. 199-200), Ilithyie (BOLL 1903 : 208-213 ; SCHERER 1953 : 168), Pax et Virtus (DONATIANUS in *CIL* 7.759 ; cf. BOLL 1903 : 480), l'hyperboréenne Upis, et enfin une certaine Parthénos, « fille d'Apollon et de Chrysothémis, qui dans son enfance reçut le nom de Parthénos ; à cause de sa mort prématurée, Apollon la plaça au ciel » (HYGIN 2.25.2) ; sur une identification possible, chez Teucros, avec Ariane, voir BOLL 1903 : 275-277. Ératosthène recueille certaines des projections mythologiques les plus célèbres. Érigonè (voir n. 128) est un surnom de la Vierge, soit qu'il dérive d'une épithète homérique signifiant « la bien née » (ἠριγένεια ; cf. G. CHOIROBOSCOS, *Des Esprits* 202), soit par identification à la fille d'Icarios (cf. NONNOS 1.254 ; SCHOL. HOM., *Il.* 22.29 Van Thiel) ; plusieurs tragiques —Philoclès, Sophocle, Cléophon— auraient composé une pièce portant ce nom, mais il est aussi celui d'une fille d'Égisthe et de Clytemnestre.

132. Le fait que la figure apparaisse souvent avec un épi à la main encourage (puisque cet astérime est d'origine très ancienne) à l'interpréter comme une représentation de Déméter (bien que Παρθένος soit souvent une épiclèse d'autres déesses comme Artémis, Athéna ou Héra). Par ailleurs, Déméter, surtout en qualité de Déméter Θεσμοφόρος, a déjà transmis à Dikè ou à la Justice certaines de ses caractéristiques, dans l'œuvre d'Aratos (SCHIESARO 1996 : 14 sq.). À l'époque hellénistique, Déméter est devenue une déesse protectrice de la civilisation et introductrice de la loi (voir CALLIMAQUE, *Hymne à Déméter* 17-20). Son culte a été mis à l'honneur dans l'Égypte ptolémaïque (voir FRASER 1972 : I.199, I.241, II.335). Mais Ératosthène est le premier

auteur à proposer l'identification explicite de la constellation de la Vierge avec Déméter. La désignation stellaire de « jeune fille » (sous les termes grecs de παρθένος ou κόρη) convient peu, pourtant, à la déesse de la fécondité, mère de nombreux enfants (Philomelos, Ploutos, Despoina, le cheval Areion...), et en particulier de Perséphone, dont l'épiclèse la plus connue est précisément Korè.

133. L'antique déesse égyptienne Isis a revêtu, avec le temps, de nouvelles attributions qui en ont fait une reine céleste, créatrice de toute culture. Son culte s'est diffusé dans toute la Méditerranée et a pénétré fortement la Grèce surtout à partir du IVe siècle. À Cyrène, patrie d'Ératosthène, il s'est développé et enraciné à une époque beaucoup plus reculée (voir HÉRODOTE 4.186). Mais c'est surtout l'Alexandrie ptolémaïque qui en promeut le culte (DUNAND 1973 : 27 sq.). Cette déesse qui apparaît souvent avec un épi à la main (cf. OVIDE, *Mét.* 9.688-690 ; APULÉE, *Métamorphoses* 9.3), est assimilée à Déméter (voir HÉRODOTE 2.59 et 156), mais également à Io ou à Aphrodite. Isis était également identifiée à l'étoile Sirius (BOLL 1903 : 208).

134. La déesse Atargatis, également connue sous le nom de Dèrceto ou de « Déesse syrienne » (voir *Cat.* 21 et 38), est vénérée, de manière spéciale à Hiérapolis-Bambikè (voir LUCIEN, *Syr. D.* 1), sur la rive de l'Euphrate, d'où son culte s'est diffusé en Occident (voir MARTIN 1987 : 81). En sa qualité de déesse-mère, garante de la fertilité et de la sécurité, elle assumait les fonctions qui étaient celles de Tychè (ou *Fortuna*) dans les cités (sur l'équivalence Tychè/Atargatis, voir GAUCKLER 1909 : 434 ; voir n. 135). L'identification de cette déesse avec la Vierge se justifie principalement par l'attribut iconographique de l'épi dans la main (DRIJVERS 1986 : 358).

135. Tychè (Τύχη) ou *Fortuna,* inconnue d'Homère, est fille d'Océan selon HÉSIODE (*Th.* 360), ou bien de Zeus, d'après PINDARE (*Ol.* 12.1 sq.), ou encore de Prométhée le bienveillant (ALCMAN, *frg.* 64 *PMG*) ; elle est, selon Alcman, sœur d'*Eunomia* (Bon ordre) et de *Peitho* (Persuasion), et c'est par ailleurs une compagne de Perséphone (HOMÈRE, *Hymne à Déméter* 415-420). Mais elle ne joue pratiquement aucun rôle dans les mythes. Elle prend pourtant avec le temps une importance croissante, surtout dans la seconde moitié du Ve siècle. Son culte est attesté à partir de l'époque classique (peut-être depuis le VIe siècle : SHAPIRO 1993 : 227), mais il reste très marginal jusqu'à la fin des guerres médiques. Il s'agit essentiellement, depuis l'origine, d'une divinité poétique et peu populaire. Sa faveur culturelle est encouragée par le culte, plus antique et répandu, du « bon génie » (ἀγαθὸς δαίμων) dont la Τύχη constitue un équivalent (cf. PAUSANIAS 9.39.4) ; et la place de Tychè s'accroît avec la dissolution des anciennes croyances (voir NILSSON 1950 : 197-198 ; sur Isis-Tychè voir NILSSON 1950 : 120). À l'époque hellénistique, chaque individu et chaque cité peut avoir sa propre *Tychè*, et il est courant d'insister sur sa fonction de

dispensatrice de biens (cf. ARTÉMIDORE 2.37). Dans les sources littéraires, les images associées à Tychè expriment une idée de mouvement et d'instabilité des choses : rasoir, balance, ailes, roue et gouvernail ; ou bien elles soulignent son caractère arbitraire et imprévisible (quand elle apparaît les yeux cachés ou sans tête, comme dans ce chapitre). En revanche, dans l'iconographie, les artistes ne retiennent qu'un nombre très limité d'attributs pour Tychè (voir VILLARD 1997 : 116) : elle est souvent représentée aux côtés d'Hadès (car elle est parfois considérée comme une Moire : PINDARE, *frg.* 21 Bowra), avec en main un globe ou une corne d'abondance (cf. PAUSANIAS 7.26.8), signe de la prodigalité de la déesse. L'identification de la Vierge céleste avec une Tychè sans tête ne concorde pas avec l'anatomie de la constellation, qui comporte une étoile « sans éclat » sur la tête (γ Virginis).

137. Les ailes de la Vierge posent problème, car on ne rencontre à cette place aucune figure ailée dans les représentations babyloniennes, et, d'autre part, la représentation classique des divinités grecques identifiées à la Vierge, et en particulier Dikè, n'en comportent pas. Il s'agit d'une innovation, peut-être antérieure à Ératosthène, par rapport à la description aratéenne. La Vierge décrite par Aratos ne porte pas d'ailes, le vers 138 des *Phénomènes* qui situe l'étoile de Protrygèter « sur l'aile droite » étant, selon la majorité des éditeurs, inauthentique (voir MARTIN 1998b : 215 ; voir AUJAC 1975 : 130).

Page 29

138. Le lever héliaque de cette étoile (ε Vir, vers le 5 septembre d'après GÉMINOS, [*Parapegme*] p. 100 Aujac), nommée en latin *Vindemiator, Vindemitor, Prouindemiator* (VITRUVE 9.4.1) ou *Vindemiatrix* (voir LE BŒUFFLE 1971 : 167), correspond à l'époque des vendanges. Elle a une importance considérable, et Ptolémée affirme qu' « elle agit comme les astres de Saturne et de Mercure » (*Tétrabible* 1.9.7). Le nom grec est aparemment connu d'Euctémon au milieu du Ve siècle (*in* GÉMINOS, [*Parapegme*] p. 100 et 105 Aujac ; cf. SCHERER 1953 : 123) ; mais sa première mention astronomique certaine se trouve chez HIPPARQUE (2.5.5). Dans l'astronomie babylonienne elle est représentée comme un rameau de dattier (E-RU en sumérien). Elle est souvent associée au Bouvier tout proche, et parfois singulièrement identifiée à un compagnon de Dionysos : il s'agirait d'Ampelos, le fils d'un satyre et d'une nymphe, mort en cueillant une grappe de raisin (OVIDE, *Fastes* 3.407 sq.) ou en chevauchant un taureau (NONNOS 11.214-223 sq.) et qui devint étoile ou petit astérisme par la grâce de Dionysos. Cette étoile, probablement anonyme chez Aratos, n'est pas nommée chez les Aratéens latins (Cicéron, Germanicus, Aviénus). Sa situation, dans le texte d'Ératosthène, est étrange : « <sur> l'épaule et au bout de l'aile ». HIPPARQUE (2.5.5) signale que l'étoile de l'épaule boréale de la Vierge est sur le même méridien que l'étoile Protrygèter du bout de l'aile ;

cette notation ne saurait être valable qu'en identifiant l'étoile de l'épaule avec δ Vir et non o Vir comme c'est le cas chez Ératosthène. L'ensemble de la figure apparaît structuré de façon très différente, le modèle d'Hipparque étant reproduit chez Ptolémée : l'étoile de l'épaule droite —selon Ératosthène— (o Vir) se trouve sur la tête ; l'étoile de l'épaule gauche (β Vir), au bout de l'aile ; l'épaule du coude droit (δ Vir), sur l'épaule ; tandis que l'étoile de la main droite (ζ Vir) se trouve située chez Ptolémée sur la fesse droite. La remarque d'Hipparque sur la culmination synchrone de Protrygèter et de l'épaule boréale (*scil.* droite) a conduit la tradition à opérer des réfections sur le legs aratéen (voir MARTIN 1998b : 214), et à partir de la formule peut-être équivoque d'ARATOS ("au nord des épaules" : v. 137), à situer l'étoile *sur* l'épaule (*istius extremis umerorum partibus* : AVIÉNUS 353 ; *ad humerum defixa* : HYGIN 3.24 ; cf. GÉMINOS 3.6 : παρὰ τὴν δεξιὰν πτέρυγα) ; selon Ptolémée, Protrygèter est "sur l'aile droite et boréale" (ἐν τῇ δεξιᾷ καὶ βορείῳ πτέρυγι) —et non pas au bout de l'aile. D'après l'axe du corps de la Vierge ératosthénienne le bout de l'aile se trouve très au-dessus (à l'ouest) de la taille (Spica, dans la main de la Vierge, étant nettement plus à l'est sur le corps).

Page 30
142. Cette étrange précision provient sans doute d'une interprétation libre des vers 102-103 des *Phénomènes* d'ARATOS (« Elle venait à la rencontre des humains. Des hommes et des femmes d'autrefois elle ne dédaignait pas la foule ») ; d'après le texte des *FV,* les femmes de l'Âge d'or auraient possédé une signification cruciale, puisque la Justice n'admet que leur compagnie. On sait dans quel cadre étroit évolue la femme en Grèce ancienne, et que l'unique contexte dans lequel les épouses pouvaient se soustraire à la domination masculine pour construire une communauté particulière était celui du rituel religieux. C'était le cas, par exemple, durant les *Cronia* (fêtes de Cronos) et les autres festivals dits d'inversion (*reversal*) dans lesquels prenait place, de manière institutionnelle, une période de désordre. Les Thesmophories, fêtes en l'honneur de Déméter, avaient pour les femmes une signification et une importance considérables (voir VERSNEL 1992) ; les épouses jouissaient du privilège d'organiser leur réunion dans un endroit central de la *polis*, l'accès au festival étant strictement interdit aux hommes (y compris les hommes non mariés) ; cette exclusion enveloppait le rituel dans une atmosphère de mystère et de secret. La prédominance des femmes et de la Justice dans l'évocation des *FV* suggère une interruption de la normalité qui n'est admissible, au niveau mythique, que dans une transposition dans l'Âge d'or ; au niveau rituel, elle reflète les festivals d'inversion comme les Thesmophories. L'accent "féministe" de l'évocation des *FV* est à mettre en rapport avec l'identification de la Vierge à Déméter (voir n. 132), et à la

convergence, à l'époque hellénistique, de traits propres à chacune des deux déesses (PÀMIAS 2009).

Page 31

145. Les Dioscures sont connus en Grèce sous des noms différents, mais l'identité qui s'impose progressivement est celle de Castor et Pollux, les jumeaux les plus célèbres de la mythologie grecque, mais aussi ceux dont l'histoire est la plus complexe, voire contradictoire (en ce qui concerne leur naissance, leur statut, le culte, leur vie *post mortem* et les épisodes auxquels ils prennent part). Ils sont « fils de Zeus » (Διόσκουροι) —ou « fils du jour » (RENEL 1896 : 21 et 270)—, mais sont aussi appelés Tyndarides (Τυνδαρίδαι). Pour étayer ce nom mystérieux, le mythe invente un père adoptif : Tyndare. Cette ambiguïté va donner lieu à diverses constructions rationalisantes de la part des mythographes. La plus achevée est celle qui propose une double fécondation de Léda (ou Némésis : CHANTS CYPRIENS, *frg.* 9). Selon APOLLODORE (3.10.6-7), Zeus, amoureux de Léda, prend la forme d'un cygne et s'unit à elle le même jour que Tyndare ; Léda met au monde Pollux et Hélène (enfants de Zeus), ainsi que Castor et Clytemnestre (enfants de Tyndare). On a souligné les parallèles existant avec d'autres paires de jumeaux dans la mythologie indo-européenne (en particulier avec les Aśvin védiques ; cf. RENEL 1896 et BRAARVIG 1997) ; la comparaison est toutefois compliquée (voir EDMUNDS 2007 : 2-4). Le couple d'enfants divins correspond, par ailleurs, en Grèce, à une tradition bien établie, peut-être depuis l'époque minoenne, et il a dû y avoir une convergence avec les fils de Zeus indo-européens (cf. DIETRICH 1974 : 188).

146. L'origine laconienne des Dioscures est bien établie malgré les revendications des Messéniens (cf. PAUSANIAS 3.26.3), et les autres Grecs reconnaissent Sparte comme le centre de leur culte qui s'étendra progressivement à tout le monde grec (voir SHAPIRO 1999 : 100 ; sur Alexandrie, voir FRASER 1972 : I.207). On montrait même, à l'époque de PAUSANIAS (3.16.2), le palais dans lequel ils avaient vécu. La royauté double qui caractérise le régime spartiate est étroitement liée à des prototypes mythiques, qui permettent de consolider l'ordre politique en le fondant sur un modèle divin. D'autre part, le culte des Dioscures se trouve associé, à Sparte même, à un contexte initiatique. Selon la tradition locale (à laquelle se réfère ALCMAN, *frg.* 23 *PMG*), les Dioscures, nés à Pephnos, ont été élevés à Pellène, où Hermès les aurait portés, bénéficiant ainsi du privilège que constitue le fait d'être "adoptés" (cf. GERNET 1955 : 20). On peut voir une allusion à cette condition spéciale dans l'emploi par Ératosthène du verbe τρέφω (ἐν δὲ τῇ Λακωνικῇ τραφέντες), qui se réfère, dans son sens technique, à l'éducation des héros hors du foyer paternel. Les Jumeaux divins pénètrent ainsi dans le palais du mortel Tyndare qui devient leur "père adoptif"

(*foster-father*). Par ce moyen, le mythe résout le statut ambigu (divin ou héroïque) des Dioscures. Mais les relations entre les Tyndarides et les Dioscures constituent une difficulté épineuse (voir EUSTATHE, *Comm. Od.*, p. 1.417.23-35 Stallbaum), y compris pour les auteurs antiques : Hérodote distingue nettement les Tyndarides (pour renvoyer aux Spartiates : voir HÉRODOTE 4.145, 5.75, 9.73) des Dioscures (HÉRODOTE 2.43, 2.50, 6.127). Et même Hélène, dans la tragédie d'EURIPIDE (*Hel.* 138 sq.), obtient une réponse ambiguë lorsqu'elle demande des nouvelles de ses frères : d'après certains, ils sont devenus immortels et ont été placés parmi les étoiles ; selon d'autres, ils se sont suicidés à cause de leur sœur.

147. Les *Catastérismes* sont avec l'*Astronomie* d'Hygin le seul texte qui signale leur exemplaire solidarité comme le motif de leur catastérisation. Malgré cette étroite cohésion, chaque jumeau possède des traits spécifiques : Pollux est un pugiliste, tandis que Castor est un dompteur de chevaux (HOMÈRE, *Il.* 3.237 ; CHANTS CYPRIENS, *frg.* 15 ; PINDARE, *Pyth.* 5.9 ; cf. MARTIAL, *Epig.* 7.57 ; mais en bons héros ils sont au fond cavaliers émérites : CALLIMAQUE, *frg.* 227). Le culte de chacun d'eux est, de fait, distingué (ainsi Castor est vénéré tout seul dans certains lieux : PAUSANIAS 3.13.1). Cependant, l'iconographie propose de très nombreux documents dans lesquels ils apparaissent étroitement liés, à l'abri d'une déesse (CHAPOUTHIER 1935 : 21 sq.). La triade a été interprétée comme la paire d'enfants divins avec la déesse-mère anatolienne (BURKERT 1985 : 212). Dans la mythologie, Castor et Pollux sont intimement unis dans leurs exploits, comme lors de l'expédition qu'ils mènent ensemble pour sauver leur sœur Hélène, séquestrée par Thésée et Pirithous et retenue à Aphidna, en Attique ; ou lorsqu'ils affrontent les fils d'Apharée (et neveux de Tyndare) Idas et Lyncée (voir n. 154). Ils participent également à des entreprises panhelléniques comme l'expédition des Argonautes et la chasse au sanglier de Calydon (voir ALBERT 1883 : 1-7). Diverses traditions les font intervenir dans des batailles historiques comme celle de Sagra (vers 560 av. J.-C.), ou celle du lac Régille (en 499 av. J.-C. ; FLORUS, *Epit.* 1.28.14 ; cf. BLOCH 1960). Cf. DENYS d'Halicarnasse 6.3 ; CICÉRON, *Nat.* 2.6 et 3.11. Voir MOSCATI CASTELNUOVO 1995 et SCHILLING 1960.

148. Le terme *Gémeaux* (strict doublet de Jumeaux) est consacré à la désignation du signe zodiacal. La catastérisation des Dioscures est longuement présentée par OVIDE (*Fastes* 5.693-720) au 20 mai, date d'entrée du Soleil dans les Gémeaux. La constellation est globalement visible la nuit pendant la période où la mer est fermée à la navigation (automne et hiver). L'association des Dioscures aux étoiles est clairement attestée au Ve siècle, par exemple chez HÉRODOTE (8.122 ; cf. PLUTARQUE, *Lys.* 12.1). Ce lien est peut-être en rapport avec la participation des Dioscures à l'expédition des Argonautes (quand deux étoiles vont se placer sur la tête des Dioscures : DIODORE 4.43.1 ; voir ALBERT

1883 : 91). Cependant l'identification avec les gémeaux zodiacaux est ignorée ou négligée par Aratos, et sa première mention explicite se trouve dans les *Catastérismes* d'Ératosthène. Les allusions astrales antérieures (Euripide, Callimaque) ne semblent pas renvoyer à la constellation (ni aux étoiles α et β Geminorum), mais à d'autres étoiles. Par ailleurs, le feu de Saint-Elme, provoqué par l'électricité qui se concentre autour du mât du navire, est considérée comme une manifestation des Dioscures (voir ALCÉE, *frg.* 34 Voigt ; cf. XÉNOPHANE, *FVS* 21A39). Ce phénomène serait à mettre en relation avec le caractère astral des héros (BOLL-GUNDEL 1937 : 949). Les Dioscures sont évoqués comme protecteurs des marins (*salutares* in SCHOL. GERM., p. 68), car ils se manifestent durant les tempêtes justement à travers les feux de Saint-Elme. Les étincelles d'électricité s'appellent effectivement « Dioscures » et sont comparées à des étoiles. Des documents iconographiques datant de 430-420 montrent les Dioscures couronnés d'une étoile (*LIMC*, s.v. "Dioskouroi", 114, 118) ; mais c'est surtout à l'époque hellénistique que les étoiles deviennent le symbole des Dioscures (voir *LIMC*, s.v. "Dioskouroi", 232 à 237, 239, 241, 245, 246, 247, 248). Sur la connexion entre navire, cheval et jumeaux, dans divers mythes indo-européens, voir BRAARVIG 1997. Les Latins adoptent cette identification et nomment la constellation *Gemini, Ledaei Iuuenes, Ledaei Fratres, Pueri Tyndarii, Tyndarides* ou *Ledaeum sidus* (astre de Léda). D'autres « jumeaux » divins furent identifiés aux Gémeaux célestes (voir BOLL-GUNDEL 1937 : 950-951). Hygin évoque deux autres couples : Hercule et Apollon (cf. PTOLÉMÉE, *Tétrabible* 1.9 ; VARRON, *Agr.* 2.1.7), et Iasion et Triptolème (HYGIN 2.22 ; Hermippos *in* BOLL 1903 : 123) ; les deux premiers noms de chaque paire se trouvent mentionnés dans les *Scholies à Germanicus,* mais simplement comme des compagnons des Dioscures dans la quête de la toison d'or. Ils sont également identifiés à Zéthos et Amphion, les jumeaux thébains (et on représente l'un d'eux avec une cithare : SCHOL. GERM., p. 68), ou encore avec la paire de héros formée par Hercule et Thésée : *sunt qui dicunt Herculem et Theseum esse qui geminorum memoriam publicam possident ideo, quod duo maxime dicuntur artissimi sodalitate parique industria atque egregia uirtute decorati sapientiaque ceteris mortalibus praestantes* (SCHOL. GERM., p. 69). Par certains de ces couples et la scholie à Germanicus on voit que les δίδυμοι (ou *gemini*) ne sont pas forcément des jumeaux au sens strict (voir FRONTISI-DUCROUX 1992 : 253, et DASEN 2005 : 17-18), et la tradition mythologique a exploité d'autres formes de proximité (négligeant des jumeaux vrais comme Héraclès et Iphiclès) ; les deux Ourses sont d'ailleurs souvent appelées "jumelles" (EURIPIDE, *frg.* 594 ; CRITIAS, *frg.* 3 ; etc.). Nigidius Figulus (in AULU-GELLE, *Nuits attiques* 3.4.7-8) en nommant les Gémeaux "dieux de Samothrace" (SCHOL. GERM., p. 68 ; cf. SCHOL. EURIPIDE, *Or.* 1637) les identifie aux Cabires (Dardanos et Eétion), effectivement assimilés aux Dioscures, en les associant au passé mythique de Rome puisque les Pénates troyens transitent par cette île (cf. ALBERT 1883 : 94-99 et LLOYD 1956).

149. Le premier jumeau est Pollux, le plus oriental, qui porte la *lucida* (étoile la plus brillante : β Gem, mag. 1.1). Il y a une lacune flagrante, entre l'épaule et le genou du Gémeau oriental, dans le descriptif de l'*Épitomé*, mais on peut la restituer sans mal d'après d'autres textes, et en particulier les SCHOL. GERM. (p. 68 : *in dextro cubito I, in eadem manu unam, in singulis genibus singulas, in pedibus singulis singulas ; fiunt priores nouem*) : « une sur le coude droit, une sur la main droite, une sur chaque genou, et une sur chaque pied. En tout neuf pour le premier. » Ce chiffre et cette disposition apparaissent dans certaines listes, et la plupart des éditeurs modernes réintroduisent ce segment d'après les sources parallèles. Néanmoins HYGIN (3.21) ne signale que huit étoiles —et non neuf—, et si les étoiles des pieds (γ et ξ Gem) sont claires, deux étoiles posent des problèmes de localisation, en particulier en raison de la superposition partielle des troncs des Gémeaux, en faveur de Pollux : l'étoile du coude droit pourrait être δ Gem, mais c'est sans doute l'étoile située par Ptolémée « dans l'aine gauche du Gémeau est » ; l'étoile « de la main droite » (absente de la liste d'Hygin) est peut-être 56 Gem, à moins que ce soit une étoile du Cancer : μ Cnc (comme chez HIPPARQUE 3.3.12). On peut donc proposer, avec ces réserves, l'identification suivante : β Gem (tête) ; υ Gem (épaule gauche, mag. 4) et κ Gem (épaule droite, mag. 3.6) ; ζ Gem (genou gauche, mag. 4) ; λ Gem (genou droit, mag. 3.6) ; [δ Gem (?) (coude droit, mag. 3.5) ; 56 Gem (main droite, mag. 5.1) ; γ Gem (pied gauche, mag. 1.9) ; ξ Gem (pied droit, mag. 3.3)]. Ptolémée distingue le Gémeau est (ἑπόμενος = Pollux), et le Gémeau ouest (ἡγούμενος = Castor).

Page 33

154. Le texte du manuscrit *S* des *FV*, qui contient cette phrase originale, est irrémédiablement corrompu mais le sens de la phrase peut être reconstitué à partir du témoignage parallèle de l'*Aratus Latinus* (p. 203). L'absence d'allusion à l'immortalité partagée des Dioscures, que l'on connaît par d'autres sources, pourrait concorder avec la logique des *Catastérismes* (voir CONDOS 1970 : 57). Après la mort de l'un des Jumeaux (Castor), l'autre, qui est immortel (CHANTS CYPRIENS, *frg.* 8 Bernabé) décide de partager avec son frère l'immortalité et en fait la demande à Zeus qui l'exauce (PROCLUS, *Chrestomathie* 109 : ἑτερήμερον νέμει τὴν ἀθανασίαν). L'événement fatal se produit lors d'une bataille entre Lacédémoniens et Athéniens (cf. HYGIN 2.22), probablement une version historicisante de l'escarmouche qui mit les Dioscures aux prises avec les Athéniens. Enlevée par Thésée et Pirithous, Hélène est emmenée à Aphidna ; profitant de l'absence de Thésée, les

Dioscures envahissent et saccagent la région jusqu'à ce qu'ils découvrent où est retenue leur sœur, qu'ils libèrent et ramènent chez elle (CHANTS CYPRIENS, *frg.* 13 Bernabé ; PLUTARQUE, *Thes.* 31-33). La version historicisante du combat des Dioscures et des Athéniens occupe une large place dans l'historiographie et la mythographie grecques. Cette campagne militaire est amplement exploitée dans la propagande politique aussi bien par Athènes que par Sparte (cf. SHAPIRO 1999 : 99-100). Mais les *Catastérismes* utilisent, de manière originale, cet épisode comme le terme ultime de la carrière héroïque des Dioscures, l'affrontement se concluant par la mort de Castor. Selon les versions plus traditionnelles, la mort de Castor intervient lors du combat des Dioscures contre les fils d'Apharée, Idas et Lyncée (voir APOLLODORE 3.11.2). Dans les deux cas le jumeau mortel (Castor) succombe, tandis que son frère triomphe et devient immortel. Mais souvent les frères partagent une immortalité alternative, chaque frère bénéficiant de l'immortalité un jour sur deux (voir PINDARE, *Nem.* 10.57-90 ; cf. LYCOPHRON, *Alexandra* 566 : φιλαυθομαίμους, ἀφθίτους τε καὶ φθιτούς) ; ou encore ils passent ensemble un jour sur deux aux Enfers, et l'autre à la lumière (PINDARE, *Pyth.* 11.59-64 ; cf. EURIPIDE, *Hel.* 137-143) ; GERMANICUS (540-542) rejette cette légende de l'alternance et affirme, pour la vraisemblance astronomique, leur double catastérisation et leur présence constante au ciel. La tradition offre ainsi diverses solutions destinées à résoudre les contradictions soulevées par les cultes variés dont les Jumeaux font l'objet, à la fois héroïques et divins (comme Héraclès) ; voir FARNELL 1923 : 193 (et sur une perspective d'ensemble sur les Dioscures, ID. 175-228). Leur principal lieu de culte est Terapné, près de Sparte, où ils reposent (ALCMAN, *frg.* 7 *PMG*). Un objet cultuel remarquable leur est associé, qui manifeste leur étroite relation avec les puissances chthoniennes : des amphores ornées de deux serpents enroulés, contenant un repas pour les puissances souterraines. Mais les Dioscures peuvent aussi recevoir un culte divin (en particulier à travers la *theoxenia* ; voir REINACH 1906 ; cf. HERMARY 1978 : 71).

Page 34

156. Le nom grec (καρκίνος) signifie « crabe » mais la constellation est désignée par le nom latin (*Cancer*) ; le mot grec désignait aussi, dans le vocabulaire médical, une tumeur —et c'est l'autre emploi spécialisé que le français a conservé. Le nom est antérieur à Euctémon (GÉMINOS, [*Parapegme*] p. 98 Aujac ; cf. JEAN LYDIEN, *Mois* 4.18). La constellation apparaît peut-être dans les tablettes babyloniennes MUL-APIN (ROGERS 1998a : 17-18), sous le nom (AL-LUL) de « Crabe », « Siège d'Anu » ou « Lien d'infortune » (FLOORISONE 1951 : 157), ou encore sous celui de « Charpentier » (NAGAR), mais on ne saurait dire nettement si ces termes désignaient le Crabe et Procyon, ou s'ils

correspondaient à Procyon seul. Les Égyptiens avaient à cet endroit, sur la liste des douze animaux adjoints aux figures zodiacales (la Dôdékaôros), le Scarabée, qui a pu être un modèle pour le Crabe hellénique (voir BOLL-GUNDEL 1937 : 952-953 ; cela apparaît clair pour Teucros d'après BOLL 1903 : 319). La stabilisation de cette faible constellation est récente, et date sans doute de la normalisation d'un zodiaque à douze signes (environ VIe s.) ; cf. LE BŒUFFLE 1973 : 265-268.

158. Le mot μόνος est suspect et semble une interpolation postérieure. Cet adjectif se réfère grammaticalement à καρκίνος, mais cette attribution est sémantiquement difficile à admettre ; il n'apparaît pas dans les passages parallèles des *FV*, d'Hygin, ou des *Scholies à Germanicus*, mais il figure pour le passage équivalent sur le Crabe dans les SCHOL. ARAT. 148 (p. 151). Il s'agit probablement d'une glose, ou d'un déplacement de mot, car μόνος a pu initialement qualifier Héraclès ; si tel était le cas, l'adjectif μόνος, qui insiste sur le fait qu'Héraclès accomplit seul son exploit héroïque, constituerait un démenti intentionnel des variantes mythologiques qui signalent qu'Eurysthée refusa de valider cet exploit héracléen, sous prétexte qu'il avait reçu l'aide illicite de Iolaos.

159. Héraclès est ici à nouveau impliqué dans un épisode catastérismique (cf. *Cat.* 3, 4, 12, 40, 44). Il s'agit du second travail, d'après le canon établi par DIODORE (4.11.5) et APOLLODORE (2.5.2), nos principales sources. L'hydre de Lerne (en Argolide), serpent d'eau, fille monstrueuse d'Echidna et de Typhon, vivait dans le marais de Lerne et dévastait la région ; c'est précisément pour affronter et tuer Héraclès qu'Héra l'avait élevée (HÉSIODE, *Th.* 313 sq.). L'allusion du texte à des auxiliaires d'Héraclès (τῶν ἄλλων συμμαχούντων) n'est pas claire. APOLLODORE (2.5.2), qui transmet le témoignage le plus complet et cohérent sur cet épisode, ne mentionne que Iolaos, chargé de cautériser les cous sanglants du monstre avec un tison, pour éviter que des têtes ne repoussent. Le pluriel du texte peut renvoyer à Iolaos *et* Athéna ; le parallèle hésiodique, qui mentionne Athéna (*Th.* 317-318), paraît de ce point de vue significatif. Par ailleurs, les témoignages iconographiques montrent souvent Athéna assistant Héraclès et Iolaos au cours d'un combat avec un serpent polycéphale (voir *LIMC*, s.v. "Herakles", 1990-2010 sauf 1993). Les différentes versions reconnaissent à l'hydre tantôt une seule tête (PAUSANIAS 2.37.4), tantôt neuf (APOLLODORE 2.5.2 ; ALCÉE, *frg.* 443 Voigt), tantôt cinquante (SIMONIDE, *frg.* 569 *PMG* ; PALAIPHATOS 38), tantôt cent (DIODORE 4.11.5 ; OVIDE, *Mét.* 9.71) ; pour le poète épique PISANDRE, auteur d'une *Héraclide* (*frg.* 2 Bernabé) et pour EURIPIDE (*HF* 419), l'Hydre est polycéphale (cf. PAUSANIAS 2.37.2). On ignore quelle était pour Panyasis, la source déclarée d'Ératosthène, l'anatomie du monstre, mais les témoignages iconographiques les plus anciens (qui remontent au VIIIe siècle) montrent un serpent à plusieurs têtes (GANTZ 2004 : 678, et FITTSCHEN

1969 : 147-150 ; les prototypes orientaux que l'on suppose à l'hydre sont également polycéphales : BURKERT 1979 : 80). Par ailleurs l'Hydra a connu au fil de son histoire une simplification et une schématisation anatomique. Le monstre effrayant et gigantesque devient une créature faible qu'Héraclès et Iolaos parviennent à détruire sans grand effort (VERBANCK-PIÉRARD & GILIS 1998 : 55). Panyasis est le premier auteur à faire du Crabe un assistant de l'Hydre (cf. HELLANICOS, *frg*. 103 Fowler ; HÉRODORE, *frg*. 23 Fowler) ; cet animal apparaît dès les premières représentations iconographiques (GANTZ 2004 : 678-681). Dans une fibule de Thèbes (de la fin du VIIIe s.), un crabe géant, sur la gauche de la scène, est prêt à pincer la jambe d'Héraclès, environné de poissons et d'oiseaux qui illustrent le milieu palustre dans lequel vit l'hydre (voir aussi *LIMC*, s.v. "Herakles", 2021). La présence dans un milieu lacustre d'un animal essentiellement marin (à l'exception de quelques espèces discrètes et petites) est surprenante et n'est pas passée inaperçue (voir PLATON, *Euthydème* 287c) ; cf. BOURBON 2008 : 112-113. Bien que les parallèles iconographiques d'origine mésopotamienne représentant une hydre soient à envisager avec précaution, le crabe peut être une mutation du scorpion ou du lézard qui figure dans plusieurs représentations orientales (cf. BURKERT 1987 : 18) ; le scorpion est d'ailleurs perçu comme un avatar du crabe, puisqu'il naît de son cadavre (voir PLINE 9.99 ; OVIDE, *Mét*. 15.369 ; cf. n. 99). Si cette évolution était confirmée, elle témoignerait du rôle décisif de l'iconographie comme facteur de diffusion et de transmission culturelle (voir BOARDMAN 1998 : 33).

162. Cet astérisme est constitué de deux étoiles seulement (cf. HYGIN 2.23.2). Selon Géminos, certaines étoiles (ἀστέρες) de signification importante ont reçu —en plus de leur nom correspondant à leur position anatomique— un nom personnel (ἐπισημασία ἰδία). Il donne une liste de douze noms correspondant à des étoiles singulières ou à des astérismes (GÉMINOS 3.2-7). Les Ânes (γ, δ Cnc) et l'Étable (M 44 = anciennement ε Cnc ; voir *infra*) sont dûment signalés. Le couple d'étoiles, dont le nom est stable, tient une place importante dans les chapitres météorologiques (ARATOS 892-898), et PLINE souligne sa valeur de pronostic (18.353). HIPPARQUE signale l'Étable (1.10.12 ; etc.) mais non les Ânes.

163. L'histoire des Ânes fait partie intégrante du chapitre dédié au Crabe dans les manuscrits de l'*Épitomé*. Dans l'*Aratus Latinus* et le manuscrit S des *Fragmenta Vaticana*, en revanche, il a été déplacé et fait partie du corpus des scholies aratéennes au vers 898 des *Phénomènes* (p. 435-438). Cet épisode est à mettre en rapport avec le récit développé au chapitre 27 des *Catastérismes* consacré au Capricorne, où c'est le son d'une conque marine qui provoque une véritable panique et met en fuite les Géants. HYGIN (2.23.3), qui rapporte l'histoire des ânes (*historia de Asellis*) d'Ératosthène, établit clairement le parallèle

avec cette autre cacophonie en conclusion de son résumé (*huius similis est historia de bucina Tritonis*). Sur ces récits de panique dans les *Catastérismes*, voir CHARPENTIER & PÀMIAS 2008. Mais Hygin signale une autre étiologie pour les Ânes, à travers un récit alambiqué qui rapporte la fuite de Dionysos, rendu fou par Héra, en intégrant des motifs mythiques caractéristiques du second travail d'Héraclès : la colère d'Héra et la traversée d'un marais (*quamdam paludem magnam*) ; Dionysos, pour remercier les ânes qui l'ont aidé à traverser le marais, en met un au ciel (celui qui l'a porté), et « pour faire savoir qu'il avait agi ainsi en faveur d'un dieu, non d'un homme peureux, fuyant Junon, il le plaça sur le Cancer, qu'un bienfait de la déesse avait fixé au ciel ».

164. Ce curieux épisode mythologique n'a pas d'équivalent ou de parallèle dans la littérature et a pu être élaboré par Ératosthène lui-même. Il ne s'agit pourtant pas d'un simple jeu artificiellement construit et décalé par rapport à la tradition. Ératosthène a pu suivre comme modèle littéraire pour cette forgerie un drame satyrique. Certaines illustrations sur des vases (à partir de 500 av. J.-C.) associant des ânes avec Dionysos, des Satyres et Héphaïstos, dans le cadre de la Gigantomachie, se réfèrent probablement à des drames satyriques (KRUMEICH *et al.* 1999 : 56 sq.). EURIPIDE (*Cycl.* 5-9) atteste lui aussi de la participation de Dionysos, en compagnie des Silènes, à la Gigantomachie. L'âne est, de manière générale, souvent associé à ce dieu dans l'iconographie (*e.g.* dans le fameux épisode du retour d'Héphaïstos, cf. CARPENTER 1986 : 13-29). D'après la tradition c'est un âne qui conduit l'enfant Dionysos à travers la Béotie jusqu'en Eubée, puis à travers la Lydie jusqu'en Inde. En outre, le récit d'Ératosthène s'appuie sur une scène typique qui met en scène l'âne : les braiements d'un âne effraient Vesta (LACTANCE, *Inst.* 1.21), ou Lotis (OVIDE, *Fastes* 1.433-434), qui s'enfuit devant un Priape lascif. D'après un récit transmis par PAUSANIAS (10.18.4), c'est le braiement d'un âne qui aurait permis aux Ambraciotes d'échapper à une embuscade tendue par les Molosses. Cependant l'originalité du récit des *Catastérismes* consiste à transposer dans le cadre cosmique de la Gigantomachie le pouvoir terrible et comique des ânes en leur prêtant un effet terrifiant sur la troupe des Géants qu'ils mettent en fuite. Ce bricolage de motifs rend ironiques et ridicules les célèbres exploits militaires de Dionysos, puisqu'il ne joue dans cet épisode aucun rôle précis dans la défaite des Géants. Bien que les ânes aient une certaine place dans divers rituels sacrificiels, assez marginaux (en particulier à Lampsaque et à Tarente), les Grecs manifestent en général peu de respect à l'égard de cet animal. L'âne est la cible de nombreuses moqueries et parodies, qui visent surtout son obstination, son ignorance et sa sexualité débridée. Cette présentation burlesque d'une figure divine centrale dans l'idéologie ptolémaïque est sans doute liée à la polémique suscitée par Ératosthène et ses contemporains à propos du mythe d'Alexandre le Grand (considéré comme un *second* Dionysos) et de sa

conquête de l'Inde, deux des principaux éléments de la propagande mise en place par les Ptolémées (voir *Cat.* 5, n. 78 ; et *Cat.* 24, n. 370 ; cf. PÀMIAS 2004). La promotion de l'idéologie dynastique revêtait une allure sans doute plus spectaculaire dans la grande procession que les Ptolémées organisaient à Alexandrie en l'honneur de Dionysos. Il ne paraît pas injustifié de reconnaître dans les *Catastérismes* une référence masquée à la politique royale. En effet, comme dans l'épisode d'Ératosthène, une statue de Dionysos apparaissait au cours de cette procession accompagné de satyres montés sur des ânes. À l'époque de Ptolémée II Philadelphe ce défilé militaire incluait une statue du dieu de dix-huit pieds de haut, au milieu de son armée victorieuse : des centaines de jeunes filles et 120 satyres guidaient les troupes composées d'ânes chevauchés par des Satyres et des Silènes, et de chars traînés par des animaux exotiques. La description précise de ce cortège, composée par Callixinos, nous est connue par ATHÉNÉE (5.200d-201c). Le récit complet de la procession a été édité et commenté par RICE (1983). Sur la critique d'Ératosthène à l'égard de la propagande ptolémaïque, voir FRASER 1970 : 197-198. Cf. BOSWORTH 1995 : 214.

165. Cette orientation, qui permet de localiser les Ânes sur la partie antérieure du Crabe (qui paraît la dernière puisque la figure animale se lève "à l'envers", comme si elle était fidèle à la locomotion paradoxale de l'animal marin), est peut-être une forme de valorisation.

Page 35

168. Le Crabe est un décapode et possède *quatre* paires de pattes motrices et une paire de pinces. Ces étoiles sans éclat (*obscuras* dit Hygin ; *obscurae* in SCHOL. GERM., p. 71) ne sont pas identifiables.

169. L'anatomie de l'animal est délicate, et la difficulté est accrue par les transpositions approximatives des poètes latins hésitant entre décapode brachioure (*cancer* = crabe) ou macroure (*astacus* = homard, *cammarus* = écrevisse) ; il est même qualifié d'*octipes* (Ovide, Properce), peut-être en raison de la discrétion de ses pinces : « on cherchera en vain les pinces du crabe octapode » (OVIDE, *Fastes* 1.313). Dans les atlas modernes, des XVIIe et XVIIIe siècles, les auteurs hésitent entre le crabe (Bayer, Bode, Flamsteed) et l'écrevisse à grande queue (Celarius, Bartsch, Hévélius), et l'encyclopédie de Diderot l'appelle « l'Écrevisse » (*Encyclopédie*, t. 4, p. 60). L'étoile "sur la gueule" (ξ Cnc) est située hors de la constellation par Ptolémée. On ne peut proposer d'identification raisonnable de l'ensemble et justifier l'adjectif « brillantes » sur la première patte gauche. Si l'on admet pourtant, dans cette description reprise rigoureusement par HYGIN (3.22), que l'expression πρῶτος πούς (cf. *primo pede* dans HYGIN 3.22) désigne la dernière patte, et que la description remonte vers l'est jusqu'aux pinces, les deux étoiles de la patte gauche peuvent être β et ζ^1 Cnc (mag. 3.5 et 4.7) ; pour les étoiles de droite les candidats sont

μ ou ψ Cnc (mag. 5.3 et mag. 5.7), χ ou λ Cnc (mag. 5.1 ou 5.9), φ ou υ Cnc (mag. 5.6 ou 5.7), et ι Cnc (mag. 4) ; les autres étoiles de la partie gauche sont indiscernables, et celles de la pince droite pourraient être ν, ρ, τ, ou σ Cnc (respectivement mag. 5.4, mag. 5.2, mag. 5.4 et mag. 5.2), et celles de la gauche π et ο Cnc ou α Cnc (respectivement mag. 5.3, mag. 5.2 et mag. 4.2). Pour Ptolémée, les pinces sont marquées par ι Cnc (au nord) et α Cnc (au sud), et la constellation n'inclut en outre que les étoiles η, θ, μ, et β Cnc (outre les Ânes : γ et δ Cnc ; et l'Étable : M 44). Dans l'ARAT. LAT. (p. 205) χηλή a été pris pour χείλη et le Crabe se voit doté de trois étoiles sur la lèvre droite (*in dextro labio*) et une sur la gauche (!).

Page 38

173. L'entrée du Soleil dans cette constellation coïncidait, vers 3000 av. J.-C., avec le solstice d'été. L'identification au lion existe aussi dans l'astrothésie sumérienne (sous le nom de UR-GU-LA, signifiant lion ou peut-être chien : ROGERS 1998a : 18 ; WAERDEN 1974 : 70 et 73) et dans la tradition égyptienne, sans que l'on sache quelle culture a influencé l'autre (SCHERER 1953 : 168) ; et le symbolisme solaire de ce signe brillant qui marque ensuite le début des vents étésiens (ARATOS 148-154) est manifeste et persistant ; cf. SÉNÈQUE, *HF* 944-952 : « Voici que mon premier Travail, le Lion, occupe le ciel ; il l'illumine bouillant de colère et s'apprête à mordre. Il va dévorer une étoile, il se dresse immense et menaçant, ouvrant une gueule énorme, soufflant le feu, et secoue sa crinière étincelante. Il va, d'un seul bond, sauter par dessus l'automne lourd, par dessus l'hiver glacé et retomber dans le printemps et briser la nuque du Taureau ». Cette constellation est connue avant Euctémon (qui fournit la première attestation), peut-être par Cléostrate (BOLL-GUNDEL 1937 : 955-956).

175. Ératosthène est le seul auteur (imité en cela naturellement par Hygin) à proposer une identification *générique* du lion, motivée par son statut royal et donc en quelque sorte "jovial", en plus de l'identification au lion de Némée. Le mot grec ἡγεμών peut avoir un sens politique : c'est le nom du roi (*sic*) des abeilles chez ARISTOTE (*HA* 553a25) et la traduction courante du *princeps* et de l'empereur (STRABON 4.3.2), et HYGIN, dans le passage correspondant de son *Astronomie*, traduit : *omnium ferarum princeps* (2.24.1 ; cf. dans le même contexte animalier OPPIEN, *Halieutiques* 2.542). Ce symbolisme royal du lion est largement répandu en Orient (KELLER 1913 : I.24 ; STEIER 1926 : 985). La présence préhistorique de *Panthera leo* en Grèce continentale et dans le Péloponnèse est certaine (KELLER 1913 : I.24-60 ; USENER 1994), et le maintien historique attesté à l'époque classique (HÉRODOTE 8.125 ; ARISTOTE, *HA* 607a).

177. Ce lion, en apparence presque « normal » malgré son invulnérabilité, est marqué par une monstruosité familiale : il est frère de la

Sphinge de Thèbes et du Chien Cerbère, et fils d'Échidna, la femme-reptile anthropophage, et de son propre fils le chien Orthros. Némée est un bourg d'Argolide, entre le mont Apésas (visible au loin depuis Argos) et la montagne Trète, plus au sud (HÉSIODE, *Th*. 326-332). D'après ÉPIMÉNIDE (*fr*. 37 Bernabé = *frg*. 2 Fowler = *FVS* 3B24) et d'autres auteurs, le lion se serait trouvé à l'origine sur la Lune et aurait été précipité par Héra sur la terre, afin précisément qu'il affronte Héraclès (voir ÉLIEN, *NA* 12.7 ; HYGIN, *Fables* 30 ; NIGIDIUS *frg*. 93 in SCHOL. GERM., p. 72 ; SÉNÈQUE, *HF* 224 ; PLUTARQUE, *de facie* 937f). L'hypothèse d'une interprétation astrale du lion de Némée proposée par COOK (1914 : 1.453-457) est aujourd'hui surannée, mais elle est reprise, dans une perspective et une réflexion structuralistes, par BADER (1985 : 87-88). L'identité du lion constellaire témoigne de la place importante de la saga héracléenne dans la figuration du ciel, et SÉNÈQUE (*HF* 942 sq.) représente Hercule fou imaginant le Lion stellaire, au milieu des constellations parmi lesquelles il compte de nombreux adversaires, en train de fondre sur lui en plein jour pour le dévorer.

178. Si Ératosthène invoque ce motif —et il s'agit à nouveau d'une originalité de cet ouvrage—, l'amour de la gloire n'est pas la seule raison de ce combat à mains nues : la peau du lion de Némée est invulnérable et résiste aux flèches (voir PINDARE, *Isth*. 6.47-48), d'où l'insistance des auteurs à noter qu'Héraclès le terrasse sans armes (SOPHOCLE, *Tr*. 1090 sq. ; THÉOCRITE 25.204 sq.). Ératosthène s'inspire peut-être de Pisandre de Camiros (voir n. 179), qu'il faudrait deviner derrière l'indéfini τινες (BERTHOLD 1911 : 4) ; ce poète, d'après Pausanias, cherchait, il est vrai, à présenter les exploits du héros de façon très spectaculaire, et c'est lui qui aurait multiplié les têtes de l'hydre, « afin de faire paraître la bête plus effrayante et de donner plus de valeur à sa création poétique » (ἵνα τὸ θηρίον τε δοκοίη φοβερώτερον, καὶ αὐτῷ γίνηται ἡ ποίησις ἀξιόχρεως μᾶλλον : 2.37.4) ; mais sur d'autres épisodes Pisandre semble avoir suivi, de l'aveu de Pausanias, des options moins sensationnelles, puisqu'Héraclès ne massacre pas les oiseaux du lac Stymphale mais se contente de les chasser par le bruit des cymbales (8.22.4). THÉOCRITE (25) donne une longue description du combat, faite par Héraclès lui-même. Un mythographe du Ier siècle (Ptolémée Chennos) prétend qu'il y perdit un doigt, auquel il donna une sépulture (PHOTIOS, *Bibl*. 190, 147a40). Le héros écorcha ensuite la bête à l'aide des griffes de l'animal et se revêtit de sa peau, qui devient son costume traditionnel de héros, et lui couvre et protège la tête et les épaules. Il la porte au ciel, sous la figure de l'Agenouillé.

179. PISANDRE (appelé Périandre de Rhodes, ou Pindare, dans SCHOL. GERM., p. 72 et 131), *frg*. 1 Bernabé ; l'auteur évoque cet exploit dans son épopée *Héraclée*, mais comme beaucoup d'autres poètes naturellement (*complures alii* : HYGIN 2.24.1). Pisandre de Camiros (VIe ou VIIe s. av. J.-C.) est l'auteur de la première *Héraclée*

que nous connaissons. D'après les fragments que nous possédons, il semble s'être concentré sur les travaux commandés au héros par Eurysthée. Son épopée, et celle que composa ensuite Panyassis (cf. *Cat.* 4 et 11) ont dû contribuer à l'établissement d'un cycle canonique d'exploits, même si le témoignage le plus ancien du canon des douze travaux est iconographique et présenté par les métopes du temple de Zeus à Olympie (vers 450 av. J.-C.). Pisandre développait apparemment l'image d'un héros civilisateur (cf. *Cat.* 4, n. 51), qui à travers son infatigable labeur et grâce à sa sagesse pratique assainit les terres et rend sûrs les chemins en éliminant les fauves et les bandits ; ainsi Héraclès est-il décrit par Pisandre comme un "meurtrier parfaitement légitime" (*frg.* 10 Bernabé). Le poème de Pisandre introduisait également des variantes dans le matériel traditionnel, et conduisait pour la première fois Héraclès en extrême-Occident, aux limites de l'Océan, comme s'il participait symboliquement à la vague de colonisation contemporaine (voir BOARDMAN 1995). En réaction à ces extravagances géographiques, Hécatée revient à l'antique version qui situait les actions d'Héraclès exclusivement en Grèce (pour l'épisode de Géryon, cf. *frg.* 26). En revanche, il est peu probable que Pisandre fut, comme le pense HUXLEY (1969 : 101), le premier à vêtir le héros de la peau de lion, car il s'agit d'un attribut très ancien qui remonte vraisemblablement à un modèle préhistorique (voir. n. 180). Nous ignorons les dimensions de l'*Héraclée*, mais l'édition qu'utilisait ATHÉNÉE (11.469c-d) comportait au moins deux livres. La date de composition est sujette à controverse : pour certains critiques (KEYDELL 1937 : 144), elle ne saurait être antérieure au VIe siècle, alors que d'autres situent l'acmé de Pisandre au milieu du VIIe siècle (HUXLEY 1969 : 100). Les allusions antiques qui contestent la paternité de Pisandre sur l'*Héraclée* sont délicates (voir STRABON 15.1.9) ; d'après une source de CLÉMENT d'Alexandrie (*Stromates* 6.2.25.2), Pisandre aurait volé l'*Héraclée* à un certain Pisinos de Lindos, inconnu par ailleurs. En tout cas, bien que l'œuvre ne soit pas citée à l'époque classique, elle est intégrée par les philologues alexandrins au canon des poèmes épiques (PHILIPP 1984 : 335).

180. La première représentation iconographique d'Héraclès avec la peau de lion date de 630 av. J.-C. (SCHNAPP-GOURBEILLON 1998 : 121). La peau de lion typique (λεοντῆ) n'est apparemment pas l'attribut du héros dans l'épopée, où il semble équipé de protections métalliques (voir HÉSIODE, *Bouclier* 122 sq. ; STRABON 15.1.9). La peau de bête stigmatise en Héraclès le chasseur préhistorique (BURKERT 1979 : 78 sq.). La notice de Mégaclide transmise par ATHÉNÉE (12. 512f-513a), selon laquelle Stésichore fut le premier poète à doter Héraclès d'une massue, de la peau de lion et de l'arc, est sans doute également le résultat d'un malentendu. Quoi qu'il en soit, la *léontè* revêt à l'époque hellénistique une double fonction : celle de cuirasse et celle de trophée de guerre (HENRICHS 1977 : 70).

182. Le descriptif de la constellation est scientifiquement insatisfaisant. Aucune mention particulière n'est faite de Regulus ("Petit roi"), que VITRUVE (9.4.2) appelle *Pectus Leonis*, et que l'on trouve plus tard désigné comme *Cor Leonis*. Pourtant c'est une étoile notoire qui porte deux noms (GÉMINOS 3.5) : Καρδία Λέοντος, et Βασιλίσκος (voir PTOLÉMÉE, *Almageste* 7.5, p. 98 ; et *Tétrabible* 1.9.6 : ὁ ἐπὶ τῆς καρδίας λαμπρὸς καλούμενος δὲ Βασιλίσκος), et qui était déjà nommée ainsi par les Babyloniens (LUGAL = le roi). C'est « l'étoile du poitrail qui est à la fois la plus méridionale et la plus brillante, et que certains placent à l'endroit du cœur » (HIPPARQUE 1.10.10).

183. La latéralisation des pattes dans les figures de quadrupèdes, toujours de profil, est variable. En confrontant l'ensemble du descriptif de Ptolémée, dans lequel les étoiles sont plus aisées à identifier grâce aux coordonnées précises et à l'indication de grandeur (μέγεθος), on constate souvent des divergences avec la liste d'Ératosthène ; ici la patte droite (Érat.) correspond chez Ptolémée à la griffe gauche de devant (ο Leo).

Page 39

185. L'ordre de la description fait apparaître deux « lignes » : la première suit en quelque sorte, depuis le sommet de la tête, le contour inférieur ; la seconde, la partie dorsale et boréale du Lion. L'identité des étoiles est probablement la suivante : λ, ε et μ Leo (tête, respectivement mag. 4.3, mag. 3 et mag. 3.9) ; α Leo (poitrail, mag. 1.3, *i.e.* Regulus ou Cor Leonis) ; 31 et π Leo (sous le poitrail, respectivement mag. 4.4 et mag. 4.7) ; ο Leo (patte droite, mag. 3.5) ; ρ Leo (ventre, mag. 3.8) ; 48 Leo (dessous du ventre, mag. 5) ; θ (hanche, mag. 3.3) ; σ Leo (genou, mag. 4) ; υ Leo (griffe, mag. 4.3) ; γ et ζ Leo (cou, respectivement mag. 3.8 et mag. 3.4) ; δ, 60 et 54 (dos, respectivement mag. 2.5, mag. 4.4 et mag. 4.3) ; 93 (queue, mag. 4.5) ; β Leo (bout de la queue, mag. 2.1). Parmi les vingt étoiles de plus faible magnitude dans la constellation, seules η Leo (sur le bas du cou, selon Ptolémée, mag. 3.5) et ι Leo (sur la cuisse arrière, selon Ptolémée, mag. 4) ne trouvent pas place dans ce dispositif. Le descriptif omet apparemment aussi κ Leo (mag. 4.5) qu'HIPPARQUE (2.6.9) et Ptolémée placent sur la tête ou au bout du mufle (PTOLÉMÉE, *Almageste* 7.5, p. 96). Dans l'ensemble cette identification correspond aussi au descriptif très similaire de Ptolémée. L'astérisme appelé « la Faucille », qui réunit les étoiles α, η, γ, ζ, μ et ε Leonis dans un schéma assez reconnaissable, n'est pas connu dans l'Antiquité (malgré ALLEN 1899 : 255).

188. Cet astérisme, aujourd'hui devenu constellation indépendante et à part entière, n'appartenait pas à la constellation du Lion pour les Babyloniens (ROGERS 1998a : 24), et est plus souvent appelé simplement "Chevelure" ou "Chevelure de Bérénice" (*Comes Berenices*, *Com*). Il occupe la place d'un amas stellaire, qui est "informe" (ARATOS

146) pour les astronomes antérieurs, et situé dans la houppe de la queue du Lion ; il a pour nous la particularité d'être situé au pôle nord galactique et d'abriter près de 30.000 galaxies. « C'est la chevelure de Bérénice selon le récit du mathématicien de Samos, Conon, et de Callimaque » (HYGIN 2.24.1). Comme elle est de formation postérieure à Aratos, elle échappe à la tradition grecque et latine de ce poème, et n'est signalée ni par Germanicus, ni par Aviénus, mais seulement par des scholies à ces œuvres. D'après le récit étiologique, il ne s'agit pas de la chevelure mais d'une simple boucle de cheveux royale (cf. *crines Berenices* Εὐεργέτιδος *in* SCHOL. GERM., p. 72 ; Βερονίκης βόστρυχον in CALLIMAQUE, *Aitia, frg.* 110.7). On peut dater la naissance de cette image de 247 av. J.-C. exactement, et il s'agit d'une catastérisation poétique réalisée par un des plus fameux astronomes et géomètres, Conon de Samos, « celui qui compta tous les flambeaux du grand firmament, qui calcula le lever et le coucher des étoiles, qui découvrit les causes qui obscurcissent l'éclat enflammé du rapide Soleil, qui vit pourquoi les astres disparaissent à des époques fixes » (CATULLE 66.1-4). La datation précise de cette innovation offre donc pour l'*Épitomé* un *terminus post quem*. La reine d'Égypte, Bérénice, femme de Ptolémée III Évergète (roi de 246 à 221), aurait offert une boucle de ses cheveux à la déesse de l'amour (CALLIMAQUE, *Aitia, frg.* 110.54-58) pour obtenir le retour de son mari d'une expédition dangereuse, et sa boucle aurait disparu du temple. Conon, peut-être pour obtenir la faveur du roi, prétendit voir la chevelure "retrouvée" au milieu des étoiles : il montra sept étoiles qui n'appartenaient à aucune figure et d'après lui représentaient la boucle perdue « afin que la Couronne d'or de la fille de Minos ne fût pas seule, pour les hommes, à siéger et à briller dans le ciel entre tant d'astres, et qu'on m'y vît aussi, moi, la belle Boucle de Bérénice... » (CALLIMAQUE, *Aitia, frg.* 110.59-62). La concurrence astrale de deux figures féminines est profonde, et la chevelure est même identifiée au chapitre 5 de l'*Épitomé* comme étant celle d'Ariane. Il est possible que cette attribution soit secondaire, comme si on avait voulu gommer —très tôt puisque les *Catastérismes* en témoignent officiellement— le souvenir de Bérénice, tout en maintenant le symbole de la chevelure (BOLL 1903 : 275-276 ; l'auteur suggère que cette substitution malveillante pourrait être l'œuvre de Ptolémée IV). Callimaque composa un poème sur le catastérisme de Conon (voir PARSONS et KASSEL 1977, et THOMAS 1983), que l'on connaît par la traduction latine qu'en propose CATULLE (66 ; voir MARINONE 1980ab et 1997). HYGIN (2.24.2) ajoute une curieuse histoire qu'il dit nommément tenir d'Ératosthène : « D'après le récit d'Ératosthène, [Bérénice] fit rendre à de jeunes Lesbiennes leur dot qu'à chacune avait laissée son père, mais que personne ne versait, et entre temps déposa une réclamation en justice » (voir MARINONE 1990 ; d'après ROBERT (1878 : 5), il s'agirait d'un malentendu d'Hygin, l'auteur de cette

anecdote étant selon lui Conon –*sic*–). Cet appendice, dans sa version étendue, proposait sans doute une identification de *Coma Berenices* à la chevelure des Lesbiennes (= chevelure *en relation avec* ou *placée par* Bérénice ; voir SCHOL. GERM., p. 72 : *dicuntur et earum uirginum [crines] quae Lesbo perierunt*), les *Catastérismes* incluant donc initialement une autre interprétation de l'astérisme. On a pu rapprocher ces vierges lesbiennes d'un passage d'HOMÈRE mentionnant sept vierges de Lesbos —le même nombre que les étoiles de *Coma Berenices* (*Il.* 11.128-130 et 270-272). Mais la proximité de la constellation de la tête de la Vierge zodiacale a pu conduire à un télescopage ou à des confusions. Sur *Coma* voir LE BŒUFFLE 1977 : 11.

Page 41

192. Pour la naissance d'Érichthonios, Ératosthène s'appuie sur la version euripidéenne (cf. n. 197). Le fait, attesté dans toutes les versions du mythe, qu'il est fils de la Terre (*Gé*) a une portée politique évidente : en qualité de descendants d'Érichthonios, les Athéniens se targueront d'être des "autochtones" (nés de la terre même), en face des "nouveaux-venus", en particulier les Lacédémoniens (surtout à partir du Ve siècle ; voir HALL 1997 : 53). De plus, le processus de gestation que décrit Ératosthène situe le premier Athénien en relation directe avec Athéna, tout en respectant la virginité de la déesse (cf. n. 198). La nature d'Érichthonios et son rapport à Érechthée sont complexes et obscurs. Les textes les plus anciens (HOMÈRE, *Il.* 2.546 sq.) parlent d'Érechthée et non d'Érichthonios, qui ne jouit pas d'un culte identifié. Les premières mentions d'Érichthonios se trouvent dans la *Danaïde* (*frg.* 2 Bernabé) et dans PINDARE (*frg.* 268 Bowra). Il est clair que pour Euripide il n'existe pas de confusion entre les deux figures (voir *Io* 267-268). À l'origine, il s'agit d'un personnage unique, mais au cours du Ve siècle deux figures distinctes se sont formées à travers les mythes qui le mettaient en scène : le roi adulte fut identifié comme Érechthée, tandis qu'Érichthonios désigna le héros enfant (voir MIKALSON 1976 : 141, et PARKER 1987 : 201).

193. La tradition suivie par Ératosthène conçoit Érichthonios comme un héros culturel. Il est en particulier l'inventeur (πρῶτος εὑρετής) du char de trait (ou seulement du quadrige). L'inscription du *Marmor Parium* offre un parallèle remarquable avec notre texte, puisqu'il associe étroitement l'invention du char avec l'instauration des Panathénées (*FGH* 239A10) : ἀφ'οὗ Ἐριχθόνιος Παναθηναίοις τοῖς πρώτοις γενομένοις ἅρμα ἔζευξε καὶ τὸν ἀγῶνα ἐδείκνυε (voir JACOBY 1904 : 5). Les informations du chroniqueur proviennent d'un Περὶ εὑρημάτων, mais aussi (indirectement peut-être) du texte d'un atthidographe, en particulier pour la mention de l'institution des Panathénées comme repère chronologique (JACOBY 1904 : XI-XII et 47). Ératosthène a peut-être lui aussi utilisé un recueil d'εὑρήματα, ou

un atthidographe (cf. HELLANICOS, *frg.* 39 Fowler ; ANDROTION, *FGH* 324F2 ; ISTROS, *FGH* 334F4). Le char, en usage depuis le IIIᵉ millénaire, est emprunté par les Grecs aux Perses (voir ARRIEN, *Tactique* 19.5.1) ; d'après HÉRODOTE (4.189) les Grecs apprennent le maniement des quadriges des Libyens (cf. HÉRODOTE 4.170 et 183 ; POLLUX 1.141). Les courses des Jeux Olympiques, que Pélops fonde après sa victoire (voir *infra* Myrtilos et n. 212), opposent des quadriges (l'introduction des courses de biges étant relativement récente, au IVᵉ s. av. J.-C.). Les quadriges sont bien connus par les représentations tardo-géométriques du VIIIᵉ s. av. J.-C., et par l'épopée archaïque (quoique les références homériques aux quadriges soient incertaines et controversées : voir HOMÈRE, *Il.* 8.185 et 11.699).

194. Alors que le char du Soleil est traditionnellement un quadrige (voir OVIDE, *Mét.* 2.153-155), le chariot d'Érichthonios est, d'après NONNOS, un bige tiré par deux chevaux immortels (37.155-159 : « Érechthée, le premier, amène attelé à son joug Xanthos et la cavale Podarcé, couple mâle et femelle. Borée, forçant à s'unir à lui Harpye la Sithonienne, aussi prompte que la tempête, les avait eus de cette couche ailée ; et lorsqu'il devint le gendre d'Érechthée, il les lui donna en gage de son amour pour Orithyie, la nymphe athénienne qu'il venait d'enlever ») ; Hygin, dans le passage correspondant de son *Astronomie* —qui présente la même insistance sur l'invention de l'attelage— parle pourtant de « quadrige » (2.13.1 : *equos quadrigis iunxisse*) ; comme la majeure partie de la tradition latine (voir MANILIUS 1.360). Dans l'expression employée par Ératosthène (τοῦ ἡλίου ἀντίμιμον διφρείαν) on peut reconnaître peut-être un écho des mots que prononce Euripide dans une comédie aristophanienne (*Th.* 17) : ὀφθαλμὸν ἀντίμιμον ἡλίου τροχῷ ; voir VAN DE SANDE BAKHUYZEN 1877 : 110, et JOUAN & VAN LOOY 2003 : 36. Au ciel, d'après les astronomes anciens, l'écliptique traverse la figure du Cocher au niveau des genoux (EUDOXE, *frg.* 66 ; HIPPARQUE 1.2.18), bien que la constellation ne soit pas zodiacale ; la position du Cocher, émule d'Hélios, sur la trajectoire du Soleil, correspond donc à une situation céleste particulière.

195. La phrase est tronquée et il manque le verbe de la complétive. D'après la structure courante des autres chapitres, on peut restituer: « …le plaça parmi les constellations ». Il s'agit de la procession des Panathénées (cf. n. 197), la principale réalisation du héros (cf. APOLLODORE 3.14.6 : « Il érigea à Minerve la statue en bois qui est dans la citadelle, institua la fête des Panathénées »). Érichthonios n'a pas développé autour de son nom une tradition mythologique personnelle, mais il a attiré à lui des épisodes liés initialement à Érechthée (voir n. 192). L'institution des Panathénées et les éléments qui lui sont liés sont l'unique action qu'on peut lui attribuer directement et en propre (voir PARKER 1987 : 201) ; cette "invention" comporte la procession, les sacrifices à Athéna et les concours (avec en particulier la course de

char). On note aussi, parmi les développements secondaires, l'érection du ξόανον (statue de bois) d'Athéna (cf. APOLLODORE 3.14.6), et l'admission de *kanephoroi* et de *thallophoroi* dans les processions (cf. PHILOCHORE, *FGH* 328F8-9). On attribuait également au héros l'invention de la monnaie et l'introduction du travail de l'argent en Attique (PLINE 7.197 ; HYGIN, *Fables* 274.4). Si des textes situent la fondation des Panathénées aux alentours de 570 av. J.-C. (durant l'archontat d'Hippocleides : cf. PHÉRÉCYDE, *frg*. 2 Fowler) cela signifie seulement que le festival connut à l'époque une réforme importante ; il aurait été fondé 729 années avant la première olympiade (voir *CIG* 2374), et se serait appelé simplement "Athénées" (SOUDA Π 152, s.v. Παναθήναια), jusqu'au *sunoikismos* réalisé par Thésée (PLUTARQUE, *Thes*. 24).

196. Ératosthène ne donne pas le titre de l'œuvre qui évoquait les origines d'Érichthonios (cf. EURIPIDE, *Ion* 21-24 et 260-274). Les éditeurs ont rangé ce passage parmi les *incertarum fabularum fragmenta* (*frg*. 925 Kannicht = Jouan-Van Looy), dans la mesure où il paraît peu compatible, d'après les fragments conservés de cette pièce euripidéenne, avec la tragédie *Érechthée* (voir MARTÍNEZ 1976, et CARRARA 1977).

Page 42

197. Ce fragment d'Euripide est le principal témoin sur le lieu de naissance du héros ; mais la localisation en Attique de ce toponyme est controversée. Pour LORAUX (1990 : 57 et 135), c'est au sommet de l'acropole d'Athènes ; un autre candidat sérieux est le temple situé sur la partie ouest de l'agora, et connu sous le nom de Théseion, mais qu'il faut identifier avec un temple d'Héphaïstos. Cependant l'expression évasive ἔν τινι τόπῳ τῆς Ἀττικῆς (« dans un lieu de l'Attique ») suggère un site éloigné du centre de la cité et même de la ville. ROBERTSON (1985 : 259) le localisait à l'Académie, dans le *temenos* d'Athéna (à l'intérieur duquel se trouvaient un autel de Prométhée, un autel d'Éros et un bas-relief où apparaissaient ensemble les deux "dieux du feu", Prométhée et Héphaïstos). C'est de ce sanctuaire d'Athéna que partait la course aux flambeaux des éphèbes, qui permettait que le feu nouveau arrive à l'acropole. Les parallèles avec d'autres complexes mythico-rituels (par exemple à Lemnos) suggèrent que cette course rituelle était perçue comme marquant l'arrivée du feu nouveau durant la brève période qui séparait l'année ancienne de la nouvelle. En revanche, d'autres éléments de la *pyrphoria* font davantage penser à un contexte initiatique (comme le fait que les participants soient des éphèbes, Héphaïstos étant un dieu doté d'attributions initiatiques ; cf. *Cat*. 32, n. 489). D'après Robertson, les épisodes rituels des Panathénées révèlent une correspondance exemplaire (de nature étiologique) avec les principales articulations du mythe d'Érichthonios : la poursuite d'Héphaïstos et la gestation d'Érichthonios (à l'endroit même où on

allume le feu nouveau), et le transfert du petit Érichthonios à l'acropole (correspondant à la route suivie par la procession des Panathénées). D'après le passage d'HYGIN (2.13.1) correspondant à ce chapitre de l'*Épitomé*, Ératosthène racontait à cet endroit comment Athéna conduisait le nourrisson à l'acropole, et le confiait aux filles de Cécrops (épisode *étiologique* de la cérémonie des Arréphories).

198. On raconte qu'Athéna jeta avec le pied de la terre sur le sperme (HYGIN 2.13.1), qui put ainsi "germer", ou qu'elle essuya avec un tissu de laine le sperme tombé sur sa jambe (APOLLODORE 3.14.6 ; SCHOL. HOM., *Il.* 2.547 Van Thiel) ; cette variante vise sans doute à motiver une "étymologie" dérivant le premier élément du mot Érichthonios (qui paraît remonter, comme le nom d'Érechthée, à une origine pré-hellénique) du nom de la laine (ἔριον) ; dans la variante adoptée —ou forgée— par Euripide, la tension entre Héphaïstos et Athéna permet de jouer sur le mot ἔρις (dispute).

202. Ératosthène propose ici un commentaire savant. La voltige du sauteur de char ne fait pas partie des innovations introduites aux Panathénées aux environs de 570, mais constitue, au contraire, le vestige de pratiques anciennes. Il semble perpétuer le souvenir du guerrier homérique qui sautait de char pour combattre, et remontait pour fuir ou poursuivre l'ennemi (quoique à l'époque d'Homère le char soit employé uniquement comme moyen de transport et non comme instrument tactique). Deux personnes pouvaient tenir sur un char, comme on le voit abondamment dans les situations épiques : un cocher (ἡνίοχος) et un combattant appelé παρα(ι)βάτης (HOMÈRE, *Il.* 5.160, 11.748, etc. ; HÉSIODE, *Bouclier* 61). Le παραβάτης est donc à proprement parler le guerrier qui combat sur le char à côté de l'aurige, ἡνίοχος (voir HOMÈRE, *Il.* 23.132 ; cf. HÉSYCHIUS, *Lex.* Π 512, s.v. παρα(ι)βάται : οἱ ἐπὶ τῶν δίφρων ἑστῶτες μαχόμενοι, οἱ κύριοι τῶν ἁρμάτων). Sur la fonction distincte des deux acteurs dans le combat épique, voir EUSTATHE, *Comm. Il.*, p. 3.161, 3.745, 4.699 Van der Valk ; mais il y a parfois confusion entre les deux, le combattant étant appelé ἡνίοχος (EUSTATHE, *Comm. Il.*, p. 2.92, 2.235, 4.349 Van der Valk) ; le personnage le plus important est toujours le παραβάτης (EUSTATHE, *Comm. Il.*, p. 3.246 Van der Valk). Au VIIIe-VIIe siècle ces compétitions équestres faisaient sans doute partie des jeux funèbres (voir THOMPSON 1961 : 231). L'ἀποβάτης, quant à lui, sauteur de char ou "acrobate", est un soldat embarqué qui prend part à la course de char rituelle, et dont le rôle consiste à sauter en pleine marche, pendant que le cocher (ἡνίοχος) conduit le char jusqu'au terme de la course. C'est sûrement à la distinction entre παραβάτης et ἀποβάτης que renvoie DENYS d'Halicarnasse (7.73.3). Bien connue en Attique et en Béotie, la course avait lieu à Athènes sur l'agora, jusqu'à ce qu'elle soit transférée sur le stade de Lycurgue (voir REED 1990 : 314-315) ; à Olympie, se déroulait une course similaire, la κάλπη (cf. PAUSANIAS 5.9.1-2). Le thème de

l'*apobatès*, attesté dans l'iconographie sur des vases à motifs géométriques du VIIIe siècle, inspire les artistes classiques (et apparaît sur la frise du Parthénon). La scène favorite des peintres est l'instant où le soldat met un pied à terre, geste hautement symbolique (voir CONNOR 2000 : 66). Les sources littéraires sont en revanche peu explicites. C'est surtout la technique de course qui paraît obscure : selon l'opinion commune, le soldat saute de char en pleine course et poursuit sa route à pied (voir DENYS d'Halicarnasse 7.73.3) ; mais, d'après d'autres sources, l'athlète monte sur le char lancé puis saute à terre, et répète l'exercice à intervalles réguliers (voir KYLE 1987 : 188 ; cf. PSEUDO-DEMOSTHÈNE 61.23-29). Cet ἀγών était destiné aux citoyens les plus riches (qui avaient seuls les moyens d'y participer). Ces acrobaties exigeaient du courage, car elles étaient dangereuses, et une collision entre les chars n'était pas rare, qui faisait naturellement la joie des spectateurs. Sur les attributs du παραβάτης (ἀσπίδιον ἔχοντα καὶ τριλοφίαν), le témoignage d'Ératosthène concorde avec les représentations picturales et sculpturales, qui montrent l'homme armé en train de mettre pied à terre : l'ἀποβάτης est, de fait, représenté avec un casque à aigrette et un bouclier (ainsi sur les métopes du Parthénon ; voir PATRUCCO 1972 : 383, n. 2 et fig. 188). Voir l'*Appendice sur la voltige* illustré, proposé par R. Clavaud, dans l'édition de *Démosthène, Discours d'apparat* (CUF).

203. Il s'agit d'un fragment de constellation puisque chaque nom correspond non pas à une figure mais à une étoile. Néanmoins cet ensemble familial est considéré dans l'astrologie comme un *signum*, et certains hommes naissent "sous" cette constellation (voir MANILIUS 5.105-106 et 135). HYGIN (2.13.3) ne propose pas moins de cinq récits pour l'identité de la Chèvre, tous liés à Zeus. Outre celle qui est rapportée dans la suite du texte, l'auteur latin signale une *Aix*, fille d'Olénos, un enfant d'Héphaïstos, qui devient avec sa sœur Hélikè une nourrice de Zeus ; il mentionne une version due à Parméniscos, qui en fait une fille du roi de Crète Mélissée, qui, incapable de donner elle-même du lait, fait nourrir Zeus par une chèvre (voir BREITHAUPT 1915 : 47-49) ; selon certains autres (*nonnulli*) Aix serait une fille du Soleil, dissimulée —comme dans notre texte— dans une grotte crétoise en raison de son insupportable laideur, et destinée à devenir la nourrice de Zeus ; enfin, selon Évhémère, elle ne serait pas une nourrice mais l'épouse de Pan, déflorée par Zeus et mère d'Égipan. Cet astérime a une grand importance du point de vue pratique (voir SCHERER 1953 : 124) : son coucher héliaque a lieu à la mi-novembre, lorsque la mer devient fermée à la navigation (voir ARATOS 157-159, 680-682 ; cf. MANILIUS 1.362-364 : « Avec [le Cocher] paraissent les Chevreaux, dont les feux rendent la navigation dangereuse »). Les Chevreaux sont introduits par Cléostrate (HYGIN 2.13.1), sans doute avec la Chèvre (LE BŒUFFLE 1977 : 109), qui n'est cependant pas signalée avant Euctémon (GÉMINOS, [*Parapegme*] p. 107 Aujac).

204. Musée, *FVS* 2B8. La généalogie de Musée est variable (son père est Antiphème, Eumolpos, Linos, Thamyris ou Orphée), tout comme son lieu de naissance. La tradition en fait un prédécesseur d'Homère et d'Hésiode, et l'auteur d'une *Titanographie* (*FVS* 2B1), d'une *Théogonie* (*FVS* 2B1-19 ; Θεογονία καὶ Σφαῖρα, selon D.L. 1.3.5 = 2B2), d'un *Hymne à Déméter* (*FVS* 2A5, 2B20), et d'une *Eumolpie* (*FVS* 2B11), entre autres poèmes. En tant que devin il composa des *teletai*, des *katharmoi* et des oracles (voir Hérodote 7.6, 8.96, 9.43). Ces oracles furent recueillis et mis en valeur par Onomacrite d'Athènes (voir Hérodote 7.6, Pausanias 1.22.7), et offerts aux Athéniens à l'époque des Pisistratides. Les poèmes attribués à Musée incluent la réélaboration d'anciens mythes cosmogoniques en accord avec des croyances orphiques. Après son accession au pouvoir, Zeus devient père des Muses (filles de Mnémosyne ; cf. *FVS* 2B15), d'Hécate (fille d'Astérie) et d'Athéna. Musée est souvent mentionné en connexion avec Orphée, mais ce dernier a un poids religieux supérieur, et il a été lié aux origines du chamanisme thrace (estompé, il est vrai, dans la période historique ; voir *Cat.* 24 et n. 358), tandis que Musée semble être une création athénienne récente, une sorte d' "Orphée athénien". Toute sa personnalité, en commençant pas son nom dérivé de *Muse*, est artificielle (voir West 1983a : 39). Mis à l'honneur par Athènes, Musée est placé à Éleusis à l'origine de la lignée des Eumolpides, comme père d'Eumolpos (dès le Ve siècle av. J.-C.). L'importance accordée à cette figure dans la mythologie attique et éleusinienne répondait au désir de fournir à diverses figures locales (comme Triptolémos ou Eumolpos) un cadre théogonique (cf. West 1983a : 42-43).

205. Ni Hésiode (*Th.* 467 sq.), ni Apollodore (1.1.6-7) ne mentionne Thémis comme médiatrice entre Rhéa et la nourrice ; cette déesse apparaît toutefois en fonction de déesse nourricière dans un Hymne Homérique (*à Apollon* 124), dans lequel elle offre le nectar au petit Apollon. Présentée comme πάρεδρον ("parèdre" ou partenaire de Zeus), Thémis est également présente dans l'Hymne homérique 23 (*à Zeus*).

206. Amalthée est tantôt le nom d'une des trois nymphes crétoises nourricières de l'enfançon Zeus (Hygin, *Fables* 139 ; Ovide, *Fastes* 5.115-128), tantôt celui de la nourrice à qui la nymphe le confie (Schol. Germ., p. 73 ; Aviénus 408, etc.), tantôt —et surtout— celui de la chèvre de cette dernière (Schol. Il. 15.318 Heyne ; Aratos 163 ; Callimaque, *Hymne à Zeus* 49 ; etc.) ; pour d'autres variantes de l'enfance de Zeus, voir *Cat.* 2, n. 24 (chez Hygin le nom d'Hélikè réapparaît à cet endroit pour désigner une de ces nourrices caprines, à côté d'*Aix* "Chèvre"). La confusion de la nymphe et de la chèvre apparaît dans des versions postérieures, et semble répondre à une volonté de "rationalisation" du mythe (voir Apollodore 1.1.6-7). Pour le mettre à l'abri des investigations de Cronos, le berceau du nourrisson est

suspendu à un arbre (HYGIN, *Fables* 139), et ses cris sont couverts par le fracas assourdissant fait par les Courètes et les Corybants avec leurs boucliers. Selon la version ovidienne (qui distingue la nymphe et sa chèvre), après avoir écorné la bête, la nymphe nourrit l'enfant en remplissant la corne d'herbes et de fruits (OVIDE, *Fastes* 5.115-124). La corne apparaît ainsi naturellement comme un des attributs caractéristiques de la chèvre, et un signe de richesse et d'abondance (déjà chez ANACRÉON, *frg.* 361 *PMG* ; voir COOK 1914 : I.501-503).

207. La Titanomachie ne constitue qu'une petite section à l'intérieur de la *Théogonie* d'HÉSIODE (v. 617-735). Mais on connaît l'existence d'un poème intitulé *Titanomachie,* et attribué à EUMÉLOS de Corinthe ou à ARCTINOS de Milet (p. 11 Bernabé), et d'une *Titanographie* de Musée (voir n. 204). La principale différence entre l'épisode rapporté ici et les autres récits théogoniques (voir APOLLODORE 1.2.1) est que Zeus affronte seul les Titans, sans l'aide des Cyclopes. Mais Ératosthène a, par ailleurs, eu recours dans ses *Catastérismes* à une autre source, qui implique les Cyclopes dans la "guerre de succession" contre Cronos et les Titans (voir *Cat.* 29 et 39). En outre, l'expression εἰς ἡλικίαν confirme le fait que la naissance et l'éducation de Zeus constituent une παιδεία marquée nettement par les valeurs héroïques. Le caractère marginal de la naissance et de l'enfance constitue un motif typique de l'histoire de nombreux héros (voir BRELICH 1958 : 127 sq.), destinés à entreprendre des expéditions militaires risquées. Ces épisodes mythiques seraient, d'après quelques savants, la projection de pratiques d'initiation de jeunes gens, amplement documentées par l'anthropologie.

Page 43

208. Bien que le texte ne donne pas de détails sur l'origine de cette prédiction, il est possible qu'Ératosthène fasse allusion à l'oracle de Delphes, sous le double patronage de Poséidon et de Gè, auquel faisait effectivement référence l'*Eumolpie* attribuée à Musée (voir PAUSANIAS 10.5.6 = *FVS* 2B11). Parmi les maîtres de l'oracle delphique, antérieurs à Apollon, on comptait également Gè et Thémis (toutes deux présentes dans l'éducation du nourrisson Zeus, d'après le récit de Musée). Zeus suit donc le conseil de l'oracle en écorchant la chèvre et en utilisant sa peau impénétrable dans son combat contre les Titans. L'aspect de la chèvre est épouvantable déjà chez HOMÈRE (*Il.* 15.229-230). Comme Athéna (avec l'Égide, avec Astéros ; cf. *Meropis*, p. 132 Bernabé) et Héraclès (avec le lion : voir *Cat.* 12, n. 178), Zeus emploie la peau du monstre comme cuirasse (ce qui lui vaut l'épithète de αἰγίοχος, "qui secoue l'égide"). Souvent c'est Athéna (ou Apollon) qui se sert de l'égide de Zeus (HÉSIODE, *Bouclier* 343-344). L'égide est parfois totalement dissociée de la chèvre nourricière, et rattachée au verbe ἀΐσσειν, "se précipiter" (CORNUTUS 9), cette armure faite par Héphaïstos (αἰγὶς ὅπλον Διός, Ἡφαιστότευκτον) ayant la faculté de "précipiter"

les vents et la tempête (ZONARAS A 77, s.v. αἰγίς ; cf. SCHOL. IL. 17.594a Erbse). L'animal est ici ἄτρωτος, comme la peau du lion de Némée (cf. APOLLODORE 2.5.1 ; voir aussi *Cat.* 22, n. 331).

211. La Chèvre est catastérisée par Zeus, tandis que le Cocher, d'après Hygin, l'est par Hermès, du moins dans le cas de Myrtilos ; pour Erichthonios ce pourrait être Zeus ou Athéna. Mais le processus de catastérisation de la Chèvre est ici atypique : Zeus pourrait se contenter de reconstituer son corps sans l'animer. Or il ne s'agit pas, comme d'ordinaire, du transfert honorifique d'un mort ou de l'image d'un mort, mais de la projection réelle et définitive au ciel d'un être vivant (cf. HYGIN 2.13.4 pour la transposition latine exacte de ce passage). ANTONINUS LIBERALIS (36), qui raconte l'épisode débouchant sur la catastérisation de la Chèvre (καὶ αὐτῆς ἔτι νῦν εἴδωλόν ἐστιν ἐν τοῖς ἄστροις), dit que Zeus la rend d'abord immortelle (μεταβαλὼν ἀθάνατον). Le rapport entre Amalthée et la chèvre du Cocher est d'époque hellénistique (peut-être d'Ératosthène lui-même), et ne saurait remonter à Musée. Cet auteur manifeste bien quelques notions d'astronomie (*FVS* 2B18), mais il s'agit d'une simple mention de constellation (les Hyades), sans lien aucun avec un contexte mythologique. LACTANCE (*Inst.* 1.21.39), qui reprend le même passage de Musée sur la fin de la chèvre Amalthée, ne dit rien de son élévation au ciel.

212. L'identification proposée ici est attestée par plusieurs textes (GERMANICUS 159-162 ; SCHOL. ARAT. 161, p. 161 ; SCHOL. GERM., p. 74 ; NONNOS 33.292-296) ; Germanicus appelle même trois fois la constellation "Myrtilos" (v. 181, 183, 711). Sur le mythe de Myrtilos — qu'Hygin juge trop célèbre pour mériter d'être à nouveau raconté—, voir APOLLODORE (*Epit.* 2.6-9), et HYGIN (*Fables* 224). Ce héros, qui n'est pas mentionné par Homère, s'intègre au mythe de Pélops à une époque relativement tardive (le premier témoignage étant fourni par PHÉRÉCYDE (*frg.* 37 Fowler). Oinomaos, le roi de Pisa en Élide, était fils d'Aixion (PAUSANIAS 5.1.6) ou d'Arès (HYGIN, *Fables* 84, 245, 250 ; PHILOSTRATE, *Tableaux* 9 ; etc.). Myrtilos est, lui, fils d'Hermès, le nom de sa mère étant instable : Théoboula (PAUSANIAS 5.1.7), Clytia (HYGIN 2.13.2), Mirto, Phaétousa, Clyméné… Pélops demande à Myrtilos, le cocher d'Oinomaos, de saboter le char de son maître, pour remporter contre lui la course dont le prix est la main d'Hippodamie, fille d'Oinomaos ; avant de mourir, Oinomaos maudit son cocher qui est plus tard tué par Pélops, à la suite d'une tentative de viol sur Hippodamie. On montrait la tombe de Myrtilos près du temple d'Hermès à Phénée (PAUSANIAS 8.14.10). Si Aratos n'identifie pas la figure de l'Aurige avec un personnage mythologique particulier, cette constellation (connue sous le nom de Ἡνίοχος depuis EUDOXE [*frg.* 29] au moins) a été associée à partir d'Ératosthène à divers cochers mythiques ; et le Cocher connaît, de fait, de nombreuses autres identifications dans la tradition des catastérismes : Killas, le cocher de Pelops (SCHOL. ARAT. 161, p. 161), Sphaïros (cf. PAUSANIAS 5.10.2),

Bellérophon ou Trochilos (HERMIPPOS *in* BOLL 1903 : 110), Hippolyte (PAUSANIAS 2.32.1), Phaéthon (NONNOS 38.424-428). Hygin cite également, en s'appuyant sur des auteurs d'astronomie (*nonnulli etiam qui de sideribus scripserunt*) le nom d'Orsiloque, le fils d'Alcée (cf. PAUSANIAS 4.30.2). Myrtilos est parfois qualifié non de "cocher" mais de soldat embarqué (voir NICOLAS, *FGH* 90F10 : ὁ Μυρτίλος παραιβάτης ὢν ἐπὶ τοῦ ἅρματος πλήξας ξίφει τὸν Οἰνόμαον).

214. Les Chevreaux (cf. en latin *Heduli* [ARAT. LAT., p. 210, etc.] ou *Haedi* [HYGIN 3.12, etc.]), au nombre de deux pour les Grecs, correspondent à la représentation de l'astérisme babylonien GAM ("la houlette du Berger" ; ROGERS 1998a : 17), qui paraît avoir été placé à l'endroit du Cocher. Pour Aratos, le Cocher est un homme qui appuie son pied droit sur la corne gauche du Taureau (la pointe de la corne gauche du Taureau et le pied droit du Cocher partageant la même étoile, β Tauri ; voir ARATOS 174-175 et HYGIN 3.12). Tandis que la Chèvre se trouve sur l'épaule du Cocher, les Chevreaux sont dans sa main gauche (HIPPARQUE 2.2.57 et 2.3.33).

215. Le descriptif d'Ératosthène ne mentionne que la partie haute de la figure, s'arrêtant à la main : δ Aur (tête, mag. 3.7) ; α Aur (épaule gauche, mag. 0.1) et β Aur (épaule droite, mag.) ; ε Aur (coude gauche, mag. 3) et ν Aur (coude droit, mag. 4) ; θ Aur (main droite, mag. 2.6) ; η et ζ Aur (main gauche, respectivement mag. 3.2 et mag. 3.7). Hipparque et PTOLÉMÉE (*Almageste* 7.5, p. 66) signalent en outre une étoile sur le pied droit (γ Aur = β Tau), et une sur le pied gauche (ι Aur) ; et Ptolémée seul une étoile sur la fesse (φ Aur), une étoile sur l'ourlet du vêtement (χ Aur), et une autre au-dessus du pied (14 Aur), pour un total de 14 étoiles (y compris ξ Aur au dessus de la tête). HYGIN (3.12) en compte 7 seulement, omettant l'étoile de la main droite. L'absence de notation du char, pièce essentielle de la figure, est en principe surprenante, mais elle est conforme à toute la tradition iconographique. Et la combinaison de l'aurige et de la Chèvre et des Chevreaux reste un casse-tête pour les critiques, tant du point de vue mythographique qu'iconographique (voir BOLL-GUNDEL 1937 : 916 ; sur les étoiles des jambes, voir HIPPARQUE 1.10.3). Certains (WEBB 1952 : 52 ; LE BŒUFFLE 1977 : 107), *supposent* qu'à l'origine était figuré là un char dont les roues de profil auraient été esquissées par les étoiles β, θ, ι, tandis que le conducteur était représenté par l'étoile α, et les rênes par les étoiles ε, ζ, η (voir ALLEN 1899 : 84). Le char est présent dans la représentation des astrologues (BOLL 1903 : 109). Les auteurs plus tardifs, comme MANILIUS (5.20), parlent du « cocher se souvenant de son char » (cf. GERMANICUS 161 : *nulli currus*).

Page 45
219. Selon la forme originelle du mythe, le taureau qui séduit et emporte Europe n'est pas un émissaire de Zeus, mais le dieu lui-même,

métamorphosé. Cependant, des versions rationnalisantes font du taureau un agent envoyé par Zeus pour enlever la jeune fille (ACOUSILAOS, *frg*. 29 Fowler ; ESCHYLE, *frg*. 99 Radt). C'est apparemment cette tradition que suit Ératosthène en disant se fonder sur Euripide (voir n. 220). L'instant où Zeus enlève Europe tandis qu'elle est en train de cueillir des fleurs, ou de passer une guirlande au cou du taureau, a été souvent reproduit dans la littérature et l'art (voir HÉSIODE, *frg*. 140 ; BACCHYLIDE, *frg*. 10 Snell & Maehler). Cet épisode trouve un parallèle significatif dans le rapt de Perséphone par Hadès. Europe était l'objet d'un culte ancien en Béotie, où elle fut cachée dans une grotte par Zeus, son amant (cette grotte se trouvait à Teumessos : voir PAUSANIAS 9.19.1 ; cf. *Cat*. 33, n. 508). Il semblerait que le plus ancien document archéologique figurant Europe sur un taureau provienne précisément de cette région. Le rapport d'Europe à la Béotie est également manifeste dans le culte de Déméter-Europe à Lebadia, près de Thèbes (cf. PAUSANIAS 9.39.4). Le mythe a toutefois identifié depuis des temps reculés Europe à la mère de Minos, Radamanthe et Sarpédon, conduite en Crète par Zeus. On dit l'héroïne fille de Phénix (selon HOMÈRE, *Il*. 14.321) ou d'Agénor et de Téléphassa (selon APOLLODORE 3.1.1). Europe apparaît dans un autre chapitre du recueil (*Cat*. 33).

220. EURIPIDE, *Phryxos*, *frg*. 3 Jouan-Van Looy (= *frg*. 820 Kannicht). Euripide est l'auteur de deux tragédies intitulées *Phryxos*. On considère que le fragment cité par Ératosthène appartenait à *Phryxos II*. L'ὑπόθεσις conservée situe Athamas à Orchomène (car il n'est pas roi de Thessalie, comme dans *Phryxos I*), où il vit avec Ino, fille de Cadmos. Elle évoque ensuite les enfants qu'Athamas a eus de Néphélè : Phryxos et Hellè. Ces derniers sont touchés par la folie de Dionysos qui les conduit dans un endroit sauvage pour qu'ils soient victimes des ménades. Leur mère Néphélè leur donne un bélier qui les sauve *in extremis* (voir *Cat*. 19). Le prologue de l'œuvre abordait la généalogie de Cadmos, et le passage auquel Ératosthène fait allusion devait appartenir à cette partie, puisque Cadmos, le père d'Ino, est frère d'Europe ; selon CANTARELLA (1964 : 46), en revanche, ce fragment apparaissait plutôt dans le *Phryxos* à titre d'exemple mythique, dans une partie chorale (et sans relation directe avec l'action dramatique).

222. Ainsi le sexe du taureau pourrait être féminin… (voir OVIDE, *Fastes* 4.717 : *uacca sit an taurus non est cognoscere promptum*). La constellation est ici présentée comme une simple copie (μίμημα). Il s'agit d'un cas similaire à celui de la Grande Ourse et d'Héraclès, qui sont explicitement décrits comme εἴδωλα ou "images" (voir *Cat*. 2, 3, 4 ; cf. *Cat*. 25, n. 378 : τύπος). Le dénouement des aventures de la vache Io n'est donc pas, selon cette variante, une transformation en constellation, ni un voyage astral. Io est la fille d'Inachos (pour d'autres généalogies, voir APOLLODORE 2.1.3). Comme prêtresse d'Héra (ou d'Athéna : voir HÉSIODE, *frg*. 125) elle mène une vie marginale

interrompue par l'irruption de Zeus. Après sa rencontre sexuelle avec le dieu, Io est transformée par lui en vache pour la mettre à l'abri de la vengeance d'Héra, ou bien elle est transformée par Héra. Les deux variantes sont au fond structurellement et symboliquement analogues, et on peut les rapprocher du mythe de Callisto (voir *Cat.* 1 et 2). Une fois qu'Hermès a libéré la génisse de la surveillance d'Argo, Héra envoie un taon harceler sur terre et sur mer la favorite de Zeus (l'entraînant dans une errance au cours de laquelle sont baptisés le Bosphore —passage de la vache— et la mer *io*nienne). Eschyle offre la première version cohérente du mythe (*Supp.* 291 sq., *Pr.* 640 sq.), mais il est clair qu'il a eu des prédécesseurs épiques (cf. HÉSIODE, *frg.* 124) et, au-delà, des modèles orientaux (voir DUCHEMIN 1979). Comme dans le cas d'Europe, HÉRODOTE (1.1-2) raconte une version rationalisée du mythe (voir aussi PALAIPHATOS 15 et 42). D'autres variantes identifient la constellation avec le taureau de Pasiphaé (SCHOL. GERM., p. 136), ou avec la victime de Thésée, le taureau de Marathon (SCHOL. ARAT. 167, p. 162-163).

223. Le Taureau englobe les Hyades, qui sont, pour les astronomes, solidaires de cette figure. Les Hyades se limitent souvent aux étoiles du front (ἐν τῷ μετώπῳ : SCHOL. HOM., *Il.* 18.486 Van Thiel ; ἐπὶ παντὶ μετώπῳ : ARATOS 173 ; *fronte* : GERMANICUS 178 ; cf. *toto ore* : AVIÉNUS 434 ; cf. ARATOS 170 : κάρη ; voir HIPPARQUE 2.6.6). Elles sont sur le plat du crâne (βούκρανος) selon GÉMINOS 3.3. Le terme de visage (προσώπῳ) est exceptionnel pour un animal et étend le dessin au bas de la face (voir SCHOL. GERM., p. 75 : *frons cum facie*). De fait, cet astérisme concerne aussi, dans la description d'Ératosthène, les yeux et les naseaux de l'animal (voir *infra* n. 229). Dans le format original des *Catastérismes,* les Hyades étaient sûrement traitées de façon beaucoup plus longue, comme l'atteste la tradition parallèle et l'importance de cet astérisme. La première mention des Hyades dans la littérature grecque se trouve dans l'*Iliade* d'HOMÈRE (18.485-487), lors de la description du bouclier d'Achille, à côté des Pléiades, d'Orion, et de la Grande Ourse. Avec Sirius (*Il.* 22.29) et le Bouvier (*Od.* 5.272-273), elles constituent le socle homérique des connaissances astronomiques. Il s'agit de constellations de référence pour le travail agricole et la navigation (DICKS 1970 : 27-38). C'est également en relation avec un calendrier agricole que les Hyades sont mentionnées par HÉSIODE (*Op.* 614-617), leur coucher héliaque du matin (vers le 11 novembre) annonçant la saison des pluies. L'*Astronomie* (qui ne remonte pas avant le VIe siècle, mais qui est attribuée à Hésiode par la tradition) établissait peut-être un lien entre les étoiles qui les composent et des nymphes (cf. n. 232), proposant une forme rudimentaire de catastérisme. Il est en tout cas peu probable qu'un poème comme l'*Astronomie* mentionnait les nymphes nommées Hyades sans les mettre en rapport avec la constellation homonyme (voir HÉSIODE, *frg.* 291). Astérisme isolé à l'origine,

les Hyades furent intégrées, au cours du processus de systématisation zodiacale, dans la constellation du Taureau qui les englobe (cf. *Cat.* 7, n. 96), à l'instar des Ânes et de la Mangeoire dans le Cancer (*Cat.* 11). Le nom des Hyades semblait, dans l'Antiquité, dérivé de celui de la pluie (cf. ὕει, "il pleut" : SCHOL. ARAT. 171, p. 164) ; on le mettait aussi en rapport avec la forme en Y (upsilon) de la constellation —qui évoque la forme d'une face de taureau cornu (SCHOL. ARAT. 171, p. 164 ; SCHOL. HOM., *Il.* 18.486 Van Thiel ; HYGIN, *Fables* 192) ; et on le rapprochait aussi de l'épithète dionysiaque Ὕης (voir n. 232). L'étymologie admise aujourd'hui le rattache à ὕες "truies", comme l'atteste le parallèle latin (*Suculae* ; voir SCHERER 1953 : 146-149).

Page 46
228. Parmi les deux étoiles des yeux, on trouve, bien qu'Ératosthène ne signale pas son éclat, Aldébaran (α Tau) que PTOLÉMÉE présente comme « une étoile rougeâtre sur l'œil sud » (*Almageste* 7.5, p. 88), et qui est souvent distinguée comme "la Hyade brillante" : λαμπρὰ Ὑάς (PTOLÉMÉE, *Almageste* 11.6, p. 414 ; *Tétrabible* 1.2, p. 263, 270, 275, 303, etc. ; *Phaseis* 2, p. 22 ; HÉPHÉSTION, *Apotélesmatiques* 33.20).

229. Ce qui porte aujourd'hui le nom d'Hyades est un amas stellaire ouvert de plus de 300 étoiles, dans lequel sont isolées une douzaine d'étoiles visibles à l'œil nu (θ1, θ2, ε, γ, δ1, κ1, 90, υ, 68, ι, ρ, σ2) correspondant à l'espace du mufle de l'animal antique. Dans l'antiquité, le nombre des Hyades, plus réduit, n'est pas stable : elles sont tantôt deux (Thalès), tantôt trois (Euripide), tantôt quatre (Hygin, *Fables*), tantôt cinq (Hésiode, Ptolémée), tantôt sept (Phérécyde, Hygin —*Astronomie*—, etc.) : Θαλῆς μὲν οὖν δύο αὐτὰς εἶπεν εἶναι […] Εὐριπίδης […] τρεῖς· Ἀχαιὸς δὲ τέσσαρας· Μουσαῖος <ε'>· Ἱππίας δὲ καὶ Φερεκύδης ἑπτά (SCHOL. ARAT. 172, p. 165). HYGIN atteste que leur nombre est discuté : après avoir signalé, comme l'*Epit.*, deux étoiles sur les cornes (β, ζ Tau), deux sur les yeux (α, ε Tau) et une sur le front (γ Tau), il en ajoute deux « à la naissance de chaque corne » (97 (i) et τ Tau), mais précise que « quelques-uns excluent les deux dernières dont nous venons de parler, en sorte que le total soit de cinq » (3.20). L'auteur hésite entre les deux chiffres (voir HYGIN 2.21.2 : *quinque Hyadas appellatas*). Les deux "supplémentaires" correspondent, dans le texte des *FV*, aux deux étoiles situées « sur le front », et dans le texte de l'*Épitomé* aux étoiles situées « sur les épaules », lesquelles sont à la fois incohérentes dans la description, impossibles à identifier et jamais reprises dans la tradition iconographique. Il s'agit sûrement d'une corruption, et la correction de l'éditeur Robert (« les étoiles au sommet de chaque corne ») s'accorde mieux avec la réalité astronomique et la tradition parallèle. Mais le mot (ὤμων) est plus probablement une corruption de ὤτων : « sur les oreilles ». Parmi les paires d'étoiles des cornes, à condition de retenir notre identification du schéma de l'astérisme, ce

sont effectivement les étoiles boréales, autrement dit les « gauches » (β et τ) qui sont les plus brillantes (cf. SCHOL. GERM., p. 76 : *clarior sinistrae* (sic) *id est in cornibu*). Les étoiles facultatives, non pas parce qu'elle sont marginales, mais parce qu'elles sont faibles, sont sans doute les étoiles dites du front (*FV*), des oreilles (*Epit.*) ou de la naissance des cornes (Hygin). Mais il y a une difficulté à admettre parmi les Hyades des étoiles placées sur les *cornes*, autrement dit ni sur le visage, ni sur le front (cf. *supra*, n. 223). Cependant cet élargissement est bien établi (voir EUSTATHE, *Comm. Il.*, p. 4.225 Van der Valk ; HÉSYCHIUS, *Lex.* Υ 1, s.v. Ὑάδας : τὰ ἐπὶ τοῦ μετώπου κέρατα τοῦ ταύρου τοῦ ἐν οὐρανῷ ἄστρου ; PHOTIOS, *Lex.* Υ 613, s.v. Ὑάδες : οἱ ἐπὶ τῶν κεράτων τοῦ ταύρου ἀστέρες ; ZONARAS Υ 1759 : Ὑάδες· ἀστέρες, οἵτινες ἐπὶ τῶν κεράτων τοῦ οὐρανίου Ταύρου εἰσί ; cf. *ibid.* s.v. Υ. τὸ στοιχεῖον : ὅτι αἱ ὑάδες τὸ πρόσωπον τοῦ Ταύρου ἔχουσιν, ἐπιπλατυνόμενον ἀπὸ τοῦ μετώπου, λεπτυνόμενον δὲ ἐξ ἀμφοτέρων ἐπὶ τὰ κάτω). Il est malheureux que la description des étoiles du Cocher manque dans l'*Épitomé*, car elle permettrait de s'assurer qu'Ératosthène considérait bien β Tau comme commune au Taureau et au Cocher (sous l'appellation redondante de γ Aur), et, par suite, β et ζ Tau comme les étoiles *des cornes* du Taureau, à l'instar d'EUDOXE (*frg.* 29), ARATOS (174-176), PTOLÉMÉE (*Almageste* 7.5, p. 88) et HIPPARQUE (3.5.21 : « l'étoile bien visible située au milieu des cornes du Taureau, et qui fait à peu de chose près un triangle équilatéral avec les deux étoiles brillantes situées à la pointe des cornes », qui se réfère sûrement à ι Tau de magnitude 4). Cette confirmation conduirait à suspecter résolument le descriptif de l'*Épitomé*, qui paraît exclure à la fois du groupe des Hyades et de la figure du Taureau les étoiles du bout des cornes, dont la très brillante β Tau (de magnitude 1.6) qui ne peut être « à la naissance de la corne », comme le dit le texte (cf. HYGIN 3.20 : *ex quibus locis cornua nascuntur*, correspondant à 97 (i) et τ Tau, et distinguées des étoiles *in cornibus*) ; à ce titre, le témoignage des *FV*, qui situe simplement les deux premières étoiles sur les cornes et non à leur base, est plus satisfaisant.

230. Certaines étoiles sont situées différemment chez Ptolémée et suggèrent dans l'image des variations de détail ; quant au catalogue d'HYGIN (3.20), il omet quatre étoiles (bien qu'il donne le même total qu'Ératosthène) : une sur le sabot, deux sur le cou, une sous le ventre. Voici donc l'identité supposée des dix-huit étoiles du Taureau d'Ératosthène : ζ Tau (corne droite, mag. 3) et β (corne gauche, mag. 1.6) ; α Tau (œil droit, mag. 0.9) et ε Tau (œil gauche, mag. 3.5) ; γ Tau (naseaux, mag. 3.6) ; τ Tau (*oreille* gauche, mag. 4.3) et 97 Tau (*oreille* droite, mag. 5.1) ; μ Tau (genou gauche, mag. 4.3) ; ν et 88 Tau (?) (sabots, respectivement mag. 3.9 et mag. 4.2) ; 90 Tau (genou droit, mag. 4.3) ; υ et κ Tau (cou, respectivement mag. 4.3 et mag. 4.2) ; χ, 44 et 41 Tau, ou encore φ et ψ Tau (dos, respectivement mag. 5.4,

mag. 5.4 et mag. 5.2 —ou mag. 5 et mag. 5.2) ; ξ ou ο ou 30 Tau (sous le ventre, mag. 3.7, ou mag. 3.6, ou mag. 5.1) ; λ Tau (poitrail, mag. 3.4).

231. Dans le catalogue des étoiles la Pléiade n'est pas prise en compte, alors que les Hyades semblent partie intégrante de la figure du Taureau. Le total, avec la Pléiade (7 étoiles), est de 25 étoiles (voir *Cat.* 23). D'après Ptolémée, la constellation du Taureau comprend 33 étoiles, dont 5 Hyades et 3 Pléiades, auxquelles s'ajoutent 11 étoiles périphériques. Il semble que l'appellation de Hyades désigne exclusivement, chez Ptolémée, des étoiles de la face du Taureau (τῶν ἐν τῷ προσώπῳ καλουμένων Ὑάδων). Ainsi les étoiles 97 (i) Tau (sur la corne sud) et τ Tau (sur la corne nord) ne sont pas inclues parmi les Hyades dans son descriptif qui, partant de la coupure du taureau, suit un ordre méthodique, remontant du ventre vers les cornes, puis suivant l'échine. Une figure caractéristique est identifiée par HIPPARQUE (3.5.19) au-dessus des cornes : « l'étoile bien visible située au milieu des cornes du Taureau (= ι Tau), et qui fait à peu de chose près un triangle équilatéral avec les deux étoiles brillantes situées à la pointe des cornes » ; voir n. 229.

Page 47
232. PHÉRÉCYDE d'Athènes, *frg.* 90 Fowler. Le nom des nourrices est donné par un scholiaste (SCHOL. ARAT. 172, p. 166 = HÉSIODE, *frg.* 291) : Phaesylè (SCHOL. ARAT. 172 ; SCHOL. GERM., p. 75 ; HYGIN 2.21.1 : Pédilè), Coronis, Cléia (SCHOL. GERM. et HYGIN : Ambrosia), Phaeo (SCHOL. ARAT. 172 ; SCHOL. GERM., p. 75 ; HYGIN : Phyto), Eudorè ; Hygin ajoute deux noms : Polyxo, Thyonè (cf. SCHOL. GERM. : Thyenè). Les noms des Dodonides sont différents dans les *Fables* d'HYGIN (*Fables* 182), qui évoquent leur catastérisme et proposent deux listes : Cisseis, Nysa, Érato, Ériphia, Bromis, Polyhymno, et Arsinoè, Ambrosie, Bromia, Cisseis, et Coronis ; il en donne même plus loin une troisième, encore différente : Phaesyla, Ambrosia, Coronis, Eudora, Polyxo (*Fables* 192) ; voir ALLEN 1899 : 387. La reconstruction du mythe catastérismique de Phérécyde comprend les épisodes suivants : les Hyades, sept nymphes de Dodone, reçoivent la mission de nourrir le petit Dionysos avant de l'envoyer à Thèbes pour qu'Ino prenne la relève. Pour les remercier de ce service, Zeus place les Hyades au ciel (pour un possible arrière-fond idéologique de ce bref passage, voir PÀMIAS 2013). Il semble que le récit de Phérécyde comprenait une spéculation étymologique mettant en relation le nom des Hyades avec le mot Ὕης (épithète de Dionysos et de Sémélè). Ces nourrices, parfois données pour nourrices de Zeus lui-même (SCHOL. HOM., *Il.* 18.486 Van Thiel), étaient aussi identifiées aux nymphes de Nysa (APOLLODORE 3.4.3 ; OVIDE, *Fastes* 5.167-168 et *Mét.* 3.313-315 ; etc.) et à d'autres nymphes, les Lamides ou filles de Lamos (NONNOS

14.143-151). Dans une autre version, les Hyades furent catastérisées par Zeus après la mort de leur frère Hyas (cf. Schol. Hom., *Il.* 18.486 Van Thiel ; Tzétzès, *Hes. Op.* 382), piqué en Libye par un serpent lors d'une chasse (Tzétzès, *Sur les Pléiades* 547 Maass) au lion ou au sanglier (Hygin, *Fables* 192 et 248) ; elles étaient douze sœurs, mais seules quelques-unes (cinq d'après Hygin, *Fables* 192) furent catastérisées entre les cornes du Taureau. Euripide identifiait cette constellation avec les trois filles d'Érechthée, et Myrtilos avec les filles de Cadmos (voir Schol. Arat. 172, p. 166). La personnification des Hyades de la part d'Hésiode —qui connaît les nymphes par leur noms (*frg.* 291 ; cf. n. 223)— ouvre la voie au catastérisme. Phérécyde d'Athènes (VIe-Ve siècle av. J.-C.) est, semble-t-il, le premier à élaborer un récit cohérent se concluant par la transformation des jeunes filles en étoiles. Prédécesseur d'Ératosthène pour la catastérisation de la couronne d'Ariane (voir *Cat.* 5), Phérécyde apparaît comme le seul auteur à avoir, avant lui, proposé véritablement des développements catastérismiques (cf. n. 79 ; voir Pàmias 2005).

Page 48

233. La constellation de Céphée appartient à un vaste quartier du ciel dédié à la famille du héros Persée (*Cat.* 22), avec Cassiopée (*Cat.* 16) et Andromède (*Cat.* 17), auxquels s'ajoute la constellation australe du Monstre marin (*Cat.* 36) : « Descendant d'Io, Céphée aussi est monté au ciel avec sa femme et toute sa famille, puisque Jupiter est le fondateur de sa race ; l'élévation d'un parent est souvent avantageuse… » écrit Germanicus (184-186). À cette constellation inventée par les Grecs et déjà connue d'Eudoxe (*frg.* 33 et 89) correspond une seule et même légende qui ne varie pas au cours des âges. L'exégèse chrétienne trouvera un sens allégorique nouveau à cet ensemble : Céphée représente Adam ; Cassiopée, Ève ; Andromède, l'âme du premier couple ; Persée, le Logos ; et le Monstre naturellement la bête malfaisante, qui s'attaque à l'âme (Hippolyte, *Réfutation* 4.49.1).

234. Dans l'ordre de l'œuvre originale d'Ératosthène la constellation de Céphée occupait, en effet, la quatrième position (voir la *Liste des constellations* dans l'*Annexe*). Robert (1878 : 33), qui n'avait pas connaissance de cet index, conjecturait déjà que Céphée occupait cette place dans la rédaction primitive, dans laquelle la Lyre devait occuper la neuvième place (voir *Cat.* 24, n. 350). De fait, l'ordre initial des *Catastérismes* était déterminé par les cercles et envisageait successivement les constellations du cercle arctique, du tropique d'été, du tropique d'hiver, puis du cercle zodiacal, dont les signes étaient traités après les constellations ordinaires (voir *Cat.* 42 et n. 666) ; cette organisation a été revue, lorsqu'on composa une édition des *Phénomènes* (au IIe-IIIe siècle de notre ère selon Martin 1956 : 35-126), incluant les *Catastérismes* parmi les matériaux auxiliaires destinés à illustrer un poème

abstrus comme celui d'Aratos, pour se conformer à une sectorisation dérivée des *Phénomènes* d'Aratos (voir *Introduction*, p. LXXIX sq.).

235. Le cercle arctique désigne à la fois une limite et une bande de ciel correspondant à la calotte céleste qui demeure toujours visible tout au long de l'année (voir GÉMINOS 5.2). ARATOS (650-651) prétend qu'il se couche à moitié (« jusqu'à la ceinture »), et Eudoxe employait sans doute le nom de "buste de Céphée" (*frg.* 64a : Κήφεως στῆθος) pour désigner la partie qui passait parfois sous l'horizon ; mais HIPPARQUE (1.7.20) rectifie, en disant que seules les étoiles de la tête sont au sud de la limite du cercle des étoiles toujours visibles (*i.e.* arctique). En effet, la figure de Céphée est renversée, puisqu'il a les pieds tournés vers le sommet de la voûte (les étoiles de ses chevilles [γ, κ Cep] formant un triangle quasi équilatéral avec la polaire). Sur les constellations du cercle arctique, voir HIPPARQUE 1.11.1.

236. Voir EURIPIDE, *Andromède* (p. 150 Jouan-Van Looy ; cf. p. 234 Kannicht). Représentée en 412 av. J.-C., l'*Andromède* d'Euripide eut beaucoup de succès, comme le prouve la parodie qu'en fit Aristophane dans les *Thesmophories* ; elle parvint même à faire de l'ombre à la pièce homonyme de Sophocle, dont on sait très peu de chose (voir *Cat.* 16 et 36). La tradition rapporte de curieuses anecdotes qui attestent la popularité de l'*Andromède* d'Euripide jusqu'à l'époque impériale romaine (cf. JOUAN-VAN LOOY 1998 : 161-164). C'est seulement à partir du IIe siècle de notre ère qu'elle fut négligée puis abandonnée, par suite de la constitution du corpus scolaire limité des drames euripidéens. Pour une tentative de reconstruction de cette tragédie, voir BUBEL 1991 ; KLIMEK-WINTER 1993 ; FALCETTO 1998 ; JOUAN & VAN LOOY 1998 : 147-188.

237. Céphée est fils de Bèlos (d'après Euripide, suivant APOLLODORE 2.1.4 ; cf. HÉRODOTE 7.61) —dont PLINE (6.121) fait l'inventeur de l'astronomie à Babylone—, ou de Phénix (HYGIN 2.9, qui se réclame, lui aussi, de l'autorité d'Euripide !), et époux de Cassiopée ; il est considéré comme un roi étranger. HELLANICOS le situe à Babylone (*FGH* 4F59), HÉRODOTE en Perse (7.61 et 150), et STRABON (16.2.28), PAUSANIAS (4.35.9) ou STÉPHANE de Byzance (s.v. Ἰόπη) à Jopé (Jaffa), en Syrie. Mais son règne se fixe en Éthiopie, à la suite de la pièce d'Euripide. Le nom de Céphée est rapproché du nom du peuple légendaire des "Céphènes" (les Bourdons), sur lequel il régnait en Éthiopie (OVIDE, *Mét.* 4.764 et 5.1). Comme l'indique Ératosthène (et APOLLODORE 2.4.3), EURIPIDE (*frg.* 22 Jouan-Van Looy) plaçait effectivement l'action en Éthiopie, un pays situé, semble-t-il, sur les bords de l'Atlantique. Toutefois la localisation de l'Éthiopie, le pays des "Visages noirs", est confuse dans la tradition grecque, ou plutôt double, puisque ces hommes du bout du monde, essentiellement méridionaux, sont répartis en deux endroits, « les uns au Soleil levant, les autres au Soleil couchant » (HOMÈRE, *Od.* 1.22-24 ; voir STRABON 1.1.6) ;

HÉRODOTE, qui traite surtout de l'Éthiopie africaine (2.11-12 & 28), rappelle cette double localisation et l'existence d'Éthiopiens asiatiques (7.69-70) ; de même, Eschyle situe les Éthiopiens à l'est, du côté de l'Inde (*Supp*. 284-286), mais aussi sur les bords de la mer Rouge (*Prométhée délivré, frg*. 192 Radt). STRABON (1.2.24-28) discute longuement cette question, pour défendre les vers d'Homère, citant les spéculations nombreuses des philologues et des géographes sur ce sujet. Pour la représentation mythique de la géographie des Éthiopiens, voir BALLABRIGA 1986 : 190 sq. Quoi qu'il en soit, Andromède est présentée comme la princesse exotique d'un pays barbare ; cf. *frg*. 9 Jouan-Van Looy = *frg*. 124 Kannicht, où Persée s'exclame : « en quelle terre barbare sommes-nous arrivés, grâce à nos sandales rapides ? » (τίν' εἰς γῆν βαρβάρων ἀφίγμεθα τάχει πεδίλῳ ;).

238. Le motif de la vierge exposée à un monstre et sauvée par un héros correspond à un motif folklorique bien connu (voir THOMPSON 1958 : H335.3.1 ; cf. IBID. B11.10, B11.11, T68). L'épisode d'Andromède et du monstre marin, incorporé secondairement au cycle de Persée, à une époque relativement tardive, est d'origine orientale (MORENZ 1975). Les sources littéraires et iconographiques ne remontent pas au-delà du VIe siècle av. J.-C., et Homère, qui présente Persée comme « le plus grand des héros » (*Il*. 14.320), ne mentionne pas Andromède. Le catalogue hésiodique (*frg*. 135.6-7) signale, en revanche, les enfants de Persée et d'Andromède. Le premier témoignage iconographique est fourni par une amphore corinthienne du VIe siècle présentant Persée, combattant contre le monstre à coups de pierres, et avec l'aide d'Andromède (*LIMC*, s.v. "Andromeda I", 1). Mais les détails sur la libération de la jeune fille fournis par les prosateurs du Ve siècle sont rares (voir PHÉRÉCYDE, *frg*. 12 Fowler, et HÉRODOTE 7.61 et 150). Les tragédies de Sophocle et, surtout, d'Euripide ont consacré cet épisode mythique. Une expression employée par Ératosthène suggère peut-être une dépendance avec le modèle euripidéen : τῷ κήτει βοράν rappelle, en effet, la formule κήτει βορὰ Γλαυκέτῃ πρόκειμαι (ARISTOPHANE, *Th*. 1033), qui fait partie de la parodie aristophanienne (*frg*. 7 Jouan-Van Looy = *frg*. 122 Kannicht). Il est toutefois peu probable qu'Ératosthène ait paraphrasé un passage d'Euripide, mais il a dû s'inspirer de résumés ou d'arguments (ὑποθέσεις) de la pièce, à l'instar d'APOLLODORE (2.4.3), dont le texte présente des parallélismes flagrants.

239. Certains ont cru pouvoir conclure de ces mots (et d'une expression équivalente en *Cat*. 17) que l'*Andromède* d'Euripide culminait avec le catastérisme de Céphée et d'Andromède ; selon cette opinion, largement admise, Athéna apparaissait à la fin de la pièce comme *dea ex machina*, pour prédire le catastérisme final (FALCETTO 1998 : 68 ; KLIMEK-WINTER 1993 : 100 ; BUBEL 1991 : 61). Mais l'hypothèse générale, selon laquelle Euripide et Sophocle furent les auteurs de la mise en relation, à travers la catastérisation,

des constellations liées à Andromède et de leurs homonymes mythiques, ne repose, précisément, que sur les textes de la tradition catastérismique. Comme pour d'autres figures célestes, connues de longue date par la tradition mythologique, il est peu probable que le motif de la catastérisation ait existé avant l'époque alexandrine (voir *Introduction*, p. LXVI) ; pour Aratos lui-même les catastérismes de Persée et de sa famille sont "purement symboliques", et ces personnages ne sont astralisés que de façon nominale (MARTIN 1998b : 236 : « seuls les noms montent au ciel »). Ératosthène est donc le premier, à notre connaissance, à offrir et peut-être à concevoir la catastérisation de Céphée et de sa famille, comme un développement étiologique. On peut remarquer, à l'appui de cette prudence, qu'aucune des œuvres conservées des trois Tragiques ne mentionne de catastérisme proprement dit ; dans *Oreste* et *Hélène* d'Euripide, les apparitions *ex machina* des Dioscures et d'Apollon prédisent, certes, une apothéose, mais en aucun cas une catastérisation. En revanche, les termes d'Ératosthène (ἐν τοῖς ἄστροις ἐτέθη Ἀθηνᾶς γνώμῃ) décrivent une catastérisation —qui n'implique nullement une divinisation.

242. L'ensemble de la section est corrompu, et les incertitudes liées à la figuration (en particulier les limites et la place de la main, du coude et de l'épaule) rendent l'identification des étoiles délicate. Voici une répartition plausible : ζ et ε ou δ Cep (tête, mag. 3.4 et mag. 4.2 ou mag. 4.1) ; α (épaule droite, mag. 2.4) et 30 Cep (épaule gauche, mag. 5.2) ; η (bras droit, mag. 3.4) et ι (bras gauche, mag. 3.5) ; θ (coude droit, mag. 4.2) et ο (coude gauche, mag. 4.7) ; β, 11, et 24 Cep (?) (baudrier, respectivement mag. 3.2, mag. 4.5 et mag. 4.8) ; 6 ou 7 Cep (?) (hanche droite, mag. 5.2 ou mag. 5.4) ; π et 31 Cep (genou gauche, mag. 4.4 et mag. 5.1) ; κ (?) et… (dessus du pied, mag. 4.4) ; γ Cep (pied, mag. 3.2). Le descriptif d'Hygin est similaire mais non identique (une étoile en moins sur le coude, et une étoile supplémentaire sur l'autre pied —sans doute le droit, car l'étoile du pied gauche notée par Ératosthène semble être γ Cep—). Les SCHOLIES À GERMANICUS (p. 77) proposent un total de 17 et des variations importantes : une seule étoile sur le coude ; pas d'étoile sur l'épaule droite ; deux sur la hanche droite ; trois au dessus du pied au lieu de quatre.

Page 50

247. SOPHOCLE, p. 156, ed. Radt. Ératosthène a tenu à ne négliger aucun des grands Tragiques, dans sa recherche d'un modèle autorisé pour les figures de ce mythe : Euripide pour Céphée et Andromède (*Cat.* 15 et 17), Sophocle pour Cassiopée et le Monstre marin (*Cat.* 16 et 36), et Eschyle pour Persée (*Cat.* 22). L'*Andromède* fut représentée au milieu du Ve siècle. Nous savons peu de chose sur le traitement du matériel mythique par Sophocle, car les fragments conservés de cette tragédie se réduisent à sept vers et quelques bribes ; son drame fut

éclipsé par la pièce homonyme d'Euripide qui connut un grand succès (voir *Cat.* 15 et 17). Les principaux témoignages proviennent, d'une part, des écrits de la tradition catastérismique ; et, d'autre part, des vases qui semblent illustrer cette pièce (SCHAUENBURG 1967 ; KLIMEK-WINTER 1993 : 32). À la différence de l'*Andromède* d'Euripide, dans laquelle la jeune fille était attachée à un rocher, Andromède avait, dans la pièce de Sophocle, les mains liées à des poteaux ou à des rames (PÀMIAS 1999a). L'iconographie insiste sur le costume oriental de l'héroïne (*LIMC* s.v. "Andromeda I", 2, 3, 6). Persée apparaissait avant ou après l'exposition de la jeune fille, prenait pitié d'elle (SOPHOCLE, *frg.* 128a) et tuait le monstre. Nous ne pouvons rien conjecturer du rôle de Phinée, prétendant à la main d'Andromède, ni sur le dénouement de la pièce. Quoi qu'il en soit, le témoignage d'Ératosthène ne permet absolument pas de penser que la tragédie se concluait par un catastérisme (voir *Cat.* 15, n. 239 ; et *Cat.* 17, n. 260). Une hydrie de Londres figure le moment où les pieux sont plantés en terre, mais cela ne signifie pas nécessairement que la jeune fille était condamnée à l'exposition au cours de la représentation : le peintre peut avoir voulu évoquer sur le même plan divers épisodes liés à la pièce. Casaubon émit l'hypothèse que la pièce aurait été un drame satyrique (RISPOLI 1972 : 190 ; voir PETERSEN 1904 : 104) ; mais la présence du mot Πᾶνες (Pans) dans les fragments de la pièce (*frg.* 136 Radt) ne prouve pas son caractère satyrique. Pour une reconstitution de cette tragédie, voir MARIJOAN (1968), RISPOLI (1972), KLIMEK-WINTER (1993 : 23-54).

248. Sur les Néréides, voir *Cat.* 36. Dans les sources antiques, Cassiopée apparaît comme l'épouse de Phénix et la mère de Phinée (HÉSIODE, *frg.* 138), Cilix et Doriclos (cf. PHÉRÉCYDE, *frg.* 86 Fowler). Pour les autres Tragiques, qui ont consolidé le mythe, Cassiopée est l'épouse de Céphée et la mère d'Andromède. Dans l'*Andromède* de Sophocle, Cassiopée se vante d'être plus belle que les Néréides ; cette prétention contraste avec celle qui est attestée par d'autres variantes où Cassiopée glorifie la beauté de sa fille et non la sienne (voir *e.g.* HYGIN, *Fables* 64). Dans une version secondaire, le défi de Cassiopée vise Héra (voir SCHOLIES À LYCOPHRON 836). Nous sommes en présence, quoi qu'il en soit, d'un motif folklorique typique (cf. THOMPSON 1958 : H1596). Très commune dans la mythologie grecque, cette présomption impie (ὕβρις) conduit à la ruine le mortel qui ose défier le dieu. La fille de Cassiopée est livrée en bouc émissaire au monstre marin. Cette exposition apparemment de type religieux est peut-être un reflet de la peine capitale pratiquée en Perse et en Grèce aux VIe et Ve siècles (PHILLIPS 1968 : 8). En tout cas, le choix de la jeune fille comme victime propitiatoire ne prouve pas que Sophocle impliquait dans sa tragédie l'oracle d'Ammon (APOLLODORE 2.4.3). Des mosaïques tardives illustrent diversement le jugement des Néréides (voir *LIMC*, s.v. "Kassiepea", 10, 12) ; une mosaïque syrienne d'Apamée, en particulier, présente une

Cassiopée victorieuse, couronnée par Nikè (la victoire), à côté de sa rivale Thétis (BALTY 1995 : 269-271) ; il s'agit d'une Cassiopée différente de la version courante, indépendante d'Andromède, que connaissait peut-être Conon, dont les *Narrations* offrent sur Andromède un récit "original", sans mention de Cassiopée (*FGH* 26F1, 40).

250. Les constellations d'Andromède et de Cassiopée sont en effet voisines, comme la plupart des astérismes du groupe "céphéen", à l'exception du Monstre marin, situé dans l'hémisphère austral. La figuration de Cassiopée sur un siège, sans doute un fauteuil à dossier, est traditionnelle et sûrement indépendante de Sophocle, et rien ne prouve que le Tragique exploita ce motif dans la scénographie de sa pièce, comme le voudrait RISPOLI (1972 : 205), qui soutient que l'expression δίφρου καθημένη est en rapport avec le passage parodique des *Thesmophories* d'Aristophane, où un archer scythe va chercher un escabeau pour s'asseoir à côté d'Andromède. Le δίφρος est, à partir de l'époque classique, un escabeau, mais le mot a une résonance très homérique (voir ARATOS 252 et 655) et désigne dans l'épopée un siège confortable (voir MARTIN 1998b : 260). Les termes employés pour désigner le siège varient, et l'on trouve aussi le mot homérique κλισμός (ARATOS 251), et θρόνος (TEUCROS 7.195 Boll) ; HIPPARQUE emploie deux termes pour le fauteuil de Cassiopée : θρόνος (trône : 2.5.9 ; cf. PTOLÉMÉE, *Almageste* 7.5, p. 62) ; et δίφρος (siège, caisse de char : 2.6.4 ; 3.1.9 ; 3.4.7) ; il est possible que le second terme désigne plus précisément la partie basse (cf. *sella* : HYGIN 3.9), tandis que le terme κλισμός employé par Aratos désignerait le dossier incliné (avec le sens de ἀνακλισμός). Ptolémée emploie l'hapax ἀνάκλιθρον pour le dossier du siège (pour β, ρ Cas). Hygin emploie pour cet attribut le terme *siliquastrum* (*sedens in siliquastro* ; cf. SCHOL. GERM., p. 78 : *in sella anaclito sedens*), que Pline donne pour le nom d'un arbre syrien, mis plus tard en relation avec le fait que la reine est parfois représentée avec une feuille de palme à la main (ALLEN 1899 : 144). Les représentations de Cassiopée (toujours assise) qui enluminent les manuscrits médiévaux des *Phénomènes* (voir *LIMC*, s.v. "Kassiepea", 17, 19) remontent, en dernière instance, à des *Catastérismes* illustrés (cf. WEITZMANN 1971 : 97 et fig. 70). Dans le ms *Vaticanus Graecus* 1087 qui offre le texte des *Fragmenta Vaticana*, Cassiopée est représentée assise sur un trône (voir BOLL-GUNDEL 1937 : 911), comme sur l'Atlas Farnèse. L'adverbe οἰκείως, présent dans les manuscrits, est sans doute une glose introduite à une mauvaise place ; mais cette addition n'est pas anodine, et le mot peut refléter une conception ancienne, si on le met en rapport avec une scholie aratéenne, conservée dans le ms *Vatic. gr.* 1087 à propos de la représentation d'Andromède : ἔχρησεν οὖν ὁ θεός, εἰ μὴ ἡ ταύτης θυγάτηρ Ἀνδρομέδα ἐκδοθῇ τῷ κήτει, μὴ παύσασθαι τὸ δεινόν. ὅθεν καὶ προετέθη μετὰ τῶν οἰκείων κόσμων (SCHOL. ARAT. 179, p. 171). La représentation d'Andromède peut reproduire une

scène familiale et privée de *kosmesis* (REDFIELD 2003 : 52), de la jeune fille à sa toilette. Andromède apparaît, dans l'iconographie, richement habillée et entourée de présents de toutes sortes, à la fois nuptiaux et funéraires puisqu'elle est destinée à épouser Hadès dans un mariage *comme* un sacrifice ; voir BURKERT (1983 : 62 sq. et 64) : « in hunting myth, the sacrificed virgin becomes the bride of the quarry, whether it is a bear, a buffalo or a whale ». Ces objets cosmétiques et familiers sont donc décrits par le syntagme μετὰ τῶν οἰκείων κόσμων par le scholiaste à Aratos (*ad* 179, p. 171), dont l'adverbe οἰκείως du texte de l'*Épitomé* semble une sorte d'écho. En astrologie, οἰκείως σχηματίζεσθαι signifie, pour une planète, « être dans son domicile » (voir VETTIUS VALENS, p. 58 Kroll). SANTONI (2010 : 97) interprète l'adverbe comme signifiant « généralement » (« secondo un' iconografia consueta »).

Page 53
260. Comme en *Cat.* 15 (Céphée) et 22 (Persée), la responsable du catastérisme est Athéna (alors qu'Ératosthène ne précise pas qui est l'agent du catastérisme de Cassiopée et du Monstre marin). Ce n'est pas le mérite personnel ou le destin d'Andromède qui lui vaut cette promotion céleste, mais le souci de glorifier Persée, commémoré par quatre figures associées. Par les mots τῶν Περσέων ἄθλων ὑπόμνημα, les *Catastérismes* ne renvoient pas seulement à l'anéantissement du monstre et à la libération de la jeune fille, mais également aux exploits antérieurs du héros, en particulier l'expédition contre les Gorgones et son combat contre Méduse (qui apparaît au *Cat.* 22 ; mais il faut garder à l'esprit que le chapitre consacré à Persée précédait, dans le dispositif initial, les présentations d'Andromède et de Cassiopée : voir l'*Anonymus* II.2.1 et l'*Introduction*, p. XXX sq.). La mention du catastérisme a conduit à l'opinion, aujourd'hui largement admise, que la tragédie d'Euripide se terminait sur l'apparition *ex machina* d'Athéna, annonçant la catastérisation des personnages de la pièce. Mais il apparaît beaucoup plus probable que cette issue est une innovation hellénistique, peut-être même ératosthénienne. Bien que certaines constellations (comme pour Orion ou la famille de Persée) soient connues sous un nom mythologique, la promotion astrale d'un héros et la narration catastérismique est une perspective mythographique particulière qui ne semble pas se manifester avant l'époque d'Ératosthène (voir *Cat.* 15, n. 239 et *Introduction*, p. LXV sq.).

261. Le sacrifice propitiatoire d'Andromède consiste dans l'exposition de la jeune fille au bord de la mer, pour qu'elle serve de pâture au monstre marin. Andromède suppliciée (cf. GERMANICUS 205 : *poenae facies remanet*) est tantôt attachée à des barres de bois, tantôt enchaînée à un rocher, et les témoignages littéraires et iconographiques ne concordent pas ; mais elle apparaît toujours les bras écartés.

L'*Andromède* d'Euripide s'ouvrait avec l'intervention plaintive de la protagoniste enchaînée sur un rocher (*frg.* 7 Jouan-Van Looy = *frg.* 122 Kannicht ; WEBSTER 1965 : 29). Les chaînes sont souvent évoquées —et même nécessaires à Mnésiloque lorsqu'il doit parodier Andromède dans les *Thesmophories* (v. 1010-1013)— et associées régulièrement à la jeune fille. Andromède apparaît en outre richement vêtue et entourée de présents de toute sorte, qui sont à la fois nuptiaux et funéraires (cf. n. 250). C'est alors que Persée fait son apparition (EURIPIDE, *Andromède*, *frg.* 9 Jouan-Van Looy = *frg.* 124 Kannicht), probablement en survolant la scène grâce à une μηχανή. La posture des trois céphéens, bras tendus ou en croix, relève d'une composition réfléchie : Cassiopée assise les bras déployés, Céphée tendant les mains, tous deux en signe de deuil, et Andromède enchaînée, les bras écartelés. Le pathétique de ce secteur céleste et la constitution récente des images (après le Ve siècle av. J.-C.) invitent à penser que ce tableau astral est inspiré d'une scène de tragédie, l'*Andromède* perdue d'Euripide, ou celle de Sophocle.

262. Après avoir libéré du monstre le pays de Céphée, Persée réclame la main d'Andromède, qui lui est refusée sous prétexte qu'il est un bâtard (voir *frg.* 27 Jouan-Van Looy = *frg.* 124 Kannicht). Il est probable que Cassiopée, elle aussi, tentait de dissuader sa fille de se marier à un étranger. Les mots οὐχ εἵλετο τῷ πατρὶ συμμένειν οὐδὲ τῇ μητρί semblent indiquer une scène de débat entre Andromède et ses parents, mais il n'est pas nécessaire de supposer la participation au drame de Phinée, l'oncle paternel d'Andromède, réclamant sa main en arguant de la priorité d'un mariage endogamique, comme l'ont pourtant imaginé plusieurs critiques (BUBEL 1991 : 59 sq. ; EBENER 1979 : 239-244), en s'appuyant sur le récit donné par OVIDE dans les *Métamorphoses* (4.668-5.238). Aucun fragment conservé (sachant en outre que les plus longs proviennent tous de la parodie des *Thesmophories*) n'atteste la présence de Phinée, et, comme le suggère le passage de notre texte, il est plus probable que l'obstacle à l'hymen vienne des parents (cf. JOUAN-VAN LOOY 1998 : 159).

263. Les mots d'Ératosthène soulignent, dans l'évocation de ce retour à Argos, que Persée ne projette pas de réaliser l'oracle prédisant qu'Acrisios mourrait de la main de son petit-fils (voir *Cat.* 22, n. 324). APOLLODORE (2.4.4) se contente d'indiquer que Persée rentre dans sa patrie, en compagnie de Danaé et d'Andromède, pour retrouver Acrisios. D'après PHÉRÉCYDE (*frg.* 12 Fowler), il est également accompagné par les Cyclopes (qui l'avaient peut-être aidé à construire les murailles d'Argos ; voir DUGAS 1956 : 7).

266. Cette indication est très problématique et reconstruite à partir du témoignage de l'ARATUS LATINUS (p. 217) : *in pedalium de summitate manu nitidas duas* (sur cette conjecture, voir PÀMIAS 1999a). Dans la mesure où la version latine connue sous le nom de *Aratus Latinus*

présente souvent des correspondances littérales et des translittérations, on peut considérer probable que l'original grec contenait le mot πηδάλιον. Nous aurions ainsi un témoignage situant deux étoiles sur la main tenant le πηδάλιον (voir Petersen 1904 : 102). Ce terme désigne, techniquement, la gouverne latérale en forme de rame des navires antiques (cf. Casson 1971 : 224 sq.). Le modèle iconographique adopté pour cet index d'étoiles par Ératosthène (globe ou planisphère) inclurait donc une Andromède attachée à des barres de bois en forme de rames. L'iconographie de vases d'époque classique étaye cette hypothèse puisqu'elle offre des exemples d'une Andromède fixée sur des pieux, pouvant évoquer, de manière plus ou moins stylisée, un πηδάλιον (voir *LIMC*, s.v. "Andromeda I", 7, 20, 3) ; les représentations de navires grecs sur lesquels on distingue facilement la barre latérale paraissent concluants (voir les illustrations 80, 81, 82, 88, 89, 90 et 97 de l'Appendice de Casson 1971). Cependant cette lecture se heurte à une objection : πηδάλιον est le lexème conventionnel, et systématiquement employé dans la littérature astronomique, pour désigner l'astérisme compris dans Argo, ou le Navire (voir *Cat*. 35).

Page 56

271. Une partie de la constellation est inclue dans la Panthère des Babyloniens (ud ka-du-a), une autre dans le Cheval (anshu kur-ra ; Florisoone 1951 : 159-160). Elle présente une partie caractéristique (voir Aratos 208-210 ; Waerden 1974 : 72), connue sous le nom de carré de Pégase (α, β, γ Peg et α And), appelée "le champ" (ash-iku) par les Babyloniens, et considérée aussi comme le siège d'Ea (Rogers 1998a : 19). D'origine discutée (cf. Scherer 1953 : 186), la constellation grecque, la septième par la taille, n'est pas attestée avant l'époque d'Euctémon (Géminos, [*Parapegme*] p. 99 Aujac ; cf. Eudoxe, *frg*. 34, 39, 66 ; Hipparque 1.2.13). On ne peut conclure de ce chapitre des *Catastérismes* qu'Euripide connaissait déjà cette constellation (cf. n. 282).

272. Comme le Taureau et le Navire, le Cheval est une figure tronquée ; l'adjectif ἡμιτελής ("à moitié complet" ; cf. *dimidius* in Schol. Germ., p. 78), transmis par les *FV*, atteste l'origine aratéenne du passage (voir Aratos 214-215 ; cf. n. 273), explicite dans le texte. Pourtant, si Alpheratz (δ Peg) n'était pas son nombril, il pourrait tenir tout entier sans bousculer le poisson nord qui le suit de près.

273. Voir Aratos 205-224. À travers la mention de la montagne Hélicon (voir n. 274) et d'Hippocrène, où se baignent les Muses, Aratos fait volontairement écho au proème de la *Théogonie* d'Hésiode. Ératosthène reste cependant fidèle aux *Phénomènes*, parce que l'animal qui fait jaillir Hippocrène est anonyme, comme chez Aratos (v. 216 sq.), et comme pour Callimaque (*frg*. 2 et 112). Pourtant l'identification est suggérée dans les *Phénomènes*, par l'expression « il tourne dans

la demeure de Zeus » (224), qui renvoie à l'honneur accordé à Pégase dans le palais du dieu, où « il porte le tonnerre et la foudre » (HÉSIODE, *Th.* 281 ; cf. APOLLODORE 2.3.2 ; SCHOLIES À ARISTOPHANE, *Paix* 722) ; les *Catastérismes* insistent cependant sur le fait qu'il s'agit de chevaux distincts, à la différence des auteurs postérieurs puisque NICANDRE (*frg.* 54 Schneider), STRABON (8.6.21), PAUSANIAS (9.31.3) et OVIDE (*Mét.* 5.256 sq.) identifient l'un à l'autre (cf. ANTONINUS LIBERALIS 9) ; et dans la tradition latine la constellation est généralement appelée *Equus* (plutôt que *Pegasus*), parfois *Equus Pegasus*. Cette assimilation a été sans doute encouragée par le fait que Pégase est le révélateur d'autres sources (p. ex. à Trezène : PAUSANIAS 2.31.9 ; et à Corinthe : STRABON 8.6.21).

275. Pégase est représenté comme un cheval ailé par PINDARE (*Isth.* 7.44-45), et peut-être déjà par HÉSIODE (*Th.* 284 : ἀποπτάμενος ; mais ce terme peut avoir un sens imagé), correspondant à des modèles d'Asie mineure et d'Assyrie. Il serait né, d'après la mythologie, du sang de Méduse, décapitée par Persée (HÉSIODE, *Th.* 281 ; cf. *Cat.* 22, n. 328). Mais il est aussi, parallèlement, tenu pour le fils de Poséidon (cf. APOLLODORE 2.3.2). Bellérophon parvient, sur cette monture, à triompher de la Chimère, un monstre hybride qui dévastait la région de Lycie (HOMÈRE, *Il.* 6.181 sq.) ; cependant Homère ne mentionne pas Pégase en rapport avec la mort de la Chimère. Après différents exploits Bellérophon persuade à Pégase de le porter jusqu'au ciel, mais cette audace du héros est sanctionnée par Zeus, qui le renverse de son cheval et le précipite sur la terre (ce motif est déjà connu de PINDARE, *Isth.* 7.44 sq.) ; après cet épisode, Ératosthène, en s'appuyant sur une tradition anonyme (ἄλλοι), présente l'ascension de Pégase comme une ascension volontaire pour se convertir en constellation. Suivant une autre tradition, Hygin présente Zeus consacrant alors Pégase parmi les étoiles (cf. HYGIN 2.18.1).

276. L'argument évoqué par les *Catastérismes* est d'ordre iconographique et rappelle l'usage par Ératosthène d'un globe céleste ou d'un planisphère (voir *Cat.* 2 et n. 23). De fait, le cheval céleste n'a d'ailes ni pour Aratos, ni pour Hipparque, et ce n'est qu'à partir d'OVIDE (*Fastes* 3.449 sq.), GERMANICUS (207, 222-223) et, en Grèce, de Ptolémée que la tradition littéraire lui attribue des ailes. C'est un processus semblable qui voit l'apparition des ailes de la Vierge (voir *Cat.* 9 et n. 130 & 137). Les astrologues semblent avoir joué un rôle important dans l'identification à Pégase, et au premier chef Asclépiade de Mirlea, au Ier siècle av. J.-C. (voir BOLL 1903 : 117-119 et 544 ; SCHERER 1953 : 186) ; la première représentation iconographique de la constellation avec des ailes est également tardive, puisqu'il s'agit de l'Atlas Farnese (dont l'original est d'époque impériale romaine ; voir *LIMC*, s.v. "Atlas", 32). Ce passage sur Pégasos paraît donc être une interpolation d'époque postérieure à Ératosthène (REHM 1907 : 325).

277. EURIPIDE, *Mélanippè philosophe*, p. 378 Jouan-Van Looy (cf. p. 528-529 Kannicht). Ératosthène fait référence à Euripide qui écrivit également une pièce intitulée *Mélanippè Enchaînée*. On a proposé diverses reconstitutions du drame à partir des fragments conservés (voir WÜNSCH 1894 ; WEBSTER 1967 : 147-157 ; AUFFRET 1987 ; COLLARD *et al*. 1995 : 240 sq. ; JOUAN-VAN LOOY 2000 : 347-384). L'action se déroule dans le palais d'Éole, en Béotie. Séduite par Poséidon, Mélanippè dissimule à son père Éole sa grossesse. Elle met au monde des jumeaux qu'elle cache dans une étable où ils sont pris, lorsqu'ils sont découverts, pour des monstres nés d'une vache (βουγενῆ τέρατα). Ils sont sur le point d'être sacrifiés lorsque Mélanippè intercède en leur faveur pour les protéger. Finalement, elle se voit obligée de reconnaître sa maternité. Les enfants sont appelés Aiolos et Boiotos, ancêtres respectivement des Éoliens et des Béotiens. On ignore quelle était l'issue de la tragédie, mais elle comprenait sans doute une apparition *ex machina* d'Hippo, la mère de Mélanippè, portant un masque spécial (POLLUX 4.141) ; sur l'argument (ὑπόθεσις) et le prologue de l'œuvre, voir COLLARD *et al*. (1995 : 248-250) et JOUAN-VAN LOOY (2000 : 356 et 376-378). *Mélanippè philosophe* fut représentée vers 420, et *Mélanippè Enchaînée* vers 412 av. J.-C. Les deux tragédies d'Euripide consacrées à Hippo ont contribué à donner à une tradition mythologique complexe une forme canonique et définitive. Les variantes de STRABON (6.1.15), de DENYS d'Halicarnasse (*Rhet*. 8.10, 9.11), de PAUSANIAS (9.1.1) et d'HYGIN (*Fables* 186) présentent de nombreuses divergences. Le passage du mythe de la Grèce continentale à la Grande Grèce est particulièrement confus (voir DIODORE 4.67.5). Le fait que le prologue s'étende sur les antécédents mythiques et la généalogie de la protagoniste (Zeus, Hellè, Éole ; la mère étant Hippè, la fille de Chiron) indique sûrement que le public athénien était peu familier avec ce mythe. Sur les problèmes posés par ce prologue, voir n. 281.

278. Le nom de la mère de Mélanippè (Jument noire) varie selon les sources : Hippo (Ἱππώ) selon EURIPIDE (v. 21 du prologue de l'œuvre) et CLÉMENT d'Alexandrie (*Stromates* 1.15.73.5) ; Hippè (Ἵππη) d'après Ératosthène et dans l'argument de la pièce euripidéenne ; Évippè (Εὐίππη) selon POLLUX (4.141) ; et T(h)ean selon HYGIN (2.18.2), corrigé en Thetin par certains éditeurs (la déesse passant parfois pour la fille de Chiron ; voir ROSCHER 1924 : 785).

279. Les mésaventures d'Hippè, dans la version d'Ératosthène, préfigurent d'une certaine manière celles que connaîtra sa fille Mélanippè. Hippè est la fille d'un Centaure mais elle a une forme humaine, avant sa métamorphose en jument. Dans le prologue de la pièce d'EURIPIDE (v. 14-16), Mélanippè déclare que Zeus est l'auteur de la métamorphose de sa mère Hippè (κείνην μὲν οὖν / ξανθῇ κατεπτέρωσεν ἱππείᾳ τριχὶ / Ζεύς). Enlevée par un ouragan, elle est transportée à travers les airs loin du mont corycien (le Parnasse, v. 18-19). Pour les

Catastérismes, en revanche, après le viol d'Éole, la jeune fille s'enfuit dans la montagne, où elle est métamorphosée. Le mythe d'Hippè comporte en fait un grand nombre d'éléments communs avec celui de Callisto (voir *Cat.* 1), y compris par le rôle joué par Artémis : Hippè est également une chasseresse, fidèle d'Artémis et violée par un dieu ; enceinte comme Callisto, elle est métamorphosée en animal pour dissimuler et expier sa faute ; mais la métamorphose se fait ici à sa demande. OVIDE décrit de manière vive la métamorphose (*Mét.* 2.665-675). Selon Callimaque (d'après HYGIN 2.18.3), Mélanippè, une suivante d'Artémis, est métamorphosée pour avoir cessé de chasser et d'honorer Artémis ; le motif (punition d'une infidélité), selon cette version, est classique, mais contraste avec le témoignage des *Catastérismes*.

281. La motivation invoquée ici ne concorde pas avec le texte du prologue de *Mélanippè philosophe* (voir n. 277). Les vers 16-17 du prologue exposent en effet qu'Hippo est métamorphosée pour qu'elle ne puisse plus proférer des prophéties destinées à guérir les hommes, et non à sa demande pour échapper à son père. Cette considération sur Hippo, que donne les *Catastérismes*, paraît incompatible avec les indications du prologue, comme avec les traits de sage héroïne de la figure d'Hippo manifestés dans les fragments 4 et 5. Pour résoudre cette contradiction, LUPPE (1989) attribue à la pièce d'Euripide l'ensemble du récit d'Ératosthène et propose de considérer comme douteux les vers 16 et 17 du prologue. COLLARD *et al.* (1995 : 241 et 268), au contraire, estiment erronée l'attribution à Euripide des données présentées par Ératosthène (cf. BOLL-GUNDEL 1937 : 929-930). JOUAN-VAN LOOY (2000 : 378, n. 58 et 363) se contentent d'avertir que la fin de la pièce est incertaine. WILAMOWITZ (1971a : 453) attribue le récit des *Catastérismes* à Euripide, à l'exception de la catastérisation finale. Il est clair qu'Ératosthène puise en fait à plusieurs sources pour la rédaction de ce chapitre, et, comme pour d'autres chapitres (voir *Cat.* 15, 17), la mention d'Euripide ne signifie pas que tous les détails concernant Hippè dérivent de cet auteur. Tout l'épisode érotique (à partir de ὑπ' Αἰόλου δὲ ἀπατηθεῖσαν φθαρῆναι) procède à notre avis, comme la catastérisation, d'une source qui n'est pas Euripide. En revanche, l'analyse détaillée du dossier catastérismique montre que la rédaction originale des *Catastérismes* incluait une référence à la sagesse prophétique d'Hippo, que les manuscrits de l'*Épitomé* n'ont pas conservée (voir n. 290).

282. Le témoignage d'Ératosthène a conduit à supposer à nouveau (cf. *Cat.* 15, 17) que la tragédie d'Euripide culminait avec la transformation par Artémis d'Hippè en constellation (voir REHM 1907 : 325 ; WÜNSCH 1894 : 94). Pourtant la référence à Euripide dans ce chapitre ne concerne sûrement pas l'épisode érotique entre Éole et Hippè (voir n. 281), ni la catastérisation qui s'ensuit ; par l'usage du mot κατεπτέρωσεν dans le prologue (v. 15), on est tenté de considérer qu'Euripide concevait Hippè comme un cheval ailé, alors que la constellation ne

reçoit des ailes que bien après Ératosthène (voir n. 276) ; ceci engage à dissocier le catastérisme de la tragédie et de sa mention textuelle (cf. BOLL-GUNDEL 1937 : 930).

283. Artémis honore ainsi, paradoxalement, une vierge déflorée, mais elle se fait complice de la "faute" d'Hippè puisqu'elle la place de manière à passer inaperçue de son père. En effet, comme les astronomes anciens le notaient, les deux constellations ne sont pas visibles en même temps dans le ciel et ne peuvent donc pas se "voir" : la première partie du Centaure se lève (en même temps que la Balance) lorsque se couche entièrement le Cheval (HIPPARQUE 2.2.46).

286. L'ajout proposé par Robert (λαμπρόν) est vraisemblable pour cette étoile (Enif = ε Peg) très significative et brillante, la *lucida* de la constellation (mag. 2.4). En revanche, γ et δ Equulei (naseaux ; que les SCHOL. GERM. (p. 79) disent par erreur *claras*) sont peu brillantes (respectivement mag. 4.7 et 4.5).

Page 58

290. Des sources étrangères aux *Catastérismes* confirment la mention des *Fragmenta Vaticana* sur les activités mantiques d'Hippè : CLÉMENT d'Alexandrie (*Stromates* 1.15.73.5), qui cite le fragment d'Euripide, rapporte dans les mêmes termes l'enseignement dispensée par Hippo/è : ἐδιδάξατο αὐτὸν (*scil.* Éole) τὴν φυσικὴν θεωρίαν, τὴν πάτριον ἐπιστήμην. Par l'expression φυσικὴ θεωρία, Ératosthène et Clément désignent clairement des connaissances d'astronomie, d'astrologie et de cosmogonie, auxquelles font référence certains fragments de la *Melanippè* (*frg.* 4 Jouan-Van Looy = 482 Kannicht : ἣ πρῶτα μὲν τὰ θεῖα προὐμαντεύσατο / χρησμοῖσι <σαφέσιν> ἀστέρων ἐπ' ἀντολαῖς ; cf. aussi *frg.* 5 = 484 Kannicht). Concernant l'astrologie (voir surtout EURIPIDE, *frg.* 4 Jouan-Van Looy), Euripide témoigne de l'apparition en Grèce de cette discipline nouvelle originaire de Babylone (cf. CAPELLE 1925). L'accusation portée contre elle de prononcer des incantations magiques permettant de guérir les hommes (v. 16-17 du prologue ; et HYGIN 2.18.3, qui la nomme *uates*) souligne le lien étroit, en Grèce comme ailleurs, entre savoir cosmogonique et dons de guérisseur (voir BURKERT 1995 : 124-127, et BURKERT 1987 : 24). HYGIN (2.18), plus tardivement, montre la nymphe comme une prophétesse punie et métamorphosée en cheval pour avoir révélé les desseins des dieux, et c'est aussi la tradition que suit OVIDE (*Mét.* 2.638-639), pour qui la fille de Chiron se nomme Ocyrhoé : *non haec artes contenta paternas edidicisse fuit, fatorum arcana canebat*. Il y a un malentendu sur cette science d'Hippè dans l'ARATUS LATINUS (p. 219) : *quod enim et naturalem aspectum conseruat* (cf. τὴν φυσικὴν θεωρίαν συντηρεῖν) ; cf. SCHOL. GERM., p. 79 : *naturalem speciem conseruasse*.

Page 60
292. Constellation qui n'est sans doute pas d'origine babylonienne, où son espace est occupé en partie par LU HUN-GA ("le travailleur salarié"), et en partie par DIL-GAN ("l'irrigateur") ; voir FLORISOONE 1951 ; ROGERS 1998a : 19 ; cf. LE BŒUFFLE 1977 : 153 ; WAERDEN 1974 : 74 ; SCHERER 1953 : 165. Une origine égyptienne (BOLL-GUNDEL 1937 : 936) apparaît également douteuse, bien que l'animal ait été une figure majeure dans les cultes babyloniens et égyptiens ; pour les Égyptiens, en particulier, la constellation du Bélier avait un surcroît d'importance du fait qu'elle était au plus haut dans le ciel au lever de l'étoile Sirius, lever qui marquait le moment de la crue du Nil. D'après PLINE (2.31), cette constellation est la première à avoir été définie par Cléostrate de Ténédos (*i.e.* à être délimitée astronomiquement et à correspondre à un segment de 30° sur l'écliptique —alors que la *figure* de la constellation n'occupe que 20° ; voir WEBB 1921) ; cf. *Cat.* 7, n. 96 ; *Cat.* 28, n. 412, et *Cat* 42 n. 667. Le nom apparaît chez EUDOXE (*frg.* 34 *in* HIPPARQUE 1.2.13), et il est traduit par *Aries* (parfois aussi *Laniger*) dans la littérature latine. Parmi les constellations zodiacales, le Bélier occupe une position cruciale (HYGIN rappelle qu'il est le premier des signes zodiacaux : 2.20.3 ; cf. NIGIDIUS FIGULUS, *frg.* 89 ; MANILIUS 1.263, etc.), surtout pour les astrologues (cf. BOLL-GUNDEL 1937 : 934), entre autres parce qu'il aurait occupé le milieu du ciel au moment de la naissance du monde (voir LE BŒUFFLE 1977 : 206).

293. Phrixos et Hellè sont fils de Néphélè et d'Athamas. D'après Apollodore, qui propose de ce mythe changeant la forme la plus cohérente, Athamas abandonne Néphélè pour épouser Ino, qui lui donne Learchos et Mélicerte. Sur le plan mythique, l'union d'Athamas avec Néphélè, Ino puis Thémisto semble le reflet de la pratique grecque de la polygamie, à laquelle le roi Cécrops aurait mit fin en imposant la monogamie (ATHÉNÉE 13.555d). Jalouse des enfants du premier mariage, Ino monte un stratagème complexe : elle persuade les femmes de cuire les grains de céréale destinés à être semés, puis soudoie les messagers envoyés à Delphes par Athamas qui s'interroge sur les raisons de la récolte catastrophique de l'année. Les messagers dictent la réponse prétendue de l'oracle, exigeant que soit sacrifié le fils de son premier lit (Phrixos), pour faire cesser la disette. Pressé par les habitants, Athamas s'apprêtait à conduire à l'autel son fils lorsqu'un bélier envoyé par Néphélè emporte à travers les airs Phrixos et Hellè (APOLLODORE 1.9.1 ; cf. SCHOL. APOLL. RHOD., *Prolegomènes* B, p. 3-4 Wendel ; OVIDE, *Fastes* 3.853-876). Les variantes les plus anciennes du mythe (auquel Hésiode ne fait référence que de manière allusive ; voir n. 295) conservent la même structure. Athamas, parfois, refuse d'abord de sacrifier son fils en proposant de se sacrifier lui-même, mais son fils offre volontairement sa vie ; le messager soudoyé, pris de pitié, révèle alors le complot à Athamas, mais Dionysos intervient pour

sauver Ino sur le point d'être mise à mort, et frappe de folie Phrixos et
Hellè. Tandis que le frère et la sœur errent dans la forêt, exposés aux
attaques des Ménades, Néphélè envoie le bélier à leur secours (HYGIN,
Fables 2 et 3). C'est la variante suivie par Euripide dans son *Phrixos
II*, une tragédie connue d'Ératosthène, qui y fait référence en *Cat.* 14.
Pour la version du mythe adoptée par Phérécyde, voir n. 295. D'après
PHILOSTEPHANOS (*FHG* 3F37, p. 34), l'ordre des mariages d'Athamas
est, curieusement, le suivant : Ino, Néphélè, puis à nouveau Ino ; selon
sa version c'est le bélier qui avertit lui-même Phrixos du piège tendu
par sa marâtre, et permet à Phrixos de s'enfuir avec sa sœur. La représentation iconographique la plus ancienne de Phrixos et du bélier se
trouve sur une métope de Delphes datée de 570-560 av. J.-C. Le motif
n'est pas attesté de manière sure en peinture vasculaire avant le milieu
du Ve siècle (cf. SCHAUENBURG 1958). Le sacrifice de Phrixos a donné
lieu à diverses interprétations ritualistes : Selon FRAZER (1922 : 336-
341), il témoignerait d'un sacrifice rituel archaïque du fils du roi en
période de disette ; d'autres interprètent le sauvetage *in extremis* de
Néphélè (la Nuée) comme un signe de magie météorologique ("weather
magic" : BURKERT 1983 : 114). HÉRODOTE (7.197) signale en tout cas
la corrélation entre le mythe et un rituel sacrificiel local. À Halos (en
Thessalie), les descendants de la lignée d'Athamas participaient à une
"comédie de l'innocence", qui se concluait par un « sacrifice
humain » : Si le membre le plus âgé de la famille franchissait le seuil
du *Leiton* (prytanée), cette transgression servait de prétexte au sacrifice,
l'homme étant conduit en procession au temple de Zeus Laphystios
(lieu du sacrifice de Phrixos : PAUSANIAS 9.34.5), où au dernier moment
on lui substituait une autre victime. Le tabou lié à l'entrée dans le Leiton, qui touche les descendants de Phrixos, s'explique par le fait que
Cytisoros, le fils de Phrixos, aurait sauvé Athamas au moment où ce
dernier allait être sacrifié. De nombreuses monnaies d'Halos montrent
Phrixos chevauchant le bélier (avec un Zeus Laphystios barbu à
l'avers ; voir ROGERS 1932 : 85).

294. Pour APOLLONIOS de Rhodes (2.1144-1145) c'est Hermès qui
réalise cet animal en or. Mais d'après ACOUSILAOS (*frg.* 37 Fowler), le
bélier était pourpre, et parfois il est blanc (cf. SIMONIDE, *PMG* 576).
Dans certaines variantes, l'animal est doté d'une voix humaine (voir
PHILOSTEPHANOS, *FHG* 3F37, p. 34). Si l'on en croit APOLLODORE
(1.9.1), le bélier envoyé par Néphélè est un cadeau d'Hermès, mais
selon PAUSANIAS (9.34.5) c'est Zeus qui l'envoie sauver les jeunes gens,
quand Athamas s'apprête à sacrifier son fils Phrixos à Zeus Laphystios.
Le bélier était le fils de Théophanè et de Poséidon, conçu lorsque ces
derniers s'étaient métamorphosés en bélier et brebis (selon HYGIN,
Fables 188). Quoi qu'il en soit, toutes les variantes du mythe racontent
que les deux enfants sont sauvés par le bélier qui les prend en croupe.
Dans un autre passage, PAUSANIAS (1.24.2) indique que les enfants

fuient en s'accrochant *sous* le corps du bélier et non sur sa croupe ; il s'agit probablement d'un malentendu, suggéré peut-être par la fuite d'Ulysse hors de la grotte de Polyphème (voir BRUNEAU 1994 : 399).

295. HÉSIODE, *frg*. 68 ; PHÉRÉCYDE, *frg*. 99 Fowler. La référence aux deux auteurs ne concerne que la toison d'or (εἶχε δὲ χρυσῆν δοράν), appelée dans les textes χρυσόμαλλος ; ils ne sont au reste, sans doute, que des sources indirectes pour Ératosthène, qui eut probablement recours à une notice savante qui mentionnait conjointement Hésiode et Phérécyde (cf. SCHWARTZ 1960 : 124 ; cf. *Cat*. 32 et n. 484). Quoi qu'il en soit, nous ignorons la forme sous laquelle Hésiode connaissait le mythe, car les fragments conservés concernant Athamas et Phrixos sont chétifs. Phérécyde, pour sa part, lie le mythe des Argonautes au nom de Phrixos —une corrélation sans doute ancienne (cf. la *Pythique* 4 de PINDARE). Outre la différence du nom de la marâtre (Thémisto au lieu de Ino), les fragments de PHÉRÉCYDE (*frg*. 98-100 Fowler) suggèrent un récit distinct sur quelques points des versions ultérieures (en particulier par le motif du sacrifice volontaire de Phrixos ; ou encore le scénario érotique selon lequel ce serait à cause de sa passion —contrariée— pour Phrixos que sa marâtre Thémisto monte toute sa machination, Phrixos acceptant finalement d'être sacrifié).

296. L'épisode offre un *aition* au nom d'Hellespont, le nom d'Hellè lui étant déjà associé chez ESCHYLE (*Perses* 70 et 875). APOLLODORE (1.9.1) précise l'endroit exact : il s'agit de la bande de mer qui sépare Sigéon en Troade et la Chersonèse. L'étrange complément, syntaxiquement incorrect « ...et perdant une corne » est le fruit d'une glose marginale, sans doute intégrée au texte. Cette amputation n'est évoquée, ni de près, ni de loin, par un autre texte antique ; et il n'existe pas de parallèles dans le reste de la tradition astromythique. Les représentations iconographiques (voir *LIMC*, s.v. "Phrixos et Helle" ; cf. SCHAUENBURG 1958) n'étayent pas cet épisode. Cependant, la coïncidence avec les *Fragmenta Vaticana* et l'*Aratus Latinus* montre que nous sommes en présence d'un ajout antique, remontant à l'ancêtre commun des deux versions. Il est peut-être le produit d'une contamination (on trouve ainsi ce motif dans le combat entre Héraclès et Achéloos, qui perd une corne à cette occasion ; cf. APOLLODORE 2.7.5) ; ou bien provient de la corruption d'un passage signalant que Hellè "lâcha" la corne de sa monture (cf. OVIDE, *Fastes* 3.869-870 : *dicitur infirma cornu tenuisse sinistra femina*).

297. Ératosthène est l'unique auteur à proposer cette généalogie de Pæon (EISELE 1902 : 1251). Il s'agit du héros éponyme de la Péonie, peuple qui effectivement se trouve sur les bords du Strymon et donc « non loin de l'Hellespont » (HÉRODOTE 5.13). D'après la tradition recueillie par PAUSANIAS (5.1.4-5), Pæon est fils d'Endymion et d'Astérodia (ou de Chromia, ou d'Hiperippè), et frère d'Epéos, Aetolios et Eurycida. Après avoir été vaincu par son frère Epéos dans une course

olympique, Pæon fuit vers le pays qui porte ensuite son nom. Une autre tradition généalogique de l'éponyme des Pæoniens est illustrée par APPIEN (*Ill.* 2, p. 327 Viereck-Roos).

298. Le voyage du bélier exprime une extension des confins géographiques vers l'est, qui correspond peut-être à la première expansion coloniale grecque. D'après une SCHOLIE À APOLLONIOS de Rhodes (1.256-259 ; cf. HÉCATÉE, *frg.* 17 Fowler), il console Phrixos en prenant une voix humaine, et lui promet de le conduire sain et sauf en Colchide. Au cours du voyage Phrixos, effondré après avoir perdu sa sœur sur une colline scythe nommée plus tard "Front de bélier", est réveillé par le bélier qui l'avertit de l'arrivée de barbares qui menacent sa vie (Ps.-PLUTARQUE, *Fleuves* 14). Arrivé en Colchide, Phrixos reçoit la main de la fille d'Aiétès, Chalkiopè ("Visage de bronze") : SCHOL. APOLL. RHOD., *Prolégomènes* B, p. 4 Wendel. Dans la version d'HYGIN (2.20.1) « l'image du bélier lui-même, placée au ciel par Néphélè, gouverne la saison où l'on sème du blé, ce blé qu' Ino avait naguère semé grillé, et qui fut la principale cause de l'exil » ; cf. son rôle saisonnier dans la version d'Hermippe (HYGIN 2.20.3).

299. D'après la logique grammaticale du texte (dans l'état où il nous est parvenu) le bélier, sujet de cette phrase, est l'auteur du don de la toison (ἐκδὺς ἔδωκε), et décide personnellement (αὐτός) de s'élever au ciel ; et sa toison est dédiée ὅπως μνημόσυνον ἔχῃ, peut-être à Phrixos, sinon à Aiétès. C'est bien Phrixos qu'HYGIN (2.20.1) reconnaît comme le destinataire (et, qui plus est, sans doute à partir de la version étendue des *Catastérismes*) ; il dit clairement : « Selon Ératosthène, c'est le bélier lui-même qui se dépouilla de la toison d'or (*arietem ipsum sibi pellem auream detraxisse*), l'offrit en souvenir à Phrixos (*et Phrixo memoriae causa dedisse*) et se rendit spontanément au ciel (*ipsum ad sidera peruenisse*) ». L'ascension volontaire du bélier semble corroborer toutefois, malgré l'étrangeté du scénario, la lecture littérale du texte. Mais c'est généralement Phrixos qui est attendu dans ce rôle, et qui sacrifie le bélier, puis consacre sa peau. Un témoignage externe, que les scholies à Aratos font remonter à Ératosthène, assure que les *Catastérismes* faisaient état de la variante selon laquelle Phrixos subtilisait la toison d'or à Zeus pour en faire don à Aiétès. La partie la plus précieuse et brillante de l'animal reste en tout cas parmi les hommes (SCHOL. ARAT. 225, p. 185 ; voir MARTIN 1956 : 97-98). Dans l'ensemble, donc, les textes de la tradition catastérismique ne s'accordent pas sur la destination de la peau de l'animal, puisque, d'après un autre épisode transmis par Hygin (et qui remonte, lui aussi, aux *Catastérismes* : *praeterea Phrixum incolumem ad Aeetam peruenisse, arietem Ioui inmolasse, pellem in templo fixisse*) et par les *Scholies à Germanicus*, Phrixos consacre la toison à Zeus —tandis qu'elle est offerte à Aiétès d'après les scholies à Aratos qui se réclament aussi d'Ératosthène, comme on vient de l'indiquer (cf. le texte parallèle

d'APOLLODORE (1.9.1) : ὁ δὲ τὸν χρυσόμαλλον κριὸν Διὶ θύει φυξίῳ (*sic*), τὸ δὲ τούτου δέρας Αἰήτῃ δίδωσιν ; et voir SCHWARTZ 1960 : 122-123) ; ou bien elle est consacrée à Arès, et suspendue dans son bois sacré, selon DIODORE (4.47.1 = DENYS SKYTOBRACHION, *FGH* 32F14) : κατὰ δέ τι λόγιον θύσαντα τὸν κριὸν ἀναθεῖναι τὸ δέρος εἰς τὸ τοῦ Ἄρεος ἱερόν (cf. SCHOL. ARAT. 348, p. 251 : θύσας τῷ Ἄρει τὸν κριὸν ἀνέθηκε τὸ χρυσόμαλλον αὐτοῦ δέρος ἐν τῷ ναῷ τοῦ Ἄρεος). PAUSANIAS (1.24.2) dit vaguement qu'elle est « consacrée à un dieu », lorsqu'il décrit un tableau situé à l'entrée de l'acropole : « on ne sait pas bien à qui il l'immole, mais on peut conjecturer que c'est à ce dieu que les Orchoméniens appellent Laphystios. Phrixos qui, suivant l'usage des Grecs dans les sacrifices, vient de couper le ventre de la victime, en regarde une partie rôtir sur les charbons ». La version que PINDARE (*Pyth.* 4.159 sq.) met dans la bouche de Pélias semble suggérer que la toison peut recueillir la ψυχή de Phrixos (Κέλεται γὰρ ἐὰν ψυχὰν κομίξαι Φρίξος ἐλθόντας πρὸς Αἰήτα θαλάμους), éventuellement en lien avec la coutume scythe consistant à suspendre à un arbre les cadavres humains, enroulés dans des peaux de bêtes (DRÄGER 1997 ; cf. SCHOL. APOLL. RHOD. 3.202-209a). Sur la toison d'or, STRABON (11.2.19) proposait une explication rationnelle en invoquant la coutume des orpailleurs du Caucase, qui recueillaient l'or des rivières dans les poils d'une peau de mouton. DIODORE (4.47.5) propose une interprétation rationaliste où Κριός (le bélier) devient le nom du pédagogue de Phrixos, parti demander la main de la fille d'Aiétès ; le pédagogue est sacrifié, écorché, et sa peau clouée à un temple pour satisfaire à une coutume locale (cf. SCHOLIES À LUCIEN 22.1 Rabe). Hygin propose une autre identification du Bélier, tirée d'Hermippe, qui relie très précisément le Bélier céleste au culte du Zeus-Ammon de Siwa en Égypte (l'identification de Zeus à Ammon, divinité égyptienne majeure souvent représentée en homme criocéphale, étant ancienne : HÉRODOTE 1.46, 2.32, 2.55) : il s'agirait d'un bélier qui, dans le désert, aurait guidé l'armée de Dionysos à une source. Le bélier, symbole de pouvoir royal dans le mythe d'Athamas, comme dans celui d'Atrée, est par ailleurs la forme animale que prend Zeus quand les habitants de l'Olympe fuient devant l'assaut des Géants conduits par Typhon (cf. OVIDE, *Mét.* 5.327-328). Le lien du Bélier avec l'initiale de Zeus (*Cat.* 21) renforce encore ce symbolisme. Sur les témoignages iconographiques du bélier, voir *LIMC*, s.v. "Phrixos et Helle", 46 ; cf. SCHAUENBURG 1958 : 48-50). Jamais, malgré le récit traditionnel, l'animal n'est représenté au ciel écorché.

300. La discrétion de la constellation est un lieu commun de la tradition aratéenne (v. 228 : νωθὴς καὶ ἀνάστερος ; cf. AVIÉNUS 512-513 ; etc.), que réfute vigoureusement HIPPARQUE (1.6.5-11) : Il n'est pas besoin, comme le prétend Aratos (et Ératosthène), de la ceinture d'Andromède (cf. ARATOS 228-230) ou du Triangle (sur la tête du Bélier, cf. *Cat.* 20) pour repérer le Bélier : « En fait, les trois étoiles

situées sur sa tête [*i.e.* α et β et γ Ari d'une magnitude respective de 2, 2.6 et 2.8] sont plus brillantes que celles de la ceinture d'Andromède [*i.e.* β, μ, ν And, respectivement mag. 2, mag. 3.8 et mag. 4.5], et d'un éclat très proche de celui des étoiles du Triangle [α, β, γ Tri, respectivement mag. 3.4, mag. 3 et mag. 4]. On voit aussi très bien l'étoile située sur les pattes antérieures du Bélier [η Psc, de magnitude 3.6] » ; cf. WEBB 1921 : 83. Sur l'obscurité du Bélier, voir MONTANARI-CALDINI 1985.

303. Les étoiles sont : α Ari (sur la tête) ; β, γ, ι Ari (sur les naseaux) ; η, θ Ari (sur le cou) ; η Psc (sur la patte de devant) ; 33, 35, 39, 41 Ari (sur l'échine) ; δ Ari (sur la queue) ; π, σ, 38 Ari (sous le ventre) ; ε Ari (sur le bassin) ; μ Cet (sur la patte arrière). Cette dernière étoile fait désormais partie de la constellation du Monstre marin (Cetus) ; quant à l'étoile brillante de la patte (η Psc), empruntée aux Poissons, elle est également intégrée à la constellation par Hipparque, mais elle n'est déjà plus listée par Ptolémée, qui l'attribue aux Poissons (étoile du milieu parmi les trois du lien nord ; voir *Cat.* 33).

Page 63

305. Le Triangle n'est pas une constellation d'origine babylonienne, l'espace qu'il occupe étant compris dans la constellation MUL-APIN (la charrue ; cf. WAERDEN 1974 : 72 et fig. 7 ; FLORISOONE 1951 : 156), sauf l'étoile α Tri nommée UR-BAR-RA et désignant un loup. Le nom classique est Τρίγωνον, chez EUDOXE (*frg.* 34), HIPPARQUE (1.6.5) et PTOLÉMÉE (*Almageste* 7.5, p. 82), et en latin *Trigonum* (VITRUVE 9.4.6 ; MANILIUS 1.615 ; etc.) et *Triangulum* (HYGIN 3.19, etc. ; elle est aussi connue sous les noms *Trigonum* et *Triplicitas*) ; et c'est le terme qui apparaît dans le chapitre pour désigner la figure géométrique. Ératosthène, comme ARATOS (235), et la tradition catastérismique en général (GERMANICUS 235 ; HYGIN 2.19) ont Δελτωτόν (*Deltoton*). Cette appellation est nécessaire à la motivation avancée par Ératosthène qui renvoie à l'initiale de Zeus, au génitif (Διός) voir n. 308. Cette constellation est rarement figurée, ou identifiable comme telle dans l'iconographie antique, et elle manque sur l'Atlas Farnese (bien qu'elle ait pu être représentée en couleurs ; cf. BOLL-GUNDEL 1937 : 933).

309. Dans le chapitre consacré aux planètes (*Cat.* 43 et n. 680), Ératosthène fait un éloge plus détaillé du rôle céleste d'Hermès, auquel il consacra un poème astronomique en hexamètres dactyliques (*Hermès*). Cette œuvre, de contenu astronomico-mythologique, traitait de la naissance et des exploits de ce dieu précoce (une partie où l'influence de l'*Hymne homérique* apparaît flagrante) avant de se conclure, semble-t-il, par son ascension dans les sphères célestes, afin de régler la disposition et les mouvements des corps célestes et d'en contempler l'harmonie. Le dieu percevait dans le mouvement des sphères une mélodie identifiée à l'harmonie de la Lyre, qui était précisément son

invention (voir *Cat.* 24 et n. 353) ; sur les fragments et témoignages, voir POWELL 1925 : 58-63, et LLOYD-JONES & PARSONS 1983 : 183-186. Dans sa tâche de dieu organisateur, Hermès correspond à l'Égyptien Theuth/Thot (cf. HÉRODOTE 2.138.4 ; HECATÉE d'Abdère, *FGH* 264F25). Bien que l'on ait interprété le poème *Hermès* du seul point de vue de la tradition grecque (tout spécialement KELLER 1946 : 98 sq.), certains éléments suggèrent une possible influence égyptienne, telle la conception du dieu Hermès-Thot comme observateur des corps célestes et de l'harmonie des sons, ou comme inventeur de la lyre (cf. HÉCATÉE d'Abdère, *FGH* 264F25 = DIODORE 1.16.1). Un traité de la 21ème dynastie (environ 1000 av. J.-C.), l'*Onomastikon* d'Aménopeh, présente ainsi son rôle et son rapport au dieu créateur : « Ptah a créé tout ce qui existe et Thot a transcrit le ciel avec ses constellations, la terre avec son contenu et ce que crachent les montagnes, ce qui est irrigué par les flots (…) » (voir GARDINER 1947 : 2).

310. La forme triangulaire permettait d'y voir aussi la projection de la Sicile (appelée souvent *Thrinakiè* ou *Trinakria*, "fourche à trois pointes"), comme le dit HYGIN (2.19), et comme l'attestent les sarcasmes de TATIEN (*Discours aux Grecs* 9) : « Qui ne trouvera ridicule qu'on ait placé parmi les astres la figure du Triangle, selon les uns à cause de la Sicile, selon les autres parce qu'il forme la première lettre du nom de Zeus ? Car pourquoi ne pas honorer aussi dans le ciel la Sardaigne et Chypre ? ». Hygin rapporte que le Triangle était interprété aussi comme l'expression de la tripartition du monde en Asie, Europe et Afrique (*quod orbem terrarum superiores trifariam diuiserunt*), qui se perpétue dans certaines désignations modernes, telle *Orbis terrarum tripertitus* (Bayer).

311. Le Delta du Nil était déjà chez ESCHYLE comparé à un triangle : Prométhée s'adressant à Io (*Prométhée* 814) lui dit que, remontant le Nil, elle arrivera à la « terre Nilotique en triangle ». Ce delta, conçu comme un don des dieux, devient métaphoriquement un morceau de ciel et la terre bienheureuse par excellence, telle que les Grecs d'Hérodote à Strabon ne manqueront jamais de la décrire. En effet, les crues du Nil assuraient la fertilité du sol, comme le rappelle STRABON (17.1.3), changeant le Delta en un immense lac duquel n'émergeaient que les buttes sur lesquelles étaient perchés des villages ; lors de la décrue des eaux, la terre chaque année réapparaissait "nouvelle", comme lors de la création primordiale, et put sembler façonnée à l'image de ce triangle céleste, reflet béni qui assurait sa prospérité. Ce chapitre propose un exemple intéressant de géographie sacrée, où le rapport entre le ciel et la terre est plus complexe puisque la réalité terrestre est ici modelée sur un schéma céleste (le Delta nilotique étant une projection du Delta cosmique), lui-même construit à l'image (onomastique) du dieu. La métonymie n'est pas évidente et l'identification retenue par Ératosthène du delta du Nil avec l'ensemble du pays est un

choix significatif. La définition de l'Égypte est un débat ancien parmi les Grecs : selon HÉRODOTE (2.15.1), les Ioniens (allusion, peut-être, à Hécatée de Milet) assimilaient le pays entier au seul Delta (voir BROWN 1965), à tort selon HÉRODOTE (2.15.3, 2.16.1). STRABON (17.1.5) oppose les « anciens » (ἀρχαῖοι), qui réservent aux terres arrosées par le Nil le nom d'Égypte, aux "hommes qui vécurent ensuite" (οἱ ὕστερον μέχρι νῦν), qui l'étendent aux « terres situées entre le golfe arabique et le Nil ». L'idée exprimée dans ce chapitre d'Ératosthène, selon laquelle le fleuve donne sa forme au pays (un Delta), ne signifie pas nécessairement une adhésion scientifique de l'auteur à cette vision traditionnelle. D'ailleurs, dans sa *Géographie*, où il donnait de nombreux détails sur le cours du Nil et l'Égypte, même si les confins maritimes de l'Égypte coïncident effectivement pour lui avec les extrémités du Delta (STRABON 17.1.2), il est peu probable qu'il ait adopté la conception "ionienne" du pays. Mais le même Strabon fait référence, juste après (17.1.4), à la forme triangulaire du delta, dont le sommet est le Nil qui se divise ensuite ("comme un arbre") en deux branches, figurant les deux côtés du triangle et aboutissant aux bouches pélusienne et canopique, respectivement la plus orientale et la plus occidentale (voir aussi ESCHYLE, *Pr*. 813-814). Sur les problèmes posés par ce passage et le rapport du Delta à l'Égypte, voir HÜBNER 2008 : 21-32 ; le savant émet l'hypothèse d'une influence décisive des travaux d'Ératosthène et de sa mesure de la terre sur la désignation de la constellation, estimant certain que le Cyrénien « a relevé le fait que les trois côtés du Triangle forment le symbole du chiffre quatre » (HÜBNER 2008 : 32), et supposant que le hiéroglyphe désignant Elephantiné, introduit à l'époque d'Ératosthène, et en forme de Delta sans base, refléterait cette innovation ératosthénienne ; voir aussi Hübner 2005b et 2006.

Page 66
314. Ce terme de filiation, qui peut désigner plus précisément les « petits-fils », est généralement très vague ; il est repris à leur propos en *Cat*. 38. Sur le Grand Poisson (*Piscis austrinus,* PsA), voir *Cat*. 38 et notes. Les récits relatifs à cette constellation sont tous d'origine orientale (voir BOLL-GUNDEL 1937 : 980), et non égyptienne (SCHERER 1956 : 173 ; voir l'avis contraire de GUNDEL 1936a : 329), et ils se répartissent en quatre variantes principales (voir GUNDEL 1950 : 1778 ; VAN BERG 1972 : 1.16 sq.). [1] D'après une série de témoignages qui remontent à Nigidius Figulus (SCHOL. GERM., p. 81-82 ; HYGIN, *Fables* 197), il s'agirait de deux poissons qui découvrirent dans l'Euphrate un œuf d'une taille extraordinaire ; ils le portèrent sur la rive, où une colombe le couva jusqu'à ce qu'éclose la déesse syrienne (à laquelle les poissons, comme les colombes, sont consacrés). [2] La deuxième version est représentée par Ératosthène (voir *Cat*. 38), qui invoque l'autorité de Ctésias. [3] Les troisième et quatrième variantes constituent un

épisode de la Gigantomachie, dans le combat contre Typhon : d'après Ovide (*Fastes* 2.458 sq.), les Poissons doivent leur catastérisation au fait qu'ils sauvent de l'acharnement de Typhon et de la noyade Vénus (Dionè) et Cupidon ; [4] ils sont, parallèlement considérés comme Aphrodite et Éros *en personne*, transformés en poissons (Manilius 4.579-581 ; Diognète d'Erythrée, *FGH* 120F2 = Hygin 2.30). Ces deux dernières variantes sont, au fond, l'expression d'un motif unique (Van Berg 1972 : 2.76-86) ; et la même alternative (salut apporté par les poissons ou métamorphose en poissons) apparaît dans le récit attribué par Ératosthène à Ctésias (*Cat.* 38).

316. Les deux poissons sont, en effet, situés au dessus de l'écliptique mais de part et d'autre de l'équateur, et c'est dans cette constellation, près d'α Psc, que se trouvait en 122 av. J.-C. le point gamma (ou point vernal), point d'intersection de l'équateur céleste et de l'écliptique, qui marque l'équinoxe de printemps. Ce chevauchement leur confère un rôle de passeurs : « les deux Poissons consacrent deux saisons ; l'un clôt l'hiver, l'autre ouvre le printemps » (Manilius 2.190). Il sont liés à la planète Jupiter (Macrobe, *Songe* 1.21). Dans le ciel babylonien, la région du ciel où se trouvent les Poissons est considérée comme "la Mer", et on figure à cet endroit une Hirondelle (shinunutu) et la déesse des accouchements (anunitu), qui correspondent à peu près, respectivement, au poisson sud et au poisson nord (Blomberg 1992 : 52 sq.) ; cf. Schol. Arat. 242, p. 195-196 : « On dit que le Poisson nord a une tête d'hirondelle, et les Chaldéens l'appellent "poisson-hirondelle" (*i.e.* exocet), χελιδονίαν ἰχθύν » (voir Le Bœuffle 1977 : 181). Il existe d'ailleurs en Grèce une constellation appelée "Hirondelle" (χελιδών), bien connue d'Hésiode (*Op.* 564-570 ; cf. Blomberg 1992) et des calendriers astronomiques, et adoptée par les Romains (Ovide, *Fastes* 2.853-854) ; ses étoiles étaient réparties entre Pégase et les Poissons (voir Hannah 1997 : 341), et la figure fut sans doute emportée dans la mise en forme stricte et la simplification de la zone écliptique (voir *Introduction*, p. xxvii). La constellation des Poissons, peut-être d'origine babylonienne (Kidd 1997 : 268 ; voir l'avis contraire de Gundel 1950 : 1776), est attestée depuis Démocrite (Jean Lydien, *Mois* 4.51). Il s'agit en Grèce d'une constellation double, à l'instar des Gémeaux, et les Poissons sont en latin parfois désignés comme *Gemini Pisces* (Ovide, *Fastes* 3.400 ; Manilius 4.358 ; etc.). Ce chapitre ne comporte aucun récit mythologique mais un simple renvoi à une motivation qui ne sera développée, au chapitre 38, que pour le Poisson austral. C'est uniquement de façon indirecte et sans histoire, parce qu'ils descendent de ce Poisson syrien, que les Poissons figurent au ciel. Cette subordination est étrange compte tenu de l'importance majeure de cette constellation zodiacale.

318. Il ne peut s'agir de l'ensemble du cordon lumineux (λίνον, *infra*) qui lie les deux poissons dans la représentation traditionnelle,

bien que la formule grecque soit approximative (litt. : « un nœud *qui s'étend jusqu'à* la patte antérieure… » ; cf. HYGIN 3.29 : *ut lineola ab Arietis pede*) ; car le terme (σύνδεσμον) désigne seulement le coude formé par les deux segments du cordon ; il présente toutefois une ambiguïté puisque le Nœud (*coniunctio* chez Hygin, et *nodus caelestis* chez Cicéron) est illustré, selon ARATOS (244-245), par *une seule étoile* (εἷς ἀστὴρ ἐπέχει καλός τε μέγας τε / ὅν ῥά τε καὶ σύνδεσμον ὑπουράνιον καλέουσιν), tandis qu'Ératosthène lui en attribue trois (voir *infra* « trois sur le nœud » ; cf. HYGIN 3.29 : *quibusdam stellis coniunguntur*). L'étoile en question est la brillante α Psc (mag. 3.8, la *lucida* de la constellation étant en réalité η Psc —mag. 3.6—, annexée par le Bélier), et cet astérisme/étoile est signalé pour la première fois au IVe siècle, dans le calendrier de Calippos (GÉMINOS, [*Parapegme*] p. 106 Aujac). La patte du Bélier, qui est en fait η Psc (voir *Cat.* 19, n. 302), est proche mais non voisine du Nœud *lato sensu* d'Ératosthène, composé de ν, ξ et α Psc ("trois étoiles"). Les astronomes, comme Aratos, limitent le Nœud *stricto sensu* à une étoile (PTOLÉMÉE, *Almageste* 8.1, p. 126 ; GÉMINOS 3.7), qui est située plutôt près de la tête de la baleine (HIPPARQUE 1.11.20 : α Psc). Le cordon, considéré comme d'une pièce ou formé de la combinaison de deux cordes ou chaînes, reçoit plusieurs noms : δεσμά ou δεσμοί (ARATOS 242, 362), λίνος ou λίνοι (HIPPARQUE 3.3.9, 2.6.1…), ἁρπεδόναι (VITRUVE 9.5.3). Ces liens (λίνοι) ont entre neuf (Ératosthène) et quinze étoiles (οἱ κατὰ τὸν λίνον : PTOLÉMÉE, *Almageste* 8.1, p. 124-126). Il existe aussi une équivoque en arabe où le nom de α Psc (en réalité une étoile double) est *Rishah* (la Corde). HYGIN (3.29) note que le nom complet de l'astérisme (Nœud céleste), tel qu'il apparaît chez Aratos et Cicéron, signifie que « ce nœud est non seulement celui des Poissons, mais encore celui de l'ensemble de la sphère », puisqu'il est à l'intersection des deux grands cercles (équateur et écliptique).

321. Pour Ptolémée la constellation compte 34 étoiles (auxquelles s'ajoutent 4 étoiles périphériques) ; d'après Hygin, qui en attribue 17 au Poisson du sud (en ajoutant peut-être 32 Psc —mag. 5.7—, et 35 Psc —mag. 6— ; voir LE BŒUFFLE 1983 : 197), la constellation a 39 étoiles.

Page 68

323. Les constellations du groupe de personnages participant à la geste héroïque de Persée sont déjà connues d'EUDOXE (*frg.* 66, 89, 106, etc.). Ces figures sont traitées dans la littérature astronomique comme un groupe solidaire (en particulier dans les *Phénomènes* d'Aratos), parce qu'ils appartiennent à un épisode mythique unique. Le système qu'elles constituent pourrait suggérer qu'elles ont été transférées en bloc dans le ciel, car il paraît résulter d'une intention concertée et non d'une lente évolution (BOLL-GUNDEL 1937 : 908), et ne présente aucune trace d'une élaboration populaire (SCHERER 1953 : 164). On considère

néanmoins que la constellation de Persée était présente dans le ciel avant que les constellations de la famille d'Andromède ne soient accueillies au firmament (RATHMANN 1937 : 994 ; cf. OGDEN 2008 : 74 sq.). Toutefois les témoignages iconographiques qui font penser à une présence précoce de Persée dans le ciel (aux VIIe et VIe siècle) sont loin d'être convaincants (voir KLIMEK-WINTER 1993 : 20). Ces figures forment un réseau qui s'étend dans l'hémisphère sud, où se trouve le Monstre marin (Κῆτος, *Cat.* 36). Le fait que le Bélier interrompt sur l'écliptique la contiguïté des personnages du cycle de Persée tient sans doute à l'antériorité de cette constellation zodiacale sur le groupe de Persée (voir *Cat.* 36, n. 555 ; cf. *contra* GOOLD 1959 : 12). Quoi qu'il en soit de l'historique précis de sa formation, il semble que le groupe de Persée a joué un rôle précurseur dans le processus de mythologisation du ciel étoilé (voir BETHE 1900 : 433). Il est à ce propos significatif que ces constellations sont les seules, avec Orion (voir *Cat.* 32), à être connues sous un nom propre et une identité mythologique exclusive. On a proposé de faire dériver le mythe de Persée et d'Andromède de la configuration astrale des constellations homonymes (GOOLD 1959 : 12), mais cette genèse paraît totalement exclue.

325. Polydecte, roi de Sériphos, s'éprend de Danaé. Sous prétexte de recueillir une dot convenable pour Hippodamie, la fille d'Œnomaos, Polydecte convoque les hommes de son île, pour qu'ils lui apportent une contribution (ἔρανος : APOLLODORE 2.4.2). Il exige de chaque homme une participation en chevaux, mais lorsque Persée se présente, il exige de lui la tête de Méduse, afin de se débarrasser de lui et de parvenir à ses fins avec sa mère ; parfois c'est Persée qui, spontanément, se vante de réaliser cet exploit. Gorgone, dont le nom a été mis en rapport avec le sanskrit *garj* ("crier" ; voir HOPKINS 1934, et HOWE 1954 : 210), est un monstre qui présente des caractères animaux, vraisemblablement d'origine orientale (cf. les parallèles proposés par BURKERT 1995 : 82 sq. ; voir PHINNEY 1971 : 446). Mais son aspect évolue (FURTWÄNGLER 1890 : 1709 sq.), et elle n'est pas toujours hideuse (voir PINDARE, *Pyth.* 12.16 : εὐπαράου Μεδοίσας ; cf. HÉSIODE, *Th.* 270-271). Elle a régulièrement, dès le VIIe siècle, une chevelure hérissée de têtes de serpents (voir SCHAUENBURG 1960 : 33, fig. 7), et presque toujours une paire d'ailes (*LIMC*, s.v. « Gorgo, Gorgones », 293-294). Dans l'iconographie, où Méduse apparaît même une fois avec un arrière-train équin (*LIMC*, s.v. « Gorgo », 290, amphore béotienne de 670 environ), Persée a régulièrement le visage détourné. BURKERT (1987 : 27), s'appuyant sur un motif oriental où le héros fait face à une déesse tenant une arme à la main, suggère que le thème de la paralysie par le regard et le mouvement d'évitement de Persée qui détourne son visage pourrait, dans le cas de Gorgone, découler d'un malentendu iconographique (pour un avis différent, voir PHINNEY 1971 : 450). Ce pouvoir pétrifiant (λίθινον θάνατον : PINDARE, *Pyth.*

10.48), qui associe l'œil des Grées au regard des Gorgones, est le trait crucial de Méduse dans la tradition littéraire (FRONTISI & VERNANT 1985 : 49 sq. ; cf. VERNANT 1985). En Grèce, Gorgone possède en effet le pouvoir de pétrifier par son regard, vertu qui rend plus périlleuse encore la mission de Persée.

326. Persée bénéficie donc d'accessoires divins pour accomplir ses exploits héroïques : d'Hermès le casque d'Hadès qui rend invisible (κυνῆ) et les sandales qui lui permettent de se déplacer très rapidement, et d'Héphaïstos une serpe d'acier. Le texte ne fait pas référence au bouclier de bronze poli que lui donne Athéna (cf. EURIPIDE, *El*. 460), signalé dans certaines variantes où, au moment de décapiter Méduse, Persée use d'un bouclier-miroir qui lui permet de s'approcher de Méduse sans craindre son regard ; ni de la besace spéciale (κίβισις), dans laquelle il va conserver et transporter la tête monstrueuse (cf. HÉSIODE, *Bouclier* 216 sq.). Les exploits de Persée correspondent aux étapes d'une initiation héroïque qui le fait accéder à la société masculine adulte, selon un rituel de base qui répond à un schéma de récit folklorique : par orgueil ou dans l'ivresse un héros fait une promesse, qu'il ne peut accomplir et nécessite le secours d'un dieu, qui lui permet de la réaliser. D'après APOLLONIOS de Rhodes (4.1513 ; cf. ETYM. MAG., s.v. Πρηνῖξαι, p. 687 Gaisford), c'est d'ailleurs à la suite de ses exploits qu'il reçoit son nom de Persée ("Destructeur"), alors qu'il s'appelait auparavant Eurymédon. AÉLION (1984 : 202 sq.) propose une interprétation des épisodes du mythe de Persée à partir du schéma structural de Propp (voir aussi PELLIZER 1987).

327. ESCHYLE, *frg*. 262 Radt. Pour une reconstitution de la pièce, voir METTE 1963 : 155 sq. *Les Phorcydes*, avec *Polydecte*, une troisième pièce de titre inconnu, et le drame satyrique *Les Pêcheurs* (qui mettait en scène Dictys trouvant le coffre contenant Danaé et Persée dans ses filets), constituaient probablement une tétralogie consacrée à Persée (datable des environs de 461-460 av. J.-C., d'après GOINS 1997 : 193-210) ; WESSELS et KRUMEICH (1999 : 207) estiment la combinaison incertaine et considèrent la possibilité que les *Phorcydes* aient été un drame satyrique appartenant donc à une autre tétralogie ; mais cette hypothèse ne paraît pas s'accorder au témoignage d'Aristote (*Poétique* 1456a : οἷον αἵ τε Φορκίδες καὶ ὁ Προμηθεὺς καὶ ὅσα ἐν ᾅδου ; cf. n. 330).

328. La rencontre de Persée et Méduse est présentée selon deux modèles de base. Dans le premier (correspondant à la version de Phérécyde et Apollodore), Persée se met en quête des Grées, leur subtilise l'unique œil et l'unique dent qu'elles se partageaient, et ne leur rend l'un et l'autre qu'après avoir appris d'elles le chemin qui conduit aux nymphes. Et ce sont ces dernières qui lui donnent les attributs divins avec lesquels il pourra vaincre les Gorgones (voir *LIMC*, s.v. "Perseus", 88). Suivant l'autre modèle, qu'Ératosthène nous permet

d'identifier comme étant celui des *Phorcydes* d'Eschyle, Persée, grâce à Hermès et Héphaïstos, dispose dès avant sa rencontre avec les Grées, qui apparaissent comme les gardiennes des Gorgones, des armes de sa victoire. Selon AÉLION (1986 : 164), Phérécyde suivait la variante antique du mythe qui faisait intervenir les nymphes, alors qu'Eschyle simplifia sans doute l'épisode en supprimant la visite aux nymphes (cf. OVIDE, *Mét.* 4.776-786). Toujours est-il que Persée parvient à s'approcher des Gorgones, et affronte ainsi successivement deux triades monstrueuses, qui constituent des épreuves initiatiques que le héros doit traverser pour imposer son nom (cf. DUMÉZIL 1942 : 126 sq.). Du sang de Méduse naît Pégase (voir HÉSIODE, *Th.* 277 sq. ; cf. *Cat.* 18, n. 275). La représentation d'un cratère de Métaponte (voir *LIMC*, s.v. "Graiai" 1) doit être connectée avec la seconde version : les trois vieilles femmes, toutes troublées, semblent se demander où est passé leur œil, tandis que Persée, de l'autre côté du vase, s'enfuit avec la tête tranchée de Méduse. Cette œuvre, que l'on peut dater de 460 environ, a très bien pu être influencée par la trilogie d'Eschyle (OAKLEY 1988 : 390).

329. La variante représentée par Phérécyde-Apollodore, comme celle que suit Eschyle (voir n. 328), s'accordent à donner aux trois Grées un unique œil (et une unique dent) qu'elles se transmettent pour assurer, à tour de rôle, une garde constante. Un fragment de PHILODÈME (*De la piété*, PHerc. 242 1.2-7, p. 82 Schober), dont la restitution est discutée (LUPPE 1995), mais qui cite la pièce d'Eschyle et semble situer les Gorgones dans l'Hadès, présente un parallélisme troublant. Les Grées sont mentionnées pour la première fois par HÉSIODE (*Th.* 270-276), qui les présente comme les filles de Phorcys et de Kèto, et les sœurs des trois Gorgones, et les désigne sous le collectif de "Phorcydes", qui est le titre de la tragédie d'Eschyle. Les Grées, déesses marines vieilles aussitôt nées, sont tantôt deux tantôt trois dans la littérature et l'iconographie ; les noms de Pe(m)phredo ("la Guêpe") et Enyo ("la Mêlée") sont stables (HÉSIODE, *Th.* 273), la troisième étant Deino ("la Terrible") ou Perso ("la Destructrice" ; voir RAPP 1890a). Alors que les Gorgones sont généralement effrayantes (δρακοντόμαλλοι : ESCHYLE, *Pr.* 799), les Grées sont simplement sinistres et pâles (κυκνόμορφοι : ESCHYLE, *Pr.* 795).

330. Hésiode situe les Gorgones sur les bords de l'Océan, à l'extrémité occidentale du monde, tandis qu'HÉRODOTE (2.91) et EURIPIDE (*Bacch.* 985-990) placent Méduse en Libye. D'après les indications d'Ératosthène la scène se déroulait, dans la pièce d'Eschyle, près du lac Triton. Mais ce nom (Τριτωνίς), qui est par ailleurs une épithète d'Athéna (APOLLONIOS de Rhodes 1.109, 3.183 ; NONNOS 5.73, etc.), est porté par divers lacs d'Afrique du nord (cf. HÉRODOTE 4.178 ; APOLLONIOS de Rhodes 4.1391) ; EUSTATHE (*Comm. Dion.*, p. 267.1 Müller) le situe au milieu de la Libye, avec une île à l'intérieur (cf. SKYLAX, *Periplous* 110 ; cf. NONNOS 26.51-52 : ὅσοι τ' ἔχον ἄντυγα

νήσου Γραιάων). Introduit par les Grecs avec la colonisation de Cyrène, le nom semble se déplacer progressivement vers l'ouest et il désigne, chez DIODORE (3.53.4), un lieu à l'Extrême-Occident, proche du jardin des Hespérides. La localisation mythologique correspond, en tout cas, à un espace limite et inhospitalier, propre à abriter des monstres et un accès au monde infernal, bien qu'Eschyle ne place pas le lac Tritonis ni l'action des *Phorcydes* aux Enfers (comme le propose LUPPE 1995), mais dans un lieu reculé. Le passage d'ARISTOTE qui décrit les quatre types de tragédies (*Poétique* 1456a) mentionne les *Phorcydes* avec *Prométhée* (*Enchaîné* ou *Libéré* ?) et « les pièces qui se déroulent dans l'Hadès » (cf. n. 327), sans inclure les deux pièces dans le dernier groupe, qui apparaît aussi dans LUCIEN (*Danse* 60) comme une catégorie bien définie. Dans *Prométhée enchaîné* (v. 807 sq.), Eschyle situe les trois sœurs au sud-est du monde, non loin d'un « peuple noir, établi près des eaux du Soleil au pays du fleuve Aithiops ». Sur la confusion, dans l'antiquité, à propos de la géographie des Gorgones, voir SCHOLIES À PINDARE, *Pyth.* 10.72b.

331. De retour à Sériphos, Persée rencontre Andromède, la fille de Céphée, exposée à un monstre marin (voir *Cat.* 15, 16, 17, 36). Selon d'autres variantes (SCHOLIES À LYCOPHRON 836), Persée se sert de la tête de Méduse pour combattre le monstre et pour se débarrasser de Phinée, le prétendant d'Andromède, qui a monté un complot contre lui (cf. APOLLODORE 2.4.3 ; STRABON 10.5.10). D'après les *Catastérismes*, Persée fait don à Athéna de la tête de Gorgone (un motif qui remonte peut-être à Eschyle). La déesse porte cette tête sur sa poitrine (ou encore sur son bouclier, si l'on en croit APOLLODORE 2.4.3), et s'en sert comme d'une protection, car la peau de ce monstre est invulnérable (ἄτρωτος). Zeus se sert également de la peau de la chèvre Amalthée pour combattre les Titans. Et, selon certaines variantes, c'est Athéna qui emploie l'égide pour se protéger (voir HÉSIODE, *Bouclier* 343-344 ; TRIPHIODORE 566-567 ; cf. *Cat.* 13, n. 208) ; sur la version d'Evhémère qui attribue la décapitation de Méduse à Athéna et non pas au héros, voir HYGIN 2.12.2. Pour les Grecs, Gorgone est devenue un motif iconographique autonome considéré comme un symbole apotropaïque (BURKERT 1987 : 27).

Page 69
332. On emploie souvent l'article avec ce nom, mais cet usage n'est pas justifié lorsque Gorgone est employé au singulier pour désigner la plus célèbre des trois sœurs : Méduse. Ératosthène signale ici la production par Athéna d'une copie de la tête de Gorgone, qui explique sa présence au ciel. La tête de Gorgone est représentée dans la main droite de Persée, marquée par l'étoile Algol (β Per) ; mais cet attribut n'est pas mentionné par Aratos, et il est absent des fragments d'Eudoxe (cf. RATHMANN 1937 : 993 ; WINDISCH 1902 : 21 sq.) ; elle constitue

pourtant un astérisme identifié, sans doute plus tard (cf. HYGIN 3.11.1 : *quod Gorgonis caput uocatur*), et connu de VITRUVE (9.4.2 ; cf. MANILIUS 1.359). La Gorgone est illustrée, en fait, par quatre étoiles (β, π, ρ, ω Per ; cf. PTOLÉMÉE, *Almageste* 7.5, p. 62-67), dont la célèbre dernière (Algol) forme l'œil, les trois autres (Gorgonea II-IV) étant situées sous Algol (cf. HIPPARQUE 3.5.19). Hipparque assimile l'étoile brillante de la tête de Gorgone (κ Per) à l'étoile de la main gauche : « l'étoile brillante située sur la tête de Gorgone et la main gauche » (2.3.27, etc. ; cf. PTOLÉMÉE, *Almageste* 7.5, p. 62). Quoique les représentations modernes diffèrent sur bien des détails (il brandit parfois une épée ou une massue, et sur le bras gauche un bouclier ; cf. BAYER 1603 : 11), il tient constamment la tête de Gorgone dans sa main *gauche*.

335. La posture de Persée, qui « a éternellement sur les épaules » les pieds d'Andromède (ARATOS 249), est bien établie, et son dessin ne présente théoriquement pas de difficulté (malgré un problème de version —dorsale *vs* faciale— du personnage ; cf. PTOLÉMÉE (*Almageste* 7.5, p. 62) qui situe entre les épaules (ἐπὶ τοῦ μεταφρένου) une étoile notée généralement sur le ventre : ι Per). Il fait mouvement dans une direction différente de celle des autres figures de son cycle, et « tend la main droite en direction de Cassiopée, et le genou gauche en direction des Pléiades » (EUDOXE, *frg.* 35), tandis que « le sommet du corps est dirigé vers le nord, les pieds vers le sud, la tête étant légèrement inclinée vers l'est » (HIPPARQUE 1.10.5). C'est donc la jambe droite qui est avancée, la main droite étant levée au-dessus de la tête vers le double amas de Persée (χ, h Per). On signale parfois sa ceinture (ἡ ζώνη τοῦ Περσέως : HIPPARQUE 2.3.26), qui doit correspondre à Mirphak (*vel* Algenib, α Per), et peut-être deux étoiles omises par Ératosthène mais signalées par Ptolémée (ψ et σ Per, de magnitude 4.3). Ératosthène est le premier à signaler Gorgone (voir aussi HIPPARQUE 2.3.7), le nom courant de cet astérisme étant non pas κεφαλὴ Γοργόνος (Ératosthène) mais γοργόνιον (HIPPARQUE 2.6.15 ; PTOLÉMÉE, *Almageste* 7.5, p. 62, et *Tétrabible* 4.9.12 ; cf. GÉMINOS 3.11.2 : Γοργόνιον καλοῦνται). Hygin parvient à un total équivalent, à la suite d'une description totalement conforme à celle d'Ératosthène, à ceci près qu'il attribue quatre étoiles à la tête de Gorgone et omet l'étoile du coude droit (k Per).

338. Hipparque et Ptolémée désignent, par la même expression (νεφελοειδὴς συστροφή), un amas nébuleux au bout de la main droite de Persée. Voir HIPPARQUE 2.5.15 : « La première étoile à se lever est l'étoile qui ressemble à un nuage (νεφελοειδής) sur la serpe (ἅρπη) » (cf. 2.6.1b, 3.1.1b : ὁ ἐν τῇ ἅρπῃ νεφελοειδής [*scil.* ἀστήρ] ; cf. 3.48). L'adjectif grec désigne des étoiles ou points lumineux aux contours flous, mais il est uniquement employé dans le texte d'Hipparque à propos de la serpe de Persée. Il s'agit sans doute ici de deux amas stellaires ouverts : h et χ Per (NGC 869 et 884). Il y a des

discordances sur le lever de Persée chez Eudoxe, se traduisant par une confusion chez Aratos, qui est longuement commentée par HIPPARQUE (2.3.18-32). On a établi une relation entre la pluie de météores (qui se produit annuellement entre le 15 juillet et le 25 août), connue sous le nom de Perséides, et qui semble provenir de la constellation de Persée, et la pluie d'or de Danaé (cf. n. 324) ; mais ce phénomène ne paraît pas avoir été observé en Occident avant l'époque médiévale, voire moderne (voir OLIVIER 1925 : 42 sq. ; cf. IMOTO & HASEGAWA 1958). Pourtant, ARATOS use d'une expression énigmatique pour décrire Persée (v. 253) : « il allonge le pas, tout couvert de poussière (κεκονιμένος) ». HYGIN s'attarde longuement, dans une quinzaine de lignes, sur ce détail (3.11.2) : « Plusieurs ont compris qu'il le disait couvert de poussière (*puluerulentum* ; cf. CICÉRON, *Arat.* 34.25) ; or il est tout à fait illogique qu'il puisse, parmi les constellations, apparaître encore couvert de poussière... » ; il conclut à un emploi imagé, Aratos usant selon lui d'un procédé éolien (*Æoliorum consuetudine*) pour suggérer la course. Si le fait qu'une partie de la constellation est traversée par la Voie lactée n'est pas une donnée suffisamment distinctive pour justifier cet adjectif, le dynamisme de la figure et la présence d'un amas d'étoiles (M 34) entre β Per et γ And ont pu se combiner pour susciter ce qualificatif. MARTIN (1998b : 261) note des parallèles homériques, où la poussière est associée étroitement à la fuite (*Il.* 21.541, 14.145, 13.818).

Page 72
340. Comme les Hyades, *la* Pléiade constitue initialement une constellation indépendante et elle jouit dans le texte d'un traitement autonome, bien qu'elle soit déjà présentée dans le chapitre sur le Taureau (voir *Cat.* 14). La division duodécimale du zodiaque entraîna un réaménagement des constellations proches de l'écliptique, et la Pléiade fut incorporée, comme les Hyades, à la constellation du Taureau, sans être totalement absorbée (voir *Cat.* 14, n. 223). Les *Catastérismes*, dans leur version initiale et intégrale, traitaient en effet de ces deux astérismes comme de dépendances du Taureau ; en témoigne l'index des constellations de l'œuvre originale (voir l'*Annexe*), où leur nom n'apparaît pas comme des entrées particulières. HYGIN (2.21 et 3.20) inclut d'ailleurs les Hyades et les Pléiades dans ses chapitres sur le Taureau (voir, dans PTOLÉMÉE, *Tétrabible* 3.13.9, l'expression τῇ πλειάδι τοῦ Ταύρου). Les commentateurs d'Aratos sont sans doute responsables de cette distinction, car les *Phénomènes* traitaient cette constellation à part, indépendamment du Taureau. C'est l'importance de cet astérisme comme repère saisonnier (voir *infra*, n. 347) qui explique sa popularité et son statut privilégié. Son nom apparaît tantôt au singulier (la Pléiade), tantôt au pluriel (les Pléiades), mais le pluriel est à la fois plus antique (HOMÈRE, *Il.* 18.486 & *Od.* 5.272 : Πληϊάδες, par allongement métrique, comme chez ARATOS 255, 1066, 1085) et plus correct, si le

nom dérive bien, comme le soutient, parmi d'autres, SCHERER (1953 : 143 ; cf. LE BŒUFFLE 1977 : 121) d'une racine indo-européenne (*p^{e/o}l-/pl-) signifiant "nombreux" (cf. l'appellation de βότρυς (grappe) dans SCHOL. HOM., *Il.* 18.486 Van Thiel, et SCHOL. ARAT. 254, p. 201) ; mais l'étymologie n'est pas transparente (CHANTRAINE 1968 : 913). Le terme est interprété en Grèce, selon une étymologie populaire, comme soulignant son rôle de repère pour la navigation, en relation avec le verbe πλεῖν (voguer, en lien avec la racine *pleu, "flotter"), car le lever et le coucher de la constellation délimitent la période d'ouverture de la mer (cf. *infra*). On le met aussi en rapport avec le nom des colombes (πελειάδες ; voir HÉSIODE (*frg.* 288-290), SIMONIDE (*frg.* 555 *PMG*), PINDARE (*Nem.* 2.11), etc.), qui serait justifié par la racine indo-européenne *pel-2, signifiant "gris, oiseau gris" ; la paronomase explique les jeux de mots fréquents depuis ESCHYLE (*frg.* 312 Radt ; EUSTATHE, *Comm. Od.*, p. 2.11 Stallbaum) sur les Pléiades "sans ailes" (ἄπτεροι). Cette étymologie remonterait même à Homère : un commentateur du Poète interprète, en effet, comme une allusion aux Pléiades un vers de *l'Odyssée* qui évoque la mission dévolue aux colombes de porter à Zeus l'ambroisie : « La fonction des Pléiades est de rapporter au Soleil l'eau de la mer ; lorsque la constellation du Taureau s'éloigne des Planctes, une des Pléiades est obscurcie par la vapeur » (SCHOLIES À HOMÈRE, *Od.* 12.62 Dindorf ; cf. EUSTATHE, *Comm. Od.*, p. 2.11 Stallbaum) ; Homère indique, en effet, qu'à chaque fois, au passage des Planctes, l'écueil prend une colombe « que Zeus doit remplacer pour rétablir le nombre » : ce tribut fut identifié par la suite à l'ambroisie (par la poétesse MYRO, *frg.* 1 Powell = ATHÉNÉE 11.491b-c), et il pourrait effectivement être en rapport avec la disparition de Méropè (voir *infra*, n. 346) ; on rapprochait également leur nom, bien qu'il s'agisse d'une spéculation savante, du mot πλησίον, "près" : « certains estiment qu'elles portent ce nom car elles sont étroitement liées, c'est à dire πλησίον » (HYGIN, *Fables* 192 ; voir SCHOL. HÉS., *Op.* 383 ; EUSTATHE, *Comm. Il.*, p. 4.224 Van der Valk). Les diverses étymologies populaires avancées dans l'antiquité autour de ce nom sont recueillies dans les SCHOLIES À ARATOS (254-255, p. 202-204) et les SCHOLIES À HOMÈRE (*Il.* 18.486 Van Thiel). L'érudit byzantin Jean Tzétzès (XIe siècle) rassemble ainsi, dans un poème qu'il leur consacre, les étymologies "éclairantes" par lesquelles la tradition identifie et justifie les Pléiades (*Sur les Pléiades* 551 Maass) : filles de Pleionè (*Pleiônè*), devenues colombes (*peleiades*), elles annoncent plusieurs (*pleiona*) présages, sont près (*plèsion*) du genou (*sic*) de Persée, et utiles aux navigateurs (*pleontes*) ! Cette position *près* (ἄγχι) de la rotule gauche de Persée, empruntée à ARATOS (254), est d'ailleurs l'objet d'une violente réfutation de la part d'HIPPARQUE (1.6.12). Le groupe est, en tout cas, identifié une fois au singulier (Πλειάς) par Euctémon (in GÉMINOS, [*Parapegme*] p. 107 Aujac ; mais pour les sept autres occurrences du nom à côté d'Euctémon c'est le pluriel qui apparaît ; cf. EURIPIDE, *Ion* 1152), et globalement par la plupart des auteurs scientifiques postérieurs à Hipparque ; HIPPARQUE n'emploie, en effet, le pluriel que dans son premier livre (1.6.12, etc.), où il critique les données d'Aratos et d'Eudoxe (qui semble employer, lui aussi, exclusivement le pluriel : *frg.* 35, 177a, 192a), alors qu'il use régulièrement du singulier dans les deux autres livres de son commentaire, plus didactique, consacrés aux levers et couchers simultanés (2.5.15, etc.) ; PTOLÉMÉE n'emploie, lui, qu'une seule fois le pluriel (*Phaseis* 2.13.9), qui est la forme régulière dans les *Eléments* (ou *Introduction*) de Géminos. La constellation est bien connue des Babyloniens, sous le nom de MUL-MUL, qui signifie "les étoiles" (WAERDEN 1974 : 70) et désigne aussi "les sept dieux" (ROGERS 1998a : 19 ; sur l'appellation sémitique de toison (*zappu*) voir FLORISOONE 1951 : 157), et identifiée de longue date en Grèce (Homère) ; elle est également distinguée dans la littérature hébraïque (*Job* 9.7-9 et 38.31-33 ; et *Amos* 5.8). Aujourd'hui, la Pléiade, ne compte pas parmi les 88 constellations modernes, et elle constitue en fait un amas ouvert (M45). HÉSIODE en souligne l'importance pour le calendrier agricole, en particulier pour son lever matinal, au début de l'été (*Op.* 383, 572), et son coucher matinal au début de l'hiver (*Op.* 384, 615). Cette date est en outre une indication pour les marins (*Op.* 619-620 ; voir *supra*). La pertinence (saisonnière, climatique, horologique ; cf. n. 347) de la constellation fera de la Pléiade un *topos* littéraire chez les poètes grecs et latins.

341. Le nom de "coupure du Taureau" est conventionnel (voir *Cat.* 14 ; HIPPARQUE 2.6.6, 3.1.14, 3.3.11 ; PTOLÉMÉE, *Almageste* 7.5 p. 86-87 ; *Tétrabible* 1.9.3 ; cf. τὸ ταυρεῖον διχοτόμημα : SCHOL. ARAT. 254, p. 201) ; le terme ἀποτομή est également employé pour Argo, autre figure tronquée (voir *Cat.* 35 ; PTOLÉMÉE *Almageste* 8.1, p. 150-151, 177, etc.). Car la constellation du Taureau est généralement réduite à l'avant-train, aussi bien dans la représentation hellénistique (Aratos) que romaine (OVIDE, *Fastes* 4.717) ou moderne (Bayer, Flamsteed, Hévélius) ; voir *Cat.* 14. Mais l'emplacement exact de la Pléiade n'est pas constant (et parfois totalement erroné, cf. SERVIUS, *Comm. Géorgiques* 1.138 : *ante genu Tauri*) : elle est soit sur l'encolure, soit sur l'échine ou « sur le dos » (GÉMINOS 3.3 : Οἱ μὲν γὰρ ἐπὶ τοῦ Ταύρου ἐπὶ τοῦ νώτου αὐτοῦ κείμενοι ἀστέρες τὸν ἀριθμὸν <ς> καλοῦνται Πλειάδες), voire sur les hanches (ἰξύς : SCHOL. ARAT. 254, p. 201) —et même sur sa queue, d'où le nom qu'elle reçoit de la part de certains astronomes antiques (*nonnullis astrologis*) de « Queue du Taureau » (*cauda Tauri* : HYGIN 2.21.4 ; PLINE 2.110 : *in cauda Tauri septem quas appellauere uergilias*). Cette dernière localisation trouve un écho dans les SCHOLIES À ARATOS (254, p. 201 : Πλειάδας [...] οὐρᾶς τόπον ἀποπληρούσας ; cf. CAMATEROS, *Introduction* 3690, qui signale le coucher de la queue du Taureau (ἡ οὐρὰ τοῦ

Ταύρου) le lendemain du coucher des Pléiades, le 21 octobre) ; et elle est imputée à Nicandre (*Th.* 122-123 : ὑπὸ Ταύρου ὁλκαίην ; cf. Schol. Arat. 255, p. 203). Hygin (2.21.4) insiste, par ailleurs, sur le fait que les Pléiades étaient placées par les anciens astronomes (*antiqui astrologi*) à l'écart du Taureau (*seorsum a Tauro*). Le décalage dans l'image (qui pourrait être encouragé par une confusion avec la queue du Bélier dont la Pléiade est tout proche ; cf. Hygin 3.20 : *inter huius finitionem corporis et Arietis caudam stellae sunt septem...*), dépend, en fait, du dessin auquel les auteurs se réfèrent, et pour éviter une amputation choquante des illustrateurs ont peut-être tenté de redessiner le Taureau entièrement dans l'espace qui lui est imparti dans le bandeau zodiacal, entre le Bélier et les Gémeaux.

342. Les Pléiades sont identifiées ici aux filles d'Atlas (cf. Simonide, *frg.* 555 *PMG* ; Eschyle, *frg.* 312 Radt), comme le faisait sans doute déjà Hésiode (*Op.* 383 : Πληιάδων Ἀτλαγενέων), bien qu'à l'époque archaïque il ne s'agisse que de nymphes locales sans parenté entre elles, et originaires de régions diverses (cf. West 1978 : 255). Quant à leur mère, elle est généralement connue sous le nom de Pléionè ("Plurielle"), fille de Thétis et d'Océan (voir Apollodore 3.10.1 ; Schol. Arat. 254-255, p. 202 ; Schol. Hom., *Il.* 18.486 Van Thiel). D'après d'autres variantes, elles sont les filles d'Æthra (cf. Musée, dans Hygin 2.21.2 ; Timée dans Schol. Hom., *Il.* 18.486 Van Thiel) ou de la reine des Amazones (voir Callimaque, *frg.* 693). Sur la Pléiade, comme "lyre des Muses" (Porphyre, *VP* 41), voir n. 354. La tradition relative à la constellation des Pléiades recueillie par Ératosthène est attestée dès l'époque d'Hellanicos (*frg.* 19a Fowler). La version la plus étendue fait des Pléiades sept jeunes filles consacrées à la virginité et à la chasse avec Artémis ; pourchassées par Orion, elles sont placées au ciel où la poursuite se perpétue éternellement puisqu'Orion, tourné vers le Taureau et plus à l'est que les Pléiades, semble dans la révolution du ciel les pourchasser à son lever. Après cinq ou (d'après Hygin) sept années de poursuite, elles auraient été d'abord transformées en colombes (πελειάδες), puis placées au ciel dans lequel elles continuent de fuir Orion. Dans certaines variantes, Orion (voir *Cat.* 32) s'en prend à Pléionè et non à ses filles (Pindare, *frg.* 239 Bowra ; Schol. apoll. Rhod. 3.225-227a). Cet épisode catastérismique semble suggéré par une image poétique d'Hésiode (*Op.* 619-620), avec la fuite des Pléiades, à la fois étoiles et Atlantides, pressées par Orion ; et cette scène apparaît encore sous forme métaphorique chez Pindare (*Nem.* 2.11-12). Selon une autre tradition les jeunes filles furent placées au ciel parce qu'elles pleuraient la perte de leur père Atlas (voir Eschyle, *frg.* 312 Radt). Selon une troisième version, qui voit dans les Pléiades les sœurs des Hyades, elles sont catastérisées après être mortes de chagrin, du deuil de leur frère Hyas (Musée *in* Schol. Hom., *Il.* 18.486 Van Thiel ; cf. Hygin, *Fables* 192 et Hygin 2.21.2, où est proposé un épisode

confus et un suicide successif des Hyades et des Pléiades ; voir MARTIN 1956 : 82). Une tradition marginale les présente comme les nourrices, avec les Hyades, de Dionysos (voir SCHOL. HÉS. *Op.* 383 ; *Cat.* 14, n. 232). Une cinquième version, enfin, relie les Pléiades aux colombes qui apportent à Zeus enfant l'ambroisie (MYRO de Byzance, *frg.* 1 Powell ; cf. PÒRTULAS 1995b : 26) ; cf. n. 340. JEAN TZÉTZÈS (*Sur les Pléiades* 549-550), qui rapporte les différentes traditions sur les Pléiades, propose la lecture allégorique suivante de ce mythe astral : Comme Atlas est identifié à l'horizon et Pléionè à l'Océan, leur progéniture, Pléiades et Hyades, sont l'expression la plus immédiate et fidèle du pouvoir procréateur, lorsqu'elles s'élèvent, à la lisière de l'horizon marin, et se dressent dans le ciel, comme les colonnes (κίονες) d'Atlas. Ératosthène ne propose pas de motivation à la *catastérisation* de la Pléiade, et ne la mentionne pas dans le chapitre consacré à Orion, tandis qu'HYGIN (2.21.4) explique que Jupiter les mit au ciel par pitié pour les soustraire au viol d'Orion.

343. À côté d'ἑπτάστερος on trouve également l'adjectif ἑπτάπορος pour désigner cette constellation (EURIPIDE, *IA* 7-8 et *Or.* 1005) ; parfois au pluriel (ARATOS 257 ; cf. EURIPIDE, *Rhésos* 529-530 : ἑπτάποροι Πλειάδες αἰθέριαι ; cf. NONNOS 3.430). L'appellation « la constellation de sept » pouvait également désigner une des ourses (GALIEN, *de dieb. decret.* 9.925.9 ; cf. CLEMENT, *Strom.* 6.16.143.1 ; cf. KIDD 1997 : 276). Ce nombre était, en Grèce également, marqué par une valeur symbolique très large, en rapport sans doute avec le nombre des planètes (voir *Cat.* 43) ; cf. NONNOS 38.80 : « La voix et le bruit de la phalange à sept étoiles de la Pléiade retentit sonore autour de la septuple ceinture du ciel », Πληιάδος δὲ φάλαγγος ἕλιξ ἑπτάστερος ἠχὼ / οὐρανὸν ἑπτάζωνον ἐπέβρεμε κυκλάδι φωνῇ (cf. NONNOS 6.249 : toutes les cataractes des sept régions de l'air s'ouvrent). Le nom et le nombre des Pléiades sont très consensuels parmi les auteurs antiques, à partir de Callimaque. Ceux que donne Ératosthène coïncident avec ceux d'HELLANICOS (*frg.* 19a Fowler), d'ARATOS (262-263), d'APOLLODORE (3.10.1), d'HYGIN (*Fables* 192), du MYTHOGRAPHE HOMÉRIQUE (*in* SCHOL. HOM., *Il.* 18.486 Van Thiel), de DIODORE (3.60.4) et d'HÉSIODE (*frg.* 169, d'auteur incertain) ; la seule variante concerne le nom de Stéropè, parfois sous la forme Ἀστερόπη (HÉSIODE, *frg.* 169 = *Titanomachie*, *frg.* 12 Bernabé ; cf. ORPHICA, *Argonautiques* 1217 ; cf. le latin *Asterope* in CICÉRON, *Arat.* 34.36 ; GERMANICUS 263 ; SCHOL. GERM., p. 83).

344. Conformément à une tradition très forte, et malgré une discordance avec le nombre des filles de Pléionè, Ératosthène ne signale que six étoiles visibles (cf. ARATOS 258-261). L'invisibilité de la septième constitue un topos littéraire (cf. ARATOS 257 ; OVIDE, *Fastes* 4.170 ; ATHÉNÉE 11.492b ; CICÉRON, *Arat.* 34.30 ; HYGIN, *Fables* 192 ; AVIÉNUS 582 sq. ...). Il s'agit, en fait, d'une erreur flagrante d'observation,

comme le note très justement HIPPARQUE (1.6.12), dont la critique ne parvient pourtant pas à dissiper cette illusion aratéenne : « En fait, si l'on regarde attentivement, par temps clair et par nuit sans Lune, on aperçoit dans cette constellation sept étoiles ». Sur les 3000 étoiles que compte l'amas des Pléiades, 12 sont visibles à l'œil nu et 9 paraissent nettes, d'une magnitude comprise entre 2.8 et 5.4. Le décalage introduit par cette "étoile invisible" a donné lieu à de nombreuses spéculations mythographiques ; il est lié au fait que Méropè est la seule sœur qui s'unit à un mortel (et elle se serait même enfuie de honte, d'après SCHOL. ARAT. 259, p. 207) ; mais on avance aussi l'exil d'une sœur, ou la mort d'une Pléiade "foudroyée", sans doute par Zeus (SCHOL. ARAT. 254-255, p. 204).

346. Le nom de la jeune fille la prédispose à s'unir à un mortel : Μερόπη est le féminin de μέροψ ("mortel", souvent dans la formule homérique μερόπων ἀνθρώπων, par ex. HOMÈRE, *Il.* 18.490 ; cf. CHANTRAINE 1968 : 687). Le fils de Méropè et de Sisyphe est Glaucos, selon HELLANICOS (*frg.* 19a Fowler). Pour un parallèle sanscrit (dans le *Mahabharata*), qui inclut sept jeunes filles dont l'une constitue une exception et implique une offense de type sexuel, voir PÒRTULAS 1995b : 27-29. L'étoile disparue était, selon d'autres variantes (HYGIN 2.21.3) non pas Méropè mais Electra, qui n'aurait pas supporté la destruction de Troie et l'idée du destin pénible qu'auraient à connaître ses descendants, et qui se serait éloignée de ses sœurs (voir SCHOL. ARAT. 259, p. 206, qui attribue cette variante à Aratos, dans son poème εἰς Θεόπροπον (*scil.* Ἐπικήδειον πρὸς Θεόπροπον ; cf. ARAT. LAT., p. 229 : *Aratus autem in 'Diuinis' ait...* ; cf. SCHOL. HOM., *Il.* 18.486 Van Thiel). Elle se serait rendue sous la deuxième étoile du timon (ῥυμός) du Chariot (UMa), où elle apparaît comme une étoile distincte, parfois sous le nom de "Renarde" (Ἀλώπηξ : SCHOL. ARAT. 257, p. 205). Aucun autre texte grec ne fait état de cette appellation, mais les indications du scholiaste inviteraient à l'identifier à α CVn (= Cor Caroli), que Ptolémée signale comme une étoile hors de la Grande Ourse, située au-dessous de la queue, au sud ; à moins qu'il ne s'agisse de Alcor (g UMa) qui est une jumelle de la « deuxième étoile du timon » (= de la queue), à savoir ζ UMa (Mizar) ; selon HYGIN (2.21.3) elle se serait établie sur le cercle arctique et se manifesterait à intervalles (*quodam longo tempore*) sous la forme échevelée (*capillo passo*) d'une comète ; HYGIN (*Fables* 192) précise que la Pléiade (qu'il identifie à Méropè) est devenue une comète soit allongée (*longodes*, sic) soit effilée (*xiphias*). On peut retenir parmi les 9 étoiles nettes les 6 + 1 Pléiades suivantes : 17 Tau (Electra), 19 Tau (Taygètè), 20 Tau (Maïa), 23 Tau (Méropè), η Tau (Alcyonè), 27 Tau (Atlas) et 28 Tau (Pléionè) ; la répartition moderne des noms des sœurs —donnés entre parenthèses— ne correspond donc pas aux attributions antiques, puisqu'il manque Kelæno (aujourd'hui 16 Tau) et Stéropè (aujourd'hui 21 et

22 Tau, une étoile double) dans cette liste, enrichie d'Atlas et Pléionè qui ne devraient pas figurer. Nous ne pouvons pas même garantir que le nom de celle qui est qualifiée de « la plus vive (ὀξύτατος) des Pléiades » (HIPPARQUE 2.6.6 et 11), identifiable à η Tau (de magnitude 2.86, et appelée Al Na'ir —"la brillante"— par les Arabes), est bien Alcyonè. L'étoile qui porte aujourd'hui le nom d'Asteropè est une étoile double. Les coordonnées de Ptolémée ne permettent d'identifier que trois étoiles (sans leur nom mythologique), car il n'en mentionne pas davantage dans son catalogue (19 Tau : nord-ouest ; 23 Tau : sud-ouest, 27 Tau : est). Les sept filles d'Atlas occupent un espace privilégié dans le signe zodiacal printanier, et sont représentées chacune par une étoile, selon la correspondance utilisée également pour les planètes (voir *Cat.* 43), selon laquelle le héros ou le dieu n'est pas marqué et dessiné par un astérisme, mais représenté par un objet céleste unique.

347. Sur la célébrité, régulièrement rappelée, de la constellation, cf. ARATOS 257 (ὑδέονται). Son importance tient à la coïncidence de ses levers et couchers avec des moments clés de la vie agricole et du rythme de la navigation. C'est la raison majeure de leur mention par HÉSIODE (*Op*. 383-384) : " Au lever des Pléiades, filles d'Atlas, commencez la moisson, les semailles à leur coucher". Elles marquent donc les charnières de l'année (voir ARATOS 266 : θέρεος καὶ χείματος ἀρχομένοιο ; cf. KIDD 1997 : 279-280) et délimitent les saisons : "La Pléiade coupe l'année en deux par son coucher et son lever : il s'écoule en effet une moitié d'année entre son coucher et son lever" (THÉOPHRASTE, *Signes* 6 ; cf. HIPPOCRATE, *Régime* 3.68.2). HÉSIODE évoque, en rapport avec les travaux des champs et la navigation (*Op*. 619-621 ; cf. VIRGILE, *Géorgiques* 1.138), leur lever estival (*Op*. 571-573) et leur coucher hivernal (*Op*. 615-616 ; cf. HÉSIODE, *frg*. 289 : χειμέριαι δύνουσι Πελειάδες). Il s'agit, dans le vers cité d'Hésiode, du lever et du coucher *matinaux* (ou héliaques) de la constellation, mais ses lever et coucher vespéraux sont parfois aussi signalés : "Les Pléiades indiquent les repères dans l'année (καιρούς) : leur lever matinal signifie le début de l'été, leur coucher matinal le début des travaux d'ensemencement, leur lever vespéral, le début de l'hiver, et on ne parle pas de leur coucher vespéral car il coïncide avec l'équinoxe de printemps et ne constitue pas un signe spécial (καὶ μηδὲν ἐξαίρετον περιέχειν σημεῖον : SCHOL. ARAT. 259, p. 207)". Les dates marquées correspondent environ, au Ve siècle, au 8 novembre (coucher matinal), au 23 mars (coucher vespéral), au 19 mai (lever matinal), et au 20 septembre (lever vespéral) ; voir BOLL 1909 : 2427 ; AUJAC 2003 : 18 ; le lever matinal est daté du 13 mai par OVIDE (*Fastes* 5.599) ; cf., au XIIe siècle, JEAN TZÉTZÈS, *Sur les Pléiades* 551 : ἡ ἐπιτολὴ δὲ τῶν Πλειάδων γίνεται ἀπὸ Μαίου ἐνάτης μέχρις Ἰουνίου κγ', ἡ δὲ τούτων δύσις ἀπὸ Ὀκτωβρίου η' μέχρι Δεκεμβρίου ἐνάτης). C'est,

d'ailleurs, par ce biais qu'est motivée couramment la dénomination latine classique (PLAUTE, *Amph.* 275 ; CICÉRON, *Arat.* 34.35-41) mais énigmatique de *Vergiliae* : "Les latins ont appelé ces étoiles *Vergiliae* parce qu'elles se lèvent après le printemps (*post uer exoriuntur*)" (HYGIN 2.21-24) ; cf. FESTUS, p. 510-511 Lindsay ; ISIDORE, *Et.* 3.71.14. Ce balisage de l'année sidérale conduit même à lier étymologiquement au terme πλειών, signifiant "année" (HÉSIODE, *Op.* 617 ; CALLIMAQUE, *Hymne à Zeus* 89), le nom des Pléiades (ἀπὸ τοῦ πολεῖν ἐκ περιόδου καὶ συμπληροῦν τὸν ἐνιαυτόν· ἀπὸ τούτων γὰρ κατ' ἐξοχὴν πλειὼν ἐκλήθη ὁ ἐνιαυτός : SCHOL. ARAT. 254-255, p. 202). Ainsi "Zeus accorda comme marque d'honneur aux timides Pléiades d'être les annonciatrices (ἄγγελοι) de l'été et de l'hiver" (MYRO, *frg.* 1 Powell, v. 10) ; mais cette synchronisation, si utile, peut conduire à les considérer abusivement comme les causes des saisons : « On s'est mis à croire alors, déplore GÉMINOS (17.14), que les Pléiades, à leur coucher, ont un certain pouvoir (δύναμιν) d'engendrer de l'humidité dans l'air, ou bien que, à leur lever, elles annoncent le début de l'été », mais croire dans ce pouvoir serait inepte (ἀπόπληκτον). La formule grecque du texte des *Catastérismes* ἐπισημαίνουσαι καθ' ὥραν ne renvoie donc évidemment pas à des signes horaires (cf. la traduction fautive du scholiaste dans SCHOL. GERM., p. 83 : *omnibus horis significant*), mais pas non plus à des phénomènes d'ordre météorologique (les deux références à la Pléiade dans la section des Διοσημεῖαι d'ARATOS (v. 1066-1067 et 1084-1085) n'en faisant qu'un repère saisonnier). Le sens correspond à celui qu'a σημαίνειν dans le prologue d'ARATOS (12-13 : σημαίνοιεν ἀνδράσιν ὡράων ; cf. v. 248, 266-267, 756-757) : « donner des signes au sujet de quelque chose » (MARTIN 1998b : 148).

348. Cette interpolation provient sans doute d'une scholie aratéenne, dans la mesure où elle est sans écho dans le traité d'Hygin et les Scholies à Germanicus. On trouve, en effet, dans une scholie (SCHOL. ARAT. 254-255, p. 203), trois lignes avant une référence à Hipparque : « elles ont une forme triangulaire (σχῆμα τρίγωνον), et leur base [formée par 18, 19, 16, 17 Tau ?] est tournée vers l'orient ». Il s'agit d'une bourde (car la Pléiade n'a pas de structure particulière), ainsi que le souligne, justement, HIPPARQUE (1.6.14), et la comparaison s'appliquerait en revanche parfaitement aux Hyades, autre astérisme du Taureau qui forme nettement un V et dont traite HIPPARQUE (3.5.21) : « ...l'étoile, bien visible, au milieu des cornes [ι Tau], et qui avec les brillantes des extrémités des cornes forme à peu près un triangle équilatéral ». L'ARATUS LATINUS (p. 228) propose de l'interpolation une traduction latine : *Ipparchus septem inquit stellas iuges bene iacentes trianguli speciem demonstrant*. La notation est, en fait, la seule donnée astrothétique pour cette figure sans corps. L'amas formé par ces étoiles est parfois assimilé à une grappe (βότρυος δίκην : SCHOL. ARAT. 254, p. 201), et certains y voient « la figure d'un chariot » (AUJAC 2003 :

18). C'est le premier des quatre chapitres totalement absents dans les *Fragmenta Vaticana* (voir *Cat.* 26, 32, 44).

Page 73

350. C'est-à-dire qu'elle occupe la neuvième place dans l'ordre de présentation originelle des constellations (voir *Introduction*, p. XXX). Cette position était probablement étroitement liée au nombre des cordes de la lyre (voir n. 357), et à celui des étoiles de la constellation (HÜBNER 1998a), et cette forte valeur symbolique peut expliquer le maintien de l'indication chiffrée qui n'a apparemment plus ici de sens dans la structure de l'*Épitomé*. La découverte du catalogue original des *Catastérismes*, connu sous le nom d'*Anonymus* II.2.1 (voir l'*Annexe*) corrobore l'hypothèse formulée par ROBERT (1878 : 33), que ce chiffre correspondait à un autre ordre initial, dans lequel Céphée apparaissait à la quatrième place (voir *Cat.* 15, et n. 234) et la Lyre à la neuvième. HÜBNER (1998a : 108 sq.) estime cependant que la vingt-quatrième position donnée à la Lyre dans le recueil est également due à Ératosthène. Selon lui les *Catastérismes* étaient peut-être divisés en deux parties (à l'instar d'Hygin), qui avaient chacune son ordre particulier : l'une qui traitait de mythographie et suivait la série des *Phénomènes* aratéens, et l'autre comprenant un catalogue d'étoiles, que reflète fidèlement la liste de l'*Anonymus* II.2.1. Dans la tradition latine, la Lyre est le plus souvent (Hygin, Manilius, Martianus Capella) à la septième place (voir HÜBNER 1998a : 100).

351. La Lyre est naturellement associée aux Muses (voir n. 357), car elles sont neuf, selon la version devenue canonique, bien que leur nombre ait sensiblement varié à l'origine : à l'instar des Heures (dont le nombre est déterminé par les trois saisons ; cf. PÖTSCHER 1979 : 1478), les Muses forment d'abord un collège de trois, mais ce trio s'élargit ensuite à neuf (3 × 3) ; une tradition qui explique ce passage, sans doute par une influence thrace, est recueillie par PAUSANIAS (9.29.2-3). Cette correspondance est assez significative pour qu'Ératosthène la souligne également, à propos du Dauphin (*Cat.* 31) qui possède 9 étoiles, pour confirmer son caractère φιλόμουσος (sur la coïncidence du coucher de ces deux constellations musicales, voir HÜBNER 1998a : 88). Orphée, en tant que fils d'une des Muses, est ainsi un dépositaire légitime de la lyre, après qu'elle a passé des mains d'Hermès à celles d'Apollon ; et les Muses interviennent, de nouveau, pour recueillir les restes d'Orphée et demander à Zeus de placer au ciel la lyre, dont nul mortel n'est digne d'hériter (voir n. 364). Ces déesses apparaissent plus loin dans un épisode équivalent (voir *Cat.* 28 et n. 422). Calliope (Belle Voix), la mère d'Orphée, dont le registre était plutôt la poésie épique, était la plus importante et l'aînée des Muses et, souvent représentée avec une lyre, elle était à l'époque alexandrine aussi la Muse de la poésie lyrique.

353. Compte tenu de sa fonction de médiateur qui favorise la communication et tous les types de transferts (cf. VERNANT 1969 : 155-201), Hermès est considéré comme un dieu culturel, proche du modèle du héros civilisateur. C'est le fondateur du code sacrificiel, concurrent sur ce terrain de Prométhée (cf. BURKERT 1988) ; et cette fonction culturelle est en rapport avec les nombreuses inventions précoces du dieu, dont la lyre, le plectre et la syrinx (voir APOLLODORE 3.10.2) ; et plus largement avec l'apparition de la musique, bien que cette activité, à l'issue d'un transfert que le mythe présente comme volontaire, soit mise plus fréquemment sous le patronage d'Apollon (voir SCARPI 1996 : 578). La lyre est un des principaux instruments grecs à cordes, utilisée surtout pour accompagner les chants. D'après l'HYMNE À HERMÈS (v. 25-51), la fabrication de la lyre précède l'expédition en Thessalie et le vol des vaches d'Apollon ; mais Ératosthène suit une autre tradition qui intervertit l'ordre des événements selon un schéma "rationalisé" (APOLLODORE 3.10.2 ; cf. SVENBRO 1992 : 136) : techniquement la succession des deux épisodes est plus logique, puisqu'Hermès use des tripes des vaches pour confectionner les cordes de la lyre (selon l'HYMNE HOMÉRIQUE, v. 51, il s'agit de boyaux de brebis). D'un point de vue historique, on a reconnu une influence asiatique dans l'évolution des instruments à cordes, mais on n'a pu identifier l'origine de la lyre en carapace de tortue, attestée iconographiquement depuis la période géométrique et peut-être, archéologiquement, depuis le bronze tardif (voir WEST 1991 : 274). Pour diverses représentations de la lyre, voir REINACH 1904 : 1437-1451, et BÉLIS 1985. Hermès fabriqua la lyre en tendant, sur la carapace renversée d'une tortue de montagne, une peau de bœuf (constituant ainsi une caisse de résonance). Ce prototype ayant été construit avec une tortue, le terme χελώνη (tortue) désigna par la suite, comme χέλυς (carapace), une lyre portant à sa base une partie concave faisant office de caisse de résonance. La lyre est un type plus simple que la cithare, appelée κιθάρις (et par la suite également κιθάρα), instrument apparenté auquel elle est parfois littérairement assimilée (cf. SVENBRO 1992 : 145), bien que les deux formes correspondent clairement à des instruments différents (voir REINACH 1904 : 1438 ; ABERT 1927 : 2479-2480 ; BÉLIS 1985), en particulier à partir du IVe siècle av. J.-C. Le terme λύρα finit par être réservé à un instrument de petite taille et d'usage privé, tandis que le mot κιθάρα est employé pour un instrument plus travaillé, utilisé pour les performances publiques. Un troisième modèle voisin est la φόρμιγξ, dont le nom est usité indistinctement à côté de λύρα et κιθάρις dans l'HYMNE À HERMÈS (v. 64, 423, 499). Dans la langue homérique, la φόρμιγξ est aussi identifiée à la cithare (voir HOMÈRE, *Il.* 18.569-570 ; ABERT 1927 : 2481). Sur ces instruments et le vocabulaire voir MONBRUN 2007 : 27-29 et 161-163. L'hypothèse (inspirée par PHILOSTRATE, *Tableaux* 1.10 ; voir REINACH 1904 : 1439), selon laquelle les montants

étaient initialement en cornes ou terminées en corne et non en bois, semble erronée et correspondre à un type tardif (BÉLIS 1985 : 203-204). L'instrument figuré au ciel, d'après la description qui en est faite ensuite, correspond davantage à une cithare qu'à une lyre. LUCIEN propose une description précise de l'instrument (*Dialogue des dieux* 11) : « Hermès a trouvé quelque part une tortue morte, et il en a fabriqué un instrument, en y adaptant des montants (πήχεις), en y mettant une traverse (ζυγώσας), plusieurs chevilles (κολλάβους) qu'il y a fixées, et une table (μαγάδιον) au-dessus de laquelle il a placé sept cordes ».

354. Les Atlantides, ou filles d'Atlas, sont les Pléiades (voir *Cat.* 23), dont l'une, Maïa, était la mère d'Hermès. Elles sont donc pour sœurs ou demi-sœurs, selon certaines traditions, parfois tardives, Calypso (HOMÈRE, *Od.* 1.52), Dionè (OVIDE, *Mét.* 6.172 sq.), les Hespérides (DIODORE 4.27.2), et surtout, également parmi les étoiles, les Hyades (OVIDE, *Fastes* 5.164) et Mæra (PAUSANIAS 8.12.7 & 8.48.6), qui est identifiée à Procyon (HYGIN 2.4.4 et *Fables* 130 ; voir *Cat.* 42). La constellation de la Lyre est liée mythologiquement à celle du chapitre précédent, la Pléiade, qui détermine le nombre initial de ses cordes, et surtout à Hermès, le fils de l'une d'elles, qui en est le concepteur. Ces deux séquences mythologiques (Pléiade et invention de la lyre) sont d'ailleurs présentées à la suite immédiate l'une de l'autre dans la *Bibliothèque* mythologique d'APOLLODORE (3.10.1-2) ; PORPHYRE (*VP* 41) note que Pythagore appelait la Pléiade "la lyre des Muses". Dans l'HYMNE À HERMÈS (v. 51) l'instrument que conçoit Hermès a 7 cordes. Il est possible qu'ARATOS ait à l'esprit ce chiffre lorsqu'il associe la constellation aux Pléiades : ces dernières sont ὀλίγαι καὶ ἀφεγγέες (petites et sans éclat : v. 264), tandis que la première, signalée à la suite, est ὀλίγη (petite : v. 268). Les lyres d'Orphée (VIRGILE, *Énéide* 6.646), d'Amphion (PAUSANIAS 9.5.7) et de Musée (CASSIODORE, *Variae* 2.40.7) disposaient de sept cordes. Parmi les musiciens historiques, Terpandre est considéré comme le premier à avoir utilisé l'heptacorde classique (STRABON 13.2.4). Dans son poème *Hermès*, Ératosthène décrivait aussi une lyre à sept cordes (voir KELLER 1946 : 104-105).

355. Apollon reçoit d'Hermès la lyre en compensation pour le vol de son troupeau (cf. HYMNE À HERMÈS 437). Hermès aurait obtenu en échange, selon certaines traditions, une part de l'art de divination (APOLLODORE 3.10.2) ; mais dans l'HYMNE À HERMÈS (533 sq.), au contraire, Apollon refuse ce privilège à Hermès au prétexte qu'il s'est engagé auprès de Zeus à ne pas diffuser cette science. Ces options expriment deux solutions de compromis destinées à résoudre les tensions existant entre ces dieux autour de sphères de compétence voisines. Le fait qu'Apollon compose une ode avant d'offrir la lyre à Orphée est étroitement lié à la tradition (d'origine pythagoricienne, selon BOYANCÉ 1966 : 167-168) qui assimile le dieu au musicien cosmique : après

avoir harmonieusement organisé le cosmos, Apollon fait don de la lyre à Orphée pour qu'il enseigne la musique aux hommes. Certains disent qu'Hermès donna la lyre à Orphée (*datam alii Orpheo dicunt* : SCHOL. GERM., p. 84 ; cf. PTOLÉMÉE, *Musique* 23 : τὸν Ἑρμῆν παραδεδωκέναι τὴν μάθησιν τῷ Ὀρφεῖ). Pour l'intégrer dans le contexte culturel grec la tradition convertit Orphée, déconnecté de son réseau mythologique, en précurseur d'Homère et d'Hésiode (voir WEST 1983a : 3-4 ; cf. n. 356). Sur l'attribution de la Lyre à Thésée, comme un attribut de l'Agenouillé auquel il est identifié (HYGIN 2.6), voir *Cat.* 4, n. 50 ; ARATOS (270) —et la tradition qui le suit— insiste sur le fait qu'elle est placée « devant la figure inconnue », et selon MARTIANUS CAPELLA (8.840) cette figure « tient dans une main la Lyre et dans l'autre la Couronne ».

356. Orphée est fils d'Œagre et de la Muse Calliope, si l'on suit la tradition la plus courante (voir APOLLONIOS de Rhodes 1.23-25 ; SOUDA O 654, s.v. Ὀρφεύς). Mais on lui donne aussi pour père Apollon ; ainsi est-il, selon APOLLODORE (1.3.2), fils putatif d'Œagre, mais fils réel d'Apollon ; pour ASCLÉPIADE (*FGH* 12F6b) il est uniquement fils d'Apollon. Cette tradition tardive visait à intégrer au contexte culturel grec une figure étrangère, puisqu'Orphée est un héros thrace sans rapport généalogique avec des héros grecs (voir n. 355). Mais en réalité le caractère thrace d'Orphée est historiquement secondaire, et les premiers témoignages le présentent comme un Grec. La trilogie de la *Lycurgie* d'Eschyle (voir *infra* n. 362) est justement le premier document qui situe le mythe en Thrace (voir MARCACCINI 1995 : 242 et 250-252). L'étrangeté d'Orphée ne doit pas nécessairement être envisagée d'un point de vue historicisant, et le personnage présente une série de traits, communs avec Dionysos, qui la font apparaître, dans une perspective structuraliste, comme une "différence", et suggèrent qu'elle doit être comprise comme une *altérité* liée aux mythes dans lesquels il intervient (voir GRAF 1987 : 100-101). Sur le "partage" d'Orphée, entre Dionysos et Apollon, voir DETIENNE 1985. Il est intéressant de constater que dans son long exercice de syncrétisme, où il identifie successivement tous les dieux au Soleil (*Saturnales* 1.17-23), MACROBE commence par Apollon (17), puis immédiatement Dionysos (18), et invoque, pour l'un et l'autre, des vers d'Orphée.

357. Tout comme Hermès, fils d'une des sept Pléiades, fabrique une lyre à sept cordes (voir HYGIN 2.7.2, explicite sur ce point), Orphée, fils d'une des neuf Muses, inaugure un modèle à neuf cordes. L'augmentation du nombre de cordes de la lyre céleste a suivi l'évolution de l'instrument qui en comptait initialement quatre, chiffre que Terpandre de Lacédémone (VIIe s. av. J.-C.) porta à sept ; elle alla jusqu'à compter onze cordes au IVe siècle. Le mythe permet ainsi d'exprimer un progrès culturel qui voit l'instrument enrichir sa palette de cordes, de trois à … dix-huit (ABERT 1927 : 2481). Le nombre des cordes s'inscrit,

d'emblée, dans divers schémas spéculatifs : la première lyre à trois cordes est mise en rapport avec les trois saisons égyptiennes (DIODORE 1.16.1) ; pour les Pythagoriciens les quatre cordes correspondent aux *quatre* saisons (voir BURKERT 1962 : 333-335). Les sept cordes se prêtent aisément à des considérations cosmiques, puisque le chiffre correspond à celui des sphères planétaires (les cinq planètes, plus le Soleil et la Lune), qui devient neuf, si on l'augmente des sphères des étoiles fixes et de la Terre, correspondant au nombre des cordes de la lyre d'Orphée (voir HÜBNER 1998a : 104-108). De manière générale il semble que, pratiquement, la lyre comme la cithare antiques aient plutôt présenté sept cordes, avec lesquelles on obtenait d'ailleurs un nombre supérieur de notes (cf. THURN 1998 : 411 sq. ; sur le pincement et les chevilles permettant ces modifications, voir BÉLIS 1985 : 215-217).

358. Le mythe d'Orphée, dans sa forme classique (VIRGILE, *Géorgiques* 4.453-527 ; OVIDE, *Mét.* 10.1-85), est très récent (voir GANTZ 2004 : 1267 sq.). Mais certains des motifs qui le composent sont attestés dans la période archaïque : le don d'enchanter les animaux, les plantes et les pierres apparaît déjà chez SIMONIDE (*frg.* 567 *PMG*). Certains critiques ont lié ce don à des pratiques de type chamanique (voir DODDS 1977 : 145-149 ; WEST 1983a : 5 ; cf. *contra* BREMMER 1983 : 46 sq.), une des tâches du chaman consistant, en effet, à attirer les animaux avant la chasse. Le mythe d'Orphée, extrait de sa matrice rituelle, permet en tout cas aux Grecs de mettre en valeur la capacité de la musique à franchir la limite entre mortalité et immortalité (voir GRAF 1987 : 84) ; par un processus de rationalisation, ses exploits (charme des animaux, descente aux enfers) sont présentés comme le fruit de ses dons de chanteur (voir WEST 1983a : 7).

359. Bien que le culte astral soit rare en Grèce (et souvent signalé par les auteurs classiques comme une coutume barbare : ARISTOPHANE, *Paix* 406 sq. ; PLATON, *Cratyle* 397c-d), un culte à Hélios est attesté dans diverses cités grecques, en particulier à Rhodes (voir HAMDORF 1964 : 18 ; BURKERT 1985 : 175 ; RAPP 1890b : 2024-2025). Mais Hélios ne fait pas partie des dieux Olympiens (voir MOREAU 1996 : 28). Ce dieu antique fut peut-être éclipsé par un Apollon qui assume certains de ses attributs, surtout à partir du Ve siècle. La théorie voulant qu'Apollon ait été initialement un dieu-Soleil (RAPP 1890b : 1996), a connu des partisans au XXe siècle (KRAPPE 1946 : 115-132), reçu une certaine considération de nos jours (MOREAU 1996), mais apparaît désormais caduque ou fragile. Le lien existant entre Apollon et Hélios est toutefois étroit et privilégié (manifeste même dans les mystères et les dictons populaires, selon Ps.-HÉRACLITE, *Allégories d'Homère* 6.6), et bien attesté à partir du Ve siècle (cf. GANTZ 2004 : 160 ; BURKERT 1985 : 149 ; HAMDORF 1964 : 18-19), mais l'identification cultuelle ou théologique est controversée. Bien que certains considèrent que la plus ancienne identification des deux dieux remonte au *Phaéthon* d'EURIPIDE

(*frg.* 3.224-226 Jouan-Van Looy), le passage en question du *Cat.* 24 suggère que cette assimilation était opérée par ESCHYLE (cf. *Suppl.* 212-214 et *Th.* 859-860, et les réserves de GANTZ 2004 : 161). Un fragment de SOPHOCLE (qui n'identifie pas les deux dieux) présente l'héliolâtrie comme un phénomène d'intellectuels (οἱ σοφοί : *frg.* 752 Radt ; cf. *frg.* 582 ; SOPHOCLE, *OT* 660) ; on en a conclu que cette assimilation était le produit de spéculations philosophiques présocratiques, perpétué par les Stoïciens (Cléanthe) jusqu'aux néoplatoniciens (cf. aussi JULIEN, *Sur le Soleil-roi*) ; d'origine pythagoricienne (selon BOYANCÉ 1966 : 156 sq.), elle a pu également exercer une influence sur Euripide et Platon. L'hypothèse d'un contact d'Eschyle avec le pythagorisme pendant ses séjours en Sicile (cf. HERINGTON 1967 : 81), s'accorderait avec la mention, faite par Ératosthène dans ce chapitre, des *Bassarides* en relation avec le Soleil-Apollon. Le protagoniste est ici Orphée, et non Pythagore, mais la convergence des traditions orphiques et pythagoriciennes était au Ve siècle déjà bien engagée : la production par des Pythagoriciens d'une littérature "orphique" est attestée dès le VIe siècle, et Pythagore publie des œuvres sous le nom d'Orphée. WEST (1983b : 68) suggère que la source de ce passage des *Bassarides* consistait en un poème orphique, de forme autobiographique, qui incluait la κατάβασις d'Orphée dans l'Hadès à la recherche d'Eurydice et ses enseignements relatifs au destin des âmes et au culte d'Hélios-Apollon. On connaît d'ailleurs une Κατάβασις εἰς Ἅιδου du Ve siècle, attribuée à Cécrops le Pythagoricien (CLÉMENT d'Alexandrie, *Stromates* 1.21.131.5 ; voir WEST 1983a : 9-13 ; BOWRA 1952 : 123 sq.). À travers cette littérature orphique, les Pythagoriciens véhiculaient leurs doctrines eschatologiques pour les corréler à Apollon dont la figure était associée —et même identifiée— à celle de Pythagore (voir ARISTOTE, *frg.* 191 Rose ; DIOGÈNE LAËRCE 8.11). Les *Bassarides* d'Eschyle reflétaient peut-être deux conceptions concurrentes de l'orphisme (dionysiaque et pythagoricienne). Sur le rapport entre lyre, tombeau et orphisme, voir SVENBRO 1992.

Page 74
361. Cf. ESCHYLE, *frg.* 59 Radt. Plus couramment appelées Ménades ("Délirantes"), elles étaient les membres féminins de confréries thraces qui honoraient Dionysos. Leur nom est mis en rapport avec un nom (cyrénien ?) du renard ; cf. PHOTIOS, *Lex.* B 305 : <βάσσαρος>· ἀλώπηξ παρὰ Κυρηναίοις ; cf. SCHOLIES À LYCOPHRON 772 : ἡ δὲ <βασσάρα> ὁ βολβὸς καὶ τὸ οἶδνον καὶ εἶδος ἀλώπεκος (cf. HÉRODOTE 4.192.2). Pour la séduction exercée sur Eschyle par les épisodes thraces de la geste de Dionysos, voir JOUAN 1992 : 80-81.

362. ESCHYLE, p. 138 Radt (correspondant à la pièce les *Bassarides*). Pour une reconstitution de cette tragédie, voir LINFORTH 1931 : 11 sq. ; DEICHGRÄBER 1939 : 232-309 ; METTE 1963 : 136 sq. ; AÉLION 1983 : 254 sq. ; WEST 1983b : 63-71 ; WEST 1990 : 26-50 ; JOUAN

1992. La *Lycurgie* était composée des trois tragédies, *les Edons, les Bassarides, les Jeunes Gens*, et d'un drame satyrique, *Lycurgue* (représenté entre 466 et 459 : JOUAN 1992 : 73). La trilogie s'inspirait de l'histoire de Lycurgue, dans une version sûrement proche du récit d'APOLLODORE (3.5.1). Dans la première pièce, le roi était châtié pour s'être opposé à Dionysos (le thème étant donc très proche de celui des *Bacchantes* d'Euripide). Les principaux épisodes de l'action des *Bassarides* sont présentés dans ce chapitre qui pourrait provenir d'un argument (ὑπόθεσις) tragique (cf. WEST 1983b : 64 et 66) ; mais tout le chapitre ne peut émaner d'Eschyle (et on ne peut probablement lui imputer ce qui précède les mots διὰ δὲ τὴν γυναῖκα des *FV* ; voir WEST 1983b : 67). La tragédie se fondait sur le motif mythique de l'attaque, dont Orphée est victime de la part des femmes thraces, converties dans la pièce, et sans doute de manière originale par Eschyle (cf. n. 363), en Ménades furieuses envoyées par Dionysos pour punir l'apostat. La mort d'Orphée (présentant un motif analogue à celui de la mort de Penthée traité par Eschyle dans une autre pièce) constituait un élément clé de la tragédie. Selon WEST (1990 : 42 sq.), Orphée apparaissait au début de la pièce pour déclarer sa doctrine religieuse ; les autres personnages du drame devaient être Dionysos et Apollon, le chœur étant constitué par les Bassarides, qui tuaient Orphée et annonçaient sa mort ; les Muses apparaissaient peut-être dans l'*exodos*, comme second chœur, pour rendre compte de l'enterrement d'Orphée (cf. WEST 1990 : 45).

363. Les responsables de la mort d'Orphée sont, si l'on suit les deux principales traditions concurrentes, les femmes thraces ou une troupe de Ménades furieuses. Le premier témoignage de la seconde variante remonte à Eschyle (d'après Ératosthène). Il s'agit d'une tradition littéraire qui naît précisément, d'après WEST (1983b : 67), avec Eschyle ; ce dernier serait également à l'origine du motif du dépècement d'Orphée (par analogie avec le διασπαραγμός de Penthée ?), qui constitue une option originale par rapport à la décapitation classique d'Orphée. L'iconographie sur vase ne présente plus de bacchantes après 480 av. J.-C., et ne suggère pas un contexte dionysiaque (à l'exception d'un vase de 440 av. J.-C. ; cf. PANYAGUA 1972 : 103), mais seulement une agression de femmes thraces. Les raisons sont diverses, mais l'agression est toujours motivée par un outrage à Dionysos. Selon Eschyle, Orphée abjure le culte du dieu (pour embrasser celui d'Apollon ; voir n. 370), qui le punit par l'intermédiaire des Bassarides. D'après HYGIN (2.7.1), Orphée aurait célébré les dieux dans l'Hadès, mais en oubliant par inadvertance Dionysos. La tradition qui s'impose présente le meurtre des femmes thraces comme l'expression de leur rancœur d'avoir été écartées de ses rites par Orphée (voir CONON, *FGH* 26F1, 45). Selon certaines variantes, leur colère serait motivée par le mépris manifesté envers les femmes par Orphée, considéré comme l'introducteur de l'homosexualité : « Selon certains, Orphée, pour s'être montré le

premier pédéraste, parut avoir outragé les femmes, et voilà pourquoi elles le tuèrent » (HYGIN 2.7.3 ; cf. PHANOCLÈS, *frg.* 1 Powell ; cf. OVIDE, *Mét.* 10.79-82 ; voir BREMMER 1991 : 21 sq.) ; mais selon MARCACCINI (1995 : 246) la tradition de misogynie d'Orphée serait secondaire et constituerait une sorte de banalisation de la version dionysiaque. Cette communauté d'hommes constituée autour d'Orphée pourrait correspondre, dans une perspective d'histoire des religions, à une société secrète, constituée autour d'un chef pratiquant des techniques d'extase guerrière (ou *Kampfwut*), comme celles qui sont attestées dans l'aire indo-européenne (voir GRAF 1987 : 88).

364. Si cette phrase renvoie à l'autorité d'Eschyle, il faudrait en conclure que les Muses étaient présentes dans la tragédie des *Bassarides*, peut-être sous la forme d'un chœur, qui évoquait la collecte des membres d'Orphée et leur sépulture (WEST 1990 : 45). À Leibèthres (en Piérie, partie de la Macédoine ; voir APOLLODORE 1.3.2), où Ératosthène situe le tombeau, se trouvait une statue en bois (ξόανον) et un temple dédié au culte d'Orphée (cf. PLUTARQUE, *Alex.* 14.8) ; il y avait également un antre consacré aux nymphes de Leibèthres (STRABON 9.2.25 ; ce toponyme signifiant "les conduits d'eau" (voir EUSTATHE, *Comm. Il.*, p. 4.498 Van der Valk) lie Orphée à une source). Sur le mythe étiologique touchant les rituels orphiques de ce lieu, voir CONON, *FGH* 26F1, 45. Suivant certaines traditions la tête d'Orphée, séparée du reste de son corps, continuait de chanter et de prononcer des oracles (cf. OVIDE, *Mét.* 11.50-53 ; elle arrive, dit-on, à Antissa, autre nom de Lesbos (STRABON 1.3.19), et patrie justement de Terpandre : PLUTARQUE, *Musique* 1141c10) ; cf. NICOMAQUE, *Excerpta* 1.9 : « Sa lyre fut jetée à la mer et échoua à Antissa, une ville de Lesbos, où des pêcheurs la ramassèrent et la portèrent à Terpandre » ; cet épilogue lesbien explique peut-être, par une contamination plus qu'une erreur graphique, la leçon *Letbiis uel Lezbiis montibus* in SCHOL. GERM., p. 84. Le motif de la tête parlante est attesté dans divers contextes (comme la magie) et d'autres cultures ; pour des parallèles indo-européens, voir NAGY 1990 : 209 sq. Le proverbe ἀμουσότερος Λειβηθρίων "plus insensible à l'art que les gens de Leibèthres", pour des gens incultes (DIOGÉNIANUS 2.26) serait dû à leur crime, ou au châtiment imposé aux habitants après la mort du poète (μανίαν τε καὶ ἀμουσίαν καὶ σιωπήν : HIMÉRIUS, *Orat.* 46.33 ; cf. LIBANIOS, *Declam.* 1.182).

367. Le texte établit clairement une analogie entre le destin du musicien thrace et des données astronomiques. Le terme d'ἐπισημασία semble un équivalent du terme aratéen de σήματα (voir ARATOS 10-12 ; cf. *Cat.* 23 et *Cat.* 28 avec un tout autre sens) ; toutefois il n'a pas ici le sens météorologique (διοσημεῖαι), qui est le sien dans GÉMINOS (17.22 et *passim*), mais astronomique, et renvoie au temps d'apparition des constellations. Ce sens "indication astronomique" est aussi courant dans la littérature scientifique (voir AUJAC 1975 : 184).

Dans un chapitre intitulé *Sur les repères donnés par les étoiles* (Περὶ ἐπισημασίας ἀστέρων), PLUTARQUE (*Placita* 889e19) écrit : « Platon dit que les repères (τὰς ἐπισημασίας) de l'hiver et de l'été viennent du lever et du coucher des astres, du Soleil, de la Lune et des autres étoiles, soit fixes, soit errantes » ; il s'agit précisément des marques du début d'une saison (voir PTOLÉMÉE, *Phaseis* 2.23.12 : χειμῶνος ἀρχὴ καὶ ἐπισημασία ; cf. ID. 2.36.7, sur une coïncidence avec le solstice d'été). L'expression est très similaire à celle qu'on trouve dans le chapitre sur la Pléiade (ἐπισημαίνουσαι καθ' ὥραν), mais ne concerne ici que *les couchers* de la Lyre, qui marquent également les deux saisons, en évoquant la catabase orphique. Le coucher héliaque (du matin) de la Lyre coïncide avec le lever de la Vierge (ARATOS 597) et se produit à la fin de l'été (pour le détail des différentes datations, voir HÜBNER 1998a : 88 et note) ; tandis que son coucher vespéral a lieu vers le milieu de l'hiver (vers le 2-4 février selon Clodius Tuscus, in JEAN LYDIEN, *Prodiges* 60 Wachsmuth ; et OVIDE, *Fastes* 2.73-78) ; son lever héliaque, à l'automne, coïncide avec celui du Sagittaire (ARATOS 674 ; voir HYGIN 3.6) ; et Ovide fixe son lever vespéral au 5 mai (*Fastes* 5.415-416). Le moment du coucher de cette constellation (qui culmine en août), lorsque le Soleil décline et entre dans l'automne, est une sorte de catabase (voir ARATOS 596-597 : γαίης ὑπὸ νείατα βάλλει Παρθένος ; cf. HYGIN 4.12.6 : *Virgo exoriens non pauca sidera obscurat* ; et, au contraire, pour son lever, HYGIN 4.12.9 : *deinde Lyra tota exit ad lucem*) ; mais son autre coucher ne marque pas aussi nettement une saison (ὥρα) et est un peu en avance sur le printemps.

368. Bien que la terminologie des parties de la lyre soit assez stable (BÉLIS 1985 : 203), le rapport entre l'instrument et les étoiles est complexe dans le texte ; le dessin de la constellation apparaît d'ailleurs, dans les atlas modernes, souvent renversé (BAYER 1603, HÉVÉLIUS 1690), situant Véga (α Lyr) sur la traverse et non sur la base de l'instrument, alors que la localisation dans les textes antiques est claire : PTOLÉMÉE (*Almageste* 7.5, p. 56) la situe sur la coquille (ὄστρακον), et Ératosthène sur la base (πυθμήν ; cf. *tympano* in ARAT. LAT. 233 ; *dorso* in SCHOL. GERM., p. 84). L'*Épitomé* semble décrire méthodiquement les étoiles en suivant l'axe vertical de l'instrument pour les trois paires d'étoiles, de haut en bas, autrement dit du sud au nord. Les unités mentionnées sont successivement les oreilles ("peignes") et les bras —d'abord les "avant-bras", puis les "épaules". Les coordonnées de Ptolémée et son descriptif, même s'il se distingue de celui d'Ératosthène par la terminologie, permettent d'identifier les six étoiles : les deux étoiles les plus septentrionales (sur les oreilles) sont ν Lyr (sud-ouest) et λ Lyr (sud-est) ; les deux sur les montants (bras), proches des précédentes, sont β Lyr (nord-ouest qui porte le nom de Sheliak, nom arabe de la Tortue, d'après le grec χέλυς) et γ Lyr (nord-est) ; les deux sur le bas des montants (épaules) sont ζ Lyr (ouest) et δ Lyr (est ;

Ptolémée désigne celle-ci comme « l'étoile située au milieu de la naissance des cornes, du côté est de la carapace ». Cette correspondance n'est pourtant pas entièrement satisfaisante, les deux étoiles des bras (πήχεις) étant situées par HIPPARQUE (3.1.7) et PTOLÉMÉE (*Almageste* 7.5, p. 56) sur la traverse (ἐν τῷ ζυγώματι). Le terme technique exceptionnel de κτένες (peignes ; cf. *pectines* : ARAT. LAT., p. 232 ; SCHOL. GERM., p. 84) pour le sommet des montants, est élucidé par HÉSYCHIUS (*Lex.* K 4296, s.v. κτένια) : ce sont « les parties saillantes des *coudes* (ἀγκῶνες) », définis comme « les parties qui soutiennent les *bras* (πήχεις) des cithares » (HÉSYCHIUS, *Lex.* A 585, s.v. ἀγκῶνες) ; le terme πῆχυς (cf. *pedales* in ARAT. LAT., p. 233 ; *cacumine chordarum* in SCHOL. GERM., p. 84) signifie couramment les bras de l'instrument (mais selon BÉLIS (1983 : 205) il peut s'agir de la partie supérieure des montants) ; le terme ὦμοι (cf. *humera* in ARAT. LAT., p. 233 ; *umeris* SCHOL. GERM., p. 84) doit désigner la partie basse des montants. *La* ou *les autres* étoiles sont plus problématiques, d'autant que si le manuscrit E donne le total de 9 étoiles (cf. ARAT. LAT., p. 233), qui s'harmonise parfaitement à l'esprit de la constellation et devrait avoir tout pour convaincre, c'est le chiffre 8 qui apparaît dans une partie de la littérature parallèle (HYGIN 3.6 ; SCHOL. GERM., p. 84) qui « semble de prime abord conserver le nombre correct » (HÜBNER 1998a : 86), tandis que Ptolémée en dénombre 10. Une scholie à Aratos (*ad* 269, p. 213) suggère les hésitations qui entouraient le nombre des étoiles de la Lyre : « elle a dix étoiles selon Hipparque, huit selon Timocharis, et neuf selon Eudème ». L'étoile du "joug" (ζυγός ; cf. *iugo* in ARAT. LAT., p. 233 ; et *fundo* (?) in SCHOL. GERM., p. 84) devrait être sur la traverse (supérieure), que le terme désigne couramment depuis HOMÈRE (*Il.* 9.187), autrement dit sur la partie haute de l'instrument ; mais on ne peut identifier d'étoile particulière à cet endroit, les autres étoiles de magnitude inférieure à 5 (η, θ, ε Lyr, signalées par Ptolémée, et κ Lyr) correspondant au bas de la figure. La neuvième étoile est placée, d'après l'*Épitomé*, sur "l'extrémité" (par l'hapax ἀκρώτηρ ; cf. *modulo* in ARAT. LAT., p. 233), que l'on peut imaginer comme étant un des bords de la traverse, à l'extérieur du cadre formé par les montants ; mais, là encore, il n'y a dans le ciel aucune candidate valable parmi les étoiles. Hygin propose un descriptif très embarrassé et, pour une fois, radicalement différent de celui d'Ératosthène, auquel il se réfère pourtant explicitement : une étoile sur chaque côté de la carapace (*in ipsis testudinis lateribus*), une en haut de chaque pointe... « qui sont placées comme des bras sur la carapace » (*in summis cacuminibus eorum, quae in testudine ut brachia sunt collocata*) ; une entre chacune d'entre elles « qu'Ératosthène imagine comme des épaules » (*quos humeros Eratosthenes fingit*) ; une sur les omoplates de la carapace (*in scapulis*), une au bas de la Lyre, qui paraît la base de l'ensemble (*ut basis totius*). La technicité mal maîtrisée du vocabulaire grec est sans doute responsable d'une dérive du descriptif aboutissant dans l'*Épitomé* à un texte particulièrement confus.

Page 75

370. Contrairement aux confluences des traditions orphiques et pythagoriciennes (voir n. 359), l'aspect orphique des cultes de Dionysos est peu attesté au Ve siècle ; HÉRODOTE (2.81) mentionne conjointement les pratiques orphiques et "bacchiques", rapprochées aussi des pythagoriciennes (comme étant d'origine égyptienne), mais le terme bacchique peut avoir une acception plus large que "dionysiaque". Les lamelles d'os d'Olbia (publiées en 1978) ont apporté de nouveaux éléments sur les liens entre orphisme et dionysisme, qui confortent le témoignage d'Eschyle, préservé par Ératosthène mais largement négligé, et qui s'avère significatif dans une perspective d'histoire des religions ; il est analysé dans ce contexte pour la première fois par WEST (1983b ; cf. DI MARCO 1993, et PUGLIESE CARRATELLI 2003 : 56-58). Les *Fragmenta Vaticana* transmettent un texte nettement plus développé que l'*Épitomé*, et présentent explicitement Orphée (qui ne rendait *plus* (οὐκέτι) un culte à Dionysos) comme un renégat. D'après HYGIN (2.7.1), en effet, on le présentait parfois comme un transfuge du culte dionysiaque, converti au culte solaire : « Selon d'autres récits, c'est pour avoir épié les mystères de Liber qu'il subit ce destin ». Ce choix religieux attribué à Orphée, qui devient apostat, n'est sans doute pas sans rapport avec la critique qu'adresse Ératosthène à l'idéologie religieuse promue par les autorités ptolémaïques : outre les caractères militaires du Dionysos vainqueur, à son retour d'Inde (voir *Cat.* 11, n. 164), la cour ptolémaïque soulignait les aspects chthoniens et eschatologiques du dieu (voir *Cat.* 5, n. 78) ; voir PÀMIAS 2004 et 2013. Les relations entre les cultes d'Orphée et de Dionysos sont plus nettes à l'époque post-classique (voir BRISSON 1995), au point que le premier apparaît comme le fondateur des mystères dionysiaques chez DIODORE (1.96.4 ; cf. ID. 1.23.2) et APOLLODORE (1.3.2). L'origine de ce contact est sans doute à chercher dans le fait qu'Orphée était considéré comme l'auteur de textes liés au culte dionysiaque (cf. GRAF 1987 : 99). Mais Orphée fut aussi associé à d'autres cultes, comme les mystères d'Éleusis (GRAF 1974 : 22-39), dans la mesure où il était tenu pour le fondateur de τελεταί ("rites") et de μυστήρια ("mystères" ; cf. ARISTOPHANE, *Grenouilles* 1032 ; EURIPIDE, *Rhésos* 943-944).

Page 77

372. Appelée simplement l'Oiseau (ὄρνις ; voir GUNDEL 1922c), et d'identification peut-être antérieure à l'Aigle, cette constellation cruciforme est connue par les Babyloniens (FLORISOONE 1951 : 159) comme une partie de UD-KA-DUH-A, qui est une panthère-griffon (ROGERS 1998a : 17), sans rapport avec le modèle grec (WAERDEN 1974 : 74).

EUDOXE est le premier témoin de la constellation (*frg.* 39 = HIPPARQUE 1.2.16) sous ce nom général, qu'HYGIN (2.8) attribue à une ignorance (*propter ignotam illis* [scil. *Graecis*] *historiam communi genere auium ὄρνιν appellauerunt*) ; Aratos l'appelle toujours "l'Oiseau", et l'appellation de Cygne est attestée pour la première fois chez Ératosthène, puis les Scholies à Aratos, Teucros et Nonnos. Chez les Latins, à côté de *Cycnus*/*Cygnus* (GERMANICUS 466, 615, 639, 690 ; AVIÉNUS 636, 1153, 1258) qui passe pour grec (cf. HYGIN 2.8 : *hunc Graeci Cygnum appellant*), on trouve également *Auis* (VITRUVE 9.4.3 ; CICÉRON, *Arat.* 34.383 ; GERMANICUS 275), et *Volucris* (VITRUVE 9.4.5). La *Némésis* de Cratinos, qui constitue la source mythologique pour ce chapitre (voir n. 376), est peut-être à l'origine de l'appellation unique dans la littérature astronomique, de "Grand Oiseau" (sauf en CAMATEROS, *Introduction* 1484 : μέγας Ὄρνις), qui est présente dans un fragment de cette comédie : ὄρνιθα τοίνυν δεῖ σε γίγνεσθαι μέγαν (*frg.* 114 Kassel-Austin). Dans la tradition astronomique, la plupart des auteurs (κατὰ τοὺς πλείστους) associaient la constellation à Némésis (SCHOL. ARAT. 275, p. 216).

373. Némésis est fille de Nuit (HÉSIODE, *Th.* 233), d'Erèbe (HYGIN, *Fables* praef.) ou d'Océan (PAUSANIAS 1.33.3), et mère en particulier des Telchines (BACCHYLIDE, *frg.* 52 Snell & Maehler). À Smyrne, on honorait deux Némésis (PAUSANIAS 7.5.3). Selon le texte de l'*Épitomé* (non conservé dans les *FV*), Némésis se transforme elle aussi en cygne, alors que les autres témoignages catastérismiques ne font état que de la métamorphose de Zeus. Cela ne signifie pas pour autant que cette indication constitue, comme l'a supposé OLIVIERI (1897a : 21), une interpolation postérieure (voir LUPPE 1974b : 202). Rien n'interdit de penser que ce détail remonte à Cratinos, dont le nom est cité à la suite. Les *Chants Cypriens* dont Cratinos s'est librement inspiré pour sa *Némésis* mentionnent en effet la double transformation, et signalent plusieurs métamorphoses successives de « Némésis à la belle chevelure » (καλλίκομος Νέμεσις) : elle se transforme ainsi en poisson et en différentes bêtes sauvages... (*frg.* 9 Bernabé) ; alors que Zeus se transforme en oie (χήν) et non en cygne comme le prétend habituellement la critique, en se fondant sur le témoignage d'APOLLODORE (3.10.7). Un fragment de papyrus (= CHANTS CYPRIENS, *frg.* 10 Bernabé), négligé par les éditeurs du *De pietate*, mais attribué à ce traité de Philodème par certains savants (voir HENRICHS 1974 : 302 ; LUPPE 1974b), paraît de ce point de vue probant. D'autres témoignages tardifs sur la transformation de Zeus en oie sont abordés par Luppe (LUPPE 1974b : 201).

374. Dans les *Chants Cypriens* (*frg.* 9 Bernabé), l'union de Zeus et Némésis avait lieu à l'issue d'une poursuite sur la mer et la terre, poussée jusqu'à l'Océan et les confins de la terre (Ὠκεανὸν ποταμὸν καὶ πείρατα γαίης). Cratinos a placé l'épisode érotique à Rhamnonte, en Attique. Ce lieu était traditionnellement associé au culte d'une déesse

plus tard assimilée à Némésis (peut-être sous l'influence des *Chants Cypriens* ; voir ROBERTSON 1985 : 245-247). Sur d'anciens édifices fut bâti à Rhamnonte, aux environs de 430 av. J.-C., un vaste temple consacré à Némésis, qui accueillait une statue monumentale en marbre de la déesse, œuvre d'Agoracritos de Paros (voir *LIMC*, s.v. "Nemesis" 1 ; voir ORLANDOS 1924) ; sur l'auteur de la sculpture voir STRABON 9.1.17, et PLINE 36.17, dont l'attribution à l'élève de Phidias est confirmée par une inscription : ZÉNOBIUS, *Centuries* 1.41. D'après la description donnée par PAUSANIAS (1.33.7-8), la frise montrait les principaux personnages liés généalogiquement à cette déesse (voir EHRHARDT 1997). La déesse est, de fait, invoquée fréquemment sous les noms de Rhamnusia ou Rhamnusis (Rhamnonte en Attique : PAUSANIAS 1.33.2) ; et Hélène est elle-même appelée Rhamnusis (CALLIMAQUE, *Hymne à Artémis* 232 ; PAUSANIAS 1.33.7).

376. Voir CRATINOS, p. 179-180 Kassel-Austin. Pour la reconstitution de la comédie *Némésis*, voir CAPPS 1904 ; ÖLLACHER 1916 ; GODOLPHIN 1931 ; LUPPE 1974a ; ROSEN 1988 : 55-58. La date de cette comédie a été débattue depuis l'époque antique, et les philologues ont tenté de concilier deux notices contradictoires, l'une de Plutarque, qui suggère une représentation à l'époque de Périclès (*Per.* 3.5 = CRATINOS, *frg.* 118), et l'autre d'un scholiaste d'Aristophane (*ad Au.* 521), qui situe la *Némésis* bien après la représentation des *Oiseaux* (414 av. J.-C.). CAPPS (1904 : 70 sq.) propose comme solution d'attribuer la pièce à Cratinos le Jeune, tandis que ÖLLACHER (1916 : 85-93) pense que le scholiaste s'est trompé, en confondant deux archontes éponymes (nommés Callias), et il situe la représentation de l'œuvre en 455. La date la plus vraisemblable est 431 (voir GODOLPHIN 1931 ; LUPPE 1974a : 55) ; et la datation erronée de la pièce serait bien due à la confusion entre deux archontes éponymes (mais du nom de Pythodoros, archontes en 432/431 et 404/403). L'arrière-fond politique de cette comédie est lui aussi controversé ; l'opinion commune, dans l'antiquité, tendait à assimiler la figure de Périclès à celle de Zeus : de la même façon que Zeus introduisait sa fille Hélène dans la famille de Tyndare, Périclès tentait d'obtenir le droit de cité pour le fils qu'il avait eu d'Aspasie, et qui était d'après la loi un νόθος (fils illégitime). Cette hypothèse, avancée par Bergk, a été diversement reçue, tantôt acceptée (voir NORWOOD 1932 : 125 ; ROSEN 1988 : 55 sq.) et tantôt contestée (KÖRTE 1922 : 1653 ; GODOLPHIN 1931 : 426 ; SCHWARZE 1971 : 24 sq.). Quoi qu'il en soit, le choix de Némésis comme mère d'Hélène n'est nullement accidentel : tout comme celle-ci accomplissait la Διὸς βουλή (décision de Zeus), qui déclenchait la guerre de Troie, la comédie de Cratinos posait le problème du déclenchement de la guerre du Péloponnèse (cf. SCHWARZE 1971 : 36 sq. ; LUPPE 1974a : 56-58).

377. La tradition suivie par Cratinos est le résultat d'une série de modifications et de contaminations. Hélène est considérée, en tant que

sœur des Dioscures, comme une fille de Léda (HOMÈRE, *Od.* 11.298-304), et de Tyndare (son père adoptif) ou de Zeus (HOMÈRE, *Il.* 3.199, 418, 426 ; cf. GORGIAS, *FVS* 82B11.3 ; voir JOUAN 1966 : 145 sq.). Mais les *Chants Cypriens*, qui font allusion à la poursuite de Zeus métamorphosé (voir EUSTATHE, *Comm. Il.*, p. 4.804 Van der Valk) ont remplacé Léda par Némésis, conférant ainsi une signification cosmique à l'épisode : le choix de faire naître Hélène de Némésis correspondrait à une stratégie spéculative visant à présenter la guerre de Troie comme un moyen de mettre fin à la surpopulation qui affecte la terre (cf. MAYER 1996) ; comme Pandore, Némésis est décrite par Hésiode comme un πῆμα θνητοῖσι βροτοῖσι ("calamité pour les mortels" : HÉSIODE, *Th.* 223 ; cf. *Th.* 592 et *Op.* 82). Selon une variante qui combine les deux maternités, Léda trouve l'œuf posé par Némésis, ou le reçoit des mains d'un berger ou d'Hermès. Cette formule syncrétique est peut-être déjà attestée chez SAPPHO (*frg.* 166 Voigt ; voir HYGIN 2.8 ; SCHOLIES À LYCOPHRON 88). Dans la *Némésis* de Cratinos (*frg.* 115 Kassel-Austin), c'est Némésis qui demande à Léda de couver l'œuf. Et le motif de l'oiseau est transféré dans un second temps à Léda. Euripide est le premier auteur à évoquer la séduction de Léda par un Zeus transformé en cygne et poursuivi par un aigle (*Hel.* 16 sq. ; *Or.* 1385 sq. ; cf. HYGIN, *Fables* 77) ; il s'agit là soit d'une invention d'Euripide (KANNICHT 1969 : 23-24), soit d'un emprunt à Stésichore (voir SEVERYNS 1928 : 270). On comprend qu'Euripide ait adopté la filiation d'Hélène par Léda, puisque l'autre option (par Némésis) était risquée pour une tragédie qui prétendait réhabiliter l'héroïne (cf. JOUAN 1966 : 151). Cette variante devient prépondérante dans la tradition postérieure, et les auteurs qui reprennent le mythe de Némésis mentionnent la transmission de l'œuf à Léda, ou s'efforcent généralement de concilier les versions. La version d'HYGIN (2.8), combinant le scénario euripidéen et la protagoniste de Cratinos, qui domine dans la tradition astronomique, reprend l'épisode de la fuite de Zeus-oie, poursuivie par Aphrodite-aigle, mais l'héroïne abusée par le subterfuge est chez lui Némésis et non pas Léda. Une scholie à Euripide (*ad Or.* 1385) pousse la fusion plus loin encore, rapportant que, selon certains, Léda se serait métamorphosée en Némésis avant de s'unir à un cygne (φασὶ γὰρ αὐτὴν εἰς Νέμεσιν μεταβληθεῖσαν οὕτω συνελθεῖν τῷ κύκνῳ ; pour une version rationalisée où Κύκνος est le nom d'un jeune homme, voir CÉDRÉNUS, *Compendium* 1.212 Bekker). À côté des pièces de Cratinos et d'Euripide, une série de représentations vasculaires datées entre 430 et 400 montre que le motif mythique de l'œuf et de la naissance d'Hélène fut très apprécié durant le dernier tiers du Ve siècle ; en revanche, les représentations iconographiques de Némésis sont exceptionnelles durant toute l'époque classique et hellénistique (cf. KARANASTASSI 1992 : 755). Des traditions divergentes témoignent d'autres filiations : HÉSIODE (*frg.* 24) fait même d'Hélène la fille non de Némésis ni de Léda, mais d'une Océanide et de Zeus ; cf.

aussi Ptolémée Chennos in PHOTIOS, *Bibl.* 190, 149a.32, qui l'appelle Ἡλίου θυγάτηρ καὶ Λήδας).

378. L'emploi du mot τύπος (copie, image ; cf. SCHOL. GERM., p. 85 : *simulacrum eius*) signifie que la constellation ne résulte pas d'une métamorphose ou d'un voyage astral (cf. εἴδωλον : *Cat.* 2, 3, 4, 26, 35). Il est clair, par ailleurs, que le modèle dont s'est servi Ératosthène pour décrire la constellation est de nature iconographique (voir *Cat.* 2, n. 23). HYGIN (2.8) rapporte que les hommes, en le voyant voler au firmament, crurent que le cygne (Zeus métamorphosé) était lui-même une constellation, et « pour éviter un démenti, Jupiter le plaça effectivement volant dans le ciel, ainsi que l'aigle à sa suite ». Le cygne n'est pas un animal typique de Zeus, mais l'oiseau sacré d'Apollon, et ce symbolisme concurrence parfois celui de Zeus : on dit que sa présence au ciel est un hommage à Apollon (voir SCHOL. ARAT. 275, p. 216 : καταστερισθῆναι μὲν εἰς τιμὴν τοῦ Ἀπόλλωνος ἅτε μουσικὸν ὄντα), à sa place dans le voisinage de la lyre ; et, d'après certaines traditions tardives, la constellation serait l'oiseau d'Apollon (voir GERMANICUS 275-276 : *uel Phoebi quae fuit olim Cygnus*), ou précisément Cycnus, cousin de Phaéthon et roi de Ligurie, auquel Apollon accorda le don du chant avant de le catastériser (VIRGILE, *Énéide* 10.189 ; cf. OVIDE, *Mét.* 2.377-378).

Page 80

383. Cette constellation est étroitement connectée à l'élément aquatique dans les cultures babylonienne et égyptienne (où elle est notée par un hiéroglyphe signifiant l'eau et en forme de vague, à l'origine du symbole moderne) ; voir BOLL-GUNDEL 1937 : 976. Ce lien est dû, au moins en partie, au fait que la constellation, vers 3.200 av. J.-C., marquait le solstice d'hiver, et la saison des pluies (voir KIDD 1997 : 288). Cette conjonction est parfois explicite dans la littérature astronomique (voir SCHOL. GERM., p. 85 : *quod eius exortu imbres plurimi fiant... imbris infundit*). ABRY (1994) a en outre montré que les constellations proches du cercle antarctique formaient un groupe thématique lié à l'élément aquatique (Fleuve, Poisson, Verseau, Argo, Baleine ; sur le caractère pisciforme du Capricorne, voir *Cat.* 27).

384. Ganymède est le fils de Tros (ou de Laomédon) et de Callirhoé (Beau Flux). D'après HOMÈRE (*Il.* 20.232 sq.), dont Ératosthène propose ensuite une paraphrase fidèle, il est enlevé sur l'Olympe pour servir d'échanson. L'HYMNE HOMÉRIQUE *à Aphrodite* (v. 202 sq.) évoque une tempête divine, comme instrument de son enlèvement par Zeus (et le motif de Zeus ravisseur de Ganymède est illustré par des témoignages iconographiques nombreux ; voir *LIMC*, s.v. "Ganymedes", 8, 11, 56). C'est sans doute la poésie cyclique posthomérique qui a transformé l'enlèvement en rapt érotique (cf. *contra* SICHTERMANN 1988 : 154, qui estime que toutes les références postérieures remonteraient au passage

de l'*Iliade* signalé) ; telle était d'ailleurs l'opinion des commentateurs antiques (voir SCHOL. APOLL. RHOD. 3.114-117a). Le motif pédérastique est exploité poétiquement par IBYCOS (*frg.* 289 *PMG*) et PINDARE (*Ol.* 1.44 ; *Ol.* 10.104-105), et philosophiquement par PLATON (*Phèdre* 255c). Au IVe siècle Ganymède devient une figure en vogue dans la comédie. L'apparition de l'aigle envoyé par Zeus pour enlever l'enfant (voir *Cat.* 30, n. 449 ; cf. APOLLODORE 3.12.2), ou comme un déguisement pour Zeus lui-même est d'époque post-classique ; les documents iconographiques les plus anciens de la variante de l'aigle remontent au IVe siècle (*LIMC*, s.v. "Ganymedes", 171, 193, 195 ; voir BONGHI JOVINO 1969). Certaines variantes font également d'Hermès (ou d'Iris) le responsable du rapt de l'enfant (voir *LIMC*, s.v. "Ganymedes", 79, 80). Des interprétations évhéméristes postérieures identifièrent le ravisseur de Ganymède avec un héros (Minos ou Tantale ; voir FRIEDLÄNDER 1910 : 737-739).

386. Ératosthène avance cette identification avec une certaine prudence, qui s'explique par la grande concurrence de personnages pour cette figure générique (cf. à son propos SÉNÈQUE, *Thyeste* 865 : *quisquis es...*). L'option privilégiée par Ératosthène est nettement dominante dans la tradition (HYGIN, *Fables* 224 ; OVIDE, *Fastes* 2.145 ; CLÉMENT, *Homélies* 5.17 ; NONNOS 12.38-40 ; AMPÉLIUS 2.11, etc.), mais pas unique (voir HYGIN 2.29 : *complures dixerunt* ; SCHOL. GERM., p. 85 : *quidam uolunt* ; etc. ; voir BOLL-GUNDEL 1937 : 977). Le Verseau était également identifié à Deucalion, le fils de Prométhée rescapé du déluge, d'après une tradition qui remonte au moins à Hégésianax (HYGIN 2.29 ; voir NIGIDIUS FIGULUS *frg.* 99 ; GERMANICUS 561-562) ; et un scholiaste (SCHOL. GERM., p. 85-86) raconte en détails son histoire. On proposait également d'y voir Cécrops, le roi mythique d'Athènes "selon l'indication d'Euboulos" (auteur comique de la moyenne comédie : HYGIN 2.29) ; Cécrops serait en train de célébrer un sacrifice avec de l'eau, liquide utilisé dans les sacrifices divins avant l'apparition du vin ; cet usage primitif de l'eau dans les sacrifices est d'ailleurs signalé par Ératosthène à propos de la constellation de l'Hydre (*Cat.* 41, n. 656). Sur cette identification, voir EITREM 1921. Le scholiaste à Germanicus (p. 86) l'identifie également avec Aristée (le fils d'Apollon et de la nymphe Cyrène, conçu sur le mont Orphée), auquel il consacre un développement très substantiel ; cette option, qui semble correspondre à un détournement apollinien, insiste sur le rôle bienfaiteur et civilisateur d'Aristée (*omnibus modis artibusque adfinis*), en rapport peut-être avec le symbolisme astrologique lié au Verseau (cf. MANILIUS 4.265-267 : « on doit à ce signe une infinité d'arts qui ont l'eau pour agent. Il produit aussi ces rares génies qui pénètrent la sphère céleste, en expliquent les mouvements, en annoncent les variations, et les réduisent à des périodes déterminées »). Plus discrètement, et sans doute par dérivation, on l'identifiait aussi à Hébè (Teucros *in* BOLL

1903 : 281 ; or d'après Pausanias 1.13.3, Hébè recevait également, à Phlionte, le nom de Ganymède). Enfin, une scholie à Aratos (*ad* 283, p. 220) propose une mystérieuse identification à l'esprit du Nil, à « une statue de cent orgyes (ἑκατοντορόγυιον ?), mentionnée chez Pindare (*frg*. 294 Bowra), et dont le mouvement des pieds provoquerait la crue du Nil ».

387. Le Poète "par excellence" (cf. Platon, *Gorgias* 485d ; Aristote, *Rhet*. 1365a ; etc.), est naturellement Homère. Ératosthène reprend fidèlement quatre vers homériques : « …Ganymède, qu'on eût pris pour un dieu, le plus beau des mortels. Sa beauté justement fut cause que les dieux l'emmenèrent au ciel, pour qu'il servît à Zeus d'échanson, et vécût parmi les Bienheureux » (τὸν καὶ ἀνηρείψαντο θεοὶ Διὶ οἰνοχοεύειν / κάλλεος εἵνεκα οἷο ἵν' ἀθανάτοισι μετείη : *Il*. 20.234-235 ; voir aussi Hymne à Aphrodite, v. 202-206 sq.).

389. Passage douteux et mal compris par Arat. Lat. (p. 235 : *hominibus quidem ignotus erat* [scil. *Ganimedes*]). Les modèles homériques d'Ératosthène (voir n. 387) soulignent la frontière mortel/immortel que parvient à franchir Ganymède, l'Hymne à Aphrodite (v. 214) précisant que Ganymède devient non seulement immortel mais éternellement jeune (sur le statut immortel de Ganymède, voir Delattre 2007) ; le père de Ganymède reçoit, par ailleurs, des chevaux immortels, en dédommagement du rapt de son fils (cf. Hymne à Aphrodite 211 ; Apollodore 2.5.9), ce qui n'est pas sans évoquer le "prix de l'épouse" sur un registre homosexuel (cf. Scarpi 1996 : 514). Le dédommagement consiste dans le cycle épique en une vigne en or faite par Héphaïstos (Petite Iliade, *frg*. 29 Bernabé). Le rapt de Ganymède prouve sa beauté exceptionnelle (voir Homère, *Il*. 20.235 ; Hymne à Aphrodite 203 et 205 ; Apollonios de Rhodes 3.117) et explique son absence de descendance.

390. Le liquide est identifié successivement dans le texte d'Ératosthène à de l'eau (ὑδροχόος), du vin (οἰνοχοῇ) et du nectar (νέκταρ ; cf. Ovide, *Fastes* 2.146 : du haut des cieux il « nous verse une eau pure mêlée de nectar »). Cette hésitation se confirme dans le *Cat*. 38, où Ératosthène dit que le Flot est l'eau que boit le Poisson. Le passage d'Homère sur lequel s'appuie le chapitre ne mentionne pas le nectar, boisson particulière des dieux, qui est, en revanche, signalée dans le parallèle que constitue l'Hymne à Aphrodite 206. Mais les deux breuvages (vin et nectar) sont analogues, et Homère présente le nectar comme s'il s'agissait du vin (cf. *Il*. 1.598 : οἰνοχόει γλυκὺ νέκταρ ; cf. Cléarque frg. 96 Wehrli : οἶνον δὲ καθάπερ καὶ τὸ νέκταρ ἐρυθρόν ; cf. Souda N 143, s.v. Νεκτάρεον ; cf. Anthol. Graec. 12.65 : νέκταρος οἰνοχόον ; etc). Le rôle d'échanson est parfois tenu par Hébè ou, par dérision, par Héphaïstos (*Il*. 1.597-600). L'indication d'une *ressemblance* (εἰκάζεται) entre le précipité d'étoiles et le nectar des dieux a de quoi surprendre.

391. La phrase de l'*Épitomé* est syntaxiquement et sémantiquement confuse, et les textes parallèles, sans doute embarrassés, soit l'omettent, soit modifient nettement le sens (cf. ARAT. LAT., p. 235 : *putatur quidem habere in effusionem caeleste donum aestimantes fidem eius apud deum*), et ne permettent pas de l'éclairer. Aucun autre texte grec ou latin (y compris Hygin) ne propose une identification formelle de l'Eau de la constellation au nectar, et celle-ci semble une spécificité ératosthénienne.

Page 81

393. On peut proposer les identifications suivantes : 25 (d) et 26 Aqr [ou 11 Peg ?] (la tête) ; α et β Aqr (épaules droite et gauche) ; ν et γ Aqr (coude droite et gauche ; sur l'avant-bras droit –πήχει–, et sur la main gauche, sur le manteau –ἐν τῇ ἀριστερᾷ χειρὶ ἐπὶ τοῦ ἱματίου– chez Ptolémée) ; η Aqr (main droite) ; ο et ξ Aqr (mamelon droit et gauche ; sous l'aisselle –μασχάλη– pour Ptolémée) ; θ Aqr (?) et μ ou λ Cap (?) (sous le mamelon droit et gauche ; mais θ est sur le creux droit du bassin –κοτύλῃ– chez Ptolémée ; cf. *in lumbo interiore* : HYGIN 3.28) ; ι Aqr (hanche ; sur la fesse gauche –γλουτῷ– selon Ptolémée) ; τ Aqr et 66g (?) (genoux droit et gauche) ; δ Aqr (mollet ; sans doute l'étoile du pied droit d'HIPPARQUE 3.3.8 ; cf. *dextro crure* : HYGIN 3.28) ; 88 Aqr (?) et υ (pied droit et gauche). Les principales difficultés concernent les étoiles sous les mamelons et sur les pieds ; les étoiles proposées pour le mamelon gauche sont, à défaut de voisines notables, assez faibles (λ Cap = mag. 5.5, et μ Cap : mag. 5), la seconde se trouvant dans la queue du Capricorne selon le découpage stellaire de Ptolémée, mais n'étant pas intégrée à une autre constellation chez Ératosthène. Le corps du Verseau chez Ptolémée est un peu différent, porte un attribut (le manteau), et —surtout— il est *vu* de dos (νώτῳ, ὀπισθομήρῳ, γλουτῷ). HYGIN (3.28) signale aussi une étoile sur la main (ε Aqr), notée à cette place par Ptolémée, mais curieusement absente chez Ératosthène, malgré son éclat (mag. 3.7). La partie occidentale de la figure est difficile à délimiter, car elle se superpose en partie au Flot d'eau et on ne sait quelles étoiles sont attribuables à l'Amphore (ainsi sûrement η Aqr chez Hipparque) et à l'Eau. La position de la figure a donné lieu à des malentendus (cf. Attalos in HIPPARQUE 2.3.7), en raison d'une expression d'ARATOS (693-694) disant qu'elle s'élève par le milieu du corps (Ὑδροχόοιο μέσον ; la figure est dite renversée (*resupinato*) chez HYGIN 3.28) ; HIPPARQUE (2.3.7), revenant sur l'interprétation d'Aratos, décrit ce personnage tourné vers l'est, dont EUDOXE (*fr*. 73 = HIPPARQUE 1.2.20) dit qu'il a les pieds sur le tropique d'hiver : « le Verseau se trouve orienté du sud au nord, et la partie qui comprend sa poitrine et sa tête est nettement décalée par rapport au Zodiaque, en direction du nord, tandis que la partie qui comprend ses pieds est au sud du Zodiaque ».

396. Ératosthène ne précise pas la position des deux étoiles qui se distinguent particulièrement de l'Eau (cf. SCHOL. ARAT. 394, p. 264 : δύο ἀστέρες φανερώτεροι καὶ λαμπρότεροι ; cf. SCHOL. GERM., p. 85 et 87) ; mais la tradition renvoie apparemment aux étoiles extrêmes (voir HYGIN 3.28 : *prima et nouissima clara*) : λ Aqr (mag. 3.7) et Fomalhaut (α Psc ou 78 Aqr : « l'étoile qui est la dernière de l'Eau et sur la bouche du Poisson sud » : PTOLÉMÉE, *Almageste* 8.1, p. 124). Pour la première, la position ne correspond pas à l'indication d'ARATOS qui, insistant sur ces exceptions (395-398), place l'une sous le pied du Verseau (α Psc), mais l'autre « sous la queue du monstre obscur » *i.e.* la Baleine.

Page 82

397. Cette constellation zodiacale est sûrement liée au poisson-chèvre SUHUR-MASH présent dans le ciel babylonien (ROGERS 1998a : 17 ; voir WEBB 1952 : 154 ; WAERDEN 1974 : 68 ; BOLL-GUNDEL 1937 : 972 ; KIDD 1997 : 288) ; et des pictogrammes le représentent, au troisième millénaire (ROGERS 1998a : 28). La tête du capricorne serait MA-GUR (la barque sacrée), et SUHUR-MASH seulement la queue du Capricorne (FLORISOONE 1951 : 158-159). En revanche, le bouc-poisson n'apparaît en Égypte que dans les zodiaques hellénistiques (Denderah). Le nom d'Αἰγόκερως est connu au Ve siècle (voir GUNDEL 1929 : 2417 sq. ; SCHERER 1953 : 172 ; LE BŒUFFLE 1977 : 176), et se trouve chez Euctémon et EUDOXE (*frg.* 72 = HIPPARQUE 2.1.20), puis ARATOS 286 (à côté de : Αἰγοκερεύς au v. 284, etc.). Mais la catastérisation du Capricorne est une élaboration hellénistique (ROSCHER 1895 : 333). Cette constellation, qui est la plus petite du zodiaque, marque le solstice d'hiver (EUDOXE, *frg.* 69 et 72 ; GÉMINOS 6.44) et donne son nom au tropique d'hiver qui coupe la constellation en son milieu (EUDOXE, *frg.* 73 ; ARATOS 501 ; HIPPARQUE 1.11.10) ; elle se trouve comme le Verseau dans la zone "aquatique" du ciel, « au point le plus bas qu'atteigne le zodiaque » (AVIÉNUS 650-651 ; cf. SCHOL. ARAT. 285, p. 221) ; il apparaît en Grèce essentiellement comme un symbole de mauvais temps (ARATOS 287-294 ; cf. scholie in ARAT. LAT., p. 237 : *huius mensis, in quo per eum sol currit, ultima sint pluuiosa* ; cf. HORACE 2.17.20 ; VIRGILE, *Géorgiques* 1.336 ; MANILIUS 1.375 : *gelidum Capricorni sidus* ; GERMANICUS 7 et 289 : *gelidi Capricorni* ; PROPERCE 4.86 ; etc.).

398. L'expression ἐξ ἐκείνου γέγονεν (non reprise par Hygin) ne signifie pas nécessairement que le Capricorne est un *fils* ou un *descendant* d'Égipan mais simplement que la constellation d'Égipan est conçue sur le modèle de Pan (cf. SCHOL. GERM., p. 87 : *ab eo enim est factus* ; ARAT. LAT., p. 237 : *pro eo quidem positus est* ; voir ROSCHER 1895 : 335). Le texte distingue donc et combine trois personnages : Capricorne (Αἰγόκερως : la constellation), Égipan (qui est

anatomiquement un doublon de Pan) et Pan (voir *infra* πανικόν) ; il semble qu'HYGIN (2.28) considère *Capricornus* comme la copie astrale d'Égipan. La suite du chapitre se rapporte logiquement à Capricorne, mais elle semble entièrement inspirée de la mythologie liée à Pan. En fait, αἰγόκερως comme αἰγίπαν sont initialement deux épithètes de Pan, mais le second acquiert, au moins pour Évhémère (voir ÉVHÉMÈRE, *FGH* 63F4), une autonomie par rapport à Pan : Évhémère fait d'Égipan le fils de Zeus et d'Aiga, qui est la femme de Pan, abusée par le roi des dieux ; et par cette filiation il justifie l'épithète d'*aigiochos* portée par Zeus (cf. HYGIN, *Fables* 155, où Égipan est dit fils de Zeus et de Boetis). D'après APOLLODORE (1.6.3), Égipan est déjà incorporé au mythe comme personnalité autonome : il participe aux combats précédant la prise de pouvoir des Olympiens : avec Hermès il récupère les tendons des bras et des jambes de Zeus que Typhon avait arrachés au dieu (pour une autre version de l'épisode, voir NONNOS 1.510 sq.). ARISTEIDES de Milet (*FGH* 286F5) lui attribue une naissance historique et italienne (l'identifiant à Silvanus), et une nouvelle généalogie (PLUTARQUE, *Parallela min.* 311a-b). D'autres épiclèses de Pan sont signalées par BRUCHMANN 1893 : 185-189.

400. De ce que Zeus et Pan sont dits frères de lait (σύντροφοι), il ne faut pas conclure, avec ROSCHER (1894a : 372-373), qu'Épiménide (cf. n. 401) en faisait des frères de sang (sur le sens de τρέφω, voir *Cat.* 10 et n. 146). Selon Épiménide, qui offre une variante crétoise, Pan est nourri avec Zeus sur l'Ida. Mais la référence à Épiménide ne s'accorde pas avec la notice transmise par un scholiaste d'Euripide (*ad Rhesos* 36) qui attribue au même Épiménide (*fr.* 60 Bernabé = *FVS* 3B16) une tout autre généalogie : Pan et Arcas seraient deux jumeaux nés de Zeus et Callisto (cf. SCHOLIES À THÉOCRITE 1.3-4). Dans la mesure où cette filiation alternative est liée à l'Arcadie et au mont Lycaion (voir *Cat.* 1, 2, 8 et n. 11 et 121), il est probable qu'Épiménide se faisait l'écho de deux versions locales, crétoise et arcadienne (voir BORGEAUD 1979 : 66), dans deux œuvres distinctes (peut-être, à côté des Κρητικά, une *Théogonie* ; voir n. 74 et 401). Cette équivoque concernant la naissance de Pan (fils ou frère de Zeus) se résout dans la formation de deux figures autonomes, déjà attestées chez ESCHYLE (*frg.* 25b Radt ; cf. SCHOLIES À THÉOCRITE 4.62-63 ; JEAN LYDIEN, *Mois* 4.117). La mère qu'on prête à Pan est généralement une nymphe (Callisto, Pénélope, Orsinoè, Oinoè…), ou une chèvre, comme c'est le cas chez Épiménide (voir n. 406). Sur *les* généalogies de Pan, voir ROSCHER 1894a : 377. La confusion dans la généalogie de Pan s'accompagne d'une absence de mythologie consacrée au dieu, à l'époque classique. C'est seulement au cours de la période hellénistique qu'apparaissent des récits mythologiques dans lesquels Pan joue un rôle important ; le plus célèbre est sûrement celui qui le voit participer, aux côtés de Zeus, à la lutte contre les Titans et Typhon (voir n. 405). Le silence des auteurs

du Ve-IVe siècles sur cette figure s'expliquerait par leur ignorance des traditions arcadiennes ou par l'indifférence (BORGEAUD 1979 : 85).

402. D'après le mythe crétois suivi par ÉPIMÉNIDE (*frg.* 49 et 36 Bernabé = *FVS* 3B22-23), le nouveau né Zeus est dissimulé dans une grotte de l'Ida pour échapper à la vigilance de Cronos (pour d'autres variantes de la παιδοτροφία de Zeus, voir *Cat.* 2, n. 24 ; et *Cat.* 13, n. 205). Et c'est de là qu'il lance son attaque contre les Titans. Ératosthène recourt à divers auteurs et traditions lorsqu'il aborde la Titanomachie : Musée (*Cat.* 13), Aglaosthène (*Cat.* 30), et d'autres (*Cat.* 29, 39).

403. Le terme est assez général et désigne différents coquillages à spirale de type murex (voir ARISTOTE, *HA* 528a10 et *PA* 679b4 sq.), susceptibles d'héberger des bernard-l'hermitte ; dans notre texte il désigne clairement la conque marine que Littré (s.v. "murex") nomme « le murex pervers, dont la coquille est appelée par les marchands l'unique, le buccin unique, la guitare, la trompette de dragon ». Il est appelé κόχλακα (SCHOL. ARAT. 283, p. 220), *cochlis* (GERMANICUS 554, pour le grec κοχλίς —qui désigne une pierre précieuse chez PLINE 37.194)—, *cochlon* (SCHOL. GERM., p. 87), *murices* (HYGIN 2.28), *bucinus* et *concha* (HYGIN 2.23). L'usage de ce coquillage comme aérophone est répandu et bien connu (voir THÉOGNIS 1229-1230 : « Un mort du maritime séjour m'a appelé dans sa maison, et, tout mort qu'il est, il fait entendre une voix vivante » ; glosé par ATHÉNÉE (10.457b) : σημαίνει τὸν κόχλον ; voir EURIPIDE, *IT* 303 ; THÉOCRITE 22.75 ; MOSCHOS 2.124 ; NAUMACHIUS, p. 62 Heitsch ; PAUSANIAS 3.21.6). Il est aussi recherché pour la teinture "pourpre" qu'il procure (NONNOS 40.308 ; JEAN STOBÉE, *Anth.* 4.28.19 ; BASILE, *Hexaem.* 7.6.24 ; cf. ETYM. GENVIN. A 533, s.v. Ἁλουργίς). L'invention de la trompe marine met le Capricorne en contact avec l'espace marin, où cet objet naturel dont il fait une arme est généralement considéré comme un attribut de Triton, qui l'emploie non pour exciter mais pour apaiser les flots (voir OVIDE, *Mét.* 1.330-342 ; cf. ROSCHER 1895 : 337-338). Les témoignages iconographiques montrant Pan avec une conque marine sont exceptionnels (voir *LIMC*, s.v. "Pan", 172) ; et la conque ne fait pas non plus partie des attributs caractéristiques et fréquents de Triton, dans l'iconographie (voir pourtant une pièce du Ier s. av. J.-C. dans *LIMC*, s.v. "Triton", 33). Elle apparaît toutefois comme la coupe des Tritons (PHILOSTRATE, *Tableaux* 1.25.3) ; et Néreus, dont ÉLIEN raconte la métamorphose en κόχλος (*NA* 14.28 ; cf. SOUDA N 336, s.v. Νηρίτης : θαλάσσιος κόχλος), sait utiliser ce coquillage comme "trompette marine" (εἰναλίῃ σάλπιγγι : NONNOS 43.300). Un commentateur d'Homère (SCHOL. HOM., *Il.* 5.785 Erbse) fait d'Hermès l'inventeur de cet usage stratégique du murex (αὐτὸν δὲ εὑρεῖν καὶ τὴν διὰ κόχλου μηχανὴν εἰς τὰς μάχας).

404. L'*Épitomé* évoque un épisode décisif et triomphal de la Titanomachie, mais il est un autre exploit de Pan, cette fois de nature

défensive et tactique, lié à ce combat, qui est considérablement développé dans la tradition latine ; et on peut penser qu'il était évoqué dans la forme originale des *Catastérismes*. Le scholiaste à Germanicus (p. 87-89), qui met son développement sous l'autorité de NIGIDIUS FIGULUS (*frg.* 98 Swoboda), lui donne une extension considérable : Pan a l'idée de proposer aux dieux rassemblés en Égypte une mascarade leur permettant d'éviter un affrontement avec Typhon (identifié à Seth ; voir PHÉRÉCYDE de Syros, *frg.* 78 Schibli), et il se transforme en chèvre ou en bouc (*se in capram transfigurasset* ; cf. *hirci* in HYGIN 2.28) ; le récit s'attache à motiver tout un ensemble de coutumes égyptiennes (le culte des animaux, l'existence d'une fête de 18 jours correspondant au temps de disparition des dieux, la consécration des rois à Memphis et certains éléments du cultes d'Isis), et fait dériver de l'exploit de Pan la ville de Panopolis (où l'on vénérait à l'époque gréco-romaine le dieu ithyphallique Mîn identifié à Pan). HYGIN (2.28) traite lui aussi de cette mascarade égyptienne, et il donne pour motif de la catastérisation par Zeus du Capricorne, image (*effigiem*) de Pan, le conseil astucieux (*cogitatum*) et salutaire qu'il a dispensé aux dieux ; Pan, lui même, se jette dans le fleuve (le Nil), et donne à son arrière-train une forme de poisson (sur ces métamorphoses des dieux en Égypte, voir HYGIN, *Fables* 196 et ANTONINUS LIBERALIS 28 ; cf. HOLLAND 1900 : 351 sq. ; ROSCHER 1895 : 339-341). Pan (ou Égipan dans APOLLODORE 1.6.3) est associé à Zeus à l'occasion d'un autre combat de dimensions cosmiques : celui qui oppose ensuite en duel le Cronide à Typhon (voir OPPIEN, *Halieutiques* 3.15 sq. ; NONNOS 1.145 sq.).

405. À l'instar des Géants, effrayés par le braiment des ânes (voir *Cat.* 11, n. 164), les Titans sont terrorisés par l'écho *paniquant* de la conque marine (sur cet effet panique, voir VALERIUS FLACCUS 3.47, SCHOLIES À EURIPIDE, *Rhésos* 36, THÉOCRITE 5.14 ; cf. CHARPENTIER & PÀMIAS 2008). Les transports de Médée quand elle tue ses enfants (EURIPIDE, *Med.* 1167-1175), ou la passion amoureuse de Phèdre (EURIPIDE, *Hipp.* 141-142) sont également des effets du pouvoir de Pan ; mais c'est surtout dans le contexte militaire que l'effet de panique est le plus spectaculaire (cf. POLYEN 1.2 ; selon EURIPIDE (*Rh.* 36-37) une terreur panique s'empare des gardiens de Troie) ; il faut donc mettre au point des techniques pour le désamorçer et empêcher la débandade qu'il provoque (voir ÉNÉE le Tacticien 27). Sur les fonctions guerrière et militaire de Pan, voir BORGEAUD 1979 : 73-114 et 137-175, et POUZADOUX 2001 ; sur les diverses manifestations du dieu, de la panique à la possession, voir BORGEAUD 1981 : 1575-1579 ; sur les relations entre Pan, l'écho et la musique, voir BORGEAUD 1979 : 115 sq. ; les rituels en l'honneur de Pan sont souvent bruyants (voir *Cat* 28, n. 421). La conque de mer ne sert pas seulement à propager la panique mais aussi à appeler les Olympiens au combat. Elle est aussi l'instrument qu'emploie Misène, le trompette d'Hector et d'Énée (VIRGILE, *Énéide* 3.239

sq. et 6.164 sq.) ; elle est également utilisée pour battre le rappel des bergers afin qu'ils s'arment en vue de défendre leurs troupeaux (EURIPIDE, *IT* 301-305). La conque apparaît généralement utilisée, dans les textes, comme intrument aérophone, mais d'après HYGIN (2.28) les conques (*murices*) furent utilisées par les dieux comme projectiles (*pro lapidum iactatione* ; voir ROBERT 1878 : 149) ; cet usage parodique est peut être en rapport avec un traitement théâtral. Hygin évoque à deux reprises l'effet paniquant de la conque, une fois à propos de Capricorne lors de la Titanomachie (voir *supra*), et une autre fois avec pour stratège Triton (2.23.3), par déplacement, lors d'un épisode de la Gigantomachie, raconté à propos des Ânes qui sont dans le Cancer (voir *Cat.* 11).

Page 83

406. Cette catastérisation, en l'honneur de Pan (cf. SCHOL. ARAT. 283, p. 220), ne peut remonter à Épiménide. C'est bien, selon HYGIN (2.28), une image de Pan qui est au ciel (voir HYGIN, *Fables* 196), parce qu'il s'est transformé en chèvre lors de la Titanomachie (*quod se in capram eo tempore conuerterat*). La variante locale crétoise, suivie par Épiménide, fait de la Chèvre la mère de Pan (cf. HYGIN, *Fables* 155 ; cette filiation n'est pas signalée dans l'article par ailleurs complet de ROSCHER 1894a) ; il s'agit de la chèvre de la nymphe Amalthée mentionnée plus haut par Ératosthène (*Cat.* 13 ; MUSÉE, *frg.* 83 Bernabé = *FVS* 2B8), dont le lait nourrit le jeune Zeus ; sur les versions rationalisantes qui confondent la nymphe et la chèvre, voir BREMMER 1996 : 568 ; cf. APOLLODORE 1.1.7 ; CALLIMAQUE, *Hymne à Zeus* 49 ; cf. n. 206). Dans les autres traditions, la mère de Pan est une nymphe. Hygin retient dans le chapitre correspondant (2.28), comme identité de la Chèvre, la nourrice de Zeus (*capram nutricem*), alors qu'il proposait dans son chapitre sur le Cocher (2.13.4), une version alternative et plus congruente ici, soutenant que la Chèvre était Aix, la femme de Pan et l'amante de Zeus.

408. Pan est normalement représenté avec une figure humaine et des pattes et des cornes de bouc. Le détail de la queue de poisson, qui est contraire à l'iconographie habituelle, s'explique comme le croisement du monstre babylonien amphibie, vivant sur terre et dans l'eau (voir MANÉTHON 4.23 et PTOLÉMÉE, *Tétrabible* 2.8), et du dieu grec. Mais la tradition astronomique grecque n'insiste pas sur cette aberration (voir ARATOS 284 ; Ptolémée n'évoque pas l'arrière-train pisciforme de ce faux bipède, et HIPPARQUE (2.6.1b) parle seulement d'une queue). Par le biais de la conque marine découverte par le Capricorne, Ératosthène propose une motivation de cette malformation : Pan a besoin d'une queue de poisson pour plonger dans la mer à la recherche de la conque. D'autre part, en Grèce même, Pan est associé, en certaines circonstances, à l'espace marin, et il passe pour le patron des pêcheurs (voir THÉOCRITE 5.14,

avec la scholie = PINDARE, *frg.* 88 Bowra ; cf. ANTHOLOGIE PALATINE 6.167 et 6.180). Selon OPPIEN (*Halieutiques*) 3.15 sq.), Hermès initie Pan (qui est donné pour son fils ; cf. HYMNE HOMÉRIQUE *à Pan* 1) dans l'art de la pêche, ce qui lui permettra d'attirer Typhon sur la plage, où il pourra être abattu par Zeus (cf. SOUDA A 1241, s.v. Ἁλίπλαγκτος : οὕτως καλεῖται ὁ Πάν [...] ὅτι τὸν Τυφῶνα δικτύοις ἤγρευσεν).

410. Le total varie pour la constellation : 22 d'après le manuscrit de l'*Épitomé* (voir *app. crit.*) ; 20 pour Hygin ; 26 pour l'*Aratus Latinus* (et 24 dans la *Recensio Interpolata* de l'ARAT. LAT. (p. 238), qui omet deux étoiles de la poitrine) ; les SCHOLIES À GERMANICUS hésitent entre 24 (XXIIII : p. 89) et 26 (*uiginti sex* : p. 87) ; il y en a 28 pour PTOLÉMÉE (*Almageste* 8.1, p. 118). Dans l'astrologie le Capricorne est le lieu de naissance de Saturne et la "maison" des rois (c'est le signe d'Auguste ; voir SUÉTONE, *Aug.* 94.12) ; il joue, par ailleurs, un certain rôle dans l'ésotérisme astrologique grec, et en particulier chez les platoniciens qui l'appelaient "la porte des dieux", et voyaient dans les étoiles du Capricorne le lieu de passage des âmes dans leur ascension vers le ciel, une fois libérées du corps (voir MACROBE, *Songe* 1.21). BOLL (1903 : 277-278) signale la représentation d'une Néréide à la place de Aigokeros chez Teucros et Antiochos.

Page 85
412. La constellation de "l'Archer" est sûrement d'origine babylonienne (GUNDEL 1929 : 2029), et correspond au personnage du dieu guerrier PA-BIL-SAG, le Prince étincelant de feu, qui porte une tiare (FLORISOONE 1950 : 265 ; BOLL 1903 : 181 sq. ; voir KIDD 1997 : 295 ; WAERDEN 1974 : 76), apparaissant parfois sous le nom de NEDU ("guerrier" : ROGERS 1998a : 26-27), et assimilé à NINURTA, divinité guerrière et de la fertilité (ROGERS 1998a : 26). Le nom de Τοξότης est attesté chez DÉMOCRITE (in JEAN LYDIEN, *Mois* 4.152) et EUDOXE (in HIPPARQUE 1.2.20), avec, par simple commodité métrique, la variante Τοξευτήρ ou Τοξευτής (ARATOS 685). On ne peut déterminer si, entre les deux types attestés dans la littérature pour ce personnage (centaure/humain), l'un des deux est plus ancien (voir BOLL-GUNDEL 1937 : 970). Bien que REHM (1899b : 273-274) défende le caractère récent du satyre, qui serait une invention de Sosithée, les deux types remontent au moins au VIe siècle, et au-delà à des modèles babyloniens (cf. GUNDEL 1922b : 2029 ; BETHE 1900 : 427 sq. ; BOLL 1903 : 195-196). Sur la prétendue introduction de cette constellation dans le zodiaque grec par Cléostrate de Ténédos (PLINE 2.31), voir n. 292 et 667 ; comme le Capricorne, cette constellation est basse et seule la partie nord de l'arc et la tête de l'Archer jouxtent l'écliptique, le reste du corps étant situé au sud de l'écliptique. C'est dans la direction du Sagittaire que se trouve le centre galactique. Le satyre Crotos (voir n. 417), personnage mineur de la mythologie grecque, offre un élégant compromis entre l'aspect

guerrier et l'aspect sauvage des représentations babyloniennes de cette constellation.

413. En dehors d'Ératosthène et de la tradition catastérismique, qui le suit fidèlement (voir ARAT. LAT., p. 239), la littérature représente unanimement le Sagittaire comme un Centaure (voir REHM 1920 : 1746-1748 ; BOLL & GUNDEL 1937 : 968 ; WEBB 1952 : 89 et 168), y compris la littérature astronomique (EUDOXE, *frg.* 74 ; ARATOS 400 ; HIPPARQUE 3.3.6 ; PTOLÉMÉE, *Almageste* 8.1, p. 114 ; MANILIUS 2.463 ; cf. LUCIEN, *VH* 1.18). Il est par conséquent souvent identifié au Centaure le plus célèbre et respectable, Chiron (voir LUCAIN 6.393 et 9.536, SÉNÈQUE, *Thy.* 861 ; AMPÉLIUS, 2.9 ; SCHOL. GERM., p. 90 ; cf. NIGIDIUS FIGULUS, *frg.* 97 Swoboda ; Teucros (cf. BOLL 1903 : 131).

414. Le terme employé (ἑστηκότα ; cf. *stantem* : ARAT. LAT., p. 239) renvoie à la station droite et implicitement bipède (cf. SCHOL. GERM., p. 90 : *Stans bipes*). Le modèle bipède, que retient et défend vigoureusement Ératosthène, et qui est en rapport, comme pour ses autres descriptions de figures constellaires, avec les images contenues dans les globes ou les planisphères dont il usait (voir *Introduction*, p. XL-XLI et *Cat.* 18, n. 276), semble avoir des antécédents dans l'art ionien du VIᵉ siècle (d'après BETHE 1900 : 414 et 427-428). Les *Catastérismes* d'Ératosthène, assez fidèlement suivis par les textes dérivés, mais guère au-delà, témoignent de l'existence d'une représentation humaine concurrente de la tradition majoritaire (οἱ πλεῖστοι) qui le figure en quadrupède —et ce type apparaît dès l'introduction de la constellation en Grèce (voir GUNDEL 1922b : 2029). Si le scholiaste de Germanicus maintient la position d'Ératosthène (*homo equinis pedibus* : p. 90), HYGIN hésite entre la représentation bipède (2.27) et la forme centaurine (3.26 : *centauri corpore*). Rarement l'auteur de l'*Épitomé*, en tout cas, manifeste avec autant d'insistance ses préférences, et critique ainsi une représentation traditionnelle (voir *infra* διόπερ αὐτοῖς ἀπίθανον ἐδόκει εἶναι ; puis de nouveau διόπερ οἱ γράφοντες αὐτὸν Κένταυρον διαμαρτάνουσιν). Ératosthène peut ainsi éviter le risque de confusion avec la constellation du Centaure (*Cat.* 40).

416. Si, parmi les deux figurations existantes du Sagittaire (centaure et homme), Ératosthène se prononce nettement en faveur de la seconde et exclut la première, en donnant à l'archer une queue de satyre, il introduit ou transmet en fait une troisième option : un bipède chevalin. Il insiste cependant sur le fait que Crotos n'est, en fait, ni un centaure ni un satyre, mais un homme (ἀνήρ). HYGIN (2.27) explique le passage de l'humain Crotos à l'hybride Sagittaire, par une décoration allégorique conçue par Zeus : « voulant rappeler toutes ses activités en une seule image, il lui attribua des jambes de cheval, parce qu'il a beaucoup pratiqué l'équitation, et il ajouta des flèches pour faire paraître ainsi sa pénétration et sa rapidité (*acumen et celeritas*). Il fixa à son corps une queue de satyre, parce que les Muses trouvaient avec lui autant

d'agrément que Liber avec les Satyres ». Si, iconographiquement, la question est décisive, du point de vue culturel les deux modèles sont toutefois assez proches, puisque les centaures sont à l'origine des bipèdes, dotés seulement de deux pattes de cheval surmontées d'un buste humain (voir DUMÉZIL 1929 : 167-170). En effet, à mi-chemin entre la nature et la culture, comme les Centaures (KIRK 1970 : 152 sq.), les Satyres sont des créatures anthropomophes pourvus de traits bestiaux, de bouc ou de cheval : des cornes, des sabots et une queue. À l'époque classique et hellénistique, les attributs caprins dominent, mais jusqu'au VIIe-VIe siècle, il semble qu'ils soient plutôt apparentés aux chevaux. Un phénomène comparable affecte l'image des Centaures, mais les Satyres, à la différence des Centaures, sont toujours des personnages secondaires, qui ne donnent pas lieu à des récits mythologiques spécifiques : ivres et lascifs, ils apparaissent souvent dans le cortège dionysiaque (voir *Cat.* 11, n. 164). En revanche ils occupent une place considérable dans l'iconographie et leur représentation a des incidences sur celle de Pan lui-même (voir BOARDMAN 1997 : 28), à moins que, à l'inverse, l'intensification de leurs traits caprins ne soit due à l'influence sur eux du type de Pan (voir STOESSL 1979 : 193) ; quoi qu'il en soit, on constate une convergence des deux traitements iconographiques (sur l'image des satyres, voir KUHNERT 1915). Crotos se distingue de son père (Pan), par ses pattes et sa queue de cheval, puisque l'anatomie de Pan est nettement caprine (avec quelques tendances ovines...) ; voir BORGEAUD 1979 : 82.

417. Outre son caractère de "héros culturel", Crotos se distingue des satyres, par sa généalogie. Il n'est pas, comme eux, à l'instar des nymphes et des Courètes, descendant d'une fille de Phoroneus (voir HÉSIODE, *frg.* 10a.18-19) ; il a pour parents Euphémè ("Bonne renommée" ou "Silence respectueux") et Pan (voir HYGIN, *Fables* 224). Il est, de ce fait, frère de lait des Muses puisque sa mère est leur nourrice ; et il existait sur l'Hélicon un bois sacré où se trouvait, gravée dans le rocher, une image d'Euphémè (voir PAUSANIAS 9.29.5). Cependant, mis à part les témoignages dérivés des *Catastérismes*, les références à Crotos sont rares, marginales, et généralement tardives : HYGIN, *Fables* 224 ; AMPÉLIUS 2.9 ; SIDOINE APOLLINAIRE, *Carm.* 22.82 ; ISIDORE, *Et.* 3.71.30 ; COLUMELLE 10.57 (à ceci près que l'auteur latin semble victime d'une confusion et nomme la constellation Crotos mais lui attribue une croupe de cheval, conforme à la tradition centaurine et non ératosthénienne) ; et les SCHOLIES À CICÉRON (voir KAUFFMANN 1888 : XV-XVI et LII). Le nom de Crotos (*Crotos, Croton*) et celui de sa mère connaissent des flottements dans les textes latins (voir STOLL 1894 : 1575).

418. L'Hélicon, déjà nommé à propos de la fontaine Hippocrène (voir *Cat.* 18 et n. 273 et n. 274), est la montagne béotienne où Hésiode situe les Muses (HÉSIODE, *Th.* 1 : Μουσάων Ἑλικωνιάδων) ; d'autres

traditions les mettent en relation avec la Piérie, l'Olympe ou le Parnasse. D'après une tradition consignée par PAUSANIAS (9.29.1), les premiers à sacrifier aux Muses et à considérer l'Hélicon comme une montagne sacrée furent Éphialtès et Otos.

419. Le nombre des Muses a sensiblement varié dans le temps mais s'est stabilisé à neuf, qui est devenu canonique (voir *Cat.* 24 et n. 351). En tant que filles de Zeus et Mnémosyne, les Muses ont le don de la mémoire, c'est-à-dire à l'époque archaïque celui de connaître le passé, le présent et le futur (DETIENNE 1994 : 49 sq.). Elles sont ensuite considérées comme les divinités tutélaires de toutes les activités spirituelles ou culturelles. C'est ainsi qu'elle apprennent à Crotos à fabriquer un arc, qui constitue une innovation culturelle décisive, pour qu'il puisse subvenir à ses besoins grâce à la chasse. Chez HYGIN, cet aspect pédagogique et la maîtrise de l'arc sont occultés et Crotos, qui devient « à la fois très rapide dans les forêts et très subtil dans les arts (*acutissimum in Musis*) », s'initie seul et découvre seul la chasse dans le voisinage des Muses (2.27).

420. SOSITHÉE, *frg.* 5 Snell (= *frg.* 4 Steffen). Les informations qui nous sont parvenues sur Sosithée (contemporain un peu plus âgé d'Ératosthène, *fl.* 284-280 av. J.-C.), sont assez rares. Ce *tragoediographus* (SCHOL. GERM., p. 90), rival d'Homère de Byzance, appartient à la "pléiade tragique" et fut considéré comme un rénovateur du drame satyrique, à travers un retour aux motifs et aux structures traditionnels (voir ANTHOLOGIE PALATINE 7.707 ; cf. LATTE 1968 : 891). Le choix de certains mythes (comme celui de Daphné, par exemple) et son intérêt pour le monde pastoral deviennent des *topoi* de l'hellénisme. Et dans la mesure où le drame satyrique, avec son chœur de Satyres, se déroule dans un environnement champêtre, ce genre jouera un rôle clé dans la synthèse opérée entre les styles ancien et nouveau (cf. GÜNTHER 1999 : 603).

421. On interprète généralement le geste de Crotos comme celui d'applaudir, mais le détail du texte (en particulier ὑπὸ ἑνὸς κρότου) oriente plutôt vers le marquage de la mesure (au temps faible), par les doigts ou par les pieds ; le terme κρότος peut, en effet, outre le sens d'applaudissement (voir ARISTOPHANE, *Grenouilles* 157 ; XÉNOPHON, *Anabase* 6.1.13) désigner le battement rythmique des pieds (κρότος ποδῶν = EURIPIDE, *Heracl.* 783 et *Tr.* 546 ; cf. κρότος σικινίδων : *Cyclope* 37, où il est en rapport avec une danse typique des Satyres – voir LUCIEN, *Danse* 22) ou des doigts (ὁ τῶν δακτύλων κρότος : ÉLIEN, *NA* 17.5). Sur le sens du pluriel ἐπισημασίαι (acclamations), voir CIC., *Att.* 1.16.11 ; pour un autre sens du mot dans l'œuvre, voir n. 367). SANTONI (2009 : 12) interprète autrement cette phrase : « l'entità del suono era modesta, poiché si trattava di un solo applauso ». Cet épisode est propre à la littérature catastérismique (voir néanmoins HYGIN, *Fables* 224 ; AMPÉLIUS 2.9). NIGIDIUS FIGULUS (*in* SCHOL.

GERM., p. 90) développe le contexte de la scène : Crotos n'est pas un compagnon des Muses mais les observe et les écoute à distance et clandestinement (*procul abditum*), et intervient soudain au milieu de leurs chants en battant la mesure avec les *mains* (*repentino plausu ad pedem ferientem*). En tout cas, d'après LUCIEN (*Double accusation* 10), qui évoque le culte de Pan à Athènes, en dehors de la procession rituelle vers l'acropole et des sacrifices attendus, le dieu était célébré par des claquements de mains ; ce dieu ne peut, en effet, être honoré dans le silence (voir BORGEAUD 1979 : 167-168) et paraît exiger des cris et des applaudissements. On ne s'étonne donc pas que deux épithètes qui distinguent Pan dans l'HYMNE HOMÉRIQUE *à Pan* soient φιλόκροτος (v. 2) et πολύκροτος (v. 37). L'applaudissement apparaît, d'ailleurs, de manière allégorique, dans la figure de Crotos, fils de Pan et d'Euphémè, qui est le protagoniste de la pièce de Sosithée ; même si ce motif est exploité par Sosithée à des fins comiques (voir BOLL-GUNDEL 1937 : 971 ; REHM 1920 : 1750), il jouit d'un arrière-fond cultuel certain.

422. Les Muses interviennent également en faveur d'Orphée, en demandant à Zeus la catastérisation de la Lyre (voir *Cat.* 24).

Page 86

424. Il est à la fois inutile et malvenu de corriger πλοῖον en πλεῖον (avec Heyne et Matthiae ; voir *app. crit.*). Le scholiaste de Germanicus (p. 90) lisait sûrement πλοῖον (*sub hoc sita est nauis*). Et plus bas, là où les manuscrits donnent τοὺς δὲ λοιποὺς ζ' ἀστέρας, il faut lire : τοὺς δὲ Πλοίου ζ' ἀστέρας (conformément à la conjecture de Wilamowitz). Cette image, absente du reste de la littérature astronomique, est étayée par des documents iconographiques d'origine égyptienne (voir BOLL 1903 : 169 sq.) ; en revanche, elle n'apparaît pas dans la sphère babylonienne (cf. GUNDEL 1922b : 2029). La justification de sa présence dans le Sagittaire est ici donnée de manière assez désinvolte et peu convaincante. La constellation a, de fait, intégré avec le temps les étoiles —anonymes et externes pour Aratos (voir n. 430)— qui se trouvent à sa base.

425. Si Ératosthène se prononce nettement contre la figuration en Centaure, cette dernière phrase ne répète pas sa réfutation initiale mais l'explique plutôt par une confusion faite couramment entre la Barque et le train-arrière du prétendu Centaure. Compte tenu du schéma général de la figure, la position de cet astérisme conduirait en fait plutôt à l'assimiler à des pattes *antérieures* (voir n. 430).

428. Le terne Sagittaire (ἐλαφροῦ Τοξευτῆρος : ARATOS 506 ; cf. *contra Anonymus* II.7, *Carmen de Sphaera* 132-136, p. 166 Maass : εὔσημος οὐκ ἄσημός ἐστι Τοξότης), regarde vers le couchant (*spectans ad occasum* : HYGIN 3.26) dans une attitude dynamique (*uelut mittere incipiens sagittam :* HYGIN 3.26), et la Voie lactée passe au milieu de son arc (HYGIN 3.26). Le dispositif des étoiles est clair : π et ο (ou

ξ²) Sgr (sur la tête ; trois pour HIPPARQUE 3.5.11, et Ptolémée qui ajoute sur l'œil, « une étoile nébuleuse et double » : ν¹ + ν² Sgr) ; λ et ε Sgr (sur l'arc) ; δ et γ Sgr (sur la flèche) ; 52 Sgr (sur le coude) ; φ Sgr (sur la main —droite, qui tient la corde) ; σ Sgr (sur le ventre) ; τ et ζ Sgr (sur le dos) ; ω Sgr (sur la queue) ; α Sgr (sur le genou avancé) ; β Sgr (sur le sabot *scil.* avancé) ; θ ou ι Sgr (sur le genou reculé). La posture de l'archer apparaît nettement et la distribution des étoiles proposée est assez claire, à l'exception des quatre étoiles centrales qui, selon la cambrure que l'on donne au personnage, peuvent aboutir à la répartition alternative suivante : τ Sgr (sur la main), φ Sgr (sur le ventre), σ et ζ Sgr (sur le dos). Mais la progression méthodique que suit Ératosthène dans ses descriptifs (soit par ensemble anatomique, soit par déplacement latéral), ainsi que l'éclat signalé de l'étoile du ventre (cf. SCHOL. GERM., p. 91 : *claram* ; mais ARAT. LAT., p. 240 : *in scapula unam nitidam*), incline toutefois à préférer la première formule (σ Sgr, la deuxième plus brillante de la constellation, est de magnitude 2, tandis que φ est de magnitude 3.1). C'est aussi l'ordre suivi par Ératosthène qui dissuade d'adopter l'identification proposée par LE BŒUFFLE (1983 : 195) pour l'étoile du sabot (ἐφ' ὁπλῆς ; *in poplite* chez Hygin) sur le sabot *arrière* (ι Sgr, de magnitude équivalente à β ; dans l'ensemble sa répartition, qui n'intègre pas σ Sgr (!) diffère sensiblement de notre schéma). Le catalogue de PTOLÉMÉE (*Almageste* 8.1, p. 112-116) donne d'importantes précisions : l'étoile orientale de la pointe (δ Sgr) est d'après lui « sur l'endroit où l'arc est saisi par la main gauche » ; les trois étoiles ψ, τ, ζ Sgr alignées sur le corps sont respectivement sur le haut du dos (κατὰ τοῦ μεταφρένου), sur l'omoplate (κατὰ τῆς ὠμοπλάτης), et sous l'aisselle (ὑπὸ τὴν μασχάλην). Le personnage est représenté dans son catalogue, comme chez Hipparque, avec une *cape*, portant une attache haute, au nord (ἐν τῇ βορείῳ ἐφαπτίδι, constellée de 43(d), ρ, υ, 55(e) Sgr), et une attache basse, au sud (ἐπὶ τῆς νοτίου ἐφαπτίδος : 61 (g), 66 (f) Sgr) ; cf. HIPPARQUE 2.5.16 : τῶν ἐν τῇ ἐφαπτίδι ; cf. 3.4.6). Le terme ἐφαπτίς est consacré et désigne un vêtement plus simple qu'un manteau (voir HÉSYCHIUS, *Lex.* Z 97, s.v. ζειρά), généralement attaché par une broche (STRABON 7.2.3 ; cf. EUSTATHE, *Comm. Il.*, p. 3.394.12 Van der Valk). HIPPARQUE (3.4.3) signale, comme repère, un quadrilatère (τετράπλευρον) au milieu du corps (formé de σ, τ, ζ, φ Sgr), et Ptolémée un autre à la naissance de la queue (ἐν τῇ ἐκφύσει τῆς οὐρᾶς : ω, 60(A), 59(b) 62(c) Sgr). Ératosthène semble être un des seuls astronomes à concevoir le Sagittaire comme un bipède, et la tradition antique, sans doute encouragée par une tendance iconographique nette, voire exclusive, représente régulièrement le Sagittaire avec quatre pattes. C'est le modèle d'EUDOXE (voir *frg.* 74 = HIPPARQUE 1.11.6 ; τοῦ Τοξότου τὰ δεξιὰ σκέλη ; même sans la correction proposée par Manitius de δεξιά en ὀπίσθια), d'ARATOS (399-401), d'HIPPARQUE (voir 3.1.7 : ὁ ἐν τοῖς ὀπισθίοις ποσὶ λαμπρός (ι Sgr) ;

cf. 3.3.6) et de Ptolémée. Hygin réunit, dans une position intermédiaire, l'héritage catastérismique et la tradition astronomique en adoptant le descriptif astrothétique ératosthénien, mais en présentant la figure comme celle d'un Centaure (*Centauri corpore figuratur* : 3.26). Par ailleurs, l'auteur latin, comprenant mal le décalage des pattes du Sagittaire (ἐμπροσθίου = occidental, dans l'*Épitomé*), présente confusément les deux membres (*priore genu, inferiore genu*).

430. Les étoiles de "la Barque" sont sans doute ε, γ, α, β, δ, ζ et θ CrA. Cette appellation contestée (voir *app. crit.*), mais qui correspond à la représentation d'Ératosthène et à son commentaire, est unique ; HIPPARQUE (1.8.1, etc.) emploie bien le terme, mais pour désigner Argo. Cet astérisme, dans lequel Ptolémée compte 13 étoiles (incluant en outre η¹ +η² CrA, HR 7122, HR 7129, λ CrA, HR 6942 et α Tel ; cf. SCHOL. ARAT. 400, p. 265, qui donne le chiffre de dix-neuf) est connu aujourd'hui sous le nom de "Couronne australe", qui est le sien dès l'antiquité (GÉMINOS 3.13 ; cf. HYGIN 3.26 : *quaedam corona* ; cf. SCHOL. ARAT. 307, p. 228 : τὴν τοῦ Τόξου κορωνίδα ; et ID. 400, p. 265 : ἐν κύκλου περιγραφῇ), et permet de la distinguer de la couronne boréale (voir *Cat.* 6). ARATOS (399-401) reconnaît déjà la structure circulaire, mais ne donne pas de nom à ces étoiles (ἄγνωτοι κύκλῳ ; cf. HYGIN 2.27 : *in rotundo*), mais Ptolémée consacre une notice particulière et indépendante du Sagittaire à cet astérisme (Στεφάνου νοτίου ἀστερισμός : PTOLÉMÉE, *Almageste* 8.1, p. 164-167), qui était aussi connu sous le nom d'Οὐρανίσκος ("petit ciel" : GÉMINOS 3.13). Une scholie à Aratos (*ad* 400, p. 265), qui considère ces deux appellations comme modernes (τῶν νεωτέρων τινὲς καλοῦσιν / οἱ νεώτεροι λέγουσιν) lui reconnaît deux autres noms : la roue de Prométhée (*sic*), et la roue d'Ixion (οἳ μὲν Προμηθέως, οἳ δὲ Ἰξίονος τροχόν (*scil.* καλοῦσιν) : SCHOL. ARAT. 400, p. 265). Hygin rapporte que certains récits (*nonnulli dixerunt*) en font une couronne de Crotos, abandonnée là comme par jeu (*ut ludentis abiectam*). La position donnée par Ératosthène pour cet astérisme ("sous la patte" ; cf. *sub crure* : SCHOL. GERM., p. 91) correspond en fait à une figure quadrupède, où une patte antérieure est sans doute marquée par η Sgr (voir PTOLÉMÉE, *Almageste* 8.1, p. 114 : ὁ ἐπὶ τοῦ ἐμπροσθίου καὶ ἀριστεροῦ σφυροῦ) ; car les étoiles de CrA sont en fait *devant* la patte avancée du bipède (marquée par α et β Sgr), mais, dans une figure à quatre pattes, *sous* la patte antérieure marquée par η Sgr (cf. ARATOS 400 : ὑπὸ προτέροισι πόδεσσιν) ; c'est ainsi qu'elle apparaît, sous une patte antérieure levée, dans les atlas modernes.

431. Cette formulation délicate semble réaffirmer l'hostilité d'Ératosthène à une figure quadrupède, mais la référence à des parties arrière ne s'accorde pas avec la représentation qu'il défend dans le chapitre. Les interprétations latines corroborent l'interprétation de cette phrase comme une sorte de synthèse qui suggère une confusion des pattes

arrière et de la Barque (voir ARAT. LAT., p. 241 : *subtus crura similes quidem sunt posterioribus, quae non manifestantur. Centaurus autem, ut praediximus, non est* ; SCHOL. GERM., p. 91 : *similes sunt posteriorum, quae non ostenduntur, quod centaurus duplex sit*) ; ces étoiles sont toutefois au niveau des pattes *avant*, car les étoiles α, β, θ Sgr des pattes du Sagittaire sont à l'est (et donc en arrière sur la figure).

Page 88

434. Ératosthène est le seul astronome ancien à employer pour la Flèche le terme τὸ βέλος, dans la locution exceptionnelle βέλος τοξικόν (qui a le sens de βέλος ou ἀκίς, selon APPION, *Glos. Homer.* 74.226 ; cf. APOLLONIUS, *Lex hom.* 118 ; ETYM. MAG., s.v. Ἀμυκάλαι, p. 87 Gaisford ; cf. *iaculum missile similis sagittae* : ARAT. LAT., p. 241) ; CAMATEROS (*Introduction* 1283) désigne ainsi la flèche du Sagittaire (voir *Cat.* 28, n. 426). Notons une possible confusion de *Sagitta* (ainsi en COLUMELLE 11.2.22) avec la Flèche du Sagittaire. Par ce terme, Ératosthène identifie le dessin de la constellation à un objet du monde. Un jeu sur l'ambiguïté de l'adjectif τοξικόν (*scil.* φάρμακον, mais parfois employé seul : STRABON 3.4.18 ; JULIUS AFRIC., *Cest.* 2.5.1), qui peut signifier empoisonné, n'est pas exclu ici. Le terme τόξον est transmis par quelques manuscrits de l'*Epit.* (voir *app. crit.*). La constellation est régulièrement nommée Ὀϊστός (HIPPARQUE 1.11.10, etc.), y compris par Ératosthène, comme plus loin dans le texte, et c'est sous ce nom qu'elle figure dans l'index de l'œuvre originale (voir *Liste des constellations* en Annexe). À Rome, le nom de *Telum* (équivalent de βέλος) à côte de *Sagitta* est rare (GERMANICUS 319, 690 ; AVIÉNUS 691). Cet astérisme petit et discret mais offrant une structure linéaire suggestive, est reconnu comme une constellation autonome depuis EUDOXE (*frg.* 77, *in* HIPPARQUE 1.11.10), sans rapport avec la "flèche" des Babyloniens (KAK-SI-DI ou GAG-SI-SA, équivalant à Sirius : WAERDEN 1974 : 69, 73-74). La Flèche, citée dans le calendrier d'Euctémon (*in* GÉMINOS, [*Parapegme*] p. 100 et 105 Aujac) correspond, d'après les données astronomiques, à α Cyg, la *lucida* de l'Oiseau (le Cygne), cette dernière constellation n'étant jamais citée par Euctémon (voir GUNDEL 1922c : 2447 et MARTIN 1998b : 283). Elle est représentée dans les serres de l'Aigle sur le globe de Mayence (KÜNZL 1998 : 29, 31), et semble solidaire de cet oiseau dans la représentation aratéenne.

435. Apollon, "dieu composite" (BURKERT 1985 : 144-145), constitue une synthèse de divers éléments culturels. Le type du dieu archer, tel qu'il apparaît dès le premier livre de l'*Iliade*, évoque le dieu sémite Rešep —ou Resheph— (BURKERT 1975). Avec ses flèches il abat les Cyclopes et venge ainsi la mort de son fils foudroyé par Zeus, parce qu'il ramenait les morts à la vie (voir *Cat.* 6, n. 86). Selon HÉSIODE (*Th.* 139 sq.), qui évoquait leur mort dans le *Catalogue des Femmes* (ἐν

τῷ τῶν Λευκιππίδων καταλόγῳ : voir SCHOL. HES., *Th*. 142 ; HÉSIODE, *frg*. 52), les Cyclopes (Brontès, Steropès, Argès) sont fils d'Ouranos et de Gaïa, et appartiennent à la génération des Titans et des Hécatonchires. Les Cyclopes prennent le parti de Zeus et des Olympiens quand ceux-ci se dressent contre les Titans, libérés du Tartare ; ils fabriquent le foudre de Zeus (APOLLODORE 1.2.1) et construisent l'autel sur lequel les dieux prêtent serment (voir *Cat.* 39 ; HYGIN 2.39). Peut-être pour éviter le scandale ou l'aberration que constitue l'élimination des fabricants du foudre de Zeus, Phérécyde introduit une variante, de type rationaliste, selon laquelle ce sont les fils des Cyclopes et non eux-mêmes qui sont tués par Apollon (PHÉRÉCYDE, *frg*. 35 Fowler ; voir GANTZ 2004 : 35). Leur nombre s'accroît donc et d'après NONNOS (14.60), il sont sept (avec Euryalos, Élatreus, Thrachios, Halimédès) et non trois —qui est leur nombre traditionnel (APOLLODORE 1.1.2).

436. Le fait qu'Apollon cache l'arme du crime peut s'interpréter comme le reflet d'une "comédie de l'innocence" (*Unschuldskomödie*), destinée à effacer les traces de la mort violente de l'animal (MEULI 1975). Sur l'enterrement du couteau sacrificiel voir *e.g.* EURIPIDE, *Supp*. 1206-1207. Après le meurtre des Cyclopes le dieu est obligé de fuir. L'expulsion est le prix à payer, depuis des temps reculés, pour le sang versé : il s'agit de la φυγή, fuite rituelle bien attestée dans le monde grec (BURKERT 1983 : 139). Sur l'exil d'Apollon, voir ESCHYLE, *Supp*. 214. Il correspond à l'exclusion du criminel de la vie religieuse et des espaces publics (SCHOL. HOM., *Il*. 2.665b Erbse) dans le stade du "prédroit" (pour la notion de pré-droit voir GERNET 1968) ; Héraclès (APOLLODORE 2.7.6 ; cf. ARISTOTE, *Eth. Eud*. 1245b39) et Céphale (PAUSANIAS 1.37.6) sont soumis à un exil du même type (voir n. 510). Apollon, qui fait ainsi partie des θεοὶ δοῦλοι énumérés par CLÉMENT d'Alexandrie (*Protrept*. 2.35.1 ; voir JOURDAIN-ANNEQUIN 1985), est condamné à être un homme de peine ou "thète" (θητεῦσαι : DIODORE 4.71.3 ; cf. VALERIUS FLACCUS 1.445). C'est le deuxième "travail" d'Apollon qui se met au service de Laomédon, contre salaire (*Il*. 7.472 & 21.443 ; cf. APOLLODORE 2.5.9 ; voir HAHN 1981).

437. Les Hyperboréens sont des habitants mythiques de l'extrémité septentrionale de la terre (et les plus anciennes mentions de ce peuple sont : HÉSIODE, *frg*. 150.21 ; ALCÉE, *frg*. 307 Voigt ; HYMNE À DIONYSOS 29 ; PINDARE, *Ol*. 3.16) ; ils sont situés "au-delà de Borée" (DIODORE 2.4.1-6), selon l'étymologie populaire du nom (pour des propositions étymologiques modernes, voir WERHAHN 1993 : 968-969). Sur la représentation et la géographie mythique des Hyperboréens, voir BALLABRIGA 1986 : 216 sq. ; DAEBRITZ 1914. Cependant, les historiens et savants anciens ont tâché de le placer dans un espace du monde connu (cf. SCHOL. APOLL. RHOD. 2.675). Pieux, heureux et sereins, les Hyperboréens sont liés au culte d'Apollon dès les premières mentions de ce peuple (ALCÉE, *frg*. 307 Voigt ; PINDARE, *Pyth*. 10.29 sq.). Selon

la tradition la plus répandue, Apollon abandonnait chaque année le sanctuaire de Delphes pour se rendre en hiver chez les Hyperboréens. Certaines interprétations historicisantes, jusqu'à aujourd'hui, y voient le témoin de contacts religieux entre la Grèce et les peuples nordiques (voir BOUZEK 2000 ; cf. AHL 1982) ; pour BOUCHÉ-LECLERCQ (2003 : 593) cette "légende" est « dépourvue de tout caractère historique » et due à « une sorte de symbolisme artificiel ». D'autres y voient le reflet d'une association cultuelle (WERHAHN 1993 : 973 ; 968-969).

438. La mention du temple de plumes remonte probablement à Héraclide Pontique (ou du Pont), principale source d'Ératosthène dans ce chapitre (voir n. 442). On trouve également mention d'un temple hyperboréen en relation avec la flèche, dans un passage de JAMBLIQUE (*VP* 91) qui provient sans doute, lui aussi, d'Héraclide Pontique (CORSSEN 1912 : 40-41). Ce temple peut être identifié au deuxième temple d'Apollon à Delphes : construit avec des plumes, il fut envoyé aux Hyperboréens par Apollon lui-même. PAUSANIAS (10.5.9-10), qui constitue pour ce mythe notre source principale (avec PINDARE, *Paeans* 11 Bowra ; cf. SNELL 1962) propose une seconde version, de type évhémériste : l'architecte serait un citoyen de Delphes, nommé Pteras, qui aurait ainsi donné son nom au temple "ailé" (πτέρινος). Sur le mythe de la succession des temples à Delphes, voir SOURVINOU-INWOOD 1979 : le premier serait de laurier, le second de plumes et de cire, le troisième de bronze et le dernier de pierre. Contrairement au temple de laurier (qui a peut-être un support historique, comme le Daphnephoreion d'Érétrie ; voir DETIENNE 1998 : 22), le temple de plumes est totalement légendaire : bâti par des abeilles avec leur cire et des plumes d'oiseaux (voir PLUTARQUE, *E Delph*. 402d), il témoigne d'une association étroite d'Apollon avec certains oiseaux (voir *Cat*. 41), ainsi qu'avec les abeilles (qui sont liées traditionnellement au culte delphique : PINDARE, *Pyth*. 4.60-61 ; HYMNE À HERMÈS 552 sq.).

439. Les événements qui font suite à la mort d'Asclépios sont évoqués par HÉSIODE (*frg.* 54a-c) et par ACOUSILAOS (*frg.* 19 Fowler). Après qu'Apollon a abattu les Cyclopes, Zeus est décidé à l'envoyer dans le Tartare, mais il cède aux prières de Léto et commue sa peine en une servitude prolongée dans le palais d'un mortel (APOLLODORE 1.9.15 et 3.10.4 ; le séjour d'Apollon chez Admète est suggéré déjà dans *l'Iliade* 2.766). Selon la tradition courante (voir APOLLODORE 3.10.4), cette servitude dure un an, mais elle est de neuf années selon SERVIUS (*Comm. Énéide* 7.761). Bien que la période d'exil pour homicide soit historiquement d'un an (HÉSYCHIUS, *Lex*. A 5977, s.v. ἀπενιαυτισμός ; SOUDA A 3025, s.v. ἀπενιαυτίσαι), elle a pu auparavant être d'une durée d'une octaétéride ; selon APOLLODORE (3.4.2), à l'époque de la servitude imposée à Cadmos pour le meurtre du dragon, « l'année durait huit ans », et il appelle ce cycle « l'année éternelle » (ἀίδιον ἐνιαυτόν). Ce chiffre est proche de celui du cycle classique de grande

année (*magnus annus* : voir SCARPI 1996 : 517), module élaboré par Eudoxe ou Cléostrate et raffiné par la suite (CENSORIN 18.4-5), permettant de réconcilier calendriers lunaire et solaire, et comptant 99 mois lunaires, soit huit années lunaires et trois mois intercalaires ou épagomènes (GÉMINOS 8.27-35) : ce cycle est appelé ὀκταετηρίς (une durée de huit ans) ou ἐννεα(ε)τηρίς (une durée de neuf ans) « parce qu'elle réapparaissait à chaque neuvième année" (CENSORIN 18.5 ; cf. VETTIUS VALENS, p. 337 Kroll). Ératosthène avait d'ailleurs composé un traité *sur l'Octaétéride* (GÉMINOS 8.24). Dans l'*Alceste* d'Euripide (qui constitue la source d'Ératosthène, cf. n. 440) Apollon met un terme à sa servitude dès le début de la pièce, non parce que le temps prescrit est écoulé, mais pour éviter la souillure (μίασμα : v. 22) de la mort qui plane sur la maison d'Alceste. La poésie hellénistique indique comme prétexte de la période de servitude l'amour d'Apollon pour Admète (CALLIMAQUE, *Hymne à Apollon* 48-49). Pour ANAXANDRIDE (*FGH* 404F5) et les autres "théologiens de Delphes" (PLUTARQUE, *Disparition des oracles* 418b et 421c), le motif de la servitude d'Apollon est qu'il a tué le serpent Python.

440. Voir EURIPIDE, *Alc.* 1 sq. : au début de la tragédie, Apollon apparaît en effet pour réciter un prologue qui retrace les événements antérieurs à la pièce, et les motifs qui l'ont conduit à servir au palais du roi thessalien Admète. La référence à *Alceste* vise exclusivement ce détail particulier et ne concerne pas les autres informations précédentes ; la mention du temple de plumes, absente d'*Alceste,* provient sans doute, comme la suite, d'Héraclide (voir n. 438). Quant aux données qui ouvrent la notice (le foudroiement d'Asclépios, la mort des Cyclopes) elles proviennent probablement d'une source, non identifiable, qui inspire également les chapitres 6 et 39 (voir n. 597).

441. Le motif extraordinaire du voyage de Déméter à cheval sur une flèche a suscité un *pruritus corrigendi* de la part des éditeurs ; et le passage était déjà suspecté par les auteurs antiques. HYGIN (2.15.6) édulcore le texte en remplaçant la déesse par les fruits (*ipsam sagittam uento ad Apollinem perlatam cum frugibus quae eo tempore nascebantur*). Comme le remarque ROBERT (1878 : 154), l'épisode doit être lu à la lumière du complexe mythico-rituel qui traite du transfert annuel des dons sacrés à Délos. Suivant la tradition, deux jeunes filles hyperboréennes, Hyperochè et Laodicè, étaient initialement chargées d'apporter les offrandes. Comme les jeunes filles ne reviennent pas de leur mission, les Hyperboréens décident de transmettre leur tribut par des intermédiaires au long d'un itinéraire dont HÉRODOTE (4.33) détaille les étapes : Scythie, Adriatique, Dodone, Eubée, Tenos (et l'on a vu dans cette *via sacra* une route commerciale de l'ambre : BIANCUCCI 1973). Un autre chemin, de tradition attique, est signalé par PAUSANIAS (1.31.2). Des tombes d'époque mycénienne ont été découvertes dans l'enceinte du sanctuaire d'Apollon à Délos, qui étaient vénérées comme

celles des vierges hyperboréennes (voir SALE 1961 ; BURKERT 1985 : 49 & 146). Concernant les prémices, le témoin principal (HÉRODOTE 4.32-35) mentionne uniquement des « dons sacrés enveloppés de paille de froment » (cf. PAUSANIAS 1.31.2). Ce pays extrême était réputé pour sa grande fécondité (εὔγειόν τε καὶ πάμφορον : DIODORE 2.47.1) et donnait des récoltes deux fois par an, et donc une moisson d'hiver (ἔτι δ' εὐκρασίᾳ διαφέρουσαν, διττοὺς κατ' ἔτος ἐκφέρειν καρπούς, *ibid.*). Ces offrandes, interprétées comme les prémices de la moisson (cf. CALLIMAQUE, *Hymne à Délos* 278-284 et *frg.* 186 Pfeiffer), correspondraient à l'arrivée par les airs de Déméter καρπόφορος. Or le voyage d'Abaris (voir n. 447) est parallèlement associé à Athènes au culte de Déméter (lors du festival de la Proérosie, au moins à partir de l'époque classique (NILSSON 1967 : 616-617 ; ROBERTSON 1996 : 320 sq.). Ératosthène aurait donc converti la déesse Déméter en compagne de voyage du *Wundermann* nordique Abaris. Les deux motifs mythiques les plus fortement associés aux Hyperboréens sont ainsi intégrés dans un épisode refaçonné, qui a pour vecteur la flèche d'Apollon. Mais l'*Épitomé* amalgame peut-être deux données qui étaient initialement juxtaposées, dans la version étendue. Par ailleurs, le lien entre les deux espaces pouvait être assuré également par Léto qui serait venue du pays hyperboréen, où elle naquit (DIODORE 2.47.2) pour donner naissance à Apollon à Délos (ÉLIEN, *NA* 4.4) ; et DIODORE (2.47.7) rapporte la croyance selon laquelle Apollon se rendait en Hyperborée tous les 19 ans, période qui correspond explicitement au cycle de Méton (ou « année de Méton » : Μέτωνος ἐνιαυτόν) ; à cette occasion, Apollon dansait et jouait de la cithare, depuis l'équinoxe du printemps jusqu'au lever des Pléiades (χορεύειν συνεχῶς τὰς νύκτας ἀπὸ ἰσημερίας ἐαρινῆς ἕως πλειάδος ἀνατολῆς).

442. HÉRACLIDE, *frg.* 51a-c Wehrli. Dans son dialogue *Sur la Justice*, Héraclide exposait sa croyance dans le souci divin et l'intervention des dieux dans les affaires humaines, et il proposait une conception moralisante de l'histoire (GOTTSCHALK 1980 : 93-94). On a essayé d'intégrer cet épisode du voyage merveilleux d'Abaris à ce dialogue. Si le reste du chapitre vient d'Héraclide, dit ainsi GOTTSCHALK (1980 : 94 et 123 ; et Wehrli considère l'ensemble comme un fragment d'Héraclide = *frg.* 51a), le châtiment d'Apollon pour le meurtre des Cyclopes pourrait constituer un exemple de justice divine. Mais le début du chapitre, combiné par Ératosthène avec l'épisode d'Abaris, procède d'une autre source (voir n. 440). La solution consisterait à ne voir sous les deux titres (*Sur la Justice, Abaris*) qu'un seul et même ouvrage (cf. HIRZEL 1895 : 1.328-329 ; BOYANCÉ 1934 ; avec beaucoup de réserves GOTTSCHALK 1980 : 121-123 ; WEHRLI 1969 : 76 & 84). Malgré son titre, le protagoniste du dialogue *Abaris* serait Pythagore. La rencontre des deux hommes était mentionnée par les biographies tardives, comme la *Vie de Pythagore* de JAMBLIQUE (*VP* 91-93, 135,

140). Héraclide est sûrement le premier à associer les deux figures (Gottschalk 1980 : 113).

443. Les Scholies à Germanicus (p. 91) motivent différemment la catastérisation de la flèche : elle doit illustrer la *uirtus* d'Asclépios puisqu'elle est à la fois la flèche qui tua les Cyclopes et celle par laquelle Asclépios aurait lui-même été tué par Zeus (*eo telo a Ioue interfectus*). Malgré la proximité de l'Aigle, du Cygne et du Sagittaire, la Flèche n'est pas mise en rapport ici avec ses voisines. Mais elle appartient nettement, comme la Lyre, au cycle apollinien. Aratos ne l'identifie pas (le scholiaste au vers 311 (p. 230) insiste sur cet anonymat) et Aviénus (690-691) soutient qu' « elle ne connaît ni corde ni maître » (cf. Germanicus 315). Hygin (2.15.1), qui consacre un très long chapitre à ce modeste astérisme, y voit la flèche lancée par Héraclès et qui tua l'aigle, identifié à l'oiseau qui sur l'ordre de Zeus dévorait le foie de Prométhée (*unam de Herculis telis*) ; ce glissement, dans la littérature latine, peut avoir été encouragé par l'association étroite de la Flèche, dans le chapitre, avec *Hercules Ponticus* (Héraclide Pontique ; voir Arat. Lat., p. 242). À la suite d'un malentendu probable (Κύκλωψ / Κύκνος), l'Aratus Latinus (p. 241) l'identifie à la flèche qui blesse le Cygne (ou Cycnus) voisin (*ex quo uulneratus Cycnus* ; peut être les "cygnes" du lac Stymphale) ; mais cette option est attestée dans les Schol. Germ. (p. 160) : *iaculum autem est quo dicunt omnes cygnos ab Apolline interfectos*.

444. L'apparition au ciel de la constellation correspond au retour de la Flèche : prenant son envol au plus fort de l'hiver (avec l'Autel ; cf. Schol. Arat. 413, p. 272-273), elle le conclut en été. Elle se lève, en effet, avec le Sagittaire (Hipparque 2.5.12 ; et non avec le Scorpion : Hygin 3.14), ou le Capricorne (Aratos 691), et se couche au lever du Cancer (Hipparque 2.2.37). Il semble donc y avoir une analogie entre l'arrivée d'Apollon à Delphes au milieu de l'été, et le retour de la flèche (qui est d'ailleurs orientée vers l'est, et atteint son méridien le 30 août) ; ces deux retours ont lieu après un an accompli, dans un cas, chez les Hyperboréens, dans l'autre, chez Admète. D'après l'astrologie ancienne, tous les archers sont sous le signe de la Flèche, et leur vie, comme leur histoire, commencent au lever de cette constellation, comme le dit Manilius (5.293-310), citant Teucros.

Page 91

448. Ce nom est attesté depuis Euctémon et Démocrite (Géminos, [*Parapegme*] p. 103 Aujac) ; il désigne non seulement la constellation, mais aussi précisément la *lucida* α (Altaïr) chez Ptolémée, comme peut-être en latin l'expression *Aquilae sidus* (Manilius 5.486). À Babylone cette étoile était « l'étoile royale », associée au solstice d'hiver (Rogers 1998ab : 25, 88 ; l'auteur hésite pour ce titre entre Altaïr et Fomalhaut, α PsA) ; on a identifié l'Aigle avec la constellation de même figure

A-MUŠEN (ou NASHRU, l'Aigle ; WAERDEN 1974 : 73 ; ROGERS 1998a : 16 ; cf. BOLL-GUNDELL 1937 : 925), et à une partie peut-être de ZABADA, la tête de vautour (ROGERS 1998a : 13, 19, 25). L'Aigle est, pour ARATOS (314) χαλεπός (dangereux) à son lever matinal (cf. SCHOL. ARAT. 314, p. 231), car son lever en décembre annonce des tempêtes, de la pluie et du vent (voir la discussion d'HIPPARQUE 2.3.1-3 et sa description en 2.5.13).

449. Ératosthène propose plusieurs *aitia* (cf. n. 450 et 451) qui justifient l'établissement de l'aigle au ciel. La constellation voisine du Verseau —identifiée à Ganimède (*Cat.* 26)— permet de la décrire comme l'aigle de Zeus envoyé par le dieu pour enlever le garçon. Le motif du rapt du héros par l'aigle de Zeus (cf. APOLLODORE 3.12.2), ou par Zeus transformé en aigle (LUCIEN, *Dialogue des dieux* 4 ; NONNOS 15.280-282 ; OVIDE, *Mét.* 10.155-160), remonte à l'époque post-classique (cf. n. 384). Les documents iconographiques les plus anciens de la variante de l'aigle datent du IVe siècle (*LIMC*, s.v. "Ganymedes", 171, 193, 195 ; voir DREXLER 1890 : 1598-1599). Sur l'activité de Ganymède comme échanson, voir *Cat.* 26. Un récit qui tente de combiner les différentes versions du catastérisme de l'Aigle est conservé par SERVIUS (*Comm. Énéide* 1.394 ; cf. KNAACK 1888). Sous le nom d'ἀετός sont souvent confondus les vautours (ESCHYLE, *Ag.* 138 ; voir THOMPSON 1936 : 5), en particulier le gypaète barbu (*Gypaetus barbatus*), qui pourrait être le ravisseur "biologique" de Ganymède (KELLER 1913 : II.4).

450. Cette "répartition des oiseaux", en fonction des compétences divines, est peu attestée formellement en dehors de la tradition catastérismique (on la retrouve en effet à propos d'Apollon au *Cat.* 41, n. 634). L'aigle est associé à Zeus depuis Homère comme son messager et son animal favori (*Il.* 24.290 sq. et 311 ; voir aussi PINDARE, *Pyth.* 1.6 ; ARATOS 522-523, CALLIMAQUE, *Hymne à Zeus* 68-69). Mais son apparition majestueuse est surtout, dans les mythes de combats primordiaux (Gigantomachie et Titanomachie), un signe de bon augure pour Zeus et les Olympiens (cf. n. 457). D'autre part, une tradition secondaire rapportée par MYRO de Byzance (*frg.* 1 Powell ; voir n. 342) dit que Zeus fut nourri de nectar par un aigle. L'aigle est le Ζηνὸς ὄρνις (ESCHYLE, *Supp.* 212), *Iouis ales* (CICÉRON, *Arat.* 34.294), le Διὸς αἰετός (PINDARE, *Isth.* 6.48 ; cf. ESCHYLE, *Ag.* 115 ; ARISTOPHANE, *Cavaliers* 1087, etc.). C'est un symbole royal répandu, y compris en Égypte où se déroule un épisode du combat des Olympiens (DIODORE 1.87.9 ; HORAPOLLON 2.56).

451. L'acuité visuelle exceptionnelle est un trait saillant du dossier aquilin (*Il.* 17.674 ; ÉLIEN, *NA* 1.42, etc.), et elle est aussi notée par HYGIN (2.16.1). Cette observation zoologique est confirmée par ARISTOTE (*HA* 620a ; ÉLIEN, *NA* 2.26 ; cf. *id.* 10.14 ; ANTIGONE 46 ; cf. PLINE 10.10), bien que tous les aigles ne soient pas capables de voler

face au Soleil (voir SCHNEIDER 1950 : 87). Le fait de fixer le Soleil viendrait d'une habitude des vautours (THOMPSON 1936 : 9-10).

454. AGLAOSTHÈNE, *FGH* 499F2. Les informations qui nous sont parvenues sur la vie et l'œuvre de cet auteur sont très maigres (voir le modeste article de WELLMANN 1893), mais il n'y a aucune raison de l'identifier avec le Laosthenidas mentionné par DIODORE (5.80.4), comme le pensaient ROBERT (1878 : 241) et BETHE (1889 : 402). Concernant le nom d'Aglaosthène et les multiples corruptions que présente la tradition manuscrite, voir JACOBY (1955a : 416 ; 1955b : 247). Plus jeune que Andriscos de Naxos, Aglaosthène écrit au plus tôt à l'époque d'Alexandre (selon JACOBY 1955a : 415). On peut affiner cette datation : Le fait que l'auteur soit mentionné dans les *Catastérismes* permet de fixer un *terminus ante quem* de son activité. Par ailleurs, le traitement particulier du mythe crétois sur la petite enfance de Zeus (comme le fait que la nymphe soit connue sous le nom de Cynosoura ; voir *Cat.* 2, n. 25) semble présupposer les *Phénomènes* d'Aratos, qui constitueraient le *terminus post quem*. Les fragments d'Aglaosthène présents chez Ératosthène appartiennent à une histoire de Zeus, qui suggère une sorte de variante théogonique. Sans que cette entreprise prenne un caractère systématique ou complet, c'est le propre des auteurs d'histoire régionale de chercher à acclimater les récits divins à leur espace d'élection. Outre la naissance et la prime enfance (παιδοτροφία) de Zeus (cf. *FGH* 499F1), Aglaosthène raconte le combat contre les Titans (voir n. 455-456), et des épisodes liés à Dionysos (*FGH* 499F3).

455. Sur la naissance de Zeus, Ératosthène recourt à des sources différentes dans chaque chapitre qui en traite (voir *Cat.* 2, 13, 27 ; cf. HÉSIODE, *Th.* 467-480 ; APOLLODORE 1.1.6-7). La tradition de l'origine crétoise de Zeus était assez établie (déjà en HÉSIODE, *Th.* 477) pour essayer de la transposer directement à Naxos (voir, au contraire CALLIMAQUE, *Hymne à Zeus* 10 : Arcadie). Aglaosthène situait la naissance de Zeus en Crète (voir *Cat.* 2 = *FGH* 499F1). Toutefois, pour le soustraire à la poursuite de son père Cronos, il est conduit à Naxos où va se poursuivre sa παιδοτροφία. Une tradition attestée tardivement (SERVIUS, *Comm. Énéide* 1.394), prétend que Zeus est porté en Crète par un aigle (ce qui suppose une naissance ailleurs qu'en Crète). Il est possible que le commentateur qui introduit la glose δὶς ἐκκλαπέντα (furtivement soustrait deux fois) avait cette version à l'esprit : la première fois de son lieu de naissance en Crète, la seconde, de Crète à Naxos. Une scholie à l'*Énéide* (voir SERVIUS, *Comm. Énéide* 1.394) évoque un enfant nommé Aetos, premier à rendre hommage à Zeus en Crète (KNAACK 1888).

456. Ératosthène recourt à trois autorités différentes au sujet de la Titanomachie et de la Gigantomachie : Musée (*Cat.* 13), Épiménide (*Cat.* 27) et Aglaosthène (*Cat.* 30). Pour ce dernier, qui a transféré à

Naxos les principaux épisodes théogoniques et cosmogoniques (voir n. 455), l'offensive contre les Titans est lancée depuis Naxos. D'après ROBERT (1878 : 8, 243), le serment prêté par les Olympiens sur l'autel, tel qu'il est décrit au *Cat.* 39, remonterait également à l'*Histoire de Naxos* d'Aglaosthène. Les *Catastérismes* ne donnent cependant aucune indication locale précise (en rapport avec Naxos) à l'appui de cette hypothèse (voir JACOBY 1955a : 416 ; 1955b : 247).

Page 92

459. La notice est particulièrement pauvre et ne permet pas une identification formelle des étoiles. On peut affirmer que ce nombre inclut la *lucida*, α Aql (Altaïr), une des trois "Belles d'été", d'un éclat remarquable et que PTOLÉMÉE (*Almageste* 7.5, p. 72-73) nomme « la brillante, entre les épaules, que l'on appelle l'Aigle ». Mais pour les autres on ne peut se prononcer ; toutefois la présence d'une étoile *au milieu* suggère une structure particulière, pas forcément linéaire, mais qui pourrait renvoyer à l'alignement presque parfait représenté par β, α, γ Aql, au milieu duquel se trouve effectivement Altaïr. Sont visées sûrement des étoiles visibles et sans doute structurellement déterminantes. Sont dans ce cas, en suivant le descriptif de Ptolémée qui représente l'Aigle vu du dessous (l'aile gauche étant donc au nord) : ζ Aql (mag. 3), située dans l'axe du corps vers la queue (« assez éloignée, sous la queue de l'aigle et qui touche la Voie lactée », selon Ptolémée) ; γ Aql (mag. 2.7 ; « sur l'épaule gauche », selon Ptolémée) ; δ Aql (mag. 3.3 ; « au sud et à l'ouest de l'épaule droite de l'Aigle ») ; et β Aql (mag. 3.7 ; « sur le cou »). À ces étoiles Ptolémée, qui compte neuf étoiles dans l'Aigle, ajoute les étoiles suivantes, les quatre dernières étant de magnitude supérieure à 4 : une près d'Altaïr, au nord (ο Aql), une « au milieu de la tête » (τ Aql), une « sur l'épaule gauche » (φ Aql), deux « sur l'épaule droite » (μ, σ Aql). HYGIN (3.15) compte, comme Ératosthène, quatre étoiles, et il les positionne ainsi : *in capite* (α Aql), *in utraque penna* (ζ, θ), *in cauda* (δ Aql ou λ Aql). L'identification est compliquée par l'introduction, avant Ptolémée, en 130 ap. J.-C., d'un astérisme provisoire baptisé Antinous, et dont PTOLÉMÉE (*Almageste* 7.5, p. 72-75), seul astronome grec à le citer (cf. DION CASSIUS 69.11.4), donne un inventaire en annexe à l'Aigle (οἱ περὶ τὸν Ἀετόν, ἐφ' ὧν ὁ Ἀντίνοος). Cet astérisme, signalé par G. Mercator (en 1551), et reconnu comme constellation indépendante par Tycho Brahé (1603) disparaît au XVIIIe siècle (avec J. Bode en 1782). Ptolémée compte pour cette annexe de l'Aigle 6 étoiles (sans doute η, θ, δ, ι, κ, λ Aql), parmi lesquelles se trouve au moins une étoile comprise dans l'Aigle ératosthénien (δ Aql, mag. 3.3), et peut-être deux avec θ Aql (mag. 3.2) « au sud est de la tête de l'Aigle ». Hipparque, qui ignore naturellement Antinoos, en signale six pour l'ensemble du complexe (α, β, γ, ζ, μ, σ Aql). Bien que l'axe de l'animal figuré soit

clairement marqué par α Aql (la tête) et ζ, ε Aql (la queue : Deneb el Okab), la structure de l'Aigle moderne est déroutante, car aucune étoile n'illustre l'aile gauche (γ Aql, à quatre minutes et deux degrés seulement de α Aql, étant sur l'aile l'étoile la plus boréale), et la figure déployée à partir des étoiles principales semble orientée vers le nord et selon un axe α-δ-λ. La tradition veut que les étoiles de l'Aigle —ou tout au moins Altaïr— aient été perçues comme de couleur rouge (MANILIUS 5.716 ; alors qu'Altaïr est plutôt blanche ou jaune —cf. ALLEN 1899 : 59), comme celles du Triangle, et Ératosthène connaît cette caractéristique puisqu'il y fait référence plus loin (*Cat.* 43, voir n. 676) à propos de Mars « semblable à celle de l'Aigle (*i.e.* Altaïr) par la couleur ».

Page 93
461. Le terme ζῴδιον est presque exclusivement employé dans la littérature astronomique pour désigner les signes du zodiaque, à l'exclusion des autres constellations, et il est ici mal venu (voir n. 1) ; mais il renvoie peut-être à l'animal (ζῷον) et non à la réalité astrale, bien que cette valeur de ζῴδιον soit en grec très exceptionnelle.

Page 94
463. La constellation (Δελφίς) est signalée dans le *Calendrier* de Géminos pour EUDOXE ([*Parapegme*] p. 99, 104, 108 Aujac ; EUDOXE, *frg.* 85, 106, 155, 217, 222, 263), DÉMOCRITE (cf. JEAN LYDIEN, *Mois* 4.18) et EUCTÉMON (in GÉMINOS, [*Parapegme*] p. 104 Aujac), et elle est naturellement connue d'ARATOS (316, 598) ; voir aussi ARISTOTE, *Mété.* 345b22. À côté de la forme Δελφίς, on trouve quelquefois Δελφίν (Teucros, Manéthon, Ptolémée ; voir SCHERER 1953 : 185) ; et en latin, à côté de *Delphinus*, la forme *Delphin* (HYGIN 2.17.1 ; OVIDE, *Fastes* 1.457, etc.). La structure en losange (ῥομβοειδές σχῆμα : SCHOL. ARAT. 318, p. 234) de cette constellation de petites dimensions et de faible éclat (οὐ μάλα πολλός : ARATOS 316 ; *i.e.* οὐ σφόδρα ἔκλαμπρος selon SCHOL. ARAT. 316, p. 232) en fait un astérisme notable. Les Babyloniens voient peut-être à cet endroit un porc (FLORISOONE 1951 : 160), mais l'identification n'est pas sûre (BOLL-GUNDEL 1937 : 927). Le choix du dauphin est sans doute grec (ROGERS 1998b : 88), compte tenu de l'importance culturelle de cet animal dans l'art et la littérature grecs (KIDD 1995 : 301) ; mais les origines de la constellation sont obscures (SCHERER 1953 : 186), ALLEN (1899 : 200) suggérant que l'image viendrait de l'astronomie indienne, qui comprend un marsouin.

464. Amphitrite (une Néréide ou une Océanide) est l'épouse officielle de Poséidon, qui vit avec lui dans un palais sous-marin. Tel est son statut chez HÉSIODE (*Th.* 930-931 ; cf. PINDARE, *Ol.* 6.104-105), qui

évoque également leur rejeton, le monstre marin Triton (associé onomastiquement à Amphitrite). Informés par Thémis (ou Prométhée) que le fils de Thétis serait plus puissant que son père, Zeus et Poséidon renoncent à s'unir à elle et la cèdent à Pélée (PINDARE, *Isth.* 8.29 sq.) ; par suite, Poséidon se résout à épouser la sœur de Thétis, Amphitrite, divinité jalouse —et avec des motifs de l'être (voir n. 468)— qui intervient dans peu de mythes. D'après un épisode rapporté par un érudit byzantin, c'est elle qui métamorphose Scylla, une femme désirée par Poséidon, en un terrible monstre, en jetant une herbe magique à l'endroit où la belle jeune fille prenait son bain (TZÉTZÈS, *ad Lycophr.* 650bis et 46). Amphitrite ne reçoit de culte qu'associée à Poséidon, et dans l'iconographie elle n'apparaît pratiquement jamais sans lui (voir *LIMC*, s.v. "Amphitrite", 15-62 ; 66-74a). Certaines traditions lui attribuent d'autres enfants : outre Triton, APOLLODORE mentionne Rhodè, future épouse d'Hélios (1.4.6) et Benthesikymè (3.15.4). Ératosthène se fait, quant à lui, l'écho de l'union de Poséidon avec Euryalè (*Cat.* 32, n. 485) et avec Hellè, la sœur de Phrixos, après sa chute dans la mer (voir *Cat.* 19, n. 297). Poséidon aurait également engendré, avec un être monstrueux (Méduse ou Érinye), un cheval (sur les relations du dieu avec cet animal, voir BURKERT 1985 : 138 ; RUDHARDT 1981 : 1.334).

465. La fuite d'Amphitrite, qui se soustrait à Poséidon pour préserver sa virginité, repose sur un archétype mythique familier et très productif : Athéna échappe ainsi aux assiduités d'Héphaïstos (*Cat.* 13), Némésis à celles de Zeus (*Cat.* 25), ou les Pléiades à celles d'Orion (*Cat.* 23, n. 342). D'après une SCHOLIE À HOMÈRE (*Od.* 3.91 Dindorf), Poséidon s'éprend d'Amphitrite, à Naxos, en la voyant danser. Le fait qu'Amphitrite cherche refuge auprès d'Atlas est peut-être à mettre en rapport avec la tradition qui fait d'Amphitrite la fille d'Atlas et non de Nérée ou d'Océan (voir GERMANICUS 322 : *Atlantida nymphen*). Atlas réside, en effet, au fond de la mer, selon la conception homérique (*Od.* 1.50 sq.). Le rôle central que joue le dauphin dans le mythe du déluge (OVIDE, *Mét.* 1.302) est à mettre en rapport avec le lien établi par les commentateurs anciens entre Atlas et l'Atlantide (cf. SCHOL. GERM., p. 92 : *illa* […] *confugit ad Atlantidem*).

468. Sans renoncer aux compétences qu'il possédait déjà (en particulier dans ses relations à la terre, aux eaux souterraines et au cheval) Poséidon devient souverain des mers quand les Cronides se répartissent le monde et ses espaces (cf. RUDHARDT 1981 : 1.335). Toutes les divinités qui habitent les eaux, comme la vie des hommes qui s'y aventurent, passent sous l'autorité de Poséidon. Il est à ce titre le seigneur des dauphins (ARISTOPHANE, *Cav.* 560), qui assurent la protection d'Amphitrite (HOMÈRE, *Od.* 12.96-97). Parmi les émissaires qu'il envoie à la recherche d'Amphitrite, le dauphin est tout désigné pour remplir avant les autres sa mission. C'est un animal véloce et très agile (PINDARE, *Nem.* 6.64 ; ARISTOTE, *HA* 591b ; OPPIEN, *Halieutiques*

2.535-536), aussi rapide dans l'eau que l'aigle dans les airs (PINDARE, *Pyth.* 2.50-51) et plus rapide que tous les animaux de la terre (ÉLIEN, *NA* 12.12). Les relations entre Poséidon et le dauphin sont si étroites que cet animal réapparaît dans d'autres épisodes érotiques dont le dieu est le protagoniste : c'est ainsi à cheval sur un dauphin que Poséidon aborde Amymonè (LUCIEN, *Dialogue des dieux marins* 6.2), et c'est la forme qu'il prend pour séduire Mélantho (OVIDE, *Mét.* 6.120).

470. La mission —et donc la migration occidentale du dauphin— est peut-être liée au fait que les dauphins disparaissent au moment de la canicule pendant une trentaine de jours (ARISTOTE, *HA* 566a).

471. Le dauphin est le roi des poissons (OPPIEN, *Halieutiques* 1.643-644 ; 2.533 ; 2.539 sq.), et il est considéré comme un animal sacré (voir OPPIEN, *Halieutiques* 1.648 ; cf. RABINOVITCH 1947 : 9). Sa pêche était en tout cas soumise à un interdit, voire à un tabou (OPPIEN, *Halieutiques* 5.416 ; voir cependant THOMPSON 1947 : 53). Les Grecs lui attribuent d'exceptionnelles qualités spirituelles et morales, qui le rapprochent à plus d'un titre de la sphère humaine dans la représentation populaire. Il est un allié fidèle de l'homme, aidant les pêcheurs dans leur métier, avertissant les marins de l'imminence d'une tempête, et, dépourvu de la timidité propre aux animaux sauvages, il recherche la compagnie de l'homme, jouant sans réserve avec lui, mangeant dans sa main, lui servant de monture (DIEZ 1957 : 667-668 ; LESKY 1947 : 105 ; voir les nombreuses références dans THOMPSON 1947 : 54-55), et parfois le sauvant de la noyade (voir ARCHILOQUE, *frg.* 122 *IEG* ; cf. STEBBINS 1929 : 66-70, 97-129). Il faut dire qu'au cours de l'âge d'or humains et dauphins vivaient dans les mêmes villes (OPPIEN, *Halieutiques* 1.645 sq.) ; il n'est donc pas étonnant que le dauphin, philanthrope, participe activement à de nombreux mythes et soit l'animal marin le plus présent dans la littérature (KELLER 1913 : I.408). S'il est surtout associé à Poséidon (voir n. 468-469), le dauphin, "double animal de la flèche" (MONBRUN 2007 : 216), est aussi par sa passion pour les arts un favori d'Apollon (le dieu "delphinien" ou "delphien" étant adoré à Delphes et dans de nombreuses cités maritimes du monde grec comme Massalia ; voir GUARDUCCI 1946 : 106 ; FARNELL 1909 : 4.145-148 ; SOMVILLE 1984 : 10-12) , un complice de Dionysos (RABINOVITCH 1947 : 13 sq.), ce dernier transformant en dauphins les pirates qui voulaient attenter à sa vie (HYMNE HOMÉRIQUE *à Dionysos* 52 ; APOLLODORE 3.5.3 ; voir *infra* n. 472) ; cet épisode est illustrée par la célèbre hydrie de Tolède (voir DESCŒUDRES 2000 : 329-332). À cet animal s'attache aussi une forte valeur érotique, qui lui vaut d'être le compagnon d'Aphrodite, qu'il recueille à sa naissance dans l'écume (NONNOS 13.433 sq.), et qui est illustrée par de nombreuses histoires d'amour avec un humain (voir ÉLIEN, *NA* 2.6, 6.15, 8.11 … ; et PLINE 9.20-28).

472. Le terme σύνθημα, qui s'impose ici comme correction d'après le témoignage des *FV*, est inusité dans la littérature astronomique —et

a fortiori catastérismique— ; HYGIN (2.17.1) transpose ce terme en *effigies* tandis que l'ARATUS LATINUS (p. 245), apparemment plus littéral, le rend par *compositum*. S'il est pertinent de noter les figures tronquées, il est superflu d'indiquer celles qui ne le sont pas, et le mot ici, qui n'a jamais le sens que lui donne Hygin, ne renvoie pas non plus à l'idée de composition ou de structure complexe. La triple récompense du dauphin est, en fait, d'être honoré parmi les animaux marins, d'être sacré parmi les hommes, et de *symboliser* au ciel le domaine de Poséidon, tout comme les autres constellations sont associées étroitement à un dieu qu'ils rappellent, par leur présence céleste constante et visible, à la mémoire des hommes. Alors qu'il est ici "témoin" de Poséidon, c'est, ailleurs, parfois Zeus (OVIDE, *Fastes* 2.118), ou Apollon (SERVIUS, *Comm. Buc.* 8.55) qui le catastérise. HYGIN (2.17), rassemblant les histoires delphiniennes célèbres, propose deux autres identifications du Dauphin céleste. La première est empruntée aux *Naxica* d'Aglaosthène, qu'Ératosthène cite justement comme sa source dans le chapitre précédent (*Cat.* 30) et qui étaient probablement aussi sollicités pour ce chapitre dans la version intégrale des *Catastérismes*. Le dauphin serait l'image (*effigies*) placée par Dionysos au ciel d'un de ces pirates tyrrhéniens qui prirent le dieu en otage et furent transformés par lui en dauphins, pour commémorer (*memoria*) la dernière danse à laquelle ces hommes se livrèrent, lorsqu'ils furent envoûtés par les chants dionysiaques, au point de se jeter à la mer. Le dauphin est un spécimen de pirate catastérisé pour servir d'avertissement aux hommes. La seconde met naturellement en scène Arion, sauvé et porté par un dauphin jusqu'au cap Ténare : ce service est illustré par la présence sur la statue d'Arion de l'image d'un dauphin (*delphini simulacrum*) et conduit les *astronomes* à catastériser le dauphin (*inter sidera ab antiquis astrologis est figuratum*). Cette seconde option est très populaire (voir HYGIN, *Fables* 194 ; OVIDE, *Fastes* 2.83 ; MANILIUS 5.411 ; SCHOL. ARAT. 318, p. 234). BOLL (1903 : 117) suggère qu'Orion, constellation voisine, a pu être identifié à *Arion* (SCHOL. GERM., p. 165). Une scholie à Aratos (*ad* 318, p. 234) suggère une autre histoire de dauphin à l'origine de la constellation, qui serait introduite par Hermippe (dont on a vu qu'il pourrait avoir contribué à la tradition catastérismique ; voir n. 108) : il aurait été catastérisé « en l'honneur d'Apollon qui guida les Crétois vers Delphes, en prenant l'apparence d'un dauphin » (voir HYMNE HOMÉRIQUE *à Apollon* 490-496). On voit sur des monnaies de Sinope des représentations d'un aigle et d'un dauphin qui pourraient renvoyer à la proximité des deux constellations (THOMPSON 1936 : 7 ; voir MANILIUS 1.353).

473. Si la philanthropie du dauphin était, en effet, proverbiale, le texte est ambigu : il pourrait aussi s'agir de la bienfaisance de Poséidon, quoique cette dernière interprétation paraisse moins satisfaisante. Poséidon est, en effet, souvent représenté accompagné d'un

dauphin (voir, par exemple, *LIMC*, s.v. "Poseidon", 25, 45, 97, 106, 140, 141 ; cf. BURKERT 1985 : 137).

Page 95

474. Ce sont les mots ταῖς ἐλεγείαις ("dans ses élégies") transmis dans les manuscrits de l'*Epit.*, qu'il faut supprimer dans l'archétype commun à l'*Epit.* et aux *FV*, et non pas (comme le voulaient Wilamowitz, Robert, Olivieri et Maass) le mot βίβλοις. Il s'agit d'une glose (probablement attirée par le syntagme περὶ ἔρωτος) qui s'est glissée dans le texte. L'indication est absente des *FV* comme de l'*Aratus Latinus*, et de l'ensemble de la documentation catastérismique. Par ailleurs, l'existence d'un poète élégiaque du nom d'Artémidore n'est étayée *que* par ce passage (voir ROHDE 1914 : 98 ; KNAACK 1895 : 1329), et le mystère de ce personnage supposé disparaît si l'on renonce à intégrer au texte cette interpolation. ROBERT (1878 : 31-32) refusait d'identifier l'Artémidore de ce chapitre avec le grammairien de Tarse (du Ier siècle av. J.-C.), qui composa un recueil de poésies bucoliques, sous prétexte que ce poète était postérieur à Ératosthène, mais l'obstacle tombe si nous avons affaire ici à un passage interpolé. Sur l'activité littéraire d'Artémidore notre information est, d'ailleurs, pauvre (voir GOW 1965 : 549) ; nous disposons néanmoins, grâce aux manuscrits de Théocrite, de l'épigramme qui ouvrait son ouvrage. On peut s'interroger sur la présence, dans un recueil de ce type, de motifs mythologiques comme l'épisode d'Amphitrite et du dauphin, mais la laxité conceptuelle du terme "bucolique" et l'extensibilité de ses usages permettent à des auteurs comme Moschos ou Bion, qui manifestent un penchant pour les récits mythologiques et érotiques davantage que pour les paysages pittoresques, de figurer dans les premiers *corpora* bucoliques (voir FANTUZZI 1993 : 192). La mention inopinée d'Artémidore est donc le fruit d'une interpolation postérieure à Ératosthène (comme celle d'Hipparque à la fin du *Cat.* 23) ; pour plus de détails, voir PÀMIAS 2002. Une partie de la tradition du texte maintient la référence à Artémidore (voir ARAT. LAT., p. 246 ; SCHOL. GERM., p. 92 : *ut Artemidorus refert* ; cette incise, placée à la fin du récit, concerne peut-être seulement l'union de Poséidon et d'Amphitrite, et elle figure *au début* de la notice dans le recueil de scholies de Strozzi : SCHOL. GERM., p. 161).

477. Littéralement : "les nageoires proches du ventre" (cf. HYGIN 3.16 : *ad ea quae in uentre uelut pennae uidentur* ; *uentris pinnulis* : SCHOL. GERM., p. 92 ; *in ala secus uentre* : ARAT. LAT., p. 246), repère inférieur sur le corps du dauphin.

478. Le Dauphin compte aujourd'hui 43 étoiles visibles à l'œil nu (dont 15 d'une magnitude inférieure à 6) ; cependant toutes les listes d'étoiles (cf. aussi OVIDE, *Fastes* 2.118), sauf celle de Ptolémée qui en énumère effectivement 10, ne comptent que deux étoiles sur la queue (sans doute ε et κ Del), alors qu'une troisième (ι Del) s'impose, de

magnitude 5 comme κ Del. Mais ce dernier nombre offre l'inconvénient de perdre la valeur symbolique du chiffre neuf notée par Ératosthène (voir n. 351). Le losange que semblent former ses quatre étoiles principales (α, β, γ, δ Del), constitue la clé de la constellation : « quatre brillants / écartelés deux à deux sur des lignes parallèles » (ARATOS 317-318 ; cf. HIPPARQUE 3.4.3 & 3.5.13 : ἐν τῷ ῥόμβῳ). Ses faibles dimensions expliquent que la plupart des Atlas (y compris sans doute les modèles antiques) ne parviennent pas à respecter l'astrothésie classique et représentent le losange *sur la tête* d'un poisson sinueux ; ce corps *curuus*, comme dit CICÉRON (*Arat.* 34.91 ; cf. AVIÉNUS 700), ainsi qu'on peut le voir sur l'Atlas Farnèse, a une tête très courte et un corps difficile à dessiner ; Ptolémée ne retient déjà de son anatomie que "la tête" et "la queue", désignant son corps seulement par l'expression "le quadrilatère en forme de losange" (ῥομβοειδής τετράπλευρος). L'identification des étoiles est claire : γ Del (sur le bec) ; α, ζ Del (sur le haut du dos) ; δ, β, θ Del (sur les pectorales) ; η Del (sur le dos) ; ε, κ Del ou ι (sur la queue). La liste de Ptolémée (*Almageste* 7.5, p. 74-77) reconnaît les mêmes étoiles (y ajoutant simplement une troisième dans la queue, sans doute ι Del). Effet de sa petite taille, le Dauphin se lève en un quart d'heure, avec le Sagittaire (HIPPARQUE 2.5.14) ou avec le Capricorne (Eudoxe in HIPPARQUE 2.3.4 ; GERMANICUS 691 ; AVIÉNUS 1260 ; cf. HIPPARQUE 2.3.10), annonçant l'hiver (CAMATEROS, *Introduction* 3423), et il se couche en une demie-heure avec le Verseau (HIPPARQUE 2.6.14).

Page 98

483. Orion ouvre la liste traditionnelle des constellations australes (parce qu'il est la plus boréale d'entre elles : SCHOL. ARAT. 322, p. 239). Il est l'un des astérismes les plus spectaculaires du ciel, signalé depuis Homère (*Il.* 18.486-487 ; *Od.* 5.274) et HÉSIODE (*Op.* 598), et représenté sur le fameux bouclier d'Achille. Cette constellation est très lumineuse (εὖ φαεινός : ARATOS 587), puisque, selon Ptolémée, elle compte quatorze étoiles de magnitude inférieure à 4, Ératosthène en qualifiant neuf de brillantes. Lié au Chien (*Cat.* 33), et au Lièvre (*Cat.* 34), sa proie dans un secteur "orionien", ce héros est en relation étroite avec le Scorpion (*Cat.* 6), les Pléiades (*Cat.* 23) et, dans une moindre mesure, avec son voisin le Taureau (*Cat.* 14 ; cf. HYGIN 3.33) et la grande Ourse (*Cat.* 1). La description d'Orion fait suite à celle du Dauphin bien que les deux constellations soient très éloignées au ciel l'une de l'autre. Cette figure de guerrier correspond à la constellation mésopotamienne appelée SITADDALU en sumérien ("celui qui est frappé par une arme" : ROGERS 1998ab : 13, 83) et SIPA-ZI-AN-NA en babylonien ("vrai berger du ciel" : WAERDEN [1974 : 73], ou "pasteur fidèle du ciel" : FLORISOONE [1951 : 157]), identifié à PAPSUKAL, le messager des dieux (ROGERS 1998ab : 14, 83). Sur l'identification d'Orion avec le dieu solaire Prajapati, voir TILAK (1893 : 102 sq.). Admiré et considéré

comme un repère essentiel par les astronomes, Orion apparaît chez les poètes comme une constellation éblouissante (EURIPIDE, *Cyc.* 213), ou un indice saisonnier (dès HÉSIODE, *Op.* 598 ; voir THÉOCRITE 7.54). Constellation précoce, Orion est lié, avec le groupe de Persée, à l'origine du processus de mythologisation du ciel étoilé (BETHE 1900 : 433). Ce processus culmine avec la constitution de véritables cycles de constellations qui illustrent un épisode mythique unique, comme dans le cas de Persée (*Cat.* 15, 16, 17, 22, 36) et d'Orion (*Cat.* 32, 33, 34, 42). Sur l'appellation énigmatique de *Incolo* (ARAT. LAT., p. 246) pour désigner Orion, voir LE BŒUFFLE 1977 : 140-141.

484. HÉSIODE, *frg.* 148a. L'histoire d'Orion (comme celle de Callisto : cf. *Cat.* 1, n. 3) figurait dans le *Catalogue des Femmes*, de l'avis général des philologues contemporains, et non dans l'*Astronomie*, comme le soutenaient Diels-Kranz (cf. *FVS* 4B7), Rzach, Robert et d'autres. Selon SCHWARTZ (1960 : 124), la source dont s'inspire Ératosthène (voir aussi APOLLODORE 1.4.3, qui, lui aussi, mentionne la généalogie d'Orion et sa faculté de marcher sur les eaux) est un chapitre mythographique qui incluait déjà les noms de Phérécyde et Hésiode (comme dans le *Cat.* 19 ; voir n. 295). De fait, le texte des SCHOLIES À NICANDRE (*ad Ther.* 15) coïncide presque mot pour mot avec le passage des *Catastérismes*, signe probable d'un emprunt des deux auteurs à la même source intermédiaire. Il comporte toutefois des variantes notables, qui prouvent qu'il ne dépend pas directement des *Catastérismes*, en particulier concernant la mort d'Orion (voir n. 498), ou l'identité de la jeune fille violée qui n'est pas la fille d'Oinopiôn (voir n. 487), mais sa femme (cf. PINDARE, *frg.* 68 Bowra). On peut supposer que les principales aventures d'Orion rapportées dans ce chapitre, à l'exception peut-être du catastérisme, remontent, de manière directe ou indirecte (par l'intermédiaire d'un compendium mythographique) à un poème hésiodique, Hésiode étant donné d'emblée par Ératosthène comme l'autorité pour ce passage.

485. À côté de la généalogie proposée par Hésiode (Poséidon et Euryalè ; cf. PHÉRÉCYDE, *frg.* 52 Fowler), une variante, qui est peut-être la version la plus ancienne (FONTENROSE 1981 : 18-19) faisait naître Orion de Gè (cf. APOLLODORE 1.4.3 : γηγενής). Selon une autre version, susceptible de se combiner avec cette maternité, Zeus, Poséidon et Hermès, par reconnaissance pour le Béotien Hyriée, qui, malgré leur déguisement, leur accorde une hospitalité respectueuse des exigences de Zeus Xenios, exaucent son vœu le plus cher, qui était d'avoir un fils, sans pour autant être infidèle à son épouse décédée. Les trois dieux urinent alors sur la peau d'un bœuf ou d'un taureau sacrifié par Hyriée en leur honneur —geste qui euphémise peut-être une masturbation (voir OVIDE, *Fastes* 5.532 : *pudor est ulteriora loqui*). Hyriée enterre pendant plusieurs mois la peau ainsi fécondée par l'urine, et Orion naît à l'issue de cette gestation terrestre (voir EUPHORION, *frg.* 101 Powell ; OVIDE,

Fastes 5.493-544) ; on expliquait par cette naissance le fait que la constellation amenait la pluie, à son lever et à son coucher (cf. ISIDORE, *Et.* 3.71.10). La traduction, en partie corrompue, de l'ARATUS LATINUS (p. 249) montre que les manuscrits de l'*Epit.*, ont perdu cette troisième version, de loin la plus populaire, que les *Catastérismes* faisaient remonter à Aristomaque (cf. SCHOL. GERM., p. 93 ; HYGIN 2.34.1). Hyriée est un Thébain, peut-être fils d'Alcyonè, une des Pléiades (APOLLODORE 3.10.1 ; PALAIPHATOS 51), et Orion naît à Hyria, en Béotie (STRABON 9.2.12, invoquant Pindare ; cf. NONNOS 13.96), où il était appelé "Candaon" (SCHOLIES À LYCOPHRON 328) ; mais le récit le plus important lié à ce héros se déroulait autour de Chios, certains le disant né dans cette île (PINDARE, *frg.* 264 Bowra ; HYGIN 2.34.1). Orion recevait un culte héroïque et disposait d'une "tombe" (μνῆμα) à Tanagra (PAUSANIAS 9.20.3 ; cf. CORINNE, *frg.* 673 *PMG*) ; voir SCHACHTER 1986 : 193-194). Considéré comme héros fondateur en Béotie, il a cinquante fils (cf. CORINNE, *frg.* 673 *PMG*), dont certains règnent sur des cités de la région (voir RENAUD 1996 : 84). On donnait à son nom plusieurs étymologies, le rattachant en particulier à ὄρος (STRABON 10.1.4 ; pour "grand comme une montagne", ou "habitant des montagnes"), et surtout au mot οὐρεῖν (SCHOLIES À NICANDRE, *Ther.* 15a), signifiant "uriner" et parfois "éjaculer" (NONNOS 13.101 ; cf. *urina* in HYGIN 2.34.1 ; cf. JUVÉNAL 11.170). La graphie de ce nom est hésitante (voir PALAIPHATOS 51 : οὐρίων ; cf. OVIDE, *Fastes* 5.536 : *perdidit antiquum littera prima sonum*), mais la forme la plus ancienne semble ὁαρίων (EUSTATHE, *Comm. Il.*, p. 3.472 Van der Valk ; voir RENAUD 2003a : 165) et l'étymologie la plus probable semble aujourd'hui lier ce nom (à travers *ὁαρ) à l'été et faire d'Orion « l'Estival, Celui qui est lié à l'été » (pour une analyse détaillée du nom d'Orion, voir RENAUD 2004 : 149-161).

486. C'est de Poséidon qu'Orion reçoit la faculté de marcher sur les eaux (voir APOLLODORE 1.4.3 : διαβαίνειν τὴν θάλασσαν ; cf. THÉOCRITE 7.54 ; sur les rapports de Poséidon à l'espace marin, voir *Cat.* 31, n. 468). Un autre fils de Poséidon, l'Argonaute Euphémos, reçoit de son père un don analogue (APOLLONIOS de Rhodes 1.179 sq. ; VIRGILE, *Énéide* 5.810-811). Grâce à ce pouvoir, Orion peut passer d'une île à l'autre et parvenir jusqu'en Extrême-Orient, au pays du Soleil (Hélios). Dans d'autres textes, Orion ne marche pas "sur les flots" (ἐπὶ τῶν κυμάτων ; cf. HYGIN 2.34.1 : *supra fluctus curreret ut in terra* ; SCHOL. GERM., p. 92 : *supra fluctus ambularet* ; ARAT. LAT., p. 247 : *super undas*) mais "dans l'eau", sa taille de géant lui permettant de dépasser le niveau de la mer (*umero supereminet undas* : VIRGILE, *Énéide* 10.765), tandis qu'il chemine (*uiam scindens* : *ibid.*) en foulant le sol sous-marin. Cette formule, qui supprime de fait le don exceptionnel d'Orion en l'imputant seulement à sa taille, est peut-être en rapport avec la posture de Cédalion, sur les épaules du géant (voir n. 491). Pour des

parallélismes suggestifs avec d'autres mythologies indo-européennes, en particulier germanique, ainsi que la légende de Saint-Christophe, voir YOSHIDA 1969.

487. Les aventures d'Orion sont complexes et les épisodes lacunaires et enchevêtrés présentent de nombreuses variantes qui rendent sa geste parfois confuse (voir FONTENROSE 1981 : 5-6 ; cf. RENAUD 1996 : 83). MARTIN (1998a : 96-114) propose une analyse fouillée et comparative des différentes versions et épisodes (la conception extraordinaire, le viol suivi de l'aveuglement du héros, le voyage vers le Soleil, la chasse à outrance, la mort violente). Le récit d'Hésiode, tel qu'il est transmis par Ératosthène, correspond *grosso modo* à celui d'APOLLODORE (1.4.3-5), sauf en ce qui concerne la mort du héros. Par ailleurs, avant l'épisode de Chios certaines sources placent un épisode conjugal d'Orion avec Sidè ("la pomme-grenade"), qu'Héra précipite dans l'Hadès pour la punir d'avoir osé se dire plus belle qu'elle (APOLLODORE 1.4.3 ; OVIDE, *AA* 1.731 ; σίδη est aussi une plante d'eau, appelée νυμφαῖα, poussant en Béotie près d'Orchomène : THÉOPHRASTE, *HP* 4.10.1). C'est après la mort de son épouse qu'Orion se rendrait à Chios demander la main de Méropè. La séquence hésiodique (ivresse, viol, aveuglement) contraste avec la version épurée d'APOLLODORE (1.4.3), qui ne parle pas du viol mais d'une simple demande en mariage. C'est PARTHÉNIOS (20) qui donne le plus de détails sur l'épisode érotique (voir LIGHTFOOT 1999 : 493-494) : avant d'accorder à ce géant qui le répugne la main de sa fille (nommée Leiro et non Méropè ; voir BIRAUD *et al*. 2008 : 201), Oinopiôn exige de lui qu'il nettoie l'île des bêtes sauvages qui l'infestent (voir ARATOS 637-640 ; il s'agit essentiellement de reptiles : SCHOL. ARAT. 636, p. 350) ; le héros accomplit cet exploit et constitue un important butin sur les habitants du voisinage, qu'il offre en dot (ἕδνα) ; mais Oinopiôn remet sans cesse les noces à plus tard, et Orion finit par violer la jeune fille. L'objectif de l'éradication des bêtes sauvages semble être de préparer la terre de Chios à la culture de la vigne dont Oinopiôn est l'initiateur. Mais la tradition hésiodique place cette chasse à outrance en Crète (voir n. 497). Des variantes anonymes, citées par HYGIN (2.34.2), unissent au contraire Oinopiôn et Orion par des liens d'amitié extrême (*nimia coniunctum amicitia*), le premier mourant en voulant démontrer à son ami ses talents de chasseur ; SERVIUS (*Comm. Énéide* 10.763) s'embrouille et fait même d'Orion le fils (*sic*) d'Oinopiôn (*Oenopionis regis filius*). Fils de Dionysos (ou de Rhadamante : DIODORE 5.79.1) et d'Ariane, Oinopiôn est un héros culturel et fondateur qui, à l'instar de Triptolème avec l'épi de Déméter, introduit en Grèce la vigne dionysiaque. Selon THÉOPOMPE (*FGH* 115F276), les premiers Grecs à goûter la vigne furent les habitants de Chios.

488. Oinopiôn profite du sommeil d'Orion enivré pour lui ôter la vue (cf. APOLLODORE 1.4.3), en lui brûlant les yeux d'après PARTHÉNIOS (20.2 : ἐκκαῆναι). La scène présente une grande analogie avec l'épisode

d'Ulysse et de Polyphème (HOMÈRE, *Od.* 9.105 sq.). Selon EITREM (1928 : 67) et l'interprétation développée par Freud autour de la figure d'Œdipe, l'aveuglement constitue bien un "substitut symbolique de la castration" (FREUD 1967 : 62) et les mythes grecs attestent d'un lien entre cécité et violence sexuelle (DEVEREUX 1973 : 49). Si l'on interprète les épisodes d'Orion à partir d'un schéma "initiatique" (voir n. 500) cette agression pourrait correspondre aux mutilations que reçoivent, symboliquement ou non, les initiés dans certains contextes rituels.

489. Devenu aveugle, Orion se rend à Lemnos (ou Naxos : SCHOL. HOM., *Il.* 14.296 Erbse ; EUSTATHE, *Comm. Il.*, p. 3.646.11 Van der Valk) à la forge d'Héphaïstos ; il se serait orienté et aurait atteint ce premier foyer de lumière guidé par le bruit (*strepitus*) des Cyclopes en train de fabriquer la foudre (SERVIUS, *Comm. Énéide* 10.763). Cet apparent détour par le nord et le recours à un forgeron pour préparer sa guérison ont de quoi surprendre (voir FONTENROSE 1981 : 11) ; mais ces éléments peuvent s'expliquer selon un registre initiatique (RENAUD 1996 : 86) : la blessure subie par Orion peut évoquer les mutilations auxquelles sont soumis les initiés dans la "magie" de la métallurgie (voir DELCOURT 1982 : 121 sq. et 164-165) ; d'autre part, la descente sous terre (avec Héphaïstos, jusqu'à sa forge) et son retour à la lumière constituent une transition symbolique de la mort à la vie. L'élément le plus significatif de ce complexe est la fonction d'Héphaïstos et Cédalion qui règlent ce rite de passage : Maîtres de forge, ils sont les représentants grecs d'une métallurgie qui accorde aux métaux et à leur travail un caractère sacré, et considère cette technique comme une sorte de magie (cf. GRAF 1999). Héphaïstos et Cédalion (qui est parfois son maître de forge ; voir n. 490) peuvent être considérés comme des témoins de ces confréries de forgerons qui, attestées dans d'autres cultures, organisaient des mystères et des rites initiatiques ; les collèges de forgerons sont bien connus et représentés dans le monde grec et la mythologie : Dactyles, Courètes, Cabires, Telchines. Or le voyage maritime de Cédalion, sur les épaules d'Orion, le met en contact avec les Telchines, présentés comme des monstres à moitié immergés, exprimant le lien étroit qu'entretient l'élément marin avec la métallurgie (voir DETIENNE & VERNANT 1974 : 260 ; BRISSON 1981 : 1.83-85).

492. La guérison de la cécité par l'action du Soleil est un motif folklorique largement attesté (voir THOMPSON 1955 : F952, F952.2). Cette croyance populaire trouve un écho dans l'*Hécube* d'EURIPIDE, où Polymestor invoque le Soleil pour qu'il lui redonne la vue (v. 1066 sq.). C'est Héphaïstos lui-même qui recommande à Orion cette thérapie, de sorte que certains ont établi un rapport entre les rayons du Soleil et le rituel du feu nouveau à Lemnos (voir DELCOURT 1982 : 176).

493. Dans la version hésiodique Oinopiôn est enterré par ses concitoyens ; mais dans la version d'APOLLODORE (1.4.4), c'est apparemment Poséidon —le père d'Orion— qui lui fait construire un abri souterrain,

soit pour qu'il s'y cache, soit pour qu'il y soit emprisonné (option plus attendue de la part du père d'Orion), car le texte ne précise pas ses intentions. Cette chambre souterraine pourrait être —selon FONTENROSE 1981 : 12— l'écho de la tombe d'Oinopiôn à Chios décrite par PAUSANIAS (7.5.13).

Page 99
496. La tâche nécessaire consistant à éliminer les bêtes sauvages de l'île doit respecter certaines limites. Cette entreprise, conduite pas un chasseur démesuré comme Orion, risque de compromettre l'équilibre environnemental (une chasse excessive ou trop réussie conduit inévitablement à la ruine ; voir SCHNAPP 1981 : 157 ; cf. *Cat.* 33, au sujet de Céphalos). Le texte, en effet, souligne l'excès caractéristique de la passion cynégétique d'Orion, qui se vante d'anéantir toutes les bêtes (voir *Cat.* 7, n. 98), faisant preuve d'une ὕβρις inadmissible pour les dieux, intolérable pour la Terre : Orion ne se contente pas de détruire les bêtes sauvages, mais cherche à les massacrer toutes, jusqu'à empêcher les animaux de croître (ἀνελεῖν τῶν γιγνομένων), faire obstacle à la fécondité de la terre, et mettre en péril l'équilibre de l'île. Cette seconde campagne de chasse ressemble à la première, puisque c'est pour éradiquer les bêtes sauvages qu'il était resté auprès d'Oinopiôn.

497. La Terre (Gè) punit ainsi son ὕβρις (voir n. 496). Cette variante de la mort d'Orion est considérée comme "crétoise" (EITREM 1928 : 55), mais la chasse a lieu, selon d'autres sources, à Chios (ARATOS 637-640 ; PARTHÉNIOS 20 ; cf. n. 98), ce qui dissuade de considérer les variantes mythographiques comme des traditions locales ; sur les variantes de la mort d'Orion et leurs parallélismes structurels, voir PÀMIAS 2008c : 68-70.

498. En accord avec la version pacifique des liens entre Orion et Artémis (et sa mère Léto), et en mémoire de leurs parties de chasse, les responsables ultimes du catastérisme d'Orion sont, dans la première variante de la mort d'Orion (par le scorpion envoyé par Gè), la mère et la sœur d'Apollon (pour la seconde variante, où le scorpion est envoyé par Artémis, voir n. 98) ; mais la décision vient de Zeus (cf. SCHOL. GERM., p. 93). Le scorpion (voir *Cat.* 7), comme le crabe adversaire d'Héraclès (*Cat.* 11), mérite d'être au ciel à la fois en raison de son courage propre (ἀνδρία), et comme symbole (μνημόσυνον) du combat et de la gloire du héros qu'il a affronté ; et c'est à la demande d'Artémis et de Léto (*rogatu Dianae et Latonae* : SCHOL. GERM., p. 93) que l'animal serait, lui aussi, catastérisé. Parfois le héros meurt en voulant défendre (!) Léto du scorpion qui l'agresse (ARAT. LAT., p. 248 ; OVIDE, *Fastes* 5.537-544) ; dans le "galimatias" de la version de l'*Aratus Latinus* (MARTIN 1998b : 112) on comprend en effet que le Scorpion vise Léto et non Orion (*pellente illum contra Latonem*). Le récit de la catastérisation, et son intégration dans la geste d'Orion, ne remontent

probablement pas à Hésiode, bien que ce dernier connaisse assurément la constellation (HÉSIODE, *Op.* 598 et 609). Comme on l'a dit pour d'autres chapitres, l'œuvre hésiodique n'inclut pas de mythes astraux proprement dits, et le processus régulier de catastérisation paraît alexandrin. La scholie à Nicandre (*ad Ther.* 15) invoque, comme Ératosthène, l'autorité d'Hésiode, mais ne lui attribue pas la mention du catastérisme, qu'elle signale par ailleurs (ὁ δὲ Ζεὺς κατηστέρισεν αὐτόν τε καὶ τὸν σκορπίον ἐν τοῖς ἄστροις εἰς σημεῖον τῆς πράξεως). En revanche, les autres témoignages portant sur le catastérisme d'Orion ne se réclament pas d'Hésiode, et ne semblent pas dépendre de lui (PALAIPHATOS 51 ; HYGIN, *Fables* 195 ; MYTHOGRAPHE DU VATICAN 2.152). Le *frg.* 149 d'Hésiode (DIODORE 4.85.5 ; appartenant au *Catalogue*, et non à l'*Astronomie*, selon Merkelbach-West) mentionne également le catastérisme d'Orion : Diodore rapporte comme version du "poète Hésiode" qu'après des exploits réalisés en Sicile, le héros serait allé en Eubée et aurait été catastérisé, en raison de sa gloire (διὰ δὲ τὴν δόξαν ἐν τοῖς κατ' οὐρανὸν ἄστροις καταριθμηθέντα τυχεῖν ἀθανάτου μνήμης) ; mais l'attribution au poète de la conclusion de ce fragment, compte tenu de sa thématique et de sa terminologie, est à exclure. Cependant, on ne saurait nier qu'Orion présente un cas exceptionnel, puisque la constellation et le héros partagent le même nom et sont identifiés comme tels depuis Homère. Selon RENAUD (2003b : 210), Homère connaitraît le catastérisme d'Orion dans la mesure où il est le seul héros dans l'épopée qui est mentionné tantôt comme héros, tantôt comme constellation —ce qui n'est pas le cas d'Héraclès qui est au ciel un εἴδωλον. Cette "synonymie" a pu engendrer, de manière isolée, mais à une époque ancienne, un récit mythologique combinant sur une ligne de vie unique la saga héroïque et la promotion céleste d'Orion. On ne peut donc exclure, y compris dans un poème hésiodique, l'évocation du destin astral du héros. De MÜLLER (1834) à KIDD (1997 : 303) et RENAUD (2004), la majorité des philologues s'est attachée à montrer les rapports entre les épisodes mythiques de la carrière du héros et certains phénomènes astronomiques : la taille gigantesque, la poursuite des Pléiades, la faculté de marcher sur les eaux, le rapt par Aurore, le voyage vers le Soleil, le mouvement d'ouest en est et le retour, le lien explicite avec le Scorpion, ainsi que la veille des Ourses sur Orion (HOMÈRE, *Il.* 18.488 ; *Od.* 5.274 ; voir n. 499). Le complexe qu'il forme et la richesse du folklore orionien ont conduit certains à penser que le mythe d'Orion serait dérivé des aventures de la constellation : « le mythe d'Orion trouverait son origine, son point de départ, non pas dans le personnage de la mythologie, mais bien dans le ciel lui-même » (RENAUD 2003a : 165) ; voir RENAUD 2008 : 225 (« Orion est d'abord le nom de la constellation avant de devenir le héros du mythe »), et l'étude approfondie de l'auteur (RENAUD 2004). Même un lecteur averti et très sceptique sur les interprétations astrales, comme KÜENTZLE (1902 : 1045-1047) pose la question de la priorité du registre astronomique dans le mythe d'Orion (cf. CONDOS 1970 : 168-169). Mais tous ces épisodes mythiques attribués à Orion constituent, assurément, des archétypes très productifs et n'exigent donc pas forcément une interprétation astrale (cf. *Cat.* 7, n. 99).

499. Le long récit d'ARATOS sur cette constellation (636-646), amené par l'évocation du Scorpion, établit sans équivoque un rapport logique entre les périodes de visibilité de la constellation et la mort du héros sous l'aiguillon mortel de l'arachnide : « La venue [du Scorpion] fait aussi fuir le grand Orion » (cf. HYGIN 2.26). Quand Orion, qui n'est jamais très haut dans le ciel, et souvent juste au-dessus de l'horizon, disparaît au matin à l'ouest (en novembre), le Scorpion surgit à l'est, et lorsque le même Orion surgit de nouveau à l'ouest (à la fin juin), le Scorpion s'enfonce à l'ouest (SCHOL. ARAT. 636, p. 349 ; sur le temps exact de son coucher, voir HIPPARQUE 1.7.13). Orion accompagne ainsi le Soleil au cours de l'été, poursuivant les Pléiades dans leur course vers l'Occident (voir *Cat.* 23 ; cf. PINDARE, *Nem.* 2.10 ; HÉSIODE, *Op.* 619-620 ; QUINTUS DE SMYRNE 5.367). À son coucher c'est la grande Ourse (qui le « surveille » —δοκεύει—, selon HOMÈRE, *Il.* 18.488) qui est au méridien (HIPPARQUE 3.2.9). C'est au talon (β Orionis), au « pied gauche » (*Rigel*) que le Scorpion frappe de son dard ; or, comme le rappelle HIPPARQUE (3.2.9), c'est par le talon qu'Orion sombre à l'horizon : « La première étoile à se coucher est celle du pied gauche ». L'onomastique renforcerait, d'après certains, ce réseau astro-mythique, autour d'Orion, « astronyme d'origine météorologique » selon BADER (2003 : 124) : Orion est le frère de Lycos (de la racine *luk*-, la lumière ; cf. USENER 1896 : 199-200) et de Nycteus ("le Nocturne"), fils de Poséidon (HYGIN 2.21.1) ou d'Hyriée (APOLLODORE 3.10.1). On pourrait également noter que Sidè est fille de Tauros (le Taureau ; voir HÉCATÉE, *FGH* 1F262 ; HÉRODIEN, *Pros. Cath.* 3.1.311.12 Lentz) ; outre les liens de la pomme-grenade avec les Enfers (HYMNE HOMÉRIQUE *à Déméter* 372, 412), PAPE et BENSELER (1875 : 1383, s.v. Σιδή n° 5) signalent que la maturation de la pomme-grenade est contemporaine de l'apparition d'Orion au milieu du ciel.

500. La seconde variante de la mort d'Orion suppose des relations hostiles entre le héros et Artémis, victime d'une passion effrénée de la part de son compagnon de chasse —passion qui est une dérive courante de ce genre de situations ; voir PARTHÉNIOS 15 et 36— ; voir CALLIMAQUE, *frg.* 570 ; HYGIN, *Fables* 195. Selon APOLLODORE (1.4.5), la victime du héros violeur serait l'Hyperboréenne Opis, avec laquelle Artémis était parfois identifiée (CALLIMAQUE, *Hymne à Artémis* 204-205 ; SCHOL. HOM., *Od.* 5.121 Dindorf ; cf. KÜENTZLE 1902 : 1042), et Orion serait abattu par la déesse en raison de son arrogance, parce qu'il l'aurait défiée au disque (cf. διὰ τὴν μεγαλαυχίαν *in* SCHOL. NIC.,

Ther. 15). Les Pléiades sont, elles aussi, victimes de l'emportement sexuel d'Orion (voir *Cat.* 23, n. 342). Les *Phénomènes* d'Aratos, qui ne donnent pas de source nominale pour ce récit (v. 637 : προτέρων λόγος), situent la tentative de viol à Chios sur la personne d'Artémis et non de Méropè. La mort est administrée par la piqûre d'un scorpion (cf. *Cat.* 7, n. 98 ; voir ARATOS 641 sq.), comme dans la première variante, alors que ce mode convient moins à la déesse qu'à Gè, mais on peut y voir une analogie avec la mort par flèche ; c'est d'ailleurs souvent par une flèche que le héros meurt sous la main d'Artémis (HOMÈRE, *Od.* 5.121 sq. ; APOLLODORE 1.4.5 ; CALLIMAQUE, *frg.* 570 ; parfois en raison d'un malentendu : ISTROS, *FGH* 334F64, cf. n. 495). Le scholiaste à Nicandre, par ailleurs très proche de la version rapportée par Ératosthène, propose une formule analogue à celle d'APOLLODORE (1.4.5), puisque le héros meurt d'avoir défié Artémis et Léto à la chasse, ou d'avoir menacé de les priver de proies (voir aussi NIGIDIUS FIGULUS *in* SCHOL. GERM., p. 63-64). L'indication du statut d'Orion, qui meurt lorsqu'il est adulte (αὐξηθέντα), est peut-être une allusion à la dimension initiatique (sexuelle et cynégétique) du héros, qui échoue, en raison de sa démesure (cf. *Cat.* 7, n. 98).

501. PTOLÉMÉE (*Almageste* 8.1, p. 132) n'identifie qu'une étoile sur la tête qu'il dit nébuleuse (νεφελοειδής) ; or, dans son catalogue, Ptolémée qualifie seulement sept étoiles de nébuleuses : outre Bellatrix, Ptolémée en signale une dans l'Oiseau, Persée, le Triangle, le Scorpion, le Sagittaire, et naturellement le Crabe ; cet attribut est justifié par l'apparence d'une lumière diffuse en arrière-plan, à l'observation (comme l'exprime le choix du nom arabe *Al-Hakah* signifiant "la tache blanche"), mais les trois étoiles (λ, φ^1 et φ^2 Ori), formant un triangle, sont cependant assez nettes (mag. 3.4, 4.1 et 4.4). L'indication du manuscrit (ἀμαυρούς) est une corruption évidente, et l'ARATUS LATINUS (p. 249-250) note à juste titre qu'une des trois l'emporte en éclat sur les autres (... mais commet l'erreur de l'ajouter aux autres et donne un total erroné de dix-huit étoiles).

502. L'étoile de l'épaule droite (α Orionis, ou Bételgeuse) est rougeâtre (ὑπόκιρρος) selon Ptolémée, tandis que celle de l'épaule gauche (γ Ori ou Bellatrix) est bleutée ; ces étoiles splendides sont respectivement de magnitude 0.5 et 1.6.

Page 100

503. La ceinture (ζώνη : ARATOS 518, 587 ; cf. *zona* : HYGIN 3.33) est une partie essentielle, structurellement, de l'équipement d'Orion. Les trois étoiles qui la notent (δ, ε et ζ Ori), connues aujourd'hui sous le nom de "les trois rois", sont brillantes (respectivement de magnitude 2.2, 1.7 et 1.8), et presque alignées et équidistantes ; les Latins les distinguaient sous le nom de *Iugulae* (voir LE BŒUFFLE 1977 : 130-131), ou *Iugula* (SCHOL. GERM. [p. 93], qui semblent utiliser le nom

pour l'ensemble de la constellation et lui attribuent huit étoiles, soit à une unité près le nombre d'étoiles de la "peau" selon SCHOL. ARAT. 322, p. 239). Le nom moderne de "baudrier" correspond à une évolution latine (*balteus* : SCHOL. GERM., p. 94) ; le scholiaste à Germanicus conclut ce chapitre par une curieuse remarque : « on considère que son baudrier et son épée sont des astres éternels » (*aeternae balteus eius et gladius esse existimantur*).

506. HYGIN (3.33) compte aussi 17 étoiles, et donne exactement la même disposition et les mêmes remarques d'éclat des étoiles (sauf pour les étoiles du pied qu'il ne signale pas comme brillantes). Ptolémée (*Almageste* 8.1, p. 132-136), pour sa part, en inventorie 38, enrichissant la liste en quantité et en qualité, en donnant des localisations plus fines : « sur le mollet et au-dessus de la cheville » (ὑπὲρ τὸν ἀστράγαλον ἐν τῇ κνήμῃ) pour τ Ori ; « au-dessous du talon gauche » (ὑπὸ τὴν ἀριστερὰν πτέρναν) pour 29(e) Ori. Sur la main droite, il signale en particulier un quadrilatère (τὸ ἐν τῷ δεξιῷ ἀκροχείρῳ τετράπλευρον : ν, ξ, 69, 72 Ori). Une partie de la constellation est constituée par la "Massue", qui se trouve sur l'écliptique, et qui est déjà signalée pour le personnage par Homère sous le nom de "masse entièrement de bronze" (ῥόπαλον παγχάλκεον : *Odyssée* 11.575). Or curieusement Ératosthène ne la signale pas, à la différence d'Hipparque et de Ptolémée, qui la nomment κολλόροβος, terme employé aussi pour désigner un attribut du Bouvier (HIPPARQUE 2.6.1b ; PTOLÉMÉE, *Almageste* 7.5, p. 48 ; voir *Cat.* 8) ; et les SCHOLIES À ARATOS (*ad* 322, p. 239) la nomment καλαῦροψ, nom du bâton des bouviers (*Il.* 23.845) et du Bouvier (NONNOS 1.255) ; or DIODORE (14.2.2) assimile cette masse (ῥόπαλον) à la houlette et au bâton utilisés pour la chasse au lièvre : οἱ μὲν καλαύροπας, οἱ δὲ λαγωβόλα καλοῦντες. HYGIN (3.33) l'indique également (*claua*), mais sans lui attribuer d'étoiles. Il est possible que cet astérisme ait été parfois considéré comme indépendant, ou que ses étoiles (χ^1 et χ^2 Ori), assez nettes (mag. 4.4 et 4.6), aient été annexées au Taureau (HIPPARQUE 3.5.22) ; Hipparque, traitant du coucher d'Orion, se demande, en effet, s'il faut compter la Massue que le héros « tient dans sa main droite », dans la constellation d'Orion (1.7.15). HIPPARQUE (3.5.21) serait le premier à affubler Orion d'une peau (δορά) portée sur la main gauche et marquée par au moins sept étoiles —neuf dans le catalogue de Ptolémée ainsi que dans les SCHOLIES À ARATOS (*ad* 322 p. 239 : ἐνάστερον *vel* ἐννεάστερον)— qui sont ignorées d'Ératosthène (parmi lesquelles trois sont de magnitude inférieure à 4 : π^3, π^4 et π^5 Ori) ; cet accessoire —qui rappelle peut-être la peau de bœuf (βύρση) qui le vit naître— rapproche la figure de celle d'Héraclès (voir *Cat.* 4), et apparaît dans la plupart des atlas modernes. Une notice lexicographique consacrée à Orion (ETYM. GUD. Ω 581, s.v. Ὠρίων) introduit le terme σκεπαρνέα qui paraît désigner une peau de mouton (par jeu de mot σκεπ-αρνέα) qui "tombe sur [le bras] d'Orion"

(καὶ κλίνεται Ὠρίωνος ; cf. PHOTIOS, *Bibl.* 279, 532b28). On peut établir les équivalences suivantes : λ, φ^1 et φ^2 Ori (sur la tête) ; α Ori et γ Ori (sur les épaules, respectivement droite et gauche) ; μ Ori (sur le coude) ; ξ ou ν Ori (sur la main) ; δ, ε et ζ Ori (sur la ceinture) ; η, ι, 42 ou θ Ori (sur le poignard) ; 49 Ori et τ Ori (sur le genou, respectivement droit et gauche) ; κ Ori, β Ori (sur le pied, respectivement droit et gauche).

Page 101

508. Ératosthène est le premier auteur à identifier la constellation du Chien au chien de chasse de Céphalos, nommé Lélaps ("ouragan") dans les sources latines (OVIDE, *Mét.* 7.771 ; HYGIN, *Fables* 189). Il fut fabriqué en bronze par Héphaïstos (POLLUX 5.39), et d'abord offert à Zeus, qui la remit à Europe, son amante. Doué d'une vélocité extraordinaire, ce chien (mentionné pour la première fois dans les ÉPIGONES, *frg.* 5 Bernabé) était capable de capturer toutes ses proies. Son rôle de gardien auprès d'Europe est toutefois mystérieux. Ératosthène fait peut-être allusion à l'épisode au cours duquel Zeus aurait caché Europe dans une grotte (voir *Cat.* 14, n.) qui se trouvait à Teumessos (PAUSANIAS 9.19.1 ; cf. ETYM. MAG., s.v. Τευμήσατο, p. 755 Gaisford ; sur ce lieu voir n. 511) ; à moins qu'il s'agisse d'une contamination avec un motif parallèle, comme pour les chiens gardiens des vaches d'Iphiclès (APOLLODORE 1.9.12) ou de la chèvre qui allaitait Zeus en Crète (ANTONINUS LIBERALIS 36.1). Quoi qu'il en soit, la conduite du chien relève davantage de la chasse que de la garde domestique. Ce javelot était une arme qui avait la propriété de ne jamais manquer sa cible (APOLLODORE 3.15.1 ; HYGIN, *Fables* 189), et devint proverbial (cf. SOUDA, Π 2484, s.v. Πρόκριδος ἄκοντα) ; elle revenait, en outre, à la manière d'un boomerang, à l'endroit d'où on l'avait lancée (OVIDE, *Mét.* 7.684).

509. Minos hérite du chien et du javelot, puisqu'il est le fils d'Europe et de Zeus (voir *Cat.* 14, n. 219). Il offre ces cadeaux magiques à Procris, qui l'a guéri de sa maladie sexuelle, provoquée par sa femme Pasiphaé (à moins qu'il ne s'agît d'une impuissance congénitale : ANTONINUS LIBERALIS 41.4) et qui consistait à éjaculer des serpents, des scorpions et des scolopendres au lieu de sperme, lorsque Minos voulait s'unir à une femme ; ce n'est pas en vain que Pasiphaé est fille d'Hélios, sœur de Circé et tante de Médée. Ératosthène ne mentionne pas le remède appliqué par Procris : une herbe magique (APOLLODORE 3.15.1), ou une sorte de préservatif à base de vessie de chèvre (ANTONINUS LIBERALIS 41.5). Dans la conception grecque le scorpion passe pour paralyser la fonction sexuelle, comme l'a exposé EITREM (1928 : 60, 64 sq. ; cf. DEONNA 1959 : 13 sq.) ; il est donc très cohérent, de ce point de vue, que le meurtrier du lascif Orion soit

précisément un scorpion (voir *Cat.* 7, 32 et n. 99). Selon PAUSANIAS (9.19.1), OVIDE (*Mét.* 7.754-756) et HYGIN (*Fables* 189), ce n'est pas Minos mais Artémis qui fait don à Procris de ces auxiliaires de chasse. Honteuse d'avoir été surprise par Céphale qui a découvert ses infidélités conjugales, elle va trouver Artémis pour se dédier à la chasse. Mais elle revient à Athènes et scelle sa réconciliation avec Céphale en lui offrant le chien et le javelot. D'après SERVIUS (*Comm. Énéide* 6.445), c'est l'Aurore qui donne à Céphale ces trésors (le chien et *deux* javelots : *duo hastilia ineuitabilia et reciproca*). Le mythe de Procris et Céphale comprend plusieurs épisodes qui tournent autour de la transgression conjugale : Céphale est enlevé par Eôs (l'Aurore : APOLLODORE 1.9.4 ; ANTONINUS LIBERALIS 41.1 ; HYGIN, *Fables* 189) ; ou bien Procris devient l'amante de Minos (APOLLODORE 3.15.1). Telle est sans doute la tradition suivie par Ératosthène, bien que la liaison entre Minos et Procris ne soit pas mentionnée explicitement. Avant son union avec Minos, APOLLODORE (3.15.1) évoque une autre infidélité de Procris, avec Ptéléon, cette fois ; et sa femme se réfugie en Crète auprès de Minos lorsque Céphale apprend l'adultère. La scène au cours de laquelle Céphale se déguise pour mettre à l'épreuve la fidélité de Procris est déjà connue de PHÉRÉCYDE (*frg.* 34 Fowler). Elle constitue un épisode dont le potentiel burlesque a été exploité par les auteurs comiques (voir HUNTER 1983 : 181). Procris est, en tout cas, considérée comme une chasseresse par EURIPIDE (*Hypsipyle, frg.* I.iv, 2-5, Bond = p. 184 Jouan-Van Looy = *frg.* 752h Kannicht) et XÉNOPHON (*Chasse* 13.18), qui la cite en même temps qu'Artémis et Atalante. Cet état semble correspondre à sa condition d'origine. C'est au Ve s. seulement que la famille des Céphalides a transformé cette vierge, fille d'Érechthée, en l'épouse de Céphale, pour faire remonter son arbre généalogique à Érechthée, (WEST 1985 : 106-107). Procris est mentionnée pour la première fois, de manière fugitive, dans la *nekyia* homérique (*Od.* 11.321) ; puis elle apparaît dans le cycle épique (ÉPIGONES, *frg.* 5 Bernabé) et, probablement, le *Catalogue* hésiodique (cf. HÉSIODE, *frg.* 332). Ni Eschyle, ni Euripide ne semblent avoir composé une pièce sur Procris, à la différence de SOPHOCLE (*frg.* 533 Radt). Sur l'évolution du mythe de Procris à l'époque archaïque et classique, voir DAVIDSON 1997 : 167-174. Pour une interprétation du mythe selon la clé "trifonctionnelle", voir PÀMIAS 2006.

510. Bien que les *Catastérismes* ne mentionnent pas l'adultère de Procris, le récit abrégé suggère que l'héroïne, après un séjour assez long en Crète avec Minos (μετὰ δὲ χρόνον), retourne à Athènes et se réconcilie avec Céphale (cf. APOLLODORE 3.15.1). Dans la version des auteurs latins les auxiliaires magiques remis à Céphale constituent l'amende versée par Procris pour obtenir le pardon de son mari pour son infidélité (OVIDE, *Mét.* 7.753 sq. ; HYGIN, *Fables* 189). Quoi qu'il en soit ce présent satisfait la passion cynégétique de Céphale. Mais, comme dans

le cas d'Orion, le destin de Céphale montre à quelle ruine conduisent les chasses excessives (cf. n. 98 et 496). Ils illustrent aussi tous deux l'étroite relation entre érotisme et chasse (SCHNAPP 1981 : 1.157 ; cf. BURKERT 1983 : 58 sq.). Persuadée, en effet, que Céphale lui est infidèle, Procris le suit pour le surprendre en se dissimulant dans des buissons ; Céphale la prend pour une bête et l'abat de son javelot imparable (OVIDE, *Mét.* 7.794 sq. ; HYGIN, *Fables* 189). La condamnation à l'exil à Thèbes, qui est imposée à Céphale (voir PAUSANIAS 1.37.6 ; APOLLODORE 3.15.1), doit se comprendre comme le châtiment fixé pour un crime de sang (cf. n. 436). Dans la version de PHÉRÉCYDE (*frg.* 34 Fowler), Céphale tue Procris dans un accès de colère.

511. Ératosthène fait ici référence à la renarde de Teumessos (colline de Béotie, à huit kilomètres au nord-est de Thèbes), qui dévastait la cité de Thèbes, sans qu'on puisse jamais l'attraper, et exigeait qu'on lui livre un citoyen thébain chaque mois en pâture (cf. APOLLODORE 2.4.7 ; ANTONINUS LIBERALIS 41.8-10). La renarde avait été envoyée par les dieux pour punir les Thébains d'avoir écarté du trône les descendants de Cadmos (ÉPIGONES, *frg.* 5 Bernabé), ou par Dionysos (selon PAUSANIAS 9.19.1) ; ou par Thémis, après l'élimination du Sphinx par Œdipe (OVIDE, *Mét.* 7.759 sq.). D'après la poètesse béotienne CORINNE (*frg.* 672 *PMG*), c'est Œdipe qui triomphe de la renarde. La version rationaliste de PALAIPHATOS (5) convertit le monstre en un noble thébain nommé Alôpex (« Renard ») qui se livre à des raids avec sa troupe de mercenaires. On peut d'ailleurs hésiter sur le sexe de l'animal (transformé en guerrier masculin par Palaiphatos), que le genre grammatical ne garantit pas toujours ; l'opportunité d'opposer au chien masculin (alors que les pisteurs sont généralement des "chiennes") une proie féminine, dans cette chasse symbolique, invite à retenir l'identification courante. Comme cette bête est insaisissable, les Thébains demandent à Céphale le secours de son chien merveilleux ; Céphale l'Athénien reçoit ainsi pour mission de débarrasser le pays du monstre qui empêche son développement pacifique, à l'instar d'Orion à Chios ou en Crète (voir *Cat.* 32, n. 487 et 496). Certaines sources mythographiques font intervenir Amphitryon qui persuade Céphale de mener cette chasse, en échange de l'aide des Thébains dans la campagne qu'il conduit contre les Téléboens (APOLLODORE 2.4.6-7 ; ANTONINUS LIBERALIS 41.7-9).

512. Toutes les sources insistent sur l'impasse que constitue la poursuite de la renarde par le chien, deux animaux également d'une rapidité insurpassable (voir POLLUX 5.39). Ne sachant que faire (cf. HYGIN 2.35.1 : *nescius quid faceret*), Zeus les transforme l'un et l'autre en pierre, selon ANTONINUS LIBERALIS (41.10 ; HYGIN 2.35.1) et PAUSANIAS (9.19.1), ou en statues de marbre (OVIDE, *Mét.* 7.790). Bien que la pétrification soit généralement, dans la mythologie, une forme de châtiment, elle est ici plutôt la solution d'une situation inextricable. Ératosthène

présente cependant une variante, puisque le chien n'est pas changé en pierre mais transformé en constellation.

513. Sur Orion, voir *Cat.* 32. Le chien de chasse d'Orion réapparaît au *Cat.* 42 (cf. ÉLIEN, *NA* 10.45). Le fait que cette constellation soit identifiée au chien tantôt d'Orion, tantôt de Céphale, constitue un nouveau signe (cf. n. 510) des parallélismes étroits qui existent entre ces deux personnages (voir FONTENROSE 1981 : 100-104 ; l'auteur suggère même que la constellation d'Orion a pu être identifiée en Attique à Céphale ; cf. ROBERT 1878 : 244). Le chien d'Orion se caractérise, d'après Ératosthène, par le fait qu'il n'abandonne jamais son maître et assiste non seulement Orion mais tous les chasseurs. Le chien est un modèle de fidélité déjà chez HOMÈRE (*Od.* 17.291 sq.). La participation de chiens à la chasse est attestée en Grèce dès l'époque mycénienne (voir RICHTER 1979 : 1247).

514. Le Chien astral (Κύων) est identifié également à d'autres chiens mythiques : celui d'Alcyoneus, celui d'Érigonè et celui d'Isis —ou à un nom propre (SCHOL. APOLL. RHOD. 2.498-527q, p. 171). La tradition qui en fait *la chienne* d'Érigonè (sous le nom de Mæra) découle de l'identification de la Vierge avec Érigonè (*Cat.* 9, n. 131), et de celle de son père Icarios avec le Bouvier (*Cat.* 8, n. 108). Ils étaient les protagonistes du poème le plus célèbre d'Ératosthène, *Érigonè*, qui se concluait par le catastérisme des trois personnages (cf. ROSOKOKI 1995). C'est à Mæra (HYGIN 2.4.4) que sont dédiés des sacrifices estivaux, accomplis par les prêtres de Céos pour prévenir la peste (CALLIMAQUE, *Aitia, frg.* 3.1 Pfeiffer), depuis le temps lointain où Aristée « pour la faire cesser, éleva un grand autel à Zeus, principe de l'humidité des corps, et sacrifia sur les montagnes à Sirius et au fils de Cronos » (APOLLONIOS de Rhodes 2.522 ; cf. DIODORE 4.81.1) ; cette Mæra est peut-être une Titanide homonyme (HOMÈRE, *Il.* 18.48 ; PAUSANIAS 8.48.6), et son nom est parfois même donné au chien d'Orion (ORION, *Etym.* M 98, s.v. Μαίρα) ; le nom ("la scintillante" : SCHERER 1953 : 114), quoi qu'il en soit, précède probablement son attribution à la chienne d'Érigonè (cf. HÉSYCHIUS, *Lex.* M 94, s.v. Μαῖρα· κύων τὸ ἄστρον, ἢ ἀκμαιότατον καῦμα. οἱ δὲ τὴν σελήνην ; cf. ÉTYM. GUD. M 94, s.v. Μαιρά, où il désigne le Soleil).

Page 102

517. Sirius (α Canis Maioris) est l'étoile la plus brillante de notre hémisphère (avec une magnitude *négative* de –1.5) ; elle est d'une couleur blanc bleuté, ou rougeâtre (PTOLÉMÉE, *Almageste* 8.1, p. 142 ; cf. SCHOL. ARAT. 328, p. 243 : πορφυρίζων ; cf. LE BŒUFFLE 1973 : 1064 sq.). Ce passage est corrompu et certains éditeurs (voir *app. crit.*), à partir d'Hygin (et SCHOL. GERM., p. 95), ont supposé la mention perdue d'Isis, autre nom ou patronne de la constellation : « [étoile qui est appelée Isis] et que l'on nomme également Sirius ». Isis est en effet

identifiable à Sirius (HORAPOLLON 1.3.3 ; voir BOLL-GUNDEL 1937 : 997 ; cf. ÉLIEN, *NA* 10.45, sur le rapport de la divinité avec le chien). Le positionnement "sur la tête" donné par Ératosthène correspond d'ailleurs aux représentations de l'Isis hellénistique, couronnée d'une étoile, et le nom d'Isis est même donné pour un nom *grec* de l'étoile, alors que le nom égyptien est Σῶθις (PLUTARQUE, *Isis* 359c10 ; tandis qu'Orion est identifié à Horus : « l'âme d'Isis est appelée par les Grecs le Chien, et Sothis par les Égyptiens ; celle d'Horus est Orion, et celle de Typhon la Grande Ourse » ; cf. NUMÉNIUS, *frg.* 31 des Places). D'après la structure des héritiers des *Catastérismes* (surtout Hygin, *Arat. Lat.* et *Schol. Germ.*) il semble bien que le début de cette section de l'*Epit.* ait souffert d'un profond remaniement. Dans les trois textes, en effet, la référence à Sirius ou à Isis précède le récit de la seconde identification du Chien au chien d'Orion, et elle est détachée de la section astrothétique ; HYGIN (2.35.2) place même, dans son livre 2 consacré à la mythologie, une remarque spéciale sur cette étoile dans le style du livre 3 sur la localisation d'étoiles : « Le chien a sur la langue une étoile appelée elle-même chien, et sur la tête une autre, qu'Isis plaça [...] et appela Sirius » ; cette indication est reprise en 3.34. La présence de καί avant le nom de Sirius suggère également qu'un autre nom a été donné précédemment à cette étoile. L'étoile est associée, depuis HOMÈRE (*Il.* 22.30 sq. ; voir ARATOS 332-335 ; GÉMINOS 17.39 ; etc.) à l'arrivée de la canicule aux effets dévastateurs pour les plantes et les hommes (voir la description enflammée de MANILIUS 5.207-233 : cf. GUNDEL 1927 : 342-345 ; DETIENNE 1972 : 24-27). Cette réputation provient de la coïncidence de son lever matinal héliaque avec le pic des chaleurs estivales. Sirius (*i.e.* Sothis, en Égypte) eut, en effet, durant toute l'Antiquité son lever héliaque au mois d'Epiphi (*i.e.* Juillet : SCHOL. ARAT. 332, p. 244), autour du 22 juillet julien, et il annonçait l'époque des crues et des épidémies, marquant également dans ce pays le début de l'année : « chez les Égyptiens le solstice d'été annonce la crue du Nil et le lever de l'étoile du Chien » (PTOLÉMÉE, *Tétrabible* 2.11) ; à partir de –3000, il se produit en fait après le solstice d'été, et cet écart s'accroît en raison du phénomène de la précession des équinoxes ; cf. HIPPARQUE 2.1.18 : « C'est en effet lors du lever du Chien que la canicule est la plus forte, et ce lever se produit à peu de chose près trente jours après le solstice d'été ». Son coucher se traduit, au contraire, par la venue de la fraîcheur : « Le coucher matinal de Sirius se produit lorsque le Soleil est dans le Capricorne, sur le tropique d'hiver, au plus froid de l'hiver » (SCHOL. ARAT. 332, p. 244-245). Une SCHOLIE À APOLLONIOS de Rhodes (p. 171) retrouve dans un inventaire étymologique les différentes caractéristiques de Sirius : il indique le bouillonnement (παρὰ τὴν ζέσιν, ζείριος καὶ σείριος), parce qu'il nous "vide" (cf. σειρεῖν) par la transpiration, ou parce que les chiens "montrent les dents" (σαίρειν), ou parce qu'ils "tremblent" (σείεσθαι) ; tous les astres sont appelés "siriens" car ce sont des repères (σημεῖα) et des signes (τείρεα) pour les marins. L'étymologie est en fait obscure, mais le mot est surtout à rapprocher de σειριᾶν (CHANTRAINE 1968, s.v. Σείριος ; voir ARATOS 331 et SCHOL. ARAT. 330, p. 243 ; cf. FISCHER 1969). BADER (2003 : 122-123) voit dans la désignation de Sirius par HOMÈRE (ἀστέρ᾽ ὀπωρινῷ : *Il.* 5.5) un anagramme d'Orion. On trouve également pour cet astre le nom de κύναστρος (SCHOLIES À OPPIEN, *Halieutiques* 1.46 et 734 Bussemaker ; SCHOLIES À LYCOPHRON 397) et ἀστροκύων (HORAPOLLON 1.3 ; Teucros *in* BOLL 1903 : 210). Le latin *Canicula* ("petite chienne"), en rapport évident avec le grec κύων, et attesté depuis VARRON (*RR* 1.28.2), est peut-être un terme ancien et indigène, dérivant de la même langue que le grec (LE BŒUFFLE 1977 : 134-137 ; voir au contraire SCHERER 1953 : 110, et GUNDEL 1927 : 316 sq.). À propos de l'étoile de la langue, les SCHOL. GERM. (p. 95), dans une glose latine insistante, disent de Sirius : *quam Caniculam appellamus… ; quae est in lingua eius canicula dicitur.*

518. Il semble, malgré l'indication d'Ératosthène, que le terme σείριος, déjà employé par Hésiode comme adjectif (*Op.* 417 : σείριος ἀστήρ ; ou seul : *ibid.* 587), est peu usité par les astronomes, et davantage employé par les poètes (ARATOS 332 et 340 ; cf. ALCMAN, *frg.* 1 *PMG*, v. 62-63), y compris pour qualifier en général des astres scintillants ou lumineux (IBYCOS, *frg.* 314 *PMG* ; cf. THÉON DE SMYRNE, p. 146 Hiller ; ESCHYLE, *Ag.* 967 ; EURIPIDE, *IA* 7), ou le Soleil (ORPH., *Arg.* 120 ; OPPIEN, *Chasse* 4.328 ; cf. HÉSIODE, *Op.* 414 —où MARTIN (1998b : 288-289) pense, contre l'avis de West mais en accord avec les scholies, que l'adjectif renvoie au Soleil—), voire, par extension, d'autres objets (comme des navires : TIMOTHÉE, *frg.* 791 *PMG*, v. 179 ; cf. MARTIN 1998b : 288-289). Les astronomes désignent généralement cette étoile par le nom d'ensemble Κύων (voir SCHERER 1953 : 109). BADER (2003 : 125 sq.) identifie, onomastiquement et astronomiquement, Sirius au sanskrit Tritya, mais ce nom correspondrait plutôt aux trois étoiles de la ceinture d'Orion (TILAK 1893 : 127).

519. Il serait plus satisfaisant, astronomiquement, de comprendre « sur les oreilles » (ἐπὶ τῶν ὤτων ; sur une corruption semblable, voir Cat. 14 et n. 229). Ptolémée compte, pour sa part, une étoile sur les oreilles et une étoile sur la tête, qui pourraient correspondre à nos deux étoiles (et seraient θ et γ ou μ CMa ; cf. LE BŒUFFLE 1983 : 199) ; c'est la lecture d'HYGIN (3.34 : *in utrisque auribus*) ; mais Ptolémée compte aussi deux étoiles sur l'épaule gauche (ἐν τῷ ἀριστερῷ ὤμῳ). On a proposé (d'après SCHOL. GERM., p. 95) de compléter le texte par « deux sur le cou » (signalées par Ptolémée et correspondant à γ et θ CMa).

522. Cette étoile (ε CMa) est la plus brillante après Sirius (mag. 1.5), et ARISTOTE affirme avoir vu de ses yeux une étoile chevelue —ou une comète— à cet emplacement (*Météo.* 343b10-12 : τῶν γὰρ ἐν τῷ ἰσχίῳ τοῦ κυνὸς ἀστήρ τις ἔσχε κόμην) ; pour HIPPARQUE (2.5.1),

elle est sur les hanches, et pour Hygin (3.34), elle est sur la hanche gauche (*in sinistro lumbo*) ; d'après les coordonnées de Ptolémée, il apparaît que cette étoile —à laquelle il n'accorde qu'une magnitude de 3— se trouve non pas sur la hanche mais, dans son schéma, « sous le ventre, entre les cuisses » (Ptolémée, *Almageste* 8.1, p. 144) ; Martin (1998b : 287) pense que c'est aussi le cas dans la figure d'Aratos, mais les Scholies à Aratos (*ad* 329, p. 243) semblent infirmer cette hypothèse (οὐδέ [...] σφόδρα λαμπροί εἰσιν).

523. Cette étoile, « brillante sur les pattes postérieures » (Hipparque 3.5.23 ; *clara* selon Schol. Germ., p. 95) est ζ CMa, une des plus lumineuses de la constellation (d'une magnitude de 3) ; mais elle ne fait sans doute pas partie de la constellation aux yeux d'Aratos (Martin 1998b : 287), car les pattes postérieures ne sont pas éclairées (Schol. Arat. 327, p. 241-242) ; elle est la première à se coucher (Hipparque 3.2.12).

525. Il paraît impossible de voir quatre étoiles au niveau de la queue, à moins de les prélever sur la Poupe d'Argo, bien que ce chiffre soit régulièrement attesté dans la tradition dérivée des *Catastérismes*. Ptolémée n'en note qu'une à cet emplacement (η CMa), et les étoiles périphériques, correspondant à la constellation moderne de la Colombe (Col), introduite seulement en 1492 par Petrus Plancius, sont beaucoup plus au sud, sous les pattes postérieures, et non près de la queue. L'étoile de la queue est au niveau du point solsticial d'été (Hipparque 3.5.1b).

526. Ce total est problématique et le chiffre de 17 ne se retrouve nulle part ailleurs : le Chien se voit compter 13 étoiles (*Epit.*), 16 (*recensio interpolata* de l'*Aratus Latinus*), 18 (Ptolémée), 19 (Hygin *de facto*), ou 20 (Hygin in mss, *Arat. Lat.* et *Schol. Germ.*). Ptolémée ajoute onze étoiles périphériques. L'identification des étoiles selon le schéma d'Ératosthène, qui ne concorde dans le détail ni avec celui d'Hygin, ni avec celui de Ptolémée, est en partie hypothétique (parmi les 26 étoiles de magnitude inférieure à 5 que compte la constellation) : α CMa (sur la tête) ; γ, ι CMa (sur le cou) ; π, 15 CMa (sur les épaules) ; ν^2 ν^3 CMa ? (sur le poitrail) ; β, ξ^1 ξ^2 CMa (sur la patte avant) ; ο^1, ο^2 CMa (sur le ventre) ; δ, τ, ω CMa (sur le dos) ; ε CMa (sur la hanche) ; κ CMa (sur la patte) ; ζ CMa (sur l'extrémité de la patte) ; η CMa (sur la queue).

Page 104

528. Le Lièvre est une constellation clairement construite après coup pour étoffer le contexte cynégétique (voir Aviénus 749-755) autour d'Orion et du Chien (Martin 1998b : 292), et donc un personnage un peu artificiel (voir Hygin 2.33.1 et Schol. Germ., p. 96 : *uoluerunt etiam <hoc> significare aliqua de causa*). On ne trouve aucune mention sûre de cette constellation avant Eudoxe (*frg.* 53, 84, 96 et 73 = Hipparque 1.2.20). À cet emplacement le ciel babylonien

place un coq (TAR-LUGAL HU), "après" Orion (FLORISOONE 1951 : 160-161 ; cf. BOLL-GUNDEL 1937 : 993), qui est soit le Lièvre, soit Procyon ; tandis que dans le ciel égyptien sa place, en lisière du Fleuve, est vaguement occupée par la barque d'Osiris (ALLEN 1899 : 265). Le lièvre « gris » (γλαυκοῦ : ARATOS 369), en référence soit à la couleur du pelage, soit à sa faible luminosité (voir SCHOL. ARAT. 367, p. 257 ; MARTIN 1998b : 308-309) est aux pieds d'Orion (*Cat.* 32 ; voir HYGIN 3.32 : *infra sinistrum pedem*), poursuivi par le Chien (*Cat.* 33) ; il est dans le secteur de Procyon (*Cat.* 42), qui est un doublet du Chien d'Orion ; sur la proximité de Procyon et la présence problématique d'autres animaux autour du Lièvre, voir *Cat.* 42 et n. 660. C'est la tête du Lièvre et non du Chien (comme le dit à tort HYGIN 3.34) qui est tout près des pieds d'Orion (*paene coniungens*). Ceux qui naissent sous le signe de cette constellation reçoivent des ailes et le don de voler comme des oiseaux (*alas uolucrumque meatus* : MANILIUS 5.160). La course du lièvre céleste est un thème d'Aratos repris largement (LE BŒUFFLE 1973 : 1007), et l'animal était représenté sans doute sur les atlas en train de courir (comme sur le globe Farnèse). Fidèle à son modèle naturel qui ne dort jamais que d'un œil (XÉNOPHON, *Chasse* 5.11 ; PLINE 11.147 ; ÉLIEN, *NA* 2.12) le Lièvre, en effet, court toujours, harcelé par le Chien qui le presse (ARATOS 338-341 et 678 : ἀτέλεστα διωκομένοιο Λαγωοῦ ; cf. MANILIUS 5.233 : *quaerit leporem comprendere cursu* ; du coup, il symbolise l'éternité indestructible du cosmos : SCHOL. ARAT. 338, p. 246) ; ainsi la première étoile à se coucher est-elle celle des pattes de devant, et la dernière celle de la queue (HIPPARQUE 3.2.11).

529. Par l'expression ἐν τῇ καλουμένῃ κυνηγίᾳ ("celle qu'on appelle la Chasse", ou "la fameuse chasse"), Ératosthène renvoie à la chasse archaïque ou héroïque, ou à la chasse extrême qu'Orion mène à Chios, ou en Crète avec Artémis (voir *Cat.* 32), et à laquelle pourrait renvoyer Callimaque dans ses *Dianae laudes* (HYGIN 2.33.1 ; SCHOL. GERM., p. 96) ; Hygin, en effet, rapporte la critique de gens qui trouvent que le lièvre est une proie trop médiocre pour un chasseur comme Orion —et contestent donc que la constellation soit liée au héros—, et qui reprochent aussi à Callimaque de prétendre qu'Artémis aime « le sang de lièvre » (*sanguine leporum*), comme si l'on trouvait en Callimaque un garant de cette identification —et il est peu probable que le passage invoqué soit le début de l'*Hymne à Artémis* (v. 2) où apparaît seulement le terme λαγωβολίαι. On ne peut toutefois identifier un texte comme source littéraire de ce nom ("la Chasse"), derrière cette formule (malgré GUNDEL 1924 : 458 ; SCHERER 1953 : 189). Proie des aigles (HOMÈRE, *Il.* 17.674 sq. et 22.308 sq.), des chiens (HOMÈRE, *Il.* 10.360 sq.), des renards (ÉLIEN, *NA* 13.11), et surtout des hommes (cf. HÉRODOTE 3.108), le lièvre est une des cibles principales des chasseurs en raison de sa viande (que l'on sait préparer de multiples façons :

ATHÉNÉE 9.399d-e ; PLINE 8.217) et de ses vertus médicinales, en particulier pour les femmes, et pour les soins du corps (PLINE 28.162 sq., surtout 248 et 260 : par jeu de mots entre *lepus* et *lepos*, *i.e. gratiam corporis* ; cf. MARTIAL 5.29). La chasse au lièvre se fait à l'aide de chien, de filets et d'un bâton appelé ῥόπαλον (XÉNOPHON, *Chasse* 6.11) ou λαγωβόλον (SCHOLIES À THÉOCRITE 4.49c ; SOUDA Λ 26, s.v. Λαγωβολεῖον ; voir GAMS 1979 : 952), qui est également un surnom d'Artémis (NONNOS 15.171, 16.14).

532. Le lièvre est effectivement sujet à la superfétation (ἐπικυΐσκεται : ARISTOTE, *GA* 774a31), ou fécondation successive de deux ovules au cours de deux cycles menstruels, si bien qu'une femelle peut porter simultanément deux embryons d'âge différent, et, au moment où elle met bas l'un, poursuivre la gestation de l'autre. Cette caractéristique extraordinaire est signalée par HÉRODOTE (3.108) comme un signe de la providence divine, et retient l'attention de tous les naturalistes (XÉNOPHON, *Chasse* 5. 13 ; ARISTOTE, *HA* 579b30 sq. ; ÉLIEN, *NA* 2.12 ; PLINE 8.219 ; OPPIEN, *Chasse* 3.515-522 ; cf. POLLUX 5.73) et naturellement celle des paradoxographes (voir n. 538). La superfétation est un signe de fécondité exceptionnelle, et parfois on attribue également ce caractère au lièvre mâle (ÉLIEN, *NA* 13.12) ; la croyance en la bisexualité du lièvre (PLINE 8.218) et à son androgenèse peut s'expliquer par des particularités éthologiques (ZUCKER 2002 : 222), et la longue section d'Élien sur le lièvre (13.11-15) provient sûrement d'un ouvrage naturaliste et non paradoxographique. HYGIN (2.33.2) et le reste de la tradition catastérismique racontent, à propos du Lièvre, une fable que l'on hésite à attribuer à l'ouvrage original d'Ératosthène, tant elle est excentrique et maladroite : on aurait un jour importé dans l'île de Léros un lièvre, et cette espèce, encouragée par les habitants enthousiastes, aurait rapidement proliféré au point d'infester les campagnes et de ruiner les cultures ; ce récit, qui souligne la prolificité du lièvre —le second motif de sa catastérisation— et présente des analogies avec d'autres histoires (cf. PLINE 8.216 ; voir BOLL-GUNDEL 1937 : 995), sert une leçon morale fade sur le retournement du bien en mal.

533. Ce titre n'est pas un titre des catalogues des œuvres d'Aristote et peut désigner n'importe quelle édition partielle ou remaniée d'un pan du corpus aristotélicien (sur le problème du titre de ses œuvres voir LOUIS 1964 : XVIII-XX) ; c'est, en tout cas, le nom que donne ARISTOPHANE de Byzance à l'ensemble de l'œuvre d'Aristote (*Epitome* 1.1.2 & 2.1.7), mais cette formule peut désigner telle quelle un autre traité comme *PA* (ANON., *in Rhet.*, *CAG* 21.2, p. 35 ; cf. SIMPLICIUS, *de an.* 150.29), et virtuellement n'importe quel traité (PHILOPON, *in Mete.* 14.1.9). Aristote traite à plusieurs reprises de la superfétation du lièvre (*GA* 774a31 ; *HA* 542b31 ; *HA* 579b30-580a5 ; *HA* 585a5). Aristophane de Byzance, auteur d'un épitomé du corpus biologique, est souvent

donné comme l'intermédiaire régulier pour les auteurs de la période hellénistique et romaine de l'œuvre volumineuse du Stagirite, qui a connu d'autres médiateurs (FRASER 1972 : I.460-461 et 770 ; ID. II.666 et 1078). WELLMANN (1891, 1892, 1895, 1896, 1916) a étudié de manière approfondie cette tradition complexe et lacunaire (voir, plus récemment, HELLMANN 2010). Aristote est de nouveau cité au *Cat.* 41, également dans un contexte paradoxographique, et son nom est une nouvelle fois associé à celui d'Archélaos (voir n. 538). Cette coïncidence suggère qu'Ératosthène a puisé à une source intermédiaire qui réunissait déjà les deux auteurs (cf. *Cat.* 41, n. 657). D'après REHM (1899a : XIII-XIV), cependant, la mention d'Archélaos serait une interpolation. Voir aussi BOLL-GUNDEL 1937 : 1009.

535. Les étoiles du corps sont "dispersées" pour Hygin (*passim dispositas* : HYGIN 3.32). L'*Epit.* et *FV* se distinguent sur un point important, qui est l'intégration (*FV*) ou non (*Epit.*) de l'étoile du dos (brillante selon l'*Epit.*) —autrement dit α Lep (Arneb) ; l'écart entre les deux textes sur le total d'étoiles dépend d'une correction éventuelle sur l'inclusion de cette étoile. Les trois étoiles seraient α, β, et μ ou ζ Lep (mag. 3.3 et 3.5).

537. Le total d'étoiles est de 6 pour *Epit.* (comme pour Hygin), et 7 pour *FV*, *Arat. Lat.* et *Schol. Germ.* Les étoiles sont : ι ou κ et λ Lep (sur les oreilles) ; β et (?) μ Lep (sur le corps) ; α Lep (une brillante sur le dos) ; δ, γ Lep (sur les pattes). PTOLÉMÉE (*Almageste* 8.1, p. 140-143) compte douze étoiles (sur seize de magnitude inférieure à 5.3 que comprend la constellation : ι, κ, ν, λ, μ (sur le menton) ; ε, α, β (sous le ventre) ; δ, γ, ζ (sur les reins) ; η Lep. Sous le Lièvre, ARATOS (367-369) signale « d'autres étoiles, de petite taille et douées d'un faible éclat, qui tournent entre le gouvernail et le Monstre marin ; elles sont répandues sous les flancs du Lièvre gris » (voir HIPPARQUE 1.8.3). EUDOXE les note également dans les *Phénomènes*, et dans le *Miroir* (HIPPARQUE 1.8.6-7) : « sous le Lièvre, il y a un espace réduit, occupé par des étoiles sans éclat » (*frg.* 52) ; « il y a un petit morceau de ciel occupé par des étoiles sans éclat » (*frg.* 53). Quelle que soit la localisation précise des étoiles —que discute HIPPARQUE (1.8.2-7) et qu'il place entre le Fleuve et le Gouvernail—, cet amas stellaire reste pendant toute l'antiquité dans un anonymat intact et déconcertant (sur le développement important et souvent repris d'Aratos, voir le long commentaire de MARTIN 1998b : 302-307). HIPPARQUE (3.1.2) signale toutefois « sous le Lièvre l'étoile brillante qui n'a pas reçu de nom (ἀκατονόμαστος) » ; il s'agit sans doute de α Col (ou Phakt, mag. 2.6). Le lièvre est un indicateur météorologique puisque ses narines lui servent de baromètre (τῆς δὲ τῶν ὡρῶν διαφορᾶς αἱ ῥῖνες αὐτῷ γνώμων : ÉLIEN, *NA* 13.13) et qu'un attroupement de lièvres signifie qu'il fera beau (εὐδία : ÉLIEN, *NA* 7.8 ; cf. ARISTOPHANE de Byzance, *Epit.* 2.417) ; mais ces données ne jouent pas de rôle apparent dans

l'imaginaire astronomique. Le lever du Lièvre se produit lors du coucher de l'Aigle (voir HIPPARQUE 2.2.31) ; on a voulu aussi voir, dans le fait que le Lièvre se couche juste après le lever du Corbeau, l'origine de la croyance selon laquelle le lièvre ne supporte pas la voix du corbeau et se cache à son approche (ÉLIEN, *NA* 13.11 ; voir ALLEN 1899 : 265).

Page 105

538. Par des mentions de VARRON (*RR* 3.12.4) et de PLINE (8.218), nous savons qu'Archélaos parlait des lièvres dans son œuvre paradoxographique intitulée τὰ Ἰδιοφυῆ (ARCHÉLAOS, *frg*. 2 Giannini ; SCHOL. NIC., *Ther*. 823a ; cf. HERMIPPE, *frg*. 95 Wehrli ; le titre est aussi donné par Pline dans son index au 28ème livre comme celui d'une œuvre d'Orphée). Mais cette notice ératosthénienne, conservée uniquement dans les *FV* (cf. aussi ARAT. LAT., p. 254), n'est pas intégrée aux éditions des paradoxographes (WESTERMANN 1839 : 158-160 et GIANNINI 1967 : 24-28). Comme Aristote (voir n. 533), Archélaos abordait donc, d'après les *FV*, la superfétation dans son œuvre ; ceci nous amène à étendre l'emprunt fait par Varron à cet auteur aux données qui précèdent la mention (voir ARCHÉLAOS, *frg*. 2a Giannini). Archélaos de Chersonèse (*i.e.* Χερσονήσος μικρά, près d'Alexandrie) est un mystérieux auteur égyptien du IIIe ou du IIe siècle av. J.-C. Il aurait transposé en vers élégiaques pour Ptolémée II Philadelphe ou Ptolémée III Évergète (selon ZIEGLER 1949 : 1142), voire Ptolémée IV Philopator (FRASER 1972 : II.1086-1087), une collection de *Mirabilia* (ANTIGONE, 89 ; voir DIOGÈNE LAËRCE 2.17.11 ; ATHÉNÉE 9.409c ; son œuvre est aussi attribuée à Ptolémée : VITA ARATI I, p. 10 Martin). Il était donc probablement contemporain d'Ératosthène, et un représentant de la paradoxographie en vers (voir les épigrammes 125-129 dans LLOYD-JONES & PARSONS 1983 : 44-46). Son œuvre Τὰ Ἰδιοφυῆ ("phénomènes naturels particuliers"), était, elle-même, probablement en vers (GIANNINI 1964 : 112 ; LLOYD-JONES & PARSONS [1983 : 46] considèrent avec prudence les passages en prose). Comme les fragments conservés de cet auteur concernent uniquement le domaine animal, on a considéré que les Ἰδιοφυῆ constituaient le premier texte paradoxographique consacré exclusivement aux animaux (les collections d'Aristote, de Théophraste et de Straton, bien qu'elles aient servi de réservoir de données naturalistes, n'appartiennent résolument pas à ce genre). Pour un survol historique des prédécesseurs d'Archélaos dans la littérature paradoxographique, voir GIANNINI 1963 : 247-266. Sur la paradoxographie proprement dite, qui se diffuse à l'époque alexandrine, voir GIANNINI 1964 ; FRASER 1972 : I.454, 460, 770 sq. ; SASSI 1993. Sur les mécanismes de subversion des données naturalistes et le parti-pris du sensationnel chez les auteurs dits "paradoxographiques", voir JACOB 1980.

Page 106

540. Argo, la constellation la plus étendue de l'hémisphère sud, n'est pas entièrement visible de Grèce, mais elle l'est depuis Alexandrie et même Rhodes (voir SCHOL. ARAT. 351, p. 252). La constellation n'a pas d'équivalent sûr en Mésopotamie : peut-être BIR (le "rein") pour *Puppis*, NUN-KI ("ville d'Eridu") pour Canope et NIN-MAH ("la femme levée") pour une partie de *Vela* : ROGERS 1998a : 16-17 ; FLORISOONE 1951 : 160. Elle tire probablement sa forme d'Égypte (voir KIDD 1997 : 311 ; cf. BOLL 1903 : 174 ; BOLL-GUNDEL 1937 : 1006-1007). La sphère égyptienne compte plusieurs vaisseaux mais Argo correspondrait, près du Fleuve, à la barque d'Osiris (voir PLUTARQUE, *Isis* 359e ; cf. BOLL 1903 : 169 sq.). Mais cette image d'un bateau, qui semble naviguer sur la Voie lactée, pourrait être empruntée à la tradition indienne qui y voit *Argha*, le navire du Soleil, piloté par *Agasthya*, notre étoile Canope (KAK 1993 : 28). Ce nom apparaît pour la première fois pour la constellation chez EUDOXE (*frg.* 73). C'est Athéna, maître d'œuvre de la fabrication d'Argo, qui élève au ciel l'image du navire (cf. HYGIN, *Fables* 14.33). Selon Hygin, c'est pour guider la nef Argo que Chiron, le Centaure, aurait fait figurer au ciel le Sagittaire. La constellation a aussi été identifiée comme le vaisseau des Danaïdes (SCHOL. GERM., p. 172). Elle est exceptionnellement appelée πλοῖον (HIPPARQUE 1.8.1 et 3.1.14). Ératosthène rapporte l'étoile Canobos au Fleuve (voir *Cat.* 37, n. 572).

541. Argo tire son nom de son concepteur Argos (voir APOLLODORE 1.9.16 ; HYGIN 2.37 ; cf. PHÉRÉCYDE, *frg.* 106 Fowler), ou de sa rapidité (d'après l'adjectif ἀργός : DIODORE 4.41.3 ; HYGIN 2.37). À la demande de Jason et avec l'aide d'Athéna (APOLLONIOS de Rhodes 1.18-19 et 111-112), Argos conçoit et fait construire un navire à cinquante rameurs ; et il embarque au titre d'un des cinquante membres de l'expédition. Il aurait été monté en Thessalie à *Pagasae* (CALLIMAQUE, *Aitia*, *frg.* 2 Pfeiffer, *in* HYGIN 2.37 —voir πηγῆναι (de πήγνυμι)— ; cf. APOLLONIOS de Rhodes 1.238 ; EUSTATHE, *Comm. Il.*, p. 1.510 Van der Valk). C'est toutefois Athéna qui préside à chaque étape du processus de fabrication : elle choisit le bois de construction dans la forêt du Pélion (APOLLONIOS de Rhodes 2.1188) ; elle fixe l'éperon de proue, en chêne de Dodone, qui est doué de la parole (cf. APOLLODORE 1.9.16). Le chêne en question est sans doute le vélanède (φήγος : APOLLONIOS de Rhodes 1.527 ; APOLLODORE 1.9.16 ; c'est le chêne de Dodone : HÉSIODE, *frg.* 240) appelé vulgairement "chêne sauvage" (THÉOPHRASTE, *HP* 3.8.2 ; cf. les chênes vélanèdes plantés à Ilion sur le tombeau d'Ilos : THÉOPHRASTE, *HP* 4.13.2).

542. Le motif du vaisseau merveilleux appartient au domaine du folklore (voir THOMPSON 1958 : D1123 et D1610.11). Dans le cas d'Argo, sa capacité à proférer des prophéties vient d'une pièce de bois située sur la proue (πρῷρα : APOLLODORE 1.9.16) ou l'étrave (στεῖρα :

APOLLONIOS de Rhodes 4.583), taillée dans un chêne sacré de Dodone. Cette particularité d'Argo est déjà connue d'ESCHYLE (*frg*. 20, 20a de l'*Argo ;* cf. APOLLONIOS de Rhodes 1.524 sq. ; HYGIN 2.37) ; le navire Argo aurait lui-même hâté le départ de l'expédition par un cri (APOLLONIOS de Rhodes 4.585). Argo (qui est un nom féminin en grec), est un véritable personnage, et la "mère" de tous les Argonautes, « car c'est elle qui, en nous portant dans son ventre, sans cesse, peine en de dures épreuves » (APOLLONIOS de Rhodes 4.1327 & 1372).

544. L'expédition panhellénique d'Argo, conduite par Jason, a pour objectif de ramener la toison d'or qui se trouve en Colchide : c'est la peau du bélier d'or qui a conduit Phrixos et Hellè par les airs jusqu'en orient (voir *Cat.* 19). Leur périple est déjà évoqué comme un mythe classique dans l'*Odyssée* par la bouche de Circé, l'immortelle magicienne (12.69-72). Jason enrôle dans l'équipage d'Argo, la fine fleur de la Grèce, des κοῦροι, jeunes héros amenés à entreprendre un voyage initiatique semé d'obstacles mais finalement couronné de succès (cf. APOLLONIOS de Rhodes 1.440-449). Les membres de l'équipage sont au nombre de seize selon PINDARE (*Pyth.* 4.171-191), mais leur nombre atteint la cinquantaine dans la tradition devenue canonique (sur ce chiffre, voir *Cat.* 36, n. 557 ; ils sont soixante pour THÉOCRITE 13.74, qui donne au navire trente bancs de rameurs : τριακοντάζυγος). À l'issue du voyage de retour, les Argonautes abordent à Corinthe, où ils consacrent le navire à Poséidon (cf. APOLLODORE 1.9.27 ; DIODORE 4.53.2). Le premier récit consistant sur l'expédition se trouve chez PINDARE (*Pyth.* 4.70-262), mais ce sont les *Argonautiques* d'Apollonios de Rhodes qui ont donné au mythe leur forme définitive. Cette œuvre est, en effet, le principal modèle pour la tradition postérieure —bien qu'on ne puisse en percevoir la marque sur les *Catastérismes* (cf. APOLLODORE 1.9.16-28 ; DIODORE 4.40-53 ; OVIDE, *Mét.* 7.1-403). On ignore à quelle source a puisé Ératosthène. VAN DE SANDE BAKHUYZEN (1877 : 111) fait remarquer que le lexique de ce chapitre (φωνήεσσα, ἀρχῆθεν) trahit l'influence d'un poète tragique, qui pourrait être Eschyle ; sur ἀρχῆθεν, cf. ESCHYLE, *frg*. 416 Radt ; SOPHOCLE, *frg*. 126.

545. Pour l'usage de εἴδωλον (image), et ses implications, voir *Cat*. 2 (n. 23) ; *Cat*. 4 (n. 55), *Cat*. 14 (n. 222), *Cat*. 25 (n. 378), *Cat*. 26 (n. 385).

546. Les étoiles ne dessinent, de fait, qu'une partie seulement de l'image d'un vaisseau, qui est tronquée (voir HYGIN 2.37 : *non tota effigies*), comme celle du Taureau (voir *Cat*. 14) et du Cheval (voir *Cat*. 18 (n. 272) : sont visibles la poupe, la partie arrière du pont, le mât (mais les voiles ne sont pas signalées, sauf SCHOL. GERM., p. 237 : *in uelo tres* ; et ARAT. LAT., p. 256 : *in summo uelo*), et la partie arrière de la coque. ARATOS décrit toutefois la partie du navire qui ne se voit pas (v. 349-350). C'est ainsi que le représentent l'iconographie (p. ex.

l'Atlas Farnese : cf. BOLL-GUNDEL 1937 : 1006) et toute la littérature astronomique (voir ARATOS 349-350, 605 : ἱστὸν διχόωσα κατ' αὐτόν ; HIPPARQUE 2.2.44 ; voir aussi HYGIN, *Fables* 14.33 ; cf. l'erreur isolée de SCHOL. GERM., p. 237 : *in anteriore parte iiii*), bien que les auteurs ne s'accordent pas sur la limite exacte de l'image. C'est un point de la critique développée par HIPPARQUE (1.8.1) à l'adresse d'Aratos (cf. MARTIN 1998b : 295). Selon Hipparque, toute la partie antérieure du navire (τὸ ἀπὸ τῆς πρῴρας μέρος ἕως τοῦ ἱστοῦ) n'est pas obscure (ἀναστέριστον ; voir ARATOS 349 : ἀνάστερος) ; « en fait, les étoiles brillantes situées sur la coupure du bateau (ἀποτομὴ τοῦ πλοίου), en particulier l'étoile nord-est sur le pont (ψ Vel) et l'étoile sud sur la carène (ι Car) sont très au-delà <du mât>, vers l'est ». De plus, à propos du lever d'Argo où il s'oppose à son confrère Attalos, on voit qu' HIPPARQUE estime que la partie antérieure d'Argo *n'existe pas*, alors qu'Attalos semble la prendre en compte (2.2.39-44). La phrase d'Ératosthène, qui comporte en incise l'indication de la structure tronquée de l'image, a pu être comprise de travers (son amputation serait un encouragement aux marins…) et a entraîné une interprétation erronée et absurde de la part d'HYGIN (2.37) qui suggère que les passagers doivent garder espoir, même quand leur navire est en miettes : *diuisa enim est a puppi usque ad malum, significans ne homines nauibus fractis pertimescerent* (cf. SCHOL. GERM., p. 97 : *animi aequitatem nautis factura*). GERMANICUS (350-352) propose une lecture plus "historique" : la moitié d'Argo correspondrait à l'extrémité de la proue arrachée au passage des Symplégades (cf. APOLLONIOS de Rhodes 2.317 sq. et 601 sq.). D'après CONDOS (1970 : 180, 182-183), les Grecs aurait assimilé Argo à un vaisseau de guerre phénicien du VIIe siècle, dont le type pouvait évoquer un navire coupé en deux. Située à l'est des étoiles anonymes du Lièvre (mal placées par Aratos, selon HIPPARQUE 1.8.3 ; cf. *Cat.* 34 n. 537), Argo est représentée de profil, et avance (*i.e.* vers l'ouest) à reculons (*i.e. non recto cursu* : GERMANICUS 346 ; cf. MARTIN 1998b : 293), poupe en avant (κατ' οὐρὴν πρυμνόθεν : ARATOS 342-343). Elle se couche, dit HYGIN (3.36), « dans la position qu'elle aurait sur la mer », au moment de mouiller, lorsque les matelots « font reculer le navire qui touche terre par l'arrière » (ARATOS 345-346) ; et Aratos consacre une long passage (342-348) à décrire ce mouvement paradoxal.

548. L'antique constellation d'Argo a été divisée en cinq constellations modernes : la Poupe (*Puppis*), les Voiles (*Vela*), la Carène (*Carina*), la Boussole (*Pyxis*), et une partie de la Colombe (*Columba*). Les trois premières correspondent à des parties de l'image ancienne et retiennent la terminologie ancienne, bien que la constellation moderne ne recoupe pas exactement la partie homonyme de la figure ancienne. L'identification des étoiles est très complexe et hypothétique, en raison de la superposition des plans (gouvernes, pavois, pont). À côté de ces

étoiles figure Canope, qui appartient aujourd'hui à la constellation de la Carène (Car), mais qui est mentionné par Ératosthène dans le chapitre consacré au Fleuve (voir *Cat.* 37), alors qu'elle appartient, à ses yeux aussi sans doute, à Argo (voir n. 572). Il est malgré tout étonnant que le descriptif ne mentionne aucune étoile brillante alors que quinze ont une magnitude inférieure à 3. La Voie lactée passe à travers la constellation (sur ξ Pup) qui est dense au niveau du petit pavois, du mât et de la coupure de la « quille » (ἀποτομὴ τῆς τρόπεως : PTOLÉMÉE, *Almageste* 8.2, p. 177).

549. Les quatre étoiles de la poupe (πρύμνη, *puppis* ; cf. EUDOXE, *frg.* 73 ; HIPPARQUE 1.2.20) sont sans doute ρ Pup (mag. 2.8), 11 Pup (mag. 4.2), ξ Pup (mag. 3.3) et 3 Pup (mag. 3.9). La poupe constitue la partie nord-ouest de la constellation. Ptolémée est beaucoup plus fin et riche dans la description de l'image, et pour la poupe, à laquelle il attribue dix étoiles (avec en plus = o Pup, k Pup, p Pup, 1 Pup, m Pup, HR 3113), il distingue trois parties précises : l'ἀκροστόλιον, qui désigne le "bord supérieur de la poupe", sans doute la partie la plus au nord de la poupe, vers l'extérieur (11 Pup), illustrée d'une étoile brillante selon HIPPARQUE (2.5.5, 2.6.8), qui est un repère important (ρ Pup ; cette partie est identifiée à la κορώνη d'ARATOS 345 ; cf. SCHOL. ARAT. 345, p. 249-250) ; l'ἀσπιδίσκη, "petit bouclier", d'où "pavois de la poupe" (barrière ou partie de la coque située au dessus du pont), un astérisme de quatre étoiles qui a donné son nom à une étoile ξ (Azmidiske) ; et le χηνίσκος, extrémité de la poupe en forme de col d'oie recourbé vers l'intérieur du navire (cf. LUCIEN, *HV* 2.41 ; ARTÉMIDORE 2.23.34 : cette pièce "signifie" en rêve le pilote (κυβερνήτης) ; voir l'interprétation d'EUSTATHE, *Comm. Od.*, p. 2.56 Stallbaum ; SCHOLIES À LUCIEN 21.47 Rabe ; cette partie correspond peut-être *aussi* à la κορώνη d'ARATOS 345 ; cf. SCHOL. ARAT. 344, p. 249). Ptolémée note des étoiles sur les pavois tout au long de la carène ; il signale ainsi des étoiles sur les petits pavois (ἀσπιδίσκαι) : HR 3591, d Vel, e Vel. Il y a, en fait, plusieurs pavois qui sont sans doute représentés sous la forme de panneaux successifs. À l'occasion de la description de la Voie lactée, Ptolémée détaille par sections les blocs composant Argo (*Almageste* 8.2, p. 177) : le pavois de la proue ; le pavois du milieu ; le commencement du pont près des gouvernes, et la coque ; le chevalet du mât ; le rebord (ἀκροστόλιον) ; le pavois suivant sur le pont ; le mât ; la coupure de la carène. Dans certains atlas modernes (HEVELIUS 1690, ROST 1723, etc.) le pavois est d'ailleurs couvert d'écus ("petits boucliers"). Ces étoiles sont absentes de la plupart des manuscrits d'Hygin mais attestées dans la tradition latine par les SCHOL. GERM., p. 97, 172, 237: *in puppe* / *puppi*.

550. Les navires grecs, qui naviguaient à la voile et à la rame, étaient dirigés par deux gouvernes placées à l'arrière, une de chaque côté du navire. Il y a donc deux gouvernes (πηδάλιον, *gubernacula* ; cf.

EUDOXE, *frg.* 53 ; HIPPARQUE 1.8.3) ; sur la première (*in gubernaculo dextro* selon HYGIN, *Fables* 14.33 ; *in uno temone* : ARAT. LAT., p. 256) se trouveraient : 52c Pup, σ Pup, HR 2740, τ Pup et α Car. Parmi elles se trouve donc Canope (α Car), l'étoile la plus brillante du ciel après Sirius. Ératosthène mentionne cette étoile pour situer le Fleuve (*Cat* 37 ; voir n. 572), en disant que Canope se trouve « près des gouvernes, sous le Fleuve » (cf. HYGIN 2.32) ; elle n'est donc pas incluse dans la liste des étoiles du Fleuve. Les quatre étoiles sur l'autre gouverne sont sans doute : f Pup, π Pup, ν Pup, et η Col ; π Pup, très brillante (mag. 2.7) est considérée comme une étoile triple par HIPPARQUE (= π, υ^1 et υ^2 Pup) et située « au-dessous de celle qui est au bout de la queue du Chien » (3.1.14). Une de ces étoiles, « l'étoile ouest des deux sur la gouverne nord et ouest » selon Ptolémée (η Col) est aujourd'hui dans la colombe.

551. Les étoiles du mât sont : γ Pup, α et β Pyx. Le terme employé (στυλίς) désigne le petit mât *de proue* en bois, qui est destiné à recevoir un fanion, sur des bateaux à plusieurs mâts, correspondant donc à l'artimon, et non le grand'mât (voir PLUTARQUE, *Pompée* 24 ; POLLUX 1.90 ; sur un vaisseau léger : HÉSYCHIUS, *Lex.* Σ 2075, s.v. στυλίς) ; les trirèmes classiques avaient deux mâts, un grand'mât et un mât de misaine, mais il pourrait s'agir ici d'un modèle dans lequel le plus grand mât est le mât arrière, comme sur les navires du type de la goélette. Ptolémée nomme le mât par le terme général (ἱστός ; cf. EUDOXE, *frg.* 73 ; HIPPARQUE 1.2.20, 3.1.1b) qu'emploie ARATOS (605 ; cf. *malus* chez HYGIN 3.36 ; GERMANICUS 353, SCHOL. GERM., p. 97) ; il distingue du mât proprement dit le chevalet (ἱστοδόκη), pièce de bois sur laquelle repose le mât une fois abaissé (HOMÈRE, *Il.* 1.434 ; cf. APOLLONIOS, *Lex.* 93.4), qui se trouve au ras des pavois (ἐπὶ ταῖς ἀσπιδίσκαις). Hygin situe les étoiles "près du mât" (*ad malum*) ; elles sont parfois placées sur le sommet de la voile (*in summo uelo* : ARAT. LAT., p. 256).

552. Les cinq étoiles du "pont" sont peut-être : ψ (ou κ ?), λ, d, e Vel et ζ Pup (Naos). Hipparque estime qu'il y en a deux brillantes, tandis que Ptolémée n'en qualifie ainsi qu'une seule (ζ Pup). Le terme grec (κατάστρωμα) désigne sans doute le pont supérieur, du côté de la poupe (κ. τῆς πρύμνης chez Ptolémée et HIPPARQUE 3.1.4 ; il est coupé : ἀποτομή). C'est là où sont les soldats (THUCYDIDE 1.49.3 ; PLUTARQUE, *Alc.* 32.2 ; LUCIEN, *Navire* 5.4). Il correspond, sur la figure de profil, à la partie supérieure de la coque. EUDOXE (*frg.* 77 *in* HIPPARQUE 1.11.9) n'emploie pas le terme et parle de la section entre le mât et la poupe (τῆς Ἀργοῦς τὸ μεταξὺ τῆς τε πρύμνης καὶ τοῦ ἱστοῦ). Les Latins ont été embarrassés par le terme qui a été translittéré (SCHOL. GERM., p. 97 et 173 : *in catastroma*), ou traduit par des termes vagues (*in latere* : ARAT. LAT., p. 256), obscurs (*sub reiectu :* HYGIN 3.36 ; cet hapax serait, selon LE BŒUFFLE (1983 : 201), qui renvoie à HIPPARQUE 1.8.1, un équivalent de κατάστρωμα), ou corrompus (*in trastu* [*sic*] : ARAT. LAT., p. 256).

553. Les étoiles *sous* la "carène" sont sans doute : κ Vel, δ Vel, γ Vel, χ Car, ι Car, ε Car. Mais le terme employé (τροπίς ; cf. HIPPARQUE 2.6.15), qui n'apparaît, dans la littérature astronomique, que chez Hipparque et Ptolémée, est problématique. Il est traduit en général en latin par *carina* (*circum carinam* : HYGIN 3.36 ; *sub carina* : SCHOL. GERM., p. 97 et 173), qui désigne la partie située sous la ligne de flottaison (faite en chêne ou en pin : THÉOPHRASTE, *HP* 5.7.2), ou la coque (voir CHANTRAINE 1968, s.v. κάρυον). Mais il peut s'agir soit de la coque, soit de la quille, pièce de bois longitudinale à la base de la carène. Les usages du terme oscillent entre les deux acceptions. La métaphore répandue depuis ARISTOTE (*Métaph*. 1013a5), qui assimile la colonne vertébrale de l'homme à la τροπίς d'un navire (GALIEN, *UP* 3.179 ; cf. GALIEN, *UP* 4.49 ; la τροπίς d'un navire correspond aux soubassements pour un temple : GALIEN, *UP* 4.241 ; cf. GALIEN, *Plac. Hip. Plat.* 6.5.34, etc.) privilégie le sens étroit, comme certains usages homériques (voir *Od*. 12.421 et 438, à propos des débris recrachés par Scylla avec le mât). Mais c'est le sens large qui paraît ici, en raison de la préposition (ὑπό), prévaloir, et que l'on peut supposer dans des expressions comme ἐπὶ τῆς κάτω τρόπεως (« sur le dessous de la carène » : PTOLÉMÉE, *Almageste* 8.1, p. 150). Eudoxe parle seulement des gouvernes et du plancher ou du fond de cale (τῆς Ἀργοῦς τὸ ἔδαφος καὶ τὸ πηδάλιον : EUDOXE, *frg*. 74 in HIPPARQUE 1.11.6). Une de ces étoiles (γ Vel.) est située par HIPPARQUE (2.6.8 et 3.2.8) « au milieu de la barrière » (τῆς Ἀργοῦς ὁ ἐν μέσῳ τῷ τοίχῳ λαμπρός) ; le terme, exceptionnel dans la littérature astronomique, désigne en effet la barrière du navire (cf. HOMÈRE, *Od*. 12.420 ; ARISTOPHANE, *Grenouilles* 537 ; cf. SCHOL. GERM., p. 237 : *in costa nauis*). Pour LUCIEN (*Coq* 2.18 ; *Danse* 53), c'est la τροπίς d'Argo qui parle (et non la proue). Sur ce vocabulaire, voir CASSON 1995 : 44-49.

554. PTOLÉMÉE (*Almageste* 8.1, p. 146-153) compte 45 étoiles (dont Canope, α Car) pour cette constellation qui mérite l'adjectif aratéen (604, 686) de πολυτειρής, riche en étoiles (voir SCHOL. ARAT. 665, p. 356). Le texte d'Hygin est corrompu pour le total d'étoiles, qui est de 26 dans la tradition catastérismique latine (ARAT. LAT., p. 256 ; SCHOL. GERM., p. 173 et 237).

Page 108

555. Malgré de possibles types orientaux pour ce monstre mythique (cf. n. 558), on n'a pu identifier formellement de constellation babylonienne analogue. On a postulé une origine orientale (GUNDEL 1921 : 365), l'astérisme formant une partie de la constellation babylonienne de DIL-GAN, "l'Irrigateur" (combiné au Bélier), d'après FLORISOONE (1951 : 156). Il pourrait aussi provenir d'un modèle égyptien direct, et dériver du crocodile de la Dodecaoros égyptienne (BOLL-GUNDEL 1937 : 982 ; SCHERER 1953 : 188) ; certains y voient cependant une

construction grecque (ROBERT 1878 : 246 ; WINDISCH 1902 : 66 ; BETHE 1900 : 433). Cette constellation, considérable par ses dimensions (voir ARATOS 354 : μέγα κῆτος) qui la place en quatrième position dans le ciel, est la seule, parmi les membres du groupe de Persée, à se trouver dans l'hémisphère sud, et elle est séparée d'Andromède par le Bélier et les Poissons, indice probable d'une intégration postérieure au groupe perséen (cf. BOLL-GUNDEL 1937 : 908 ; SCHERER 1953 : 164 ; LE BŒUFFLE 1977 : 127). GUNDEL estime, contrairement à l'opinion commune, que le groupe s'est formé à partir du Monstre, et non à partir de Persée (1921 : 365). La première mention du Monstre marin se trouve chez EUDOXE (*frg.* 52 = HIPPARQUE 1.8.6 ; cf. ARATOS 354). Le terme de κῆτος (souvent *Cetus* chez les astronomes latins, et repris par les Arabes sous la forme Alkétus ou Alkaitos), systématiquement employé en grec pour nommer la constellation, peut désigner n'importe quel monstre marin (voir HOMÈRE, *Il.* 20.147 ; *Od.* 12.97), et concerne, du point de vue naturaliste, des animaux divers, du thon à la baleine, en passant par le requin, et y compris des animaux fluviatiles comme le crocodile et l'hippopotame (ÉLIEN, *NA* 17.6, etc. ; voir ZUCKER 1997). HYGIN donne alternativement à cette constellation le nom de *Cetus* (2.31) et celui de *Pistrix* (3.30). Ce dernier (parfois *Pistris*) est fréquent à côté de *Cetus* (GERMANICUS 356, CICÉRON, *Arat.* 34.152, MANILIUS 1.356), et désigne un squale (*i.e.* à peau lisse) pourvu d'un museau prolongé en forme de scie (voir SAINT-DENIS 1947 : 91 ; PLINE 9.4 ; sur un malentendu concernant le coucher de Cetus, dû probablement à une confusion Pistrix/Piscis, voir LE BŒUFFLE 1983 : 197). Mais le "monstre marin du ciel" (αἰθέριος : ARATOS 390, 720) est décrit plutôt avec une échine effrayante et couvert d'écailles (MANILIUS 1.433 ; GERMANICUS 390), évoquant un être crocodilien ; ACHILLE TATIUS (*Leuc.* 3.7.6-7) propose de l'animal une description détaillée (dans une peinture d'Évanthès) qui va dans ce sens : il a une gueule immense, un dos couvert d'écailles, une crinière hérissée de pointes et une queue sinueuse ; « sa mâchoire est grande et longue, et elle est grand ouverte jusqu'à la jonction des épaules ; puis aussitôt vient le ventre » ; voir KUHNERT 1909 : 2053-2054. PLINE (9.11) signale l'échouage près de Jaffa du squelette d'un monstre (*belua* ; cf. FIRMICUS MATERNUS 8.17.5.), qui pourrait être un cachalot, considéré comme « le monstre auquel Andromède fut exposée ». L'animal se signale, d'après Aratos, par une queue (οὐρή) et une crête (λοφίη : 364, 632, 719 ; cf. HIPPARQUE 2.2.46, etc. ; *crista* : GERMANICUS 370, 642, 717 ; VITRUVE 9.5.3), *i.e.* une nageoire dorsale (MARTIN 1998b : 301 ; CICÉRON, *Arat.* 34.154 et 416 traduit le mot par *spina* ; cf. aussi AVIÉNUS 1164) ; le terme d'arrête, employé par ARATOS (366 : ἀκάνθη) —et par PTOLÉMÉE pour le dos pisciforme du Capricorne (*Almageste* 8.1, p. 118), et l'aileron caudal des Poissons (ἀκάνθη περὶ τὴν οὐράν : *Almageste* 8.1, p. 128 ; cf. *Tétrabible* 1.9.13) et du Poisson (νωτιαία ἀκάνθη :

Almageste 8.1, p. 166)—, correspond apparemment à un aileron dorsal ou simplement à la colonne vertébrale (cf. ACHILLE TATIUS, *Leuc.* 3.7.6 : ἡ λοφία τῶν ἀκανθῶν) ; voir n. 476. Le nom moderne de "baleine" (*Balaena* en latin) pour la constellation correspond à une représentation médiévale.

556. Le châtiment de Poséidon ne vise pas Cassiopée —qui a commis le crime de se prétendre plus belle que les Néréides— mais Céphée et, par extension, son pays entier. D'après une SCHOLIE À ARATOS (*ad* 179, p. 170), les mandataires du Monstre seraient les Néréides et non Poséidon. Certains auteurs disent qu'une inondation accompagne l'apparition dévastatrice du monstre marin (APOLLODORE 2.4.3 ; cf. PLINE 5.69).

557. Selon Sophocle (qui est la source de ce chapitre, voir n. 560), Cassiopée se vante de sa beauté devant les Néréides. Le jugement des Néréides est illustré par des mosaïques tardives (voir *LIMC*, s.v. "Kassiepea", 10, 12). Dans d'autres textes (cf. *Cat.* 16, n. 248), Cassiopée se glorifie de la beauté de sa fille (HYGIN, *Fables* 64). Cette arrogance, qui renvoie au motif folklorique de l'ὕβρις d'un mortel qui se mesure aux dieux (comme pour Arachnè, Méduse, Niobè ou Agamemnon) a des conséquences fatales. Les Néréides sont des nymphes marines, filles de Nérée et de Doris, dont le nombre varie selon les sources (34 selon Homère, 51 selon Hésiode et 45 selon Apollodore), mais le total des différents noms donnés à ces déesses dépasse largement la cinquantaine, en raison de l'effort des poètes et des mythographes pour incorporer divers noms à une liste canonique de cinquante (nombre hautement significatif et correspondant à celui des Danaïdes, des Argonautes ou des participants à la chasse de Calydon). Il y a peu de mythes qui donnent aux Néréides un rôle important, si l'on excepte les figures singulières de Thétis, Galatée et Amphitrite (voir *Cat.* 31). Le culte des Néréides était associé à Poséidon et Aphrodite.

558. Voir APOLLODORE 2.4.3. Selon certaines versions, Persée tue le monstre en lui présentant la tête de Méduse (SCHOLIES À LYCOPHRON 836). Cette indication est sans doute un élément secondaire, dans la mesure où la libération de la jeune fille est à l'origine une scène indépendante de l'épisode de la décapitation de Gorgone. Le premier témoignage iconographique (sur une amphore corinthienne du VIe siècle ; voir *LIMC*, s.v. "Andromeda I", 1) représente, en effet, Persée en train de combattre le monstre à coup de pierres, avec l'assistance d'Andromède (cf. n. 238). La version rationaliste de CONON (*FGH* 26F1, 40) considère Cétos comme le nom du navire sur lequel Andromède est enlevée (« parce que la proue représentait un monstre marin ou pour quelque autre raison »). Le monstre marin et le combat du héros correspondent à des types iconographiques orientaux (représentés sur des sceaux ; cf. BURKERT 1995 : 85). On a rapproché cette scène de récits cananéens, dans lesquels Astarté est offerte au dieu de

la mer (BURKERT 1987 : 28), ainsi que des histoires égyptiennes (MORENZ 1975 ; GASTER 1952 : 82-85) et hittites (BERNABÉ 1979 : 160 sq.). Dans les modèles orientaux le combat contre le monstre a une signification cosmogonique claire, tandis que dans le contexte grec il apparaît plutôt comme une étape dans une geste initiatique : après avoir obtenu des armes magiques de protecteurs divins, le héros, parvenu dans un lieu aux marges du monde, met sa vie en jeu face à un adversaire maléfique. PLINE (5.69) signale au large de la Palestine un rocher où l'on montrait les traces des chaînes d'Andromède et où l'on rendait un culte à la déesse Céto (*fabulosa Ceto* ; HÉSIODE *Th.* 238 signale une divinité archaïque portant ce nom). Le lieu du combat de Persée varie selon les auteurs, et se déroule dans la mer Rouge (NONNOS 18.298), au large de la Phénicie (PAUSANIAS 4.35.9), ou en face de l'Éthiopie (PHILOSTRATE, *Tableaux* 1.29).

559. L'expression ἀπὸ τῆς πράξεως se trouve aussi en *Cat.* 26 ; cf. *Cat.* 32 : μνημόσυνον τῆς πράξεως ; cf. *Cat.* 41. Le monstre n'est pas placé au ciel en raison de son mérite, mais comme faire-valoir de Persée (comme Céphée et Cassiopée). Cette formule n'autorise pas à attribuer à l'*Andromède* de Sophocle le récit de ce catastérisme, pas plus que la mention de la constellation du Monstre marin (pour un avis contraire, voir GUNDEL 1921 : 369-370). Voir aussi *Cat.* 15 (et n. 239), *Cat.* 16 (et n. 247), *Cat.* 17 (et n. 260), *Cat.* 22 (et n. 323). Selon HYGIN (2.31) le Monstre marin est *aussi* placé au ciel en raison de sa monstruosité spectaculaire (*propter inmanitatem corporis*).

561. La description anatomique du monstre ne permet pas de lui donner une identité naturaliste, entre squale géant et odontocète. L'anatomie d'Ératosthène est très pauvre (ventre, flanc, queue), mais PTOLÉMÉE (*Almageste* 8.1, p. 130-133) lui attribue en outre un visage complet et illuminé, avec des étoiles sur les narines (μυκτήρ : λ Cet), sur le museau (ῥύγχος), comprenant la joue (σιαγών : α Cet), la bouche (στόμα : γ Cet) et la mâchoire (γένυς : δ Cet), sur le sourcil et l'œil (ὀφρύς καὶ ὀφθαλμός : ν Cet) ; ainsi que d'autres traits d'un animal extravagant, avec des étoiles sur les *poils* —θρίξ ; cf. PLINE 9.41, où sont cités trois animaux aquatiques à poils : la *pristis,* la *ballaena,* le *vitulus*— (ξ² Cet), sur la crête (χαίτη : ξ¹ Cet), sur la poitrine (στῆθος : ρ, σ, ε, π Cet), sur le corps (τ, υ, ζ Cet), sur la zone proche de la queue (πάρουρος : θ, η Cet), et naturellement sur la queue (ι, β, Cet). L'étoile brillante de la tête que signale HIPPARQUE (2.3.35 ; cf. 3.2.8) sur le χελύνιον (la mâchoire ?) pourrait être λ Cet (voir MARTIN 1998b : 412). Il paraît donc vain d'identifier même grossièrement la figure. Les atlas modernes dans leur quasi totalité (Bayer, Hevelius, Doppelmayr, Bevis, Flamsteed, Bode, etc.) le représentent comme un monstre hybride avec une gueule horrible de type canin, des pattes antérieures et une queue de poisson qui le transforment en une sorte de Capricorne.

Page 110

567. Le Fleuve est illustré par une succession d'étoiles faiblement brillantes (voir *infra* πολλοῖς δὲ ἄστροις διακεκόσμηται), qui part du pied d'Orion et se déroule, en ondulant, jusqu'au cercle antarctique. Telle est la description livrée par les sources littéraires et l'iconographie ancienne (voir EUDOXE, *frg.* 52 ; HIPPARQUE 1.8.4 ; VITRUVE 9.5.3 ; HYGIN 3.31 ; voir MERKELBACH 1996 : 206-207). Comme l'a noté ABRY (1994 : 107), les constellations proches du cercle antarctique (le Fleuve, le Poisson, le Verseau, le Sagittaire, Argo, le Monstre marin), marqués par l'élément aquatique, forment une thématique cohérente (cf. n. 383). Dans le recueil d'HYGIN la série des constellations australes commence d'ailleurs ainsi : Verseau (2.29 & 3.28), Poissons (2.30 & 3.29), Monstre marin (2.31 & 3.30), Éridan (2.32 & 3.31), avant de passer au groupe d'Orion (2.33-36 & 3.32-35). Le Fleuve est peut-être une constellation d'origine grecque, car il n'y a pas d'indices de la présence du fleuve dans les sphères babylonienne et égyptienne selon KIDD (1997 : 316 ; voir BOLL-GUNDEL 1937 : 991 ; *contra* BROWN 1883 : 44, et CONDOS 1970 : 188-189). Le tracé original du Fleuve est limité et ne comprend pas α Eri (Achernar), beaucoup trop austral, qui ne semble pas intégrée avant BAYER (1603 ; voir *infra* n. 572). Le nom courant de la constellation dans les textes astronomiques est Ποταμός (attesté chez EUDOXE, *frg.* 73), comme dans le titre du chapitre et l'*Anonymus* II.2.1, et ce fleuve reçoit de nombreuses identifications (voir n. 568). Seuls Aratos et Ératosthène (et la tradition catastérismique latine) nomment cette constellation Éridan (cf. ARAT. LAT., p. 259 *Hiridanus* [sic]) ; chez les Aratéens latins *Eridanus* est majoritaire (51% des occurrences) par rapport à *Flumen, Amnis, Aqua...* (LE BŒUFFLE 1977 : 139-140). HIPPARQUE l'appelle couramment "le Fleuve qui vient d'Orion" (3.1.10) ; et PTOLÉMÉE (*Almageste* 8.1, p. 136) une fois "l'Eau" (Ὕδωρ) à propos de β Ori « commune au pied gauche d'Orion et à l'Eau ».

568. Voir ARATOS 359 sq. Par les mots λείψανον et πολυκλαύτου ποταμοῖο (voir v. 360), ARATOS fait allusion au mythe de Phaéthon, qui précipite le char du Soleil dans le fleuve Éridan qui s'enflamme, de sorte qu'il ne reste que des débris (λείψανον) du Fleuve à catastériser (cf. PHILOSTRATE, *Tableaux* 1.11). Les sœurs inconsolables de Phaéthon, les Héliades, pleurent leur frère sur les rives du fleuve (πολυκλαύτου ποταμοῖο), jusqu'à ce qu'elles soient métamorphosées en peupliers, leur larmes se transforment en ambre (cf. HÉSIODE, *frg.* 311 ; ESCHYLE, *frg.* 73 Radt ; EURIPIDE, *Hipp.* 735 sq. ; OVIDE, *Mét.* 2.1-400 ; HYGIN, *Fables* 152a et 154 ; SCHOL. ARAT. 355, p. 254) ; Éridan est parfois foudroyé par Zeus (NONNOS 23.236), et Plutarque aurait attribué son embrasement à la chute d'une boule de feu dans ses eaux, qui aurait consumé les Géants (*frg.* 189 Sandbach). Bien qu'Aratos préfère l'appellation de "Fleuve" (v. 589, 600, 634, 728), à celle

d'Éridan (v. 360), la référence implicite à l'Éridan est incontestable (voir aussi l'allusion faite par Nonnos 38.429). L'identification de la constellation à l'Éridan (ou plutôt à un *fragment* d'Éridan) est peut-être une innovation aratéenne (Martin 1998b : 300 ; *contra* Boll-Gundel 1937 : 992). L'attribution de ce catastérisme par les Scholies Strozziana à Germanicus (p. 174) à Hésiode (cf. *frg.* 311), est due à une erreur du scholiaste (voir Robert 1883 : 436 ; cf. West 1966 : 261). Le fleuve Éridan, en tant que tel, est déjà connu d'Hésiode (*Th.* 338), qui le dit fils d'Océan et de Thétis. Hérodote (3.115) ne lui accorde qu'une existence mythologique et ne l'identifie à aucun fleuve réel (même attitude chez Strabon 5.1.9) ; et Eustathe considère l'expression d'Aratos comme la preuve que le fleuve n'est plus à chercher sur terre depuis sa catastérisation (*Comm. Dion.*, in *GGM* 2.285 Müller), mais la tradition le situait vaguement au nord-ouest de l'Europe (West 1966 : 261). On a cherché plus tard à l'identifier à plusieurs fleuves importants comme le Rhône (Dion Cassius 41.36.3 ; Pline 37.43), le Rhin (Pausanias 1.3.6 [?]), et surtout le Pô (voir Phérécyde, *frg.* 74 Fowler ; cf. Schol. Germ., p. 174 : *ab Arato uel Pherecyde Eridanus, qui et Padus esse putatur*) ; voir Condos 1970 : 190. Plutarque l'assimile tantôt au Pô (*Marius* 24.3, *Othon* 5.3), tantôt au Rhône (*Brutus* 19.5) ; mais c'est généralement au Pô qu'est identifié l'Éridan chez les auteurs latins (Hygin, *Fables* 154 ; Diodore 5.23.3 ; Appien, *BC* 1.13.109 ; voir Lucien, *Danse* 55 ; Souda Π 19, s.v. Πάδος). Apollonios de Rhodes (4.505-506, 596, 623) désigne par ce nom un réseau formé par le Pô, le Rhin et le Rhône, dont l'embouchure en Vénétie est occupée par plusieurs îles riches en ambre jaune (*electrum* ; cf. Aristote, *Mirab.* 836a30) ; pour d'autres identifications, voir West 1966 : 261 ; cf. Schol. Arat. 359, p. 254-255 ; Allen suggère qu'il aurait pu être identifié à l'Euphrate (1899 : 216-217 ; voir Boll 1903 : 134-136).

569. Ératosthène regrette l'absence de motivation chez le poète. Les passages des *Catastérismes*, qui manifestent une attitude critique ou réservée à l'égard d'autres auteurs sont rares. Voir *Cat.* 18 (n. 276) et *Cat.* 28 (et n. 414). Les *Catastérismes*, dans l'état dont nous disposons, se limitent presque toujours à enregistrer de manière neutre divers mythes étiologiques, sans se prononcer sur leur valeur respective lorsqu'ils signalent des variantes concurrentes ; les notices mythologiques sont juxtaposées, comme chez Hygin, au moyen d'expressions telles que τινὲς δέ φασι, ἄλλοι δέ φασι, ἕτεροι δέ φασι ("certains disent, d'autres disent..."). Voir par exemple les versions mythologiques concernant la constellation de la Vierge au *Cat.* 9.

571. Parmi les ἕτεροι ("autres") il faut compter Ératosthène lui-même, qui met en cause l'interprétation d'Aratos (voir *supra* n. 569). Y voir le Nil est la conception la plus légitime (δικαιότατον) car il est le seul à couler, comme la constellation, dans la partie australe du

monde (cf. SCHOL. GERM., p. 174) ; mais le texte est plus précis puisqu'il situe ses sources au sud (*i.e.* de son embouchure ; cf. SCHOL. GERM., p. 98 : *a meridie fluit*). Il y a ici une contradiction avec la direction donnée dans la première phrase du chapitre qui situe le commencement du Fleuve près du pied d'Orion, secteur le plus boréal du tracé du Fleuve. Il existe à l'évidence deux orientations concurrentes (MARTIN 1998b : 298-299). Selon la première, adoptée par ARATOS (361), le "lambeau" d'Éridan s'étend (τείνει) *jusqu'au* pied d'Orion (*i.e.* Rigel, β Ori) ; et le "premier méandre" du Fleuve, lorsqu'Aratos décrit son lever (728-730), est par conséquent le tronçon proche du Monstre marin (voir HIPPARQUE 3.1.10). Selon la seconde, que suit EUDOXE (*frg.* 52 = HIPPARQUE 1.8.6), le Fleuve céleste *part* d'Orion et coule *vers* le sud (ἀρξάμενος ἀπὸ τοῦ ἀριστεροῦ ποδὸς τοῦ Ὠρίωνος) ; Ératosthène se fait donc dans cette phrase l'écho d'une orientation (cf. AVIÉNUS 799-800), qu'il ne suit ni dans l'incipit du chapitre, ni dans son descriptif astrothétique, puisque les étoiles ultimes sont les plus australes (voir *infra* n. 578 et 580). MARTIN (1998b : 298-299) suggère trois moments qui font évoluer le sens et le tracé du Fleuve : d'abord limité à un brin allant du Monstre marin (aux environs de π Eri) à Rigel (modèle aratéen) ; puis constitué de trois méandres s'étendant du pied d'Orion jusqu'au voisinage de Canope, vers le cercle antarctique (modèle ératosthénien et eudoxéen) ; enfin, réduit à un tracé plus court mais sinueux aboutissant à θ Eri (sous le Fourneau), loin au nord de Canope (voir *infra* n. 572, 575 et 580). Comme il l'a fait pour la constellation du Triangle, identifiée au delta du Nil (voir *Cat.* 20 ; cf. aussi *Cat.* 43), Ératosthène accorde une place importante au contexte culturel égyptien dans l'interprétation des figures astrales. Mais il ne manifeste pas systématiquement ce penchant et on ne peut dire, comme le fait MERKELBACH (1996 : 198 sq.), qu'il propose une *interpretatio* gréco-égyptienne du ciel. Ératosthène n'exploite pas, pour étayer cette option égyptienne, une caractéristique significative du Fleuve, dont le lever héliaque (pour les étoiles situées près de Rigel ; voir MERKELBACH 1996 : 207) coïncide avec la montée des eaux du Nil ; un autre argument, noté par HYGIN (2.32), peut être trouvé dans le fait que Canobos est à la fois le nom d'une étoile majeure située près du fleuve, et celui d'une île embrassée par le Nil (ABRY 1994 : 106). Hygin (*ibid.*) donne d'autres identifications du Fleuve, en particulier l'Océan (voir aussi Teucros *in* BOLL 1903 : 138).

572. L'étoile Canope doit son nom à une ville d'Égypte (ESCHYLE, *Pr.* 846 ; HÉRODOTE 2.15) ; mais on le dérive de préférence du nom du « pilote de Ménélas, qui mourut là » (STRABON 17.1.17 ; voir NICANDRE, *Ther.* 312) ; la ville aurait donc elle-même reçu son nom de ce héros (pilote de la barque d'Osiris [*i.e.* Argo] selon PLUTARQUE, *Isis* 359e9). Piqué par un serpent Canope mourut, et Ménélas donna son nom à la ville qu'il fonda sur les lieux (HÉCATÉE, *FGH* 1F308 ;

STRABON 17.1.7 ; ÉLIEN, *NA* 15.13 ; EUTECNIOS, *in Nic. Ther* 37), à une dizaine de milles au nord-ouest d'Alexandrie, et sur les ruines de laquelle s'élève aujourd'hui Aboukir. La graphie du nom est changeante et on trouve Κάνωπος (HIPPARQUE 1.11.7), qui est la graphie correcte selon HÉRODIEN (*Pros. Cath.* 3.1.139 Lentz ; cf. EUSTATHE, *Comm. Dion., in GGM* 2.11.27 Müller), et Κάνωβος, comme ici et dans PTOLÉMÉE (*Almageste* 8.1, p. 152). Sa situation très australe en fait une étoile marginale pour les Grecs, et son identification hypothétique avec l'étoile BIR (le rein) proposée par ROGERS (1998a : 16) est très improbable. Elle est « visible seulement à partir de Rhodes quand on fait voile vers l'Égypte » (SCHOL. ARAT. 351, p. 252 ; voir CONON, *FGH* 26F1, 8 ; EUSTATHE, *ibid.*) ; elle est donc « celle qu'on voit depuis l'Égypte » (HIPPARQUE 1.11.6). GÉMINOS (3.15) précise : « L'étoile brillante située à l'extrémité de la gouverne d'Argo est appelée Canobos ; elle est difficile à voir depuis Rhodes, où on ne la distingue entièrement que depuis des lieux élevés ; mais elle est parfaitement visible à Alexandrie ». Elle aurait été connue d'Eudoxe (STRABON 2.5.14) : Posidonius rapporte, en effet, que, à environ 80 km de Gadira (Cadix), il vit du toit d'une maison une étoile, dans laquelle il crut reconnaître Canope, qu'Eudoxe avait lui-même aperçue à Cnide du haut d'un observatoire. La mention de cette étoile dans notre texte tendrait à confirmer l'origine alexandrine des *Catastérismes* (voir REHM 1899b : 268-269). Ératosthène la mentionne dans ce chapitre mais il ne l'inclut nullement —pas plus que la littérature astronomique (à l'exception de MARTIANUS CAPELLA 8.838)— dans la constellation du Fleuve : elle est *sous* le Fleuve ; l'indication sert à repérer le Fleuve (voir MARTIN 1998b : 299), faiblement lumineux, car Canope est "tout près" d'Argo. Sa localisation traditionnelle est, en effet, dans la gouverne d'Argo (HIPPARQUE 1.11.7 ; 3.2.14 ; cf. PTOLÉMÉE, *Almageste* 8.1, p. 152) ou à son extrémité (cf. SCHOL. ARAT. 351, p. 252). Sur le raccourcissement du Fleuve, détourné d'Argo, voir LE BŒUFFLE (1977 : 141) et MARTIN (1998b : 299). Cependant le contexte dans lequel apparaît Canope, dans le chapitre sur le Fleuve, traduit sans doute un héritage préhipparquéen (voir ABRY 1994 : 106 ; cf. MARTIN 1998b : 299), qui relève de la rédaction originale (IIIe siècle av. J.-C.) des *Catastérismes* (voir pour plus de détails FERABOLI 1993). Le nom de cette étoile est encore peu familier à l'époque d'HIPPARQUE (voir 3.2.14 : ὅν τινες Κάνωπον προσαγορεύουσιν ; cf. EUDOXE, *frg.* 75b : ὁ Κάνωβος λεγόμενος ἀστήρ ; CLÉOMÈDE, *Mouvement circulaire* 92 : <ὁ> Κάνωβος καλούμενος ἀστήρ). Son nom grec serait d'origine copte d'après CHAMPOLLION (1814 : II.258) et viendrait d'un mot qui rend compte de son éclat : Kahi-Annoub ("Terre dorée").

573. Ce terme (ἄστρον) désigne dans les *Catastérismes* une constellation officielle (le Scorpion en *Cat* 6 ; cf. aussi *Cat.* 14), un astérisme (le Corbeau en *Cat.* 41), ou une étoile (la Chèvre en *Cat.* 13) ; il est

souvent employé au pluriel pour les astres en général. L'emploi de ce terme (*vs* ἀστήρ) n'est pas systématique, malgré des définitions normatives (cf. ACHILLE TATIUS, *Introduction* 14 : ἄστρον δὲ τὸ ἐκ πολλῶν ἀστέρων σύστημα) et des tentatives modernes de discrimination des emplois (MONTANARI CALDINI 1996 ; cf. pour les équivalents latins LE BŒUFFLE 1977 : 5-40 ; voir *Introduction*). Le mot vise ici simplement une étoile.

575. Le texte mentionne curieusement "une étoile sur la tête" (qui ne figure ni dans les *FV* ni dans l'*Aratus Latinus*) ; ce détail pourrait renvoyer à une représentation anthropocéphale du fleuve, conforme à la figuration des dieux-fleuves, souvent pourvus de cornes (sur une image de ce type représentant le dieux Nil, voir BOLL-GUNDEL 1937 : 991). Voici le tracé du Fleuve selon HIPPARQUE 1.8.4 : « Le Fleuve s'étend du pied gauche d'Orion jusqu'au Monstre marin, dans la direction du couchant, puis il bifurque vers l'est, et enfin bifurque de nouveau vers le sud-ouest » ; il forme donc un Z et comporte deux principaux méandres ; cf. HYGIN 3.31 : « L'Éridan, parti du pied gauche d'Orion, atteint la Baleine, puis rebrousse chemin vers les pattes du Lièvre et se dirige tout droit vers le cercle antarctique ». Deux méandres auraient été ajoutés au Fleuve entre Aratos et Hipparque selon LE BŒUFFLE (1983 : 173), peut-être par Hipparque lui-même (ABRY 1994 : 104). Dans les figures d'Hipparque et Ptolémée, il est clair que la première étoile est λ Eri, et la dernière θ Eri.

576. La densité stellaire de l'Éridan moderne, de Cursa (β Eri) à Achemar (α Eri), et ses nombreuses "divagations" (ARATOS 600), qui en font presque un serpent (BOLL-GUNDEL 1937 : 990), sont telles que les identifications sont largement spéculatives, sauf lorsqu'elles peuvent s'appuyer (pour Hipparque ou Ptolémée) sur des coordonnées précises. Les SCHOL. ARAT. (*ad* 355, p. 253) suggèrent un "flux" vague de l'ἀστερώδης Ποταμός : ἔστι γάρ τι σύστημα νεφελῶδες ἐξ ἀστέρων, ὕδατος ῥύσιν μιμούμενον. Le terme grec καμπή indique que les séries d'étoiles forment chacune une courbe. Les étoiles du premier méandre peuvent être β, μ, ν Eri, formant une ligne arrondie (magnitude respective de 2.8, 4, et 3.9).

579. Dans le descriptif, l'auteur prend clairement le parti du Nil. Canope a donné son nom à la bouche la plus occidentale du Nil (bouche canopique), mais l'appellation de "bouche du Nil" pour la partie ultime du Fleuve est exceptionnelle.

580. On trouve le même nombre chez HYGIN 3.31. L'identification proposée par LE BŒUFFLE (1983 : 198) se fonde sur un Fleuve réduit au tronçon aratéen et aboutissant au Monstre marin : λ, β, ψ Eri (1er méandre) ; μ, ν, ξ Eri (2ème méandre) ; γ, π, δ, ε, ζ, η, τ¹ (3ème méandre ; mais supposer que α Eri puisse être, à la place de τ¹, l'ultime étoile du groupe est totalement absurde dans un tel cas de figure). Ptolémée compte 34 étoiles signalées l'une après l'autre, selon des positions

relatives. Pour le début de la figure, il procède, comme d'habitude, par petites unités (ψ, ω Eri ; puis μ, ν Eri ; puis ξ, o², o³ Eri) ; ensuite il distingue des tronçons ou intervalles (διαστάσεις), l'un d'entre eux étant constitué par γ, π, δ, ε Eri ; et un autre par δ, ρ³, ρ², η Eri ; puis il note un groupe de deux (τ¹, τ² Eri) près du Monstre, sur le lacet du Fleuve (ἐν τῇ ἐπιστροφῇ τοῦ ποταμοῦ), correspondant à la « grande courbure » d'HIPPARQUE (3.1.10) ; puis un autre groupe formé de τ³, τ⁴, τ⁵ Eri ; suivi d'un groupe formant un trapèze (τραπέζιον) par τ⁶, τ⁷, τ⁸, τ⁹ Eri ; puis un autre groupe de υ1, υ2 Eri constituant une καμπή, après laquelle se trouve un groupe de deux étoiles (43 Eri, υ⁴ Eri) ; un dernier "intervalle" (g, f, h Eri), avant « l'ultime étoile brillante » (θ Eri). Il semble que le parallélogramme (παραλληλόγραμμος), signalé par HIPPARQUE (3.1.10), situé sur la boucle et traversé par le tropique (1.10.17), ne corresponde pas au trapèze ptoléméen et soit plus vaste, puisqu'il comprend une étoile dans la grande courbe (ρ Cet).

Page 112
582. Le nom simple est susceptible d'entraîner des confusions avec la constellation *des* Poissons et cet astérisme est aussi appelé le "Poisson austral" ou le "Poisson Sud" (ὁ νότιος Ἰχθύς : PTOLÉMÉE, *Almageste* 8.1, p. 166 ; BOLL-GUNDEL 1937 : 1019-1021 ; cf. HYGIN 2.41 et 3.40) ; mais cette désignation est elle-même ambiguë, puisqu'on distingue les Poissons (voir *Cat.* 21) en boréal (βόρειος) et austral (νότιος) ; voir HÜBNER 2000 : 266. Aussi rencontre-t-on une troisième appellation, qui figure dans le titre des *FV* : le "Grand Poisson". Les astronomes, prennent d'autant plus soin de distinguer les deux constellations (ARATOS 386-388), que la mythologie les amalgame. La formule la plus fréquente chez les astronomes est ὁ νότιος Ἰχθύς, déjà employée par EUDOXE (*frg.* 76), ou simplement ὁ Ἰχθύς, comme dans le titre de l'*Epit.* et le sommaire de l'*Anonymus* II.2.1. En latin ce poisson est dit *notius* (méridional), *austrinus, australis* (austral), *meridionalis* ou *magnus* (LE BŒUFFLE 1977 : 151). L'origine de cette figure semble être la constellation babylonienne du "poisson" KUA (WAERDEN 1974 : 73), une des quinze "constellations d'EA" (*i.e.* australes) désignant peut être seulement α PsA (ROGERS 1998a : 17, 19 ; LE BŒUFFLE 1977 : 150). À cet endroit se trouvait peut-être, dans la sphère égyptienne, un serpent ; voir Teucros (*in* BOLL 1903 : 258), signalant « un grand serpent qui touche le fleuve Éridan » (cf. BOLL-GUNDEL 1937 : 1019-1020 ; LE BŒUFFLE 1977 : 151).

583. Ἔκχυσις est l'appellation astronomique et officielle de l'astérisme (le Flot) évoqué dans le Verseau (*Cat.* 26), pour lequel Ératosthène a signalé aussi une identification avec un flot de nectar, sans se ranger à cette interprétation. Le terme employé alors est successivement ἔκχυσις ὕγρου et ἔκχυσις τοῦ ὕδατος (dans le descriptif d'étoiles) ; cf. ARATOS 393 : χύσις ; voir n. 395. Il y a un point de jonction entre le

Poisson et le Verseau, de sorte qu'une étoile est "commune" (voir *Cat.* 18 et 32) aux deux constellations (cf. BOLL-GUNDEL 1937 : 1020) : il s'agit de *Fomalhaut* (nom arabe signifiant "bouche de poisson" ; voir SCHERER 1953 : 128). Ces deux astérismes sont donc soudés, thématiquement unis par l'*eau*, et liés au groupe des constellations aquatiques proches de l'antarctique (voir ABRY 1994 : 107). Au sud-est du Capricorne (ARATOS 701-702 ; cf. Teucros (*in* BOLL 1903 : 151) : « touchant la queue du Capricorne »), le Poisson est une autre figure pisciforme dans ce secteur marin, et il « recueille l'Eau du Verseau » (HYGIN 3.40). Selon MANILIUS (1.272, 2.225 et 492), ce sont les Poissons qui boivent l'eau du Verseau (voir HÜBNER 2000 : 267).

584. Voir CTÉSIAS, *FGH* 688F1e (*Persica, frg*. F1b Lenfant ; le passage d'Ératosthène est le *frg*. F1eα) ; cf. KÖNIG 1972 : 164. L'ensemble des textes de la tradition catastérismique a été réuni par VAN BERG (1972 : 1.16-29). Ctésias de Cnide était un médecin et un historien ionien du Ve-IVe siècle. Membre de la cour perse (et proche de Artaxerxes II Memnon), il est surtout connu pour son œuvre intitulée *Persica* (histoire perse), en 23 livres, et pour ses *Indica* (histoire indienne), qui en constituaient peut-être une partie. Les *Catastérismes* utilisent l'œuvre de Ctésias uniquement comme source mythographique, et l'on connaît les critiques sévères d'Ératosthène à l'égard de ses prédécesseurs (y compris Ctésias) et de leurs descriptions géographiques, en particulier de l'Inde (cf. STRABON 2.1.9 ; 15.1.12). Le discrédit proverbial dont souffre Ctésias dans l'antiquité (cf. CTÉSIAS, *FGH* 688F36), où il passe pour un affabulateur, est encore aujourd'hui largement répandu. Pourtant, on a pu apprécier de manière diverse la rigueur de son travail historique : pour LENFANT (1996), Ctésias aurait eu accès à des sources et des traditions locales orientales, tandis que pour KARTTUNEN (1997 : 636) il aurait été un simple compilateur de curiosités. Ce désaccord tient en grande partie à l'état des sources, puisque le texte de Ctésias nous est parvenu essentiellement à travers des intermédiaires qui ont pu considérablement altérer le contenu et la perpective de leur source (voir LENS TUERO 1998 : 272 sq.). Sur la critique d'Ératosthène envers les géographes qui l'ont précédé, voir FRASER 1970 : 196 sq. ; GOUKOWSKY 1978 : 151 sq. ; BOSWORTH 1995 : 213 sq.

585. Bambykè est la ville syrienne connue plus tard sous le nom de Hiérapolis (à partir de Seleucos I Nicator : cf. TREIDLER 1979 : 1130 ; voir PLUTARQUE, *Antoine* 37.1) et appelée aujourd'hui Manbij. Selon PLINE (5.81), le nom indigène antique était *Mab(b)og*. Sur sa localisation voir STRABON (16.1.27 ; 16.2.7), LUCIEN (*Syr. D.* 1), ZOSIME (3.12). C'était le lieu du principal centre de culte à la déesse Dercéto (cf. n. 586), qui se diffusa à l'Égypte et à la Grèce à partir du IIIe siècle av. J.-C. (voir HÖRIG 1984 : 1565 ; MARTIN 1987 : 81 ; sur sa présence à Athènes, voir MIKALSON 1998 : 232 sq.). Près du temple de la déesse

se trouvait un lac, qui contenait des poissons sacrés (LUCIEN, *Syr. D.* 45-46). Ces poissons extraordinaires étaient, selon certaines sources, apprivoisés et sociaux, manifestant des marques d'affection, mangeant dans la main, et obéissant à des "chefs" (voir ÉLIEN, *NA* 12.2 ; PLINE 5.81). Il y avait des étangs semblables à Ascalon (cf. DIODORE 2.4.2), Édesse, Smyrne, Délos et Rome (HÖRIG 1984 : 1555). Les cultes pratiqués au temple d'Hiérapolis incluaient des processions, des danses extatiques, une descente rituelle dans le lac, des sacrifices, des cérémonies d'hydrophories, de travestissement et d'éviration (LUCIEN, *Syr. D.* 42-51). Sur les détails du culte à la déesse syrienne, voir HÖRIG 1984 : 1546-1550.

586. Dercéto est souvent appelée la "déesse syrienne" (voir n. 134 et 587), bien qu'elle soit également assimilée, entre autres, à Atargatis (voir *Cat.* 9, n. 134), à la déesse phénicienne Astarté-Aphrodite (cf. HÉRODOTE 1.105), à Rhéa-Cybèle d'Asie mineure et à Isis (cf. HÉRODOTE 1.131 ; voir HÖRIG 1984 : 1541-1546). On a émis l'hypothèse que toutes ces divinités dériveraient d'une "déesse-mère" unique (voir JAMES 1960 : 177 sq.). La généalogie proposée par les *Catastérismes* est en revanche exceptionnelle, et c'est l'unique texte qui fait d'Aphrodite la mère de Dercéto (cf. n. 593). Le récit qu'Ératosthène fait remonter à Ctésias présente une variante locale, à Ascalon, attestée par DIODORE (2.4.2 sq. ; cf. LUCIEN, *Syr. D.* 14 ; OVIDE, *Mét.* 4.43 sq. ; ATHÉNAGORAS, *Leg.* 30 ; cf. VAN BERG 1972 : 2.13-36) : enceinte à la suite d'une union déshonorante, Dercéto expose sa fille dans une région déserte et rocheuse et se précipite dans un lac ; l'enfant, la future Sémiramis (cf. OVIDE, *Mét.* 4.44), est nourrie par des colombes, tandis que Dercéto se transforme en poisson. Bien que les deux versions ne coïncident pas sur la localisation du mythe (Ascalon *vs* Bambykè), on considère qu'elles remontent l'une et l'autre à Ctésias (cf. VAN BERG 1972 1.7 & 2.13 sq. ; cf. LENS TUERO 1998 : 284). KRUMBHOLZ (1895 : 225-228) estime que la version la plus proche de Ctésias est celle rapportée par Diodore, et Ératosthène aurait infléchi le récit pour l'adapter à son projet d'expliquer la présence d'un poisson au ciel ; telle est aussi l'opinion de BOLL-GUNDEL (1937 : 1020) qui tiennent la variante catastérismique pour une rationalisation de la version originale qui évoquait la transformation de la déesse en poisson ; VAN BERG (1972 : 2.14 sq.) présente de nombreux arguments en faveur de cette priorité de la version diodoréenne, selon lui directement issue des Περσικά de Ctésias (voir aussi BIGWOOD [1980 : 195-196] : pour la rédaction des chapitres 1-34 du livre 2, Diodore aurait suivi de près Ctésias, consulté directement et non dans une source secondaire). Un texte de la tradition catastérismique s'écarte d'ailleurs, de manière surprenante, de la version d'Ératosthène pour suivre la version "diodoréenne" : *hic* [scil. *piscis*] *prima memoria* κατὰ Βαμβύκην *fuisse fertur, in quod Derceto decidens in piscem est transfigurata* (SCHOL.

GERM., p. 98-99). L'iconographie est également hésitante. Nous savons par LUCIEN (*Syr. D.* 14) que Dercéto était un être hybride (mi-femme, mi-poisson) dans certaines régions comme la Phénicie, mais qu'elle avait une forme strictement humaine à Hiérapolis. Le récit d'Ératosthène semble refléter une contamination par d'autres motifs mythiques (voir *Cat.* 21, n. 314) : une source tardive fait état d'un épisode au cours duquel les Poissons zodiacaux auraient sauvé Vénus (Dionè) et Cupidon, harcelés par Typhon (cf. OVIDE, *Fastes* 2.458 sq. et *Mét.* 5.318-331). Le dossier complet des témoignages est étudié par VAN BERG (1972 : 2.76-86 ; y apparaît également l'alternance entre secours porté par des poissons et métamorphose en poisson, comme chez MANILIUS 2.32 : *pisces Cythereide uersa*). L'innovation introduite par Ératosthène consiste à édulcorer le καταποντισμός ("immersion"), que Diodore assimilait à un châtiment sanctionnant une faute. Ainsi les *Catastérismes*, qui évacuent la faute sexuelle de la jeune fille (et la mention de Sémiramis), présentent l'immersion de Dercéto dans le lac comme un accident. Le changement du lieu de la scène (voir *supra*) et la généalogie originale de Dercéto (voir *supra*) sont sans doute aussi des réélaborations ératosthéniennes. Dans des versions parallèles il s'agit d'Atargatis, de Vénus, de Dioné ou d'Isis (HÜBNER 2000 : 270).

587. Ce ne sont pas les Syriens, comme le prétend Ératosthène, qui donnent ce nom à la déesse, mais bien les Grecs (cf. VAN BERG 1972 : 2.69) ; cette précision est probablement une addition d'époque hellénistique et ne provient pas de Ctésias, mais sans doute d'Ératosthène.

588. Ce rôle est parfois attribué aux deux Poissons (voir *Cat.* 21) ; cf. SCHOL. ARAT. 239, p. 193 ; cf. OVIDE, *Fastes* 2.457-460 (cf. HÜBNER 2000 : 270).

592. Le Poisson austral (PsA) est une constellation informe, remarquable par l'éclat de sa principale étoile, Fomalhaut. Cette étoile brillante (HIPPARQUE 2.3.16, 3.1.7), Fomalhaut (α PsA ou 78 Aqr), est commune avec le Verseau (*Cat.* 26, voir n. 396) ; cf. PTOLÉMÉE, *Almageste* 8.1, p. 124 : « l'étoile qui est la dernière de l'Eau et sur la bouche du Poisson sud » ; cf. ID., p. 166 : « l'étoile qui est sur la bouche et au commencement de l'Eau » (cf. ROGERS 1998b : 88). Le terme anatomique ῥύγχος est appliqué au Cheval, au Bélier, au Capricorne, au Poisson, au Monstre marin, à la Bête (PTOLÉMÉE, *Almageste* 7.5-8.1, p. 78, 84, 116, 130, 164) et à l'Ourse (PTOLÉMÉE, *Almageste* 7.5, p. 38-39) ; ÉRATOSTHÈNE l'emploie pour le Cheval (*Cat.* 18) et le Corbeau (*Cat.* 41) ; et HIPPARQUE pour les Poissons (1.6.8), le Bélier (1.6.9), l'Oiseau (1.10.8), le Cheval (2.5.16), le Corbeau (2.6.9), l'Ourse (2.6.10), et le Taureau (3.4.8). Pour HIPPARQUE (3.1.7), le Poisson a une étoile brillante sur le bout du museau (ὁ ἐν ἄκρῳ τῷ ῥύγχει λαμπρός), et plusieurs sur la queue. Les trois étoiles brillantes sur le museau sont α PsA (mag. 1.1), δ PsA (mag. 4.2), et ε PsA (mag. 4.2). Les neuf autres étoiles sont sans doute : υ (ou τ, ou ζ PsA), λ, η, θ, ι, β, γ, μ

PsA et γ Gru ; la plus occidentale est donc ι PsA, ce qui correspond aux limites de la figure ptoléméenne.

Page 113

593. Les *Catastérismes* sont les seuls à faire d'Aphrodite la mère de Dercéto. Selon VAN BERG (1972 : 2.73-74), cette filiation est une innovation ératosthénienne qui permettait d'intégrer la figure orientale au cadre grec et de justifier le catastérisme qui est normalement soumis à un parrainage olympien. Ératosthène ne précise pas le nom du dieu responsable de la catastérisation (ἐτίμησαν, ἔθηκαν), et il faut supposer un auteur collectif ("les dieux", pour VAN BERG 1972 : 1.23 ; d'après SCHOL. GERM. (p. 99), ce sont les hommes qui le portèrent au ciel : *omnes [...] honorati erant et in caelum retulerunt*) ; mais Aphrodite, mère de Dercéto, en est l'instigatrice logique. Sur la prérogative olympienne que constitue la catastérisation, voir *Cat.* 44, n. 684. PTOLÉMÉE (*Tétrabible* 1.9.20) dit que la *lucida* de la constellation « exerce une action analogue à celle de la planète d'Aphrodite et de la planète d'Hermès ».

Page 114

595. Le nom de constellation figurant dans les manuscrits O et M de l'*Épitomé* est Νέκταρ. Il constitue une appellation unique dans la littérature grecque et latine. Les termes habituels sont Θυτήριον (ARATOS 403 ; c'est le terme le plus fréquent dans la tradition catastérismique, cf. HYGIN 2.38) ou Θυμιατήριον (HIPPARQUE 1.11.6 ; GÉMINOS 3.13 ; cf. le mot latin *Turibulum* chez VITRUVE 9.5.1 et GERMANICUS 394 ; il est restitué en HYGIN 3.38). STERN 1867 émet l'hypothèse que νέκταρ serait la transposition du nom phénicien de la constellation. La forme grecque se fonderait sur une racine sémitique d'où proviendraient à la fois θυτήριον (autel) et θυμιατήριον (lieu où brûlent les offrandes, de taille diverse, « de l'encensoir que l'on tient à la main à l'autel portatif » [MARTIN 1998b : 315]). Pour Schaubach (STERN 1867 : 364), le terme serait un raccourcis pour νεκτάριον θυτήριον. On doit cependant remarquer que l'unique occurrence de θυτήριον antérieure à Aratos se trouve chez EURIPIDE (*IT* 243), où le mot est un équivalent de θῦμα ("victime sacrificielle" ; voir CASABONA 1966 : 146). La présence du vocable νέκταρ au lieu de θυτήριον pourrait s'expliquer, selon LEVIN (1971 : 34) par le fait que le terme grec de νέκταρ, d'origine sémitique, ferait référence à une boisson aromatisée à la myrrhe ou à l'encens ; l'adjectif νεκτάρεος, d'emploi homérique, est par ailleurs appliqué à des vêtements *parfumés* (voir *Il.* 3.385, 18.25) ; et le nectar n'est pas nécessairement un liquide (voir ANAXANDRIDE, *frg.* 58 *PCG* : οὐ ποτόν, ἀλλὰ τροφήν). Quoi qu'il en soit, θυτήριον et θυμιατήριον sont deux termes concurrents pour la constellation, sans que cela implique nécessairement deux conceptions

différentes (MARTIN 1998b : 316 ; voir au contraire GUNDEL 1936b : 757 & 759) ; d'après la SOUDA (Θ 623, s.v. θυτηρίοις = HÉSYCHIUS, *Lex.* Θ 974, s.v. θυτηρίοις = PHOTIOS, *Lex.* Θ 98, s.v. θυτηρίοις) les deux termes seraient même synonymes. Selon MARTIN (1998b : 316), la forme θυτήριον employée par Aratos serait une variante purement formelle de θυμιατήριον, qui n'entre pas dans l'hexamètre (voir aussi LE BŒUFFLE 1977 : 148) ; d'ailleurs Eudoxe, le modèle d'Aratos, emploie θυμιατήριον. Les SCHOLIES À ARATOS (*ad* 403, p. 266) assimilent cependant l'objet à un encensoir (ἐστι λιβανώτιδι ὅμοιον ; sur la forme du *turibulum*, voir TITE-LIVE 29.14 et VIRGILE, *Enéide* 11.481). Ératosthène, en tout cas, à l'instar d'Aratos (mais aussi de Géminos et de Ptolémée), conçoit l'objet en question comme un autel sacrificiel. On trouve aussi dans les textes le vocable βωμός (*Anonymus* II.7 = *Carmen de Sphaera* 49, p. 158 Maass ; Teucros *in* BOLL 1903 : 148 ; cf. βωμίσκος dans PTOLÉMÉE, *Almageste* 8.1, p. 164). En latin, le terme le plus fréquent est *ara* —parfois *altaria* ou *altarium*— (LE BŒUFFLE 1977 : 148-149), ou *sacrarium* (ARAT. LAT., p. 262 ; SCHOL. GERM., p. 177). L'Autel est rattaché mythologiquement à la constellation du Centaure, sa voisine (voir *Cat*. 40), et forme, avec la Bête, un groupe de trois astérismes relativement solidaires : c'est, en effet, sur lui que le Centaure immole la Bête (Θηρίον ; voir *Cat*. 40 et n. 614 ; cf. ARATOS 439-442 ; cf. Teucros *in* BOLL 1903 : 49). Voir SCHOL. ARAT. 408, p. 269 : τὸ Θυτήριον ἄλλοι τοῦ Κενταύρου εἶναί φασιν. La Voie lactée, dont l'Autel marque le début (voir PTOLÉMÉE, *Almageste* 8.2, p. 170-171), serait même la traînée de fumée produite par l'autel (voir ROGERS 1998b : 83). Elle est pour la Grèce la plus australe de constellations (SCHOL. ARAT. 402, p. 266 ; cf. HYGIN 3.38), et AVIÉNUS (859) la qualifie de « autel du pôle », tandis qu'ARATOS (692) l'appelait seulement « autel austral ». Sur la symétrie de l'Autel et d'Arcturus par rapport à l'équateur, notation aratéenne (v. 405) et débat hipparquéen (HIPPARQUE 1.8.15-17), voir MARTIN 1998b : 316-317.

597. Ce développement est corrompu. Il n'y a presque aucune source, indépendamment de la tradition catastérismique, qui fasse référence à un serment à l'occasion de la Titanomachie (voir MANILIUS 1.420 sq., et 5.341 sq., où Zeus est dit *ipse sacerdos*) ; nos sources principales pour cet épisode (Hésiode et Apollodore), l'ignorent tout à fait. HÉSIODE évoque pourtant un rituel exceptionnel pratiqué par les dieux dans les grandes occasions et appelé « le grand Serment » (*Th*. 400), mais c'est sur le Styx, principal fleuve des Enfers, que les dieux juraient alors. La majorité des documents dérivés des *Catastérismes* citent explicitement Cronos dans cet épisode ; en revanche, HYGIN (2.39) et les SCHOLIES À ARATOS (*ad* 403, p. 267) font référence aux Titans. Plusieurs chapitres des *Catastérismes* font allusion aux combats menés par Zeus contre les divinités préolympiennes. Ératosthène recourt à trois autorités représentant différentes traditions sur la

Titanomachie et la Gigantomachie : Musée (*Cat.* 13), Épiménide (*Cat.* 27) et Aglaosthène (*Cat.* 30). L'épisode de Dionysos, accompagné d'Héphaïstos, les satyres et les ânes, dans la Gigantomachie (peut-être emprunté à un drame satyrique), constitue un cas à part (voir *Cat.* 11, n. 163-164). Le rôle des Cyclopes dans la fabrication de l'autel (pour celle du foudre, voir au *Cat.* 29), n'est attesté par aucune autre source, et il n'y a pas de bonnes raisons de faire remonter l'épisode du serment des Olympiens, comme le voulait ROBERT (1878 : 8 et 243), aux Ναξικά d'Aglaosthène. Le chapitre 39 ne comporte aucune indication géographique précise (liée à Naxos) qui étayerait cette hypothèse (voir n. 456). La source d'Ératosthène est peut-être ici la même que pour les *Cat.* 6 et 29 (n. 440). L'Autel est souvent identifié à l'autel de sacrifice utilisé par le pieux Centaure (voir *Cat.* 40) ; d'après les SCHOL. ARAT. (*ad* 436, p. 278), HERMIPPOS (*frg.* 101 Wehrli) y voyait l'autel commémorant les noces de Pélée.

600. En mentionnant précisément ses usages, Ératosthène pointe un type d'autel particulier et concret : il s'agit d'un autel de sacrifice (βωμός), composé de blocs réguliers, et sur lequel on procède au sacrifice dit "olympien" (θύειν) —par opposition au sacrifice chthonien ou héroïque (ἐναγίζειν *vel* σφάζειν), qui est réalisé sur un autel bas (ἐσχάρα). Mais il existe une controverse sur l'opposition olympien / chthonien (voir SCHLESIER 1991-1992 —qui considère la distinction comme une construction moderne— et, *contra*, SCULLION 1994). L'objectif principal est le partage d'un repas commun (κοινωνία), que l'on prend après la mise à mort de l'animal (voir BURKERT 1985 : 58 ; cf. *infra* : οἱ κοινωνεῖν ἀλλήλοις προαιρούμενοι). Les liens de la communauté sont réaffirmés à travers le sacrifice, et chaque contrat social est l'occasion d'un sacrifice sanglant (cf. BURKERT 1983 : 35) ; les familles et les corporations de tous types (comme les phratries) s'organisent d'ailleurs en communautés sacrificielles ; de même que les cités, lors de leurs fêtes ou à l'occasion de grands rassemblements, comme les jeux athlétiques (voir dans un passage corrompu des *FV* l'expression ἐν τε τοῖς ἀγῶσι). En cas de contrat formel important (comme un serment), les contractants peuvent s'imprégner du sang du sacrifice — voire piétiner les lambeaux de chair ou les parties génitales de la victime (voir DEMOSTHÈNE 23.68 ; cf. PAUSANIAS 3.20.9, 4.15.8, 5.24.9 ; DENYS d'Halicarnasse 7.50.1). Il suffit, sinon, comme en témoigne le texte des *FV*, de poser la main sur l'autel en prononçant le serment. D'autres gestes permettent de consacrer un serment, comme de lancer une pierre ou un bâton (cf. HOMÈRE, *Il.* 1.233 sq.), ou encore de plonger une barre de fer dans la mer (voir HÉRODOTE 1.165).

601. Les deux étoiles sur le foyer sont peut-être ζ Ara (mag. 3.1 ; plutôt que ε^1, choisie par MARTIN 1998b : 435), et β + γ Ara (mag. 2.8 et 3.3). Toutes proches, ces deux étoiles (β, γ) sont, en effet, pour HIPPARQUE (3.2.6) « une étoile double » (διπλούς), « sur le bord [*i.e.* de

l'autel] » (ἐν τῷ χήλει) ; cf. PTOLÉMÉE, *Almageste* 8.2, p. 171 : ἐν τῷ ἐπιπύρῳ δύο συνεχῶν. Les deux étoiles sur la base sont α (mag. 2.9) et θ Ara (mag. 3.6). L'orientation de l'autel est complexe, et on retient pour l'identification des étoiles, dans le secteur officiel de l'Autel (qui ne comprend pas δ et η Ara intégrées à la constellation moderne), les étoiles les plus brillantes (mag. inférieure à 4), et la position classique de l'autel. Dans le catalogue de Ptolémée, il est clairement renversé, la flamme étant au sud et le socle au nord. Le premier terme (ἐσχαρίς) désigne un outil du sacrificateur (POLLUX 10.65 et 95), une sorte de braséro permettant le transport de charbons (POLLUX 6.89 ; ÉLIEN, *NA* 2.8 ; cf. HÉSYCHIUS, *Lex.* E 6450, s.v. ἐσχάριον : κοῖλον θυμιατήριον), et les SCHOL. GERM. (p. 99) placent les deux étoiles *in carbonibus* ; cf. ARAT. LAT., p. 264 : *supra craticulam*. Ce braséro se trouve *sur* la base solide (voir SCHOL. GERM., p. 177 : *stellas in superficie in qua prunae fuisse dicuntur duas* ; cf. HYGIN 3.38 : *in summo cacumine turibuli*). Le vocabulaire adopté par Ptolémée est sensiblement différent : au sud de la base (βάσις), il note une étoile « au milieu du petit autel », le βωμίσκος, qui renvoie peut-être à l'ensemble de la structure "solide" (l'autel à l'exception du foyer) en soulignant qu'il s'agit d'un modèle réduit ; trois étoiles sur le brasier (ἐπίπυρον ; cf. HIPPARQUE 3.1.6) et une à la pointe de la flamme (ἐπ' ἄκρου τοῦ καυστῆρου : ζ Ara). HIPPARQUE (1.8.16) désigne α Ara comme « l'étoile brillante » (cf. 2.5.15) qui est à peu près au centre de la constellation de l'Autel » (cf. PTOLÉMÉE, *Almageste* 7.1, p. 6), ce qui suppose que la base est marquée par les étoiles σ, θ, ι Ara (puisque le centre (τὸν μέσον) est la position intermédiaire entre la limite boréale et la limite australe de la figure).

Page 115
603. Selon la tradition hésiodique (*Th.* 617-735 ; cf. APOLLODORE 1.2.1), les Cyclopes aident Zeus et les dieux olympiens à triompher des Titans. Leur secours, ainsi que celui des armes terribles qu'ils possèdent (foudre, tonnerre et éclairs : HÉSIODE, *Th.* 504-505), est indispensable à Zeus pour obtenir la victoire (voir *Cat.* 29, n. 435). Puisqu'ils sont frères des Titans (cf. HÉSIODE, *Th.* 139 sq.), les Cyclopes jouent le rôle de transfuges lorsqu'ils se rallient à la bannière olympienne (VERNANT 1981 : 493 ; sur un "autel des Cyclopes" à Corinthe, où on leur sacrifiait dans un sanctuaire archaïque, voir PAUSANIAS 2.2.1). D'après ce passage des *Catastérismes*, les Cyclopes fabriquent également le premier autel olympien. Cette fonction correspond pleinement à celle qu'on leur connaît par ailleurs de τεχνῖται ("artisans" : ils sont ἄριστοι τεχνῖται, d'après les SCHOLIES À EURIPIDE, *Or.* 965). On ne doit donc pas s'étonner que certaines traditions fassent des Cyclopes les maîtres d'Athéna et d'Héphaïstos dans toutes sortes d'arts (voir CHANTS ORPHIQUES, *frg.* 269 et 228 Bernabé ; cf. DETIENNE & VERNANT 1974 : 83-84). Il est, en revanche, difficile de préciser à quoi Ératosthène fait

référence par le terme de κάλυμμα, et à quel épisode renvoie ce geste (que reproduira Prométhée à une autre échelle avec le feu). Mais la fonction première de cet autel primitif est de dissimuler le feu/la foudre, et il semble secondairement seulement employé pour garantir l'alliance des Olympiens. Il s'agit peut-être d'un artifice pour motiver dans ce contexte décalé la mention des Cyclopes ; il est présent dans les SCHOL. GERM. (p. 177 : *igneum sibi uelamen*) et l'ARATUS LATINUS (p. 263 : *Iuppiter* […] *condidit habens igneum uelamentum*). La spécialité traditionnelle des Cyclopes est la métallurgie mais ils sont aussi les bâtisseurs des murs dits "cyclopéens" de Mycènes et de Tirynthe (cf. PINDARE, *frg*. 152 Bowra ; cette compétence est déjà connue de TYRTÉE, *frg*. 12.3 *IEG*). La tradition mythographique a été amenée à distinguer différentes figures de "Cyclopes" (voir HELLANICOS, *frg*. 88 Fowler) : les constructeurs des murailles de Mycènes ; Polyphème et ses congénères ; et les dieux forgeurs de la foudre dont parle Hésiode.

Page 117

604. La constellation est parfois directement appelée Chiron (Antiochos dans BOLL 1903 : 144 ; GERMANICUS 637, 669, 695 ; OVIDE, *Fastes* 5.379). Une autre identification traditionnelle mais absente de l'*Epit.* y voit le Centaure Pholos. Il semble que pour Aratos, qui n'identifie pas le Centaure, celui-ci était *plutôt* Pholos que Chiron. En effet, le terme de "Bête"-cavalier (ἱππότα φηρός), par lequel ARATOS désigne une fois (v. 664) la constellation, est appliqué aux centaures "classiques" comme Pholos (SCHOL. ARAT. 664, p. 355-356 ; pour Nessos, voir SOPHOCLE, *Tr.* 680 et 1162) ; dans un autre passage, la Bête que tient le Centaure est présentée comme « un autre θήριον », et certains interprètes, que critique le scholiaste, ont pensé que ce terme valait donc aussi pour le Centaure ; s'il serait scandaleux de traiter ainsi Chiron (voir SCHOL. ARAT. 441, p. 279-280), Pholos, lui, admet sans difficulté cette appellation. La connexion avec l'autel renforce encore, dans cette concurrence entre Chiron et Pholos, la position du second : « Selon d'autres récits, c'est le Centaure Pholos, dont la science d'haruspice était sans égale. Aussi s'approche-t-il de l'Autel avec une victime, comme Jupiter a voulu le représenter » (HYGIN 2.38). L'auteur latin attribue explicitement, au passage, la mise en scène sacrificielle céleste à Zeus.

605. Les Centaures habitent des lieux marginaux : les bois et les montagnes, loin des chemins fréquentés par les hommes. Pholos, par exemple, vit à Pholoé (un site inhabité et propice à la chasse), et Chiron gîte dans une grotte des montagnes du Pélion en Thessalie (voir n. 280). Certains détails sur la grotte de Chiron, un sanctuaire voisin consacré à Zeus, et l'ὀρειβασία ("ascension rituelle") pratiquée par la classe dirigeante de Magnésie, nous sont parvenus par un périégète hellénistique, Héraclide Criticos (voir PSEUDO-DICÉARQUE [= HÉRACLIDE CRITICOS ou

de Crète] 2.8 Pfister ; cf. HENRICHS 1998 : 38 sq.). Dans le récit d'APOL-
LODORE (2.5.4), Chiron s'est vu obligé de quitter le Pélion, chassé par les
Lapithes, pour aller s'établir à Malée, à l'extrême sud du Péloponnèse.
   606. Déjà chez HOMÈRE (*Il.* 11.832), Chiron est considéré comme
"le plus juste des Centaures" (cf. SCHOL. APOLL. RHOD. 1.554). L'*Iliade*
le reconnaît comme un maître ès art médical : c'est le mentor d'Asclépios (4.218-219 et 425 ; cf. PINDARE, *Pyth.* 3.1 sq. ; HYGIN 2.38), et
celui d'Achille (11.830-832), bien qu'il ne soit pas à proprement parler
son éducateur, rôle dévolu à Phénix (voir *Il.* 9.485 sq.) ; dans le *Catalogue des femmes* hésiodique, en revanche, Chiron est véritablement
l'éducateur du jeune Achille (cf. HÉSIODE, *frg.* 204.87 sq.) ; et c'est à
lui que sont adressées, semble-t-il, les Χίρωνος ὑποθῆκαι attribuées à
Hésiode. La tradition fait de Chiron le héros civilisateur et éducateur
par excellence (cf. SCHNAPP 1981 : 146). Sur les dons de Chiron, voir
PINDARE, *Pyth.* 9.65 ; XÉNOPHON, *Chasse* 1 ; PHILOSTRATE, *Her.* 9 et
Tableaux 2.2. Il passe pour le maître des plus brillants héros, en particulier : Asclépios, Pélée, Achille, Jason, Héraclès, Céphalos, Hippolyte,
Méléagre, Thésée, Ulysse, Diomède, Castor, Pollux (voir XÉNOPHON,
Chasse 1.2 ; cf. MATHÉ 1995). La plupart des Argonautes sont ses amis
ou ses élèves (APOLLONIOS de Rhodes 1.554 ; ORPHÉE, *Argonautiques*
375). Il aurait enseigné la médecine à Asclépios, la cithare à Achille, la
lecture à Héraclès (SCHOL. GERM., p. 178). Sa mission consistait à guider et superviser l'éducation de ces futurs héros, y compris sur le terrain
sexuel (n. 607). Parmi les qualités de Chiron se trouvent les dons musi-
cal (SCHOL. HOM., *Il.* 4.219 Van Thiel) et prophétique (EURIPIDE, *IA*
1064). Il n'est donc pas étonnant que sa fille Hippè / Hippo soit versée
dans l'art prophétique à vocation thérapeutique (voir *Cat.* 18, n. 290).
Chiron est surtout le premier droguiste (PLINE 7.196) et le premier
chirurgien (HYGIN, *Fables* 274 ; cf. ISIDORE, *Et.* 4.9.12 : ἀπὸ τοῦ
χειρίζεσθαι) ; il aurait d'ailleurs guéri le tuteur d'Achille, Phénix,
aveuglé par son père (APOLLODORE 3.13.8), et sauvé Pélée lui-même
(ID. 3.13.3). Il est également au principe de l'art vétérinaire (par la
Mulomedicina Cheironis ; cf. VÉGÈCE, *Mulomedicina*, préf.). Il est
l'inventeur de la centaurée (NICANDRE, *Th.* 500), plante vulnéraire qui
passait pour une panacée (SCHOL. NIC., *Th.* 500b).
   607. L'auteur manifeste à nouveau une grande prudence dans l'expression (δοκεῖ). Selon Antisthène, Héraclès entre en contact avec
Chiron par amour (ἔρως). Les liens étroits, et bien établis par le Socrate
de Platon entre διαλέγεσθαι ("discuter"), ἀνθρώποις συνεῖναι
("entretenir des relations") et ἐρωτᾶν ("aimer" ; cf. *infra* συνεῖναι ἐν
τῷ ἄντρῳ), se trouvent à la base du processus d'acquisition de la
παιδεία ou "éducation" (voir BRANCACCI 1990 : 158-162). Il est donc
inutile d'adopter la correction prude et infondée de MULLACH (1867 :
274), qui propose pour le passage : ἐλθεῖν δι' ἔρωτα παιδείας (voir
aussi les réserves émises par RANKIN [1986 : 104-105] sur l'emploi ici

du mot ἔρως). L'épisode amoureux entre Chiron et Héraclès devait constituer, pour Antisthène, une sorte de mythe fondateur de l'activité de φιλοσοφεῖν (cf. BRANCACCI 1993 : 54). Mais cette inclination érotique, quoique nécessaire, n'est pas suffisante, et Ératosthène signale deux autres motifs qui complètent le cadre de *rite de passage* que revêt la παιδεία antisthénienne. D'une part, Héraclès devient ἀκουστής (auditeur et élève) de Chiron (voir *infra* n. 609) ; d'autre part, le rôle de disciple n'est pas seulement passif puisque la relation caractérisée par l'ὁμιλεῖν ("entretenir des rapports" ; cf. *infra* ὁμιλούντων αὐτῶν), et l'échange de λόγοι, garantit la nature dialectique de la sagesse. Il est, par ailleurs, clair qu'Héraclès se rend dans la grotte de Chiron par attirance pour le Centaure et non, comme le veut CONDOS (1970 : 205), pour Achille. Du point de vue de l'histoire des rituels, la connexion entre la pédérastie et l'initiation dans la culture indo-européenne a été étudiée par BREMMER (1980 : 279-298) et SERGENT (1996 : 333-563) ; pour un possible écho de confréries initiatiques d'hommes-chevaux en Grèce, voir JEANMAIRE 1939 : 370-371.

608. L'activité pédagogique et érotique de Chiron semble se développer dans une grotte consacrée à Pan, auquel l'élève (comme sans doute le maître) voue un culte. Mais les raisons en sont peu claires et l'interprétation de BRANCACCI (1997 : 222), qui pense qu'à la grotte (ἄντρον) était associé un τέμενος, où avaient lieu des rituels thérapeutiques (sur le modèle des temples d'Asclépios), est discutable. L'initiation d'Héraclès, en effet, n'est pas spécialement médicale. L'épilogue du *Phèdre* de Platon, dans lequel Socrate adresse une prière à Pan pour que ses biens extérieurs soient en harmonie avec sa beauté intérieure (*Phèdre* 279b-c), peut davantage éclairer ce passage (cf. BRANCACCI 1997 : 222). La spéculation philosophique (orphique ou stoïcienne), a reconnu en Pan, au moins depuis le IVe siècle av. J.-C. l'incarnation de l'univers, du tout (πᾶν). Voir BORGEAUD 1979 : 220-221 ; cf. GEORGOUDI 1981 : 232.

609. Cf. ANTISTHÈNE, *frg.* 93 Giannantoni (= *frg.* 25 Decleva Caizzi). L'épopée archaïque met l'accent sur les bonnes relations qu'entretient Héraclès avec le Centaure Chiron (voir GIANNANTONI 1985 : 292), à la suite d'Homère qui fait du Centaure le précepteur en médecine d'Achille (cf. n. 606). La tradition qui voit dans Héraclès le disciple de Chiron réapparaît, à travers le filtre stoïcien, dans les *Moralia* de PLUTARQUE (*E Delph.* 387d ; cf. GIANNANTONI 1985 : 288). APOLLODORE (2.5.4) donne, en revanche, une autre tournure à la rencontre des deux personnages : Héraclès, dont la tâche est alors de traquer le sanglier d'Érymanthe, reçoit l'hospitalité de Pholos qui lui sert un repas de viande cuite et du vin ; les autres centaures, attirés par l'odeur, s'approchent armés de pierre et de branches, mais Héraclès parvient à les repousser à l'aide de ses flèches. Le hasard veut qu'une de ses flèches atteigne le genou de Chiron, qui en est mortellement blessé (voir n. 611).

610. Voir ANTISTHÈNE, *frg*. 92 Giannantoni (= *frg*. 24A Decleva Caizzi). Sur l'*Héraclès* d'Antisthène, cf. DÜMMLER 1891 ; HIRZEL 1895 : I.120 sq. ; DITTMAR 1912 : 300 sq. ; DECLEVA CAIZZI 1966 : 94 sq. ; GIANNANTONI 1985 : 283 sq. Antisthène a écrit deux ou trois pièces intitulées *Héraclès* (cf. GIANNANTONI 1985 : 283-284 ; voir le catalogue des œuvres d'Antisthène dans DIOGÈNE LAËRCE 6.16-18). Mais les fragments qui nous sont parvenus ne peuvent être attribués à une pièce précise. Une structure dialogique paraît claire (cf. GIANNANTONI 1985 : 284 ; DECLEVA CAIZZI 2000 : 537), mais nous ignorons l'identité et le nombre des personnages qui y participaient. Outre Héraclès et Chiron, on suppose la présence de Prométhée (cf. ANTISTHÈNE, *frg*. 96 Giannantoni). HIRZEL (1895 : I.120) prétend, quant à lui, que l'*Héraclès* n'était pas vraiment un dialogue mais une suite de conversations incluses dans un texte de structure narrative. Antisthène retient la figure d'Héraclès (et dans d'autres dialogues celle de Cyrus), parce qu'il incarne un prototype moral et un modèle de conduite correspondant à sa pensée : c'est la doctrine connue sous le nom de πόνος ἀγαθόν (l'effort est un bien ; cf. DIOGÈNE LAËRCE 6.2.10, 7.172). Laissant de côté un certain nombre de traits traditionnellement associés à la figure du héros (comme la sexualité débridée et la gloutonnesie), certains penseurs et poètes du VIe-Ve siècle (en particulier pythagoriciens : DETIENNE 1960) avaient déjà perçu Héraclès comme un possible archétype du philosophe : effort constant, itinérance, ascétisme, philanthropie, solitude (voir GARCÍA GUAL 1987 : 36-38 ; LORAUX 1981 : 496-497 ; cf. EURIPIDE, *Licymnius*, *frg*. 1 Jouan-Van Looy = *frg*. 473 Kannicht). Cette révision de la tradition et l'idéalisation de la figure héracléenne ont sans doute été encouragées par l'exégèse allégorique des mythes, qui constitua vraisemblablement une pratique courante d'Antisthène lui-même (voir HÖISTAD 1948 : 33-34 ; cf. HÉRODORE, *frg*. 14 Fowler). Le modèle immédiat de la représentation antisthénienne d'*Héraclès* paraît avoir été une œuvre de Prodicos sur Héraclès (voir HIRZEL 1895 : 1.120-121 ; GIANNANTONI 1985 : 288).

612. Le Centaure est une constellation de grandes dimensions. Selon HYGIN (3.37.1) le Centaure « paraît s'appuyer de ses pieds sur le cercle antarctique et soutenir de ses épaules le cercle hivernal [= tropique du Capricorne] ». Elle a été identifiée à la figure babylonienne de EN-TE-NA-MAŠ-LUM (cf. WAERDEN 1974 : 73), ou EN-TE-NA BAR-HUM (ROGERS 1998a : 19), "le sanglier" (FLORISOONE 1951 : 160). On rencontre son nom depuis EUDOXE (*frg*. 73 ; cf. HIPPARQUE 1.8.18 ; GÉMINOS 3.13). Le Centaure est également appelé simplement Chiron (cf. n. 604 ; voir aussi GERMANICUS 421 ; HERMIPPE *in* SCHOL. ARAT. 436, p. 278), en raison de l'identification traditionnelle au moins depuis Ératosthène (cf. *Cat*. 18). D'après BOLL-GUNDEL (1937 : 1013), ce centaure serait "sûrement" une réplique du Centaure zodiacal (le Sagittaire ; cf. *Cat*. 28), comme la Petite Ourse ou le Poisson Austral sont des redoublements de

la Grande Ourse et des Poissons. Ainsi, deux Centaures pouvaient, selon la représentation du premier, se faire face dans le ciel autour de l'Autel : le Sagittaire (voir *Cat.* 28) et le Centaure ; mais les *Catastérismes* rejettent sans équivoque la forme centaurine pour le Sagittaire (voir *Cat.* 28, n. 414), et écartent ainsi des risques de confusion entre les deux "Centaures" (voir Boll-Gundel 1937 : 1012).

613. Peut-être Eudoxe est-il le premier à donner ce nom volontairement imprécis à un astérisme d'ailleurs équivoque (Boll 1903 : 146) ; cependant Aratos (442) suggère qu'il est plus ancien, par l'emploi, pour ses inventeurs, du terme πρότεροι ("les anciens" ; voir Kidd 1997 : 339). Mais de quelle *bête* s'agit-il ? Le sacrifice semble exiger, de préférence, un animal domestique et qui puisse être porté par des bras d'hommes *sur* l'autel : un agneau ou un chevreau ; mais le terme grec désigne plutôt une bête sauvage, voire un carnassier, et certains dieux comme Dionysos, le dieu au thyrse, recevaient des sacrifices de ce type. Cependant aucun texte ne donne de détails permettant de l'identifier, et les astronomes paraissent se satisfaire de cette appellation vague (Boll 1903 : 145). Une Scholie à Aratos (*ad* 436, p. 278), s'autorisant d'Hermippos, suggère une proie ordinaire des chasseurs, puisque la bête symbolise la chasse (σύμβολον θήρας) ; mais l'animal « qui a été ainsi nommé par les anciens » a « un corps confus » (σῶμα τι ἀδιάρθρωτον). Les Latins sont embarrassés : *quod therion appellatur* (Schol. Germ., p. 100 ; un décalque d'Ératosthène), et *therion, id est bestiola* (*ibid.* ; le terme est inapproprié —bien que θηρία soit en grec parfois employé en ce sens— car il désigne généralement en latin des insectes) ; pour Cicéron (*Arat.* 34.211) il s'agit d'un quadrupède (*quadripes*), mais d'autres auteurs sont plus vagues et l'appellent *fera* (Germanicus 671 ; cf. Cicéron, *Arat.* 34.453), *bestia* (Arat. Lat., p. 264 ; Vitruve 9.5.1), *praeda* (Germanicus 419), ou *hostia* (Hygin 3.37.2). Le Centaure est souvent représenté avec un lièvre en main (Boll-Gundel 1937 : 1012-1013), mais cet animal serait distinct de la Bête (voir Boll 1903 : 144 sq.) ; cf. Schol. Germ., p. 179 : *a quibusdam arbitratur tenere in sinistra manu arma et leporem, in dextra uero bestiolam, quae therion appellatur*. On trouve souvent, de fait, un canidé en connexion avec le lièvre et le Centaure dans les manuscrits et les illustrations médiévaux, mais parfois le Lièvre occupe la place de la Bête dans la mise en scène. L'image du loup, quant à elle, est peut-être apparue avec Teucros (Boll 1903 : 282 et 408 ; Le Bœuffle 1977 : 147), sous le nom λύκος (cf. *lupus* dans Firmicus Maternus 8.29.13) ; il est identifié à une panthère par Martianus Capella (8.832 et 838).

Page 118

614. L'astérisme de la Bête (aujourd'hui *Lupus*) est d'origine mystérieuse. Une influence babylonienne est très probable (Scherer 1953 :

192), puisqu'en sumérien la Bête est UR-IDIM, "la bête furieuse" (FLORISOONE 1951 : 160) ou "le chien enragé" (ROGERS 1998a : 16) ; l'indétermination de cet animal est perçue comme l'indice d'un emprunt savant et étranger (BOLL 1903 : 145 ; LE BŒUFFLE 1977 : 146). Il est possible que la réunion de la Bête et du Centaure en une scène unique ait été faite bien après l'introduction séparée des figures. GÉMINOS (3.13) la désigne par une périphrase (Θηρίον, ὃ κρατεῖ ὁ Κένταυρος καθ' Ἵππαρχον), qui ne signifie pas qu'Hipparque est l'auteur du rapprochement, mais reproduit simplement une habitude de l'astronome rhodien d'identifier la Bête comme « celle que porte le Centaure », pour la distinguer des autres bêtes sauvages du ciel (τὸ Θηρίον, ὃ ἔχει ὁ Κένταυρος : HIPPARQUE 1.10.17, 2.2.52, 3.1.5, 3.2.5 ... ; voir *Cat.* 6 pour « le serpent que tient Ophiuchus » ≠ le Dragon, ≠ l'Hydre). Quoi qu'il en soit, le fait de porter une bête sur l'autel signale la piété de Chiron (voir *infra* σημεῖον τῆς εὐσεβείας αὐτοῦ ; cf. HYGIN 2.38.1 : *pietate et diligentia*), puisque le sacrifice est l'acte sacré par excellence (cf. BURKERT 1983 : 3 ; l'usage linguistique le montre de manière transparente puisque ἱερεύω ("sacrifier") et *sacrificare* sont étymologiquement liés à ἱερός ("sacré") et *sacer*).

615. Il y a quatre étoiles sur la tête de magnitude voisine : 1 (i) Cen (mag. 4.2), 2 (g) Cen (mag. 4.2), 3 (k) Cen (mag. 4.3), 4 (h) Cen (mag. 4.7) ; les trois premières sont donc les plus brillantes ; mais 1, 3, 4 sont *sur le haut* de la tête (tandis que 2 Cen est « la plus au sud des quatre sur la tête », τῶν ἐν τῇ κεφαλῇ δ' ὁ νοτιώτατος : PTOLÉMÉE, *Almageste* 8.1, p. 158-159 ; cf. *in mento* d'après BAYER 1603 : 41).

616. Les étoiles des épaules sont θ Cen et ι Cen, effectivement brillantes (respectivement de mag. 2 et 2.7). Mais le buste du personnage hésite entre deux versions, l'une, aratéenne, qui le présente de dos, l'autre, eudoxéenne, qui le présente de face. Si l'on admet, ce qui est le plus vraisemblable d'après les pratiques anciennes (voir *Introduction*, p. XL), une orientation faciale du buste (la partie chevaline étant de profil), la plus brillante des deux (θ Cen, Menket) est sur l'épaule *droite*, et l'autre sur l'épaule *gauche* ; mais si l'on suit la seule indication de latéralité du texte pour le demi-corps humain, qui concerne le coude *gauche* (η Cen), il faut, au contraire, se représenter le Centaure tournant le dos à l'observateur (et donc ι Cen sur l'épaule droite) ; cette précision est toutefois sujette à caution. PTOLÉMÉE (*Almageste* 8.1, p. 158-159), en effet, adopte nettement la posture attendue dans sa description de la figure, et dit explicitement, à propos de ι Cen : « l'étoile de l'épaule gauche, celle de l'ouest » (ὁ ἐπὶ τοῦ ἀριστεροῦ καὶ ἡγουμένου ὤμου), plaçant donc l'étoile cubitale sur le coude *droit*. HIPPARQUE se réfère à la même posture (voir 1.8.21-23 ; c'est le cas également de CAMATÉROS, *Introduction* 1010). Le torse est aussi tourné vers l'observateur dans la figure de référence pour EUDOXE, puisque le Centaure tient la bête dans la main droite (*frg.* 78), et seule cette main

est signalée ; il est en torsion, si bien que l'on peut voir à la fois « sa poitrine et [le bas de] son dos » (ὁ νῶτος καὶ τὰ στήθη : *frg.* 73). ARATOS (505), auquel HIPPARQUE reproche justement de ne pas être précis sur la latéralité des épaules (1.8.19), semble, au contraire, décrire une figure qui a le dos tourné, puisqu'il mentionne son « vaste dos » (μέγα Κενταύροιο μετάφρενον ; chez Aratos ce terme désignerait, selon MARTIN (1998b : 356), le dos *équin* mais ce serait un usage exceptionnel pour un animal) ; et pourtant c'est son bras *droit* (439) qu'il tend vers l'autel (suivant donc le type ptoléméen). Ptolémée signale également une étoile sur l'omoplate gauche (« sous l'épaule gauche » pour HIPPARQUE 2.5.12 = d Cen = HR 5089). MARTIN (1998b : 324-326 et 410) note l'écart important entre les données d'Aratos et celles d'HIPPARQUE (1.8.19-23), en particulier dans la description du lever (HIPPARQUE 3.1.4 *vs.* ARATOS 431-442), et veut l'expliquer par une "erreur" d'Hipparque et une évolution importante dans la structure de la figure et l'astrothésie.

620. Le vocabulaire renvoie à une anatomie clairement bestiale. Il s'agit des étoiles les plus brillantes de la constellation : β Cen (Agena, de mag. 0.6) et surtout α Cen (Rigel Kentaurus, mag. 0.01) qui est la 4ème étoile la plus brillante du ciel. C'est cette dernière que vise HIPPARQUE (3.1.6), lorsqu'il parle d'une « étoile brillante sur les antérieures » ; elle est sur le sabot droit (ou le "boulet" : βατράχιον, PTOLÉMÉE, *Phaseis* 30, 35, 38 etc.), dans le catalogue de Ptolémée.

622. Voici une répartition vraisemblable de ces étoiles sur la partie équine du Centaure. Les deux brillantes sur le ventre : ε Cen (mag. 2.3) et μ^1 Cru (mag. 4) ? ; les trois sur la queue : δ (mag. 2.6), π (mag. 3.9), o (mag. 5) Cen ; une brillante sur sa hanche de cheval : ρ Cen (mag. 4) *ou* γ Cru (mag. 1.6) ; une sur chaque genou des pattes postérieures : γ Cru, δ Cru ; une sur chaque sabot (*scil.* postérieur) : α (mag. 1.4) et β Cru (mag. 1.25). On voit que la limite des postérieurs de l'animal implique l'intégration des étoiles brillantes de l'actuelle Croix du Sud (Crux). Dans le schéma de Ptolémée, qui est plus fin, le postérieur droit est avancé par rapport au gauche et marqué par les étoiles γ, β Cru ; et c'est « dans la cheville du pied arrière droit du Centaure » (β Cru) que prend naissance la Voie lactée (Ptolémée, *Almageste* 8.2, p. 171). HIPPARQUE (2.2.47) critique vigoureusement Aratos pour sa description du lever du Centaure (v. 695) : « En fait, ce n'est pas sa queue et plus généralement son arrière-train qui se lèvent les premiers, mais l'épaule gauche, car elle est bien plus au nord » (voir n. 616) ; cette épaule *gauche* est Menkent (θ Cen), sur le buste vu de face. Sur la queue du Centaure, voir HIPPARQUE 2.2.46.

623. La somme des étoiles du Centaure donne effectivement 24. OVIDE (*Fastes* 5.413-414) en compte curieusement quatorze seulement : « Neuf jours avaient passé, quand toi, très juste Chiron, tu eus le corps entouré de deux cercles de sept étoiles ». Ptolémée en

dénombre 37, tandis que CAMATÉROS (*Introduction* 1015), qui est assez désinvolte sur l'inventaire astral, en compte 26.

624. La *lectio* τεταμένον est une variante de B, les autres mss donnant *placé* (τεταγμένον), qui ne peut caractériser une forme (σχῆμα) ; mais, d'autre part, aucun texte ne donne à cette figure une forme quadrangulaire (τετράγωνον) comme le veulent les éditeurs anciens, même Ptolémée, si attentif d'ordinaire à signaler les figures géométriques à l'intérieur des astérismes. Cette figure, bien qu'elle soit prise en main, est bel et bien "déployée" et tendue (*extensam* : ARAT. LAT., p. 266), et non pas tassée comme la λεοντή d'Héraclès (*Cat.* 4) ou pendante comme la tête de Méduse (*Cat.* 22). La posture de la Bête est néanmoins confuse. Elle est basculée en arrière et face au Centaure, l'axe de l'échine dans un sens presque vertical (vers le nord-nord ouest) : « une victime basculée en arrière (*supinam*) qui touche des pattes et du bout de la gueule le cercle hivernal [= tropique du Capricorne] », et de la queue le cercle antarctique (HYGIN 3.37.1).

625. Cf. SCHOL. GERM. 179 :...*et βύρσαν, id est utrem uini aceti* (mais βύρσα, dont ἀσκός est un synonyme, pourrait être dans ces scholies une corruption de θύρσος). À un stade relativement tardif du rituel sacrificiel, le vin peut, en effet, remplacer le sang, comme le pain équivaut symboliquement à la viande. Cette forme euphémisée du sacrifice apparaît dans le rituel hittite comme dans la communion chrétienne (voir BURKERT 1979 : 56 ; cf. n. 656).

626. Le thyrse (c'est-à-dire une branche entourée de lierre et de feuilles de vigne), participe à divers contextes cultuels, comme le cortège des fidèles qui se rendent à Éleusis célébrer les mystères, ou les processions bacchiques. En tant qu'attribut du culte dionysiaque, il convient davantage à Pholos, fils de Silène (voir SOPHOCLE, *Trach.* 1095), cousin des Satyres, qui constituaient la compagnie ordinaire du dieu Dionysos. HIPPARQUE (2.5.14) comptait plusieurs étoiles sur le thyrse : « l'étoile qui suit, parmi les deux étoiles brillantes qui sont sur la partie la plus au sud du thyrse (et qui sont distantes d'une demi-coudée) —étoiles qui sont situées à peu près au milieu de la poitrine du Centaure » (3.5.6). Il n'est pas signalé par Aratos ni reproduit sur l'Atlas Farnèse, mais il est marqué, d'après Ptolémée, par quatre étoiles : μ, ν, φ Cen et c Cen. La tradition fait état d'un autre attribut : un vêtement (SCHOL. GERM., p. 100 : six étoiles sur le *uestis*).

627. Les deux étoiles sur la queue sont κ (mag. 3.9) et ζ Lup (mag. 3.4) ; et la brillante à l'extrémité de la patte postérieure : α Lup (la *lucida* : mag. 2.3). Certains éditeurs insèrent une « étoile entre les deux pattes (*scil.* arrière) », correspondant à β Lup ; cf. HYGIN 2.37.2 : *inter utrosque pedes unam*. Le fait est que cette étoile brillante (mag. 2.7) semble manquer dans le descriptif, car elle ne peut concorder avec une autre position. Une autre hypothèse consiste à identifier β Lup avec

l'étoile de la main du Centaure (voir n. 618), dans laquelle on est tenté de voir pourtant κ Cen, sinon ignorée. Quoi qu'il en soit, cette localisation près de la main convient peu à la *saisie* de la Bête par le Centaure, qui la tiendrait par les postérieurs. Mais PTOLÉMÉE (*Almageste* 8.1, p. 162-163) confirme cette prise étrange, puisque la main est voisine de l'extrémité d'une patte arrière (ὁ ἐπ' ἄκρου τοῦ ὀπισθίου ποδὸς πρὸς τῇ χειρὶ τοῦ Κενταύρου). Pour le reste notre localisation, d'après le descriptif d'Ératosthène, ne correspond qu'approximativement au dessin ptoléméen. Parmi les étoiles brillantes de Lupus (de magnitude inférieure à 4), deux autres ne trouvent pas ici leur place (ε Lup, de mag. 3.4 ; et ι Lup, de mag. 3.5).

628. L'étoile du dos est γ Lup (sur l'omoplate pour Ptolémée ; cf. HYGIN 3.37.2 : *in interscapilio*) ; celle de l'antérieure est δ Lup (sur l'omoplate pour Ptolémée) ; sur le dessous de la patte antérieure : φ¹ Lup (cette étoile étant au nord de δ Lup et supposant donc des pattes levées) ; les trois de la tête : χ, θ et η Lup. Alors que le Centaure est décrit depuis la tête, d'est en ouest, la Bête est décrite depuis la queue, d'ouest en est ; c'est un indice de la solidarité de l'astérisme avec le Centaure, puisque le début de la figure est la partie en contact avec le Centaure.

629. Le manuscrit indique 7 étoiles et les éditeurs hésitent entre sept et dix (nombre donné aussi par HYGIN 3.37.2). La description de Ptolémée qui dénombre 19 étoiles offre un schéma différent, enrichissant la tête (4 étoiles) et la queue (3 étoiles), mais surtout le corps. Il n'illustre qu'une patte avant et une patte arrière (sans détail de latéralité), et si un seul côté est visible, il s'agit du droit.

Page 121

631. D'autres constellations intègrent des astérismes secondaires, comme la Bête (*Cat.* 40), la Chèvre et les Chevreaux (*Cat.* 13), ou les Hyades (*Cat.* 14), mais c'est l'unique constellation de type composite (κοινόν ; cf. ARAT. LAT. (p. 267), et SCHOL. GERM. (p. 100) : *communis/-e* ; cf. OVIDE, *Fastes* 2.246 : *tria sint tam sociata*). Dans les *Phénomènes* d'ARATOS (443 sq.) le Cratère et le Corbeau apparaissent liés à l'Hydre, mais sans former un véritable complexe. Dans le catalogue de l'œuvre ératosthénienne, en revanche, les trois figures sont vraiment solidaires (Ὕδρος ἐφ' ᾧ Κρατὴρ καὶ ὁ Κόραξ : voir l'*Anonymus* II.2.1 dans l'*Annexe*) ; THOMPSON (1936 : 161) note qu'un lien est établi sur des monnaies qui associent un corbeau, une coupe et Apollon. La Coupe, ou plutôt le Cratère (Κρατήρ), vase à mélanger le vin et l'eau (exceptionnellement l'astérisme est appelé *dolium* (jarre) : HYGIN 2.40.4 ; ou *urna* : ARAT. LAT., p. 270) qui est représenté nettement par les étoiles (SCHERER 1953 : 191 ; cf. BOLL-GUNDEL 1937 : 1010 ; WEBB 1952 : 72-73), ne semble pas une figure babylonienne, et certaines de ses étoiles sont incorporées au serpent MUŠ (cf. KIDD 1997 :

341) ; il s'agit donc sans doute d'un astérisme de formation grecque, et tardive puisqu'il n'apparaît pas chez Eudoxe. HYGIN (2.40.4) se réclame en partie d'Ératosthène (*nonnulli cum Eratosthene dicunt*) pour identifier le Cratère avec le récipient utilisé par Icarios pour servir du vin aux hommes. Cela laisse penser que le texte initial des *Catastérismes* (après προσελθεῖν) invoquait le mythe d'Icarios (comme le conjecturait déjà SCHAUBACH 1795 : 122). Il est probable qu'Ératosthène évoquait dans les *Catastérismes* ce mythe qui est au centre de son poème *Érigonè*, mais il l'a peut-être mentionné seulement au sujet du Bouvier (voir *Cat.* 8 et n. 108 ; cf. HYGIN 2.4.2). Le Corbeau, troisième figure du trio, est certainement une figure d'origine babylonienne, où elle est UGA-MUŠEN ("corbeau" ; voir WAERDEN 1974 : 73 et fig. 8 ; ROGERS 1998a : 17) ; la constellation U-NAG-GA HU ou DUG-GA comprendrait à la fois le corbeau et le cratère (FLORISOONE 1951 : 158). Elle est signalée par EUDOXE (*frg.* 107). Le corbeau est aussi un signal qui annonce la tempête (ARATOS 963-969 ; THÉOPHRASTE, *Signes* 16 ; ÉLIEN, *NA* 7.7), mais parfois aussi le beau temps (ARATOS 1003).

632. Cette constellation, qui est la plus longue de toutes (s'étendant au long de trois signes zodiacaux : HYGIN 3.39) et qui est très sinueuse (donnant une impression de vie ; cf. AVIÉNUS 896 : *uitam spirare putes*) provient sans doute d'une figure babylonienne appelée MUŠ ("serpent" ; WAERDEN 1974 : 73 et fig. 8), et nommée *çiru* en sémitique, qui incluait l'étoile β Cnc (ROGERS 1998a : 16 ; BOLL-GUNDEL 1937 : 1009 ; et peut-être aussi α Cnc : FLORISOONE 1951 : 160) ; elle est identifiée dans les tablettes MUL-APIN tantôt à NIRAH, un dieu-serpent, tantôt à NINGIZZIDA, un dieu du monde souterrain (ROGERS 1998a : 13-14) ; les Égyptiens voyaient également un serpent à cet endroit du ciel (cf. SCHERER 1953 : 191), en bordure d'horizon. Son nom est ὕδρος chez Hipparque, Ptolémée et Ératosthène (voir l'*Anonymus* II.2.1 dans l'*Annexe*), tandis que pour ARATOS la forme est ὕδρη (v. 444, 661, 697) ; EUDOXE emploie apparemment le masculin (*frg.* 77, 82), mais il est possible que la forme ὕδρος résulte d'une conversion de la désinence par le citateur, comme c'est le cas pour les paraphrases qu'Hipparque donne du texte d'Aratos, où le terme est toujours repris au masculin (voir HIPPARQUE 2.2.31, 2.3.4 ; cf. 2.3.12, 2.3.15…). Les deux formes alternent dans les textes astrologiques (BOLL 1903 : 142 ; comme dans les textes babyloniens : BOLL-GUNDEL 1937 : 1009). Il s'agit, comme son nom l'indique, d'un serpent *aquatique*, dans un contexte stellaire marin (voir *Cat.* 37, n. 567). La tête est dressée dans les représentations (voir BOLL-GUNDEL 1937 : 1008).

633. HYGIN (2.40) consacre à ce groupe un de ses plus longs et riches chapitres. L'hydre est la constellation de base sur laquelle le corbeau est perché (*insidere*) et la coupe placée (*positus*) ; le dispositif des trois astérismes (et surtout la présence et la posture des "parasites" de l'hydre que sont le Corbeau et le Cratère) trouve dans le mythe son

explication (*hanc habemus causam*). Hygin propose plusieurs récits distincts, mais seul le premier traite du groupe constellaire. Il commence, en effet, par présenter une variante du conte d'Ératosthène. Selon elle, la faute du corbeau consiste seulement dans le fait d'avoir musardé et contraint Apollon, à bout de patience, à employer une autre eau (*alia aqua*) pour le sacrifice engagé. L'hydre céleste est donc totalement absente de l'épisode mythique et constitue une invention punitive d'Apollon pour interdire l'eau au corbeau. La transformation "historique" du plumage du corbeau est racontée dans un paragraphe à la suite immédiate de ce récit, sans lien explicite avec le contexte du catastérisme. Suivent trois identifications du cratère, sans rapport avec les deux autres figures de la constellation : un récit (attribué à Phylarque) assimile la coupe au cratère dans lequel un Athénien, Mastousios, par vengeance, mélange à du vin le sang des filles du roi Démophon ; un second, très abrégé, et imputé à Ératosthène lui-même, y voit la première coupe de vin employée par Icarios (MARTIN 1956 : 101 note que cette identification est unique) ; en une phrase, le cratère est enfin identifié (*alii autem dicunt*) à la jarre (*dolium*) où Otos et Éphialtès jetèrent Arès coupable d'avoir causé la mort d'Adonis (voir HYGIN, *Fables* 28). L'hydre est aussi identifiée à l'hydre de Lerne (SCHOL. ARAT. 443, p. 280). Sur les projections mythologiques, voir BOLL-GUNDEL 1937 : 1009-1012.

634. En vertu de leur condition de μέτοικοι ("résidents" ou "métèques") du ciel (cf. ESCHYLE, *Ag.* 55-59), les oiseaux exercent une fonction de médiation entre les sphères divine et humaine (cf. SCARPI 1996 : 579). L'attribution d'un oiseau à chaque dieu à l'issue d'un partage primordial est évoquée par Ératosthène (cf. *Cat.* 30, n. 450). Bien que la mythologie grecque associe Apollon à divers oiseaux (cf. n. 438), le corbeau est considéré comme le messager d'Apollon, en tout cas à partir d'Hésiode (*frg.* 60 ; cf. PORPHYRE, *Abst.* 3.5.5 ; ÉLIEN, *NA* 1.47). Il est étroitement associé au dieu dans certains récits mythiques comme celui de la naissance d'Asclépios, où le corbeau révèle à Apollon l'infidélité de Coronis (cf. *Cat.* 6, n. 83) ; cette dénonciation vaut au corbeau la coloration en noir de son plumage naguère blanc, de la part du dieu irrité par cette mauvaise nouvelle (voir APOLLODORE 3.10.3 ; cf. CALLIMAQUE, *frg.* 260.59 sq. ; ANTONINUS LIBERALIS 20.7). Certaines traditions identifient, de fait, le Corbeau stellaire à l'oiseau de ce mythe (Istros *in* HYGIN 2.40.2). Bien qu'il ait des rapports étroits avec Apollon, et apparaisse associé à la fondation de plusieurs villes (voir CALLIMAQUE, *Hymne à Apollon* 65 sq. ; cf. THOMPSON 1936 : 161), le corbeau est souvent l'objet des pires accusations (sacrilèges, mauvais présage : ESCHYLE, *Ag.* 1472 sq. et *Supp.* 751-752 ; cf. THOMPSON 1936 : 159-160).

635. Le terme signifie également "source". D'après les SCHOLIES À GERMANICUS (p. 100), qui correspondent à la version des *FV*, l'oiseau

doit rapporter l'eau *de lacu quodam* ; mais il s'agit d'une confusion (cf. aussi ARAT. LAT., p. 268 : *a Crete* pour ἀπὸ κρήνης ; le texte de l'ARAT. LAT. est d'ailleurs déplorable pour tout ce chapitre et traduit l'hydre par *Aquarius*).

637. Ce récit animalier réunit divers éléments de conte populaire (cf. THOMPSON 1958 : B291.1.2, F420.4.9, cf. K401.2.1). Il véhicule, en outre, une leçon morale, qui l'apparente à une fable (cf. ÉSOPE 126 & 128) —la présence des animaux ne suffisant pas, à elle seule, à en faire une fable ; voir GRAF (1993 : 7-8)— ; pour un récit mettant en scène un âne (et offrant un parallélisme avec le conte de l'hydre et du corbeau présent dans ce chapitre), mais ne constituant pas, en raison de sa dimension spéculative, une fable, voir SOPHOCLE, *frg.* 362 Radt). Les différentes variantes insistent sur la culpabilité du corbeau, due à la négligence ou à la désobéissance (ÉLIEN, *NA* 1.47 ; OVIDE, *Fastes* 2.255). L'oiseau ajoute le mensonge à la faute, et c'est à ce double crime que réagit Apollon, dieu omniscient qui ne peut être dupe (cf. OVIDE, *Fastes* 2.261) ; Ératosthène propose un *aition* à une particularité zoologique, la soif aiguë dont souffre le corbeau.

638. Cette saison est l'été, et le récit joue un rôle étiologique. Comme le lever de l'Hydre est contemporain du lever du 19ème degré du Cancer et que la figure s'étend *sous* trois signes, ce lever coïncide avec les mois de crue du Nil, d'où l'identification égyptienne de *Hydra* avec le Nil (SCHOL. ARAT. 443, p. 280). Mais d'après Ovide, qui perd la pertinence du lien persistant du corbeau et de la soif, cette mission est confiée au corbeau le 14 février, veille des Lupercales, et non pas à l'époque de la maturation des figues (*Fastes* 2.243-266).

Page 122

639. ARISTOTE, *frg.* 320, p. 345 Rose ; cf. *frg.* 343 Rose. Par les mots ἐν τοῖς περὶ θηρίων (cf. SCHOL. GERM., p. 101 : *de bestiis*), qui constituent un titre très atypique pour l'œuvre ou une œuvre aristotélicienne, Ératosthène fait peut-être référence, comme plus haut (*Cat.* 34, n. 533), à l'*Histoire des Animaux*, l'ouvrage zoologique le plus célèbre d'Aristote. Bien qu'il traite des corvidés (p. ex. *HA* 618b ; cf. *HA* 506b et 508b), ce traité n'évoque pas la polydipsie de l'animal. Selon PLINE (10.32), les corbeaux souffrent de la soif pendant soixante jours par an, avant l'époque de maturation des figues. Cette soif répond à une particularité du corbeau, rappelée par Buffon, qui est de boire beaucoup d'eau, à la différence des rapaces auxquels il est souvent associé en raison de son régime omnivore et qui, généralement, ne boivent pas du tout (*HA* 593a29). « Le corbeau va chercher à boire » (ὑδρεύει κόραξ) s'employait d'ailleurs de manière proverbiale pour évoquer une situation difficile (HÉSYCHIUS, *Lex.* K 3585, s.v. κόραξ ὑδρεύσει ; cf. SOUDA K 2067, s.v. κόραξ ὑδρεύει). Sur les caractéristiques générales

du corbeau et sa représentation dans la mentalité grecque, voir THOMPSON 1936 : 159-164 ; RICHTER 1979 : 1327-1328.

642. L'hydre « flamboyante » (ARATOS 519 : αἰθομένη ; cf. v. 697) et richement constellée a le corps découpé (voir *Cat.* 3) en replis (cf. HYGIN : *curuatura*) ou segments, qui sont des tronçons situés entre deux courbes ; ARATOS (448, 519) ne mentionne qu'une seule spire, mais la tradition lui en reconnaît cinq, comme ici. L'Hydre est ainsi découpée en sept parties, comprenant la tête, cinq replis (καμπή) et la queue. BOLL (1903 : 143) signale un texte unique de Teucros où le sens de l'Hydre est inversé, l'animal ayant la *queue* près du Centaure et non de Procyon. Les étoiles de la tête semblent être δ Hya (mag. 3.1), ε Hya (mag. 3.4), η Hya (mag. 4.3) ; pour Ptolémée il y a cinq étoiles sur la tête et non trois : une sur les naseaux (σ Hya, mag. 4.4), une sur le crâne (ε Hya), une au-dessus de l'œil (δ Hya), une sur la gueule (η Hya), une sur la mâchoire (ζ Hya ; cf. HIPPARQUE 3.1.4 : "sur la joue sud" : σιαγών). Les trois étoiles capitales sont peut-être figurées parfois dans les représentations sur la gueule (cf. AVIÉNUS 898 : « de sa gueule flamboyante darder une langue trifide », *flammigero linguam iacit ore trisulcam*) ; HIPPARQUE compte, en effet, plusieurs étoiles sur la gueule (3.2.1 et 3.1.1b : ἐν τῷ χάσματι).

643. Les étoiles du premier repli semblent être ζ Hya (mag. 3.1), ω Hya (mag. 5), ι et θ Hya (mag. 3.9), τ Hya (mag. 4.5 pour $τ^1$ et $τ^2$), et α Hya (Alphard). De fait, Alphard (mag. 2) est de loin la plus brillante (cf. HIPPARQUE 2.6.9) de la constellation (et non pas *obscura* : SCHOL. GERM., p. 101). HIPPARQUE (3.5.1b ; cf. 1.11.9) et PTOLÉMÉE (*Almageste* 8.1, p. 152), là où Ératosthène parle de repli (καμπή), identifient un "cou" (τράχηλος) de l'hydre, sur lequel ils placent deux étoiles à la *naissance du cou* (ἐν τῇ ἐκφύσει τοῦ τραχήλου) : ω et θ Hya pour Ptolémée — sans doute ω et ζ Hya pour HIPPARQUE 2.6.8 ; et trois sur le cou (HIPPARQUE 3.4.11), ou la « courbure du cou » (ἐν τῇ καμπῇ τοῦ τραχήλου) : τ, ι, $τ^1$ Hya ; suivies de deux étoiles (dont α Hya et peut-être HR 3750).

645. Les étoiles du troisième repli sont : μ Hya (mag. 3.8), $φ^3$ Hya (mag. 4.9), ν Hya (mag. 3.1), et α Crt. Ptolémée signale un alignement (ὡς ἐπ' εὐθείας) des trois premières étoiles ; quant à α Crt, Ératosthène la compte également dans la liste des étoiles du Cratère, et elle est reconnue par Ptolémée (*Almageste* 8.1, p. 156) comme étant commune (κοινός) avec l'Hydre. HIPPARQUE (3.5.4) signale un triangle rectangle "sous le Cratère" et appartenant à l'Hydre, qui serait peut-être formé par ν Hya, 44 Hya, et λ Hya.

646. Ces deux étoiles sont sans doute β Crt (mag. 4.5) et χ Hya (mag. 4.9). L'image du Cratère se superpose sur ce segment, et bien qu'Ératosthène compte β Crt dans le Cratère un double enregistrement n'est pas exclu ; Ptolémée intègre clairement cette étoile au descriptif des étoiles de l'Hydre (« à l'est de la base du cratère »), et ne la réfé-rence pas dans celui du Cratère.

647. Les dernières étoiles incluent vraisemblablement : ξ Hya (mag. 3.5), o Hya (mag. 4.7), β Hya (mag. 4.3), ψ Hya (mag. 4.9), γ Hya (mag. 3), 47 Hya (mag. 5.2), π Hya (mag. 3.2) ; à ces sept étoiles on doit ajouter deux étoiles, mais les options sont nombreuses, soit après π Hya, si la queue se poursuit vers la Balance : 51 Hya (mag. 4.8) et 58 Hya (mag. 4.4) ; soit dans le grand espace entre β Hya et ψ Hya, où l'on trouve en particulier HR 4803 (mag. 5.4) et HR 4860 (mag. 5.7). Mais l'étoile ultime de la constellation est clairement π Hya pour Ptolémée et HIPPARQUE (2.3.14 : « l'étoile située sur l'extrémité de la queue et au-dessus de la tête du Centaure » ; cf. 3.2.1, 3.2.14) ; et il n'y a pas de raison de penser que le corps de l'Hydre a été raccourci. Ptolémée note, par ailleurs, une figure géométrique formée par les premières étoiles (ξ, o, β Hya). Ce que HIPPARQUE (2.2.45) nomme « la partie caudale de l'hydre » (τὰ πρὸς τὴν οὐράν) suggère une certaine imprécision du segment terminal comprenant le cinquième repli et la queue (τὴν οὐράν : 2.2.52).

649. *Coruus* est sur la dernière série d'étoiles (*ultima agmina* : AVIÉNUS 900 ; cf. GERMANICUS 430), tandis que *Cratera* est au milieu (ARATOS 448 ; *medio* : AVIÉNUS 899 ; cf. CICÉRON, *Arat.* 34.219) ou au début du corps (*primos* : GERMANICUS 429 ; *inclinatior ad caput Hydrae* : HYGIN 3.39.1). L'oiseau fouille de son bec « les entrailles flottantes (*uaga uiscera*) du reptile » (AVIÉNUS 901). Il est représenté de profil, la tête dirigée vers la coupe, et sa queue est tout près de l'équateur (HIPPARQUE 1.10.19). PLINE (10.124) signale une curieuse conjonction entre *cratère* et *corbeau*, qui pourrait n'être qu'une coïncidence : un certain *Craterus* aurait pratiqué une technique de chasse à l'aide de corbeaux…

651. Les étoiles des ailes, brillantes (GERMANICUS 430-431 : *omnia lucent, et Coruus pennis*…) sont γ et ε Crv. Leur place est différente pour Ptolémée : ε Crv (mag. 3) est sur le cou (τράχηλος), et pour Hipparque sur la tête (κεφαλή) ; quant à γ Crv (mag. 2.6), elle est sur la hanche pour HIPPARQUE (3.1.3), et sur l'aile ouest et droite (προηγουμένῃ καὶ δεξιᾷ) pour PTOLÉMÉE (*Almageste* 8.1, p. 156). Les ailes du "croupion" (ou pour HYGIN 3.39.2 : « sous l'aile vers la queue » : *infra pennam ad caudam uersus*) sont η (mag. 4.4) et δ Crv (mag. 2.9). Les étoiles des pattes sont β (mag. 2.6) et ζ Crv (mag. 5.2) ; la position est différente pour Ptolémée, qui place une étoile sur la poitrine (στῆθος : ζ Crv), et trois sur les ailes (γ, δ, η Crv). Le texte d'HIPPARQUE livre un inventaire presque complet : il note (2.5.4) une étoile sur la tête du corbeau (distincte de celle sur le bec : 2.6.9), une étoile sur les hanches (ὀσφύς : 3.1.3), une au milieu du corps (3.4.11), une étoile brillante sur la queue (2.5.8), et une seule sur les pattes (3.2.12 ; cf. 2.6.15).

652. Le nombre total d'étoiles est le même chez Ptolémée (tandis qu'ARAT. LAT. (p. 269) n'en compte que 4).

653. Le repli sur lequel repose, de guingois (*tortus Crater* : Germanicus 429), le Cratère est, selon Hygin, le *premier* (*supra primam a capite curuaturam*) ; et le cratère se trouve juste après (*paulum ultra prima flexura* : Schol. Germ., p. 101). Sa figure est claire et convergente chez Ératosthène, Hygin et Ptolémée. La seule bizarrerie est l'ellipse des deux étoiles de la partie supérieure de la coupe (sous les anses, placées au dessus du rebord) : η Crt (mag. 5.2) et θ Crt (mag. 4.7) ; cf. Hygin 3.39.2 : *infra autem ansas duas obscuras* ; Ptolémée (*Almageste* 8.1, p. 156) situe ces étoiles sur les anses (ὤτιον). La qualification aratéenne du Cratère (ἐλαφρός, v. 519) renvoie soit à sa légèreté, soit à la faiblesse de son éclat (Schol. Arat. 519-520, p. 313) ; ce vers est l'occasion pour le scholiaste de compter cinq étoiles pour le Cratère.

Page 126

659. De moindre ampleur que *Canis Maior* (voir *Cat.* 33), Procyon est conçu, par rapport à lui, comme un petit chien (*Canis minor*). L'étroite connexion entre les deux Chiens conduit en latin, par amalgame (voir Le Bœuffle 1977 : 139), à transférer la dénomination de *Canicula* (consacrée théoriquement à la *lucida* du Chien ; voir n. 663 et 108) à Procyon (Pline 18.268) ; cf. Hygin 2.4.4 : « Quant à la chienne [d'Érigonè], son nom et son apparence lui valurent d'être nommée Canicule. Comme elle se lève avant le Grand Chien, les Grecs l'appellent Procyon. Selon d'autres, c'est le vénérable Liber qui les représenta parmi les constellations ». Il s'ensuit des confusions entre Procyon et le Chien (cf. Horace, *Odes* 3.29.18). Les Latins, quand il ne l'appellent pas à la grecque Procyon (Cicéron, *Arat.* 34.221, 377, 470), traduisent son nom en *Antecanis* (Arat. Lat., p. 270 ; Schol. Germ., p. 181 ; Pline, 18.268) ou *Anticanis* (Schol. Germ., p. 170 ; avec l'idée d'une concurrence —d'éclat— entre α CMi et α CMa ; voir Le Bœuffle 1977 : 137).

660. Cette constellation apparaît donc comme un dédoublement du Chien (à l'instar de la Petite Ourse, qui est une réplique de la Grande Ourse ; voir *Cat.* 2, n. 23). Hygin (2.36) confirme qu' « on lui attribue les mêmes légendes (*isdem omnibus historiis*) qu'au Chien précédent ». Tandis qu'il a proposé (*Cat.* 33) deux contextes et identifications mythologiques pour le Chien (comme chien de Procris et chien d'Orion), Ératosthène, en tout cas dans la version de l'*Épitomé*, n'associe le chien mineur qu'à la figure d'Orion ; Procyon s'intègre ainsi au paysage cynégétique qui s'étend dans cette région du ciel autour du chasseur Orion (voir *Cat.* 32, n. 487 et 496). La constellation d'Orion se trouve, en effet, tout près de Procyon (voir *infra* : παρατεθῆναι τοῦτον αὐτῷ) ; la scène cynégétique est complétée par le Lièvre (cf. *Cat.* 34) et « d'autres bêtes sauvages » (καὶ ἄλλα θηρία παρ' αὐτὸν συνορᾶται), sans précision. Ératosthène a peut-être en vue les

constellation proches du Cancer (*Cat.* 11), de l'Hydre et du Corbeau (*Cat.* 41), voire celle du Lion (*Cat.* 12), un peu plus éloignée. Mais cette identification n'est peut-être pas majoritaire dans la tradition (voir Hygin 2.36 : *a nonnullis*). Hygin (2.4.4) rapporte, dans le chapitre consacré au Bouvier (voir *Cat.* 8), l'identification de Procyon à Mæra, la chienne d'Icarios et d'Érigonè (cf. *Cat.* 41 et n. 631 ; voir Boll-Gundel 1937 : 1004) ; cette option apparaît aussi dans une Scholie à Homère (*Il.* 22.29 Van Thiel) : ἔνιοι δὲ φασὶν τὸν κατηστερισμένον κύνα οὐκ Ὠρίωνος ἀλλ' Ἠριγόνης ὑπάρχειν, ὃν καταστερισθῆναι διὰ τοιαύτην αἰτίαν ; si *Argion* désigne bien Argos chez le savant Firmicus Maternus (8.9), il s'agirait pour lui du chien d'Ulysse. Mais il est probable que Procyon reste une figure générique pour un certain nombre d'auteurs.

663. Cette étoile très brillante a donné son nom à la constellation qui a globalement été figurée, par suite, comme un Chien (cf. Scherer 1953 : 190). Le nom de Procyon peut ainsi désigner, comme aujourd'hui, la constellation ou la *lucida* (cf. Eudoxe, *frg.* 82 ; Hipparque 3.1.13 ; Géminos 3.13), de manière analogue à ce qui se passe pour le Chien (voir *Cat.* 33, n. 507). On ne sait pas si Aratos (v. 450) emploie Προκύων pour la constellation ou son étoile principale (α CMi ; voir Martin 1998b : 331). Les étoiles prises en compte par Ératosthène sont sûrement α CMi (mag. 0.4) et β CMi (Gomeisa, mag. 2.9), et sans doute γ CMi (mag. 4.3). Hygin (3.35) ne détaille pas la position des trois étoiles. Les Schol. Germ. (p. 182) placent les étoiles ainsi : une éclatante sur le cou (*in collo splendidam*), une brillante sur le poitrail (*in pectore claram*), et une brillante sur les épaules (*in humeris claram* = α CMi ?). Curieusement, la liste de Ptolémée (*Almageste* 8.1, p. 146-147) est plus pauvre, puisqu'il ne signale que deux étoiles, une sur le cou (β CMi) et une « brillante sur les pattes arrière appelée Procyon », alors que la constellation moderne compte une douzaine d'étoiles bien visibles d'une magnitude inférieure à 4. On ne connaît pas d'autre positionnement de Procyon sur le corps de *Canis Minor*. Les atlas modernes (dont Bayer qui appelle *Canis Minor "Canicula"*) placent α CMi sur le ventre (Bayer 1603, Hévélius 1690), sur le corps (Bevis 1750), ou sur la cuisse arrière (Flamsteed 1753 ; cf. Al-Sufi 964, cf. BNF Ms arabe 2491, f. 193r, Ms Marsh 144, p. 353, etc.). Aviénus (903) lui reconnaît au moins quatre étoiles : « la gueule brille d'un éclat rougeâtre et les flancs lancent une triple lumière (*ore micans rutilo, trina face uiscera lucens*) ».

664. Il faut entendre ici, par "Procyon" l'étoile α CMi, et par "Chien" l'étoile Sirius (α CMa), et non la figure d'un chien. Cette indication offre une motivation complémentaire de l'appellation de la constellation, et trouve un écho dans certaines remarques marginales sur l'éclat comparable des deux étoiles. Selon les Scholies à Germanicus (p. 102), α CMi serait "aussi brillante" que α CMa (mag. -1.5) : *una [stella] Canis prior est et idem paret ut Canis maior.*

665. Il regarde vers le couchant : Hygin 3.35. En fait, si Procyon se lève *avant* le Grand Chien, il se couche *après* lui. La constellation porte ce nom (Pré-Chien) non tant parce qu'elle est *devant* (= "plus à l'ouest que") le (grand) Chien (CMa), que parce qu'elle se lève *avant* le Chien, et sert ainsi à anticiper le lever marquant de Sirius. Cf. Hygin 2.36 : « il paraît se lever (*exoriri uidetur*) avant le Grand Chien » ; cf. 3.35 : *ante maiorem canem exoritur*) ; cf. Pline 18.269. D'après Eudoxe (*fr.* 82) Procyon se lèverait, en fait, *en même temps* que les pattes antérieures du Chien, mais Hipparque (3.1.13) note à juste titre, bien qu'il ne critique pas sur ce point son prédécesseur, que Procyon est entièrement levé quand le Chien commence son lever héliaque.

666. Cette phrase, qui conclut le développement sur les australes, constitue une transition avec un nouveau chapitre. En fait, Procyon appartient à l'hémisphère boréal, mais il est entièrement situé sous l'écliptique (alors qu'Orion ne l'est qu'en partie), et c'est l'élément décisif puisque le groupe des constellations dites australes comprend en Grèce les étoiles non pas proprement de l'hémisphère sud, mais situées au sud de l'écliptique. Procyon conclut la série des constellations de ce type qui a suivi à peu près d'est en ouest, depuis Orion, la bande écliptique. Nos manuscrits des *Catastérismes* annoncent ensuite une section sur les constellations zodiacales. Mais celles-ci ont déjà été traitées, de manière dispersée, dans le recueil (voir *Cat.* 7, 9, 10, 11, 12, 14, 19, 21, 26, 27 et 28). Il faut donc supposer que dans l'édition originale de l'œuvre la série zodiacale constituait une section à part, figurant à la suite des constellation boréales et australes (voir l'index de l'œuvre primitive d'Ératosthène, l'*Anonymus* II.2.1). L'ordre des chapitres a été modifié pour s'adapter à l'ordre de présentation dans le poème aratéen, sans doute à partir de l'élaboration de l'édition Φ d'Aratos, au tournant du IIe-IIIe siècle après J.-C. (cf. Martin 1956 : 37 sq. ; voir *Introduction*, p. xxx sq. et p. lxxviii sq.). D'autres traces de l'ordre ératosthénien primitif sont visibles dans les *Cat.* 15 (et n. 234) et 24 (et n. 350). Avant même la découverte de l'*Anonymus* II.2.1, Robert avait fait l'hypothèse que les *Catastérismes* originaux traitaient des constellations zodiacales de manière groupée (1878 : 33, 192 ; voir aussi Heyne 1795 : XLV).

667. Le terme d' ἄστρον est souvent ambigu (voir *Cat.* 37, n. 573, et l'expression récurrente ἀνάγειν εἰς τὰ ἄστρα), mais peut désigner des étoiles (ou des planètes : *Cat.* 43), comme des constellations (voir *Cat.* 12, 41). C'est cette dernière acception qu'il faut retenir ici. Les *Catastérismes* font référence aux constellations du cercle zodiacal (= l'écliptique ; pour les autres cercles, voir *Cat.* 44, n. 682). Ce cercle est divisé en douze segments équivalents de 30 degrés (nommés δωδεκατημόρια), occupés par une constellation ; sur les deux acceptions très différentes de ζῴδιον, "signe du zodiaque", comme dodécatémorie ou comme figure, voir *Introduction*, p. xxvii, et *Cat.* 7, n. 95. Selon Pline (2.31), la découverte de l'obliquité de l'écliptique est due à Anaximandre

de Milet (vers 548-545 av. J.-C) ; cette innovation aurait accéléré l'identification et la systématisation des constellations zodiacales. La notice plinienne prétendant que Cléostrate de Ténedos (vers 520 av. J.-C.) aurait inventé (*inuentor*) les signes du Bélier et du Sagittaire (PLINE 2.30-31) est sans doute un malentendu (voir DICKS 1970 : 87 ; d'après SCHERER 1953 : 175, il connaissait déjà les constellations zodiacales ; voir n. 292). Sur les modifications induites dans le tracé des constellations par cette systématisation du zodiaque, voir *Cat.* 7 (n. 95), 11 (n. 167) et 14 (et n. 223).

Page 128

669. L'adjectif grec πλανήτης (ou πλάνης) signifie "errant" (cf. *erraticae* : HYGIN 2.42.1) et désigne une catégorie spéciale d'astres qui se caractérisent par l'autonomie apparente de leur mouvement, et l'originalité de leur trajectoire et de leur vitesse de déplacement. Les quarante-deux chapitres précédents présentaient des astres "fixes", formant un paysage nocturne solidaire puisque toutes les étoiles paraissent se déplacer d'un même mouvement, d'une même vitesse et dans une même direction. Parmi les "phénomènes" célestes, les *Catastérismes* abordent ensuite la Voie lactée, agrégat d'étoiles "fixes", qui à ce titre pourrait figurer avant les corps célestes mobiles que sont les planètes ; n'est pas traitée la troisième catégorie de phénomènes, qui concerne les corps célestes irréguliers, imprévisibles, tels les comètes ou les aérolithes, ou les phénomènes atmosphériques, qui ne donnent pas lieu à une catastérisation. Les planètes ont aussi en commun, pour les Grecs, de se déplacer (à l'intérieur de la bande écliptique) dans le sens inverse de celui des astres fixes (*i.e.* du monde) : le mouvement des constellations porte celles-ci vers l'ouest, où elles « se couchent », tandis que les planètes, Soleil compris, paraissent progresser à rebours, comme si, dans leur mouvement cosmique, elles allaient vers l'est (voir GÉMINOS 12.1-27 ; PLINE, 2.32 ; etc.). Ératosthène traite de cinq des sept planètes grecques, puisque le Soleil et la Lune, qui ont toujours reçu dans l'astronomie un statut à part, sont absentes du chapitre (voir ARATOS 454-455) : Jupiter, Saturne, Mars, Vénus et Mercure. Ce sont les seules planètes visibles à l'œil nu. Trois planètes du système solaire ont été depuis découvertes : Uranus (en 1781), Neptune (en 1846) et Pluton (en 1930) ; cette dernière a été disqualifiée en 2006, et elle est désormais catégorisée comme "planète naine". Ce groupe des cinq (οἱ πέντε ἀστέρες) est traditionnel, puisque c'est seulement à l'époque hellénistique que l'intégration des deux luminaires dans la liste des planètes devient régulière (voir GUNDEL & GUNDEL 1950 : 2023-2024). Si nous en croyons une SCHOLIE À ARATOS (*ad* 752, p. 381), le premier astronome identifié à traiter ensemble des sept astres est Méton (actif vers 430 av. J.-C. ; cf. PLATON, *Timée* 38c). Lorsque la Lune et le Soleil intègrent la liste des planètes, ils prennent position dans la série en

fonction de la durée de leur cycle, et la Lune se trouve ainsi en début de série et le Soleil au milieu exactement, manifestation de son pouvoir (d'attraction et de répulsion) sur les autres planètes (cf. NILSSON 1955 : 116 sq.) ; sur l'ordre des sphères, voir n. 671. L'astronomie grecque de l'époque archaïque se préoccupe moins des planètes que des fixes ; l'épopée ne mentionne ainsi que deux noms de planètes (Ἑωσφόρος : HOMÈRE, *Il.* 23.226 ; HÉSIODE, *Th.* 381 ; et Ἕσπερος : HOMÈRE, *Il.* 22.318), qui n'en vise, en fait, qu'une seule (Vénus), à l'insu des textes ; voir *infra* n. 678. C'est probablement à travers les Pythagoriciens que les Grecs, avant le Ve siècle, apprennent des Babyloniens l'identification et les propriétés des autres planètes (voir CUMONT 1935 : 8 sq. ; GUNDEL & GUNDEL 1950 : 2023 ; LE BŒUFFLE 1977 : 244 ; HÜBNER 1998b : 327). Mais la science des mouvements planétaires est d'une grande complexité, surtout sur une base géocentrique, et ARATOS, par exemple, n'hésite pas à les omettre dans son traité astronomique : « Et comme je ne suis pas très sûr de moi en ce qui les concerne, je me contenterai de chanter les cercles des (étoiles) fixes et les constellations qui les signalent dans l'éther » (460-461). Dans son poème *Hermès*, Ératosthène traitait du mouvement harmonique des planètes (περὶ τῆς ἐναρμονίου κινήσεως : ACHILLE TATIUS, *Introduction* 16). PLATON (*Cratyle* 397d) propose une étymologie dérivant le nom des dieux (θεοί) de celui des astres, et en particulier des planètes : « les voyant tous agités d'un mouvement et d'une course perpétuelle, c'est d'après cette faculté naturelle de courir (θεῖν) qu'ils les nommèrent les dieux ».

670. La répartition des planètes entre les dieux, correspondant à leur nom conservé aujourd'hui (sous la forme latine), est *à peu près* stable et reprend les équivalences pythagoriciennes ; l'originalité d'Ératosthène sur ce point consiste à attribuer Saturne à Hélios (et à confondre les appellations Phaïnôn et Phaéthon ; voir *infra* n. 672). Les planètes sont d'abord *attribuées* aux dieux comme des domaines de contrôle et de représentation, et dans un deuxième temps *identifiées* à eux. Mais elles ne peuvent être considérées *stricto sensu* comme le produit d'une catastérisation (métamorphose astrale ou reproduction iconographique). Pourtant, si l'on se fie à HYGIN (2.42), qui pour les quatre premières planètes rapporte un récit mythologique d'identification, qui plus est en invoquant trois fois sur quatre l'autorité d'Ératosthène, il apparaît clair que l'Alexandrin s'était attaché à traiter les planètes sur le modèle des constellations, et à les illustrer par (au moins) une histoire étiologique (cf. SCHOL. GERM., p. 185-186, qui reprennent les mêmes récits introduits par la formule : *restat ut quod de his gentiles senserint explicemus*). Les attributions divines, qui sont d'origine babylonienne (cf. DIODORE 2.30.3), sont adaptées au panthéon grec de façon très nette (cf. BOLL 1913 : 47 ; CUMONT 1997 : 91-92). Du point de vue des astronomes classiques, les dieux prêtent leur nom à des astres mais ne

s'identifient pas à eux et n'exercent aucune influence, à travers eux, sur les occupations humaines (à la différence de la conception chaldéenne : DIODORE 2.30.1 sq. ; cf. CUMONT 1997 : 81-82 et 148 sq. ; cf. MACROBE, *Songe* 1.19 : « Observons ici que, dans la nature, il n'existe pas plus de planète de Saturne que de planète de Mars, ou de Jupiter ; ces noms, et tant d'autres, d'invention humaine, furent imaginés pour pouvoir compter et coordonner les corps célestes »). À un stade ultérieur de développement religieux, aussi bien les étoiles que les planètes seront investies de la puissance d'un dieu (δύναμις, ἐνέργεια). Les planètes en viennent, par métonymie et évolution de la représentation, à être nommées directement par le nom des dieux (*e.g.* Ζεύς, au lieu de ἀστὴρ Διός, astre de Zeus), comme c'est encore le cas aujourd'hui ; HÜBNER (1998b : 328) note que Ptolémée use pour les planètes de l'expression "astre de tel dieu" au début de la *Tétrabible*, mais leur donne directement le nom du dieu à la fin. Cette identification aux dieux conduit à attribuer aux corps célestes les propriétés et la biographie mythologiques de ces derniers (voir BOLL-BEZOLD-GUNDEL 1966 : 48 sq. ; cf. PÉREZ JIMÉNEZ 1998). Il faut remonter à PLATON (*Timée* 38d) pour trouver le premier témoignage qui met en relation une planète et un dieu. L'*Épinomis* de PLATON (987b-c) donne déjà la liste complète des correspondances (cf. THÉON, *Utilité des mathématiques,* p. 130 Hiller). À côté de surnoms divins (ἐπωνυμίαι) se développe ensuite une terminologie "laïque" qui désigne les planètes par une particularité physique, surtout à partir de leur rayonnement ou de leur couleur. C'est *die sogenannte alexandrinische Terminologie* (SCHERER 1953 : 89) : Φαίνων (Saturne), Φαέθων (Jupiter), Πυροειδής (ou Πυρόεις : Mars), Ἑωσφόρος (ou Φωσφόρος, ou Ἕσπερος : Vénus) et Στίλβων (Mercure). Cette titulature apparaît pour la première fois, à notre connaissance, dans le texte nommé *Ars Eudoxi* (col. V, ed. Blass). La priorité de l'une ou l'autre nomenclature a été discutée, mais on s'accorde aujourd'hui, après les travaux de BOLL (*in* ROSCHER 1909 : 2522) et les analyses de CUMONT (1935 : 18 sq.) et GUNDEL & GUNDEL (1950 : 2029-2030), à considérer que la terminologie alexandrine ou "scientifique" (LE BŒUFFLE 1977 : 249) est plus récente que la série de noms divins hérité de l'astronomie babylonienne. Sur le rapport entre dieux planétaires grecs et correspondants babyloniens et égyptiens, voir SCHERER 1953 : 93-96. Sur les diverses dénominations grecques des planètes, voir DOROTHÉE d'Ascalon, *frg.* 3 Pingree (Δωροθέου Σιδωνίου τῶν ἑπτὰ ἀστέρων ἐπίθετα). Pour un tableau récapitulatif et synoptique des noms babyloniens, égyptiens, grecs et latins, voir GUNDEL & GUNDEL 1950 : 2027-2028.

671. Mise à part la place du Soleil, l'ordre planétaire est *presque* stable dans l'Antiquité. Les corps célestes les plus lointains sont toujours les étoiles fixes, et la Lune est la planète la plus proche de la Terre, mais les autres positions ne sont pas unanimement admises. Dans

le système pythagoricien, qui joue un rôle fondamental dans la théorie des planètes (voir GUNDEL & GUNDEL 1950 : 2053-2057) l'ordre est le suivant : Feu central avec autour Terre et Antiterre ; Lune ; Mercure ; Vénus ; Soleil ; Mars ; Jupiter ; Saturne ; étoiles fixes (cf. NONNOS 5.67 sq.). Le Soleil occupe donc la quatrième place et il est donc situé au milieu des sept (voir n. 669), séparant tactiquement trois planètes "inférieures" (Lune, Mercure, Vénus), et trois planètes "supérieures" (Mars, Jupiter, Saturne). La série pythagoricienne pour les sept planètes est identique à la série égyptienne traditionnelle, et correspond à celle que donne Pline dans son *Histoire naturelle* (2.32 sq. ; voir aussi SCHOL. ARAT. 455, p. 286). Mais les deux planètes Vénus et Mercure, qui sont qualifiées de "planètes solaires" depuis l'époque d'Héraclide du Pont (IVe siècle av. J.-C.), car elles ne s'éloignent jamais du Soleil au-delà d'une certaine valeur angulaire, sont situées, dans un autre modèle, *après* le Soleil. La série chaldéenne, se présente en effet ainsi : Terre ; Lune ; *Soleil* ; Mercure ; Vénus ; Mars ; Jupiter ; Saturne ; étoiles fixes. C'est la séquence qui apparaît chez Apulée ou Macrobe, tandis que PLATON semble (au moins en *République* 616e-617b) intervertir Vénus et Mercure, et faire de la première une planète à l'orbite plus proche de la terre (mais en *Timée* 35b-c l'ordre supposé est peut-être classique). Cette interversion tient en partie à la durée très voisine de leurs révolutions, du point de vue géocentrique : 348 jours pour Vénus et 338 pour Mercure. L'ordre des cinq planètes traitées par Ératosthène (identique chez PTOLÉMÉE, *Almageste* 9.1, p. 206) suit, de façon décroissante, leur durée de révolution (cf. CLÉOMÈDE, *Mouvement circulaire* 30.15 sq.), qui était connue des savants bien avant l'époque classique, avec une grande approximation pour les deux dernières. Ainsi GÉMINOS (1.23-29) donne pour les trois premières les nombres suivants : Saturne : 30 ans ; Jupiter : 12 ans ; Mars : 2 ans et 6 mois ; et pour Vénus et Mercure à peu près un an (au lieu de 225 jours et 88 jours, respectivement, du point de vue héliocentrique) ; cf. PLINE 2.32-36 ; voir SCHOL. ARAT. 455, p. 286-287. La liste moderne des sept planètes, de la plus proche à la plus éloignée du Soleil, est la suivante : Mars, Vénus, Terre, Mercure, Jupiter, Saturne.

672. Jupiter, la planète bleue, et la plus brillante (*Clarus* : PLINE 2.79) des planètes supérieures. Logiquement au deuxième rang, après Saturne (voir n. 674), elle doit peut-être ici sa promotion en tête de liste à des considérations symboliques : le rôle de Zeus dans le processus de catastérisation et sa prééminence divine autorisent à lui donner la primeur (même interversion chez HYGIN 2.42.1-2). Mais Ératosthène intervertit curieusement les deux qualificatifs savants puisque Jupiter correspond d'ordinaire à *Phaéthon* et non à *Phaïnôn*. Cette interversion (suivie par certains manuscrits d'Hygin ; voir LE BŒUFFLE 1983 : 178) est une exception absolue dans la tradition. Mais nous n'avons pas affaire à une corruption récente, comme le prouvent les divers textes du

dossier catastérismique qui reproduisent cette excentricité (SCHOL. GERM., p. 102-103). Elle est tellement singulière que la tradition manuscrite byzantine de l'*Épitomé* a voulu remettre de l'ordre en remplaçant Zeus par Cronos, et inversement dans la phrase suivante (voir *app. crit.*). L'attribution au Soleil de Saturne a peut-être attiré à cette dernière le nom du fils du Soleil et la permutation (voir n. 674). À Babylone Jupiter, qui comme les autres reçoit plusieurs appellations (en particulier en fonction de sa position dans le ciel), a pour nom astrologique courant SAG-ME-GAR "Prince qui donne les présages", et pour nom astronomique MULU-BABBAR, "l'étoile blanche" (FLORISOONE 1951 : 163). ACHILLE TATIUS (*Introduction* 17), qui donne l'appellation employée par les Égyptiens pour toutes les planètes, la nomme "l'astre d'Osiris". Si l'on suit le témoignage d'HYGIN (2.42.1) Héraclide du Pont (IVe s. av. J.-C.) racontait que Phainôn était un être créé par Prométhée en même temps que les hommes, mais dissimulé à Zeus qui finissait par lui accorder l'immortalité (voir SCHOL. GERM., p. 102). Il s'agirait d'un véritable mythe de catastérisation de planète, et ce récit, quoique relativement tardif, pourrait avoir été retenu par Ératosthène dans le texte original, bien que son nom ne soit pas invoqué, à la différence de ce qui se passe pour les trois planètes suivantes.

673. Les caractéristiques planétaires présentées par les astronomes antiques étaient : le nom de la planète, le dieu associé ou identifié, sa place dans la superposition des sphères, sa nature, son mouvement, sa couleur, sa taille, ses influences. Dans la tradition des *Catastérismes* seules les considérations liées au nom, à la taille et à la couleur semblent avoir eu leur place, et c'est au 4ème livre de son *Astronomie*, que l'on peut considérer comme indépendant d'Ératosthène (voir *Introduction*, p. LXXXVII), qu'HYGIN donne des indications sur le mouvement apparent des planètes et la superposition des sphères. D'après le chapitre, Vénus est la planète la plus grande, puis viennent Jupiter, puis Saturne et Mars (οὐ μέγας), et enfin Mercure (μικρός). D'après GÉMINOS (17.38), Vénus, Jupiter et Mars sont les plus "grandes" (μέγιστοι). Bien que la magnitude apparente des planètes varie considérablement au cours de leur révolution, la série correspond, en effet, à la magnitude moyenne des planètes, ou plutôt approximativement à la valeur des minimales : Vénus est la planète dont l'éclat est le plus grand (mag. entre -4.9 et -3.8), suivie de Jupiter (mag. entre -2.9 et -1.6) et Mars (mag. entre -2.9 et 1.8), Saturne (mag. entre -0.5 et 1.5), et Mercure (mag. entre -2.4 et 5.7). Sur la grosseur des planètes selon les Grecs, voir GUNDEL & GUNDEL 1950 : 2102-2104.

674. Saturne est l'étoile "de Cronos" (τοῦ Κρόνου ὁ ἀστήρ), appelée par euphémisme la brillante (Φαίνων), malgré son éclat très terne (ἀμαυρότατος : ACHILLE TATIUS, *Introduction* 17). Elle est pâle et blanchâtre (cf. *candidus* : PLINE 2.79 ; SCHOL. GERM., p. 183), et l'indication apparemment de taille (μέγας) est en partie au moins une

indication d'éclat (cf. l'usage ptoléméen de μέγεθος pour la "magnitude"). L'appellation de ἡλίου ἀστήρ (étoile du Soleil) est effectivement usitée pour Saturne (voir EUDOXE, *frg.* 124 = SIMPLICIUS, *in Cael.* 222a, p. 495 Heiberg), et elle est peut-être la dénomination la plus ancienne (voir *Epinomis* 987c5). Cette formule (voir PTOLÉMÉE, *Tétrabible* 2.3.23) est d'origine mésopotamienne (voir DIODORE 2.30.3 ; cf. LE BŒUFFLE 1977 : 245), et s'explique par le fait que, à Babylone, Saturne "remplace" le Soleil dans le ciel nocturne (GUNDEL & GUNDEL 1950 : 2032). Les dieux babyloniens correspondant à Hélios et Cronos sont assimilés l'un à l'autre (voir BOLL 1919) ; la planète est, en effet, consacrée au dieu de la fertilité et des combats NIN-URTA (équivalent de Cronos), mais souvent appelée également SHAMASH (le Soleil) ; cf. ROGERS 1998a : 13. C'est ainsi que se répandra pour Saturne l'appellation ὁ τοῦ Κρόνου ἀστήρ (déjà en ARISTOTE, *Mété.* 1073b). La généralisation de cette formule, au détriment de ὁ τοῦ ἡλίου ἀστήρ, fut encouragée par la volonté d'éviter une confusion avec le Soleil (voir SCHERER 1953 : 96), qui est compté parmi les planètes, surtout à partir de l'époque alexandrine (voir n. 669). HYGIN (2.42.2), qui doit avoir disposé d'une version déjà corrompue mais plus étendue des *Catastérismes*, invoque Ératosthène à propos de cette planète, et rapporte que, d'après celui-ci, la planète « était nommée Phaéthon et tirait son nom du fils du Soleil » (cf. SCHOL. GERM., p. 103 : *cognominatus ab Solis filio Phaethonte*) ; il rapporte à la suite brièvement le mythe de Phaéthon, qui aurait été catastérisé par le Soleil. Les *Catastérismes* se font donc l'écho d'un quiproquo : Φαέθων, qui est une des épithètes du Soleil, a été transféré à Saturne, c'est-à-dire "l'étoile du Soleil" (voir SCHERER 1953 : 91 ; pour plus de détails voir PÀMIAS 1998 : 76). Un épitomateur ou un copiste a tenté de justifier cette dénomination d'une manière maladroite (ὠνομάσθη ἀπὸ τοῦ ἡλίου), voire obscure à ses propres yeux... La planète a pu être également attribuée à Némésis (ACHILLE TATIUS, *Introduction* 43), et à Déméter (SALLOUSTIOS, *Du monde et des dieux* 6.5). PLUTARQUE (*de facie* 941c10) signale aussi pour lui un autre nom : Νυκτοῦρος ("Gardien de la nuit").

676. Les *Catastérismes* ne nomment pas directement sa couleur, mais la rapprochent de celle de l'étoile de l'Aigle (*i.e.* α Aql, Altair). Néanmoins, contrairement à ce qu'en dit Ératosthène, sa couleur est assez éloignée de celle d'Altaïr, qui est jaune pâle, et seuls β et γ Aquilae, qui sont orangés, ont une couleur voisine. BOLL (1916 : 23 sq.) et HÜBNER (1985 : 221 sq.) tâchent de concilier cette notice sur Mars avec la planète rouge. Les notations de couleur sont très importantes dans la discrimination des planètes et dans la conception chaldéenne (voir BOLL 1916) ; la proximité chromatique conduisait à associer les planètes à certaines étoiles, et l'on en induisait une correspondance globale, de nature, de composition élémentaire et d'influence ; ainsi, Jupiter était associé à la Lyre, car elles sont toutes deux blanches, et Saturne à

Beltégeuse, toutes deux orangées. Sur la couleur des planètes, et les grandes variations dans leur qualification, voir Gundel & Gundel 1950 : 2105-2110. Sur les correspondances multiples des planètes avec les couleurs, parties du corps, plantes, métaux, etc. voir Roscher 1909 : 2531-2536.

Page 129

677. « Cet astre immense que l'on dit de Vénus [...] dépasse par sa grandeur tous les autres astres, et l'éclat en est tel qu'elle est la seule des étoiles qui produise de l'ombre » (Pline 2.36 : *ingens sidus appellatum Veneris*). Cette planète, généralement associée à la couleur verte, mais qu'Ératosthène qualifie de "blanche", et qui est parfois qualifiée de "dorée" (*colore aureo* : Schol. Germ., p. 103), n'a pas la même couleur le matin et le soir (voir n. 678) : « blanchissante pour l'étoile du matin, flamboyante pour l'étoile du soir » (*Lucifero candens, Vesperi refulgens* : Pline 2.79). À Babylone, Vénus est di-bat, "la Messagère", ou étoile d'Ishtar (Florisoone 1951 : 164). Elle est parfois attribuée, en Grèce, à Héra (Ps.-Aristote, *Monde* 392a ; Hygin 2.42.4), à Isis (Pline 2.37 ; Ptolémée, *Tétrabible* 2.3.23), ou à la mère des dieux (Pline 2.37 ; Ptolémée, *Tétrabible* 2.3.38).

679. Mercure, que l'on associait au gris, est la planète dont la période sidérale est la plus faible, et elle semble accompagner le Soleil comme un satellite. Elle était, à Babylone, considérée comme l'astre de Marduk (Zeus) (Florisoone 1951 : 165). Mais on l'attribuait également à Apollon (Pline 2.39), par une influence chaldéenne (Le Bœuffle 1977 : 246), et non égyptienne comme le veut Achille Tatius (*Introduction* 17), la planète étant, en Égypte, l'étoile de Seth. Cet auteur lui attribue d'ailleurs la quatrième place parmi les planètes, avant Vénus, soulignant que « le désaccord (διαφωνία) est important sur les planètes d'Hermès, d'Aphrodite et du Soleil » (Achille Tatius, *ibid.*) ; il concerne surtout la place du Soleil dans la série.

680. L'organisation céleste offre trois repères : la position (τάξις) des étoiles, la durée des saisons (ὧραι), et les signes du rythme naturel, ou de la météorologie (ἐπισημασίαι). Entre ces deux interprétations, il semble que la seconde, qui renvoie aux pronostics météorologiques (voir *Cat.* 24), ne convienne pas pour signifier le travail primordial d'Hermès, et, dans cette expression embarrassante, il s'agit non pas de l'indication d'un changement de temps (comme dans les *Phaseis* de Ptolémée), mais des indicateurs, donnés par les levers et les couchers, servant à l'organisation du calendrier précis des tâches humaines. Ni Hygin (2.42.5), ni les Scholies à Germanicus (p. 186) ne permettent de trancher, car ils édulcorent et omettent cette dernière fonction ; mais l'Aratus Latinus (p. 275) interprète en ce sens : ... *et significationes temporum demonstrauit*. Cette planète est la seule pour laquelle le texte établit un lien explicite entre le nom et la divinité, dans son statut divin

et son rôle. Ératosthène a déjà fait référence plus haut à la fonction organisatrice essentielle du dieu (*Cat.* 20) et insistait sur cette dimension dans son poème héxamétrique *Hermès* (voir n. 309). La planète était d'ailleurs, à Babylone, l'astre de Nabû, dieu des sciences et des lettres, qui présente, comme Hermès, de grandes affinités avec le dieu égyptien. HYGIN (2.42.5) rapporte que selon Evhémère c'est Aphrodite qui fixa les astres à leur place (*sidera constituisse*) et les fit connaître à Hermès (*demonstrasse*) ; cf. SCHOL. GERM., p. 186.

Page 131

682. Les astronomes distinguaient onze « cercles » (lignes visibles ou imaginaires de la sphère terrestre ; voir *Anonymus* I.5, p. 93-96 Maass). « Le cercle galactique est en réalité le seul cercle visible ; les autres ne sont visibles que par le raisonnement (λόγῳ θεωρητοί) » (GÉMINOS 5.1-11 ; voir ACHILLE TATIUS, *Introduction* 24 : Ὁ δὲ γαλαξίας εἴρηται μὲν ὥς ἐστιν ὁρατὸς καὶ μόνος ἐπὶ τῆς σφαίρας αἰσθητός, τῶν ἄλλων ὄντων νοητῶν) ; mais le pluriel employé par Ératosthène montre que l'on pouvait considérer la bande oblique (λόξος), que signale la série zodiacale, comme un cercle visible (voir *Anonymus* II.1, p. 129 Maass), dans la mesure où elle est nettement marquée par les constellations zodiacales. Les sept principaux cercles (voir PHILON, *Opif. mundi* 112) étaient, outre la Voie lactée et le cercle zodiacal ou écliptique, les cinq parallèles παράλληλοι (ACHILLE TATIUS, *Introduction* 24 ; GÉMINOS 5.12-48) : le cercle arctique, le cercle du tropique d'été, le cercle équinoxial (ἰσημερινός : l'équateur), le cercle du tropique d'hiver, le cercle antarctique. On ajoutait quatre autre cercles : l'horizon (GÉMINOS 5.54), le méridien (qui passe par les pôles et le point zénithal : GÉMINOS 5.64-67), et les deux colures (qui passent par les pôles et les points équinoxiaux et solsticiaux : GÉMINOS 5.49-50). Les grands cercles sont l'équateur, qui sépare les deux hémisphères, et l'écliptique ; les tropiques (du Capricorne et du Cancer) sont plus petits, et encore plus petits les cercles arctique et antarctique. Eudoxe, comme tous les astronomes, décrit les constellations en référence à ces cercles (voir DICKS 1970 : 155 ; cf. KIDD 1997 : 348). La Voie lactée, qui paraît traverser le firmament par le milieu, peut être considérée comme un grand cercle (cf. ARISTOTE, *Météo.* 346a), ou « une grande roue tout ornée de brillants » comparable à l'écliptique et l'équateur (voir ARATOS 475 sq.). Mais HIPPARQUE (1.9.14-15) critique Aratos pour les mesures relatives qu'il donne de ces cercles. Par ailleurs, la Voie lactée, qui est, elle aussi, oblique, est de tous celle qui mérite le moins la qualification de "cercle" (et Aratos ne paraît pas adopter cette désignation ; cf. ERREN 1967 : 163 ; MARTIN 1998b : 339). Il est « dans certaines parties plus large, dans d'autres plus étroit » (GÉMINOS 5.69). Il est visible mais nébuleux (νεφελοειδὴς ἐν μὲν τῷ ἀέρι διὰ παντὸς φαινόμενος : PLUTARQUE,

Placita 892e7), et GÉMINOS (5.68) le décrit comme composé d'une poussière d'étoiles en forme de nébuleuse (συνέστηκε δὲ ἐκ βραχυμερίας νεφελοειδοῦς) ; voir *infra* n. 688. C'est aussi la conception de PTOLÉMÉE qui en décrit finement le tracé et les "parties" (μερή : *Almageste* 8.2, p. 170 sq.), et exclut l'appellation comme imméritée, lui préférant celle de "ceinture" (οὐκ ἔστι κύκλος ἁπλῶς ἀλλὰ ζώνη τις ; cf. AVIÉNUS 944-945 : *zonam... nostro sic balteus ore notatur*). Elle varie en couleurs, en largeur, en nombre d'étoiles et en position (PTOLÉMÉE, *ibid.*) ; elle présente des interruptions (διάλειμμα : PTOLÉMÉE, *ibid.*, p. 174, 177, 179) et est en partie dédoublée (ALEXANDRE, *in Mété.* 42.31) ; Ptolémée situe cette bifurcation (près du "commencement" de la zone lactée, aux pieds du Centaure, où se trouve sa partie la plus méridionale) au niveau de l'Autel, d'une part, et de l'Oiseau, de l'autre ; et il distingue divers segments (τμῆμα) formant des courbes (ἁψίς), dont il précise la densité, et donne les étoiles qu'elles couvrent ; il l'envisage de façon dynamique, évoquant pour cette "zone" un "flux" (χύμα : PTOLÉMÉE, *ibid.*, p. 175 ; sur la tradition orientale de la représentation fluviale de la Voie lactée, voir BOLL-GUNDEL 1937 : 1028). HYGIN (4.7) décrit brièvement son tracé, de l'aile gauche du Cygne à l'aile de l'Aigle.

683. Elle est souvent appelée simplement τὸ γάλα "le lait" (cf. ARISTOTE, *Mété*. 345a ; ARATOS 476 ; cet emploi par Aratos serait dû à l'impossibilité de faire entrer γαλαξίας dans le vers : ACHILLE TATIUS, *Introduction* 24 ; mais MARTIN 1998b : 341 conteste cette assertion), et signalée déjà par PARMÉNIDE (*FVS* 28B11 ; il lui attribue une γαλακτοειδὲς χρῶμα : *FVS* 28A43a) et ANAXAGORE (ARISTOTE, *Mété*. 345a25). HIPPARQUE (1.9.14) la désigne sous le nom de γαλαξίας κύκλος (voir aussi PLUTARQUE, *Placita* 892d), et GÉMINOS (5.69) sous l'expression ὁ τοῦ γάλακτος κύκλος (cf. *lacteus circulus :* PLINE 18.280, ou ARAT. LAT., p. 276, et SCHOL. GERM. 104, 186, 230 ; *uia lactea :* OVIDE, *Mét.* 1.168-169 ; *candidus circulus :* ISIDORE, *Ét.* 3.46 ; *orbis lacteus :* CICÉRON, *Rép.* 6.16). ARISTOTE (*Mété* 345a10 sq.) distingue le Lait (γάλα), la région Lactée (γάλακτος χώρα) et le cercle Lacté (γάλακτος κύκλος). Le terme Γαλαξία ou Γαλαξίας semble d'usage plus tardif. En dehors de notre texte, on ne le rencontre pas avant DIODORE (5.23.2 ; cf. LUCIEN, *HV* 1.16 ; MANILIUS 2.116 ; POLLUX 4.159). Il reçoit ce nom en raison de sa *couleur* blanche (λευκόχροιαν : PLUTARQUE, *Placita* 892e8 ; cf. PTOLÉMÉE, *Almageste* 8.2, p. 170 : γάλακτος χρόαν ; etc.) ; car « son tracé est marqué par des nuages blancs » (SCHOL. ARAT. 474, p. 299). Il ne figure pas dans l'index de l'œuvre originale d'Ératosthène (voir l'*Anonymus* II.2.1 dans l'*Annexe*) ; mais des textes étrangers à la tradition catastérismique (voir surtout ACHILLE TATIUS, *Introduction* 24, p. 55 Maass ; cf. SCHOL. ARAT. 474, p. 299 ; cf. n. 688) garantissent qu'Ératosthène la mentionnait.

684. Le terme οὐράνιος est ici ambigu puisqu'il désigne à la fois l'espace physique du ciel (ou de la voûte étoilée) et l'espace symbolique (voire olympien) des dieux. Ératosthène, à travers les mythes de souveraineté qu'il évoque souvent au cours de l'œuvre (voir *Cat.* 11, 13, 27, 29, 30, 39), a bien souligné la prééminence des dieux olympiens, et cette indication est l'occasion de manifester l'autorité des fils de Zeus sur le firmament. Mais les prérogatives, si elles sont d'ordre "astronomique" et ne désignent pas simplement un statut supérieur dans la société divine, ne sont pas claires. Il ne peut s'agir d'une tutelle sur les planètes, qui échoit également à des dieux qui ne sont pas olympiens (comme Cronos ou le Soleil ; cf. *Cat.* 43, n. 674). En outre, les dieux se contentent de donner leur nom aux planètes sans pour autant s'identifier à elles ou exercer, à travers elles, une influence sur les affaires humaines (à la différence de ce qui se passe dans la conception chaldéenne : DIODORE 2.30.1 sq. ; *cf.* CUMONT 1997 : 81-82 ; 148 sq.). Il s'agit plutôt de la faculté de catastériser (le cas de Justice [*Cat.* 9] étant exceptionnel, et la montée au ciel étant dans la grande majorité des cas de la responsabilité d'un dieu olympien).

686. Hermès est le dieu tout désigné pour cette mission : il a accès à la chambre nuptiale puisqu'il conduit, avec Aphrodite, le convoi qui mène la fiancée de son foyer (ἑστία) à celui de son époux, et qu'il susurre à la jeune mariée les mots susceptibles de séduire le mari (cf. DETIENNE 1981 : 68) ; grâce à ces entrées, le *trickster* Hermès parvient à approcher le bébé Héraclès du sein d'Héra, en profitant peut-être de son sommeil (cf. SCHOL. GERM., p. 187). Le texte d'une SCHOLIE À ARATOS (*ad* 474, p. 299) peut laisser penser à une ruse complexe, consistant à faire croire à Héra qu'il s'agit d'un enfant d'elle, et finalement éventée par Hermès : ἤκουσε γὰρ παρὰ (*vel* περὶ) τοῦ Ἑρμοῦ ὅτι οὐκ ἴδιος αὐτῆς ἐστιν ; cf. SCHOL. GERM., p. 104 : [*Iuno*] *cum audisset Herculem suum filium non esse.*

687. La tradition des *Catastérismes* est hésitante sur l'identité du bébé : d'après l'*Epit.* le buveur est Héraclès (voir aussi SCHOL. GERM., p. 104 ; cf. SCHOL. ARAT. 474, p. 299 ; LYCOPHRON [38-39 et 1327-1328] y fait allusion) ; mais selon d'autres textes c'est le petit Hermès (voir HYGIN 2.43, qui rapporte quatre versions, dont deux variantes avec Héraclès, une avec Hermès et une avec Ops/Rhéa). Ératosthène en offre une version sobre (qu'il développait dans son poème *Hermès*, d'après HYGIN 2.43), tandis qu'Hygin en donne une version grotesque : Héraclès aurait eu les yeux plus gros que le ventre et, la bouche plus que pleine, aurait recraché le lait qu'il ne pouvait avaler. On trouve ainsi une hésitation, dans le rôle de l'enfant, entre Hermès et Héraclès (*Anonymus* I, p. 95 Maass). Le témoignage d'ACHILLE TATIUS, qui paraphrase le passage d'Ératosthène (*Introduction* 24) confirme que les deux options étaient présentes chez Ératosthène : « Ératosthène dit que le cercle lacté serait aussi né d'Hermès (καὶ ἐπὶ τοῦ Ἑρμοῦ λέγει

γεγενῆσθαι Ἐρατοσθένης) car il fut arraché au sein d'Héra » ; cf.
MARTIN (1956 : 102) : « Ératosthène donnait simultanément au moins
deux des versions que nous connaissions par Hygin ». On retrouve à
peu près le même récit dans les GÉOPONIQUES (9.19.1-2). PAUSANIAS
(9.25.2) évoque l'allaitement d'Héraclès par Héra, « trompée par
Zeus », sans lier cet épisode à la naissance de la Voie lactée (tout
comme DIODORE 4.9.6). C'est parfois Athéna qui, touchée de sa beauté,
supplie Héra d'allaiter Héraclès, dont elle ignore l'origine (DIODORE
4.9.6). Selon NONNOS (35.308-311) ce n'est ni Héraclès, ni Hermès,
mais Dionysos, un autre "demi-dieu", lui aussi olympien tardif et
d'adoption, qui est le bénéficiaire de ce breuvage magique (cf. aussi sur
ce *lac divinum* HYGIN 2.43 ; SCHOL. GERM., p. 187). Hygin ajoute une
version excentrique où figure Ops et Saturne (HYGIN 2.43 ; cf. SCHOL.
GERM., p. 104 et 187 ; voir, aussi, la combinaison des motifs en HYGIN,
Fables 139) : ce serait le lait de Rhéa qu'Ouranos lui demanda de faire
jaillir (comme preuve qu'elle avait bien accouché et qu'il s'agissait bien
de son bébé : SCHOL. GERM., p. 104), lorsqu'elle lui présenta la pierre,
substitut de Cronos. D'après le récit des GÉOPONIQUES (11.19.2) des
gouttes du lait d'Héra auraient donné naissance, sur la terre, au lys. Il
s'agit donc d'un motif mythique très productif dans l'antiquité.

688. La Voie lactée a une *origine* mythologique, mais elle recevait
aussi une *interprétation* théologique et une *explication* naturaliste.
D'après NUMÉNIUS (*frg.* 32), les Pythagoriciens considéraient la Voie
lactée comme la résidence des âmes, qui tirait son nom du fait que
celles-ci, au moment de naître à la vie terrestre, étaient nourries de lait
(cf. NUMÉNIUS, *frg.* 35 des Places, et PROCLUS, *in Rem publicam* 2.129 :
τόπον ψυχῶν ; c'est à cette conception des Pythagoriciens que pense
PHILOPON [*Aeternitate mundi* 290] lorsqu'il la dit χώραν ψυχῶν
λογικῶν) ; elles se réunissent dans la Voie lactée, dont sont voisins le
Cancer et le Capricorne, les deux portes du Soleil (PORPHYRE, *Antre des
nymphes* 28) ; voir MACROBE, *Songe* 1.12. Cette vision de la Voie lactée
est, en fait, très répandue et s'y trouvent associés les noms de Pythagore,
Platon, Héraclide du Pont (voir JAMBLIQUE, *Traité de l'âme* 12), Porphyre, Macrobe, et bien d'autres... jusqu'aux « Fanfreluches antido-
tées » de RABELAIS (*Gargantua* 2). Elle représente aussi le cimetière des
héros, dont MANILIUS (1.684-804) donne une longue présentation. La
conception, également grecque, qui y voit un fleuve océanique, parfois
identifié à l'Éridan, est peut-être indirectement influencée par le Serpent-
rivière des Akkadiens (ALLEN 1899 : 474 ; ce serait le serpent NIRAH :
ROGERS 1998a : 13-14 ; BOLL-GUNDEL 1937 : 1022) ; cf. OVIDE, *Mét.*
1.168 sq. ; MARTIANUS CAPELLA 1.97. PLUTARQUE (*Placita* 892e7 sq. =
JEAN STOBÉE, *Anth.* 1.27.1 = AËTIUS 3.1.1 ; cf. Ps.-GALIEN, *Hist. phil.*
74) rapporte les différentes conceptions physiques de la Voie lactée (voir
BOLL-GUNDEL 1937 : 1024) : pour les Pythagoriciens, c'est la trace laissée par un astre en feu qui aurait quitté sa place ; ou bien la trajectoire

primitive du Soleil, ou l'itinéraire déviant de Phaéthon, qui garde des séquelles et les brûlures d'antan ; ou l'image réfléchie des rayons du Soleil (cf. ZONARAS Γ 415, s.v. Γαλαξίας) ; pour Métrodore, ce serait un effet de la révolution solaire ; pour Anaxagore, l'ombre de la terre lorsque le Soleil passe sous elle ; elle serait, pour Démocrite, constituée d'une masse dense de nombreuses petites étoiles (πολλῶν καὶ μικρῶν καὶ συνεχῶν ἀστέρων), et d'une nature voisine pour Posidonios. Pour PARMÉNIDE (*FVS* B37), elle serait un souffle de feu (τοῦ δὲ πυρὸς ἀναπνοήν), d'où le Soleil et la Lune seraient issus (JEAN STOBÉE, *Anth.* 1.25.3) ; pour Platon, enfin, il s'agit du lien de suture du ciel (NUMÉNIUS *frg.* 35 : σύνδεσμον τοῦ οὐρανοῦ ; cf. ACHILLE TATIUS, *Introduction* 24 : selon certains elle est le point de contact (συμβολή) des deux hémisphères). Aristote consacre un chapitre des *Météorologiques* (345a-b) à discuter et réfuter les hypothèses de ses prédécesseurs sur les origines et la nature de la Voie lactée (voir DICKS 1970 : 209-210). Une des explications commentées par lui est l'argument, souvent sollicité, du miroir, qui permet de transformer en illusion d'optique (peut-être soutenue par PLATON [voir *Timée* 46e] ; cf. PLUTARQUE, *de facie* 930c) une vision céleste dont on ne sait justifier l'existence matérielle : la voie est une réfraction de la lumière solaire. ARISTOTE (*Mété.* 345b-347a) la considère, pour sa part, comme une sorte de chevelure formée de vapeurs sèches accumulées dans cette région du ciel : γαλαξίας ἐστὶν ἡ τοῦ μεγάλου κύκλου κόμη διὰ τὴν εἰρημένην ἀναθυμίασιν ὑφισταμένη (PHILOPON, *in Mete.* 14.1, p. 106) ; la théorie aristotélicienne est remise en cause, y compris dans la tradition péripatéticienne, peut-être dès l'époque de Cléarque, et de manière franche et détaillée par JEAN PHILOPON (*in Mete.* 14.1. p. 108 sq.). On sait par un témoignage tardif (JEAN STOBÉE, *Anth.* 1.28.1) que la théorie démocritéenne était bien plus pertinente que celle d'Anaxagore... ou d'Aristote : il pensait qu'elle était constituée de la réunion d'une multitude de petites étoiles qui, par leur densité, parvenaient à s'éclairer mutuellement. Macrobe, Manilius et Achille Tatius confirmeront cette théorie : « Démocrite juge que cette blancheur est le résultat d'une multitude de petites étoiles très voisines les unes des autres, qui, en formant une épaisse traînée dont la largeur a peu d'étendue, et en confondant leurs faibles clartés, offrent aux regards l'aspect d'un corps lumineux » (MACROBE, *Songe* 1.15).

ANNEXE

1) ANONYMUS II.2.1

Nous reproduisons ci-après le texte de l'édition de Maass (1898 : 134-135) en reportant les subdivisions proposées par Rehm (1899b) à partir du ms *Laurentianus* LXXXVII 10. La rédaction grecque ne donne aucun titre, mais le codex *Basileensis* AN IV 18 en conserve deux traductions latines (voir *Introduction*, p. XXXIII sq. et p. LXXVI sq.) : *Eratosthenis de circa exornatione stellarum et ethymologia de quibus uidentur* ; et *Eratosthenis de exornatione et proprietate sermonum de quibus uidentur*. Cette liste reproduit donc la série originale des constellations dans les *Catastérismes* :

βόρεια·
[A. Constellations du cercle arctique :]
Ἄρκτος μεγάλη, Ἄρκτος μικρά, Ὄφις ὁ δι' ἀμφοτέρων τῶν Ἄρκτων, Κηφεύς,
[B. Constellations entre le cercle arctique et le tropique du Cancer :]
Περσεύς, Ἀνδρομέδα, Κασσιέπεια, Ὄρνις, Λύρα, Ἐνγόνασι, Στέφανος, Ἀρκτοφύλαξ, Ἡνίοχος ἐφ' ᾧ Αἲξ Ἔριφοι,
[C. Constellations entre le tropique du Cancer et l'équateur :]

Δελτωτόν, Ἵππος, Οἰστός, Ἀετός, Ὀφιοῦχος, Προκύων,
[Constellations du zodiaque :]
Καρκίνος, Λέων, Παρθένος, Χηλαί, Σκορπίος, Τοξότης, Αἰγόκερως, Ὑδροχόος, Ἰχθύες, Ταῦρος, Κριός, Δίδυμοι.
νότια δέ·
[A. Constellations entre l'Équateur et le Tropique du Capricorne :]
Ὠρίων, Κῆτος, Δελφίς, Ὕδρος ἐφ' ᾧ Κρατὴρ καὶ ὁ Κόραξ, Κύων,
[B. Constellations entre le Tropique du Capricorne et le cercle antarctique :]
Θυτήριον, Κένταυρος ἐφ' ᾧ Θηρίον, Λαγωός, Ἀργώ, Ποταμός, Ἰχθύες,
[Planètes]
ἀστέρες πέντε πλανῆται.

2) ANONYMUS II.2.2

Nous reproduisons ci-après le texte de l'édition de REHM (1899b) à partir du ms *Angelicus* 29 (f. 158), qui, à la différence du *Laurentianus* LXXXVII 10, donne pour chaque constellation le nombre total d'étoiles[1].

Ἐκ τῶν Ἱππάρχου περὶ τῶν ἀστέρων ποσοῦ

---

1 Voir REHM 1899b : 252-254. L'édition la plus récente de ce catalogue d'Hipparque (basé sur le codex *Seldeianus* 17, f. 179v) est celle de WEINSTOCK 1951 : 189-190. BOLL a trouvé d'autres manuscrits contenant ce catalogue à Paris ; voir Franz CUMONT, *CCAG. Codices Parisini*, VIII.1 ; VIII.4, Bruxelles, 1929 : *Parisinus gr.* 2419 (f. 24v) ; *Parisinus gr.* 2420 (f. 194) ; *Parisinus gr.* 2506 (f. 126v) ; *Parisinus Suppl. gr.* 387 (f. 162). Le ms *Scorialensis* I Φ 16 (f. 131v) contient aussi un témoignage de l'*Anonymus* II.2.2 (cf. C. O. ZURETTI, *CCAG. Codices Hispanenses*, XI.1, Bruxelles, 1932, p. 109).

Κεῖται ἐν μὲν τῷ βορείῳ ἡμισφαιρίῳ τάδε· Ἄρκτος μεγάλη, ἀστέρες κδ', Ἄρκτος μικρά, ἀστέρες ζ', Ὄφις δι' ἀμφοτέρων τῶν Ἄρκτων, ἀστέρες ιε', Βοώτης, ἀστέρες ιθ', Στέφανος, ἀστέρες θ', Ἐγγόνασιν, ἀστέρες κδ', Ὀφιοῦχος (ἐν ἀμφοτέροις τοῖς ἡμισφαιρίοις), ἀστέρες ιζ', Λύρα, ἀστέρες η', Ὄρνις, ἀστέρες κδ', Οἰστός, ἀστέρες δ', Αἰετός —, Δελφίς, ἀστέρες θ', Ἵππος (ἐν ἀμφοτέροις τοῖς ἡμισφαιρίοις), ἀστέρες ιη', Κηφεύς, ἀστέρες ιθ', Κασσιέπεια, ἀστέρες κδ', Ἀνδρομέδα, ἀστέρες κ', Τρίγωνον, ἀστέρες γ', Περσεύς, ἀστέρες † η', Ἡνίοχος, ἀστέρες η'.

ἐν δὲ τῷ νοτίῳ τοῦ ζῳδιακοῦ· Ὕδρα (ἐν ἀμφοτέροις τοῖς ἡμισφαιρίοις), ἀστέρες κζ', Κρατήρ, ἀστέρες ι', Κόραξ, ἀστέρες ζ', Ἀργώ —, Κένταυρος, ἀστέρες κς', τὸ Θηρίον, ὃ ἔχει ὁ Κένταυρος ἐν τῇ δεξιᾷ χειρί, ἀστέρες ιγ', Θυτήριον, ἀστέρες δ', ὁ ὑπὸ τὸν Τοξότην Στέφανος —, ὁ ἁδρὸς Ἰχθύς, ἀστέρες ιη', Κῆτος, ἀστέρες ιγ', <Ποταμός —>, Ὠρίων (ἐν ἀμφοτέροις τοῖς ἡμισφαιρίοις), ἀστέρες ιη', Λαγωός, ἀστέρες κα', <Κύων —>, Προκύων (ἐν [δὲ] τῷ βορείῳ), ἀστέρες γ'.

ἐν <δὲ> τῷ ζῳδιακῷ κύκλῳ·
βόρεια· Καρκίνος, ἀστέρες† ς', Λέων, ἀστέρες ιθ', Παρθένος, ἀστέρες ιθ'.
νότια· Χηλαί, ἀστέρες δ', Σκορπίος, ἀστέρες ιε', Τοξότης, ἀστέρες ιε', Αἰγόκερως, ἀστέρες κς', Ὑδροχόος, ἀστέρες ιη', Ἰχθύες (ἐν ἀμφοτέροις τοῖς ἡμισφαιρίοις), ἀστέρες μα'.
βόρεια· Κριός, ἀστέρες ιζ', Ταῦρος, ἀστέρες ιη', Δίδυμοι —.

INDEX NOMINVM

Index des auteurs antiques

Ἀγλαοσθένης *Cat.* II, XXX
Αἰσχύλος *Cat.* XXII, XXIV
Ἄμφις *Cat.* I, XXXIII
Ἀντισθένης *Cat.* XL
Ἄρατος *Cat.* II, IX, XVIII, XXXVII
Ἀριστοτέλης *Cat.* XXXIV, XLI
Ἀρτεμίδωρος *Cat.* XXXI
Ἀρχέλαος *Cat.* XXXIV, XLI
Ἐπιμενίδης *Cat.* V, XXVII
Εὐριπίδης *Cat.* XIII, XIV, XV, XVII, XVIII, XXIX
Ἡρακλείδης ὁ Ποντικός *Cat.* XXIX
Ἡσίοδος *Cat.* I, VIII, IX, XIX, XXXII
Ἵππαρχος *Cat.* XXIII
Κρατίνος *Cat.* XXV
Κτησίας *Cat.* XXXVIII
Μουσαῖος *Cat.* XIII
Πανύασις *Cat.* XI
Πείσανδρος *Cat.* XII
Ποιητής (ὁ) *Cat.* XXVI
Σοφοκλῆς *Cat.* XVI, XXXVI
Σωσίθεος *Cat.* XXVIII
Φερεκύδης ὁ Ἀθηναῖος *Cat.* III, XIV, XIX

Index des noms de lieu

Αἴγυπτος *Cat.* XX
Ἄργος *Cat.* XVII
Ἀρκαδία *Cat.* I
Ἄτλας *Cat.* III, XXXI
Ἀττική *Cat.* XIII, XXV
Βαμβύκη *Cat.* XXXVIII
Δία *Cat.* V
Ἑλικών *Cat.* XVIII, XXVIII

Ἑλλήσποντος *Cat.* XIX
Ἠριδανός *Cat.* XXXVII
Ἡφαιστεῖον *Cat.* XIII
Θῆβαι *Cat.* XXXIII
Ἴδη *Cat.* II, XXVII
Ἱστοί *Cat.* II
Κρήτη *Cat.* II, XIII, XIV, XXX, XXXII
Κυνόσουρα *Cat.* II
Λακωνική *Cat.* X
Λείβηθρα *Cat.* XXIV
Λῆμνος *Cat.* XXXII
Λύκαιον *Cat.* VIII
Νάξος *Cat.* V, XXX
Νεῖλος *Cat.* XX, XXXVII
Πάγγαιον *Cat.* XXIV
Πήλιον *Cat.* XVIII, XL
Πόντος Εὔξεινος *Cat.* XIX
Ῥαμνοῦς *Cat.* XXV
Τραπεζοῦς *Cat.* VIII
Τριτωνίς *Cat.* XXII
Ὑπερβόρεοι *Cat.* XXIX
Φοινίκη *Cat.* XIV
Χίος *Cat.* VII, XXXII

Index des personnages mythologiques

Ἄβαρις *Cat.* XXIX
Ἄδμητος *Cat.* XXIX
Ἀθήνη *Cat.* XIII, XV, XVII, XXXV
Αἰγίπαν *Cat.* XXVII
Αἰήτης *Cat.* XIX
Αἴξ τῆς Ἀμαλθείας *Cat.* XIII
Αἴολος *Cat.* XVIII
Ἀλκυόνη *Cat.* XXIII
Ἀμάλθεια *Cat.* XIII
Ἀμφιτρίτη *Cat.* XXXI
Ἀνδρομέδη *Cat.* XV, XVI, XVII

INDEX NOMINVM

Ἀπόλλων *Cat.* VI, XXIV, XXIX, XLI
Ἀργώ *Cat.* XXXV, XXXVII
Ἄρης *Cat.* XXIII, XLIII
Ἀριάδνη *Cat.* V
Ἀρκάς *Cat.* I, VIII
Ἄρτεμις *Cat.* I, II, VII, XVIII, XXXII
Ἀσκληπιός *Cat.* VI, XXIX, XL
Ἀταργάτις *Cat.* IX
Ἀτλαντίδαι *Cat.* XXIV
Ἄτλας *Cat.* III, XXIII, XXXI
Ἀφροδίτη *Cat.* V, XXXVIII, XLIII
Ἀχιλλεύς *Cat.* XL
Βασσαρίδες *Cat.* XXIV
Βελλεροφόντης *Cat.* XVIII
Γανυμήδης *Cat.* XXVI, XXX, XXXVIII
Γῆ *Cat.* III, VII, XIII, XXXII
Γίγαντες *Cat.* XI
Γοργόνες *Cat.* XIII, XXII
Γραῖαι *Cat.* XXII
Δάκτυλοι *Cat.* II
Δανάη *Cat.* XXII
Δάρδανος *Cat.* XXIII
Δερκετώ *Cat.* XXXVIII
Δημήτηρ *Cat.* IX, XXIX
Δίκη *Cat.* IX
Διόνυσος *Cat.* V, XI, XIV, XXIV
Διόσκουροι *Cat.* X
Ἑλένη *Cat.* XXV
Ἑλίκη *Cat.* II
Ἕλλη *Cat.* XIX
Ἐριχθόνιος *Cat.* XIII
Ἑρμῆς *Cat.* XIII, XX, XXII, XXIII, XXIV, XXXIV, XLIII, XLIV
Ἑσπερίδες *Cat.* III
Εὐρυάλη *Cat.* XXXII
Εὐρώπη *Cat.* XIV, XXXIII
Εὐφήμη *Cat.* XXVIII

INDEX NOMINVM

Ζεύς *Cat.* I, II, III, IV, VI, VII, VIII, IX, X, XII, XIII, XIV, XV, XX, XXII, XXIII, XXIV, XXV, XXVI, XXVII, XXVIII, XXIX, XXX, XXXII, XXXIII, XXXIX, XL, XLIII, XLIV
Ἠλέκτρα *Cat.* XXIII
Ἥλιος *Cat.* XIII, XXIV, XXXII, XLIII
Ἥρα *Cat.* III, IV, XI, XLIV
Ἡρακλῆς *Cat.* III, IV, XI, XII, XL, XLIV
Ἥφαιστος *Cat.* V, XI, XIII, XXII, XXXII
Θέμις *Cat.* IX, XIII
Θησεύς *Cat.* V, VI
Ἵππη *Cat.* XVIII
Ἱππόλυτος *Cat.* VI
Ἶσις *Cat.* IX
Ἰώ *Cat.* XIV
Καλλιόπη *Cat.* XXIV
Καλλιστώ *Cat.* I, II, VIII
Κασσιέπεια *Cat.* XVI, XVII, XXXVI
Κελαινώ *Cat.* XXIII
Κένταυρος *Cat.* XVIII, XXVIII, XL
Κέφαλος *Cat.* XXXIII
Κηδαλίων *Cat.* XXXII
Κῆτος *Cat.* XV, XVI, XVII, XXXVI
Κηφεύς *Cat.* XV, XVII, XXXVI
Κουρῆτες *Cat.* II
Κρόνος *Cat.* XIII, XXXIX
Κρότος *Cat.* XXVIII
Κύκλωπες *Cat.* XXIX, XXXIX
Κυνόσουρα *Cat.* II
Λακεδαίμων *Cat.* XXIII
Λέων *Cat.* XII
Λητώ *Cat.* XXXII
Λυκάων *Cat.* I, VIII
Λύκος *Cat.* XXIII
Μαῖα *Cat.* XXIII
Μέδουσα *Cat.* XXII
Μερόπη (a) *Cat.* XXIII

Μερόπη (b) *Cat.* XXXII
Μίνως *Cat.* V, XXXII, XXXIII
Μοῦσαι *Cat.* XXIV, XXVIII, XXXI
Μυρτίλος *Cat.* XIII
Νέμεσις *Cat.* XXV
Νεφέλη *Cat.* XIX
Νηρηίδες *Cat.* XVI, XXXI, XXXVI
Νικόστρατος *Cat.* II
Οἰνόμαος *Cat.* XIII, XXIII
Οἰνοπίων *Cat.* XXXII
Ὀρφεύς *Cat.* XXIV
Παίων *Cat.* XIX
Πάν *Cat.* XL
Περσεύς *Cat.* XV, XVII, XXII, XXXVI
Πήγασος *Cat.* XVIII
Πολυδέκτης *Cat.* XXII
Ποσειδῶν *Cat.* XVI, XIX, XXIII, XXXI, XXXII, XXXVI
Πρόκρις *Cat.* XXXIII
Ῥέα *Cat.* II, XIII
Σάτυροι *Cat.* XI, XXVIII
Σίσυφος *Cat.* XXIII
Στερόπη *Cat.* XXIII
Συρία θεός *Cat.* XXXVIII
Ταϋγέτη *Cat.* XXIII
Τελχῖνες *Cat.* II
Τιτᾶνες *Cat.* XIII, XXVII, XXX
Τύχη *Cat.* IX
Ὑάδες *Cat.* XIV
Ὕδρα *Cat.* XI
Ὑριεύς *Cat.* XXIII
Φρίξος *Cat.* XIX
Χείρων *Cat.* XVIII, XL
Ὧραι *Cat.* V
Ὠρίων *Cat.* VII, XXXII, XXXIII, XXXVII, XLII

BIBLIOGRAPHIE

Éditions des *Catastérismes*

SCHAUBACH J.C., *Eratosthenis Catasterismi cum interpretatione Latina et commentario*, Göttingen, 1795.

MATTHIAE F.C., *Arati Phaenomena et Diosemea quibus subjiciuntur Eratosthenis Catasterismi. Dionysii Orbis Terrarum Descriptio. Rufi Festi Avieni utriusque poetae metaphrases*, Frankfurt am Main, 1817.

WESTERMANN A., Μυθόγραφοι. *Scriptores Poeticae Historiae Graeci*, Brunswig, 1843.

ROBERT C., *Eratosthenis Catasterismorum Reliquiae*, Berlin, 1878.

OLIVIERI A., *Pseudo-Eratosthenis Catasterismi*, Mythographi Graeci iii.i, Leipzig, 1897b.

MAASS E., *Commentariorum in Aratum Reliquiae*, Berlin, 1898.

REHM A., *Eratosthenis Catasterismorum Fragmenta Vaticana*, Ansbach, 1899a.

PÀMIAS J., *Eratòstenes de Cirene. Catasterismes*, Barcelona, 2004.

PÀMIAS J. & GEUS K., *Sternsagen*, Oberhaid, 2007.

SANTONI A., *Eratostene. Epitome dei Catasterismi : origine delle costellazioni e disposizione delle stelle*, Pisa, 2009.

Textes (éditions)

APOLLODORE, *Bibliothèque* : P. Scarpi (ed.), M.G. Ciani (tr.), *Apollodoro. I miti greci (Biblioteca)*, Milano, 1996.

ARATOS : *Phénomènes*, J. Martin (ed. trad.), Paris, 2 vol., 1998a (texte) 1998b (notes).

AVIÉNUS : *Les Phénomènes d'Aratos*, J. Soubiran (ed. trad.), Paris, 1981.

BACCHYLIDE : *Bacchylides. Carmina cum fragmentis*, H. Maehler & B. Snell (ed.), Leipzig, 1998.

CALLIMAQUE : *Callimachus*, R. Pfeiffer (ed.), Oxford, 1985[2].

CICÉRON : *Aratea, fragments poétiques*, J. Soubiran (ed. trad.), Paris, 1972.

ÉRATOSTHÈNE : *Eratosthenis carminum reliquiae*, E. Hiller (ed.), Leipzig, 1872.

ÉRATOSTHÈNE, *Fragments* : J.U. Powell (ed.), "Fragmenta" et "Fragmentum Eratosthenicum", dans : *Collectanea Alexandrina*, Oxford, 1925 (repr. 1970), p. 59-68 et 252.

ÉRATOSTHÈNE, *Fragments* : H. Lloyd-Jones and P. Parsons (ed.), "Fragmenta", dans : *Supplementum Hellenisticum*, Berlin, 1983, p. 183-186.

ÉRATOSTHÈNE, *Géographie* : D.W. Roller (ed. trad. com.), *Eratosthenes' Geography* (fragments collected and translated, with commentary and additional material), Princeton-Oxford, 2010.

ÉRATOSTHÈNE, *De circa exornatione stellarum et ethymologia de quibus uidentur* : E. Maass, *Commentariorum in Aratum reliquiae*, Berlin, 1898 (repr. 1958), p. 134-135.

EUDOXE : *Die Fragmente des Eudoxos von Knidos*, F. Lasserre (ed.), Berlin, 1966.

EURIPIDE : *Euripides. Helena*, vol. II, R. Kannicht (ed.), Heidelberg, 1969.

EUSTATHE, *Commentarii ad Homeri Iliadem* : *Eustathii archiepiscopi Thessalonicensis commentarii ad*

Homeri Iliadem pertinentes, M. van der Valk (ed.), vols. 1-4, Leiden, 1971-1987.

EUSTATHE, *Commentarii ad Homeri Odysseam : Eustathii archiepiscopi Thessalonicensis commentarii ad Homeri Odysseam*, G. Stallbaum (ed.), 2 vols., Leipzig, 1825-1826 (repr. Hildesheim, 1970).

ÉXÉGÈSE ANONYME À LA THÉOGONIE D' HÉSIODE : H. Flach (ed.), *Glossen und Scholien zur hesiodischen Theogonie*, Leipzig, 1876 (repr. 1970), p. 369-413.

GÉMINOS : *Introduction aux Phénomènes*, G. Aujac (ed. trad.), Paris, 1975.

GERMANICUS : *Les Phénomènes d'Aratos*, A. Le Bœuffle (ed. trad.), Paris, 1975.

HÉCATÉE : *Early Greek Mythography. I. Texts*, R. L. Fowler (ed.), Oxford, 2001.

HÉPHESTION : *Hephaestionis enchiridion cum commentariis ueteribus*, M. Consbruch (ed.), Leipzig, 1906 (repr. 1971).

HÉPHESTION : *Hephaestionis Thebani apotelesmaticorum libri tres*, vol. 1, D. Pingree (ed.), Leipzig, 1973.

HÉRODORE : *Early Greek Mythography. I. Texts*, R. L. Fowler (ed.), Oxford, 2001.

HÉSIODE, *La Théogonie* : *Hesiod. Theogony*, M.L. West (ed.), Oxford, 1966.

HÉSIODE, *Les Travaux et les Jours* : *Hesiod. Works and Days*, M.L. West (ed.), Oxford, 1978.

HÉSIODE, *Fragmenta Hesiodea*, R. Merkelbach & M.L. West (ed.), Oxford, 1967.

HIPPARQUE : *Commentaires aux Phénomènes d'Eudoxe et d'Aratos (Hipparchi. In Arati et Eudoxi Phænomena)*, C. Manitius (ed.), Leipzig, 1894.

HYGIN : *Astronomie*, A. Le Bœuffle (ed. trad.), Paris, 1983.

HYGIN : *Fables*, J.-Y. Boriaud (ed. trad.), Paris, 1997.

ISIDORE : *Isidori Hispalensis Episcopi Etymologiarum siue Originum Libri XX*, W. M. Lindsay (ed. trad.), Oxford, 2 vol., 1911.

JEAN TZÉTZÈS : *Lycophronis Alexandra*, E. Scheer (ed.), vol. II, Berlin, 1908.

MANILIUS : *M. Manilii Astronomica*, G. P. Goold (ed.), Leipzig, 1985.

NIGIDIUS : *P. Nigidii Figuli Operum Reliquiae*, A. Swoboda (ed.), Wien-Prag, 1889.

NUMÉNIUS : *Fragments*, É. des Places (ed. trad.), Paris, 1974.

OVIDE, *Les Métamorphoses* : H. Bornecque (ed. trad.), Paris, 1968.

OVIDE, *Les Fastes* : R. Schilling (ed. trad.), Paris, 1992 et 1993.

PHÉRÉCYDE : *Early Greek Mythography. I. Texts*, R. L. Fowler (ed.), Oxford, 2001.

PHILOPON : *In Aristotelis meteorologicorum librum primum commentarium :* M. Hayduck (ed.), Commentaria in Aristotelem Graeca 14.1, Berlin, 1901.

PLINE : *Histoire Naturelle*, Paris, 1947-1989.

PLUTARQUE, *Sur la face qui apparaît sur la lune* : M. Pohlenz (ed.), *Plutarchi moralia*, vol. 5.3, Leipzig, 1960, p. 31-89.

PTOLÉMÉE, *Syntaxe mathématique* ou *Almageste* : J. L. Heiberg (ed.), *Claudii Ptolemaei opera quae exstant omnia*, vol. 1, Leipzig, 1898-1903.

SCHOLIES À ARATOS : *Scholia in Aratum vetera*, J. Martin (ed.), Stuttgart, 1974.

SCHOLIES À GERMANICUS : *Germanici Caesaris Aratea cum scholiis*, A. Breysig (ed.), Berlin, 1867.

SCHOLIES À HÉSIODE, *Théogonie* : L. di Gregorio (ed.), *Scholia vetera in Hesiodi theogoniam*, Milan, 1975, p. 1-123.

SCHOLIES À HOMÈRE : *Scholia graeca in Homeri Iliadem*, H. Erbse (ed.), Berlin, 1969-1988.

SCHOLIES À HOMÈRE : *Scholia D in Iliadem. Proecdosis*, H. Van Thiel (ed.), [online] 2000.

SCHOLIES À HOMÈRE : *Scholia graeca in Homeri Odysseam,* W. Dindorf (ed.), Oxford, 1855.

Scholies à Homère : *Homeri Ilias. Accedunt Scholia Minora Passim Emendata*, Ch. G. Heyne (ed.), Oxford, 1834.

D-Scholien zur Odyssee. Kritische Ausgabe, N. Ernst (ed.), Köln, 2006.

Scholies à Homère : *Die D-Scholien zur Odyssee. Kritische Ausgabe*, N. Ernst (ed.), Köln, 2006.

Scholies à Lycophron : *Lycophronis Alexandra*, E. Scheer (ed.), vol. II, Berlin, 1908.

Scholies à Théocrite : *Scholia in Theocritum vetera*, C. Wendel (ed.), Leipzig, 1914.

Littérature critique

Abd ar-Rahman as-Sufi, *Liber locis stellarum fixarum*, 964. [Manuscrit de 1417 reproduit vers 1730. http://www.atlascoelestis.com/]

Abert H.J., « Lyra (1) », *RE* XIII.2, Stuttgart, 1927, col. 2479-2489.

Abry J.H., « La constellation du fleuve dans le ciel gréco-romain », dans : Piquet F. (ed.), *Le fleuve et ses métamorphoses*. Actes du Colloque International tenu à l'Université Lyon 3-Jean Moulin les 13, 14 et 15 mai 1992, Paris, 1994, p. 103-110.

Abry J.H., « Manilius and Aratus : Two Stoic Poets on Stars », *LICS*, 6 (1), 2007, p. 1-18.

Aélion R., *Euripide, héritier d'Eschyle*, Paris, 1983.

Aélion R., « Les mythes de Bellérophon et de Persée. Essai d'analyse selon un schéma inspiré de V. Propp », *Lalies*, 4, 1984, p. 195-214.

Aélion R., *Quelques grands mythes héroïques dans l'œuvre d'Euripide*, Paris, 1986.

Ahl F. M., « Amber, Avallon, and Apollo's Singing Swan », *AJPh*, 103, 1982, p. 373-411.

Albert M., *Le culte de Castor et Pollux en Italie*, Paris, 1883.

Allen R.H., *Star Names, Their Lore and Meaning*, New York & Londres, 1899 [réed. 1963].

[Anonyme], Compte-rendu de Maass 1883, *Deutsche Litteraturzeitung*, Berlin, 1884, p. 1375-1376.

ARNAUD P., « L'image du globe dans le monde romain. Science, iconographie, symbolique », *MEFRA*, 96, 1984, p. 53-116.

AUFFRET S., *Mélanippe la philosophe*, Paris, 1987.

AUJAC 1975 (voir GÉMINOS).

AUJAC G., « Le ciel des fixes et ses représentations en Grèce ancienne », *Revue d'Histoire des Sciences*, 29, 1976, p. 290-307.

AUJAC G., « Ératosthène, premier éditeur de textes scientifiques ? », *Pallas*, 24, 1977, p. 3-24.

AURIGEMMA L., *Le signe zodiacal du Scorpion dans les traditions occidentales de l'Antiquité gréco-latine à la Renaissance*, Paris-La Haye, 1976.

BACHOFEN J., *Der Bär in den Religionen des Altertums*, Bâle, 1863.

BADER F., « De la préhistoire à l'idéologie tripartite : les Travaux d'Héraklès », dans : Bloch R. (ed.), *D'Héraklès à Poséidon. Mythologie et protohistoire*, Genève-Paris, 1985, p. 9-124.

BADER F., « L'astronomie de l'*Iliade* et la météorologie des funérailles de Patrocle » dans : Cusset C. (ed.), *La météorologie dans l'antiquité : entre science et croyance*, Saint-Étienne, 2003, p. 95-150.

BAGNALL R.S., « Alexandria : Library of Dreams », *PAPhS*, 146, 2002, p. 348-362.

BAKHOUCHE B., « La peinture des constellations dans la littérature aratéenne latine. Le problème de la droite et de la gauche », *Antiquité Classique*, 66, 1997, p. 145-168.

BALLABRIGA A., *Le Soleil et le Tartare. L'image mythique du Monde en Grèce archaïque*, Paris, 1986.

BALTY J., *Mosaïques antiques du Proche-Orient : chronologie, iconographie, interprétation*, Besançon, 1995.

BANDINI A. M., *Catalogus Codicum Manuscriptorum Bibliothecae Mediceae Laurentianae*, vol. II, Florence, 1768 [réed. 1961].

BARTALUCCI A., « Il lessico dei catasterismi nel *De astronomia* di Igino e nei testi omologhi », *Studi classici e orientali*, 38, 1988, p. 353-372.
BARTON T.S., *Ancient Astrology*, Londres-NewYork, 1994.
BAYER J., *Uranographia*, Augsbourg, 1603.
BEAZLEY J.D., *Attic Black-figure Vase-painters*, Oxford, 1956.
BECK R., *A Brief History of Ancient Astrology*, Malden MA, 2007.
BÉLIS A., « À propos de la construction de la lyre », *Bulletin de Correspondance Hellénique*, 109 (1), 1985, p. 201-220.
BÉRARD V., *Essai de méthode en mythologie grecque. De l'origine des cultes arcadiens*, Paris, 1894.
BERNABÉ A., *Textos literarios hetitas,* Madrid, 1979.
BERNABÉ A., *Manual de crítica textual y edición de textos griegos*, Madrid, 1992.
BERNHARDY G., *Eratosthenica*, Berlin, 1822.
BERTHOLD O., *Die Unverwundbarkeit in Sage und Aberglauben der Griechen*, Naumburg, 1911.
BETHE E., « Untersuchungen zu Diodors Inselbuch », *Hermes,* 24, 1889, p. 402-446.
BETHE E., « Das Alter der griechischen Sternbilder », *RhM*, 55, 1900, p. 414-434.
BEVIS J., *Uranographia Britannica*, Londres, 1750.
BIANCUCCI G.B., « La via Iperborea », *RFIC,* 101, 1973, p. 207-220.
BIGWOOD J.M., « Diodorus and Ctesias », *Phoenix*, 34, 1980, p. 195-207.
BIRAUD M., VOISIN D. & ZUCKER A., *Parthénios de Nicée*, Grenoble, 2008.
BLAKELY S., « Pherekydes' Daktyloi : Ritual, Technology, and the Presocratic Perspective », *Kernos,* 20, 2007, p. 43-67.
BLOCH R., « L'origine du culte des Dioscures à Rome », *Revue de Philologie*, 34, 1960, p. 182-193.

BLOMBERG M., « The Meaning of Χελιδών in Hesiod », *Opuscula Atheniensia*, 19, 1992, p. 49-57.

BLUM R., *Kallimachos. The Alexandrian Library and the Origins of Bibliography*, H.H. Wellish (tr.), Madison, [1977] 1991.

BOARDMAN J., *Les Grecs Outre-Mer. Colonisation et Commerce Archaïques*, Naples, 1995 [ed. angl. 1964].

BOARDMAN J., *The Great God Pan. The Survival of an Image*, Londres, 1997.

BOARDMAN J., « Herakles' Monsters : Indigenous or Oriental ? », dans : C. Bonnet, C. Jourdain-Annequin, V. Pirenne-Delforge (ed.), *Le Bestiaire d'Héraclès. IIIe Rencontre héracléenne* (*Kernos* supplément 7), Liège, 1998, p. 27-36.

BODE J.E, *Uranographia sive Astrorum Descriptio*, Berlin, 1801.

BODSON L., *ΊΕΡΑ ΖΩΙΑ. Contribution à l'étude de la place de l'animal dans la religion grecque ancienne*, Bruxelles, 1978.

BÖHME J., « Über Eratosthenes' Katasterismen », *RhM*, 42, 1887, p. 286-309.

BOLL F., *Sphaera. Neue griechische Texte und Untersuchungen zur Geschichte der Sternbilder*, Leipzig, 1903 (Hildesheim, 1967²).

BOLL F., « Zur Erforschung der antiken Astrologie », *Neue Jahrbücher für das Klassische Altertum*, 21, 1908, p. 103-126.

BOLL F., *Fixsterne*, *RE* VI.2, Stuttgart, 1909, col. 2407-2431.

BOLL F., *Die Entwicklung des astronomischen Weltbildes in Zusammenhang mit Religion und Philosophie*, Leipzig, 1913.

BOLL F., *Antike Beobachtungen farbiger Sterne*, Abhandlungen d. Bayerischen Akademie d. Wissenschaften. Philos.-philol. u. histor. Kl., 30, 1, Munich, 1916.

BOLL F., « Kronos-Helios », *ARW*, 19, 1916-1919, p. 342-346.

BOLL F. & GUNDEL W., « Sternbilder, Sternglaube und Sternsymbolik bei Griechen und Römern », dans : W. H. Roscher, *Ausführliches Lexikon der griechischen und römischen Mythologie*, vol. VI, Leipzig-Berlin, 1924-1937, col. 867-1072.

BOLL F., « Vom Weltbild der griechischen Astrologen », dans : F. Boll, *Kleine Schriften zur Sternkunde des Altertums*, V. Stegemann (ed.), Leipzig, [1910] 1950, p. 29-41.

BOLL F., BEZOLD C. & GUNDEL W., *Sternglaube und Sterndeutung. Die Geschichte und das Wesen der Astrologie*, Darmstadt, [1917] 1966⁵ ed.

BOLTON J.D., *Aristeas of Proconnesus*, Oxford, 1962.

BONGHI JOVINO M., « Una tabella capuana con ratto di Ganimede ed i suoi rapporti con l'arte tarantina », dans : J. Bibauw (ed.), *Hommages à Marcel Renard* III, Bruxelles, 1969, p. 66-78.

BONNECHÈRE P., *Le sacrifice humain en Grèce ancienne*, Athènes-Liège, 1994.

BONNECHÈRE P., « Le sacrifice humain grec, entre norme et anormalité », dans : P. Brulé (ed.), *La norme en matière religieuse en Grèce ancienne*, Liège, 2009, p. 189-212.

BONNEFOY Y. (ed.), *Dictionnaire des mythologies*, Paris, 1981.

BORGEAUD Ph., *Recherches sur le dieu Pan*, Rome, 1979.

BORGEAUD Ph., « Pan », dans : Y. Bonnefoy (dir.), *Dictionnaire des mythologies*, Paris, 1981, vol. II, p. 1575-1579.

BOSWORTH A.B., *A Historical Commentary on Arrian's History of Alexander*, Oxford, 1995.

BOUCHÉ-LECLERCQ A., *L'astrologie grecque*, Paris, 1899.

BOUCHÉ-LECLERCQ A., *Histoire de la divination dans l'Antiquité*, Grenoble, 2003 [1879-1882].

BOURBON F., « Poulpe de mer et crabe de rivière dans la Collection hippocratique », dans : I. Boehm & P. Luccioni (éd.), *Le médecin initié par l'animal.*

Animaux et médecine dans l'antiquité grecque et latine, Lyon, 2008, p. 109-119.
BOUZEK J., « Apollon hyperboréen, le héros solaire et l'âme humaine », dans : *Ἀγαθὸς Δαίμων. Mythes et Cultes. Études d'Iconographie en l'Honneur de Lilly Kahil*, Paris, 2000, p. 57-62.
BOWRA C.M., « Orpheus and Eurydice », *CQ*, 2, 1952, p. 113-126.
BOYANCÉ P., « Sur l'*Abaris* d'Héraclide le Pontique », *REA*, 36, 1934, p. 321-352.
BOYANCÉ P., « L'Apollon solaire », dans : *Mélanges d'archéologie, d'épigraphie et d'histoire offerts à Jérôme Carcopino*, Paris, 1966, p. 149-170.
BRAARVIG J., « Horses and Ships in Vedic and Old Greek Material », *JIES*, 25, 1997, p. 345-351.
BRANCACCI A., *Oikeios logos. La filosofia del linguaggio di Antistene*, Naples, 1990.
BRANCACCI A., « Érotique et théorie du plaisir chez Antisthène », dans : M.-O. Goulet-Cazé & R. Goulet (dir.), *Le Cynisme ancien et ses prolongements. Actes du colloque international du CNRS (Paris, 22-25 juillet 1991)*, Paris, 1993, p. 35-55.
BRANCACCI A., « Le modèle animal chez Antisthène », dans B. Cassin & J.-L. Labarrière (ed.), *L'animal dans l'antiquité*, Paris 1997, p. 207-225.
BREITHAUPT M.K., *De Parmenisco grammatico*, Leipzig, 1915.
BRELICH A., *Gli eroi greci. Un problema storico-religioso*, Rome, 1958.
BREMMER J.N., « An Enigmatic Indo-European Rite : Paederasty », *Arethusa*, 13, 1980, p. 279-298.
BREMMER J.N., *The Early Greek Concept of the Soul*, Princeton, 1983.
BREMMER J.N., « Orpheus : From Guru to Gay », dans : Ph. Borgeaud (éd.), *Orphisme et Orphée. En l'honneur de Jean Rudhardt*, Genève, 1991, p. 13-30.

BREMMER J.N., « Amaltheia », *Der neue Pauly*, vol. 1, Stuttgart-Weimar, 1996, col. 568-569.

BREMMER J.N., « Myth and Ritual in Greek Human Sacrifice : Lykaon, Polyxena and the Case of the Rhodian Criminal », dans : J. N. Bremmer (ed.), *The Strange World of Human Sacrifice*, Leuven-Paris-Dudley MA, 2007, p. 55-79.

BRILLANTE C., « L'invidia dei Telchini e l'origine delle arti », *Aufidus*, 19, 1993, p. 7-42.

BRINKMANN A., « Lückenbüsser », *RhM*, 72, 1917-1918, p. 319-320.

BRISSON L., « Héphaistos », dans Y. Bonnefoy (dir.), *Dictionnaire des mythologies*, Paris, 1981, vol. I, s.v. *Artisan*, p. 83-85.

BRISSON L., *Orphée et l'orphisme dans l'antiquité gréco-romaine*, Alderhot, 1995.

BROMMER F., *Heracles. The Twelve Labors of the Hero in Ancient Art and Literature*, New Rochelle, 1986.

BROWN R., *Eridanus : River and Constellation*, Londres, 1883.

BROWN T.S., « Herodotus Speculates about Egypt », *AJPh*, 86, 1965, p. 60-76.

BRUCHMANN C.F.H., *Epitheta Deorum quae apud poetas graecos leguntur*, Leipzig, 1893.

BRUNEAU Ph., « Phrixos et Helle », *LIMC* VII.1, Zürich-Munich, 1994, p. 398-404.

BUBEL F., *Euripides, Andromeda*, Stuttgart, 1991.

BUHLE I.T., *Arati Solensis Phaenomena et Diosemea graece et latine ad codd. mss. et optimarum edd. fidem recensita*, vol. II, Leipzig, 1801.

BURKERT W., *Weisheit und Wissenschaft. Studien zu Pythagoras, Philolaos und Platon*, Nüremberg, 1962.

BURKERT W., « Rešep-Figuren, Apollon von Amyklai und die "Erfindung" des Opfers auf Cypern. Zur Religionsgeschichte der "Dunklen Jahrhunderte" », *Grazer Beiträge*, 4, 1975, p. 51-79.

BURKERT W., *Structure and History in Greek Mythology and Ritual*, Berkeley, 1979.
BURKERT W., *Homo Necans. The Anthropology of Ancient Greek Sacrificial Ritual and Myth*, Berkeley-Los Angeles-Londres, 1983.
BURKERT W., *Greek Religion*, Oxford-Cambridge, 1985.
BURKERT W., « Oriental and Greek Mythology : The Meeting of Parallels », dans : J. Bremmer (ed.), *Interpretations of Greek Mythology*, Londres, 1987, p. 10-40.
BURKERT W., « Sacrificio-sacrilegio : il « trickster » fondatore », dans : C. Grottanelli & N. F. Parise (ed.), *Sacrificio e società nel mondo antico*, Bari, 1988.
BURKERT W., *The Orientalizing Revolution. Near Eastern Influence on Greek Culture in the Early Archaic Age*, Cambridge-Londres, 1995.
BURKERT W., « Héraclès et les animaux. Perspectives préhistoriques et pressions historiques », dans : C. Bonnet, C. Jourdain-Annequin & V. Pirenne-Delforge (ed.), *Le Bestiaire d'Héraclès. IIIe Rencontre héracléenne* (*Kernos,* supplément 7), Liège, 1998, p. 11-26.
BURKERT W., « The Logic of Cosmogony » dans : R. Buxton (ed.), *From Myth to Reason ? Studies in the Development of Greek Thought*, Oxford, 1999, p. 87-106.
BURSIAN C., « Zu Hyginus », *Jahrbücher für Klassische Philologie*, 93, 1866, p. 761-788.
CALAME C., *Les choeurs de jeunes filles en Grèce archaïque*, Rome, 1977.
CALAME C., *Thésée et l'imaginaire athénien. Légende et culte en Grèce antique*, Lausanne, 1996².
CANFORA L., « La Biblioteca e il Museo », dans : G. Cambiano, L. Canfora & D. Lanza (dir.), *Lo spazio letterario della Grecia antica*, Volume I, Tome II, Roma, 1993, p. 11-29.
CANTARELLA R., *Euripide. I Cretesi*, Milan, 1964.

CAPELLE W., « Älteste Spuren der Astrologie bei den Griechen », *Hermes,* 60, 1925, p. 373-395.

CAPPS E., « The "Nemesis" of the Younger Cratinus », *HSPh,* 15, 1904, p. 61-75.

CARPENTER T.H., *Dionysian Imagery in Archaic Greek Art. Its Development in Black-Figure Vase Painting*, Oxford, 1986.

CARRARA P., *Euripide. Eretteo*, Florence, 1977.

CARRIÈRE, J.-C. & MASSONIE B., *La Bibliothèque d'Apollodore*, Paris, 1991.

CASABONA J., *Recherches sur le vocabulaire des sacrifices en Grec des origines à la fin de l'époque classique*, Aix-en-Provence, 1966.

CASADIO G., *Storia del culto di Dioniso in Argolide*, Rome, 1994.

CASSON L., *Ships and Seamanship in the Ancient World*, Princeton, 1995².

CAUVILLE S., *Le temple de Dendara, les chapelles osiriennes. Transcription et traduction*, Le Caire, 1997a.

CAUVILLE S., *Le Zodiaque d'Osiris*, Louvain, 1997b.

CAVEING M., *La figure et le nombre : recherches sur les premières mathématiques des Grecs*, Villeneuve d'Ascq, 1997.

CELLARIUS A., *Atlas coelestis seu harmonia macrocosmica*, Amsterdam, 1660.

CHAMPOLLION J.-F., *L'Égypte sous les Pharaons ou recherches sur la géographique, la religion, la langue, les écritures et l'histoire de l'Égypte avant l'invasion de Cambyse*, Paris, 1814.

CHANTRAINE P., *Dictionnaire étymologique de la langue grecque*, Paris, 1968.

CHAPOUTHIER F., *Les Dioscures au service d'une déesse*, Paris, 1935.

CHARPENTIER M.-C. & PÀMIAS J., « Les animaux et la crise de panique », dans : I. Boehm & P. Luccioni (ed.), *Le médecin initié par l'animal : animaux et médecine dans l'Antiquité grecque et latine*, Lyon, 2008, p. 197-209.

CHARVET P., ZUCKER A., BRUNET J.-P. & NADAL R., *Ératosthène. Le ciel, mythe et histoire des constellations*, Paris, 1998.

CHARVET P. et ZUCKER A., « Science et mythologie. L'astronomie est née en Grèce », *L'Histoire*, 242, Avril 2000, p. 70-75.

COLE S.G., « The Social Function of Rituals of Maturation : The Koureion and the Arkteia », *ZPE*, 55, 1984.

COLLARD C., CROPP M. J. & LEE K. H., *Euripides. Selected Fragmentary Plays*, vol. 1, Warminster, 1995.

COLLI G., *La sapienza greca*, 2 vol., Milan, 1978.

CONDOS T., *The Katasterismoi of the Pseudo-Eratosthenes. A Mythological Commentary and English Translation*, Diss. University of Southern California, Los Angeles, 1970.

CONNOR W.R., « Tribes, Festivals, and Processions : Civic Ceremonial and Political Manipulation in Archaic Greece », dans : R. Buxton (ed.), *Oxford Readings in Greek Religion*, Oxford, 2000, p. 56-75.

COOK A.B., *Zeus. A Study in Ancient Religion*, 2 vol., Cambridge, 1914.

CORSSEN P., « Der Abaris des Heraklides Ponticus. Ein Beitrag zu der Geschichte der Pythagoraslegende », *RhM*, 67, 1912, p. 20-47.

COTTER W., *Miracles in Greco-Roman Antiquity : A Sourcebook*, Londres, 1999.

CUARTERO F.J., « Hèracles, fundador de sacrificis : l'heroi i les tres funcions », *Faventia,* 20/2, 1998, p. 15-25.

CUMONT F., « Les noms de planètes chez les Grecs », *L'Antiquité Classique*, 4, 1935, p. 5-43.

CUMONT F., *Lux Perpetua*, Paris, 1949.

CUMONT F., *Astrologia e religione presso i greci e i romani. Il culto degli astri nel mondo antico*, Milano, 1997 [or. 1912].

CUNNINGHAM I.C., « Greek Manuscripts in the National Library of Scotland », *Scriptorium* 24/2, 1970, p. 360-371.

CUSSET C., *La Muse dans la Bibliothèque. Réécriture et intertextualité dans la poésie alexandrine*, Paris, 1999.

CUSSET C. (ed.), *La météorologie dans l'antiquité : entre science et croyance*, Saint-Étienne, 2003.

CUVIGNY H., « Le troisième globe céleste en argent connu de l'antiquité », dans : A. Kugel, *Sphères, l'art de mécaniques célestes*, Paris, 2002, p. 22-27.

CUVIGNY H., « Une sphère en argent ciselé », dans : H. Harrauer et R. Pintaudi (ed.), *Gedenkschrift Ulrike Horak*, Florence, 2004, p. 345-381.

DAEBRITZ H., « Hyperboreer », *RE* IX.1, Stuttgart, 1914, col. 258-279.

DARBO-PESCHANSKI C., « Introduction. Les citations grecques et romaines », dans : C. Darbo-Peschanski (dir.), *La citation dans l'antiquité*, Grenoble, 2004, p. 9-21.

DASEN V., *Jumeaux, Jumelles dans l'Antiquité grecque et romaine*, Zürich, 2005.

DAVIDSON J., « Antoninus Liberalis and the Story of Prokris », *Mnemosyne*, 50, 1997, p. 165-184.

DE ANDRÉS G., 1987. *Catálogo de los códices griegos de la Biblioteca Nacional*, Madrid, 1987.

DEBIASI A., « Ναυπάκτια ~ Ἀργοῦς ναυπηγία », *Eikasmos*, 14, 2003, p. 91-101.

DECLEVA CAIZZI F., *Antisthenis Fragmenta*, Milan, 1966.

DECLEVA CAIZZI F., « Antisthenes », dans : J. Brunschwig & G. E. R. Lloyd (ed.), *Greek Though : A Guide to Classical Knowledge*, Cambridge-Londres, 2000, 536-543.

DEICHGRÄBER K., « Die Lykurgie des Aischylos. Versuch einer Wiederherstellung der dionysischen Tetralogie », *Nachrichten aus der Altertumswissenschaft,* 3, 1938-1939, p. 232-309.

DEKKER E., *Illustrating the Phaenomena. Celestial Cartography in Antiquity and the Middle Ages*, Oxford, 2013.
DELATTRE, C., « L'immortalité par défaut, ou l'impossible statut de Ganymède », dans : Véronique Gély (ed.), *Ganymède ou l'échanson. Rapt, ravissement et ivresse poétique*, Paris, 2007, p. 1-12.
DELATTRE C., « Αἰτιολογία : mythe et procédure étiologique », *Métis* 7, 2009, p. 285-310.
DELCOURT M., *Héphaistos ou la légende du magicien*, Paris, 1982².
DELL'ERA A., « Una miscellanea astronomica medievale : gli "Scholia Strozziana" a Germanico », *Atti della Accademia Nazionale dei Lincei*, Serie VIII, Volume XXIII, Fasc. 2, Roma, 1979a, p. 147-165.
DELL'ERA A., « Gli "Scholia Basileensia" a Germanico », *Atti della Accademia Nazionale dei Lincei*, Serie VIII, Volume XXIII, Fasc. 4, Roma, 1979b, p. 301-377.
DE LUNA M.E., « Il mito di Callisto : tradizione e storia locale », dans : E. Lanzillotta, V. Costa, G. Ottone, *Tradizione e trasmissione degli storici greci frammentari. In ricordo di Silvio Accame*, Tivoli, 2009, p. 617-632.
DEONNA W., *Mercure et le scorpion*, Bruxelles, 1959.
DESCŒUDRES J.-P., « Les dauphins de Dinoysos », dans : P. Lipschutz (ed.), *Mélanges Olivier Reverdin, Homère chez Calvin. Figures de l'hellénisme à Genève*, Genève, 2000, p. 325-340.
DETIENNE M., « Héraclès, héros pythagoricien », *RHR*, 158, 1960, p. 19-53.
DETIENNE M., *Les jardins d'Adonis,* Paris, 1972.
DETIENNE M., « Héra, Artémis et Aphrodite », dans Y. Bonnefoy (dir.), *Dictionnaire des mythologies*, Paris, 1981, vol. II, s.v. *Mariage*, p. 65-69.
DETIENNE M., « Un polythéisme récrit. Entre Dionysos et Apollon : Mort et vie d'Orphée », *Archives des sciences sociales des religions*, 1985, 59, p. 65-75.

DETIENNE M., « La table de Lycaon », *MLN*, 106, 1991, p. 742-750.
DETIENNE M., *Les maîtres de vérité dans la Grèce archaïque*, Paris, 1994 [or. 1967].
DETIENNE M., *Apollon le couteau à la main. Une approche expérimentale du polythéisme grec*, Paris, 1998.
DETIENNE M. & VERNANT J.-P., *Les ruses de l'intelligence. La mètis des Grecs*, Paris, 1974.
DEVEREUX G., « The Self-blinding of Oidipous in Sophokles : *Oidipous Tyrannos* », *JHS* 93, 1973, p. 36-49.
DICKS D.R., *Early Greek Astronomy to Aristotle*, Londres, 1970.
DIETRICH B. C., *The Origins of Greek Religion*, Berlin-New York, 1974.
DIEZ E., « Delphin », *RAC,* 3, Stuttgart, 1957, p. 667-682.
DI MARCO M., « Dioniso ed Orfeo nelle *Bassaridi* di Eschilo », dans : A. Masaracchia, (ed.), *Orfeo et l'orfismo*, Rome, 1993, p. 101-153.
DITTMANN G., *De Hygino Arati interprete*, Leipzig, 1900.
DITTMAR H., *Aischines von Sphettos. Studien zur Literaturgeschichte der Sokratiker*, Berlin, 1912.
DOBLER H.R., « The Dating of Ptolemy's Star Catalogue », *Journal for the History of Astronomy*, 33, 2002, p. 265-277.
DODDS E.R, *Les Grecs et l'irrationnel*, Paris, 1977 [or. 1951].
DOLAN M., *The Role of Illustrated Aratea Manuscripts in the Transmission of Astronomical Knowledge in the Middle Ages*, Diss. University of Pittsburgh, 2007.
DOMENICUCCI P., *Astra Caesarum. Astronomia, astrologia e catasterismo da Cesare a Domiziano*, Pisa, 1996.
DOWDEN K., « Apollon et l'esprit dans la machine : origines », *REG,* 92, 1979, p. 293-318.
DOWDEN K., *Death and the Maiden. Girls' Initiation Rites in Greek Mythology*, Londres-New York, 1989.
DRÄGER P., « Abbruchsformel und Jona-Motiv in Pindars vierter Pythischer Ode », *Würzburger Jahrbücher für die Altertumswissenschaft,* 21, 1996-1997, p. 93-99.

DRÄGER P., « War die Argo das erste Schiff ? », *RhM*, 142, 1999, p. 419-422.

DRAGONI, G., « Introduzione allo studio della vita e delle opere di Eratostene », *Physis*, 17, 1975, p. 41-70.

DRAGONI, G., « Eratostene e l'apogeo della scienza greca », *Studi di storia antica*, 4, Bologne, 1979.

DREXLER W., « Ganymedes », in W.H. Roscher, *Ausführliches Lexikon der griechischen und römischen Mythologie*, vol. I.2, Leipzig, 1886-1890, col. 1598-1603.

DRIJVERS H.J.W., « Dea Syria », *LIMC* III.1, Zürich-Munich, 1986, p. 354-358, et *LIMC* III.2, Zürich-Munich, p. 263-266.

DUCHEMIN J., « La justice de Zeus et le destin d'Io : regard sur les sources proche-orientales d'un mythe eschyléen », *REG*, 92, 1979, p. 1-54.

DUGAS C., « Observations sur la légende de Persée », *REG*, 69, 1956, p. 1-15.

DUMÉZIL G., *Le problème des Centaures. Étude de mythologie comparée indo-européenne*, Paris, 1929.

DUMÉZIL G., *Horace et les Curiaces*, Paris, 1942.

DÜMMLER F., « Zum Herakles des Antisthenes », *Philologus*, 50, 1891, p. 288-296.

DUNAND F., *Le culte d'Isis dans le bassin oriental de la Méditerranée. I. Le culte d'Isis et les Ptolémées*, Leiden, 1973.

DURAND J.-L., *Sacrifice et labour en Grèce ancienne. Éssai d'anthropologie religieuse*, Paris-Rome 1986.

DUSCHENE-GUILLEMIN J., « Origines iraniennes et babyloniennes de la nomenclature astrale », *CRAI*, janvier-mars 1986, p. 234-250.

EBENER D., *Euripides. III*, Berlin-Weimar, 1979.

EDELSTEIN E. J.& EDELSTEIN L., *Asclepius. A Collection and Interpretation of the Testimonies*, vol. II, Baltimore, 1945.

EDMUNDS L., « Helen's Divine Origins », *ElectronAnt*, 10, 2007, p. 1-45.

EHRHARDT W., « Versuch einer Deutung des Kultbildes der Nemesis von Rhamnus », *AK*, 40, 1997, p. 29-39.

EISELE T., « Paian u. Paion », dans : W. H. Roscher, *Ausführliches Lexikon der griechischen und römischen Mythologie*, vol. III.1, Leipzig, 1897-1902, col. 1243-1251.

EITREM S., « Kekrops », *RE* XI.1, Stuttgart, 1921, col. 119-125.

EITREM S., « Der Skorpion in Mythologie und Religionsgeschichte », *SO*, 7, 1928, p. 53-81.

ÉLIADE M., *Forgerons et alchimistes*, Paris, 1977 (1956).

ENGELS E., « The Length of Eratosthenes' Stade », *AJPh* 106, 1985, p. 298-311.

ERREN M., *Die Phainomena des Aratos von Soloi. Untersuchung zu Sach- und Sinnverständnis*, Wiesbaden, 1967.

EVANS J., *The History and Practice of Ancient Astronomy*, Oxford, 1998.

FALCETTO R., « L'Andromeda di Euripide : proposta di ricostruzione », *Quaderni del Dipartimento di filologia, linguistica e tradizione classica* (Università degli Studi di Torino) 9, Bologne, 1998, p. 55-71.

FANTUZZI M., « Teocrito e la poesia bucolica », dans : G. Cambiano, L. Canfora & D. Lanza (dir.), *Lo spazio letterario della Grecia antica*, vol. I, tome II, Rome, 1993, p. 145-195.

FARAONE C.A., « Playing the Bear and the Fawn for Artemis : Female Initiation or Substitute Sacrifice ? », dans : D. B. Dodd & Ch. A. Faraone (ed.), *Initiation in Ancient Greek Rituals and Narratives : New Critical Perspectives*, Londres-New York, 2003, p. 43-68.

FARNELL L.R., *Cults of greek states*, 5 vol., Oxford, 1896-1909.

FARNELL L.R., *Greek Hero Cults and Ideas of Immortality*, Oxford, 1921.

FARRELL J., *Vergil's Georgics and the Traditions of Ancient Epic : The Art of Allusion in Literary History*, New York, 1991.

FEDERICO E. & VISCONTI A., *Epimenide Cretese*, Naples, 2002.

FEENEY D., *Caesar's Calendar. Ancient Time and the Beginnings of History*, Berkeley-Los Angeles-Londres, 2007.

FERABOLI S., « Sulle tracce di un catalogo stellare preipparcheo », dans : *Mosaico. Studi in onore de Umberto Albini*, Gênes, 1993, p. 75-82.

FISCHER H., « Griechisch Σειρίος », *Münchner Studien zur Sprachwissenschaft*, 26, 1969, p. 19-26.

FITTSCHEN K, *Untersuchungen zum Beginn der Sagendarstellungen bei den Griechen*, Berlin, 1969.

FLAMSTEED J., *Atlas coelestis*, Londres, 1729.

FLORISOONE A., « Les origines chaldéennes du zodiaque », *Ciel et Terre*, 66, 1950, p. 256-268.

FLORISOONE A., « Astres et constellations des Babyloniens », *Ciel et Terre*, 67, 1951, p. 153-168.

FONTAINE J., « Isidore de Séville et l'astrologie », *REL*, 31, 1953, p. 271-300.

FONTENROSE J., « Philemon, Lot, and Lycaon », *UCPPh*, 13/4, 1945, p. 93-119.

FONTENROSE J., *Orion. The Myth of the Hunter and the Huntress*, Berkeley-Los Angeles-Londres, 1981.

FORBES IRVING M C., *Metamorphosis in Greek Myths*, Oxford, 1990.

FORMENTIN M.R., « La grafia di Massimo Planude », *JÖByz*, 32/4, 1982, p. 87-96.

FOWLER R.L., « The Authors Named Pherecydes », *Mnemosyne*, 52, 1999, p. 1-15.

FOWLER R.L., *Early Greek Mythography. I. Texts*, Oxford & New York, 2000.

FRANZ R., *De Callistus fabula*, Leipzig, 1890.

FRASER P.M., « Eratosthenes of Cyrene », *PBA*, 56, 1970, p. 175-207.

FRASER P.M., *Ptolemaic Alexandria*, 2 vol., Oxford, 1972.
FRAZER J.G., *The Golden Bough. A Study in Magic and Religion*, (ed. abrégée) New York, 1922.
FREUD S., *Abrégé de psychanalyse*, Paris, [1940] 1967.
FRIEDLÄNDER P., « Ganymedes », *RE* VII, 1910, col. 737-749.
FRISK H., *Griechisches etymologisches Wörterbuch*, vol. I, Heidelberg, 1973.
FRONTISI F., « Athéna », dans : Bonnefoy Y., *Dictionnaire des mythologies*, s.v. « Artisan », Paris, 1981, vol. I, p. 85-87.
FRONTISI-DUCROUX F., « Les Grecs, le double et les jumeaux », *Topique*, 50, 1992, p. 238-262 [*Enfance & Psy*, 34, n°1, 2007, p. 118-124].
FRONTISI-DUCROUX F. & VERNANT J.-P., « Figures de masques en Grèce ancienne », *Journal de Psychologie*, 80 (1-2), 1985, p. 53-69.
FURTWÄNGLER A., « Die Gorgonen in der Kunst », dans : W. A. Roscher, *Ausführliches Lexikon der griechischen und römischen Mythologie*, vol. I.2, Leipzig-Berlin, 1886-1890, col. 1701-1727.
GAMS H., « Hase », *Der kleine Pauly. Lexikon der Antike*, vol. II, Munich, 1979, p. 952.
GANTZ T., *Les mythes de la Grèce archaïque*, Paris, 2004 [éd. angl. 1993].
GARCÍA GUAL G., *La secta del perro. Diógenes Laercio. Vidas de los filósofos cínicos*, Madrid, 1987.
GARDIES J. L., *L'héritage épistémologique d'Eudoxe de Cnide*, Paris, 1988.
GARDINER A.H., *Ancient Egyptian Onomastica* I, Londres, 1947.
GASTER T.H., « The Egyptian 'Story of Astarte' and the Ugaritic Poem of Baal », *Bibliotheca Orientalis*, 9, 1952, p. 82-85.
GAUCKLER P., « La nativité de la déesse syrienne Atargatis », *Comptes rendus des séances de l'année 1909*,

Académie des inscriptions et Belles Lettres, 1909, 53 (6), p. 424-435.

GEE E., *Ovid, Aratus and Augustus : Astronomy in Ovid's Fasti*, Cambridge, 2000.

GENTILI B. & PERUSINO F. (ed.), *Le orse di Brauron. Un rituale di iniziazione femminile nel santuario di Artemide*, Pisa, 2002.

GEORGOUDI S., « Pan et l'espace pastoral », dans : Y. Bonnefoy (dir.), *Dictionnaire des mythologies*, Paris, 1981, vol. II, p. 229-232.

GEORGOUDI S., « A propos du sacrifice humain en Grèce ancienne : remarques critiques », *ARG,* 1999, 1, p. 61-82.

GERNET L., [1951], « Droit et prédroit en Grèce ancienne », *Anthropologie de la Grèce antique*, 1968, Paris, p. 175-260.

GERNET L., *Droit et société dans la Grèce ancienne*, Paris, 1955.

GEUS K., *Eratosthenes von Kyrene. Studien zur hellenistischen Kultur- und Wissenschaftsgeschichte*, Munich, 2002.

GIANNANTONI G., *Socraticorum Reliquiae*, vol. III, Naples, 1985.

GIANNINI A., « Studi sulla paradossografia greca.I. Da Omero a Callimaco : motivi e forme del meraviglioso », *RIL*, 97, 1963, p. 247-266.

GIANNINI A., « Studi sulla paradossografia greca.II. Da Callimaco all' età imperiale : la letteratura paradossografica », *Acme*, 17, 1964, p. 99-140.

GIANNINI A., *Paradoxographorum Graecorum reliquiae*. Milan, 1967.

GILL D., « *Trapezomata* : A Neglected Aspect of Greek Sacrifice », *Harvard Theological Review,* 67, 1974, p. 117-37.

GODOLPHIN F. R. B., « The Nemesis of Cratinus », *CPh,* 26, 1931, p. 423-426.

GOINS E., « The Date of Aeschylus' Perseus Tetralogy », *RhM,* 140, 1997, p. 193-210.

GOLDSTEIN B.R., « Eratosthenes on the Measurement of Earth », *HM* 11, 1984, p. 411-416.

GONTHIER É., « Métallurgie précieuse dans l'empire d'Orphée », dans : R. I. Kostov, B. Gaydarska & M. Gurova (eds.), *Geoarchaeology and Archaeomineralogy*, Sofia, 2008, p. 225-231.

GOODY J., *The Domestication of the Savage Mind*, Cambridge MA, 1977.

GOOLD G.P., « Perseus and Andromeda : A Myth from the Skies », *Proceedings of the African Classical Associations*, 2, 1959, p. 10-15.

GÖSSMANN F., *Planetarium Babylonicum oder Die sumerisch-babylonischen Stern-Namen*, Rome, 1950.

GOTTSCHALK H.B., *Heraclides of Pontus*, Oxford, 1980.

GOUKOWSKY P., *Essai sur les origines du mythe d'Alexandre. I. Les origines politiques*, Nancy, 1978.

GOURMELEN L., *Kékrops, le Roi-Serpent, Imaginaire athénien, représentations de l'humain et de l'animalité en Grèce ancienne*, Paris, 2004.

GOW A.S.F., *Theocritus*, vol. II, Cambridge, 1965.

GRAF F., *Eleusis und die orphische Dichtung Athens in vorhellenistischer Zeit*, Berlin-New York, 1974.

GRAF F., « Orpheus : A Poet Among Men », dans : J. Bremmer (ed.), *Interpretations of Greek Mythology*, Londres-Sydney, 1987, p. 80-106.

GRAF F., *Greek Mythology. An Introduction*, Baltimore-Londres, 1993.

GRAF F., « Mythical Production : Aspects of Myth and Technology in Antiquity », dans : R. Buxton (ed.), *From Myth to Reason ? Studies in the Development of Greek Thought*, Oxford, 1999, p. 317-328.

GRIMAL P., *Dictionnaire de la mythologie grecque et romaine*, Paris, 1951.

GUARDUCCI M., « Creta e Delfi », *Studi e materiali di storia delle religioni*, 19-20, 1943-1946, p. 85-114.

GUIDETTI F. & SANTONI A., *Antiche stelle a Bisanzio. Il codice Vaticanus graecus 1087*, Pisa, 2013.

GULBENKIAN E., « The origin and value of the stadion unit used by Eratosthenes in the third century B.C. », *AHES*, 37 (4), 1987, p. 359-363.

GUNDEL H. G., *Zodiakos. Tierkreisbilder in Altertum*, Mayence, 1992.

GUNDEL W., *De stellarum appellatione et religione Romana*, Giessen, 1907.

GUNDEL W., « Ketos », *RE* XI.1, Stuttgart, 1921, col. 364-372.

GUNDEL W., *Sterne und Sternbilder im Glauben des Altertums und der Neuzeit*, Bonn, 1922a.

GUNDEL W., « Krotus », *RE* XI.2, Stuttgart, 1922b, col. 2028-2029.

GUNDEL W., « Kyknos », *RE* XI.2, Stuttgart, 1922c, col. 2442-2451.

GUNDEL W., « Lagos », *RE* XII.1, Stuttgart, 1924, col. 458-461.

GUNDEL W., « Sirius », *RE* III.A.1, Stuttgart, 1927, col. 314-351.

GUNDEL W., « Sternbilder und Sternglaube », *RE* III.A.2, Munich, 1929, col. 2412-2439.

GUNDEL W., *Dekane und Dekansternbilder,* Hamburg, 1936a.

GUNDEL W., « Thyterion », *RE* VI.A.1, Stuttgart, 1936b, col. 757-760.

GUNDEL W., « Pisces », *RE* XX.2, Munich, 1950, col. 1775-1783.

GUNDEL W. & H. GUNDEL, « Planeten », *RE* XX.2, Munich, 1950, col. 2017-2185.

GÜNTHER T. & BIELFELDT R. « Sositheus », dans : R. Krumeich, N. Pechstein, B. Seidensticker (ed.), *Das griechische Satyrspiel*, Darmstadt, 1999, p. 566-631.

GÜRKOFF E., *Die Katasterismen des Eratosthenes*, Sofia, 1931.

HADOT P., *Qu'est ce que la philosophie antique ?*, Paris, 1995.

HAFFNER M., *Ein antiker Sternbilderzyklus und seine Tradierung in Handschriften vom frühen Mittelalter bis zum Humanismus*, Hildesheim-Zürich-New York, 1997.

HAHN I., « Dieux et héros comme esclaves et mercenaires », *Index*, 10, 1981, p. 11-19.

HALL J.M., *Ethnic Identitiy in Greek Antiquity*, Cambridge, 1997.

HALMA M. (ed. trad.), *Composition mathématique de Claude Ptolémée ou Astronomie ancienne*, Paris, 1816.

HAMDORF F.W., *Griechische Kultpersonifikationen der vorhellenistischen Zeit*, Mainz, 1964.

HANNAH R., « Is it a Bird ? Is it a Star ? Ovid's Kite – and the First Swallow of Spring », *Latomus*, 56, 1997, p. 327-342.

HARRIS J.R., *The Cult of the Heavenly Twins*, Cambridge, 1906.

HAUSSOULLIER B., « ΑΣΤΗΡ ... ΓΕΝΟΜΗΝ », *RPh*, 33, 1909, p. 5-8.

HEATH J., « The Serpent and the Sparrows : Homer and the Parodos of Aeschylus' *Agamemnon* », *CQ*, 49, 1999, p. 396-407.

HELLMANN O., « Peripatetic Biology and the Epitome of Aristophanes of Byzantium », dans : W.W. Fortenbaugh & S.A.White (ed.), *Aristo of Ceos, Text, Translation and Discussion*, New Brunswick, 2006, p. 329-359.

HELLMANN O., « Antike Verkürzungen biologischer Texte : Voraussetzungen und Formen », dans : M. Horster & Ch. Reitz (ed.), *Condensing texts – condensed texts*, Stuttgart, 2010, p. 555-586.

HEMBERG B., « Die Idaiischen Daktylen », *Eranos*, 50, 1952, p. 41-59.

HENRICHS A., « Iuppiter mulierum amator in papyro Herculanensi », *ZPE* 15, 1974, p. 302-304.

HENRICHS A., « Philodems *De Pietate* als mythographische Quelle », *CErc*, 5, 1975, p. 5-38.

Henrichs A., « Zur Meropis : Herakles' Löwenfell und Athenas zweite Haut », *ZPE*, 27, 1977, p. 69-75.

Henrichs A., « Three Approaches to Greek Mythography », dans : J. Bremmer (ed.), *Interpretations of Greek Mythology*, Londres, 1987, p. 242-277.

Henrichs A., « Dromena und Legomena. Zum rituellen Selbstverständnis der Griechen », dans : F. Graf (ed.), *Ansichten griechischer Rituale. Geburtstags-Symposium für Walter Burkert*, Stuttgart-Leipzig, 1998, p. 33-71.

Herington C.J., « Aeschylus in Sicily », *JHS*, 87, 1967, p. 74-85.

Hermary A., « Images de l'apothéose des Dioscures », *BCH*, 102 (1), 1978, p. 51-76.

Heurgon J., « Orphée et Eurydice avant Virgile », *Mélanges d'Archéologie et d'Histoire de l'École Française de Rome*, 49, 1932, p. 5-60.

Hevelius J., *Firmamentum Sobiescianum sive Uranographia*, Amsterdam, 1690.

Heyne C.G., « Epistola C. G. Heyne cum animadversionibus in Eratosthenem », dans : J. C. Schaubach (ed.), *Eratosthenis Catasterismi cum interpretatione latina et commentario*, Göttingen, 1795, p. IX-XLVI.

Hirzel R., *Der Dialog. Ein literarhistorischer Versuch*, vol. I, Leipzig, 1895.

Höistad R., *Cynic Hero and Cynic King : Studies in the Cynic Conception of Man,* Uppsala, 1948.

Holand R., « Mythographische Beiträge. I. Der Typhoeuskampf », *Philologus,* 59, 1900, p. 344-354.

Hopf L., *Thierorakel und Orakelthiere in alter und neuer Zeit*, Stuttgart, 1888.

Hopkins C., « Assyrian Elements in the Perseus-Gorgon Story », *AJA,* 38, 1934, p. 341-358.

Hörig M., « Dea Syria-Atargatis », *ANRW* II.17.3, Berlin-New York, 1984, p. 1536-1581.

Howe T.P., « The origin and Function of the Gorgon-head », *AJA*, 58, 1954, p. 209-221.

HÜBNER W., « Nachlese zu Hygin », *Hermes,* 113, 1985, p. 208-224.

HÜBNER W., « Die Begriffe "Astrologie" und "Astronomie" in der Antike. Wortgeschichte und Wissenschaftssystematik, mit einer Hypothese zum Terminus "Quadrivium" », *Abhandlungen der Akademie der Wissenschaften und der Literatur-Mainz*, Wiesbaden, 1989.

HÜBNER W., « *Uranoscopus* : Der verstirnte Sterngucker », *RhM,* 133, 1990, p. 264-274.

HÜBNER W., « Les divinités planétaires de la *dodekatropos* » dans : B. BAKHOUCHE, A. MOREAU & J.-C. TURPIN (ed.), *Les Astres, I*, Montpellier, 1996, p. 307-317.

HÜBNER W., « Die Lyra cosmica des Eratosthenes. Das neunte Sternbild der Musen mit neun Sternen und neun Saiten », *Museum Helveticum,* 55, 1998a, p. 84-111.

HÜBNER W., « Astrologie et mythologie dans la *Tétrabible* », dans : G. Argoud, & J.-Y. Guillaumin (ed.), *Sciences exactes et sciences appliquées à Alexandrie*, Saint-Étienne, 1998b, p. 325-345.

HÜBNER W., « Ἰχθῦς - Piscis. Der singularische Gebrauch des Namens der zodiakalen Fische im Griechischen und Lateinischen », dans : M. Folkerts & R. Lorch (ed.), *Sic itur ad astra. Studien zur Geschichte der Mathematik und Naturwissenschaften. Festschrift für den Arabisten Paul Kunitzsch zum 70. Geburtstag*, Wiesbaden, 2000, p. 266-284.

HÜBNER W., « L'iconographie du ciel étoilé des Anciens », *Pallas*, 69, 2005a, p. 233-246.

HÜBNER W., « Das Sternbild des Dreiecks bei Manilius (1,351-354) », *Hermes*, 133, 2005b, p. 475-485.

HÜBNER W., « Die vier Sterne des Dreiecks (Triangulum) », *Antike Naturwissenschaft und ihre Rezeption*, 16, 2006, p. 109-124.

HÜBNER W., « La constellation du Triangle d'après Ératosthène et l'hiéroglyphe de l'île d'Éléphantiné », dans : C. Cusset & H. Frangoulis, *Ératosthène, un athlète du savoir*, Saint-Étienne, 2008, p. 13-32.

HUGHES D.D., *Human Sacrifice in Ancient Greece*, Londres-New York, 1991.

HUNGER H., *Katalog der griechischen Handschriften der Österreichischen Nationalbibliothek*, Teil 1, Vienne, 1961.

HUNTER R., *Eubulus. The Fragments*, Cambridge, 1983.

HUXLEY G.L., *Greek Epic Poetry from Eumelos to Panyassis*, Cambridge, 1969.

IDELER L., *Untersuchungen über den Ursprung und die Bedeutung der Sternnamen*, Berlin, 1809.

IMMISCH O., « Cureten und Corybanten » dans : W. H. Roscher, *Ausführliches Lexikon der griechischen und römischen Mythologie*, vol. I.2, Leipzig-Berlin, 1886-1890, col. 1587-1628.

IMOTO S. & HASEGAWA, I., « Historical Records of Meteor Showers in China, Korea, and Japan », *Smithsonian Contribution to Astrophysics*, 2, 1958, p. 131-144.

JACKSON S., « Argo : the First Ship ? », *RhM*, 140, 1997a, p. 249-257

JACKSON S., « Callimachus, Istrus and Two Mortals' Deaths », *QUCC*, 56, 1997b, p. 105-118.

JACOB C., « De l'art de compiler à la fabrication du merveilleux. Sur la paradoxographie grecque », *Lalies*, 2, 1983, p. 121-140.

JACOB Ch., « Un athlète du savoir : Ératosthène », dans : *Alexandrie IIIème siècle av. J.-C.*, Paris, 1992, p. 113-127.

JACOB Ch., « La bibliothèque, la carte et le traité. Les formes de l'accumulation du savoir à Alexandrie », dans : G. Argoud et J.-Y. Guillaumin (ed.), *Sciences exactes et sciences appliquées à Alexandrie*, Saint-Étienne, 1998, p. 19-37.

JACOBY F., *Das Marmor Parium*, Berlin, 1904.
JACOBY F., *Die Fragmente der griechischen Historiker*, Dritter Teil. Kommentar zu Nr. 297-607. Text, Leiden, 1955a.
JACOBY F., *Die Fragmente der griechischen Historiker*, Dritter Teil. Kommentar zu Nr. 297-607. Noten, Leiden, 1955b.
JACOBY F., *Die Fragmente der griechischen Historiker*, Erster Teil. Genealogie und Mythographie. Kommentar. Nachträge, Leiden, 1957 [1923].
JAMES E.O., *Le culte de la Déesse-Mère dans l'histoire des religions*, Paris, 1960.
JAMIESON A., *Celestial Atlas*, Londres, 1822.
JEANMAIRE H., *Couroi et Courètes. Essai sur l'éducation spartiate et les rites d'adolescence*, Lille, 1939.
JOST M., *Sanctuaires et cultes d'Arcadie*, Paris, 1985.
JOST M., « The Religious System in Arcadia », dans : D. Ogden (ed.), *A Companion to Greek Religion*, Oxford, 2007, p. 264-280.
JOUAN F., *Euripide et les légendes des Chants Cypriens*, Paris, 1966.
JOUAN F., « Dionysos chez Eschyle », *Kernos*, 5, 1992, p. 71-86.
JOUAN F. & VAN LOOY H., *Euripide. Tragédies. Fragments. Aigeus-Autolykos*, Paris, 1998.
JOUAN F. & VAN LOOY H., *Euripide. Tragédies. Fragments. Bellérophon-Protésilas*, Paris, 2000.
JOUAN F. & VAN LOOY H., *Euripide. Tragédies. Fragments. Sthénébée-Chrysippos*, Paris, 2002.
JOUAN F. & VAN LOOY H., *Euripide. Tragédies. Fragments de drames non identifiés*, Paris, 2003.
JOURDAIN-ANNEQUIN C., « Héraclès, latris et doulos. Sur quelques aspects du travail dans le mythe héroïque », *DHA*, 11, 1985, p. 486-538.
KAHIL L., « Quelques vases du sanctuaire d'Artémis à Brauron », *Neue Ausgrabungen in Griechenland*, Antike Kunst, Beih. 1, 1963, p. 5-29.

Kahn-Lyotard L., « Hermès », dans : Y. Bonnefoy (dir.), *Dictionnaire des mythologies*, Paris, 1981, vol. I, p. 500-504.

Kak S., « Astronomy in the Satapatha Brahmana », *Indian journal of history of science*, 28, 1993, p. 15-34.

Kanas N., *Star Maps. History, Artistry, and Cartography*, Chichester, 2007.

Kannicht 1969 (voir Euripide).

Karanastassi P., « Nemesis », *LIMC* VI.1, Zürich-Munich, 1992, p. 733-762.

Kartunen K., « Ctesias in Transmission and Tradition », *Topoi*, 7, 1997, p. 635-646.

Kauffmann G., *De Hygini memoria scholiis in Ciceronis Aratum Harleianis seruata*, Breslau, 1888.

Keller, G.A., *Eratosthenes und die alexandrinische Sterndichtung*, Diss. Zürich, 1946.

Keller O., *Die antike Tierwelt*, 2 vol., Leipzig, 1909-1913.

Kern O., *Orphicorum fragmenta*, Berlin, 1922.

Keydell R., « Peisandros (11) », *RE* XIX.1, Stuttgart, 1937, col. 144.

Kidd D., *Aratus. Phaenomena*, Cambridge, 1997.

Kindt J., « Polis Religion – A Critical Appreciation », *Kernos*, 22, 2009, p. 9-34.

Kirk G.S., *Myth. Its Meaning and Functions in Ancient and Other Cultures*, Cambridge, 1970.

Klimek-Winter R., *Andromedatragödien : Sophokles, Euripides, Livius Andronikos, Ennius Accius* (ed. intr. comm.), Stuttgart, 1993.

Knaack G., « ΑΕΤΟΣ », *Hermes*, 23, 1888, p. 311-312.

Knaack G., « Artemidoros (24) », *RE* II.1, Stuttgart, 1895, col. 1329.

Knaack, G., « Eratosthenes (4) », *RE* VI.1, Stuttgart, 1907, col. 358-389.

König, F.W., *Die Persika des Ktesias von Knidos*, Graz, 1972.

Koppiers (voir Valckenaer).

KÖRTE A., « Kratinos (3) », *RE* XI.2, Stuttgart, 1922, col. 1647-1656.

KRAPPE A.H., « Apollon », *SMSR*, 19-20, 1943-1946, p. 115-132.

KRUMEICH R., PECHSTEIN N. & SEIDENSTICKER (ed.) B., *Das griechische Satyrspiel*, Darmstadt, 1999.

KRUMBHOLZ P., « Zu den Assyriaka des Ktesias », *RhM*, 50, 1895, p. 205-240.

KÜENTZLE H., *Über die Sternsagen der Griechen*, Karlsruhe, 1897.

KÜENTZLE H., « Orion », dans : W. H. Roscher, *Ausführliches Lexikon der griechischen und römischen Mythologie*, vol. III.1, Leipzig-Berlin, 1897-1902, col. 1018-1047.

KUHNERT E., « Perseus », dans : W.H. Roscher, *Ausführliches Lexikon der griechischen und römischen Mythologie*, vol. III.2, Leipzig, 1902-1909, col. 1986-2060.

KUHNERT E., « Satyros und Silenos » dans : W. H. Roscher, *Ausführliches Lexikon der griechischen und römischen Mythologie*, vol. IV, Leipzig-Berlin, 1909-1915, col. 444-531.

KÜNZL E., « Der Globus in römisch-germanischen Zentralmuseum Mainz. Der bisher einzige komplette Himmelsglobus aus dem griechisch-römischen Altertum », *Der Globusfreund*, 45-46, 1998, p. 7-80.

KÜNZL E., « Ein römischer Himmelsglobus der mittleren Kaiserzeit. Studien zur römischen Australikonographie », *RGZM*, 47, 2000, p. 495-594.

KURTIK G. & MILITAREV A., « Once More on the Origin of Semitic and Greek Star Names : An Astronomic-Etymological Approach Updated », *Culture and Cosmos,* 9, 2005, p. 3-43.

KYLE D.G., *Athletics in Ancient Athens*, Leiden, 1987.

LAFITTE R., *Héritages Arabes : Des noms arabes pour les étoiles*, Paris, 2001.

LAROCHE É., « Les noms grecs de l'astronomie », *Revue de philologie, de littérature et d'histoire ancienne*, 20, 1946, p. 118-123.

LARSON J., *Ancient Greek Cults. A Guide*, New York-Londres, 2007.

LATTE K., « Reste frühhellenistischer Poetik im Pisonenbrief des Horaz », dans : O. Gigon, W. Buchwald & W. Kunkel (ed.), *Kleine Schriften zu Religion, Recht, Literatur und Sprache der Griechen und Römer*, Munich, 1968, p. 885-895.

LAURENS A.-F., « L'enfant entre l'épée et le chaudron. Contribution à une lecture iconographique », *DHA*, 10, 1984, p. 203-251.

LE BŒUFFLE A., « Recherches sur Hygin », *REL*, 43, 1965, p. 275-294.

LE BŒUFFLE A., *Le vocabulaire latin de l'astronomie*, Lille, 1973 (thèse).

LE BŒUFFLE A., *Les noms latins d'astres et de constellations*, Paris, 1977.

LE BŒUFFLE 1983 (voir HYGIN).

LE BŒUFFLE A., *Astronomie, Astrologie - Lexique latin*, Paris, 1987.

LE BŒUFFLE A., *Le ciel des Romains*, Paris, 1989.

LE BŒUFFLE A., « Autour du Dragon, astronomie et mythologie », dans : B. Bakhouche, A. Moreau & J.-C. Turpin (ed.), *Les Astres, I*, Montpellier, 1996, p. 53-68.

LE BOURDELLÈS H., *L'Aratus Latinus. Étude sur la culture et la langue latines dans le Nord de la France au VIIIe siècle*, Lille, 1985.

LENFANT D., « Ctésias et Hérodote ou les réécritures de l'histoire dans la Perse achéménide », *REG*, 109, 1996, p. 348-380.

LENS TUERO J., « Comedia e historiografía : Ctesias de Cnido », dans : J.A. López Férez (ed.), *La comedia griega y su influencia en la literatura española*, Madrid, 1998, p. 271-306.

LESKY A., *Thalatta. Der Weg der Griechen zum Meer*, Vienne, 1947.

LEVEAU Ph., « L'herbe et la pierre dans les textes anciens sur la Crau : relire les sources écrites », *Ecologia mediterranea*, 2004, 30 (1), p. 25-33.

LEVENTOPOULOU M., « Kentauroi et Kentaurides », *LIMC* VIII.1, Zürich-Düsseldorf, 1997, p. 671-721.

LEVIN S., « The Etymology of νέκταρ : Exotic Scents in Early Greece », *SMEA*, 13, 1971, p. 31-50.

LIGHTFOOT J.-L., *Parthenius of Nicaea*, Oxford, 1999.

LINFORTH I.M., « Two Notes on the Legend of Orpheus », *TAPhA*, 62, 1931, p. 5-17.

LLOYD G.E.R., *Une histoire de la science grecque*, Paris, 1990 (éd. angl. 1974).

LLOYD R.B., « Penatibus et Magnis Dis », *AJPh*, 77, 1956, p. 38-46.

LONIS R., *Guerre et religion à l'époque classique. Recherches sur les rites, les dieux, l'idéologie de la victoire*, Paris, 1979.

LORAUX N., « Héraclès. Le héros, son bras, son destin », dans : Y. Bonnefoy, *Dictionnaire des mythologies*, Paris, 1981, vol. I, p. 492-497.

LORAUX N., *Les enfants d'Athéna*, Paris, 1990.

LOUIS P., *Aristote : Histoire des animaux*, Paris, 1964.

LUDWICH A., « Über die homerischen Glossen Apions », *Philologus*, 74, 1917, p. 209–247.

LUDWICH A., « Über die homerischen Glossen Apions (2) », *Philologus*, 75, 1919, p. 95–103.

LUPPE W., « Die Nemesis des Kratinos. Mythos und politischer Hintergrund », *WZHalle*, 23 (4), 1974a, p. 49-60.

LUPPE W., « Zeus und Nemesis in den Kyprien - Die Verwandlungs-sage nach Pseudo-Apollodor und Philodem », *Philologus*, 118, 1974b, p. 193-212.

LUPPE W., « Zum Prolog der 'Melanippe Sophe' », *WJA*, 15, 1989, p. 89-95.

LUPPE W., « Gorgonen in der Unterwelt ? Philodem Περὶ εὐσεβείας N 242 I », *ZPE*, 109, 1995, p. 31-34.

MAASS E., *Analecta Eratosthenica*, Philologische Untersuchungen, t. VI, Berlin, 1883.

MAASS E., *Aratea*, Berlin, 1892.

MAASS E., *Arati Phaenomena recensuit et fontium testimoniorumque notis prolegomenis indicibus instruxit*, Berlin, 1893.

MAASS E., *Orpheus. Untersuchungen zur griechischen römischen altchristlichen Jenseitsdichtung und Religion*, Munich, 1895.

MAASS E., *Commentariorum in Aratum Reliquiae*, Berlin, 1898.

MARCACCINI C., « Considerazioni sulla morte di Orfeo in Tracia », *Prometheus*, 21, 1995, p. 241-252.

MARIJOAN J. M., « La "Andrómeda" de Sófocles. Intento de reconstrucción », *Boletín del Instituto de Estudios Helénicos,* 2/2, 1968, p. 65-67.

MARINONE N., « I dati astronomici e la chiusa della Chioma di Berenice », dans : *Scienza e tecnica nelle letterature classiche*, Genova, 1980a, p. 125-163.

MARINONE N., « Conone, Callimaco e Catullo 66,1-6 », *Orpheus,* 1, 1980b, p. 435-440.

MARINONE N., « Berenice e le fanciulle di Lesbo », *Paideia,* 45, 1990, p. 293-299.

MARINONE N., *Berenice da Callimaco a Catullo*, Rome, 1997^2.

MARTIN J., *Histoire du texte des Phénomènes d'Aratos*, Paris, 1956.

MARTIN 1974 (voir SCHOLIES À ARATOS).

MARTIN 1998a (voir ARATOS).

MARTIN 1998b (voir ARATOS).

MARTIN J., « Sur le sens réel des mots "catastérisme" et "catastériser" », dans : *Palladio Magistro. Mélanges Jean Soubiran. Pallas 59,* Toulouse, 2002, p. 17-26.

MARTIN L.H., *Hellenistic Religions. An Introduction*, New York-Oxford, 1987.

MARTÍNEZ A., *Euripides. Erecteo* (ed., trad., comm.), Granada, 1976.

MARTÍNEZ S., « Cuervo contra Córax », *Excerpta philologica*, 9, 1999, p. 89-99.

MATHÉ S., « Les enfances chez Chiron », dans : D. Auger (ed.), *Enfants et enfances dans les mythologies*, Paris 1995, p. 45-62.

MATTHEWS V.J., *Panyassis of Halikarnassos. Text and Commentary*, Leiden, 1974.

MAYER K., « Helen and the Διὸς βουλή », *AJPh*, 117, 1996, p. 1-15.

MCGURK P., « Germanici Caesaris Aratea cum scholiis : A new illustrated Witness from Wales », *National Library of Wales Journal*, 18, 1973, p. 197-215.

MCLEOD W., « Studies on Panyassis—An Heroic Poet of the Fifth Century », *Phoenix*, 20, 1966, p. 95-110.

MELE A., « Il corpus epimenideo » dans : E. Federico & A. Visconti (ed.), *Epimenide Cretese*, Naples, 2002, p. 227-278.

MERCATI I. & FRANCHI DE' CAVALIERI P., *Codices Vaticani Graeci*, vol. I, Rome, 1923.

MERENTITIS I., *Meta syntomou prosopografias ton spoudaioteron astronomon tis archaiotitas*, Athènes, 1977.

MERKELBACH R., « Die Tazza Farnese, die Gestirne der Nilflut und Eratosthenes », dans : *Hestia und Erigone. Vorträge und Aufsätze*, Stuttgart-Leipzig, 1996, p. 198-216.

METTE H.J., *Der verlorene Aischylos*, Berlin, 1963.

MEULI K., « Scythica », *Hermes*, 70, 1935, p. 137-172.

MEULI K., « Griechische Opferbräuche », *Gesammelte Schriften*, Stuttgart-Bâle, 1975, p. 907-1021.

MIKALSON J.D., « Erechtheus and the Panathenaia », *AJPh*, 97, 1976, p. 141-153.

MIKALSON J.D., *Religion in Hellenistic Athens*, Berkeley-Los Angeles-Londres, 1998.

MIONI E., *Bibliothecae Divi Marci Venetiarum. Codices Graeci Manuscripti. Volumen II. Thesaurus Antiquus. Codices 300-625*, Rome, 1985.

MÖLLER A., « Epoch-making Eratosthenes », *GRBS*, 45, 2005, p. 245-260.

MONTANARI-CALDINI R., « L'oscurità dell'Ariete da Arato ad Avieno », *Prometheus*, 11, 1985, p. 151-167.

MONTANARI-CALDINI R., « Étoile, constellation et corps céleste dans les mentalités grecque et romaine », dans : B. Bakhouche, A. Moreau & J.-C. Turpin (ed.), *Les Astres, I*, Montpellier, 1996, p. 245-262.

MONBRUN Ph., *Les voix d'Apollon. L'arc, la lyre et les oracles*, Rennes, 2007.

MONTEPAONE C., « L'ἀρκτεία a Brauron », *SSR*, 3, 1979, p. 343-364.

MOREAU A., « À propos d'Œdipe. La liaison entre trois crimes : parricide, inceste et cannibalisme », *Études de littérature ancienne*, 1979, p. 97-127.

MOREAU A., « Quand Apollon devint soleil », dans : B. Bakhouche, A. Moreau & J.-C. Turpin (ed.), *Les Astres, I*, Montpellier, 1996, p. 1-33.

MORENZ S., « Die orientalische Herkunft der Perseus-Andromeda-Sage. Ein Rekonstruktionsversuch », dans : *Religion und Geschichte des alten Ägypten. Gesammelte Aufsätze*, Cologne-Vienne, 1975, p. 441-447.

MOSCATI CASTELNUOVO L., « Sparta e le tradizioni crotoniani e locresi sulla battaglia della Sagra », *QUCC*, 51/3, 1995, p. 141-163.

MULLACH F.W.A., *Fragmenta Philosophorum Graecorum*, vol. II, Paris, 1867.

MÜLLER K. O., « Orion », *RhM*, 2, 1834, p. 1-29.

MURRAY G., *Five Stages of Greek Religion*, New York, [1912] 1951^3.

NADAL R. & BRUNET J.-P., « Le *Commentaire* d'Hipparque. I. La sphère mobile », *Archive for History of exact Sciences*, 29, 1984, p. 205-236.

NADAL R., BRUNET J.-P., « Le *Commentaire* d'Hipparque. II. Position de 78 étoiles », *Archive for History of exact Sciences*, 40, 1989, p. 305-354.

NAGY J.F., « Hierarchy, Heroes, and Heads : Indo-European Structures in Greek Myth » dans : L. Edmunds (ed.), *Approaches to Greek Myth*, Baltimore-Londres, 1990, p. 199-238.

NESSELRATH H.-G., *Die attische Mittlere Komödie. Ihre Stellung in der antiken Literaturkritik und Literaturgeschichte*, Berlin-New York, 1990.

NEUGEBAUER O., *A History of Ancient Mathematical Astronomy*, 3 vol, Berlin, 1975.

NIELSEN I., « The Sanctuary of Artemis Brauronia. Can Architecture and Iconography Help to Locate the Setting of the Rituals ? », dans : T. Fischer-Hansen & B. Poulsen (ed.), *From Artemis to Diana. The Goddess of Man and Beast*, Copenhague, 2009, p. 83-116.

NILSSON M.P., *Geschichte der griechischen Religion. I. Band : Bis zur griechischen Weltherrschaft*, Munich, [1941] 1967^3.

NILSSON M.P., *Geschichte der griechischen Religion. II. Band : Die hellenistische und römische Zeit*, Munich, 1950.

NILSSON M.P., *Les croyances religieuses de la Grèce antique*, Paris, 1955.

NORWOOD G., *Greek Comedy*, Boston, 1932.

OAKLEY J.H., « Perseus, the Graiai, and Aeschylus' *Phorkides* », *AJA*, 92, 1988, p. 383-391.

OGDEN D., *Perseus*, Londres-New York, 2008.

OLIVIER Ch.P., *Meteors*, Baltimore, 1925.

OLIVIERI A., « I Catasterismi di Eratostene », *SIFC*, 5, 1897a, p. 1-25.

OLIVIERI 1897b (voir Éditions).

ÖLLACHER H., « Zur Chronologie der altattischen Komödie », *WS*, 38, 1916, p. 81-157.

OPELT I., « Epitome », *RAC*, 1962, vol. 5, Stuttgart, p. 944-973.

OPPOLZER T.R. v., « Canon der Finsternisse », *Denkschriften der Kaiserlichen Akademie der Wissenschaften. Mathematisch-naturwissenschaftliche Classe*, 52, Vienne, 1887.

ORLANDOS A.K., « Note sur le sanctuaire de Némésis à Rhamnonte », *BCH*, 48, 1924, p. 305-320.

OVENDEN M.W., « The Origin of the Constellations », *The Philosophical Journal*, 3, 1966, p. 1-18.

PÀMIAS J., « Sobre el fragment dels *Catasterismes* d'Eratòstenes del manuscrit *Parisinus Graecus* 1310 : el nom dels planetes Saturn i Júpiter », *Faventia*, 20/2, 1998, p. 71-77.

PÀMIAS J., « La Andrómeda de Sófocles : ¿un nuevo testimonio ? (Eratosth. *Cat.* XVII) », *Emerita*, 67, 1999a, p. 285-288.

PÀMIAS J., « Eratòstenes, *Catasterismes* II. Anotació crítica », *Faventia*, 21/2, 1999b, p. 159-161.

PÀMIAS J., « Eratóstenes contra Aristóteles : los orígenes rituales de la tragedia », *Kernos*, 14, 2001, p. 51-59.

PÀMIAS J., « Artemidoro Elegíaco : ¿ un autor fantasma ? », *Habis*, 33, 2002, p. 193-197.

PÀMIAS J., « Dionysus and Donkeys on the Streets of Alexandria : Eratosthenes' Criticism of Ptolemaic Ideology », *HSPh*, 102, 2004, p. 191-198.

PÀMIAS J., « Ferecides de Siros y Ferecides de Atenas : Una nueva aproximación », *CFC(G)*, 15, 2005, p. 27-34.

PÀMIAS J., « Dumézil, el perro y la jabalina. Un mito de transferencia », *REA*, 108, 2006, p. 483-492.

PÀMIAS J., *Ferecides d'Atenes, Històries*, Barcelone, 2008a.

PÀMIAS J., « Los *Catasterismos* de Eratóstenes. Una lectura postestructural », *FlorIlib*, 19, 2008b, p. 277-291.

PÀMIAS J., « Les *Catastérismes* d'Ératosthène comme manuel mythographique », dans : C. Cusset & H. Frangoulis, *Ératosthène, un athlète du savoir*, Saint-Étienne, 2008c, p. 67-74.

Pàmias J., « Eratosthenes and the Women. Reversal in Literature and Ritual », *CPh,* 104, 2009, p. 208-213.

Pàmias J., « Phaedrus' Cosmology in the *Symposium* : A Reappraisal », *CQ,* 62, 2012, p. 532-540.

Pàmias J., « Il testo dei *Fragmenta Vaticana* nella tradizione dei *Catasterismi* », dans : F. Guidetti & A. Santoni (ed.), *Antiche stelle a Bisanzio. Il codice Vaticanus graecus 1087,* Pisa, 2013.

Panyagua E.R., « Catálogo de representaciones de Orfeo en el arte antiguo », *Helmantica,* 23, 1972, p. 83-135.

Papadopoulos J.K. & Ruscillo D., « A Ketos in Early Athens : An Archaeology of Whales and Sea Monsters in the Greek World », *AJA,* 106, 2002, p. 187-227.

Pape W. & Benseler G.E., *Wörterbuch der griechischen Eigennamen,* Braunschweig, 1875.

Parke H.W. & Wormell D.E.W., *The Delphic Oracle. Volume I. The History,* Oxford, 1956.

Parker R., « Myths of Early Athens », dans : J. Bremmer (ed.), *Interpretations of Greek Mythology,* Londres, 1987, p. 187-214.

Parker R., *Athenian Religion. A History,* Oxford, 1996.

Parsons P.J. & Kassel R., « Callimachus : Victoria Berenices », *ZPE,* 25, 1977, p. 1-51.

Patrucco R., *Lo sport nella Grecia antica,* Florence, 1972.

Pellizer E., « Voir le visage de Méduse », *Métis,* 1987, 2, p. 45-61.

Pérez Jiménez A., « El viaje sidéreo de las almas : origen y fortuna de un tema clásico en Occidente », *Fortunatae,* 5, 1993 p. 101-123.

Pérez Jiménez A., « La doctrina de las estrellas : tradición histórica de una ciencia », dans : A. Pérez Jiménez, *Astronomía y astrología. De los orígenes al Renacimiento,* Madrid, 1994, p. 1-42.

Pérez Jiménez A., « Mito y astrología en Grecia : un viaje con retorno », dans : J.L. Calvo Martínez (ed.),

Religión, Magia y Mitología en la Antigüedad clásica, Granada, 1998, p. 137-165.
PETERSEN E., « Andromeda », *JHS*, 24, 1904, p. 99-112.
PFEIFFER R., *Kallimachosstudien : Untersuchungen zur Arsinoe und den Aitia des Kallimachos*, Munich, 1922.
PFEIFFER R., *History of Classical Scholarship. From the Beginnings to the End of the Hellenistic Age*, Oxford, 1968.
PHILIPP G.B., « Herakles und die frühgriechische Dichtung », *Gymnasium*, 91, 1984, p. 327-340.
PHILLIPS K.M., « Perseus and Andromeda », *AJA*, 72, 1968, p. 1-23.
PHINNEY E. Jr., « Perseus' Battle with the Gorgons », *TAPhA*, 102, 1971, p. 445-463.
POKORNY J., *Indogermanisches etymologisches Wörterbuch*, Bern, 1959.
PÒRTULAS J., « Epimènides de Creta i la saviesa arcaica », *Itaca*, 9-11, 1995a, p. 45-58.
PÒRTULAS J., « De oriente a Grecia : las siete Pléyades », *Minerva*, 9, 1995b, p. 25-41.
POSSANZA D.M., *Translating the Heavens. Aratus, Germanicus, and the Poetics of Latin Translation*, New York, 2004.
PÖTSCHER W., « Musai », *Der kleine Pauly. Lexikon der Antike*, vol. III, Munich, 1979, col. 1475-1479.
POUZADOUX C., « La dualité du dieu bouc : les épiphanies de Pan à la chasse et à la guerre dans la céramique apulienne (seconde moitié du IVème siècle av. J.C.) », *Anthropozoologica*, 33-34, 2001, p. 11-21.
POWELL J., *Collectanea Alexandrina*, Oxford, 1925.
PRELLER L. & ROBERT C., *Griechische Mythologie. Erster Band. Theogonie und Goetter*, Berlin, 1894[4].
PRESSLER B., « De siderum fabulis Ovidianis », dans : *Quaestionum ovidianarum capita duo*, Halle, 1903.
PUGLIESE CARRATELLI G., *Les lamelles d'or orphiques. Instruction pour le voyage d'outre-tombe des initiés grecs*, Paris, 2003.

Rabinovitch M., *Der Delphin in Sage und Mythos der Griechen*, Dornach-Bâle, 1947.
Raingeard P., « Le manuscrit grec 22 à la Bibliothèque municipale de Caen », dans : *Mélanges offerts à A.-M. Desrousseaux par ses amis et ses élèves*, Paris, 1937, p. 393-399.
Rankin H.D., *Anthisthenes Sokratikos*, Amsterdam, 1986.
Rapp A., « Graiai », dans : W.H. Roscher, *Ausführliches Lexikon der griechischen und römischen Mythologie*, vol. I.2, Leipzig-Berlin, 1886-1890a, col. 1730-1731.
Rapp A., « Helios », dans : W.H. Roscher, *Ausführliches Lexikon der griechischen und römischen Mythologie*, vol. I.2, Leipzig-Berlin, 1886-1890b, col. 1993-2026.
Rapp A., « Horai », dans : W.H. Roscher, *Ausführliches Lexikon der griechischen und römischen Mythologie*, vol. I.2, Leipzig-Berlin, 1886-1890c, col. 2712-2741.
Rathmann W., « Perseus (4). Sternbild », *RE* XIX.1, Stuttgart, 1937, col. 992-996.
Redfield J., *The Locrian Maidens. Love and Death in Greek Italy*, Princeton, 2003.
Reed N.B., « A Chariot Race for Athens' Finest : The *Apobates* Contest Re-Examined », *JSH,* 17, 1990, p. 306-317.
Rehm A., *Mythographische Untersuchungen über griechische Sternsagen*, Munich, 1896.
Rehm A., « Entgegnung » au Compte-rendu de Thiele 1897a, *Wochenschrift für klassische Philologie*, Berlin, 1897, p. 1429-1430.
Rehm 1899a (voir Éditions).
Rehm A., « Zu Hipparch und Eratosthenes », *Hermes,* 34, 1899b, p. 251-279.
Rehm A., « Engonasin », *RE* V.2, Stuttgart, 1905, col. 2563-2565.
Rehm A., « Equus », *RE* VI.1, Stuttgart, 1907, col. 324-326.
Rehm A., « Zum Abaris des Heraklides Pontikos », *RhM,* 67, 1912, p. 417-424.

Rehm A., « Das Parapegma des Euktemon », dans : F. Boll (ed.), *Griechische Kalender, Sitzungsb. d. Heidelberger Akad. d. Wiss., Phil.-Hist. Kl.*, Heidelberg, 1913, p. 2-38.

Rehm A., « Griechische Windrosen », *Bayerische Akademie der Wissenschaften zu München Sitzungsberichte der Mathematisch-Physikalischen Klasse*, 1916, p. 36-53.

Rehm A., « Sagittarius (2) », *RE* I.A.2, Stuttgart, 1920, col. 1746-1748.

Rehm A., *Parapegmastudien, mit einem Anhang Euktemon und das Buch De signis*, Abhandlungen der Bayerischen Akademie der Wissenschaften, Heft 19, Munich, 1941.

Reinach S., « Lyra », dans : Ch. Daremberg & É. Saglio, *Dictionnaire des Antiquités Grecques et Romaines*, vol. III.2, Paris, 1904, p. 1437-1451.

Reinach S., « Les théoxénies et le vol des dioscures », dans : *Cultes, mythes et religions*, Tome II, Paris, 1906, p. 42-57.

Renard M., « Hercule allaité par Junon », dans : M. Renard & R. Schilling (ed.), *Hommages à Jean Bayet*, 1964, p. 611-618.

Renaud J.-M., « Le catastérisme d'Orion », dans : B. Bakhouche, A. Moreau & J.-C. Turpin (ed.), *Les Astres, I*, Montpellier, 1996, p. 83-93.

Renaud J.-M., « Orion : de la météorologie à la mythologie », dans : C. Cusset (ed.), *La météorologie dans l'antiquité : entre science et croyance*, Saint-Étienne, 2003a, p. 159-168.

Renaud, J.-M., « Le catastérisme chez Homère. Le cas d'Orion », *Gaia,* 7, 2003b, p. 205-214.

Renaud, J.-M., *Le mythe d'Orion. Sa signification, sa place parmi les autres mythes grecs et son apport à la connaissance de la mentalité antique*, Liège, 2004.

Renaud J.-M., « L'influence de l'Anatolie sur la désignation des constellations d'Orion, du Scorpion, et de la grande Ourse », dans : M. Mazoyer (ed.), *Homère et l'Anatolie*, Paris, 2008, p. 221-232.

RENEL C., *L'évolution d'un mythe : Açvins et Dioscures*, Paris, 1896.

REVILLA P.A., *Catálogo de los códices griegos de la Biblioteca de El Escorial*, vol. I, Madrid, 1936.

REYNOLDS L.D. & WILSON N.G., *D'Homère à Erasme : la transmission des classiques grecs et latins*, Paris, 1984 [or. 1974].

RICE E. E., *The Grand Procession of Ptolemy Philadelphus*, Oxford, 1983.

RICHTER W., « Rabe », *Der kleine Pauly. Lexikon der Antike*, vol. IV, Munich, 1979, p. 1327-1328.

RIDPATH I., *Star tales*, Cambridge, 1989.

RISPOLI G.M., « Per l'Andromeda di Sofocle », *RAAN*, 47, 1972, p. 187-210.

ROBERT 1878 (Voir Éditions).

ROBERT C., « Die Phaethonsage bei Hesiod », *Hermes*, 18, 1883, p. 434-441.

ROBERTSON N., « The Origin of the Panathenaea », *RhM*, 128, 1985, p. 231-295.

ROBERTSON N., « New Light on Demeter's Mysteries : The Festival Proerosia », *GRBS*, 37, 1996, p. 319-379.

ROGERS E., *The Copper Coinage of Thessaly*, Londres, 1932.

ROGERS J.H., « Origins of the ancient constellations », *Journal of the British Astronomical Association*, 108, 1, 1998a, p. 9-28.

ROGERS J.H., « Origins of the ancient constellations », *Journal of the British Astronomical Association*, 109, 2, 1998b, p. 79-89.

ROHDE E., *Der griechische Roman und seine Vorläufer*, Leipzig, 1914³.

ROMANO E., *Struttura degli Astronomica di Manilio*, Palermo, 1979.

ROSCHER W.H., *Ausführliches Lexikon der griechischen und römischen Mythologie*, Leipzig-Berlin, 9 vol., 1884-1937.

ROSCHER W.H., *Über Selene und verwandtes*, Leipzig, 1890.
ROSCHER W.H., « Die Sagen von der Geburt des Pan », *Philologus*, 53, 1894a, p. 362-377.
ROSCHER W.H., « Kentauren », dans : W.H. Roscher, *Ausführliches Lexikon der griechischen und römischen Mythologie*, vol. II.1, Leipzig-Berlin, 1890-1894b, col. 1074-1080.
ROSCHER W.H., « Die Elemente des astronomischen Mythus vom Aigokeros (Capricornus) », *Jahrbücher für classische Philologie*, 41, 1895, p. 333-342.
ROSCHER W.H., « Merops », dans : W.H. Roscher, *Ausführliches Lexikon der griechischen und römischen Mythologie*, vol. II.2, Leipzig, 1894-1897, col. 2840-2841.
ROSCHER W.H., « Planeten » dans : W.H. Roscher, *Ausführliches Lexikon der griechischen und römischen Mythologie*, vol. III.2, 1902-1909, col. 2518-2540.
ROSCHER W.H., "Thetis", dans : W.H. Roscher, *Ausführliches Lexikon der griechischen und römischen Mythologie*, vol. V, Leipzig, 1916-1924, col. 785-799.
ROSEN R., *Old Comedy and the Iambographic Tradition*, Atlanta, 1988.
ROSOKOKI A., *Die Erigone des Eratosthenes. Eine kommentierte Ausgabe der Fragmente*, Heidelberg, 1995.
ROST J.L., *Atlas Portatilis Coelestis*, Nuremberg, 1723.
RUDHARDT J., « Les divinités de l'eau », dans : Y. Bonnefoy, *Dictionnaire des mythologies*, Paris, 1981, vol. I, p. 332-337.
SAERENS C., « Hérodote, Abaris et les Hyperboréens », dans H. Melaerts, R. De Smet & C. Saerens (ed.), *Studia varia Bruxellensia ad orbem graeco-latinum pertinentia, 3*, Louvain, 1994, p. 145-158.
SAÏD S., « Deux noms de l'image en grec ancien : idole et icône », *Comptes-rendus des séances de l'Académie des Inscriptions et Belles Lettres*, 1987, 131 (2), p. 309-330.

SAÏD S., « Images grecques : icônes et idoles », *Faits de langues*, 1993, 1 (1), p. 11-20.
SAINT-DENIS E. de, *Le vocabulaire des animaux marins en latin classique*, Paris, 1947.
SALE W., « The Hyperborean Maidens on Delos », *HThR*, 54, 1961, p. 75-89.
SALE W., « The Story of Callisto in Hesiod », *RhM*, 105, 1962, p. 122-141.
SALE W., « Callisto and the Virginity of Artemis », *RhM*, 108, 1965, p. 11-35.
SANTINI C., « Sulle tracce dei catasterismi di Eratostene a Roma », dans : G. Argoud & J.-Y. Guillaumin (ed.), *Sciences exactes et sciences appliquées à Alexandrie*, Saint-Étienne, 1998, p. 359-370.
SANTONI 2009 (voir Éditions).
SARTON G., *A History of Science. Hellenistic science and culture in the last three centuries B.C.*, Cambridge, 1993[3].
SASSI M.M., « Mirabilia », dans : G. Cambiano, L. Canfora & D. Lanza, *Lo Spazio letterario della Grecia antica*, Volume I, Tome II, Roma, 1993, p. 449-468.
SCARCIA R. (ed.) & FLORES E. (trad.), *Manilio, Il Poema degli Astri (Astronomica)*, Milan, 2001.
SCARPI P., *Apollodoro. I miti greci (Biblioteca)*, Milan, 1996.
SCHACHTER A., *Cults of Boiotia. 2. Herakles to Poseidon*, Londres, 1986.
SCHADEWALT W., *Die Sternsagen der Griechen*, Frankfurt, 1956.
SCHAUBACH 1795 (voir Éditions).
SCHAUENBURG K., « Phrixos », *RhM*, 101, 1958, p. 41-50.
SCHAUENBURG K., « Die Bostoner Andromeda-Pelike und Sophocles », *Antike und Abendland*, 13, 1967, p. 1-7.
SCHERER A., *Gestirnnamen bei den indogermanischen Völkern*, Heidelberg, 1953.

SCHIESARO A., « Aratus' Myth of Dike », *MD*, 37, 1996, p. 9-26.

SCHILLER J., *Coelum stellatum Christianum* [puis : *Coelum Stellatum Christianum concavum*], Augsburg, 1627.

SCHILLING R., « Les Castores romains à la lumière des traditions indo-européennes », dans : *Hommages à Georges Dumézil*, Bruxelles, 1960, p. 177-192.

SCHLACHTER A., *Der Globus. Seine Entstehung und Verwendung in der Antike*, Berlin-Leipzig, 1927.

SCHLESIER R., « Olympian versus Chthonian Religion », *SCI*, 11, 1991-1992, p. 38-51.

SCHNAPP A., « Chasse. Ses héros et ses mythes en Grèce ancienne », dans Y. Bonnefoy (dir.), *Dictionnaire des mythologies*, Paris, 1981, vol. I, p. 156-158.

SCHNAPP-GOURBEILLON A., « Les lions d'Héraklès », dans : C. Bonnet, C. Jourdain-Annequin & V. Pirenne-Delforge (ed.), *Le Bestiaire d'Héraclès. IIIe Rencontre héracléenne*, (*Kernos* supplément 7), Liège, 1998, p. 109-126.

SCHNEIDER T., « Adler », *RAC,* vol. 1, Stuttgart, 1950, p. 87-94.

SCHOBER A., « Philodemi *De pietate* pars prior », *CErc,* 18, 1988, p. 67-125 [or. 1923].

SCHRÖDER O., « Hyperboreer », *ARW*, 8, 1905, p. 69-84.

SCHWARTZ J., *Pseudo-Hesiodeia*, Wetteren, 1960.

SCHWARZE J., *Die Beurteilung des Perikles durch die attische Komödie und ihre historische und historiographische Bedeutung*, Munich, 1971.

SCULLION S., « Olympian and Chthonian », *ClAnt*, 13, 1994, p. 75-119.

SEAFORD R., « Mystic Light in Aeschylus' *Bassarai* », *CQ*, 55, 2005, p. 602-606.

SERGENT B., *Homosexualité et initiation chez les peuples indo-européens*, Paris, 1996.

SEVERYNS A., *Le cycle épique dans l'école d'Aristarque*, Liège-Paris, 1928.

SHAPIRO H.A., *Personifications in Greek Art*, Zürich, 1993.
SHAPIRO H.A., « Cult Warfare. The Dioskouroi between Sparta and Athens », dans : R. Hägg (ed.), *Ancient Greek Hero Cult*, Stockholm, 1999, p. 99-107.
SICHTERMANN H., « Ganymedes », *LIMC* IV.1, Zürich-Munich, 1988, p. 154-169.
SKEAT T.C., « Roll versus Codex – A New Approach », *ZPE*, 84, 1990, p. 297-298.
SKEAT T.C., « The origin of the Christian Codex », *ZPE*, 102, 1994, p. 263-268.
SMITH W., *A Dictionary of Greek and Roman Antiquities*, Londres, 1875.
SNELL B., « Pindars 8. Paian über die Tempel von Delphi », *Hermes,* 90, 1962, p. 1-6.
SOLMSEN F., « Aratus on the Maiden and the Golden Age », *Hermes,* 94, 1966, p. 124-128.
SOMVILLE P., « Le dauphin dans la religion grecque », *RHR*, 201, 1984, p. 3-24.
SOURVINOU-INWOOD Ch., « The Myth of the First Temples at Delphi », *CQ*, 29, 1979, p. 231-251.
SOURVINOU-INWOOD Ch., « Ancient Rites and Modern Constructs : On the Brauronian Bears again », *BICS* 37, 1990a, p. 1-14.
SOURVINOU-INWOOD Ch., « Lire l'*arkteia* - lire les images, les textes, l'animalité », *DHA,* 1990b, 16 (2), p. 45-60.
STEBBINS E.B., *The Dolphin in the Literature and Art of Greece and Rome*, Menasha-Wisconsin, 1929.
STEIER A., « Löwe », *RE* XIII.1, Stuttgart, 1926, col. 968-990.
STERN M.A., « Über das Sternbild νέκταρ bei Eratosthenes », *Nachrichten von der königlichen Gesellschaft der Wissenschaften und der Georg-Augusts-Universität*, Göttingen, 1867, p. 363-365.
STEVENSON E., *Terrestrial and Celestial Globes : Their History and Construction*, New Haven, 1921.

STOESSL F., « Silenos-Satyros », *Der kleine Pauly. Lexikon der Antike*, vol. V, Munich, 1979, col. 191-193.
STOLL H.W., « Krotos », dans : W.H. Roscher, *Ausführliches Lexikon der griechischen und römischen Mythologie*, vol. II.1, Leipzig-Berlin, 1890-1894, col. 1575.
STOPPA F., *Atlas coelestis. Il cielo stellato nella scienza e nell' arte*, Milan, 2006.
STROUX J., « Vier Zeugnisse zur römischen Literaturgeschichte der Kaiserzeit. III : Cornutus, Vater und Sohn », *Philologus*, 86, 1931, p. 355-363.
STRUVE C.L., « Eratosthenes », *Opuscula selecta*, vol. I, Leipzig, 1854, p. 257.
STÜCKELBERGER A., « Sterngloben und Sternkarten. Zur wissenschaftlichen Bedeutung des Leidener Aratus », *MH*, 47, 1990, p. 70-81.
SUSEMIHL F., *Geschichte der griechischen Litteratur in der Alexandrinerzeit*, vol. I, Leipzig, 1891-1892.
SVENBRO J., « 'Ton luth, à quoi bon ?' La lyre et la pierre tombale dans la pensée grecque », *Métis*, 1992, 7 (1-2), p. 135-160.
SWOBODA A., « Quaestiones Nigidianae », dans : A. Swoboda (ed.), *P. Nigidii Figuli Operum Reliquiae*, Vienne-Prague, 1889.
SZEMERÉNYI O.J.L., *Trends and Tasks in Comparative Philology*, Londres, 1962.
THALAMAS A., *Étude bibliographique de la Géographie d'Ératosthène*, Paris, 1921.
THIELE G., « Compte rendu de Rehm 1896 », *Wochenschrift für klassische Philologie*, Berlin, 1897a, p. 1111-1114.
THIELE G., « "Erwiderung" de Thiele à l'"Entgegnung" de Rehm 1897 », *Wochenschrift für klassische Philologie*, Berlin, 1897b, p. 1430-1432.
THIELE G., *Antike Himmelsbilder. Mit Forschungen zu Hipparchos, Aratos und seinen Fortsetzern und Beiträgen zur Kunstgeschichte des Sternhimmels*, Berlin, 1898.

THOMAS R.F., « Callimachus, the Victoria Berenices, and Roman Poetry », *CQ*, 33, 1983, p. 92-113.

THOMAS R.F., *Virgil. Georgics I-II*, Cambridge, 1988.

THOMPSON A., « The Panathenaic Festival », *Jahrbuch des deutschen Archäologischen Instituts und Archäologischer Anzeiger*, 76, 1961, p. 224-231.

THOMPSON D.W., « The emblem of the Crab in relation to the sign Cancer », *Transactions of the Royal Society of Edinburgh*, 39.3 (22), 1899, p. 603-611.

THOMPSON D.W., *A Glossary of Greek Birds*, Oxford-Londres, 1936.

THOMPSON D.W., *A Glossary of Greek Fishes*, Londres, 1947.

THOMPSON S., *Motif-Index of Folk-Literature*, Bloomington, 1955-1958^2.

THURN N., « Die siebensaitige Lyra », *Mnemosyne*, 51, 1998, p. 411-434.

TILAK B.G., *The Orion, or, Researches into the antiquity of the Vedas*, Bombay, 1893.

TOURNAY R.J. & SHAFFER A., *L'épopée de Gilgamesh*, Paris, 1994.

TOVAR A., *Catalogus codicum Graecorum Universitatis Salamantinae. Acta Salmanticensia XV*, Salamanque, 1963.

TOYE D.L., « Pherecydes of Syros : Ancient Theologian and Genealogist », *Mnemosyne*, 50, 1997, p. 530-560.

TREIDLER H., « Hierapolis », *Der kleine Pauly. Lexikon der Antike*, vol. II, Munich, 1979, col. 1130.

TUPET A.M., *La magie dans la poésie latine. I. Des origines à la fin du règne d'Auguste*, Paris, 1976.

TURYN A., *Dated Greek Manuscripts of the Thirteenth and Fourteenth Centuries in the Libraries of Great Britain*, Washington, 1980.

UPTON J.M., « A Manuscript of *The Book of the Fixed Stars* by Abd Ar-Rahman As-Sufi », *Metropolitan Museum Studies*, 4 (2), 1933, p. 179-197.

USENER H., *Götternamen. Versuch einer Lehre von der religiösen Begriffsbildung*, Frankfurt, 1896.

USENER K., « Zur Existenz des Löwen im Griechenland der antike. Eine berprüfung auf dem Hintergrund biologischer Erkenntnisse », *Symbolae Osloenses*, 69 (1), 1994, p. 5-33.

VALCKENAER L.C., « Valckenaeriana ex Petri Henrici Koppiers observatis philologicis in loca quaedam Antiphanis, Theocriti, Pauli Apostoli, Eratosthenis et Propertii excerpta », *Opuscula* II, Leipzig, 1809.

VAN BERG P.-L., *Corpus Cultus Deae Syriae. Les Sources Littéraires - Étude Critique Des sources mythographiques grecques et latines sauf Le De Dea Syria*, 2 vol., Leiden, 1972.

VAN DE SAN DE BAKHUYZEN W.H., *De parodia in comoediis Aristophanis*, Utrecht, 1877.

VAN DER VALK M., « On Apollodori Bibliotheca », *REG*, 71, 1958, p. 100-168.

VERBANCK-PIÉRARD A. & GILIS É., « Héraclès pourfendeur des dragons », dans : C. Bonnet, C. Jourdain-Annequin, V. Pirenne-Delforge (ed.), *Le Bestiaire d'Héraclès. IIIe Rencontre héracléenne*, (*Kernos* supplément 7), Liège, 1998, p. 37-60.

VERBRUGGEN H., *Le Zeus crétois. Collection d'études mythologiques*, Paris, 1981.

VERNANT J.-P., *Mythe et pensée chez les Grecs*, Paris, 1969.

VERNANT J.-P., *Mythe et société en Grèce ancienne*, Paris, 1974.

VERNANT J.-P., « Théogonie et mythes de souveraineté », dans : Y. Bonnefoy, *Dictionnaire des mythologies*, Paris, 1981, vol. II, p. 491-495.

VERNANT J.-P., *La mort dans les yeux : Figures de l'Autre en Grèce ancienne. Artémis, Gorgô*, Paris, 1985.

VERSNEL H.S., « The Roman Festival for Bona Dea and the Greek Thesmophoria », dans : *Inconsistencies in Greek & Roman Religion 2. Transition and Reversal*

in Myth and Ritual, Leiden-New York-Cologne, 1992, p. 228-288.
VILLAGRA N., « Los Τραγῳδούμενα de Asclepíades de Tragilo : una obra mitográfica », *Faventia*, 30, 2008, p. 285-295.
VILLARD L., « Tyche », *LIMC* VIII.1, Zürich-Munich, 1997.
VIRÉ G., « Les extraits du *De Astronomia* d'Hygin dans les scholies aux *Aratea* de Cicéron », *AC*, 50, 1981, p. 801-812.
VITRAC B., « Ératosthène et la théorie des médiétés », dans : C. Cusset & H. Frangoulis, *Ératosthène, un athlète du savoir*, Saint-Étienne, 2008, p. 77-103.
VOGT H., « Versuch einer Wiederherstellung von Hipparchs Fixsternverzeichnis », *Astronomische Nachrichten*, 224 (5354-55), 1925 (23), col. 17-54.
VOIT L., « Arat und Germanicus über Lyra, Engonasin und Kranz », *WJA*, 10, 1984, p. 135-144.
VOLK K., *Manilius and his Intellectual Background*, Oxford, 2009.
WAERDEN VAN DER B.L., *Science Awakening II. The Birth of Astronomy*, Leiden-New York, 1974.
WEBB E.J., « Cleostratus redivivus », *JHS*, 41, 1921, p. 70-85.
WEBB E.J., *The Names of the Stars*, Londres, 1952.
WEBSTER T.B.L, « The Andromeda of Euripides », *BICS*, 12, 1965, p. 29-33.
WEBSTER T.B.L. *The Tragedies of Euripides* (ed. com.), Londres, 1967.
WEHRLI F., *Herakleides Pontikos. Die Schule des Aristoteles*, vol. VII, Bâle, 1969[2].
WEINSTOCK S., *CCAG. Codices Britannici*, IX.1, Bruxelles, 1951.
WEITZMANN K., *Ancient Book Illumination*, Cambridge, 1959.
WEITZMANN K., *Studies in Classical and Byzantine Manuscript Illumination*, Chicago-Londres, 1971.

WELLMANN M., « Alexandros von Myndos », *Hermes*, 26, 1891, p. 481-566.
WELLMANN M., « Juba, eine Quelle des Aelian », *Hermes*, 27, 1892, p. 389-406.
WELLMANN M., « Aglaosthenes », *RE* I.1, Stuttgart, 1893, col. 825.
WELLMANN M., « Leonidas von Byzanz und Demostratos », *Hermes*, 30, 1895, p. 161-176.
WELLMANN M., « Aegyptisches », *Hermes*, 31, 1896, p. 221-253.
WELLMANN M., « Pamphilos », *Hermes*, 51, 1916, p. 1-64.
WENDEL C., « Mythographie », *RE* XVI/2, Stuttgart, 1935, col. 1352-1374.
WERHAHN H.M., « Hyperboreer », *RAC,* vol. 16, 1993, p. 967-986.
WESSELS A & KRUMEICH R., « Unsicheres », dans R. Krumeich, N. Pechstein & B. Seidensticker (ed.), *Das griechische Satyrspiel*, Darmstadt, 1999, p. 203-212.
WEST 1966 (voir HÉSIODE).
WEST M.L., *Textual Criticism and Editorial Technique*, Stuttgart, 1973.
WEST M.L., *Hesiod. Works and Days*, Oxford, 1978.
WEST M.L., *The Orphic Poems*, Oxford, 1983a.
WEST M.L., « Tragica VI », *BICS,* 30, 1983b, p. 63-82.
WEST M.L., *The Hesiodic Catalogue of Women*, Oxford, 1985.
WEST M.L., *Studies in Aeschylus*, Stuttgart, 1990.
WEST M.L., « Book Reviews », *AJPh,* 112, 1991, p. 274.
WEST S., « Venus observed ? A Note on Callimachus, Fr. 110 », *CQ*, 35, 1985, p. 61-66.
WESTERMANN A., Παραδοξόγραφοι. *Scriptores rerum mirabilium Graeci*, Londres, 1839.
WESTERMANN A., Μυθόγραφοι. *Scriptores Poeticae Historiae Graeci*, Brunswig, 1843.
WILAMOWITZ-MÖLLENDORF von U., « Melanippe », *Kleine Schriften*, vol. I, Berlin & Amsterdam, [1921] 1971a, p. 440-460.

WILAMOWITZ-MÖLLENDORF von U., « Die griechische Heldensage II », *Kleine Schriften*, vol. V.2, Berlin & Amsterdam, [1925] 1971b, p. 85-126.
WILSON N.G., « Planudes and Triclinius », *GRBS* 19, 1978, p. 389-394.
WILSON N.G., « A Chapter in the History of Scholia », *CQ* 17, 1967, p. 244-256.
WINDISCH W., *De Perseo eiusque familia inter astra collocatis*, Leipzig, 1902.
WINIARCZYK M., *Euhemeros von Messene : Leben, Werk und Nachwirkung*, Munich-Leipzig, 2002.
WÜNSCH R., « Zu den Melanippen des Euripides », *RhM,* 49, 1894, p. 91-110.
YOSHIDA A., « Mythe d'Orion et de Cédalion », dans : J. Bibauw (ed.), *Hommages à Marcel Renard II*, Bruxelles, 1969, p. 828-844.
ZEHNACKER H., « D'Aratos à Aviénus. Astronomie et idéologie », *ICS*, 14, 1989, p. 317-29.
ZIEGLER K., « Paradoxographoi », *RE*, XVIII.3, 1949, col. 1137-1166.
ZINNER E., « Die griechischen Himmelsbeschreibungen », *Bericht der Naturforschenden Gesellschaft Bamberg*, 31, 1948 p. 1-23.
ZUCKER A. « Etude épistémologique du mot κῆτος », *Revue du LAMA,* (NS) 38, 1997, p. 425-454.
ZUCKER A., « La fonction de l'image dans l'astronomie grecque (Ératosthène, Hipparque, Ptolémée) », dans : C. Cusset & H. Frangoulis, *Ératosthène, un athlète du savoir*, Saint-Étienne, 2008, p. 33-66.
ZUCKER A., « Les catastérismes », dans : C. Jacob (ed.), *Lieux de savoir II. Les Gestes de l'intelligence, l'intelligence des gestes*, Paris, 2011a, p. 603-622.
ZUCKER A., « De la prédation rituelle à la sarcophagie. La corruption du régime humain selon la tradition végétarienne grecque », dans J.Ph. Brugal, A. Gardeisen & A. Zucker (ed.), *Les prédateurs dans tous*

leurs états. Colloque d'Antibes, 20-23 octobre 2010, Nice, 2011b, p. 455-466.

ZUCKER A., « Sympathies et antipathies naturelles : au-delà du principe », dans : A. Balansard, G. Dorival & M. Loubet (ed.). *Prolongements et renouvellement de la tradition classique, Études réunies en hommage à Didier Pralon,* Aix-en-Provence, 2011c, p. 93-108.

ZUCKER A., « Pourquoi l'ourse tourne-t-elle au pôle ? » dans : M. Jufresa & M. Reig (ed.), *Ta zôia. L'espai a Grècia II : els animals i l'espai,* Tarragona, 2011d, p. 63-72.

ZUCKER A., « Qu'est-ce qu'épitomiser ? Étude des pratiques dans la *Syllogè* zoologique byzantine », *Rursus,* 7, 2012, http ://rursus.revues.org/

Principales abréviations utilisées :

BNJ : *Brill's New Jacoby* (online : http ://www.brill.com/publications/online-resources/jacoby-online).

CAG : *Commentaria in Aristotelem Graeca,* Berlin, 1882-1909.

CCAG : *Catalogus Codicum Astrologorum Graecorum,* F. Cumont, F. Boll & W. Kroll (ed.), Bruxelles, 1898-1953.

CIG : *Corpus Inscriptionum Graecarum,* A. Boeck (ed.), Berlin, 1828-1877.

FGH : *Die Fragmente der griechischen Historiker,* F. Jacoby (ed.), Berlin-Leiden, 1923-1958, 16 vol.

FHG : *Fragmenta Historicorum Graecorum,* C. & Th. Müller (ed.), 5 vol., Paris, 1849-1885.

FVS : *Die Fragmente der Vorsokratiker,* H. Diels & W. Kranz (ed.), Berlin-Zürich, [1903] 1951^6.

LIMC : *Lexicon Iconographicum Mythologiae Classicae,* L. Kahil (ed.), Zürich-Munchen-Düsseldorf, 1981-1999.

LSJ : *Liddell and Scott's Greek-English Lexicon,* H.G. Liddell, R. Scott, H.S. Jones & R. McKenzie (ed.), Oxford, 1996^9.

OCD : *The Oxford Classical Dictionary*, S. Hornblower, A. Spawforth, Oxford, 1996[3].

RAC : *Reallexikon für Antike und Christentum*, Stuttgart, 1950.

Editions utilisées pour les principaux témoins :

L'édition utilisée et la pagination indiquée pour l'*Aratus Latinus* sont celles de Maass (1898) ; pour les *Scholies à Aratos*, celles de Martin (1974) pour les *Scholies à Germanicus*, celles de Breysig (1867) ; pour l'*Almageste* de Ptolémée, celles de Heiberg (1898-1903). Pour les autres textes, les éditions utilisées sont par défaut celles qui figurent dans la bibliographie, et le nom d'éditeur n'est précisé que pour les textes (ou corpus de fragments) pour lesquels existent plusieurs éditions courantes.

Références raccourcies :

Dans les notes les références aux textes anciens sont le plus souvent abrégées, et l'œuvre n'est pas indiquée pour les auteurs d'un seul ouvrage ou les témoins principaux. Ainsi Antigone : Antigone, *Mirabilia* ; Antoninus : Antoninus Liberalis, *Métamorphoses* ; Apollodore = Apollodore, *Bibliothèque* ; Apollonios = Apollonios de Rhodes, *Argonautiques* ; Aratos = Aratos, *Phénomènes* ; Artémidore = Artémidore, *Onirocritique* ; Athénée = Athénée, *Deipnosophistes* ; Aviénus = Aviénus, *Les Phénomènes d'Aratos* ; Diodore = Diodore de Sicile, *Bibliothèque* ; Firmicus = Firmicus Maternus, *Mathesis* ; Germanicus = Germanicus, *Les Phénomènes d'Aratos* ; Hérodote = Hérodote, *Histoires* ; Hipparque = Hipparque, *Commentaire aux Phénomènes d'Aratos et d'Eudoxe* ; Horapollon = Horapollon, *Hiéroglyphiques* ; Hygin = Hygin, *Astronomie* ; Lucain = Lucain, *Pharsale* ; Manilius = Manilius, *Astronomiques* ;

Martianus Capella = Martianus Capella, *Noces de Philologie et de Mercure* ; Nonnos = Nonnos, *Dionysiaques* ; Pausanias = Pausanias, *Périégèse* ; Pline = Pline, *Histoire naturelle* ; Pollux = Pollux, *Onomasticon* ; Strabon = Strabon, *Géographie* ; Vitruve = Vitruve, *Architecture*.

TABLE DES MATIÈRES

INTRODUCTION.	VII
1. Biographie d'Ératosthène	VII
Son activité intellectuelle	IX
Son œuvre scientifique	XIII
2. L'Astronomie	XVII
L'état actuel de l'ouvrage	XVII
L'hybridité de l'œuvre	XVII
La composition et la nature	XX
Le contenu et la structure	XXIV
L'ordre des constellations.	XXVII
L'astrothésie	XXXIII
Les catalogues d'étoiles	XXXIII
Les données astronomiques	XXXVII
Description imagée et illustrations . . .	XL
Les figures du ciel d'Ératosthène.	XLII
3. Mythologie et catastérisation	XLIII
Les dieux astraux	XLIII
Les dieux astraux dans le panthéon grec	XLIII
Les dieux astraux dans les *Catastérismes*	XLIX
La mythographie ératosthénienne	LIV
Sélection et appropriation de l'héritage mythologique	LIV

La question des sources des *Catastérismes* et de leur utilisation LXI
Qu'est-ce que catastériser ? LXV
La genèse culturelle du processus LXV
Le sens du mot "catastériser" LXX

4. *La tradition des* Catastérismes *et des* Phénomènes...................... LXXVI
La postérité grecque LXXVIII
Le croisement d'Aratos et d'Ératosthène........................ LXXVIII
Les Scholies à Aratos.............. LXXXI
Un autre épitomé : les *Fragmenta Vaticana* LXXXI
Les adaptations et commentaires latins... LXXXII
Traductions latines d'Aratos......... LXXXIII
Les Scholies à Germanicus LXXXIV
Aratus Latinus LXXXV
La place d'Hygin dans la tradition.... LXXXVII
Ordre des chapitres dans l'*Épitomé* et les témoins parallèles............. XCIV
L'iconographie des *Catastérismes* XCV

5. *Le texte des* Catastérismes............. CI
Historique de la question ératosthénienne CI
Les manuscrits CVI
Les manuscrits de l'*Épitomé* CVI
Les manuscrits des *Fragmenta Vaticana* CX
L'histoire du texte.................. CXII
Le texte de l'*Épitomé* CXII
Le texte des *Fragmenta Vaticana* CXVI
Choix éditoriaux CXVIII

Eratosthenis Catasterismorvm Epitome et Fragmenta Vaticana.................. 1

Notes complémentaires.	133
Annexe	357
Index nominvm	360
Bibliographie	365
Table des matières	421

COLLECTION DES UNIVERSITÉS DE FRANCE

OUVRAGES PARUS

Série grecque

dirigée par Jacques Jouanna
de l'Institut
professeur émérite à l'Université de Paris Sorbonne

Règles et recommandations pour les éditions critiques (grec). (1 vol.).

ACHILLE TATIUS.
Le Roman de Leucippé et Clitophon. (1 vol.).

AELIUS ARISTIDE (Pseudo-)
Arts rhétoriques. (2 vol.).

AELIUS THÉON.
Progymnasmata. (1 vol.).

ALCÉE.
Fragments. (2 vol.).

LES ALCHIMISTES GRECS.
(4 vol. parus).

ALCINOOS.
Les Doctrines de Platon. (1 vol.).

ALEXANDRE D'APHRODISE.
Sur la mixtion et la croissance (1 vol.).
Traité du destin. (1 vol.).

ANDOCIDE.
Discours. (1 vol.).

ANONYME DE SÉGUIER.
Art du discours politique. (1 vol.).

ANTHOLOGIE GRECQUE.
(12 vol. parus).

ANTIGONE DE CARYSTE.
Fragments. (1 vol.).

ANTIPHON.
Discours. (1 vol.).

ANTONINUS LIBERALIS.
Métamorphoses. (1 vol.).

APHTHONIOS.
Corpus Rhet. I. Progymnasmata.

APOLLODORE DE PERGAME
THÉODORE DE GADARA
Fragments et témoignages

APOLLONIOS DE RHODES.
Argonautiques. (3 vol.).

APPIEN.
Histoire romaine. (9 vol. parus).

APSINÈS.
Art rhétorique. (1 vol.).

ARATOS.
Phénomènes. (2 vol.).

ARCHILOQUE.
Fragments. (1 vol.).

ARCHIMÈDE. (4 vol.).

ARGONAUTIQUES ORPHIQUES. (1 vol.).

ARISTÉNÈTE. (1 vol.).

ARISTOPHANE. (5 vol.).

ARISTOTE.
De l'âme. (1 vol.).
Catégories. (1 vol.).
Constitution d'Athènes. (1 vol.).
Du ciel. (1 vol.).
Économique. (1 vol.).
Génération des animaux. (1 vol.).
De la génération et la corruption. N^{lle} éd. (1 vol.).
Histoire des animaux. (3 vol.).
Marche des animaux - Mouvement des animaux. (1 vol.).

Météorologiques. (2 vol.).
Parties des animaux. (1 vol.).
Petits traités d'histoire naturelle.
(1 vol.).
Physique. (2 vol.).
Poétique. (1 vol.).
Politique. (5 vol.).
Problèmes. (3 vol.).
Rhétorique. (3 vol.).
Topiques. (2 vol.).

ARISTOTE (Pseudo-).
Rhétorique à Alexandre. (1 vol.).

ARRIEN.
L'Inde. (1 vol.).
Périple du Pont-Euxin. (1 vol.).

ASCLÉPIODOTE.
Traité de tactique. (1 vol.).

ATHÉNÉE.
Les Deipnosophistes. (1 vol. paru).

ATTICUS.
Fragments. (1 vol.).

AUTOLYCOS DE PITANE.
Levers et couchers héliaques. - La sphère en mouvement. - Testimonia. (1 vol.).

BACCHYLIDE.
Dithyrambes. Épinicies. Fragments.
(1 vol.).

BASILE (Saint).
Aux jeunes gens. Sur la manière de tirer profit des lettres helléniques. (1 vol.).
Correspondance. (3 vol.).

BUCOLIQUES GRECS.
Théocrite. (1 vol.).
Pseudo-Théocrite, Moschos, Bion.
(1 vol.).

CALLIMAQUE.
Hymnes. - Épigrammes. - Fragments choisis. (1 vol.).

LES CATOPTRICIENS GRECS.
Les Miroirs ardents. (1 vol. paru).

CHARITON.
Le Roman de Chaireas et Callirhoé.
(1 vol.).

COLLOUTHOS.
L'Enlèvement d'Hélène. (1 vol.).

CORPUS RHETORICUM.
(5 vol. parus).

CTÉSIAS DE CNIDE.
La Perse. L'Inde. Autres fragments.
(1 vol.).

DAMASCIUS.
Traité des premiers principes.
(3 vol.).
Commentaire du *Parménide* de Platon. (4 vol.).
Commentaire sur le *Philèbe* de Platon. (1 vol.).

DÉMÉTRIOS.
Du style. (1 vol.).

DÉMOSTHÈNE.
Œuvres complètes. (13 vol.).

DENYS D'HALICARNASSE.
Opuscules rhétoriques. (5 vol.).
Antiquités romaines. (2 vol. parus).

DINARQUE.
Discours. (1 vol.).

DIODORE DE SICILE.
Bibliothèque historique.
(12 vol. parus).

DION CASSIUS.
Histoire romaine. (5 vol. parus).

DION DE PRUSE.
Œuvres. (1 vol. paru).

DIOPHANTE.
Arithmétique. (2 vol. parus).

DU SUBLIME. (1 vol.).

ÉNÉE LE TACTICIEN.
Poliorcétique. (1 vol.).

ÉPICTÈTE.
Entretiens. (4 vol.).

ÉRATOSTHÈNE.
Catastérismes. (1 vol.).

ESCHINE.
Discours. (2 vol.).

ESCHYLE.
Tragédies. (2 vol.).

ÉSOPE.
Fables. (1 vol.).

EURIPIDE.
Tragédies (12 vol.).

FAVORINOS D'ARLES.
Œuvres (2 vol. parus).

GALIEN. (6 vol. parus).

GÉOGRAPHES GRECS. (1 vol. paru).

GÉMINOS.
Introduction aux phénomènes. (1 vol.).

GRÉGOIRE DE NAZIANZE (le Théologien) (saint).
Correspondance. (2 vol.).
Poèmes. (1 vol. paru).

HÉLIODORE.
Les Éthiopiques. (3 vol.).

HÉRACLITE.
Allégories d'Homère. (1 vol.).

HERMAGORAS.
Fragments et témoignages (1 vol.).

HERMÈS TRISMÉGISTE. (4 vol.).

HERMOGÈNE (Ps.).
Corpus Rhet. I. Progymnasmata.

HÉRODOTE.
Histoires. (11 vol.).

HÉRONDAS.
Mimes. (1 vol.).

HÉSIODE.
Théogonie. - Les Travaux et les Jours. - Bouclier. (1 vol.).

HIPPOCRATE. (12 vol. parus).

HOMÈRE.
L'Iliade. (4 vol.).
L'Odyssée. (3 vol.).
Hymnes. (1 vol.).

HYPÉRIDE.
Discours. (1 vol.).

ISÉE.
Discours. (1 vol.).

ISOCRATE.
Discours. (4 vol.).

JAMBLIQUE.
Les Mystères d'Égypte. (1 vol.).
Protreptique. (1 vol.).
Réponse à Porphyre. (1 vol.).

JEAN LE LYDIEN.
Des magistratures de l'État romain. (2 vol. parus).

JOSÈPHE (Flavius).
Autobiographie. (1 vol.).
Contre Apion. (1 vol.).
Guerre des Juifs. (3 vol. parus).

JULIEN (L'empereur).
Lettres. (2 vol.).
Discours. (2 vol.).

LAPIDAIRES GRECS.
Lapidaire orphique. - Kerygmes lapidaires d'Orphée. - Socrate et Denys. - Lapidaire nautique. - Damigéron. - Evax. (1 vol.).

LIBANIOS.
Discours. (3 vol. parus).

LONGIN. RUFUS.
Fragments. Art rhétorique. (1 vol.).

LONGUS.
Pastorales. (1 vol.).

LUCIEN. (4 vol. parus).

LYCOPHRON.
Alexandra (1 vol.).

LYCURGUE.
Contre Léocrate. (1 vol.).

LYSIAS.
Discours. (2 vol.).

MARC-AURÈLE.
Écrits pour lui-même. (1 vol. paru).

MARINUS.
Proclus ou sur le bonheur. (1 vol.).

MÉNANDRE. (5 vol. parus).

MUSÉE.
Héro et Léandre. (1 vol.).

NICANDRE.
Œuvres. (2 vol. parus).

NONNOS DE PANOPOLIS.
Les Dionysiaques. (19 vol.).

NUMÉNIUS. (1 vol.).

ORACLES CHALDAÏQUES. (1 vol.).

PAUSANIAS.
Description de la Grèce.
(6 vol. parus).

PHILODÈME DE GADARA.
Sur la musique. Livre IV (2 vol.).

PHOCYLIDE (Pseudo-). (1 vol.).

PHOTIUS.
Bibliothèque. (9 vol.).

PINDARE.
Œuvres complètes. (4 vol.).

PLATON.
Œuvres complètes. (26 vol.).

PLOTIN.
Ennéades. (7 vol.).
Œuvres complètes (1 vol. paru).

PLUTARQUE.
Œuvres morales. (21 vol. parus).
Vies parallèles. (16 vol.).

POLYBE.
Histoires. (12 vol. parus).

PORPHYRE.
De l'abstinence. (3 vol.).
Lettre à Anebon l'Égyptien (1 vol.)
Vie de Pythagore. - Lettre à Marcella. (1 vol.).

PROCLUS.
Commentaires de Platon.
– Alcibiade. (2 vol.).
– Parménide. (5 vol. parus)
Théologie platonicienne. (6 vol.).
Trois études. (3 vol.).

PROLÉGOMÈNES À LA PHILO-SOPHIE DE PLATON. (1 vol.).

QUINTUS DE SMYRNE.
La Suite d'Homère. (3 vol.).

SALOUSTIOS.
Des dieux et du monde. (1 vol.).

SAPHO-ALCÉE.
Fragments. (1 vol.).

SCYMNOS (Pseudo-)
voir GÉOGRAPHES GRECS.

SIMPLICIUS
Commentaire du *Manuel* d'Épictète (1 vol. paru).

SOPHOCLE.
Tragédies. (3 vol.).

SORANOS D'ÉPHÈSE.
Maladies des femmes. (4 vol.).

STRABON.
Géographie. (10 vol. parus).

SYNÉSIOS DE CYRÈNE.
Hymnes. (1 vol.).
Lettres. (2 vol.).
Opuscules. (3 vol.).

THÉOGNIS.
Poèmes élégiaques. (1 vol.).

THÉOPHRASTE.
Caractères. (1 vol.).
Les Causes des phénomènes végétaux (1 vol. paru)
Métaphysique. (1 vol.).
Recherches sur les plantes. (5 vol.).

THUCYDIDE.
Histoire de la guerre du Péloponnèse. (6 vol.).

TRIPHIODORE.
La Prise de Troie. (1 vol.).

XÉNOPHON.
Anabase. (2 vol.).

L'Art de la chasse. (1 vol.).
L'Art équestre. (1 vol.).
Banquet. - Apologie de Socrate. (1 vol.).
Le Commandant de la Cavalerie. (1. vol.).
Cyropédie. (3 vol.).
Économique. (1 vol.).
Helléniques. (2 vol.).

Mémorables (3 vol. parus).

XÉNOPHON D'ÉPHÈSE.
Éphésiaques ou Le Roman d'Habrocomès et d'Anthia. (1 vol.).

ZOSIME.
Histoire nouvelle. (5 vol.).
Tome I. N^{lle} éd. (1 vol.).

Série latine

dirigée par
Jean-Louis Ferrary
de l'Institut, directeur d'études à l'École pratique des hautes études (IVe section)
et
Jean-Yves Guillaumin
Professeur à l'Université de Franche-Comté

Règles et recommandations pour les éditions critiques (latin). (1 vol.).

ACCIUS.
Œuvres. Fragments. (1 vol.).

AMBROISE (Saint).
Les Devoirs. (2 vol.).

AMMIEN MARCELLIN.
Histoires. (7 vol.).

L. AMPÉLIUS.
Aide-mémoire. (1 vol.).

L'ANNALISTIQUE ROMAINE. (3 vol. parus).

APICIUS.
Art culinaire. (1 vol.).

APULÉE.
Apologie. - Florides. (1 vol.).
Métamorphoses. (3 vol.).
Opuscules philosophiques. - Fragments. (1 vol.).

ARNOBE.
Contre les Gentils. (3 vol. parus).

LES ARPENTEURS ROMAINS. (2 vol. parus).

AUGUSTIN (Saint).
Confessions. (2 vol.).

AULU-GELLE.
Nuits attiques. (4 vol.).

AURÉLIUS VICTOR.
Livre des Césars. (1 vol.).
Abrégé des Césars. (1 vol.).

AVIANUS.
Fables. (1 vol.).

AVIÉNUS.
Aratea. (1 vol.).

BOÈCE.
Institution arithmétique. (1 vol.).

CALPURNIUS SICULUS.
Bucoliques.

CALPURNIUS SICULUS (Pseudo-).
Éloge de Pison. (1 vol.).

CASSIUS FELIX.
De la médecine. (1 vol.).

CATON.
De l'agriculture. (1 vol.).
Les Origines. (1 vol.).

CATULLE.
Poésies. (1 vol.).

CELSE.
De la médecine. (1 vol. paru).

CÉSAR.
Guerre civile. (2 vol.).
Guerre des Gaules. (2 vol.).

CÉSAR (Pseudo-).
Guerre d'Afrique. (1 vol.).
Guerre d'Alexandrie. (1 vol.).
Guerre d'Espagne. (1 vol.).

CETIUS FAVENTINUS.
Abrégé d'architecture privée. (1 vol.).

CICÉRON.
L'Amitié. (1 vol.).
Aratea. (1 vol.).
Brutus. (1 vol.).
Caton l'ancien. De la vieillesse. (1 vol.).
Correspondance. (11 vol.).
De l'invention (1 vol.).
De l'orateur. (3 vol.).
Des termes extrêmes des Biens et des Maux. (2 vol.).
Discours. (22 vol.).
Divisions de l'art oratoire. - Topiques. (1 vol.).
Les Devoirs. (2 vol.).
L'Orateur. (1 vol.).
Les Paradoxes des stoïciens. (1 vol.).
De la république. (2 vol.).
Traité des lois (1 vol.).
Traité du destin. (1 vol.).
Tusculanes. (2 vol.).

CLAUDIEN.
Œuvres. (3 vol. parus).

COLUMELLE.
L'Agriculture, (4 vol. parus).
Les Arbres. (1 vol.).

COMMODIEN.
Instructions.

COMŒDIA TOGATA.
Fragments. (1 vol.).

CORIPPE.
Éloge de l'empereur Justin II. (1 vol.).

CORNÉLIUS NÉPOS.
Œuvres. (1 vol.).

CYPRIEN (Saint).
Correspondance. (2 vol.).

DOSITHÉE.
Grammaire latine. (1 vol.).

DRACONTIUS.
Œuvres. (4 vol.).

ÉLOGE FUNÈBRE D'UNE MATRONE ROMAINE. (1 vol.).

ENNODE DE PAVIE.
Lettres. (2 vol. parus).

L'ETNA. (1 vol.).

EUTROPE.
Abrégé d'Histoire romaine. (1 vol.).

FESTUS.
Abrégé des hauts faits du peuple romain. (1 vol.).

FIRMICUS MATERNUS.
L'Erreur des religions païennes. (1 vol.).
Mathesis. (3 vol.).

FLORUS.
Œuvres. (2 vol.).

FORTUNAT (Venance). (4 vol.).

FRONTIN.
Les Aqueducs de la ville de Rome. (1 vol.).

GAIUS.
Institutes. (1 vol.).

GARGILIUS MARTIALIS
Les Remèdes tirés des légumes et des fruits. (1 vol.)

GERMANICUS.
Les Phénomènes d'Aratos. (1 vol.).

HISTOIRE AUGUSTE.
(6 vol. parus).

HORACE.
Épîtres. (1 vol.).
Odes et Épodes. (1 vol.).
Satires. (1 vol.).

HYGIN.
L'Astronomie. (1 vol.).

HYGIN (Pseudo-).
Des fortifications du camp.
(1 vol.).

JÉRÔME (Saint).
Correspondance. (8 vol.).

JUVÉNAL.
Satires. (1 vol.).

LUCAIN.
Pharsale. (2 vol.).

LUCILIUS.
Satires. (3 vol.).

LUCRÈCE.
De la nature. (2 vol.).

MACROBE.
Commentaire au songe
de Scipion. (2 vol.).

MARTIAL.
Épigrammes. (3 vol.).

MARTIANUS CAPELLA.
Les Noces de philologie
et Mercure. (4 vol. parus).

MINUCIUS FÉLIX.
Octavius. (1 vol.).

PREMIER MYTHOGRAPHE
DU VATICAN. (1 vol.).

NÉMÉSIEN.
Œuvres. (1 vol.).

OROSE.
Histoires (Contre les Païens).
(3 vol.).

OVIDE.
Les Amours. (1 vol.).
L'Art d'aimer. (1 vol.).
Contre Ibis. (1 vol.).
Les Fastes. (2 vol.).
Halieutiques. (1 vol.).
Héroïdes. (1 vol.).
Métamorphoses. (3 vol.).
Pontiques. (1 vol.).
Les Remèdes à l'amour. (1 vol.).
Tristes. (1 vol.).

PALLADIUS.
Traité d'agriculture. (2 vol. parus).

PANÉGYRIQUES LATINS.
(3 vol.).

PERSE.
Satires. (1 vol.).

PÉTRONE.
Le Satiricon. (1 vol.).

PHÈDRE.
Fables. (1 vol.).

PHYSIOGNOMONIE (Traité de).
(1 vol.).

PLAUTE.
Théâtre complet. (7 vol.).

PLINE L'ANCIEN.
Histoire naturelle. (37 vol. parus).

PLINE LE JEUNE.
Lettres. (4 vol.).

POMPONIUS MELA.
Chorographie. (1 vol.).

PRIAPÉES. (1 vol.).

PROPERCE.
Élégies. N^{lle} éd. (1 vol.).

PRUDENCE. (4 vol.).

QUÉROLUS. (1 vol.).

QUINTE-CURCE.
Histoires. (2 vol.)

QUINTILIEN.
Institution oratoire. (7 vol.).

RES GESTAE DIVI AVGVSTI.
(1 vol.).

RHÉTORIQUE À HÉRENNIUS.
(1 vol.).

RUTILIUS NAMATIANUS.
Sur son retour. N^lle éd. (1 vol.).

SALLUSTE.
Conjuration de Catilina. Guerre de Jugurtha. Fragments des Histoires. (1 vol.).

SALLUSTE (Pseudo-).
Lettres à César. Invectives. (1 vol.).

SÉNÈQUE.
Apocoloquintose du divin Claude. (1 vol.).
Des bienfaits. (2 vol.).
De la clémence. (N^lle éd. 1 vol.).
Dialogues. (4 vol.).
Lettres à Lucilius. (5 vol.).
Questions naturelles. (2 vol.).
Théâtre. N^lle éd. (3 vol.).

SERVIUS.
Commentaire sur l'Énéide de Virgile (1 vol.).

SIDOINE APOLLINAIRE. (3 vol.).

SILIUS ITALICUS.
La Guerre punique. (4 vol.).

STACE.
Achilléide. (1 vol.).
Les Silves. (2 vol.).
Thébaïde. (3 vol.).

SUÉTONE.
Vie des douze Césars. (3 vol.).
Grammairiens et rhéteurs. (1 vol.).

SYMMAQUE.
Lettres. (4 vol.).
Rapports - Discours (1 vol.)

TACITE.
Annales. (4 vol.).
Dialogue des orateurs. (1 vol.).
La Germanie. (1 vol.).
Histoires. (3 vol.).
Vie d'Agricola. (1 vol.).

TÉRENCE.
Comédies. (3 vol.).

TERTULLIEN.
Apologétique. (1 vol.).

TIBULLE.
Élégies. (1 vol.).

TITE-LIVE.
Histoire romaine. (30 vol. parus).

VALÈRE MAXIME.
Faits et dits mémorables. (2 vol.).

VALERIUS FLACCUS.
Argonautiques. (2 vol.).

VARRON.
Économie rurale. (3 vol.).
La Langue latine. (1 vol. paru).

LA VEILLÉE DE VÉNUS
(Pervigilium Veneris). (1. vol.).

VELLEIUS PATERCULUS.
Histoire romaine. (2 vol.).

VICTOR DE VITA.
Histoire de la persécution vandale en Afrique. – La passion des sept martyrs. – Registre des provinces et des cités d'Afrique. (1 vol.).

VIRGILE.
Bucoliques. (1 vol.).
Énéide. (3 vol.).
Géorgiques. (1 vol.).

VITRUVE.
De l'architecture. (10 vol.)

Catalogue détaillé sur demande

*Ce volume,
le quatre cent quatre-vingt-dix-septième
de la série grecque
de la Collection des Universités de France,
publié aux Éditions Les Belles Lettres,
a été achevé d'imprimer
en septembre 2013
sur les presses
de la Nouvelle Imprimerie Laballery
58500 Clamecy, France*

N° d'édition : 7672. N° d'impression : 308245
Dépôt légal : septembre 2013.

Imprimé en France